U0920586

《上海工会年鉴》（2010年卷）
获得由中国出版工作者协会年鉴工作委员会
主审的第五届全国年鉴编校质量检查
评比一等奖

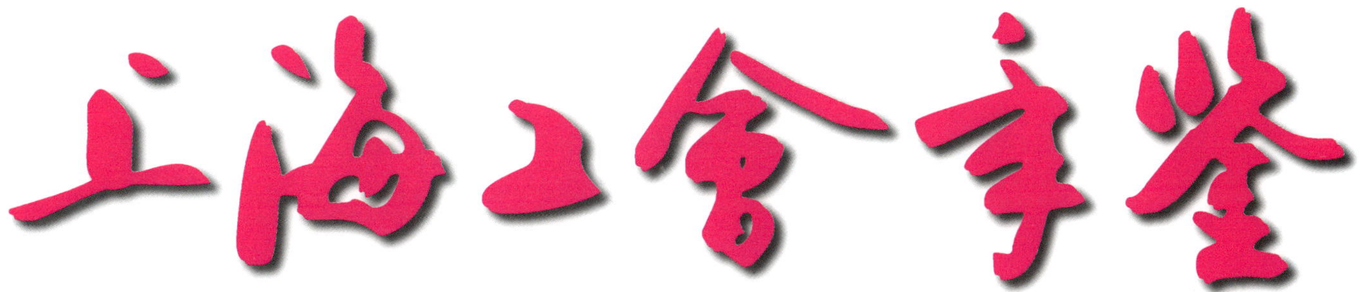

《上海工会年鉴》编纂委员会

THE YEARBOOK OF SHANGHAI TRADE UNIONS

上海社会科学院出版社

《上海工会年鉴（2011）》编纂委员会

《上海工会年鉴》编辑部

2月10日，中共中央政治局委员、中共上海市委书记俞正声在2010年上海市劳模春节茶话会上亲切接见劳模代表　　（吴良荣摄）

8月3日，中共上海市委副书记、市长韩正慰问卢湾区绿化市容一线职工

（宗守和摄）

10月14日，全国总工会副主席、书记处第一书记王玉普来沪调研工会工作

（吴良荣摄）

4月7日，全国总工会副主席、书记处书记乔传秀在上海世博会重大工程建设建功立业劳动竞赛总结表彰暨运行保障立功竞赛誓师动员大会上向获得全国五一劳动奖状的先进代表授奖 （吴良荣摄）

1月22日，上海市人大常委会主任刘云耕在铁路上海站视察2010年春运工作 （殷淑荣摄）

12月15日，上海市政协主席冯国勤慰问市劳动模范陈玉章

（申卫星摄）

8月18日，中共上海市委副书记殷一璀在第十二届上海读书节开幕式上向获得农民工素质教育培训先进单位代表颁奖

（吴良荣摄）

5月13日，上海市人大常委会副主任、市总工会主席陈豪慰问世博一线公安干警

（吴良荣摄）

9月1日，上海市副市长沈晓明在都江堰出席援建项目竣工交接仪式

（洪施志摄）

市总工会党组副书记、副主席肖堃涛为徐汇区旅游行业工会委员会成立揭牌

（吴　鉴摄）

市总工会副主席汪兰洁慰问世博女兵

（吴良荣摄）

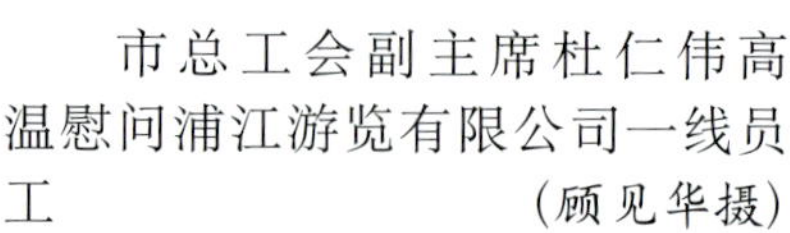

市总工会副主席杜仁伟高温慰问浦江游览有限公司一线员工　（顾见华摄）

市总工会副主席陈国华代表市总向世博园区赠送90个医药箱，为园区一线职工提供健康服务 （吴良荣摄）

市总工会副主席茆荣华在全国十七城市工会二届十一次年会上，代表上海市总工会将大会会徽移交给下届会议东道主 （陈进修摄）

市总工会副主席周志军到闸北区调研工会工作 （陆 云摄）

市总工会秘书长张立群在上海工会年鉴工作会议上总结部署工作

（陈进修摄）

市总工会副巡视员、组织部部长杜乃根慰问“11.15”特大火灾中受灾的劳动模范

（钱　婷摄）

市总工会副巡视员、财务部部长夏惠珍在市总机关系统先进表彰会暨迎新春联欢会上

（陈进修摄）

市总工会经审会主任杨永平在2010年上海经审工作年会上向获奖单位代表颁奖

（周　杰摄）

1月15日，市总工会召开十二届五次全委（扩大）会议 （吴良荣摄）

8月2日，市总工会召开十二届六次全委（扩大）会议 （吴良荣摄）

4月7日，市总工会、上海世博会事务协调局举行上海世博会重大工程建设建功立业劳动竞赛总结表彰暨运行保障立功竞赛誓师动员大会　　（吴良荣摄）

12月30日，召开上海世博会运行保障立功竞赛总结表彰大会　　（吴良荣摄）

在迎世博倒计时50天之际，市总工会和上海世博会事务协调局、市交通运输和港口管理局、上海汽车工业(集团)总公司联手开展“文明服务，文明观博，文明出行”世博先锋号行动

（吴良荣摄）

市委宣传部、市总工会和市公安局联合开展争创“平安世博·平安卫士”主题实践活动，并评选出20名世博“平安卫士”

（张金桥摄）

上海航天职工志愿者服务队代表参加全国职工世博知识网上竞赛开幕式暨上海职工“三个文明”主题实践展示活动（沈 恺摄）

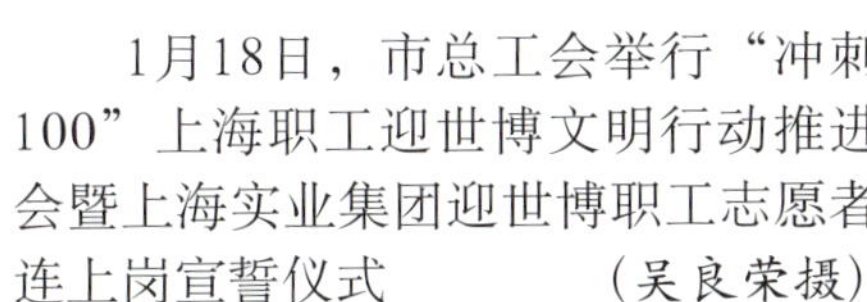

1月18日，市总工会举行“冲刺100”上海职工迎世博文明行动推进会暨上海实业集团迎世博职工志愿者连上岗宣誓仪式（吴良荣摄）

上海巴士二汽公交漕溪车队工会开展“三个文明”主题实践活动

（查建华摄）

上海市女职工志愿服务队第六次走进世博园区工地为建设者服务

（吴良荣摄）

铁路上海站职工“喜迎世博、爱我车站、爱我岗位”客运服务形象展示活动在上海站南广场展开

（查建华摄）

7月5日，市总工会启动“战高温、送关爱、保运行、创一流”专项行动　（吴良荣摄）

上海电气世博志愿者热情为外国游客进行医疗服务　（王春红摄）

在世博会试运行第二天，市总工会组织首批50名上海市著名劳模看世博（吴良荣摄）

上海船厂开展“世博伴我行”农民工世博知识专题培训（查建华摄）

全总组织1000名全国劳模参观上海世博园（吴良荣摄）

全国职工世博知识网上竞赛开幕式暨上海职工“文明服务、文明观博、文明出行”主题实践展示活动举行

（赖成钊摄）

长宁区总工会举办“我和我的世博会”职工征文活动

（印敏峰摄）

上海工会慰问世博建设者、志愿者专场演出

（陈　旖摄）

2月10日，俞正声、韩正等市领导出席2010年上海市劳模春节茶话会　（吴良荣摄）

上海工会管理职业学院注重职业精神培育，把劳模请进新生课堂　（吴良荣摄）

5月24日，市委宣传部、市总工会、市人力资源和社会保障局召开上海劳动模范先进事迹报告会

（吴良荣摄）

虹口区新当选劳模参观劳模荣誉室

（徐　洁摄）

5月20日，上海市职工科技创新工作经验交流会召开

（吴良荣摄）

奉贤区举行职工科技创新二届四次理事会议

（夏　伟摄）

职工选手参加2010年上海市职业技能竞赛决赛　（查建华摄）

新闻出版工会举办2010印刷行业职工技能竞赛　（陈宏华摄）

宝山区举行2010年职业技能竞赛活动　（张金桥摄）

“迎国庆，世博菜系”仙霞美食文化厨艺大比武

（查建华摄）

上海市机电工会举办“李斌杯”技能大赛　　　　（冯克华摄）

浦东金桥出口加工区举行职业技能比武　　　　（陈建林摄）

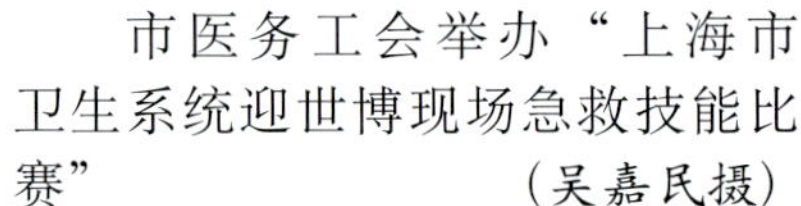

市医务工会举办“上海市卫生系统迎世博现场急救技能比赛”　　　　（吴嘉民摄）

上海机场承办首届民航机场候机楼服务技能大赛

（吴云舟摄）

1月7日，上海市全面推进集体协商机制建设工作会议召开　　（吴良荣摄）

1月21日，召开上海工会维稳工作会议

（陈进修摄）

杨浦区总工会成立工资集体协商专家顾问团

（曹理仰摄）

上海电气(集团)总公司、上海市机电工会共同签订2010年工资集体协商协议书　　（刘建平摄）

4月22日，上海纺织控股(集团)公司签订2010年度公司集体合同、女职工权益保护专项集体合同和工资专项集体合同　　（徐志康摄）

市邮政公司行政和工会签订集体合同　　（历文德摄）

上海电信签订2010年度集体合同　　（朱东亚摄）

号百信息服务有限公司签订2010年度集体合同　　（权　丽摄）

《上海市职工代表大会条例》立法调研座谈会在静安区举行（张来生摄）

上海航天局工会开展职代会提案工作培训（沈　恺摄）

中远集装箱运输有限公司职工代表对干部进行民主测评（陆　涛摄）

市电力公司举行四届二次职代会暨2010年工作会议（潘百城摄）

3月23日，2010年厂务公开民主管理工作会议召开
（吴良荣摄）

11月4日，中华全国总工会召开全国厂务公开民主管理工作经验交流暨先进单位表彰电视电话会议（图为上海分会场） （吴良荣摄）

上海市开展第八次厂务公开民主管理工作调研检查
（吴良荣摄）

12月17日，举行上海工会2011年元旦春节送温暖系列活动　　（吴良荣摄）

黄浦区总工会举行2010年帮困送温暖行动启动仪式
（吕诚陆摄）

杨浦区总工会举行2010年春节送温暖大会暨援助服务日活动　　（曹理仰摄）

崇明县总工会开展2010年春节送温暖援助服务日活动
（易建军摄）

1月26日，市总工会召开上海工会系统大学生见习工作座谈会　　（曹宏亮摄）

市总工会组织上海市用工企业赴川参加全国工会对口劳务协作招聘洽谈会，为解决灾区富余劳动力就业作出贡献（曹宏亮摄）

青浦区总工会举行青浦工会职工创业示范点、就业基地授牌仪式　　（马美君摄）

由上海市部分企业家、工会干部、大学教授等组成的创业志愿者导师队伍在中国青年创业国际计划上海办公室开展免费创业培训，帮助大学生自主创业

（张金桥摄）

市总工会与411医院共同发起的关爱外来务工女性健康实事工程实施一年来，共为5185名外来务工女性进行宫颈疾病免费筛查 (吴良荣摄)

10月25日，举行由市总工会、市慈善基金会、上海电视大学主办的首届上海新生代农民工初级工商管理(EBA)培训开学典礼 (吴良荣摄)

写一副春联给劳务工欢喜回家过大年 (陶牡丹摄)

卢湾区总工会举办为农民工服务专场援助活动 (陈菊萍摄)

农民工领到了被拖欠的工资 (应启跃摄)

3月4日，举行上海工会纪念“三八”国际劳动妇女节100周年暨第三届上海市五一巾帼奖颁奖典礼　（吴良荣摄）

1月19日，上海市总工会女职工委员会召开五届二次全委（扩大）会议　（吴良荣摄）

市总工会召开工会组织工作总结交流暨表彰大会 （杨 娟摄）

嘉定区总工会召开2010年工会组建工作暨村(园区)工会联合会建设现场推进会 （徐 浩摄）

崇明县成立建筑行业联合工会 （易建军摄）

上海飞机客户服务有限公司工会召开第一次代表大会
（赵康樑摄）

市运输工会召开第九次代表大会 （沈荣林摄）

市住房保障和房屋管理局工会召开第一次代表大会
（任大卫摄）

上海烟草储运公司召开班组年会暨班组升级达标竞赛表彰会
（马日盛摄）

上海飞机制造有限公司工会举办班组长主题演讲比赛
（赵逢庆摄）

中国能源化学工会华东电力工作委员会举办华东电网系统优秀班组长培训班 （张永豪摄）

中国移动上海公司工会与各单位班组建设工作小组负责人签订《论坛推导课题实践确认单》
（麦文胜摄）

浦东新区总工会与区委宣传部等联合召开《20年20人》新书发布会暨劳模作家交流会（陈建林摄）

静安区举办楼宇职工读书成果展示活动（丁臣亮摄）

金山区教育工会举行年度总结会暨师德辩论赛决赛（季　蕾摄）

9月20日，市总工会举办2010年上海职工文化发展论坛　（宋　昶摄）

嘉定区总工会、区文广局联合召开企业文化建设现场推进会

（徐　浩摄）

中建八局组织企业文化推进年职工演讲比赛

（王广滨摄）

上药集团工会举行第三届员工文艺大赛

（王贤征摄）

上海市医务工会组队参加第十二届国际艺术节演出

（吴嘉民摄）

市化学工会承办华谊职工文体健身活动闭幕式

（陈观涛摄）

徐汇区总工会举办纪念三八国际劳动妇女节100周年庆祝活动

（吴　鉴摄）

市纺织工会在上海艺海剧院举办纪念市纺织工会成立60周年文艺汇演　　（徐志康摄）

中海集团职工文艺表演中的舞蹈《喜晒粮》　　（叶　琦摄）

闵行区举行先进表彰大会，演出颂扬劳模精神的文艺节目

（俞龙祥摄）

8月8日，市总工会、市体育局、黄浦区人民政府联合举办“全民健身日”上海市主题活动
（宋　昶摄）

上海职工健身活动月活动吸引职工热情参与　　（吴良荣摄）

上海轻工业工会联合会参与举办“低碳行动，骑行中国，2010年北京—深圳自行车骑行活动”　　（徐俊彦摄）

市建设交通工会举办“中铁设计杯”三人制篮球赛　　（莫友凡摄）

上海金融职工参加第十四届市运会龙舟赛　　（黄松涛摄）

宝钢集团工会举办第八届职工运动会上海赛区乒乓球比赛
（刘　杰摄）

松江区举行首届职工体育健身节　　（夏　晖摄）

4月9日，市人大常委会副主任、市总工会主席陈豪会见由阮辉近主席率领的越南胡志明市劳联代表团

（张国峰摄）

5月20日，市总工会党组副书记、副主席肖堃涛会见挪威奥斯陆市总工会代表团

（张国峰摄）

9月20日，市总工会副主席汪兰洁会见由约翰·巴坦斯总书记率领的澳大利亚昆士兰州教师工会和独立教育工会代表团

（张国峰摄）

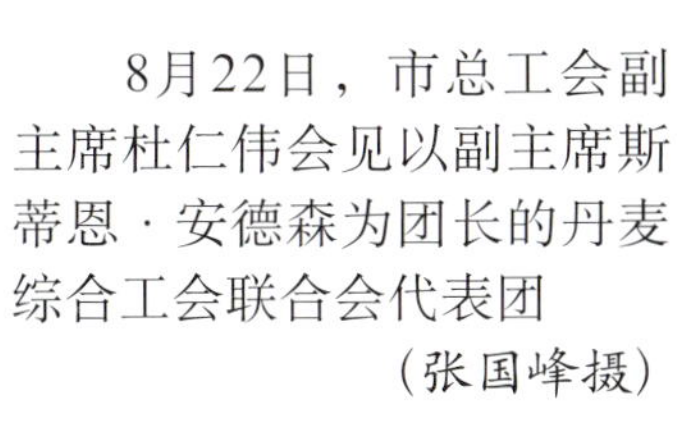

8月22日，市总工会副主席杜仁伟会见以副主席斯蒂恩·安德森为团长的丹麦综合工会联合会代表团

（张国峰摄）

11月18日，市总工会副主席陈国华会见2010年国际职工体育交流会代表团

（张国峰摄）

9月13日，市总工会副主席茆荣华会见俄罗斯伏尔加格勒工会代表团
（张国峰摄）

10月25日，市总工会副主席周志军会见美国驻上海总领事馆领事莫雷先生
（张国峰摄）

10月19日，市总工会秘书长张立群会见法国总工会罗纳—阿尔卑斯大区委员会国际事务部长让·雅克·古贡
（张国峰供）

5月25日，澳大利亚工会理事会访华代表团参观普陀区沪西工人文化宫 （张国峰摄）

8月3日，摩洛哥公用事业工会代表团访问上海贝尔股份有限公司 （张国峰摄）

10月15日，意大利米兰总工会代表团拜访上海世博园事务协调局工会 （张国峰摄）

编辑说明

1．《上海工会年鉴》由上海市总工会编纂出版。是一部汇集记录上年度工会工作成果和经验的资料性工具书。编纂出版工会年鉴旨在总结经验，继承创新，开拓发展，对各级工会拓展思路，探索把握新时期工会工作发展规律、特点和方法具有指导借鉴作用。本年鉴由上海市总工会主办，各区县局(产业)工会及市总工会直管单位供稿，《上海工会年鉴》编辑部负责编纂出版，至今已连续编撰出版了15册。

2．本年鉴框架体例采用分类编排架构，设置栏目、分目、条目三级结构层次。以栏目为基本单元，栏目内设置若干分目，分目以下设条目(包括照片、图表等)为主要信息载体。2011年年鉴共设26个栏目，96个分目，选辑1530个条目，图照173幅，总字数为120万字。

3．年鉴卷首专设宣传彩页，用以概要地记录上海工会上年度重要会议、重要工作和重要活动等信息。正文起首部分设“特载”、“专文”、“专记”等栏目，“特载”选辑党和国家领导和上海市委、全国总工会领导有关工会工作的重要文章(讲话)；“专文”则选辑上海市总工会领导对上海工会工作全局或工会重要工作所作的总结性、综合性、指导性的署名文章(讲话)；“专记”则为汇集某项重要工作(活动)的署名文章。

4．各记事栏目之首设“综述”，区县局(产业)工会及市总工会直管单位设“概况”，用以综合记述工会重要工作以及各地区(系统)、部门(单位)的总体工作情况，便于考察比较各年度工作连续性及统计资料的完整性。

5．各栏目中录用机关部室、区县局(产业)工会、直管单位提供的文字条目，其编排按机关部室、区县局(产业)工会、直管单位的顺序排列。年鉴卷尾设“索引”以便查询。

6．年鉴编辑部根据上年度工会重点工作的变化情况，对记事栏目及分目在整体框架中的设置作相应调整，本卷有关“应对国际金融危机”分目撤销，其下属相关条目归在专记中。

7．本年鉴录用的市总工会机关部室、区县局(产业)工会、直管单位提供的文章、照片、图表等资料，其记录时间为2010年1月1日至2010年12月31日。

8．“统计”栏目中辑录的所有统计数据均由上海市总工会统计部门提供，其他栏目中刊用的相关数据则由撰稿单位作者提供。

9．“附录”栏目选辑市总工会2010年下发文件和《劳动报》、《工会理论研究》发表的重要新闻、理论文献的目录，目的在于增加年鉴两次文献检索信息量。

10．本年鉴的目录索引采用主题词分析索引方法，即按条目主题词首字汉语拼音字母顺序排列。

11．本年鉴全书内容制作成CD-R电子光盘，附于年鉴封三随年鉴赠送，便于读者检索下载。

特载

专文

专记

大事记

概况

重要会议 · 工作 · 活动 · 调研

· 重要会议 ·

重要工作图示

推进经济建设

劳　模

工会组织建设

职工素质工程

协调劳动关系

维护民主权利

保障经济权益

加强自身建设

理论与调研

信息与信访

财务与经审

工会经济事业

友好交往

区县工会概况

局(产业)工会概况

直管单位概况

表 彰

统 计

附 录

索 引

特载

Special Documents

在2010年全国劳动模范和先进工作者表彰大会上的讲话

（2010年4月27日）

胡锦涛

同志们：

在全世界工人队级和劳动群众的光辉节日——“五一”国际劳动节即将来临之际，我们在这里集会，隆重表彰全国劳动模范和先进工作者，这对激励和鼓舞全国各族人民满怀豪情地推进全面建设小康社会进程、不断开创中国特色社会主义事业新局面，对激励和鼓舞青海玉树地震灾区各族干部群众、广大救援人员和全国各族人民信心百倍地战胜一切艰难险阻、全面做好抗震救灾工作，具有十分重要的意义。

首先，我代表党中央、国务院，向全国各族工人、农民、知识分子和其他各阶层劳动群众，向人民解放军指战员、武警部队官兵和公安民警，向香港特别行政区同胞、澳门特别行政区同胞、台湾同胞和海外侨胞，致以节日的祝贺！向为改革开放和社会主义现代化建设作出突出贡献的劳动模范和先进工作者，致以崇高的敬意！我还要代表中国工人阶级和广大劳动群众，向全世界工人阶级和广大劳动群众，致以诚挚的问候！

我国工人阶级是我国先进生产力和生产关系的代表，是我们党最坚实最可靠的阶级基础，是社会主义中国当之无愧的领导阶级，是全面建设小康社会、坚持和发展中国特色社会主义的主力军。长期以来，在中国共产党领导下，我国工人阶级和广大劳动群众始终站在时代前列，积极投身革命、建设、改革的洪流，艰苦奋斗，锐意进取，为国家、为民族建立了伟大历史功勋。新中国成立60多年来特别是改革开放30多年来我国经济社会发展的伟大实践和辉煌成就，充分显示了我国工人阶级和广大劳动群众的聪明才智和创造活力。

2005年全国劳动模范和先进工作者表彰大会以来，我们高举中国特色社会主义伟大旗帜，以邓小平理论和“三个代表”重要思想为指导，深入贯彻落实科学发展观，成功举办北京奥运会、残奥会，隆重庆祝党的十一届三中全会召开30周年、新中国成立60周年，圆满完成载人航天飞行和首次月球探测工程，奋力抗击四川汶川特大地震和青海玉树强烈地震等重大自然灾害、迅速开展灾后恢复重建，有力应对国际金融危机冲击、保持经济平稳较快发展，精心筹办上海世博会，着力加强民族团结、维护社会和谐稳定，全面推进社会主义经济建设、政治建设、文化建设、社会建设以及生态文明建设和党的建设，书写了改革开放和社会主义现代化建设恢宏壮丽的时代篇章。这些成就的取得，是全国各族人民在中国共产党领导下同心同德、奋力拼搏的结果，是我国工人阶级和广大劳动群众团结一心、辛勤劳动的结果。今天受到表彰的全国劳动模范和先进工作者就是我国亿万劳动群众的杰出代表。长期以来，你们在各自岗位上展现主人风采、焕发劳动激情，为改革开放和社会主义现代化建设作出了突出贡献，铸就了信念坚定、立场鲜明，艰苦奋斗、勇于奉献，胸怀大局、纪律严明，开拓创新、自强不息的工人阶级伟大品格，在共和国的旗帜上镌刻了人民伟大、劳动神圣的无尚荣光。党和人民感谢你们，全社会都要向你们学习。

当前，国际形势继续发生深刻复杂变化，我国继续处在经济社会发展的重要战略机遇期。在国际竞争日趋激烈、国内改革发展稳定任务艰巨繁重的情况下，认清机遇、抓住机遇、用好机遇，正视挑战、迎接挑战、战胜挑战，继续解放思想，坚持改革开放，推动科学发展，促进社会和谐，是全国各族人民的共同任务。在当代中国，工人阶级和广大劳动群众始终是推动我国经济社会发展、维护社会安定团结的根本力量。实现我们确定的宏伟目标，必须高度重视和充分发挥我国工人阶级和广大劳动群众的主力军作用。我国工人阶级和广大劳动群众一定要肩负起光荣的历史责任，继续团结拼搏、奋发努力，在前进道路上不断建立新的业绩。

第一，进一步弘扬劳模精神，为激励全国各族人民团结奋斗凝聚强大精神力量。成就任何一项伟业都离不开劳动。要实现全面建设小康社会、进而基本实现现代化的宏伟目标，必须依靠全体人民热爱劳动、勤奋劳动，必须依靠全社会尊重劳动、保护劳动，必须使通过诚实劳动创造美好生活成为亿万人民的共同追求。榜样蕴藏无穷力量，精神激发奋斗意志。爱岗敬业、争创一流，艰苦奋斗、勇于创新，淡泊名利、甘于奉献的伟大劳模精神，是中国工人阶级崇高品格的生动体现，是我们时代的宝贵财富，是激励全国各族人民团结奋斗、勇往直前的强大精神力量。我们一定要在全社会大力弘扬劳模精神，用劳模的先进事迹感召人民群众，用劳模的优秀品质引领社会风尚，充分发挥劳模的骨干和带头作用，在全社会进一步形成崇尚劳模、学习劳模、争当劳模、关爱劳模的良好氛围。要真诚帮助劳模解决工作、学习、生活中的实际问题，为劳模发挥聪明才智、建功立业营造更好环境和条件。受到表彰的劳动模范和先进工作者要珍惜荣誉、戒骄戒躁，发扬成绩、再接再厉，在全面建设小康社会的征途上为祖国、为人民、为民族再立新功。

第二，进一步激发创造活力，为推动经济又好又快发展积极贡献力量。发展是解决中国一切问题的“总钥匙”。推动经济又好又快发展对全面建设小康社会、加快推进社会主义现代化，对开创中国特色社会主义事业新局面、实现中华民族伟大复兴，具有决定性意义。我们一定要坚定不移坚持发展是硬道理的战略思想，深入贯彻落实科学发展观，牢牢扭住经济建设这个中心，紧紧把握全面建设小康社会、坚持和发展中国特色社会主义这个当代中国工人运动的主题，坚持聚精会神搞建设、一心一意谋发展，同时一定要加快经济发展方式转变和经济结构调整，不断提高发展质量和效益，努力实现以人为本、全面协调可持续的科学发展。加快经济发展方式转变是我国经济领域的一场深刻变革，关系改革开放和社会主义现代化建设全局。我国工人阶级和广大劳动群众是实现这场深刻变革的主力军，要积极为实现这项重大战略任务贡献力量。要全面贯彻落实尊重劳动、尊重知识、尊重人才、尊重创造的方针，充分发挥一切劳动者的首创精神，充分调动他们的积极性、主动性、创造性，最大限度地把他们的智慧和力量凝聚到推动科学发展上来。我国工人阶级和广大劳动群众要积极开展社会主义劳动竞赛，争当锐意改革创新的先锋，争当推动科学发展的楷模，把自己的创新潜能和创造活力充分发挥出来；要积极投身自主创新实践，围绕加快传统产业优化升级、推动战略性新兴产业发展，建设创新型国家，建设资源节约型、环境友好型社会等重大任务，深入开展技术革新和发明创造活动，立足本职岗位，丰富科技知识，提高劳动技能，争创一流业绩，把实现党和国家发展目标变成自己的自觉行动，为推动科学发展积极献计出力。

第三，进一步保障劳动者权益，为促进社会和谐奠定坚实基础。实现好、维护好、发展好最广大人民根本利益是我们一切工作的出发点和落脚点。保障工人阶级和广大劳动群众经济、政治、文化、社会权益是我国社会主义制度的根本要求，是党和国家的神圣职责，也是发挥我国工人阶级和广大劳动群众积极性、主动性、创造性最重要最基础的工作。我们一定要适应改革开放和发展社会主义市场经济的新形势，从政治、经济、社会、法律、行政等各方面采取有力措施，保障广大劳动群众权益，促进社会公平正义。要健全以职工代表大会为基本形式的企事业单位民主管理制度、厂务公开制度，组织职工依法实行民主选举、民主决策、民主管理、民主监督，使广大劳动群众的知情权、参与权、表达权、监督权得到更充分更有效的保障。要切实实施积极的就业政策，创造更多就业岗位，促进充分就业，改善就业环境，提高就业质量，不断增加劳动者特别是一线劳动者劳动报酬。要切实完善社会保障体系，健全就业帮扶、生活救助、医疗互助、法律援助等帮扶制度，着重解决困难劳动群众生产生活问题，在经济发展的基础上不断提高广大劳动群众生活水平和质量，使他们不断享受到改革发展成果。要切实发展和谐劳动关系，建立健全劳动关系协调机制，完善劳动保护机制，让广大劳动群众实现体面劳动。要切实健全党和政府主导的维护群众权益机制，统筹协调各方面利益关系，想问题、作决策、定政策要充分考虑广大劳动群众利益和承受能力，认真解决广大劳动群众反映的热点难点问题。我国工人阶级和广大劳动群众要充分发扬识大体、顾大局的光荣传统，增强主人翁意识，坚决拥护党和政府关于改革发展的各项方针政策，正确认识和对待改革发展过程中利益关系和利益格局的调整，依法表达合理诉求，自觉维护社会和谐稳定。

第四，进一步提高劳动者素质，为推动科学发展提供强有力的人力资源支持。劳动者素质对一个国家、一个民族的发展至关重要。当今世界的综合国力竞争，归根到底是劳动者素质的竞争。不断提高广大劳动群众的综合素质，是实现人的全面发展的必然要求，也是推动经济社会发展的重要保证。我们一定要深入实施科教兴国战略和人才强国战略，引导广大劳动者不断提高思想道德素质和科学文化素质、提高劳动能力和劳动水平，努力成为掌握新知识、新技能、新本领的知识型工人和一线创新人才，成为有理想、有道德、有文化、有纪律的社会主义劳动者，使科技进步和劳动者素质提高成为我国经济社会发展的重要推动力。要大力推进社会主义核心价值体系建设，引导我国工人阶级和广大劳动群众认真学习中国特色社会主义理论体系，坚定中国特色社会主义共同理想，弘扬以爱国主义为核心的民族精神和以改革创新为核心的时代精神，践行社会主义荣辱观，打牢为坚持和发展中国特色社会主义而共同奋斗的思想基础。要大力开展技能培训、转岗培训、创业能力培训，形成有利于劳动者学习成才的引导机制、培训机制、评价机制、激励机制。要大力开展多种形式的群众性精神文明创建活动，加强职业道德建设，积极发展丰富多彩、昂扬向上的企业文化、职工文化，不断满足广大劳动群众日益增长的精神文化需要。

紧紧依靠和切实关心广大劳动群众，是坚持党的全心全意为人民服务的根本宗旨和贯彻党的群众路线最重要最根本的体现。各级党委和政府要始终坚持全心全意依靠工人阶级的根本方针，把广大劳动群众紧紧团结在党和政府周围，充分发挥他们的主力军作用。各级领导干部要增强对劳动群众的感情，密切同劳动群众的联系，深入劳动群众、关心劳动群众，倾听他们呼声，关心他们疾苦，为他们排忧解难，始终与劳动群众心连心。

在庆祝今年“五一”国际劳动节、表彰全国劳动模范和先进工作者的喜庆日子里，我们也迎来了中华全国总工会成立85周年。在此，我向全国各级工会组织和广大工会干部，表示热烈的祝贺和诚挚的问候！工会组织是党和政府联系职工群众的桥梁和纽带，是国家政权的重要社会支柱，是职工利益的代表者和维护者。新形势下，各级工会组织一定要适应新形势新任务，紧紧围绕党和国家工作大局，全面履行各项职能，扩大工作覆盖面，增强组织凝聚力，诚心诚意为广大职工群众服务，主动维护广大职工包括农民工合法权益，充分发挥组织职工、引导职工、服务职工、维护职工合法权益的重要作用，把党和政府的关怀和温暖送到广大劳动群众心坎上，最广泛最充分地把广大劳动群众的智慧和力量凝聚到落实改革发展稳定的目标任务上来，不断开创工会工作新局面。

我们要始终高举和平、发展、合作旗帜，加强同世界各国工人阶级和广大劳动群众的联系合作，扩大交往，增进友谊，为维护工人阶级和劳动群众权益，推动建设持久和平、共同繁荣的和谐世界作出应有的贡献。

同志们，劳动是人类文明进步的源泉，劳动创造世界。在我们社会主义国家，一定要在全社会大力培育和弘扬劳动光荣、知识崇高、人才宝贵、创造伟大的时代新风，让全体人民特别是广大青少年都懂得并践行劳动最光荣、劳动者最伟大的真理。全面建设小康社会、加快推进社会主义现代化的伟大事业为英雄辈出提供了广阔舞台。我国工人阶级和广大劳动群众要更加紧密地团结起来，在党的坚强领导下，万众一心，开拓进取，继续为祖国、为人民、为民族建功立业，继续为全面建设小康社会、实现中华民族伟大复兴而不懈奋斗！

在全总十五届四次执委会议上的讲话

（2010年7月25日）

王兆国

同志们：

今天召开中华全国总工会十五届四次执委会议，认真学习贯彻党中央关于工人阶级和工会工作的重要指示精神，回顾总结上半年工作情况，安排部署下半年工会工作，这对于各级工会组织和广大工会干部进一步统一思想、提高认识，增强政治责任感和历史使命感，团结动员广大职工为加快经济发展方式转变、促进经济社会又好又快发展、开创中国特色社会主义事业新局面作出新贡献，意义十分重要。

全总十五届三次执委会议以来，在党中央的坚强领导下，各级工会组织和广大工会干部全面贯彻中央精神，围绕中心、服务大局、团结动员广大职工在完成“十一五”规划目标任务中充分发挥主力军作用，在维护职工合法权益和促进社会和谐稳定方面付出辛勤努力。中央对工会工作取得的成绩给予充分肯定，向兢兢业业、勤奋工作的广大工会干部致以崇高敬意！

当前，国际环境继续处在深刻变化之中，我国正处在经济社会发展的重要战略机遇期和社会矛盾的凸显期，改革发展稳定的任务艰巨繁重。各级工会组织和广大工会干部要认真学习贯彻党中央关于工人阶级和工会工作的重要指示精神，不断增强政治意识、大局意识、责任意识、忧患意识，进一步做好工会各项工作，切实加大维护职工合法权益和职工队伍稳定工作力度，大力发展社会主义和谐劳动关系，团结动员广大职工群众为推动科学发展、促进社会和谐作出新的贡献。

一、认真学习贯彻党中央关于工人阶级和工会工作的重要指示精神，坚定不移地走中国特色社会主义工会发展道路

党中央始终高度重视工人阶级和工会工作，今年年初以来，对工人阶级和工会工作又作出了一系列重要指示。胡锦涛总书记在2010年全国劳动模范和先进工作者表彰大会上发表重要讲话，习近平同志在2010’经济全球化与工会国际论坛上作重要讲话，中央领导同志多次就工人阶级和工会工作作出重要批示，中央书记处领导同志在听取全总党组汇报后发表重要意见。这些都具有很强的思想性、指导性、针对性，充分体现了党中央始终坚持全心全意依靠工人阶级的根本方针，始终坚持加强和改善党对工会工作的领导，始终热忱关心广大职工群众和工会干部，是工会工作开创新局面、夺取新胜利的强大思想武器。

*要深刻领会党中央关于大力弘扬劳模精神和工人阶级伟大品格的重要指示精神。*中央指出，劳模精神和工人阶级伟大品格是我们时代的宝贵财富，是激励全国各族人民团结奋斗、勇往直前的强大精神力量。各级工会组织和广大工会干部要充分认识并广泛宣传必须使通过诚实劳动创造美好生活成为亿万人民共同追求的时代理念，紧紧把握全面建设小康社会、坚持和发展中国特色社会主义这个当代中国工人运动的主题，不断提高职工队伍的思想道德素质和科学文化素质、劳动能力和劳动水平，团结动员广大职工在加快经济发展方式转变中充分发挥工人阶级主力军作用，积极为实现这项重大战略任务贡献力量。

*要深刻领会党中央关于维护职工合法权益和职工队伍稳定的重要指示精神。*中央指出，保障工人阶级和广大劳动群众经济、政治、文化、社会权益是我国社会主义制度的根本要求，是党和国家的神圣职责，也是发挥我国广大劳动者、建设者积极性、主动性、创造性最重要最基础的工作。各级工会组织和广大工会干部要主动适应改革开放和发展社会主义市场经济的新形势，推动有关各方从政治、经济、社会、法律、行政等方面采取有力措施，保障广大职工群众权益，促进社会公平正义，让广大职工群众实现体面劳动。要把维护职工合法权益作为维护职工队伍和社会稳定的重要前提和基础，注重建立健全企业工会维权机制，主动依法科学地维护职工合法权益，旗帜要更鲜明、声音要更响亮、措施要更得力，努力为促进社会和谐奠定坚实基础。

*要深刻领会党中央关于激发工会组织活力、更好发挥工会作用的重要指示精神。*中央要求，各级工会组织一定要适应新形势新任务，紧紧围绕党和国家工作大局，全面履行各项职能，扩大工作覆盖面，增强组织凝聚力，诚心诚意为广大职工群众服务。各级工会组织和广大工会干部要审时度势，顺势而为，进一步加大工会建设特别是企业工会建设力度，自觉维护党领导下的工会组织的团结统一。要加快在企业普遍建立工会的步伐，继续推动工会工作改革创新，加强工会干部队伍建设，使工会组织更好地代表和维护职工合法权益，赢得职工群众的拥护和信赖。

二、大力弘扬劳模精神和工人阶级伟大品格，把广大职工的智慧和力量凝聚到改革发展稳定的目标任务上来

今年是全面完成"十一五"规划、研究制定"十二五"规划的关键之年。做好下半年的工会工作,对于推动经济平稳较快发展、实现"十一五"规划和"十二五"规划有序衔接十分重要。各级工会组织和广大工会干部要把思想和行动统一到党中央的决策部署上来,认清形势,振奋精神,团结动员广大职工努力完成"十一五"规划任务,积极为"十二五"规划制定献计献策,踊跃投身加快经济发展方式转变、推动科学发展、促进社会和谐的时代洪流。

*大力弘扬劳模精神和工人阶级伟大品格,广泛掀起学习先进、争当先进、赶超先进的热潮。*大力营造尊重劳动、保护劳动的社会环境,积极构建热爱劳动、勤奋劳动的激励机制,努力形成工人伟大、劳动光荣的浓厚氛围,引导广大职工自觉把个人理想同国家、民族的前途命运紧密结合起来,牢固树立为国家繁荣、民族振兴长期艰苦奋斗的思想,始终保持昂扬向上的精神风貌,始终保持蓬勃旺盛的劳动热情,始终保持百折不挠的顽强意志,比学习、比工作、比奉献,努力在平凡的岗位上创造不平凡的业绩,争当继续解放思想、锐意改革创新的时代先锋,争当继续解放思想、促进社会和谐的行动楷模,使自觉践行劳动最光荣、劳动者最伟大的真理在全社会蔚然成风。

*充分激发广大职工创造活力,深入开展社会主义劳动竞赛。*组织动员广大职工广泛开展技术革新、技术协作、发明创造、合理化建议等活动,以创建"工人先锋号"为载体,推动创新型班组、创新型企业建设,不断增强自主创新能力,提升企业核心竞争力。推动各级社会主义劳动竞赛委员会的建立健全,着力提高社会主义劳动竞赛科学化水平,努力在产品创新、服务精良、管理科学、生产安全、节能减排等方面取得扎扎实实的新成效,为加快经济发展方式转变、经济结构调整,促进经济社会可持续发展作出新贡献。

*不断提高职工技术技能水平,加快推进职工队伍知识化进程。*积极推动实施科教兴国战略和人才强国战略,促进人力资源深度开发,把打造高技能人才与全面优化职工队伍结构相结合,培养造就宏大的高素质职工队伍。配合政府部门研究制定职工教育总体规划、年度计划,加强工会系统职工教育专题网站、培训基地建设,创新职工教育的组织、教学、管理方式,开展职工教育国际合作与交流,加强工作力度,提高培训实效。深入开展各类职工岗位练兵、技术比赛和技术交流活动,建立健全职工技能竞赛与职业技能鉴定、职称晋升相结合制度,努力造就大批知识型工人和一线创新人才。

*切实加强职工思想工作,主动抓好社会主义核心价值体系宣传教育活动。*坚持不懈地用马克思主义中国化最新成果武装广大职工的头脑,形成统一的指导思想、共同的理想信念、强大的精神支柱和基本的道德规范,积极抵制拜金主义、享乐主义、极端个人主义等腐朽思想文化的侵蚀,不断巩固为坚持和发展中国特色社会主义而共同奋斗的思想基础。推动基层职工思想工作机制的建立健全,促进企业文化、职工文化的繁荣发展,积极开展寓教于乐、丰富多彩的活动,让职工增长知识、陶冶情操、增进交流、快乐生活,感受社会大家庭的温馨,使主流意识形态的要求融入职工群众日常工作生活之中,转化为广大职工热爱党、热爱祖国的坚定意志,转化为以国家主人翁姿态爱岗敬业、争创一流的实际行动。要把对职工的教育、引导、鼓舞、鞭策与尊重、理解、关心、帮助有机结合起来,把帮助解决职工思想问题与解决生产生活困难结合起来,强化人文关怀和心理疏导,关注职工职业生涯设计和长远发展,丰富职工八小时以外的文体生活,努力营造宽松友爱、乐观向上的氛围,增强职工与企事业单位同呼吸共命运的协作精神。

三、旗帜鲜明地维护职工合法权益,大力发展和谐劳动关系

当前,我国职工群众的各项权益得到进一步实现和保障,职工队伍思想状况呈积极向上的态势,劳动关系基本和谐稳定。但是,在一些地区、行业和企事业单位中,影响职工合法权益实现、影响劳动关系健康发展的问题还不同程度地存在,有的甚至还很突出。各级工会组织和广大工会干部要切实增强政治敏锐性和政治鉴别力,从事关社会主义现代化建设的全局、事关党执政基础的巩固、事关国家长治久安的高度,高度重视、切实做好工会维权维稳工作,更加自觉、更加主动地肩负起维护职工权益的神圣职责,努力实现保障职工合法权益与促进企业健康发展的统一,自觉维护职工队伍和社会和谐稳定。

*加大工会维权力度,提高维权实效。*要及时准确地把握职工群众在劳动就业、工资收入、社会保障、劳动安全、民主管理等方面的利益诉求,推动建立健全党和政府主导的维护职工权益机制,从法规政策、体制机制、措施方法上,促进涉及职工群众权益的热点难点问题解决。当前,各级工会要把推动生产一线职工工资收入合理有序提高作为维权重点,积极推动《企业工资条例》等劳动法规的制定修订,监督劳动法规贯彻落实。推进收入分配制度改革,完善企业工资分配制度,推动建立健全企业职工工资协商共决机制、正常增长机制和支付保障机制。在企业普遍推进工资集体协商工作,在重点地区和重点行业扩大区域性、行业性工资集体协商的覆盖面,不断提高工资集体协商水平。同时,继续维护好职工其他权益。建立健全以职工代表大会为基本形式的企事业单位民主管理制度,加强区域(行业)职代会制度建设,积极推进厂务公开民主管理工作。推动各级政府实施更加积极的就业政策,着力抓好促进就业再就业工作。推进社会保障体系建设,积极扩大社会保障覆盖面。加强工会帮扶中心建设,叫响做实"送温暖"、"千万农民工援助行动"、"家政服务工程"、"金秋助学"、"困难职工家庭高校毕业生阳光就业行动"等工作品牌。切实加强群众性劳动保护工作和职业病防治工作,遏制重特大事故发生,防范职业危害。

*做好劳动关系协调工作,构建和谐稳定劳动关系。*要正确认识和把握现阶段我国劳动关系的性质和特点,始终坚持和谐发展、互利共赢的理念。进一步加强协调劳动关系三方机制建设,推动向产业系统以及县(区)、乡镇(街道)、村(社区)发展。深入开展劳动关系和谐企业和工业园区创建活动,监督企业履行社会责任。积极推进区域性、行业性和企业劳动争议调解组织建设,强化劳动争议仲裁工作。健全劳动关系矛盾预警机制,做好排查和化解工作,努力把劳动纠纷解决在萌芽状态。

履行工会社会责任，协助党政维护职工队伍和社会稳定。要推动党委统一领导、党政群齐抓共管、有关部门各负其责、全社会积极参与的群体性事件应急处置机制的建立健全，形成维护职工队伍和社会稳定的强大合力。及时掌握职工群众的思想动态和利益诉求，积极向党委和政府反映，推动有关问题的妥善解决。引导职工正确对待改革发展过程中利益关系和利益格局的调整，依法理性表达意愿。

四、积极推动工会工作改革创新，焕发工会组织的吸引力、凝聚力、感召力

近年来，在各级党委的正确领导和广大工会干部的共同努力下，工会组织不断发展，工会工作不断创新，在党和国家工作大局中发挥了越来越重要的作用。各级工会要把竭诚为职工群众服务作为工会一切工作的出发点和落脚点，牢牢把握对党负责和对职工群众负责的一致性，勇于变革观念，锐意创新思路，继续推动工会工作改革创新，加强工会的思想建设、组织建设、作风建设、制度建设和反腐倡廉建设，努力建设学习型、服务型、创新型工会。

着力加强企业工会建设，筑牢工会工作基础。各级工会领导机关要加强指导和服务，把工作重点放在基层工会特别是企业工会，从人、财、物等各方面给予实实在在的支持，在充分激发企业工会活力、切实发挥企业工会作用上狠下功夫。要坚持"党建带动工建、工建服务党建"，加大工会组建力度，提高工会组建质量，启发职工人会积极性，最广泛地把包括农民工、劳务派遣工在内的广大职工吸收到工会组织中来。建立健全工会会员评议工会组织和工会干部制度，深入开展建设职工之家活动。完善基层工会主席民主产生机制，把那些真正为职工说话办事、敢于开展维权服务、善于协调劳动关系、得到广大职工信任的人选到工会领导岗位上。健全保护基层工会干部合法权益的制度，鼓励和支持他们坚定地站在维权维稳工作的最前列。

创新工会组织体制，改进工会工作方式。加强区域性、行业性工会联合会和县(区)、乡镇(街道)、村(社区)、工业园区工会建设，健全由上一级工会代行企业工会部分维权职责机制。健全产业工会组织体系，加强和改进产业工会工作。坚持和完善民主集中制，尊重会员主体地位，推进会务公开，建立健全会员代表大会制度，依靠工会积极分子和广大会员开展工会工作。深入基层、深入职工，加强工会调查研究和理论研究工作。加快工会信息化建设，提高工会决策和服务水平。健全工会领导机关密切联系基层工会和职工群众的制度，完善工会干部考核评价、激励问责制度。

加强工会干部队伍建设，提高工会干部能力和水平。要营造勤奋学习、终身学习的浓厚氛围，引导工会干部真学真懂真信真用中国特色社会主义理论体系，着力提高工会干部队伍思想政治水平。要加强作风建设，不断增强工会干部对职工群众的真挚情感，按照职工群众利益无小事的要求，满腔热情、尽心竭力地为职工群众服务。特别要加大工会干部教育培训力度，把提高工会干部队伍整体素质与培养工会专门人才相结合，抓紧培养工会系统的马克思主义工运理论专家、经济社会问题专家以及劳动工资、社会保障、劳动法律和劳动关系专家等；在促进工会干部全面发展的同时，注重提高工会干部的协商谈判能力、纠纷调解能力、思想疏导能力、应急处置能力、媒体运用能力等。要加强工会组织中党的建设，积极配合在党的基层组织和党员中深入开展创先争优活动，以党组织和党员创先争优带动所有职工创先争优，努力形成齐争共创的良好局面，以实际行动迎接中国共产党成立90周年。

各级党委和政府要进一步加强和改进对工会工作的领导，及时研究解决职工和工会工作面临的困难和问题，积极支持工会依照法律和章程独立自主、创造性地开展工作，把更多的资源和手段赋予工会，为工会履行职责创造更好的环境和条件。

同志们，让我们紧密团结在以胡锦涛同志为总书记的党中央周围，高举中国特色社会主义伟大旗帜，顽强拼搏、开拓创新，团结动员广大职工为夺取全面建设小康社会新胜利而奋斗，实现新跨越，谱写新辉煌！

保障政策选辑

关于2010年对本市企业退休的市级以上劳动模范"专加"养老金若干问题的通知

根据人力资源和社会保障部、财政部《关于2010年调整企业退休人员基本养老金的通知》(人社部发〔2009〕185号)的有关精神，经市政府批准，现将本市企业退休的市级以上劳动模范"专加"养老金的若干问题通知如下：

一、本市2009年按城镇养老保险规定办理退休(职)手续、按照企业办法计发并增加基本养老金的市级以上劳动模范，每人每月增加基本养老金200元。

二、本市企业2009年当年内到达70周岁(1939年1月1日至1939年12月31日期间出生)且已按照沪劳保养发〔2007〕8号等相关文件规定"专加"养老金的市级以上劳动模范，每人每月再增加基本养老金200元。

三、符合本通知第一条规定的企业退休的市级以上劳动模范由市总工会认定。

四、企业退休的市级以上劳动模范同时符合具有高级职称等多种"专加"养老金条件的，"专加"养老金标准就高执行，不重复享受。

专文

在上海市总工会十二届六次全委(扩大)会议上的工作报告

(2010年8月2日)

陈　豪

各位委员、同志们:

本次会议的主要任务是,深入学习党中央关于工会工作的重要指示精神,贯彻落实九届市委十二次全会、全总十五届四次执委会议精神和工作部署,认真总结今年以来工会主要工作,研究确定下一阶段的重点工作。

党中央和市委高度重视工会工作。胡锦涛总书记在今年全国劳模和先进工作者表彰大会上发表重要讲话,对充分发挥工人阶级和工会组织重要作用提出了明确要求。中央书记处听取全总党组汇报后,对工会进一步做好维护职工队伍稳定工作作出了重要指示。王兆国同志在全总十五届六次主席团会议和十五届四次执委会议上,对进一步做好工会维权维稳工作、推进工会工作改革创新等作了重要讲话。今年以来,俞正声同志等市委领导多次就工会工作作出批示,提出要求;市委常委会专题听取市总工会对本市劳动关系状况的分析和工作汇报,对进一步加强工会建设,在维护劳动关系和社会稳定中充分发挥工会作用提出了明确要求。对中央、市委领导的一系列重要指示,我们要认真学习领会,认真贯彻落实。

下面,我代表市总工会常委会,向各位委员和同志们作工作报告。

一、上半年工会主要工作

今年以来,市总工会紧紧围绕市委"五个确保"的目标任务和全总的工作部署,以学习贯彻胡锦涛总书记在全国劳模表彰大会上的重要讲话以及中央、市委的一系列指示精神为动力,坚持服务大局与服务职工相结合、维护职工合法权益与维护社会稳定相结合,团结动员广大职工为成功举办世博会和经济社会发展作贡献。

(一)聚焦办博首要任务,凝聚全市职工建设世博、服务世博、奉献世博。认真贯彻落实市委、市政府对筹办、举办世博会的统一部署,以"当好主力军、建功世博会、展示新风采"为主题,组织发动各行各业职工踊跃参与迎世博行动计划和世博运行服务保障工作,推动世博会向着成功、精彩、难忘的目标迈出坚实步伐。

1. 深入推进世博重大工程等各项立功竞赛活动。按照国家重点工程示范性劳动竞赛要求,组织所有参建单位职工全员参与世博园区重大工程立功竞赛,发扬"顽强拼搏、争先创优,攻坚克难、勇攀高峰,精益求精、追求一流,团结协作、服从大局,不计得失、甘于奉献"的精神,克服投资主体多、工程项目多、单体规模大、建设工期紧、新技术应用广、施工要求高等困难,推动各项工程高效、优质、安全地完成建设任务。竞赛中产生了29个全国五一劳动奖状(奖章),31个全国工人先锋号以及一批上海市五一劳动奖状(奖章)和市工人先锋号。虹桥综合交通枢纽、长江隧桥、轨道交通、外滩通道等一系列世博重点配套工程立功竞赛活动也圆满完成,在确保工程质量和进度、推动技术攻关和进步、提高职工队伍素质等方面发挥了重要作用。在12大重点商圈、58个行业、400多万职工中组织开展了"五比五赛"立功竞赛活动,以实施"十大行动"为抓手,大力实施优质服务竞赛,培育了"百个服务品牌、千个工人先锋号、万个服务明星",提升了窗口行业单位规范、优质服务水平。

2. 全面实施世博运行保障立功竞赛活动。市总工会围绕世博运营阶段工作要求,广泛开展"保平安、促运行、重服务、创一流"世博运行保障立功竞赛。聚焦办博的重点地区、重点行业、重点商圈,在世博园区、公安保卫系统、交通运输行业、公共事业领域、窗口服务和综合服务单位、浦东核心功能区等,设立了七大赛区,针对世博运行的目标任务、重点难点、薄弱环节等开展专项竞赛。在竞赛对象上实现向兄弟省市服务团队以及部分国外展馆工作人员的广覆盖,在竞赛行业上向金融、通信、物流、旅游等现代服务业职工和科研技术人员延伸,在竞赛方式上探索"地区为主、产业协同"的办法,形成了"跨行业、跨系统"的竞赛格局。鼓舞广大职工比学赶帮、争先创优,在确保世博园区运营顺畅、重大活动安全有序、城市运行保障有力、交通通信便捷通畅、窗口服务优质高效、市容环境整洁美观、安保工作万无一失、社会氛围文明祥和等方面都取得了积极成效。

3. 广泛开展"文明服务、文明观博、文明出行"主题实践活动。组织实施"三个文明"大讨论、大宣传、大培训、大行动。制定"十要十不要"行为规范和职工文明服务公约,在《劳动报》开设大讨论专栏,制作发放地铁卡、宣传画、明信片等宣传品,组织职工班组学习,开展专项教育培训,成立职工志愿宣讲员队伍,让"十要十不要"等文明规范深入人心,引导广大职工自觉践行文明礼仪。全市建立了930多支职工志愿者服务队,先后开展了交通行业、通信行业、医务医药行业职工和劳模先进文明志愿者集中服务日活动。各级工会女职工组织坚持开展"建功世博盛会、展示巾帼风采"主题活动和志愿者服务活动。与全总联合开展全国职工世博知识网上竞赛,全国20多万名职工踊跃参加,扩大了世博会的影响。200万农民工基本素质教育培训工程顺利完成。

4. 关心激励世博运行保障一线职工。推动园区内工会实现全覆盖，建立了20个临时工会组织，浦东新区、黄浦区、卢湾区分别建立世博园区工会工作委员会。制定下发《关于切实做好世博会运营期间服务世博一线职工生产生活工作的通知》，市总工会和各级工会对公安民警、一线职工深入开展走访慰问。截至6月底，各级工会已筹措近1300万元款物，走访慰问世博一线职工家庭9360户，发放团体医疗卡1165张、医药箱833个等。推动建立世博服务保障工作薪酬考核奖励办法，会同市绿化和市容管理局联合制定并落实"世博期间加大对环卫作业一线员工激励力度的通知"，提高一线作业人员工资收入。推动落实后勤保障措施，改善职工宿舍、食堂条件，鼓励各单位为世博一线职工参保意外伤害互助保障计划，组织安排一线职工疗休养，举办慰问办博人员文艺演出专场。加大激励表彰力度，及时选树、宣传贡献突出的先进集体和个人，市总工会已颁发1000多个上海市"工人先锋号"和一大批上海市五一劳动奖状(奖章)；在"服务世博、奉献世博"立功竞赛评比表彰活动中，评选了市级优秀个人1300名、优秀集体100个、"工人先锋号"600个，进一步表彰先进、凝聚力量、鼓舞士气。

（二）坚持维权和维稳相结合，促进劳动关系和谐稳定。切实贯彻中央、市委和全总有关维稳工作的指示精神，深入研判本市劳动关系不稳定因素，部署落实维护职工权益和社会稳定的制度措施，切实增强工会维权维稳工作的主动性和针对性。

1. 切实完善表达和维护职工权益机制。加强劳动关系三方协商沟通，提高本市最低工资标准调整幅度；联合召开工资集体协商工作会议，健全三方分工合作协调机制；推动政府继续把工资集体协议覆盖劳动者人数列入区县就业保障工作考核指标，确定今年工资协议覆盖160万人的工作目标。制定下发《关于落实本市最低工资标准，积极开展工资集体协商的意见》，积极推行区域性、行业性工资集体协商。截至6月底，全市集体合同总数达21048份，覆盖企业76324家，覆盖职工408.66万人；工资专项集体合同10374份，覆盖企业36188家，覆盖职工210.69万人。加强监督检查力度，会同人保部门推进最低工资标准、农民工工资支付保障的落实。联合市国资委在国有企业深入推行职工董事、监事制度。探索区域性、行业性职代会调解非公中小企业劳动关系矛盾的有效方法和途径。广泛开展《上海市职工代表大会条例》立法调研，推动立法工作取得积极进展。加强工会劳动保护工作，积极参与《职业病防治法》、《上海职业病防治规划》等的起草和修订，围绕世博运行保障开展"安康杯"专项竞赛活动，加大对高危行业、中小企业作业现场劳动安全监督检查力度，把安全事故防范和应急处置工作落到实处。

2. 切实完善劳动关系协调机制。制定下发《关于进一步加强劳动关系协调，充分发挥工会在平安世博建设中积极作用的意见》，建立健全劳动关系预防、预警、调处、信访工作机制。加强对职工思想动态、劳动关系不稳定因素的分析研判，向市委常委会作专题汇报，会同市人保局等落实维护职工队伍和社会稳定工作措施。制定工会参与群体性事件处置应急预案，积极协助党政调处群体性劳动纠纷，妥善化解了神旺大酒店、统宝光电、东亚食品、夏普等一些影响大、规模大的群体性纠纷，为确保社会稳定和平安世博建设作出了积极努力。

3. 切实完善工会帮困送温暖长效机制。进一步完善"一般困难机制帮、突发困难及时帮、突出困难重点帮"的工作格局，在加强区县、街镇职工援助服务中心、分中心规范化建设的基础上，推进31个工业园区、开发区和产业集团建立了职工援助服务工作站，进一步健全各级工会救急济难工作网络。坚持开展就业援助服务，各级工会职介机构对登记求职人员的推荐成功率达78%。坚持开展帮困送温暖活动，元旦春节期间各级工会共走访慰问困难企业2524家，困难职工家庭近15万户，发放帮扶款物总计1.34亿元；世博会期间筹措一次性帮扶资金2410万元，对困难职工家庭进行帮扶；开展单亲困难女职工结对帮扶、外来务工女性免费技能培训和免费体检等工作，帮助困难职工排忧解难。

（三）发挥工会"大学校"作用，深化职工素质工程。围绕上海率先转变经济发展方式的战略任务，突出"当好主力军、建功'十一五'、和谐奔小康"主题，推进职工素质工程建设，进一步提高职工队伍综合素质。

1. 认真做好劳模先进选树、表彰、宣传、服务工作。开展新一届全国和上海市劳模评选，严格按照评选标准和程序，推荐产生135名全国劳模和先进工作者，评选产生848名上海市劳动模范和先进工作者以及350个上海市劳模集体。大力弘扬新时期劳模精神，召开上海市劳动模范、先进工作者表彰暨纪念"五一"国际劳动节大会，举办劳模先进事迹报告会，召开学习贯彻胡锦涛总书记在全国劳模表彰大会上的讲话精神专题会议，运用工会宣传教育阵地和巡回报告会、座谈会、演讲、班组学习等多种形式，大力宣传劳动模范的先进事迹和优秀品质。进一步加强劳模服务管理工作，组织万名劳模先进参观世博会试运行，接待全总组织的1000名全国劳模参观世博会，认真开展劳模走访慰问、疗休养、免费体检、困难帮扶等工作，营造学习劳模、崇尚劳模、关心劳模、爱护劳模的社会氛围。

2. 积极培育创新型、技能型职工队伍。广泛开展群众性科技创新活动，在今年上海科技活动周期间，以"科技世博、岗位创新"为主题，举办职工科技创新论坛和经验交流会，开展职工科普讲师团进企业活动，举办第二十三届上海市优秀发明选拔赛等，全市共有8851家基层单位、近105万名职工参加了科技创新活动。深入推进"我为节能减排作贡献"活动，开展合理化建议"金点子"征集推广、重点企业节能减排对标升级专项劳动竞赛。加快培养高技能专业人才，与市委组织部、市人保局、市国资委联合实施"首席技师千人计划"，推动战略性新兴产业、高新技术产业等重点领域培养技能领军人才，推进高师带徒、技能比武、职业技能大赛，促进形成技能人才梯次发展的良好局面。

3. 着力加强职工思想政治工作。结合社会热点问题开展职工思想状况调查，进一步创新形势任务教育和宣传思想工作形式和内容，增强职工思想政治工作针对性。深化"创建学习型组织、争做知识型职工"活动，评选创建示范单位，促进"创争"活动规范化、制度化。举办上海职工文化活动月，以"礼赞劳动、喝彩世博"为主题组织开展丰富多彩的职工文化活动。关注农民工精神文化需求,为春节留沪农民工免费放映电影,举办慰问农民工专场演出,组织新生代农民工读书活动、心理咨询、文体活动等,丰富农民工业余文化生活。

(四)加强工会组织建设,提高工会工作能力。坚持"党建带动工建、工建服务党建",持之以恒地加强工会组织建设、能力建设、作风建设,为做好新形势下工会工作提供组织保障。

1. 稳步推进工会组建工作。突出世界500强跨国公司、台资企业、农民工等建会重点,加强督促检查,扎实推进组建工作。经全总考核,上海获得"2009年全国工会组建工作一等奖"和"全国推进'双措并举、二次覆盖'先进单位"。截至今年6月底,全市工会会员达744.78万人,其中农民工会员达294.94万人;工会组织5.37万个,覆盖单位20.99万家,外商投资、港澳台资企业建会1.73万家。推进区域性、行业性工会联合会建设,进一步完善"条块结合、交叉覆盖"的工会组织格局,全市已成立区域性、行业性工会联合会2411个。

2. 探索完善工会干部选拔任用和教育培训工作。制定"进一步推进基层工会主席直接选举工作的意见",召开直选工作推进大会,总结推广基层经验,进一步规范和稳妥推进基层工会主席直选工作,目前,全市经直选产生的基层工会主席已近万名,增强了基层工会活力和凝聚力。全市区域性、行业性基层工会联合会聘用专职工会工作者达945人,在杨浦区试点开展基层工会联合会聘用专职工会工作人员工资分级负担工作。加强工会干部教育培训,在市委党校举办了首期在沪世界500强企业工会主席培训班,充分发挥工会干部学院主阵地作用,上半年举办各类培训班、讲座等共110多批次,1万多名工会干部参加培训。各区县局(产业)工会也广泛开展各种形式的基层干部培训工作,有效提高了工会干部工作责任感和工作能力。

3. 深入开展工会调查研究工作。制定落实市总工会年度调研工作实施计划,抓住重点难点问题深入基层调查研究,开展了全市劳动关系情况分析、基层企业工会工作情况、新生代农民工权益实现状况、工会参与社保基金和企业年金监督情况、基层工会主席直接选举、劳模社保和生活状况等专题调研,为总结经验、破解问题、推动实践、完善政策起到了积极作用。认真参与上海经济社会发展"十二五"规划大讨论工作,围绕"十二五"期间职工发展和民生政策进行深入调研,广泛听取意见,积极建言献策。

总结今年以来的工作,我们深切体会到,一是必须在服务党政工作大局中体现工会作为。全市各级工会把迎世博、办世博作为今年工作的重中之重,紧紧围绕"六个确保"要求,紧密结合办博阶段性任务,大力开展各类立功竞赛、群众性精神文明创建、职工志愿服务行动等,最大限度地激发了各行各业职工的积极性主动性创造性,为世博建功立业,为上海赢得荣誉,得到各级党政重视和支持及社会的广泛赞誉。二是必须旗帜鲜明地履行工会维权基本职责。推动劳动法律法规和民生政策的修订和落实,积极提出工会的主张,切实当好职工权益的代表者和维护者。突出维权工作重点,以新生代农民工、劳务派遣工为重点群体,以外商投资企业、台资企业等非公企业为重点领域,以增强就业稳定感、促进收入分配公平、加强劳动保护安全生产、实现体面劳动等为重点内容,切实维护职工的切身利益。加强职工队伍和劳动关系稳定情况的分析研判,把无序纷争引入有序协商轨道,切实掌握维权工作主动权。三是必须着力推进工会组织覆盖和工作覆盖。紧跟经济社会发展、产业结构调整步伐,探索突破工会组建、日常运作中的"瓶颈"问题,把工会组织覆盖到经济活动最活跃的地方,把工会工作落实到现代服务业、新兴产业、非公企业等新领域。积极推动区域性、行业性工会联合会建设,充分发挥其在维权、维稳工作中的积极作用,有效扩大工会工作的覆盖面和影响力。四是必须充分发挥工会在党的群众工作中的重要作用。把握市场经济条件下开展群众工作的规律和特点,找准工会在经济社会建设领域发挥作用的着力点和切入点。着重在满足职工发展需求、引导正确价值观念、推动改善民生问题、发展和谐劳动关系、增强基层组织基础等方面,深入调研,主动表达,强化服务,积极引导,夯实基础,切实维护,充分发挥工会联系职工群众的桥梁纽带作用,为巩固和扩大党的群众基础作贡献。

二、下半年工会重点工作

九届市委十二次全会对下半年上海经济社会发展工作以及进一步办好世博会进行了部署。全总十五届四次执委会议研究确定了下半年的主要任务。我们要认真贯彻落实市委、全总会议要求,深入学习领会中央、市委和全总领导重要讲话精神,围绕上海实现"五个确保"的目标任务,着重在发展和谐劳动关系、维护职工队伍和社会稳定上下功夫,为成功举办世博会和经济社会发展创造良好环境。

(一)进一步认清新形势新要求,切实增强构建和谐劳动关系的责任感和紧迫感。当前,本市劳动关系和职工队伍总体和谐稳定,劳动关系领域存在的局部矛盾处于可控状态。但同时,我们也要看到上海正处于举办世博会、加快经济发展方式转变、规划"十二五"发展的关键阶段,影响职工队伍和劳动关系稳定的一些源头性、基础性问题仍然存在,劳动关系矛盾仍处于易发多发期,应当引起各级工会高度重视、密切关注、积极应对。

一要深刻认识上海加快发展转型的新挑战。"调结构、转方式"是当前及今后较长时期上海经济社会发展的主线。随着上海以先行先试和制度创新为导向深化重点领域和关键环节的改革,现代服务业和先进制造业将进一步加快发展,新一轮国资国企改革重组将加快推进步伐,传统制造业和一般加工工业调整升级的任务更加紧迫,还面临着完成节能减排指标、淘汰落后产能的压力;一些外资、民营等非公企业不断调整发展布局,向外转移生产性企业。这都将加剧职工队伍的流动变化和利益调整,增强今后一个阶段职工队伍和社会稳定的敏感性、复杂性。

二要深刻认识劳动关系领域的新变化。当前,劳动法律体系的不断完善为劳动关系和谐发展提供了有力保障,依法用工、依法维权、依法协调劳动关系正成为企事业单位和职工的自觉行动。但同时,经济结构调整、产业优化升级,将使本市就业结构性矛盾更加凸显;劳务派遣工使用在部分企业呈现长期化、扩大化倾向，同工不同酬问题突出；一些企业管理方式粗放、规章制度苛刻、漠视职工权益，成为劳动关系不稳定因素；受网络放大效应影响，劳动关系矛盾社会化、个体劳动纠纷演变为群体性争议的倾向亟需引起重视，境内外敌对势力企图插手职工群体性事件和工会事务，更需引起我们警惕。这都对工会更好地维护职工权益、协调劳动关系提出了新的课题和挑战。

三要深刻认识上海职工队伍发展的新趋势。随着产业结构加快调整，上海职工队伍产业分布将进一步优化，生产性服务业、现代服务业、新兴产业的职工将逐步增加，同传统产业职工相比，这部分职工的劳动方式、劳动关系更趋灵活多样，流动性更强，利益诉求也不尽相同。随着本市进一步鼓励支持民营经济发展，非公经济和中小企业将获得更大发展空间，劳动关系将更加复杂。随着新生代农民工成为职工队伍的重要组成部分，他们在价值观念、职业发展、行为方式、关注重点、人际交往等方面，呈现出与传统农民工不同的新特征和新诉求。我们要针对本市职工队伍的发展趋势，加强前瞻性研究和创新性工作探索。

四要深刻认识加强工会组织建设的新要求。加强工会组织建设尤其是企业工会建设，是维护职工队伍稳定的组织基础和工作基础。今年市总工会调研显示，当前企业工会工作特别是劳动关系协调工作，存在着集体协商、工资协商、职代会、厂务公开等基础性制度不健全，劳资双方缺乏有效沟通渠道，企业劳动争议调解委员会组建率偏低，企业工会干部协调劳动关系能力、开展群众工作能力有待进一步提高等问题。全总十五届四次执委会议审议通过了《关于进一步加强企业工会工作、充分发挥企业工会作用的决定》，明确要求在经济关系和劳动关系日趋复杂、企业工会面临许多新情况新挑战的形势下，各级工会要认真贯彻企业工会工作原则，努力把企业工会建设成为职工信赖的“职工之家”，这是进一步加大工会维权力度、发展和谐劳动关系的迫切要求。

面对新形势新要求，我们要深刻认识到工会工作中存在的不足和差距。一是工会组织覆盖面亟需扩大。工会组建工作尚有空白点，不少外资、私企还没有建会；有些已建工会在职工中覆盖面不广、入会率不高，许多劳务工还没有加入工会。二是工会工作实效亟待提高。特别是上级工会对下级工会分类指导不够，加强调研不够，一些工作浮在表面、流于形式，实际效果不大。三是基层工会活力亟待增强。一些基层工会作用发挥不明显，工会干部能力偏弱，不善于维权、不敢为职工说话办事的现象还比较突出。针对这些问题，各级工会要积极采取有效措施，努力实现工会组织全覆盖，推进工作水平整体提升。

（二）进一步提高维权工作实效，积极维护职工合法权益。维权是维稳的前提和基础，实现好、维护好、发展好职工各项权益是工会的基本职责。当前，要密切关注和把握职工利益诉求的热点问题，更加积极主动地为职工办实事、谋利益，把维权和维稳工作更紧密地结合起来。

一要拓宽和畅通职工利益诉求表达渠道。进一步建立健全以职代会为基本形式的企业民主管理制度，探索和完善区域性、行业性和集团公司职代会制度，特别要督促、指导外商投资企业、港澳台资企业、私营民营企业建立职代会等民主管理制度。进一步明确和落实好职代会等民主管理制度的职权和工作机制，与职工切身利益密切相关的问题必须严格按照民主程序，充分听取和尊重职工意愿，引导职工依法、有序、合理表达诉求，切实发挥企业民主管理制度在表达职工利益诉求、增进劳资双方沟通、促进劳资合作共赢、平稳推进国资国企改革等方面的重要作用。努力在《上海市职工代表大会条例》立法工作中体现工会的主张和要求，实现职代会制度与集体协商制度、劳动争议调处制度等的有机结合，并力争在年内完成立法，为企事业单位民主管理工作提供坚实的法律支撑，为工会履行维权职能、健全劳动关系协调机制提供制度保障。

二要普遍推进工资集体协商工作。收入水平和分配制度是职工最关心的劳动经济权益，大部分劳资纠纷是因薪酬福利的利益之争引发的。按照国家劳动关系三方全面实施集体合同制度“彩虹计划”要求，各级工会要抓紧制定推进计划，大幅度提高集体合同制度、工资协商制度在各类已建工会企业的建制率，国有企业要发挥带头作用，今年集体合同制度覆盖率要达到60%以上。会同市劳动关系三方制定上海全面推进工资集体协商工作指导意见，并争取由市委市政府两办转发，推动工资集体协商工作纳入地方经济社会发展规划，以非公企业、中小企业、劳动密集型企业、实行经营者年薪制的国有企业等为重点，推动企业与职工就工资水平、增长幅度、劳动定额、薪酬结构等开展集体协商，着重提高一线职工、劳务派遣工收入水平，促进企业分配更加公平合理。深入开展行业劳动定额、行业工资指导线的调查研究，推进行业性工资协商取得新突破。加强工资集体协商指导员队伍建设，建立健全培训、聘任、考核、管理等工作制度。

三要继续大力帮扶困难职工群体。加强工会就业援助工作，注重整合工会系统职介培训资源，适应“转方式、调结构”要求，研究制定职工培训的总体规划和工作体系，统筹推进就业培训、转岗培训、技能培训、终身教育培训项目，协助党政解决好困难职工、零就业家庭、产业结构调整和企业改制重组中转移人员、新生代农民工等重点群体的就业问题，进一步稳定就业岗位、提高就业质量。加大困难职工帮扶力度，深入了解、及时关心职工工作和生活状况，继续在职工技能培训、生活帮扶、法律援助、医疗互助等方面下功夫，对帮扶成效加强评估和反馈。高度重视职工安全培训和劳动保护工作，加强安全事故隐患的群众性监督检查，抓好高温慰问、防暑降温工作，切实保障职工安全生产和身心健康。

（三）进一步加强劳动关系预防调处工作，努力确保职工队伍和企业稳定。认真贯彻中央、市委、全总的有关文件精神和指示精神，始终坚持“预防为主、基层为主、调解为主”的原则，按照“主动呼应、及时反映、有序表达、积极协商、依法维护”的总体要求，细化和落实劳动争议预防、预警、调解、援助等各环节的工作措施，进一步完善工会维稳工作格局，在平安世博建设和保稳定、促和谐中发挥好工会组织的积极作用。

一要加强劳动争议调解组织建设。积极依靠党政主导和支持，推动街道、乡镇、工业园区等劳动争议调解组织实体化建设，落实好工作场地、人员、经费等，把工会劳动争议调解纳入区域性大调解工作体系。提高各类企业劳动争议调解委员会的建制率，职工在100人以上的建会企业都要建立劳动争议调解组织，充分发挥基层调解组织的"第一道防线"作用。重视发展与法院、司法、人保部门、人民调解及其他社会组织联合组成的社会化调解组织，增强调解工作的权威性和影响力，不断完善工会协调劳动关系的组织基础。

二要加强劳动关系预防和调处力度。当前，一方面要着重抓好劳动关系矛盾的预警预防工作，坚持完善重要信息即时报告制度、职工队伍稳定情况定期研判制度、重大事件跟踪调处制度，建立健全劳动争议预警监测网络，第一时间掌握苗头性、倾向性问题，及时向党政和上级工会汇报并积极化解，努力做到预知、预防、预警。另一方面要着重抓好劳动关系矛盾应急处置工作，进一步完善各级工会应急预案和处置机制，一旦发生职工群体性事件及各种突发事件，工会要做好第一知情人、第一报告人，积极协助党政进行调处，稳定职工思想情绪，代表和引导职工有序协商，尽力把影响和危害降到最低程度。

三要加强劳动关系协调工作合力。发挥各级劳动关系三方机制作用，对劳动关系领域新情况新问题及时进行沟通和研究，积极防范劳动关系矛盾集聚和激化。加强与各级人大、政府、政协相关部门的协作配合，积极参与劳动法律法规执法监督工作，着重查处不依法签订劳动合同、过度加班加点、不按时足额发放工资、工作环境和劳动保护条件差等侵害职工合法权益的行为。加强与国资委、人保局、公安、民政、工商、宣传、外事部门的协调联动，严防劳动关系矛盾与其他社会矛盾交织叠加或被境内外敌对势力所利用，努力做到防范有力、处置有效。加强工会系统资源和工作整合，形成条块结合、以块为主的劳动争议处置机制，齐抓共管、齐心协力保障职工队伍和社会和谐安定。

（四）进一步深化职工宣传思想工作，大力弘扬工人阶级伟大品格。贯彻落实全总十五届四次执委会议作出的《关于深入学习劳模精神、大力弘扬中国工人阶级伟大品格的决议》，不断加强和改进职工宣传思想工作，把广大职工的思想和行动统一起来，为推动经济社会发展、维护社会和谐稳定凝聚共识和力量。

一要学习弘扬劳模精神，增强广大职工团结奋斗的精神动力。以各行各业劳动模范、先进典型、优秀农民工的事迹为生动教材，教育引导职工树立积极向上、奋发有为的人生观、价值观、道德观、职业观，形成学习先进、争当先进的良好氛围。用劳模的理想信念、高尚情操、时代精神引领和启迪职工，增强主流意识形态的凝聚力和感染力，使通过诚实劳动、勤奋劳动创造美好生活、实现人生价值成为广大职工的共同追求，引导职工努力在平凡的岗位上创造不平凡的业绩。进一步提高劳模服务管理水平，建立推广劳模服务品牌、劳模工作室等，为发挥劳模传帮带作用创造条件，加强劳模教育，帮助劳模解决实际困难，营造劳动光荣、知识崇高、人才宝贵、创造伟大的良好社会风尚。

二要高度重视职工思想工作，提高职工思想道德情操。准确把握职工思想动态，建立健全基层职工思想动态定期报送和研判机制，关注互联网舆情对职工队伍稳定的影响，及时做好教育疏导、释疑解惑工作。把解决职工思想问题与解决实际问题结合起来，切实增强工会宣传思想工作的针对性和有效性。善于用职工群众的语言、用形象直观的方式开展思想工作，进一步创新和改进思想政治工作方式方法。深入了解不同职工群体的思想特点和利益诉求，重视青年职工、新生代农民工的思想心理状况，探索专业化的心理援助、心理咨询、心理疏导工作，建立和拓宽网络化、信息化的职工思想工作平台。

三要不断加强职工文化和企业文化建设，丰富职工精神文化生活。组织开展职工喜闻乐见、丰富多彩的群众文化、体育健身活动，丰富青年职工、新生代农民工等的业余文化生活，满足广大职工日益增长的精神文化需求。在外来务工人员集中的地区，设立50个"农民工假日影院"，进一步推进职工文体活动中心、职工书屋等设施建设；与慈善基金会联合开展农民工成长成才学习活动，资助农民工参加EBA培训和学历教育，广泛开展"同在阳光下"为农民工送文化系列活动。加强对职工的人文关怀，督促企业改进管理理念和手段，实行以人为本的科学管理，尊重职工人格尊严，履行企业社会责任，积极营造融洽和谐的工作环境和人际关系。

（五）进一步调动职工积极性创造性，充分发挥工人阶级主力军作用。九届市委十二次全会强调今年下半年要着力抓好八方面重点工作，俞正声同志对进一步办好世博会提出了五方面要求。各级工会要紧紧围绕办博工作和全市经济社会发展大局，调动好、发挥好广大职工的主人翁精神和主力军作用，为全面完成"五个确保"目标任务贡献智慧和力量。

一要不断深化世博运行保障立功竞赛活动。围绕世博常态运行的工作要求，查找薄弱环节，突出七大赛区的竞赛重点，广泛开展"迎高峰，战高温，保运行"百日行动、"平安世博，平安卫士"立功竞赛以及各类专项立功竞赛，不断激发广大职工参与服务保障、建设平安世博的热情和动力。扎实开展"文明服务、文明观博、文明出行"主题实践活动，争创文明服务示范窗口，加强职工志愿服务队建设，深化群众性文明创建活动，推动提升礼仪文明、秩序文明、服务文明、环境文明。加大阶段性总结评比和先进表彰宣传力度，分三批开展好"服务世博、奉献世博"立功竞赛评比表彰活动，发挥先进典型示范引领作用，激励广大职工再接再厉、毫不懈怠、优质高效地完成办博各项任务，使世博会成为弘扬工人阶级伟大品格、展示上海职工时代风采的广阔舞台。把广泛开展立功竞赛与主动关心世博一线职工紧密结合起来，园区临时工会组织等各级工会要高度关注世博服务单位、服务团队职工的思想动态、工作生活、劳动保护、经济权益状况，特别要改善高温季节职工的工作生活条件，确保世博运行保障领域劳动关系和职工队伍的和谐稳定。

二要广泛动员职工为转变经济发展方式作贡献。围绕加快产业结构优化升级、提高自主创新能力、推动能源资源节约和生态环境保护、增强可持续发展能力等新要求，进一步完善劳动竞赛运行机制，推广创新型、技能型、攻关型、增值型、服务型、节能型等竞赛类型，充分调动广大职工的劳动热情和创造活力。利用世博会契机，组织职工开展"世博寻宝"行动，学习先进发展理念和最新科技成果,深化群众性科技创新活动,促进职工科技创新成果的运用和转化,充分激发广大职工聪明才智。深入开展职工素质工程,增强广大职工学科学、学技术的自觉性和紧迫感,培养一大批创新型、技能型人才。加强形势任务教育,引导职工充分认识"转方式、调结构"重要意义,识大体、顾大局,理解和参与各项改革调整措施,理性表达诉求,自觉维护稳定,在上海率先转变经济发展方式的进程中体现和发展工人阶级先进性。

*三要积极参与"十二五"规划编制工作。*在上海经济社会发展"十二五"规划编制过程中,各级工会要积极参与大讨论活动和意见征求工作,发动广大职工群策群力,对劳动就业、收入分配、住房保障、职业教育培训、医疗卫生体制、社会保险等涉及职工切身利益的热点难点问题,汇集反映职工和工会的意见建议,拓展工会源头参与的深度和广度。全面把握经济社会发展的人力资源需求状况和本市职工队伍素质状况,制定《"十二五"期间上海职工素质工程发展规划》,明确应对经济发展方式转变、提升职工队伍素质的新思路新举措,把经济发展目标和职工发展需求有机结合起来,促进职工全面发展。适应"十二五"期间进一步突出社会管理和社会服务的新要求,深入研究工会有效协调劳动关系的机制和办法,推动发展和谐劳动关系,帮助广大职工有尊严地生活、更体面地劳动。

*(六)进一步落实"组织起来、切实维权"工作方针,着力加强基层工会组织建设。*没有组织就没有维权,没有维权就没有稳定。各级工会要更好地把握经济社会发展对工会建设提出的新要求,更好地适应工作环境、工作领域、工作对象的新变化,更好地回应职工群众的新期待,进一步夯实工会组织基础,增强工会组织活力,发挥工会组织作用。

*一要不断推进企业工会建设。*认真落实全总《关于进一步加强企业工会工作、充分发挥企业工会作用的决定》,推动企业普遍组建工会,着重加大台资企业、私营民营企业工会组建力度,加强新生代农民工、劳务派遣工的会员发展和会籍管理工作,加强工会女职工组织同步组建工作,切实提高非公企业工会组建率和职工入会率。推动企业普遍建立劳动合同制度、平等协商集体合同制度、工资集体协商制度、职代会制度、劳动争议调解制度等基础性制度,促进企业工会维权维稳工作制度化、规范化、程序化,为企业劳动关系和谐稳定提供机制性保障。进一步深化"共同约定行动"、和谐企业创建和职工满意企业创建活动,促进劳动关系双方加强沟通、增进互信、合作共赢,共建社会主义新型劳动关系。

*二要充分激发基层工会活力。*按照"双措并举、二次覆盖"要求,进一步推动区域性、行业性工会联合会建设,通过上级工会和区域性、行业性工会代表、服务、指导下级工会开展工作,不断增强基层工会工作能力和维权实效,扩大工会组织和工作覆盖面。健全产业、行业工会组织体系,切实发挥教育、卫生、科技系统工会以及集团公司工会作用,促进工会建设与经济社会发展相适应、与现代企业制度相融合。推行会务公开,积极探索会员(代表)大会常任制和会员代表任期制,不断增强基层工会组织凝聚力。重视和加强调查研究工作,深入基层一线了解真实情况,提炼鲜活经验,找准问题症结,创新工作思路,改进工作方法,丰富活动载体,尊重和调动职工群众和基层工会的首创精神,推进工会工作改革创新、健康发展。

*三要大力加强基层工会干部队伍建设。*不断完善工会主席产生机制,稳妥扩大直接选举范围,让更多德才兼备、职工信赖、热爱工会工作的同志充实工会干部队伍。进一步提高干部教育培训的质量和效率,创新培训内容和方式,增强基层工会干部思想疏导、依法维权、协商谈判、应急处置等综合能力。建立健全工会干部考核、激励、保护的工作制度和有效方法,从精神和物质上表彰、支持基层工会干部主动依法大胆工作,从思想、工作、生活上关心爱护基层工会干部,调动和保护好他们的积极性和创造性。

同志们,在上海率先转变经济发展方式、加快发展转型、举办世博会的关键阶段,维护职工队伍和劳动关系和谐稳定责任重大、任务艰巨。让我们在市委领导下,以强烈的责任意识和高昂的精神状态,全力以赴抓办博,聚焦重点促和谐,为举办一届成功、精彩、难忘的世博会,为上海实现"五个确保"的目标任务作出更大贡献。

在市总工会十二届七次全委(扩大)会议上的讲话

(2010年9月21日)

陈　豪

今天,我们在此召开市总工会十二届七次全委(扩大)会议,认真贯彻落实近期中央、市委的一系列指示精神和全总的工作要求,全面推进工会各项工作,团结动员广大职工群众为上海成功举办世博会和加快经济发展方式转变不断作出新贡献。

*第一,深入推进世博运行保障立功竞赛,确保成功办博目标顺利实现。*日前,胡锦涛总书记等中央领导对上海世博会进展情况作出了重要批示,高度肯定世博会开园以来各项工作扎实有效,园区运行平稳良好,取得了重大阶段性成果,并要求出色完成后一阶段的举办任务,把上海世博会办成一届成功、精彩、难忘的世博会。市委、市政府要求各单位认真学习贯彻总书记的指示精神,在总结前阶段工作基础上,找差距、找问题、找隐患,定措施、定责任、定期限,不自满、不松劲、不懈怠,确保世博会成功举办。

今年以来，全市广大职工群众和各级工会干部服务世博、奉献世博，踊跃参与迎世博行动和世博运行服务保障工作，为世博会平稳运行作出了重要贡献。我们要以贯彻落实中央、市委指示精神为动力，继续大力推进世博运行保障立功竞赛，聚焦世博运行各环节的重点难点问题，深入开展七大赛区专项竞赛活动，细化竞赛方案，突出竞赛重点，强化监督检查，注重表彰激励，进一步发挥职工群众在世博运行服务保障中的主力军作用。要广泛开展世博园区“三找三定”立功竞赛活动，组织发动全体办博单位和办博人员，着力在思想作风找差距、运行保障找问题、安全稳定找隐患上下工夫，引导职工克服骄傲自满、麻痹松懈的思想倾向，始终保持谦虚谨慎、一丝不苟的精神状态，检查薄弱环节，抓好限期整改，把握重要节点，落实应急预案，再接再厉、善始善终，确保世博园区平稳运行。要坚持开展“文明服务、文明观博、文明出行”主题实践活动，进一步在职工中宣传落实“十要十不要”行为规范，发挥职工志愿宣讲员作用，引导职工争当礼仪文明、服务文明、秩序文明、环境文明的践行者和倡导者。要继续做好阶段性总结评比和先进表彰宣传工作，在市、区县、产业（集团）等不同层面，广泛开展“服务世博、奉献世博”立功竞赛评比表彰活动，坚持“见人、见物、见精神”，激励广大职工攻坚克难、拼搏奉献，夺取办博工作的最后胜利。

现在距离世博会闭幕还有40多天，我们一方面要再接再厉，继续努力，确保世博会成功举办；同时，各级工会和园区临时工会组织要及时把握世博服务单位、服务团队职工的思想动态、劳动用工、工资福利、就业调整等情况，认真排查隐患，制定相应的应急预案；发挥各级工会职工援助服务中心作用，主动帮助职工解决工作生活困难，积极促进世博运行保障领域劳动关系和职工队伍的和谐稳定。

第二，大力弘扬工人阶级伟大品格，团结动员职工群众为上海发展转型作贡献。结合贯彻落实全总十五届四次执委会议作出的《关于深入学习劳模精神、大力弘扬中国工人阶级伟大品格的决议》，调动好、发挥好广大职工的主人翁精神和主力军作用，努力造就高素质、高技能、创新型职工队伍，为上海率先转变经济发展方式贡献智慧和力量。一要宣传弘扬新时期劳模精神，为上海各个时期最具代表性和影响力的60位全国劳模拍摄电视宣传片，充分发挥先进典型引领示范作用，注重用身边劳模的先进事迹和优秀品质教育、鼓舞职工，广泛开展创先争优建功立业活动，激励职工学习先进、赶超先进，在平凡的岗位上创造不平凡的业绩。二要制定实施《“十二五”期间上海职工素质工程发展规划》，明确应对经济发展方式转变、提升职工队伍素质的新目标新举措，把经济发展要求和职工发展需求有机结合起来，促进职工全面发展。各级工会都要结合本地区、本系统、本单位“十二五”规划的讨论制定工作，调研把握职工队伍素质状况和人力资源需求状况，研究深化职工素质工程建设的目标任务，努力打造适应经济转型和企业发展要求的职工队伍。三要围绕国家技术创新工程上海市试点工作要求，深入开展职工科技创新工作，大力推进高技能专业人才和高素质创新人才的培养，在全市建立100个首席技师工作站、100个职工创新工作室；发挥各级职工技协作为“职工创新之家”的作用，落实好市总工会与市国家税务局、地方税务局等7家单位联合制定的《关于推动本市职工技协组织开展群众性技术创新活动的若干政策意见》，进一步加大各级工会和职工技协组织开展技术创新、成果转化工作的力度；坚持高端带动、梯次发展、整体提升，引领和促进职工队伍创新能力和劳动技能的全面提高，为上海“转方式、促转型”作出积极贡献。

第三，抓紧落实“普遍开展工资集体协商”等工作，切实提高维权工作实效。要全面贯彻落实全总“两个普遍”工作要求，更加旗帜鲜明、有理有节地维护好、发展好职工群众各项权益。一要切实加大工资集体协商力度。积极争取市委、市政府办公厅转发市劳动关系三方制定的“关于全面推进集体协商机制建设的指导意见”，推动以工资协商为重点的集体协商机制建设，依法规范协商程序，不断提高协商质量，进一步完善职工权益维护的基本制度。积极探索不同规模、不同所有制、不同经营状况企业开展工资集体协商的形式和方法，突出不同的协商重点，增强工资协商的针对性和实效性，不仅是外资、民营等非公企业，国有企业更要带头开展建制工作，进一步健全各类企业工资协商共决机制、正常增长机制和支付保障机制。积极推进区域性、行业性工资协商工作，不断扩大集体协商制度的覆盖面，当前要着重协商制定行业工资指导线和工时工价、行业最低工资标准，不断完善收入分配制度，推动提高普通一线职工的工资收入水平。要积极建立工资集体协商指导员队伍，为实施上级工会指导、服务、代表下级工会开展工资协商提供人才保障。要积极推动集体协商工作纳入各地区、各系统“十二五”发展规划，纳入党政工作考核目标，发挥各级劳动关系三方协调机制作用，增强普遍推进工资集体协商工作合力，力争今年年底集体合同制度覆盖率达到60%以上，到2012年基本在各类已建工会的企业全面推行集体协商制度。二要切实加大职工民主管理工作力度。加快推进《上海市职工代表大会条例》立法进程，力争在年内完成立法，为所有企事业单位建立职代会制度、加强民主管理工作提供坚实的法律支撑。探索完善区域性、行业性和集团公司职代会制度，进一步提高外商投资企业、港澳台资企业、私营民营企业民主管理制度的建制率，进一步规范职工民主管理工作机制和职权，畅通职工依法、有序表达利益诉求的渠道，把职工的知情权、参与权、表达权和监督权落到实处。三要切实加大对重点职工群体的维权力度。关注劳务派遣工权益状况，积极推动企业拓宽劳务派遣制职工向合同制职工转化的通道，督促企业落实好劳务工薪酬福利待遇等各项权益；关注农民工特别是新生代农民工权益状况，加强对农民工工资支付和安全生产情况的监督检查，坚持开展为农民工“送法律、送文化、送健康”活动；年终岁末时要联合政府有关部门，加大欠薪欠保查处力度，切实做好农民工平安返乡工作。关注国资国企改革中职工权益状况，在国有企业开放性、市场化、跨地区、跨所有制兼并重组以及关停并转“三高一低”企业过程中，督促企业依法、规范、严格履行职代会民主程序，维护好职工民主权利和经济权益。各级工会要在当前加快经济发展方式转变的新阶段，不断拓宽维权工作视野，丰富维权工作内涵，提高维权工作水平，切实帮助广大职工群众更加公平合理地分享经济社会发展成果。

第四，重视做好劳动关系协调工作，进一步发展和谐劳动关系。要按照"主动呼应、及时反映、有序表达、积极协商、依法维护"的总体要求，加强协调劳动关系三方机制建设，定期研究、协调解决本地区、本系统劳动关系领域的新情况新问题。要建立健全劳动争议预警监测网络，完善群体性矛盾应急预案和处置机制，及时发现劳动争议隐患，及时向党政及相关方面报告，及时协助调解利益分歧，维护劳动关系和社会稳定。要建立集体协商和职代会联动机制，拓宽劳动关系双方的沟通渠道，进一步深化"共同约定行动"、和谐企业创建和职工满意企业创建活动，促进劳动关系双方增进互信、合作共赢、和谐发展。要不断加强职工文化和企业文化建设，特别要重视探索针对不同职工群体加强人文关怀、心理援助的有效办法，探索建立网络化、信息化的职工关爱平台，倡导以人为本的先进管理理念和方法，积极营造宽松和谐的工作环境和互助友爱的人际关系。要做好世博后劳动关系的研判和预防工作，主动了解企业发展布局调整、改制重组等新情况，主动表达对涉及职工切身利益事项的意见建议，主动开展职工转岗培训、就业援助等工作，主动维护职工劳动经济利益和民主权益，保障职工队伍和劳动关系稳定。

第五，全面开展"广普查、深组建、全覆盖"集中行动，进一步扩大工会工作覆盖面，增强工会组织凝聚力。加强工会组织建设，发挥基层工会作用，是必须常抓不懈的基础性工作。各级工会要以全面开展"广普查、深组建、全覆盖"集中行动为契机，进一步抓实抓好基层基础工作。一要结合开展党群共建创先争优活动，坚持"党建带动工建、工建服务党建"，抓住中小非公企业、世界500强等跨国公司、经济园区、产业基地、商务楼宇、项目工地建会和农民工入会等重点，确保完成今年的工会组建任务，并加强总体规划和部署，推动各类企事业单位在三年内普遍建立工会组织。二要深入推进"双措并举、二次覆盖"，大力推动各级区域性、行业性工会联合会建设，积极探索"体内建会、体外维权"的实现方式，通过上级工会和区域性、行业性工会代表、服务、指导下级工会开展工作，不断增强基层企业工会维权工作水平和实效，增强工会组织凝聚力。三要深入研究经济社会发展的新特点，探索信息网络在工会建设中的作用，创新工会工作的运作方式，拓宽与职工群众的沟通渠道，扩大会务公开的途径，提高工会工作信息化水平，增强工会工作在青年职工、"三高"群体中的影响力和吸引力。四要适应上海发展转型和产业调整进程，及时调整完善工会组织格局，促进条块结合、行业联动，努力形成体制开放、布局合理、制度规范、运行高效的上海工会组织体系。

今年是完成"十一五"规划的最后一年。当前，上海经济社会发展"十二五"规划正在加紧编制中。各地区、各单位也都在认真研究制定各自的"十二五"发展规划。我们各级工会要在抓紧完成今年各项目标任务的同时，牢牢把握"十二五"期间上海加快转变经济发展方式这一主线，紧密结合各自工作实际情况，思考探索新时期工会工作改革发展的新思路、新举措，进一步推动工会体制、机制和工作创新，在上海经济社会发展的新阶段，进一步发挥工会组织的优势和作用，更好地服务上海科学发展，更好地服务职工群众。

同志们，明天就是中秋佳节了，借此机会，祝愿大家节日快乐、阖家幸福！

在2010年上海市工会组织工作总结交流暨表彰大会上的讲话

(2010年12月15日)

肖堃涛

一、认清形势，坚定信心，进一步增强做好新形势下工会组织工作的责任感紧迫感

近期，中央、市委全会全面分析了当前形势和任务，审议通过了"十二五"规划建议，确定了"十二五"时期我国、上海经济社会发展的指导思想、总体思路、目标任务和重大举措，为"十二五"期间工会事业发展指明了努力方向。在中央全会上，胡锦涛总书记就做好新形势下群众工作发表了重要讲话。俞正声书记在市委全会上强调指出，要大力加强工会建设，完善工会体系，依法推动企业普遍建立工会组织，改革相应的机制，使工会更好地代表职工利益。中央、市委领导的重要指示，为做好新形势下工会工作提出了新的更高要求。

2011年是上海实施"十二五"规划的第一年，也是全面落实"两个普遍"要求，实现企业依法普遍建会三年规划目标的关键一年。我们要从巩固党的阶级基础和群众基础的高度，充分认识工会组织工作的极端重要性。我们要充分认识到，实现上海"十二五"规划的目标任务，走创新驱动、转型发展道路，既为工会工作带来了新的挑战和考验，更为工会工作创新发展提供了难得的机遇，创造了广阔的舞台。各级工会一定要认真学习、深刻领会、切实贯彻中央、市委全会精神，深刻认识中央、市委对工会工作提出的新要求，深刻认识上海走创新驱动、转型发展道路的新趋势，深刻认识"十二五"时期上海工会工作面临的新形势新任务，把思想和行动统一到中央、市委对形势的分析判断上来、统一到对各项工作的决策部署上来，进一步增强做好新形势下工会组织工作的责任感和紧迫感，不

断开创工会组织建设工作的新局面，团结凝聚广大职工为上海率先实现经济发展方式转变、全面实现“十二五”发展目标任务作贡献。

二、依法推进企业普遍建立工会组织，不断扩大工会工作覆盖面

近期全总提出的“两个普遍”，其中一个很重要的内容就是，依法推进企业普遍建立工会组织。全市各级工会要自觉把思想认识统一到“两个普遍”上来，把力量凝聚到依法推进企业普遍建立工会组织上来，为依法推进企业普遍开展工资集体协商等各项工作奠定坚实的组织基础和工作基础。

（一）扎实开展“广普查、深组建、全覆盖”集中行动。开展“广普查、深组建、全覆盖”集中行动，是落实“两个普遍”工作要求的有力举措和重要内容。各级工会要以第二次全国经济普查企业法人单位数为依据，按照企业名录逐一进行实地核查，做到对未建会企业数量清、所在区位清、未建会原因清和推进建会情况清，并登记在册，有针对性地推进企业建会。对职工25人以上的企业，应当推进其单独建立工会组织。要以企业集中的开发区、各类园区（工业园区、经济园区、创意园区等）、商务楼宇、商场超市、集贸市场等为重点领域，以世界500强等跨国公司和港澳台资企业、私营企业，商贸、餐饮、物流、保安等第三产业及有雇工的个体工商户为重点对象，大力推动各种所有制企业普遍建立工会组织，最大限度地把包括新生代农民工在内的各类职工吸纳到工会组织中来，确保上海工会组建工作三年发展目标全面实现。

（二）深入推进党工共建创先争优活动。各级工会要抓住开展党群（工）共建创先争优活动的有利契机，主动接受党组织对工会工作的领导，争取更多的资源和手段，不断将工会组建工作引向深入。要把开展创先争优与集中行动、推动企业普遍建会紧密结合起来，把创先争优的过程转化为推动企业普遍建会的成果。要进一步健全完善工会组建工作的体制机制，积极争取政府（行政）的支持和社会各方的配合，充分发挥各级工会组建工作联席会议、领导小组的作用，进一步深化党群工作同步运作机制，从工作计划、组织、领导、实施到检查、考核、评比等各个环节拓展“党工共建”的有效渠道和方式，不断提高党群工作的一体化程度和工作联动的有效性，使党工共建创先争优活动成为各级工会扎实深入推进工会组建工作、确保取得实效的强大动力。

（三）不断推进企业工会组建工作取得新进展。目前，上海工会组建率和职工入会率与全总的要求还有较大的差距。在未来两年内，上海工会组建任务相当繁重。各级工会要做好打“硬仗”、打“苦战”的准备，以推进企业工会组建为重点，积极探索创新各种有利于上海经济社会发展、有利于维护社会稳定、有利于企业工会深组建、全覆盖的新模式和新方法。要继续推进区域性行业性工会联合会建设，增强“楼宇工会”、“小区工会”、“一条街工会”、“项目工会”、“专业市场工会”等对暂不具备单独建会条件的小企业进行全覆盖的功能，不断完善“条块结合、交叉覆盖”的组建格局。要进一步推进劳务派遣、人力资源公司组建工会，对劳务派遣、人力资源公司尚未组建工会的，要督促用工企业工会吸纳劳务派遣、人事代理制等职工入会。各区县局（产业）工会要根据全总和市总组建工作三年行动规划，认真研究分析本地区、本系统、本单位组建工作的形势任务，制订切实可行的工作措施和方案，细化工作目标任务，确保三年组建任务全面顺利完成。

三、发扬改革创新精神，不断提高工会组建工作科学化水平

各级工会和广大工会干部要站在新的起点，继承工会组织工作的好做法好经验，发扬改革创新精神，与时俱进，奋发有为，进一步激发基层工会组织活力，不断提高工会组织工作科学化水平。

（一）进一步理顺工会组织管理体制。各级工会要认真研究社会转型期给工会组织体制带来的变化，及时理顺和调整工会组织管理体制。特别要研究在市、区、乡镇街道三级总工会组织体制中，加强乡镇街道总工会建设的问题；在完善乡镇街道总工会、村（小区）、商务楼宇、工业园区等区域性、行业性的“小三级”工会组织体制中，加强村（小区）工会建设的问题；在完善“条块结合、交叉覆盖”的区域性行业性工会联合会组织体制中，加强工会组织有效运转的工作机制问题。要进一步加强职业化社会化工会工作者队伍建设，逐步推进区域性行业性基层工会联合会聘用专职工作人员工资分级负担试点工作。通过不断健全完善符合上海经济社会发展和有利工会各项工作开展的组织体制，为上海工会工作创新发展奠定坚实的组织基础。

（二）进一步建立健全基层工会各项民主政治制度。要坚持落实工会会员（代表）大会制度，进一步推进基层工会会员代表常任制，坚持按期换届改选制度，基层工会委员会定期向会员（代表）大会报告工作的制度，会员代表民主评议、民主测评工会领导人制度。要积极推行基层工会组织会务公开，落实好会员群众的知情权、参与权、表达权和监督权。要总结推广基层工会主席直接选举的工作经验，在区县局（产业）工会以下各级期满换届和新组建的工会组织主席直接选举产生的基础上，积极稳妥地扩大基层工会主席直接选举的范围，切实提升工会工作法制化、民主化、群众化水平。

（三）进一步推进职工之家建设。要按照全总《关于进一步家建设职工之家工作充分发挥基层工会作用的意见》要求，坚持建会、建家和建制的有机统一，做到“哪里有工会组织哪里就要开展建家活动”，不断赋予建家活动新内涵，最广泛地把建家活动覆盖到每个基层工会组织，最充分地激发出基层工会组织的活力。要大力推进会员建家、会员评家等制度建设，提高会员对工会工作的满意度。要不断拓展职工之家创建领域，探索研究小企业工会联合建家新模式，解决联合基层工会单独建家难度大的问题。要坚持以创建劳动关系和谐企业作为建家活动的重要内容，努力实现企业与职工合作共赢，真正把基层工会建设成组织健全、工作规范、维权到位、党政支持、职工信赖的职工之家。

（四）进一步加强工会干部教育培训。今年，是《“十一五”期间上海工会干部教育培训规划》的最后一年。在前五年中，上海各级工会在思想上高度重视，在做法上不断创新，在措施上落实有力，上海工会干部教育培训工作取得了一定的成绩。市总将在总结前五年工作的基础上，制订工会干部教育培训下一个五年规划，希望各区县局（产业）工会也能结合自己的实际，将重点拓展到非公企业工会干部教育培训，谋划好、实施好今后五年工会干部教育培训工作。各级工会要按照全面提高工会干部理论素养、文化素质、业务水平和工作能力的总体要求，整合资源，构建更加开放的工会干部教育培训格局；优化结构，建设高素质的工会干部教育培训师资队伍；创新理念，提高工会干部教育培训的针对性、实效性。要以培训需求为导向，积极推行互动式、案例式、模拟式、体验式等教学方法，并把课堂教学与现场教学、工作考察结合起来，提高培训效果。要加强对工会干部教育培训工作的组织领导，建立健全工会干部教育培训管理体制，完善相应的工作机制，加大经费投入，加强工会干部教育培训工作的研讨交流，培养和造就一支政治坚定、业务扎实、作风过硬、廉洁自律的高素质工会干部队伍，为上海工会工作创新发展提供强有力的人力支撑和智力保证。

在加强企业工会女职工工作推进会上的讲话

（2010年10月28日）

汪兰洁

当前，我国正处在经济社会发展的重要战略机遇期，劳动关系多元化、复杂化，带来了劳动关系矛盾的易发、多发。中央、全总高度重视企业工会工作，于今年7月下发了《中华全国总工会关于进一步加强企业工会工作、充分发挥企业工会作用的决定》。陈豪主席在上海工会十二届六次全委扩大会上对上海工会工作也提出了新要求。女职工是促进企业发展不可忽视的重要力量，聚焦企业工会女职工工作，增强企业工会女职工组织的活力，对促进企业和谐劳动关系建设具有十分重要的现实意义。

刚才松江区总工会女职工委员会、上海柴油机股份有限公司、正泰电器、新大洲集团工会、静安区石门二路街道总工会做了工作交流发言，这些单位创造了不同所有制，不同规模企业工会女职工工作的先进经验，值得大家学习、借鉴。

为了更好指导企业工会女职工工作，女职工部专门对300多家非公企业进行调研，通过座谈、问卷调查了解到，80%的基层企业工会女职工组织能围绕企业发展、女职工的需求，开展工会女职工工作，如81%的企业组织开展“三八”节活动，80%的企业开展妇科病、乳腺病筛查，63%的企业开展各类培训，62%的企业开展提合理化建议，53%的企业开展帮困活动，42%企业为女职工购买女职工团体互助医疗特种保障，使企业工会女职工组织在企业中有一定影响力，赢得企业的支持，也受到女职工的拥护。

我们深知，全市尚有20%企业工会女职工组织处于“停转”状态。通过这次调研也发现许多不足，仍然还有46%的非公企业没有签订女职工权益保护专项集体合同；33%的非公企业不能为女职工工作开展活动提供充足经费；23%的非公企业未能规范建立女职工组织；15%认为缺乏上级工会女职工组织工作指导，这些数据表明我们的工作还存在对基层企业不够重视，作风不够深入，指导服务不够到位，影响了基层企业工会女职工组织作用的发挥。

今天，我们召开推进会，就是要紧紧抓住当前重视企业工会工作的契机，同步推进企业工会女职工工作，下面我就进一步加强企业工会女职工工作提三点意见：

一、认真学习、把握中央和市委对工会工作提出的新要求，进一步增强做好工会女职工工作的责任感和使命感。

中央和市委领导对工会工作高度重视，要求进一步加强工会组织建设，在维护劳动关系和社会稳定中充分发挥工会作用。各级工会女职工组织和广大工会女职工干部要认真学习领会十七届五中全会精神，准确把握当前工会工作面临的新形势、新任务，增强做好新形势下工会女职工工作的责任感和使命感。深入研究工会女职工工作在“转方式、调结构”的大背景下面临的新情况、新问题，找准企业工会女职工工作的切入点和着力点，要坚持“促进企业发展，维护职工权益”的工作原则，更好地服务大局、服务女职工。发挥好企业与女职工之间的桥梁和纽带作用，依法、科学、主动维护好女职工的合法权益，充分调动广大女职工参与企业生产的劳动热情和创造活力，为构建和谐的劳动关系、创建和谐企业、维护社会稳定作出新的贡献。

二、突出工作重点，推进“两个覆盖”目标的实现。

在全总十五届四次执委会上，明确提出“两个普遍”的企业工会工作要求。前不久在全国工会女职工工作会议暨女职工组织建设经验交流会上全总副主席、书记处第一书记王玉普同志也提出在推动企业普遍建立工会组织的同时，大力发展女职工组织，做到工会女职工组织建设与工会组织建设的“三同时”。我们要以此为契机，促进工会女职工工作“两个覆盖”目标的实现，即在依法推动企业普遍建立工会组织的同时，促进企业工会女职工组织全覆盖；在依法开展工资集体协商的同时，促进女职工权益保护专项集体合同的全覆盖。

（一）推进在已建工会企业中工会女职工组织全覆盖。工会女职工组织是开展工会女职工工作的重要组织基础，去年年底全市女职工组织的同步组建率达到93%，以工会普遍建会的目标要求，市总女职工委员会制定阶段目标，推进工会女职工组织在已建工会组织的全覆盖，今年同步组建率要求达到95%，明年达到97%，2012年基本实现全覆盖。在推进该项工作中要加强与相关部门的沟通、合作，在部属工会组建工作时，同步部署、同步实施、同步考核女职工组织“三同步”组建，在组建中始终要坚持与工会组织同时筹备、同时产生、同时报批。市总正在制定的2011年度工会重点工作目标管理考核，已将女职工组织同步组建列入考核内容中。在抓同步组建率的同时，要注重规范化建设，女会员25人以上的企业应建立工会女职工委员会，25人以下可以建立工会女职工委员会也可设女职工委员。

（二）推进专项集体合同的全覆盖。签订女职工专项集体合同制度是工会女职工组织依法维护女职工权益的有效载体。经过多年的探索和实践，我们已建立了比较完善的工作机制，制定了比较具体的操作规范，也显现了专项合同作用。截至今年7月底，本市共签订专项集体合同17985份，占签订集体合同份数的85.44%，覆盖单位55927家。根据全覆盖目标要求，我们计划明年的签订率达到88%，2012年基本实现全覆盖。签订女职工专项集体合同工作作为企业工会女职工工作的重点工作，要不断提高签订率，扩大覆盖面，紧紧依托企业普遍建立集体协商机制和集体合同1+X模式，做好同步签订工作，并做好履约检查、续签、双备案工作，推进女职工专项集体合同的全覆盖，同步签订专项集体合同工作也列入了2011年度工会重点工作目标管理考核内容中，切实维护好女职工的合法权益和特殊利益。

三、进一步明确工作职责，切实增强企业工会女职工组织活力。

（一）制定工作《意见》，加强工作指导。为了更好地发挥企业工会女职工组织的作用，在深入基层企业调研的基础上，结合上海工会女职工工作的实际，根据去年全总新修改的《工会女职工委员会条例》、《加强企业工会女职工工作的意见》以及《关于进一步加强企业工会工作、充分发挥企业工会作用的决定》，市总女职工委员会制定了《上海市总工会进一步加强企业工会女职工工作的意见》，对上海企业工会女职工工作提出更加具体的工作要求，对加强企业工会女职工工作更具针对性和指导性。各级工会女职工组织要认真组织学习，按照《意见》要求对照本单位的工作实际，查找薄弱环节，进一步夯实组织基础，推进重点工作，深入实施女职工建功立业、素质提升工程，强化维权机制，加大为女职工办实事、做好事力度，进一步增强企业工会女职工组织的影响力和凝聚力。

（二）推出“5+X”工作要求，提升总体工作水平。在今天的会议上，我们重点推出企业工会女职工工作“5+X”工作要求。这是切实增强企业工会女职工组织工作活力的有力抓手和有效载体，“五个一”是对企业工会女职工工作的基本要求。“五个一”即：建立一本工会女职工工作手册（这本手册要求区县局发到每个基层）、签订一份女职工专项集体合同、开展一次有意义的活动、组织一次培训、办好一件实事。做到“五个一”是达到工会女职工组织合格要求，计划用三年时间，基层企业工会女职工组织基本做到“五个一”。“X”是在“五个一”基础上的进一步要求，国有企业及基础较好的非公企业应率先按照“X”要求不断创新工作内容，最大限度服务企业发展、服务女职工需求，形成具有本企业工作特色的工作品牌。“5+X”工作要求既体现了企业工会女职工工作的基本要求，又体现了女职工工作的创新与发展要求，是对女职工工作整体内容的具体体现，简单明了，操作性强，对企业工会女职工工作起到很好的规范、指导作用。因此各级工会女职工组织要加强培训，帮助企业工会女职工干部理解和运用。要采取具体措施，整合工会内部资源，推动“5+X”工作要求在企业工会有效贯彻落实，促进企业工会女职工工作转起来、活起来，使女职工工作整体水平得到提高。

（三）加强干部队伍建设，扎实推进工会女职工工作。一是不断加强作风建设，牢固树立群众观点，加强与女职工的密切联系，注重调查研究，深入基层、深入女职工当中，认真听取女职工的意见和需求，真实反映女职工的呼声，依法表达女职工的利益诉求，切实为女职工办实事做好事，解决生产生活中的实际困难，努力提高基层企业工会女职工工作活力和创新能力，不断增强企业工会女职工组织的吸引力和凝聚力。二是要加强对基层企业工会女职工工作的指导和服务。建立信息网络和畅通联系渠道，为企业工会女职工组织提供法律、政策、信息等方面的咨询服务，帮助企业工会女职工干部协调解决工作中遇到的各种困难和问题。三是要加强对女职工干部队伍的培训，特别是对新任职、兼职多、缺乏工作经验的女职工干部的培训，以开放式、多渠道、多层次的培训方式，将工会女职工工作方法、内容、工作要求等工作实务及“5+X”工作要求普及到每一位工会女职工干部，切实提高企业工会女职工干部队伍的工作能力和水平，努力打造高素质的工会女职工干部队伍。

把握时代特点　发挥竞赛优势
为上海经济社会发展建功立业

杜仁伟

“十一五”期间，在党中央、国务院的坚强领导下，上海面对国内外环境的复杂变化和重大风险的考验，积极应对国际金融危机冲击和自身发展转型的挑战，成功举办世博会，经济社会平稳健康协调发展，“四个中心”框架基本形成，服务全国的能力不断提高，国际影响力显著提升。围绕上海“十一五”发展的目标任务，我们广泛开展“当好主力军、建功‘十一五’、和谐奔小康——百万职工建功立业”主题竞赛活动，取得明显成效，为推动上海经济社会发展作出了重要贡献。

一、把握时代特点，发挥竞赛优势，为上海“十一五”发展凝心聚力

1. 坚持竞赛主题的时代性。五年来，我们主动适应经济社会发展的新要求，始终坚持竞赛主题紧扣时代脉搏，先后以“同舟共济保增长，建功立业促发展”；“当好主力军，建功世博会，展示新风采”；“保平安、促运行、重服务、创一流”等为主题，广泛开展以百万职工立功竞赛、科技创新、技能登高、节约行动、安康杯竞赛等“五个百万”为主要内容的劳动竞赛，彰显了鲜明的时代特征、上海特点。

2. 坚持竞赛组织的科学性。以科学发展观为指导，始终坚持把推动“经济发展、社会进步，企业增效、职工增收，共建共享、和谐发展”作为竞赛工作遵循的基本原则，坚持劳动竞赛的正确导向，注重探索劳动竞赛的内在规律，把党政关心的重点、经济发展的难点作为竞赛的着力点，在推动经济发展的实践中，提升竞赛的科学化水平，凸显劳动竞赛对经济社会发展的促进作用。

3. 坚持竞赛活动的实效性。从企业生产经营实际出发，始终坚持突出重点、攻克难点、形成亮点，增强竞赛的针对性和有效性。如为应对国际金融危机，我们广泛开展“同舟共济保增长，建功立业促发展”主题劳动竞赛，全市有1.05万家企业、152.3万名职工参加降本增效、双增双节、困难企业技术帮扶等活动，为上海经济平稳较快发展做出了积极贡献。

二、强化竞赛机制，创新竞赛工作，努力开创上海特大型城市劳动竞赛新局面

1. 强化“上下联动、内外互动”的竞赛运行机制。积极构建“党委领导、行政支持、工会运作、职工参与、各方协同、全面推进”的竞赛工作格局。建立了市、区县局和基层单位多层面上下联动、共同推动竞赛活动的机制。会同政府有关部门制定出台一系列政策文件，与相关部门建立职工科技创新联席会议、职业技能大赛组委会等组织机构，联合举办各种专项竞赛。如世博会期间，我们会同上海世博局、市委宣传部、市公安局、市建设交通委等部门，设立了七大赛区，全市10.7万个企事业单位、716万人参加竞赛活动，发挥了同城效应，为世博会的“成功、精彩、难忘”作出了积极贡献。

2. 强化“指导服务、活跃基层”的竞赛组织机制。为加强分类指导及时总结推广先进经验，先后召开了深化职工素质工程宝钢现场会、合理化建议上汽现场会、高技能人才电气现场会、世博运行保障建交委现场会等一系列旨在推动竞赛发展的专题会议。聚焦科技创新，激发创造活力的上海职工科技节至今已举办了三届，起到了很好的示范带动作用。每届职工科技节全市各级工会都组织1000多场活动，活动载体达40多种，吸引100多万职工参加。“十一五”期间，上海推出了一大批职工科技创新成果，有4名一线职工获得国家科技进步二等奖。

3. 强化“典型引领、多元激励”的竞赛推进机制。竞赛中，我们在注重物质激励、荣誉激励的同时，还探索推广了要素激励、命名激励、舆论激励、机会激励等多元化激励手段，把竞赛结果与职工的评优评先、效益工资、岗位晋升结合起来。注重选树表彰先进典型，发挥劳模引领作用。如李斌同志获得国家科技进步二等奖后，我们及时召开现场会，推广机电工会的经验，作出向李斌同志学习的决定，奖励李斌和他的工作室20万元，并将其工作室命名为上海市“首席技师工作室(001号)”，在全市职工中引起热烈反响。

三、深化竞赛内涵，提升竞赛水平，充分发挥劳动竞赛在推动经济社会发展中的作用

1. 与深化职工素质工程相结合。把提高职工素质作为劳动竞赛的重点，坚持“练兵、培训、比武、晋级”四位一体模式，广泛开展职工岗位培训、技能竞赛、高师带徒等活动。与市委组织部、市人保局、市国资委联合制订并实施了本市首席技师培养选拔千人计划，推广实施首席技师制，完善首席技师培养、选拔、管理和使用机制。到2010年底，全市高技能人才占技能劳动者的比重已经达到25%。

2. 与促进企业管理相结合。把劳动竞赛渗透到企业生产经营的各个环节，以创建“工人先锋号”为抓手，广泛开展增值型、创新型、攻关型、技能型、节约型、优质型劳动竞赛，及时总结推广通过创建“工人先锋号”，提高班组管理水平；通过搭建合理化建议信息化平台，提高企业综合管理效能；通过总结先进操作法，优化工艺流程；通过职业技能大赛，促进人力资源开发；通过建立职工创新评估体系，增强企业自主创新能力等方面的竞赛经验，固化竞赛成果，形成长效机制，促进企业质量管理、技术管理、经营管理、人力资源管理和班组管理。如，在宝钢集团工会开展的“跨厂际、同工序对标升级”竞赛中，共实施各类竞赛项目1.4万余项，并建立了多层面的目标体系，有效提升了企业管理水平。上海汽车集团工会开发应用合理化建议信息化管理平台，近三年来有75.96%的职工参加合理化建议活动，实施合理化建议168万条，节约金额65.55亿元。

3. 与增强基层工会活力相结合。充分发挥劳动竞赛凝聚力量、集聚智慧、激发活力、促进发展的优势，推动竞赛领域从国有企业向非公有制企业延伸，从先进制造业向现代服务业延伸，从生产向科研、管理、服务等各个环节延伸。参赛人员也从以一线工人为主，向研发人员、管理人员以及农民工延伸。丰富多彩的劳动竞赛有力地推动了企业发展，为职工成长成材和发挥聪明才智搭建了广阔舞台，同时，也彰显了工会的作为。工会的吸引力、凝聚力和影响力进一步扩大，职工的劳动热情和创造潜力充分释放，基层工会的活力明显增强。

全总向全国职工发出了为“十二五”发展创先争优、建功立业的号召。我们将认真学习领会今天的会议精神，深入贯彻落实全总劳动竞赛“十二五”规划，以“创新驱动、转型发展”为主线，以“当好科学发展主力军、打好创新转型攻坚战”为主题，继续广泛深入开展社会主义劳动竞赛，团结带领全市职工为上海加快推进“四个率先”、加快建设“四个中心”和社会主义现代化国际大都市再做新贡献。

在2010年上海工会法律工作会议上的讲话

（2010年2月9日）

茆荣华

一、总结经验、承优创新，全面回顾2009年上海工会法律工作

2009年，在市委和全总的正确领导下，在同志们的共同努力下，各级工会坚持围绕中心、服务大局，经受了国际金融危机的考验，在特殊时期做出特殊贡献，各项工作均取得了新的进展。

（一）积极维护职工队伍和社会稳定体现新作为

一年来，各级工会按照"预防为主、基层为主、调解为主"的原则，主动介入、积极协调，在化解群体性纠纷、构建和谐劳动关系、促进经济平稳较快发展、维护职工合法权益和社会稳定中发挥了积极作用。建立市区两级群体性纠纷化解工作指导小组，强化政治意识，积极协调配合，加强分析研判，主动跟踪指导，着力做好群体性纠纷的化解和防范抵御工作。

市总工会着力建立健全工作制度和机制，落实专人负责联络各区县产业工会，定期排摸分析情况，及时反馈重大群体性纠纷调处情况。及时制订下发了《关于积极开展集体协商、妥善处理企业群体性纠纷的指导意见》等文件，指导各级工会引导职工通过集体协商，依法理性表达诉求。2009年，全市工会系统上报的劳资矛盾引发的群体性纠纷92起，其中有87起已通过协商、调解或司法途径得到妥善解决。

各级工会建立健全重要信息即时报告制度、群体性纠纷周报告制度和定期研判制度，加强对劳动关系特征和发展趋势的整体把握。浦东新区总工会通过三级工会的信息联通、工作联动、行动联合，基本保证劳资矛盾不出街区、镇区、开发区。普陀区总工会建立劳动争议预警"十必报"制度，及时了解职工思想动态和企业生产经营状况，牢牢把握维稳工作的主动权。卢湾区总工会结合实际，制定了"应对群体性突发事件处置工作预案"，确保经济平稳较快发展。松江区、崇明县总工会坚持维权与维稳的有机结合，主动介入辖区企业劳资矛盾的协调处理，切实维护职工合法权益。机电、烟草工会建立健全了职工思想动态预测、预报、预防工作制度，有效预防和化解劳动关系矛盾。

（二）努力推动集体协商机制建设取得新进展

一年来，上海工会继续加强与劳动部门的联动，客观面对形势，把握工作力度，巩固政府主导、三方共同推进的工作格局，着力推动集体协商机制建设。

市总工会总结推广闵行区总工会倡议企业和职工集体承诺"抱团过冬"的工作经验，广泛开展"共同约定行动"。截至2009年底，全市已有36839家企业积极响应，占建会企业的60.56%，取得了较好社会效应。继续推动政府将工资集体协议覆盖劳动者人数列入区县就业保障工作考核指标，发挥市三方工资集体协商工作推进小组的作用，联合制定下发《关于2009年进一步推进工资集体协商工作的通知》，评选表彰了50家工资集体协商示范单位，总结形成了一批区域、行业、企业开展工资集体协商的成功经验。2009年，全市共签订21456份集体合同，覆盖企业77094家，覆盖职工3764155人；其中签订10821份工资专项集体合同，覆盖企业34324家，覆盖职工1875928人。

各级工会不断拓展"共同约定行动"的推进主体、形式和内容，将"共同约定行动"引向深入。与劳动保障部门密切配合，进一步巩固以政府为主导推进工资协商建制的工作格局。宝山区总工会提出"六个保"工作要求，切实发挥工会在特殊时期的特殊作用。虹口区总工会召开"和谐企业，发展共赢"研讨会，向全区企业发出"不减员、不减薪、不减福利"的倡议。徐汇、静安区总工会以区内世界500强企业和区属企业为重点，开展"共同约定行动"。闸北区总工会注重分类指导，集体合同覆盖率达到建会数的85%。普陀、青浦区总工会大力开展行业性工资集体协商，涌现出长寿街道餐饮行业、香花桥街道服装纺织行业等工资集体协商工作典型。市交通港口局工会、市城市交通工会联合调研，制定下发《关于加强本市公共汽电车行业职工工资收入分配工作的指导意见》，建立公交职工收入增长的长效机制。

（三）着力推进劳动争议调解组织建设形成新格局

一年来，上海工会以推进街镇调解组织建设为重点，积极推进多元化调解模式，多措并举提升劳动争议调解员队伍素质，着力构建劳动关系预警、预防、调处、援助一体化工作格局。

市总工会重点组织开展了劳动争议调解组织和工作机制建设状况的调研，积极指导地区工会推进街镇劳动争议调解组织建设，注重整合工会法律顾问团、法律人才库等多方资源，不断提高劳动争议调解的专业化水平和成效。

各级工会积极行动，主动与司法、法院、劳动等部门联手，利用人民调解和劳动争议专业调解资源，探索区域、行业、楼宇、园区等多样化、新型化调解组织形式，推行与司法联合调解、裁前诉前委托调解等社会化、多元化调解模式。截至去年底，全市213个街镇，除崇明县以外，其余各区县、街镇、工业园区均已完成100%建立劳动争议调解组织的工作目标。奉贤区总工会100人以上和50人以上

建会企业劳动争议调解组织建制率分别达到 98% 和 94%。长宁、金山区总工会与司法等部门紧密配合,加强劳动争议调解组织建设,加大劳动争议化解力度。杨浦、嘉定区总工会主动与法院、劳动仲裁等部门联合,积极推行仲裁、诉讼前置委托调解,体现工会在社会化大调解中的有效作为。

(四)切实加强工会法律工作队伍建设得到新提升

一年来,各级工会积极整合资源,探索有效途径和方法,注重学习和实践,加大工会法律人才队伍建设力度,不断提升工会干部的法律素养和服务能力。

市总工会成立了第二届法律顾问团,建立了工会法律人才库,通过组织法规学习、案例研讨、经验交流,着力培养一支工会法律工作骨干队伍。积极发挥法律顾问团和公职律师的作用,为职工提供咨询服务和法律援助。2009 年,全市职工法律援助服务中心共为职工提供法律服务 42980 人次,其中非诉讼调解 3441 件,代理仲裁、诉讼 910 件,处理来信 2177 件,代写法律文书 333 件,接待咨询 38669 人次,较好维护了职工的合法权益。

各区县产业工会积极推荐选派优秀人才充实到工会法律工作岗位,逐步形成市区两级队伍网络,为推动工会法律工作提供人力资源保障。黄浦区总工会配备 9 名专职律师和仲裁员,为基层工会提供宣传、咨询服务 4386 人次,区总公职律师林志祥被评为第二届全国维护职工权益十佳杰出律师。闵行区总工会发挥职工维权志愿团律师作用,定期深入企业为化解群体性纠纷提供法律服务。奉贤区总工会招聘了 25 位经验丰富、素质较高的工会工作指导员,充实镇、开发区劳动争议调解员队伍。浦东、嘉定、宝山等区县克服人手紧、任务重等困难,积极落实人员参与劳动争议仲裁办案,在实践中提升工会干部能力。

一年来,各级工会认真履行职责,切实发挥在推动劳动合同制度建设、三方协调机制建设、实施劳动法律监督等方面的作用。加强与相关部门的协调配合,切实做好农民工权益保障和工会法制宣传工作。认真贯彻全总关于工会法人资格登记的要求,扎实做好法人资格登记工作。截至年底,上海 51952 个基层工会中,已领取工会法人资格证书的工会数为 29604 个,法人资格登记率为 56.98%,比 2008 年同期提高 4.93 个百分点;25 人以上基层工会法人资格登记率达到 91.01%,同比提高 8.16 个百分点。

2009 年各级工会在积极应对国际金融危机、全力筹办世博会的背景下,不仅取得了较好成绩,而且创造了以下宝贵经验:

一是坚持在围绕服务大局中,牢牢把握工作的着力点和切入点。各级工会坚持把维护职工队伍和社会稳定作为工作的切入点,以推进协调劳动关系机制建设,依法调处劳动关系作为工作的着力点,切实发挥工会法律工作的积极作用。

二是坚持在依法履行工会职责中,积极争取相关方面的支持。各级工会在推进工资集体协商工作中,努力巩固政府主导推进的工作格局;在参与劳动争议调处中,积极探索与司法、劳动等部门的联合调解模式;在维护农民工权益中,不断加大与人大、政协、劳动监察等部门的联合执法检查和专项监督检查力度。

三是坚持在协调劳动关系的过程中,注重把握维权与维稳的有机结合。各级工会始终坚持"促进企业发展、维护职工权益"企业工会工作原则,既代表职工依法与企业协商争取合理利益,又教育引导职工合法理性表达利益诉求;通过广泛开展"共同约定行动",营造企业与职工共克时艰、共谋发展的良好氛围。

四是坚持在贯彻劳动法律法规过程中,持续推进劳动关系协调机制建设。各级工会注重加强对劳动关系特征和发展趋势的整体把握和定期研判;注重推进集体协商,将无序纷争导入有序协商;注重探索社会化劳动争议调解模式,推动街镇劳动争议调解组织建设。

二、围绕大局、认清形势,进一步拓宽做好工会法律工作的新视角

2010 年是上海世博会的举办之年,是调整经济结构、转变经济发展方式的关键之年,是实施"十一五"规划的最后一年。各级工会要围绕市委提出的"五个确保",深刻认清形势,提高认识,进一步拓宽做好工会法律工作的新视角。

(一)深刻认识世博会举办,工会维稳工作面临新要求

国际展览局秘书长洛塞泰斯曾说:"世博会是一个重大的世界性活动。世界上没有一个类似活动持续这么长时间,吸引这么多人参观,并且展示这么多国家和国际组织的成果,在美丽和睦中把世界各国带到了一起,吸引了所有人的心。"2010 年上海世博会规模空前。世博园规划用地 5.28 平方公里,总建筑面积 230 万平方米,将建有 42 个外国自建馆、18 个企业馆、42 个租赁馆和 11 个联合馆。已有 242 个国家和国际组织确认参展上海世博会。在 184 天的会期内,预计参观人数将突破 7000 万人次,参观者平均每天 40 万人。世博会是超越了国家、民族、宗教界限的人类文明的盛会,世博会融合了世界各国的新技术、新理念、新文化以及新的生活方式。全力以赴办好一届成功、精彩、难忘的世博会,是全市人民今年的头等大事,是中华民族的共同心愿,也是上海的光荣、机遇和挑战。

平安和谐铸就"成功"。职工队伍和社会的稳定是成功举办世博会的前提、基础和保证。举办世博会对工会维稳工作提出了新要求。一是提出了加强重点区域、重点单位、重点人群防范的维稳工作新要求。众多的企事业单位和职工直接或间接参与到世博会的日常管理、营运维护、后勤保障、志愿服务之中,我们必须关注相关单位的劳动关系状况和职工队伍稳定情况,加强研判分析,落实工作责任,确保重点区域、重点单位、重点人群稳定。二是提出了超前预防、柔性化解的维稳工作新要求。世博会把上海变成了一个开放度更高、敏感性更强的国际化大都市。任何因劳资关系引发的矛盾,尤其是群体性纠纷都可能影响世博会的举办。我们要加强超前预防预警,积极推行柔性化解,避免矛盾激化,切实把矛盾化解在基层、化解在萌芽状态。三是提出了加强长效机制建设的维稳工作新要求。世博会举办时间长,我们必须更加注重维稳长效机制建设。各级工会要进一步健全应对国际金融危机中建立起来的维稳工作制度和机制,进一步推进协调劳动关系长效机制建设。各级工会要增强政治意识和国家意识,主动担

当责任，维护职工队伍和社会稳定，确保成功举办世博会。

（二）深刻认识经济结构调整，工会依法维权面临新任务

率先转变经济发展方式是关系上海经济当前和长远发展一项紧迫而重大的战略任务。国资国企改革是上海率先实现经济发展方式转变的中心环节和关键部分。在实施国资国企改革三年行动计划中，今年为最后一年，计划关停并转企业约600家。新一轮国企改革与上一轮国企改革有着明显的不同特征：一是国企改革逐渐进入“深水区”，各类社会矛盾和历史遗留问题相互交织，各种思想观念和利益诉求相互碰撞，推进难度更大；二是国企改革由过去以困难亏损的劣势企业为主向生产经营状况良好的优势企业转移，关停并转的企业不一定是效益不好的企业，职工可能一时难以接受，改革成本更高；三是国企改革面临不同以往的经济社会环境。受国际金融危机影响，上海经济回暖的基础仍不牢靠；就业形势日趋严峻，社会保障收支平衡压力加大；加之举办世博会，不稳定不和谐因素趋多易发，社会风险更大。

调整经济结构、转变经济发展方式，工会依法维权面临新任务。一是工会参与协调劳动关系的任务将更加艰巨。关停并转一批高能耗、高排放、高危险企业和资源消耗型企业，必然带来部分职工劳动关系的调整。协调劳动关系是工会参与经济发展方式转变、经济结构调整的切入点。在职工变更、解除或签订劳动合同的过程中，工会要切实履行指导、帮助和监督的职责。二是维护职工劳动经济权益的任务将更加艰巨。企业关停并转，职工身份的置换、劳动合同的解除，将涉及职工经济利益的调整。在改革改制的方案酝酿出台过程中，工会必须深入群众听取职工利益诉求，通过民主渠道反映职工利益诉求，依法代表职工和企业进行协商，积极为职工争取权益。在职工劳动合同的解除过程中，工会必须督促企业及时足额支付职工经济补偿金、及时清偿拖欠职工的工资、加班工资和社会保险金。三是引导职工理解支持经济结构调整的任务将更加艰巨。各级工会既要教育引导职工采取合法有序的方式理性表达诉求，又要积极代表职工与企业开展集体协商，依法规范企业和职工在处理劳动关系和利益关系方面的行为，把利益分歧引导到依法有序理性协商的轨道。工会代表好、维护好职工合法权益，宣传好、引导好职工理解支持经济结构调整，是工会服务上海经济发展和社会建设大局的具体体现。各级工会要强化大局意识和服务意识，依法维护职工权益，组织职工参与经济结构调整，积极推进经济发展方式转变。

（三）深刻认识劳动关系新变化，工会法律工作面临新挑战

我国正处于改革发展的黄金期，同时也处于矛盾凸显期。尤其是2009年国际金融危机的冲击，上海劳动关系领域矛盾呈现新特征。一是劳动关系矛盾虽然大多发生在劳动关系解除、终止环节，但实际上早就蕴含于劳动关系建立和运行环节。劳动者在劳动关系建立和运行过程中客观上处于不平等地位，劳动者往往迫于就业压力，不敢轻易主张权利。二是群体性纠纷大幅增加。2009年，上海各级工会直接参与调处的10人以上群体性纠纷92件，涉及职工14000余人。职工因感到个体力量单薄，往往抱团抗争，以寻求权益维护或获取最大化利益。三是劳动关系矛盾正从权利之争进入到权利与利益之争并存的阶段。市场经济条件下，各群体间的利益关系特征正在显现，劳动关系领域也不例外；客观上存在劳动者群体利益被过度占有的现象；劳动者利益群体追求公平公正、合理合情利益的愿望愈发强烈。

劳动关系矛盾的新特征给工会法律工作带来新挑战。一是劳资矛盾潜在性特征对工会法律工作理念提出新挑战。劳资矛盾的调处不仅仅是事后的调处，更重要的是加强源头防范、过程监控。推进工会法律工作必须树立系统观念。要围绕劳动关系这一核心，大力推进劳动合同制度、集体协商制度、劳动法律监督制度、三方机制和劳动争议调解组织建设，把工会各项法律工作像珍珠一样串起来，增强整体效应。二是劳动关系矛盾群体性特征对工会法律工作方式提出挑战。在应对国际金融危机，调处劳资纠纷中，工会深深感到资源和手段有限。群体性事件的成功调处，工会往往是依托党委领导，利用政府资源，联合社会力量共同化解。新形势下，工会法律工作的推进必须加强和劳动、司法、企联、律协等政府部门和社会组织的联合，增强联动效应。三是权利争议与利益争议并存对工会维权模式提出新挑战。职工合法权益受到侵害时，可以谋求劳动监察和司法救济等途径进行维权；而利益争议的解决无法走仲裁和诉讼的法律程序，需要走集体协商的途径。工会要更加注重集体协商机制建设，通过利益协调中的有效作为，提高工会组织的影响力和凝聚力。各级工会要强化主体意识和责任意识，深刻认识劳动关系新特点，创新工作思路和工作模式，增强亮点效应，更好地服务工会工作大局。

以上，我只是作了简单分析，还有许多形势任务的要求、劳动关系的特征、法律工作的规律需要我们去认识和把握。希望大家加强对经济社会发展形势分析，加强对本地区、本系统、本单位劳动关系和职工队伍状况的研究，更好地找准定位、谋划工作。

三、聚焦世博，振奋精神，全力以赴推动工会法律工作再上新台阶

今年本市工会法律工作的主要任务是：紧紧围绕市委提出的“五个确保”，重点推进劳动合同、集体协商制度和劳动争议调处等劳动关系协调机制建设，继续推进三方机制、维稳机制建设、工会法律监督、法制宣传教育、农民工权益维护等工作，全力以赴推动工会法律工作上新台阶，努力在协调劳动关系、维护职工合法权益、维护职工队伍和社会稳定中发挥应有作用。

（一）以《劳动合同法》贯彻实施两周年为契机，进一步加强劳动合同制度建设

《劳动合同法》实施以来，社会各界对劳动合同制度高度关注。同时，普法宣传使广大职工维权意识得以提升。劳动合同是确立和调整劳动关系的基础，是工会依法维护职工合法权益的重要手段和武器。各级工会要审时度势，以贯彻实施《劳动合同法》两周年为契机，大力推进劳动合同制度建设。市总工会将针对工会推进劳动合同制度的实际制定下发《指导意见》，进一步落实《劳动合同

法》赋予工会组织的职责和任务，切实承担起帮助、指导职工签订劳动合同的责任。将密切关注《劳动合同法》实施中的热点、难点问题，加强分析研判，及时向市委、市政府及相关部门提出议题和建议，并会同市人保局、法院、企联、律协等召开专题研讨会。各级工会要全面总结《劳动合同法》实施两年来的成效，对贯彻实施过程中出现的情况、问题进行全面分析；要坚持工作指导和调查研究并重，深入区域内、系统内劳动关系矛盾突出的企业点、职工群，围绕劳动合同的订立、变更、解除、终止等重点环节开展调查研究，提出具有针对性的指导意见。各地区、系统工会要精心培育基层工会推进劳动合同制度的工作经验。市总工会将适时召开经验交流会。

（二）以扩大建制数量和提高协商质量为抓手，进一步深化集体协商机制建设

近年来集体协商机制建设已经取得了一定成效，在此基础上，我们要进一步扩大集体协商的覆盖面，进一步提高集体协商质量。今年年底，市总工会将对各区县局（产业）工会的集体合同工作进行考核。去年，集体合同覆盖建会企业率达到40%，覆盖职工率达到53.6%，我们提出今年要在去年的基础上增加10个百分点。需要强调的是，工会要主动与劳动部门衔接，共同做好集体合同备案工作。集体协商的核心内容是工资协商，工资集体协议是集体合同的重要附件。今年是以政府为主导推进工资集体协商工作格局建立的第三年。考虑到国际金融危机的影响，今年指标增幅不是很大，列入区县就业保障工作考核指标的工资集体协议覆盖人数为160万。有的区根据自身区域发展的实际情况，自我加压，提出了更高目标，这是值得鼓励的。另一方面，市总将按照全总的要求，着力研究和推进行业性工资集体协商，市劳动关系三方将联合发文，推动行业性工资集体协商试点。各级工会要大力推进区域、行业、企业开展集体协商，签订集体合同，密切配合人力资源和社会保障行政部门，共同推进工资集体协商，探索实践工资集体协商覆盖劳务派遣农民工的有效模式，让更多的职工和农民工受益。同时，要将广大职工关注的“三最”问题作为集体协商的重点，丰富协商内容，展示协商亮点，提升协商质量，体现协商实效，让职工真正得实惠。

（三）以健全劳动争议调解组织为载体，进一步提升工会参与调处劳动争议的能力

随着劳动关系复杂化，工会参与调处劳动争议的任务越来越重。市总工会将与市人保局、司法局和企联共同研究制定规范性文件，推进劳动争议调解组织建设，并将下发实施意见，具体指导工会参与劳动争议调解工作。下半年，市总工会将开展检查，召开现场经验交流会，阶段性总结劳动争议调解组织建设取得的成效。市总工会将编写《劳动争议调解和援助案例集》，并借助律师协会、法律顾问团等资源，与人保局联手组织300名劳动争议调解员开展培训。各级工会要在劳动争议社会化大调解格局中发挥积极作用，努力提升工会在调处劳动争议中的地位和作为。各地区、街镇工会要积极争取党委领导和行政支持，着力推进街镇、工业园区劳动争议调解组织实体化建设，确保组织落实、人员到位、经费保证、运作正常，采取有效形式宣传组织建设信息、运转情况，提高职工对劳动争议调解组织的知晓率和认可度。企事业单位工会要进一步建立健全劳动争议调解组织，特别是百人以上规模企业一定要建立劳动争议调解组织，年内争取已建工会的企事业单位的建制率达到60%；小企业要设立劳动争议调解员，加强劳动争议的预防和预警。

（四）以建立长效机制为基础，进一步发挥工会维护职工队伍和社会稳定的作用

各级工会要以建立健全维稳工作长效机制为重点，坚持重要信息即时报告和每周综合报告制度、职工队伍稳定情况定期研判制度、重大群体性事件跟踪处置制度、企业群体性纠纷应急处置机制等，发挥好工会在群体性维稳事件预警预防、预测预报、协调化解、指导落实等各个环节中的积极作用。要继续引导劳动密集型企业和抗风险能力比较弱的中小企业开展“共同约定行动”，倡导企业“稳员增效、协商薪酬”。要特别关注世博会举办期间、产业结构调整过程中劳动关系状况和职工队伍稳定情况，要从源头介入、往基层深入，运用集体协商机制把无序纷争纳入到有序协商的轨道，做到事前协商防范争议，事中协商化解争议，事后建立长效机制减少争议。各级工会要在党委、政府维稳整体工作布局中，主动加强与相关部门的交流与合作，把工会组织网络优势与政府信息渠道优势结合起来，把工会协商调处优势与党委、政府行政监管优势结合起来，努力实现信息共享、力量互补，不断扩大工会维稳工作影响力。

（五）以构建和谐劳动关系为目标，进一步推进劳动关系三方协调机制建设

各级工会要进一步加强劳动关系三方协调机制建设，推动构建规范有序、公正合理、互利共赢、和谐稳定的社会主义新型劳动关系。市总工会将积极推进市劳动关系三方协调机制的制度建设和活动安排，定期沟通研究劳动关系的重大问题和调处办法。积极推进形成政府主导、工会牵头、有关部门联动开展“劳动关系和谐企业创建活动”的工作机制，定期召开情况沟通和问题研究会议，适时举办“创建和谐企业，促进平稳世博”的主题论坛。近日，市劳动关系三方将对本市职工最低工资标准调整进行协商。各区县、街镇总工会要进一步推动街镇、经济园区的三方协商机制建设，推进区域集体协商制度的建立和完善，强化地区劳动争议的预警预防，增强各级三方机制参与协调劳动关系重大问题工作的预见性和实效性，主动参与涉及职工切身利益的相关法律和政策的制订，积极表达职工诉求，主动提出工会主张。

（六）以关注农民工特殊权益为重点，进一步落实农民工工作

农民工工作是工会工作的重要组成部分。我们要把农民工最大限度地吸引到工会组织中来，为农民工做好教育引导、困难帮扶和服务管理工作；另一方面要开展深入调研，倾听农民工呼声，推动政府从政策层面根本解决农民工的利益问题。今年我们将力促《农民工管理工作调研报告》的成果转化，改善解决农民工的就业、社会保障、子女教育、技能培训、集中居住、户籍转移等“三最”问题。各级工会要教育引导广大农民工参与世博、服务世博，提升依法理性维权意识，继续开展好针对农民工的各类就业

援助和困难帮扶活动,关心农民工的精神文化需求和个人发展权利。通过提高农民工工资集体协商覆盖面,增强工会劳动法律监督力度,与相关部门共同开展农民工工资支付专项检查等方式,推动解决农民工工资拖欠问题。对于农民工用工较为集中的地区和企业,工会工作要聚焦农民工的热点诉求,通过集体协商维护农民工权益。能否探索集体协商"带薪年休假、劳动工时定额标准"等问题,增强农民工对企业的归属感和对工会的认同感。

(七)以加强工会法律人才队伍建设为抓手,进一步提升工会干部法律素养和服务能力

市总工会将借助法律顾问团等资源,通过加强"工会法律人才库"建设,进一步凝聚、整合、锻炼工会法律人才队伍,并发挥工会法律人才库的辐射和带动作用,整体提升工会干部法律素养和服务能力。今年,市总工会将建立劳动关系定点跟踪基地,加强"上海劳动关系变化特点和发展态势"研究;加大源头参与力度,推进《上海市职工代表大会条例》立法。通过健全工作制度和注重参与实践,加强工会法律人才库建设。各区县、局(产业)工会要以职工法律援助中心为平台,整合法律咨询接待员、工资集体协商指导员、劳动争议调解员、劳动争议兼职仲裁员、劳动关系协调员、劳动法律监督员等工会法律干部的智慧与力量,建立相应层面的工会法律人才队伍。各级工会要整合资源、创新方法,搭建平台、设计载体,为工会干部创造更多的学习培训机会,进一步提升工会干部的依法维权和服务职工能力。

在2010年上海工会保障工作会议上的讲话

(2010年3月12日)

陈国华

一、总结经验,承优创新,不断夯实上海工会保障工作基础。

2009年是上海应对国际金融危机和自身发展转型双重考验的特殊时期,各级工会坚持围绕中心,服务大局,积极应对国际金融危机对本市职工劳动经济权益的影响,努力在劳动就业、收入分配、社会保障、帮扶救助等方面发挥作用,推动民生持续得到改善。

第一,广泛开展"12345"就业援助服务行动取得新成效。2009年以来,各级工会切实以受国际金融危机影响的企业职工、就业困难人员、困难职工家庭大学毕业生、农民工等为重点帮扶对象,大力开展"百企千岗进社区"活动和"百万农民工援助行动",积极推进困难职工子女大学毕业就业援助、"送培训进企业"和培育、选树职工创业示范点等工作。市总工会牵头举办各类职介专场20场,提供就业岗位3.47万个,全市各级工会共举办了300多场职介专场;各级工会共帮助7.07万名就业困难职工实现就业,其中,帮助农民工就业2.34万人;通过自主培训、校企联办等途径,实施技能培训12.16万人;举全会之力帮助2313名在档困难职工子女实现大学毕业就业;建立20个工会系统大学生见习基地,参加见习大学生近2000人;创业援助1.61万名职工,帮助和扶持2839名创业带头人,带动就业超过2万人。闵行区总工会率先向全区1000家企业发出"不裁员、不减薪,企业、职工'抱团过冬'"的倡议;杨浦区总工会通过杨浦工会"1+1群"创业者联谊会向全市创业者发出"不减薪、不作经济性裁员和与工会、职工共谋发展"的倡议;宝钢集团工会积极动员职工与企业"抱团取暖",动员企业行政承诺"不裁员、不减薪",有效应对国际金融危机带来的影响;奉贤区总工会紧紧围绕市总"12345"的就业援助计划,专门建立了工会职业介绍中心,并制定"1234"工作目标,全力推进;徐汇区总工会在国际金融危机大背景下自我加压,每两个月举办一次职介专场;杨浦区总工会充分依托两级创业带动就业平台,通过建立工会经济园区和大学生电子商务创业实训基地,做实"1+1群"创业模式;虹口区总工会注重选树、宣传职工创业示范典型,切实做好扶持职工创业工作;长宁区总工会、市纺织工会通过做实职介服务、技能培训、创业援助、职业见习等工作,落实困难职工子女大学毕业"托底"就业援助;普陀区总工会及锦江、百联、蔬菜等产业工会扎实推进见习大学生就业援助工作,见习后就业均超过50%。

第二,推动提高一线职工收入水平取得新进展。一年来,市总工会积极指导、培训本市不同类型的200家成员单位参与职工收入网调查,研究参与最低生活保障线、工资增长指导线等各项民生政策的合理调整,有效形成本市职工收入分配状况调查和监控体系;推动建立行业性工资协商机制,探索完善公交、出租车、新闻出版、市容环卫等行业一线职工的收入增长机制,会同有关部门下发指导意见,市城市交通和港口管理局工会积极推动和落实,公交行业职工收入同比增幅10.6%,与社会平均工资差距逐步缩小;市绿化和市容工会、市新闻出版工会积极配合市总工会开展市容环卫行业道路保洁工队伍可持续发展状况和编辑岗位劳动定额、劳动标准、劳动报酬及福利待遇的专题调研;普陀区总工会、青浦区总工会大力开展行业性工资集体协商,涌现出长寿街道餐饮行业、香花桥街道服装纺织行业等工资集体协商工作典型;黄浦区总工会、宝山区总工会积极指导、规范区内收入网成员单位数据汇总工作,切实做到"上报及时,正确率高";卢湾、普陀、闸北、宝山等区总工会积极做好迎世博价格巡查活动,及时

将价格欺诈和违反明码标价等行为向政府部门反映。

第三，推动建立本市多层次社会保障体系体现新作为。2009年，上海工会源头参与《社会救助法》、《社会保险法》制定及《工伤保险条例》修订的意见征询，通过座谈会等形式广泛征求职工群众和基层工会干部对国家和本市医药卫生体制改革实施意见、方案的建议，积极建言献策；推动建立长效参保机制，完善"居保"制度，推动调整本市"低保"标准、退休人员养老金、工伤人员伤残津贴、生活护理费标准及工亡人员供养直系亲属抚恤金标准；通过人大、政协提案等形式，推动政府部门放宽经济适用房、廉租房的准入条件，并推动住房公积金的"扩容"与"扩提"。黄浦区总工会开展协保人员生活状况的调研，提出取消本市协保人员就业补贴和社会保险费补贴"4555"年龄限制等建议；静安、闵行、嘉定、金山等区总工会和轻工、化学、医药、运输等产业工会积极配合市总关于完善社会保障体系的专题调研，广泛收集、反映本地区、本行业职工和企业的诉求。

第四，着力推进工会长效帮扶机制建设形成新格局。一年来，各级工会积极应对国际金融危机给本市职工特别是困难职工生活带来的影响，切实加大帮扶力度，不断提高帮扶水平和能力，有效形成"一般困难机制帮、突出困难重点帮、突发困难及时帮"的工作格局。职工援助服务中心建设稳步推进，已有197个街道（乡镇）、31个工业园区（产业集团）建立了分中心（工作站），并通过开展创优考评活动，进一步强化中心、分中心"6+X"工作职能；2009年和2010年元旦春节期间，共筹措送温暖资金2.8亿元，走访慰问困难企业4116家，本市困难职工、农民工家庭及都江堰困难职工家庭超过36万户次；深入推进"金秋助学"，共投入助学款6989.29万元，资助6.1万名困难职工子女、农民工子女及都江堰困难职工子女就学。黄浦区总工会建立了"1+6"两级职工援助服务网络，积极推动分中心服务项目纳入社区事务受理服务中心"一门式"平台；静安区总工会、松江区总工会、崇明县总工会积极做好中央财政帮扶中心资金地方财政资金的配套工作，切实加大帮扶资金筹措力度；浦东新区总工会、闸北区总工会、嘉定区总工会、市机电工会不断加大元旦春节送温暖活动力度，帮扶资金和帮扶人数较往年有显著提高；国际港务集团工会坚持帮困工作"四到位"，推动建立长效帮扶机制；市经济和信息化系统工会、市仪电工会抓实重组、改制企业困难职工帮扶工作，成效显著；市级机关工会积极推动"千千助学"活动的持续、深入开展；上汽集团工会、建工集团工会、城建集团工会采取配备文化娱乐设施、规范工地食堂运作等措施，切实做好农民工的帮扶援助工作。

2009年，各级工会虽然取得了一定成绩，但仍存在薄弱环节，我们要在现有经验基础上，进一步承优创新，不断夯实上海工会保障工作基础。

二、认清形势，围绕大局，切实增强做好新形势下上海工会保障工作的使命感和责任感。

2010年是上海世博会的举办之年，是实施"十一五"规划的最后一年，也是夺取应对国际金融危机冲击新胜利、加快调整经济结构、转变经济发展方式、为"十二五"规划启动实施奠定良好基础的重要一年。各级工会要全面贯彻九届市委十一次全会、全总十五届三次执委会和市总工会十二届五次全委（扩大）会议精神，充分认识做好工会保障工作的重要性、必要性和紧迫性，进一步推动上海工会保障工作的改革创新。

第一，要进一步认清当前工会保障工作面临的新情况、新挑战。当前，本市在应对国际金融危机冲击、保持经济平稳较快发展方面取得显著成效，但经济回升的基础还不牢固，经济运行中的新老矛盾和问题相互交织，推动民生持续得到改善的任务十分艰巨，主要表现在：就业形势依然严峻，就业压力总体上持续增加和结构性用工短缺的矛盾并存；劳动报酬在初次分配中的比重仍然较低、一线职工、普通职工收入增长缓慢；社会保障体系仍不完善，职工在医疗、住房、教育等方面还存在许多困难；困难职工群体依然较多，农民工权益保障问题更加突出。因此，各级工会要深入研究工会保障工作在新形势下面临的新情况、新挑战，尤其要深入研究职工利益诉求的新特点，为更好地服务职工、维护职工合法权益奠定坚实的思想认识基础。

第二，要进一步明确工会保障工作围绕中心、服务大局的切入点、着力点。全力以赴办好一届成功、精彩、难忘的世博会，是全市人民今年的头等大事，推动"平安世博"建设，维护职工队伍和社会的稳定是成功举办世博会的前提、基础和保证。同时，在本市实施国资国企改革三年行动计划中，2010年将关停并转约600家企业，国企改革逐渐进入"深水区"，涉及职工劳动经济权益的维稳工作推进难度将更大。因此，各级工会要全面准确地把握中央、市委关于加快经济发展方式转变的重大战略部署，进一步找准工会保障工作的突破口和切入点，积极探索工会保障工作在推进以改善民生、促进劳动关系和谐稳定为重点的社会建设等方面的新思路、新举措、新载体，着力在促进经济社会又好又快发展、维护职工队伍和社会和谐稳定中充分发挥作用。

第三，要进一步增强工会保障工作服务职工维权工作的自觉性、主动性。工会保障工作直接服务困难职工，是推动解决职工群众在劳动就业、收入分配、社会保障等方面切身利益的重要抓手和有效平台。做好工会保障工作是切实加大工会维权工作力度，健全完善职工利益协调、诉求表达、矛盾调处等维权机制的重心所在。因此，各级工会要切实增强做好新形势下工会保障工作的自觉性、主动性，牢固树立和落实"以职工为本，主动依法科学维权"的中国特色社会主义工会维权观，进一步提高推动科学发展、服务职工群众的能力和水平，实现好、维护好、发展好职工根本利益。

三、突出重点，狠抓落实，全力推动上海工会保障工作再上新台阶。

当前，工会保障工作面临前所未有的挑战和发展机遇。各级工会要紧紧围绕市委、市政府"五个确保"的总体要求，积极协助党政做好顺民意、解民忧、惠民生、纾民困的实事，以重点工作、重要活动带动整体工作的深入开展。

1. 以加强上海工会就业援助服务体系为重点，积极推进工会就业援助工作。各级工会要全力推进"一网三平台”建设，有效整合各级工会职工援助服务中心和职介、培训机构在就业咨询、职业介绍、技能培训、创业指导等方面的资源，逐步形成以数字化的目标责任、市场化的创业扶持、规范化的政策保障、网络化的就业服务为主体的工作格局；要加大投入力度，不断加强各级工会职介机构、培训机构软、硬件建设，促其向规范化、制度化、信息化方向发展；要积极推动政府实施“稳定岗位”、“就业援助”特别计划，广泛开展“百企千岗进社区”活动，继续开展好困难职工子女大学毕业就业援助、“百万农民工援助行动”等品牌项目；要切实加强工会培训机构与政府公共实训基地、社会办学机构的联手，通过委托培训、联合办学和购买服务等模式，继续实施“送培训进重组改制企业、困难企业”计划，扎实推进“家政服务工程”；要继续推动落实政府“鼓励创业带动就业三年行动计划”，不断完善工会创业服务链，大力宣传、选树职工创业典型，有效形成工会促进创业带动就业的工作机制。

2. *以促进完善收入分配格局为重点，积极推进工会工资工作。*各级工会要深入、扎实、持续地开展本地区、本系统、本单位职工收入分配调研，全面把握各类职工的多元化利益诉求，特别要研究分配差距扩大问题，深入分析低于平均收入水平的职工群体和低收入职工群体的实际收入状况，找准问题症结，积极提出建议并及时上报，推动政府和企事业单位完善分配制度，防止以平均数掩盖分配公平问题；要通过广泛开展工资集体协商，推进行业性、区域性工资协商，力争在行业劳动定额、工时工价制定上取得更大突破，进一步健全工资协商共决和正常增长机制，提高一线职工、普通职工收入水平，提高劳动报酬在初次分配中的比重，防止机器和资本所得挤占劳动所得；要不断完善职工收入分配状况调查和监控体系，充分依托本市劳动关系三方协调机制平台，继续推动政府调整最低工资标准、工资增长指导线等各项保障标准，促进低收入职工工资水平的提高；要继续关注公共服务行业职工特别是一线职工提高工资收入，并以世博会举办为契机，推动建立公共服务行业一线职工工资增长机制；要高度关注和积极参与事业单位绩效工资制度改革，推动形成合理的绩效工资水平决定机制、完善的分配激励机制和健全的分配宏观调控机制；要继续协同政府做好欠薪治理工作，帮助因企业破产、倒闭而导致工资被拖欠和社会保险关系中断的职工特别是农民工追讨欠薪欠保。

3. *以参与完善本市社会保险制度体系为重点，积极推进工会政策保障工作。*各级工会要全面梳理本市社会保险方面涉及职工切身利益的突出矛盾，及时提出工会的主张和建议，并根据“减少制度种类，整合完善制度体系”的总体思路，积极推动本市现行社会保险制度的整合归并及农民工参加本市社会保险；要参与完善本市养老保险制度，了解外来从业人员及本市居民的外省市籍配偶参加本市“城保”等新政策的落实情况和柔性延长领取养老金年龄的试点工作，推动完善养老金增长机制和企业年金制度；要推动落实本市医药卫生体制改革，推动合理确定城镇居民医保制度待遇水平和筹资结构，理顺本市医疗保障体系的整体架构，密切关注本市公立医院改革试点工作，重点研究各类困难企业、关闭破产企业职工及农民工的医疗保险问题；要积极推动工伤、失业、生育保险等政策的完善，推动调整外来从业人员工伤保险政策；要参与推动本市住房保障体系建设，主动了解职工住房困难问题，及时反映低收入住房困难职工的诉求，积极参与住房保障体系、经济适用住房制度配套政策体系、单位租赁房使用管理办法等的制定、调整和完善，协助政府和企业采取措施满足职工群众的安居需要；要逐步建立工会民生政策评估机制，及时对相关民生政策出台、实施后的实际效应及政策执行过程中出现的问题进行评估，推动修改整合和完善。

4. *以建立健全工会系统职工援助服务机制和网络为重点，积极推进工会帮扶工作。*各级工会要继续推动分中心建设向全市覆盖，有效整合各类帮扶资源，进一步强化中心在职业介绍、职业培训、生活救助、助学救助、医疗救助、法律援助等方面的职能，并根据职工需求，注重开发新型援助项目；要在鼓励有条件、有需求的行业、企业建立职工援助服务中心（工作站）的同时，注重条块联手，促进产业工会帮扶工作向社会化方向发展；要以实现工会困难职工档案动态化、信息化管理为基础，继续深化“金秋助学”、“送温暖活动”、“三定”帮困和农民工团体医疗等工会帮扶品牌项目，注重扩大帮扶覆盖面，提高帮扶能力和水平；要密切关注“退休职工住院医疗互助保障计划”参保费调整后职工群众的反响，耐心做好解释、引导和维稳工作，并切实做好“四项医疗互助保障计划”的续保和扩幅工作。

5. *以加强工会保障工作队伍建设为重点，进一步提高新形势下工会保障工作的整体水平。*各级工会要将保障干部队伍建设作为当前及今后一段时期工会保障工作的重要内容加以推进，进一步强化对工会保障干部在宏观经济、社会建设、劳动保障理论和法规政策等方面的培训，特别是要加大对收入分配理论、工会工资工作实务的培训力度，努力将工会保障干部培养成社保政策的专家、调查研究的行家、维权帮扶的能手；要注重工会内部资源的整合及与政府有关部门的沟通协调，集中力量，密切配合，实现保障工作与政府相关领域的工作有机衔接，共同推进工会保障工作的创新发展。同时，各级工会保障干部要牢固树立群众观念，深入基层，深入职工群众，及时掌握职工群众的生产生活状况，认真分析和研究解决本地区、本行业、本单位涉及职工群众切身利益的热点难点问题，并提出有针对性的对策措施，使调查研究成为工会源头参与的科学依据和政策主张。

专记

Special Reports

上海职工广泛开展建功世博、服务世博、奉献世博活动

上海世博会运行保障立功竞赛总结表彰大会于12月30日召开　（吴良荣）

上海市总工会坚持把团结动员广大职工建设世博、服务世博、奉献世博作为全市工会的一项中心工作来抓，广泛开展“当好主力军，建功世博会，展示新风采”主题实践活动，大力弘扬工人阶段伟大品格和劳模精神，充分发挥职工群众在成功办博中的主力军作用。一是全面实施“上海职工迎世博600天行动计划”，动员全市职工投身世博筹办工作。广泛开展世博会重点工程立功竞赛。围绕世博重点配套工程和重大基础设施建设、民主工程项目等，组织开展虹桥综合交通枢纽、长江隧桥、轨道交通、外滩通道、青草沙水源地、洋山港区等一系列重点工程立功竞赛活动，持续掀起群众性立功竞赛热潮。全总对竞赛活动中涌现出来的先进集体和个人，即时授予全国五一劳动奖状（章）29个、全国工人先锋号31个；市总工会即时授予1000多个上海市“工人先锋号”和一大批上海市五一劳动奖状（章）。二是深入推进窗口服务行业立功竞赛。以开展“五比五赛”（比服务环境，赛整洁优美；比服务设施，赛安全便捷；比服务品质，赛仪态仪表；比服务水平，赛技术技能；比服务管理，赛常态长效）活动为主线，以实施全员培训、对标升级、环境整治、顽症攻关等“十大行动”为抓手，在建设交通、商业、金融、机场、宾馆、旅游、医疗卫生、物业管理、海关、餐饮业等各行业职工中，大力推进优质服务竞赛，不断提升窗口行业服务水平。三是全面实施迎世博职工宣传培训活动。开展“世博企业行”宣传教育活动，在200个站点、约1.8万家企业开展世博知识宣传，观展职工达260万人次。63万名职工参加世博知识、“学双语”培训考核。开展迎世博感言良策征集评比，职工提供感言良策3万条。开展江浙沪职工世博知识挑战赛，三地参与职工近48万人。完成迎世博200万农民工基本素质教育培训任务。全市1000个文明班组带头，各行各业职工广泛参与每月“三五”集中行动。组织职工参加公交、地铁、路口等交通文明行动。工会系统29个工作项目荣获“迎世博贡献奖”。　（桂晓燕）

全面开展窗口服务行业文明志愿服务行动

市总工会按照上海世博会志愿服务的总体安排和市文明委《关于组建城市文明志愿服务队伍开展城市文明志愿服务行动的实施方案》的要求，积极牵头组织开展窗口服务行业文明志愿服务行动。全市先后有930余支职工志愿者服务队参与窗口服务行业文明志愿服务。（1）下发行动文件，明确具体任务。市总工会下发《关于开展窗口服务行业文明志愿服务行动的通知》，召开专门会议进行部署，明确了开展窗口服务行业文明志愿服务的目标、任务和要求。按照城市文明志愿服务行动的总体要求，结合窗口服务行业实际，组建窗口服务行业文明志愿者队伍，重点开展五项行动。一是教育培训行动。积极开展以世博知识、文明规范为重点的“文明观博”、“文明服务”教育培训，向42个产业职工较为集中的区县局（产业）工会组织颁发“文明观博”培训任务书，建立起一支由800余名工会宣教干部和职工志愿者组成的“文明观博”宣讲员队伍，完成50万产业职工的培训任务；制定并宣传上海职工“文明服务、文明观博、文明出行”、“十要十不要”和《上海市窗口服务行业职工文明服务公约》书，深入开展职业礼仪、服务规范、服务技能、双语等培训。面向社会广泛动员，引导广大职工增强东道主意识，弘扬主人翁精神。二是岗位建功行动。围绕文明服务和运行保障，在窗口服务行业广泛开展“五比五赛”立功竞赛活动，组织窗口服务行业职工开展志愿服务和岗位特色服务；聚焦重点商圈，深化文明志愿服务内涵，推进立功竞赛活动，发挥窗口服务行业职工志愿者的示范效应。三是集中服务行动。结合窗口服务行业实际，以“职工志愿者，让窗口服务更温馨”为主题，由城市交通、通信邮政、医务医药、金融、商业等窗口服务行业为主牵头组织，相关区县配合，联

合开展“窗口服务行业文明志愿集中服务日”活动，先后有3000余名职工志愿者、100余个窗口服务行业服务点直接参与志愿活动。组建职工志愿者服务小队，利用业余时间深入基层，开展多样化、专业化的志愿服务。四是践行诚信行动。聚焦窗口服务行业，以“诚信在我心，文明伴我行”职业道德主题践行活动为抓手，打造诚信服务品牌，发挥职工志愿者的监督作用。评选表彰职工职业道德“双十佳”，命名一批新的职业道德示范基地，重点突出窗口服务行业文明志愿服务的品牌效应和优秀职工志愿者的引领作用。五是“文明出行”行动。广泛开展上海职工“文明出行”主题实践活动，发动职工志愿者带头承诺、示范和践行文明出行规范，组建职工交通文明志愿者服务队，到文明路口、文明路段、地铁车站、公交候车点等公共场所开展文明志愿服务活动。(2)开展集中服务，引领文明风尚。市总工会以“职工志愿者，让窗口服务更温馨”为主题，组织开展“窗口服务行业世博文明志愿者集中服务日”活动，充分发挥集中服务的示范辐射效应，带动和引领窗口服务行业职工文明志愿服务行动深入开展。一是开展交通行业世博文明志愿者集中服务日活动。4月26日，市总工会举行上海职工“文明出行”主题实践暨交通行业世博文明志愿者集中服务日，组织公交、出租、地铁、铁路、机场、加油站等窗口服务行业和浦东、徐汇、普陀、闸北、虹口、宝山、闵行等区职工志愿者开展文明服务活动。除主会场外，还在机场、地铁车站、广场、社区设立8个志愿者服务点开展统一行动，由职工志愿者向市民宣传世博文明，发放世博宣传材料。启动上海“的哥”志愿者世博文明留言活动。在大众、强生、海博、巴士、锦江、蓝色联盟、法兰红等7家公司的2010辆出租车上配备世博文明留言簿，在上海300个公交站点设立上海职工“文明服务、文明观博、文明出行”、“十要十不要”灯箱广告牌，由职工志愿者示范带动，营造文明出行良好氛围。
二是开展劳模先进世博文明志愿者集中服务日活动。5月1日，市总工会组织80余名劳模先进和职工志愿者到世博园区开展文明志愿集中服务活动。志愿者中包括李斌、吴尔愉、陶依嘉、徐小平、朱雪芹、徐倩雯等数十位著名全国、上海市劳模。劳模们以自己的行动，树立了文明志愿服务的新形象，展示了劳模先进的新风采。三是开展通信邮政行业职工世博文明志愿者集中服务日活动。6月5日(窗口服务日)，电信、移动、邮政、联通等设立17个分会场，有近600名职工志愿者同时展开志愿服务，分别邀请全国劳模徐珺、徐倩雯、景伟娟、吕国羊、肖栋明，上海市劳模陈扬帆等6位志愿者担任行业世博文明志愿者服务队名誉队长，全国劳模陶依嘉、于井子、李惠麟、郑勇、李文丽和上海市劳模钱斌等6位在五一劳动节当天参与世博园区志愿者体验活动。上海市邮政公司以世博园区标志性和永久性建筑“一轴四馆”为背景，在世博举办期间，成立10支职工志愿者小分队，为1200余名新一届全国劳模、上海市劳模和优秀职工志愿者定制个性化邮票纪念折，并上门为劳模先进提供服务。四是开展卫生、医药行业职工世博文明志愿者集中服务日活动。6月20日，市慈善基金会、市总工会、市文明办、市卫生局和闸北区人民政府联合主办“世博健康行”百名医学专家大型慈善义诊——上海市卫生、医药行业职工世博文明志愿者集中服务日。医务工会、医药工会和国药工会向世博职工、世博志愿者和社区居民代表分别赠送清凉大礼包、防暑保健小药箱。全国劳模、华东医院党委书记、院长、慈善医务义工大队队长俞卓伟和上海市劳模、优秀护士宣飞燕共同宣读医务行业职工“世博健康行”志愿服务承诺。全市近800名来自医务、医药行业的职工志愿者分别参与34个分会场的志愿服务。五是开展金融行业职工志愿者进社区集中服务日活动。8月7日，“让财富滚雪球，让生活更美好”金融职工志愿者进社区集中服务日在漕河泾社区文化中心举行。市总工会、市金融工会组织发动上海金融理财师、金融行业职工志愿者走进社区，开展群众性金融理财宣传活动，在社区居民中普及金融理财知识，增强金融理财需求，树立正确的金融理财理念，提高社区居民和职工的金融理财知识水平和风险防范意识。金融工会向社区居民代表赠送了金融理财知识书籍，来自民生银行的数十名理财经理作为金融行业职工志愿者代表，在徐汇、长宁、虹口、杨浦、卢湾、静安等9个会场开展金融理财知识培训并提供金融理财知识咨询，近800名社区居民和职工参与。六是开展商业行业职工世博文明志愿者集中服务日活动。9月16日，商业行业职工世博文明志愿者集中服务日暨上海职工职业道德“双十佳”评比启动仪式在浦东第一八佰伴举行。商业行业职工志愿者“为民服务日”揭牌，确定每年的9月20日作为商业行业职工志愿者“为民服务日”；表彰第十一届全国职工职业道德建设“双十佳”集体和个人，启动2009—2010年度上海职工职业道德建设“十佳单位”和“十佳标兵”等评选活动。主会场及浦东、徐汇、长宁、虹口、黄浦、卢湾、静安等7个分会场志愿服务同时展开，面向广大市民开展文明观博宣传及商场文明导购服务，提供便民利民志愿服务。 (陈 旖)

市总工会召开世博运行保障立功竞赛决战月誓师大会暨建交委现场会 (汪建然)

开展世博会运行保障立功竞赛　助推世博会成功举办

4月7日,召开上海世博会重大工程建功立业劳动竞赛总结表彰暨运行保障立功竞赛誓师动员大会。市总工会会同上海世博局、团市委、市妇联、市公安局、市城乡建设交通委等部门,在全市设立七大赛区,建立了立功竞赛联席会议制度,成立了由市总工会、上海世博局、团市委、市妇联组成的竞赛组委会及其办公室。竞赛以片区为基础,以党建为依托,把立功竞赛纳入世博局党委总体工作格局,建立了21个分赛区,搭建各种竞赛平台和载体,加大先进表彰宣传力度,整合园区内外力量,形成园区竞赛、园外支持,内外联动、合力推进的良好局面。七大赛区及全市各行各业通过誓师大会、党员专题组织生活、员工大会、签订立功竞赛协议书、走访协调等各种形式,广泛宣传发动。据统计,全市各地区、各系统共开展4132项立功竞赛,10.7万个企事业单位、985.4万人参加竞赛活动,形成了全面动员、全员行动、全力以赴、全程参与的良好办博氛围。七大赛区以党政关心的重点、运行保障的难点、参观者关注的热点为竞赛着力点,组织动员参赛人员开展群众性建功立业活动。(1)世博园区赛区以高峰客流安全秩序、重大活动服务保障、设施环境运行维护、办博队伍和谐稳定等为重点内容,深入开展合理化建议金点子征集、“迎高峰、战高温”、“三找三定”、“奋战一个月、办博夺全胜”、创建“劳动关系和谐服务团队”等竞赛活动。一是保平安和谐、保交通顺畅、保环境整洁。倡导严格安检、规范安检、微笑安检,提高安检质量、提高通关速度;开展安全行车竞赛,加强交通疏导指挥,确保不滞留、不堵塞、不混乱;环境保洁包干划片、落实责任,对客流集中的场所提高保洁频次,确保环境整洁。二是设施创新、服务创优、秩序创佳。加强设施设备的检修、保养和更新;以排队服务、餐饮服务、问询服务、特殊人群服务为重点,推行微笑服务、周到服务和人性化服务;以安检秩序、排队秩序、就餐秩序、交通秩序为重点,加强引导疏散,确保不拥堵、不踩踏。三是维护权益、维护稳定、维护大局。督促指导服务团队依法规范建立劳动关系、按时足额发放劳动报酬、有力有效防范劳资纠纷、科学合理安排作息时间、保质保量配备劳防用品、因地制宜改善生活条件、关心职工思想工作生活等,维护办博队伍稳定和世博园区的和谐安定。设施环境管理部开展“平安世博、清爽盛夏”专项立功竞赛,高温期间加装电风扇、冷风机、喷雾装置等各类小设施上万个,每天投放降温冰块1200多块,每天出动洒水车30—40车次,日均洒水量约300吨。参观者服务中心、交通管理部、信息化部、出入口管理部、后勤保障部等围绕办博重点开展主题专项竞赛,安保部、C片区部、中国馆部、新闻宣传部等部门的月度冠军赛特色鲜明、成效显著,为确保园区平安有序、文明和谐发挥了积极的促进作用。(2)公安保卫赛区广泛开展“平安世博·平安卫士”主题实践活动,凝心聚力,激励斗志,弘扬先进,鼓励社会群众关注平安世博、踊跃投身世博安保工作、争当平安卫士的热情;激励公安民警参与平安世博,营造人人参与世博安保、人人服务世博安保的良好氛围。世博期间,150名服务世博大局、富有主人翁精神,为世博安保作出突出贡献、得到广泛赞誉和高度认可的市民群众和公安民警被评为“世博安保先锋”。(3)交通协调保障赛区在全行业开展“争当世博交通保畅先锋”立功竞赛,在20个行业窗口服务单位开展以“服务环境、服务设施、服务品质、服务水平和服务管理”为主要内容的立功竞赛活动,不断提升行业服务水平。(4)市政市容环保赛区围绕保障世博大局,结合保障工作任务,开展“万名职工大培训、千名职工大比武、百名职工晋等级、优秀名次评能手”、劳模班组结对和巡访检查活动等。(5)浦东新区赛区作为世博会主场地,以“平安世博、和谐卫士”为主题,建立群体性劳资矛盾预防和处置工作机制,确保群体性劳资矛盾“不出街区、不出镇区、不出开发区”。以“畅通运行,优美环境”为主题,为交通秩序良好、环境整洁优美作贡献。以“规范服务,热情待客”为主题,在重点商圈开展便民利民服务。以“志愿服务,在你身边”为主题,倡导志愿者精神,提高志愿服务的水准。据统计,世博会期间,全市各行各业围绕提高办博人员素质、提高世博服务水平,组织开展了7000多个工种(项目)的技能竞赛,245.6万名职工参赛,其中26.6万名职工技能晋级;提出合理化建议44.3万条,采纳实施25.7万条;开展文明观博培训3.3万场次,培训341.8万人,发放宣传品6.2亿件(册);围绕平安世博,组织186.5万名职工排查安全隐患9万多起,排查劳动关系矛盾4650件,调处劳动关系矛盾2742件,参加平安世博志愿者达29.5万人。市总工会及时会同团市委和市妇联开展

3月10日,奉贤区总举行职工“奉献世博盛会,展示主人风采”立功竞赛活动启动仪式暨“创争”活动推进会　（刘传军）

全市企事业单位的评比表彰工作，共评选产生了3309名上海世博工作优秀个人和342个上海世博工作优秀集体。推荐评选了一大批全国和上海市五一劳动奖状奖章、工人先锋号、青年文明号、三八红旗手等各类先进集体和先进个人，有力促进了世博会运行保障各项工作。（李　伟）

女职工为世博会成功举办作贡献

2010年，市总工会女职工委员会围绕迎接世博和确保世博成功举办的中心任务，在女职工中倡导"文明服务、文明观博、文明出行"新风尚，引领女职工"建功世博盛会，展示巾帼风采"。（1）大力弘扬先进，发挥典型示范作用。以纪念"三八"国际劳动妇女节100周年为契机，策划举办第三届五一巾帼奖颁奖典礼和纪念"三八"节100周年座谈会，创作"五一巾帼之歌"，集中展示上海女职工迎接世博的决心和热情，集中展示女职工志愿者服务队六进世博工地服务建设者的奉献精神，再次向全市女职工发出"文明服务、文明观博、文明出行"的动员令。全市各级工会女职工委员会围绕世博主题，开展建功世博、文明服务、技能提升等活动，以"结对"形式，创建"五一巾帼示范岗"。以迎世博600天，创建600个"上海市五一巾帼示范岗"为载体，全面提升窗口行业女职工服务技能和水平。通过姐妹班组"结对"这一特殊形式，形成互相学习，取长补短，共同提高的良好氛围。在世博倒计时100天之际，市总工会女职工委员会与市教育工会在上海市第四聋校举行"心手相连，共迎世博"上海市五一巾帼示范岗"手语"培训启动仪式，来自上海教育女职工志愿者服务队的成员——上海市第四聋校的教师，向全市商业、医务、航空、机场、通信、宾馆、交通运输、地铁等窗口服务行业的100名示范岗班组长，教授了"常用手语"20条，并根据各行业的特点，开展个性化的教学互动，市女职工委员会专门制作了"手语"培训教学光盘，分批对全市600个五一巾帼示范岗班组长进行"手语"培训，以带领更多的女职工进一步提升服务技能和水平。在世博会倒计时10天之际，举行"我们准备好了——上海市五一巾帼示范岗誓师仪式"，示范岗代表在女劳模带领下庄严宣誓："2010年上海世博会，我们准备好了"。会后，在虹桥机场2号航站楼开展了文明服务志愿者行动，进一步发挥示范岗的示范效应。上海机场和浦东新区、申通地铁与黄浦区、医务与虹口区、锦江集团与闵行区等单位都开展了形式各异的结对互学活动，久事公司以市劳模集体49路为标杆，组织公交女职工学习观摩，充分辐射先进的示范效应，整体提高窗口岗位女职工服务水平。以周末学校为载体，在女职工中开展世博文明礼仪讲座，努力提升女职工文明素养。女职工周末学校大讲堂开设4场面向全市女职工的"世博礼仪专场"讲座；各级女职工周末学校纷纷开设文明礼仪讲座，仅奉贤女职工周末学校流动教学点深入企业开设了326期礼仪讲座，2万多名女职工参加培训，建设交通系统开展了女职工迎世博双语礼仪知识竞赛。（2）积极参与立功竞赛，体现女职工作用。积极动员女职工参与"当好主力军，建功世博会，展示新风采"立功竞赛活动，参与女职工248万人，提出12万条合理化建议，成立1329支女职工志愿者服务队，有21.5万女职工参与了窗口服务、环境清洁、公共秩序服务等世博志愿者行动。黄浦、虹口、医务等8支女职工志愿者服务队获得市文明委"服务世博奉献奖"，机场集团、铁路上海客运段等工会女职工委员会被市总工会授予建功世博主题实践活动工会优秀组织奖。共有81名女职工荣立一、二等功，有1241名女职工获得世博工作优秀个人称号。（3）在宣传世博事迹中展示女职工的风采。开展"'斯美杯'精彩世博、美丽人生"女职工征文比赛，鼓励女职工抒发参与世博、服务世博、奉献世博的体会，展现女职工在参与世博中成长成才的成果，各级工会女职工组织选送征文466篇，已有25篇陆续在《劳动报》上刊登宣传。来自世博局、建设、公安、交通、环卫、餐饮、医务等世博一线女职工，以及其他涉博女职工志愿者，以文字书写参与世博的历程。船舶、电信、市级机关、移动工会女职工委员会在征文基础上，择优选送参与比赛，以征文展现女职工立足岗位、建功世博的巾帼风采。经评选委员会对参评作品的严格评审，共评出特等奖《品味美丽人生》1篇；一等奖《世博情缘，世博历程》等2篇；二等奖《信念无声，使命无声》等6篇；三等奖《不辱使命，奉献世博》等10篇和优秀奖20篇。（4）关心涉博女职工，体现女职工组织关爱。爱心体检"聚焦"涉博女职工。与解放军411医院合作，在市容环境行业工会女职工委员会的安排下，为4200多名涉博市容环卫女职工

8月19日，市经济和信息化工作系统工会召开立功竞赛活动表彰推进会　（夏　球）

提供免费健康检查，确保她们以健康的体魄更好地服务世博。在“三八”和“八一”前夕，联合电力、医药、新闻出版工会女职工委员会前往武警世博女兵营地进行慰问，并送去了文化用品、防暑用品等。上海女职工志愿者服务队走进营地，为女兵提供医疗咨询、理发、修鞋、缝补等服务。联合轻工工会女职工委员会对涉博公安女警开展高温慰问，送去全市女职工的崇高敬意和亲切问候。亲情互动关心涉博职工子女。开展“共享世博，畅想未来”六一亲子活动，组织百名园区职工子女参观世博会，带着自己亲手制作或挑选的小礼物，慰问在世博园辛勤工作的父母，在感受世博会科技理念的同时，也感受到父母服务世博的辛劳，激励世博职工为圆满完成任务而坚持不懈。崇明县总工会女职工委员会通过“的嫂”进一步关心出租车驾驶员文明行车和行车安全。许多单位组织涉博职工子女开展“六一”亲子活动，如宝山、运输等在园区内开展了为爸爸妈妈送礼物、写慰问卡、书画摄影活动等。（宋钟蓓）

切实做好世博一线职工关心服务工作

世博会运营期间，市总工会制定下发《关于切实做好世博会运营期间服务世博一线职工生产生活工作的通知》，广泛动员各级工会深入世博园区，深入职工家庭，了解反映世博一线职工的利益诉求，全面推进薪酬激励制度，不断加强后勤保障工作，千方百计帮助世博一线职工排忧解难，有效形成“服务世博、奉献世博”的激励机制。各级工会共排摸服务世博一线职工574.48万人，总计投入1.39亿元资金用于关心帮扶世博一线职工及世博期间一次性帮扶在档困难职工，其中，市总工会直接出资近360万元用于慰问服务世博一线职工。（1）广泛开展工会走访慰问活动。对积极投身世博运营而无力照顾患病家属或年幼子女等特殊困难的一线职工家庭，普遍进行一次上门走访慰问，共筹措帮扶款物715.6万元，走访慰问世博一线职工家庭1.79万户。（2）督促企业建立薪酬激励机制。市总工会会同市绿化和市容管理局联合下发了《关于世博期间加大对环卫作业一线员工激励力度的通知》，通过加强考核奖励、发放一次性补贴和增加福利待遇等多种手段，共推动政府部门发放世博周边区域强化保洁补贴3767万元，进一步提高环卫系统“四清”（清扫、清运、清厕、清洁）工种一线作业人员在世博期间的工资收入。（3）积极落实各项后勤保障措施。共对6.65万户已建档困难职工家庭按照每户不低于300元的标准给予一次性生活帮扶，帮扶资金总计4905.92万元；共组织动员世博一线职工参保“从业人员意外伤残保障计划”、“职工团体意外伤害保障计划”及其他商业保险11.93万人，补贴资金1309.1万元；共向服务世博一线职工发放团体医疗卡2756张，发放医药箱3143个，帮扶资金总计649.8万元，其中，市总工会向世博园区赠送90个医药箱。组织2.65万人次世博一线职工参加疗休养，补贴资金2412.11万元。推动改善世博职工食堂、宿舍条件，惠及世博一线职工9.27万人，投入款物总计2203.46万元。（曹宏亮）

保障政策选辑

关于调整本市城镇低保家庭中有劳动收入人员就业补贴标准的通知

为进一步鼓励低保家庭中有劳动能力的人员积极就业，从政策上引导失无业人员的就业意识，经市政府同意，决定从2010年4月1日起，调整本市城镇低保家庭中有劳动收入人员的“就业补贴标准”。现将有关事项通知如下：

一、范围和标准

本市城镇居民最低生活保障家庭中，有实际就业行为、月劳动收入（包括计时制劳动收入等）不低于或等于本市企业职工月最低工资标准的人员，其本人的“就业补贴标准”从每人每月360元调整到每人每月445元。

二、具体要求

（一）“就业补贴标准”应先从其本人的实际收入中，按照上述标准予以免除，其余部分计入家庭收入。

（二）对新申请城镇居民最低生活保障的家庭，按照上述规定执行；对已经享受城镇居民最低生活保障的家庭，按照上述规定，相应调整低保补差金。

大事记

Chronicle of Events

2010 年大事记

1 月份

13—14 日　市总工会开展农民工工资支付情况专项检查。市总工会副主席茆荣华参加专项检查。

15 日　市总工会召开十二届五次全委(扩大)会议。市委副书记殷一璀出席会议并讲话。市总工会主席陈豪作工作报告。市总工会副主席肖堃涛、汪兰洁、杜仁伟、陈国华、茆荣华,秘书长周志军出席会议。

18 日　市总工会举行"冲刺100"上海职工迎世博文明行动推进会暨上海实业集团迎世博职工志愿者连上岗宣誓仪式。市总工会副主席肖堃涛、汪兰洁出席宣誓仪式。

18 日　市女职工志愿者服务队100 人第六次进世博工地,为世博建设者服务。市总工会副主席肖堃涛、汪兰洁慰问志愿者。

19 日　市总工会召开女职工委员会五届二次全委(扩大)会议。市总工会副主席肖堃涛、市妇联主席张丽丽出席会议并讲话。市总工会副主席、市女职工委员会主任汪兰洁向大会作工作报告。

20 日　市总工会主席陈豪到闸北区走访慰问困难劳模、困难职工和困难企业。

20 日　市总工会召开上海职工"奔向世博,冲刺 100"工人先锋号行动百联集团现场经验交流会。市总工会副主席肖堃涛、杜仁伟,秘书长周志军出席会议。

21 日　市总工会召开 2010 年上海工会维稳工作会议。市总工会副主席肖堃涛、茆荣华出席会议。

2 月份

5 日　市总工会召开机关系统加强党风廉政建设干部大会。市总工会党组书记、主席陈豪出席会议并讲话。市总工会党组副书记、副主席肖堃涛总结回顾 2009 年市总机关系统党风廉政建设工作并部署 2010 年工作。市总工会党组纪检组组长、副主席汪兰洁传达胡锦涛和俞正声的重要讲话精神。市总工会副主席杜仁伟、陈国华、茆荣华,秘书长周志军出席。

9 日　市总工会、市文广局、中国电信上海公司联合举办"情系世博,共贺新春"2010 年春节慰问农民工专场演出。市总工会副主席肖堃涛、汪兰洁、茆荣华出席。

10 日　2010 年上海市劳动模范春节茶话会在上海展览中心举行。中共中央政治局委员、上海市委书记俞正声,市委副书记、市长韩正等市领导与全市各区县、各行业的全国劳动模范、上海市劳动模范、先进工作者代表和全国五一劳动奖状(章)获得者代表共 200 余人欢聚一堂,共迎虎年新春佳节。上海市领导冯国勤、殷一璀、吴志明、董君舒、沈红光、江勤宏、杨雄、丁薛祥、徐麟、唐登杰、胡延照、沈骏、沈晓明、赵雯、应勇、陈旭等出席茶话会。市人大常委会副主任、市总工会主席陈豪主持茶话会。市总工会副主席、秘书长等出席茶话会。

11 日　市总工会召开机关系统2009 年度先进表彰会。市总工会副主席肖堃涛出席会议并讲话。市总工会副主席汪兰洁宣读《关于表彰上海市总工会机关系统 2009 年度先进集体和先进个人的决定》。市总工会副主席杜仁伟、陈国华、茆荣华、秘书长周志军出席会议。

26 日　市总工会召开上海工会财务工作座谈会。市总工会主席陈豪,副主席肖堃涛、杜仁伟、陈国华、茆荣华,秘书长周志军出席会议。

1 月 20 日,陈豪主席慰问闸北退休老劳模林玉英　　(吴良荣)

3 月份

1 日　市总工会召开区县局(产业)工会主席会议。市总工会主席陈豪出席会议并讲话。市总工会副主席肖堃涛、汪兰洁、杜仁伟、陈国华、茆荣华、秘书长周志军出席会议。

4 日　市总工会举行纪念三八国际劳动妇女节 100 周年大会暨第三届上海市五一巾帼奖颁奖典礼。市人大常委会副主任、市总工会主席陈豪,副市长沈晓明,市委组织部副部长陆凤妹,市妇联主席张丽丽,市总工会副主席肖堃涛、汪兰洁、杜仁伟、陈国华、茆荣华,秘书长周志军出席。

7 日　市总工会举行"外来务工女性免费宫颈癌筛查"一周年总结暨2010 年筛查启动仪式。市总工会副主席汪兰洁出席启动仪式。

9 日　市总工会召开上海工会纪念三八国际劳动妇女节 100 周年座谈会。市总工会副主席汪兰洁出席。

10 日　市总工会召开 2010 年上海工会宣教工作会议。市总工会副主席汪兰洁出席并讲话。

12 日　市总工会、上海世博会事务协调局、市交通运输和港口管理局、上海汽车工业(集团)总公司联合开展上海职工"文明服务、文明观博、文明出行"世博先锋号行动。市总工会主席陈豪、世博局党委副书记陈安杰共同启动世博先锋号行动按钮。市总工会副主席杜仁伟出席启动仪式。

12 日　市总工会召开 2010 年上海工会保障工作会议。市总工会副主席陈国华出席并讲话。

17 日　市人力资源和社会保障局、市总工会、市企业联合会/企业家协会联合召开 2010 年上海市工资集体协商工作会议。市总工会副主席茆荣华出席并讲话。

18 日　市总工会举办上海职工"文明观博"学习培训推进会暨千名职工志愿者宣讲员培训班。市总工会副主席肖堃涛、汪兰洁出席。

18 日　市总工会召开上海市职业技能竞赛总结动员大会。市总工会副主席杜仁伟出席会议。

23 日　2010 年上海市厂务公开民主管理工作会议召开。市人大常委会副主任、市总工会主席、市厂务公开领导小组副组长陈豪主持会议。副市长、市厂务公开领导小组副组长沈晓明出席并讲话。市总工会副主席肖堃涛出席会议。

23—24 日　市总工会召开 2010 年上海工会财务工作会议。市总工会副主席肖堃涛出席会议。

26 日　由中华全国总工会主办，全国总工会宣教部、上海市总工会、市精神文明建设委员会办公室、上海世博会事务协调局、中共上海市经济和信息化工作委员会承办，全国各省、自治区、直辖市总工会联合协办的"我们大家的世博"全国职工世博知识网上竞赛拉开帷幕。中华全国总工会副主席、书记处书记倪健民，市人大常委会副主任、市总工会主席陈豪为全国职工世博知识网上竞赛揭幕。市总工会副主席肖堃涛、汪兰洁、秘书长周志军出席。

30 日　市总工会召开市总工会党组中心组学习总结部署会。市总工会副主席肖堃涛出席会议并讲话。市总工会副主席茆荣华、秘书长周志军出席。

31 日　市总工会召开上海"工人先锋号"建功世博誓师大会。市总工会副主席肖堃涛、杜仁伟，秘书长周志军出席会议。

4 月份

7 日　上海世博会重大工程建设建功立业劳动竞赛总结表彰暨运行保障立功竞赛誓师动员大会举行。全国总工会党组副书记、副主席、书记处书记乔传秀，上海市委副书记殷一璀出席会议并讲话。全国总工会书记处书记、党组纪检组组长王瑞生，市委常委、市委组织部部长沈红光，市委常委、常务副市长杨雄出席会议。市人大常委会副主任、市总工会主席陈豪主持会议。市总工会副主席肖堃涛、汪兰洁、杜仁伟、陈国华、茆荣华，秘书长周志军等出席。

9—14 日　应上海市总工会邀请，越南胡志明市劳动者联合会主席阮辉近一行 7 人访问上海。9 日晚，市总工会主席陈豪会见并宴请越南工会客人。市总工会副主席茆荣华参加会见。

14 日　上海市社会帮困基金会第二届理事会第六次会议、上海市职工救急济难基金会第四届理事会第六次会议召开。会议决定上海市社会帮困基金会、上海市职工救急济难基金会合并更名为"上海市职工帮困基金会"。

15 日　市总工会召开基层工会主席直接选举工作推进会。市总工会副主席肖堃涛出席并讲话。

22 日　市总工会女职工委员会、上海机场集团工会联合举行"我们准备好了"——上海窗口行业女职工奉献世博誓师大会暨上海市五一巾帼示范岗命名表彰仪式。市总工会副主席、市女职工委员会主任汪兰洁出席。

25 日　市总工会为上海劳模代表团赴京参加 2010 年全国劳模和先进工作者表彰大会举行欢送仪式。市人大常委会副主任、市总工会主席陈豪，副市长沈晓明、市政府秘书长姜平，市总工会副主席肖堃涛、汪兰洁、杜仁伟、陈国华、茆荣华，秘书长周志军出席欢送仪式。

26 日　市总工会举行上海职工"文明出行"主题实践暨交通行业世博文明志愿者集中服务日活动。市总工会副主席肖堃涛宣布上海职工"文明出行"志愿者服务车队发车。

28 日　上海市劳动模范、先进工作者表彰暨纪念五一国际劳动节大会在市委党校举行。中共中央政治局委员、上海市委书记俞正声出席会议并讲话。上海市委副书记、市长韩正主持会议。市领导刘云耕、冯国勤、殷一璀、沈红光、杨振武出席。市人大常委会副主任、市总工会主席陈豪宣读《上海市政府关于表彰 2007—2009 年度上海市劳动模范、先进工作者和劳模集体的决定》。市总工会副主席肖堃涛、汪兰洁、杜仁伟、陈国华、茆荣华，秘书长周志军出席会议。

上海建工集团世博园区运行保障中途推进大会　（缪云明）

5 月份

12 日　市总工会召开"贯彻落实全国劳模表彰大会精神，大力宣传劳模事迹，弘扬劳模精神"专题工作会议。市总工会副主席汪兰洁出席会议并讲话。

13 日　市总工会主席陈豪等一行来到浦东分局世博巡警支队和黄浦

分局半淞园路派出所慰问奋战在世博安保一线的公安民警。市长助理、市公安局局长张学兵,市总工会副主席肖堃涛、杜仁伟,秘书长周志军等陪同慰问。

20日　市总工会召开市职工科技创新工作经验交流会。市总工会副主席肖堃涛、汪兰洁、杜仁伟,秘书长周志军等出席。

24日　市委宣传部、市总工会、市人力资源和社会保障局在上海展览中心友谊会堂举行劳动模范先进事迹报告会。市委常委、宣传部长杨振武出席并讲话。市人大常委会副主任、市总工会主席陈豪主持会议。市总工会副主席汪兰洁、杜仁伟,秘书长周志军出席会议。

25日　应中华全国总工会邀请,国际工联主席、澳大利亚工会理事会主席夏兰·巴洛率澳大利亚工会理事会代表团来华访问。市总工会主席陈豪会见代表团一行,市总工会副主席肖堃涛参加会见。

29日　市总工会举办上海工会"共享世博,畅想未来"庆六一活动。市总工会副主席汪兰洁出席。

6月份

2日　市总工会召开部分区县局(产业)工会主席座谈会。市总工会主席陈豪出席并讲话。市总工会副主席肖堃涛、汪兰洁、杜仁伟、陈国华、茆荣华,秘书长周志军等出席会议。

8—9日　市总工会举行上海工会慰问劳动模范、办博人员专场演出。

20日　市慈善基金会、市总工会、市文明办、市卫生局和闸北区人民政府联合举办"世博健康行"百名医学专家大型慈善义诊——上海市卫生、医药行业职工世博文明志愿者集中服务日活动。市政协主席、市慈善基金会理事长冯国勤,市人大常委会副主任、市总工会主席陈豪出席仪式并启动"世博健康行"上海医务行业职工志愿服务系列活动。市总工会副主席汪兰洁出席仪式。

9—11日　市总工会召开直管单位工会资产监管工作会议。市总工会副主席肖堃涛出席并讲话。

18日　市总工会召开上海职工节能减排工作座谈会。市总工会副主席杜仁伟出席并讲话。

21日　市总工会召开上海工会职工收入调查网专题会议。市总工会副主席陈国华出席并讲话。

23日　市总工会召开全国厂务公开互检工作上海情况汇报会。市总工会副主席肖堃涛、茆荣华出席会议。

28日　市总工会召开机关系统纪检工作会议。市总工会党组纪检组组长、副主席汪兰洁出席并讲话。

29日　应上海市总工会邀请,以执行委员长石井荣一为团长的日本横滨市工会联盟访华代表团一行13人来华进行友好访问。市总工会主席陈豪会见代表团,市总工会秘书长周志军参加会见。

7月份

1日　市总工会召开大口工会主席座谈会。市总工会主席陈豪,副主席肖堃涛、汪兰洁、茆荣华,秘书长周志军等出席会议。

7日　市委副书记殷一璀到市总工会召开"加强基层工会建设,发挥基层工会组织作用"调研座谈会。市人大常委会副主任、市总工会主席陈豪主持会议。市委副秘书长姚海同,市总工会副主席肖堃涛、汪兰洁、杜仁伟、陈国华、茆荣华,秘书长周志军等出席座谈会。

15日　市总工会、市建设交通工作党委等联合开展"战高温、送关爱、保运行、创一流"专项行动。市人大常委会副主任、市总工会主席陈豪宣布专项慰问行动启动。市总工会副主席肖堃涛、杜仁伟,秘书长周志军等出席。

22日　市总工会举行"五一新闻奖"评审会。市委宣传部副部长宋超,市总工会副主席汪兰洁、秘书长周志军等出席评审会。

26日　市总工会直属机关党委与浦东新区万祥镇新建村党总支签订新一轮结对帮扶协议。市总工会秘书长、直属机关党委书记周志军出席签约仪式。

8月份

2日　市总工会召开十二届六次全委(扩大)会议。市总工会主席陈豪作工作报告,副主席肖堃涛主持会议,副主席汪兰洁、杜仁伟、陈国华、茆荣华,秘书长周志军出席会议。

8日　市总工会、市体育局、黄浦区人民政府举办"全民健身日"上海市主题活动。副市长赵雯、市政府副秘书长王伟、市体育局局长李毓毅、市总工会副主席汪兰洁出席活动。

9日　市总工会决定向甘肃省总工会捐款30万元,用于救助舟曲县受灾职工。

18日　第十二届上海读书节开幕。市委副书记、市振兴中华读书指

7月8日,上海市总工会主席陈豪慰问浦东新区服务世博职工

(吴良荣)

导委员会主任殷一璀，市委常委、宣传部长杨振武，市人大常委会副主任、市总工会主席陈豪，市政协副主席朱晓明，市总工会副主席肖堃涛、汪兰洁、秘书长周志军等出席开幕式。

19日 市总工会召开"创工人先锋号，为世博加油"立功竞赛表彰推进会。市总工会副主席杜仁伟出席。

20日 市总工会举行"点亮心灯，畅想世博——上海工会千名助学受助学生畅游世博主题活动"启动仪式。市总工会副主席陈国华出席仪式。

23日 市总工会举行"情系舟曲一日捐"活动。市总工会副主席肖堃涛、汪兰洁、杜仁伟、陈国华、茆荣华，秘书长周志军等参加捐款。

23—25日 市总工会主席陈豪一行赴南京梅山慰问宝钢集团梅山公司、宝钢股份梅钢公司职工并调研工会工作。市总工会副主席汪兰洁、陈国华，秘书长周志军等陪同调研。

9月份

7日 应上海市总工会邀请，执行委员长中村义男率领日本大阪市工会联合会代表团来沪访问。市总工会主席陈豪会见代表团一行人员，市总工会副主席陈国华参加会见。

8日 全国十七城市工会二届十一次年会在海鸥饭店召开。市人大常委会副主任、市总工会主席陈豪致辞，市总工会副主席肖堃涛主持会议，市总工会副主席茆荣华、秘书长周志军等出席会议。

8日 市总工会举行工会女职工培训示范学校揭牌仪式。全国总工会女职工委员会副主任、全总女职工部部长丁大建，市总工会副主席、市女职工委员会主任汪兰洁共同为"工会女职工培训示范学校"揭牌。

9日 市总工会召开贯彻落实全国工会基层组织建设工作会议精神大会。市总工会副主席肖堃涛出席会议。

16日 市总工会举行上海市商业行业职工世博文明志愿者集中服务日暨上海职工职业道德"双十佳"评比启动仪式。市总工会副主席汪兰洁出席。

20日 市总工会举办"城市和谐发展与企业职工文化"2010年上海职工文化发展论坛。市总工会副主席汪兰洁出席并致辞。

21日 召开上海市工人文化宫成立60周年纪念大会。中共中央政治局委员、上海市委书记俞正声，市委副书记、市长韩正发来贺信，市人大常委会主任刘云耕、市政协主席冯国勤发来贺词，全国人大常委会委员龚学平，市委副书记殷一璀，市人大常委会副主任、市总工会主席陈豪出席会议。市总工会副主席肖堃涛、汪兰洁，秘书长周志军等出席会议。

21日 市总工会召开十二届七次全委（扩大）会议。会议选举周志军为市总工会副主席。市总工会主席陈豪出席会议并讲话。市总工会副主席肖堃涛、汪兰洁、杜仁伟、陈国华、茆荣华出席会议。

26日 召开全国工会党工共建创先争优活动视频会议上海分会场会议。市总工会主席陈豪出席并讲话。副主席肖堃涛、汪兰洁、杜仁伟、陈国华、周志军等出席。

26日 市总工会召开"奋战一个月、办博夺全胜"——上海职工世博运行保障立功竞赛誓师大会暨建交委现场会。市总工会副主席肖堃涛、杜仁伟出席会议。

29日 市总工会、市文广局举行"同在阳光下"上海假日农民工免费电影专场放映活动启动仪式。市总工会副主席汪兰洁出席启动仪式。

10月份

14日 全国总工会党组书记、副主席、书记处第一书记王玉普调研上海工会工作，听取市总工会和部分基层工会工作汇报，并与上海工会干部座谈。市总工会主席陈豪，副主席肖堃涛、汪兰洁、杜仁伟、陈国华、茆荣华，周志军等出席座谈会。

21日 市总工会、市委党史研究室召开"纪念张祺同志诞辰100周年座谈会"。市总工会主席陈豪出席会议并讲话。市总工会副主席肖堃涛、周志军出席座谈会。

25日 市总工会、市慈善基金会、上海电视大学联合举行上海新生代农民工初级工商管理（EBA）培训开学典礼。市总工会副主席汪兰洁出席典礼。

28日 市总工会召开企业女职工工作推进会。市总工会副主席汪兰洁出席并讲话。

28日 市总工会举行机关第二届青年论坛。市总工会副主席肖堃涛出席并讲话。市总工会副主席周志军出席论坛。

29日 市总工会召开"劳动合同制度与和谐劳动关系的构建"研讨会。市总工会副主席肖堃涛、茆荣华出席会议。

11月份

4日 全国厂务公开协调小组召

上海市电力公司世博保障总结表彰大会 （顾炜程）

开全国厂务公开民主管理工作经验交流暨先进单位表彰电视电话会议。市总工会主席陈豪主持上海分会场会议并讲话。市总工会副主席肖堃涛出席会议。

9日　市总工会、市企业联合会/企业家协会举办2010年上海市集体协商指导员培训班。市总工会副主席茆荣华出席开班仪式。

9日　应上海市总工会邀请,以议长李海守为团长的韩国劳动组合总联盟釜山广域市地域本部友好访华代表团一行5人抵沪友好访问。市总工会主席陈豪会见代表团一行人员,市总工会副主席周志军会见时在座。

29日　市总工会召开专题会议研究部署"11·15"特别重大火灾事故受灾职工困难帮扶工作。市总工会副主席陈国华、秘书长张立群出席会议。

29日　市总工会开展世界艾滋病日主题宣传"遏制艾滋、履行承诺——上海职工红丝带健康行动进企业"活动。市总工会副主席周志军出席并讲话。

12月份

3日　由上海市总工会、上海市体育局、黄浦区人民政府联合主办的"百万职工健身与健康同行"上海职工健身活动月暨第36届黄浦区职工马路运动会开幕。市总工会主席陈豪、市体育局局长李毓毅、市总工会副主席肖堃涛、汪兰洁、周志军等出席开幕式。

9—11日　市总工会召开2011年工作务虚会。市总工会主席陈豪出席并讲话。副主席肖堃涛、汪兰洁、杜仁伟、陈国华、茆荣华、周志军,秘书长张立群等出席,会议就明年工作思路进行研究交流。

14日　市总工会在人民大舞台举行上海工会表彰慰问世博职工志愿者专场演出。市总工会副主席肖堃涛、汪兰洁出席。

15日　市总工会召开2010年上海市工会组织工作总结交流暨表彰大会。市总工会副主席肖堃涛出席并讲话。市总工会副主席汪兰洁主持会议并通报2010年全市工会组织建设工作情况。市总工会副主席陈国华、茆荣华、周志军、秘书长张立群等出席会议。

17日　市总工会举行"千名环卫一线职工健康行"活动启动仪式。市总工会副主席陈国华出席启动仪式并启动"健康行"活动。

23日　市总工会召开2011年《上海工会年鉴》工作会议。市总工会副主席周志军、秘书长张立群出席会议。

24日　上海市工运研究会召开2010年年会。市总工会副主席肖堃涛出席会议并讲话。市总工会副主席、市工运研究会会长茆荣华出席会议并作工作报告。

28日　市总工会召开上海工会对口援疆工作座谈会。市总工会副主席肖堃涛、杜仁伟,秘书长张立群等出席。

30日　市总工会、上海世博局、团市委、市妇联共同召开上海世博会运行保障立功竞赛总结表彰大会。30个全国五一劳动奖状(奖章)、45个全国工人先锋号、200个上海市"当好主力军,建功世博会,展示新风采"主题实践活动工会优秀组织奖和589名优秀组织者受到大会表彰。市总工会副主席肖堃涛、杜仁伟,秘书长张立群等出席会议。

保障政策选辑

关于本市企业各类人才柔性延迟办理申领基本养老金手续的试行意见

一、范围对象

参加本市城镇养老保险的企业中具有专业技术职务资格人员,具有技师、高级技师证书的技能人员和企业需要的其他人员,到达法定退休年龄、符合在本市领取基本养老金条件,如企业工作需要,本人身体健康,能坚持正常工作;经本人提出申请,与企业协商一致后,可以延迟申领基本养老金。

二、延迟期限

符合本试行意见的人员,延迟办理申领基本养老金手续的年龄,男性一般不超过65周岁,女性一般不超过60周岁。

三、延迟期间社会保险费缴纳和待遇

按照本意见规定延迟申领基本养老金的人员,男年满60周岁、女年满55周岁的,延迟期间社会保险费缴纳和待遇自办理延迟申领基本养老金申报备案手续的次月起按以下规定处理:

(一)延迟期间社会保险费缴纳

企业及个人按规定缴纳基本养老保险费和工伤保险费,不再缴纳医疗、失业及生育保险费。

(二)延迟期间社会保险待遇

1. 医疗保险待遇按照到达法定退休年龄领取基本养老金人员的医疗保险待遇规定执行。

2. 延迟期间发生工伤事故的,按照本市工伤保险有关规定享受相应工伤保险待遇。

3. 延迟期间因病或非因工死亡的,丧葬补助金按照本市企业退休人员因病或非因工死亡后相关规定执行,所需费用由本市城镇基本养老保险统筹基金支付。

四、执行时间

本意见自2010年10月1日起执行。《关于本市企业高级技师延迟办理申领基本养老金手续的实施意见》(沪人社养发〔2008〕4号)同时停止执行。

概况

Basic Facts

【组织概况】 上海市总工会机关设办公室、研究室、组织部、民主管理部、宣教文体部、经济工作部、保障工作部、国际联络部、财务部、女职工部、法律工作部、事业部、经费审查委员会办公室等13个职能部门和机关系统党、纪、工、团组织。市总工会机关核定人员编制141人,截至2010年底,机关在编人员122人。市总工会下属上海工会管理职业学院、劳动报社、上海海鸥控股(集团)有限公司等23个企事业单位。所辖区、县、局(产业)工会135个,建立工会基层组织53747个,工会组织覆盖单位214175家,工会会员为7601614名。 (杨伟良)

上海市总工会领导及各部室负责人名单

中共上海市总工会党组名录

党组书记 陈 豪
党组副书记 肖堃涛
党组成员 汪兰洁(女) 杜仁伟 陈国华 茆荣华 周志军 杜乃根
党组纪检组组长 汪兰洁(女)

上海市总工会第十二届委员会主席、副主席、常委名录

主　　席 陈 豪
副 主 席 肖堃涛 汪兰洁(女) 杜仁伟 陈国华 茆荣华 周志军(2010.09任)
常　　委 (按姓氏笔画为序)
严爱科(女) 杜乃根 肖长松 吴红星 吴诗仲 陈 欣 陈必华 周志军 夏玲英(女)

上海市总工会经费审查委员会主任、副主任名录

主　　任 杨永平(副局级)
副 主 任 黄银萍

上海市总工会秘书长、副巡视员等名录

秘 书 长 周志军(2010.8免)
张立群(2010.10任)
副巡视员 杜乃根 夏惠珍(女)

上海市总工会各部室负责人名录

办公室
主　任 李 鸣
副主任 夏 勇 王厚富
研究室
主　任 桂晓燕(女)
副主任 李学兵(2010.11任)
组织部
部　长 杜乃根(兼)
副部长 刘卫新(2010.11免) 杨伟良(兼)
庄 勤(女,2010.11任)
宣教文体部
部　长 丁 巍(女)
副部长 邵新宇(女)
经济工作部
部　长 彭剑明(女)
副部长 李卫军
保障工作部
部　长 宋 震
副部长 陈美琴(女)
财务部
部　长 夏惠珍(兼,女)
副部长 倪伟琦
民主管理部
部　长 张立群(2010.11免)
刘卫新(2010.11任)
副部长 周永宝
法律工作部
部　长 吴 萌
副部长 黄 琦(女)
女职工部
部　长 宋钟蓓(女)
国际联络部
部　长 沈雄德
副部长 李 庆(2010.8免)
竺 敏(2010.11任)
事业部
部　长 宫运利
副部长 朱国庆
经审办
主　任 杨永平(兼)
副主任 黄银萍(女,兼)

上海市总工会直属机关党、纪、工、团负责人名录

直属机关党委
书　记 周志军(兼)
副书记 任新我
直属机关纪委
书　记 杨伟良
直属机关工会
主　任 任新我(兼)
副主任 卢家平
直属机关团委
书　记 庄 勤(兼,女)

【上海市总工会综述】 2010年,市总工会紧紧围绕市委"五个确保"的目标任务和全总的工作部署,坚持服务大局与服务职工相结合,团结动员广大职工为成功举办世博会和经济社会发展作贡献。(1)聚焦办博首要任务,以"当好主力军、建功世博会、展示新风采"为主题,组织发动各行各业职工踊跃参与迎世博行动计划和世博运行服务保障工作。一是深入推进世博重大工程等各项立功竞赛活动。组织所有参建单位职工全员参与世博园区重大

工程立功竞赛以及虹桥综合交通枢纽、长江隧桥、轨道交通、外滩通道等一系列世博重点配套工程立功竞赛活动；在12大重点商圈、58个行业、400多万窗口服务单位职工中开展“五比五赛”立功竞赛活动，培育选树“百个服务品牌、千个工人先锋号、万个服务明星”。二是广泛开展“保平安、促运行、重服务、创一流”世博运行保障立功竞赛。在世博园区、公安保卫系统、交通运输行业、公共事业领域、窗口服务和综合服务单位、浦东核心功能区等设立七大赛区，动员各行各业职工服务世博、奉献世博。三是组织实施“文明服务、文明观博、文明出行”大讨论、大宣传、大培训、大行动。制定“十要十不要”行为规范和职工文明服务公约，完成200万产业职工“文明观博”学习培训，建立930多支职工志愿者服务队，开展交通行业、通信行业、医务医药行业职工和劳模先进文明志愿者集中服务日活动。四是关心激励世博运行保障一线职工。建立20个临时工会组织，推动园区内工会实现全覆盖；筹措帮扶款物近1300万元，走访慰问世博一线职工家庭1.79万户，发放团体医疗卡2756张、医药箱3143个；推动建立世博服务保障工作薪酬考核奖励办法，着力提高市容环卫一线职工工资福利待遇，推动落实后勤保障措施；及时选树、宣传贡献突出的先进集体和个人，共评选产生3646名上海世博工作优秀个人、354个上海世博工作优秀集体，评选产生59个全国五一劳动奖状（奖章）、76个全国工人先锋号以及一大批上海市五一劳动奖状（奖章）和市工人先锋号。(2)坚持维权和维稳相结合，切实维护职工各项权益，促进劳动关系和谐稳定。牵头市劳动关系三方制定“关于全面推进集体协商机制建设的指导意见”，并由市委、市政府两办转发，着力推动集体协商机制逐步成为企业协调劳动关系的基本制度，全市签订集体合同总数达22479份，覆盖企业85262家，覆盖职工418.6万人，覆盖企业和职工数同比增长10.6%和11.2%；签订女职工专项集体合同19627份，覆盖企业70556家，覆盖女职工148.4万人；制定下发《关于落实本市最低工资标准，积极开展工资集体协商的意见》，推动政府继续把工资集体协议覆盖劳动者人数列入区县就业保障工作考核指标，全市签订工资专项集体合同11220份，覆盖企业4.28万家，覆盖职工225.66万人；积极参与和推动《上海市职工代表大会条例》立法进程，为企事业单位民主管理工作提供坚实的法律支撑和制度保障，《条例》通过市人大常委会三审。积极构建和谐发展、合作共赢的新型劳动关系，建立健全劳动关系预防、预警、调处、援助工作机制，制定工会参与群体性事件处置应急预案，加强对职工思想动态、劳动关系不稳定因素的分析研判，完善多级劳动争议调解组织，引导职工理性合法表达利益诉求，配合党政组织及时化解、妥善处置劳动关系矛盾和职工群体性事件。加强区县、街镇职工援助服务中心、分中心规范化建设，推进31个工业园区、开发区和产业集团建立职工援助服务工作站；实施“技能培训促就业行动”，培训就业困难人员6.53万人，2.88万人获得职业技能证书，成功介绍1.6万人实现就业。开展“阳光就业行动”，帮助4147人次应、历届困难职工家庭高校毕业生实现就业；深入开展帮困送温暖活动，2010年两节期间各级工会走访慰问困难职工家庭近15万户，发放帮扶款物总计1.34亿元。世博会期间对6.65万户在档困难职工家庭进行一次性帮扶，帮扶资金达4905.9万元；开展“金秋助学”活动，发放助学款5879.7万元，资助5.22万名困难职工子女和农民工子女。(3)围绕“当好主力军、建功‘十一五’、和谐奔小康”主题，发挥工会“大学校”作用，深化职工素质工程建设。认真做好135名全国劳模和先进工作者、848名上海市劳动模范和先进工作者以及350个上海市劳模集体的评选推荐工作；召开劳模和先进工作者表彰大会，举办劳模先进事迹报告会等，广泛宣传劳模事迹；组织万名劳模先进参观世博会试运行，接待1000名全国劳模参观世博会。举办以“科技世博、岗位创新”为主题的职工科技创新系列活动，全市共有8800多家基层单位、近105万名职工参与；举办第二十三届市优秀发明选拔赛，参赛项目达1471项，比上年增长21%；深入推进“我为节能减排作贡献”活动，开展合理化建议“金点子”征集推广、重点企业节能减排对标升级专项劳动竞赛；与市委组织部、市人保局、市国资委联合实施“首席技师千人计划”；在全市组织开展7000多个工种（项目）的技能竞赛，245.6万名职工参赛，其中26.6万名职工技能晋级。联手市慈善基金会开展农民工中班组长及技术骨干初级工商管理培训，对1000名优秀农民工实施学费资助。开展上海职工队伍建设专题调研，研究制定《上海职工素质工程“十二五”规划》。加强“职工书屋”建设，建立120个示范点，各级工会自建“职工书屋”2000多家；举办上海职工文化活动月、职工文化展演周、职工文化发展论坛、长三角职工书画联展，承办“读书，让生活更美好”第十二届上海读书节，参加上海世博会城市文化广场“周周演”活动，开展上海五一文化奖征集评比；依托工人文化宫和社区文化活动中心，举办农民工假日免费电影放映活动和慰问农民工专场演出等，丰富农民工业余文化生活。(4)以广泛开展“党工共建创先争优活动”为契机，以实施“广普查、深组建、全覆盖”集中行动为抓手，进一步夯实工会组织基础。扎实推进工会组建工作，突出世界500强跨国公司和港澳台资企业等建会重点，以农民工、劳务派遣工为主要对象，着力提高职工入会率，扩大工会工作覆盖面，全市工会会员达760.2万人，其中农民工会员近294.4万人，工会组织数5.37万个，覆盖单位21.4万家；全市区域性、行业性工会联合会2483家。制定“进一步推进基层工会主席直接选举工作的意见”，稳妥、规范推进基层工会主席直选工作，全市经直选产生的基层工会主席已近万名。组织工会干部培训1.8万人次。深入开展调查研究工作，开展包括全市劳动关系情况分析、基层企业工会工作情况、农民工权益实现状况、工会参与社保基金和企业年金监督情况、基层工会主席直接选举、劳模社保和生活状况等专题调研，为总结经验、破解难题、推动工作、完善政策起到积极作用。积极拓展上海工会对外交流渠道，开展专题研讨活动和业务交流，巩固和发展与21个国家及港澳台地区的26个工会组织的友好交流与合作关系；健全工会经审工作规章制度和管理办法，认真实施《工会会计制度》，规范绩效考核办法，强化财务科学管理；完善和落实工会资产监管制度，抓好工会企业转改制资产处置、固定资产清理、工程项目建设等

监管工作。 （夏伟民）

【上海市总工会女职工委员会综述】 （1）团结动员女职工“建功世博盛会，展示巾帼风采”。表彰第三届上海市五一巾帼奖100名个人和100个集体，举办第三届五一巾帼奖颁奖典礼和纪念三八节100周年座谈会。举行“我们准备好了——上海市五一巾帼示范岗誓师仪式”，命名480个五一巾帼示范岗。以女职工周末学校大讲堂等形式，开展文明观博、职业礼仪等培训，共开设4场面向全市女职工的世博礼仪专场讲座；以流动课堂形式，在区县局（产业）女职工周末学校开设100多场文明礼仪讲座，1万多名女职工参加培训。积极动员女职工参与“当好主力军，建功世博会，展示新风采”立功竞赛活动，248万女职工参加，共征集12万条合理化建议，建立1329支女职工志愿者服务队，21.5万女职工参与窗口服务、环境清洁、公共秩序等服务世博志愿者行动。开展“‘斯美杯’精彩世博，美丽人生”女职工征文比赛。做好涉博女职工的慰问服务，为4200多名涉博市容环卫女职工提供免费健康检查；“三八”和“八一”前夕，慰问武警世博女兵，组织女职工志愿者服务队为女兵提供医疗咨询等服务，对涉博公安女警开展高温慰问；关注涉博职工子女，开展“共享世博，畅想未来”六一亲子活动，组织百名园区职工子女参观世博会。（2）扎实推进工会女职工组织建设。制定《上海工会女职工工作“十二五”规划》。召开加强企业工会女职工工作推进会，制定《上海市总工会关于进一步加强企业工会女职工工作的意见》，建立企业工会女职工工作“5+X”工作制度，女职工组织同步组建率达96.9%。选树10个区县局（产业）工会女职工工作优秀品牌并推广和宣传，开展区县局（产业）工会女职工工作目标管理考核和工会女职工干部培训。（3）切实保障女职工权益。通过“两会”议案、提案反映女职工退休年龄问题，就女职工因退休年龄问题引发劳动争议期间养老金的领取问题与市人保局初步达成共识。联合市人保局开展女职工权益专项检查，针对“两病”筛查存在的问题形成内参并开展专项调研。认真总结、梳理市总工会各项监测评估指标落实情况。强调专项合同“备案率”和“履约率”，不断提高专项合同的质量。加强对签订工作的分类指导，选树世界500强企业中签订专项合同工作典型并加以宣传。全市女职工签订专项集体合同1.96万份，占集体合同87.3%，覆盖用人单位7.06万家，女职工受益达148.37万人。与市慈善基金会联合开展外来务工女性免费家政、母婴护理培训项目全部完成，共培训709人，考试合格651人，合格率为91.8%，上岗就业率约为95%。关心单亲困难女职工，累计有300个市五一巾帼集体与300位单亲困难女职工结对。与解放军411医院联合开展女农民工免费“两癌筛查”，惠及6700人。举办“相约世博”交友活动，继续为白领女性做好服务工作。开展“遏制艾滋，履行承诺——上海职工红丝带健康行动进企业”活动，全年共举办55场预防艾滋病和女性保健知识讲座，有2700多名女职工参加培训。全面完成历时两年的援助都江堰女职工健康检查任务，共为14890名女职工提供服务。

（宋钟蓓）

【上海市总工会经审会综述】 2010年，市总经审会以加强经审工作规范化建设为抓手，以提高审计质量和加强服务指导为重点，在工会推动经济发展、维护职工权益、促进社会和谐稳定方面不断发挥工会经审组织的积极作用。3月，市总经审会十二届十次会议对市总工会本级2009年度工会经费收支决算情况和2010年经费收支预算（草案）进行审查。7月，市总经审会十二届十一次会议审查市总工会本级2010年上半年预算执行情况。11月，市总经审会十二届十二次会议听取并讨论《关于上海工会2010年经费审查工作情况和2011年经费审查工作安排的报告（讨论稿）》，听取市总经审办对28个区县局（产业）工会2009年经费预算执行（决算）及财务收支审计的情况汇报。 （杨永平）

【上海市退休职工管理委员会综述】 （1）围绕“平安世博”建设目标，指导退休人员为世博多作贡献。一是开展“百岁老人不出家门看世博”活动。与交大昂立有限公司携手向百岁老人赠送“世博健康大礼包”，使百岁老人在家里通过阅读世博精美画册，就能享受到不出家门看世博的乐趣。二是进行“千名老人复明看世博”活动。在上海爱尔眼科医院对患有白内障疾病的老人进行免费检查和优惠治疗活动。共有1114名患有白内障疾病的老人得到了免费检查，其中有652名通过治疗使眼睛得到了复明。三是组织“申城万名老人游世博”活动。会同上海市老龄办、上海市老年基金会共同组织“申城万名老人游世博”活动，共有1万多名老人走进世博。四是举办“彰显都市文化·见证世博盛会”——上海市第三届中老年摄影大赛。会同上海市老干部局、上海市摄影家协会联合发起老年摄影大赛。大赛共征集到摄影作品近5000幅，优秀作品在上海市老干部活动中心举行展览。（2）围绕关注民生，为退休人员做好事、办实事。一是继续做好退休职工住院补充医疗互助保障计划的参保工作。至12月，退休职工参保数达300余万，给付81万人次，给付金额为4.6亿元。二是切实做好“冬送温暖，夏送清凉”工作。全市共慰问退休人员33万人次，慰问总金额约2.1亿元；参加慰问人员达6.8万人次。三是坚持做好双月为老服务工作。区县退管会组织社区双月为老服务活动256场，服务项目64项，参加为老服务的志愿者1.19万人次，受益老人达到33.2万人次。四是坚持开展尊老社会一条龙服务活动。全市共有55个行业和单位加入了尊老社会一条龙服务行列。2010年发放高龄老人优待证6.2万张，为老人服务114万人次，优惠金额达675万元，累计发放高龄老人优待证289万余张。五是认真做好银发无忧的参保工作。共有11.5万人参保，参保金额达230万元。六是联系“两会”代表和委员，呼吁解决退休人员关注的热点和难点问题。加强与市人大代表和市政协委员的联系沟通，就退休人员关注的热点问题，向市人大和市政协提出意见和建议，得到了市人大、市政协和有关部门的重视和关心。七是认真做好退休人员法律咨询和信访工作。全年共接待来信来访361人次，20个定点信访窗口接待来信来访1931人次，都及时得到回复处理。 （邬时中）

重要会议·工作·活动·调研

Important Meetings·Work·Investigation And Study

重要会议

【市总工会召开十二届五次全委(扩大)会议】 1月15日,市总工会召开十二届五次全委(扩大)会议。市委副书记殷一璀出席会议并讲话。市人大常委会副主任、市总工会主席陈豪向全委会做工作报告。会议主题是围绕经济社会发展大局,聚焦办博首要任务,团结动员全市广大职工贡献智慧和力量。会议全面总结2009年上海工会工作,部署2010年上海工会工作主要任务,号召全市各级工会团结动员广大职工,为上海实现"五个确保"作贡献。会议认为,上海各级工会组织在2009年中,紧紧围绕党和国家的工作大局,团结引导服务广大职工群众,为克服经济发展困难、维护社会和谐稳定作出了重大贡献。会议指出,当前和今后一个时期,上海工会工作任务是要紧紧围绕"五个确保"目标,特别是要围绕世博举办,充分发挥工会组织团结凝聚广大职工群众的作用,积极贯彻落实中央和市委的各项要求,努力作出新贡献。会议要求深入学习贯彻党的十七届四中全会、全总十五届三次执委会和九届市委九次、十次全会精神,进一步明确工会工作面临的新形势、新任务和新要求,进一步增强做好工会工作的使命感和责任感,切实把思想和行动统一到中央、全总和市委的工作部署上来,进一步推动上海工会工作的改革创新。

(陈　晖)

【市总工会召开十二届六次全委(扩大)会议】 8月2日,市总工会召开十二届六次全委(扩大)会议。市人大常委会副主任、市总工会主席陈豪向全委会做工作报告。会议主题是深入学习党中央关于工会工作重要指示精神,贯彻落实九届市委十二次全会、全总十五届四次执委会议精神,认真总结上半年上海工会主要工作,研究部署下阶段的重点工作。会议认为,2010年上半年,市总工会紧紧围绕市委"五个确保"的目标任务和全总的工作部署,坚持服务大局与服务职工相结合、维护职工合法权益与维护社会稳定相结合,团结动员广大职工为成功举办世博会和经济社会发展作贡献。会议要求,下半年工作要进一步提高维权工作实效,积极维护职工合法权益,拓宽和畅通职工利益诉求表达渠道。一是要建立健全以职代会为基本形式的企业民主管理制度,探索和完善区域性、行业性和集团公司职代会制度。二是要普遍推进工资集体协商工作,全年集体合同制度覆盖率要达到60%以上,推动工资集体协商工作纳入地方经济社会发展规划。三是要继续大力帮扶困难职工群体,注重整合工会系统职介培训资源,协助党政解决好困难职工、零就业家庭、产业结构调整和企业改制重组中转移人员、新生代农民工等重点群体的就业问题。四是要进一步加强劳动关系预防和调处力度,加强劳动关系协调工作合力,努力确保职工队伍和企业稳定。五是要进一步深化职工宣传思想工作,大力弘扬工人阶级伟大品格,要学习弘扬劳模精神,高度重视职工思想工作,不断加强职工文化和企业文化建设,丰富职工精神文化生活。六是要进一步落实"组织起来、切实维权"工作方针,着力加强基层工会组织建设。

(陈　晖)

【市总工会召开十二届七次全委(扩大)会议】 9月21日,市总工会召开第十二届七次全委(扩大)会议。市人大常委会副主任、市总工会主席陈豪出席并讲话。会议主题是动员全市各级工会深入推进世博运行保障立功竞赛,团结动员职工群众为上海发展转型作贡献,贯彻落实"两个普遍"工作要求,全面推进工资集体协商工作,全面开展"广普查、深组建、全覆盖"集中行动,加强工会组织建设,提高维权工作实效,努力构建和谐劳动关系。会议指出,各级工会要继续大力推进世博运行保障立功竞赛,聚焦世博运行各环节的重点难点问题,深入开展七大赛区专项竞赛活动和世博园区"三找三定"立功竞赛,进一步发挥职工群众在世博运行服务保障中的主力军作用;要坚持开展"文明服务、文明观博、文明出行"主题实践活动,广泛开展"服务世博、奉献世博"立功竞赛评比表彰活动,激励广大职工攻坚克难、拼搏奉献,夺取办博工作最后胜利。会议补选周志军为上海市总工会第十二届委员会副主席。 (陈　晖)

【市总工会召开贯彻落实全国工会基层组织建设工作会议精神大会】
9月9日,市总工会在沪东工人文化宫召开贯彻落实全国工会基层组织建设工作会议精神大会。市总工会党组副书记、副主席肖堃涛出席会议并讲话。大会分别传达了中央党群共建、创先争优视频会议精神和全国基层工会组织建设工作会议精神,并对当前和今后一个时期的上海工会基层组织建设工作做出部署。会议要求,各区县局(产业)工会要认真贯彻全总十五届四次执委会议和全国工会基层组织建设工作会议精神,落实全总关于加快在企业普遍建立工会组织,推进工资集体协商的"两个普遍"要求,在确保完成市总工会下达的年内工会组建工作目标任务的基础上,自9月至12月底,全市工会开展"广普查、深组建、全覆盖"集中行动。会议强调,各级工会一要抓住机遇,发挥优势,全面把握全总"两个普遍"的工作要求,以党群共建、创先争优为契机,把开展创先争优活动与集中行动、推动企业普遍建立工会组织紧密结合起来,实现党建与工建同步研究部署、同步检查考评、同步表彰奖励。确保集中行动取得预期成效。二要肯定成绩,查找不足、消除组建工作空白点,力争企业建会工作实现新突破。特别是警惕一些境内外敌对势力企图推动建立所谓的"独立工会"和脱离党领导的所谓职工"维权"组织等现象,着力推进企业普遍建立工会组织,切实维护职工队伍和工会组织的团结统一。三要加强领导,进一步健全完善目标责任制,将开展集中行动情况纳入工会年度工作考核,强化表彰激励机制,切实将工会组建工作(包括工会女职工组织建设)不断引向深入。 (杨　娟)

【市总工会召开贯彻落实全国劳模表彰大会精神专题工作会议】 5月12日,市总工会召开"贯彻落实全国劳模表彰大会精神,大力宣传劳模事迹,弘扬劳模精神"专题工作会议。会议传达胡锦涛总书记在全国劳动模范和先进工作者表彰大会上的讲话、全国总工会主席王兆国在中华全国总工会庆祝五一国际劳动节劳动模范座谈会上的讲话和市委书记俞正声在上海市劳模先进表彰暨纪念五一节大会上的

5月24日，市委宣传部、市总工会、市人力资源和社会保障局召开上海劳动模范先进事迹报告会 （吴良荣）

讲话精神。会议要求，各级工会认真学习贯彻落实胡锦涛总书记的重要讲话精神，把大力弘扬劳模精神，推进职工素质工程落到实处。会议对各级工会开展劳模精神宣传提出3点意见：一是把握契机，大力弘扬劳模精神。二是聚焦重点，推进办好世博各项工作。三是关注成效，扩大劳模先进的社会影响力。上海航天局、普陀区总工会、上海建工(集团)总公司工会、浦东新区总工会、机电工会等作会议交流发言。 （陈 琦）

【上海召开劳模先进表彰暨纪念五一节大会】 4月28日，上海市劳动模范、先进工作者表彰暨纪念五一国际劳动节大会在市委党校举行。中共中央政治局委员、市委书记俞正声出席会议并讲话。会议要求认真贯彻胡锦涛总书记重要讲话精神，始终坚持全心全意依靠工人阶级的方针，坚决维护工人阶级的主人翁地位，充分发挥工人阶级的主力军作用，大力弘扬新时期劳模精神，进一步激发广大职工群众的工作热情和创造活力，为创办一届成功、精彩、难忘的世博会，为加快推进"四个率先"、建设"四个中心"和社会主义现代化国际大都市贡献智慧和力量。市委副书记、市长韩正主持会议。市人大常委会副主任、市总工会主席陈豪宣读《上海市政府关于表彰2007—2009年度上海市劳动模范、先进工作者和劳模集体的决定》。会前，市领导会见劳动模范、先进工作者代表，并在会上向先进代表颁发了荣誉证书和奖牌。劳模代表费跃忠、徐洪杰、陆敏之、姚增培作大会交流发言。 （李 伟）

【市总工会联合召开上海世博会运行保障立功竞赛表彰会】 12月30日，市总工会、上海世博局、团市委、市妇联等联合召开上海世博会运行保障立功竞赛总结表彰大会。市委常委、常务副市长杨雄，上海世博会执委会专职副主任、上海世博局党委书记钟燕群出席会议。30个全国五一劳动奖状(章)、45个全国工人先锋号；10个全国青年文明号、10名全国青年岗位能手；6个全国城乡妇女岗位建功先进集体、6名全国城乡妇女岗位建功先进个人；250个上海市五一劳动奖状(章)、96个上海市工人先锋号；10个上海市青年文明号、20名上海青年岗位能手；20个上海市三八红旗集体、10个上海市巾帼文明岗、20名上海市三八红旗手、20名上海市巾帼建功先进个人；89个世博园区服务保障先进集体和445名先进个人、119个世博园区运行保障立功竞赛优秀组织奖和356名优秀组织者、313个世博园区劳动关系和谐服务团队；200个上海市"当好主力军，建功世博会，展示新风采"主题实践活动工会优秀组织奖和589名优秀组织者受到大会表彰。 （李 伟）

【市总工会、市委党史研究室召开纪念张祺同志诞辰100周年座谈会】
10月21日，市总工会、市委党史研究室召开纪念张祺同志诞辰100周年座谈会。市人大常委会副主任、市总工会主席陈豪到会讲话。会议回顾张祺同志革命战斗的一生，高度评价其历史功绩和崇高风范。会议指出，纪念革命先辈，是为了激励后人更好地开创未来。会议要求广大工会干部学习弘扬张祺同志矢志不渝的理想信念、扎根群众的优良作风、奋斗不息的崇高品格。要深入学习贯彻党的十七届五中全会精神，深刻认识工会工作面临的新挑战、新机遇，继承发扬老一辈革命家的拼搏精神，进一步增强做好新时期工会工作的责任感和使命感，始终坚持党的领导，坚定不移地走中国特色社会主义工会发展道路，团结动员全市职工为上海科学发展和转变经济发展方式贡献力量。原上海市委组织部部长周克、市委党史研究室副主任徐建刚、市总工会离休干部廉洁、原上海工运史料办公室工作人员杨诞晏以及张祺同志家乡代表分别发言。与张祺同志共同工作过的老同志代表、身边工作人员、家乡代表及张祺同志亲属出席了座谈会。 （陈 晖）

【市总工会承办全国十七城市工会二届十一次年会】 9月8日，全国十七城市工会二届十一次年会在上海召开。年会主题是如何在加快转变经济发展方式的新形势下实现工会创新发展。市人大常委会副主任、市总工会主席陈豪致辞。会上，南京市委常委、市总工会主席许慧玲，广州市人大常委会副主任、市总工会主席陈伟光，长春市人大常委会副主任、市总工会主席冯占祥，哈尔滨市人大常委会副主任、市总工会主席曲磊，西安市人大常委会副主任、市总工会主席史南征，上海市总工会副主席茆荣华等围绕年会主题作交流发言。 （陈 晖）

【市总工会召开区县局(产业)工会主席会议】 3月1日，市总工会召开区县局(产业)工会主席会议。市人大常委会副主任、市总工会主席陈豪出席并讲话。会议传达贯彻九届市委十一次全会、全总十五届三次执委会议精神。会议要求各级工会认真学习贯彻会议精神,围绕中心、服务大局,突出重点、抓好开局,坚定信心、勇挑重担,凝聚力量、扎实工作,推动落实市总工会十二届五次全委(扩大)会议确定的全年工作任务,进一步组织动员全市广大职工,为举办一届成功、精彩、难忘的世博会,为实现上海“五个确保”目标作出新贡献。（陈 晖）

【上海市工运研究会召开2010年年会】 12月24日,上海市工运研究会召开2010年年会。市总工会副主席、市工运研究会会长茆荣华作工作报告,市总工会党组副书记、副主席肖堃涛,市社联学会处处长郝德良出席会议并讲话。会议指出,工运研究会紧扣当前新形势下经济社会发展及劳动关系、职工权益维护的新情况新问题,广泛组织动员学会力量开展课题调查和工作研究,围绕上海经济社会发展的中心任务,积极调研上海世博会对劳动关系发展变化的影响效应,积极研究新形势下群团组织的创新发展;围绕劳动关系领域民生热点问题,深入开展“十二五”规划大讨论,为编制好“十二五”规划建言献策;围绕工会体制、机制和工作创新,不断加大创新探索力度,积极发挥研究会对工会系统调查研究工作的组织协调作用,着力推动调研成果转化工作。会议明确了工运研究会的三项工作目标:一要适应新形势新要求,切实推进工运研究和工会工作创新发展。二要增进对内对外交流,充分发挥工运研究会的组织协调作用。三要完善工运研究会自身建议,不断夯实工运研究的工作基础,力争到2011年末市工运研究会团体会员数达到50家。年会对74篇全国、上海工会理论研究优秀论文和18家优秀团体会员进行表彰,并审议通过了理事会人员调整名单。来自全市工会系统、政府机关和理论研究单位的工运研究会会员、理事和顾问、专家委员共150余人参加会议。

（邹卫民）

【市总工会召开上海市基层工会主席直接选举工作推进会】 4月15日,市总工会召开基层工会主席直接选举工作推进会,全面部署下阶段全市范围内开展基层工会主席直接选举工作。会议下发了《上海市总工会关于进一步推进基层工会主席直接选举工作的意见》,《意见》对直选范围、工作原则、实施步骤、重点问题等方面做出了明确的规定。明确要求,今后各区县局(产业)工会以下各级工会组织期满换届和新组建的,其工会主席原则上都应直接选举产生。全市各区县局(产业)工会分管领导、组织部长及部分基层工会主席出席会议。

（杨伟良 刘 睿）

【上海举行世博会重大工程建设建功立业劳动竞赛总结表彰暨运行保障立功竞赛誓师动员大会】 4月7日,召开上海世博会重大工程建设建功立业劳动竞赛总结表彰暨运行保障立功竞赛誓师动员大会。全总党组副书记、副主席、书记处书记乔传秀,上海市委副书记殷一璀,全总书记处书记、党组纪检组组长王瑞生,市委常委、市委组织部部长沈红光,市委常委、常务副市长杨雄出席,市人大常委会副主任、市总工会主席陈豪主持会议。会议指出,上海各级工会紧紧围绕市委、市政府工作部署,以“当好主力军、建功世博会、展示新风采”为主题,认真实施“上海职工迎世博600天行动计划”,持续掀起世博园区重大工程和配套工程、窗口服务行业“五比五赛”、城市管理和环境整治等各项立功竞赛热潮,广泛开展“世博企业行”、“文明服务、文明观博、文明出行”等职工宣传教育活动,深入推进世博知识竞赛、“学双语”培训考核、农民工基本素质教育等工作,激发广大职工了解、支持、参与世博的东道主热情,发挥广大职工建设、服务、奉献世博的主力军作用,涌现出了一大批创新成果、优秀团队和先进个人,为世博筹办、举办作出了重要贡献。会上,中华全国总工会和上海市总工会分别表彰上海世博会重大工程建设建功立业劳动竞赛获得全国和上海市五一劳动奖状(章)、工人先锋号的先进集体和个人。会议正式启动包括世博园区运行保障、平安卫士、交通安全保畅、市政设施保障,水电气能源供应和市容环境整治,金融、通讯、卫生、旅游、宾馆等行业综合服务,12大重点商圈“五比五赛”,围绕世博会核心功能区的浦东赛区等七大赛区在内的“世博运行保障立功竞赛”。（李 伟）

【上海召开2010年厂务公开民主管理工作会议】 3月23日,上海市厂务公开领导小组召开2010年上海市厂务公开民主管理工作会议,全面部署2010年上海市厂务公开民主管理工作。副市长、市厂务公开领导小组副组长沈晓明出席会议并讲话。市人大常委会副主任、市总工会主席、市厂务公开领导小组副组长陈豪,市厂务公开领导小组成员,以及各地区、系统党政工负责人,有关基层单位负责人共300余人出席会议。会议指出,全市各级组织要进一步增强做好厂务公开民主管理工作的责任感,充分认识厂务公开民主管理在全局工作中的重要意义,发挥厂务公开民主管理在实现转变发展方式,促进社会公正和谐,密切党群干群关系中的积极作用。会议要求,各级工会一要丰富厂务公开内涵,在职工关注的热点问题上求深化。国有企业要细化“六个化”,非公企业要全面实行“六公开”,使厂务公开与职工的利益有机结合起来,扎扎实实把厂务公开引向深入。二要完善群众监督机制,促进党风廉政建设和干部队伍建设。要进一步强化领导干部述职述廉和职代会民主评议工作,严格规范经营管理者的收入分配。三要加强制度建设,完善厂务公开民主管理的长效机制。加快推进职代会立法进程,为推动全市企事业单位全面建立职代会制度提供坚实保障。通过职工董事、监事制度将职工民主管理纳入现代企业制度的体制框架,保障和发展职工民主权利。四要拓展职工参与渠道,夯实厂务公开民主管理的群众基础。要积极培育职工的主体意识,增强职工的责任意识。要求继续加强分工协作,合力推进工作落实。上海航天局、静安区、闵行区、建工医院等单位在会上作交流发言。会议表彰了39家上海市推动劳动关系和谐企业创建活动先进单位、161家上海市职工最满意企(事)业单位和128位上海市职工信赖的经营(管理)者。

（章宁晓）

1月7日，上海市全面推进集体协商机制建设工作会议召开

（吴良荣）

【上海召开全面推进集体协商机制建设工作会议】 1月7日，市总工会召开全面推进集体协商机制建设工作会议。会议明确，将全面推进集体协商机制建设，努力形成劳动关系协调领域的“四个机制”，（即职工利益诉求的表达机制、劳资双方利益的协调机制、劳资双方企业发展成果的共享机制、劳资双方矛盾纠纷的有效化解机制）。到2012年，力争在各类已建工会的企事业单位基本建立、实行集体协商和集体合同制度。其中，2010年集体合同制度覆盖率达到60%，2011年集体合同制度覆盖率要达到80%以上，女职工专项集体合同同步达到覆盖目标。会议指出，全市集体协商工作开展10多年来，已呈现出由点到面、扎实推进、稳步提高的良好发展态势。但是，集体协商仍然存在薄弱环节。会议要求，全市各级工会和有关部门要切实加强领导，落实责任，形成合力，突出重点，加强分类指导，扩大集体协商机制覆盖面；要继续创新工作方法，确保劳动关系和谐稳定，努力完成市委和市政府关于推进集体协商的目标任务，即力争用3年时间在各类已建工会的企事业中基本建立、实行集体协商和集体合同制度。会议明确，各地区、系统工会要推动建立由党委、政府（行政）领导牵头、协调劳动关系三方主管领导具体负责、有关职能部门参加的领导小组，制定具体工作规划和目标措施，推动集体协商机制建设纳入地区、系统“十二五”经济社会发展规划，纳入各级党政工作考核目标。未建会企业数量比较多的地区、系统，必须制订3年组建工作规划，按时间节点，保质保量完成任务。

（邱晨鹤）

【市总工会女职工委员会召开五届二次全委（扩大）会议】 1月19日，市总工会女职工委员会召开五届二次全委（扩大）会议。市总工会副主席肖堃涛，市妇联主席张丽丽出席会议并讲话，市总工会副主席、女职工委员会主任汪兰洁向大会作工作报告。会议回顾总结2009年工会女职工工作，部署2010年工作。会议表彰20个女职工创业示范点及10个工会女职工工作优秀品牌，东方航空集团工会、申通地铁集团工会作“迎世博女职工在行动”交流发言，再次动员全市女职工冲刺100，建功世博。会议对全市女职工提出三点要求：一是要深入学习贯彻中央和市委全会精神，切实增强做好新形势下工会女职工工作的责任感和使命感。二是突出工作重点，凝聚全市女职工为上海实现“五个确保”作贡献。三是切实加强自身建设，进一步扩大女职工组织的覆盖面和影响力。会议强调各级工会要高度重视工会女职工工作，加强对工会女职工工作的领导。确实做到在研究部署工会重点工作时，同步研究推进工会女职工工作。

（孙　华）

【市总工会举行第三届上海市五一巾帼奖颁奖典礼】 3月4日，上海市总工会举行纪念“三八”国际劳动妇女节100周年大会暨第三届上海市五一巾帼奖颁奖典礼。110位个人和100个集体获得上海市五一巾帼奖，其中成绩突出的10名标兵个人、5个标兵集体被授予上海市五一劳动奖章、奖状。会议表彰35位“上海市心系女职工好领导”。会议要求全市广大女职工以先进为榜样，建功世博、服务世博、奉献世博，积极参与“迎世博上海女职工在行动”主题活动，自觉当好

3月1日，市总工会召开区县局（产业）工会主席会议　（吴良荣）

"文明服务、文明观博、文明出行"的践行者和宣传者。副市长沈晓明、市委组织部副部长陆凤妹等出席会议并为先进颁奖。市妇联主席张丽丽致辞。市总工会副主席肖堃涛、汪兰洁宣读表彰决定。会议还发布了由市总工会女职工委员会和市级机关工会联合创作的《五一巾帼之歌》。（朱莉颖）

【上海工会召开纪念"三八"国际劳动妇女节100周年座谈会】 3月9日，上海工会纪念"三八"国际劳动妇女节100周年座谈会在沪东工人文化宫举行。市总工会副主席、市女职工委员会主任汪兰洁出席会议并讲话。来自上海各行各业女劳模、女先进、女科技人员、女职工干部60余人参加座谈。全国劳动模范、新中国工人的优秀代表杨富珍，著名社会学家邓伟志，全国和市劳模、上海市五一劳动奖章、上海市第三届五一巾帼奖获得者倪丽娟、凌健等回顾百年历史，展望上海发展，以自己岗位建功立业、岗位成才发展的典型事例，展现上海职业女性争取解放、追求平等、团结奋斗、谋求发展的光荣业绩。会议希望上海广大女职工继续发扬革命先辈的光荣传统，在上海新一轮建设发展中，体现更大作为，发挥更大作用。（孙　华）

【市总工会经审会十二届十次会议】 3月16日召开。会议听取市总工会财务部关于上海市总工会2009年经费收支决算说明，审议上海市总工会2009年经费收支决算，对经费预算执行情况表示肯定。会议认为2009年预算执行情况良好，市总工会财务部门围绕工作重点，积极组织收入，规范经费转移，创新收缴办法，确保工会经费的稳定增长，拨交经费收入完成预算的112.02%，全年支出完成预算的107.48%。支出控制水平有很大提高，重点支出项目比较合理，补助下级支出、上解经费支出两项占总支出的50%以上，总体预算执行情况良好。会议认为2010年度经费收支预算体现了"统筹兼顾、突出重点、服务大局、服务基层"的要求。预算的编制体现了勤俭节约的原则，更加注重对预算支出的控制。预算支出向职工倾斜、向重点工作倾斜，加大了对下补助力度，体现了服务大局的要求。会议审议并原则同意2010年经费收支预算（草案）。（周　静）

【市总工会经审会十二届十一次会议】 7月27日召开。会议审议了上海市总工会2010年上半年经费收支情况，对预算执行情况表示肯定。会议认为2010年上半年预算执行情况良好，市总工会本级收入完成总预算的62.24%，本级支出完成总预算的54.86%，全面完成了上半年各项经费收支任务，实现时间过半、任务过半的目标要求。总体预算执行情况良好。会议听取了市总工会事业部对事业支出情况的说明，提出事业支出要服务于职工，促进工会资产的保值增值。会议指出，2010年上半年预算执行情况总体良好。下半年市总工会财务部门要进一步加强预算管理，促进预算管理规范性。市总工会资产管理部门要进一步加强投资基建项目的跟踪管理，使工会资产实现保值增值。市总工会审计部门要继续加大下审力度，促进财务制度更加完善，经费收缴足额及时。（周　静）

【市总工会经审会十二届十二次会议】 11月24日召开。会议听取并讨论《关于上海工会2010年经费审查工作情况和2011年经费审查工作安排的报告（讨论稿）》。会议认为，经审工作报告立意较高，层次性强，结构合理，有新意。报告客观总结了2010年审计监督、经费审查工作规范化建设的情况。会议提出，2011年上海工会经审工作要在市总工会的领导下，准确把握科学发展的主题，准确把握加快转变经济发展方式的主线，以贯彻《中国工会审计规定》（以下简称《审计规定》）为契机，以加大审计意见整改落实为抓手，以规范审计行为、提高审计质量、加强指导服务为重点，在工会推进"两个普遍"、开展创先争优、促进经济社会又好又快发展中不断发挥工会经审组织的重要作用。（周　静）

重要工作

【市总工会开展"十二五"规划大讨论】 根据市"十二五"规划大讨论工作总体部署，市总工会于3—5月，在各级工会干部和职工群众中广泛开展"十二五"规划大讨论活动，认真听取、汇总、上报各方意见和建议，为编制上海"十二五"规划积极建言献策。在大讨论工作中，市总工会专门成立了由市总工会党组副书记、副主席肖堃涛任组长，市总工会副主席茆荣华任副组长的大讨论领导小组，以座谈会和基层调研为主要形式，围绕"如何发挥好世博后续效应，进一步构建和谐稳定的劳动关系"、"如何以改善民生为重点，积极推进上海社会建设"、"如何立足于提高自主创新能力，促进上海职工队伍整体素质提升"三大议题深入展开讨论。期间，共组织召开专家学者座谈会、市总部门负责人座谈会、部分区县局（产业）工会主席座谈会、基层单位和职工座谈会等5个座谈会，走访了市总基层调研点单位，收到各单位书面意见11份。在这次大讨论中，各级工会干部紧密联系当前工会各项工作的实际以及职工群众关注的热点、难点问题，广泛听取不同地区、不同系统、不同岗位职工群众以及社会各界的意见建议；紧密结合"十二五"上海国民经济发展和产业调整对劳动者素质提出的新要求，研究探讨工会应对经济发展方式转变、提升上海劳动者队伍素质的新举措新途径；紧密结合上海经济社会发展的阶段性特点，针对劳动就业、收入分配、住房保障、医疗卫生体制改革、社会救助和社会福利等涉及职工群众切身利益的问题，提出包括推动分配制度改革，建立健全工资正常增长机制，进一步调整和完善收入分配格局；进一步提高就业质量，完善创业带动就业，更好地帮助劳动者实现体面劳动；逐步深化住房保障、社会保险、医疗卫生体制改革，不断提高社会保障水平；扩大公民有序政治参与，创新、发展基层民主多种形式等一系列对策建议，并汇总讨论意见，形成市总工会"十二五"规划大讨论的工作报告，上报市"十二五"规划办。（邹卫民）

【市总工会广泛开展"广普查、深组建、全覆盖"集中行动】 9月至12月底，根据全总关于加快"两个普遍"工作要求，市总工会加强领导，统一部署,全市工会开展"广普查、深组建、全覆盖"集中行动。此次行动明确,各级工会主席是第一责任人,工会组织部门是责任部门,其他部门根据职能加强配合。行动的重点是中小企业集中的开发区、各类园区(工业园区、经济园区、创意园区等)、商务楼宇、商场超市、集贸市场等。重点对象是世界500强等跨国公司和港澳台资企业中的"钉子户",私营企业,商贸、餐饮、物流、保安等第三产业及有雇工的个体工商户。各区县局(产业)工会以第二次全国经济普查企业法人单位数为依据,深入普查,按照企业名录逐一进行实地核查,发现建会工作的盲点和空白点,做到"四清一推进"(即对未建会企业数量清、所在区位清、未建会原因清和推进建会情况清,有针对性地推进企业建会),尤其是对职工25人以上的企业,推进其单独建立企业工会,同时增强"楼宇工会"、"小区工会"、"一条街工会"、"项目工会"、区域性工会、行业性工会等暂不具备单独建会条件的小企业进行全覆盖的功能。据各区县上报数据,集中行动的3个月内,全市共净增工会组织覆盖单位1898家,会员16.8万名。

(杨　娟)

【市总工会配合市人大开展《上海市职工代表大会条例》立法调研】 年初,《上海市职工代表大会条例》被列入上海市人大年度立法计划。1月20日,立法调研工作正式启动,市人大内司委、市人大常委会法工委、市总工会及相关部委办局组成了立法调研组。市总工会积极配合市人大内司委、市人大常委会法工委等相关部门,先后组织召开了不同所有制企业、各类事业单位,以及不同群体代表参加的20余场专题座谈会。现场观摩普陀区金环工业园区职代会、静安区三和大厦职代会、徐汇区天平餐饮行业职代会,实地考察了民营企业上海澳星照明电器制造有限公司等单位,赴江苏、山东、新疆等省区学习考察职代会立法方面的成功经验,对286家基层单位的5144名职工进行了问卷调查,并汇总形成专题分析报告。市总工会与市人大内司委联合摄制《和谐·双赢——上海市职工代表大会制度实践巡礼》专题宣传片,全方位展示了全市基层企事业单位职代会制度的实践成果。9月8日,市人大召开《上海市职工代表大会条例(草案)》解读会,由市总工会代表立法调研组对草案进行了解读。9月14日,市十三届人大常委会第二十一次会议对《上海市职工代表大会条例(草案)》进行初审。11月11日,市十三届人大常委会第二十二次会议再次审议《上海市职工代表大会条例(草案)》。至12月23日,市十三届人大常委会第二十三次会议高票通过《上海市职工代表大会条例》。新通过的《条例》将于2011年5月1日起施行。《条例》共有9章48条,明确规定所有企事业单位都应当建立职代会制度,包括民营企业、港澳台和外商投资企业以及民办非企业单位;《条例》规定将审查否决权、审议决定权合并为审议通过权,新增设审查监督权,赋予职工审议和监督的职责;明确规定劳务工可以作为职工参与用工单位或用人单位的职代会;专章设置"议事规则",明确规定职代会的议事规则,规定在审议和审议通过涉及职工切身利益事项中的程序,并增设"区域性、行业性职工代表大会"专章。《条例》对推进区域性、行业性职代会制度提出新要求,对各级工会推进职代会制度赋予不同职责,明确了实施职代会制度的监督检查和法律职任。

(朱　佳)

【市总工会以三项措施深入推进学习型企事业单位创建工作】 2010年,市总工会围绕推进学习型社会建设目标,根据学习型企事业单位创建年度工作安排和市学习办《关于2010年度深入开展上海市学习型组织创建工作的通知》要求,以上海市学习型企事业单位示范创建为重点深化学习型企事业单位创建工作。在全市深入推进学习型企事业单位创建工作的基础上,由各区县局(产业)工会推荐申报,遴选确定54个系统的119家基层单位为市级学习型企事业示范创建单位。为发挥示范创建单位的引领示范作用,主要做了三项工作:一是举办创建单位工作培训,对119家创建单位相关人员开展专题培训,进一步明确创建目标要求、运作模式、机制构建、创建规范等,指导各单位规范有序地开展创建工作。二是修改完善评估标准,根据形势发展要求,对《上海市学习型企事业单位创建评估指标体系》中的组织管理、机制载体、创建基础、创建成效等评估指标进行修改完善,加强针对性和操作性,推进创建评估工作规范化。三是组织开展创建工作调研和检查评估,市总宣教部与市学习办联合对徐汇、闸北、电信、港务、医务、市政、城投等系统的16个创建单位进行抽查评估,了解基层创建工作进程,总结推广基层创建工作经验和特色。

(程友谨)

【市总工会成功举办第十二届上海读书节】 8月份开幕,历时4个月,设置48项读书活动示范项目,其中,"我

《上海市职工代表大会条例》立法调研座谈会　　(王珍宝)

们大家的世博”全国职工世博知识网上竞赛吸引了全国20.3万职工参与；“精彩故事，和谐人生”农民工讲故事大赛吸引千余名农民工参与；“悦读世博，阅读经典”上海市民诗文诵读大赛吸引了39支具有一定表演水准的朗诵团队参赛；“弘扬劳模精神”上海劳模事迹十佳读本评选推荐活动集中检阅了当前劳模精神宣传的成果；“观世博盛会，学信息新知”观博周周赛，鼓励广大市民将观展的体验和阅读世博、信息书籍相结合；“读书，让社区更和谐”海峡两岸社区读书活动交流研讨会，首开两岸社区读书交流活动的先河，实现了共聚世博盛会，共话读书发展的美好愿景。此外，还涌现出世博读书征文、“职工书屋”联动建设、楼宇职工读书成果展示、社区学习网上行、市民学双语活动、中学生读书演讲大赛、残疾人读书系列活动等优秀项目，营造了科学阅读、文明阅读、快乐阅读、经典阅读、全民阅读的学习氛围，树立了“多读书，读好书，善读书”的社会文明风尚。（陈　旖）

【市总工会举办第四届上海市五一文化奖评选】 由市总工会、市文广局、市文联共同举办的第四届上海市“五一文化奖”评选在摄影、舞蹈、小品三个门类中正式开赛。来自47个区县局（产业）工会推荐的3500多名摄影者创作的万余幅摄影作品参加摄影大赛；50余个区县局（产业）工会的近100个舞蹈、小品节目入围上海职工小品大赛决赛。经大赛组委会及评委会审定，金文龙创作的《惊艳》和李预端创作的《欢庆》荣获摄影大赛金奖；中国电信上海工会的《时髦外婆看世博》、大电能源股份公司工会的《生命之路》荣获舞蹈类金奖；上海机场（集团）公司工会的《机场的红玫瑰》、虹口区总工会的《调解明星》荣获小品类金奖；徐汇区总工会、普陀区总工会、中国电信上海工会、上海机场集团公司工会、上海市金融工会、上海市医务工会获得优秀组织奖。（宋　昶）

【市总工会开展上海职工“文明观博”专题教育培训】 为促进上海职工文明观博的良好风尚，市总工会举办上海职工“文明观博”学习培训推进会，组织指导各级工会以产业工人为重点，以《文明观博200问》、《迎世博上海农民工基本素质教育培训读本》、《上海市民迎世博学双语普及读本》和上海职工“文明服务、文明观博、文明出行”、“十要十不要”为基本教材，以企业培训中心、文化宫、俱乐部、女职工周末学校、社区职工文化活动中心、网上课堂等为基本阵地，以班组讨论、团队学习、拓展训练、专题讲座、书面测试、知识竞赛、演讲比赛、在线学习等为基本手段开展上海职工“文明观博”专题教育培训。向42个产业职工较为集中的区县局（产业）工会组织颁发“文明观博”培训任务书，建立起一支由800余名工会宣教干部和职工志愿者组成的“文明观博”宣讲员队伍，通过分类指导和分层培训，完成50万产业职工“文明观博”培训任务。（陈　旖）

【市总工会开展“保平安、促运行、重服务、创一流”世博运行保障立功竞赛取得成效】 世博会开幕后，市总工会广泛发动，积极开展“保平安、促运行、重服务、创一流”世博运行保障立功竞赛活动，号召广大职工“服务世博、奉献世博”，世博园区赛区、公安保卫赛区、交通协调保障赛区、市政市容环保赛区、综合服务赛区、重点商圈赛区、浦东新区赛区等七大赛区各项活动取得积极成效。（1）加强领导，完善竞赛的组织机制。世博园区赛区建立赛区—分赛区—支赛区三级组织体制，构建“两级管理、三级竞赛，分层推进、集中表彰”的竞赛格局；交通协调保障赛区按照“统一组织、系统实施”的要求，推动建立“统一领导、分头协作、合力推进”的组织格局；浦东新区赛区成立领导小组，建立联席会议制度，并注重发挥区行业主管单位和镇、社区、开发区总工会的积极性。（2）突出重点，发挥竞赛的助推作用。世博园区赛区将园区安全稳定、高峰客流调控、应对极端天气影响、环境和秩序维护、文明办博带动文明观博等作为竞赛重点；交通协调保障赛区结合行业特点，以各项主题活动为抓手，共保顺畅交通，共推优质服务，共筑平安世博；市政市容环保赛区把立功竞赛作为促进运行保障工作的重要抓手和载体，创设各具特色的竞赛活动，发挥了竞赛的助推作用；综合服务赛区根据行业特点和工作性质，积极引导职工在参与、服务世博中争当岗位建功先锋；重点商圈赛区以巩固和深化迎世博600天行动成果，在环境卫生、硬件设施、服务礼仪、服务质量、世博氛围、投诉响应等6个项目上满意率努力达到100%；浦东新区赛区聚焦世博园区、世博管控区、世博核心区三大重点区域，聚焦公安、公交、环保、卫生、商圈、志愿者等重点行业和职工队伍，划分了四大竞赛板块。（3）选树典型，加大竞赛的激励力度。世博园区赛区将先进表彰与任职晋级挂钩，充分发挥立功竞赛凝聚力量、集

3月31日，在上海“工人先锋号”建功世博誓师大会上，8支应急保障队伍接过市总工会授予的“工人先锋号”旗帜　（应启跃）

聚智慧、激发活力、鼓舞斗志的优势；公安保卫赛区强调榜样的引领、标杆和旗帜作用；市政市容环保赛区把争先创优、评比表彰、先进引领、弘扬劳模精神和工人阶级的伟大品格结合起来，推出了一批优秀集体和个人；重点商圈赛区不断树立典型，提高立功竞赛活动的实效；浦东新区赛区强化激励机制，各竞赛板块开展了流动红旗、“龙虎榜”等争先创优活动。(4)开展慰问，做好竞赛的保障工作。交通协调保障赛区所属运输工会为世博一线职工发放工作津贴；综合服务赛区所属医务工会对世博园区医疗保障和公共卫生保障人员进行慰问；重点商圈赛区所属虹口区总工会全力保障世博一线职工的生产生活；浦东新区赛区落实关爱措施，区总、区世博核心区配套工作指挥部拿出150万高温慰问金，慰问卫生、环卫、公交、商圈等参与世博服务保障的职工，并组织慰问世博部队官兵等活动。(5)强化监督，保证竞赛的实际效果。交通协调保障赛区所属运输工会组织代表巡检；综合服务赛区所属经济和信息化系统工会开展“五比五赛”窗口服务督导员测评工作；重点商圈赛区所属普陀区总工会、虹口区总工会、杨浦区总工会、静安区总工会持续深化劳模巡访工作机制；浦东新区赛区加强监督管理，建立浦东新区世博内设站城市志愿者服务工作巡察督导团。

(武吉波)

【市总工会开展对口援疆工作】 根据中央新疆工作座谈会精神和上海市委、市政府关于上海对口援助新疆喀什地区的总体部署以及全国工会对口援疆工作座谈会精神和《2011年—2015年全国工会对口援疆工作措施分工方案》要求，11月27日，市总工会组团抵达喀什，分别与喀什地区党委和工会以及受援四县工会召开座谈会，听取喀什地区和受援四县经济社会发展情况的介绍，重点了解受援四县工会工作开展情况以及对上海工会援建工作的期盼及项目，并与山东、广东、深圳等地工会领导共同为喀什工会困难职工帮扶中心成立揭牌。为了有序推进上海工会援疆工作，市总工会成立了上海工会援疆工作协调小组，负责协调、指导、推动上海工会对口援疆工作。同时，市总工会还以“人才援疆、科技援疆、民生援疆、文化援疆、设施援疆”为重点，制定了《2011年—2015年上海工会对口援疆工作规划》，力争经过3—5年时间，使受援地工会服务科学发展、服务职工群众的能力和水平得到进一步提高，职工队伍的整体素质得到进一步提升，困难职工的帮扶力度得到进一步增强，职工宣传教育文化阵地建设得到进一步加强，在促进新疆繁荣发展和和谐稳定的进程中更好地发挥工会组织的重要作用。

(李 伟)

【市总工会女职工委员会开展关爱外来务工女性健康实事项目】 2010年，市总工会女职工委员会和解放军411医院继续开展“关爱外来务工女性健康实事项目”，为外来务工女性送关爱、送健康。3月7日召开以“健康和谐迎世博”为主题的2010年筛查工作启动及2009年项目运行情况总结交流会。2010年“关爱外来务工女性健康实事项目”拓展了检查内容，除了免费宫颈疾病筛查，还将乳腺筛查也纳入该项目。对偏远郊区的外来务工女性，411医院派出流动医疗队携检查设备开展免费检查，使该项目惠及更多的外来务工女性。截至年底，共检查外来务工女性6700人，其中4200余名为“涉博”环卫女职工。

(宋钟蓓)

【市总工会女职工委员会加强企业工会女职工工作】 一是对非公企业开展调研。年内对全市范围内300多家不同所有制，不同规模的非公企业进行调研，通过座谈、问卷调查等方式掌握企业在开展工会女职工工作时存在的问题及创造的先进经验。二是制定文件，指导基层工会女职工工作。在调研基础上，制定《上海市总工会关于进一步加强企业工会女职工工作的意见》，对全市企业工会女职工工作提出“5+X”工作要求。文件明确“5+X”的具体工作内容和要求，将以目标管理考核、创星级、评比表彰等激励机制，促进“5+X”工作要求的全面落实，争取3年内全市企业工会女职工组织基本达到“五个一”工作要求，培育更多符合“5+X”工作要求的先进工会女职工组织，促进企业工会女职工工作整体水平再上新台阶。三是召开推进会。10月28日，市总工会女职工委员会召开“加强企业工会女职工工作推进会”。会议对进一步加强企业工会女职工工作，提出了实施意见。

(孙 华)

【市委、市府两办转发市劳动关系三方《关于本市全面推进集体协商机制建设的意见》】 9月，上海市劳动关系三方(市人保局、市总工会、市企联)从上海集体协商工作实际出发，联合研究制定《关于本市全面推进集体协商机制建设的意见》，就全面推进集体协商机制建设的重要意义、总体要求、基本原则、协商内容、目标任务、具体措施、组织实施等方面提出了工作要求，积极指导和推动全市集体协商工作。文件得到市委、市政府高度重视，并由市委办公厅、市政府办公厅联合转发。随即，市总工会就贯彻落实市委、市政府办公厅转发文件精神下发了《关于贯彻落实〈关于本市全面推进集体协商机制建设的意见〉的意见》(以下简称《意见》)。《意见》明确了“从2010年到2012年，力争用3年时间在各类已建工会的企业中基本建立、实行集体协商和集体合同制度。其中，2010年集体合同制度覆盖率达到60%以上，2011年集体合同制度覆盖率达到80%以上。女职工专项集体合同同步达到“覆盖目标”的工作要求。为确保完成目标任务，进一步提高集体协商质量，《意见》明确了五项具体措施：一是坚持因企制宜，推动以工资协商为重点的集体协商机制建设；二是大力推进行业性、区域性集体协商，不断扩大机制建设的覆盖面；三是积极开展“要约行动”，依法规范程序，不断提高质量；四是健全利益诉求表达渠道，充分发挥集体协商化解群体性劳动争议的作用；五是积极组织开展培训，加快集体协商人才队伍建设的步伐。

(邱晨鹤)

【市总工会联合开展国资委系统企业职工收入分配工作专项检查】 2010年，市总工会会同市国资委等部门围绕“三条线、七项机制建设”，突出“职工收入正常增长机制、工资集体协商机制”两条主线，对市国资委系统国有及国有控股企业贯彻落实《关于规范本市国有企业收入分配的若干意见》(沪国资党委〔2007〕99 号)的情况进行专项检查。检查活动共分三个阶段,历时 3 个月。一是自查阶段。由市国资委出资企业及下属国有企业按照文件要求进行自查。二是抽查阶段。由市总工会、市国资委分别召开座谈会,了解掌握全市国有企业在规范职工收入分配方面的现状。三是总结阶段。通过自查和抽查,总结市国资系统职工收入分配的经验做法及存在的难点问题,并提出进一步完善收入分配工作的对策和建议。根据调查,在岗职工平均工资总体分布不均衡,仍有部分企业一线职工的收入偏低,以行业为主体的工资集体协商需要加大工作力度,协商的效果还有待提高。为此,联合调查组提出,以企业经济效益为基础、工资预算和集体协商为载体,注重国家、企业、职工三者利益的平衡,分类调节工资增长水平,合理控制工资分配差距,逐步建立健全秩序规范、激发活力、注重公平、监管有效的工资收入分配制度。

(胡　敏)

【上海工会深入开展元旦春节期间帮困送温暖活动】 元旦春节期间,全市各级工会切实以受国际金融危机冲击至今仍然经营困难的重点地区、行业、企业中生活特别困难的职工和农民工等 3 类困难职工群体为重点帮扶对象,不断加大帮扶力度,通过开展走访慰问、"爱心一日捐"、援助服务日和送温暖职场等活动,有效形成"重点帮、帮重点"的工作合力。"两节"期间,各级工会共动员超过 130 万名职工参加"一日捐"等捐款活动,筹集帮扶资金 6000 多万元。走访慰问困难企业 2524 家,困难职工家庭近 15 万户,发放帮扶款物总计 1.34 亿元。其间,市总工会组成 10 个慰问组,由市总领导带队,深入到 40 个区县局(产业)系统,走访慰问困难职工和困难劳模,并检查落实送温暖工作。还分别在徐汇、长宁、普陀、闸北、杨浦、虹口 6 个区举办送温暖职介专场,330 家用工单位进场招聘,提供就业岗位 6909 个,1234 人当场达成用工意向。主动配合政府做好对上海支援外地建设退休(职)回沪定居人员一次性特困补助工作,补助金总额近 200 万元。深入开展农民工帮扶工作,走访慰问农民工 1.86 万人,帮扶款物总计达 844.52 万元;发放农民工团体医疗卡 502 张,医药箱 450 个,帮扶总金额超过 40 万元;协助政府有关部门帮助 1.01 万名农民工追讨欠薪 4001.37 万元;帮助农民工平安返乡 6.43 万人次。

(曹宏亮)

【市总工会开展优秀审计项目评选】 年内,市总工会继续开展上海工会优秀审计项目评选,70 个区县局(产业)工会经审会开展了系统内的优秀审计项目的评选上报,推荐 1 项候选优秀审计项目,经过区县局经审会主任互助组例会讨论审议,共有 40 项候选优秀审计项目上报市总工会经审会评审。经市总工会经审会评审组评选,有 16 项优秀审计项目参加现场评比,各参评审计组依次介绍参评的优秀审计项目,接受评委提问评分,最后评选出一等奖 3 项,分别是:徐汇区总工会经审会《关于徐家汇商城公司工会 2007—2008 年财务收支及资产情况的审计》、上海建工(集团)总公司工会经审会《上海市机械施工有限公司工会 2008 年度工会经费预算的制定、执行和决算的审计》和上海文化广播影视集团工会经审会《2008 年度上海文广新闻传媒集团工会经费审计》。还评出二等奖 5 项和三等奖 8 项。

(黄银萍)

8 月 20 日,市总工会举行"点亮心灯,畅想世博——上海工会千名助学受助学生畅游世博主题活动"启动仪式　(顾　佳)

【市总工会实施基层工会经审工作规范化建设标准管理】 2010 年,市总工会经审会开展工会经审工作规范化建设标准管理。全市凡是独立建立账户的基层工会都应按基层工会经审工作规范化建设标准进行管理。具体标准分为:组织建设、制度建设、审查审计和特色工作等 4 个方面 18 项内容。组织建设方面:工会要加强对经审工作领导,主席一年至少 2 次听取经审工作汇报;经审会主任(经审员)要参加工会委员会会议,经审委员要列席工会全委会会议;经审组织换届与工会委员会换届"三同时";经审委员会中要有一定数量的审计或财务从业人员参加。制度建设方面:严格执行上级经审会下发的各项制度规定;有年度经费审查工作计划和总结;召开经审委员会会议。审查审计方面:经审组织要向会员(代表)大会报告工作;经审组织要审查本级工会经费预算、半年预算执行情况、预算执行情况审计和审查、会费收入审计、计拨工会经费审计、资产负债审计和其他实务审计,并按所提意见督促财务整改。特色工作方面:要求工会经审组织在审计范围、方法和监督等方面进行调研或理论研究,在基层工会中率先开展或有较大推广作用的特色工作。该规范化建设标准 2010 年在 5000 家基层工会经审会试点。

(周　杰)

【市总工会与摩洛哥公用事业工会正

式建立友好交流关系】 经埃及公用事业工会牵线，市总工会自2009年起即与摩洛哥公用事业工会进行联系。经双方协商达成相互交流、建立友好关系的意向。摩洛哥公用事业工会成立于1955年，现隶属于摩洛哥劳工联合会下辖的摩洛哥全国电力工人工会联合会，共有1.7万名会员，主要来自自来水、电力、排水3个行业的17家公司。该会依法通过谈判来保障其会员在经济、政治、社会等领域的各项权益，维护摩洛哥劳联的团结，通过工会间的合作来争取职工的福利，为会员服务。8月2日至9日，由曼苏尔·阿布德斯兰副主席率领的摩洛哥公用事业工会代表团一行5人应市总工会邀请首次对上海进行访问。8月3日，肖堃涛副主席会见了摩洛哥工会代表团，向客人们介绍了上海的概况和工会的主要工作。曼苏尔是摩洛哥议会议员和国际化学、能源、矿山等行业工会联合会执委，他介绍了摩洛哥公用事业工会在维护职工包括退休人员权益方面所做的工作，如组织会员旅游、安排职工体检等。会见时，双方就缔结两会友好交流关系达成一致意见，并签订协议书。在沪期间，代表团除参观世博园外，还走访上海贝尔股份有限公司，与工会干部进行交流。该会重视发展与其他国家工会的友好关系，邀请上海市总工会在2011年方便的时候派团访摩。（张国峰）

重要活动

【市总工会举办上海职工文化发展论坛】 9月20日，市总工会在海鸥饭店举办以“城市和谐发展与企业职工文化”为主题的2010年上海职工文化发展论坛。市总工会副主席汪兰洁出席论坛并致辞。论坛以党的十七大精神为指导，按照《“十一五”上海职工素质工程发展规划》总体要求，形成了以“五一”为共同特征的上海职工文化建设工作平台。论坛上，与会专家学者、工会干部、工人文化宫主任、企业经营者各抒己见。上海机场集团公司工会主席蔡军以“人人皆可参与、参与即是成功”的理念，着力打造企业职工“星光大道”，为机场职工铺就不一样的成功路；市机电工会副主席袁胜洲认为，新时代的劳模精神是社会主义核心价值观的体现，让劳模精神成为崇高的文化品格；而中国电信上海公司党委副书记、工会主席陈鸿生则介绍了近年来上海电信职工文化得到了持续健康的发展，这一切得益于《上海电信全面发展白皮书》的制订，把建设先进职工文化、积极关注员工的精神文化需求列入企业发展战略规划中；贝尔股份公司工会主席冯来周认为，要充分激发职工参与文化活动的内在积极性，以职工自我参与、自我管理、自我提高来推进职工文化建设；沪东工人文化宫主任沈星星认为，文化宫作为职工享受文化、学习、娱乐、休闲的主阵地，在有限资源中挖掘无限潜能，力求机制与体制的和谐、文化事业和文化产业的有机融合，打造品牌、辐射区域，将不断增强职工文化主阵地影响力。出席论坛的有来自各区县（产业）局和基层企业工会干部、上海和长三角工人文化宫主任约150人。（宋昶）

【市总工会参与上海世博会城市文化广场“周周演”活动】 世博期间，市总工会组织各行业职工群众，每逢双休日（周六、日两天）在世博园区外围、重要商业街和主要旅游景点等12个“上海市世博会城市文化广场”进行展演，先后举行8场演出，4000余名职工参与。（陈琦）

【上海工会承办全国职工世博知识网上竞赛】 由全总宣教部主办，上海市总工会、市文明办、市世博局、市经信委等单位承办，开展“我们大家的世博”全国职工世博知识网上竞赛。依托人民网、中国网、新华网、中工网、东方网、上海工会网、世博网、文明网等网络平台，依托《工人日报》、《劳动报》书面答题专版，通过网上答题、网上留言、网上倡议、网上观博、网上抽奖等参赛方式，设立网上题库，倡导在线学习，实施网上测试，开展在线互动。同时配合全总宣教部两次下发文件对知识竞赛进行全面部署，评选表彰活动优秀组织奖。这次比赛除台湾外，吸引了包括香港、澳门在内的全国各省市、自治区共计202664名职工参加，其中97739名职工参与网上答题，104925名职工参与书面答题，经抽奖2010名幸运职工获赠上海世博会门票。（陈琦）

【市总工会深入开展上海职工“文明服务、文明观博、文明出行”主题实践活动】 市总工会为举办一届成功精彩难忘的世博会，制定下发《上海职工“文明服务、文明观博、文明出行”主题实践活动》文件，围绕职工践行文明服务规范、学习文明观博礼仪和遵守社会公共秩序等各个环节，制定并宣传上海职工“文明服务、文明观博、文明出行”、“十要十不要”行为规

4月22日，市总工会女职工委员会、上海机场集团工会在虹桥机场第二航站楼举行“我们准备好了——上海窗口行业女职工奉献世博誓师大会暨市五一巾帼示范岗命名表彰仪式”（吴良荣）

范。通过制作发放20万张地铁磁卡、2万张宣传画、2万把广告扇、1万套明信片、1万张鼠标垫等宣传材料，借助300个地铁、公交站点广告牌等宣传阵地开展面向社会的广泛动员。活动中重点开展产业职工"文明观博"专项教育培训，举行职工志愿者宣讲员培训，建立"文明观博"宣讲员队伍，培训50万产业职工。积极承办全国职工世博知识网上竞赛，通过网上答题、网上留言、网上倡议、网上观博、网上抽奖等参赛方式开展在线互动，吸引20余万名职工参加。组织开展窗口行业职工文明志愿服务行动，以"职工志愿者，让窗口服务更温馨"为主题开展窗口行业职工世博文明志愿者集中服务日，3000余名职工志愿者、100余个窗口行业服务点直接参与志愿活动，930余支职工志愿者服务队、近16万职工参与窗口服务行业城市文明志愿服务。（陈　琦）

【世博会公安保卫赛区开展争创"平安世博·平安卫士"主题实践活动】 为确保成功举办世博会，市总工会与市委宣传部、市公安局联手，在公安保卫系统和市民群众中开展"平安世博·平安卫士"主题实践活动。主题实践活动为期半年，贯穿世博会全过程，每个月都经过基层推荐、网络推荐、专家评审，从公安民警和社会群众中评选产生一批"世博安保先锋"。半年来，组委会先后在卢湾区新天地、世博园区、南京东路世纪广场、陆家嘴中心绿地和东方绿舟举办五次颁奖活动，150名服务世博大局、富有主人翁精神，为世博安保做出突出贡献、得到广泛赞誉和高度认可的市民群众和公安民警脱颖而出，被光荣评为"世博安保先锋"。自11月1日起，活动总评选全面启动，各大媒体竞相报道，人民网专门制作投票网页接受群众投票，《解放日报》、《新民晚报》整版刊登了候选人简介和选票，活动组委会制作的公益宣传片也在电视台、东方明珠移动电视、东方网等媒体投播。活动组委会共收到报纸选票54.8万张，220万人次通过人民网参与了网络投票，经综合群众票选和专家评审结果，最终产生了20名"平安卫士"。（李　伟）

【市总工会精心组织千名全国劳模参观上海世博会】 6月6日至7月10日，有5批计1000名来自全国各地、各行各业的全国劳模、全国五一劳动奖章获得者组成全国劳模上海世博会参观团赴上海参观世博会。上海市委、市政府领导高度重视，专门作出批示，要求相关部门大力支持、精心安排，认真做好接待工作。为此，市总工会组织专门力量，在市相关部门的支持配合下，精心安排，圆满完成了接待任务。这次参观活动有3个特点：一是活动内容丰富。每批确保参观中国馆、主题馆、通用汽车馆等不少于5个热门场馆，并安排乘坐磁悬浮列车，参观东海大桥、洋山深水港以及赴市总工会沙家浜休养中心疗休养等。二是接待规格高。劳模进入参观场馆享受VIP待遇，专门安排园区内交通、礼宾官服务、讲解员服务等。三是服务保障工作细致。市总工会和接待各方在游园装备、防暑防雨、医疗保健、餐饮等方面都作了周到考虑和精心安排，确保千名全国劳模世博参观活动取得良好效果。（李　伟）

【市总工会联合开展第三届住房公积金诚信缴交企业网上评选和申报活动】 年内，市总工会会同市公积金管理中心联合举办"建行杯第三届上海市住房公积金百佳诚信缴交企业"网上评选活动和"建行杯第三届上海市住房公积金诚信缴交企业"网上申报活动。活动期间，全市5万多家单位申报诚信缴交企业，近500家单位申报百佳诚信缴交企业。经区县初审、网上公示和组委会终审等程序，3.24万家单位获评"建行杯第三届上海市住房公积金诚信缴交企业"称号。经区县初审推荐、组委会会议评选、网上职工投票等程序，中国石化上海石油化工股份有限公司、江南造船（集团）有限责任公司等120家单位被授予"建行杯第三届上海市住房公积金百佳诚信缴交企业"称号。（王正园）

【市总工会机关系统认真开展以"世博先锋行动"为主题的创先争优活动】 为实施市委组织部、市委宣传部在全市党的基层组织和党员中广泛深入开展以"世博先锋行动"为主题的创先争优活动，市总工会机关党委结合市总工会实际，就开展创先争优活动，作出具体部署。机关各党支部和广大党员积极参与"服务世博，奉献世博"，认真践行市总工会提出的"一支队伍、两个服务、三个观念、四种精神"的要求，加强对先进典型的宣传和激励力度。在围绕"服务世博、奉献世博"立功竞赛中，市总工会机关系统共有25人记功或受到嘉奖；1个单位获优秀集体称号、6人获优秀个人称号、4个单位的班组获"工人先锋号"称号。在市委组织部组织的"五好"基层党组织、"五带头"党员评选中，市总机关系统有2个单位获"五好"基层党组织称号，1人获"五带头"党员称号。在市委市政府支援都江堰市灾后重建立功表彰中，1个单位获"突出贡献集体"称号、3人获"突出贡献个人"称号。各党支部和广大党员在创先争优活动中，积极为玉树、舟曲灾区踊跃捐款，共募集援助玉树捐款27290元、援助舟曲捐款179717元，为"11·15"特大火灾受灾群众捐款21700元。（余　铮）

重要调研

【中华全国总工会副主席王玉普调研上海工会工作】 10月14日，王玉普来沪调研上海工会工作，听取市总工会和部分基层工会工作汇报，并与上海工会干部座谈。调研中，王玉普充分肯定上海工会工作，要求上海工会抓紧制定今后工会组建和工资集体协商工作目标，大胆探索、积极创新，多出经验、作出表率，力争在全国率先实现"两个普遍"。他指出，即将召开的党的十七届五中全会是国家改革发展进入关键阶段的一次重要会议，对于深入贯彻落实科学发展观、加快转变经济发展方式、保障和改善民生、实现全面建设小康社会的宏伟目标，具有十分重要的意义。工会要从全局和战略高度，全面准确理解全会的精神实质和重要意义，把思想和认识统一到中央的决策部署上来，不断增强做好新时期工会工作的责任感和使命感。他要求，各级工会要围绕"十二五"规划，主动深入开展社会主义劳动竞赛和各种形式的建功立业活动，大力弘扬劳模精神和工人阶级伟大品格，用劳模精神和工人阶级伟大品格鼓舞、启迪、感召职工，广泛掀起学习先进、争当先进、赶超先进的热潮。他指出，依法推动企业普遍建立工会组织、普遍开展工资集体协商是当前工会的重要工作，要采取有力措施切实把“两个普遍”抓出成效。他强调，全国各级工会要按照中央开展创先争优活动的统一部署，深入开展创先争优活动，进一步加强思想建设、组织建设、作风建设、学风建设。会上，市人大常委会副主任、市总工会主席陈豪汇报了上海工会工作情况，静安、杨浦、闵行、普陀等区总工会以及上海电信工会、光明食品(集团)公司工会作交流发言。

（陈　晖）

【市委副书记殷一璀调研上海工会工作】 7月7日，市委副书记殷一璀到市总工会调研，了解基层工会主席直选试点工作和基层工会建设情况。调研中，殷一璀指出，加强基层工会建设是工会服务大局、服务职工的重要基础，是工会扩大覆盖面、增强凝聚力的必然要求，是工会应对新情况、新问题的迫切需要。加强基层工会建设，就是要针对当前工作中存在的薄弱环节和制约因素进行改革创新，更好地把握新时期党的群众工作的新要求，更好地适应劳动关系领域的新变化，更好地回应职工群众对工会组织的新期待，在党和政府的工作大局中进一步发挥好工会不可替代的重要作用。她要求，要加强对基层工会工作的分类研究、分类指导和分类操作，针对国有、外资、民营等不同所有制企业的特点，结合不同区域经济发展、产业结构、职工队伍状况，对各社区、园区、企业、行业工会的建设和发展加强研究和探索，形成各具特色、行之有效的工作模式和经验，不断提高基层工作水平和实际成效。要按照市委、全总的要求，在有条件的基层工会加大力度开展基层工会主席直选试点工作，努力使之成为建设高素质工会干部队伍、增强基层工会在职工中凝聚力和信任度的有效载体。要处理好工会直选工作与落实党管干部原则的关系、与企业经营者和会员的关系，循序渐进，因企制宜，进一步扩大基层民主，进一步规范工作流程。要大力加强劳动关系的协调，推动建立企业内部沟通协调机制，对收入分配、福利待遇、安全生产等涉及职工切身利益问题，由工会代表职工与企业开展协商，把劳资双方的利益分歧从无序纷争纳入有序协商的轨道。要切实发挥以职代会为基本形式的基层民主管理制度的作用，畅通劳资双方沟通交流的渠道。要在发生劳动争议时敢于做工作，逐步提高基层劳动争议调解工作水平和成效，努力把矛盾纠纷化解在基层和萌芽状态。黄浦区总工会、闵行区总工会、电信工会、辉瑞投资有限公司工会、宝钢工会、飞利浦亚明照明有限公司工会、浦东金桥出口加工区工会联合会、普陀区纺织行业工会等在会上交流发言。

（陈　晖）

【陈豪主席调研浦东新区总工会迎博办博工作情况】 3月22日，市人大常委会副主任、市总工会主席陈豪调研浦东新区总工会迎博、办博工作情况。调研中，陈豪对新区各级工会服务世博工作给予充分肯定，并就新区各级工会组织主动做好世博工作提出要求。一要进一步增强使命感、责任感和紧迫感，把广大职工的思想和行动统一到中央和市委对办博工作的要求上来。各级工会要紧紧围绕服务世博会运行保障开展各项工作，使“发挥主力军，展现新风采”思想扎根职工群众，使“文明服务、文明观博、文明出行”、“十要十不要”等工作要求成为广大职工自觉行动。二要进一步开展职工立功竞赛活动，组织广大职工为办好世博会作出新贡献。以世博运行保障立功竞赛浦东赛区为平台，进一步深化各行各业职工立功竞赛活动，精心组织、分类指导、全员参与、激励表彰，在世博筹备期间不断掀起立功竞赛新高潮。三要进一步增强平安世博意识，为世博会营造稳定的社会环境。以推进平安世博建设作为工会工作切入点，主动维护职工合法权益，大力构建和谐劳动关系，确保群体性劳动矛盾不出三区(社区、街区、开发区)，不进园区(世博园区)，动员广大职工以维护社会稳定为己任，共同努力实现平安世博。四要积极主动协助党政部门做好涉博职工的关爱服务工作。各级工会组织要主动关心服务保障世博运行职工的工作和生活，维护其经济收入、劳动保护等合法权益，定期开展慰问活动，使其以良好的精神状态为世博会提供优质的服务保障。浦东新区区委副书记张才莲，市总工会副主席肖堃涛、杜仁伟，秘书长周志军，新区总工会主席姜鸣等参加调研。

（陈　晖）

【陈豪主席调研黄浦区工会迎世博工作】 3月18日，市人大常委会副主任、市总工会主席陈豪调研黄浦区工会迎世博筹备工作情况。调研中，陈豪指出，各级工会要深入宣传、广泛发动，进一步把职工群众的思想行动统一到中央、市委对办博工作的部署和要求上来，不断增强职工群众的使命感和责任感。要周密部署、精心安排，广泛开展各项劳动竞赛和立功竞赛活动，进一步激发各行业职工群众的劳动热情和创造活力，确保各个竞赛项目规范有序开展。要聚焦办博的重点地区、重点行业和重点商圈，以践行文明服务公约、深化“五比五赛”为内容，以创建“工人先锋号”为载体，不断规范和完善竞赛的各个环节和流程。要密切配合世博期间的重要节点、重大活动，组织开展专题性的保障服务竞赛活动，在职工群众中持续掀起为世博成功举办建功立业的热潮。要切实关心、帮助参与世博运行保障工作的职工群众，积极主动地为他们排忧解难，消除他们生产生活上的后顾之忧。要深入开展大讨论、大宣传、大培训，进一步将职工“文明服务、文明观博、文明出行”主题实践活动落到实处。要总结经验、激励先进，通过选树和表彰先进，进一步发挥先进典型的示范引领作用，鼓励广大职工群众学习先进、争创一流。黄浦区委书记王文涛，副书记蔡志荣，区人大常委会副主任、区总工会主席徐少伯，副区长郭芳等参加调研。

（陈　晖）

【陈豪主席调研卢湾区总工会立功竞赛工作】 4月1日，市人大常委会副主任、市总工会主席陈豪调研卢湾区总工会组织动员职工投身世博会筹办以及开展立功竞赛情况。调研中，陈豪要求卢湾区各级工会要进一步做好宣传发动工作，把广大职工的思想和行动统一到中央和市委对办博工作的要求上来，统一到区委、区政府的工作目标上来，齐心协力做好世博会的服务保障工作。要切实组织开展好立功竞赛活动，团结带领职工勇挑重担、忠于职守、不讲条件、不遗余力地做好世博会各项服务保障。特别是在世博会运行的184天里，要更进一步开展各项立功竞赛活动。要切实维护好职工的合法权益，促进劳动关系的和谐发展，为世博会的成功举办，营造和谐稳定的社会环境。切实运用维权机制，维护劳动关系的稳定和谐，及时调解劳动争议矛盾，为平安世博作贡献。要主动协助党政部门服务职工，特别是对直接参与世博会运行保障的职工，主动关心他们的工作和生活，帮助解决后顾之忧，使他们能够全身心投入到世博会的服务保障工作中。卢湾区总工会、淮海社区（街道）总工会、长春食品商店、浦江控股有限公司工会、安佳房地产动拆迁有限公司工会作工作汇报。市总工会党组副书记、副主席肖堃涛，副主席汪兰洁陪同调研。（陈　晖）

【陈豪主席赴市纺织工会调研行业工会建设】 8月4日，市总工会主席陈豪一行来到市纺织工会进行调研。上海纺织控股（集团）公司党委书记、董事长席时平介绍了上海纺织向都市纺织产业转型发展情况，市纺织工会主席王水官汇报工会建设运作情况。金山区纺织行业工会联合会、青浦区纺织行业工会香花桥分会分别汇报了开展行业工资集体协商等工作情况。调研中，陈豪指出，工会要在已有工作基础上继续加强行业工会建设，进一步加强市、区联动，促进区域性行业工会联合会建设，实现对工业园区、私营民营、外资企业的组织覆盖和工作覆盖。他要求进一步探索创新，健全完善行业工会工作机制，更好地适应经济社会发展和劳动关系多样化的新趋势，不断提高行业工会工作水平；要进一步凸显行业特色，发挥行业工会维权作用，普遍开展行业集体协商和工资协商，增强协商工作的针对性和有效性；要继续推进劳动定额和工时工价的科学测定，夯实维护职工劳动经济权益的工作基础；要适应上海“转方式、调结构”的要求，加强对行业内职工的教育培训工作，提高职工队伍素质，为提升产业能级、促进企业发展提供保障；要加强对农民工、劳务派遣工特别是新生代农民工的权益维护和人文关怀，切实做好劳动保护和安全生产工作。市总工会党组副书记、副主席肖堃涛，市总工会秘书长周志军，市总工会副巡视员、组织部部长杜乃根等参加调研。（陈　晖）

【陈豪主席赴劳动报社调研】 8月6日，市人大常委会副主任、市总工会主席陈豪赴劳动报社调研。陈豪指出，作为党和工会的喉舌，劳动报要始终坚持正确的办报方向，不断提升办报水平，传达好党的声音，积极反映工会主张，充分展现广大劳动者的精神风貌。要通过这一传播平台，引导广大职工形成积极向上、奋发有为的精神状态；要充分发挥劳动报在维权、舆论监督方面的优势，借助媒体监督，维护职工合法权益；要针对社会上劳动关系矛盾多发、频发的特点，在舆论宣传上引导职工依法理性维权。他强调，在当前激烈的市场竞争下，报社要大力加强领导班子的政治、思想、作风建设，抓好党员和职工队伍建设，进一步推进制度建设，打造一支素质优良、业务精湛、具有良好职业精神的职工队伍。市总工会党组副书记、副主席肖堃涛，副主席汪兰洁一同调研。（陈　晖）

【陈豪主席调研市工人文化宫、市职工保障互助会工作】 8月11日，市人大常委会副主任、市总工会主席陈豪到市工人文化宫、市职工保障互助会调研。在听取市工人文化宫、市职工保障互助会的工作汇报后，陈豪对市工人文化宫、市职工保障互助会工作给予充分肯定。陈豪指出，要进一步把握好市工人文化宫的发展方向，为发展职工文化和企业文化服务，继续深入基层、深入职工，不断丰富职工的精神文化生活；要创新文化宫的体制机制，进一步体现市工人文化宫在职工文化建设的“中心宫”定位，发挥好组织、指导、协调、服务作用，加强对区县文化宫的指导，形成整体合力；要从队伍、作品、品牌、特色四位一体的角度加强文化宫工作，形成文化宫在上海职工文化建设中的新优势，增强竞争力；要加强文化宫领导班子建设，发扬好传统，进一步增强责任感和使命感，把文化宫工作做得更好。他还指出，市职工保障互助会作为为职工服务、帮助职工解决医疗困难的重要机构，要加强政策研究、完善制度建设，推动四项医疗互助保障计划健康、可持续发展；要抓住集体协商等维权重要环节，向外资、民营、非公企业扩展，扩大在职保障计划的参与面；要加强内部管理，完善运作机制，坚持集体决策，确保互助保障资金安全；要进一步抓好队伍建设，加强和改进服务质量与水平，为广大市民提供方便；要总结经验，完善制度建设，把互助保障工作提升到团结工人阶级、增加职工内部凝聚力的高度认识，把它作为一项服务职工的重要载体做好做实。参加

8月6日，陈豪主席等市总工会领导到劳动报社调研　（吴良荣）

调研的还有市总工会党组副书记、副主席肖堃涛，副主席汪兰洁、陈国华，副巡视员、财务部部长夏惠珍等。

（陈　晖）

【陈豪主席赴梅山慰问调研】 8月23日至25日，市人大常委会副主任、市总工会主席陈豪赴南京梅山，慰问宝钢集团梅山公司、宝钢股份梅钢公司职工并调研工会工作。陈豪在听取梅山、梅钢公司党政工领导关于生产经营和工会工作情况的汇报时，对他们深入开展"最佳实践者"活动、深化厂务公开民主管理、团结动员广大职工克服国际金融危机影响、推动企业发展等方面的工作给予充分肯定。陈豪指出，宝钢工会及梅山、梅钢工会要紧紧围绕企业发展战略目标，以"最佳实践者"活动、建设"自主型职工队伍"活动等为抓手，进一步深化职工素质工程，为企业发展造就高素质职工队伍，这是坚持全心全意依靠工人阶级根本方针的必然要求，是以人为本理念的集中体现，也是工会服务经济社会和企业发展的重要途径。他要求，工会要认真贯彻落实"促进企业发展、维护职工权益"的企业工会工作原则，把维权工作抓得更实、更有成效；进一步完善劳动合同、平等协商集体合同等制度，夯实维权工作制度基础；积极开展工资集体协商，进一步维护和发展好职工的劳动经济权益；牢牢立足企业实际，进一步落实好职代会制度，保障职工民主权利，维护好、实现好、发展好职工各项合法权益。调研中，他针对企业快速发展过程中出现的工会面临组织形态、工作方式等方面的新情况、新问题，要求宝钢工会自觉适应企业发展，深化改革，进一步加强研究探索，在组织体制、工作机制、工作方法等方面坚持大胆创新，为全市工会工作发展不断创造新经验。市总工会副主席汪兰洁、陈国华，宝钢集团工会主席汪金德等参加慰问和调研。

（陈　晖）

【陈豪主席赴卢湾区总工会慰问调研】 6月17日，市人大常委会副主任、市总工会主席陈豪到卢湾区总工会专题调研卢湾工会服务世博、服务职工工作情况。在听取区总工会、公安卢湾分局工会、五里桥社区（街道）总工会、上海避风塘美食有限公司工会、卢湾绿化市容局淮海中路清道班、上海全国土特产食品有限公司淮海商场和益民股份有限公司金辰酒店等单位的工作汇报后，陈豪对卢湾区各级工会动员组织广大职工群众同心协力、坚守岗位、服务世博、奉献世博所做的工作给予充分肯定，并代表市总工会对卢湾区广大职工特别是对奋战在服务保障世博一线的职工表示亲切慰问，对广大职工无私奉献的精神致以崇高敬意，同时对各级工会组织继续做好世博会筹办、举办工作提出要求。调研座谈会后，陈豪在区委书记徐逸波，区委常委、公安分局局长陈明军，区人大常委会副主任、区总工会主席邹建东等陪同下，慰问世博安保第一责任区鲁班路出入口管理站的公安干警。

（周盛丹）

陈豪慰问世博安保鲁班路口公安干警　（周盛丹）

【陈豪主席赴崇明考察上海市总工会崇明工人疗养院建设项目】 12月3日，市人大常委会副主任、市总工会主席陈豪，市总工会副主席肖堃涛一行在县委书记彭沉雷，县人大常委会副主任、县总工会主席张荣等陪同下，专程来到陈家镇建设开发公司，考察上海市总工会崇明工人疗养院建设项目。拟建在崇明东滩的上海市总工会崇明工人疗养院，位于陈家镇滨江休闲运动居住社区南侧，东临中华鲟自然保护区基地，南临一线长江大堤，总用地面积约500亩。距离上海市中心城区约45公里，距离上海长江隧桥约5.5公里，交通十分便利。疗养院主要功能包括体检疗养中心、学习教育中心、休闲度假中心及室内外运动锻炼场所等，总建设规模约8万平方米。陈豪感谢崇明县委、县政府长期以来对工人阶级的关心和对工会工作的支持。他要求市总工会相关部门在实际建设中，要加强与崇明县委、县政府的沟通协调，按照陈家镇建设发展的总体规划和要求，把工人疗养院建设好、使用好、维护好，成为全市职工群众体检疗养、学习交流、休闲度假的理想场所。

（易建军）

保障政策选辑

本市发展公共租赁住房的实施意见

为进一步建立健全本市住房保障体系，积极发展公共租赁住房，根据国务院《关于解决城市低收入家庭住房困难的若干意见》（国发〔2007〕24号）、《关于坚决遏制部分城市房价过快上涨的通知》（国发〔2010〕10号）以及住房城乡建设部等七部门《关于加快发展公共租赁住房的指导意见》（建保〔2010〕87号）的精神，结合实际，现就本市发展公共租赁住房提出如下实施意见。

一、基本思路

公共租赁住房是政府提供政策支持，由专业机构采用市场机制运营，根据基本居住要求限定住房面积和条件，按略低于市场水平的租赁价格，向规定对象供应的保障性租赁住房。发展公共租赁住房，要符合深化住房制度改革和加快完善住房保障体系的总体要求，符合“以居住为主、以市民消费为主、以普通商品住房为主”的原则，有效缓解本市青年职工、引进人才和来沪务工人员及其他常住人口的阶段性居住困难，进一步扩大住房保障政策覆盖面，促进住房租赁市场的规范和健康发展。

二、多渠道筹集房源

（一）拓展房源筹集渠道。由市、区（县）政府统一安排和协调房源筹集工作，运营机构可利用多种渠道筹集公共租赁住房，主要为：结合旧城区改造、产业结构调整、市政基础设施建设、大型居住社区建设等项目，合理选址、集中新建或配建；从新建、配建的经济适用住房和其他保障性住房中，经规定程序批准转化；按有关规定，综合利用农村集体建设用地，适当集中新建；对因产业结构和城市结构调整而闲置的厂房、仓库、办公等非居住用房进行改建或改造；收购或代理经租闲置的存量住房。特别要积极探索房地产开发企业或社会机构定向投资建设和提供房源。

（二）明确房源要求和标准。公共租赁住房主要为成套小户型住宅或集体宿舍。新建公共租赁住房，应符合安全卫生标准和节能环保要求，确保工程质量和安全。成套建设的公共租赁住房要综合考虑住宅使用功能与空间组合、居住人口等要素，合理确定套型比例和结构，套均建筑面积一般控制在40—50平方米。以集体宿舍形式建设的公共租赁住房，应符合宿舍建筑设计规范的有关规定。公共租赁住房出租的房屋条件和人均承租面积标准，应符合《上海市居住房屋租赁管理实施办法》的规定。公共租赁住房在使用前可进行简易装修，配置必要的家具和家用电器等设备。

三、规范供应管理机制

（一）制定符合实际的准入条件。申请公共租赁住房的对象（包括单身和家庭）应同时具备4项条件：一是具有本市常住户口，或持有《上海市居住证》和连续缴纳社会保险金达到规定年限；二是已与本市就业单位签订一定年限的劳动或工作合同；三是在本市无自有住房或人均住房建筑面积低于15平方米，因结婚分室居住有困难的，人均面积可适当放宽；四是申请时未享受本市其他住房保障政策。各区（县）政府根据上述基本条件，可结合本区（县）经济社会发展等情况，制定具体的准入标准，并可适时调整；准入标准应向社会公布，公布前，应报市住房保障领导小组备案。

（二）严格申请和审核程序。申请对象主要向工作单位所在地的运营机构提出申请，也可以向本市户籍所在地的运营机构提出申请。申请对象应如实填报申请表，按要求提交户籍证明或居住证、身份证、劳动或工作合同、住房状况等资料，承诺对提交资料的真实有效性负责，经申请对象所在单位确认后，交运营机构审核。对审核通过的申请对象，运营机构应出具登记证明，报区（县）住房保障机构备案。区（县）住房保障机构应对申请审核情况进行检查，发现有不符合规定的，向运营机构提出整改意见，运营机构应及时落实整改。

四、健全租赁管理机制

（一）合理确定租赁价格。按略低于市场租金水平，确定公共租赁住房的租赁价格，具体由各运营机构按规定制订，报送住房所在地的区（县）物价部门和住房保障部门备案后实施。在租赁合同期限内，运营机构不可单方面调整租赁价格。

（二）保证租金支付。承租人应根据合同约定，按时支付租金，符合条件的可按规定申请提取公积金账户内的存储余额，用于支付租金。用人单位可根据本单位的有关规定，向承租公共租赁住房的职工发放相应的租金补贴，租金补贴可直接支付给出租单位。用人单位集体安排承租的，应配合运营机构建立租金支付或租金汇集交付制度。

（三）规范租赁行为。公共租赁住房的租赁服务和管理可由运营机构自行实施，也可委托专业机构实施。出租单位应与承租人签订租赁合同，使用统一的住房租赁合同示范文本，并办理租赁合同登记手续。租赁合同期限一般不低于2年，合同到期后承租人仍需租赁的，运营机构应重新进行资格审核，符合条件的可续租，租赁总年限一般不超过6年。单位集体租赁的，出租单位应与用人单位签订租赁合同。

（四）强化退出管理。租赁双方应严格按合同约定承担责任和义务。对承租人发生将所承租的公共租赁住房出借、转租或闲置的，擅自改变承租住房居住用途的，享受其他住房保障政策的，违反物业管理公约拒不整改的，以及其他违反租赁合同约定情况的，出租单位可与其解除租赁合同。对承租人拖欠租金和其他费用的，可通报其所在单位，从其工资收入中直接划扣。对承租人按合同约定应腾退住房而不腾退的，出租单位可要求用人单位协同督促腾退；拒不腾退的，严格按合同约定履行，必要时可通过司法途径解决，并可采取在适当范围公告通报、纳入本市个人信用联合征信系统、5年内不得享受本市住房保障政策等措施。

重要工作图示

Important Work Diagram

上海职工队伍分布图(1)

总计:8181341　　　　单位:人

(按国民经济行业分)

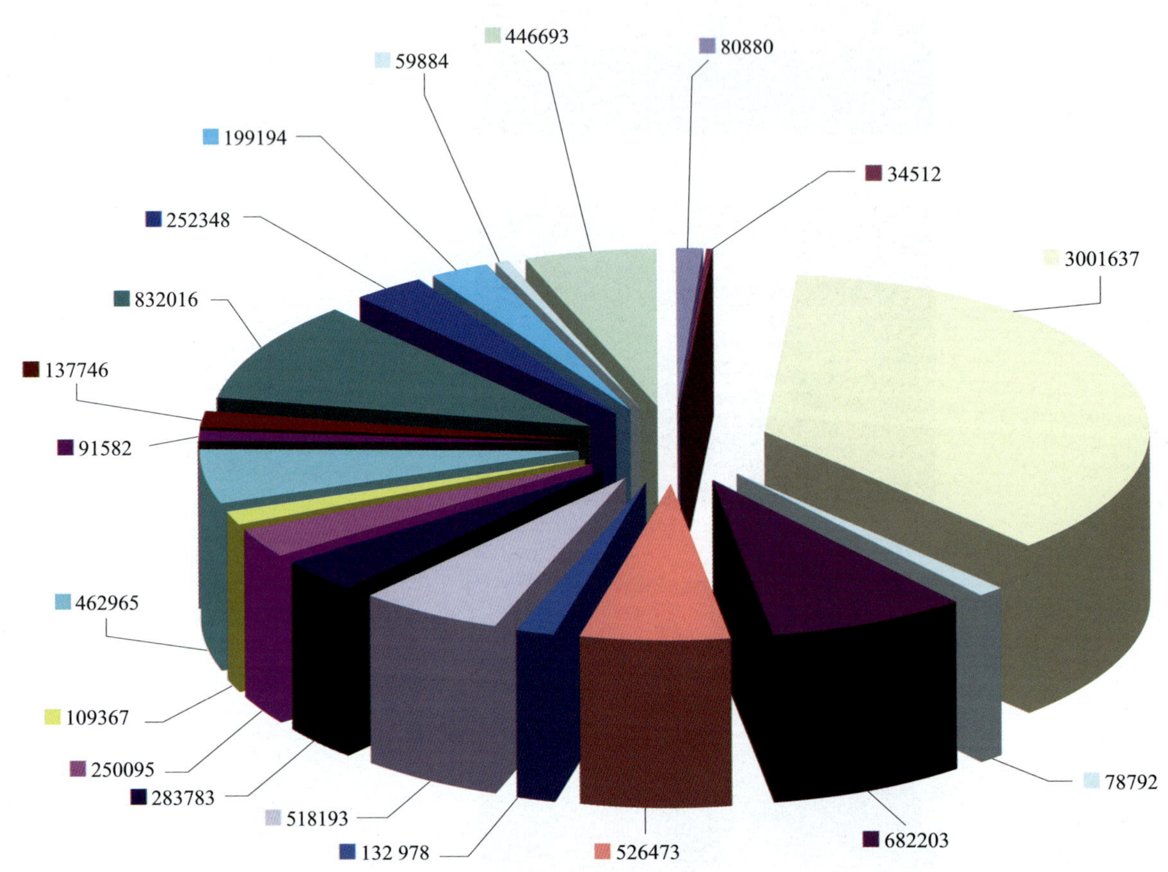

- 农、林、牧、渔业
- 采矿业
- 制造业
- 电力、燃气及水的生产和供应业
- 建筑业
- 交通运输、仓储及邮政业
- 信息传输、计算机服务和软件业
- 批发和零售业
- 住宿和餐饮业
- 金融业
- 房地产业
- 租赁和商务服务业
- 科学研究、技术服务、地质勘查业
- 水利、环境和公共设施管理业
- 居民服务和其他服务业
- 教育
- 卫生、社会保障和社会福利业
- 文化、体育和娱乐业
- 公共管理和社会组织

(陈　晖)

上海职工队伍分布图(2)

总计:8181341　　　　单位:人

(按经济类型分)

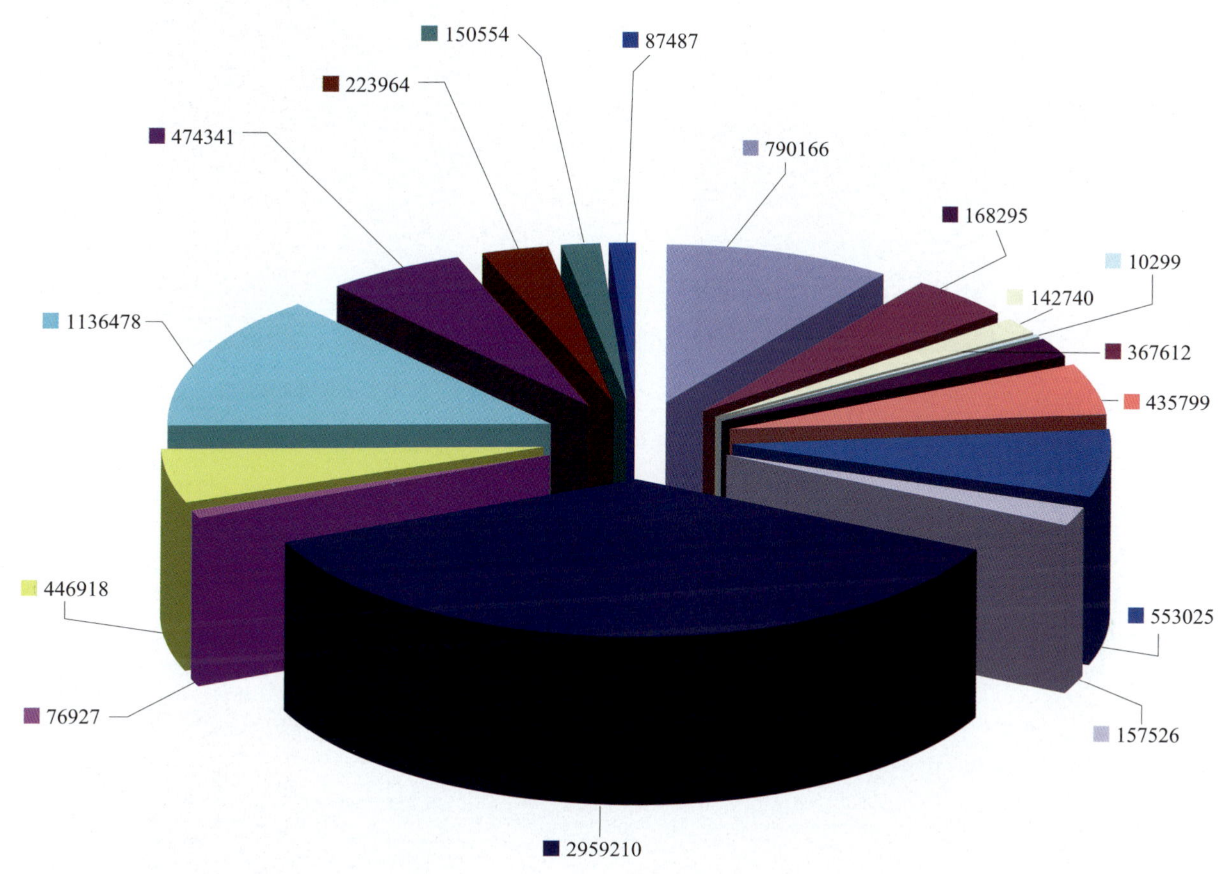

■ 国有企业　■ 集体企业
■ 股份合作企业　■ 联营企业
■ 国有独资公司　■ 其他有限责任公司
■ 股份有限公司中的国有控股公司　■ 其他股份有限公司
■ 私营企业　■ 其他内资企业
■ 台港澳商投资企业　■ 外商投资企业
■ 财政拨款的事业单位　■ 其他事业单位
■ 机关　■ 个体经济组织

(陈　晖)

2009—2010年度上海市职代会建制情况比较(一)

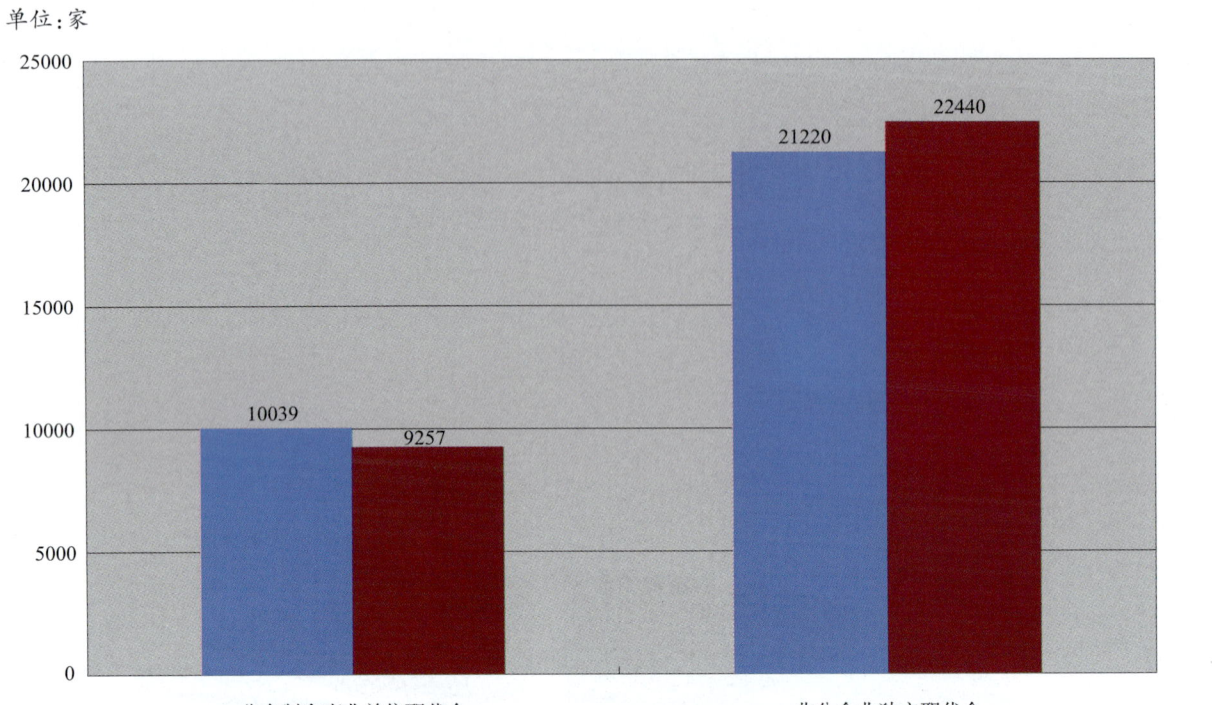

(马艳芳)

2009—2010年度上海市职代会建制情况比较(二)

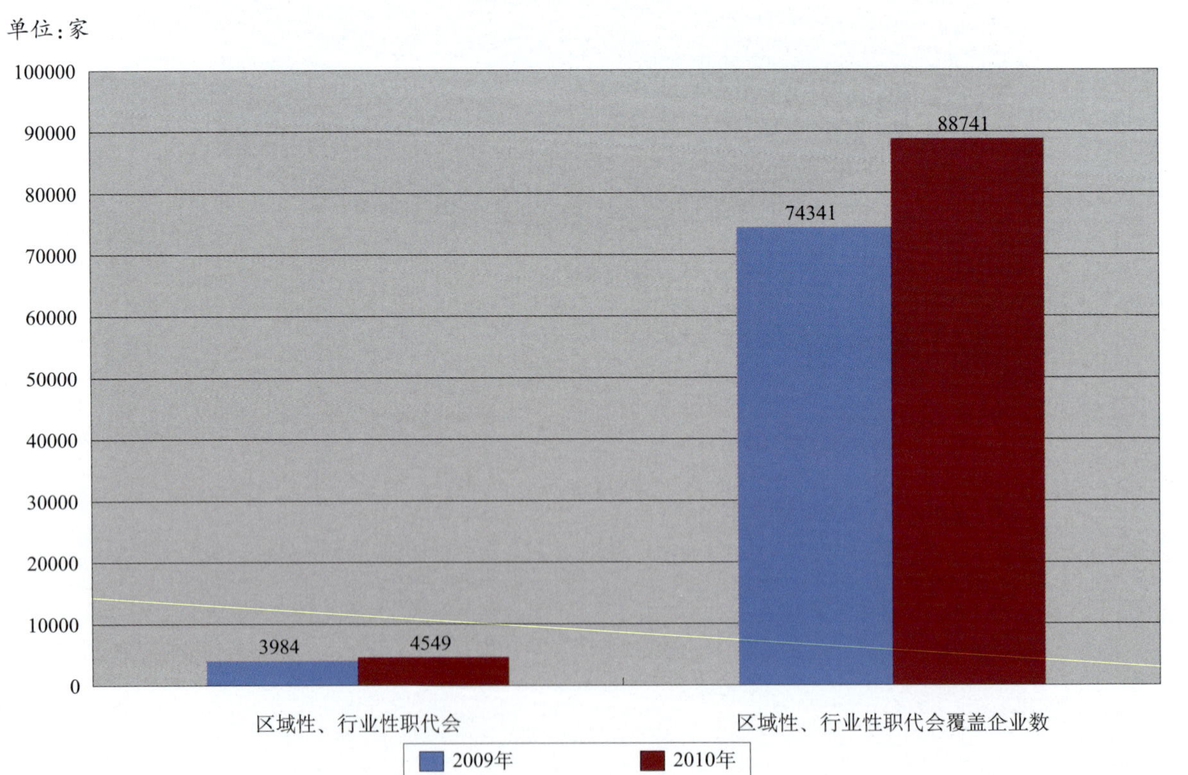

(马艳芳)

上海工会签订女职工权益保护专项集体合同统计图

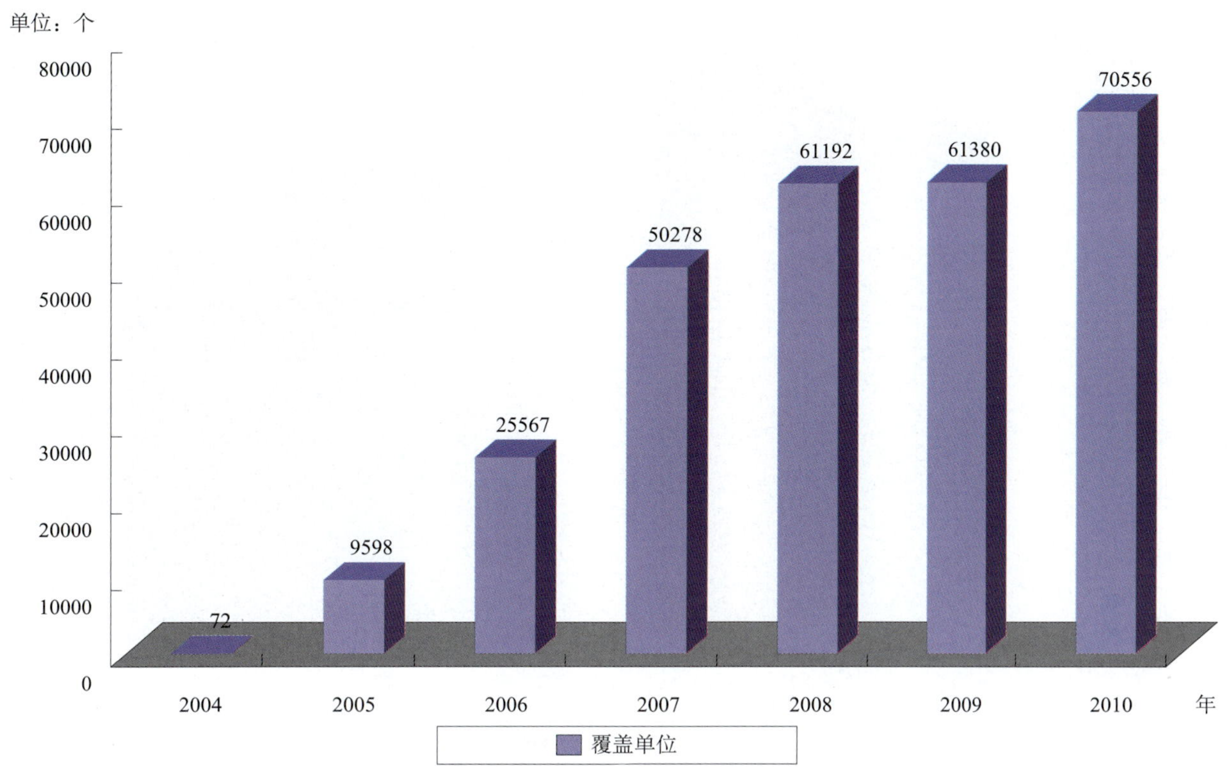

（朱莉颖）

2010年上海职工文体活动示意图

第四届上海市五一文化奖评选

摄影比赛：3500名职工创作的万余幅作品参赛

舞蹈小品比赛：50个区县局（产业）工会选送近100个舞蹈和小品参赛

全民健身日上海市主题活动

电信、烟草、市级机关、金融等行业职工特色体育健身团队进行优秀健身项目展示；参加健身互动、体验和体质监测活动

中国上海国际艺术节第四届上海职工文化展演周

参演单位：医务、上海航天、大众交通集团

"城市和谐发展与企业职工文化"2010年上海职工文化发展论坛

来自全国总工会、市文广局、宝钢、机电、电信、机场、市工人文化宫、沪东工人文化宫等单位的专家学者、工会主席参会发言，约150名工会干部出席论坛

"同在阳光下"上海农民工假日免费电影放映活动

放映点：45个工人文化宫、社区文化活动中心

放映场次：100场

（宋　昶）

实施法律援助(咨询)图

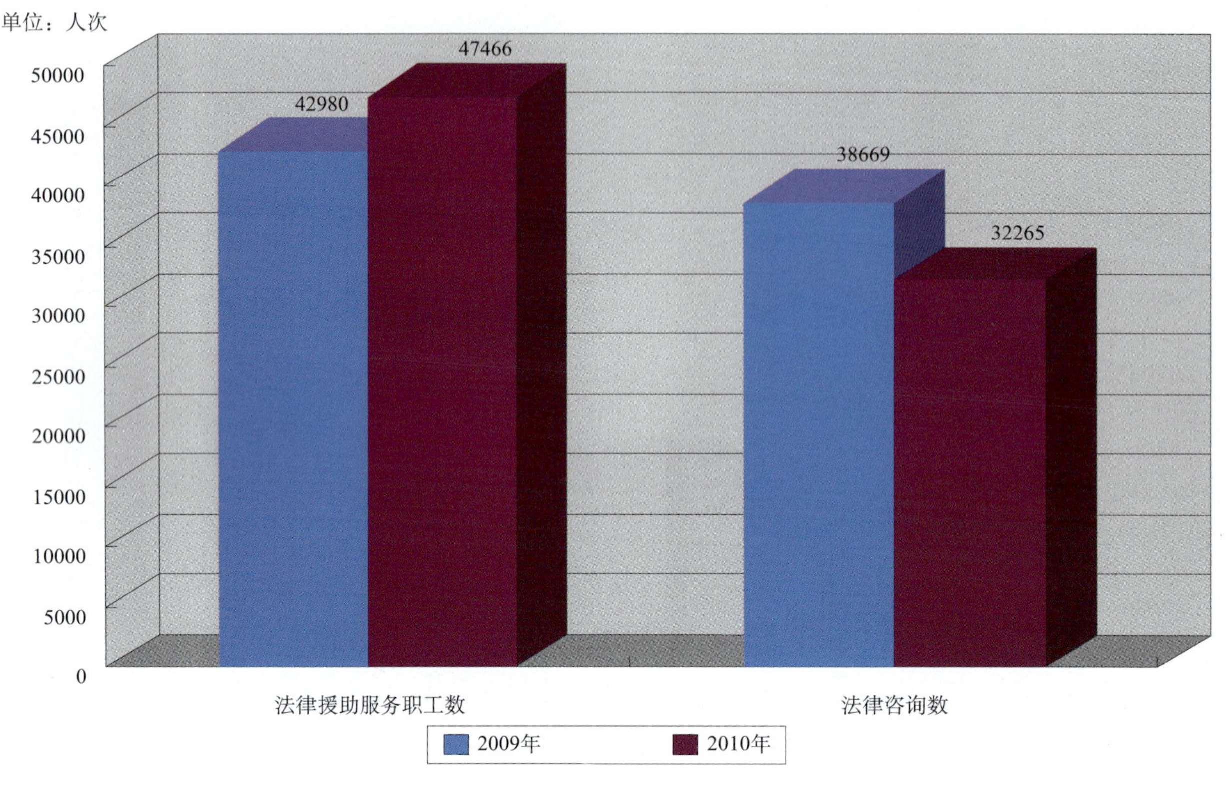

（钱传东）

法律维权示意图

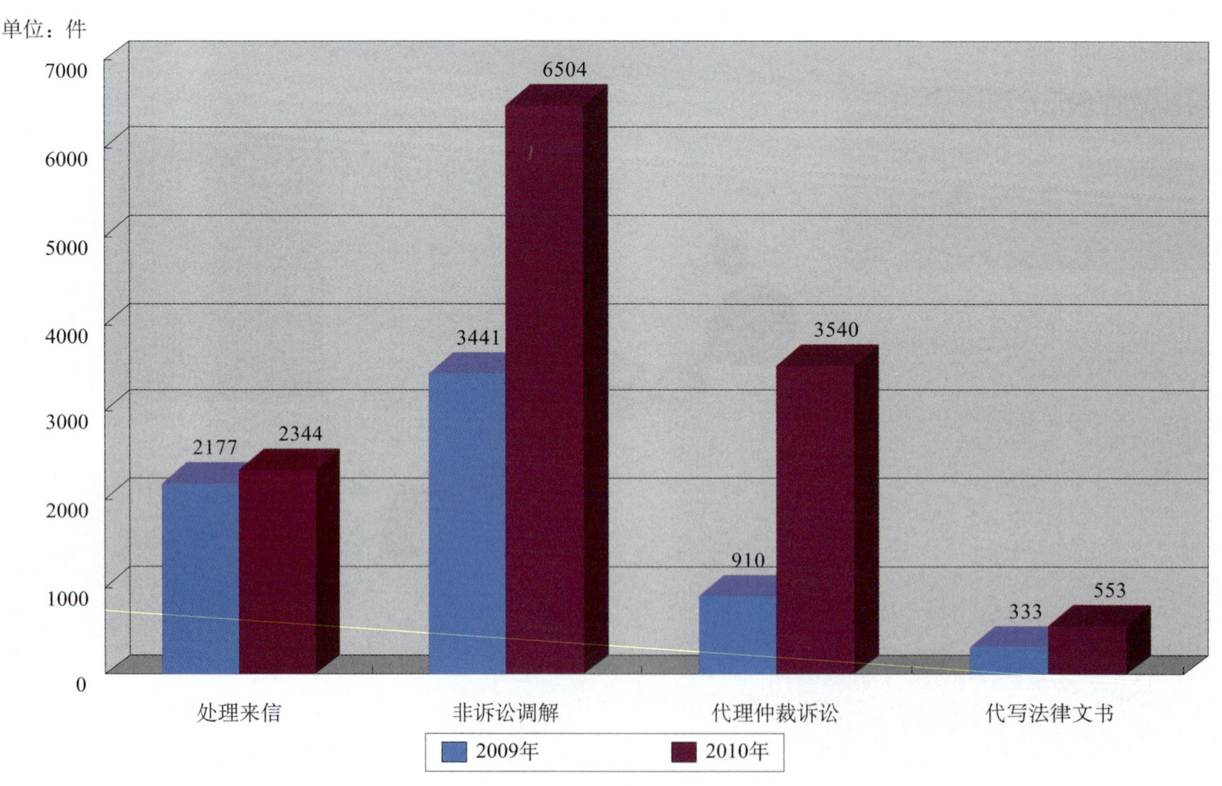

（钱传东）

市总工会、市人力资源和社会保障局等部门联合执法监督检查示意图

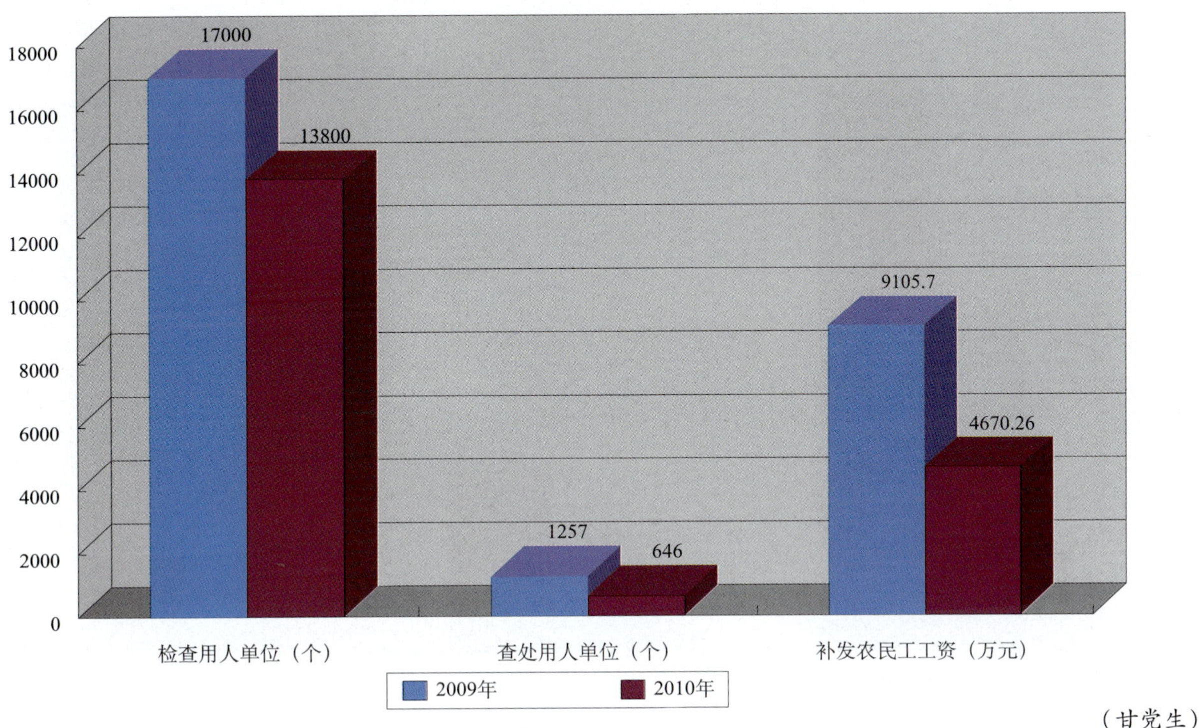

（甘党生）

各级工会职工援助服务中心及职介机构开展职业介绍工作示意图

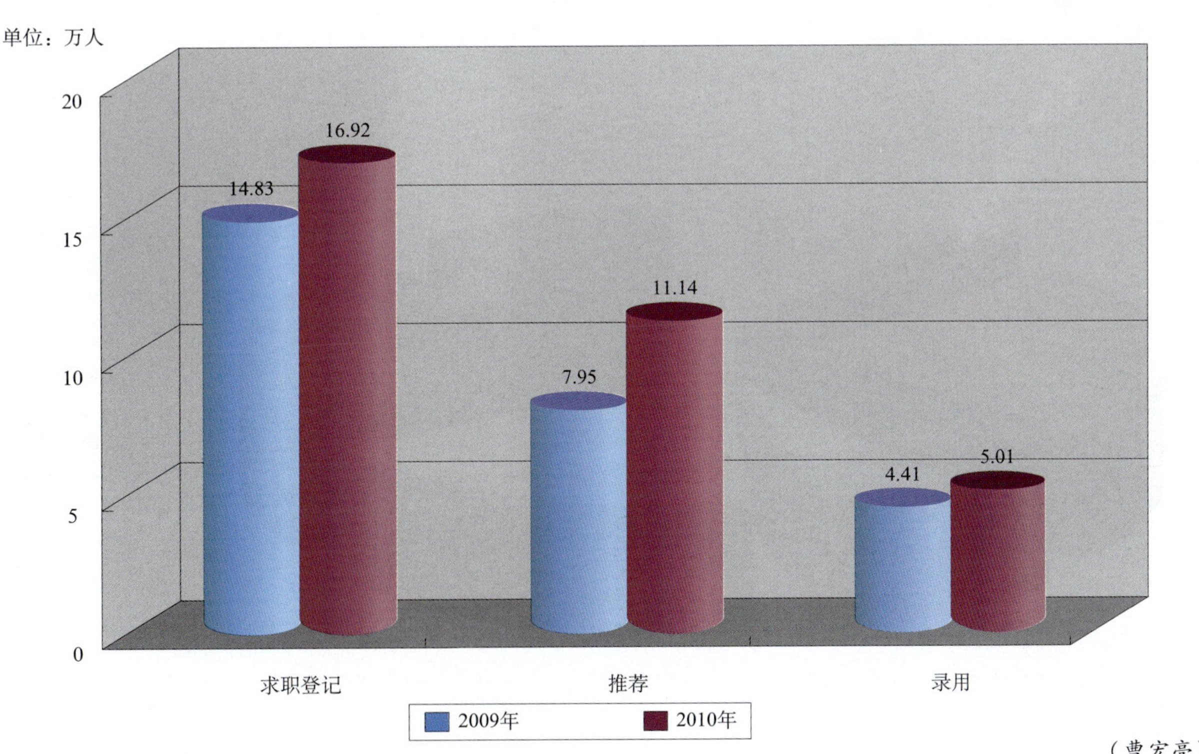

（曹宏亮）

上海工会帮扶工作示意图

单位：万人次

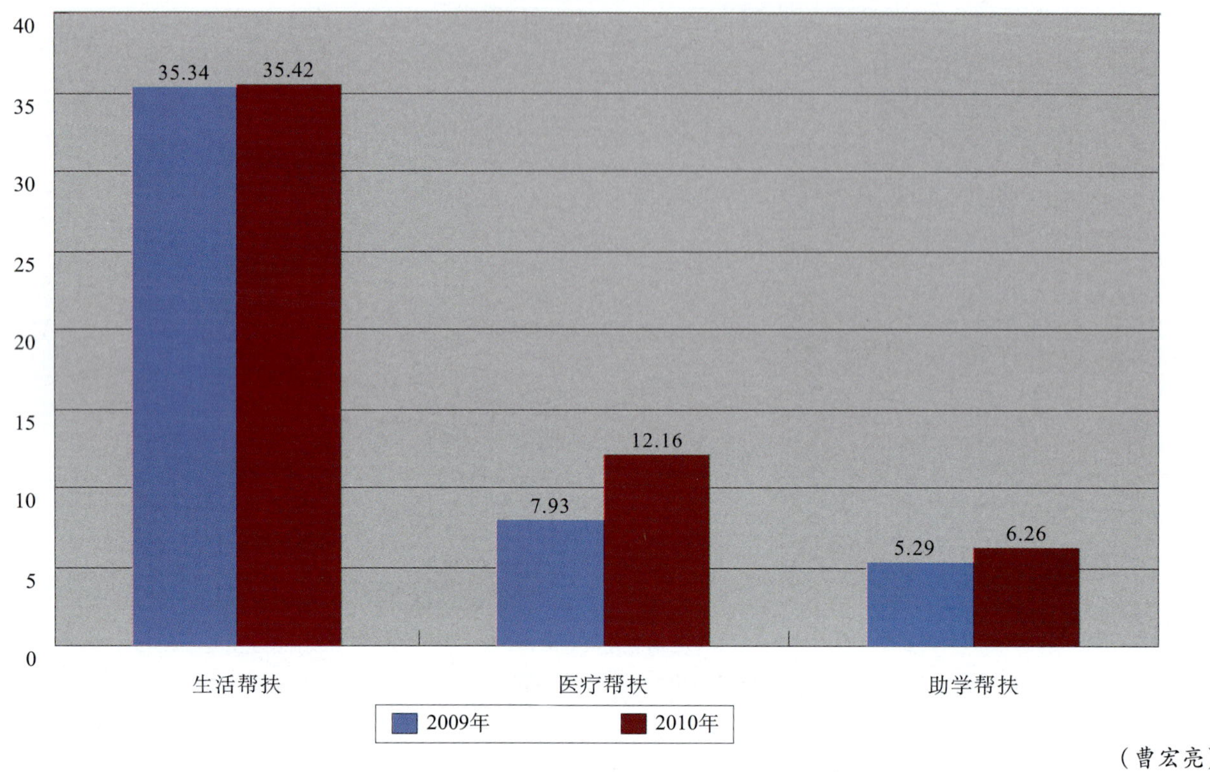

（曹宏亮）

各级工会职工援助服务中心帮扶工作示意图

单位：万人次

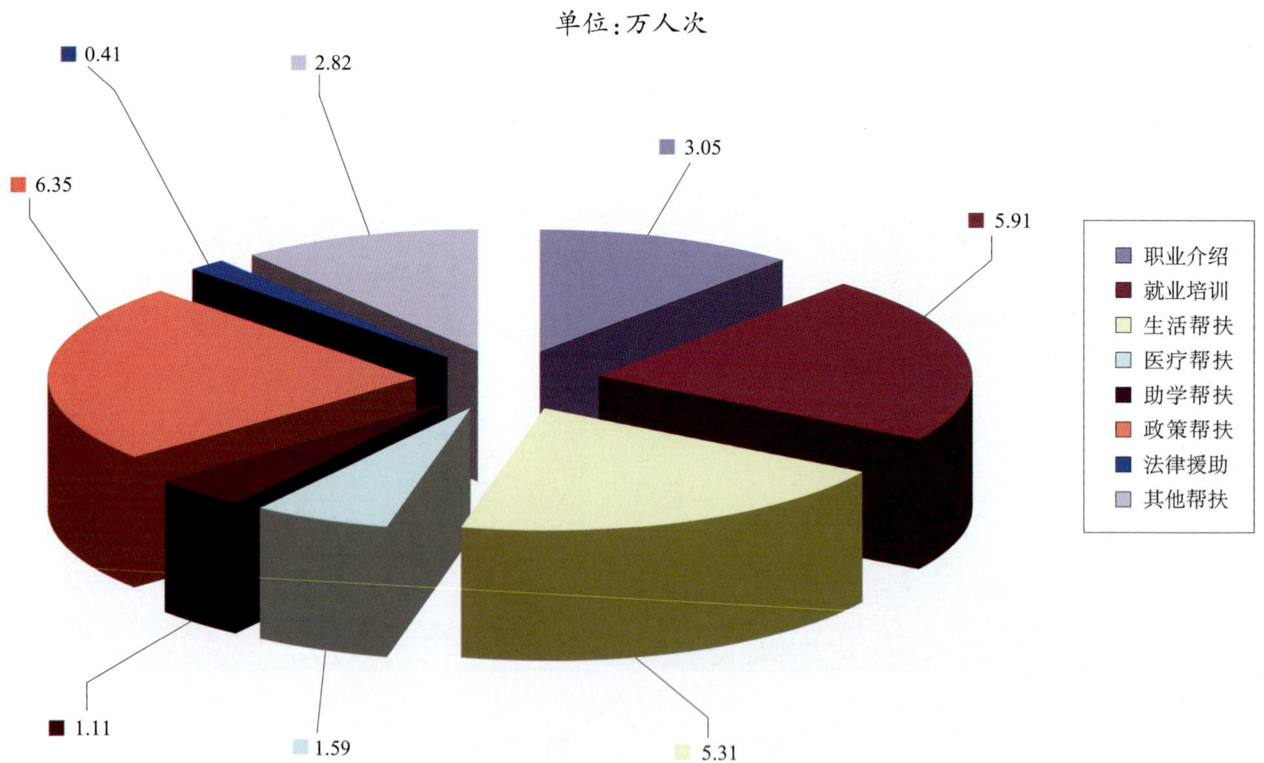

（曹宏亮）

推进经济建设

Promoting Economic Construction

综　述

2010年,市总工会经济工作围绕成功举办世博会和上海"十二五"经济社会发展蓝图,广泛动员职工,大力弘扬工人阶级伟大品格和劳模精神,开展建功立业劳动竞赛和群众性科技创新活动,取得新成绩。(1)广泛开展迎世博和世博运行保障立功竞赛,团结动员广大职工全力以赴服务世博。一是不断深化迎世博立功竞赛活动,促进世博工程建设,践行"三个文明"活动,提升窗口服务水平。在世博筹备阶段,扎实推进"当好主力军,建功世博会,展示新风采"主题实践活动,在工程建设、窗口服务和市容环境整治等方面深入推进立功竞赛,其中,世博会重大工程建设建功立业劳动竞赛于4月圆满完成。与此同时,轨道交通、虹桥交通枢纽和外滩通道等一批世博重点配套工程劳动竞赛蓬勃开展,为工程高质量如期完成发挥了积极作用。在58个窗口服务行业和12大重点商圈,广泛开展迎世博"五比五赛"立功竞赛活动。在倒计时100天、50天和30天分别举办上海职工"奔向世博,冲刺100"工人先锋号行动百联集团现场经验交流会等节点活动,同时,开展劳模巡访活动,倡导诚信服务、微笑服务、特色服务和品牌服务,引导广大职工在服务世博中争当"岗位建功先锋"。二是广泛开展"保平安、促运行、重服务、创一流"世博运行保障立功竞赛。世博运行期间,开展以"保平安、促运行、重服务、创一流"为重点的世博运行保障立功竞赛。在世博园区、公安保卫、交通运输、城市保障、综合服务、重点商圈和浦东新区建立七大赛区。竞赛主要从加强领导、突出重点、选树典型、开展慰问、强化监督等五方面展开,通过劳模巡访、"安康杯"专项竞赛、阶段性评比表彰、现场经验交流、自查互查对口检查等重点工作,充分发挥工会在有效应对、积极化解世博运行保障热点、难点上的特殊作用。三是扎实推进"服务世博,奉献世博"立功竞赛评比表彰活动。共推荐评选3批共3309名上海世博工作优秀个人和342个上海世博工作优秀集体,以及920个上海市工人先锋号。世博会结束后,推荐评选出59个全国五一劳动奖状(章)、76个全国工人先锋号以及250个上海市五一劳动奖状(章)、96个工人先锋号。(2)围绕转变经济发展方式,深化职工素质工程,开展建功立业劳动竞赛。一是广泛开展推进群众性科技创新活动,引导职工岗位创新。以转变发展方式为重点,围绕节能减排,关注低碳环保,开展一系列职工创新活动。在科技活动周期间,以"科技世博·岗位创新"为主题,推进职工科技创新活动。全市有8851家基层单位,近105万名职工参加群众性科技创新活动,其中,优秀发明选拔赛报名参赛数达1471项。此外,开展上海市职工优秀技术创新成果评选表彰及推荐活动,共收到来自60家区县局(产业)工会的229家基层单位申报的职工创新成果283项,其中有248项已转化获得经济效益,有5个项目推荐参加全国职工优秀技术创新成果奖评选(获一等奖1个、二等奖1个,三等奖2个);与市科委、国资委开展2010年度上海市创新型企业评选活动,有1015家企业申报"上海市创新型企业",评选出200家2010年度"上海市创新型企业"。二是推行"首席技师千人计划",加快高技能专业人才和高素质创新人才培养。从2010年起,启动"首席技师千人计划",用5年时间,推动各行业企业培养选拔1000名首席技师。通过建立完善各行业企业首席技师制度,特别是在战略性新兴产业、高新技术产业等重点领域,选树一批行业、企业的技能领军人才。三是深入开展"我为节能减排作贡献"活动。围绕"我为节能减排做贡献"的主题,开展"我为节能减排献一策"活动,征集推广职工节能减排合理化建议的"金点子",开展重点耗能排污企业节能减排对标升级专项劳动竞赛,推行职工节能减排义务监督员活动。四是开展百万职工大比武行动,提升岗位技能水平。开展2010年上海市职业技能竞赛和上海市第一届全国环境监测专业技术人员大比武。另外,开展《在率先转变经济发展方式中,充分发挥工人阶级主力军作用》重点课题调研,积极探索上海"十二五"期间开展劳动竞赛的新领域和新途径。

(彭剑明)

立功竞赛

【上海800多个加油(气)站开展"为世博加油"立功竞赛活动】 市总工会、市经济和信息化工作党委、市经济和信息化委员会联合开展上海加油(气)站"创工人先锋号、为世博加油"立功竞赛活动。活动从2009年12月至2010年12月,分为世博会前的提升推进、世博会期间保障巩固、世博会后总结展示等3个阶段。全市800多座加油(气)站以创建工人先锋号为载体,以推进"五比五赛"活动为抓手,以班组、窗口为重点,突出增强服务技能、优化服务流程、提高服务质量、打造服务品牌,展示了系统广大职工良好的精神状态,推动实现了服务设施、服务品质、服务水平、服务环境的"四个一流"。(李　伟　黄　俭)

【市总工会即时授予上海援建都江堰工程立功竞赛先进集体和个人荣誉称号】 按照中央提出"三年重建任务、两年基本完成"的部署,在市委、市政府的领导下,广大援建干部职工牢记使命、奋力拼搏,积极投身援建工程立功竞赛活动,推动各项援建工程任务于7月底前全面竣工。为表彰在援建都江堰工程立功竞赛活动中涌现出来的先进集体和个人,上海市总工会决定:即时授予中国建筑第八工程局有限公司援建都江堰指挥部等2个集体为上海市五一劳动奖状荣誉称号,授予朱志华等8位同志为上海市五一劳动奖章荣誉称号,授予上海东华建设造价咨询有限公司都江堰灾后重建项目财务监理部等15个集体为上海市工人先锋号荣誉称号。(李　伟)

【上海职工开展"文明服务、文明观博、文明出行"上汽"世博先锋号行动"】 3月12日,迎世博倒计时50天之际,市总工会、世博局、市交通运输和港口管理局、上汽集团联合开展上海职工"文明服务、文明观博、文明出行"世博先锋号行动。市人大常委会副主任、市总工会主席陈豪,世博局党委副书记陈安杰等领导共同启动"世博先锋号行动"按钮。上汽集团率先响应市总工会"文明服务、文明观博、文明出行"主题实践活动号召,

1月20日，市总工会在百联现场经验交流会上向全市职工发起“奔向世博、冲刺100”工人先锋号行动（吴良荣）

上汽工会动员全公司职工在公车、运输车及私家车上粘贴自行设计的“文明出行世博车”贴，引领全上海市民共同文明出行；上海大众汽车为世博会特别设计、定制了3650辆出租车，并在车内增配枕靠、雨伞等服务用具，提高人性化服务水平；大众公司专门成立了上海大众世博服务保障团队。启动仪式上，上海出租汽车行业驾驶员代表宣誓，号召全市10万“的哥”共同推进文明服务。市总工会还命名出租汽车行业相关车队和大众服务保障等10个团队为上海市工人先锋号，鼓励工人先锋号集体以“一流的工作，一流的服务，一流的业绩，一流的团队”，确保世博期间运营服务保障全面到位。（李　伟）

【世博交通协调保障赛区立功竞赛取得积极成效】 世博交通协调保障赛区由市交通港口局、铁路局、机场集团、民航华东局、申通地铁集团、交运集团等单位组成。世博会运行以来，赛区各成员单位积极行动，突出重点、以点带面，以系列主题活动为抓手，充分发挥先进典型的示范引领作用，推动以“当好主力军、建功世博会，让‘工人先锋号’旗帜在上海交通港航行业高高飘扬”为主题的立功竞赛活动全面展开，并取得积极成效。各参赛单位根据竞赛工作的阶段目标和任务，结合行业特点，以各项主题活动为抓手，共保顺畅交通，共推优质服务，共筑平安世博。市交通港口局发挥工会牵头协调作用，全面开展交通港航行业世博安全运营服务立功竞赛系列活动；上海铁路局巩固“创一流、树形象，优质服务迎世博立功竞赛”活动成果，号召广大职工争当安全生产、文明服务、志愿奉献、和谐稳定的先锋；民航华东局、上海机场集团坚持“部门联手、行业联合、全员参与、重在基层”的工作思路，确保世博运行保障立功竞赛取得实效；申通地铁集团以“保畅通、促服务、树形象”为主题，以“三提高”、“三提升”、“三降低”为目标，广泛开展形式多样的轨道交通世博保畅立功竞赛活动；交运集团设立“服务世博创一流、保障世博作贡献”专项竞赛活动，确保服务世博、保障世博的任务落实到位。（武吉波　周建荣）

【世博园区立功竞赛活动助推世博会“成功、精彩、难忘”】 在世博会运行期间，市总工会、团市委、市妇联主动参与，和世博局一起组成世博园区运行保障立功竞赛组委会，动员组织园区全体办博人员以“平安和谐，优质服务”为主题，以“党政关心的重点、运行保障的难点、参观者关注的热点”为着力点，广泛开展合理化建议金点子征集、“迎高峰、战高温、保运行”专项竞赛、“三找三定”专项竞赛、创建“劳动关系和谐服务团队”，以及“奋战一个月、办博夺全胜”等立功竞赛活动，有力推动了园区运行保障各项重点工作的深入开展。据统计，全市各地区、各系统开展各种形式的主题立功竞赛共有4132项，10.7万个企事业单位、716万人参加竞赛活动，形成了全面动员、全员行动、全力以赴、全程参与的良好办博氛围。（李　伟）

【市总工会扎实推进“服务世博，奉献世博”立功竞赛评比表彰活动】 为激励广大办博人员以更高的热情参与世博会运行保障和服务工作，市总工会会同团市委和市妇联开展企事业单位人员“服务世博，奉献世博”立功竞赛的评比表彰工作。评选过程中，按照坚持党委领导、聚焦办博重点、面向一线人员、注重工作实绩的原则，共推荐评选产生了3批3309名上海世博工作优秀个人和342个上海世博工作优秀集体，以及920个上海市工人先锋号。评选出来的结果体现了覆盖面广，代表性强；重点突出，兼顾面上；面向一线，面向基层；激励先进，鼓舞斗志的特点。同时，根据市评选工作办公室会议要求，制定下发《关于组织开展区县局（集团）世博工作优秀集体和个人评比表彰工作的通知》，强调各区县局（集团）可开展本级层面的世博工作优秀集体和个人评比表彰。据统计，世博园区、浦东、黄浦、卢湾、金融等部分区县局（集团）和赛区表彰的本级世博工作优秀集体和个人共计约1.7万个。（李　伟）

【市总工会召开世博运行保障决战月誓师大会暨建交委现场会】 9月26日，市总工会召开“奋战一个月、办博夺全胜”——上海职工世博运行保障立功竞赛誓师大会暨建交委现场会，市总工会党组副书记、副主席肖堃涛，市建设交通工作党委书记许德明，市总工会副主席杜仁伟等出席会议。会议要求全市工会学习借鉴建交委组织立功竞赛的经验，聚焦世博运行各环节的重点难点问题，进一步发挥职工群众在世博运行服务保障中的主力军作用。会议要求世博运行保障七大赛区在大会后全面启动决战月专项竞赛活动，激励广大职工攻坚克难、拼搏奉献，为夺取办博工作最后胜利再创佳绩、再立新功。会上，世博交通协调保障和市政市容环保两大赛区代表分别交流发言。世博园区赛区代表、公安保卫赛区代表、浦东新区赛区代表在会上宣誓。大会向七大赛区授"奋战一个月、办博夺全胜"的赛旗。

（田福宝）

【徐汇区开展区世博运行保障立功竞赛活动】 5月28日，徐汇区召开"保平安、促运行、重服务、创一流"世博运行保障立功竞赛动员部署大会。区领导和相关委办局、各街道、镇分管领导出席会议。徐汇区专门成立区世博立功竞赛活动领导小组，成员单位由区综治办、区文明办、区总工会和区级机关党工委组成，负责协调立功竞赛活动的日常工作。竞赛活动共设五大赛区，即综治安保赛区、社区运行赛区、城区管理赛区、综合服务赛区、重点商圈赛区。为了激励全区干部群众踊跃参赛，竞赛领导小组制定世博立功竞赛评优表彰的具体办法，区财政和区总工会筹集设立了200万元世博先进专项奖励资金。在世博会运行的6个月中，每个月评选一批徐汇区世博工作先进集体、先进个人，累计表彰309个（次）集体，1402名（次）个人。

（张均敏）

【普陀区长寿社区总工会联动重点商圈窗口单位开展建功世博服务竞赛】 （1）建立世博组织机构，明确立功竞赛任务。建立立功竞赛活动组委会办公室，主要负责竞赛的方案制定、组织推进、工作交流、检查考核、表彰奖励等日常工作。（2）排摸商圈窗口单位，打造优质服务品牌。将排摸商圈的92家窗口单位全部纳入到立功竞赛范围内，采取"两书一牌"的方式，即对每一家窗口单位发放《"建功世博"倡议书》、《告社区职工书》和"微笑世博"标识牌，营造浓厚的"服务世博"氛围。此外，聘请劳模先进、市民巡访团成员、新闻媒体和基层工会职工志愿者队伍，对窗口服务情况进行明查暗访，积极打造优质服务品牌。（3）建立窗口联席会议制度，形成竞赛活动合力。积极号召落户在长寿街道但不隶属于街道直接管理的大型窗口单位参与到服务世博的志愿者队伍中来，通过联席会议，借鉴这些优秀单位的科学管理体制，打破行业阻隔，形成竞赛合力。（4）整合行业资源优势，提升行业服务能级。根据街道五大行业工会特色，开展符合窗口单位职工职业需求、世博礼仪要求的多项活动。一是开展礼仪知识学习；二是在行业内开展特色培训班；三是组织1200名职工参加大型餐饮行业迎世博知识技能培训。

（李　悦）

【普陀区建设工会开展"迎博当先锋建设立新功"主题立功竞赛活动】 普陀区建设工会紧紧围绕《普陀区迎世博加强市容环境建设和管理600天行动计划纲要》中心工作，在系统职工中广泛深入地开展以"迎博当先锋、建设立新功"为主题的迎世博600天立功竞赛活动。（1）建立八大行业联动机制。结合系统所属主要行业特点开展以市容、绿化、城管、物业、市政、建筑、房地、河道等八大行业为主的立功竞赛，并在迎世博第三、第四个100天等时间节点，先后召开以"劳动当先锋、建设立新功"、"与劳模同行、迎世博盛会"为主题的系统职工迎世博立功竞赛现场推进会。（2）健全"五比五赛"运行机制。开展以"比组织协调，赛措施有力有效；比机制创新，赛管理常态长效；比宣传发动，赛参与广度深度；比质量安全，赛要求达规达标；比任务完成，赛成果显著显效"为主要内容的"五比五赛"竞赛活动。并通过开展世博理念和世博知识的普及宣传活动，开展迎世博知识竞赛、系统职工誓师大会、劳模先进倡议等活动，形成学先进，赶先进的良好氛围。（3）完善"六进班组"活动机制。以"工作任务、阶段性工作目标进班组，职工代表巡视进班组，技能比武进班组，世博知识职工礼仪宣传进班组，岗位创新活动进班组，合理化建议征集顽症攻关进班组"为主要方式和载体，发动每位职工投入活动，形成全员参与、全体投入的竞赛局面，不断推进窗口服务水平和质量的提高。

（李　悦）

【闸北区总工会广泛开展立功竞赛，确保世博有序运营】 区总工会开展"保平安、促运行、重服务、创一流"世博运行保障立功竞赛。一是准备动员。转发世博运行保障立功竞赛相关文件，制定赛区竞赛活动方案，进行方案的交流，对活动进行具体布置和动员，从而使广大职工群众进一步统一思想，提高认识。二是组织开展。围绕上海站北广场综合交通枢纽工程与建交委联合组织开展交通设施建设立功竞赛。围绕市容管理、公厕管理、清道保洁、市容协管的提升开展以技术练兵比武、规范达标、群众满意度和争先创优为主要内容的市容环境立功竞赛；围绕城市建设、市政道路整修、道路设施建设和室外广告整治开展以提升城市形象为主要内容的立功竞赛；围绕提升窗口服务形象，诚信服务开展以"五比五赛"为主要内容的窗口服务行业立功竞赛。通过各项竞赛活

虹口区窗口单位迎世博立功竞赛建立流动红旗评比制度

（徐　洁）

动，有效推进区世博运行保障各项工作。三是检查评比。通过组织中途检查、汇报会、学习会等形式推动竞赛活动深入开展。竞赛结束后，共评选产生世博运行保障立功竞赛优秀个人150名，优秀集体40个。（倪增强）

【虹口区四川北路商业街窗口单位开展服务世博立功竞赛流动红旗评比活动】 为了更深入地引领职工群众开展服务世博、奉献世博活动，虹口区总工会响应市总工会号召，围绕服务世博、深化"五比五赛"，在四川北路商业街窗口单位开展服务世博立功竞赛流动红旗评比活动，制作流动红旗100面。各窗口单位根据企业的行业规范确定评比条件、方法、范围和流动时间。大型超市和商场由企业负责在柜组间流动，小型商店由街道负责在门店间流动。同时区总工会还制作宣传卡片5000张，在窗口单位分发，开展"十要十不要"宣传。活动期间，虹口劳模巡访团进行督查巡访，确保活动各项工作要求落到实处。（徐　浩）

【虹口区总工会表彰"奋战一个月、完胜世博会"立功竞赛先进】 9月29日，区总工会召开表彰会，对获得上海市工人先锋号、上海市"服务世博、奉献世博"立功竞赛活动第一批先进集体和个人进行表彰。区窗口单位企业示范点代表、世博先进集体和个人代表、上海市工人先锋号代表和社区街道基层工会干部近百人出席表彰会。会议总结了2010年虹口区窗口单位立功竞赛工作。四川北路社区（街道）总工会、雷允上北区药业股份有限公司四川北路店和嘉杰国际有限公司等单位交流发言。（徐　浩）

【卢湾区总工会以"三个结合"深化世博运行保障立功竞赛活动】 一是把立功竞赛与提升职工服务技能相结合。通过开展淮海路窗口服务单位"五比五赛"活动，组织开展形式多样、各具特色的技能比武活动，深化名师带徒活动等，进一步提升职工行业服务技能，有效带动淮海路商业能级提升、质量提升。二是把立功竞赛与推进平安世博建设相结合。以"安康杯"竞赛活动为抓手，针对世博会期间工地安全问题，组织职工开展群众性劳动保护工作，落实安全生产责任制。三是把立功竞赛与深化群众性精神文明创建活动相结合。按照全市"三五"集中行动要求，组织全区广大职工开展微笑服务、清扫家园、维持秩序等形式多样的文明践行活动。同时多渠道组织职工参与世博"公众参与馆"参展图片和实物的征集活动，记录卢湾区职工迎接世博、奉献世博、共享世博的精彩瞬间和美好回忆。（葛家敏）

【静安区总工会举办窗口服务行业职工迎世博倒计时100天技能展示活动】 在迎世博倒计时100天前夕，区总工会联合区迎世博600天窗口服务指挥部举办"当好主力军，建功世博会，展示新静安"静安区窗口服务行业职工迎世博倒计时100天技能展示活动。来自区窗口服务行业的职工各显绝活，梅龙镇酒家的水果雕刻、龙凤旗袍的盘钮工艺、正章洗染公司的织补熨烫技术、三阳盛的传统方包包扎和干果花篮包装、王家沙的传统特色点心制作、凯司令的蛋糕裱花表演等，受到参观者好评。另外，静安烟草公司介绍了甄别假烟假酒的知识，工商银行静安支行介绍识别真假钱币的方法与窍门，区医务系统和市西邮政局职工开展医疗保健及邮政代理业务咨询等服务。（陈章翠）

【静安商务工会服务世博"六比"劳动竞赛显成效】 静安商务工会紧扣世博主题，按照大商业的要求，联手各商业、工业集团工会组织开展"比组织力量落实、比项目建设一流、比服务环境优雅、比综合功能齐全、比服务技能过硬、比诚信体系规范"的"六比"劳动竞赛活动。竞赛期间，组织开展外国留学生学烧中国菜、城市国际百名收银员技能大赛、节日营销竞赛等活动。同时在各大商场、商店和部分餐饮企业推出"静安南京路商业服务业迎世博标准化服务首席接待"100余名，推出20位特色服务代表作为静安区微笑服务大使，并聘请10位全国及市级劳模督导商业服务业。此外，还发放特别设计制作的3万余个笑脸徽章、7000张双语手语服务提示卡、6000个宣传台牌、5万余份世博宣传单页等。在竞赛推动下，"十一"黄金周静安南京路沿线商业销售额同比增长达32.8%，商业、旅游业均列全市前茅，全区有32家商企获准为首批"真牌真品"承诺单位。（蒋玉琴）

【静安医务工会开展窗口文明服务立功竞赛】 2010年，区医务工会聚焦世博运行各个环节，通过培训考核、签约行动、规范达标、技能比武、志愿服务、争先创优、培育品牌等活动载体，深入推进立功竞赛。（1）搭建机制平台，夯实群众基础。按照"统一领导，分级实施，共同推进，集中评选"的工作原则，各级工会通过细化竞赛方案，

1月14日，嘉定区总工会举行嘉定职工"奔向世博、冲刺100"主题活动，动员广大职工为迎世博倒计时100天奋力拼搏（徐　浩）

突出竞赛重点,强化监督检查,注重表彰激励,发挥医务职工在世博运行保障和文明服务立功竞赛中的主力军作用。(2)搭建宣传平台,营造良好氛围。通过积极开展文明观博培训、举办和谐医患关系大讨论、发送世博宣传短信、举行护士礼仪展示、征集"节能减排"合理化建议、慰问园区志愿者等活动,营造浓厚的竞赛氛围。(3)搭建竞赛平台,培育服务品牌。从"品牌效应"、"内容与亮点"、"社会反响"等方面总结提炼8个服务品牌,凸显窗口服务和守护生命的"人文关爱",体现细节管理的"精益求精",实现流程优化的"便捷高效"。(4)搭建激励平台,展示工作亮点。在世博工作的每个节点,每个活动载体,都有相应的激励措施,形成争先创优的良好氛围。（张　明）

【宝山区总工会召开服务世博立功竞赛推进会】 4月27日,宝山区总工会召开宝山工会服务世博立功竞赛动员大会。会上,向首批工会系统迎世博立功竞赛先进个人和先进集体进行"服务明星"、"岗位标兵"和"工人先锋号"命名授牌仪式。2010年,宝山区总工会在医疗卫生、绿化市容、宾馆服务、餐饮行业、建筑施工、公安交警等六大行业,以"建功世博会、当好主力军、展示新风采"为主题开展立功竞赛活动。各级工会组织积极行动,动员广大职工群众广泛参与,形成全面推进、广泛动员、重点突出的良好格局。（胡立伟）

【青浦区总工会突出"三个重点"深入开展世博运行保障立功竞赛活动】 区总工会突出"三个重点",组织开展多种形式的世博运行保障立功竞赛,努力提升窗口服务能效。一是突出重点地区。在朱家角世博主题实践区开展"迎世博盛会,展古镇形象"为主题的优质服务竞赛活动,以创优美环境、优良秩序、优质服务为载体,健全窗口服务管理制度,不断改进服务手段,充实服务内容,创新服务方法,推动建立窗口行业文明优质服务的长效机制。二是突出重点商圈。在赵巷奥特莱斯品牌直销广场开展为期1年的"我在岗位我建功"迎世博立功竞赛活动,覆盖280余家商铺、近2000名一线员工。三是突出重点行业。在交运系统全体员工中开展"迎世博、保安全、争信誉"劳动竞赛,进一步强化公交行业安全生产(行车)工作,保障世博运营安全。此外,区总工会还会同区委宣传部、公安青浦分局联合开展争创青浦区"平安世博·平安卫士"主题实践活动。（马美君）

【奉贤区总工会开展"奉献世博盛会,展示主人风采"立功竞赛】 为进一步动员广大职工开展服务世博、奉献世博活动,区总工会通过组织开展世博知识宣传、文明礼仪教育、培育职业精神、岗位建功立业和美化环境等活动,使广大职工成为世博知识的传播者、文明形象的展示者、优质服务的示范者、爱岗敬业的奉献者、优美环境的守护者,形成全区职工积极投身奉献世博的良好氛围。通过竞赛,有12名职工荣获上海市"服务世博、奉献世博"立功竞赛活动优秀个人,5个班组荣获上海市"工人先锋号";2个集体和6名个人分别被市总工会评为"当好主力军,建功世博会,展示新风采"主题实践活动优秀组织奖和优秀组织者奖。另外,区总工会还评选产生"知晓世博奖、文明礼仪奖、岗位奉献奖、优质服务奖、环境优美奖"等100个先进集体。（刘传军）

【机电工会开展新型劳动竞赛取得新成果】 (1)开展"超越型"劳动竞赛。聚焦企业核心竞争力,落实国家《装备制造业调整和振兴规划》,组织职工开展"对标式"劳动竞赛。上海锅炉厂有限公司、上海汽轮机有限公司、上海电机厂有限公司等企业工会,纷纷对标世界先进企业,寻找差距,"超越"自我。通过推行导师制、课题制、项目制,搭建促进人才增长才干的培养平台;通过技能大赛、科技论文答辩赛、项目攻关揭榜,搭建促进人才脱颖而出的竞争平台;通过实施高技能人才培养模式、青年大学生培养模式和参加"李斌杯"大赛,搭建促进人才施展才华的实践平台。(2)开展"智慧型"劳动竞赛。以创新"低碳产品"为主题,开展创意创新大赛。比赛分设单项奖和综合奖。单项奖设低碳产品创意奖、创意创新实施奖、创新实施经济奖3项,综合奖设创意金奖、创意银奖、创意铜奖、创意入围奖和优秀组织奖5项。(3)开展"增效型"劳动竞赛。以"节能减排、降本增效"为主题,开展职工合理化建议活动。在活动的运行机制、评比流程、奖励制度、成果交流等方面进行积极探索,保证项目评审的整体性、公正性。（冯克华）

【上海汽轮机厂工会开展"五杯"竞赛】 一是"建设杯"。围绕企业经济发展工作主题,在建设世界级工厂进程中,解决生产上的难点、重点、关键点。二是"和谐杯"。突出工会维护职能工作,加强职工劳动保护,保护职工安全健康,消除事故隐患,维护企业

华谊集团迎世博主题立功竞赛大会表彰先进单位和个人　（陈观涛）

的改革、发展、稳定,创造和谐劳动关系。三是"三学杯"。开展提高职工素质工程工作,在创建学习型企业活动中,建立共同愿景,组织职工学技术、学知识、学科学,培育学习型班组,培养创新人才。四是"实事杯"。帮助职工排忧解难,为职工办实事,解难事,做好事,真正做到有难必帮,不让一个困难职工生活过不下去。五是"主人杯"。加强工会自身建设,加强学习,提高主人翁责任意识,充分发挥工会的桥梁与纽带作用,不断加强工会的自身建设。 (史 良)

【华谊集团化工公司工会开展创建"示范小区、示范工地"竞赛】 为深化文明办公、文明工地、文明小区建设,公司工会以"平安世博、和谐地产"为主题,继续开展创建"示范小区、示范工地"竞赛活动。公司工会编制《文明部室考核评比标准》、《文明小区考核评比标准》以及《项目公司文明工地考核评比标准》,通过经常性检查、评比和考核,着力提升公司的基础管理和文明程度,进一步推进"城市安全"和"文明共建"工作。在推进"文明共建"中,为切实提升各项物业服务和项目工地管理水准,开展对标管理,主动走出去,前往上海化工区物业管理公司、上海建工集团等单位进行对标学习交流。 (沈 杰)

【化学工会积极开展立功竞赛】 年内,化学工会向集团全体职工发出"奉献世博、岗位建功"倡议,并开展主题立功竞赛活动,与有关单位签订竞赛协议,做到主题立功竞赛组织工作早部署、重点活动早规划。主要内容为"我要安全——万名员工安全环保万里行"、"严控非计划停车,确保安稳长满优运行"、"降本增效,规范管理"、"创优争先,干部人事档案工作达标"、"万名员工降本增效立新功合理化建议"等5个配套专项竞赛和5个"三重项目"立功竞赛。经各级工会的大力组织和广大职工的积极参与,大部分项目按时间节点实现年度竞赛目标,其中收到降本增效合理化建议有4377条,经采纳实施后取得降本增效4000万元。 (鲁德翔)

上海市电力公司世博保电工作誓师大会 (方惠忠)

【市轻工业工会联合会开展"服务世博、诚信创优"立功竞赛】 上海轻工业工会联合会发挥产业工会和行业工会的组织优势,开展"服务世博、诚信创优"立功竞赛主题实践活动。活动以"诚信满意在轻工"为宗旨,以"一创"(创诚信形象)、"两优"(优质服务、优质产品)、"三比"(比产品质量、比劳动技能、比岗位贡献)为主要内容,活动得到广大行业职工的积极响应。上海老凤祥有限公司、上海太太乐食品有限公司等20余家世博会特许商品生产企业的200多个班组代表在承诺书上签名,承诺要以"质量在我心中,安全在我手中"的工作态度,为世博会提供最好的商品,塑造上海轻工产品优质、安全、诚信的新形象。 (徐俊彦)

【上海市电力公司工会积极开展"创先争优"活动】 市电力公司工会以"建功世博竞赛、弘扬劳模精神、推进班组建设、展示优秀文化"为主题,组织和动员广大员工积极投身于"创先争优"活动。一是以"创先争优"为契机,打好"战高温、保供电,建功世博"攻坚战。二是以创先争优为载体,弘扬具有时代风采的劳模精神。三是以创先争优为动力,推进"创建先进班组、争当工人先锋号"活动深入开展。四是以创先争优为平台,展示国家电网优秀企业文化的品牌。 (余传毅)

【上海电建公司工会立功竞赛成效明显】 一是树立先进典型。基层单位申报的竞赛活动先进集体和个人,经过评选树立先进典型,充分发挥典型的激励作用。二是抓好竞赛重点。组织世博保电工程建设立功竞赛活动,促进工程建设和文明施工,培养团结协作精神,顺利完成世博保电的光荣任务。三是覆盖在建工程。无论是海外或外省市工程,全部纳入竞赛活动范围,工程建设者以建设精品工程意识,塑造上海电建的优良品牌。 (张文标)

【华东送变电工程公司工会组织"世博保电"立功竞赛】 公司按照国家电网公司"举全网之力做好世博保电服务工作"的要求,成立世博保电领导小组,组建7支抢修队,制定下发《2010年世博会期间维护稳定应急预案》、《世博保电应急预案》、《主题活动实施细则》等9项制度。公司工会组织广大职工围绕世博保电项目开展立功竞赛活动,明确各自职责,建立集中统一、上下联动的指挥体系,强化突发事件处置等专项训练,确保出色完成世博保电任务。在世博保电期间,各项目共出勤181次,修复大小故障80余处。 (孙惠君)

【宝钢股份公司工会扎实有效开展跨厂际同工序指标对标劳动竞赛】 为提高公司各生产单元关键工序技术经济指标,公司在炼铁、炼钢、热轧、冷轧、厚板等五大主要工序,设定173项对标指标,组织开展“同工序指标对标劳动竞赛”。在竞赛中,各参赛单位与最优单位的指标进行对标找差,与历史最好纪录的指标进行对标找差,开展各工序间的技术和管理交流。公司工会坚持现场服务指导,每季召开推进会,并定期编发竞赛《简报》,形成互帮互学、你追我赶的浓郁氛围。指标对标竞赛取得可喜成绩,五大工序173项指标中有124项被刷新,达标率71.6%,有效地促进公司主要工序重点指标和现场管理水平的提升。

(王俊民)

【宝钢股份公司工会开展确保三峡工程供料成功劳动竞赛】 为确保宝钢硅钢向三峡工程供料一次成功,公司工会及时开展“提升取向硅钢实物质量水平,确保三峡供料一次成功”劳动竞赛。针对硅钢生产工艺复杂、难度大的特点,组织竞赛项目团队,确定9项关键竞赛指标。各参赛单位群策群力,攻克技术难题,优化生产组织,严格过程控制。在各参赛单位的共同努力下,提前一个半月完成1000吨三峡供料合同,并取得历史性突破,实现国产取向硅钢第一次成功替代高端进口取向硅钢,应用于三峡工程。

(王俊民)

【宝钢股份梅钢公司工会围绕企业中心任务开展劳动竞赛】 梅钢公司工会围绕企业中心任务,策划组织开展铁钢轧产能提升和冷轧生产爬坡劳动竞赛,制订竞赛指标体系,确立3个台阶的指标。全年4个工序4次达到第一台阶指标,16次达到第二台阶指标,22次达到第三台阶指标。在开展铁钢轧产能提升和冷轧生产爬坡劳动竞赛的同时,组织发动炼铁、炼钢、热轧、冷轧生产单元的一线管理、技术、操作员工,积极投入宝钢股份公司铁钢轧专项劳动竞赛活动,对标找差,缩小指标差距,降低炼铁、炼钢、热轧、冷轧制造成本,提升操作水平,实现梅钢同工序主要经济技术、操作维护指标不断优化提升。全年公司冷轧7个对标项目实现降本1.18亿元,完成年度目标的92%;热轧5个对标项目实现降本1.41亿元,完成年度目标的120%;炼钢工序6个对标项目实现降本7497.2万元,完成年度目标的395%;炼铁工序5个对标项目,实现降本9151万元,完成年度目标的73%。

(张斗海)

【宝钢集团梅山公司深化最佳实践者活动】 在研讨调研基础上,6月份,梅山公司制定下发《关于梅山公司深化最佳实践者活动,建设自主型员工队伍的指导意见》,提出力争在3年内建成自主型员工队伍雏形的工作目标。同时遵循“条件成熟”和“多元特色”的原则,以汽运分公司和选矿厂两家单位作为重点推进单位,形成整体推进、重点突破的推进格局。各单位结合降本增效等重点工作,通过班组成本改善、劳动竞赛、班组升级等工作载体,营造员工自主管理氛围,激发员工的意愿和能力,提升团队的整体工作水平,培育自主型团队和自主型员工。全年,各层次产生“最佳实践者”572名、“最佳实践团队”112个。

(郭树鸿)

【宝钢集团劳动竞赛取得显著成效】 宝钢以“产品经营、成本改善、环境经营、安全管理”为主题开展劳动竞赛。全公司降本增效年度总目标55.1亿元,实际完成75.6亿元,达到目标的137%。竞赛过程中,宝钢继续按照项目管理的方式落实竞赛目标,做到竞赛项目化、运行制度化、管理规范化,全公司共实施竞赛项目3840项,其中子公司级项目281项,厂部、车间级项目1514项,作业区、班组级项目2045项。竞赛活动取得巨大的经济效益,据统计,全公司职工提出合理化建议19万条,实施9.7万条,创经济效益23.3亿元;建立职工经济技术创新小组2067个,取得创新攻关成果1610项,形成专利1099件,技术秘密1678件,先进操作法189项。

(蒋晓农)

【上海石化工会开展“增收节支、建功立业”劳动竞赛】 2010年,上海石化工会精心组织开展“增收节支、建功立业”劳动竞赛。全年共有13家两级单位、7个部门、30个主要生产装置参加竞赛,其中,专项劳动竞赛9个,两级单位自主开展竞赛项目87个,参赛人数达10563人。竞赛指标平均每月达标率为86.3%,从累计完成指标看,共有91个指标达到竞赛值以上,完成比例为93.8%。

(盛立新)

【上海化学工业区工会开展“创工人先锋号、为世博加油”立功竞赛】 上海化学工业区工会从塑造化工区形象入手,从提升服务功能着力,组织动员窗口服务单位开展“创工人先锋号、为世博加油”立功竞赛活动,共有4390人次参与世博运行保障立功竞赛。各基层工会围绕创建规范、环境整洁、各具特色的要求,分别开展“迎世博、作奉献”、“降成本、提质量、增效率”、“打基础、增后劲、求发展、促和谐”等主题劳动竞赛活动。通过活动,提升各个服务窗口的服务能级和服务质量,进一步展示化工区职工队伍的新面貌。

(张 俊)

【船舶工会开展群众性经济技术创新活动】 工会围绕集团公司发展目标,开展群众性经济技术创新活动,动员组织广大职工充分发挥主力军作用,在企业“调整经济结构、转变发展方式”中创先争优。工会会同行政,组织召开年度劳动竞赛推进会,对深入开展劳动竞赛提出指导意见,作出全面部署。各基层单位结合企业生产任务,制订方案和措施。结合重点产品和关键项目,组织开展攻难关、保节点、创纪录等竞赛活动,促进造船生产任务圆满完成。工会根据集团“十二五”的新形势和新任务,把劳动竞赛与工会创先争优活动结合起来,在劳动竞赛中,动员广大职工发扬创先争优精神,发挥潜能,多做贡献。工会还注重群众性经济技术创新活动的积极开展、全面推进,指导各基层工会以岗位创新为平台,以技术创新为重点,在自主创新中创先争优。

(曹金梁)

【华虹集团工会开展世博系列主题活动】 上海世博会期间,华虹集团工会举办“岗位建功绩、文明迎世博——世博知识竞赛”和“我的世博情——卡拉OK比赛”、“印象上海,影像世博,魅力华虹”等系列主题活动。通过系列主题活动的举办,激发员工了解世博、参与世博、奉献世博的热情。

(戴宗国)

【上海铁路局工会围绕世博开展系列

活动】 一是参与组织“感受世博、奉献铁路”主题参观活动。路局工会抽调专人参与组织“感受世博、奉献铁路”主题参观活动，共组织7批、1600人参观世博会。二是开展系列世博立功竞赛活动。春运期间，组织开展“和谐铁路、平安春运”迎世博立功竞赛活动；5月份，开展“创一流、树形象、优质服务迎世博立功竞赛”活动；全年开展“迎世博，超千亿，创精品”建设强局竞赛活动。另外，路局工会还开展“走进高铁时代”的全局客运职工职业技能风采大赛以及“优质服务、文明观博”世博知识竞赛，并在全局女职工中开展“宣传世博、服务世博、文明观博”读书活动。（白　杰）

【中国海运员工积极为上海世博会作贡献】 世博会期间，中国海运一手抓世博电煤运输，专门抽调20艘（2万吨级）货轮、367艘次安全优质高效运输，确保世博会在5月至10月举办期间，保证每个月200万吨电煤供应需求；一手抓世博安保，4月20日—11月15日，选派315名平安志愿者参加虹口区提篮桥地区近7个月的世博公交站点驻守值勤，另外还招募357名志愿者组成19支志愿服务队，在双休日早晚交通高峰时段到市区和浦东地区的主要路口、地铁站内外及公交车站扶老携幼，帮助维持交通秩序，积极参与地区群众性防控工作。（顾惠根）

【中海上海海运合资旅游船“金灿灿”号获世博创优游船称号】 世博会闭幕后，上海海运合资公司浦江旅游船“金灿灿”号获得上海世博局颁发的“世博创优游船”的称号。“金灿灿”号被上海世博局指定为浦江游览船，是上海世博会期间一个服务窗口。在184天的世博会服务期间，“金灿灿”号游船船员全身心投入，积极开展“创文明行业，建满意窗口”、“迎世博五比五赛”活动，以游客满意为服务第一标准，在服务中处处体现上海形象，涌现出许多感人事迹，没有出现任何差错和投诉，出色完成世博局要求的各项任务。（黄淑媚）

【中海中石化燃供工会开展比学赶帮超劳动竞赛】 公司工会以“拼抢市场，争创效益，强化管理，安全稳定”为主题，大力开展比学赶帮超劳动竞赛。竞赛内容分为油品和物资两大块。油品板块竞赛项目为成品油经营量、燃料油经营量、保税油经营量、终端量、利润等各项当月和累计进度完成情况为指标；物资板块的竞赛项目为润滑油经营总量及长城牌润滑油经营量、船供物资销售量、利润等各项当月和累计进度完成情况为指标。公司工会按照“讲过程，重结果”的原则，对各参赛单位进行考评，对荣获各项“年度经营业绩先进单位”和“年度销售能手”称号的集体和个人给予奖励。（张　玮）

上海虹桥站“迎十一、接沪杭、奉献世博、再战八十天”主题活动启动（吕建华）

【上海港口物流有限公司工会开展以“保世博、促发展、转方式、创新优”为主题的立功竞赛】 参加竞赛活动的职工（包括外来务工人员）有4825人次。竞赛主要有3个活动内容：一是“迎世博、保稳定、创和谐”活动；二是“诚信是金、服务贴心”服务承诺活动；三是“我的精益化管理金点子”征集活动，以及“找隐患、反违章、防事故”合理化建议活动。通过开展劳动竞赛，组织职工优化资源配置，降低生产成本，实现节能减排目标取得明显效果。（许金普）

【长江轮船突出安全重点开展世博运行保障立功竞赛】 长江轮船公司在世博期间开展“保平安、促运行、重服务、创一流”世博运行保障立功竞赛活动。竞赛中突出安全重点，要求“赛安全稳定责任落实、赛全员发动深度、赛基层现场零事故、赛劳动关系建设和谐”，达到平安世博的“双百日”工作目标。竞赛期间公司工会干部经常深入参赛单位，了解竞赛开展情况并加强指导，同时把一些单位好的做法和经验推广到其他参赛单位，提升各参赛单位的服务水平和安全管理水平。（邵申祥）

【闽南船厂“二创二保”劳动竞赛助推企业发展】 闽南船厂工会大力开展以“创信誉、创品牌、保安全、保目标”为主题的“二创二保”劳动竞赛，助推企业发展。一是围绕安全年目标，突出比安全生产。二是以控本增效为主题，深化比科学管理。三是以重点工程为依托，强化比又好又快。四是以创建“品牌总管班子”为载体，推进品牌建设。五是以“四强”（强管理、强质量、强形象、强技能）引领，突出比技术创新。（黄铁明）

【上海邮政工会开展服务世博、奉献世博立功竞赛】 公司工会紧贴上海邮政世博工作大局，分阶段、有重点组织各级工会组织广泛开展立功竞赛活动，先后制定下发《关于开展上海邮政员工迎世博服务立功竞赛活动的通知》、《关于开展上海市邮政公司迎世博“五比五赛”立功竞赛活动的通知》、《关于开展上海市邮政公司“保平安、促运行、重服务、创一流”世博

上海建设交通职工世博运行保障立功竞赛誓师大会举行　（汪建然）

运行保障立功竞赛活动的通知》等，明确各项竞赛的指导思想、竞赛范围、阶段性竞赛目标、任务和竞赛要求，并注重在各基层单位广泛进行宣传发动，形成竞赛氛围。公司各级工会结合各自承担的保障任务，制定竞赛方案，落实竞赛措施，使竞赛活动蓬勃开展。通过竞赛，有1家集体获全国"工人先锋号"称号；15人获"服务世博、奉献世博"立功竞赛上海世博工作先进个人称号，2家集体获"服务世博、奉献世博"立功竞赛上海世博工作先进集体称号；5家集体获上海市"工人先锋号"称号。　（蔡俊皓）

【移动工会扎实开展劳动竞赛】 2010年是中国移动推进TD－SCDMA发展的关键一年，为此上海公司于4月起开展了系列劳动竞赛。一是按条线选择竞赛项目、划分竞赛队伍，实现前后台联动；二是以各类竞赛项目的任务完成进度和排名为评比基本依据，将劳动竞赛考核和奖励的兑现形式从"年度"缩短为"季度"，进一步激发大家的竞赛热情；三是竞赛指标与公司主体KPI项目紧密结合，选择年度重点、难点任务为竞赛项目，以物质和精神双重奖励激励全体员工；四是促进非专业单位员工了解公司业务、了解市场，增加客户接触点；五是通过各条线的流程穿越，增强服务基层意识，协同作战，形成合力。　（隋　奕）

【上海电信工会劳动竞赛注重"三个三"并举】 2010年，上海电信工会围绕中心，组织开展9项劳动竞赛，竞赛注重"三个三"并举。(1)"三种精神"激励引导。用攻坚克难的拼搏精神，激发员工参加主题竞赛；用齐心协力的团队精神，激发员工真情投入；用勇担重任的奉献精神，激发员工融入"世博服务保障攻坚战"竞赛。(2)在公司后端、前端、服务"三条战线"同步推进"无线网优技能竞赛"、"营业员玩转3G销售技能竞赛"和"创优杯行业应用销售技能竞赛"。(3)"三项举措"保障有力。一是加强统筹兼顾、建立协调机制；二是培养选拔新典型、树立发展新标杆；三是注重宣传造声势、加强交流促提高、慰问关怀到一线、落实资金重奖励。　（朱东亚）

【上海电信多举措服务世博有实效】 在上海世博会举办之际，上海电信为世博会提供多举措服务，取得实效。一是建立世博"全业务、全方位、全天候"服务保障运行体系，覆盖从"构筑保障组织体系"、"提供世博精品服务"、"实时全程监控调度"到"动态优化持续改进"各个关键环节，全面满足世博会信息服务要求。二是提高世博服务效率，针对外地游客补卡需求率先建立"跨域服务"工作机制，确保每一位游客在沪通信不中断。三是满足世博服务需求，推出手机应急充电、通信录复制、双语手语服务等12项便民服务举措，满足世博各类客户需求，免费为近百万人次用户提供应急充电服务。四是提升世博服务标准，提出世博"四个百分百"服务承诺。园区外宽带安装、维修履约100%，园区内通信设施完好率100%，全业务安装、维修履约率100%，客户服务满意率100%。世博园区内4个现场服务点每天从8:30至24:00为用户提供全方位信息服务。在世博园区内外营业厅及10000号现场设立VIP用户投诉绿色通道，建立投诉紧急处理流程。五是增强世博服务能力。962010、10000、114三大服务热线共有4000余名话务员、3000多个席位，话务接续能力达50万次/天以上。世博官方热线962010可提供12种外语服务和7×24小时服务，10000热线支撑园区内外所有营业厅的双语及业务需求，114热线与市残联及962010世博官方热线合作，推出世博视频手语服务，仅园区内就为6000多人次提供服务。　（朱东亚）

【中交三航局二公司将立功竞赛活动向海外工程延伸】 中交三航局二公司工会积极寻求创新，将立功竞赛活动向海外工程延伸，取得良好效果。印尼公主港电厂海工工程是中交三航二公司首次与总包上海电气合作在海外施工的首个项目。面对工程所面临的种种难点，中交三航二公司工会把在国内开展的立功竞赛活动带到了国外，每两三天组织一次专题会，及时调整下沉工艺，优化施工方案，科学合理施工。通过长达82天连续24小时的艰苦作业，第一个工程难点、沉井下沉顺利到位，为后续结构施工打开有利局面。　（黄书展）

【中交三航局有限公司工会召开重点工程立功竞赛方案发布会】 为进一步推进和深化立功竞赛活动，推动公司优质高效完成2010年重点工程建设任务，3月24日，中交三航局有限公司工会组织召开2010年度重点工程立功竞赛方案发布会。会上，全局13个单位分别就2010年度重点工程规划在会上交流发布。各单位结合自身发展特点，使竞赛形式和竞赛内容多样。有二公司的"围绕世博再立新功、八个竞赛活动"、船舶公司的"六深入、六确保"活动、兴安基公司的"争创双优"、"阶段式"竞赛等。公司还表彰了2009年度局重点工程立功竞赛“五杯五赛”的优胜单位。

（黄书展）

【中交三航二公司以竞赛推动工程创精品】 中交三航二公司在开展重点工程立功竞赛活动中，突出“科技兴企”主题，积极开展“科技创新、全面质量管理工作”及“优秀质量管理者”两大竞赛，动员和引导员工积极投身到科技创新竞赛活动中，确保每项工程创出精品。一是积极开展“精细化、标准化”管理活动。公司将大东和常熟项目部作为“精细化、标准化”示范基地，以确保工程项目精细化、标准化管理取得明显效果。二是强化创优工程管理。除了坚持常态管理外，每季度对创优工程进行过程检查。三是坚持开展全面质量管理活动。组织以QC小组为平台的职工群众性技术创新活动，公司所属项目部全部成立QC小组。

（周澄寰）

【上海海事局工会开展世博水上安保立功竞赛】 3月初，海事局工会启动开展“当好主力军，建功世博会”水上安保立功竞赛活动，上海地区17个基层单位工会积极参加，全体海事职工为营造世博会良好的水上游览环境奋力拼搏。竞赛期间，局工会分别开展“我为世博水上安保献一计”合理化建议活动，1000多名职工踊跃参加，共提交648条，采纳392条，实施354条。局世博办事处向上海世博局提供10条建议，受到上海世博局的通报表扬。其中针对游客急于进园拥堵在船舱口出现的不安全情况而提交的《注重对轮渡、游艇船乘客加强乘船宣传》合理化建议，在世博局“我为世博运行献一计”金点子评比中获奖。另外，局和基层两级工会组织开展各种形式的世博水上安全管控知识竞赛活动，进一步提高安全管控水平。竞赛中，各级工会注重树立先进，发挥典型引领作用，洋山港海事处采用行政相对人投票的形式，评选出“迎世博窗口服务大使”和“迎世博文明执法大使”；宝山海事处、上海航标处开展“世博之星”评比，表彰世博水上安保工作中涌现的“世博之星”。

（朱卫平）

【锦江航运工会以劳动竞赛推动实现“一流船舶、一流服务、一流管理”】 锦江航运工会结合公司实际，紧紧围绕公司安全生产经营，在职工中开展劳动竞赛，推动实现“一流船舶、一流服务、一流管理”。其中，锦诚公司工会结合公司服务理念，开展以“塑形象、促发展—真诚服务百日”为主题的劳动竞赛活动；锦昶公司工会就“服务反思，推进服务技能不断提高”的主题开展劳动竞赛；锦亿公司工会围绕“实现零投诉”竞赛目标开展竞赛；锦浦公司工会就“船舶伙食供应使船员满意”的主题开展竞赛。竞赛的广泛开展，使公司系统对外窗口服务的质量和水平有了提高。

（田　冰）

【上海民航系统召开世博运行保障立功竞赛推进会】 9月14日，民航华东管理局、华东空管局、东航集团公司、上海机场集团公司、国航上海分公司、南航上海基地、中航油华东公司、吉祥航空公司等单位在华东管理局召开“保安全、促运行、重服务、创一流”世博运行保障立功竞赛推进会，进一步总结经验，表彰世博运行保障进程中的先进典型，深化立功竞赛，组织动员上海民航职工为夺取办博最后胜利再接再厉。会上，上海机场集团工会交流前阶段开展世博运行保障立功竞赛活动情况，民航华东管理局工会对进一步深入推进民航上海地区世博运行保障立功竞赛活动提出要求。会议表彰了“上海世博交通保障先锋”、“服务世博、奉献世博”优秀个人和集体、上海市工人先锋号集体代表。

（陆敏峰）

【长江口航道管理局召开维护疏浚工程立功竞赛推进会】 7月14日，长江口航道管理局召开“长江口三期维护疏浚工程立功竞赛推进会”。会上，宣读维护疏浚工程竞赛方案和竞赛倡议书，各分赛区代表纷纷响应发言。会后举行了长江口航道工程《河口生态航道》宣传片首映式。长江口赛区2010年竞赛分12.5米航道冲刺赛和12.5米水深航道试通航维护疏浚赛。竞赛以“全年保水深，岗位创优作贡献”为主题，以“两保两研究一延伸”为目标，即保航道水深，三期航道维护，确保12.5米水深通航率达95%；保航道畅通，施工作业无重大安全责任事故；“航道回淤规律研究、维护施工工艺研究”取得较大进展；年底前，深水航道延伸到太仓，为黄金水道作贡献。

（施继建）

【长江隧桥公司崇启通道（上海段）召开劳动竞赛总结表彰大会】 7月9日，上海长江隧桥建设发展有限公司崇启通道（上海段）“百日挥汗战滩涂，优质高效保堆载”劳动竞赛总结表彰大会召开。会上，由各参建单位和总监办代表总结“百日挥汗战滩涂，优质高效保堆载”劳动竞赛中的做法和经验，并就如何继续保持优质

长江口航道管理局召开维护疏浚工程立功竞赛推进会　（施继建）

高效抓好工地劳动竞赛和质量安全管理提出意见和建议。公司行政领导对竞赛工作作总结，并提出竞赛要求。会议表彰了竞赛中涌现的6个先进集体、12个先进个人。 （张　洁）

【上海举行援建工程立功竞赛总结表彰大会】 7月31日，上海在都江堰市举行援建工程立功竞赛总结表彰大会，上海市对口支援都江堰市灾后重建指挥部总指挥薛潮、市建设交通工作党委书记许德明和市文明办、市建设交通委员会、市工青妇组织领导以及都江堰市方面的领导出席会议，援建立功竞赛组委会成员单位的领导、援建单位代表也参加会议，会议表彰了338个先进集体和先进个人。经过1万多名上海援建者的两年拼搏，至2010年9月，上海全面完成援建任务。已交付工程竣工验收合格率为100%，已有26个援建项目获四川省“天府杯”、6个项目获上海市“白玉兰”奖，8个项目获上海市工程优秀设计一等奖。 （钱　蓉）

【市政设施管理行业召开世博保障运行立功竞赛中途推进会】 8月11日，2010年度市政设施管理行业世博保障运行立功竞赛中途推进会召开，市市管处、各区县管理署、高架养护公司、成基市政公司等20家单位参加会议。市政设施管理行业于5月11日下达了在全行业开展世博运行保障立功竞赛活动的实施意见。3个月来，各参赛单位紧紧围绕“保平安、促运行、重服务、创一流”的竞赛主题，体现“见人见物见精神”的活动宗旨，以实现世博184天的设施保障为活动目标，积极做好设施维护工作，确保设施安全、完好、整洁。会上，高架养护公司、嘉定区管理署、虹口区管理署、黄浦区管理署和城市快速路监控中心的代表交流竞赛工作开展经验。 （华　昱）

【苏州河桥梁整治工程立功竞赛活动圆满完成】 苏州河桥梁整治工程是迎世博600天整治行动五大战役之一。自苏州河桥梁整治工程立功竞赛活动开展以来，各单位结合实际开展卓有成效的工作。立功竞赛活动在竞赛内容上对设计单位、施工单位、监理单位等进行区分，主要以生产安全、工程质量、文明措施、科技创新、现场服务等项目为抓手，通过文明施工检查、中途评比、最终验收等形式对参赛对象进行考核。通过竞赛，鼓舞和激励，调动了参与整治工程的各方人员的积极性和创造性，确保苏州河桥梁整治工程在安全第一、质量优先的前提下顺利完成，达到“整旧如初”的既定目标。 （华　昱）

【建工工会深化立功竞赛活动确保世博工程圆满建成】 在世博工程建设最后冲刺的决胜阶段，集团工会围绕集团制定的“发挥集团整体优势，集中优势力量，解决关键问题，牢牢掌控节奏，确保工程建设冲刺阶段步伐不乱”的施工要求，针对工程建设中的难点、重点项目，开展“速度创先进、质量创精品、安全创佳绩、文明创优化、科技创成果”为主要内容的“精品杯”立功竞赛活动。在竞赛中，坚持突出重点项目，强化目标责任；突出过程推进，强化检查讲评；突出即时表彰，强化示范引领的工作要求，不断激发广大职工的劳动热情和创造活力。集团广大职工发扬不怕疲劳、连续作战的精神，夜以继日，攻坚克难，为确保集团承担的包括“一轴四馆”、城市最佳实践区、道路绿化等在内的占园区80%的工程建设任务和虹桥综合交通枢纽、外滩综合改造、闵浦大桥、辰山植物园等世博配套工程建设任务的圆满完成作出积极贡献。 （杨钟春）

【建工工会组织窗口单位开展“优质服务奉献世博”竞赛】 世博期间，集团工会与集团党办、行政办一起有针对性地组织建工锦江大酒店、建工出租汽车、上海野生动物园、上海建工医院等6家窗口服务单位开展优质服务竞赛。通过定期检查、定期讲评、定期交流，有效促进集团窗口服务单位服务管理水平的提高和员工技能素质的提升，为服务世博作出应有的贡献，受到行业主管部门的好评。 （杨钟春）

【市交通港口局工会开展“世博交通保畅先锋”立功竞赛】 为保障世博期间交通顺畅，市交通港口局工会牵头成立上海铁路局、上海机场集团、申通集团、交运集团、东方航空公司等单位工会参赛的市世博交通协调保障赛区，开展争当“上海世博交通保畅先锋”立功竞赛活动。竞赛活动引导激励交通系统广大从业人员以昂扬振奋的精神状态、饱满忘我的工作热情、一丝不苟的工作态度投入到世博交通保障工作中去，出色完成184天世博交通保障任务。 （周建荣）

【城投总公司工会广泛开展世博运行保障专项立功竞赛】 城投总公司工会围绕世博会期间总公司承担的供水服务、排水防汛、环卫服务、隧道养护等4项主要世博运行保障任务，动员各相关运营企业服务世博大局，组织近4000名直接服务世博的职工开展

建工集团世博运行保障工作暨世博先锋行动总结表彰大会举行
（缪云明）

"保供水、美环境、促防汛、优服务"世博运行保障立功竞赛活动,形成"目标明确、重点突出,全员参与、内外联动"的竞赛格局。竞赛活动成效明显,确保公司世博运行保障任务的顺利完成。(茅瑞喆)

【市绿化和市容局工会组织开展市政市容环保立功竞赛】 为兑现"整洁、有序、美观、平稳"世博环境保障的承诺,实现"成功、精彩、难忘"的办博目标,市绿化和市容局工会在市总工会和市建交委工会的领导下,牵头水务、环保、住房、邮政、电力、气象、城投、燃气、市管、公路、城建热线、城建发展信息研究中心等单位,在世博期间联合开展市政市容环保立功竞赛活动,在凝聚职工、服务保障世博中发挥积极作用。(张慧萍)

【百联集团工会组织职工为世博建功立业】 百联集团在世博园区内有19个零售网点、2个物业管理项目和1770名职工。世博期间,集团工会及时在园区内成立工会组织,并开展立功竞赛活动,职工义务加班超过3000人次;200多条合理化建议涉及营运管理、物流配送、服务营销等方面。184天中,园区内的职工创造了2.63亿元的销售业绩,并收到来电来信表扬120多次,被新闻媒体采访报道20多次。(姜　杰)

【水产集团组织职工参与世博、奉献世博】 世博期间,水产集团工会在世博窗口服务单位营销中心、东方国际、菱海公司、物资公司、科技管理学校中,开展"五比五赛"活动。营销中心、菱海公司作为世博会水产品指定供应商,将安全、质量落实到竞赛活动的各个环节,为集团赢得了信誉;东方国际在200多家商铺中开展"诚信经营户"评选活动,大力提升商铺文明经营理念,为规范、和谐、稳定市场发展打下坚实基础;科技管理学校的志愿者,用热情与真诚为游客服务,认真负责地做好中国馆的制冷设备维护和保养。(汤宝龙)

【光明食品集团工会团结引领职工为保增长、扩内需、调结构作贡献】 围绕企业开源节流、节能减排的经营目标,光明食品集团工会通过形式多样的群众性建功立业实践活动,进一步凝聚职工群众的智慧和力量,团结引领职工投身保增长、扩内需、调结构的主战场。深入推进"我为节能减排作贡献"专项劳动竞赛,并通过技术比武、职业技能大赛,发动和组织职工为企业发展增强技能和节能减排作贡献。工会会同宣传部、团委组织职工围绕集团新三年战略规划,开展"我为实现规划献一计"群众性"金点子"征集活动,其中有许多合理化建议被行政采纳实施,为企业提升自主创新能力、增强市场竞争力和解决发展中的瓶颈问题等起到积极作用。(桑树德)

【市民政局工会广泛开展"服务世博、奉献世博"立功竞赛】 市民政局工会广泛发动各级基层工会,抓住上海举办世博会的契机,在广大职工群众中开展富有特色的"服务世博、奉献世博"立功竞赛活动。局直属单位开展"立足本职、奉献世博、提升民政"创先争优立功竞赛活动,社会养老单位开展"参与世博、文明先行,展示形象、岗位先锋"劳动竞赛,窗口服务单位开展"立足岗位,展示窗口,服务世博,提升民政"立功竞赛,军供双拥单位开展"真情服务讲奉献,保障世博展风采"竞赛活动,殡葬中心系统开展"世博园找灵感,金点子献飞思"金点子征集活动。各单位还组织职工参与世博应急志愿无偿献血、世博接待服务和世博志愿者服务等活动,涌现出一大批参与世博、服务世博的先进集体和个人。(胡积伟)

【锦江国际工会组织职工开展"创一流、树形象、优质服务迎世博"立功竞赛】 集团工会以抓培训、抓竞赛、抓关心职工生活为工作重点,广泛深入开展"创一流、树形象、优质服务迎世博"立功竞赛活动。一是迎接世博抓培训。开展职工岗位业务技能、服务质量培训达18万人次,有力提升了集团职工队伍的整体素质。二是保障世博抓竞赛。各级工会以形式多样的劳动竞赛为抓手,组织广大职工参加世博服务保障工作。共有2524个班组,5.4万名职工参加竞赛,形成全面动员、全员参与、全力推进的良好局面,打造一批充分展示锦江国际形象的服务品牌和服务标杆。三是服务世博抓关心。集团工会拨款86万元,用于关心在世博园内一线工作的职工生活。(张祥伟)

【市经济和信息化工作系统工会深入开展世博主题实践活动】 为深入推进"当好主力军、建功世博会、展示新风采"主题实践活动,结合市经信工作系统实际,经信系统工会以经信党建网为平台,6—10月,组织开展"精彩世博—我们的故事"主题活动。(1)开展征集"我们的故事"、"感受世博"摄影比赛活动。通过活动,将劳模和先进典型人物的事迹深入企业、

城建集团推进大型居住社区建设立功竞赛 (朱　强)

车间、工地、班组，大力弘扬劳模精神。活动共收到征文80余篇，照片近700张。（2）开展以“与世博同行、为世博添彩”为主题的世博企业行活动。制作近百块图文并茂、丰富多彩的世博知识展板，在系统各直属单位展示，为宣传世博知识，营造良好氛围作出贡献。（3）开展“世博身边行”活动。组织2万名职工参与“文明观博”培训。同时，举办“世博网上行”职工世博知识网上竞赛，共有20多万职工踊跃参与。（黄　俭）

【绿地集团工会立功竞赛促发展】 绿地集团工会立功竞赛活动紧密结合集团发展战略和绿地文化建设，以“当好主力军、建功世博会、展示新风采”为主题，以建优质项目、树绿地品牌、塑企业形象为目标，促进企业的快速发展。在2010年度上海市重大工程实事立功竞赛表彰大会和住宅建设实事立功竞赛活动评选表彰中，绿地集团连续16年获得市重大工程实事立功竞赛优秀公司，1个单位获市重大工程实事立功竞赛优秀集体；2个单位获市住宅建设先进公司，4个单位获市住宅建设先进集体。另有21名个人获市级和市住宅建设功臣、个人记功和优秀组织者称号。（王　慧）

技能培训、比武

【上海市职业技能竞赛成果显著】 由市总工会、市人保局等共同举办的2010年上海市职业技能竞赛，取得了显著成果。（1）市级一类竞赛。组织维修电工等14个职业的市级一类竞赛，共1425人报名参赛，涉及各单位近220家，其中高校11家、控股集团公司10家、18个区县。通过竞赛，991人获得相应职业资格证书。市级一类竞赛的主要特点是参与面较大，职工占到参赛选手总数的近90%，外来人员的比例超过三分之一。（2）市级二类竞赛。共有38家单位组织区域、行业、单位内的职业技能竞赛活动，共申报项目数311个，其中二级项目8个，三级项目121个，四级项目182个。20649人参加与职业资格等级证书相衔接的职业技能竞赛活动，参与人数比2009年增加25%。（3）其它竞赛。2010年，上海还组织25名选手参加第四届全国数控技能大赛。年末配合市教委相关部门，启动第四届星光计划中等职业学校学生技能竞赛，16个大类58个竞赛项目中，有38个竞赛项目与国家职业资格证书衔接。（田福宝）

【浦东新区举行职业技能比武】 10月28日，由浦东新区总工会、浦东新区人力资源和社会保障局、教育局、团委、妇联等五单位联合主办，浦东新区公路管理署、绿化管理署、浦东新区工惠职工培训中心联合承办的“2010浦东新区职业技能比武竞赛（绿化工中级）专场活动”正式举行。此次比武竞赛以“围绕服务产业促进就业、围绕岗位建功服务世博”为主题，营造全区争学技能、比拼技能、尊重技能人才的社会氛围。来自浦东新区绿化行业20家企业的84名职工选手（其中50%为农民工），按市职业技能鉴定标准参加绿化中级工等级的植物识别、植物病虫害识别、花灌木修剪等8个项目比赛，竞赛成绩合格者将获得上海市国家职业资格绿化工中级专业证书，获得竞赛前10名次的选手将晋级获得绿化工高级专业证书。另外，2010年浦东新区总工会还举办“金桥出口加工区首届职业技能（电工、钳工）大比武”活动，来自金桥开发区34个非公经济企业的145名选手参赛。（陈建林　周伟文）

【普陀区商务工会深化名师带徒活动】 普陀区商务工会立足系统实践，以商务系统职工优秀人才发展促进会为平台，扎实开展“名师带徒”活动，加快职工成才步伐，为经济增长、企业发展提供人才支撑。商务工会下发《关于开展“名师带徒”活动的实施意见》，并会同各集团公司工会，牵线搭桥促成各行业13对师徒结对带教。为了规范师徒带教活动，除签约外，商务工会还制订一套具体的考核和奖励办法，要求结对成功的师徒各自订出教学规划和落实措施。（李　悦）

【闸北区总工会广泛开展技能竞赛】 区总工会先后与闸北区建交委联合开展以“宣传新政、公平操作、维护稳定”为重点的旧区改造动拆迁立功竞赛，着重提高拆迁工作人员掌握政策水平和动迁协商能力；与大宁资产有限公司联合开展招商引资立功竞赛，着重提高招商人员谈判技巧；为应对世博期间环卫汽修压力，与闸北区绿化市容局联合举办汽车维修工技能竞赛，着重提高汽车维修技能。主要做法：一是加强组织领导。制订活动计划，通过宣传发动激发职工参与热情。二是丰富活动形式。采用技术比武、岗位练兵、合理化建议等多种活动形式，切实提高职工参与度。三是表彰先进典型。对于竞赛活动中涌现出的先进个人和优秀经验及时召开总结大会进行表彰、宣传，如在汽车维修技能竞赛中有32名职工获得中级资格证书，区总工会对在这次竞赛中取得优异成绩的6名职工授予了“闸北区职工技术能手”称号。（倪增强）

【虹口区总工会与区有关部门联手认真抓好职工技能竞赛】 6月9日，区总工会与区人力资源和社会保障局、区迎世博600天行动窗口服务指挥部办公室、团区委等单位联手在南湖职校举行虹口区2009年职业技能竞赛总结暨2010年职业技能竞赛启动仪式，对2009年职业技能竞赛中35个获得名次的个人以及24家获得优秀组织奖的单位进行表彰，同时对2010年区技能竞赛工作进行部署。2010年虹口区职业技能竞赛，突出“服务世博、提升技能、促进就业”主题，围绕“调结构、促转变”和虹口产业发展“一区一街一圈”建设的功能定位，设置6个高级竞赛项目和15个职业17个工种的中级竞赛项目。在项目的选择上，既有体现传统技能的维修电工、建筑物清洁保养工等，又有符合现代需求的调酒师、插花员项目，涵盖旅游服务、商贸服务、会展服务等10个行业。（徐　洁）

【益民公司工会为职工岗位成才搭建舞台】 益民商业股份有限公司注重提升职工素质，积极推进职工技能练兵比武，全面加强公司员工队伍建设。2010年，公司工会组织所属6个子公司开展职工职业技能竞赛活动，近400余名职工参赛。24名从基层技能竞赛中脱颖而出的选手，参加内衣设计图样绘制、黄金珠宝饰品销售鉴别、照相器材销售、厨房切配及烹饪、电工技术及床品销售等6个项目的决赛。另外,公司工会还启动"店长工程"系列培训工作计划,40多名骨干员工参加首期2010益民商业店长综合能力培训班。 (吴 怡)

【宝山区总工会举办市容职工服务世博大比武活动】 6月10日,宝山区总工会联合区绿化市容局举办"争当服务明星,争做岗位标兵,争创先锋号"宝山环卫职工服务世博大比武活动。市容局下属7家环卫作业公司的43名选手分别参加道路人工清扫保洁和公厕保洁两个竞赛项目。经过角逐,东晨公司参赛队、月罗公司参赛队、张庙公司参赛队分获道路人工清扫保洁团体一、二、三名;张庙公司参赛队、大场公司参赛队、海淞公司参赛队分获公厕保洁团体一、二、三名。另有12名选手分获两个项目的一、二、三等奖。 (胡立伟)

【宝山区总工会举行餐饮行业职工技能大赛】 3月30日,宝山工会迎世博立功竞赛活动之一的宝山区餐饮行业职工技能大赛正式举行。这次技能竞赛设置冷盘、餐饮服务两个竞赛项目,全区较大规模的13家餐饮企业的200名员工参赛,共评出一、二、三等奖及优秀奖共28名。 (胡立伟)

【闵行区总工会开展各具特色技术比武竞赛活动】 区总工会以"服务世博、提升技能、展示风采、岗位建功"为主题,深入开展各具特色的技术比武竞赛活动,引导广大职工立足岗位,提升技能,做服务世博的主力军。古美路社区(街道)总工会开展"服务世博客人,展示特色厨艺"技能比武,来自龙茗路十尚坊的12家餐馆举行特色菜肴厨艺大比拼活动;区建交委工会举行"与世博同行、强职工技能"人行道铺设技能比赛,全区10个市政协会员单位的40余名选手参加比赛;区医务工会举办疾病预防控制能力竞赛、急救技能竞赛、社区卫生服务HER知识与技能、英语服务能力竞赛等活动。全年全区12个地区和行业共开展近30个不同项目的技术比武竞赛活动,参与职工4200名,不断营造争学技术、比拼技能、服务世博的良好氛围。 (俞龙祥)

【嘉定区举行第五届职业技能竞赛】 10月16日、17日、24日,嘉定区第五届职业技能竞赛应会决赛在上海大众工业学校、上海科学技术职业学院、燕子酒家和市职业技能鉴定中心4个赛场如期举行,来自全区的777名各类技能选手参加竞赛与表演。嘉定区第五届职业技能竞赛由嘉定区总工会和区残联具体组织实施,由区劳动局、教育局等部门共同推进。竞赛活动以"服务世博、提升技能、促进就业"为主题,展现嘉定区高技能、高技术人才的精神风貌。这次竞赛设维修电工(中高级)、钳工(中级)、数控车工(高级)、数控铣工(高级)等16个项目,各竞赛项目成绩与职业资格鉴定相挂钩,调动了参赛职工的积极性。 (徐 浩)

宝山区迎世博立功竞赛之一的餐饮行业迎世博餐厅服务和冷盘拼摆技能比赛 (胡立伟)

【金山区级机关工会开展岗位练兵、技能比武活动】 金山区级机关工会以"当好主力军,建功世博会、展示新风采"为主题,扎实开展岗位练兵、建功立业活动。其中广播电台与610办联合举行电视防插播、调频抗干扰的技术演练;旅游局咨询中心熟悉并掌握金山区内的主要旅游景点、门票价格、交通线路、联系电话等,成为不折不扣的"问不倒"金山旅游通;民防办开展现场巡查、测试,重点查处各民防工程消防、防汛、危险品存放等存在的隐患;人口计生委开展避孕药具服务专项督查活动;税务局开展"税徽为世博添彩"办税服务厅优质服务技能竞赛;法院精心组织书记员开展听打和看打速录技能岗位竞赛活动;区府办安保中心、体育局等多家单位举办消防灭火比赛活动。各基层工会都以积极的姿态、优质的服务、过硬的技能,为平安世博和服务发展作贡献。 (庄冬梅)

【金山区建设交通委工会开展各类技术大练兵】 一是市政演练。为提高市政设施突发事件的应急处置能力,金山区市政系统组织开展市政道路修复、道路清障及下水道排水受堵排险应急演练。锦石市政建设养护有限公司还和金山区石化卫生服务中心联合进行"服务进社区及H2S中毒事故"预案演练活动。二是海事演练。为更好地在危急时刻能迅速处置海上突发事件,区地方海事处采取"教会一个,考核一个"的方法,确保每名海事人员都能熟练应用各类应急设施,锻炼出一批关键时刻"拉得出、打得响、信得过"的海事精兵。三是汽修行业技术大比武。为推动区汽修行业服务技能的进一步提高,区运管署举行金山区汽修行业大比武,受到行业职工的欢迎。 (陈坚勇)

奉贤区航星公司举办消防竞赛（姜林新）

【金山区医务工会举办迎世博现场急救技能比赛】 4月28日，由金山区医务工会主办的迎世博现场急救技能比赛在金山医院示教中心举行。参加此次技能比赛的单位共有来自全区卫生系统的15家基层医疗机构，参赛队员45名。比赛内容包括心肺复苏操作和止血包扎技术2个项目，首次采用医护结合的方式，由评委对各参赛队的实际操作进行现场打分。经过角逐，众仁老年护理医院荣获比赛一等奖；金山医院、中心医院荣获二等奖；精神卫生中心、朱泾镇社区卫生服务中心和吕巷镇社区卫生服务中心荣获三等奖。（许雪军）

【张堰镇开展非公企业技能比武活动】 为进一步提高非公企业员工的生产技能，10月19日，张堰镇总工会、镇综合工作党委和镇商会联合开展服装行业技能比武活动。此次技能比武包括平车、双针、拷克和制版4个项目。经过角逐，嘉乐公司荣获团体一等奖，山岛公司和迪芙伦公司荣获团体二等奖，春潮公司、大为公司和缨茂莱公司荣获团体三等奖。

（殷雪昌）

【青浦区举办"服务世博、提升技能、促进就业"职业技能竞赛】 为推进职工职业培训，提高职工职业技能素质，青浦区总工会会同区人力资源和社会保障局开展以"服务世博、提升技能、促进就业"为主题的职工职业技能竞赛活动。活动共设电工、多媒体制作、中式烹调和西式面点师4个项目，共有来自各镇、街道的174名职工参加。通过先培训后竞赛的方式，有81人获得中级职称、32人获得高级职称、1人获得技师职称。

（马美君）

【崇明县开展职业技能竞赛】 为加快培养选拔适合崇明区域经济发展需要的各类优秀人才，9月20日，由崇明县总工会、县人力资源和社会保障局、团县委和县教育局联合举办的"崇明2009年职业技能竞赛表彰暨2010年技能竞赛活动"开幕。这次崇明县职业技能竞赛活动共有维修电工（高级/三级）、高级多媒体作品制作员（高级/三级）、2个市级竞赛项目和餐厅服务员（中级/四级）、绿化工（中级/四级）等6个县级竞赛项目。开幕式结束后，来自全县近200名参赛者分别在县劳动就业培训中心、上海市工程技术管理学校和上海市交通学校进行各项目的比赛。（易建军）

【上海机电工会举行"李斌杯"技能大赛决赛】 由上海电气（集团）总公司和机电工会组织开展的2010年上海电气"李斌杯"职工技能大赛决赛于8月28日在上海电气李斌技师学院、上海锅炉厂等5个赛场同时举行，由64家单位选派1052名职工分别参加了16个工种29个技术等级的比赛。其中通用工种7个、IT项目4个、行业特有工种3个、管理类项目1个，工种设置顺应了集团产业发展和科技创新需要。通过竞赛，有61名职工晋升为技师，169名职工晋升为高级工，132名职工晋升为中级工。（朱汉民）

【亚明公司开展特殊工种技能培训】 上海亚明灯泡厂有限公司按照集团新战略要求，将职工技能培训、技能竞赛摆在突出位置，组织员工开展技能培训，为公司未来发展做好人才储备。3月，公司开设真空电子器件装配工技能培训，51名员工顺利通过考试，取得技术等级证书。真空电子器件装配工属于照明行业的特殊工种，针对该工种存在职业资格认证空白的现实，从2009年4月起，亚明公司与劳动部门、电子信息学院共同组织题库开发、技术等级认证等，并根据工种特点设计考核标准。通过技能培训，为提升员工技能等级开辟了绿色通道。

（顾　文）

【仪电物业工会深入开展技能比武和星级管理活动】 上海仪电物业管理顾问有限公司工会结合星级管理活动，深入推进职工素质工程，激励职工创新和提高技能。一是开展"保安全促稳定，我为平安世博做贡献"立功竞赛活动。广大员工立足岗位，努力保障安全、维护社会稳定，用实际行动支持世博、奉献世博。二是举行维修人员技能比武、知识竞赛大会，有6个分工会组织维修人员参加，并取得成绩。（吴依本）

【仪电工会落实奖励措施提高职工技能】 为贯彻落实仪电集团第三届科技大会以科技创新引领仪电发展的精神，制定下发《关于深化职工技术创新活动，加强技能人才队伍建设的意见》，鼓励仪电系统职工通过各种途径提升科技创新能力，表彰激励各类职工技术人才。为此，仪电系统在电子仪器仪表装调工技师、高级、电子设备装接工、维修电子工等4个专业技能岗位上组织开展技能培训和竞赛。通过技能培训和竞赛，并经上海市职业技能鉴定中心竞赛办公室审核，参加技能竞赛的职工中有54人达到国家职业资格四级（中级）标准，有11人达到国家职业资格三级（高级）标

准，有19人达到国家职业资格二级（技师）标准。按照《意见》规定，仪电工会实施奖励升级职工经费合计7.6万元。（生 青）

【双钱集团公司工会开展厂际技术比武活动】 8月27日、28日，由双钱集团公司工会组织的下属3个单位成型岗位操作技能比武活动在重庆公司举行。载重、如皋、重庆公司为这次技能比武大赛作了精心准备，经过前期近两个月的苦练和比武选拔出的27名优秀选手，进行2天的角逐，最终载重公司囊括团体前三名，重庆公司陶中华等18名选手分获个人一、二、三等奖。通过比武活动，增进了3厂优秀技术工人之间的相互了解，在厂与厂之间营造了“比、学、赶、帮、超”的良好氛围。年内，获得奖项的18名选手均破格获得技术等级的提升。（张雪莲）

【上药集团举办职工技能竞赛】 12月28日，上药集团职工技能大赛决赛暨颁奖仪式在上海市医药学校举行。这次职工技能大赛由上药集团、上海医药、医药工会和团委联合主办，设有8个项目，分别为药物制剂工（分设固体和液体），化学合成工、药物分析工的中级、高级以及技师3个等级，集团下属6家制药企业的338人报名参赛，80位进入决赛的选手参与8个竞赛项目的最后角逐，48人分获各项名次，创下大赛项目和参赛人数的历年之最。（李晨海）

上药集团举办2010年技能大赛（王贤征）

【上海电建公司工会以技能竞赛培养高素质技能人才】 为适应电力建设发展的需要，不断提升职工的业务能力和综合素质，电建公司工会组织焊接、起重和电气二次线安装技能竞赛。为使竞赛取得更好效果，竞赛从三方面作了规定。一是充分体现竞赛的促进作用。为了在职工中形成学习技能的良好氛围，要求基层单位必须普遍组织开展技能比武，在此基础上选拔优秀选手参加竞赛。二是充分体现竞赛的激励作用。为了培养更多高素质技能人才的“新人”，规定往年技能竞赛获得名次的选手不再参加竞赛，以鼓励“新人”在竞赛中充分展示技能。三是充分体现竞赛的竞技作用。为使选手在竞赛中能够取得优秀成绩，组织参赛选手集中进行强化培训，为参赛选手提供相互交流、学习和提高的平台。（张文标）

【宝钢发展有限公司工会开展万人技能比武练兵活动】 宝钢发展有限公司工会以“岗位大练兵、技术大培训、素质大提升”为主题，开展各层次、各工种、各阶段的“发展杯”万名职工大练兵、大比武活动。各级工会组织赛前培训、赛中跟踪、赛后评价，共开展练兵比武活动99次，参与职工8336人次。一钢运输公司精心组织一场别具一格、声势浩大的“发展杯”万名职工大练兵、大比武活动开幕式；材料公司积极承办集团渣处理工决赛项目，并包揽了集团大比武前六名；冷轧作业管理部、工厂维护部、工贸公司、五钢物流公司等单位邀请技能鉴定站或培训部老师作为评委，全程协调考题、落实监考、组织阅卷等，营造了公平、公正、和谐的比赛氛围；热轧作业管理部早部署、早动员、早练习，90%以上的职工参加技术大练兵活动。（陈青宏）

【宝钢股份梅钢公司技能练兵操作比赛取得良好效果】 梅钢公司工会以“岗位大练兵、技术大培训、素质大提升”为主题，开展了12个项目、836人参加的公司级员工技能比赛。其中，冷轧轧钢工等7个项目参加宝钢股份公司选拔赛和集团大赛。在股份公司选拔赛中，梅钢选手获得14个名次；在宝钢集团大赛中，梅钢选手获得冷轧轧钢工第二名，热轧轧钢工第二、三名，转炉炼钢工第二名，连铸工第一名，炼铁工第二名，机械点检工第四名，维修电工第一、二、四、五名，共11个名次。另外，炼钢工、维修电工2个项目参加全国行业大赛，维修电工王玉兴获得第十三名，被授予“全国钢铁行业技术能手”称号。在技能“大练兵、大培训、大提升”活动中，各单位（部室）、车间、作业区开展练兵比武项目239项、6899人次参加，晋升初级工70人、中级工79人、高级工122人、技师6人。同时产生和完善作业标准350个，形成标准化作业文件241个；形成专利33件、技术秘密80件，总结先进操作法95项。（张斗海）

【宝钢集团梅山公司技能比赛成绩显著】 2010年，宝钢集团梅山公司工会共组织开展11个项目的岗位技能练兵和竞赛活动，公司各车间、作业区开展79个竞赛项目，涉及岗位工种69个，4025人次参加。公司工会组织汽车驾驶员、电焊工、机械点检工、维修电工等32名员工参加宝钢第四届职工技能大赛，取得了大型货车驾驶个人前三名的好成绩；选送1名汽车驾驶员参加“武钢杯”第五届全国钢铁行业职业技能竞赛，获得第十六名的好成绩，并获得“全国钢铁行业技能能手”的荣誉称号；推荐5个优秀明项目参加全国发明展,获得2银2铜;推荐7个项目参加上海市第二十三届优秀发明选拔赛,获得一金一铜;开展先进操作法评选活动,基层共申报25项操作法,经评审,16项被命名为梅山公司先进操作法。 （郭树鸿）

【宝钢举办第四届职工技能大赛】 2010年宝钢举办第四届职工技能大赛。决赛共有12个工种,451名职工参加,获奖44人,同时被授予"宝钢集团有限公司岗位能手"称号。这届大赛共有35位选手破格晋升为技师,132位选手获得高级工职业资格证书。在集团开展技能大赛的同时,各单位也紧密结合岗位需求,设立各层次比赛工种670项次,其中各子公司设立公司级比赛工种144项次,分厂级比赛工种315项次、作业区级比赛工种211项次。全集团共有35110人次职工参加各层次的岗位练兵和技能大赛,其中参加各子公司级比赛的有5313人次,参加分厂级比赛的有16059人次,参加作业区、班组级比赛的有13738人次。 （蒋晓农）

【上海石化工会积极组织开展职工技能竞赛】 上海石化工会围绕"需、练、赛"要求,抓好"立项申请、项目审定、组织落实、评选表彰"4个环节,组织开展公司、两级单位、装置3个层面的职业技能竞赛活动。共举办公司级技能竞赛8项、两级单位竞赛66项,共有5606人参加,涌现20名公司技术能手、46名两级单位技术能手。另外,在参加集团公司制氢和乙烯装置操作工技能竞赛中,公司1名员工获得银奖,2名员工获得铜奖。 （盛立新）

【烟草工会围绕中心工作开展三项技能竞赛】 2010年烟草工会坚持围绕集团争创"优秀工厂"和推进"五个上水平"主题,组织开展"卷烟营销、烟机维修、烟叶分级"三项技能竞赛。为确保竞赛计划落实,工会认真抓好宣传发动,加强与有关部门协调,全力做好服务保障,确保三项技能竞赛活动有效落实。另外,在参加行业首届卷烟商品营销职业技能竞赛中,选派的6名职工中有2位分别取得总分第三名和第四名的佳绩,并获得"全国烟草技术能手"称号;在集团举办的第二届"双喜杯"烟机设备维修职业技能竞赛中,公司有4名职工获"上海烟草技术能手"称号,2名职工被推荐为"全国烟草技术能手"。 （江洪生）

【交运集团组织开展13项应急预案演练】 为确保2010年上海世博会办得成功、精彩、难忘,运输工会会同集团安保部、600办,在迎世博过程中以安全、服务工作为演练重点,以实施操作应急预案为基本要求,组织开展"仓库火灾应急预案实战演练"、"异常气候或异常状态下大客流滞留应急处置预案实战演练"等13项迎世博演练、暗访活动。活动中,一是注重预案完善。根据实际,制定切实可行的应急预案,尽可能完善应急预案内容,使应急预案具有可操作性。二是注重职工培训。通过教育培训,增强职工对企业安全、服务工作重要性的认识,明确各自在实施应急预案中所承担的责任,提高对应急预案的了解程度和对突发事件应急处置的能力。三是注重演练实效。在演练活动中,岗位操作职责分明,每个环节都显示了预案的准确性、操作的有效性、组织的严密性。在每项演练和暗访活动中,运输工会都委派职工代表观察员全程观摩参与,并以观察员的角度撰写报告,反馈被检单位,报告集团领导,改进演练成效。 （吴　明）

上海烟草储运公司烟叶分级技能竞赛 （马日盛）

【交运集团广泛开展职工技能比赛活动】 2010年,交运职工技能操作比赛活动,经过6个多月紧张激烈的角逐,圆满完成了会计电算化、计算机操作、酒店服务、货运车修理等12项比赛。整个比赛活动呈现3个特点。(1)各级工会积极宣传,技能比赛氛围浓厚。各单位依托工会的组织宣传优势,利用企业报、宣传栏、工前会等进行发动,广泛开展各类预赛和初赛,集团上下营造了学技术、比技能、展技艺的良好氛围。(2)精心设计比赛项目,技能比赛内容宽广。全年开展的12项比赛项目,主体工种明确,覆盖三大板块,生产应用性广、专业性强,贴近生产、贴近职工。同时各项比赛注重理论与实践相结合,不但考核选手的专业理论水平,更突出实战操作。(3)注重激励长效机制,技能比赛效果凸显。各项比赛继续实行前三名给予工资薪酬激励机制的奖励。据统计,集团共有320名选手参加决赛,其中有57名选手在比赛中脱颖而出,获得工资晋级。 （王　勤）

【上海电信开展"平稳通畅在窗口"集中行动】 世博期间,上海电信工会配合行政组织开展"平稳通畅在窗口"集中行动。通过营业厅实际演练应急服务预案,消除服务窗口的安全隐患,做好各类应急处置准备,为广大市民和中外宾客提供优质、规范、高效、便捷的标准化服务。一是根据事先制定的服务应急预案,实地演练客流突发、系统和网络故障等紧急突发事件的应对处理，使服务人员做到处变不惊，及时排除险情，迅速恢复正常服务秩序。同时，在营业厅开展安全大检查，确保营业厅零风险。二是启动世博服务监督热线38212010的保障机制。7×24小时专人负责应接；设立热线备用平台，确保现行平台一旦遇故障或瘫痪可立即转换至备用平台，保持服务不间断；加强对客户代表业务技能和世博知识的培训，提升热线服务品质。三是组织志愿者奔赴全市9000多个公话亭，全面落实保洁工作，对公话亭内外环境和电话终端进行清洁和消毒。四是在19个主要营业厅设立"电信服务接待点"，派出"微笑服务大使"、劳模专家和世博志愿者现场为用户提供业务咨询、宽带维修等特色服务。并在现场发放满意度调查问卷，征询用户的意见和建议，以进一步提升服务质量。 （朱东亚）

【中交三航局有限公司工会组织开展第十四届职工技术操作运动会】 10月20日，中交三航局有限公司第十四届职工技术操作运动会顺利闭幕。为参加技术操作运动会，各单位广泛发动组织职工，开展各层次的技术练兵活动，推动群众性的技术比武深入发展。参加比武的选手以青年职工为主，其中有4位女职工。这届职工技术操作运动会历时2天，共吸引局有限公司下属9家单位的63名职工参加。技术操作运动会分为船舶机工、工程试验、工程测量（含GPS）等3个项目。通过角逐，来自船舶公司的陶春华、宁波分公司的戴凯、三公司的蔡文武分获3个项目的第一名。

（黄书展）

【上海洋山港海事处为职工搭建多种技能提升平台】 洋山港海事处工会根据职工不同岗位需求，积极搭建岗位技能提升平台。（1）制订周密的船员技术比武活动计划，组织船舶驾驶、轮机操作、水手工艺等多个大项船员技术比武活动，全体船员包括外聘工全部参加，岗位技能不断提高。（2）针对新进大学生增多的实际情况，实施青年大学生与业务骨干结对传帮带活动，全年有6名青年职工与船长、工程师结对。（3）创造"双月考"全员学习方法，即单月对全处16个班组布置业务知识、时事政治等学习内容，双月以书面答卷形式考核学习效果，形成全员参与学习氛围。 （朱卫平）

【民航机场候机楼服务技能大赛在沪举行】 10月18—22日，2010年民航机场候机楼服务技能大赛在上海举行。广东机场、四川机场、云南机场、新疆机场、沈阳机场、大连机场、青岛机场、杭州机场及上海浦东机场、虹桥机场等全国10个机场30名选手参赛。此次技能大赛，围绕体现"建设民航强国，提升机场服务"的宗旨，首次将候机楼服务技能竞赛作为一个全国性的比赛，吸引全国各机场的服务明星参赛。大赛强调候机楼服务的技术性，又具备较高的观赏性，体现候机楼服务工作的特色，展示候机楼服务人员优良的精神风貌。

（陆敏峰）

【浦江桥隧公司举行运营收费岗位操作技能比赛】 4月8日，浦江桥隧公司举行主题为"服务世博、建功世博"的运营收费岗位操作技能比赛。比赛包括运营收费和双语问答两大项目。高速公司所属东南郊环分公司、南环分公司、嘉金分公司以及东海大桥运营收费岗位的多支队伍，共40名员工参加这次比赛。经过角逐，东南郊环公司沈洁华获得收费项目一等奖，东海大桥公司黄晓燕获得双语项目一等奖。 （章　晟）

【市交通港口局工会举行世博专用停车场消防及转场应急演练】 8月19日，市交通港口局工会和世博交通协调保障组运输保障调度中心在世博龙华东路临时停车场举行"世博专用停车场消防及转场应急演练"。通过演练，实战检验消防应急处置预案、车辆转场停放预案的可执行性和多方联动效能，以充分保障世博专用停车场的运营安全。 （周建荣）

【市交通港口局工会为动迁居民参观世博会提供出租车送达服务】 4月24日，市交通港口局工会组织世博出租汽车电调应急服务演练暨为世博动迁居民服务活动，共调集大众、强生、巴士、锦江、海博等五大出租汽车企业和世博车队70辆世博出租车来到闵行世博家园，为居住在这里的264位世博动迁居民参观世博会提供一次免费送达服务，并以此拉开出租汽车行业"平安杯"世博安全服务立功竞赛的帷幕。 （周建荣）

【市金融工会开展员工职业技能鉴定】 （1）构建职责清晰的工作平台，明确资源整合的工作定位。组成高技能金融人才培养的工作机构，接受市人保局相关职能部门的业务指导，按照市场化的管理理念，加强鉴定工作的组织领导、质量监督和检查评估。（2）建立保障机制，完善管理办法。通过理顺工作关系和考培关系，建立了内外衔接、考培分离的保障机制。

世博专用停车场消防及转场应急演练 （杨松敏）

先后制定下发《金融专业技术认证项目培训机构管理办法》,确保培训工作的规范性。同时,针对职业技能鉴定工作,形成职业技能鉴定项目开发机制,建立联席会议制度,组建108人的考评员队伍,完善鉴定考核的过程管理和质量控制,强化标准,健全程序,加强对实际动手能力的考核。依靠金融各行业同业公会和有条件开展培训的单位共同开展考前培训。(3)开展多种竞赛活动,提高员工技能水平。运用竞赛载体,有力地推动职业技能鉴定工作,市金融工会承办2009年上海市职业技能"银行柜员"竞赛,17家中资银行22472名银行柜员参加,有2123名员工获得"银行柜员"(四级/中级)等级证书,其中263名员工获得"银行柜员"(三级/高级)等级证书,成为全国首批"银行柜员"高技能人才。2010年举办上海金融"银线连世博,服务建新功"竞赛活动,10家银行报考人员有628人,512人获得金融银行客服四级/中级等级证书。世博期间各商业银行通过加强服务细节管理和现场无缝管理,提高电话银行服务供给能力。20家银行的平均电话接通率达98.5%,一次接通率达96.5%,一声铃响接听率达96%,促进了窗口服务质量提高。 (章轶楠)

【上海市税务工会举行办税服务厅操作技能竞赛】 9月25日,"税徽为世博添彩"——上海市税务系统办税服务厅操作技能竞赛在市税务干部学校落下帷幕。来自全市各区县税务局及市税务二、三分局的21支代表队共210多名选手参加竞赛。经过一天的比赛,评选出浦东、静安、闸北、金山、黄浦、杨浦、普陀、虹口、长宁、奉贤等为"上海市税务系统2010年办税服务厅操作技能竞赛十佳示范单位"称号,侯黎黎等为"上海市税务系统2010年办税服务厅操作技能竞赛十佳示范标兵"称号。 (臧 韬)

【市医务工会举办现场急救技能比赛】 4月1日,在世博会倒计时30天之际,市医务工会在市职工医学院举办"上海市卫生系统迎世博现场急救技能比赛",旨在检阅世博会医疗保障实力。来自全市47家各级医疗单位的141名医务人员参加比赛。在"迎世博600天行动"活动中,全市卫生系统共组织上万名医务工作者参与迎世博急救技能演练,提高医务人员的现场急救技能水平。 (吴嘉民)

新闻出版工会举办2010印刷行业职工技能竞赛 (陈宏华)

【新闻出版工会提升上海印刷行业职工技术能级】 新闻出版工会配合出版局相关职能部门,举办印刷行业技能竞赛活动。从6月初到12月底,竞赛活动分为培训、考核和竞赛3个阶段。具体设"平版印刷工"、"平装混合工"、"印前制作员"、"平版制版工"和"印品整饰工"5个工种。其中"平装混合工"、"印品整饰工"为国家职业资格四级(中级),"平版印刷工"、"印前制作员"、"平版制版工"为国家职业资格三级(高级)。来自国企、合资、民营等46家印刷企业以及学校的348名选手报名参加。根据竞赛规定,参加竞赛通过应知应会考核并成绩合格者,在获得相应职业的国家职业资格证书的同时,还可享受政府补贴以及取得直接申报高一等级的国家职业资格。参加竞赛的348名选手经过严格的培训、考核和竞赛,179名选手晋升高级工,5名选手晋升技师。 (陈宏华)

【市民政局所属殡葬服务中心工会举办"最亮服务窗口擂台比武"】 3月19日,市民政局所属殡葬服务中心工会第三届"最亮服务窗口擂台比武"正式启动,中心下属9个单位的21个窗口参加。整个活动得到各参赛单位职工的积极响应,不仅内容丰富,还表现出鲜明的行业特色。龙华殡仪馆女子化妆组以全国劳模张宏伟为榜样,提出创建"劳模集体"的目标;宝兴殡仪馆服务组以"梦天使"为参赛品牌,推出"大家来找茬"的服务质量监督新举措;滨海古园设计部提出了"管家式"服务理念,体现出VIP接待水准;益善殡仪馆炉化组的"火梧桐"竞赛活动加强了炉化队伍的建设,规范了操作流程,提高了火化工作的规范服务水平。 (林丽萍)

【市级机关工会开展烹饪技能竞赛】 4月18日,市级机关工会举行以"服务世博、提升技能、展示风采"为主题的烹饪技能竞赛,来自市级机关系统和浦东、卢湾、闵行、金山、奉贤、青浦等区县机关的23个机关食堂、餐厅的104位烹饪人员参加竞赛。竞赛分团体组和专业个人组、业余个人组进行。经专业评委严格评选,分别评出最佳口味奖、最佳色彩组合奖、最佳营养组合奖、最佳技能奖、最佳特色奖和最佳创意奖等,6套评选出的职工最喜爱套餐将在世博期间在各机关食堂推出。82位参赛者通过竞赛和考核晋升了技术等级。 (王强鹰)

【城建集团第一市政举办测量员岗位技能培训】 为提高公司测量人员的技能水平,城建集团第一市政开展测量员岗位技能培训活动,各基层单位测量员40余人参加学习。培训期间,公司专家就工地常用测量仪器，施工测量的操作步骤、要求和注意事项，测量工作的保证措施，测量和复测的工作职责，以及高程和平面坐标的计算等方面的问题进行讲解，并对学员进行了模拟测试。（俞福君）

合理化建议

【徐汇区总工会开展“我为服务世博献一计”合理化建议征集活动】 为调动广大职工参与服务世博的积极性，为世博的成功举办奉献聪明才智，徐汇区总工会于1—5月在全区开展“我为服务世博献一计”合理化建议征集活动。这项活动得到各级工会和广大职工群众的响应，共征集到合理化建议1080条。经评审，《高架色彩识别系统的建立》等30条合理化建议被评为“优秀世博金点子”，教育工会等7家单位获得优秀组织单位奖。（舒小爱）

【奉贤区总工会开展“奉献世博”农民工金点子征集竞赛活动】 年内，为了进一步增强来奉建设者的主人翁意识，引导来奉建设者积极参与世博、奉献世博，围绕平安世博建设、技术创新改造、节能减排、和谐企业创建等方面课题，区总工会组织农民工会员开展“奉献世博”农民工金点子征集竞赛活动。经基层工会的宣传发动，全区共征集到合理化建议175个。通过评审，60条合理化建议被评为“金点子”。区总工会组织获得“金点子”奖的农民工参观世博园。（刘传军）

【机电工会围绕“节能减排、降本增效”开展职工合理化建议活动】 2010年，机电工会与股份公司工会以“节能减排、降本增效”为主题，共同开展合理化建议活动。在各基层企业的积极参与下，共有33家企业申报了73项建议项目。经评审，上海电机厂有限公司柯益昌的《风电线圈剪头采用液压新技术》荣获一等奖，上海汽轮机厂刘波的《妙改工具，降本增效》和上海锅炉厂有限公司赵黎明的《超超临界锅炉T23新材料小口径管子焊接裂纹控制》分获二等奖，上海电器陶瓷厂有限公司李福荣的《改进烧结工艺，降低能耗提高产量》、上海开通数控有限公司宋果的《伺服驱动器控制板智能检测技术》、上海日立电器有限公司黄双的《空调压缩机G系列装配线，降低上壳盖损耗》以及上海电气液压气动有限公司胡强传的《提高大型零件两端孔同轴度的方法》分获三等奖。（杨健康）

【宝钢股份梅钢公司职工合理化建议成果显著】 2010年，梅钢公司大力开展职工合理化建议活动，职工共提出合理化建议23168条，采纳24062条（其中部分是2009年转至2010年的合理化建议），实施24241条（含2009年已采纳但未实施，转入2010年一并实施）；创经济效益14665.76万元，人均2.92万元。同时，从合理化建议中产生成果1197项，形成技术秘密108件、专利59件、发明专利11件。（张斗海）

奉贤区南桥镇农民工金点子颁奖仪式（刘传军）

【上海卷烟厂金点子奖评审突出“三性”原则】 2010年，上海卷烟厂职工合理化建议中，有17条被评审为“金点子奖”项目。厂工会在开展“金点子奖”评审时坚持体现“三性”原则：一是“金点子”的群众性。厂工会通过开展职工合理化建议活动，筛选出一批有转化实施价值的建议列入工厂的攻关课题，引导广大职工群众广泛参与。二是“金点子”的实效性。要求立足于岗位，着眼于工厂发展，关注卷烟产品市场营销、企业生产管理和经济效益提高，引导广大职工超前思考可能影响卷烟产品质量问题的因素，提出预见防患措施。三是“金点子”的针对性。采取自下而上评审与专家组评审相结合的公开透明的方法流程，使产生的合理化建议和评审出的“金点子”，紧扣解决生产或管理中存在的实际问题，针对性更强，既为促进成果转化打下良好基础，也为加快实现“优秀卷烟工厂”建设目标起到助推作用。（张洪宇）

【烟机公司工会建立职工合理化建议信息平台】 2010年，上海烟机公司工会建立并应用信息化平台，进一步深化推进职工合理化建议活动。为此，专门成立由公司、分厂（部门）、班组组成的三级职工合理化建议领导管理网络，制订建议实施流程和“三级”工作职责。其中，公司层面主要负责组织推进，批准年度经费预算，制定活动实施流程，定期动员部署和评审；分厂（部门）重点负责建议的征集、初审和推荐报送等事宜；班组则主要负责宣传和实施。另外，还按照“工会组织、行政推进、员工主体”的原则，确立了“网上创建、统一平台、分级管理、专家评定”工作机制，在公司网站平台上形成统一运行、查询便捷、分级管理、逐级审核的格局，有效提高了建议处理的时效性。（孙荣征）

【上海移动公司开展“推进增值业务产品质量提升大会战”金点子和合理化建议征集活动】 为全力推进“中

国移动增值业务产品质量提升大会战”,提高增值业务产品质量,上海移动公司工会牵头相关专业部门开展“推进增值业务产品质量提升大会战”金点子和合理化建议征集活动。在为期3个月的活动中,共收到7899条建议,覆盖单位100%,员工参与率超过了97.72%,并从中产生了有价值的十大金点子。（隋 奕）

【中远集运工会开展“降成本、促效益、谋发展”金点子征集活动】 为深入推进群众性创新实践活动,2010年初,中远集运工会制订“金点子”活动方案,进一步明确“金点子”活动的内容和范围、工作程序、奖励办法等规范性要求。同时结合公司提出要打赢效益攻坚战的要求,把2010年“金点子”活动征集的主题确定为“降成本、促效益、谋发展”。活动得到了各单位、各部门、各船舶领导的高度重视,各级工会把“金点子”活动摆上全年工作的重要议事日程,切实融入单位的中心工作。全年,中远集运工会共收到各单位报送的“金点子”建议343份,内容主要包括市场营销、成本控制、信息系统、技术管理等4个方面。经过评审,评出“金点子”金奖2个、银奖6个、铜奖12个、鼓励奖24个和优秀组织奖5个,发放奖金17万元。这些合理化建议,已有多项成果运用到实际工作中,取得了明显效益。与此同时,编发《智慧集——中远集运“金点子”小故事集锦》,集中反映一线职工在平凡岗位上的降本增效实例。（钱 华）

【春锦轮开展奉献世博“金点子”活动】 锦江航运春锦轮围绕上海世博会,开展职工奉献世博“金点子”活动。职工提出的金点子涵盖以下方面内容:一是以“优秀员工”为楷模,积极工作,在岗位上做标兵、社会上做楷模;二是积极参加社区举办的各种“奉献世博”活动;三是确保世博会期间做好船舶安保、反恐和维稳工作;四是世博会期间,每位员工要为船舶、社区至少做一件好事;五是公休船员放弃休息时间,积极参与到道路和地铁志愿者等活动中;六是公休船员努力以一流形象,倡导文明、宣传文明、引领文明;七是公休船员参加社区执勤巡逻,了解社情民意,协助做好群众工作,维护社会和谐稳定。（田 冰）

【机场集团职工献计献策确保机场运行更安全】 根据集团公司紧急部署安全生产大检查工作的要求,上海机场集团工会在8—9月份开展“让上海机场运行更安全”全员献计献策活动。这次活动以班组为单位,发动职工结合岗位工作特点,查找安全运行及安全管理上的薄弱环节和可能存在的安全隐患。经统计,共有604个班组参加活动,献计献策375条,并从中择优推荐上报优秀建议164条,建议采纳率达到了43.7%。（鲁荣胜）

【市建设交通工会开展“我为城市建设管理献一计”金点子征集活动】 8月至11月,市建设交通工会在所属工会职工中广泛开展“观世博、学精髓、促转型、谋发展——我为城市建设管理献一计”金点子征集活动。活动围绕“城市,让生活更美好”的主题,着眼于“世博后”这篇大文章,广泛征集在观博、学博,加强上海城市建设和管理等方面的意见和建议。广大职工积极响应,共征集到“金点子”350多条。经评选,共评出金点子3条、银点子5条、好点子10条。（钱 蓉）

【城投总公司工会“金点子”活动有成效】 城投总公司工会把“金点子”征集评比活动作为开展群众性科技创新活动、深化职工素质工程的重要载体,为广大职工营造岗位学习、岗位成才、岗位创新、岗位奉献的良好氛围,初步形成了“层级化、系统化、程序化、长效化”工作机制,在企业降本增效、节能减排工作中发挥了积极作用。各级工会紧密结合工作实际,围绕节能减排、设备改造、精细化管理、重大工程建设、世博运行等各个方面征集合理化建议,并组织对金点子项目实施情况进行监督管理和跟踪评估。通过开展“金点子”活动,进一步拓宽职工技术推广和成果转化的领域和途径,使“金点子”活动成为职工实现自我价值、共享发展成果、直接服务企业科学发展和增强企业核心竞争力的平台。（茅瑞喆）

【市体育局开展“迎世博、树标兵”窗口服务合理化建议活动】 市体育局工会开展“迎世博、树标兵”窗口服务合理化建议活动,自3月份启动以来,得到局系统广大干部职工的响应。广大干部职工紧紧围绕提升窗口服务主题,结合自身工作实际,就相关工作的改进、完善、创新提出了合理化建议。这些建议切合实际,具有很强的可操作性。局工会从这些合理化建议中整理、筛选,评选出“窗口服务合理化建议优秀奖”12个,并积极推荐给相关部门采用。（乐俊平）

【光明食品集团工会重视发挥职工顾问团成员作用】 光明食品集团工会召开职工顾问团座谈会,来自基层不

市殡葬服务中心评选表彰“世博园找灵感金点子”（林丽萍）

同行业和岗位的15位顾问团成员，在调查研究基础上，对各自建言献策的内容作了精心准备，既关心思考各自单位的发展和民生利益，又对集团战略规划、品牌提升、内部产业链资源共享、人才队伍建设以及员工培训和生活改善等问题予以积极关注。集团党委书记、董事长王宗南到会听取了来自一线顾问团成员的建议，并与大家进行交流。会后，集团工会就顾问团成员提出的建议和意见，及时会同总部有关部室进行整理、采纳实施，并将结果反馈给顾问团成员。（桑树德）

【市民政局所属殡葬服务中心工会开展“世博园找灵感，金点子献飞思”合理化建议征集活动】 市民政局所属殡葬服务中心工会根据局工会2010年开展合理化建议征集活动的要求，在世博召开期间，开展“世博园找灵感，金点子献飞思”合理化建议征集评选活动。活动受到各基层单位职工的欢迎并踊跃参加，收到金点子130多条，内容涵盖殡葬中心提升服务、改进管理、完善设施设备、加强企业文化建设、提高客户满意程度、树立企业良好形象等多个方面内容，充分体现了民政职工为殡葬事业攻坚克难、转型发展的智慧和创造力。（胡积伟）

科技创新成果

【市总工会等三部门共同启动“上海市创新型企业”评选工作】 为全面落实《国家技术创新工程上海市试点方案》，市总工会会同市科委、市国资委，在创新示范企业试点工作的基础上，制定《关于推进上海市创新型企业建设的工作方案》，并于6月启动2010年度“上海市创新型企业”评选工作。在三部门的共同努力和推动下，共有1015家企业申报“上海市创新型企业”，其中，通过网络审核、提交书面材料且符合评选要求的企业有647家。在对申请企业的创新投入、创新产出、创新体系建设、创新文化建设等指标（与工会相关的指标包括：对员工开展创新激励的制度建设情况、采纳员工合理化建设的制度建设情况、对技能型人才培训制度的建设情况）进行综合评价，并对企业近两年中创新绩效进行重点考量的基础上，根据系统评分，确定了200家2010年度“上海市创新型企业”名单，并在国家技术创新工程上海市试点工作推进大会上公布。（武吉波）

浦东新区职工科技创新成果参展上海科学艺术展赢得观众好评（陈建林）

【市总工会召开上海市职工科技创新工作经验交流会】 5月20日，市总工会召开市职工科技创新工作经验交流会，动员全市职工围绕“转方式、调结构、促发展”，进一步深化职工科技创新活动，并为40名第二届上海市职工科技创新新人奖、40个优秀团队和20家示范基地，以及第三届上海市五一巾帼创新奖30名个人和30项成果授奖。（李　伟）

【市总工会等部门联合开展职工优秀技术创新成果评选表彰及推荐活动】 根据全国总工会等部门下发的《关于开展第三届全国职工优秀技术创新成果评选表彰活动的通知》，市总工会联合市科委、市经信委、市人保局，于7月23日启动上海市职工优秀技术创新成果评选表彰及推荐活动。截至8月30日，共收到来自60个区县局（产业）工会的229家基层单位申报的职工优秀技术创新成果283项，涉及机械电机、资源环保、电子信息、生物医药、道路交通、采矿冶金等多个类别。经专家评审组评审和市职工优秀技术创新成果评选表彰工作领导小组审定，上海向第三届全国职工优秀技术创新成果评选表彰工作领导小组办公室推荐5个项目，申报全国职工优秀技术创新成果奖。11月19日，在北京召开的表彰大会上，由上海市推荐的“世博‘零排放’公交车用超级电容器及其关键零部件研制”项目和“城市排水节能与安全系列技术”项目分获一、二等奖，两个项目的第一完成人被授予“全国五一劳动奖章”称号；“一种餐厨垃圾资源化利用的新方法”项目和“转炉副枪系统成套技术装备开发”项目获三等奖，两个项目的第一完成人被授予“上海市五一劳动奖章”称号。（武吉波）

【浦东职工科技创新成果参展上海国际科学与艺术展】 5月26日，浦东新区职工科技创新成果参展2010上海国际科学与艺术展。296项凝聚着浦东职工聪明才智的各类科技创新项目，59名职工科技创新人才的简要事迹，都在展示中一一呈现。2010上海世博会中运用的众多创新理念和创新技术，就有来自于浦东新区企业职工的科技创新项目，如“氢燃料电池世博车集成关键技术研究与开发”、“环保型高效无动力纤维调湿材料”、“SZORB闭锁料斗逻辑试验台”、几千万个“世博会电子标签”广泛应用在世博会的方方面面。（张真琦）

【徐汇区总工会推动群众性科技创新活动开展】 上海科技活动周期间，徐汇区总工会联合区科委、科协以及区建交工会开展“融入世博——科普知识进工地”主题活动，邀请科普知识专家进工地举办讲座，向职工赠送科普读物和影视光盘等。另外，区总工会还发动职工积极参加上海市第二十三届优秀发明选拔赛，其中荣获优秀发明金奖2项、银奖1项、铜奖1项，另荣获职工技术创新银奖1项、职工技术创新入围奖1项。（舒小爱）

【普陀区科技工会开展职工科技创新活动】 （1）坚持围绕中心工作，大力促进民营科技企业的快速发展。通过开展以“六比六看”为主要内容的争创“工人先锋号”活动，以技术发明、技术革新为主要形式的职工科技创新活动，以职工代表大会提案、职工金点子征集为主要方式的建言献策活动，为提高企业劳动生产率，提高产品质量和竞争力起到了积极作用。（2）加强督促指导服务，激发企业活力，不断提高科技创新能力。一是根据企业对政策的需求，多次举办科技政策及创业板上市、融资等方面的专题宣讲会，加大政策宣导，使企业进一步了解和掌握相关政策；二是出台《普陀区科技创新项目评审办法》，对企业在职工优秀人才培养等方面给予资助，形成科技创新潜能“蓄水池”；三是激发科技企业创新活力，指导帮助职工积极申请各类专项计划151项，获批115项，获得支持资金总额达到2450万元。实现高新技术成果转化项目18项，完成147项区自主研发项目备案。推广示范企业的经验做法，奖励11家专利示范、试点企业130万元。（3）发挥科技人才优势，激发科技人员的积极性和创造性。按照“提升能力、引导创新；夯实基础、注重实效；突出重点、推进发展”的工作思路，根据企业特点，拓展舞台。指导和帮助企业建立职工技协创新学术交流机制，建立“院士专家企业工作站”，引导和支持科技工作者深入企业，发挥人才优势，开展技术咨询、技术诊断，增强职工的自主创新能力。（李　悦）

【普陀区民防工会举办职工通讯科研成果应用推广展示会】 4月16日，普陀区民防工会举办“世博，我们准备好了”——职工通讯科研成果应用推广展示会，介绍电话自动转接系统、来电短信提示装置、世博信息平台等职工近年的科研成果，并邀请现场观众亲身体验多项成果服务。区通信站自成立以来，紧紧围绕“提供更好的机关通信服务”的工作宗旨，不断探索创新，相继开发了分机带来电显示、缩位拨号、IP电话等多项革新项目，已获批国家专利17项。

（李　悦）

【金山区总工会举行职工科技创新成果展】 10月20日，金山区职工科技创新成果展在区会议中心举行。作为金山区职工第五届读书节主题活动之一，这次成果展共展出48项职工科技创新成果，是五年来全区职工创新成果的一个缩影，基本上涵盖了金山区的重点产业，涉及化工与环保、新能源与新材料、汽车与零部件制造、食品与医药、服装与轻纺、信息与电子、农业与农产品、教育与卫生等8个方面。这些项目的科技创新含金量较高，大多有专利和高新技术证书。

（王　永）

【奉贤区总工会深化职工科技创新活动】 奉贤区总工会通过展示创新成果、举行专题报告会、评选表彰、征集合理化建议等形式，广泛开展群众性科技创新活动。表彰职工技术创新奖20个、金点子奖20个、创新团队和创新精英各10个；组织职工提出合理化建议10757条，采纳4913条，实施2741条，创经济效益1.1亿元。全区有1356个企事业单位开展劳动竞赛和节能减排活动，参加职工10.6万多人次，创经济效益7054万元；全区实施技术攻关、技术革新、技术发明项目1045项，总结推广先进操作法项目290项。（刘传军）

【上海电气李斌技师学院获3项成果】 2010年，上海电气李斌技师学院在推进高技能人才培养方面成绩突出，被中国职工技术协会批准列入首批10家全国职工职业（工种）技能实训《数控机床装调维修工》基地，被中华全国总工会评为“全国职工教育培训优秀示范点”，同时还获得上海市职业技能鉴定所（点）质量评优一等奖、等级评估A级。（冯克华）

【机电工会举行上海电气三维设计大奖和“低碳产品”创意创新大奖赛】 两大赛事活动共吸引来自52个单位的763人次参加，其中申报“低碳产品”创意创新项目53个；“三维设计”团体项目41个和“三维设计”CAE项目15个。经审核和筛选，最终有38个“低碳产品”创意创新团体项目；23个“三维设计”团体项目和9个“三维设计”CAE团体项目进入决赛。上海电气中央研究院和机电工会联手充分利用社会各方资源，整合电气各方优势，联合举办了5届上海电气三维设计大奖赛，763人次参加，完成项目设计214项；连续4年开展以优化电气产品为主题、以实现降本增效为目的的上海电气产品创意创新大奖赛，668人次参加，完成项目创新217项。

（朱汉民）

【机电工会进一步推进首席技师制工作目标】 （1）首席技师制工作的总体目标。在“8+1”企业和产业集团层面重点推行首席技师制度，有条件的企业逐步实行首席技师制度。5年内，将培养选拔100名首席技师。首席技师“高师带徒”结对率达到100%，首席技师岗位津贴实施率达到100%。通过努力，形成一支知识水平高、技术功底厚、创新能力强的高技能领军人物。（2）建立首席技师工作室。加强集团层面“4+1”首席技师工作室（站）建设，完善运行机制和制度；有条件的企业，可以建立以首席技师名字命名的首席技师工作室。由首席技师担任工作室主任，积聚企业内高技能人才及相关人员，以生产制造中的技术瓶颈和难点为课题，开展技术攻关、工艺革新、技术创新等活动，解决企业生产技术难题，培育高技能人才、推广先进技术操作法和绝技绝活，充分发挥技术创新方面的聪明才智。（3）强化工作责任制。推进首席技师制工作，集团由机电工会、干部人事部负责具体实施。各企业应建立由行政领导负责、工会配合，人力资源等有关部门共同推进的工作机构，制订具体实施办法，落实工作责任，推进首席技师制工作。（袁胜洲）

【上海重型机器厂工会推广先进工作操作法】 上海重型机器厂有限公司

工会以企业关键部门、工序、班组、岗位为对象,把特点明显、行之有效的管理方式、工作流程、攻关经验、操作方法进行采集、整理、归纳、提炼,推广。2010年,公司工会重点推广"精炼炉防止'跳碳'的三种办法"、"锥形筒体用三点砧一火扩孔完工先进操作法"、"核电堆内构件电渣锭冶炼先进操作法"等。这些成果来自实践,凝聚了员工智慧,推动了公司核电重点产品质量和产能的提高。 (秦引昌)

【上海轻工业工会联合会创建"产学研"合作新模式】 上海轻工业工会联合会通过"创意设计大赛"平台,加强与高等院校合作,共同探索适应上海轻工中小企业发展的"产学研"合作新模式。2010年进行上海"轻工杯"钟表创意设计大赛,以"创意源自生活、设计提升品质"为主题,吸引近200名创意设计人员踊跃参加。参赛作品很好地体现了钟表设计的前瞻性、时代性、时尚性、文化性、环保性和实用性。大赛一等奖作品"石库门手表"被企业认购,并制成礼品投放市场。大赛的获奖创意设计作品中,有三分之二来自高校和社会设计人员,及时弥补钟表行业技术力量的不足,提升轻工职工的创新能力。

(徐俊彦)

【上海电建公司工会组织职工开展"五小成果"活动】 电建公司工会围绕企业施工、安全、质量、效益,深化职工"五小成果"活动,推动职工岗位学习、岗位创新、岗位成才和岗位奉献,同时不断推广"五小成果"在施工生产实践中的应用,努力做到以"小成果"创"大效益"。2010年,基层工会选送33项"五小成果",经公司评审组评审确定有13项成果在职工"五小成果"发布会上展示,发布的成果不仅涵盖电站安装、土建施工、特高压输变电施工、电站调试、机械制造等电建系统的核心技术领域,还涉及到机具、设备管理等方面。 (张文标)

【宝钢股份公司工会开展群众性科技创新活动成绩显著】 公司工会对各基层单位群众性科技创新工作从工作体系、推进力度、进步率、实绩等四个方面进行综合评价,更好地营造群众性创新氛围。各基层单位在推进中更加积极主动,创新队伍全面发展。公司建立职工创新小组531个,创新协会50个,吸收创新成员5000多人。全年创新小组申报专利481项、技术秘密1162项。公司工会组织创新骨干总结、提炼创新成果,编制下发《宝钢生产实用推广手册》。另外,公司职工合理化建议参与率达83%,班组JK参与率达90%。2010年,公司有5名职工被评为"宝钢第二届工人发明家",2名职工被上海市总工会授予"创新新人奖",公司被市总工会授予"创新示范基地"称号。 (王俊民)

上海电力建设工会举办"五小成果"发布会 (徐 昕)

【宝钢股份公司特钢事业部群众性科技创新活动蓬勃开展】 特钢事业部工会深入推进以"班班有课题、人人有建议"为主题的争当自主型员工活动。2010年,383个班组100%设立课题,围绕现场改善点共设立JK课题数581项。全年合理化建议员工参与率91.2%,同比上升58.6%;人均采纳数3.01条,同比上升106%;创经济效益8951万元,同比上升35%。为了推广群众性科技创新活动经验,体现榜样示范作用,事业部工会还评选出"30100"优秀成果奖(30项最佳自主管理课题,100个最佳合理化建议)。 (陈美坤)

【宝钢股份梅钢公司推进群众性经济技术创新活动】 2010年,梅钢公司员工创新室15位成员共完成创新成果59件,其中受理专利28件,认定技术秘密22件,命名先进操作法9项,人均完成创新成果3.93项,达到年初设定目标的122%。公司工会推荐24项员工创新成果参加上海市第二十三届优秀发明选拔赛,并组织3个项目参加上海市优秀发明选拔赛金奖的答辩会;选送16个项目参加第十九届全国发明展览会,获得5金、3银、4铜的佳绩,其中技术中心万兰凤获得女职工发明展的唯一金奖。全年公司各单位共命名先进操作法135项。

(张斗海)

【鲁中矿业工会广泛开展以提升职工素质为目标的群众性技术创新活动】 (1)会同有关部门开展钳工、管道工、测量工、厨师、凿岩台车工等5个工种120人参加的技术比武活动,开展女仓库保管员技术业务竞赛,促进形成职工学技术、钻业务的良好氛围,职工技能水平逐步提高。(2)开展"金点子"合理化建议征集活动,共征集职工合理化建议176份,推荐专家评审155份,并对其中具有较高价值的建议送交有关部门实施。 (杨庆荣)

【上海航天局工会注重开展职工技术创新活动】 一是开展合理化建议活动。拓展合理化建议活动的新内涵,组织召开上海航天局合理化建议工作现场推进会,在一些基层单位推广常态化的合理化建议活动流程,推动全局合理化建议"金点子"活动向常态化、即时化方向转变;二是组织开展以“创新、创效、创优”为主题的“三创”职工建功立业活动,动员广大基层单位开展形式多样的主题竞赛活动,特别是在世博运营团队中组织开展“服务世博、奉献世博”立功竞赛活动,获得了“保平安、促运行、重服务、创一流”世博运行保障立功竞赛特色项目奖;三是组织职工参加2010年上海科技活动周活动。报送并获得“第二届上海市职工科技创新新人奖”1名、“上海市职工科技创新优秀团队”1个(唐建平班组)、“上海市职工科技创新示范基地”1个。在第二十三届上海市优秀发明选拔赛中,该局有多个项目分获金银铜奖,同时报送28个项目参加二十四届上海市优秀发明选拔赛活动。 (沈 恺)

【华虹集团工会举办首届职工科技论坛】 9月26日,华虹集团首届职工科技论坛在华虹科技园报告厅举行。来自集团系统各单位CTO、论文作者、一线科技人员和员工代表近百人参加论坛。论坛紧紧围绕“科技创新服务世博”的主题,结合工作实际,开展科技创新服务世博、岗位保障服务世博、志愿奉献服务世博等一系列活动,涌现出一批科技创新成果和先进人物,在9月26日举办的“华虹集团首届职工科技论坛”上得到集中展示。首届科技论坛发布的论文基本涵盖华虹集团主要的业务领域、重点产品和特色工艺技术平台。既有先进工艺和特色工艺技术的研究分析,又有城市公交一卡通系统中的黑名单解决方案和体现Design－In能力的智能水表系统方案。既有前沿技术的理论研究分析,又有工程试验分析。论文作者把论文内容和实际的具体工作相结合,针对工程中的具体问题,通过分析和实验验证,提出相应的解决方案,具有工程指导意义。同时,在职工科技论坛上,还邀请各单位CTO作专题讲座,介绍最新的技术思考成果。 (戴宗国)

【上海铁路局工会积极参与合建技改工作】 一是广泛发动,突出关键。以安全生产、运输经营、铁路建设、企业管理等为重点项目,确立14个揭榜攻关课题,共征集到41个单位、12个机关专业处室的226条合理化建议,其中128条建议被采纳。二是全程控制,管理规范。路局工会与9个基层单位、7个机关部门签订20项《上海铁路局合理化建议和技术改进项目实施转化责任状》,对优秀合建项目年内实现转化进行约定。组织各系统相关专家对申报路局合建技改成果奖的41个项目进行验收,其中38个项目获得通过。三是成果丰硕,作用凸显。在第二十三届上海市优秀发明选拔赛中,路局选送的13个项目,获得2项一等奖、3项二等奖、7项三等奖。 (白 杰)

【中国移动上海公司工会开展“信息通信引领未来生活”主题传播活动】 为宣传信息通信馆,结合市总工会“文明观博”要求,公司工会开展“转转转”、“贴贴贴”和“达达达”3项活动。“转转转”活动,即通过层层转发信息通信馆和文明观博宣传短信,转发量达47828条,其中公司员工转发35288条,占总量的73.8%,覆盖面达100%;“贴贴贴”活动,即各单位组织员工在“开心网”上的转贴参与率达96.4%,转贴总量为95690条;“达达达”活动,即每周一期在劳动报刊登“文明观博”竞赛试题,共进行16期。世博期间,信息通信馆成为最热门企业展馆之一、客户满意度最高的展馆,也是唯一被展览展示行业顶级专业杂志《展览者》评为“最佳科技应用”、“最佳展演”和“公众之选”三大奖项的展馆,并获全球2010年会展设计“最佳互动元素”、“最佳使用多媒体”两项金奖及由T. E. A全球主题娱乐协会颁发的ICT杰出贡献大奖。 (史 旭)

【金融工会推进高技能金融人才认证工作】 金融工会积极推进职工素质工程,推进金融理财师专业技术水平认证工作,培养高技能金融人才。一是组织2010年度金融理财师(初、中级)专业技术水平认证考试。经与职业能力考试院商定,先后组织举办两期金融理财师(初、中级)认证考试。不仅增加年度考试期次,而且在业内下发《关于组织金融理财师认证专题培训的通知》,规定奖励办法,鼓励被评为世博服务工作各类先进集体和先进个人参加专题培训。两期共报名1628人,参加考试952人。配合职业能力考试院对金融理财师(初级)考试方式的改革,组织21名员工参加模拟机考。二是组织研讨开发新的认证项目。研讨开发“上海市期货师专业技术水平认证”项目,整合社会资源,组织业内外专家、教授编写教材。经过反复论证、修订,将出版《期货市场基础知识》和《期货市场实务与规范》(初、中级两科目合用)两本教材,组织有关人员研讨开发金融理财师(高级)认证项目,还组织人员完成修订金融理财师(初、中级)教材(第三版)的工作。三是组织金融理财知识宣传教育活动,与民生银行上海分行共同组织“民生理财”征文活动,其中有73

金融工会推行金融理财师专业技术水平认证工作 (刘 晗)

篇作品在《上海金融报》上发表，有效地推动上海金融理财水平的提升。组织50多名理财骨干分别到虹口、徐汇、卢湾等7个区文化活动中心为千名市民宣讲金融理财知识。（孙绍锋）

【中科院上海技物所开展“创新种子基金”项目活动】 为鼓励和激发广大职工创新学习热情，中科院上海技物所工会创新活动载体，组织开展“创新种子基金”项目活动。经过对46个“种子”项目的培育、孵化和指导，取得初步成效。一些项目已经在科研、管理和技术支撑中得到应用，其中2项获得专利授权。同时，所工会还开展“优秀种子基金项目”评选，评选出一等奖2个、二等奖3个、三等奖6个。（洪 勇）

【市医务工会推出职工科技创新“星光计划”】 2010年，市医务工会推出职工科技创新“星光计划”，奖励在“五小”活动中形成的创新成果与科技项目。在首届“星光计划”评审中，共有17家医院选送近百个项目参与角逐，其中，上海交通大学医学院附属仁济医院等医疗单位的28个项目入选。入选项目绝大多数为医务系统职工从岗位实际出发，根据病人需要、围绕节能减排等取得的活动成果。

（钱菊敏）

节能减排

【市总工会与市经济信息化委等联合开展“我为节能减排献一策”活动】 根据工业和信息化部、中华全国总工会《关于开展“我为节能减排献一策”活动的通知》要求，市总工会与市经济信息化工作党委、市经济信息化委、市经济团体联合会联合开展“我为节能减排献一策”活动，并于10月15日召开“我为节能减排献一策”推进大会。活动以开展合理化建议和金点子征集活动、“我为节能减排献一策”征文比赛及组织JJ小组开展攻关活动等为主要内容，深入推动职工节能减排工作，为率先转变经济发展方式作贡献。（武吉波 黄 俭）

【市总工会召开上海市职工节能减排工作座谈会】 6月18日，市总工会召开职工节能减排工作座谈会，部分重点用能单位工会及其所在区县局（产业）工会、节能减排优秀班组代表、市职工节能减排义务监督员代表等参加了座谈。会议明确提出下一步节能减排工作的整体思路和工作目标，即“围绕一个目标”，率先转变经济发展方式，建设资源节约型、环境友好型社会；“聚焦一个主题”，持续深入地开展“我为节能减排做贡献”主题活动；“突出两个重点”，增强职工节约资源、保护环境的意识，以及发挥职工岗位建功的作用；“开展三项行动”，宣传教育行动、岗位建功行动和义务监督行动；“做到五个结合”，坚持把推动群众性节能减排活动与实施《公民科学素质纲要》相结合，与推动群众性科技创新活动相结合，与“百万职工建功立业”竞赛相结合，与深化职工素质工程相结合，与加强企业民主管理相结合。（武吉波）

【杨浦区总工会大力推进“节能减排宣传月”活动】 区总工会大力推进“节能减排宣传月”活动，各地区工会积极响应，成效显著。延吉地区总工会在地区企业中开展劳动竞赛，20家企业的1000余名职工创造经济效益17万余元，节约能耗费用7.5万余元，提出合理化建议355条，其中22条被采纳实施；江浦地区总工会突出抓好餐饮业、加工制造业、建筑业等高耗能行业的节能工作，帮助企业进行技术改造，拓展可再生能源和节能型材料在建筑工程中的应用范围。地区内两家规模较大的餐饮企业减少用水、电耗价值近10万元。

（梁 菁 吴培根）

【上海电力安装第二工程公司工会推动在建工程项目节能减排】 2010年，公司工会改变以往立功竞赛主要以项目节点达标为内容的传统模式，增加节能减排的竞赛要求。在公司承建的河南新密百万机组工程中，项目部从职工生活临建开始，着手策划“节能减排工地”。项目部精心策划、科学管理，在生活区临建设施的施工中，自建水井，食堂、浴室，以秸秆油为燃料，走道全部采用声控节能灯，既满足了职工生活和工作需要，又实现了节能减排的竞赛目标。（龚洁庆）

【中铝公司工会开展“控亏增盈 班组先行”主题活动】 一是组织落实。各厂成立领导工作小组，不断巩固和推广取得的成果，把主题活动建在班组、立在岗位。二是宣传到位。一板带厂、管棒厂、铜箔厂等各厂利用班组学习、班前班后会、黑板报、广播、中铝上铜报等多种形式，广泛宣传“控亏增盈，班组先行”主题活动意义，向生产经营和管理要效益。三是目标明确。机动分厂通过职工岗位学习、岗位创新、岗位成才、岗位奉献劳动竞赛，促进管理对标，修旧利废、降本增

上海航天局工会召开“三创”主题活动暨班组切能减排工作交流推进会（沈 恺）

效工作有效开展。二板带厂以“安全第一、优质低耗、节能减排、按时交货、修旧利废”为主题，确立班组建设的目标和措施，每个班组至少提出一条提高产品质量或降低工序成本的合理化建议。铜箔厂开展班组“提质控亏”合理化建议活动，收到职工合理化建议47份，其中《冷却自动循环水补充系统改造合理化建议》采纳实施后，减少20%的原水消耗，节能减排效果明显。（陈益林）

【中海上海海运船务工会年节能10万元】 上海海运船务工会引导职工开展技术革新、合理化建议、节能减排活动，年节能达10万元。针对公司职工浴室用水使用蒸汽加热，需有人看管并且不易掌握蒸汽加温程度的实际，高级技师朱世雄用半年时间研制自动控温装置，攻克蒸汽加温难题，浴室一年蒸汽使用量下降20%左右。职工在查堵“跑、漏”现象中发现，码头中夜班作业要开10组照明灯，根据船靠码头作业的规律性，建议码头在无船靠泊时关闭5组照明灯，为公司节约开支。公司部分储油罐租借给外单位使用，当油罐中的油通过管道输出时，需用蒸汽加温，租借方使用蒸汽存在浪费现象。针对这一情况，公司职工参与租借油罐降耗项目研究，把各个环节细分为数十个小类科学标准计算费用，促使租借油罐企业能自觉控制使用蒸汽，减少能源支出。（范国忠）

【中交三航局有限公司多项举措节能减排】 中交三航局高度重视节能减排工作，全局各单位根据企业自身情况，结合自身实际，找对切入点，积极开展节能减排工作，为公司创造可观的经济效益。如三公司采用最佳经济航速实现节能目标；厦门分公司注重在油耗上“做文章”；浦东分公司节能减排多项举措见实效，“变”黄浦江水为拌合用水；企发公司太阳能热水器节能效果明显。（黄书展）

【建工集团女职工委员会开展“我为企业节能降耗献一计”活动】 建工集团女职工委员会组织全体女职工开展“我为企业节能降耗献一计”活动，引导广大女职工为节能减排作贡献。活动在集团内引起各级领导的重视和广大女职工的共鸣。各单位层层动员，女职工积极响应，结合本职工作，联系企业实际积极参与“献一计”活动，撰写大量节能降耗建议、经验和体会。经推荐，集团工会女职工委员会共收到有关“金点子”150多条，经验成果30多篇。集团工会女职工委员组织专家评委对上报材料进行认真评选，并将金点子和优秀成果汇编成册，提供各单位参考，收到很好效果。（陈丽春）

【印刷新技术（集团）公司节能减排成效显著】 公司工会围绕促进企业经济发展，广泛发动职工开展“我为企业作贡献”金点子征集活动。通过专家认证，包括水资源循环利用、改进调整工艺流程、废氧化液的再利用等一批金点子先后被企业采用。经过一段时间实践，估算每年可节约50万元，同时减少40%的废水、废氧化液的排放，取得较好的经济效益和社会效益。（王恩林）

【锦江国际工会积极开展群众性节能减排工作】 为推进企业节能减排，锦江国际工会与行政一起，利用集团报、图书室、阅览橱窗等，开展形式多样、内容丰富的低碳经济、低碳生活和节能减排宣传教育，并在5月份开展2010年度节水宣传周和节能宣传周活动，同时组织1万人参加全国节能宣传周（上海）系列活动节能知识竞赛。锦江国际工会积极配合行政，广泛开展“绿色照明”行动，推广使用节能型光源、灯具和智能型控制系统。提倡使用节水型用水器具，着重做好月耗水5000吨以上单位的水平衡测试工作。加强能源利用状况分析，加大重点用电耗能企业的节能管理工作力度。开展“水处理达标”和“锅炉房节能管理达标”活动。（张祥伟）

保障政策选辑

关于贯彻《城镇企业职工基本养老保险关系转移接续暂行办法》若干问题处理意见的通知

为切实保障参加城镇职工基本养老保险人员的合法权益，保证流动就业人员养老保险关系顺畅转移接续，根据《国务院办公厅关于转发人力资源社会保障部财政部城镇企业职工基本养老保险关系转移接续暂行办法的通知》（国办发〔2009〕66号，以下简称《暂行办法》）精神，经研究，现就贯彻《暂行办法》若干问题处理意见通知如下：

一、凡参加本市城镇职工基本养老保险的人员，跨省、自治区、直辖市流动就业的，其基本养老保险关系的转移接续，按照《暂行办法》和人力资源社会保障部《关于贯彻落实国务院办公厅转发城镇企业职工基本养老保险关系转移接续暂行办法的通知》（人社部发〔2009〕187号）、《关于印发城镇企业职工基本养老保险关系转移接续若干具体问题意见的通知》（人社部发〔2010〕70号）有关规定办理。

二、本市参保人员流动到外省市就业的，在转移统筹基金（单位缴费）时，统一按本人1998年1月1日后各年度实际缴费工资为基数的12%的总和转移；在转移个人账户储存额时，1998年1月1日之前的，按个人缴费部分累计本息转移，1998年1月1日至2005年12月31日期间的，按个人缴费工资基数11%记入个人账户的全部储存额（含本息，下同）转移，2006年1月1日之后的，按个人缴费工资基数8%记入个人账户的储存额转移。

三、外省市户籍迁入本市的从业人员，可按规定参加本市城镇职工基本养老保险，建立基本养老保险个人账户。在外省市的个人养老保险账户可按《暂行办法》规定转移。原在外省市单位就业，按当地规定未实行基本养老保险参保缴费的时间，按照国家规定可以计算连续工龄（工作年限）的，可视作缴费年限。

四、本通知自发文之日起施行，有效期至2014年12月31日。

劳 模

Model Workers

综　述

2010年，市总工会认真做好劳模评选表彰和服务工作。(1)做好新一届劳模评选表彰工作，选树具有时代性、先进性和代表性的先进典型。2010年是五年一届的全国劳模和三年一届的市劳模集中评选之年。市总工会严格按照评选标准和程序，面向基层，面向一线，选树富有时代特征、做出突出贡献的先进典型，共推荐135名2010年全国劳模和先进工作者，评选产生848名2007—2009年度上海市劳动模范和先进工作者，以及350个上海市模范集体。这次评选产生的劳模先进在结构上，不仅体现发展先进制造业、建设“两个中心”等上海产业发展的特点，而且反映上海在增强自主创新能力、应对国际金融危机、推进重大工程建设、构建和谐社会等方面的成就，具有时代性、先进性和代表性。(2)弘扬劳模先进事迹，发挥榜样示范引领作用。积极筹办上海市劳动模范和先进工作者表彰大会，加强劳模先进事迹宣传，推荐费跃忠为全总五一期间重点宣传对象，提供劳模宣传事迹，配合组织劳模事迹报告团，结合迎世博宣传，在《劳动报》上以特刊形式专题宣传迎世博“工人先锋号”，得到市委宣传部的阅评专报表扬，进一步营造尊重劳动、尊重知识、尊重人才、尊重创造的氛围。(3)组织劳模参观世博活动。世博会试运行和正式运行期间，市总工会和各区县局(产业)工会分批组织1万多名历届劳模先进及当届全国劳模参观世博，开阔眼界、增长知识。同时根据全总要求，世博会期间，在市委、市政府的重视和关心下，接待来自全国各省(自治区、直辖市)以及产业工会的1000名全国劳模参观世博会，接待工作受到全总和参观劳模的好评。(4)做好关心劳模、服务劳模工作。开展劳模社会保险落实情况调研，对市劳模社保、医保、失业保险金落实情况进行摸底，向市政府提出加大对市劳模帮困力度的建议，拟参照全总“三金”做法，设立低收入劳模困难帮扶金及劳模慰问金，同时提高市劳模特殊困难帮扶金水平。另外，组织劳模参加疗休养、体检活动。同时做好全国劳模2011年“三金”发放工作。

(彭剑明)

学习宣传劳模

【市总工会等联合举办劳动模范先进事迹报告会】 5月24日，市委宣传部、市总工会、市人力资源和社会保障局在上海展览中心友谊会堂联合举行劳动模范先进事迹报告会，旨在深入学习贯彻胡锦涛总书记在全国劳动模范和先进工作者表彰大会上的重要讲话精神，大力弘扬新时期劳模精神，进一步掀起宣传劳模、学习劳模、争当劳模的热潮。报告会上，上海国际港务(集团)股份有限公司副总裁、教授级高级工程师包起帆，上海电气液压气动有限公司液压泵厂工段长、工程师、高级技师李斌，上海巴士二汽公共交通有限公司49路车队党支部书记马卫星，上海市第七建筑有限公司项目经理、教授级高级工程师费跃忠，上海交通大学生命科技学院院长、中科院院士、教授邓子新，宝钢股份有限公司热轧厂技能专家、工程师、高级技师王军，浦东新区上钢社区(街道)党工委书记陆敏之，上海外高桥造船有限公司班组长、技师洪刚等8名劳模从践行科学发展观、学习成才、岗位奉献、科技攻关、服务群众等方面作了生动报告，展示了新时期劳模风采。　(程友谨)

【评选2007—2009年度上海市劳模及上海市2010年全国劳模】 当选的全国劳模和市劳模，都是近年来上海各行各业中作出突出贡献的先进典型，具有广泛的群众基础。(1)先进性。当选劳模党员比例高、学历高、专业技术水平高，都是各地区、各行业、各单位的领军人物、业务骨干和技术尖子，是各方面选树的先进典型，都具有相应的荣誉基础。市劳模和全国劳模中，大专以上学历的比例分别为83.8%和86.6%；中级以上职称或技能等级的分别占77.5%和83%。特别是有3名院士当选为市劳模、4名院士当选为全国劳模。(2)代表性。评选过程中，依据各区县局(集团公司)和有关单位的职工人数、对上海经济社会发展的贡献等，保持政策的稳定性和连续性，以上届推荐评选人数作为基数进行适当调整；充分考虑上海产业调整、行业变化、职工人数变化等情况；面向基层、面向一线，尽可能扩大行业覆盖面，兼顾社会各阶层和各行各业。选树劳模覆盖国民经济各行各业。(3)时代性。从劳模结构上看，当选劳模体现了上海产业发展先进制造业的要求，增强自主创新能力的要求和建设“两个中心”的要求，体现了劳模在建设世博等重大工程、应对金融危机、构建和谐社会以及在促进城市发展中的重要作用。其中市劳模在第一产业占4.5%，第二产业占35%，第三产业占60.5%。全国劳模中第一产业占3.7%；第二产业占32.6%；第三产业占63.7%。另外，市劳模中有10名农民工代表，全国劳模中有3名农民工代表。　(李　伟)

【浦东新区举行庆五一暨劳模先进表彰大会】 4月28日，浦东新区举行

市总工会与浦东新区四套班子领导与浦东新区2007—2008年劳模代表合影　(陈建林)

庆五一暨劳模先进表彰大会。中共上海市委常委、浦东新区区委书记徐麟，上海市人大常委会副主任、市总工会主席陈豪，市委副秘书长、区委副书记、区长姜樑等领导出席会议。参加会议的还有浦东新区各委办局、街镇的党政领导、工会主席、各界人士代表和来自新区各行各业的职工代表等1000多人。会上，宣读《浦东新区人民政府关于表彰2007—2009年度先进生产（工作）者、先进集体的决定》。表彰新区新当选的4位全国劳模和48位上海市劳模，举行《浦东大开发中的劳动者心理解码》新书首发式。

（张真琦）

【闸北区做好劳模选树工作】 区总工会会同政府有关部门，开展2007—2009年度闸北区先进和上海市劳模、全国劳模评选推荐工作。按照闸北区先进和上海市劳模评选要求，建立评选工作机构、规范评选程序，在评选中坚持评选标准、坚持面向基层，选树一批富有时代特征、有突出贡献的先进典型，全区共评选产生2010年全国劳动模范和先进工作者2名；2007—2009年度上海市劳动模范和先进工作者14名，模范集体5个，闸北区先进生产（工作）者201名，区先进集体136个。为进一步弘扬劳模精神，以劳模先进评选工作为契机召开全区庆五一暨劳模表彰大会，宣传弘扬劳模先进事迹，通过制作劳模画册、闸北报专版、事迹演讲等形式进一步加大劳模先进宣传力度，形成崇尚劳模精神，学习劳模、争当先进的社会氛围。

（倪增强）

【虹口区举办庆五一暨劳模先进表彰大会】 4月28日，以"劳动光荣、奉献世博"为主题的虹口区庆五一暨2010年劳模先进表彰大会在区工人文体中心影剧场召开。市总工会副主席茆荣华和区四套班子领导出席会议。市区领导向受到表彰的全国劳模，上海市劳模，上海市劳模集体以及140名区先进生产（工作）者、65个区先进集体的代表颁发奖状和荣誉证书。随后，来自虹口各条战线的职工文艺团体表演《锐意进取作奉献》、《胸怀大局促发展》、《艰苦奋斗创新高》、《勇于实践争先锋》和《爱岗敬业立新功》等5个篇章的文艺节目。表彰大会前，举行了"虹口区劳模荣誉室"的揭牌仪式。

（徐　洁）

【宝山区总工会做好宣传、关心劳模工作】 3—5月，宝山区总工会通过区政府门户网站、电台、电视台、报纸等新闻媒介广泛开展学习劳模先进活动，推动全社会开展学习劳模、尊重劳模的活动。区总工会编印《楷模——宝山劳模集锦》，组织全区广大职工深入学习新中国成立以来各个时期、各行各业宝山土地上涌现出来的劳动模范、先进人物的先进事迹，引导职工群众学赶先进、争创一流。另外，区总工会积极推动制定和落实劳模待遇的政策措施，帮助劳模解决生产生活中的实际问题，逐步提高保障水平，加强对劳模经常性帮扶，完善困难劳模帮扶机制；充分发挥劳模的骨干和带头作用，大力支持和帮助劳模提升自身素质，为劳模发挥聪明才智、建功立业营造更好的环境氛围。年内，区总工会扶持一名上海市劳模自主创业，并荣获"上海工会职工创业示范点"称号。

（胡立伟）

【宝山召开工会服务世博立功竞赛总结表彰大会】 12月30日，宝山区总工会召开"宝山工会服务世博总结表彰大会"，对在立功竞赛中获得服务明星、岗位标兵、工人先锋号等荣誉的先进集体和个人代表进行表彰。在迎世博、办世博期间，宝山区总工会以"建功世博会、当好主力军、展示新风采"为主题，以"争当服务明星、争做岗位标兵、争创工人先锋号"为载体，组织开展立功竞赛活动。竞赛中涌现出一大批先进集体和先进个人，其中工人先锋号集体179个、服务明星个人230人、岗位标兵个人232人，并从中择优推荐了上海市世博工作优秀个人31名、上海市五一劳动奖章1名和上海市工人先锋号6个。吴淞口开发有限公司总经理苏杰被评为全国世博工作先进个人。

（胡立伟）

【松江区总工会多措并举大力弘扬劳模精神】 一是召开先进表彰大会，弘扬工人阶级伟大品格。区总工会隆重召开庆祝五一国际劳动节暨先进表彰会，表彰区新当选的全国劳模和上海市劳模。二是编辑《劳模风采》续集，弘扬伟大劳模精神。区总工会将20位市劳动模范、市先进工作者和7个市模范集体先进事迹编辑成《劳模风采》续集，并收录3位2010年全国劳动模范、全国先进工作者先进事迹，发至各街道、镇、工业区、委、局等单位，努力营造劳动光荣、知识崇高、人才宝贵、创造伟大的时代新风。三是创作汇演文艺节目，展现劳模先进形象。区总工会指导区文化馆创作颂扬劳模先进人物的文艺作品，唱响"工人伟大、劳动光荣"主旋律；创作演出舞蹈《中国红》、《梦圆2010》等，创作演出情景表演剧《报喜》、情景朗诵剧《我的愿望》等，彰显工会组织在应对国际金融危机、共克时艰、共渡难关中的重要作用。四是运用现代传媒手段，营造学赶先进氛围。区总工会会同区文化广播影视局，拍摄20位市劳模、市先进工作者录像，并广泛宣传，在《松江报》上公布215名区先进生产（工作）者、110个区先进集体名单，扩大社会影响力；在《劳动报》刊出"喜迎世博盛会，为松江发展再立新功"劳模特刊，展示松江区劳动模范和模范集体风采。

（孙爱华）

【青浦区总工会做好新一届劳模选树和宣传服务工作】 2010年，青浦区圆满完成2010年全国劳模和2007—2009年上海市劳动模范、模范集体的推荐评选工作，新产生全国劳模2名、市劳模（先进工作者）18名、市模范集体5个。五一节前夕，区委、区人大、区政府、区政协领导会见新当选的劳模、先进工作者和模范集体代表。同时，区总工会通过组建劳模事迹宣讲团，召开劳动模范、先进工作者庆五一座谈会，在青浦电视台开设《劳动者之歌》专栏等形式，充分展示劳模风采，扩大劳模精神在全社会的影响力、感召力，在全区上下进一步营造学习劳模、赶超先进、争创一流、共谋发展的氛围。

（马美君）

【崇明县召开劳模表彰大会】 4月29日，崇明县举行县2007—2009年度上海市劳动模范表彰大会，表彰和弘扬在构建和谐崇明、生态崇明的实践中，为崇明经济发展和社会进步作出卓著贡献的上海市劳动模范、先进

召开“2010年上海市卫生系统劳模表彰大会” （吴嘉民）

工作者和模范集体。崇明县四套班子主要领导出席会议并向县2007—2009年度14名上海市劳动模范、先进工作者和4个模范集体代表颁发奖章和证书。表彰大会由县委副书记、县长赵奇主持，市总工会副主席陈国华和县委书记彭沉雷分别在会上讲话。 （易建军）

【华谊集团表彰劳模先进】 4月25日，集团举行“感动的力量”劳模先进颁奖大会。大会采用声、光、电、视频等手段，多渠道、全方位地展示、宣传劳模先进事迹和“爱岗敬业、争创一流，艰苦奋斗、勇于创新，淡泊名利、甘于奉献”的伟大劳模精神。会上共表彰了集团2010年全国劳模3名、2007—2009年度上海市劳动模范12名、上海市模范集体5个、上海市工人先锋号6个；2007—2009年度集团先进生产（工作）者109名、先进集体60个。 （王有福）

【医药工会举行先进表彰暨劳模事迹报告会】 5月25日，医药工会在上海科学会堂举行先进表彰暨劳模事迹报告会。会议表彰了新近当选的全国和上海市劳动模范、模范集体和2007—2009年度上药集团先进生产（工作）者、先进集体，号召广大员工向劳模学习，立足本职，尽心尽力，为实现上药新的发展立新功。全国劳动模范朱阳等6位全国劳模、上海市劳模和上医股份全国销售部等4个上海市模范集体代表作了发言。医药工会还专门制作了劳模事迹报告会的光盘，下发到各企业组织班组职工学习。 （李晨海）

【上海石化开展劳模、先进推荐评选活动】 上海石化工会认真做好2010年全国劳模、2007—2009年度上海市劳模（模范集体）、2008—2009年度公司标兵和先进的推荐、评选工作，共有1人被评为全国劳模，5人被评为上海市劳模，3个集体被评为上海市模范集体；10人被评为公司标兵，58人被评为公司先进。同时，开展好公司五期工程建设立功评选活动，12个单位和部门被评为立功集体，5人记一等功，30人记二等功，64人记三等功，13人被评为优秀组织者。 （盛立新）

【上海船舶工会弘扬劳模精神开展创先争优活动】 工会引导广大职工学习劳模精神，弘扬工人阶级伟大品格，为振兴和发展船舶工业建功立业。4月，举行2010年全国劳模、2007—2009年上海市劳模、先进工作者、模范集体表彰大会。会后，上海公司工会及时开展劳模事迹宣传，积极营造学习模范、创先争优的良好氛围。收集整理上海公司系统劳模事迹材料，制成图板后在基层单位展出，参观职工达3万余人。各基层单位以广播、厂报、OA网、图板、黑板报、班组学习资料等形式，广泛宣传劳模先进事迹，结合实际，积极开展劳模工作室、劳模带徒传艺、劳模示范岗等各具特色的由劳模领军的技术学习、技术交流、技术帮教和技术提高活动，沪东工会成立全国劳模张翼飞焊接技术研究室，由数名“劳模级”焊接高手定期开展技术辅导、技术交流活动，推动企业焊接工艺技术水平的提高。 （曹全梁）

【上港集团工会通过多种途径宣传弘扬劳模精神】 一是召开集团劳模表彰大会暨劳模事迹报告会。下发《关于开展向全国劳动模范包起帆、蒋工圣和2007—2009年度上海市劳动模范江伟国等同志学习的决定》；盛东

上港集团召开劳模事迹报告会，集团领导与2010年度集团劳模和先进代表合影 （戴龙骏）

集装箱码头公司桥吊司机张彦代表获奖劳模在会上向集团广大职工发出“不辱使命,不负重托,为推动强港建设,加快上海国际航运中心建设再立新功”倡议书;港务工程公司等6家单位在会上进行劳模事迹演讲。二是举办劳模事迹宣传展板下基层巡展活动,同时在集团的《上海海港报》上开辟“走近劳模”专栏,宣传集团劳动模范和模范集体的先进事迹。三是组织集团近160名市级以上劳动模范、集团先进标兵和先进集体代表赴台湾的高雄港、台中港和基隆港交流考察和观光。 (焦小涵)

【运输工会注重弘扬劳模精神和关心劳模生活】 (1)举办劳模先进事迹报告会。报告会采用事迹宣讲与PPT同步播放的形式,介绍与展示10位新当选的全国劳模、市劳模、2个市劳模集体先进事迹。(2)编辑出版《交运报》专版。利用《交运报》宣传载体开设专版,对新当选的全国劳模、市劳模和劳模集体进行事迹介绍,激励交运职工争当时代先锋,为交运发展建功立业。(3)关爱劳模生活。为151名在职、退休劳模赠送400元一张的家庭保洁卡,让广大在职、退休劳模共享改革发展的成果。(4)开展劳模先进休养活动。组织75名劳模先进代表赴武夷山休养。(5)组织劳模参观世博游园活动。有129名在职、退休劳模赴世博园参观,身临其境感受世界各国的建筑风格,体验高科技发展带来的新生活。 (王 勤)

【建工工会以劳模评选为契机掀起学习宣传劳模先进热潮】 在全国劳模和上海市劳模的评选过程中,集团工会以高度的责任感和使命感认真做好劳模评选工作和宣传工作,坚持把评选劳模的过程作为学习劳模事迹、宣传劳模精神的过程。2010年,集团共有8人被评为全国劳模和全国五一劳动奖章,18人被评为上海市劳模;有11家企业和集体荣获全国五一劳动奖状和上海市劳模集体称号。另外还评选出集团世博工程优秀建设标兵35名;优秀工程建设者230名,其中有30名农民工代表。评选后,一是通过精心组织,隆重召开劳模庆功表彰会,请集团党政领导为新当选的劳模颁奖并合影留念,使劳模倍感光荣和自豪;二是通过下发《关于在全集团开展向劳动模范学习的通知》,由集团党政联合发文,进一步掀起“学习劳模、尊重劳模、崇尚劳模、争当劳模”的热潮;三是通过编印劳模事迹专刊、举办劳模事迹图片展览和宣传全国劳模费跃忠的先进事迹,使劳模精神广为流传,进一步营造“尊重劳动、尊重知识、尊重人才、尊重创造”的良好氛围。 (杨钟春)

【交港局工会开展体育冠军、劳模与年轻公务员、学生面对面交流】 6月9日,在交港局工会与公用事业学校的共同策划与安排下,来自黑龙江省的8位奥运冠军和世界冠军杨扬、王濛、申雪、赵宏博、孙玲玲、王冰玉、柳荫、岳清爽、周妍与交港局全国劳模马卫星、上海市劳模张松春等与交通港航行业年轻公务员和青年学生进行面对面交流活动。奥运冠军、世界冠军和劳模们勉励年轻公务员和青年学生珍惜世博会的大好时机,努力拼搏,爱岗敬业,共创祖国美好未来。

(周建荣)

【城投总公司工会开展劳模推荐评选工作】 4月28日,总公司工会召开“保世博,庆五一,学劳模,赶先进”劳模先进表彰会。通报表彰公司全国劳模、市劳模、市模范集体名单;表彰2009年度城投系统“五星五型”班组、工人先锋号;宣讲劳模先进事迹;学习胡锦涛总书记在2010年全国劳动模范和先进工作者表彰大会上发表的重要讲话;向城投系统班组及全体职工发出“服务世博做贡献,岗位建功当先锋”的倡议,在城投系统全体职工中掀起学习劳模、弘扬先进、比学赶帮超的热潮。 (茅瑞喆)

【百联集团举行先进表彰大会】 11月12日,百联集团工会举行“激情在百联”先进表彰大会,以“传承精神、跨越梦想”为主题,着重回顾集团在劳模培育、迎办世博和创新创效方面走过的奋斗之路,通过百联股份世博店《难说再见》、联华股份快客世博园区域《有快客就有快乐》等世博先进事迹情景剧表演,百联沪东汽车“汽车营销服务‘5R’管理”等创新创效获奖项目现场访谈,表现出“孜孜不倦、百折不挠、慷慨无私”的劳模精神、“勤于学习、勇于拼搏、善于创新”的世博精神和“立足岗位、刻苦钻研、团队协作”的创新精神。 (姜 杰)

【市医务工会推进弘扬劳模精神的“五个一工程”】 2010年,全市卫生系统新产生9位全国先进工作者、45位上海市先进工作者及16个模范集体。市医务工会以此为契机,深入开展“五个一工程”活动,在全市卫生系统宣传弘扬劳模精神。(1)召开一次宣传弘扬劳模精神推进大会。6月,召开上海市卫生系统劳模表彰大会,新当选全国(上海市)先进工作者与模范集体代表受到表彰,三位先进个人与集体代表交流先进事迹。(2)汇编一本劳模事迹专辑。编印《白衣天使的典范》一书,荟萃新当选劳模个人与集体的典型事迹,该书获得上海市十佳劳模读本。(3)发行一套劳模宣传片。开展新当选劳模个人与集体电视片的征集活动,制作《“健康卫士、时代先锋”——2010年度全国先进工作者、2007—2009年度上海市先进工作者与模范集体》事迹宣传片。(4)制作一本劳模台历。制作精美的2011年台历,汇集2010年9位全国先进工作者、45位上海市先进工作者简要事迹及工作照片,在卫生系统广泛宣传劳模的时代风采与高尚情操。(5)组织系列劳模大型义诊,回报服务社会。先后组织了“第四批卫生系统医学志愿者为劳模保健咨询服务结对活动暨百名医学专家大型义诊——迎世博倒计时100天主题活动”、“世博健康行”百名医学专家大型慈善义诊——上海市卫生、医药行业职工世博文明志愿者集中服务日活动和援疆义诊活动,受到市民的欢迎。

(池朝霞)

【光明食品集团工会认真做好劳模宣传服务工作】 (1)推荐申报全国劳动模范1人、上海市劳动模范9人、上海市模范集体4个,分别受到国务院和上海市人民政府的表彰。(2)召开集团劳模座谈会。与会劳模和模范集体代表畅谈获奖感言,吐露再创佳绩的心声。(3)成立劳模事迹报告团。深入市区和近郊公司,远赴江苏大丰

3家农场进行巡回演讲,共举办16场劳模事迹报告会,听众达3300多人,为广大干部职工送去丰富的精神食粮。(4)关心劳模生活和身体健康,首次组织劳模赴三亚疗休养。(5)完成对全系统退休全国劳模、市劳模特殊困难情况的调查摸底。(桑树德)

【良友集团工会召开五一先进表彰大会】 4月28日,良友集团召开五一先进表彰大会。会上,集团领导向获得全国劳动模范、上海市劳动模范、上海市模范职工之家、模范职工小家以及2008—2009年度集团先进职工之家、优秀工会工作者和优秀工会积极分子代表颁奖。全国劳动模范代表万国良、集团先进职工之家代表孙关鑫、集团优秀工会工作者代表吴秋蔚、集团优秀工会积极分子代表张卫珍在会上作交流发言。另外,良友集团工会下发《关于开展向全国劳动模范万国良同志学习的通知》,号召全体良友职工学习万国良爱企爱岗、忠于职守的敬业精神,任劳任怨、默默耕耘的奉献精神,勇于创新、敢于争先的开拓精神,刻苦钻研、提升技能的进取精神。(刘国成 高磊)

【市民政局表彰劳模先进】 5月7日,市民政局召开2010年劳模、先进工作者表彰暨劳模带徒签约大会。大会向新当选的局2010年全国劳模,2007—2009年度上海市先进工作者、模范集体颁发了奖章、证书和奖牌。新当选的劳模及模范集体代表先后作交流发言,并在与会人员的共同见证下签订带徒协议。表彰会后在全局迅速掀起一场学习劳模、争当劳模的热潮。(胡积伟)

【号百公司电子商务部工会举办"与号百共成长"主题演讲比赛】 为响应公司"学习弗雷德精神"的号召,引导员工学习、实践、发扬"弗雷德精神",电子商务部工会于10月29日举办"与号百共成长,弗雷德们在前进"主题演讲比赛。通过积极报名,各工会小组筛选推荐由中心经理、业务骨干和普通员工等组成的参赛选手12名。通过结合实际的精心准备,选手们从多角度畅谈自己学习践行"弗雷德精神"的体会。(沈匀)

【工会管理职业学院与奉贤区总工会共同建成劳模宣传教育实训基地】 11月,由上海工会管理职业学院和奉贤区总工会共同挂牌的"劳模宣传教育实训基地"正式投入使用。基地建筑面积为550平方米,可容纳200名学生,主要分为劳模风采展示区、劳模精神在线教育区、学习成果展示区3个主体区域,配有网络多媒体等设施。建设劳模宣传教育基地,以劳模风采引领大学生成长,是积极探索发挥劳动模范在学生职业精神教育中引导、示范和辐射作用的有益尝试,是全面提高学生综合职业素质的有效途径。(兰宇新)

中国商飞上海飞机设计研究院举办劳模先进事迹报告会 (王贝尔)

【上海市高校首场劳模先进事迹报告会在工会学院举行】 5月26日,劳模先进事迹报告会暨高校首场报告在工会学院举行,来自各系部师生代表近300人聆听了全国劳动模范和先进工作者的先进事迹报告。报告会是由市委宣传部、市总工会联合开展的"大力弘扬新时期劳模精神"主题活动之一。运用劳模事迹报告会、劳模讲座、论坛等载体开展的"大力弘扬劳模精神,争做爱岗敬业人才"系列活动,是学院"劳模育人机制"的重要组成部分,目的是用劳模的先进事迹感召学生,用劳模的优秀品质引领学生,推进学生素质工程进一步深化。(兰宇新)

【工会学院开展"学习劳模精神·弘扬工人阶级伟大品格"主题活动】 9月1日,包起帆、李斌、徐虎等39位各行业著名劳动模范作为上海工会管理职业学院特聘的"新生德育导师",为2010级新生召开劳模主题班会。工会学院把劳模请进课堂为新生开展入学的第一堂德育课,旨在让大一新生通过了解劳模的事迹,走进劳模的世界,培养职业理想,在开始职业之路前就能逐步形成正确的价值观和良好的职业精神。劳模主题班会后,随即召开"劳模育人机制"研讨会,学院领导与学院特聘的劳模德育导师、劳模专业导师、劳模就业导师们共同探讨了增强劳模育人工作的新规律、新途径,并就如何充分发挥劳动模范在提升高职院校学生职业素养中的引导、示范和辐射作用等课题进行了深入研讨。会上,包起帆被聘为学院"大学生思想政治教育工作委员会名誉主任",徐虎、王震、吴尔愉等12位劳模被聘为学院"专业指导委员会主任委员"。(兰宇新)

培育提高劳模

【虹口区总工会建立"劳模三室"】 为充分发挥劳模先进示范引领作用,形成劳模服务职工和劳模服务劳模的工作模式,虹口区总工会利用劳模先进评选、表彰契机,建立"劳模三室"制度(劳模荣誉室、劳模志愿者工作室、劳模活动室),并健全相关工作制度。在2010年虹口区五一表彰大会前，“虹口区劳模荣誉室”正式落成揭幕，虹口区将定期安排劳模志愿者工作室的劳模为居民提供咨询等服务。

（徐 洁）

【杨浦区总工会聘请劳模讲师开班授课】 3月5日，杨浦区总工会举办杨浦区特困家庭优秀子女高、初三学生升学免费辅导班，聘请11名劳模志愿者和优秀教师志愿者执教，招收320名学员，由东宫进修学校承担具体教学组织工作。区总工会联手区劳模协会、教育工会制定教学安排和管理规范，派专人了解教师、学生需求，并及时向家长反馈学生学习情况。

（舒荣康）

【静安区总工会与区文明办、区商务委联合开展劳模巡访】 6月18日，静安区总工会与区文明办、区商务委联合组织商业服务业优质服务劳模巡访活动。区商业服务业优质服务劳模督导、区服务明星讲师团成员华惠虹、王凌云以及九百、梅龙镇等系统和集团公司的工会主席，对城市超市商城店、北京西路王家沙店、九百世纪食品城以及久光百货、雷允上药城区等服务窗口进行巡访检查。检查结束后，区总工会及时将劳模们提出的意见和建议反馈给被检查单位。

（陈章翠）

【机电工会从三方面发挥劳模先进引领作用】 一是发挥劳模先进在提升职工学习热情上的引领作用。注重把学劳模活动与岗位练兵、岗位成才结合起来，引发职工学技术、上等级、岗位成才的热潮。二是发挥劳模先进在培养职工技术技能上的引领作用。整合教育资源，建立“上海电气李斌技师学院”，作为学劳模、培养高技能人才的基地。李斌技师学院已经成为国家劳动和社会保障部确定的国家高技能人才培训基地、全国数控网络培训中心上海市分中心。三是发挥劳模先进在提高职工技术创新上的引领作用。建立起以劳模领衔的首席技师工作室，由全国或上海市劳模、上海电气首席技师领衔，带领多名高级技术人才，与企业的一线生产技术人员共同进行技术攻关和创新，推动企业发展。

（冯克华）

【华谊集团工会建立劳模技师工作室】 华谊集团劳模技师工作室主要由获得全国、上海市劳动模范荣誉称号的劳模，以及具备技师、高级技师资质和技术能力突出、绩效考核优秀的高级技术工人等技能尖子所组成。劳模技师工作室作用，一是带动生产技术的普及应用，推广先进技术，开展技术创新、革新活动，参与技术攻关，协助企业促进技术成果转化；二是组织联络技术工人参加继续教育和培训工作，促进技师、高级技师后备人才的培训；三是建立技能人才和技能成果信息库，展示技能创新成果；四是积极参与岗位带头人、师傅带徒弟活动，引导员工岗位成才；五是向岗位资质认证机构举荐申请鉴定人的技术能力情况；六是反映技术工人意见和要求，维护合法权益，协助企业制订和落实使用与培训考核相结合、待遇与业绩相联系的技术人才激励措施。

（张雪莲）

2010年度全国劳动模范获得者、被誉为“微笑天使”的中国移动上海公司南区分公司九江路营业厅厅经理景伟娟，在与伙伴们交流手语技巧

（麦文胜）

【烟草工会建立劳模先进培育机制成效显著】 烟草工会坚持把劳模先进群体培育工作，作为一项提升职工素质的“品牌”工程来抓，在集团范围内广泛推介“劳模先进是培育出来的”理念，大力营造“学习劳模、崇尚劳模、争当劳模”的氛围。据此，专门制定下发了《加强基层劳模先进群体培育管理工作的指导意见》文件，明确了集团、基层两个层面的培育职责、任务区分和措施要求，建立起“专人帮带、季度评价、年年调整”的工作制度，形成“劳模先进评选提前一步走”的培育模式。建成培育选树劳模示范点3个。在劳模培育机制的作用下，集团内荣获省（部）级以上劳动模范称号的职工有20名，其中全国劳动模范1名、市级劳动模范8名、行业级劳动模范4名、市级五一劳动奖章7个；获得省（部）级以上先进集体荣誉称号15个，其中全国工人先锋号1个、全国烟草行业先进集体3个、上海市五一劳动奖状1个、上海市工人先锋号10个。

（江洪生）

【烟草工会选树“劳模示范点”扩大辐射效应】 烟草工会始终把弘扬劳模精神，拓展劳模先进成长和发展平台作为工会的重点工作来抓。2010年，先后为储运公司原料物流二部上海市劳模范荣工作点、海烟物流发展有限公司行业级劳模柳捷工作室、烟机公司全国劳模黄留展技术交流培训中心举行“劳模示范点”授牌仪式。局、（集团）公司党组纪检组组长、工会主席解建伟亲自为“劳模示范点”揭牌，并要求“劳模示范点”发挥品牌优势和特色，为集团推进“队伍建设上水平”作贡献。

（江洪生）

【全国劳动模范张庆雄工作室揭牌】 张庆雄是2010年被评为全国劳模的浦江桥隧公司员工。9月8日，在上海市政公路养护赛区"迎国庆、保世博、讲奉献、展形象"立功竞赛推进暨劳模事迹报告会上，市建设交通工作党委副巡视员、工会主任周炜和上海市政公路工程行业协会党委书记、上海市政公路立功竞赛养护赛区领导小组组长陈明德为"全国劳动模范张庆雄同志工作室"揭牌。建立劳模工作室，目的是发挥劳模的岗位优势，通过发扬劳模的时代精神，打造知识型、技术型、复合型、创新型的爱岗敬业、创新钻研的人才队伍，推动企业发展。张庆雄和新当选的上海市劳动模范及模范集体代表在会上作报告。 （刘永明）

8月12日至14日，上海市卫生局、市医务工会组织卫生系统劳模专家进行援疆义诊。 （柯 婷）

【市绿化局工会搭建模范结对平台推动完成世博保障任务】 为达到"整洁、有序、美观、平稳"世博保障目标，市绿化和市容局工会、上海市市容环境行业工会搭建模范集体与窗口班组（分队）结对平台。结对集体互动联动、巡访挑刺、互学共勉、交流方法，不断提高攻坚克难、破解难题的能力，共同创造"五大作业法"（集中快速清扫法、蛇形跟进游走法、紧急应对手捡法、机械辅助保洁法和夜间深度保洁法），打赢"八大漂亮仗"（园区开放环境整洁战、建筑垃圾清运战、压力测试应对战、盛大开幕保卫战、场馆蛇阵攻坚战、绿萍外围阻击战、奋战'三高'保障战、广场翻新保洁战），为世博的"成功、精彩、难忘"作贡献。 （张慧萍）

【上海水产集团深化劳模、名师带徒活动】 为加快技术人才培养，上海水产集团工会开展劳模、名师带徒活动。集团各级工会统筹协调、精心组织，26名劳模先进、技师带徒31人，尤其是在远洋渔业技术技能岗位上，持续开展活动，成为企业人才培养的一条快速通道。 （汤宝龙）

【市教育工会组织劳模和优秀教师赴黔南义务讲学】 在贯彻落实《国家中长期教育改革和发展规划纲要》有关精神中，市教育工会充分利用上海教育的优势和资源，支持和促进西部地区教育发展和师资队伍建设，于7月上旬组织部分普教系统劳模、优秀教师赴贵州省黔南州进行义务讲学。由全国劳模、特级教师、全国关工委教育专家指导中心副主任冯恩洪领衔的6位劳模和特级校长、特级教师，在贵州省荔波县为全州12个县市各级各类学校的1500名教师举行教育管理、语文、数学、英语、化学等6个专场报告会，向地处偏远山区的教师们讲述各学科近年改革与发展的新动向，并结合自己多年管理和教学的实践经验，阐述了教育教学工作新思路、新理念、新方法，并与听讲的教师和校长们进行互动交流。 （张渭明）

【医务工会组织开展"迎世博倒计时100天"主题活动】 1月17日，以"医学专家服务劳模，医学劳模服务社会"为主题的第四批卫生系统医学志愿者为劳模保健咨询服务结对仪式暨百名医学专家大型义诊活动在上海展览中心举行。由市卫生局、市卫生系统精神文明建设委员会、医务工会联合组织的这次"迎世博倒计时100天"主题活动，掀起了全市"迎接世博、冲刺100"的首个高潮。医学专家与劳模结对活动作为卫生系统优良的传统项目，自开展以来已经先后组织了3批，共800位劳模得到了医学专家的义务服务，深受好评。第四批结对活动有来自全市15家市级综合性医院、具备副主任医师以上职称的214名医学志愿者参与，他们与全市800多名劳动模范结对，提供为期2年的医疗保健咨询服务。结对仪式后，21家市级医疗机构和黄浦、卢湾、徐汇、静安、长宁、杨浦等6区15家区级医疗机构的104位医学专家举行大型义诊活动。复旦大学附属中山医院前院长、卫生部劳模杨秉辉教授还在义诊现场开设了健康讲座。 （吴嘉民 池朝霞）

【市卫生系统组织劳模专家开展援疆义诊】 8月12—14日，上海市卫生局、市医务工会组织卫生系统劳模专家进行援疆义诊。参加义诊的19名副高以上医学专家来自市卫生系统12家单位，其中三分之一是省部级以上劳模。著名劳模、华东医院党委书记、院长俞卓伟，复旦大学附属中山医院副院长樊嘉，上海中医药大学附属龙华医院副院长王拥军等都积极投身此次援疆义诊。上海卫生系统劳模专家分组到巴楚、莎车、叶城和泽普等4个上海市对口援建县为当地百姓服务。据统计，3天援疆义诊共接诊600余人。在此期间，上海专家们还参与当地医院查房，并与当地医学同行进行业务交流。 （柯 婷）

【市级机关工会组织劳模参加世博志愿者服务】 4月10日，市级机关工会启动"我与世博共奋进"——劳模先进世博志愿服务示范活动以来，来自系统不同行业部门的全国和上海市劳动模范、三八红旗手等60名先进工作者,与上海电视台、上海城市超市的青年志愿者结对共建,分别在南京西路青海路、南京西路西康路的上海世博城市志愿服务站点设立"市级机关先进示范岗"。劳模先进们与站点志愿者一起共同参加世博城市志愿服务,向社会展示劳模先进风采,为世博志愿服务作出积极贡献。（王强鹰）

关心服务劳模

【市总工会加强对市劳模关心帮扶工作力度】 9月29日,市总工会就加大对市劳模帮困力度的工作专门呈报韩正市长,建议上海市劳模帮困与中央相关政策对接,对市劳模发放"三金":一是提高劳模特殊困难帮困金,专项用于帮助因疾病、意外灾害和其他特殊原因造成生活困难的市劳模;二是建立劳模低收入生活困难补助金,重点对象是收入较低的离退休市劳模;三是建立市劳模元旦春节慰问金,对市劳模每人每年发放元旦春节慰问金。同时,为更好地保障劳模的身体健康,建立劳模体检制度,实行劳模健康管理。（李 伟）

【浦东新区劳模协会换届】 12月21日,浦东新区劳模协会第四次代表大会在浦东新区党校召开,来自全区各行各业的劳模代表与应邀列席代表共计180余人参加。会议审议通过了浦东新区第三届劳模协会《工作报告》和《财务工作报告》,并修改浦东新区劳模协会章程。会议选举姜鸣为浦东新区劳模协会第四届理事会会长,山佳明、王超、朱永兴、刘芹弟、吴慧芳、何新源、陆敏之、周成建、费钧德、徐惠平、黄远亮、黄斌香等12人为副会长,徐惠平为秘书长,并聘请赵卫星为劳模协会名誉会长。（陈建林）

【浦东新区劳模协会组织退休劳模参加疗休养】 10月中旬,新区劳模协会分四批组织200余位退休劳模赴南浔、安吉进行为期3天的疗休养活动。新区总工会领导十分重视,要求在日程安排上适合老年人的节奏,晚出早归,轻松休闲,并每批安排2名工作人员带队,确保做好服务和安全工作。活动期间,老劳模们分别游览了驰名中外的南浔古镇、中南百草园、中国大竹海,并登上了海拔928米的江南天池,参观了亚洲第一、世界第二的抽水蓄能发电站。3天的疗休养活动,劳模们对行程安排满意。（陈建林）

【普陀区总工会开展"喜迎世博、建功普陀"劳模先进迎春系列活动】 2月3日,普陀区总工会启动"喜迎世博、建功普陀"2010年劳模先进迎春系列活动,将党和政府对劳模先进的关怀送到全区在职、退休、支内回沪等360名劳模先进手中。一是结合迎春团拜活动,举办"百名劳模先进迎春考察活动"。组织全区近百名劳模先进和职工优秀人才参观考察长江隧桥,感受上海的飞速发展。二是结合春节慰问走访,开展"万千慰问送到劳模手中活动"。组织全区各级工会向劳模发放价值20余万元的慰问金、慰问品。三是结合新一届市劳模先进评选活动,启动开展"万名职工建功普陀行动"。在全区上下大力宣传弘扬先进模范人物的先进思想、模范事迹和崇高精神,号召全区职工以劳模先进为榜样,当好世博东道主,为加快推进和谐新普陀建设作贡献。（李 悦）

【虹口区劳模先进企业家俱乐部正式成立】 10月25日,虹口区总工会成立虹口区劳模先进企业家俱乐部。成立的目的是通过俱乐部的形式,搭建学习、交流和沟通的工作平台及工作网络,把区域内劳模先进企业家凝聚起来,更好地为区域经济和社会发展作贡献;同时帮助劳模先进企业家解决工作、学习和生活上遇到的困难。（徐 洁）

【静安区领导走访慰问劳模代表】 2月2—3日,区委常委、区公安分局局长薛小明等区领导,在区总工会领导的陪同下,分别走访唐涌志等5位劳模代表,在春节即将到来之际,为劳模们送上党和政府的深切关怀和节日的祝福。为将区委、区政府对广大劳模的关爱落到实处,元旦春节期间,区总工会从劳模专项经费中拨出专款,为全区的全国、上海市劳模发放节日慰问金,为部分遇到特殊困难的劳模发放帮扶金,走访慰问部分全国劳模、退休特困劳模,共慰问、帮扶劳模140人次,发放帮扶慰问金近10万元。（丁臣亮）

【宝山区总工会为退休劳模免费体检】 11月11—12日,宝山区总工会为退休劳模免费健康体检。区总工会从2007年起以劳模之家为服务平台,在退休劳模中组织开展免费健康体检活动,按照每两年为区管退休劳模免费体检一次的总体安排,组织宝山区市级劳模和支内回沪劳模近160人,赴上海市一医院宝山分院参加免费健康体检。（胡立伟）

【嘉定区开展劳模专项体检】 9月13—29日,嘉定区总工会与区劳模协

松江区总工会把关爱劳模工作落到实处（夏 晖）

会组织全区退休劳模、在职市劳模和因企业破产倒闭等原因造成无主管单位的市劳模，到上海海鹤医院参加免费健康体检。11月起，又分批组织当年退休的劳模和疑似待查需进一步复查确诊的退休劳模共21名，前往上海455医院进行pet-ct检查。自2005年以来，区总工会一直将劳模免费体检列为实事项目，并专门制订《嘉定区劳模超亚健康体检计划书》，同时为劳模们建立健康档案。（徐　浩）

【青浦区开展百名劳模月月帮活动】 五一节前夕，青浦区总工会和中裕置业有限公司决定共同开展青浦区"百名劳模月月帮"活动。每年确定100名家庭生活困难劳模，由中裕公司出资发放生活补贴进行定点帮扶。根据协议内容，"月月帮"工作初定开展两年，两年期满以后，区总工会和中裕公司将根据实际情况，另行签署合作协议。（马美君）

【崇明县总工会将关心劳模工作落到实处】 9月14—16日，崇明县总工会组织全县各行各业、各条战线上的在职、离退休及农村劳模在新华医院崇明分院免费接受身体检查。这次劳模体检分3批进行，共有359名劳模参加体检，体检费用达19万余元。崇明共有各级各类劳模399人。县总工会重视关心服务劳模工作，对全县劳模每年进行一次全面系统地调查登记，及时掌握劳模动态，对患有重大疾病或遭受意外灾害造成生活困难的劳模实施专项困难救助，仅2010年，就为全县困难劳模发放各项困难补助17万元。同时，县总工会以保障劳模身体健康、提高劳模生活质量为宗旨，每两年一次组织全体劳模进行身体健康检查和外出疗休养，县总工会还与相关部门协调，先后为全县88名农村劳模实行了户口农转非，解决他们的后顾之忧。（易建军）

【机电工会向老劳模赠送电动代步车】 10月18日，市总工会、上海电气（集团）总公司和机电工会在上海世博园区城市最佳实践区沪上生态家园，召开践行世博主题，共享世博成果捐赠仪式，向部分行走困难的老劳模捐赠由上海电气研制的电动代步车。为应对老龄化社会的到来，上海电气中央研究院分别在2006、2007和2008年度相继完成助老智能轮椅、带机械臂助老智能轮椅和国产化智能型助老轮椅控制器的研制工作，并形成系列化的产品。通过不懈的努力，2009年又在上海世博会举办前完成了80辆电动代步车的小批量生产，通过在世博园区最佳实践区沪上生态家园的展出。此次上海电气向全市老劳模共捐赠30辆电动代步车。（朱汉民）

【纺织工会组织劳模参加世博会试运行】 纺织工会和纺织退管会在4月23—24日组织部分退休劳模和在职劳模参加上海世博会试运行参观活动。纺织工会专门租借14辆大巴，为劳模参观活动提供服务。由于退休劳模年龄大、身体弱，工会特意配备随车医生照料。工会和退管会干部全程陪同，保障劳模参观有序和人身安全。（杜伟钧）

【中建八局工会组织劳模先进参观世博会】 9月20日，中建八局工会组织百名劳模先进参观上海世博会，劳模先进们先后参观中国国家馆以及八局承建的西班牙馆、法国馆、摩洛哥馆等。现场观博之前，八局工会邀请华东建筑设计院总工程师、中国工程设计大师、全国劳模汪大绥为参观劳模先进讲解世博会的历史渊源，介绍上海世博会概况和主要场馆精彩看点，使大家对世博会有了总体认识。为借鉴世博场馆建设理念，发挥劳模先进的聪明才智，中建八局工会在劳模先进参观后召开座谈会，与会劳模先进畅谈感受及体会，为企业快速发展建言献策。（王广滨　宋向群）

【监狱局工会为劳模开展"121"服务活动】 监狱局工会切实关心服务劳模，逢节日走访慰问劳模，有困难帮助服务劳模。在世博会来临之际，为了让每个劳模都能参观世博、感受世博，监狱局工会开展了"121"活动，慰问12名在职和退休市级劳模，送上1封慰问信、2张世博门票和1张世博消费卡，表达对劳模的敬意。（江海群）

保障政策选辑

关于调整本市最低工资标准的通知

经市政府同意，本市从2010年4月1日起调整最低工资标准，现就有关事项通知如下：

一、月最低工资标准从960元调整为1120元。下列项目不作为月最低工资的组成部分，单位应按规定另行支付：

（一）个人依法缴纳的社会保险费和住房公积金。

（二）延长法定工作时间的工资。

（三）中班、夜班、高温、低温、井下、有毒有害等特殊工作环境、条件下的津贴。

（四）伙食补贴（饭贴）、上下班交通费补贴、住房补贴。

二、非全日制小时最低工资标准从8元调整为9元。小时最低工资标准不包括个人和单位依法缴纳的社会保险费，相关社会保险费单位应按规定另行支付。

工会组织建设

Union Organizations Building

综　述

2010年，市总工会坚持"巩固、提高、发展"的工作思路，坚持"领导负责、目标分解、中途督查、情况通报、考核评比"的工作方法，克服困难，以服务业、小型非公企业为重点，吸纳来沪务工人员农民工和非在编人员入会，继续推进世界500强等外商投资、港澳台资企业组建工会，继续推进区域性、行业性工会联合会和职业化、社会化工会工作者队伍建设。至9月底，全市工会会员数达7601614名、工会组织数为53748个、工会组织覆盖单位214176家。与上年同期相比，净增会员333241名、工会组织1832个、工会组织覆盖单位13407家。(1)明确各级工会主席是组建工作第一责任人，充分整合各方资源，形成合力，共同推进。(2)落实全总目标任务，早计划早部署。在研究分析相关数据，充分考虑世博筹办举办期间企业职工变化等诸多因素基础上，结合实际，年初将年度组建工作目标分解下达各区县局(产业)工会。各级工会以签订《目标责任制》等形式贯彻落实。(3)抓住工作重点，加强指导服务。市总工会组织部以18个区县和30个局(产业)、开发区工会为推进重点，全年召开8次工作例会、督查80多个单位，做好指导服务工作。(4)继续推进世界500强和台资企业建会。根据市总工会两次台资企业工会组建工作专题会议精神，在松江、闵行、徐汇等台资企业集中的地区，推进台资企业建会。(5)服务世博，党工共建。根据"平安世博"和园区党建工作的要求，市总工会在浦东、黄浦、卢湾等区建立3个工会工作委员会，并在园区内建立20个临时工会组织，百联、汽车集团等也建立了工会工作委员会，实现了园区内工会组织的全覆盖。(6)按照"必需必要"的原则，着力推进区域性、行业性工会联合会建设和社会化、职业化工会工作者队伍建设，形成区域性和行业性"条块结合，交叉覆盖"的工会组建、维权工作格局。在杨浦区开展"区域性、行业性基层工会联合会聘用专职工会工作人员工资分级负担试点"工作。(7)在全市开展"广普查、深组建、全覆盖"集中行动，实现全总三年工会组建目标任务。(8)树立先进典型。开展全国模范职工之家、全国模范职工小家、全国示范乡镇(街道)工会评选活动，进行2010年上海市工会组建工作考核并表彰先进。　(刘卫新)

工会组建

【市总工会召开2010年上海市工会组织工作总结交流暨表彰大会】 12月15日，市总工会召开"2010年上海市工会组织工作总结交流暨表彰大会"，总结2010年工会组织工作，部署2011年工会组织工作任务。市总工会副主席汪兰洁主持会议并通报了2010年全市工会组织建设工作情况。市总工会党组副书记、副主席肖堃涛出席会议并讲话。大会提出，未来两年上海工会要全面加快在企业普遍建立工会组织的步伐，实现到2012年企业依法普遍组建工会，职工普遍入会的目标。大会要求，一要认清形势，坚定信心，进一步增强做好新形势下工会组织工作的责任感、紧迫感，不断开创工会组织建设工作的新局面，团结凝聚广大职工为上海率先实现经济发展方式转变、全面实现"十二五"发展目标任务作贡献。二要依法推进企业普遍建立工会组织，通过扎实开展"广普查、深组建、全覆盖"集中行动、深入推进"党工共建"、"创先争优"活动，探索工会组建工作新模式、新方法，不断扩大工会组织覆盖面。三要站在新的起点，发扬改革创新精神，进一步理顺工会组织管理体制，进一步建立健全基层工会各项民主政治制度，进一步推进职工之家建设，进一步加强工会干部教育培训，为上海工会工作创新发展提供强有力的组织保障、制度保障和人力支撑。金山区总工会、奉贤区总工会、机场工会、黄浦区总工会、汽车工会等5家单位作大会交流发言。金山区总工会等10家工会获"2010年上海市工会组建工作先进单位"、杨浦区总工会等24家工会获"2010年上海市工会组建工作优秀单位"、40个"全国模范职工之家"和40个"全国模范职工小家"等一批先进集体受到大会表彰。　(杨　娟)

【市总工会抓住调解劳资纠纷契机推进埃顿公司组建工会】 北京埃顿酒店服务有限公司上海分公司是一家主营配餐、清洁等物业管理服务的法国独资企业。公司注册徐汇区，在徐汇、静安共设立3家分公司，服务网点分布全市。在沪职工1600多名。2009年12月，埃顿公司宝山服务点保安与资方就加班费支付问题引发纠纷。市总工会相关职能部门、徐汇区总工会和天平社区总工会迅速反应，第一时间介入矛盾纠纷调解。市总工会组织部抓住契机，立即对埃顿公司组建工会开展协调、沟通，确定以徐汇区总工会为主、各单位联手协作，共同督促埃顿公司上海分公司尽快建会。徐汇区总工会、天平社区总工会在参与协调处理事件的过程中，派出专人向企业和职工耐心宣传有关法律法规，引导职工合理、合法、科学维权。经过各级工会的共同努力，埃顿公司和职工对工会组织在联系沟通政府有关部门、缓解劳资矛盾、维护企业稳定和职工队伍稳定等方面作用有了最直接深刻的体会，工会组织的地位初步凸显。企业开始重新认识工会并认可、支持工会，职工对工会组织的归属感也得到增强，组建工会最终被企业和职工双方接受。3月1日，北京埃顿酒店服务有限公司上海分公司成立工会筹备组，并在上海的3个分公司1600名员工中发展会员，筹备召开工会代表大会。　(杨　娟)

【上海工会推进区域性行业性工会联合会建设】 上海工会在"调结构、促转型"中以现代服务业、高新技术产业、新兴产业为重点，聚焦经济园区、产业基地、商务楼宇、项目工地，继续推进区域性行业性工会联合会建设，推动小型非公企业建会。至9月底，全市共有基层工会联合会2483个，覆盖会员181万名。其中，区域性工会联合会2136个，行业性工会联合会240个。基层工会联合会有社会化、职业化工会干部928人。杨浦区还被列为全国首批基层工会联合会聘用专职工作人员工资分级负担试点工作单位。　(杨　娟)

【市总工会全面落实全国总工会组建工作会议精神】 9月，"全国工会基层组织建设工作会议"召开，市总工会及时组织全市各级工会认真学习贯彻全总会议关于“两个普遍”的工作要求，制定下发《关于开展“广普查、深组建、全覆盖”集中行动的通知》。(1)在深入普查中摸清组建工作底数。各单位成立领导小组，组织力量，以第二次全国经济普查企业法人单位数为依据，推进企业建会的“四清一推进”的工作，对照企业名录逐一实地核查、摸清底数。(2)在“创先争优”活动中扩大工会组织覆盖面。一是深化“党建带工建”。市、区、街道乡镇三级工会与党委和政府职能部门普遍建立工会组建工作联席会议制度，成立由党委分管书记任组长、工会主席任副组长，组织部、统战部、宣传部、人大、安监局、台办、劳动保障局、工商联、工商局、外经委等单位负责人组成的工会组建工作领导小组。年初，各区县召开组建工作联席会议，排摸一批工会组建难点名单下发到联席会议成员单位，共同商讨攻克对策。二是进一步推进党群工作同步运作的领导机制。在既有的“党委领导、政府支持、各方配合、工会运作”的格局下，大力推进工会组建工作的同步运行的领导机制。探索区县党群干部配备上实现交叉任职、双向任职的途径和办法，部分区县和街道乡镇制定党群工作同步运作的指导意见，在部署外资企业工会组建和党的建设时实现同步计划、同步实施、同步考核、同步推进。在具体工作中形成职责上分、行动上合，工作上分、思想上合，任务上分、目标上合的“三分三合”联动领导机制，并将工会组建工作目标纳入到党委政府工作考核体系中。(3)在“调结构、促转型”中抓住建会重点、把握建会要求。一是明确建会重点领域和重点对象。主动适应经济社会发展需要，重视国资国企重组中的工会组织调整和重建工作，重点关注和推进现代服务业、高新技术产业、新兴产业工会组建，大力推进小型非公企业的建会，劳务派遣单位和用工单位建会，继续推进世界500强等跨国公司、经济园区、产业基地、商务楼宇、项目工地和农民工入会。二是推进区域性行业性工会联合会建设。至年底，全市共有基层工会联合会2483个，覆盖会员181万名。其中，区域性工会联合会2136个，行业性工会联合会240个。基层工会联合会的社会化职业化工会干部928人。三是推进台资企业在内的外资企业建会。7月7日，市总与市台办联合召开台资企业工会工作座谈会，松江作为推进台资企业工会组建工作任务较重的区域，区总工会也先后召开了推进台资企业工会工作的专题座谈会。(4)在服务世博中探索工会组建工作新方法。一是主动进行工作对接。世博会筹办期间，市总工会专程到世博局调研世博园区运行期入驻服务单位和团队的有关情况，特别了解掌握“三区一局”(黄浦区、卢湾区、浦东新区和世博局)所涉及工作内容和范围。3月30日，召开专题会议研究推进世博园区运行期工会组织全覆盖工作方案、进行专项工作部署。4月1日，市总工会对推进世博园区运行期工会组织全覆盖工作制定下发文件。二是明确工作任务和要求。各区县局(产业)工会做好所有派驻世博园区的服务单位和团队的工会组建工作，实现工会组织对驻园服务单位和团队的全覆盖。世博事务协调局工会为世博运行期园区内工会工作的负责单位，在同级党委和市总工会的领导下，统筹协调开展工会组建等相关工作。浦东新区总工会、黄浦区总工会、卢湾区总工会分别建立与世博园区运行期工作相对应的工会工作委员会，接受区总工会和世博事务协调局工会的双重领导，负责开展各自驻园服务单位和团队工会组建等各项工作。(5)在推进街、镇、村“小三级工会”建设中强化基层工会工作综合实力。一是强化工会组织建设。区县工会结合街镇总工会到期换届的契机推进工会主席直选，以加强基层工会民主政治建设来进一步夯实街、镇、村“小三级工会”的组织基础。嘉定、奉贤、闸北等区总工会通过与区委组织部联合发文的形式，将村(园区)联合工会升格为村(园区)工会联合会，并就工会干部配备、职级编制等作明确规定。二是稳定工会干部队伍，提升工会干部素质。加强和完善对社会化、职业化工会干部的考核激励机制，逐步提高奖励标准，稳定工会干部队伍，强化教育培训工作，打造一支高素质基层工会干部队伍。 (杨　娟)

市总工会召开贯彻落实全国工会基层组织建设工作会议精神大会 (杨　娟)

【市总工会与市台办联合召开在沪台资企业工会工作座谈会】 7月7日，市总工会与市台办联合召开“上海市台资企业工会工作座谈会”。上海亨井联接件有限公司、震旦集团、达丰电脑等18家在沪台资企业代表应邀参加座谈。市总工会党组副书记、副主席肖堃涛，市台办副主任顾洪辉出席会议并讲话。市总工会组织部部长杜乃根主持会议并通报全市工会组建工作情况。据市总工会年初开展的在沪台资企业建会问题专项调查，18个区县和闵行、漕河泾2个开发区共有正常生产经营的台资企业3499家，职工391872名。其中，已建会的1965家，会员207541名，在已建会的1965家台资企业中，职工入会率93%。震旦、英业达、华硕、统一等一批知名台资企业已组建工会。台资企业工会在建立和谐劳动关系、促进台资企业发展中发挥重要作用，更坚定了政府支持建立企业工会的信心。会上，上海亨井连接件有限公司董事长张颖、震旦集团营运长尚建国、上海慧高精密电子仪器有限公司董事长吕永达等交流发言。（杨　娟）

杨浦区国资工会正式成立　（曹理仰）

【上海工会推进区域性行业性工会联合会建设】 上海工会在“调结构、促转型”中以现代服务业、高新技术产业、新兴产业为重点，聚焦经济园区、产业基地、商务楼宇、项目工地，继续推进区域性行业性工会联合会建设，推动小型非公企业建会。至9月底，全市共有基层工会联合会2483个，覆盖会员181万名。其中，区域性工会联合会2136个，行业性工会联合会240个。基层工会联合会有社会化、职业化工会干部928人。杨浦区还被列为全国首批基层工会联合会聘用专职工作人员工资分级负担试点工作单位。（杨　娟）

【普陀区长寿社区总工会“条块结合、两次覆盖”推进工会组建工作】 普陀区长寿社区总工会以建立基层工会联合会为突破口，实现“条块结合、两次覆盖”，进一步推进基层工会组建工作。一是进一步明确基层工会“条”、“块”之间的职能划分。以区域工会抓覆盖，通过小区、楼宇工会联合会形式提高企业组建率和职工入会率；以行业工会抓延伸，利用同业间相似性、可比性优势，提高工会组建的针对性。二是以工会联合会形式实现“两次覆盖”。即在组建基层工会基础上，组建工会联合会实现再次覆盖，有效破解单个小型企业工会组建难、职工入会难、企业工会作用发挥难的问题，最大限度地激发小型企业工会的活力，构建横向到边、纵向到底的基层工会组织覆盖机制和工会工作渗透机制，推动基层工会的组织体制由传统的纵向型向网格型延伸。（李　悦）

【闸北区开展“广普查、深组建、全覆盖”百日集中行动】 一是加强领导，制定方案。成立闸北区推进“两个普遍”工作领导小组，制定下发《关于推动企业普遍建立工会组织、普遍开展工资集体协商工作的实施意见》和《关于开展“广普查、深组建、全覆盖”工会组建百日集中行动的通知》，建立了区总工会部室负责人定点联系社区（街道）镇工会工作制度、工会主席每月例会制度、工会指导员每周例会制度、工作进度周报制度和普查工作专项奖励制度等。二是分解任务，提供支持。及时将全国第二次经济普查公布法人单位和分支机构名单按街道、镇和市北园区所属区域分解下发，并制作了工会组织普查通知和普查工作证和统一的普查项目表，做到一企一表，不漏一个单位，并加强对普查情况的培训指导和检查督促，普查结果由区总统一录入数据库。另外，按照工作数量和完成质量给予奖励。三是整合力量，组织普查。各街道、镇成立了推进“两个普遍”工作领导小组，并将开展“广普查”工作纳入党政工作议事日程，根据自身特点，整合各方力量开展普查工作，把“广普查”工作与人口普查工作相结合，借助居民区干部、党群工作者等力量，以村、小区联合工会干部和工会工作指导员为主力，借助党群工作者、物业、协管员等力量开展普查，并同步开展工会组建的宣传工作，发放建会通知，宣传建会政策，为下一步推进普遍建立工会组织工作打好基础。（王立成）

【虹口区绿地阳光园、930科技创意园成立工会联合会】 经虹口区总工会、广中和曲阳社区（街道）总工会两级工会的共同努力，11—12月，大柏树930科技创意园、上海绿地阳光园先后成立工会联合会，并选举产生园区工会联合会领导班子。两大园区工会联合会成立后，将着重探索园区工会工作的有效运转；建立上下联动、集中议事、分散办事的工作机制，畅通工作渠道，多方合力促进园区内企业发展；发挥委员年轻化的优势，探索适合园区特点的维护职工权益的工作机制和活动方式；发挥园区内各骨干企业工会的引领作用，整合资源、借势借力，打造品牌创意园区。（徐　洁）

【杨浦区总工会开展工会组建“百日攻坚”行动】 区总工会在工会组建“百日攻坚”行动中，在全面排摸区内工会组建情况基础上，根据企业实际制定出差异化建会方案。结合向企业法人代表送达工会组建告知书和约见函、开展约见谈话等工作，对企业经营者和职工开展形式多样的宣传活动。经全区各级工会共同努力，全年共推动30家长期未建工会的企业建会。（邱华阳）

【黄浦区总工会开展“广普查、深组建、全覆盖”集中行动】 9—12月，黄浦区各级工会全面开展“广普查、深组建、全覆盖”集中行动。（1）由于集中行动存在时间紧、任务重、范围广的困难,区总工会主动向区委报告并详细制订工作计划。(2)及时与区委组织部和区社会工作党委沟通,争取多方支持;开展党工共建"创先争优"活动,社区(街道)综合党委专职党群工作者与工会干部共同参与,工建内容列入调查范围,实现资源共查共享、党工联手推进。(3)统一制作和印发工会组建宣传资料,提早下拨社区(街道)总工会工作经费,为集中行动提供必要保障。(4)上下联动,确保完成任务。各社区(街道)从计划制定、人员落实、集中培训3个关节点入手,推进全区经营的1.1万家企业法人单位核查工作。南京东路社区(街道)实行包块核查方式,将待查单位按楼宇、小区等区块特点,划定范围、核查数量,做到责任到人。半淞园路社区(街道)先对待查名单进行梳理、校对和筛选,再上门调查排摸,最后分类制订组建计划。在核查中,对未建工会的单位及时送上《依法建会告知书》,宣传工会组建。至年底,共有68个企业新组建工会。其中新建新世界城、中汇大厦、来福士广场3个楼宇工会,覆盖会员3000名;新建南东餐饮行业工会,外滩辅料行业、乐器行业、生产资料行业联合工会,覆盖单位172家,发展会员3124名。 (吕诚陆)

【黄浦区新世界城楼宇工会实现全覆盖】 5月,南京东路社区总工会按照"双措并举、两次覆盖"要求,联手新世界股份有限公司,多举措破解组建难题,共同推进新世界城企业组建工会。一是在组建方法上有效破解"建会难"、"入会难"问题。在新世界城餐饮、娱乐业的非公企业中,存在着连锁店铺多,且公司总部注册在外区、尚未建会等组建难题,南京东路社区总工会按照"属地管理"、"两次覆盖"原则,探索采取属地联合、分层覆盖,垂直联合、行业覆盖和网络联合、交叉覆盖等"三联"、"三覆盖"的举措,探索"全员先入会、组织先覆盖"的"两率先"方式,有效解决入驻新世界城内的连锁商铺、专营门店等工会组建问题,从舆情、氛围和环境上形成"楼宇工会覆盖先行"的合围之势,为组建新世界城工会联合会奠定基础。在职工入会方式上,推行"网上入会"、"体外入会"等方式,吸引职工快速入会,使职工和新生代农民工能就地找到工会组织。7月底,新世界城相继建立起42家企业独立工会、1个餐饮行业联合工会,覆盖935家企业、7000名职工,率先成为黄浦区工会组织"全覆盖"的首幢楼宇,实现工会组织全覆盖,员工普遍入会。二是在组建效应上,助推"创平安世博"和新一轮劳动竞赛。新世界城工会联合会着力为餐饮、娱乐企业职工礼仪礼貌、规范服务提供培训,吸引更多职工参与"无忧消费、快乐服务"窗口服务立功竞赛,涌现一批世博服务之星、志愿者之星。 (宋忠源 吕诚陆)

【黄浦区总工会成立世博园区工会】 为举办一届成功、精彩、难忘的世博会提供坚实的组织保证,黄浦区总工会成立世博园区工会工作委员会,负责黄浦入驻世博园区服务团队的工会工作。一是维护好实习员工合法权益;二是开展关心慰问园区一线职工活动;三是组织开展平安世博、服务世博、保障世博立功竞赛;四是主动帮助解决职工的后顾之忧。同时,在排查摸底基础上,先后建立新世界(集团)有限公司和豫园商城旅游股份有限公司工会世博园区分会以及杏花楼AB片区工会等19个工会组织,发展流动会员3000名。 (贺再励)

【静安区各街道总工会组织建设取得新成效】 静安区各街道成立总工会以来,工会组织建设工作取得新成效,9月底前区内5个街道工会全部按时完成换届选举工作。一是坚持党工共建,实现非公企业工会工作的广覆盖。各街道总工会依托社区专职党群工作者队伍,将工会工作纳入到区域化大党建格局中去,使党建工建做到同步布置、同步实施、同步管理、同步检查考评的"四同步",形成"党建带动工建,工建服务党建,党工共建一体化推进"的局面。二是创新工会组织形式,工会组建工作取得飞跃式发展。在112幢商务楼宇中建立工会联合会,楼宇工会组建率保持在90%以上。先后成立10家行业工会,实现世界500强企业工会组建的全覆盖。三是依法维护职工权益,劳动关系呈现和谐发展局面。建立楼宇职代会制度、平等协商签订集体合同制度以及楼宇劳动争议调解组织等,形成以楼宇为基础的企业职工维权体系。同时,把工资集体协商纳入到楼宇职代会程序中,有效维护职工的经济权益。四是加强工会规范化建设,不断提升工会服务大局、服务职工的能力。全面推广街道总工会主席直接选举和街道工代会代表任期制。在全区街道工会换届选举工作中100%实现工会主席直选、100%通过代表任期制实施办法,夯实街道工会工作基础。

(袁洁伟)

【南京西路街道总工会成立威海路文化传媒街工会联合会】 威海路文化传媒专业街工会联合会由旺旺大厦工会联合会、三欣广告装潢有限公司工会、东方早报工会、SMG技术运营中心工会、欧文经济学院工会等5家文化传媒企业工会联合发起,25家文化传媒企业工会参加,8月宣布成立。成立大会上听取《威海路文化传媒街工会联合会筹备情况报告》,审议通过《威海路文化传媒街工会联合会章程》、《威海路文化传媒街工会联合会委员会名单》等文件。(1)根据威海路及沿线街面区域布局和企业特点,以威海路旺旺大厦为切入点开展调查研究,组建旺旺大厦工会联合会。(2)对威海路及周边招商局广场、晶彩世纪、绅士大厦、新世纪大厦等楼宇,分区域进行调研和宣传,列出文化传媒业相关企业30余家,其中20余家中小规模的文化传媒企业同意加入"威海路文化传媒专业街工会联合会"。(3)带动文新报业集团、文广传媒集团下属东方早报工会、技术运营中心工会参加组建工作。

(刘承军)

【静安区商务工会与开开集团工会举行基层工会交接仪式】 1月起,区商务委下属的亚细亚、新镇江等14家基层单位的党组织关系划转开开集团管理。根据"工会组织与企业改革同步运行、与党组织对应到位"的原则,这14家基层工会的隶属关系也相应划转。3月25日,区商务工会与开开集团公司工会举行基层工会划转的交接仪式。区总工会出席交接仪式,对区商务工会在理顺基层工会隶属管理关系方面所作的工作给予肯定,同时要求商务工会和开开集团工会在工会关系转接的过渡时期加强联系和沟通，确保工会组织不散、工会关系不乱、工会工作不断。（蒋玉琴）

【静安区行业工会建设取得新进展】 静安区总工会根据全区行业分布、产业特点和工作需要，在不断健全和完善街道总工会、楼宇（小区）工会联合会、企业工会组织网络基础上，将行业工会建设纳入年度重点工作考核体系予以推进。8月，南京西路街道威海路文化传媒街工会联合会、静安寺街道广告行业工会联合会、石门二路街道餐饮行业工会联合会相继成立，相关业内的企业工会代表参加成立大会并分别通过《工会联合会筹备情况报告》、《工会联合会章程》、产生工会联合会委员名单，为进一步发挥行业工会在推进行业发展、维护行业职工合法权益等方面的作用夯实组织基础。至年底，全区共建立了8家行业工会组织。（姜颖洁）

【闵行区总工会攻克台资企业“三英公司”建会难题】 地处闵行区浦江镇的英业达科技、英源达科技、英顺达科技等3家子公司（简称“三英公司”），职工人数已达1.5万人。在“三英公司”工会组建问题上，工会做了大量工作。闵行区总工会、徐汇区总工会、漕河泾开发区工会等多次和英业达集团公司高层接触、宣传和商谈。闵行区联系工会工作的副区长也专门与英业达集团公司高层洽谈，督促“三英公司”建会。市总工会组织部两次召集有关各方专题研究“三英公司”组建工会之事，并与市台办经济处共同约见英业达集团公司高层，三方就建会事宜进行沟通协调。但因种种原因，工会组建工作进展缓慢。尽管“三英公司”组建工会的难度很大，但是上海工会坚持不懈推进组建工作。闵行区总工会根据实际情况，采取不同的工作方式方法。从原来单一的同英业达集团公司高层接触沟通到同时深入企业、广泛组织宣传职工群众；从原来单纯的思想宣传教育到设立员工服务站等，为“三英公司”员工排忧解难；从单打独斗到整合资源、多方合作，多措并举，使员工和企业越来越认识工会。经过多年努力，2010年初，“三英公司”最终成立工会筹备组，并着手发展会员和召开首次会员代表大会。（杨　娟）

【闵行区全力推进台资企业组建工会】 闵行区工会采取“三项措施”全力推进台资企业组建工会。一是摸清底数，制定台资企业工会组建工作方案。组织各方力量深入基层开展调查，摸清台资企业数，同时与工商、统计部门对接，摸准台资企业情况。按照台资企业实际情况分门别类制定工作方案，遵循先易后难、先宣传后指导、先组建后规范的原则，不断加快台资企业工会组建步伐。二是分组划块，加强对台资企业工会组建工作指导。根据台资企业分布在13个镇、社区（街道）和莘庄工业区的特点，组织区总机关干部按照联系基层工作制度要求，深入各单位进行调查核实，上门宣传，发放组建工会告知书，同时帮助筹建工会、指导工作开展。三是整合资源，合力推进台资企业工会组建工作。积极寻求区新建企事业工会组建工作领导小组成员单位的支持，在台办组织台资企业主联谊活动时，发放工会宣传资料，宣传工会组建的意义，在企业工商登记、年检过程中，督促企业依法组建工会，初步形成政府有关部门与工会合力推进台资企业工会组建工作局面，加快台资企业工会组建进程。经过全区各级工会的共同努力，台资企业工会组建工作取得了一定成效。据统计，全区442家台资企业，已建工会组织337家，建会率为76.2%。（许向东）

【闵行区总工会深入推进“广普查、深组建、全覆盖”集中行动】 一是制订方案，明确工作目标。立足区内实际情况，区总工会召开工会工作会议，制定工作方案，确定集中行动的重点区域和重点对象。通过集中行动，各镇、社区（街道）、莘庄工业区工会的目标是区域内的企业建会率在2010年底达到60%以上，2011年底达到80%以上，2012年底达到企业普遍建立工会组织的目标；各委、局工会要使系统内的企事业单位建会率在2010年底达到85%以上，2011年底达到95%以上，2012年底使企业全部建立工会组织。二是周密部署，确保工作有序推进。围绕行动目标，结合闵行区工会实际，集中行动分3个阶段开展。在调查摸底阶段，以第二次全国经济普查企业法人单位数为依据，实地逐户核查，做到对未建会企业数量清、所在区位清、未建会原因清和推进建会情况清，有针对性地推进企业建会；在全力组建阶段，探索创新各种有利于区域经济社会发展、有利于维护社会稳定、有利于企业工会深组建、全覆盖的新模式和新方法，增强对暂不具备单独建会条件的小企业进行全覆盖的能力，推进劳务派遣、人力资源公司组建工会，加强来沪人员集中居住点工会服务站建设；在总结表彰阶段，制定工会组建单项考核制度，巩固和扩大推进组建工作成果，认真总结组建过程中存在的问题和好做法、好经验，大力宣传和表彰组建工作先进典型。三是建立工作机制，强化制度管理。建立领导责任制，明确各级工会主席是集中行动的第一责任人，工会组织部门是集中行动的主要责任部门，工会其他部门要根据各自的工作职能积极配合，切实承担起各自的职责；建立“创先争优”机制，把开展“创先争优”与集中行动、推动企业普遍建会紧密结合起来，把‘创先争优“的过程转化为推动企业普遍建会的成果，在集中行动中进一步体现“党工共建”。（陶慧卿）

【闵行区工会会员总数突破50万】 按照“组织起来，切实维权”的工作要求，闵行区总工会不断创新思维、开拓进取，在工会组建工作方面取得成效，全区工会会员总数已突破50万。一是突出组建重点。坚持以服务业、小型单位和吸纳来沪务工人员（农民工）、非在编人员入会为重点，继续推进外资企业和世界500强等跨国公司组建工会。二是整合建会资源。借助区新建企事业工会组建工作领导小组工作平台，着力寻求多方联动，继续开展项目化推进党工共建工作，充分发挥工会工作指导员（志愿者）和党群工作者队伍的作用，攻坚克难，强势推进。三是探索建会形式。运用“双措并举，两次覆盖”和网格化管理等方式，积极探索运用属地管理、条块结合、行业联合的工作渠道和工作平台，大力推进行业工会建设和商务楼宇工

会的组建，最大限度地把职工组织起来。（许向东）

【嘉定区总工会加强村(园区)工会联合会建设】 嘉定区总工会根据"双措并举，二次覆盖"工作要求，大力加强村(园区)工会建设。根据区总工作要求，马陆镇总工会在马陆镇新村工会联合会试点成功基础上，先后在沪嘉城、马陆村、李家村等18个村(园区)建立工会联合会，实现工会组织和工会工作的有效覆盖。与原先的村(园区)联合工会不同，村(园区)工会联合会作为街镇村工会"小三级"工会的一级管理组织，是由企业独立工会、村(园区)本部工会、村(园区)联合工会组成的联合体，按联合制、代表制原则，由所属基层工会代表民主选举产生工会联合会。（徐 浩）

【嘉定区首家楼宇工会嘉乐园联合工会成立】 嘉定区创意园、物流园、现代服务业、商务楼宇等新兴产业迅速发展，使嘉定区工会组建工作在面临挑战的同时，也为不断创新工会组织体制机制建设，推动工会组织特别是工会工作全覆盖提供了机遇。在嘉定区总工会和菊园新区党政的重视下，菊园新区总工会与菊园资产管理有限公司，开展历时一个多月调研摸底、宣传发动等工作，7月28日，促成嘉定区嘉乐园联合工会在45名楼宇职工代表的见证下正式成立。（徐 浩）

【嘉定区召开工会组建工作暨村(园区)工会联合会建设现场推进会】 1月12日，区总工会在安亭镇召开2010年工会组建工作暨村(园区)工会联合会建设现场推进会。会议要求，嘉定区各级工会要以党的十七届四中全会精神为指导，进一步推进工会组织建设工作；要继续解放思想、开拓创新，进一步完善地区工会组织管理体制；要加强指导服务，进一步激发基层工会活力，切实发挥基层工会的作用。会议总结了2005—2009年嘉定工会组建工作的成绩，部署2010年工会组建工作的任务。2005—2009年，全区新建独立工会1882家(其中外资企业工会914家)，发展工会会员24万名；新建村(园区)工会联合会75家，有87个村(园区)实现工会组织全覆盖，有效覆盖企业709家。（徐 浩）

【金山区漕泾镇西部工业园区工会联合会正式成立】 金山区漕泾镇总工会贯彻落实"广普查、深组建、全覆盖"集中行动工作要求，针对漕泾镇西部工业园区企业小、人数少的状况，成立漕泾镇西部工业园区工会联合会，覆盖园区内20个基层小企业工会。漕泾镇西部工业园区工会联合会成立后，注重坚持"以职工为本，主动依法科学维权"的工会维权观，着力解决劳动关系面临的重点难点问题，切实维护职工合法权益。（黄新荣）

7月28日，在45名楼宇职工代表的见证下，嘉定区第一家楼宇联合工会——嘉乐园联合工会正式成立（徐 浩）

【金山区首家居民区工会联合会挂牌成立】 金山区枫泾镇第三产业迅猛增长，个体私营企业、商业、娱乐业的个体工商户已超过2000家，枫泾镇总工会按照"哪里有职工，哪里就有工会组织"的要求，探索组建思路，创新工作特色，在全区率先推行"双措并举，两次覆盖"的基层工会发展模式。3月初，在镇居民区党委和镇总工会的领导指导下，枫泾镇居民区工会联合会由区、镇总工会领导揭牌成立。工会联合会共覆盖8个基层工会，其中6个居委会组建了联合工会，覆盖工会小组794家，新发展工会会员1733人。会上，9人经民主选举选为枫泾镇居民区第一届工会联合委员会委员。（沈德林）

【青浦区总工会大力推动企业依法普遍建立工会组织】 青浦区总工会大力推进基层组织建设，全年共新组建基层工会266家，新增建会单位1253家，发展工会会员43238人。一是明确目标任务，深入开展集中行动。结合青浦实际，制订三年工会组建和会员发展的目标计划：2010年企业建会率达到85%，2011年达到90%，2012年普遍建立工会；2010年职工入会率达到82%，2011年达到87%，2012年达到92%。在深入开展"广普查、深组建、全覆盖"集中行动中，各街镇以第二次全国经济普查数据为基本依据，联合社保、审计、工商等部门，对区域内实地实体型企业和职工情况进行地毯式排摸，做到边普查、边组建、不停步。二是完善服务促建会，借势造力克难点。针对企业建会率大幅提升，而一些难建企业"久促不建"的实际，一方面开展"柔性建会"，区镇两级建立由党委、人大、政府领导领头的经济、科技、人保等部门共同参与的"送政策、送服务，促建会、谋发展"的推动建会新机制；另一方面，对继续拖建拒建的企业，加强执法督促建会，有25家难点企业组建了工会。（马美君）

【青浦区总工会拓展工会组建工作新领域】 在全面推动企业依法建立工会组织的过程中，青浦区总工会注重结合实际，在调整建会重点领域和入会重点对象上做文章，着力向现代服务业、楼宇经济、民办非企、社区商铺等领域全面铺开,并把农民工、劳务派遣工作为重点发展对象。按照深入推动"双措并举、两次覆盖"的工作要求,形成"标准一样,形式多样"的组建模式,把难以单独建会单位的职工和大量分散流动的职工及自由职业者组织起来,组建一批行业性、区域性工会。2010年新建居委会商铺工会联合会32家,并在全区32个经济小区和145个有实体企业的行政村全部建立工会联合会。 (马美君)

【奉贤区总工会全力推进工会组建工作】 一是坚持"领导负责、目标分解、中途督查、情况通报、考核评比"工作机制,大力推进以非公企业为重点的工会组建工作,最大限度地把职工吸收到工会组织中来。全区新建工会组织201个,覆盖企业905家,新增工会会员32568名,超额完成上级工会下达的指标任务,实现区工会组建先进单位七连冠。二是进一步完善"条块结合、交叉覆盖"的工会组织格局,推进行业性工会联合会建设。经调研和筹备,成立了商贸服务行业工会联合会,覆盖企业427家,发展工会会员2798名。 (刘传军)

【奉贤区总工会全面开展"广普查、深组建、全覆盖"集中行动】 9—12月,奉贤区总工会开展"广普查、深组建、全覆盖"集中行动。一是统一思想认识,增强工作责任感和使命感。把思想统一到"两个普遍"上来,从讲政治、讲大局的高度,认识开展"集中行动"的重要性;围绕区"十二五"发展规划和区委、区政府工作大局,推进工会组建工作。二是明确目标任务,推动企业普遍建立工会组织。坚持"党建带动工建,工建服务党建",开展"广普查、深组建、全覆盖"集中行动,对区内工会组建情况进行深入全面的调查分析,为下一步推进工会组建打下基础。三是加强组织领导,确保工会组建工作取得新进展。坚持"党委领导、政府支持、工会运作、各方联动"机制,充分发挥工会组建工作领导小组(联席会议)作用,合力推动企业普遍建立工会组织;坚持"领导负责,目标管理,检查考评"工作机制,进一步健全完善工会组建工作目标责任制,一级抓一级,层层抓落实;创新思想观念,增强工会联合会和联合工会对小企业的覆盖功能。 (刘传军)

【崇明县成立建筑行业工会联合会】 经过3个月筹备,9月26日,崇明县建筑行业工会联合会第一次代表大会在崇明工人文化宫四楼多功能厅召开。来自全县建筑管理、设计、施工、装潢、生产等企业的100余名工会代表参加会议。新成立的崇明县建筑行业工会联合会覆盖建筑管理、设计、施工、装潢、生产等企业86家,发展会员7162人。大会听取"崇明县建筑行业工会联合会"筹备工作报告,审议并通过《崇明县建筑行业联合会章程》。经民主推荐,大会以无记名投票选举产生工会联合会第一届委员会委员。崇明县建筑行业工会联合会成立后,注重建筑施工企业工会的组建和外来农民工的发展入会;发挥行业工会指导与管理监督等综合作用,维护外来建筑农民工的合法权益。 (易建军)

12月2日,奉贤区商贸行业工会成立 (刘传军)

【崇明县长兴镇成立促进就业服务总社工会】 5月13日,崇明县长兴镇促进就业服务总社召开第一次会员代表大会,选举产生促进就业服务总社工会第一届委员会和经费审查委员会,并同步成立女职工委员会。长兴促进就业服务总社于2008年成立,辖有19个服务社、1533名员工,其中60%以上是困难群体家庭,担负着全镇环境卫生、林业养护、农产品监管、动物防疫、市容协管、社会综合治理、助残、助老、就业援助和公益事业后勤等多项服务职能。为进一步发挥广大服务社职工在长兴海洋装备岛建设中的作用,为职工解忧难、谋福利,经长兴镇总工会批复,于2009年8月下旬成立促进就业服务总社工会筹备组,并于2010年3月26日进行工会代表人选的推荐选举。长兴促进就业服务总社工会的成立,填补了镇工会组建工作的空白。 (陈进修)

【崇明县竖新镇加大村级联合工会组建力度】 一是调查摸底,调整思路。上半年,竖新镇镇总工会经调研摸底,21个行政村范围共有93家企业。针对多数企业规模小、职工少且流动性大、单独建立工会组织较难的特点,选择建立村级联合工会的办法来覆盖所有小企业。经镇党委同意,村联合工会主席由村党支部书记兼任。二是宣传发动,上门指导。镇工会逐一走访各村党支部的主要领导,宣传组建村级联合工会的意义,沟通思想,统一认识,取得支持,同时及时上门指导,帮助解决组建工作中的难点。三是抓好典型,以点带面。选择工会工作开展活跃、基础好的春风村作为组建村级联合工会工作的切入点,建立竖新镇第一个村级联合工会。为加大组建村级联合工会的推进力度,9月,在椿南村召开现场观摩会,邀请尚未建立联合工会的村党支部书记参加观摩。经统计,全年共有12个行政村建立村级联合工会,占行政村总数的82%;涵盖企业73家,占村域企业总数的78%;发展会员1820名,在已建工会企业中职工入会率达100%。(陈进修)

【市机电工会加强转改制及合资企业工会组建】 一是加强转改制企业工会组建。企业改制重组中,机电工会及时指导企业组建工会组织,确保工会组织不断,工作不乱。二是加强合资企业工会组建。在调研的基础上,制订《上海市机电工会关于加强合资企业工会工作的指导意见》。做到组建工会坚持"四个同时":中外双方起草企业章程的同时,写进要建立企业工会组织的有关条文;在配备企业主要领导的同时,配备好工会负责人;在企业正式筹建时,工会组织筹建同时开始;在企业投产开业的同时,工会要开始运作。三是规范、完善会籍管理。建立与劳动人事部门的联系与合作,及时开展新进员工入会教育和会员发展工作;建立会员"一人一袋"档案。(冯克华)

【上海飞机客户服务有限公司正式成立工会组织】 6月23日,中国商飞公司下属上海飞机客户服务有限公司,正式成立工会并召开工会第一次代表大会。会议经无记名投票选举产生第一届工会委员会委员7名和工会经费审查委员会委员3名。选举产生工会主席、副主席各1名、经费审查委员会主任1名。上海飞机客户服务有限公司工会成立后,突出"四抓",推进工会工作更好地服务于C919大型客机项目研制、ARJ21新支线飞机适航取证交付和客服公司能力建设。一抓组织健全,及时组建6个分工会,并选举产生6位分工会主席,成立一支具有凝聚力和战斗力的分工会干部队伍。同时按规定办理工会法人资格登记。二抓制度建设,分别制定公司工会委员会职责、工会经费管理及使用办法、工会经费管理制度、工会委员会例会制度及工会办公室工作职责等规章制度,实行工会工作例会制度。三抓干部培训,采取送出去培训和请进来培训相结合的方法,为新上任的工会干部提升素质创造条件、搭建平台。四抓班组建设,围绕型号研制和能力

中建工业设备安装公司项目工会联合会揭牌 (翟小娜)

建设,推进"十好"班组创建活动。工会履行各项职能,团结带领会员投身大型客机和新支线飞机研制的主战场。(赵 菁)

【建工工会组建世博园区临时工会】 建工集团工会贯彻集团提出的"以最好的精神状态、最大的工作热情、最高的工作目标,打好世博运营保障攻坚战"的要求,派出2000人、共39支专业保障团队,及时组建世博运行保障临时工会,从组织上为做好世博运行提供保障。临时工会坚持依靠各参建单位工会,主动深入园区,组织参与世博场馆运营保障的广大职工开展"当好东道主、建功世博会、展示新风采"主题竞赛活动,激励各支团队为世博会保驾护航,确保开幕式、闭幕式、国家馆日、高峰论坛等一系列重要活动的顺利举行;确保"一轴四馆"等主要场馆和重点工程建设、重要设施的维护保养、园林绿化常态养护等工作的完成。(杨钟春)

【市教育系统工会"广普查、深组建、全覆盖"集中行动见成效】 市教育工会根据行业特点,在高校系统开展"广普查、深组建、全覆盖"集中行动。一是明确总体目标,高校系统所属企业建会率在2010年不低于85%,2011年不低于95%,2012年达到企业工会组织全覆盖,最大限度地把职工吸纳到工会组织中来。二是细化工作任务,加强对已建工会组织的校内企业工会实施分类指导和管理,建立健全各项维权机制,进一步推进企业建立集体合同和工资集体协商制度,完善职代会、厂务公开制度及劳动关系调处机制。(张渭明)

【市教育系统开展推进编外教职工入会工作研讨交流活动】 为进一步落实中央领导有关批示精神以及全国总工会"组织起来,切实维权"工作方针,市教育工会将编外教职工入会工作列为全年工作的重点,并组织开展研讨交流活动,进一步探讨编外教职工入会模式、工会经费收缴方式、会籍管理方法、开展工会活动的内容和形式及权益保障问题。2010年,市教育系统编外教职工入会人数累计超过9000名。(张渭明)

【由编外人员组成的上海海洋大学后勤服务中心申海工会成立】 上海海洋大学工会在贯彻落实《工会法》和《上海市教育系统编外教职工加入工会的试行办法》中,不断探索推进学校后勤社会化以后出现的非在编人员加入工会组织的模式。3月16日,上海海洋大学后勤服务中心申海工会成立大会在图文信息中心召开,共发展351位会员。会议差额选举产生第一届委员会委员、主席、副主席。申海工会的成立,为后勤非在编员工表达心声,丰富业余文化生活,创造凝聚人心的工作环境,激发员工的聪明才智搭建了平台。(顾伯超)

【锦江国际集团工会加强工会组织建设】 锦江国际集团工会坚持"那里有职工,那里就必须建立工会组织"的指导思想,最大限度地把职工组织到工会中来,依法维护职工的合法权益。2010年,集团工会基层组织366家,净增19家;工会会员65605人,净增3322人。一是抓工会组织全覆盖。集团工会坚持在建立工会的同时,同步组建女职工委员会,女职工组织的覆盖率已达100%,实现了工会组建和会员入会的全覆盖。2010年,集团工会被评为"上海市工会组建优秀单位"。二是大力推进外来务工人员入会。集团工会通过树立外来务工人员的先进典型事迹,开展各项活动,帮助解决住宿、求医等问题,为员工营造温馨家园,推进了外来务工人员入会工作。2010年外来务工人员入会率达100%。三是贯彻《企业工会工作条例》,开展建家活动。已有31家单位开展"创建学习型组织,争做知识型职工"活动。上海宾馆荣获上海市"学习型企事业单位"称号。锦江之星旅馆公司工会获得全国总工会"职工书屋"示范点。锦江国际集团工会荣获第十二届上海读书节"精彩故事,和谐人生"农民工讲故事大赛优秀组织奖,参加决赛的2位农民工选手取得了好成绩。 (张祥伟)

创新工作机制

【市总工会推进世博园区运行期工会组织全覆盖工作】 为实现上海世博园区运行期工会组织的全覆盖工作,市总工会探索实践园区内工会组织全覆盖的新方法。(1)主动进行工作对接。世博会筹办期间,市总工会组织部专程到世博局调研世博园区运行期入驻服务单位和团队的情况,了解掌握"三区一局"(黄浦区、卢湾区、浦东新区和世博局)所涉及工作内容和范围。3月30日,市总工会召开专题会议研究推进世博园区运行期工会组织全覆盖工作方案、进行专项工作部署。4月1日,市总工会对推进世博园区运行期工会组织全覆盖工作专门制定下发文件。(2)明确工作任务和要求。一是有关区县局(产业)工会做好系统内所有派驻世博园区服务单位的工会组建工作,实现工会组织对驻园服务单位的全覆盖。二是世博事务协调局工会是世博运行期园区内工会工作的负责单位,在同级党委和市总工会的领导下,统筹协调开展工会组建等相关工作。三是浦东新区总工会、黄浦区总工会、卢湾区总工会分别建立与世博园区运行期工作相对应的工会工作委员会,接受区总工会和世博事务协调局工会的双重领导,负责开展各自驻园服务单位和团队的工会组建等各项工作。 (杨 娟)

市总工会召开基层工会主席直选选举工作推进会 (杨 娟)

【上海市4家街道乡镇总工会被评为全国百家示范乡镇(街道)工会】 根据《关于推荐2010年度"全国百家示范乡镇(街道)工会"的通知》(全总工基组发〔2010〕12号文)精神,经区县总工会推荐、实地考察、市总工会相关职能部门考核等程序,共选出上海市闸北区天目西社区(街道)总工会、上海市虹口区凉城社区(街道)总工会、上海市卢湾区淮海中路社区(街道)总工会、上海市金山区枫泾镇总工会4家单位作为2010年度"全国百家示范乡镇(街道)工会"申报单位。12月份,全总正式命名上海申报的4家单位为2010年度"全国百家示范乡镇(街道)工会"。至2010年底,全市共有3个单位获得"全国'六好'乡镇(街道)工会"称号,20个单位获得"全国百家示范乡镇(街道)工会"称号。 (刘 睿)

【上海3个项目获全国工会基层组织建设创新成果奖】 2010年,市电信工会"推进工会主席直选,增强基层工会活力"获全国工会基层组织建设工作创新成果二等奖,市总工会"探索世博园区工会组建,提供坚实组织保证"和金山区总工会"借力绩效考核体系,推动组建实现覆盖"获全国工会基层组织建设工作创新成果三等奖。 (杨 娟)

【静安区石门二路街道总工会推进基层工会民主政治建设】 静安区石门二路街道总工会是全市第一批成立的乡镇(街道)总工会。一是首次进行街道总工会主席直选。静安区总工会一直坚持基层工会主席"民推直选"、"会员评家"的做法,在区总工会和街道党委领导下,石门二路街道总工会结合换届,在全市首次开展工会主席直选。3月2日,经组织推荐和会员推荐相结合产生的主席候选人,在石门二路街道工会第二次代表大会上经全体代表直接投票,成功当选为第二届委员会主席。二是实行工会代表常任制。石门二路街道总工会作为静安区实行工会代表常任制的试点单位,在总结经验的基础上,试行工会代表任期制,在石门二路街道工会第二次代表大会上顺利通过《石门二路街道工会代表大会任期制试行办法》。《办法》对代表的产生与任期,工会代表开展工作的"提案制度、巡访制度、联系职工群众制度、代表列席会议制度、民主评议制度、重要情况向代表通报制度、委员联系代表制度、代表履职培训制度"等 8 项制度,包括代表活动的主要形式、以及代表的履职保证、代表的替补等都作了详细规定。

(杨　娟)

【浦东新区总工会推进基层工会主席直选工作】 一是加强领导,突出党管干部原则。区总工会成立由姜鸣任组长的直选工作领导小组,统筹和指导全区基层工会的直选工作。在工会主席直接选举过程中,各级工会都相应成立了由同级党组织(非公企业为同级党组织或区域综合党委)、上级工会和当届工会委员会组成的领导小组,负责工会主席直选工作的组织领导。二是开展调研,摸清直选工作底数。针对直选工作发展不平衡的情况,区总工会先后召开 40 多个街镇、企业工会座谈会,摸清直选工作进展情况,探索非公企业直选过程中党管干部原则实现形式的创新,针对非公企业投资主体、企业规模、用工形式和管理模式差异大的实际,加强分类指导。三是下发文件,提出直选工作要求。区总工会制定下发《关于推进基层工会主席直接选举工作的意见》(浦总工〔2010〕46 号),提出基层工会主席直选工作要坚持的四条原则:党管干部原则;德才兼备、好中选优原则;充分体现会员意愿、严格履行民主程序原则;积极慎重、稳步推进原则。明确自文件下发之日起,全区各系统工会、区属企业工会、社区、镇总工会和开发区工会联合会及其所属基层工会组织换届和新组建的,其工会主席原则上都应直选产生。因故不宜直选的,需事先说明情况,并报区总工会审批备案。四是制定流程,规范全区直选工作。针对新区基层工会差异性大的特点,制定直选工作的操作流程,在全区范围内实行。同时,加强对年内实行直选工会主席的培训,进一步明确直选工作的原则、要求和实施方法,保证新区基层工会主席直选工作健康有序推进。2010 年,浦东新区工会实行工会主席直选的基层工会有 695 家。

(姚红钢)

【长宁区基层工会直选的"三个必须"、"三个环节"、"三个实效"】 为进一步在全区推进基层工会主席直选,长宁区总工会从区域实际出发,提出"三个必须",即国有企事业单位工会组织期满换届和新组建的,其工会主席必须直接选举产生;街道(镇)总工会期满换届的,工会主席必须直接选举产生;非公有制企业工会开展直接选举的,必须严格遵循法律法规和规范性文件的要求,接受上级工会的指导。抓住选举前的"三个环节",一是前期准备阶段,始终坚持党的领导,完善选举方案。二是在宣传动员阶段,因企制宜发挥优势,提供有效指导。三是在提名推荐阶段,要把握原则规范操作,体现民主。坚持"三个必须",把握好"三个环节",最大限度地体现了会员群众的真实意愿,夯实工会工作的民主政治基础,显现"三个实效"。一是会员民主意识进一步增强;二是工会工作水平不断提高;三是促进劳动关系和谐稳定。

(吴斐隽)

【长宁区教育工会完善工代会代表巡视制度】 长宁区教育工会积极开展工代会代表对校务公开民主管理制度建设的巡视。(1)巡视前,区教育工会将代表分为 14 个巡视小组,每组 6 至 7 人;设立 14 位巡视小组组长,分成两组在 4 个单位中开展巡视;根据巡视主题对全体代表进行巡视工作培训。(2)巡视中,提前 2 周向被巡视单位发出巡视通知;巡视当天先由被巡视学校的领导作简要情况介绍,然后由代表查看相关材料。(3)巡视后,巡视小组将巡视情况记入"长宁区教育系统工代会 2010 年代表巡视工作汇总表",提出巡视组意见后反馈;区教育工会将巡视情况向区教育党工委汇报,并提出推进教育系统校务公开民主管理深入规范推进的建议;同时,区教育工会对各单位制定的各项制度进行疏理,整理出校务公开民主管理以及教代会基本制度清单,供基层在健全和完善制度中参考。

(叶云晓)

【普陀区长征镇总工会举办非公企业工会主席星级擂台赛】 长征镇总工会举办镇非公企业工会主席星级评选擂台赛,来自各园区的 16 位工会主席通过初审,从 30 余名申报者中脱颖而出进入擂台赛。近 80 名非公企业工会主席进行了观摩。此评选活动拟每年开展一次。经过进企业实地考察、查看工作台账,听取职工意见等,结合平时工作考核综合评定,按照星级等次评选出三星、四星、五星工会主席候选名单;三星以上(含三星)的工会主席将在镇总工会的全委(扩大)会议上予以表彰。

(李　悦)

【普陀区长寿社区总工会成立工会工作 4 支队伍】 一是成立工建联络员队伍。以提高社区党建和工建工作整体水平为目标,组建楼宇工建联络员队伍,配合社区工会在商务楼宇内开展工作。二是成立集体合同签约辅导员队伍。结合长寿行业工会的发展,

虹口区总工会举行"千人访万家"活动签约仪式　　(徐　洁)

整合多方力量,成立劳动合同和工资协商指导员队伍,指导企业行政方与工会方签订集体合同、工资集体协商协议,督促企业劳动人事部门完善单位用工等规章制度,参与工伤事故和劳资矛盾协调,维护职工切身利益。三是成立维权监察员队伍。根据基层劳动关系的信息反馈,信访接待与社区劳动关系预调委员会成员的监督检查,及时了解和掌握企业的劳动关系情况、劳动争议倾向和具体问题,根据不同情况,采取不同措施解决问题,同时开展法律宣传教育,加强沟通协商,消除争议隐患。四是成立安全生产巡视员队伍。以街道安全办的工作人员与工会干部为组成人员,依托社区的资源优势,一方面开展对企业负责人、安全生产管理人员、特种作业人员安全生产知识培训;另一方面加强巡视,发现安全隐患督促相关单位及时排除,切实提高企事业单位的安全生产意识和自我防护能力。(李　悦)

【普陀区长征工业区工会联合会抓好非公企业工会主席队伍建设】 (1)强化制度建设,建立推进非公企业工会工作的基本保障。一是建立工会主席例会制度。一年至少召开2次工会主席例会,全体非公企业工会主席参加。二是建立定期培训制度。园区工会定期邀请资深律师对工会主席进行培训,内容包括《工会法》、《劳动法》、《劳动合同法》、《劳动合同实施细则》等;同时动员工会主席参与区总工会、镇总工会举办的工会主席业务培训,提高其对法律法规的运用能力。三是建立走访制度。采取“走出去,面对面”的沟通方法,一对一布置并指导工会工作。四是建立年会制度。通过召开年会,总结全年园区工会工作,部署下一年工作。同时,落实各项激励机制。(2)搭建人性化沟通平台,形成确保工作落实到位的主要保证。一是加强服务促提高。年初,结合各企业工会特点,与工会干部协商沟通,将工作目标进行分解。同时,工业区工会借用园区网络信息平台,建立了“E-mail”和“飞信”群,及时通知发布相关信息。二是搭建平台促沟通。从加强企业法人与工会干部之间的沟通入手,建立企业法人与工会联谊会、例会和座谈等制度,一方面让行政了解工会开展工作的情况,另一方面听取他们对工会的真实想法和实际要求,加强双方沟通。三是友情操作促落实。以“三个尽量”为宗旨,尽量减轻工会干部的工作压力和心理负担;尽量事先与企业法人沟通,做到互尊互重,相互支持;尽量为企业做好力所能及的后勤保障工作。(3)维护工会主席权益,构建凝聚人心的有效途径。一是维护工会主席的合法权益不受侵害;二是免费办理“职工互助保障计划”;三是进行节日慰问;四是开展各类文体活动。至年底,园区内65%以上的企业参与创建劳动关系和谐企业活动,企业内部劳资关系和谐;涌现许多优秀工会组织,各级劳动关系和谐企业10家,先进职工之家55家,“工人先锋号”15家,优秀工会干部36人。(李　悦)

【普陀区教育工会加强工会组织建设提高工会服务能力】 (1)规范夯实完善,加强工会基础性建设。不断加强工会基础性建设,优化各项常规工作,工会基础工作实现持续优质发展。(2)体验感悟成长,深化新会员入会教育活动。增强做好新会员入会教育工作的责任感和使命感,宣传工会法律法规、工会的职责和作用,引导教职工入会的自觉意识。入会教育活动内容丰富,每次活动设置不同篇章和环节。(3)建机制促实效,加强工会干部能力建设。完善工作载体,形成三大机制。一是学习培训机制。建立“‘听说读写’四位一体”的培训模式,并注重把握教育培训的对象、内容、形式,形成教育培训的格局。二是实践成长机制。开展“今天怎样做工会主席”、“工会特色工作”等基层工会工作研讨会和主席论坛活动。三是保障发展机制。实行组织保障3+1(维护教职工发展权、民主权、精神文化权,加强工会自身)的工作理念和工作框架,建立学习互助小组,建立制定学习检查、评优考核制度。(李　悦)

【杨浦区总工会推动党工共建形成“四大联动”机制】 杨浦区总工会坚持“党建带动工建,共建服务党建”,形成“四大联动”机制。一是组织建设联动;二是干部队伍联动;三是服务职工联动;四是维权维稳联动。11月1日,市人大常委会副主任、市总工会主席陈豪对此作出专门批示予以肯定,并专报全总办公厅、市委组织部。(李学兵)

【南京东路社区总工会探索外资企业工会换届选举中实行自荐直选】 南京东路社区总工会探索外资企业工会换届选举中实行自荐直选,使换届选举成为职工会员自我提升素质、参与民主管理的新形式。汇丰技术服务(中国)有限公司工会在社区总工会的指导下开展换届选举工作,对自荐直选进行探索。一是打破10%的常规比例,新一届工会委员会和经费审查委员会的人选和产生办法,通过公司内部网络和工会展报等方式予以公告,允许会员自荐和公荐候选人;二是公开竞选,职位自荐。公司有14名会员自荐竞选工会主席、工会副主席兼经审主任和工会委员等7个职位,并说明任职理由;三是全员参与投票,按照企业特点采取集中分发选票、分散流动投票和会员会议唱票等形式,最大限度地吸引会员参与,投票率高达96%。(宋忠源)

【黄浦区小东门社区(街道)总工会和杨浦区定海路地区总工会共建友好工会】 6月8日,黄浦区小东门社区(街道)总工会和杨浦区定海路地区(街道)总工会举行共建友好工会签约仪式。双方借助共建平台,围绕需求,挖掘自身优势,加强资源共享,促进和谐社区建设,加强五方面工作。一是围绕社区总工会的共性问题进行实质性讨论。不断交流企业工会在促进企业经济发展、增加员工收入、改善员工福利、维护企业和谐、参与社区精神文明共建等方面的经验,在互学互鉴中提高工作有效性之能力。二是围绕社区总工会自身建设问题进行有效沟通,交流各自在制度机制上的探索和实践方面的认识和体会,在取长补短中提高自我完善之能力。三是围绕社区总工会带有前瞻性、挑战性、全局性问题,进行开放式研讨。广泛交流社区工会工作中的瓶颈破题方略,在集思广益中提高创新之能力。四是围绕社区总工会组织员能力提高问题,建立双向挂职锻炼制度。安排每年2

次、每次1人、为期2周学习实践活动,为工会组织员拓宽视野,增长才干提供平台。五是围绕社区总工会丰富企业员工业余文体生活问题,建立企业员工文化体育生活交流机制,每年双方各组织一次文化(体育)邀请赛,为满足企业员工文化体育需求提供平台。（吴敏娴）

【静安区石门二路街道实行会员代表常任制】 为增强基层工会活力,发挥会员代表作用,石门二路街道总工会制定《石门二路街道会员代表任期制试行办法》和《试行办法实施细则》,编印《会员代表履职手册》,实施街道会员代表常任制度,开展一系列活动,取得效果。一是开展会员代表接待日活动,定期接待职工群众。每季安排一次,自2010年6月试行以来,先后开展过两次活动,共接待职工群众20余人。当面解答来访职工关于养老金缴纳、综合保险缴纳、户口安置、解聘后经济赔偿、加班工资等涉及职工群众切实利益的问题。二是组织会员代表对基层工会和区域工会工作进行巡视调研。事先制定计划,确定4个巡视课题。9月13日至27日,组织23名会员代表,分成4个组,按照各自的课题进行巡视活动。各组记录员随行,并做好记录,撰写活动信息和总结报告。（张秀娟）

【闵行区总工会积极拓展稳步推进基层工会主席民主直接选举】 闵行区总工会稳步推进基层工会主席民主直接选举工作。一是组建强有力领导班子。成立以区委分管领导为组长,区总工会主席为副组长的工作领导小组,并将工会主席直接选举工作纳入工会重要议事日程,确保各环节工作任务有序推进。二是摸清家底,做到"三个清"。依托工会"网格化"管理体系,深入调查、摸清家底,做到企业经营情况清、企业工会现状清、会员队伍底数清,为直选工作的推进奠定基础。三是严把直选推荐关、选举关和监督关。坚持做到推荐候选人时不设框框、不定调子、不作诱导,尊重会员群众权利;合理设置代表比例、规范设置组织结构、严格设置选举程序;开展对直选的基层工会主席民主评议工作。四是因企制宜,分类操作。根据不同企业与职工的实际情况,采取分类操作。在党工组织健全的企业,坚持党工共建,推广"一室多用、一人双岗"工作模式;在面广量大、小型分散的民营企业,通过区域性和行业性工会,形成"上代下"维权工作机制,改变部分民企、外企工会主席直选受制于企业主的现象。五是建立工会主席直选后评估机制。建立基层工会主席"双考评"制度,把会员代表大会评议和上级工会考核结合起来,形成工会主席直选的实时跟踪和后评估机制,引导和激发基层工会组织的内在活力。至年底,全区已有2529家工会进行工会主席直选,占全区基层工会组织数的44.3%。（许向东）

【闵行区古美路社区(街道)总工会参与社会建设工作】 一是立足新形势,站上新高度。认识加强社会建设的现实意义,把工会工作放到社会建设和管理的大局中去考虑,发挥工会作为职工利益代表者和维护者的作用,体现工会在社会建设和管理中的独特作用。二是开拓新思路,明确新要求。探索工会枢纽式服务管理模式,拓展组建领域,推进十尚坊工会联合会组建工作,扩大对小型分散私营企业建会的覆盖面,把大量民营、外资等非公企业的职工,特别是农民工组织到工会中来。三是运用新载体,发挥新作用。加强龙茗路商业一条街党工一体化项目建设,进一步发挥"柏事帮"工作站作用。加强职工心理援助计划的实施,进一步发挥"心灵坊"工作室的作用。抓好6个小区工会服务站和4家企业工会信箱,进一步畅通职工诉求渠道。开展为职工"送温暖、送保障、送技能、送文化"活动,不断提高帮困工作的针对性和有效性。（陶慧卿）

【松江区总工会积极做好台资企业职工队伍稳定工作】 为及时做好落户在松江台资企业员工队伍的稳定工作,区总工会采取措施,及时做好关爱员工的工作。一是深入企业调研,掌握员工与企业实际需求。6月1日,区总工会一行5人,深入富士迈公司调研,与员工当面接触,了解职工精神需求、工作环境、企业文化建设和员工业余生活方面等情况;与企业管理层座谈企业管理模式、人文关怀和工资待遇等问题,全力加强企业员工的思想疏导工作,完善员工支持体系,畅通新生代员工倾诉、排解渠道。二是加快台资企业工会组建,确保工会工作实效性。6月3日,区总工会召开区台资企业工会主席会议,交流企业对富士康员工坠楼事件的反应和工作措施。富士康事件总体上影响有限,企业运转正常,员工情绪稳定。包括富士迈和国基电子,都已及时应对、采取措施维护职工队伍稳定。（孙爱华）

【奉贤区南桥镇总工会四项措施抓星级工会创建】 一是制定星级工会创建内容和标准。镇总工会根据区域性工会、企业工会不同情况,研究制定星级工会建设具体内容和考核标准,形成《南桥镇基层工会规范化建设的实施意见》。二是做好规范化建设"五统一"工作。统一为基层工会制作工会标牌,刻制工会公章;统一制定印发《基层工会委员会工作职责》等10多项工作制度;统一印发工会规范化建设(工会组织机构及组织网络、工会主要工作职责、工会主要工作制度、工会性质及职能、工会会员的权利与义务、创建星级工会基本条件)上墙;统一基层工会工作记录簿;统一星级工会创建方法步骤、工作要求及目标管理。三是试点部署。镇总工会选择基础好的上海德惠特种风机有限公司、上海和汇投资集团两家非公企业试点,召开由各村、园区和企业工会主席参加的南桥镇基层工会规范化建设现场观摩会,全面部署规范化建设工作。四是长效管理。镇总工会加强指导督促和考核,每年推出一批工会规范化建设达标单位,每年对星级工会进行考评和复验。凡达到要求的,根据其规范和工作开展程度,分别授予三星级至五星级工会称号及一定物质奖励。（刘传军）

【奉贤区总工会着力增强基层工会活力】 年内,奉贤区总工会贯彻落实《企业工会工作条例》,一是坚持以争创合格职工之家为抓手,推进非公企业工会建设。全区有1153个非公企业工会被授予"合格职工之家"称号,占非公企业工会的60%。二是推进

崇明县总工会召开工会工作研讨会 （易建军）

基层工会主席直选工作，市工业综合开发区、柘中集团、城建集团等8家单位实行了工会主席直选，增强了基层工会的活力和凝聚力。三是注重区域性工会建设，会同区委组织部制定《关于进一步加强村（经济园区）工会组织建设的若干意见》，建立和完善五项工作机制，全面推进村（经济园区）工会规范化建设。四是加强工会工作指导员队伍建设。通过举办培训班、报告会、学习交流、工作考核等，不断提高知识化、专业化水平，培育一支职业化、社会化工会干部队伍。

（刘传军）

【崇明县总工会召开工会工作研讨会】 3月30日至4月1日，崇明县总工会召开2010年崇明工会工作研讨会，组织全县各委局、乡镇党委领导和工会负责人共同研究和探讨崇明工会工作的当前形势和任务，进一步明确全年各阶段重点工作，确保全年工作起好步，开好局。城桥镇、建设镇、县人力资源和社会保障局、县旅游投资公司4家单位的代表在会上做交流发言。研讨会明确，一要明确责任，深刻认识办好世博会的重大意义，把组织动员职工迎接世博、服务世博、奉献世博，摆在所有工作的重中之重。二要发动职工群众，调动职工的积极性，让广大职工以主人翁的姿态，为崇明“调结构、转方式”作贡献。三要发挥工会凝聚职工、组织职工的作用，不断增强工会的组织动员能力、参与社会管理和服务能力，合力推进社会建设，维护职工的合法权益，保持职工队伍的稳定。四要不断适应党的建设新要求、适应社会发展的新变化、适应职工维权的新需求，围绕做好新时期党的群众工作，不断推进工会组织建设的改革创新。 （易建军）

【市机电工会制定《基层工会主席直选意见》】 一是确立三个原则，即党管干部的原则，民主程序的原则和德才兼备的原则。二是规定直选的组织领导。基层工会主席直选工作在同级党组织和上一级工会的领导下进行。同时，对基层工会直选工作的筹备和组织实施分类指导。三是提出工会主席候选人条件和产生的程序。四是规定直接选举会议形式。会员人数在100人以下的基层工会，原则上召开会员大会进行直选，会员人数在100人以上的基层工会可以召开会员代表大会进行直选；召开会员（代表）大会，严格按照《中国工会章程》和全国总工会《工会基层组织选举工作暂行条例》等的规定，由会员（代表）通过无记名投票等额直接选举产生工会主席；会员（代表）大会到会人数须达到应到会人数的三分之二以上方能进行选举；工会主席候选人获得应参加选举人过半数选票的始得当选；若一次选举未能产生工会主席，选举单位同级党组织可与上级工会协商，在选举产生的工会委员会内指定一名临时召集人，待条件成熟后再行选举；当场宣布选举结果。选举结果按照工会组织隶属关系，报请上一级工会批准，并按干部管理权限报送同级党组织。五是突出直接选举工作的严肃性和纪律性。任何组织和任何个人不得妨碍民主选举工作，不得阻扰有选举权和被选举权的会员到场，不得以私下串联、胁迫他人等非组织行为强迫选举人选举或者不选举某个人，不得以任何方式追查选举人的投票意向。（冯克华）

【广电信息工会“双创”工作成效明显】 “创新思路、创造特色”是上海广电信息产业股份有限公司工会坚持多年、旨在提升工会工作水平和提高工会干部能力的重要载体之一，通过基层工会的不断努力，涌现出一批先进工会和特色工会。2010年，公司工会进一步加大工作力度，年初增加申报环节，将创新和特色工作分成工会参与经济建设、素质工程建设、工会自身建设、帮困及凝聚力工程建设、民主管理机制建设等五大类，由基层工会根据自身特点，确定重点申报项目。年中通过推进和年末总结，形成经验，从而促进其他企业工会共同提高。15家企业上报“双创”项目22个，项目质量以及活动针对性均比往年有提高。 （林华勇）

【市医药工会首次开展基层工会工作目标责任考核】 2010年，市医药工会首次对基层工会进行目标责任考核，探索基层工会工作评价机制。按照“把上级工会要求和基层工会实际相结合，把集团党政重点工作和工会常项工作相结合”的“两个结合”原则，共设27个考核项目。年初，市医药工会主席与全部直属基层工会主席签约，采取契约化管理。年中，加强指导检查。年末，医药工会组成检查组分别对直属基层工会进行全面检查，经听、看、问、评等4个环节，对被检查单位工会工作打分。优胜单位名单由市医药工会办公会议研究确定，并在2011年医药工会工作会议上予以表彰奖励。获奖单位同时取得被推选为“职工之家”候选单位的资格。

（赵一鸣）

【上海电建公司工会年度工作目标责任制考核开展“一会一品”活动】 电

建公司工会围绕工会组织自身能力建设,着力提高工会工作水平,扩大工会组织影响力。在2010年度工会工作目标责任制考核中,开展"一会一品"活动。"一会"指基层单位工会组织,"一品"指一项最具特色和效果的"品牌"工作。基层工会在规划年度工作中,研究和确定年度重点工作,在此基础上打造一项最具企业工会工作特色"品牌"。年底,电建公司工会组织各基层工会开展"一会一品"专题发布会并进行评分,分值纳入年度工会工作目标责任制考核绩效。"一会一品"活动的开展,为电建公司工会工作创建"品牌",夯实基础,推广经验,促进学习,提升能力,推动工会工作的科学化、制度化和规范化发展。（张文标）

市进沪建筑施工企业工会工作促进会聘请新一轮指导员 （钱　蓉）

【上港集团龙吴分公司工会推进工会领导班子"公推直选"工作】 年初,上港集团龙吴分公司工会在换届改选中推行"公推直选"工作,坚持做到"三个公开"。一是公开办法。将"第六届工会会员代表选举办法","工会主席、副主席、工会委员和经审委员候选人产生办法"和"工会两委选举办法"等下发部门听取意见,确定后向员工公开。二是公开推荐。采用三上三下推荐、酝酿、产生候选人,经过3轮候选人推荐汇总,将候选人名单下发会员小组听取意见,并在分公司范围内公示。三是公开选举。严格把好代表分配、代表选举、民主程序三个环节,坚持"公推直选"的公正、公开、竞争、择优原则,确保以无记名投票方式直接选举产生主席、副主席、工会委员会委员和经审委员。（丁训俊）

【沪东公司运输管理中心工会试点工会主席公推直选】 沪东公司运输管理中心工会在集团系统首家试点工会主席公推直选工作。在运输工会、沪东公司党委的重视和指导下,经方案拟定、民主推荐等程序,产生30名会员代表;通过组织推荐、代表推荐、会员群众推荐相结合的方式,经自下而上、二上二下程序,确定1名工会主席候选人和3名工会委员会委员候选人并将候选人名单公示后,选举产生第一届工会委员会委员和工会主席。在沪东公司运输管理中心工会第一次会员代表大会上成功公推直选工会主席,体现了职工群众参与工会组织建设的广泛性、代表性,反映了职工群众的民主意愿,有利于促进企业经济平稳较快发展,促进企业劳动关系和谐稳定。（陈敢敏）

【市进沪建筑施工企业工会工作促进会举办新一轮指导员聘请仪式】 8月26日,上海进沪建筑施工企业工会工作促进会举行"上海建筑施工企业工会工作指导员培训暨聘请仪式"。聘60位工会组建指导员为工会工作指导员。会议提出,一是要最大限度地把建筑业农民工组织到工会中来,依法对所属区域范围内的建筑施工企业、劳务企业的工会组建工作,提供指导、协调、督促、服务。二是大力宣传《劳动法》、《劳动合同法》、《工会法》等法律法规,提升企业对工会组建必要性和重要性的认识。三是指导和帮助施工企业、劳务企业工会建立必要的工作机制和相关制度。指导和督促企业与建筑农民工签订劳动合同,并监督劳动合同的执行情况。四是加强与地区总工会的配合,切实关心建筑农民工的合理诉求,依法维护建筑农民工的合法权益,着力构建和谐劳动关系,促进全市建筑施工企业的健康发展。（钱　蓉）

【上海建设交通系统召开工会工作联席会议】 市建设交通工会召开上海建设交通工会工作联席会议,总结世博成功经验,共商明年工会工作。水务、交通港口、绿化市容、住房保障、邮政、航道、三航等局工会主席出席会议。会议肯定建设交通系统各级工会组织围绕世博运营保障开展的立功竞赛活动,并概括为"一个坚持、两个集"和"两个围绕、两个服务"。即坚持在党的领导下,集系统各级工会之力组织发动,集系统全体员工之力广泛参与;围绕世博保障中心任务服务世博,围绕职工意愿要求服务职工。会议强调,要始终坚持党的领导,并争取各方支持、形成工作合力,推动建立和完善"党委领导、依托行政,部门联手、市区联动,行业合作、全员参与,重在基层、重在实效"的竞赛机制;自查、抽查、巡查和热线反馈的快速反应机制;典型选树、梯度表彰的激励机制,为深入开展竞赛工作提供保证。同时,要进一步形成立功竞赛与行业文明创建活动互相融合、互为联动的推进机制。会议讨论了明年的工作思路。（汪建然）

【市科技工会大力推进基层工会干部能力建设】 市科技工会搭建交流平台,从形式和内涵两方面激励工会干部加强自身建设,成为懂政策、精业务的合格工会干部。科技工会结合实际,将基层工会按照业务隶属关系和地域分成若干组,每年按组开展两次交流活动。到年底采取分块考评、集中展示的方法,按组对基层工会主席进行述职考评。通过考评,注重不断培养和提升基层工会主席在工作实践中勤于学习、善于总结、讲究方法、能写会说、探索创新的综合能力。

（杨　莹）

【绿地集团工会开展工会干部考评】12月，绿地集团工会会同集团各直属党组织用两周时间联合开展工会干部年度考评工作。考评按照新修订完善的《绿地集团直属党组织、工会干部考评办法》（沪绿委发〔2010〕21号），内容包括保障发展、关心员工、自身建设、工作作风等方面，由集团工会主席、集团党务工作部、所在单位党政主要负责人、所在单位员工共同参与考评。集团27名直属工会干部中，孙懿、周天、吴旭东、胡迎春和韦娜等5人荣获“集团2010年度十佳党群干部”称号，并在2010年集团党群工作年度会议上受到表彰。（王　慧）

职工之家

【上海工会深入推进建家评家活动】6月份，印发《关于转发〈中华全国总工会关于进一步加强建设职工之家工作充分发挥基层工会作用的意见〉的通知》（沪工办发2010〔28〕号），明确各区县局（产业）工会要根据基层实际情况，认真贯彻执行全总关于建家评家活动的要求，不断推动会员评家和建家活动的深入开展。根据全总办公厅《关于评选申报全国模范职工之家、全国模范职工小家的通知》（总工办发〔2010〕1号）和市总《关于评选申报全国模范职工之家、全国模范职工小家的通知》（沪工总组〔2010〕16号）文件精神，经预报、预审、专家评审、市总工会主席办公会审议、名单公示、全总审批同意等程序，2010年全市40家单位获“全国模范职工之家”称号，其中国有及控股企业20家，非公企业11家，乡镇街道总工会2家，事业单位7家。另有40家单位获“全国模范职工小家”称号。（刘　睿）

【静安区教育工会开展“职工之家”创建活动】2010年，静安区教育工会全面建立“会员评家”和工会主席述职测评机制，提升工会主席服务职工的意识，增强基层工会组织的活力。共分4个阶段推进：一是学习宣传阶段。制定《静安区教育系统“教工之家”创建标准》、《静安区教育系统基层工会主席工作考核实施方案（试行）》，举办基层工会主席学习班，学习了解“会员评家”内容，提高创建“职工之家”重要意义的认识。广泛开展讨论，提出合理化建议，让基层工会主席共同参与创建活动。二是试点实施阶段。按照党组织保障有力、工会工作基础好、工会主席和会员素质高这三个基本条件选择个别单位试点实施。上级工会与学校党组织取得联系，与工会主席谈心，解除思想顾虑。主动介入加强工作指导，对照创建标准，由会员民主评议工会主席。三是评估阶段。经无记名投票，试点单位会员评家满意率达98.9%。工会主席测评满意率达96%。四是全面推进阶段。在总结试点工作的基础上，召开大会将试点情况向全区学校基层工会推广。12月10日，教育工会在系统各单位全面实施并完成了会员评家及工会主席述职测评工作。

（张连根）

【金山区区级机关工会推进凝聚力建设工程】一是举办培训班。将工会活动融入机关中心工作中，与红十字会联合组织5个班次的“救护急救知识普及培训”，300多人参加；结合世博主题，采用PPT形式开展世博知识竞赛活动；结合3年健身行动计划，开展健康知识竞猜活动；结合机关干部久坐办公室特点，开展办公室瑜珈培训，传授简易方便的办公室瑜伽操。二是举行机关干部拔河展示活动。8月6日，区级机关工会与体育局、区健康促进委员会联合举行“2010年‘全民健身日’金山区机关干部拔河风采展示活动”。来自区级机关和各镇、街道、工业区的58支队伍、近700名机关干部经多轮角逐，最终由区委办、组织部、人大办、区府办、金山报社、质监局、科委科协、气象局等8家区级单位及吕巷、亭林、朱泾、漕泾镇等4家街镇级单位获得优胜奖。三是倡导参加体能测试活动。经与石化街道有关部门联系，确定3月为体能测试月，为机关干部职工提供体能测试活动。共有26家直属工会的近400名机关干部职工参加了体能测试活动。

（庄冬梅）

【上海石化公司工会展示建家活动成果】5月18日，上海石化公司工会召开建家成果交流会，曾获得上海市模范职工小家和公司先进职工小家的8家单位进行交流发言。同时，为展示各级工会在建家活动中取得的成效，经公司两级单位申报，公司评选，上海石化公司工会首次编写《上海石化公司公司工会建家成果汇编》，有17家单位的建家经验和成果被编入。

（张　敏）

【上海化学工业区工会深化“职工之家”创建活动】上海化学工业区工会根据全总《关于在新形势下深入开

上海航天局工会召开先进职工之家成果发布会　（沈　恺）

展建设职工之家活动的意见》和市总《关于深入开展建设职工之家活动的实施意见》，按照“建起来、转起来、活起来”的要求，颁布并执行《上海化学工业区工会职工之家考核实施细则（试行）》。化学工业区工会做好源头参与，提出差异化的工作要求，开展2009—2010年度上海化学工业区工会职工之家考核评议，完成对18家基层工会组织申报“合格职工之家”的考核验收工作。（张　俊）

【上海航天局工会多措并举加强工会组织自身建设】 一是推进“职工之家”建设。筹备召开“建家”成果发布会，对申报局先进职工之家、合格职工之家、先进职工小家的单位进行验收检查，共评选出局先进职工之家12个、合格职工之家3个、局先进职工小家69个，同时编印《创建先进职工之家材料汇编》。2010年八部被评为全国模范职工之家、800所唐建平班组被评为全国模范职工小家。二是开展基层工会工作调研。针对局系统工会主席人事调动频繁，以及工会干部人员变动情况较大的状况，全年共组织对9家基层单位开展工会工作调研，通过走访调查、了解工作动态、指导开展工作等环节，撰写完成调研报告。三是督促指导基层工会换届改选。全年指导帮助3家重组单位召开第一次工会会员代表大会，选举产生首届工会委员会和经费审查委员会，指导4家单位工会完成换届选举工作，对3家单位工会两委委员、主席进行调整。（沈　恺）

【市烟草工会加强职工之家建设】 市烟草工会把开展“职工之家”创建活动作为发挥基层工会作用，增强基层工会活力，全面提升工作水平的综合性载体。工会通过运用“星级”考核评比方法，不断丰富“职工之家”建设内涵，激发基层工会创新热情和工作活力，使“职工之家”创建活动持续得到发展。在总结分析以往“建家”工作经验的基础上，为进一步营造“创先争优”、相互竞争的氛围，制订“职工之家”绩效评价方案，将原来的“星级制”评定，改进为“绩效制”评价，使“建家”工作的竞争性进一步加大，创新动力进一步增强，基层工会工作活力进一步激发。实施中，按照“平时跟踪、中途检查、年底验收”的流程，采取自评与考评、单位党政领导评价和群众评价相结合的方法进行考核评价。至年底，烟草工会直属基层工会荣获省（市）级以上“模范职工之家”称号的有9家，其中获得“全国模范职工之家”称号有3家。（江洪生）

【中海油运“大庆74”轮工会创建“海上职工之家”】 中海集团下属“大庆74”轮工会在推进“创建学习型船舶，争做知识型船员”活动中，以“海上图书室”、“海上俱乐部”为载体，促进“创先争优”活动深入开展，创建“海上职工之家”。一是开展文明建设。工会组织空班船员进行环境大扫除，整洁船容船貌。组织人员对各种活动器材、音响设备进行维修，规范管理；重点对图书造册，严格借阅签名制度；新设立文娱室、体娱室、娱乐室。二是加强民主管理，推进船务公开。工会主席参加船务会、每月召开船员大会、制定“船务公开栏”，定期公布船舶航次招待费、PSC检查业务招待费、公布收取客户劳务费以及分配情况、定期公布船舶伙食费收支账目、库存食品；公布船舶各类先进评比上报情况，落实船员的知情权、参与权、表达权和监督权。三是开展“中海杯”劳动竞赛。结合季节性安全防范和区域性船舶保安的特点，进行安全宣传教育，使每个船员各尽其职，保证船舶安全。船舶节能降耗从节约一滴油、一滴水做起，船舶燃物料实行精细化管理，严格按PMS规程对备件编号、保养、存放，建立进出库制度，杜绝浪费和重复申领，避免营运成本上升。（刘　枫）

【上海电信松江局工会注重夯实建家基础】 2010年，上海电信松江局工会开展模范职工之家创建活动，一是强本固基，建设活力之家。组织开展“庆元旦迎新春、天翼开门红”、“天翼腾飞”移动增值业务、“天翼腾飞——世博服务保障攻坚战”、城市光网FTTH建设、机线FTTH安装操作练兵等劳动竞赛。二是履行职责，建设民主之家。推进职代会制度建设，健全企业经营管理、深化企业改革等重大决策预告制，涉及职工切身利益重大方案表决制，职代会民主评议干部制；不断完善工会主席、职工代表直选制和评议制；落实职工代表提案，做到件件有回音，条条有着落，并定期公布进展情况，自觉接受职工群众监督。三是发挥优势，建设文化之家。邀请专家学者作《列宁的新经济政策》、《国家与革命》、《法兰西内战》等辅导，将员工的读书心得、学术论文、小改小革等汇编成《松江电信文丛》并出版。四是以人为本，建设安全之家。组织开展“五查”巡视活动，重点排查机房、设备、线路等事故隐患，组织开展“反违章、防事故、奔安康”合理化建议活动，举办“人人学消防，平安迎世博”119消防演练和大楼逃生演练活动。五是情系职工，建设关爱之家。坚持开展“五帮一送”，即重病帮困、重灾帮困、单亲帮困、助学帮困、生活帮困、送温暖活动，真情关爱广大职工；分批组织职工参加健康体检，组织35周岁以上女职工参加妇科检查；开展员工疗休养活动，为员工身心减压；举办保健知识讲座，树立职工健康养生理念。六是凝心聚力，建设和谐之家。开放员工文体活动中心，置办各类健身器材，为职工强身健体创造条件；结合职工兴趣爱好，组建乒乓、舞蹈、合唱、篮球、瑜伽等文体队；举办文艺联欢、与兄弟单位开展友谊赛，切磋技艺，提升技能水平；组织参加运动会、艺术节，振奋精神，凝聚人心，鼓励员工不断提升自身文化修养。

（朱东亚）

【中交上航局工会建家工作有成效】 中交上航局注重职工之家、职工小家的创建工作，中交上航局“新海鳄”轮被评为“全国模范职工小家”称号，并于“五一”期间受到全国总工会的表彰。“新海鳄”轮在创建职工小家活动中，把船务公开、民主管理、立功竞赛、培育知识型职工等作为建家的重要工作来抓，在加强安全生产的同时，加强职工队伍建设。去年，“新海鳄”全体船员克服天津地区连续受寒潮和冰雪恶劣天气影响等困难，完成施工土方量为1045.85万方，列为年度单船土方量之首。中交上航局系统基层工会获得“全国模范职工之家”的有3家、“全国模范职工小家”的有4家、上海市模范职工之家有4家（累计评选到10次），上海市模范职工小家有

7家。“全国模范职工之家”数占局属单位的25%,同时涌现出一批全国工会工作者等先进群体和个人,形成一支与企业发展相适应的职工队伍。

(刘昌明)

【建科院工程建筑新技术事业部分工会荣获“全国模范职工小家”称号】 建科院工程建筑新技术事业部成立于2004年,是由一支教授级高工领衔,多名博士、硕士高学历专业人员组成的高科技人才队伍。在院工会和党支部领导下,建科院工程建筑新技术事业部分工会坚持党政工团“一盘棋”的工作模式,依靠完善的民主管理制度,坚持以人为本,调动职工积极性,鼓励职工为服务“聚精会神搞科研、一心一意谋发展”的大局作贡献。一是完善民主管理机制,发挥人才在企业中的作用;二是在重点工程建设中培养人才、锻炼队伍;三是实施企业文化建设,搞好凝聚力工程。分工会通过引导鼓励职工开展卓越企业建设过程中,上下一心把智慧和力量凝聚到落实“十一五”规划的各项任务上来,创建更加和谐的内外部环境,在科技密集型企业中展示职工小家建设的特色,使工会工作和建家工作更具创新活力。建科院工程建筑新技术事业部分工会被评选为“全国模范职工小家”。

(钱　蓉)

【市监狱局工会规范职工之家考评工作】 市监狱局工会不断强化创新建设职工之家方式,规范职工之家考评工作,制定监狱局创建“职工之家”工作考评方案,从维护权益、自身建设、素质工程、宣传工作4个方面(28项内容,总分192分)对各级工会开展创建“职工之家”工作进行考核。考核内容涵盖基层工会工作的各方面,既贯彻落实监狱局工作绩效管理考核工作要求,也以“职工之家”考评为载体,更好地贯彻市监狱局第四次工代会提出的目标和任务,发挥工会在服从服务大局中党联系群众的桥梁和纽带作用。年内共进行2次评比考评,采取基层工会自查和局工会考评相结合的办法,评选出6家优秀职工之家,并给予表彰。

(江海群)

保障政策选辑

《工伤保险条例》修订的主要内容

根据2010年12月20日《国务院关于修改〈工伤保险条例〉的决定》(国务院令第586号),修订后的《工伤保险条例》(以下简称“新《条例》”)将于2011年1月1日起施行。新《条例》主要在以下几个方面做出了新的规定:

(一)扩大了工伤保险适用范围。新《条例》规定,除现行规定的企业和有雇工的个体工商户以外,事业单位、社会团体,以及民办非企业单位、基金会、律师事务所、会计师事务所等组织应当依照规定参加工伤保险。这一规定进一步扩大了工伤保险制度覆盖的职业人群,有利于发挥社会保险的大数法则优势,有利于保障这些职业人群的工伤保险权益。

(二)调整扩大了工伤认定范围。新《条例》规定,职工在上下班途中,受到非本人主要责任的交通事故或者城市轨道交通、客运轮渡、火车事故伤害的,应当认定为工伤。这样规定,将上下班途中的工伤认定范围由原来的机动车事故伤害扩大到机动车、非机动车的交通事故和城市轨道交通、客运轮渡和火车事故伤害,惠及了更多的职工群众,既体现了公平原则,也符合实践发展。同时,限定上下班途中“非本人主要责任”的交通事故伤害才能认定为工伤的,不纳入工伤的范围,这样规定有利于提示和引导职工群众注意上下班途中的交通安全。

(三)简化了工伤认定程序。新《条例》规定,对事实清楚、权利义务明确的工伤认定申请,应当在15日内作出工伤认定的决定。新《条例》取消了工伤认定争议中的行政复议前置程序,缩短了争议处理的程序和时间,有利于保护工伤职工的合法权益。

(四)大幅度提高了工伤保险待遇。新《条例》将一次性工亡补助金的标准调整为上一年度全国城镇居民人均可支配收入的20倍,一次性伤残补助金按照伤残级别增加1至3个月职工本人工资。上述调整,大幅度提高了工伤职工的待遇,对保障工伤职工的基本生活,提高工伤职工及其供养亲属的保障水平,有着十分现实的意义。

(五)增加了基金支出项目。新《条例》借鉴了国际经验和我国部分地区的实践做法,明确了将工伤预防的宣传、培训等费用纳入基金支付的规定,并且授权我部会同财政、卫生和安全生产监督管理等部门制定工伤预防费的提取比例、使用和管理办法。还将原由用人单位支付的工伤职工“住院伙食补助费”、“统筹地区以外就医的交通食宿费”以及“终止或解除劳动关系时的一次性医疗补助金”、“统筹地区以外就医的交通食宿费”以及“终止或解除劳动关系时的一次性医疗补助金”,改由工伤保险基金统一支付。进一步规范统一了工伤职工的待遇标准,保证了工伤职工待遇的及时发放,同时减轻了参保用人单位的负担,提高了企业参加工伤保险的积极性。

(六)加大了强制力度。新《条例》增加了行政复议和行政诉讼期间不停止支付工伤职工治疗工伤的医疗费用的新规定,使工伤职工能够得到及时救治,也可以从制度上遏制部分用人单位恶意诉讼。同时增加了对不参加工伤保险和拒不协助工伤认定调查核实的用人单位的行政处罚规定。对应当参加工伤保险而未参加的,先是要求补缴应当缴纳的工伤保险费并按日加收入滞纳金;逾期仍不缴纳的,处以欠缴数额1倍以上3倍以下的罚款。这些规定,提高了工伤保险的强制力度。

职工素质工程

Building up Workers' Capacity

综　述

2010年，市总工会宣教文体工作围绕大局，把握重点，教育引导广大职工为举办一届成功、精彩、难忘的上海世博会贡献智慧和力量，为上海落实“五个确保”要求、加快实现“四个率先”、加快建设“四个中心”服务。(1)围绕世博会筹备、举办工作大局，深入开展上海职工“文明服务、文明观博、文明出行”主题实践活动。一是制定并宣传上海职工“文明服务、文明观博、文明出行”“十要十不要”行为规范。会同有关部门制定下发《上海职工“文明服务、文明观博、文明出行”主题实践活动》文件，围绕职工践行文明服务规范、学习文明观博礼仪和遵守社会公共秩序的各个环节，制定行为规范，开展面向社会的广泛动员。二是重点开展产业职工“文明观博”专项教育培训。举行上海职工“文明观博”学习培训推进会和职工志愿者宣讲员培训，建立起一支由800余名工会宣教干部和职工志愿者组成的“文明观博”宣讲员队伍，完成50万产业职工的培训。三是承办全国职工世博知识网上竞赛。通过网上答题、网上留言、网上倡议、网上观博、网上抽奖等参赛方式开展在线互动。此次比赛除台湾外，吸引了包括香港、澳门在内的全国各省市、自治区共计202664名职工参加。四是推进窗口行业职工文明志愿服务行动。下发《关于开展窗口行业职工文明志愿服务行动的通知》，明确目标、任务和要求；结合窗口行业实际，以“职工志愿者，让窗口服务更温馨”为主题，先后开展交通行业、劳模先进、通信行业、医务医药、金融、商业等行业职工世博文明志愿者集中服务日，3000余名职工志愿者、100余个窗口行业服务点直接参与志愿活动。930余支职工志愿者服务队、近16万职工参与窗口服务行业城市文明志愿服务。(2)围绕劳模评选表彰工作重点，广泛宣传劳模事迹，弘扬工人阶级伟大品格。一是召开劳模宣传专题工作会议。学习贯彻胡锦涛总书记在全国劳模表彰大会讲话精神，广泛深入宣传劳模事迹，宣传新时期工人阶级伟大品格，以劳模精神影响、带动职工崇尚劳模、争当劳模。二是举办劳模事迹报告会。与市委宣传部联合举办劳动模范先进事迹报告会，广泛宣传包起帆、李斌、马卫星、费跃忠等全国劳模的先进思想和模范事迹。(3)围绕维护社会稳定工作大局，以农民工群体为重点，开展职工思想状况调研。在浦东、徐汇、闵行、嘉定、宝钢、百联等近50个区县局(产业)职工中收集职工思想状况，形成7篇《职工思想动态》，在全市选择100家不同所有制企业作为职工思想动态直报点。与市总工会有关部门共同开展调研并制定《“十二五”期间上海职工素质工程发展规划》，对未来5年推动建设高素质职工队伍的工作目标、工作任务、方法途径等提出具体实施意见。推进迎世博农民工基本素质培训，全市共培训农民工200余万人。丰富农民工精神文化生活。在43个工人文化宫(俱乐部)、社区职工文化活动中心，开展为农民工、世博建设者免费放映电影活动，共放映电影255场。会同上海电信、市文明办等单位联合举办“情系世博，共贺新春”2010年春节慰问农民工专场演出。推进上海工会“职工书屋”建设。落实第三批共40家全国级“职工书屋”示范点，并向全总申报一批优秀示范点、优秀自建点、优秀建设者。(4)维护职工文化发展权益，深入推进职工素质工程。一是推进学习型企事业单位创建。组织开展2010年上海市学习型企事业单位创建示范工作，确定52个区县局(产业)系统的114个基层单位为2010年创建示范单位。举办学习型企事业单位创建工作培训班，对150名工会干部进行培训。二是推进初级工商管理(EBA)培训。已举办17期培训班，培训学员7.1万人，其中有9届2.2万人接读大专毕业。与慈善基金会联手实施“同在阳光下”关爱新生代农民工成长成材计划，启动对1000名优秀农民工予以EBA培训资助一半学费的项目。三是推进职工文化建设。以“礼赞劳动、喝彩世博”为主题开展上海职工文化活动月，在各个层面举行50余项职工文化活动；组织1000名优秀职工合唱演员参与中国2010上海世博会倒计时100天大型文艺演出；举行“放歌世博”上海职工文化展演周；参加上海世博会城市文化广场“周周演”；开展“精彩世博、有你有我”上海市五一文化奖职工摄影、舞蹈、小品三大门类评选。四是举办第十二届上海读书节。设置各类示范性读书项目48个。五是举办上海职工文化发展论坛。以“城市和谐发展与企业职工文化”为主题，以参与世博文化为契机，推进职工文化与企业文化建设，逐步形成借助社会力量推进上海职工文化持续健康发展的工作格局。六是举办上海工会社会体育指导员培训班。140余名工会干部参加培训，经理论和专项业务知识考试，获得三级社会体育指导员资格证书。　(丁　巍)

创争活动

【宝山区总工会组织开展“创争”活动】　区总工会将“创建学习型组织，争做知识型职工”活动作为推进全区“学习型社会建设”重点工作开展。主要有5项工作：一是开展形式多样的主题实践宣传活动，主办或承办各种读书朗诵或群众性歌咏活动；二是广泛深入开展学习劳模精神、大力弘扬中国工人阶级伟大品格的宣传活动；三是开展“职工书屋”建设活动；四是组织职工参加EBA(初级工商管理)培训；五是进一步拓展职工的参与面，重视外来务工人员参与“创争”活动。先后有1个班组获得全国“创争”活动学习型班组、1名个人获得全国“创争”活动知识型职工、5个单位获得上海市学习型企事业单位、2个班组获得上海市学习型团队和2名个人获上海市知识型职工先进个人、2010年推荐3个单位为上海市“创建学习型企事业单位”示范单位。

(胡立伟)

【闵行区总工会积极推进迎博办博各项工作】　区总工会以“共享世博，服务职工”为主题开展各项工作。一是深化主题活动，提高职工服务世博的本领。以争创“平安世博，平安卫士”主题实践活动为抓手，深化窗口行业文明志愿服务行动；以“服务世博、提升技能、展示风采、岗位建功”为主题，开展职业技能竞赛活动；以“共享世博，服务职工”为主题，以送文艺、送培训、送清凉、送慰问等形式，关心一线职工生产生活。二是用活世博资

宝山区总工会举办2009年度“争先创优”表彰暨2010年目标责任书签订仪式（胡立伟）

源，增强职工学习世博的能力。组织职工学习考察城市最佳实践区、上海企业联合馆等富有特色的主题展馆，激励职工争做绿色生产先锋，促进企业持续发展。三是抓住世博契机，提高职工利用世博的水平。以“职工创新研修班”为载体，组织职工与包起帆等劳模面对面，开展世博新理念、新科技的研讨交流；结合区“十二五”规划，引导职工参与世博后效应的研究与实践，造就高素质职工人才队伍。（洪　岩）

【青浦区开展学习型企事业单位评选活动】 区总工会会同区文明办、教育局、发改委、科委、人保局、国资委、工商联等联合开展“学习型企事业单位评选活动”。6月29日，青浦区召开推进学习型企事业单位建设工作大会，命名12家区、镇职工培训中心，全面部署落实评选工作。制订5个方面15条评选标准，形成两项工作机制。一是组织领导机制。成立推进学习型企事业建设工作领导小组，制订学习型企事业建设实施方案，将有关目标和评选制度导入“青浦职工素质工程发展规划”，并通过专题会议研究部署落实各项制度和实施方案。二是经费监督机制。按照法律法规和有关文件规定，把职工教育经费的使用纳入企业民主管理范畴，列入平等协商和签订集体合同范围，通过职代会、厂务公开、专项监督检查、职工代表巡视等途径，保证企事业单位依法提取并合理使用，为职工素质工程、学习型企事业建设提供必要的物质保障。评选活动每两年开展一次，首批100家单位参评申报工作已完成。（马美君）

【上海电控研究所工会推进学习型企业建设】 （1）更新员工五大学习理念，即“学习为本”、“终身学习、“学以致用”、“主动学习”和“创新学习”的理念。（2）开辟6条通道，助推员工成长成才。一是鼓励自学成才，通过自学考试获得国家认可学历和证书的员工可享受与公费生同等待遇，承认学历、报销学费、给予公假、职称晋升一视同仁；二是举办各类讲座，扩大员工知识面，提高员工综合素质；三是举办读书月活动，培养员工阅读兴趣；四是举行技能比赛，提高员工技能水平；五是开展各类知识竞赛，寓教于乐；六是加强再教育力度。（3）建立三项管理考核机制，确保学习型企业建设见成效。一是创建活动管理机制，每年由人力资源部负责把每位员工继续再教育的情况登记成册；二是激励机制，形成“培训—考核—使用—待遇”一体化的激励约束机制；三是考核机制。（顾丽丽）

【上海锅炉厂开展“创争”活动有成果】 （1）深化“创争”活动，形成创建学习型团队的良好氛围。一是完善机制，确保“创争”活动取得成效。全公司247个班组均建立共同愿景，人人制订个人愿景，并在班组内展示愿景，有多个班组实施在工作考核时将践诺个人愿景与绩效分配挂钩的办法。二是丰富内涵，提高创新能力追求卓越。加强班组建章立制，通过加强基础管理来确保“创争”活动取得效果。三是突出实效，为企业发展增添活力。（2）发挥工会“大学校”作用，培养高素质高技能人才队伍。一是提升职工技能素质，促进企业健康发展。通过集体协商，明确规定企业职工教育经费中的一半以上必须用于一线技术工人的技能培训，确保职工培训费用落到实处。二是开展“高师带徒”活动，指导传授绝技绝活。组建技师协会和青年技师联谊会，发挥高技能人才作用，开展“高师带徒”活动，为企业技能人才的培养做出贡献。三是推广先进操作法，分享交流互动成果。开展先进操作法总结推广活动，鼓励帮助技术工人著书立说，组织专家评审并出版《技术工人先进操作法》。（王卫强）

【上海三菱电梯有限公司工会创建学习型企事业单位】 （1）树立终身学习理念，改善员工思维模式。开展“企业发展最根本是什么?”的全员大讨论，明确“人才最根本”的理念；倡导员工学习管理理念书籍，利用宣传栏、职工网站等营造创建氛围；组织骨干前往日立等企业考察，开阔视野，增强信心。（2）激发员工学习热情，形成集体学习氛围。实施4项措施：一是创设共同愿景，激发学习热情；二是设置奖励，鼓励自觉学习；三是投入资金，满足学习需求；四是设计职业生涯，重用优秀人才。（3）把握创建工作重点，注重创建工作效果。一是保证创建工作设施到位，资金到位，制度到位，组织到位。二是坚持三个层面的“岗位培训”，分别为管理干部层培训，与国内著名大学合作，以“建设世界级工厂”为目标开展“国际化人才”干部系列培训；员工层培训，面向班组长和全体职工开展质量管理、安全生产、法律法规培训，开展全员读书活动，创建企业书屋，引导职工“在岗位上学习、在学习中工作”；技术员工培训，开展学习李斌活动，注重开发、营销、制造、电梯维保人员培训，开办各类培训班350期，培训员工1.2万人次，人均培训达30学时；公司高级工以上技术等级比例达45.6%，累计取得授权专利95件，专利实施率为75%，获上海市知识产权示范企业称号。三是以“岗位技能竞赛”和“合理化建议”为重点，全员岗位技能竞赛职工参与面达100%；以“提高质量、深入降本增效”为主题开展合理化建议和QC活动，征集有价值的合理化建议共150条，创经济效益1000万元，10余个QC成果获市级以上奖，开发二部、设备动力部的QC小组获“全国优秀质量管理小组”。（孙 瑛）

【机电工会评选李斌式职工】 2010年，机电工会评选出10名“李斌式职工标兵”、10家“李斌式班组标杆”，20名“李斌式职工”、20家“李斌式班组”。主要做法：（1）制订评选标准，要求当选的李斌式职工具有本职工作创新精神和能力，具有优秀的职业道德素质、丰富的操作理论、科技和管理知识、实践创新能力、突出的成效与业绩、受到职工好评、有具体实例，并在生产工作中取得较高荣誉称号；当选的“李斌式班组”在参与国际国内重大工程、关键项目以及完成重大革新项目中有显著成绩，班组成员积极参与高新技术产业化、节能减排、经济技术创新活动，在开发自主知识产权的关键、核心技术中有突出贡献。（2）组织成果发布，每位申报者均运用PPT形式讲述事迹，使参加者受到教育和启发，发布会成为职工和班组互相交流的平台。（3）高度重视，把评选过程作为学习李斌，深化职工素质工程，加强上海电气高技能人才队伍建设的重要工作环节，确保在重大工程建设、重点项目攻关、关键产品研制等方面有突出表现或重要贡献的职工和班组推荐出来。（冯克华）

【纺织工会创建“工人先锋号”】 一是提升上海纺织“工人先锋号”班组总体水平，在已获得“工人先锋号”的100个班组中选树10个标杆班组。二是创建2010年度上海纺织“工人先锋号”，举办创建“工人先锋号”标杆班组活动经验交流暨2010年度上海纺织“工人先锋号”重点培育班组学习培训班，学习解读《上海市“工人先锋号”管理办法》（试行）和全国总工会《关于进一步加强班组建设的意见》，19个创建上海纺织“工人先锋号”班组代表作交流发言。三是制订开展争当“工人先锋岗”活动工作计划，设立“科技、时尚、生产、贸易、管理”五路“工人先锋岗”，组织“工人先锋岗”培育对象学习培训班，共推荐55名职工作为培育对象，命名第一批25名上海纺织“工人先锋岗”和10个“工人先锋号”标杆班组、40个“工人先锋号”班组。（杜伟钧）

市纺织工会召开上海纺织“工人先锋号”命名表彰会，向荣获工人先锋号的班组集体代表颁发牌匾（徐志康）

【上海电建公司工会开展“巾帼标兵岗”创建活动】 电建公司工会女职工委员会开展“巾帼标兵岗”创建活动，分别评比巾帼安全标兵、巾帼技术标兵、巾帼管理标兵、巾帼服务标兵等4项标兵，使创建工作做到“三个结合”，即与企业中心工作相结合，鼓励女职工以饱满的热情和昂扬的斗志，积极投身企业的改革和发展；与企业精神文明建设相结合，鼓励女职工开拓进取，不断提升文明素养和职业精神，为构建和谐企业献智献力；与本岗位目标管理相结合，调动每一个女职工的积极性，在创建活动的平台上展示团队精神和力量。主要做法：一是加强组织领导，主动争取党政领导的重视和支持，从组织上保证创建活动的开展与落实；二是注重培养典型，女工委对企业中女职工岗位情况做到心中有数，对符合创建条件的岗位进行考察，选择优秀者进行指导和培养；三是建立激励机制，充分展示女职工精神风貌，激励广大女职工在本职岗位上取得新成绩、展现新风貌。（张文标）

【宝钢建立职工荣誉激励项目计划体系】 荣誉激励项目计划体系遵循继承性、体系化、物质和精神激励并重、面向基层、先进性5项原则，由劳动模范系列、金牛奖和银牛奖系列、曾乐奖系列、团队活力系列、单项系列等5个系列项目（简称5X项目）和颁奖典礼、“宝钢墙”、社会责任、赏识激励等4个特别项目（简称4T项目）组成，形成多层次、不重复、无盲区、自下而上的激励体系。（蒋晓农）

【宝钢发展有限公司工会以点带面建设自主型职工队伍】 工会以项目化管理为模式，以包装管理部与材料公司为试点单位，推进自主型职工队伍建设。包装管理部采取积分制评比方式，培养自主型员工，从安全、质量、工作方法、创新、文体活动、公益活动等方面出发，由员工自定指标、自我登高、互相激励、共同进步。材料公司通过项目分解方式，将“自主型职工队伍”建设项目分解成11个子项目，让职工自由选择擅长项目，使员工“认识自我、完善自我、超越自我”；其下属宝田公司一个项目申请52项专利，在集团公司“深化最佳实践者活动，

建设自主型职工队伍”推进会上作经验交流。（朱　宏）

【宝钢工会创造性开展“深化最佳实践者活动，建设自主型职工队伍”活动】 (1)坚持把以“自我管理、自觉工作、自发进取、自主创新、自动协同”为特征的自主型职工队伍建设作为职工素质工程的目标。(2)坚持以开展最佳实践者活动为职工素质工程抓手。一是发现最佳实践者。各级管理者从发现职工的最佳实践做起，运用最佳实践提高自己、指导工作、丰富管理。二是培养最佳实践者。各级管理者通过培训、指导、支持、激励等手段，履行培养职工创造最佳实践能力的责任。三是宣传最佳实践者。通过评选表彰等多种方式，大力宣传最佳实践者优秀事迹，传播最佳实践成果。(3)坚持以开展职工自主管理活动为职工素质工程的基础。一是开放性的岗位责任制。鼓励职工在履行岗位职责时，自觉、自愿、自动地跨出岗位边界，跨岗位协作和协同。二是群策群力的合理化建议活动。通过完善组织管理、征集受理、认证实施、评估激励等流程，形成职工合理化建议管理体系。三是自我了结的自主管理(JK)活动。围绕工作任务职工自主发现问题、自主立项选题、自愿结盟团队、自主解决问题。四是全员参与的持续改进活动。让职工在熟练驾驭基础上持续改进，使企业各工序、工艺指标不断刷新。2010年，全公司提出和实施合理化建议19万条，技术秘密3101项，申请专利1774件，授权1557件；培养出一大批以孔利明、韩明明、王军、王康健等为代表的工人发明家。(4)坚持以“尊重人、了解人、关心人、提高人、规范人、激励人、依靠人、凝聚人”为导向，建立3项机制。一是建立充分沟通机制。通过党政组织诉求通道、《宝钢管理者问卷》调查和信息网络热线等渠道，建立职工需求和关注点管理制度。二是建立广泛激励机制。建立由9个方面20多项内容组成的荣誉激励项目计划体系，促进职工素质全面提升。三是建立绩效辅导机制。管理者带队伍以绩效辅导而非绩效考核为主，注重问题导向而非责任导向，创造稳定、友善、和谐的管理环境。（赵关林）

【上海石化工会推进“创建学习型组织，争做知识型职工”活动】 2010年，石化工会以“推进学习型企业建设、建设高素质职工队伍”为目标，以职工技能培训、技能竞赛、职工文化体育、比学赶帮超和学习型组织创建等活动为载体，促进“创争”活动全面推进。先后有20人被评为公司技术能手，10人被评为培训工作先进个人，6人被评为学习型领导干部，15人被评为学习型党员，20人被评为学习型专业技术人员，5人被评为职工素质工程建设优秀组织者；芳烃事业部等5个单位被评为培训工作先进集体；化工事业部聚乙烯醇装置等6个公司为学习型组织。同时评出10个智能型班组，24个学习型班组，10对公司杰出师徒，3个职工周末学校优秀组织单位。5人获得2009—2010年中国石化集团公司技术能手，公司获得中国石化集团公司岗位练兵先进单位，塑料事业部获得中国石化集团公司岗位练兵先进集体，1人获得中国石化集团公司岗位练兵突出贡献个人，4人获得中国石化集团公司岗位练兵标兵。（盛立新）

【烟草储运公司工会以“深度关怀”理念提升员工素质】 “深度关怀”理念由“生活关爱、能力提升、成长发展”构成，着力实现3个结合：一是关怀职工物质需要与关怀职工精神需求结合，着眼于提升和谐发展“软实力”，主动为职工办实事、办好事、解难事，形成以关爱网络为基础、五彩沙龙为支撑、法律援助为保障、职工满意为评价的职工关爱体系。二是关怀职工日常生活与关怀职工岗位成才相结合，倡导职工“工作学习化、学习工作化”，坚持依托班组学习阵地，设计和策划每月2次的主题学习，分层引导不同层次、不同年龄结构的职工，确立岗位成才目标。三是关怀职工个体培育与关怀职工整体提升相结合，借助“劳模示范点”建设契机，加强培育、管理劳模先进群体和“劳模示范点”，开展“对标学习”，促进个体与群体共同进步；通过开展公司、部门、班组三个层面的劳动竞赛，造就“精业务、懂管理、肯钻研”的职工队伍。（崔晓隆）

【上海电信奉贤局建“五项制度”推“创争”活动】 一是建立学习培训制度。探索建立员工培训课程体系，制订员工学习计划，开展读书交流活动，分层分类提供在线培训、案例学习、现场学习、模拟学习等形式多样的培训，促使员工全面发展。二是建立沟通交流制度。逐步建立和拓宽信息沟通渠道，利用会议、快乐转型星期三沟通、互动论坛、讲座等形式，与员工进行企业业务发展策略、经营情况等方面沟通，使员工了解企业发展目标，认同企业价值和企业发展策略。通过职代会、问卷调查、访谈、合理化建议等方式，征询员工对企业重要决策的意见和建议，并及时汇总和反馈，增强员工

上海建工集团总公司2010年先进表彰大会（缪云明）

与企业同呼吸、共发展的责任感。三是建立知识管理制度。逐步建立以岗位为核心的知识、技能、经验的积累和共享机制，依托内部OA网、内部协同网等信息化平台，利用团队研讨、工作交流等形式，加强部门之间、员工之间的知识交流沟通和经验共享，激发员工岗位创新能力。四是建立持证上岗制度。以岗位任职资格和工作流程为依据，以提高员工岗位知识和技能为目标，以职业资格证书和岗位技能认证证书为手段，以持证上岗为标志，构建社会通用职业资格制度、行业特有职业资格制度和企业岗位认证制度之间相互补充的基本覆盖企业各类岗位的岗位资格认证体系。五是建立人才激励制度。表彰和宣传绩效突出、学习创新的先进人物、班组和部门。广泛开展多层次、多工种、多形式的岗位技能比赛，不断提高竞赛的技术含量和技能水平，发现和培养高技能技术业务人才。（朱东亚）

【上海电信松江局工会以“五个注重”提升员工整体素质】 主要做法：(1)注重准确定位，建立学习机制。通过“传统与创新”讲座平台，邀请专家、学者为员工讲解《国家与革命》、《反杜林论》、《三礼》、《春秋》等经典丛书；发挥“职工书屋”的文化功能、品牌优势和阵地作用，引导员工爱读书、读好书，丰富员工精神文化生活。(2)注重围绕中心，突出服务大局。对员工队伍进行细化分类，按现有员工的岗位现状、形势发展需求及员工实际需求制定培训标准，量化培训目标，实施普及初级、达到中级、进军高级的“三步曲”。着力开展基本业务培训、岗位职责培训、形势任务培训等三项培训。对员工培训课程、培训内容实行动态管理，通过网上大学、邮电培训中心、周末学校、读书讲座等途径，确保员工队伍知识不断更新、技能不断攀高。(3)注重典型效应，营造良好氛围。运用企业内部刊物、宣传栏、班组园地等宣传工具，引导员工树立“学习改变命运”、“学习提升自我能力”的理念；宣传选树“业务营销”、“客户服务支撑”、“网络技术攻坚”等学习型班组的先进典型，利用《员工沙龙》、《扬帆》、《简报》等企业内部刊物宣传客户营销中心、市场处投诉服务中心等班组及个人优秀事迹，宣传推广“员工素质工程”先进班组及个人的好经验、好做法。(4)注重激励先进，完善保障措施。开展企业“三大人才”（即企业精英、十佳员工、优秀员工）30位先进人物民主评选工作，由各基层部门工会民主推选上报，集体投票表决产生；坚持实施任命挂职处长、挂职主任、挂职分局长等；鼓励员工利用业余时间进修学习，并奖励优秀。(5)注重创新载体，拓宽发展通道。鼓励基层部门工会创新工作载体，通过领导带头、小教员辅导、班组学习交流、“请进来走出去”等形式，提升岗位服务能力；通过“七个一”活动（即读好一本书、写好一篇读书心得、开展一次读书学习交流会、出版一本《松江电信文丛》、举办一次“学先进、演先进”情景剧表演、开展一次QC课题成果发布研讨会、召开一次论文交流会），不断提高员工的业务知识水平，引导员工争做技术型、营销型、知识型人才。（朱东亚）

【上海中华商务联合印刷有限公司工会创建学习型组织】 (1)加强宣传教育。一是建立工会网站，及时发布工会信息和动态；二是创办公司内部刊物《彩虹桥》，刊登员工工作感悟及公司动态，了解员工心声，加强交流沟通；三是开展创建学习型工会班组、创建工人先锋号、模范职工之家活动。(2)重视提高员工技能。一是针对外来务工人员年龄偏小、技术水平偏低的特点，分批组织100余名员工参加不同层面的员工技能培训，93.9%员工获得由市颁发的技能等级证书；二是组织骨干员工参加行业技能大赛，2名员工获高级工职业技能证书，并取得“上海市印刷技术能手”称号，1人代表上海地区参加全国印刷行业职业技能大赛；三是组织内部技术岗位员工拜师学艺、技能竞赛，共有16对师徒签订带教协议。(3)关注职工素质提升。一是组织398人参加安全普法知识培训；二是组织员工参加《争风采，创佳绩》职工DV拍摄比赛，参赛作品获新闻出版局“庆国庆、迎世博”职工DV拍摄比赛三等奖；三是组织外来女职工组成合唱团参加上海出版界女职工“迎世博、展风采”合唱大赛，获上海市新闻出版工会“十佳歌队”称号。(4)开展节能减排活动。组织开展“我为节能减排做贡献”活动，年内为企业节电、天然气等总额达23.3万元，“轮转车间电、气、墨节能”、“印刷机使用减免酒精润版液”、“轮转机烟囱余热回收利用”等项目分获市总工会、青浦区总工会和新闻出版工会节能减排合理化建议奖。(5)营造温馨职工家园。一是为员工宿舍配备空调、卫浴，综合楼内设餐厅、小卖部、医务室、阅览室、网吧、健身房、卡拉OK房、自动取款机等辅助设施；二是开展“明星宿舍”评选。（朱国范）

【监狱局工会推进“建、创、做”活动】 主要做法：(1)开展“岗位标兵”评选，共评选35名职工“岗位标兵”。(2)召开上海市监狱管理局职工表彰暨先进事迹报告会，表彰“岗位标兵”，将标兵先进事迹汇编成册下发基层工会学习宣传。(3)为基层工会建立4家职工书屋。(4)健全完善自学奖励机制，为基层工会投入职工自学奖励金9万元，鼓励自学成才，推进岗位练兵。(5)分4批组织92名局系统先进个人和集体代表进行疗休养。（江海群）

班组建设

【普陀区石泉社区总工会加强非公企业班组建设】 石泉社区（街道）总工会围绕区域发展指导方针，不断深化工作内涵，推进非公企业班组建设。(1)完善工作制度，健全班组创建活动机制。一是加强班组建设的针对性，举办班组建设专题研讨会和班组建设“标准”大讨论，组织非公企业工会干部、班组长、职工代表，就非公企业班组建设的标准、途径和抓手等课题，开展研讨和交流。二是加强班组建设的层次性，确立“三个一”的基础建设达标制度，即规定每个班组都要有一本班组建设台账，纳入创建目标的班组要有一份全年活动计划，必须保证每个月都要有一次有影响力的活动。三是加强班组建设的多样性，制订要求发动期、夯实基础操作期、全面铺开推进期、提炼研讨总结期四个阶段的工作安排。(2)注重思想教育，突出班组创建活动重点。一是通过劳模的社会影响力开展结对活动，如市劳模肖兆明主动与盈乐针织厂缝制一组结对，共同开展“读一本好书，学一门技术，做一件好事”活动。二是加强“工人先锋号”创建活动，围绕“一流工作、一流服务、一流业绩、一流团队”的创建内容，培育和选树一批石泉社区“工人先锋号”典型。三是继续深化读书活动，将职工的职业道德和社会公德教育作为读书活动重点。(3)围绕社会热点，丰富班组创建活动内涵。上海置辰工程建设有限公司行政管理班组利用每周例会对员工进行思想、道德、礼仪等方面教育，发放《公民道德建设实施纲要》和《上海迎世博文明行动计划》等学习资料，倡议全体员工做到“文明在口中，文明在手上，文明在脚下”。(4)聚焦发展中心，明确班组创建活动目标。上海液压件制造有限公司各班组经常开展内部交流、沟通，定期召开班组业务通气会，倡导员工个性化发展，鼓励员工发挥主观能动性和创造性；上海天峰水电设计安装工程有限公司每年组织班组和职工前往专门技术培训中心进行脱产培训。（李　悦）

上海航天局工会举办“2009年度创新型班组建设争创金银牌班组成果发布及评审会”（沈　恺）

【上海重型机器厂有限公司工会举办百名班组长培训】 公司工会依托上海李斌技师学院组织实施百名班组长培训，以上海电机学院教授、高级讲师和上重公司领导等为培训老师，以“怎样营造李斌式班组、班组现场管理与改善、班组现场质量控制、沟通技巧与人际关系改善”等为培训内容，力求通过培训，锻炼提高班组长处理人际关系的能力、班组创新意识、质量控制本领，有效增强班组长综合素质。（秦引昌）

【上海市电力公司工会以文明班组班组长联谊会为载体推进班组建设】 为发挥班组长在“建、创、做”活动中的作用，加强系统内外文明班组和红旗文明岗之间的交流，电力公司工会成立“市文明班组班组长联谊会”。(1)每年开展两次联谊活动。(2)出版《班组与文明》。围绕“如何增强班组凝聚力、如何调动组员的工作积极性、当前文明班组建设的薄弱环节、当前班组管理的重点、文明班组创建活动和班组建设”等课题开设“班组长论坛”专栏。(3)开展“学习型班组最佳实践库”创建活动。以“学习型班组创建”为主导，引导班组运用学习型组织理论、创建学习型班组具体实践和现代科技手段，展示文明创建最新成果。已有60篇文章在公司工会网站上发布。（余传毅）

【上海电力安装第二工程公司工会创建分包队伍班组化建设实践点】 2010年，公司工会在开展分包队伍班组化建设示范点活动基础上，对分包队伍进行分级评定工作，在被评定为A级的11支分包队伍中创建班组化建设实践点。主要做法：(1)责任到人，提供有力的组织保障，确定基层工会主席为指导责任人，项目工委主任为管理责任人，同时选派有责任心和管理能力的人员担任对口辅导员。(2)明确要求，完善要件，要求班组学习园地上墙、管理核心上墙、管理细则上墙，工场间和施工作业区实施定置化管理，建立班组管理台账。(3)运用“劳模讲堂”，传授先进思想和技能，提升分包队伍整体素质。(4)掌握动态，注重成效，组织实践活动考评，对获得优胜的班组逐年增加1个A级称号，力争五年内有若干个分包队伍获得“5A级”班组。（常　青）

【宝钢集团梅山公司工会加大班组成本改善力度】 公司工会在总结2009年班组成本改善工作的基本做法和工作经验的基础上，加大工作力度，取得明显成效。(1)全公司班组共确立课题667个，其中重点跟踪课题60个，课题实施完成率达100%。(2)班组活动率达99.22%，超出计划目标。(3)评出20项最佳课题和20项优秀课题。（郭树鸿）

【鲁中矿业工会扎实推进班组建设工作】 鲁中矿业工会通过继续开展班组达标升级竞赛，突出抓好班组规范化管理的推进工作，公司本部近300个班组实施规范管理。按照“提产、增效、保安全”主题活动要求，严抓班组经济技术指标落实，实现班组生产“零欠账”，提高班组的工作效率。以“安全生产基础年”活动为着力点，扎实推广“白国周班组管理法”，全面推行“手指口述、安全确认”班组交接班管理，不断加大对“三违”的监督惩治力度，使班组成员时刻绷紧安全弦。重视班组长队伍建设，全年举办8期班组长学习培训班，培训班组长328人。推荐11名班组长参加由国资委、清华大学举办的班组长远程网络学习培训。继续开展优秀班组长联谊活动，通过召开主题班会的形式，交流班组管理工作经验，为班组长加强沟通、提高素质、展示才干搭建平台。（杨　柳）

【上海航天局推进创新型班组建设】 2010年，局工会借助多个载体，推进创新型班组建设深入开展。一是结合"六好班组"争创活动,将"六好班组"(基础管理好、质量安全好、成本控制好、任务完成好、攻关创新好、团队建设好)建设要求,纳入到创新型班组建设考核中来。二是结合班组节能减排工作,召开班组节能减排工作交流推进会,交流经验做法,汇编有关学习材料,将班组的创新着力点与节能减排工作有机统一。三是结合航天型号"零缺陷"质量管理要求,全面推行班组质量分析会制度,要求申报局级金银铜牌的班组必须建立质量分析会制度并定期开展活动。四是结合班组建设年度争创局级金银铜牌工作,加大季度、年中检查工作力度,加强年度申报、评审、成果发布的全过程管控,形成有效机制。五是结合学习型班组建设,会同局有关职能部门一起开展"万册图书进班组"活动,将职工所需书目送到一线班组,使不同类型的班组学习更具针对性。 (沈 恺)

【上海船舶工会深入推进以"创争"活动为重点的班组建设】 工会充分发挥"大学校"作用,开展以"创建学习型组织、争做知识型职工"为主要内容的班组建设活动。结合企业改革发展任务,提出班组建设的目标和推进措施,并从实际出发,丰富"创争"活动内容,提高"创争"活动实效。生产一线班组职工围绕生产任务,学习新工艺、钻研新技术,在攻坚克难中增长才干,提高工作效率;科室设计技术人员以完成科研项目攻关为任务,组成攻关团队,通过学习、交流和切磋,攻克技术难题,技术业务取得长足进步。青年职工在老师傅的带教下,以班组为学校,以工地为课堂,刻苦学习掌握专业技术,岗位操作技术迅速提高。工会还将"创争"活动与读书活动结合起来,以班组为单位,开展读书学习活动,撰写学习心得,定期组织讨论交流,职工的观念得到转变,知识得到更新,综合素质有了新的提高。工会关心外来农民工队伍建设,开办农民工夜校、农民工专项培训等活动。外高桥等单位组织农民工班组长参加市总工会举办的初级工商管理(EBA)培训,培养一批农民工队伍骨干。 (曹金梁)

【上海飞机客户服务有限公司工会推进"十好"班组创建】 公司工会以深入开展党工共建、创先争优活动为契机,以"精诚服务,快速响应"为主题,抓好"十好"班组创建工作。(1)加强领导,提高认识,成立以党委副书记、工会主席为组长的"十好"班组创建工作领导小组,做到思想上有认识、议程上有安排、领导上有分工、经费上有保障、运转上有机制。(2)明确目标,把握方向,制定印发"十好"班组创建方案,明确创建目标、活动内容及考核办法,要求各班组结合岗位特点制订班组具体实施方案并抓落实。(3)找准载体,创先争优。一是以"精诚服务、快速响应"为主题,以"赶超"和"创新"为主要内容,开展班组竞赛活动。二是结合两大型号研制和能力建设,开展"我为公司发展建言献策"合理化建议活动,收集建议312条。三是创办《客服工会》季刊,开展党工共建、创先争优和争创"十好"班组宣传贯彻活动。四是开展"一次交流、一部短片、一次展版、一堂讲座、一次主题班会和一场技能大赛"等"六个一"活动。(4)加强培训、创优提速保节点。通过举办"十好"班组创建培训班、召开班组建设经验交流会和组织班组长赴兄弟单位参观学习等,学习交流班组工作的经验与成果,广泛开展创优提速承诺活动。 (周 静)

【上海飞机制造有限公司工会举办班组长主题演讲比赛】 上飞公司工会组织举办"创先进工作方法、争优秀管理成效"班组长主题演讲比赛,鼓励班组长通过演讲表达在班组建设中的感悟和体会,全公司235个班组中的220余名班组长和骨干报名参赛,参与率达94%。 (祁小娟)

【上海航宇科普中心科普部突出重点抓班组建设】 科普部把提高员工技能,促进航空科普发展作为班组创建重点。(1)开展"双结对"活动。坚持为新员工指派一名有经验的老员工进行业务"传帮带",根据各人特点确定培养重点,有检查、有考核。在班组内划分党员责任区,确定一名党员结对一名年轻员工,进行政治思想"传帮带"。(2)鼓励和组织员工参加学习培训。对参加自学高等教育课程取得良好成绩的员工实施物质奖励;组织职工参加上海市初级讲解员上岗培训;举办多期航空知识专题讲座和科普讲座授课技能培训,通过测试对培训效果进行检验。(3)组织员工到飞机设计研究院、飞机制造车间等ARJ21研制生产现场进行参观考察,观摩体验ARJ21飞机试飞,促使员工讲解更具感染力。(4)要求员工每年完成一定篇幅的学术论文和科普文章,先后有5位员工的5篇论文和科普文章分别入选、发表于省市级杂志。(5)支持班组内团员青年开展"英语角"活动,通过互帮互学,提高员工听、说日常接待英语水平,为世博期间接待外国游客打好基础。(6)加强实

上海航宇科普中心科普班组坚持每天召开班前会 (邹辛乐)

践锻炼。根据不同参观人群重新设计、撰写不同版本的讲解词;组织3次大型巡展,历时数月,深入到18所中小学、11个街道社区和5个航空企事业、军营,受众达5万人次,并在中心网站、航空绘画比赛、航空模型比赛及科技节等活动中增加大型客机专题内容。通过创建活动,科普部班组被上海市总工会授予"工人先锋号"荣誉称号。 (金经诚 徐敏伟)

【上航翔运海运部操作班组以"两不"、"四化"加强班组建设】 操作班组提出"两不"、"四化"的工作要求,即班组建设不搞表面文章、不搞突击应付;班组建设实现全员化(把各项工作、各项指标落实到班组每位成员,做到人人参与)、特色化(通过开展富有特色的活动,提炼班组精神、形成班组格言,倡导班组文明)、保障化(严格按照公司的管理制度制定班组管理制度,做到纪律严明、执行到位、加强检查、杜绝差错)、经常化(利用每天早晨的班前会对前一天的工作进行总结和讲评)。通过制定、执行《ARJ商用飞机项目统计记录》、《客户投诉及反馈解决记录》等13项班组管理台账与制度,使班组在翔运公司里实现3个"最",即员工队伍最稳定、员工文化素质最高、员工中党团员比例最高。5月,班组获"2007—2009年度上海市模范集体"和"2009年度共青团号"等荣誉称号。 (莫文璟)

【白玉兰烟草材料有限公司工会全面推行班组长"公推直选"制度】 公司工会围绕"打造小而精致的现代一流企业"建设目标,从构建人才成长平台、培育一流班组长队伍着手,采取"公推直选"方式聘任班组长。在充分调研、探索试点、广泛发动员工的基础上,公司工会制定"公推直选"办法及选举流程。公司、部门(车间)两级工会按5个区域,分3个阶段,按照组织提名、员工自荐、班组成员推荐的方式推举产生候选人。以"如果我当班组长"为课题,由候选人面对班组成员演讲竞聘理由,回答员工提问,最终以无记名差额投票方式"公推"43名员工为班组长。 (徐晏菁)

【上港集团工会加强班组建设形成机制】 集团工会以加强班组建设为深化职工素质工程建设突破口,形成争创"工人先锋号"班组的良好氛围。(1)开展"上港集团班组建设工作现状调研",召开3次班组建设工作座谈研讨会,初步形成加强班组建设工作的指导思想、总体目标、工作方针和星级班组的创建标准、考评方式。(2)召开"上港集团加强班组建设工作推进大会",龙吴分公司等4家单位分别交流发言。(3)集团党委制定下发《关于进一步深化班组建设工作的指导意见》,确立"争优创新、突出重点、促进发展"的12字班组建设工作方针,明确四星、五星级班组创建标准和考评机制,以点带面产生滚动效应。 (焦小涵)

【上港集团张华浜分公司工会推进班组建设】 工会从五方面入手推进班组建设。一是把加强班组建设工作作为企业管理和精神文明创建活动的重要工作,发挥先进班组的示范作用,引导员工立足本职岗位,积极投身公司经济发展。二是健全完善班组建设工作的组织领导体制和工作运行机制,做到有目标、有措施、有检查、有考核。三是强化班组建设管理工作,通过开展"星级班组"评选活动,不定期组织班组建设工作交流会和研讨会,总结班组建设工作成绩,推广创建星级班组的成功经验和有效做法。四是培育班组建设特色,开展针对性强、形式多样的特色创建活动,注重典型挖掘,创建员工认可的品牌班组。五是重视对班组长的关心、培养和选拔,强化班组长培训工作,提高班组长业务技能、管理能力和思想素质,有计划地将优秀班组长选拔充实到技术和管理岗位。 (季友明)

【交运集团公司突出班组建设三大重点】 一是抓班组管理。通过集团第八次集体协商,把班组建设列入重要内容,集团和运输工会联合下发《关于加强班组建设的指导意见》,进一步明确集团班组建设的指导思想、总体目标、主要任务、班组长队伍建设及有关工作要求。各单位形成并完善党组织领导、行政挂帅、工会牵头、部门负责、党政工团齐抓共管的工作格局。二是抓班组活动。各单位以不同形式的活动推动班组建设,南站长途公司突出班组长队伍管理,提升班组工作水平;轮渡公司构建"五大"模式选树模范班组典型,发挥先进班组带动作用;交运股份汽车零部件分公司推行班组自主管理,激发员工工作热情;客轮公司打造班组品牌,提升乘客满意率;交运沪北公司开展"星级班组"创建,提升班组管理水平;联运公司围绕企业发展目标,组织创建"四好班组"活动。有2家单位评为全国工人先锋号、18家单位被评为市级工人先锋号。三是抓班组发展。各基层单位围绕班组建设目标,着力提升班组长队伍素质;围绕创造班组思想文化建设氛围,注重员工素质培训教育;围绕提

交运集团公司召开班组建设大型座谈会 (顾见华)

高管理效能，引入多样式激励机制；围绕班组科学化管理，多方位发挥班组作用。（吴　明）

【中国移动上海公司三项举措提升班组建设与管理效能】　一是完善工作机制，推进精益运营与精细管理。公司制定下发《2010年班组建设与管理实施方案》、《中国移动上海公司“星级班组”创建与评估指南》、《中国移动上海公司“星级班组”发展手册》、《中国移动上海公司班组台账》、《中国移动上海公司“一班一品”主题活动实施细则（修订版）》、《中国移动上海公司班组建设与管理指导意见（修订版）》、《中国移动上海公司班组建设激励积分实施细则》、《中国移动上海公司班组建设经费使用管理办法》等文件，指导基层单位有序开展班组建设与管理。二是培育标杆典型，推动班组持续成长。通过“十大标杆班组”评选、与上海石化公司牵手共建、推广“一班一品”，为优秀班组沟通学习搭建平台。三是创新活动载体，提升班组运行活力。开展每季班组建设主题论坛，先后举办“要我做还是我要做”、“我的班组谁做主”、“执行力大家谈”等3期论坛，参与职工450人；启动“攻坚奋进迎世博，领跑城市信息化”为主题的活动；积极推进班组基础创新并以班组为单位参与到劳动竞赛、岗位练兵中。2010年，公司网络优化中心应急通信部应急组荣获中央企业红旗班组；浦东分公司荣获“中国移动班组建设示范单位”；南区分公司九江路营业厅、网络优化中心应急通信组、客户服务中心呼入服务部外语专席班组为“中国移动卓越班组”；南区分公司九江路营业厅经理景伟娟等30位班组长为“中国移动优秀班组长”。（高诗颖）

【上海电信北区局工会创建“安康杯”“五型”班组】　（1）发挥文化先导作用，创建管理型班组。督促外协进一步调整完善内部岗位职责和管理制度，定期修订《综合管理制度汇编》，把安全理念、管理模式延伸到外协；落实班组岗位责任制，完善管理、监督、安全、新装、维护等12个岗位职责，实现管理精确化和标准化。（2）发挥普法教育作用，创建专业型班组。注重培训提升队伍专业技能，74人次获外线安全操作、行业登高及电工证书；采用亲情安全教育法，制作“全家福”安全墙，汇集组员“全家福”照和家人的安全寄语，时刻提醒员工牢记亲人嘱托，使安全教育入脑、入心、入家庭。（3）注重管理规范，创建安全型班组。组织在职和外协骨干成立“联合安监组”，强调制度控制、作业控制、重点控制、跟踪控制、群防控制等“五个控制”，对分局安全生产、消防安保、业务新装维护及服务质量等进行综合督查，形成安监管理长效机制。（4）发挥团队协同作用，创建效益型班组。在安全管理、生产服务等方面取得领先效益，其中基站建设、C网室内覆盖完成率为133%，世博专项任务安装维护履约率为100%，宽带修复及时率为99.97%。（5）发挥示范表率作用，创建创新型班组。开创外协骨干进入分局现场联合办公的新模式；开展结对外协创建安全品牌试点，为业务发展筑牢安全防线；公司员工和劳务工做到同步学习理论、同步开展安全管理、同步参与文明共建的“三同步”。（朱东亚）

【上海电信崇明局工会推行“七小举措”加强班组管理】　一是“小目标”。由班组长和成员一起制订分解阶段“小目标”并由部门负责人定期点评小目标完成情况，明确发展方向，增强员工信心。二是“小规矩”。从细化制度入手，完善符合班组特点的规章制度，通过理念灌输潜移默化为员工的自觉行为，实现精细化管理。三是“小明星”。鼓励员工发掘身边典型，同时成为身边人的典范，互相学习帮助，形成良好工作习惯。四是“小竞赛”。组织开展班组“每周一赛”、环境评比“小竞赛”，增强员工团结协作与竞争意识，形成“比学赶帮超”的氛围。五是“小座谈”。使聚餐、员工生日会、户外活动等都成为座谈场所，搭建沟通交流平台。六是“小点子”。开展“我为班组献一计”，加强和改进班组管理。七是“小奖励”。对员工的好做法及时加以鼓励，增强员工参与班组建设的积极性和主动性。（朱东亚）

【上海电信金山局工会以“4×4”模式加大学习型班组创建力度】　一是建设具有电信特色的四型班组。把区局46个学习型班组分为市场经营型班组、技术支撑型班组、客户服务型班组和综合管理型班组等四种类型，探索各类班组的创建模式。二是完善学习型班组的四项制度。营造“超越自我，快乐工作”的学习工作氛围，形成学习培训、沟通交流、知识管理、考核激励等4项制度。三是确立学习型班组的4项标准。以“班组管理力、班组学习力，班组执行力、班组创新力”为主要标准，指导学习型班组创建工作。四是做好学习型班组创建的4个结合。实现网络学习与面授教育相结合；素质培训与岗位练兵相结合，组织开展员工岗位练兵技能大赛；自我学习与团队学习相结合，加强团队学习和沟通交流；请进来与走出去学习相结合，不断提升班组学习能力。（朱东亚）

【上海电信浦东局工会坚持“四个立足”创建学习型班组】　一是立足岗位，创建体现个性化。从培养员工的学习习惯抓起，采取开放式学习、集中式教学、封闭式培训等方法，实现从“要我学”到“我要学”的转变，注重学习新知识、新技能、新业务，不断提升员工的操作能力、创新能力和知识面。二是立足班组，创建实现团队化。以团队学习、团队融合、团队能力为主要内容，以班组特色为抓手，采取试点一批、推广一批、发展一批的滚动式方法，组织团队承担项目管理，参与实践，提高团队聚合力、学习力、创新力。三是立足创新，创建呈现多样化。成立政工智囊团、技术维护智囊团、前后端联动体验俱乐部，开展QC小组、专题读书小组活动，鼓励多思路探索、多路径实践、多方法创新，深化创建活动，增强创建活力。四是立足长效，创建实现持续化。在建立长效机制上下功夫，不断健全创建保障机制，调整创建阶段重点，丰富创建载体，每年以不同主题激发职工创建热情。（朱东亚）

【三航院公司工会举办室主任（班组长）培训班】　为加强班组文化建设，提升班组工作绩效，提高室主任（班组长）的综合管理技能和水平，公司工会举办室主任（班组长）培训班，43位室主任（班组长）参加学习。（陈浙沪）

【良友集团举办基层班组长培训班】 7月，集团工会、人力资源部和市良友进修学院联合举办2010年集团系统班组长培训班，各单位200多名班组长分两期参加培训。培训内容包括《班组安全生产和劳动保护》、《打造卓越班组长的新视觉》等班组管理课程，讲解如何与班组员工进行沟通的心理讲座，围绕《集团班组建设考评标准》开展分组讨论等。（高 磊）

【良友集团系统学习《班组工作法汇编》加强班组建设】 集团系统各班组职工以学习《班组工作法汇编》，探索班组建设新思路。粮油仓储公司以中心组会议、股务会议、班组学习等形式开展学习，岚皋粮库修建股综合班组结合生产实际，提出“4321”安全管理工作法；杨思粮库推出利于提高工作效率的定人定机日常维护保养工作法；福新面粉公司通过学习工作法，进一步规范工作流程和生产操作；市场部班组在汲取门店营销工作法精华的基础上，积极探索适合自身特点的营销工作法；物资部仓库收发班组员工学习现代物流科学管理方法，总结符合班组实际的面粉收发工作方法；质保部班组完善产品质量检测、食品安全受控、新品研发等工作方法；阜丰制粉车间班组加强制粉规范操作。良友新港公司生产班组也根据各自的业务特点，进行针对性学习，保管班提出在粮桩密闭中要科学安排制套、上套、焊接、抽气各个环节；理货班组结合库场管理工作特点，在理货同时加强对现场的管理，确保作业现场干净整洁；海狮公司和东辰公司要求职工树立服务意识、敬业意识和学技术学技能意识；便利公司制订班组工作法推进实施计划，各地区部每月组织督导对门店班组工作法推广活动进行自查和互查，帮助门店分析存在问题，共同商讨整改措施，提升门店运作效率。

（刘国成）

职业道德

【市总工会举办慰问世博职工志愿者专场演出】 12月14日，市总工会举办上海工会表彰慰问世博职工志愿者专场演出。专场演出前，举行上海职工世博文明优秀志愿者团队和个人表彰仪式，向100支“上海职工世博文明优秀志愿者服务队”颁发奖牌，向100名“上海职工世博文明优秀志愿者”颁发奖杯。同时表彰由上海世博会执委会授予荣誉称号的上海世博会志愿者工作先进单位、集体和个人。表彰仪式后，举行上海工会慰问世博志愿者、建设者专场演出，来自全市各级工会的近千名职工志愿者、建设者代表观看演出。（陈 琦）

【市总机关系统党员积极参加世博安保志愿者行动】 市总机关系统党组织和广大党员按照市委“世博先锋行动”要求，在世博园区和社会“维稳”、公交和地铁“维序”等志愿者活动中，与黄浦、杨浦、静安、长宁、卢湾、奉贤等区的13个街道（乡镇）建立联系制度，主动承担世博期间各项志愿服务任务。市总机关系统共建立23支志愿者队伍，组织773名职工志愿者，其中，世博安保执勤509人，参加地铁2号线南京东路站3号出入口安保执勤38人，总计554人次参与平安世博安保志愿服务。（余文龙）

【浦东新区总工会开展世博城市志愿服务内设站工作】 （1）发挥工会组织优势，构建浦东新区世博城市志愿者服务管理网络，形成内设站点管理协调小组、内设站办公室（服务大队）、内设站服务分队、内设站指导员、各站点站长五级组织网络系统。（2）参加新区世博宣传媒体及志愿者指挥部工作例会，发挥工会在新区内设站管理协调过程中的主体作用，主动与区文明办、团区委、区商委等部门沟通，牵头召开各条线、系统内设站工作推进会、座谈会，拓展与内设站点所在单位、外派增援志愿者组织单位及其上级主管部门的协调渠道，整合社会资源和各方力量，合力推进内设站建设工作。（3）建立站长总体负责制、内设站三级会议制和信息报送反馈制等三项工作制度，明确站点运行管理责任，定期召开站长大会、分队长工作例会、站点总结会，重点抓服务氛围营造、典型事例及人物宣传。（4）制定《浦东新区世博内设站城市志愿者服务工作督导团工作方案》和《浦东新区世博城市志愿服务内设站点评选表彰方案》，成立第三方督导队，每月开展一轮不同主题的评选表彰活动。（5）以提供全方位服务为工作主线，争取站点所在单位支持，通过分队及指导员深入站点走访慰问，了解站点运行及志愿者服务中存在的困难，及时提供指导与帮助。4月20日，浦东新区173家（7月底调整为130家）世博城市志愿者服务内设站点全部启动运行，每天有近千名内设站城市志愿者上岗，为中外游客及上海市民提供信息咨询、语言翻译、文明宣传、应急救援等服务。世博期间，新区内设站志愿者共上岗近13万人次，提供信息查询服务190万人次、语言翻译服

浦东新区世博城市内建站点志愿者庄严宣誓：践行志愿精神、铸就世博精彩（陈建林）

务23.02万人次、文明宣传服务76.08万人次、应急救援服务61人次，提供其他帮助3753人次。（胡亚平）

【浦东新区举行总结表彰迎世博“百万职工百日培训大行动”暨“千家企业万辆世博文明示范车”命名仪式】在迎世博倒计时100天之际，浦东新区总工会、文明办、公安分局联合举行浦东新区迎世博‘百万职工百日培训大行动’总结表彰暨‘千家企业万辆世博文明示范车’命名仪式，授予新区建设与交通委员会工会等20家工会组织“浦东新区迎世博‘百万职工百日培训大行动’优秀组织单位”称号，后藤电子有限公司等近千家企业、近万辆“世博文明示范车”驾驶员代表上台接受“世博文明示范车”绶带，并作出文明行车承诺。400余人参加仪式。（王建中）

【长宁区总工会“五项行动”推进职工志愿服务】一是教育培训行动。深入开展“文明观博”、“文明服务”等各类教育培训活动，培训职工5万余人；下发“上海职工‘文明服务、文明观博、文明出行’、‘十要十不要’”等宣传材料，职工知晓率达90%。二是岗位建功行动。虹桥商圈33家企业、1.5万余名职工以“五比五赛”为主题开展岗位建功服务，全区800家单位、近1.5万名职工参与市容环境整治和城区管理立功竞赛活动。三是集中服务行动。根据市总工会《关于开展窗口行业文明志愿服务行动的通知》，结合长宁区窗口行业实际，牵头组织公安、医务、新长宁以及外籍人士等4支特色职工志愿者服务队伍，6440名职工志愿者参与城市志愿服务站点、地铁安保、文明宣传等各类志愿服务。四是践行诚信行动。以“诚信在我心，文明伴我行”职业道德主题践行活动为抓手，打造诚信服务品牌，发挥职工志愿者的监督作用；举行“世博有我更精彩”长宁职工建功誓师大会，号召全区职工在岗位上争当爱岗敬业的先锋、在社会上争当倡导文明的模范。五是文明出行行动。劳模、优秀班组长志愿者带头承诺、示范和践行文明出行规范。（王亚文）

【长宁区总工会开展“三个文明”主题实践活动】区总工会以“当好主力军，建功世博会，展示新风采”为主题，组织动员长宁职工开展“文明服务、文明观博、文明出行”主题实践活动。(1)推进以“文明服务”为主要内容的窗口行业立功竞赛。一是以“奋战100天、确保试运行”为主题，聚焦大虹桥建设、旧区改造及长宁迎世博配套工程，有序开展运行保障和综合服务等系列立功竞赛活动。二是以践行“文明服务公约”为抓手，发动特色街（区）窗口企业和服务单位，开展“优质服务、优美环境、优良秩序”立功竞赛活动。三是深化“诚信在我心，文明伴我行”职业道德建设，引导职工树立崇高的职业精神、良好的职业形象、规范的职业礼仪。四是开展“窗口顽症啄木鸟”行动，组织劳模、职工、市民代表对区域内重点商圈、轨交机场、酒店宾馆、会务中心等窗口服务单位进行巡访。(2)推进以“文明观博”为主要内容的素质教育培训。一是开展“我和我的世博会”主题征文活动，组织“文明观博”知识学习培训和测试，征集“文明观博”金点子。二是推进迎世博职工素质教育工程，通过发放《文明观博200问》、观看礼仪宣教片等形式提升农民工的文明礼仪与素质修养。三是以“女职工周末学校”为平台，开展“迎世博，长宁女职工在行动”主题活动。四是推进“迎世博、学双语、学礼仪”规范活动，强化职业礼仪、文明行为、双语技能培训工作。五是在区工人文化宫开展“争做可爱上海人，沟通四海架彩桥”英、法、德、日外语沙龙活动。六是成立“文明观博”职工志愿宣讲员队伍，在商场、公交等公共场所开展“十要十不要”宣传和承诺行动。(3)推进以“文明出行”为主要内容的精神文明创建。一是推进“文明出行”教育实践，宣传“文明出行”规范，践行“文明出行”承诺，号召区内职工严格遵守公共场所行为规范。二是开展长宁职工“文明出行”大讨论，重点在区内文明班组和“工人先锋号”班组中开展“迎世博革除陋习，讲文明从我做起”大讨论。三是通过开展党员先进示范行动、文明班组带头行动、职工群众志愿行动等，动员长宁职工在世博志愿服务站点、文明路口、文明路段、地铁车站、公交候车点等公共场所做好志愿服务活动。（周　君）

【普陀区医务工会多渠道关心服务世博一线职工】区医务工会发挥工会组织优势，关心服务世博一线职工做到“五个不懈怠”、“六个不放松”。“五个不懈怠”：一是走访慰问不懈怠。筹措6万元专项慰问资金，上门慰问54位世博一线服务的职工和志愿者。二是关心服务不懈怠。对世博一线职工家庭中有实际困难的进行全面排摸；提前上门送清凉、送慰问，按照每户300元的标准再给予一次性补助；组织医生、护士为服务世博职工家中身患重病的老人提供上门医疗卫生服务。三是保障措施不懈怠。联合基层工会上门看望服务世博一线职工家庭，特别是投身世博运营而无暇照顾患病家属或年幼子女等困难职工家庭。四是心理援助不懈怠。依托区医务工会心理援助品牌，为世博一线职工提供个性化心理援助服务。五是后续关怀不懈怠。建立指导服务和信息互通机制，每月召开一次基层工会世博运行工作信息例会，及时上报世博运营期间服务一线职工的生产生活工作情况和各基层工会帮扶工作相关举措。“六个不放松”：一是窗口服务不放松。全系统简化服务环节，开足服务窗口；实行首问负责制；落实住院费用“一日清”，方便患者查询；倡导“一人一诊室”，保护病人隐私；设置便民服务中心，提供导医、咨询、预约等服务。二是疾病监测不放松。加强传染病及健康相关危险因素预警监测，全面落实夏秋季肠道传染病、手足口病、重症精神病人的管控以及学校开学前的卫生工作，有效防范传染病疫情的发生。三是卫生监管不放松。高温期间重点做好集中空调通风系统、消毒产品等领域监督检查，对生产维修企业高温作业防护措施的落实情况开展监督培训。四是指导督查不放松。先后进行4次专项督查和现场指导，强化系统管理责任制。五是加强值守不放松。在做好本职工作的同时，坚持值班制度，加强防控，确保信息传递及时畅通。六是安全维稳不放松。在各医院安装与110联网应急按钮；抓好信访接待工作，及时化解各种矛盾；做好世博会期间非涉沪上访人员集中分流点的医疗保障工作。（李　悦）

【闸北区总工会广泛开展“文明观博”培训】 根据《关于开展上海市“文明观博”全民学习培训活动的通知》和上海市总工会下达给闸北区《迎世博上海职工“文明观博”培训任务书》的要求，区总工会积极引导动员广大职工群众开展“文明观博、文明服务、文明出行”大培训活动。以上海市迎世博600天行动社会动员指挥部等单位编写的《文明观博200问》为培训教材，组织动员广大职工和农民工积极参与“观博知识网上行”活动，共有11万职工参加了培训，有6万名职工通过了网上测试，超额完成市、区下达的培训指标。（陆 非）

【虹口工会举行迎世博先进表彰暨主题演讲活动】 区总工会、区迎世博社会动员指挥部办公室、区机关党工委联合举办“建功立业迎世博，虹口职工展风采”——虹口职工迎世博先进集体表彰暨“我与世博共奋进”主题演讲会。会上，播放“建功立业迎世博，虹口职工展风采”宣传记录片，并为虹口迎世博先进集体和2009年度“工人先锋号”颁奖。区公安分局、医务、教育、绿化和市容局、曲阳社区（街道）、中国电信上海公司北区四川北路营业厅等单位的职工以及劳模代表李莉作了“我与世博共奋进”主题演讲，同时举行《虹口职工“迎世博600天行动”风采图片展》。（徐 洁）

【杨浦区总工会关注职工心理健康】 一是依托区总工会网站，建立“职工网上谈心室”，组成由复旦大学心理学系主任孙时进教授领衔的8人专家志愿者团队，每周六下午由专家在线提供个性化心理援助服务，同时开通心理专家信箱，由专家通过邮件为职工答疑。二是利用工会大讲堂和女职工周末学校平台，举办“幸福·人生·职场”心理健康系列讲座，听讲人数达1600人次。三是在区总工会职工援助服务中心开设“红霞心理热线”，由心理学专家和工会干部接听职工心理咨询电话。四是建立由区总机关干部定点联系基层工会、基层企业的“一线工作法”制度，基层工会工作指导员深入企业了解职工思想动态，并在职工援助服务分中心增加心理咨询项目，设立谈心小屋。（陈柏霖）

【黄浦区总工会开展服务世博工作】 （1）制订规划，落实责任，确定“倡导三个文明、开展三项竞赛、抓好三大服务”工作目标。（2）成立区总工会服务世博运行工作领导小组，下设维稳、竞赛、保障、接待等工作组。（3）打破临时会展不设工会常规，设立世博园区工会，新建新世界集团、豫园商城两个世博园区工会分会和17个服务团队工会，发展3000名会员。（4）参与黄浦区委党建联建工作，派工作人员常驻世博园区。一是倡导、宣传、培训、实践“文明服务、文明观博、文明出行”，联合八部门发出“奉献世博、共享世博”倡议；组织21万人次职工参观世博；对4万名职工、2000名农民工开展世博知识培训；做好交通值勤、宣传引导等工作。二是开展“平安和谐、窗口服务、城市市容管理”三大竞赛，发动1000家企业、10万职工参与，组织技能培训10.66万人次、技术比武3.2万人次；会同区人保局加强协商机制建设，加强劳动关系预警调处；在公安保卫系统开展“平安世博、平安卫士”主题实践活动；组织区属街道的2.6万名平安志愿者，开展平安世博群防群治主题实践活动；引导外滩、人民广场、南京东路步行街、豫园商城四大风景区，新世界、豫园商城、豫园集团、老凤祥四大商业集团和外滩、南京东路等商业、服务业重点区域、行业和场所窗口单位职工开展优质服务立功竞赛；组织世博园内黄浦餐饮、零售、安保、物业、保洁等五大行业的5098名职工比服务、比形象、比安全、比效益；以区属房管集团和各街道为重点开展市容管理立功竞赛。三是抓好“实事、激励、接待”服务，督促世博园内黄浦企事业单位规范用工，实施职工工资从优制度，为职工提供精神激励、心理咨询疏导；投入25万元，慰问世博园内职工；组织世博园外安保、窗口、城管、市政、绿化、市容、配送等服务世博会的职工和志愿者参与文体专场活动，向他们发放体锻卡，进行高温慰问；推进全区职工工资集体协商，签订工资集体协议765份，覆盖职工73052人，一线职工工资涨幅达14.4%，实现连续7年增长。（吕诚陆）

黄浦区总工会女工委员会组织女职工志愿服务队在世博会工地上为农民工服务（吕诚陆）

【黄浦区总工会组织开展大型专场义诊】 7月15日，区总工会、区卫生局联合举办黄浦区服务世博职工大型专场义诊，为区世博会园区内外职工、世博志愿者361人提供医疗服务。9月27日，区总工会、区卫生局组织卫生系统副主任医师以上医务人员，赴世博园区开展服务世博职工大型专场义诊，为设备、物业、商业、环卫等行业的296名一线职工开展诊疗、咨询服务。（吕诚陆）

**【卢湾区总工会开展“文明服务、文明

观博、文明出行”主题实践活动】 (1)联合区团委、妇联等群众团体,通过卢湾报、工会网站等宣传平台,向全区职工发出“文明服务、文明观博、文明出行”倡议。(2)组织企业班组学习宣传《文明观博200问》、文明服务公约、“十要十不要”行为规范等,增强职工文明意识。(3)开展以“文明观博”为主题的专项培训、“迎世博、学双语、学礼仪”活动、迎世博网上知识竞赛、世博礼仪专场讲座以及“学法律、知荣辱、讲文明、迎世博”农民工文明践行和“文明在我手上,文明在我口中,文明在我脚下”公共道德实践活动,实现区域内70%以上农民工参加培训、职工“文明观博”知晓率达到100%、网上测试合格率超过50%的既定目标。(4)组织基层工会开展“六个一工程”、“三个文明”大讨论,围绕“文明服务”立功竞赛,引导职工开展诚信、特色、品牌服务,规范职业道德文明创建工作。(5)区总工会女职工委员会与区妇联联合开展“文明观博”知识竞赛,组织女职工参加“‘斯美杯’精彩世博美丽人生”女职工征文比赛,卢湾工人俱乐部参加“中智杯”上海职工摄影大赛分获金、银奖。 (葛家敏)

【卢湾区总工会开展服务世博、奉献世博活动】 区总工会围绕“当好主力军、建功世博会、展示新风采”主题,制定下发《“保平安、促运行、重服务、创一流”世博运行保障立功竞赛活动实施意见》,动员广大职工和各级工会干部参与迎世博行动计划、世博先锋行动、志愿服务活动、平安世博等各项创先争优活动,全区有97家单位、2万余名职工参加。(1)组织淮海中路商业街等窗口服务行业推进“五比五赛”文明服务、优质服务活动,拓宽竞赛覆盖面,提升职工服务技能,其中东方商厦淮海店等单位把提高职工综合素质作为工作重点,长春食品商店推广“微笑服务”经验;商业职工志愿者服务队、索尼家电维修服务队等“两新”企业员工开展志愿服务活动,发挥区“劳模啄木鸟服务队”作用,及时征集劳模志愿者巡访意见,对薄弱环节进行整改。(2)组织服务世博运行保障工作的企业和职工,围绕世博常态运营阶段工作要求,开展“迎高峰、战高温、保运行”百日行动;以“平安和谐、优质服务”为目标,针对世博运行各个环节,动员职工创先争优,促进世博运行保障各项工作落到实处。(3)组织公安分局、市容绿化局等工会,结合卢湾世博安保任务重、市容环境要求高的实际,开展具有行业特点的专项竞赛,通过赛技能、比奉献等活动,调动职工工作积极性,其中市容绿化一线职工自创垃圾公厕除臭装置,为田子坊等旅游休闲景点综合管理部门提供服务;灯景管理所职工根据区域实际,完成街区景观灯光设计任务,世博会场馆周边灯光景观得到好评。区总工会被授予市“迎世博贡献奖”。 (葛家敏)

自制立体地图送盲人,世博园触手可及 (马皆强)

【静安区各级工会开展世博知识培训和竞赛活动】 区总工会在全区职工中开展职工文明观博培训和全国职工网上世博知识竞赛。一是加强“三个文明”宣传。设计印制一批“十要十不要”宣传卡片,与《文明观博200问》、《世界文明盛会》等宣传资料发放给全区职工,鼓励职工践行文明服务规范,学习文明观博礼仪,自觉遵守社会公共秩序。二是全面开展“文明观博”培训。区总工会根据广覆盖、有实效的工作要求,通过专家授课、宣讲团宣讲、班组学习、观看教育片等形式,先后培训6.3万名职工。三是动员职工参加世博知识竞赛。3万余名职工通过书面答题和网上答题两种方式参与“我们大家的世博”全国职工网上世博知识竞赛。四是组织职工参观世博会,同时推进世博志愿服务、创建“工人先锋号”、重点商圈窗口服务行业“五比五赛”等工作。 (陈章翠)

【公安静安分局工会开展“三关爱、三保障、三放送、三激励”活动】 公安静安分局工会围绕“服务世博盛会,建设国际静安”的主旨,实践“不做一般化,做就不一般”的工作理念,通过开展“三关爱、三保障、三放送、三激励”系列活动,凝聚职工队伍,为完成世博安保任务提供保障。“三关爱”。一是关爱健康,提前启动年度体检工作,对有疾病隐患的民警及时组织复诊和检查,关注民警心理健康,开展心理咨询和疏导。二是关爱警属,建议合理安排岗位和上岗时间,最大限度兼顾全局52对双警家庭实际困难。三是关爱子女,为67名适逢中考、高考的民警子女聘请教师进行学业辅导,对大学生子女进行实习就业指导,为40余名民警孩子开办暑托班和幼托班。“三保障”。一是后勤保障,改善民警伙食,增加供应品种和用餐质量。二是生活保障,在重大安保任务期间妥善安排民警食宿,坚持送餐到岗,主动深入各派出所,协同安排各屯兵点民警生活。三是权益保障,关心慰问受到侵犯的执行公务民警。“三放送”。一是送慰问,开展全警家访活动,做到民警生病必慰问,家庭矛盾必调解,家庭困难必解决。二是送清凉,拨款140万元两次进行高温慰问。三是送培训,协调相关教务部门,开展

"送教进园区、培训到岗位"。"三激励"。一是活动激励,组织迎世博体能素质竞赛、"记录2010"摄影比赛、"我与世博"征文等活动。二是竞赛激励,开展争创"世博先锋号"和"世博安保先锋"竞赛活动,倡导"上岗一分钟,奉献60秒"。三是先进激励,即时表彰世博安保期间涌现的先进典型,通过图片展览、网上宣传等,弘扬先进事迹。（徐建民）

【工商金山分局开展"我为世博作贡献,我为工商添光彩"主题实践活动】 (1)突出主题,细化方案,多领域全面覆盖,开展窗口服务立功竞赛、创建"学习型机关、学习型党组织"、"五比五看"业务大练兵、服务"三个金山"大讨论等八大实践活动,涵盖队伍建设、业务工作、文明创建等多方面工作内容。(2)强化领导,落实责任,多部门联合推进,建立主题活动领导小组,加强组织领导和指导协调。(3)统筹兼顾,明确重点,多举措强化效能,将主题实践活动与日常业务工作相融合,宣传引导、组织实施、评先创优、建章立制等多措并举。（施成佳）

【青浦巴士公司开展"迎世博安全服务承诺"活动】 3月,青浦巴士公司发起"迎世博安全服务承诺"活动,引导出租车驾驶员展示"出租小车厢,文明大世界"的服务形象,确保服务世博的供应保障、安全稳定和优质服务。870名驾驶员在微笑服务、文明用语、仪容端庄、车容整洁、车况良好、规范营运、诚实守信、主动帮助、严守交规、礼让行车等方面做出服务承诺。（马美君）

【青浦区总工会推进迎世博职工素质教育】 一是开展青浦职工迎世博文明承诺行动,全区40万职工参与承诺签名,信守"在社会上,文明礼貌守秩序;在工作中,爱岗敬业作贡献;在家庭里,敬老爱幼重和谐"的文明承诺,为迎接世博,参与世博,服务世博发挥作用。二是推进"文明服务、文明观博、文明出行"主题实践活动,向全区各级工会、广大职工发出"奉献世博、共享世博"的倡议,发放上海职工"文明服务、文明观博、文明出行"、"十要十不要"宣传画报;召开"文明服务、文明观博、文明出行"座谈会;开展"三个文明"职工素质教育培训,全年培训职工13.6万名。三是继续推进迎世博农民工基本素质教育培训计划,共培训农民工4.8万名,获"上海农民工基本素质教育培训先进单位"称号。（马美君）

【青浦区总工会组织发动职工文明迎博办博观博】 一是与区"迎世博"社会动员指挥部共同举行青浦职工迎世博文明承诺行动启动仪式暨大众健身体育比赛,组织动员全区职工以自己的承诺和文明言行迎接世博、参与世博、服务世博。二是开展青浦职工"文明服务、文明观博、文明出行"主题实践活动,举办"三个文明"专题报告会、座谈会、学习培训会,组织"文明观博"宣讲员队伍,推行"青浦职工免费培训菜单"下企业,引导职工以礼仪文明、服务文明、秩序文明、环境文明迎办世博。三是召开区第三届工会代表大会,向全区各级工会组织、广大职工发出"奉献世博、共享世博"的倡议。（马美君）

【奉贤区总工会加强职工思想教育工作】 (1)吸取"富士康事件"教训,开展职工思想状况调研,通过召开座谈会、调查问卷、个别访谈等形式,调研23家企业的2000名职工,及时了解当前职工队伍的思想动态,形成《关于做好职工维稳工作的情况专报》,并提出有针对性的对策措施。(2)发挥工会"大学校"作用,加强职工教育培训,会同区委宣传部制定《关于建立奉贤区镇、开发区职工学校(暂行)办法》,在镇、开发区建立职工学校,并在百人以上企业设立教学点,镇、开发区13所职工学校共设立教学点422个,累计培训职工12万人次。(3)开展农民工基本素质教育,4.7万名农民工参加"迎世博奉贤农民工基本素质教育培训"考核,5万名农民工参加"文明观博"200题问卷考试。（刘传军）

【上海电机厂有限公司工会开展"和谐企业、平安世博"系列活动】 (1)宣传"文明服务、文明观博、文明出行"、"十要十不要"、"和谐企业,平安世博十承诺"等,引导职工遵守社会公德,维护公共秩序,养成良好习惯。(2)向职工赠送世博门票、发放世博导览图,让职工参与世博,感受世博盛况。(3)组织"迎世博、赞世博"系列文体活动,增强职工身体健康,激发职工团队协作精神。(4)构建"5+1"职工互动保障体系,加大对困难职工的帮扶力度,关心凝聚职工。(5)完善职工利益诉求表达机制,加强劳动关系矛盾预警监测、信息反馈、应急处理等机制,构建和谐劳动关系。(6)开展"杜绝我身边的陋习"实践活动,提高技能素质。(7)围绕"质量"、"降本"、"节能"和"安全和谐"等主题开展"工人先锋号"合理化建议和"五小"活动,发挥职工主人翁精神,提高

上海电气世博志愿者为老劳模讲解代表车使用方法　（冯克华）

产品质量和提升企业管理运营水平。（梅晓蕾）

【上海电气职工开展世博志愿者服务】 按照电气集团总公司世博指挥部要求，上海电气发动758名世博职工志愿者，组建30支职工志愿者服务队，服务内容涵盖“安全保畅”、“维修保障”、“社区平安”、“服务接待”等4个方面，服务队累计执勤人数为1.26万人次，累计执勤时间为10.58万小时。上海电机学院获上海市五一劳动奖状，上海电气人力资源有限公司曹俊获上海市五一劳动奖章，上海电气系统6个世博运行保障集体（班组）荣誉“上海市工人先锋号”，上海电气人力资源公司工会、上海电机学院工会被评为市总工会“当好主力军，建功世博会，展示新风采”主题实践活动工会优秀组织，4人被评为工会优秀组织者。12支志愿者服务队被评为先进志愿者服务队，10人被评为优秀志愿者，37人被评为先进志愿者。（冯克华）

【上海市机电工会评选表彰精神文明“十佳”好事】 根据上海市机电工会《关于评选2010年度上海电气精神文明好事的通知》要求，围绕提高职工综合素质，开展迎世博、讲文明、树新风活动，在职工中评选上海电气精神文明好事活动。推荐标准：一是在办世博期间在窗口服务、宣传和社会动员等行动中、在园区内的管理服务中和世博安保值守、志愿者服务以及其他实践活动中事迹感人、表现突出的。二是急公好义为公益，有拾金不昧、敬老爱幼、助人为乐的，在塑造城市精神，培育企业精神和职业道德精神，创立企业新风方面获得优异成绩，事迹有特色的。三是在参与国家和市重大工程建设中作出重大贡献的。四是在建设社会公德、职业道德、家庭美德中，事迹突出的。五是在抢险救灾中，保护抢救国家、集体和人民群众财产上表现突出的。经过推荐和评审，最终评选出10件好事为2010年度上海电气精神文明“十佳”好事。其中有异国他乡斗艰险的李雪杨、推迟婚期为援建的诸伟琦、不畏高寒铸品牌的马志刚、无偿献血奉爱心的史双、顾全大局冲在前的沈磊、开发新品不畏难的施逢委、化解难题维稳定的宋新华、攻克难关为核电的陈寅志、护送老人传佳话的王寅昌、捐赠助学树新风的上海电气集团股份有限公司中央研究院等。（周　珺）

【上海电气迎世博宣传活动形式多样】 （1）开展主题宣传。以集团内54家市级文明创建单位为重点，通过企业报专版宣传、在企业对外窗口和宣传阵地张贴宣传画、悬挂横幅，开展“迎世博、讲文明、树新风”宣传活动。（2）发出“文明迎博”倡议。发动职工在“上海电气职工文明迎博”大型签名牌上签名。（3）制作8万张“文明观博”宣传卡片发给每位电气职工。（4）在迎世博倒计时600天、100天、25天之际，举办《上海电气“世博知识进班组，万名职工学礼仪”知识竞赛》。（5）组织开展两轮电气职工“世博知识进班组，万名职工学礼仪”活动和上海电气职工“文明迎博”培训，6万名职工参加培训，5万名职工参加培训测试，其中包括7000名劳务工，培训职工测试合格率达98.5%，优良率达78.6%。（6）由新一届劳模发出“参与中国2010年上海世博会建功立业竞赛倡议”。（冯克华）

【仪电工会组织职工参加“三文明”主题实践活动】 仪电工会动员职工积极参与“文明服务、文明观博、文明出行”主题实践活动，多途径、多渠道、多形式地宣传和普及世博知识，引导职工深入理解“世博人人有责、世博人人参与、世博人人共享”的价值理念，深入营造迎世博的浓厚氛围。工会购买《上海市民迎世博学双语普及读本》、《上海世博会官方导览手册》和《世博知识150问》等宣传资料，发到每位职工手中，并通过企业报刊、图片宣传，板报、网络等转发学习资料，推进以“文明观博”为主要内容的素质教育培训，推动世博理念和世博知识的广泛宣传。（生　青）

【飞乐股份下属企业职工为平安世博乐做志愿者】 上海飞乐股份有限公司物业分公司永和路班组共有职工36人，平均年龄49岁。全体员工集体参加城市文明志愿者队伍。他们发扬“奉献、友爱、互助、进步”的志愿者精神，在业余时间，每天到永和路公交车站志愿者岗位上工作4小时，在上下班高峰时段内，引导市民文明乘车，解疑答惑，巡视检查，在184天内从不间断，为成功举办世博会和社会稳定作出了贡献，因而被上海市总工会命名为上海市工人先锋号。（薛　敏）

【纺织职工参与平安世博志愿服务】 世博期间，上海化纤针织联合公司部分职工参与平安世博志愿者队伍服务活动，每天客运高峰时段在安顺路48路车站附近维持站点交通秩序，为乘客提供“先下后上、文明乘车、左行右立”等引导服务，并对车站周边治安环境进行巡查。（王慎微）

【纺织工会加强世博专题培训】 3月，纺织工会启动“文明观博、文明服务、文明出行”学习培训活动，作为推进以“五比五赛”为抓手，以创建“工人先锋号”为载体，以“文明服务”为重点的世博运行保障立功竞赛，开展“平安世博·平安卫士”主题实践活动的重要手段和方法。学习培训共举办6期，近千名工会干部和骨干参加培训。（俞进艺）

【医药工会员工学校举办“文明观博”知识讲座】 3月25日，医药工会举办“文明观博”知识讲座，并就开展“文明服务、文明观博、文明出行”主题实践活动作动员。工会所属基层工会干部、员工学校小教员及劳模先进代表160余人参加培训。（李晨海）

【上海高扬国际烟草有限公司工会创建迎世博文明窗口】 公司工会在企业党政支持下，以开展“迎世博文明窗口创建”活动为抓手，组织引导职工参与“文明服务、文明观博、文明出行”主题实践活动。一是以“争创一流”为宗旨，抓好“迎世博、讲文明、作示范”主题教育，帮助职工了解世博知识，落实岗位职责，提高工作质量，加强安全防范，倡导从岗位工作和文明行为规范养成做起，提高职业道德素质。二是以“争当标杆”为目标，推进文明窗口创建，制定下发《“迎世博、展新貌、树品牌”文明窗口争创活动实施计划》，以班组为窗口单元，通过组织创建申报、实施过程评价、精心

推选“现场管理示范点”窗口、优化现场管理和优质服务标准等措施，提升创建效果。公司26个窗口班组申报参与创建。（沈迦妮）

【烟草工会开展迎世博主题实践活动】 围绕“文明服务、文明观博、文明出行”主题，开展6项活动。一是协同相关职能部门开展“迎世博文明窗口”创建活动，确立“窗口”班组34个，展示上海烟草文明形象。二是召开以“迎世博、展风采、上水平”为主题的三八国际妇女节100周年庆祝大会和集团全员性劳动竞赛。三是组织1569名职工参与“全国职工世博知识网上竞赛”，部分“工人先锋号”班组长参加市总工会举办的“世博与班组建设”专题研修班。四是组织9966名职工参与“迎接世博盛会、普及法律知识、弘扬企业文化、推进民主管理”知识答题活动。五是组织烟印公司劳务工参加“活力外滩、精彩世博、健康上海”上海职工健身操展示和杨浦区总工会职工健身操展示活动，组队参加第十二届上海读书节“精彩故事、和谐人生”农民工讲故事大赛获优秀组织奖，烟印公司、海烟物流公司选派的参赛队员分获银奖和铜奖。六是举办迎世博“熊猫杯”羽毛球、足球、大怪路子和乒乓球4个项目比赛及“精彩世博一瞬间”职工摄影展，4500名职工参与。（江洪生）

【烟草三产管理中心创建“迎世博文明窗口”】 中心各窗口创建单位围绕“规范服务流程、提升服务质量”的要求，总结提炼餐饮服务、卷烟销售、客房服务、广告制作、洗涤服务、维修服务和卷烟外包装分拣等7项“一线服务操作法”，为培育服务和谐企业文化，深化优质服务建设积累经验。世博期间，累计接待2.66万人次来沪观博嘉宾，实现安全事故、客服投诉为零的目标。（牛玉花）

【中国海运员工慰问亚丁湾护航舰队官兵】 9月21日，中国海运员工通过“新赤湾”号大型集装箱船，为中国海军第6批护航舰队官兵送去慰问信和价值20万元的月饼、蔬菜、水果等慰问品，对人民海军护航编队为中国海运船队途经亚丁湾、索马里海域保驾护航、确保航行安全表示感谢。中海集运公司代表中海集团先后4次组织慰问护航海军活动，为中国护航海军舰艇官兵送去价值近70万元的新鲜蔬菜、水果、食品、保健品等。（顾惠根）

【中海集运“新长沙”轮船员开展网上签名寄语活动】 “新长沙”轮在航程中开展“文明观世博，热情迎亚运，和谐迎国庆——做文明有礼的中国人”船员网上签名寄语活动。9月6—8日，“新长沙”轮靠泊加拿大温哥华港装卸集装箱，通过港口海员俱乐部的互联网，将24名船员的签名寄语发送至国内“中国文明网”，以表达对祖国母亲和中国海运的感念。（付振东）

【上海邮政参与世博志愿者集中服务日活动】 6月5日，工会组织职工参加“服务世博，让窗口更温馨”上海市通信邮政行业职工世博文明志愿者集中服务日活动。仪式上，上海邮政向参加活动的各行业劳模代表赠送个性化邮票纪念折；市劳动模范、宝山区邮政局彭浦新村支局投递员于素霞代表上海邮政志愿者服务总队作交流发言，全国劳动模范、汽车运输局长途运输部驾驶员吕国羊受聘为上海窗口行业世博文明志愿者服务队名誉队长；市北邮政局四川路桥邮政支局、市南邮政局卢湾邮政支局、浦东新区邮政局世博支局、世博园区内中船馆邮政服务处、世博文化中心邮政服务处、主题馆邮政服务处等5支志愿者服务队分别为社会职工群众提供义务指路、集邮品、邮政业务咨询等服务。世博期间，工会专门成立11支志愿者服务队，上门为321位全国劳模、市劳模拍摄肖像并赠送世博肖像个性化邮票，共制作个性化邮票8033版。（陈美芳）

【上海邮政开展员工精神文明十佳好事评选】 4月28日，工会启动2009年度员工精神文明十佳好事评选活动，共征集基层工会上报事迹材料75篇。经初评，将其中20篇刊登于《上海邮政》报上，接受员工投票评选。各基层工会利用班组学习等方式，组织员工学习事迹材料，发动员工参与投票。共收到选票25770张，参与投票数占员工总数的92%。经评选委员会审定，宝山区邮政局彭浦新村邮政支局于素霞《视用户为亲人，以真心换真情》、市北邮政局共和新路邮政支局刘剑平《坚持营销路业绩创百优》、速递物流公司沪青平处理中心沈洲平《热血抒写人生，爱心之路延伸》等10件先进事迹被评为上海邮政精神文明十佳好事。（厉文德）

【中国移动上海公司全方位关爱员工心理健康】 （1）深化“员工心理支持行动”理念。组织“走进员工心理支

“与党一起过生日”，中国移动上海公司的派遣托管会员们在信息通信馆点燃蜡烛、许下心愿（麦文胜）

持行动”大型培训动员讲座，157名员工参与；开展员工心理支持行动志愿者招募，350名员工报名，经“志愿者基础胜任素质测评”，初步选拔内部心理支持志愿者216名，其中观察员115人、倾听员70人、辅导员23人、指导员8人；5月10日至6月26日共举办志愿者培训14场，满意率为96.6%。(2)落实关爱举措。向每位员工发放《员工心理支持行动使用指南》、员工心理支持行动关爱卡(续卡)；根据《员工心理支持行动实施方案》，初拟《员工心理支持行动五大机制》；策划组织心理压力舒缓、大型户外联谊、“爱生活、爱自己”等五期“快乐园”主题文化活动，共有580人参与，其中世博服务人员190人；调整“音乐吧”设计方案，为世博服务人员新增100首放松音乐；1月至12月，共有120名员工至心理咨询室进行面询；结合运动会项目，继续开展“三操”活动。(3)开展专项活动。结合公司前期已全面推行的员工心理支持行动“六大关爱”举措，联合专业心理机构进行现场心理疏导、减压，及时处理负性情绪，使园区服务人员保持良好心理状态；公司工会与基层工会共同开展两级联动家访慰问，上门慰问7家单位的近800名员工，并发放关爱大礼包。 （高诗颖）

【上海电信崇明局工会细分群体拓展素质工程】 (1)聚焦先进员工。制作先进事迹宣传展板，推动员工学习先进；组织撰写营销、技能操作手册，提升员工技术水平；召开先进表彰会，进行先进事迹宣讲，树立先进典型。(2)聚焦老员工。组织开展“工作满30年的员工”、“入党满30年的党员”座谈会，与老员工零距离沟通；设计适合老员工的文体活动，帮助老员工放松身心，释放压力。(3)聚焦低岗员工。与低岗员工充分沟通，明确员工目标，提升员工信心；开展主题帮教活动，提升低岗员工营销、维护技能；成立“互帮互助小组”，增强低岗员工归属感。(4)聚焦新进大学生队伍。为新进大学生员工挑选“一对一”带教老师，按照“急需、有用、灵活、多样”原则制定带教方案；鼓励新进员工融入公司各项活动，增强团队协作精神。 （朱东亚）

【上海电信服务世博做到“四个百分百”】 上海电信响应市文明办关于窗口行业“服务世博”便民服务要求，通过实现“四个百分百”，即宽带安装、维修履约百分百，世博园区通信设施完好率百分百，世博园区全业务安装、维修履约率百分百，世博园区客户服务满意率百分百，为加大城市光网建设力度，提升宽带速率，完善世博通信能力服务。 （朱东亚）

【上海电信注重锻造职工世博精神】 世博期间，公司706个班组，91%的员工、93.8%的两级领导班子成员参与电信世博精神大讨论，《上海电信》报连续7个月开设专栏专题报道，1333位员工提交2039条建议和3305条短信。经5次修改，形成理念表达、理念阐释、理念故事在内的电信世博精神方案。12月25日，举行电信世博精神发布会暨第五届企业文化月启动仪式，确定“攻坚克难、奋力争先的拼搏精神，众志成城、协同奋进的团队精神，勇攀高峰、锐意进取的创新精神，勇担重任、无私忘我的奉献精神”为企业四大世博精神理念，并发送给每位员工。仪式后，公司开展为期一个月的弘扬电信世博精神，打赢“十二五”第一战全员宣传贯彻活动，组织员工参观上海电信世博纪念展和“十二五”信息化规划展，观看电信世博精神系列电视片。 （朱东亚）

【上海电信西区局工会以“五个到位”服务世博】 一是组织领导到位。将“先锋行动”与工作实际结合，使迎办世博的任务和企业发展目标成为员工的共同认识与自觉行动。二是宣传动员到位。带头宣讲国情、市情、企情，组织员工开展“我们需要怎样的世博精神”专题讨论活动。三是主题实践到位。以劳动竞赛攻坚活动、岗位创新增效活动、世博志愿者活动为主线，深化“奉献世博当主人”主题竞赛活动。四是培训工作到位。针对员工需求，开设世博课堂，促使员工“在干中学，在学中干”。五是品牌建设到位。围绕世博保障工作，发挥“工人先锋号”、“文明示范岗”的示范带动作用。 （朱东亚）

【中交上海航道局有限公司工会践行“三个文明”】 公司工会结合“五赛五出”立功竞赛活动要求，组织开展迎世博“文明服务、文明观博、文明出行”主题实践活动。(1)制作具有航道特色的宣传资料，引导各基层单位、船舶(班组)聚焦世博、文明服务，展现航道职工形象；参与世博、文明观博，展现航道职工风采；践行世博、文明出行，展现航道职工精神。(2)举行迎世博“文明服务、文明观博、文明出行，展航道职工风采”签名活动。分别在勘察设研公司、中港疏浚公司、新海象轮、长江口交通船上、中交上航局居家桥基地等举行，500余名职工

中海集运公司干部职工和天安门国旗班官兵开展共建文明交流 （刘清卿）

签名承诺。(3)举办“走进航道、感知航道——假如我是CEO”、“世博我践行——航道职工礼仪123”演讲活动。(4)组织职工参加“我们大家的世博”全国职工世博知识网上竞赛活动。(5)组织职工参与世博志愿服务站点和城市文明志愿者服务，共有16支世博志愿者队伍参与志愿服务。（杨建平）

【中交三航局工会践行“三个文明”、“十要十不要”】 一是利用公司办公系统内部网站、三航报、中交集团报、公告栏等载体，向全体职工发出倡仪，宣传“三个文明”和“十要十不要”，动员职工参与世博、服务世博、奉献世博，形成良好氛围。二是通过枫林路街道社委会牵头，与徐汇牙防所、中国电信研究院等单位联合开展为期180天的“交通安全自愿者活动”。（黄书展）

【中交三航二公司展示职工迎世博、学双语成果】 公司作为上海职工“迎世博、学双语”三年行动计划首批试点单位之一，经2008年启动试点，2009年深化推广，于2010年开展了“与世博文明同行、与企业共同发展”职工迎世博、学双语成果展示系列活动。(1)举行以世博为主题的公司青年员工辩论赛，历时1个月，初赛开设项目部分赛场，做到既不影响各项目部施工生产，也免除参赛员工奔波之累。(2)组织青年员工学双语成果节目表演，节目包括英语诗歌朗诵、自编英语独幕短剧、将世博主题曲译成英文演唱。这项活动在员工中掀起新一轮学双语的热潮。（施臻晔）

【中交三航局有限公司出台《员工手册》】 为规范和加强内部管理，规范员工行为，维护员工和企业双方的合法权益，结合《劳动合同法》等相关法律法规，公司工会牵头人力资源部、企业策划部等部门，对原有的《职工奖惩条例》进行全面修订，内容包括新进员工入职引导、企业文化建设、企业制度建设、企业员工行为规范、企业形象建设、企业与员工相互关系等板块。经公司十五届一次职代会表决通过，《中交三航局有限公司员工手册》正式出台实施。公司工会将引导各部门、各基层单位组织员工执行新版《员工手册》，规范内部管理。（黄书展）

【中远集运工会动员职工服务世博践行“三个文明”】 各级工会通过向职工发放文明观博书籍、组织职工参观世博会等方式，开展“文明服务、文明观博、文明出行”、“十要十不要”宣传教育，引导职工争当文明办博的倡导者和践行者。世博期间，公司共有30名园区高峰志愿者、19名城市志愿服务站点志愿者、2128人次平安志愿者参与服务世博；新鉴真轮、远洋宾馆被评为“上海市工人先锋号”，于雪莲、黄家玮被评委“上海世博工作优秀个人”。（钱 华）

【市交通研究所发挥志愿者队伍作用为世博交通研判服务】 在“践行三个文明，争创世博先锋”大讨论、大培训中，成立以市建设交通委系统工人先锋号班组——规划研究室为主体的“彩虹志愿队”，至4月底，队员数扩大至50人，全所职工均报名参加，并组织开展2次世博交通保障研判调查。一是于4月25—27日世博园试运行期间，开展入园交通调查，分别对园区的9个陆上入口进行交通方式、游客入场情况、园区交通设施利用率等观测调查，对出入口情况和交通方式进行汇总和分析，为世博交通研判提供分析材料。二是于5月12—14日分别在浦东和浦西入口的闸机口、安检口进行观测调查。6月，为配合世博局开展相关调查，志愿者服务队还对地面公交站和轨道交通站点开展问卷试点调查。（胡超英）

【建工集团工会开展“弘扬世博五种精神，当好东道主”活动】 工会会同有关部门多次召开座谈会，总结提炼并形成“上海建工世博五种精神”，即“勇于担当、不辱使命的奉献精神。超越自我、敢于突破的创新精神。攻坚克难、绝不言败的拼搏精神。严谨求实、注重细节的科学精神。众志成城、共创和谐的团队精神”。工会以市总工会开展的“文明服务、文明观博、文明出行”活动和集团党政开展的“全面参与，当好世博东道主；全员培训，提高素质促发展”主题教育活动为载体，开展“弘扬世博五种精神，当好东道主”群众性精神文明创建活动，加强对包括农民工在内的全体职工世博基本知识以及职业道德、文明礼仪、遵章守纪教育，引领职工把承建世博工程与培养良好行为规范和创造优美市容环境的要求，融入创建文明工地等活动中。（杨钟春）

【交通行业开展世博文明志愿者服务】 4月26日，市总工会、市交通港口局工会共同开展上海职工“文明出行”主题实践暨交通行业世博文明志愿者集中服务日活动，来自公交、出租、地铁、省际客运、水上客运和机场的文明志愿者同时在浦东、徐汇、普

商业行业职工世博文明志愿者集中服务 （王海涛）

陀、闸北、虹口、宝山、闵行、机场等8个服务点举行志愿者集中服务，面向市民开展世博文明宣传，发放世博宣传材料，提供世博交通咨询。5月6日，局工会组织交通港航行业全国劳模、市劳模代表赴轨道交通站点开展志愿服务。（周建荣）

【城投总公司工会开展“三个文明”主题教育活动】 一是引导系统各单位根据职工行业类型和世博服务岗位的差异性，研究制定“文明服务、文明观博、文明出行”主题实践活动方案，全面组织“文明观博培训”，集中学习世博知识和文明礼仪知识，共计培训4万余人次。二是引导城投职工增强东道主意识，倡导世博志愿服务活动，系统共有67支志愿者服务队，2500余人参与平安世博、交通文明、清洁城市、文明游园、市民巡访、世博宣传、窗口行业、社区志愿等世博城市文明八大志愿服务活动，其中窗口行业文明志愿服务行动的志愿者服务队有23支，近1400余人参加。（朱文慧）

【绿化局工会开展主题教育系列活动】 一是组织培训。根据市总工会开展“三个文明”、“十要十不要”培训的要求，组织直属单位、行业工会各团体会员单位近160人参加《文明礼仪和有效沟通》培训。二是网上竞赛。组织绿化市容行业职工参与世博知识网上竞赛活动，共有10272名职工参加。三是真情关爱。组织辰山植物园50名外来建设者参加市总工会举办的“情系世博、共贺新春”2010年春节农民工慰问演出联欢晚会。

（唐鸿仙）

【虹桥开发区职工争当志愿者】 一是在连续多年坚持参与交通文明路口志愿者活动的基础上，2010年，有近500人次志愿者参与交通文明志愿服务。二是积极承担区内公交站点驻点守护工作，历时半年，组织600余人次职工开展志愿服务。三是参与“迎世博，创建上海文明和谐西大门”活动，主动协助在虹桥开发区内增设双语导向标识系统，协助推进延安西路架空线整治工程，配合社区举办迎世博倒计时宣传等活动。获“杰出贡献奖”，受到市文明办和长宁区文明委表彰。（裘海明）

【百联集团工会开展志愿者集中服务日活动】 9月16日，上海市商业行业职工世博文明志愿者集中服务日暨上海职工职业道德“双十佳”评比启动仪式举行，并为商业职工志愿者为民服务日揭幕，集团职工世博志愿者服务队代表展示多语种导购服务，展现集团品牌形象和职工志愿者风采。全市18支商业行业志愿者队伍参加。（姜 杰）

【百联集团工会开展市外员工“看世博、看百联”主题活动】 9月13日，集团工会举行百联市外企业先进骨干员工“看世博、看百联”主题活动动员交流会，来自集团下属5个公司、28家企业（门店）的45位员工来沪参加并接受企业文化培训，来自北京联华快客、重庆百联购物中心、好美家武汉江汉店的3位员工交流发言。会后，市外员工进入世博园学习考察百联门店和物业，在互动中学习商品陈列、服务导购、收银结算、物业管理等专业工作技巧和诀窍；通过参观奥特莱斯、中环购物广场、世纪联华等企业，对百联的供应链、管理链、信息链等加深了解和认识。（姜 杰）

【上海教师世博多语种志愿者服务队获上海市五一劳动奖状】 上海教师世博多语种志愿者服务队由上海外国语大学等高校外语教师组成，志愿服务语种涵盖英语、法语、德语、俄语、阿拉伯语等20余个语种。世博会期间，志愿者服务队通过提供世博外事接待服务、世博对外宣传、城市外语标准化建设等，宣传世博，奉献世博，展示了上海高校外语教师的风采，并获市五一劳动奖状。（顾伯超）

【医务工会启动“世博健康行”上海医务行业职工志愿服务】 6月20日，市慈善基金会、市总工会、市文明办、市卫生局和闸北区人民政府联合举办“世博健康行”百名医学专家大型慈善义诊——上海市卫生、医药行业职工世博文明志愿者集中服务日活动。全国劳模俞卓伟、市劳模宣飞燕共同宣读上海医务行业职工“世博健康行”志愿服务倡议；市医务工会向闸北区居民赠送500本《上海就医指南》。仪式后，来自市卫生系统17家二、三级医疗卫生单位的近百名医学专家为世博职工、世博志愿者和附近社区居民等1500余人提供咨询诊疗服务。世博期间，18个区县卫生局在辖区内定期组织开展健康义诊；由市医务工会、市卫生系统退管会组建的世博志愿者服务队先后进入6000余个社区居民健康自我管理小组开展健康讲座。（池朝霞）

6月20日，“世博健康行”百名医学专家大型慈善义诊——上海市卫生、医药行业职工世博文明志愿者集中服务日活动在大宁灵石公园举行（池朝霞）

【光明食品集团工会动员职工“当好东道主,激情迎世博”】 (1)在窗口服务单位深入开展“迎世博强素质,万名员工岗位技能大练兵”活动,提升广大员工服务世博的职业素养和服务品质。(2)以创建文明班组、和谐企业为抓手,引导职工树立公共意识、环保意识。(3)发动职工参与迎世博、讲文明、树新风“三五”集中行动。(4)开展“文明观博”培训,向基层工会下发5000册《文明观博200问》,引导职工争当“文明观博”的倡导者和实践者。(5)组织劳模、先进代表和困难退休职工参观世博,感受世博盛况。(6)慰问社区、公交站台、地铁站口和世博园区等岗位的世博安保志愿者。世博期间,集团共有27位个人、4个集体获“上海市世博工作先进”称号。经评选总结,集团工会授予海博出租汽车驾驶员佘建强等26名先进个人为“建功世博服务明星”,命名表彰上海鲜花港企业发展有限公司世博花卉运输车队等100个先进集体为光明集团“工人先锋号”。 (桑树德)

【良友集团女职工开展良友产品质量巡查】 集团女职工委员会开展“迎世博、保质量、树形象”啄木鸟行动,组织350余名女职工分赴全市各大超市、卖场,巡视集团系统粮油产品质量,调查了解大米、面粉、食用油(麻油)、挂面等主要产品的市场销售情况。通过巡查,引导女职工主动关心集团粮油产品,宣传企业新产品和新技术;鼓励女职工及时向有关加工企业反馈市场信息,为集团经营建言献策。 (周黎琼)

【良友职工践行“三个文明”展风采】 3月,集团工会下发《关于开展良友职工“文明服务、文明观博、文明出行”主题活动的通知》,各公司职工积极践行“三个文明”。良友便利公司开展创建“文明示范店”、“示范岗”活动,劳模吴妙英代表先进班组倡议员工“奉献世博会、建功在良友”,工作成绩获得顾客赞扬和世博园区主管部门肯定。海狮公司组织职工参加世博知识竞赛并作“迎世博文明承诺”。酒店公司各部门对客房铺床、餐厅服务、厨房跑菜、会议铺台等业务加强实务操作培训,以传、帮、带等形式,提高部门整体业务水平,通过每月进行一项业务技能测试,检验培训成效。粮油仓储公司制作《世博宣传片》,要求各基层单位以班组学习形式组织职工观看;下发“上海粮油仓储有限公司全体员工文明观博承诺书”,引导职工争当革除陋习的模范。龙吴粮库职工多次到附近幼儿园和小学开展平安护校活动。福新公司开展向万国良同志学习活动,把学习弘扬劳模精神同企业改革发展任务相结合,组织市场部班组制订面包粉和专用面粉销售竞赛方案,积极实施销售高附价值产品,3月15日—5月15日,小包装精制粉销量较去年同期增长119.35%。 (刘国成)

【监狱局工会做好平安世博工作】 一是开展“上海市监狱管理局迎世博、保安全,扎实推进现代警务机制知识竞赛”。二是为参与轨道交通分局各派出所地铁和轻轨沿线安全防控工作的38名监狱局机关干警做好服务工作,节假日和高温期间,分批看望慰问。三是收集全局围绕世博开展的各类活动和世博先进典型事迹,共编写7次简讯、发表34条报道、22幅照片,在工会网站和《知心》杂志上宣传;出版3期世博宣传栏,张贴世博宣传画100多幅。四是做好世博会参观接待工作。承办“全国监狱工会工作研讨会”,来自15个省市监狱管理局工会的32名代表到会;接待8批次、86名来沪参观世博会的外省市宾客。 (江海群)

【城建集团第一市政开展迎世博签名活动】 第一市政工会开展“职工齐奉献、世博平安行”迎世博系列教育活动,响应“以实际行动为上海赢得光荣,实现梦想”的倡议,制作25块“迎世博”响应书,组织各基层单位、工地职工和农民工在展板上签名,引导职工宣传世博、践行文明。

(蔡文彪)

【号百公司员工参加通信邮政行业志愿者集中服务日活动】 6月5日,号百公司参加由市总工会、市文明办共同主办的上海市通信邮政行业职工世博文明志愿者集中服务日活动。仪式上,向通信邮政行业职工志愿者代表赠送《上海世博·快线》手册,市劳模肖栋明被授予号百“畅游世博”职工志愿者服务队名誉队长称号。以公司市场部员工为主的志愿者团队参与现场志愿服务,向100余人次宣传号百业务、文明观博知识等,向社区职工群众赠送《上海世博·快线》800余册,赠送世博手链500余个。 (沈 匀)

【上实集团世博志愿者连深入开展服务世博系列活动】 上实集团世博志愿者连按照“五个一”行动计划(一次义务劳动、一次慰问一线员工、一次“啄木鸟”行动、一次世博知识讲座、一次世博宣传活动),先后组织开展世博礼仪培训、世博知识宣讲、发放《文明观博200问》、慰问世博轴一线职工、世博轴义务劳动、清洁使者行

南汇监狱荣获2007—2009年度市模范集体 (林建松)

动、"啄木鸟"找差距行动等一系列活动,营造了浓郁的服务世博、奉献世博氛围。 (杨铁军)

【上实集团成立世博志愿者连并举行集体上岗宣誓仪式】 上实集团工会和团委联合发起成立一支由120名员工组成的世博志愿者连。1月18日上午,由市总工会、文明办、世博局主办,上实集团工会和团委具体承办的"冲刺100,上海职工迎世博文明行动推进会暨上实集团迎世博职工志愿者连上岗宣誓仪式"在世博轴上举行。世博志愿者连的成员们接过志愿大旗,作出庄严宣誓,将积极参加志愿服务活动,努力争当"更美的城市"服务者,"更好的生活"创造者,"更深的情谊"传播者,充分展示上实集团世博全球合作伙伴企业形象,为办好一届"成功、精彩、难忘"的世博会,作出自己应有的贡献。 (杨铁军)

【公惠医院坚持下社区为社区居民服务】 医院工会组织青年志愿者医疗服务队23次下社区,向1386人次提供医疗和咨询服务。组织团员青年健康讲座进社区,年内下社区8次,分别到南西街道所属升平、重华、威海、古柏、联华、延中、中凯等居委,为420余名社区居民进行高血压、脂肪肝、糖尿病、脑梗、消化道出血、抗生素使用等科普知识宣传。 (张利平)

【市职保会参与迎世博平安志愿者活动】 自4月15日起,64名职工作为迎世博平安志愿者参加广场交通站点值班,每天早晚两班,连续志愿服务200余天,获黄浦区世博宣传及媒体服务指挥部颁发的"中国2010年上海世博会志愿服务月度先进集体"、"世博志愿活动优秀组织者"及"世博志愿者月度之星"称号。还以世博运营单位工会团体形式,组织服务世博一线的职工参加意外伤害、从业人员意外伤残两个保障计划,促进世博运行保障领域劳动关系的和谐稳定。 (史 韵)

职工培训

【市总工会深入推进初级工商管理(EBA)培训】 根据2010年中共中央1号文件提出"采取有针对性的措施,着力解决新生代农民工问题"的精神,市总工会、市慈善基金会、上海电视大学联合推出"新生代农民工初级工商管理(EBA)培训工程"。10月25日,在英华达(上海)科技有限公司举行首届农民工EBA培训开学典礼,市总工会副主席汪兰洁、市慈善基金会副理事长夏秀蓉、上海电视大学党委副书记李惠康出席典礼。作为EBA培训的延伸和拓展,这次培训发挥了工会组织发动、慈善基金会慈善捐助、电大远程教育和企业提供学习便利的联合优势,由工会负责宣传发动、组织入学,市慈善基金会资助学员50%培训费用,电大分校组织教学和日常管理,企业根据学员实际情况给予培训时间、场地、经费、奖励等方面支持。参加这次培训的1000余名农民工学员,来自全市的造船、电子、机械、服装、城建、绿化、运输、餐饮等行业,大多为具有高中及以上文化程度、年龄35岁以下的一线班组长等基层管理者和优秀农民工骨干。全年共举办2期培训,培训学员9277人,培训数量创历年新高。 (程友谨)

首届新生代农民工EBA开学典礼 (赖成钊)

【市总工会推荐确定全国职工教育培训优秀示范点】 为落实《全国职工素质建设工程五年规划》中提出的工作目标,2010年,全国总工会首次开展全国职工教育培训优秀示范点推荐工作。在各省(区、市)推荐的基础上,全国总工会确定全国100个教育培训机构为"全国职工教育培训优秀示范点"、700个教育培训机构为"全国职工教育培训示范点"。经市总工会推荐和全国总工会审核,上海工会管理职业学院、上海电气李斌技师学院、上海市总工会沪西职工技术交流站、徐汇区振旅进修学校等4家教育培训机构被确定为"全国职工教育培训优秀示范点",上海市总工会培训中心等26家教育培训机构被确定为"全国职工教育培训示范点"。 (程友谨)

【市总工会联合推进迎世博农民工基本素质教育培训】 市总工会、市文明办、上海世博局、市教委、市城乡建设和交通委、市人力资源和社会保障局、市法宣办等10家单位联合发起迎世博上海农民工基本素质教育培训工程。联合制定下发《上海农民工基本素质教育培训实施意见》,明确教育培训的指导思想、培训目标、培训内容、培训组织、经费保障和工作要求,编写出版《上海农民工基本素质教育培训读本》,拍摄制作《精彩世博,文明先行——农民工基本素质教育培训电视宣传片》,还制作与《读本》内容配套的扑克牌,让农民工在娱乐中增长知识、接受教育。市总工会免费下发5万册《读本》、2万副扑克牌和5000张电视宣传片,为开展农民工培训创造有利条件。在有关委办局和区县局(产业)工会的大力推动下,全市上下联动、创新设计、以人为本、扎实

推进，自2009年6月至2010年5月，全市共培训农民工200余万人。（陈 琦）

【首届上海新生代农民工初级工商管理培训班（EBA）举行开学典礼】 10月25日，由市总工会、市慈善基金会、上海电视大学主办的“首届上海新生代农民工初级工商管理培训（EBA）”举行开学典礼。来自浦江镇英华达科技有限公司、上海美嘉琪电子有限公司的100余名新生代农民工学员参加典礼。（陶慧卿）

【上海工会女职工培训示范学校揭牌】 市女职工周末学校成立14年来，为服务女职工、提高女职工素质发挥重要作用，被中华全国总工会女职工委员会授予“工会女职工培训示范学校”。9月8日，举行工会女职工培训示范学校揭牌仪式暨区县局（产业）工会女职工干部培训班，全国总工会女职工委员会副主任、女职工部部长丁大建、上海市总工会副主席、市女职工委员会主任汪兰洁为“工会女职工培训示范学校”揭牌。（庄 勤）

【市总工会参与实施“家政服务工程”】 2010年，市总工会会同市商委、市财政局贯彻落实《上海市家政服务培训工作方案》，合力推进“家政服务工程”。在2009年基础上，根据办学资质、教学场地、师资力量和设施设备等条件，重新确定市总工会培训中心、市女子职业技术培训中心、市青年技术培训中心等4家单位作为“家政服务工程”定点培训机构。承担培训任务的市总工会培训中心充分依托整合工会系统技能培训资源，共组织报名4160人，参加培训3857人，考核合格3439人，合格率达到96.7%，80%以上考核验收合格的学员已通过工会职介服务平台实现了就业。（曹宏亮）

【徐汇区总工会开展职工世博知识全员培训】 区总工会组织2万余名职工参加“迎世博、学双语”活动，4000余名职工参加学双语测试，合格率逾90%；发动4万余名职工参加《文明观博》学习培训及网上测试；推进迎世博农民工基本素质教育培训工作，培训农民工3万余人。（张均敏）

【普陀区举办首期新上海职工初级工商管理（EBA）培训】 培训由市总工会、市慈善基金会、市电大指导，由区总工会、上海电大西区分部、长征镇总工会共同举办。为鼓励职工参加培训，区总工会、镇总工会和园区工会对每位学员给以资助，考核通过后，学员可接读上海电视大学大专，通过自学实现学历提升。来自长征工业区和新曹杨工业区的50名新上海职工骨干代表作为首批学员入学。（李 悦）

【杨浦区定海地区总工会开办全市首期农民工初级工商管理培训（EBA）】 11月21日，在定海地区总工会和上海电视大学杨浦分校的推动下，全市首期农民工初级工商管理培训班（EBA）在上海万吉机械施工工程有限公司开班，旨在培养复合型基层农民工骨干队伍，提升新生代农民工综合素质。（刘涛文）

【青浦区总工会推进初级工商管理（EBA）培训】 4月16日，区总工会、上海电大青浦分校初级工商管理（EBA）沪工班在上海沪工电焊机（集团）有限公司举行开学典礼。自2006年底起，区职工EBA及大专学历教育培训点下设至非公企业开办，既解决工学矛盾，又节约费用，形成优势互补、教学相长的发展模式。2010年，区总工会加大对EBA培训工作的宣传力度，通过走访企业，宣传发动，全年共有580名职工参加培训。在EBA培训基础上，动员近500名职工（包括农民工）参加学历教育，接读大专班，进一步提升职工文化素质和综合竞争力。（马美君）

【奉贤区举办首期农民工初级工商管理（EBA）培训】 10月15日，奉贤区首期新生代农民工初级工商管理（EBA）培训奉贤班开班，来自伟星集团上海工业园的50名新生代农民工入班就读。（刘传军）

【奉贤区总工会职工教育培训体系整体升级】 区内34万名职工中半数为农民工，普遍存在文化水平低、技能等级低、整体素质低的状况。根据现状，区总工会采取3项举措。一是在全区13个镇、开发园区内普遍建立新职工学校；二是在全区百人以上企业和行政村设332个职工学校教学点；三是开设政治理论、职业道德、岗位技能、安全生产、科技创新、区情镇情、健康生活、法律法规等课程，经费由政府（行政）、工会和企业共同承担，实现职工不出企业（村）就能上学的愿望。（刘传军）

【上海电站辅机厂加强技术工人培训显成效】 一是加大技术工人培养力度，使高技能、高素质技术工人比例逐

2010年黄浦区农民工安全生产基础知识暨迎世博基本素质教育培训启动（查建华）

年上升。二是将技术工人培训重心由外送技能等级培训逐步转变为开展内部培训。三是开展劳务派遣人员培训,力求“蓝领”队伍整体技能水平得到较大提升。将技术工人培养体系全方位覆盖至劳务派遣人员,为他们提供优质的培训机会,并在符合条件的劳务人员中择优转为正式员工,既解决工厂技术工人后继乏人的问题,还成为留住优秀劳务工的重要手段。四是为技术工人提供可持续发展的职业通道,根据不同任职标准设置多级职位体系,并根据工作绩效、技能等级、任职年限、合理化建议、技术比武、参加各类培训、师徒带教、参加内部培训等评聘技能职位,为技术工人提供可持续发展的职业阶梯。高级工以上技术工人比例已由48.9%上升到57.5%;高级技师两年内增加1倍,比例为8%。 (戚德荣)

【上海化学工业区工会开展世博知识宣传培训】 一是开展“世博企业行”、“世博网上行”、“世博身边行”活动;二是组织员工学习《文明观博200问》;三是组织4285人次职工参加“文明礼仪在岗位”世博知识、文明观博礼仪培训。工业区各基层工会通过举办“上海世博会”图片展、剪辑录制《世博纪事》专题片、运用“迎世博五个一”职工读书活动、报告会、参观、班组学习等形式,引导职工做到语言文明、举止文明、形象文明。 (张 俊)

【中海集团工会举办“中海杯”船员远程教育知识竞赛】 集团工会与人事部、安管部、中海船员首席培训官联席会议联合举办“中海杯”船员远程教育知识竞赛。第一阶段远程“船舶竞赛”和“个人竞赛”吸引320艘船舶、5199名船员参加;第二阶段“公司”竞赛采取网上答题形式,21支代表队、147名船员同时在上海、广州、大连三地参赛。 (宋新强)

【中海集运核算中心工会开展业务培训系列讲座】 工会利用各科室资源,开展业务培训系列讲座,为员工岗位成才搭建平台。(1)讲座主讲由各科室轮流派员担任,主讲人多为青年员工,听众主要为核算中心部门负责人、各科室负责人等,力求互动交流、不拘形式。(2)讲座题目由主讲人围绕阶段性重点工作拟定,要求突出重点、聚焦难点、解决疑点。(3)讲座课件由主讲科室成员共同制作,实现资源共享、横向联动。(4)讲课课件可上传至公司在线学习网站,供集运员工学习参考。 (刘清卿)

【中海集运上海公司工会建立培训评估制度】 公司工会在推进员工素质工程建设中,建立授课评估制度,提高员工学习培训实效。公司根据企业业务情况和员工需求,共设有10余项培训课程。为正确评估授课质量,工会和人力资源科共同建立由全体听课员工共同参与“授课质量评估制度”测评,即每次培训结束后,由听课员工填写公司局域网上的评估表格,评定授课质量,如满意率未达60%,下次暂不聘请这位老师上课。建立制度后,授课人员更注重教学内容的更新及课件制作与授课方法的多样化,从而有效提高了教学质量。 (范国忠)

【运输工会举办劳模、首席员工、岗位技术能手培训班】 7月19日,来自集团系统的劳模、首席员工、岗位技术能手90余人参加培训,听取“集团深入开展创先争优活动”、“集团‘十二五’发展规划框架思路”等专题辅导,并围绕“我为谋划集团‘十二五’发展规划献一策”、“如何在创先争优活动中发挥模范带头标杆作用”等主题填写合理化建议表,共提出有效建议150余条。 (王 勤)

【中交上海航道局有限公司职工教育培训中心开展“我来上一课”活动】 为检验青年教师的授课技能水平和教学实践效果,中心举办“我来上一课”PK总决赛。比赛以耙吸船SCADA控制系统、四冲程柴油机工作原理、绞吸挖泥船施工流程、管理沟通艺术等课程为主题,要求教师在45分钟规定时间内进行课程展示,由评委对参赛教师的授课准备、授课思路、授课重点、语言表达、教学内容、教学方法和技巧、教风教态等方面进行综合点评。教培科培训主管和骨干教师参加了比赛。“我来上一课”活动作为教育中心学习型组织创建活动的重要抓手,为青年教师提供展示才华的舞台,也有助其了解自身授课优缺点。 (杨建平)

【锦江航运系统开展职工职业生涯培训】 以专题讲座为主要培训形式,培训内容包括如何识别沟通对象思考模式,选准沟通对象沟通频道的《NLP乐在沟通》、从哲学高度分析人的工作和生活诉求,从中西传统文化和哲学思想中领悟内外生活和工作平衡的《生活中的哲学》、今日职场员工的良好心态、优秀形象、真诚服务如何提升的《职场心态、礼仪、情绪修炼》等课

中海集运女职工在北京天安门内,接受天安门国旗班战士的列队训练 (曹 坚)

程。3—10月共举行8次培训。

（田　冰）

【中铁二十四局上海电务电化公司“工地夜校”开学】　为丰富职工业余生活，为职工提供学习文化知识、钻研技术业务的环境和场所，根据中铁二十四局集团公司工会关于建设“职工书屋”的要求，电务电化公司在杭州行宫塘基地开办“工地夜校”，并举行夜校开学典礼和授书仪式。

（梅松良）

【光明食品集团工会启动班组长学EBA三年行动计划】　2010年春、秋两季共招收一线班组长和生产骨干870名，培训内容包括《管理学概论》、《经济学概论》和《法学概论》，采取送教上门的办学模式，市区公司和外地农场均开设培训班，所需费用均由行政教育经费开支，受到基层企业和职工欢迎。培训班学员考试合格率达99%以上。集团工会获得了上海市EBA培训工作“优秀组织奖”。

（桑树德）

读书活动

【上海工会推进“职工书屋”建设】市总工会以包括农民工在内的一线职工为主要服务对象，以农民工工作和居住相对集中的基层企事业单位、城市社区、工业园区、乡（镇）村和重点建设项目工地为重点，建立“职工书屋”。2010年，全市共有120个“职工书屋”示范点按照标准建成并投入正常运转，自建“职工书屋”达2000余家。市总工会先后为示范点配备电视机和DVD，配送《上海职工学习党的十七大精神》知识读本、《上海市民迎世博、学双语》知识读本、《迎世博农民工基本素质培训读本》等各类图书读本20余万册，各级工会为“职工书屋”示范点建设投资300余万元（除全总配送的书籍外）。部分建在建筑工地的职工书屋，根据流动性大、阅读对象文化程度低等特点，提供通俗易懂的读物，开展小型、灵活、便捷的读书活动，通过开展书评、读书讲座、读书沙龙、星级书屋评比等活动，引导农民工“爱读书，多读书，读好书”，不断丰富农民工的精神文化生活。

（陈　旖）

【浦东新区出版《20年20人——浦东大开发中的劳动者心理解码》】　4月29日，为纪念浦东开发开放20周年，由中共浦东新区区委宣传部和浦东新区总工会编纂的《20年20人——浦东大开发中的劳动者心理解码》举行新书发布会。参与撰写的作家与书中劳模代表进行现场座谈交流。《20年20人》一书从浦东1075名劳动模范中选取20名代表性人物，结合浦东开发建设实践，集中展现劳动者创业精神及其光辉业绩，其中包括“抓斗大王”包起帆、美特斯邦威领军者周成建、界龙集团创始人费钧德、人民调解员裴蓁、外来“打工仔”曹亚军等。该书将收藏于浦东开发开放20周年纪念展馆内，并于五一国际劳动节期间，由上海人民出版社向社会公开发行。

（殷珏娟）

【长宁区总工会推进“职工书屋”建设】　区总工会在2008年成立上海首家“职工书屋”的基础上，进一步推进“职工书屋”建设。一是建立长效机制，夯实职工书屋建设基础。区总工会将“职工书屋”建设纳入构建学习型城区工作体系，通过规范组织架构、完善规章制度，健全全区“职工书屋”建设长效机制。二是有序规范推进，促使“职工书屋”内涵发展。通过五步筹建全区“职工书屋”：第一步，在区层面上重点建设，筹建上海首家“职工书屋”；第二步，在农民工集中的环卫企业筹建“职工书屋”示范点；第三步，在10个街道、镇延伸建设；第四步，向非公企业、园区和楼宇企业拓展建设；第五步，在各企事业单位推进自建。截至年底，已自建书屋160家，自建挂牌书屋30家。三是积极培育典型，发挥职工书屋引领作用。发挥典型示范点的引领作用，通过专业管理、拓展服务、策划活动等方式培育上海首家“职工书屋”——长宁区工人文化宫“职工书屋”，并建设全国工会“职工书屋”优秀示范点1个、上海工会“职工书屋”优秀示范点1个、优秀自建点4个；区总工会获上海工会“职工书屋”优秀组织奖。（王亚文）

【长宁区总工会开展“我和我的世博会”主题征文活动】　1月启动，至4月底结束，共收到来自全区各行业职工作品近500篇。经由记者、作家、教授等专业人士组成的评委团评审，评出一、二、三等奖等奖项，并将30余篇获奖作品汇编成册。《劳动报》、《主人》杂志、《长宁时报》、长宁有线台等对活动进行专题报道，连续选登数篇优秀作品。征文活动被市振兴中华读书指导委员会评为“2010年上海读书活动优秀项目”。　（王亚文）

【普陀区开展青工e坊网上读书展示】　“共享世博，共阅精彩”普陀区青工e坊网上读书展示作为第十二届

医务系统读书节闭幕式——职工书屋示范点授牌　（钱　宁）

上海读书节活动项目之一，在全区326个青工e坊分站的青年职工网友中倡导“文明服务、文明观博、文明出行”理念，以“精彩在科技，精彩在奉献、精彩在人文”为主题，组织动员不同地区系统、不同所有制企事业单位的青年职工通过发贴形式，阅读世博、表达感悟、建言献策，共收到各类迎世博主题贴5000余条。现场展示会上，区民防通信站、区中心医院、晋元高级中学青年职工网友进行主题交流发言，来自区网络管理中心、区网宣办等部门和全区青工e坊各分会、分站50余名骨干网友参加。（李　悦）

【静安区举办楼宇职工读书成果展示活动】 11月10日，区委宣传部、区文明办、区总工会和区文化局共同主办“悦读人生，精彩楼宇”静安区楼宇职工读书成果展示活动。来自区各楼宇职工以配乐诗朗诵、京剧表演唱、中法文或中英文双语演讲，书法表演、琵琶独奏等形式，展示读书活动在提高个人知识和技能、修养和素质等方面的作用；颁发“我们大家的世博”全国职工世博知识竞赛优秀组织奖、静安区职工文明观博培训优秀组织奖等奖项，并向白领荐书、优秀推荐者赠送书籍。各街道（社区）、各系统、集团公司党政领导、工会主席、宣传干部及基层代表，楼宇职工代表、外国友人、“都市书坊”代表、世博知识竞赛、文明观博培训优秀组织单位代表等到场观摩展示。（陈章翠）

【金山区社工委工会开展“学技能强素质、奉献精彩世博”主题实践活动】 区社会工作工会委员会在归口企业职工中开展主题实践活动，引导“两新”组织职工主动参与世博、服务世博、奉献世博。(1)“送书上门”活动。为归口企业“职工之家”、“职工小家”送书籍。(2)开展争创“学习型班组”、“学习型职工”活动，鼓励职工学习世博知识、安全知识、业务技能等，提升自身素质；鼓励职工“读一本好书，写一篇读后感”，参与“看世博，学礼仪，学技能，共创美好生活”读书征文活动。(3)开展“我为企业增效献一计”、“我为金山发展献一策”、“金点子”评选活动，鼓励职工为企业发展增效出谋划策。活动分三阶段进行。第一阶段为动员启动阶段，制定活动方案，召开动员会议进行部署；第二阶段为深入开展阶段，加强组织领导和工作指导，按照时间节点有序推进；第三阶段为总结评比阶段，召开表彰大会，对表现突出的个人和集体给予表彰奖励。（沈美娣）

【青浦区总工会建立“职工书屋”流动书库】 区总工会投入20万元，购置图书近万册，建立“职工书屋”流动书库。书库实行图书编目、录入定期流动等专业化管理，书目涵盖社会科学、卫生保健、畅销书籍、经典名著等，每季度更换流动一次，以满足不同职工的阅读需求。12月3日，举行“职工书屋”流动书库图书发送仪式，通过图书发送车把书籍分送至全区32家“职工书屋”，其中包括市级以上“职工书屋”示范点4家，区级示范点20家。区总工会还加大对流动书库的投入和管理力度，扩大“职工书屋”流动面，在全区逐步建立阅读条件较为完善、覆盖面较广的工会读书网络。（马美君）

【奉贤区总工会启动职工流动书屋】 4月23日，区总工会、区文化广播影视管理局举行“知识惠职工，书香伴我行”——奉贤区纪念第十五个世界读书日活动暨职工“流动书屋”启动仪式。全区建立30家“职工书屋”，16家“职工书屋”定期更换交流图书3.2万册，并为部分农民工代表办理借书卡，提供价值1.5万元的东方学习信息卡，有效改善一线职工特别是农民工的学习条件。（刘传军）

【崇明法院工会推进“学习型法院”建设】 崇明法院工会会同院政治部以打造“学习型法院”为抓手，以培养“学者型”、“专家型”、“复合型”法官为目标，提高干警司法能力和水平。一是在办公条件有限、办公用房紧缺、办公经费紧张的情况下，腾出2间办公室作为图书阅览室，新添学习资料1000余册，并为4个法庭设立学习室；二是通过双月制业务专题讲座、兼职教师上讲台、组织新进人员岗前培训、书记员技能培训等形式，提升法官业务水平；三是联合复旦大学开设在职法律硕士班，鼓励支持青年干警参加高层次法律专业学习；四是结合岗位实际，开展庭审观摩、法律文书评比等活动和庭审记录、卷宗归档等岗位技能竞赛，检验学习成效。（陈进修）

【上海寰球石油化学工程有限公司工会开展全员读书活动】 公司工会倡导在工作中学习、在学习中工作、知识共享等理念，结合公司实际，开展全员读书活动。每年向员工发放一册读本，每月组织一次学习会、读书会或相关知识讲座，先后开展“学习在石油”、“每日悦读十分钟”全员读书、学“两论”青年读书等活动和“读书与人

上海航天局工会举办“我读书、我创新、我快乐——第三届上海航天职工读书节”（沈　恺）

生”、“成功女人靠自己”等读书征文活动。（张 俊）

【上海航天局工会以读书活动为抓手，深入推进职工素质工程建设】 针对航天科研生产任务逐年增多的情况，从促进企业发展和满足职工需求出发，一是组织开展以“我读书、我创新、我快乐”为主题的第三届上海航天职工读书节活动，内容涵盖“读书与创新”的主题讲座、上海航天职工读书活动调研、学习型集成团队建设成果交流、“方框中的世界”邮品展示、“我的创新之源”的主题征文、上海航天职工期刊展评、上海航天优秀读书小组评比等活动，有14篇征文、8本职工期刊和6个读书小组分获各类先进荣誉。二是在全局范围内重点开展学习型集成团队建设，从过去的ITC流程集成、产学研流程集成，发展到学习型集成、拓展学习型组织建设外延。还指导基层单位以读书活动为载体，在原有的集成团队模式的基础上，注入学习型组织新内涵，并通过局层面的读书活动，将好的做法和经验在系统内予以推广，涌现出了一批优秀成果。局动力所“项目老师”自助式学习培训活动作为学习型集成团队建设的优秀代表，荣获第三届上海航天职工读书节读书活动示范项目，同时推荐申报2010年上海读书活动优秀项目。（沈 恺）

【中海集运“新防城”轮工会组织船员“在线学习”】 工会在航行过程中组织船员“在线学习”，提高安全营运、防污染和船舶应急操作方面的职业技能，通过参加“中海杯”船员远程教育知识竞赛检验学习效果，推进争做“学习型船舶，知识型船员”的工作。（李政文）

【上海电信举办第四届全员读书日】 5月16日，上海电信工会以“阅读世博，阅读上海；共享知识，共建和谐”为主题，举办《学习与学习力》讲座，启动第四届全员读书日活动。各基层工会围绕主题，组织开展各类读书活动。总部机关工会举办图书展、报告会、《孔子》电影观摩、“做一个快乐的读书人”讲座；莘闵局工会举行《中国人的智慧》授书仪式、世博读书知识竞赛、“职业道德与职业诚信”讲座，以员工每人写一句读书感言和诚信格言的方式推进企业文化建设；理想公司员工讲坛开讲，把话筒交给员工，为员工搭建展示自我的舞台；宝山局工会举办员工心理辅导讲座，改善员工工作情绪，缓解员工心理压力；政企客户部工会通过猜灯谜的方式举行阅读世博知识有奖竞猜活动；市场联合工会策划拍摄视频短片《走进我们的书窝》，将镜头对准公司内的“读书人”；信网部工会举办“大声把书读出来”主题沙龙活动，启动读书论坛微博，开展“漂流书”与时俱进大讨论。（朱东亚）

【上海电信松江局工会“四项举措”增强职工书屋“四个力”】 一是健全工作机制，增强“职工书屋”凝聚力。形成党组织领导、行政支持、工会主抓、共青团配合、会员参与的工作格局；每年年初由工会落实资金为书屋购买新书，并向每个学习型班组赠送一套书籍。二是丰富工作方法，增强“职工书屋”创新力。举办“新知”读书讲座、“季度政治学习会”、“一季一书”读书活动、“三语”（英语、计算机语言、传统语言文化）学习、青年骨干培训班，开展好书推荐、读书知识竞赛、读书演讲等活动，引导员工好读书、读好书，提高员工岗位技能、劳动热情和创新能力。三是强化激励措施，增强“职工书屋”吸引力。每年将员工的读书心得、学习体会刊登于《松江电信文丛》、《扬帆》等内部刊物，先后刊登700余篇优秀作品；开展“学习型示范班组”竞赛活动，营造“比、学、赶、超”氛围。四是巩固平台作用，增强“职工书屋”影响力。为员工构建开放式、多层次、全方位的学习体系，为不同层面、不同岗位、不同年龄段的干部职工提供所需学习形式、场所和机会。（朱东亚）

【中交三航船舶公司工会以读书活动推进文化塑造工程】 工会以“以高雅的情趣陶冶人，以优秀的文化熏陶人”为宗旨，通过开展振兴中华读书活动推进企业文化建设。一是创建“职工书屋”；二是每年于上海书展期间购置新书，更新藏书，向船员提供推荐书目；三是不定期组织读书心得征文比赛。连续三年荣获“上海市读书活动先进单位”。工会还举办船舶公司职工文化艺术作品展、图片展、职工卡拉OK大赛等系列活动，展现企业文化建设成果和职工精神风貌，丰富船舶文化体系。（钟依萍）

【中远集运工会多管齐下促进职工全面发展】 （1）开展“迎世博、展风采、比贡献”群众性技能比武活动，通过技术比武、劳动竞赛、成果展示等途径，引导职工提升自身素质。（2）开展“读书，让我改变”职工读书活动，在有条件的单位建立“职工书屋”，向职代会代表、总部员工赠送书籍2000余册。（3）创办工会电子刊物《家

上海吴泾海事处“我的世博”演讲比赛 （顾 平）

园》，反映一线职工工作、学习、生活等信息，讨论交流共同关心的问题，引起职工普遍关注。(4)基层工会开展比武竞赛活动。上海远洋运输有限公司工会举办机工、水手、厨工等岗位的船员技能比武，中国部工会组织“降成本，促效益，谋发展”业务知识竞赛，对提高一线职工综合素质和岗位竞争力起到促进作用。（钱　华）

【建工集团举办“岗位建功，奉献世博”主题演讲比赛】 比赛由集团工会、团委、党委宣传处联合举办，吸引包括上海中心、金山铁路项目在内的29家基层单位、61名选手报名参赛，15名选手入围决赛。10月29日，举行演讲比赛决赛，评出一等奖1名、二等奖2名、三等奖5名，集团各部门负责人及基层单位工会、共青团、宣传部门负责人、职工代表等100余人观摩决赛。（杨钟春）

【市交通港口局工会开展主题读书活动】 局工会指导基层单位工会开展“创学习型组织，做知识型职工”主题读书活动。(1)通过“读书交流专栏”交流读书心得体会，全年登载职工读书心得97篇。(2)各工会小组开展专题学习交流活动，撰写活动简报，营造学习氛围。(3)引导职工带着生活工作中遇到的问题读书，在读书中思考创新，在实践中学以致用。(4)根据职工在世博安保和世博保障期间的工作体会，编制“一书一册”，集中反映职工服务世博、奉献世博的事迹和精神。（陈　健）

群众文化

【市总工会举行上海职工文化展演周】 世博会期间，市总工会举行“放歌世博”上海职工文化展演周活动，由上海医务、上海航天、大众交通集团等行业的1500余名职工参演，同时在部分区县局(产业)工会设立分会场。自2007年起，市总工会于中国上海国际艺术节期间举行上海职工文化展演周活动，至今已连续举办4届。（宋　昶）

【上海工会举办农民工免费电影专场活动】 春节期间，由市总工会、市文广局牵头，在24个具备放映条件且周边农民工集聚的工人文化宫(俱乐部)、社区职工文化活动中心等处，开展为留沪过年农民工、世博建设者免费放映电影活动，共放映免费电影55场。早在9月，市总工会就启动了农民工免费电影专场活动，选择43家工人文化宫(俱乐部)和社区文化活动中心作为放映点，并决定每年的元旦、春节、五一、中秋、国庆期间都将为农民工免费放映专场电影。为扩大社会宣传，专门制作1万张宣传单和300份宣传海报广为散发，逐步形成依托工会资源、借助社会力量为农民工送文化的工作机制。（陈　琦）

市总工会女职工委员会举行“相约平安夜”上海青年职工交友联谊会（周鸿波）

【市总工会女职工委员会举办青年职工交友联谊会】 市总工会女工委分别与上海市政工程设计研究总院(集团)有限公司工会、上海航天局工会联合举办“相约世博”、“相约平安夜”上海青年职工交友联谊会，来自航天局、世博集团、教育系统、现代建筑设计集团等百余名青年职工参加活动。（朱莉颖）

【小品《大年初一》获全国第十五届“群星奖”】 5月，由徐房集团创作、徐汇区总工会报送的反映全国劳模王海斌感人事迹的小品《大年初一》，作为中华全国总工会、上海市总工会唯一推荐节目，赴广州参加国家文化部举办的“全国第十五届群星奖戏剧小品决赛”，获“群星奖”。这是国家在群众文艺类节目方面所设最高奖项，也是建国以来上海工会系统首次获得这一奖项。（张均敏）

【普陀区纪念沪西工人文化宫成立50周年】 11月16日，召开纪念大会。区委、区政府及市总工会、市文广局相关部门负责人，部分兄弟区县总工会及工人文化宫负责人，区总工会历任老领导，各系统、街镇工会分管书记、工会主席，区劳模先进代表和职工群众代表近千人出席纪念大会，观看专题片《脚步——沪西工人文化宫成立50周年巡礼》及西宫演艺中心和职工文体社团演出的文艺节目《五十年情怀》。50年来，沪西工人文化宫牢记办宫宗旨，紧扣时代脉搏，积极履行弘扬先进文化、服务职工群众的光荣职责，讴歌劳模精神和工人阶级伟大品格，繁荣发展职工文化事业，充分发挥全国示范工人文化宫的作用。（李　悦）

【普陀区举行区教职工欢乐艺术节开幕式暨“与世博同行”情景双语朗诵比赛决赛】 5月20日，“世博艺韵·师情飞扬”——2010年普陀区教职工欢乐艺术节开幕式暨“与世博同行”情景双语朗诵比赛决赛举行。入围情景双语朗诵比赛决赛的10家单位通过中英文双语朗诵配合舞蹈、音乐、小品、多媒体等形式展现普陀教职工参与世博、奉献世博、服务世博的精神风貌，武宁路小学获特等奖，曹杨二中等3家单位获一等奖；区教职工迎世博、学双语、争一流、当先锋活动获奖者受到表彰。来自区教育系统的300余名教职员工参加活动。4—10月，区教职工欢乐艺术节通过开展情景双语朗诵、集体舞蹈、摄影展评、PPT制作、书画展评、卡拉OK演唱等多项文体活动，展示教职工才艺风采。（李 悦）

【闸北区总工会举办“庆世博、迎八一”军民集邮收藏展】 7月27—31日，区总工会会同武警上海政治学院和闸北区职工集邮爱好者协会在武警上海政治学院联合举办《“庆世博、迎八一”集邮收藏展》，武警上海政治学院官兵和附近企业职工观看展览。此次展览围绕世博主题，演绎“城市，让生活更美好”的理念；同时用邮票和其他收藏品，记录党领导下的人民军队艰难卓越的光辉历史，讴歌老一辈无产阶级革命家和革命先烈为中国革命和建设做出的丰功伟绩，唱响军民团结、共筑钢铁长城的主旋律。这次展览是军民共建的新载体，有部队和企业10余位集邮收藏爱好者提供了庆世博和迎八一的两大专题展品，共计30框8个展台。《钢铁长城》、《长征纪念地》、《将军签名封》、《腾飞的中国航天》、《新四军军用地图》、《军旅见证》、《世博情》、《世博园区一日游》、《场馆剪报》等凝结着集邮者对实现百年世博梦想的追求；世博纪念品、书籍、电影说明书、小宣传画、烟标等，从不同侧面反映了人民军队的光辉历史和对上海成功举办2010年世博会的赞誉和欢乐。为纪念这次展览，主办单位加印了世博会会徽、吉祥物图案的邮资封一套两枚。

（陆 非）

【虹口区总工会举行区职工文化团队活动中心落成典礼暨区职工艺术团成立揭牌仪式】 11月12日，区职工文化团队活动中心落成典礼暨区职工艺术团成立揭牌仪式举行。区职工文化团队活动中心设有“四室一厅一场”，即学习培训室、创作交流室、文体活动室、文艺排练室、三角展示厅和小剧场；区职工艺术团由合唱队、舞蹈队、话剧队、戏曲队和管乐队组成。仪式后，区职工艺术团以“魅力文化、和谐虹口”为主题，开展独唱、职工健身舞、小品表演等职工文艺表演；与会领导和出席活动的虹口职工文艺爱好者、区职工文化团队代表、社区（街道）、产业（局）、（集团）公司工会主席、工会干部等参加仪式并参观虹口职工文化团体活动中心、虹口职工美术、书法、摄影和集邮和收藏展。

（徐 洁）

【杨浦区“新东宫京剧票友社”开社揭牌】 6月12日，“新东宫京剧票友社”开社揭牌仪式在沪东工人文化宫举行。市人大常委会副主任龚学平与原市政协主席王力平共同为“新东宫京剧票友社”揭牌。票友社聘请京剧界老艺术家李蔷华、李炳淑和国家一级演员唐元才、夏慧华、李如华等为票友社艺术顾问及艺术指导。（李学兵）

【杨浦区《杨树浦文艺》正式上线】 1月12日，杨浦区总工会主管的区作家协会刊物——《杨树浦文艺》正式上线。《杨树浦文艺》是以各类文学作品为主要内容的双月刊，旨在彰显杨浦特色、追求先锋锐气、帮助新人成长、活跃创作气氛，力求以较高标准选稿、编刊，打造具有杨浦特色的文学精品期刊。（刘晓莉）

【黄浦区小东门社区总工会职工文化活动中心、职工体育活动中心揭牌】 7月13日，活动中心举行揭牌仪式。职工文化、体育活动中心依靠社区文化体育中心平台，关注职工精神和文化需求，发挥学习教育、才艺展示、健身增智等五大功能，体现文化体育设施共享，服务机制共建、活动方式共创。适时举办职工文化艺术节和职工运动会，推进社区职工文化体育建设；拓宽区工人俱乐部和工人体育馆等优质资源，提升文化体育活动中心工作水平。（吴敏娴 吕诚陆）

【静安区图书馆工会创建窗口服务特色】 一是学习世博知识，为服务世博打好基础。举办“世博盛会，中国机遇”、“上海世博会与城市发展”、“世博会和上海城市文化”等专题讲座；举办“与世博同行”知识竞赛，通过竞猜、抢答、历史视频问答等形式加深职工对世博会的认知。二是开展各类技术比武活动，组织图书馆全体职工参与图书排架、按书名抽书、图书计算机检索、包书等技术比武，选拔技术能手，提升职工业务技能和服务读者的能力。三是加强职工文化修养，提升职工综合素质。利用行业优势，组织职工参加文化讲座、读书座谈会、文化展览等各类读书活动；每月举行一次“世界音乐巡礼”讲座和“光影之约”摄影讲座；举办首届上海刻字艺术展、“香梅菱花艺聚世博”画展、百年老相机展示、墨西哥近代及现代摄影作品、《镜头中的中国社会变迁》——中、美、日三国摄影家纪实摄影展览等多场文化展览。（何华章）

静安区总工会举办工会干部元宵联欢会 （蒋康乐）

【静安区总工会举办世博摄影和世博会纪念藏品展】 11月10日，“活力静安、精彩世博、健康上海”静安职工世博摄影、世博会纪念藏品开幕。世博摄影作品比赛收到摄影作品1600余幅，纪念藏品征集活动收到收藏作品近1000件，区总工会从中评选优秀摄影作品一、二、三等奖30名，优胜奖36名，收藏作品优胜奖15名。各街道总工会、各系统、集团公司工会主席和部分世博摄影、纪念藏品获奖者代表100余人出席开幕式。 （陈章翠）

【嘉定区举办外来务工青年优秀征文巡回演讲活动】 9月15日，区总工会、区文广局共同举办“我的打工成才之路”嘉定区外来务工青年优秀征文巡回演讲活动。巡回演讲作为2010嘉定·宝山读书月和“我工作、我快乐”主题活动之一，以“阅读，为精彩世博添光彩”为主题，以当好东道主，增强责任感，营造全民读书、终身学习的良好氛围为宗旨，吸引外来青年参与，来自马陆镇团委、南亚覆铜、娄塘学校、阪神电线、爱普香料等单位的优秀选手组成演讲团，通过讲述离开家乡到上海打工的奋斗历程和人生感悟，鼓励外来青年读书求知，自强不息。 （徐 浩）

【嘉定区总工会举办青年交友活动】 11月20日，举行“让我和你一起走”嘉定工会青年交友活动，吸引100余名各行业青年职工参加。活动以“与低碳同行、与友情同行、与欢乐同行”为主题，内容包含“绿色地球签名”、“低碳行动倡议”、“创意广告衫”、“践行2公里”和“快乐30分”等5项，引导青年职工做低碳知识的宣传者、低碳生活的先行者、低碳工作的实践者、低碳行动的志愿者。嘉定工会启动的“青春碰撞，梦圆嘉定——嘉定工会青年交友活动”，采取网络与现场交友活动相结合的方式开展活动，成立嘉定工会青年网上交友群，先后举办“我们在这里相遇”青年大型见面会、“我的青春我做主”青年职工问卷调查、“我和春天有个约会”青年植树交友活动、“11.11 城市童话”派对等活动。 （徐 浩）

【金山区级机关工会开展“我与世博”系列活动】 一是举办“影像世博”摄影活动。以反映区级机关干部职工期盼世博、宣传世博、参与世博、服务世博、奉献世博，为群众作表率、为世博作奉献的感人场面和精彩瞬间，收到16家单位的124张摄影作品，同时参与区广播电台的摄影比赛活动。二是开展“感悟世博”征文活动。收到20家单位的65篇征文，其中金山报社赵予闻《科学规划建设宜居家园》、检察院韩梅《我是世博园区小白菜》等4篇文章刊登于《上海机关动态》；检察院万伟娟《和女儿在世博园里的三次相会》等近10篇文章经区总工会推荐由《金山报》发表。三是“共享世博”论坛活动。6个基层单位分别介绍其在创先争优活动中的先进事迹，200余名机关干部参加。 （庄冬梅）

【金山区教育工会举办青年联谊活动】 区教育工会、上海中博学院共同举办“相约在中博，有情就牵手”青年联谊活动，为青年职工搭建交友平台。活动设计3个板块，分别是“亮出你自己、真实不保留”、“游戏大转盘、大家一起来”和“情缘男女”评选。60余名青年职工报名参加。 （季 蕾）

【青浦区启动企业职工文体活动中心示范点创建】 区总工会启动三年（2010—2012）创建50家企业职工文体活动中心示范点的工作计划，积极争取政府给予每家5万元奖励性补贴，引导企业参与职工文化建设，丰富职工活动阵地和载体，提升职工队伍综合素质。经宣传发动、推荐申报、检查验收，12月2日，区总工会举行推进企业职工文体活动中心建设工作现场会，命名首批20家企业职工文体活动中心示范点。 （马美君）

【新大洲本田摩托有限公司举办第九届文化艺术节】 10月10日，公司第九届文化艺术节开幕。企业员工以“低碳生活，绿色未来”为主题，把企业元素融入音乐和服装，自编自演歌舞、萨克斯、特色小品、情景剧等15个节目。 （马美君）

【奉贤公路建设发展公司工会以“三项措施”促文化建设】 （1）以组织保证落实学习体系。成立企业文化领导小组和学习工作小组，党支部书记任领导小组长，工会主席任学习工作小组长；构建学习网络体系，推进企业各项文化建设和培训学习；通过职代会确立“科技兴企、人才强企、文化建企、制度治企”的企业发展主战略；多次召开企业文化研讨会，提出“路，无尽头”的企业哲学，制订企业愿景和发展使命，确立核心价值观和工作文化，制订颁发《企业文化纲要》、《员工手册》。（2）以“弘路课堂”推进学习进程。创办具有全员参与、互学互帮特点的“弘路课堂”，为员工学习文化、内部交流搭建平台；采取自教自学，由公司业务部门技术骨干进行工程技术业务指导教学，对工程中的专

奉贤区来奉务工者文艺专场 （姜林新）

业知识进行讲解点评；为职工讲授形势教育、企业文化、电脑知识、文明道德建设等课程；在工程施工现场开办民工夜校，面向全体员工授课；先后举办30多场培训、讲座，3000余人次参加学习。(3)以科技创新促进学习应用。建立科技创新机制，制订科技创新、技术攻关计划，开展学习课题研究，采用新技术、新工艺，提高施工、养护技术含量；组织QC小组进行科技交流活动；建立激励机制，鼓励技术人员结合施工实际撰写科技论文，举办两届论文征集评比，编制公司科技论文集，提高企业科技含量。（刘传军）

【崇明县总工会举办女职工诗文朗诵展示大赛】 3月上旬，县总工会女工委举办“庆三八、迎世博”崇明县女职工诗文朗诵展示大赛。来自基层工会的11支参赛队进入决赛，卫生局工会代表队获一等奖，教育局工会、工商局工会代表队获二等奖，森林旅游园区工会、文广局工会、三星镇总工会代表队获三等奖。大赛现场还进行“我们准备好了”崇明县女职工迎世博宣誓、签名活动。（易建军）

【崇明法院工会结合院庆60周年举行大型文艺汇演】 12月20日，院工会以法院成立60周年为契机，举行大型文艺汇演。文艺汇演以“瀛洲天平”为主题，由“流金岁月”、“法官礼赞”、“继往开来”3个篇章组成，100余名干警参与表演，占全院干警总数的二分之一，汇演展现了崇明司法审判事业的发展历程。（陈进修）

【上海电气举办世博文化活动丰富多彩】 一是由51家企业工会举办60余场职工文艺活动和演出；二是组织3台节目参加上海市五一文化奖“上海电气杯”职工舞蹈、小品演出；三是机电工会送评的展示片《凝聚》和节目“我的中国心”分获全国机械冶金建材工会企业文化展示金奖和汇演优秀表演奖；四是举办“上海电气职工看世博”优秀摄影作品展，各单位共选送1350幅摄影作品，其中74幅优秀作品先后在闵行工厂、临港基地、上海鼓风机厂等巡回展出，观看职工达2500名。（冯克华）

【市机电工会举办“上海电气职工看世博”优秀摄影作品展】 12月8日，“上海电气职工看世博”优秀摄影作品展开幕。作品展共收到职工创作的摄影作品1350余幅，从建设者风采、志愿者风采、世博展馆神韵等方面凸显世博主题。经上海摄影家协会专家评审，74幅作品入选优秀摄影作品展，从中评出金奖3个，银奖6个，铜奖10个。为加大作品展宣传力度，印制“上海电气职工看世博”优秀摄影作品集，并先后在上海电机学院、临港重型机械装备公司、上海鼓风机厂等企业展出。（冯克华）

【化学工会举办职工摄影大赛】 6月至8月，化学工会在全行业组织“与世博同行”职工摄影大赛，26家两级子公司、直属单位（包括集团本部）的465位职工参加比赛，选送作品1534件，焦化公司顾伟健获特等奖，吴泾公司张明清、涂料公司郑可齐等4名职工获一等奖。8月19日至8月21日，举办职工摄影大赛作品展，474件优秀摄影作品参展，从“世博风采”、“美好生活”、“岗位奉献”、“企业风采”和“博览天地”五方面反映集团职工“与世博同行”的主题。（杨定虎）

【上海轻工业工会联合会开展轻工企业品牌文化建设案例征集】 “服务世博盛会，演绎轻工品牌”上海轻工企业品牌文化建设（案例征集）活动旨在通过参与世博、服务世博、奉献世博，塑造、提升轻工品牌的科技力、文化力和创新力，反映轻工职工在品牌文化建设中的精神面貌。上海家化双妹、红双喜体育器材、老凤祥首饰、太太乐食品、明凯照明、上海手表、永久自行车、亚振家具、敦煌民乐、东冠纸业、界龙印刷、英雄金笔等12个品牌的企业文化建设故事登报宣传，营造“爱护品牌、创新品牌、发展品牌”的氛围。（徐俊彦）

【纺织工会举办建会60周年文艺汇演】 9月21日，纺织工会举行建会60周年庆典，来自纺织第五、六、七、八届两级工会组织的近千名委员共同参加。庆典以职工文艺汇演形式回顾纺织工会建会60年历程，多数节目均由纺织职工自编自演。纺织系统全国劳模杨富珍、裔式娟、黄宝妹、倪海宝、李素兰、苏寿南、蒋莎、刘福根、陆丽萍、陈仲等10位优秀代表上台，接受由纺织工会助学成才学生的献花。（俞进艺）

【医药工会举办第三届员工文艺大赛】 上药集团第三届员工文艺大赛由医药工会和集团团委共同主办，各基层单位380余名职工分别报名参加主持、声乐、器乐和舞蹈类比赛。为帮助参赛职工提高水平，医药工会和集团团委组织医药工会文艺爱好者协会骨干，并邀请声乐或主持人领域专家，在每轮比赛结束后，为晋级下一轮比赛的职工进行有针对性的培训和指导。2月5日，举行大赛决赛，分别评出主持类、声乐类通俗唱法项目一、二、三等奖和优胜奖共29人，舞蹈和民族唱法项目特别奖4人，并现场颁奖。（李晨海）

【医药工会举办职工艺术作品展】 12月4日，上药集团职工艺术作品展举行开幕式。展出从4000余件作品中选出400件摄影、书画、集邮、插花盆景和各类收藏品，反映上药职工积极向上的艺术追求与精神风貌。其中一组题为“璀璨星光、劳模风采”的肖像照是由医药职工摄影协会专门为21位在职劳模拍摄并用以展出。4—5日，职工艺术作品向上药职工和社会公众公开展出。（李晨海）

【上海电建公司工会开展“世博情”摄影、征文活动】 一是高度重视，制订计划，把作品征集作为激发广大职工参与世博热情的载体；二是定向约稿，广泛发动，发挥职工文学爱好者和摄影骨干的作用，为创作提供必要条件；三是严格把关，对作品进行评审，好中选优，确保报送作品的质量。公司工会组织专业人员对报送作品进行评审，汇编优秀作品并出版《“世博情”——上海电建职工摄影征文集》画册。（张文标）

【宝钢股份公司特钢事业部工会倡导阳光生活，增强职工活力】 特钢事业部工会策划实施“阳光生活、快乐工作、健康一生”系列活动。(1)开展丰富多彩的职工文体活动，一是依托职工业余兴趣协会，开展业余羽毛球、台球常态化活动，举办朗诵主持人培训班；二是坚持运用“冠名赛”活动组织方式，依靠两级工会协同实施，组织符合不同群体需求的文化体育活动，先后组织了自行车趣味赛，“钢管杯”大众体育比赛，宝钢第八届职工运动会“营销杯”大怪路子、八十分比赛，“冷轧杯”长绳赛，职工篮球选拔赛活动，参与职工近500人次。（2）加大文化新人的培育力度，以“相约世博、展示特钢新风貌”活动为契机，开展征文和摄影大赛，策划组织员工个人摄影展。（陈美坤）

【上海石化举办迎新文艺晚会暨职工文艺汇演】 12月29日，公司举办2011年迎新文艺晚会暨职工文艺汇演，300余名职工参加舞蹈、男女声独唱、小品、大合唱、时装表演、拳操表演、沪剧等21个节目演出，800余名职工观看。其中，金贸公司的傣族舞蹈《孔雀飞来》获金奖；烯烃事业部的小品《我们也“来赛”》、涤纶事业部的大合唱《走向复兴》获银奖；芳烃事业部的时装表演《祖国吉祥》、公司机关和计量所的街舞《舞动青春》、公司班组长联谊会的拳操表演《太极风》获铜奖。（盛立新）

【上海石化开展“走进世博”系列活动】 上海石化以“了解世博、参与世博、奉献世博、共享世博”为主线，组织职工参与“走进世博”系列活动，先后举行系列活动启动仪式、“文明观博”全员培训和主题邮展，发放世博会门票2.3万张、“文明观博200问”2000余册；举办“文明行车看世博”、知识竞赛、征文、摄影等比赛，摄影比赛共收到作品700余幅，其中100余幅优秀作品参加集团公司、市总工会、经信委组织的世博摄影比赛。共有逾3万人次参与系列活动。（盛立新）

【上海航天局工会开展丰富多彩的世博主题活动】 上海航天局工会将世博主题系列活动与职工文体活动有机结合，丰富广大职工群众业余生活。一是积极参加市总工会组织开展的各类活动。组队参加迎世博倒计时100天上海市民风采展示活动，以“文明服务、文明观博、文明出行”3个文明主题实践活动为载体，参加“世博企业行”宣传活动，建立起16支定期开展活动的志愿者服务队，1600多名职工参与其中，担负起世博外围场所的秩序维护工作，有260多名志愿者直接参与到太空家园馆长达8个月的运行服务工作中。二是组织开展局和基层两级世博主题活动。举办闵行航天新区迎世博职工健身长跑比赛，组织开展《文明观博200问》学习，在太空馆运营服务团队中组织劳动竞赛，开展先进个人和班组推荐评选活动，并通过《劳动报》等宣传媒体加以宣传。局下属上海航天汽车机电股份有限公司与浦东新区残联共同举办“爱心助残观博活动”，控制所组织开展“职工素质讲堂——世博看点与观博礼仪”专题讲座，149厂举行“航天与世博”摄影比赛，广大职工用手中的相机记录世博，体验精彩生活。（沈　恺）

【上海汽车举行优秀青年工程师篝火晚会】 10月15日，举行“相聚上汽，我们快乐”上汽优秀青年工程师篝火晚会，来自上汽各企业的200名优秀青年工程师代表参加。公司期望青年工程师坚定理想，在敬业奉献中实现企业与个人的共同发展；善于学习，在学以致用中勇于创新，主动应对挑战；精益求精，在艰苦奋斗中创造业绩。（陶牡丹）

【铁路局工会开展职工文化艺术展演活动】 展演活动贯穿全年，包含7个活动项目。（1）强化安全文化，开展“送安全文化下现场”活动。通过张贴劳动安全宣传系列漫画、演绎和再现安全警句格言的书画作品等，从文化的角度促进职工安全意识树立、安全环境熏陶和安全行为养成，树立“安全第一”的共同价值观。（2）提升服务文化，开展客运系统职工职业技能风采大赛。组织客运职工岗位应知应会技能竞赛；以歌、舞、情景剧等形式，交流和展现客运系统礼仪服务质量和标准。（3）弘扬体育精神，开展“送体育下站区”全民健身活动。（4）弘扬劳模精神，塑造劳模文化。组织全局在职全国、省部级劳动模范疗休养；组织各地区劳模先进参观上海世博园中国铁路馆等展馆和铁路局现代化建设成果。（5）彰显铁路和地域文化，开展地区职工文艺汇演。分别在上海、蚌埠、南京、徐州和杭州地区举办“铁路重点建设”摄影展、“青年歌手和黄梅戏演唱大赛”、“我们的生活”曲艺小品专场比赛、“放歌世博”全局职工歌手大赛和“和谐之音”职工器乐大赛。（6）丰富业余文化，繁荣社团活动。组建各类文体协会、兴趣小组，创作一批优秀文艺作品。（7）推动站区文化，关心职工生活。组织开展“心系一线，情满站区”——文艺巡回演出活动，向所到单位送书或康乐棋。（马　骊）

【中国海员集邮协会四部邮集参加全

上汽集团工会举办“相聚上汽，我们快乐”篝火晚会　（陶牡丹）

国邮展获奖】 集团工会注重推进海员集邮文化发展，主管集邮协会推荐四部邮集参加杭州2010中华全国集邮展览，中海集运公司宋健一的邮集《普五在各邮政业务的应用》获镀金奖，广州远洋公司徐睿杰的邮集《皮肤》获镀金奖，上海海运公司顾惠根的邮集《山西手填式邮政日戳》和《船与人》分获银奖和镀银奖；中青年集邮家胡不为被批准担任国家级集邮展览评审员。 （顾惠根）

【中海国际工会组织海嫂舞蹈队参加文艺演出】 工会参与浦东陆家嘴社区“创先争优”党建联动活动，组织场中路小区海嫂联络站的海嫂参加社区文艺宣传活动，排练集体舞“海嫂爱海宝”，并参加“走进十月的阳光”主题文艺演出。 （冯桂芳）

【中海集运“新太仓”轮船员和青岛边检站官兵纪念第六个“航海日”】 7月9日，经10余天航行，从美西航线归来的“新太仓”轮船员和青岛黄海边防检查站官兵开展2010年“航海日”联谊活动，纪念中国第六个“航海日”。边防检查官兵和船员在“弘扬郑和精神，传承民族文化”的横幅上签名；由讲解员讲述郑和七下西洋的历史和航海日的由来；边检站站长将取自青岛港的海水和“新太仓”轮船长取自太平洋上的海水混合装入玻璃容器长久保存。 （高永辉）

【中海集运厦门公司工会开展企业文化建设】 公司工会引导员工树立“创新、服务、共赢、责任”的核心价值观，“忠诚、进取、关爱、和谐”的人文理念，“以网络化营销拓展市场、以一体化服务取信客户”的经营理念，“精心、精细、精品”的管理理念和“安全、标准、高效”的服务理念。通过上门慰问困难员工、组织职工参加地区大型文化活动和体育比赛等，关心员工精神和文化需求，塑造良好企业形象。 （吴学红）

【上港集团职工唱响企业歌】 7月，集团职工合唱团联手上海新歌合唱团、上海校园阳光合唱团、上海提蓝桥社区文化中心，举办“火红的畅想”专题合唱音乐会，由70余人组成的上港集团职工合唱团以上港集团企业歌——“上港之歌”展示新一代海港人的精神风貌和集团职工的团队意识。为扩大影响，集团工会发动各基层单位参与集团“迎国庆，唱响企业歌”合唱比赛活动，19家基层工会组织近600名职工参加初赛，选拔12支职工合唱团于9月28日参加决赛。经评审，盛东、沪东两家集装箱码头公司获一等奖。 （林碧娅）

【上港集团振东分公司工会培育企业文化】 (1)运用网上员工论坛，组织开展合理化建议活动，征求员工意见，把“深度交谈”作为团队活动重要渠道。(2)培育品牌意识，激励员工主动学习、终身学习、岗位学习、全员学习。(3)以创建学习型企业为抓手，开展服务窗口培训、班组长专项培训等活动，满足员工多层次、多方面、多样性精神文化需求。(4)开辟网上学习园地，营造学习氛围。 （董 雪）

中海集团15名船员家属——海嫂歌舞队，参加上海世博会“走进十月的阳光”群众文艺汇演 （冯桂芳）

【上港集团职工集邮协会组织外来务工人员参加集邮活动】 8月26日，集团集邮协会与沪东集装箱码头公司工会共同举办外来务工人员专场集邮知识交流与讲座活动。沪东分公司内来自重庆、安徽、山东三地的外来务工人员集邮爱好者就“邮票与安全生产”主题进行交流；2006年全国专题集邮和2008年全国集邮展览镀金奖邮集获奖者，面向外来务工人员作“世博与港口”专题集邮知识讲座。此外，振东分公司举办了世博会主题集邮知识讲座，邀请公司承包队外来务工人员中的集邮爱好者参加。通过集邮知识交流与讲座，丰富外来务工人员业余文化生活，提升企业文化内涵和凝聚力。 （詹胜民）

【上海港口物流有限公司工会推进企业文化建设】 公司工会以开展职工文化活动为载体，为构建和谐企业提供文化支撑。(1)加大对硬件设施的投入，投资5万元，为洋山农民工购置大屏幕影视设备和健身器材，开辟阅览室、棋牌室，丰富职工业余文化生活。(2)组织职工开展“我的物流、我的家园”系列文化活动，内容包括慰问外来务工人员文艺演出、集卡、铲车操作技能比武、推荐好书活动、《火红的畅想——上港之歌》歌咏比赛、上港故事征文、书画影评、大型文艺展演等，以企业文化建设提升公司文化软实力，展示企业文化建设阶段性成果。(3)支持旗下10个职工文化协会开展活动，提升活动内涵，将协会活动与反映职工生产生活，陶冶职工思想情操，丰富职工业余文化生活，服务世博等有机结合，寓教于文，寓教于乐，有助于形成“托付上港，物流八方”的企业精神。 （许金普）

【上海邮政合唱团参加社会文化活动】 1月21日，上海邮政合唱团作为“上海2010合唱团”的组成部分，参与中国2010年上海世博会倒计时100天誓师动员大会"市民风采展示"合唱演出。7月17日,上海邮政合唱团参加"世博强音、世纪交响"音乐会,与来自世界各地的艺术家共同参演贝多芬第九交响曲合唱曲目《欢乐颂》。 (厉文德)

【上海邮政举办第五届员工文化艺术节】 4—10月,上海邮政举办以"展绿艺风姿,为世博添彩"为主题的第五届员工文化艺术节,39个单位及邮储银行上海分行,共计3649人次参加书法、美术、摄影、插花、工艺品、集藏品展评、"美的旋律"卡拉OK比赛、"我与世博同行"演讲比赛、"绿衣风采"文艺创作展示、"祖国在我心中"大合唱比赛等10大类、20个小项的活动,304个团体和个人获得名次;共收到书法、美术、摄影、工艺品作品649件。6月8日,举行员工文化艺术节开幕式;10月9日下午,举行上海邮政庆祝第四十一届世界邮政日暨第五届员工文化艺术节闭幕式,来自基层的16支合唱队及离退休合唱团、上海邮政合唱团、2010年应届毕业生合唱队近700名员工参与上海邮政合唱文化展示,邮区中心局、邮电医院、公司机关分获A、B、C组第一名。 (厉文德)

【上海邮政与海军世博安保部队开展"庆世博迎八一"共建活动】 7月30日,上海邮政工会、市邮政公司武装部、市北邮政局与海军世博安保部队官兵开展"庆世博,迎八一"共建活动。活动内容有乒乓球对抗赛、联欢晚会,节目包括唱歌、锯琴、黑管演奏,民族舞蹈、拉歌对唱等。 (厉文德)

【中国移动上海公司举行单身会员七夕联谊活动】 为了给单身会员提供交友机会,搭建情感交流平台,8月16日,移动上海公司举办"相约世博,情牵你我"单身会员"七夕"联谊,开展互动游戏、才艺展示、有情配对等活动,组织参观世博园及信息通信馆,增进友谊,加强沟通。 (史 旭)

【中国移动上海公司举行庆祝建党89周年托管会员手机摄影比赛暨世博园区采风】 6月30日,移动上海公司举行庆祝建党八十九周年托管会员手机摄影比赛暨世博园区采风活动。来自公司各条线的493名托管会员代表参加,围绕"聚焦建党89周年、聚焦世博、聚焦信息通信馆—让我感动的瞬间"主题开展手机摄影比赛,并在信息通信馆内庆贺56位七月生日的托管会员。 (史 旭)

【中国电信上海公司"特色艺术示范基地"揭牌】 9月8日,上海杂技家协会、上海电信工会共建"特色艺术示范基地"签约暨揭牌仪式举行。根据协议,上海杂技家协会将定期为电信员工举办魔术技艺讲座培训,并组织慰问团,面向电信一线员工和世博建设志愿者进行慰问演出。 (朱东亚)

【中国电信上海公司工会主办慰问上海市世博志愿者专场演出】 5月6日,由世博会志愿者部指导,上海电信工会主办,上海热线承办的"天下一家,志愿世博"——2010上海世博志愿者专场演出举行。联合国合唱团演唱了《茉莉花》、世博志愿者歌曲《世界》等,联合国副秘书长沙祖康先生就中国电信邀请联合国合唱团参与一系列跨文化交流活动表示问候与感谢。演出前,开设于世博志愿者论坛的"志愿者日记"版块正式启动,志愿者可在这一版块内写下志愿服务的经历与感受;中国电信向市老年基金会赠送价值500余万元人民币的IPTV、电脑及全球眼数字监控系统,协助建成50家"数字敬老院",使老人在养老院中就可以参与世博,和家人通过宽带网络交流感情。演出通过上海热线进行网络视频全程直播。 (朱东亚)

【中国电信上海公司员工参与世博"秀空间"】 6月30日—7月2日,上海电信作为市总工会唯一企业代表,连续3天在世博会公众参与馆"秀空间"版块演出电信发展时装秀,通过电信员工的表演,向现场游客演绎了人类通信发展史及对未来通信发展的憧憬。获世博会公众参与馆"秀空间"优秀展演团队奖。 (朱东亚)

【中交上海航道局举办职工文化艺术作品群英会】 为庆祝建局105周年,12月26日,公司工会举办"航道职工文化艺术作品展",旨在以先进文化弘扬企业精神,展示职工文化生活和精神风貌。各单位工会组织动员职工进行创作,收集作品包括书画作品、摄影作品、十字绣、手工雕刻及职工收藏的邮币、艺术品等,从中选出部分优秀作品展出。 (杨建平)

【中交上海航道局举办女职工"十字绣"作品大赛】 工会女工委组织开展女职工"十字绣"作品大赛并举行作品展,反映航道女职工热爱生活、热情向上的精神风貌。比赛共收到近百幅作品,其中21幅优秀作品在"建局

上海邮政市西邮政局表演舞蹈"世博在我心中" (厉文德)

上海电信举办春节慰问农民工演出 （朱东亚）

105周年职工文化艺术作品展”上展出。（钱文勤）

【中交上海航道局开展征文活动叙述船员故事】 局工会举行“船与船员的故事”征文活动，党政领导、船长、驾驶、轮机长、水手和新进劳务工等撰文自述，回顾成长历程，传承航道文化。其中东方分公司劳务工刘宝中的《回忆当初那些事》被选送参加上海市第十二届读书节“精彩故事，和谐人生”农民工讲故事大赛，获铜奖。（钱文勤）

【中远集运下属上海中货工会举办世博主题摄影展】 中货工会以“创造客户价值，合作双赢共荣”的企业价值观为导向，举办“放眼精彩世博，展望美好生活”主题摄影展，以世博园内各国展馆、文艺演出等为拍摄内容，展出46名职工摄影爱好者的117幅作品。（钱 华）

【锦江航运公司工会举办“我与世博同行”图说世博摄影征集活动】 5—10月，公司在系统内开展“我与世博同行”图说世博摄影征集活动，收到24名职工拍摄的近百幅以世博为题材的摄影作品。活动期间，举办《用另一只眼睛看世界》专题摄影讲座，对摄影参选作品进行点评。评出一、二、三等奖及入围奖、纪念奖，并将获奖作品汇编成辑。（田 冰）

【上海机场集团举办职工艺术节】 艺术节历时半年，设小品、合唱、国标舞等文艺类型，邀请市艺术顾问及各单位工会领导作为评委，评出节目前三名。11月22日，上海机场职工“艺术节”闭幕式与集团党委世博表彰大会联合举行，获奖节目和职工艺术团部分优秀节目进行汇报演出，展现机场基层职工群众的文艺才能。1000名职工代表观看演出。（张 哲）

【上海市交通港口局工会举办书画摄影征文大赛】 根据交通运输部《关于举办第八届全国交通运输职工书画大展的通知》要求，举办“交通港航世博风采”摄影和征文比赛。工会组织发动行业内的书画爱好者创作、投稿，收到参赛文章200余篇，摄影作品300余件；编印交通港航世博风采作品集，展现交通港航人在参与党员世博先锋行动、世博运营保障立功竞赛活动、世博志愿者服务等活动中投身世博、服务世博的精神风貌。（陈 健）

【百联集团工会大力开展职工文体协会工作】 集团工会成立由职工自治自理的11个文体协会，构建以关爱职工为重点的工作格局。(1)提升百联品牌的社会影响力。合唱团及书画、摄影、英语协会多次组织会员参加市区级重大活动，合唱团利用业余时间训练，先后参演集团迎世博倒计时300天活动和市迎世博倒计时100天誓师动员大会；举办上海职工看世博摄影大赛、庆世博书画展，用镜头和画笔弘扬世博精神，展现职工风采。(2)提升百联服务品质。劳模、三八红旗手、技能协会结合职工素质工程，以培育新一代智能型劳模先进队伍为工作重点，产生2位全国劳模、14位市劳模、5个市劳模集体及各类先进个人和集体，形成崇尚英模、提升服务水平的氛围。(3)引领职工文化。文学、乒乓球、棋牌、收藏协会充实职工精神生活，先后举办主题征文赛、乒乓和棋牌对抗赛、艺术品鉴赏会等50余次活动。（姜 杰）

【上海水产集团注重企业文化建设】

中建八局基层单位组织职工文艺汇演 （佘永梅）

(1)实现远洋渔轮、海外基地职工书屋、书架、书袋全覆盖,开创公司建立职工书屋5家、职工书架9家,分别配送近千册书籍;蒂尔公司毛塔项目基地“职工书屋”配有各类图书1500余册;金优远洋渔业公司在18艘大船间建立图书定期交换制度。(2)组织上海水产职工PPT制作和摄影作品展,13个基层单位参赛。(3)举办上海水产职工摄影作品展,收到参展作品220余幅,经评选,百幅作品入围,作为2010年上海水产职工摄影展组成部分,在集团本部和基层单位巡回展出。 (汤宝龙)

【上海市教育工会举办优秀青年教师创新论坛】 9月21日,由教育工会主办的“创新融合、成长、发展——2010年上海市优秀青年教师创新论坛”举行。来自上海交通大学的归琳、上海戏剧学院的李芽、同济大学的谭洪卫等分别结合自身工作实践,以“信息化浪潮下的教育新命题——世博会的启发”、“超越艺术局限,走入自由境界——从传奇人物杜尚的生平说起”、“低碳世博的科技引领与同济低碳校园的创新实践”为题发表主旨演讲,宣传前沿科技,传播美与艺术。 (沈　瑶)

【市医务工会与市金融工会合作举办论坛】 4月7日,由市医务工会、市金融工会合作主办、市金融员工身心健康管理项目办公室与市健康教育所承办的“财富・健康”论坛开讲。论坛围绕上海建设国际金融中心和医改推进健康城市建设,就增强工会组织向心力和社会影响力,推进员工健康服务、加强健康干预、维护健康权益等进行探讨,倡导健康文明的生活方式,提高健康意识和自我保健能力,促进员工身心健康全面发展。来自卫生系统26家单位、金融系统27家单位的工会主席参加论坛。市医务工会与市金融工会将从开展员工“身心健康管理”出发,联合举办一系列主题活动。 (柯　婷)

【新闻出版工会举办迎世博系列活动】 一是举办“迎世博・展风采”排舞大赛,21支参赛队、近300名职工参与。二是举办“健康迎世博,和谐展风采”自行车趣味慢骑比赛,23家单位、74名职工参加。三是向服务世博武警战士赠送各类期刊书籍。四是组织印刷系统部分优秀受助学生参观世博。五是向都江堰在沪结对大学生赠送学习用品、世博会门票等,从思想、学习和生活上给予关心帮助。六是评选表彰服务世博、奉献世博先进。 (陈宏华)

【市民政局工会举行“我眼中的世博,我身边的故事”征文摄影大赛】 大赛力求多形式、多角度记录民政职工参与世博、服务世博的工作场景和精神风貌,历时6个月,吸引民政职工中的百余名写作爱好者、500余名摄影爱好者参赛,分别收到140余篇征文和600余幅摄影作品。经大赛组委会评审,40篇征文和47幅摄影作品分获征文类、摄影类的一、二、三等奖和优秀奖。 (林丽萍)

【城建集团第二管线公司邀请基诺族师生来沪观博】 世博期间,第二管线公司邀请云南景洪市基诺乡小学优秀师生代表来沪参加为期一周的“基诺孩子——上海有你的家”世博之旅。公司已与云南省景洪市基诺乡民族小学签订10年支教协议,在学校设立职工教育基地,每年招募选拔公司内的优秀青年职工志愿者赴基诺乡支教,承诺承担基诺族学生进沪就读全日制大学在校期间的学费,并提供暑期社会实践机会。公司还与学校签订《捐助基诺民族小学暨设立职工教育基地协议书》,将出资资助品学兼优、家境贫困的学生,奖励优秀教师、学生等每年各5000元人民币。 (吴芳芳)

【城建集团隧道股份有限公司举行45周年庆典文艺汇演】 文艺汇演以“蓝旗与世博同辉,隧道自源点启程”为主题,通过短片《隧道人——永久的记忆》和职工自编自演的文艺演出,反映隧道人“拼搏奉献,争创一流”的企业精神和“一往无前,不断向全新领域挑战”的职业品格。 (翟　勇)

【城建集团举行第三届职工文化艺术节】 7—9月,城建集团第三届职工文化艺术节举行,参与职工逾5000人次。艺术节以“与世博同行,为城建添彩”为主题,由4项活动组成,即:职工艺术作品、收藏品展,展出2000余件(幅)摄影、书法、绘画、手工艺品、收藏品;“爱我城建,歌唱世博”职工小组唱赛,参与职工近400人;“精彩世博在我眼中”演讲比赛;“精彩世博,魅力城建”职工文艺汇演,300余名职工参演小品、歌舞、音乐剧、情景剧等16个节目。 (朱　强)

【上实集团工会举办“聚焦世博——记录精彩一瞬间”职工摄影比赛】 6月开始,上实集团工会组织开展“聚焦世博——记录精彩一瞬间”职工摄影比赛活动,共征集到各类摄影作品

第六届“长三角”城际工人文化宫联席会议召开 (徐大为)

450余幅。经集团工会邀请专业人士评选，共评出一等奖5幅、二等奖10幅、三等奖10幅。并就部分优秀作品进行集中展览活动。（杨铁军）

【上海工会管理职业学院陈逸民获联合国开发计划署“文物保护与传承贡献金奖”】 12月19日，联合国开发计划署执行机构国际信息发展组织、中国智慧工程研究会在北京联合举办“联合国千年发展目标公益主题活动周”活动。上海工会管理职业学院陈逸民老师作为“民间十大国宝”评审专家参加，并在“探寻人类文明，珍爱中华宝藏”高峰论坛上发表论文。根据陈逸民老师对中国收藏文化和民族文化保护与传承事业所作贡献，联合国千年发展目标公益主题活动中国组委会特别授予其“文物保护与传承贡献金奖”。（兰宇新）

【市工人文化宫推出话剧《白骨精列传》】 12月24日，由市宫与北京幸福影视公司联合制作的话剧《白骨精列传》拉开首轮演出序幕，并连续公演8场。话剧反映外资企业劳动关系及白领生存状况，塑造工会主席形象，是工会文艺创作团体创新职工文化建设、聚集“新职工群体”的一次尝试。《劳动报》、《东方早报》、《申江服务导报》等媒体对此进行报道。（王超颖）

【“长三角”职工中国书画联展开幕】 9月20日，由上海、南京、杭州工人文化宫主办，温州市工人文化宫、东方书画院承办的“长三角”职工中国书画联展开幕。联展集中展示江浙沪三地、百位职工书画家作品，作为三地文化交流合作的一次尝试，为三地职工书画爱好者提供了观摩、学习、交流的机会。（王超颖）

【市工人文化宫创作的《老马家的幸福往事》开播】 电视连续剧《老马家的幸福往事》由市宫剧作家贾鸿源任总编剧，市宫创作组王卫国、肖遐明、王季明任编剧，全景式记录上海一户普通人家从20世纪70年代到21世纪初的生活变迁，再现了下海、出国、反腐、房地产等社会热点。12月27日，电视剧在北京、沈阳、青岛、南京、苏州、深圳等地开播，创北京等多个城市年度收视第一，安徽卫视开播首日即居全国收视第一，《文汇报》、《新民晚报》等媒体对其进行报道，称之为“市宫团队再出山”的大戏。（王超颖）

【第六届“长三角”城际工人文化宫联席会议召开】 7月4日，由上海、南京、杭州3家文化宫联合主办，南通文化宫承办的“共建合作机制，共促科学发展”第六届“长三角”城际工人文化宫联席会举行，长三角地区各成员单位的近百名文化宫负责人出席会议，就职工文化建设和文化宫发展进行沟通、交流和探索。市工人文化宫就建立文化合作交流机制等内容作大会主题发言。（王超颖）

【市工人文化宫主办第十届城市职工集邮研讨会暨世博专题集邮展览开幕】 9月25—27日，由市工人文化宫主办，城市职工集邮联谊会、上海市职工邮协承办的“城市，让生活更美好；集邮，让生活更精彩”第十届城市职工集邮研讨会举行，来自上海、南京、无锡、景德镇、扬州、杭州、宿迁、南通、九江、东营等10个城市的工会、工人文化宫、职工邮协代表参加研讨。会上共收到论文20篇，南京、无锡、景德镇、扬州等地的职工邮协分别以“城市职工邮协联谊会十年回眸”、“集邮，让城市职工文化生活更精彩”为题作交流发言。还组织“列支敦士登邮票专题研讨会”等活动，编发《城市职工集邮联谊会成立十周年论文集》。（王超颖）

【市工人文化宫举办合唱与民乐交响音乐会】 11月26日，由市宫和徐汇区工人文化体育中心主办的“庆贺中国2010上海世博会圆满成功暨上海五月合唱团建团五周年——合唱与民乐交响音乐会”在上海音乐学院贺绿汀音乐厅举行。五月合唱团常任指挥、上海音乐家协会合唱专业委员会副秘书长王铁龙担任指挥，上下半场分别由五月合唱团和市工人文化宫演出混声合唱。（王超颖）

【茉莉花艺术团获长三角地区(社区)优秀民乐团队邀请赛金奖】 10月，市宫茉莉花民乐团受中国上海国际艺术节组委会群文活动部邀请，参加2010年第十二届中国上海国际艺术节第三届“浦东·洋泾杯”长三角地区(社区)优秀民乐团队邀请赛，参演指定曲目《雪莲花》、自选曲目《高原风情——寨景》。从参加决赛的17支团队中脱颖而出，获得金奖，被评委评价为“具有专业乐团声音的优秀业余团队”。（王超颖）

【市工人文化宫举行上海职工舞蹈、小品大赛】 11月，由市宫承办的第四届“五一文化奖”——“上海电气杯”上海职工舞蹈、小品大赛举行。比赛得到各级工会、工人文化宫和相关单位的响应，近万名职工报名参赛，是近年来参与人数最多，发动面最广、规模最大的一次全市性职工舞蹈大赛。参赛节目多为职工自创、自演，展示申博、迎博、办博过程中各行业职工文化建设的成果。经遴选，电气、申通、机场、医务、市级机关、杨浦、徐汇、宝山等区县局(产业)选送的46个舞蹈节目和29个小品进入决赛。（王超颖）

【市工人文化宫承办2010年上海职工文化发展论坛】 9月20日，由市总工会主办、市宫承办的“城市和谐发展与企业职工文化”2010年上海职工文化发展论坛举行。新时期广大职工对文化发展有更多的需求、更新的期待，上海城市和谐发展不仅是城市经济社会不断发展和经济结构逐步升级的过程，更是多元文化互动交融，文化内涵和文化形式不断创新的过程。作为城市发展的主力军，广大职工担负着重要的建设任务，而以职工为主体实践的职工文化，则对推进企业文化建设，创建企业和谐劳动关系，提升城市发展软实力具有重要意义。全市各区县局、产业工会主席，区县工人文化宫、俱乐部主任，长三角地区工人文化宫主任共百余人参加论坛。（王超颖）

职工体育

【市总工会联合举办全民健身日上海职工主题活动】 8月8日，由市总工会、市体育局、黄浦区人民政府主办的“全民健身与世博同行”全民健身日上海职工主题活动在外滩亲水平台举行。由电信、烟草、市级机关、金融等各行业职工群众组成的特色体育健身团队进行优秀健身项目展示，同时参加健身互动、体验和体质监测活动。（宋　昶）

【长宁区总工会举办首届农民工乒乓球锦标赛】　8月8日，由区总工会主办，区建交工会、区建管所协办，区建筑业行业联合工会、区工人文化宫承办的“舜元杯”长宁区第一届农民工乒乓球锦标赛开赛。15家单位，60余人次参赛，经预赛、决赛，决出男子团体、男子单打、女子单打3项比赛冠军。北新泾代表队获男子团体第一名，舜元建设集团王润重、中成建设集团裘建美分获男女单打第一名。（王亚文）

【长宁区总工会举办第二十一届“三八”姐妹运动会】　3月4日，区总工会举办“精彩世博、风华巾帼”长宁区第二十一届“三八”姐妹运动会排舞比赛，营造“庆百年妇运、迎精彩世博、展巾帼华采”的氛围。来自各行业的16支代表队、450余名女职工参赛，长宁区中心医院、长宁公安分局、中医药集团生物研究所代表队获一等奖。（李蓉明）

【长宁区总工会举办外资企业和教育系统职工篮球赛】　10月16—24日，由长宁区总工会主办，长宁区教育系统工会协办的区总工会直属外资企业和教育系统职工篮球赛开赛。比赛受到外企白领欢迎，也吸引部分企业高层管理人员和外籍员工参赛。联邦快递（中国）有限公司、联合利华（中国）公司、上海索迪斯服务有限公司、电装（中国）投资有限公司上海分公司、统一企业（中国）投资有限公司等11家区总直属外资企业参赛队和延安中学、复旦中学等5所学校参赛队，百余名职工运动员参加比赛，最终延安中学篮球队获冠军。（陈琳杰）

【卢湾区举办上海市第三十届庆“八一”军民长跑活动】　8月1日，以“与世博同行，为世博添彩”为主题上海市第三十届庆“八一”军民长跑活动出发仪式在卢湾区举行，副市长赵雯、上海警备区副司令员谢德志少将等领导出席并为长跑队伍领跑。驻沪陆、海、空三军、武装警察、消防官兵等6支部队的近500名指战员，世博志愿者及全市85支长跑队的2010名运动员参加长跑。（周盛丹）

8月1日，市总工会、市体育局、上海警备区、卢湾区人民政府主办第三十届庆“八一”军民长跑活动（张金桥）

【金山区教育系统举行2010年民间体育活动】　11月27日，区教育系统2010年民间体育活动开幕，74个单位代表队、1745名运动员分别参与跳长绳、滚铁环接力、掷沙包、灵敏拔河、两人对踢毽子等5个项目的比赛，食品科技学校、新城幼儿园等10支代表队分获各项目一等奖。区教育系统通过开展民间体育活动，鼓励职工发扬拼搏精神，在体育运动中展现活力，做到“每天锻炼一小时，幸福生活一辈子”。（季　蕾）

【金山区文广影视局举办首届职工运动会】　11月下旬，先后举行运动会各项目预赛，局系统内的7支代表队、近300名职工参加广播操、拔河、乒乓、二人三足、袋鼠跳等8个项目比赛。12月15日，举行运动会各项目决赛，期间系统职工还展示抖空竹、木兰扇、健身操等健身项目。（黄美娟）

【松江区举行首届职工体育健身节】　8月7日，区总工会、区体育局联合举行2010年松江区职工体育健身节开幕式。健身节设乒乓球、羽毛球、桥牌、拔河、跳长绳、第八套广播体操、同心接力等7个项目，至11月闭幕，来自50个基层单位的300余支运动队、近9600人次参赛。（孙爱华）

【青浦区区直机关工会工作委员会举办乒乓球羽毛球比赛】　4月，区直机关工会举办“全民健身与世博同行”区直机关乒乓球、羽毛球比赛。80余名机关干部职工参赛，分别决出男女单项前6名，获得名次的职工组成区直机关代表队参加青浦区第三届运动会乒乓球和羽毛球比赛。（马美君）

【青浦区总工会举办职工大众健身体育比赛】　为贯彻落实《全民健身条例》，1月16日，区总工会举办青浦职工大众健身体育比赛，旨在通过小型、趣味的健身方式，推动职工健身运动的普及和发展，以文明健康的方式迎办世博。26个团队、488名职工参加定点投篮、球类接力、自行车障碍、长绳赛等4个项目比赛。（马美君）

【奉贤区总工会成立职工乒乓球俱乐部】　3月20日，奉贤区职工乒乓球俱乐部成立。俱乐部共发展团体会员21家，个人会员180余人，将不定期组织开展个人会员排位赛、团体会员交流赛、优秀会员对外交流比赛等活动。（刘传军）

【仪电集团工会举办文化体育节】

2010年，上海仪电系统举办文化体育节，先后组织保龄球、卡拉OK、乒乓球、拔河、跳绳、男子篮球等项目比赛，最后在“畅想仪电”职工文艺演出中落下帷幕。文化体育节期间，各子公司、直属单位、部分直投企业和集团本部共14个单位的700余名职工踊跃报名参加各项比赛和文艺表演。参赛的仪电系统职工将参加文化体育节看作是建设企业文化的载体，是激发广大职工积极向上、奋力拼搏的平台，从而为增强企业凝聚力，实施新的发展战略增添了精神动力。（邵秀根）

【化学工会开展职工体育健身活动】 10月，化学工会在集团内组织动员职工参与体育健身活动，来自25家两级子公司、直管单位的6419名职工先后参与21项比赛。11月27日，举行华谊职工体育活动部分项目决赛暨闭幕式，近2000名职工参加拔河、桥牌、乒乓球、保龄球、跳短绳、定点投篮、交谊舞等7个项目的决赛。氯碱公司获团体一等奖，双钱、吴泾、涂料获团体二等奖，焦化等21家单位获团体三等奖。（杨定虎）

【宝钢集团举行“活力宝钢、活力员工”第八届职工运动会】 第八届职工运动会以“活力宝钢、活力员工”为主题，在组织形式和比赛项目设置等方面作了创新和改革。一是改变赛制，设立上海、梅山、新疆、宁波4个赛区，鼓励重心下移，贴近基层，贴近员工。二是改变项目设置，设置班组、通用、管理人员等3类项目，其中班组项目体现娱乐趣味，设班组自行车、班组接力跑、班组拔河、班组跳绳、“大怪路子”等；通用项目比赛减少竞技类，设乒乓、篮球、羽毛球、游泳、足球等；管理人员项目设“大怪路子”比赛。三是改变形式，取消运动会开幕式，将闭幕式与宝钢“85.9”投产纪念大会合并举行。基层单位结合实际创新工作方法，开展各类体育比赛，宝钢发展公司提出“人人有活动，班班有项目”；宝钢工程公司将职工运动会与参与世博相结合，举办以“迎世博、庆世博，以人为本，全民健身”为宗旨的“世博杯”系列体育比赛；一钢公司做到职工体育健身“月月有活动”；资源公司结合集团运动会举办“员工健康活动日”，打造职工健康嘉年华；不锈钢事业部制定以“活力不锈、活力职工”为主题的2010年职工健身活动计划；地处南京的梅山赛区，突出运动会的大众化、趣味性，设置多种活动形式；地处新疆的八一钢厂制订企业运动会方案并落到实处。（夏建青）

【鲁中矿业工会开展群众性文化娱乐活动】 工会组织举办职工桥牌、排球、拔河、羽毛球、乒乓球、中国象棋、春季长跑比赛和元宵节焰火晚会等。筹备组织“建矿40周年”文艺演出和职工美术、书法、摄影展览，编辑出版“情系矿山”职工美术书法摄影优秀作品集。推荐美术、书法、摄影作品参加五矿集团公司以及全国冶金矿山系统和上海、莱芜等地的展出和比赛，取得好成绩。组队参加上海市建设交通工会举办的“庆亚运‘斯美杯’职工乒乓球大赛”，公司代表队获得团体冠军。（吴玉圣）

宝钢第八届职工运动会梅山赛区滚轮胎比赛（朱　飞）

【上海航天局三方面入手打造职工健身活动体系】 一是健全组织体系。成立上海航天职工体育协会，下设6个单项分会，包含41个小分会，同时制订《上海航天局职工体育协会日常管理办法》，局工会作为全局职工体育活动的组织管理机构，管理相关基层单位工会组织的协会，设立各单项分会，定期开展活动，将全局的群众性健身活动纳入到统一管理的体系中来。二是加大资金投入。局工会全年共投入160万元资金，其中150万元用于开工建设占地4500平方米的闵行航天新区体育场，位于航天新区住宅区的职工活动中心也于2010年8月同期规划。各基层工会也加大体育专项资金投入，纷纷组织开展各单位健身节和单项比赛，并形成长效机制。三是注重两级联动。局工会负责组织开展全局性健身活动和组织参加系统外健身活动，如航天新区首届职工长跑比赛、闵行区第四届运动会、第六届世界著名在华企业健身大赛等。各基层工会还自主举办或联办富有特色的群众性健身活动，如第八设计部举办首届健身节活动、811所举办首届职工体育节、动力所等5家单位联合举办“快乐杯”第三届上海航天青年足球联赛等。年内共有12408人次参与系统内外各类群众性健身活动，累计荣获集体、个人荣誉17项，上海航天局被国家体育总局评为2010年全民健身活动优秀组织奖，局第八设计部被全国总工会评为2010年全国亿万职工健身活动月先进单位。（沈　恺）

【上海飞机制造有限公司工会创新开展职工文体活动】 （1）改职工文体活动由工会一手包办模式为由工会指导并出资，下属23个分工会轮流承办，一年内出资约20万元，先后支持飞机部装车间分工会承办“部装杯”首届公司职工男子篮球联赛和女子定点投篮赛；凯飞装配车间分工会承办第二届“凯搏杯”职工网式足球赛;理化计量中心分工会承办“理化杯”职工乒乓球大奖赛等。(2)筹建上飞公司职工篮球、羽毛球和摄影协会,组队参加市级或由中国商飞公司举办多项职工文体项目比赛,获羽毛球赛团体亚军。(3)为增进与部队、地方和友邻单位的友谊,组织与驻机场海军部队、闸北区税务局、四七二四工厂等单位进行多场篮球友谊赛。(朱逸欣)

【中海集团工会举办上海地区职工乒乓球比赛首夺男团冠军】 上海地区15个单位的16支男子团体队、8支女子团体队、113名职工参加职工乒乓球赛,创历年参赛选手数量之最。中海集运3名“80后”小将夺得男子单打前三名,帮助集团首夺男子团体冠军,改写上海燃供公司包揽上海地区男子团体冠军,男子单打冠、亚军30年的赛事格局。(顾惠根)

【上港集团老年乒乓球队参加市中老年乒乓球比赛获佳绩】 4月7—11日,上港集团老年乒乓球队参加第二届上海市“治拓杯”中老年乒乓球比赛,获女子C组单打第一名、团体第三名,女子B组团体第三名、单打2个第五名和男子B组团体第五名。这次比赛由市老体协举办,全市共有51支代表队、500余名乒乓球爱好者参赛。(顾均成)

【上海外轮理货有限公司职工丁叶盛登顶珠峰创两个“上海第一”】 5月17日上午9点32分,公司职工丁叶盛作为一名业余登山爱好者,克服种种困难,成功登顶珠穆朗玛峰,创造两个“上海第一”。一是第一个登上珠穆朗玛峰的上海人;二是第一个将上海世博会吉祥物“海宝”带上珠峰的人。(陆奕骅)

上海外轮理货有限公司职工丁叶盛成功登上珠穆朗玛峰 (丁叶盛供)

【上海市邮政公司获“2010年度全民健身活动”优秀组织奖】 国家体育总局对2010年全民健身活动先进单位进行表彰,上海市邮政公司获“2010年度全民健身活动”优秀组织奖。(1)在市体育局、市总工会、国家邮政工会、全国通信体育协会等支持和指导下,把开展全民健身活动纳入公司总体工作。(2)成立员工运动会组委会,每两年举办一届员工运动会,为干部职工参加全民健身活动创造外部条件。(3)公司党政领导带头参加体育健身活动。运动会期间与员工一起参与健身跑、羽毛球、乒乓球等比赛,营造健康、团结、创新、拼搏的氛围。(4)通过员工运动会选拔优秀选手组成乒乓球队、羽毛球队、锣鼓队等队伍,定期组织集训,先后参加“黑龙江杯”全国邮政职工羽毛球比赛、全国通信职工羽毛球精英赛等,展示上海邮政拼搏向上的精神风貌,得到全国通信体育协会肯定。(顾奇良)

【上海邮政羽毛球队参加全国性羽毛球赛】 由6名基层企业职工组成的上海邮政羽毛球队分别参加9月在哈尔滨举行的全国邮政羽毛球比赛和10月在北京举行的全国通信职工羽毛球精英赛,分别取得2个第二名、4个第三名(并列)、5个第五名(并列)的成绩。全国通信职工羽毛球精英赛组委会授予上海邮政羽毛球队“体育道德风尚奖”。(顾奇良)

【中国移动上海公司举办第三届运动会】 运动会各项赛事由基层单位承办,与公司“月月有活动”员工日常体锻活动相结合,员工利用业余时间参加跳长绳、踢毽子、游泳、羽毛球、乒乓球、篮球、围棋、桥牌、扑克牌、广播操等10个项目比赛,参与率达100%,体现了群众性、普及性和全面性。(隋 奕)

【上海电信举行第八届全员健身日】 上海电信第八届全员健身日围绕“走进世博、走近健康”主题开展职工体育健身活动。6月6日,举行会操展评。29家基层单位、千余名职工参加会操。基层开展多种健身活动,总部机关员工文体活动中心揭牌,机关220余名员工参与“学做肩颈操”和“徒步登上18楼”活动;市场联合工会组织“走出办公室,锻炼1、2、3”全员健身活动,200余名员工参加颠球、飞镖、夹弹子、滚铁圈、跳绳、呼啦圈、套圈、踢毽子、投篮、乒乓球等10项活动,参与率80%以上;信息园区举办第三届园区运动会,比赛项目包括4人乒乓球接力跑、1分钟踢毽子、5人定点投篮、拔河、3分钟跳长绳;南区局联手徐家汇商圈和漕河泾园区的大客户单位,组织“精彩世博有你有我,信息生活携手共建”乒乓、拔河、长绳、龙舟赛暨大客户联谊活动;北区局结合“安康世博,和谐发展”要求,开展面向员工的小型体育健身活动,如滚铁圈、广播操、跳绳、踢毽子、乒乓球等等,467名员工参与,参与率达100%。(朱东亚)

【上海电信获市十四届运动会产业组总分第一名】 10月初至11月中旬,来自上海电信17家基层单位的108名职工运动员参加市第十四届运动会龙舟、跳长绳、健美操、扑克牌80分、桌球、健美、桥牌、乒乓球和羽毛球、

上海电信健身日会操表演　（朱东亚）

保龄球等10个项目的比赛，以三金、一银、三铜的成绩列产业组总分第一，其中龙舟、跳长绳、保龄球3项获金牌。（朱东亚）

【中远集运工会举办职工欢乐健康日活动】 4月23日，中远集运以"跃动你我，共享世博"为主题，举办"2010中远集运职工欢乐健康日"活动。公司在沪总部机关、泛亚公司、上远公司、资讯公司、单证公司、中国部上海分部组成8支代表队，共计400余名职工分别参加势均力敌、踊跃争先、团团圆圆、绳仙小将、纵横四海、数字密码等6个比赛项目和趣味拼图、啦啦秀等表演项目。（钱　华）

【上海机场集团举行职工健身节】 6月26日，上海机场职工健身节开幕，足球、篮球、羽毛球等赛事同时开赛。健身节以弘扬"城市让生活更美好"的世博精神为主题，共设足球、篮球、网球、羽毛球、乒乓球、游泳、龙舟、钓鱼、帆船、CS等10个大项、28个小项，采用集中决赛与巡回赛相结合的形式，利用每周末业余时间进行。40余个基层单位、1500余名员工参赛，成为集团历史上最大规模的体育活动。10月30日，健身节举行闭幕式暨颁奖仪式。（陆敏峰　张　哲）

【上海机场职工乒乓球队参加第二届世界职工运动会囊括七冠】 7月1日至8日，第二届世界职工运动会在爱沙尼亚举行，全国总工会选拔35名职工组成中国代表团参赛。上海机场职工乒乓球队代表中国参加乒乓球赛，包揽男女团体、单打、双打、混双共7个项目的冠军，并获男子单打第二名、女子单打第二、三名，混双第二、三名，为中国队赢得12枚奖牌。队员还主动加强与外国球员交流，帮助国外青少年球员练习，队员宋佳琦与奥地利男选手临时组队获混双第三名；以色列、爱沙尼亚、卢森堡等国向球队发出切磋球艺的访问邀请，探索建立球队互访机制的可能性。（陆敏峰）

【城投总公司举办第三届职工运动会】 11月，公司工会举办以"庆上海世博、健城投体魄"为主题的第三届职工运动会。运动会由城投总公司工会主办，越江投资、固处中心、排水公司、城投污水等4家工会承办，遵循勤俭高效的原则，以群众性和凝聚力为重点，设置羽毛球、太极拳、乒乓球、九球等比赛项目。26支参赛队、近2300名职工参赛，其中470余名职工参加全部4项赛事，共产生19个获奖团体，44名获奖职工，获奖人次达230余人，并评定"优秀组织奖"、"最佳团队奖"、"最佳风采奖"等奖项。（朱文慧）

【金融工会文体协会提升文体活动整体水平】 一是坚持以需求为导向、以项目为导向，积极争取各理事单位的支持和帮助，开展形式多样健康向上群众性文体活动。金融文体协会结合实际，组团参加市十四届运动会，共有26个金融单位123名运动员，参加国际象棋、篮球、乒乓球等16项比赛，二是金融文体协会拓展工作思路，将金融文体活动自觉融入金融文化建设和企业文化建设，并有意识地将金融单位的职工文化和企业文化有机结合，持续推进金融系统群众性文体活动的工作动力，与浦东体育总会进行"健身和健康"活动合作签约；共同携手全民健身运动的普及和推广、群众性体育赛事的策划与组织、竞技体育的组队和参与、体育专项技能的培训与提高。三是运用有效的文体活动载体，将健身活动与竞技项目相结合，健身活动与健康生活相结合。2010年与市税务局、卫生局等40余个单位举办170多名男女青年参加的"相约世博DV行"、"情牵百草园"——金融系统青年定向、联谊活动。根据健康管理的数据分析，进一步倡导开展针对金融员工健康现状的工间操。（丁　宁）

【上海市税务系统"宝税杯"职工篮球赛成功举行】 由上海市税务工会主办，宝山区税务局承办的上海市税务系统"宝税杯"职工篮球比赛于12月10日在宝钢体育馆结束，系统内各基层单位共有18支代表队近200名运动员参赛，经过预赛和决赛两阶段比赛，最终获得前三名的代表队是：普陀区税务局代表队、徐汇区税务局代表队、闵行区税务局代表队，另外杨浦区税务局代表队等5家单位分获4—8名。（臧　韬）

【市体育局向世博安保基地赠送健身器材】 6月4日，市体育局工会、市乒乓球、羽毛球运动中心共同向世博会安保浦江基地赠送一批体育健身器材，包括8张乒乓球台、20副乒乓球板、50块乒乓球挡板及篮球、足球、棋类等体育用品，并组织部分市乒乓球队运动员与世博安保人员健身互动。通过倡导全民健身与世博同行，开展体育健身活动，丰富世博安保人员业余生活，确保平安世博工作目标的实现。（乐俊平）

【市体育局举行职工龙舟比赛】 6月

光明食品集团第二届职工运动会开幕式现场　（桑树德）

3 日，“体育与世博同行”2010 年市体育局系统职工龙舟赛举行，来自局系统 30 家单位的 19 支龙舟队参赛，市水上运动中心代表队、市划船俱乐部、东方体育中心联队并列第一。市体育局系统职工龙舟赛已连续举办五届，旨在提升团队的向心力、凝聚力和战斗力。（乐俊平）

【光明食品集团工会举行第二届职工运动会】 运动会以“快乐健身，建功立业新三年”为主题。来自集团所属各单位的 18 个代表团、近千名职工分别参加乒乓球、羽毛球、桥牌、呼啦圈、定点投篮等 5 项比赛，并参与运动会入场式和体育表演。（桑树德）

【市民政局举办职工乒乓球邀请赛】 10 月 29 日，市民政局工会、市殡葬中心工会共同举办上海市民政局“龙华杯”职工乒乓球邀请赛，局属 21 家单位的 17 支代表队、百余名职工参赛。市民政局机关一队、市殡葬中心一队分获冠、亚军，市福利中心一队、社发军休联合队并列第三。为促进兄弟单位互相了解，加深职工间的沟通交流，增强民政职工的凝聚力和向心力，局工会将把“龙华杯”乒乓球赛作为职工健身活动重要组成部分，建立常态机制，今后每年举办一次。鼓励局属单位承办覆盖面广、职工喜闻乐见的体育比赛项目。（林丽萍）

【监狱局工会开展各类群众文体活动】 局工会立足基层，组织干警职工开展文体活动。一是举办监狱局第十届“两棋一牌”，即桥牌、围棋和中国象棋比赛，全局 100 多名选手参赛。二是与局团委共同举办 2010 年“蓝盾杯”篮球比赛，全局 16 支球队、160 余人参赛。三是结合实际，发挥群众文体协会的作用，开展书画、音舞、棋牌、球类、钓鱼等群文活动，推进监区、企业文化建设。（江海群）

【上海临港产业区举办“临港杯”篮球比赛】 “临港杯”篮球比赛由市体育局、上海临港产业区管委会、上海临港经济发展（集团）有限公司共同主办。临港地区机关、企事业单位、学校等共组建 31 支运动队参赛。临港产业区通过举办乒乓球、小足球、篮球等体育活动，加强各单位间的交流合作，丰富员工业余生活，扩大临港产业区的社会影响力。（陈欣堂）

【中国电信集团号百信息服务有限公司开展全员主题健身活动】 8 月 28 日，号百公司举行“庆三周年，全员健身、快乐工作、冲刺百亿”第二届全员健身日活动，8 支运动队、300 余名员工参加团队拔河、乒乓球、呼拉圈、双人跳绳等 5 项比赛，电子商务部队、网络媒体部 1 队、市场部 1 队分获团体冠亚季军。健身日活动作为号百公司成立三周年系列庆祝活动之一，旨在检阅员工精神风貌、身体素质和竞技才能，展现号百人的团队意识、竞争意识、责任意识，推动以“协同”、“责任”为宗旨的号百文化建设。（沈　匀）

【中国电信集团号百信息服务有限公司开办瑜伽班】 号百公司工会成立瑜伽兴趣小组满足员工的健身需求，于 10 月 12 日开办第一期瑜伽班。为让学员及时了解有关事项，公司工会瑜伽兴趣小组提前把开班时间、活动地点、签到须知、活动注意事项等内容通知各部门工会，并在公司内部局域网公告。（沈　匀）

【上实集团举行第三届职工运动会】 8 月 8 日上午，上实集团第三届职工运动会在浦东源深体育场举行。运动会安排了入场式表演，并组织开展“跳长绳”、“疯狂 NBA”等 9 个团体项目的比赛，得到员工的普遍欢迎和踊跃参与。这次运动会充分显示了集团广大员工积极参加全民健身运动的热情，更增进了各企业间的交流，加强了集团凝聚力建设，丰富了企业文化内涵。（杨铁军）

保障政策选辑

关于调整本市城乡居民最低生活保障标准的通知

经市人民政府批准，从 2010 年 4 月 1 日起，本市城镇居民最低生活保障标准，由每人每月 425 元，调整为每人每月 450 元；农村居民最低生活保障标准，由每人每年 3400 元，调整为每人每年 3600 元。以上所需资金按原渠道列支。

协调劳动关系

Coordinating Labour Relations

综　述

2010年，上海各级工会切实履行职责，坚持把依法维权与主动维稳相结合，扎实开展工会法律工作。在加强集体协商机制、劳动法律监督、劳动争议调解和法律援助建设等方面取得新的进展。(1)认真部署工会法律工作。年初，市总工会围绕有效协调劳动关系，切实维护农民工合法权益，贯彻落实"五五"普法教育规划，分别制定下发《2010年上海工会法律工作要点》、《上海市总工会2010年农民工工作要点》、《2010年上海工会法制宣传教育工作要点》和《上海市总工会关于2010年加强社会建设的工作要点》等文件。(2)着力推进集体协商机制建设。市总工会《关于本市全面推进集体协商机制建设的意见》，并由市委办公厅、市政府办公厅联合转发。会同市人保局、市企联，联合召开2010年上海市工资集体协商工作会议，下发《关于2010年进一步推进工资集体协商工作的通知》，明确全年工作目标。全市最低工资标准上调后，迅速制定下发《上海市总工会关于落实本市最低工资标准积极开展工资集体协商的意见》，要求各级工会加强宣传，督促用人单位严格执行；通过开展工资集体协商，保障一线职工工资随最低工资标准调整同向增长。会同市人保局、市企联联合制定下发2010年，全市共签订集体合同22479份，覆盖企业85262家，覆盖职工4185980；签订工资专项集体合同11220份，覆盖企业42844家，覆盖职工2256578人。(3)着力维护职工队伍和社会稳定。制定下发《关于进一步加强劳动关系协调　充分发挥工会在平安世博建设中积极作用的意见》。明确以涉博企业、结构调整及国企改制重组企业、未建会企业为重点单位，关注企业及职工队伍稳定的思想变化状况；加强劳动关系矛盾和不稳定因素的分析研判，起草向市委常委会汇报的《关于当前上海劳动关系情况分析及有关工作汇报》，制定下发《上海市总工会参与做好群体性事件处置专项应急预案》；按照"主动呼应、及时反映、有序表达、积极协商、依法维护"的工作要求，加大对群体性纠纷的跟踪指导化解力度。(4)着力加强协调劳动关系的工作合力。会同市人保局、市企联召开三方协调会，就贯彻落实国家三方下发的《全面推进小企业劳动合同制度实施专项行动计划》、《关于深入推进集体合同制度实施彩虹计划的通知》文件精神，规范小企业劳动用工行为，深入推进集体合同制度，共同开展工作调研，商研工作举措，拟定实施意见；与二中院辖区的10个区县法院、仲裁、工会建立诉调对接组织网络，推广仲裁和诉讼前置委托调解模式。(5)加大农民工权益保障的工作力度。元旦春节期间，市总工会会同市人保局组织开展农民工工资支付情况专项检查，通过召开调研座谈会，深入企业实地检查对地区专项检查工作进行了指导，并起草了《关于推动解决农民工工资拖欠问题的情况报告》。各级工会督促企业自觉遵守和执行劳动保障法律法规，自查自纠，及时清欠拖欠农民工工资及社保金，依法维护农民工的劳动经济权益；开展农民工思想、生产、生活状况专题调研，集中了解大型代加工企业的劳动关系状况和职工思想状况，提出工会对改善新生代农民工工作、生活状况的对策建议。(6)加快工会法律人才培育的步伐。组织工会法律人才库成员、市总工会职工法律援助员编写《构筑和谐劳动关系——上海职工权益维护的理论与实践》一书，为基层开展实践提供参考；发挥工会法律顾问团的作用，召开法律顾问团专题立法研讨会，听取专家对《上海市职工代表大会条例》的体例结构、适用范围、职权设定、法律责任等核心问题全方位、多角度的修改建议；多次组织法律人才库成员开展分组讨论，学习研究劳动法律法规适用中遇到的热点、难点问题；会同市工人运动研究会联合举办"劳动合同制度与和谐劳动关系的构建——贯彻实施《劳动合同法》研讨会"，就劳务派遣无序扩大问题、劳动合同合理性问题、劳动保障监察和劳动争议仲裁中的热点问题等进行研讨；与市人保局、市企联联手开展8期集体协商指导员培训，培育形成一批懂政策、熟法律、通业务、善协商的集体协商指导员。(7)加强法律援助工作，主动、依法、科学维权。积极参与劳动争议仲裁，依法参与劳动争议诉讼。为合法权益受到侵犯的职工提供及时、快捷的法律援助。截至年底，全市职工法律援助中心共为职工提供法律服务42980人次，其中非诉讼调解3441件，代理仲裁、诉讼910件，处理来信2177件，代写法律文书333件，接待咨询38669人次，较好地为职工群众提供了法律服务。(8)大力推进工会普法宣传教育工作。根据全总《关于开展全国工会系统"五五"普法调研检查工作的通知》要求，组织开展了本市工会"五五"普法检查验收活动，推举了全国工会"五五"先进单位，与福建、辽宁组成调研互检组，以汇报会、座谈会、实地考察、查看档案资料等形式对三省市

2月9日，上海工会法律工作会议召开　（邱晨鹤）

的"五五"普法工作开展检查。

（邱晨鹤）

参与立法

【市总工会积极参与立法推进劳动法制建设】 市总工会把积极主动参与劳动立法，推进劳动法制的建设与完善作为工会法律工作的重中之重。2010年，市总工会积极牵头《上海市职工代表大会条例》的制订工作，于12月23日正式获得市人大通过。积极发挥工会法律顾问团和法律人才库的作用，就《社会保险法（草案）》、《社会救助法（草案）》、《人民调解法（草案）》、《上海市社会治安综合治理条例（草案）》等法律法规提出较为具体的修改意见报市政府法制办。11—12月，结合宪法宣传周活动，组织开展"2009年百家网站法律知识竞赛活动"，各级工会干部和职工群众积极上网参加答题。

（邱晨鹤）

【市总工会关于住房公积金的"两会"提案引起社会各界广泛关注】 2010年上海"两会"上，市总工会两项关于住房公积金的提案引起社会各界的广泛关注。其中，《关于着力扩大住房公积金缴交覆盖面的几项建议》的提案呼吁要从源头上将住房公积金写入全市劳动合同示范文本并纳入劳动争议调解仲裁范围，建议住房公积金管理部门进一步制订扩大住房公积金覆盖面计划，健全执法队伍，强化监督职能。《关于将职工购买经济适用房首付款纳入住房公积金提取范围的建议》的提案就部分中低收入家庭无力支付经济适用房款的困境，建议扩大住房公积金的提取范围，允许职工在购买经济适用房时提取住房公积金账户内的存储余额用于支付购房首付款。两项提案公布后，立即引起人民网、新华网、中国上海门户网、《东方早报》、《新民晚报》、《劳动报》等全国及市各大平面媒体、网络媒体的报道、转载和评论，肯定了这两项提案的选题与内容。众多评论文章认为，"扩覆"建议旨在解决部分企业法人违法降低用工成本、逃避社会责任的问题，"扩提"的建议旨在解决公积金制度在一定程度上存在着的"助富"不"济贫"的问题，使更多的中低收入家庭买得起经济适用房。

（王正园）

普法教育

【市总工会开展"五五"普法总结验收工作】 3月，市总工会下发《关于组织开展上海工会"五五"普法检查验收工作的通知》，全市各级工会按照《通知》要求组织开展总结验收工作。"五五"普法工作开展5年以来，上海工会始终围绕党的中心任务、上海经济社会发展大局和举办"成功、精彩、难忘"世博会的任务目标，以"主动依法科学维权"社会主义工会维权观为指导，坚持法制教育与法制实践相结合，法制宣传与提高素质相结合，法制教育与道德建设相结合，扎实开展组织建设、载体建设、队伍建设，积极组织各类普法宣传教育主题活动，引导职工依法维护权益、理性表达诉求。有近600万职工（农民工）以不同形式接受普法教育，有近90%的工会干部参加《劳动合同法》等相关法律法规的学习培训。

（赵　倩）

【徐汇区总工会开展"精彩世博、与法同行"主题系列活动】 （1）根据工会干部、农民工、白领、学生和民营企业经营者等不同职工群体的普法需求，有针对性地建立5个区总工会法宣教育基地，来自全区各企事业单位的500余名职工参与世博法宣活动。（2）组织开展工会系统"五五"普法成果图片展、企业职工学法用法演讲赛、《劳动合同法》实施3周年研讨会。（3）开展"工会法制宣传周"活动，组织全区万名职工参加2010年全国百家网站"五五"普法法律知识竞赛。（4）举办多场《工会法》、《劳动合同法》和《上海市集体合同条例》专题讲座。

（朱伟锋）

【长宁区总工会深入开展"五五"普法工作】 2010年，长宁区总工会以职工普法宣传教育为重点、以增强职工法治意识和依法维权为目的，深入开展职工普法宣传教育，努力营造良好的法治环境，并被评为全国工会系统"五五"普法先进单位。一是高度重视、健全组织，保障工会"五五"普法工作有序推进。制定下发《关于工会开展法制宣传教育第五个五年规划的通知》，由区总工会牵头召开专题工作会议，对职工普法宣传教育工作进行全面部署。设立专项经费，确保普法工作扎实有效推进。二是结合实际、精心组织，"三三"整合全面推动工会普法工作。整合法律专业服务、人民调解员及工会仲裁工作者等3支队伍力量。整合区职工援助服务中心、区劳动纠纷指导委员会、区联合调委会等三大资源。整合三项工作，坚持开展以业务培训与宣传教育相结合的各类学习宣传活动，培训干部、职工5000多人次，组织发动1万多名职工参加各类劳动法知识竞赛活动；坚持

中交三航宁波分公司工会开展"迎五一"职工法律知识竞赛

（孙建竹）

上下联动，构建预警预防机制，建立群体性劳动纠纷大调解格局；坚持信息互通，建立完善区级、社区两级层面三方联席协商机制，加大指导推进企业集体协商工作力度，强化工会维稳作用。（印敏峰）

【普陀区教育工会举行教职工法制宣传教育工作推进会暨学法用法演讲会】 为贯彻落实“五五普法规划”，区教育工会组织召开普陀区教职工法制宣传教育工作推进会暨学法、用法演讲会。区教育工会主席作题为《服务大局，促进和谐，把工会学法用法工作全面推向深入》的工作报告，从各基层工会块组初赛中脱颖而出的10名教师参加这次学法、用法演讲比赛，传达交流各自学校学法、用法活动的思考、实践和体会。（李　悦）

【黄浦区总工会向基层工会、人事部门和职工赠送新编《上海市职工劳动保障权益手册》】 为进一步稳定区域内劳动关系，为“平安世博、平安黄浦”构筑防线，区总工会进一步加大法宣力度和法律服务水平，确定开展“向基层工会、人事部门和职工群众赠送6000册新编《上海市职工劳动保障权益手册》”的实事工作。在各直管工会的配合下，6000册《上海市职工劳动权益保障手册》顺利送发至各基层工会、人事部门和部分职工群众手中，得到工会干部和职工群众的欢迎。（杜　琴）

【上海烟草工会开展职工普法教育和法律援助成效明显】 2010年上海市烟草工会与相关职能部门联手，以开展“迎接世博盛会，普及法律知识，弘扬企业文化，推进民主管理”综合性知识答题竞赛活动为抓手，采取组织工商企业职工问卷答题初赛和组队竞赛角逐的方式，普及相关法律知识。结合“12.4”法制宣传周活动，组织约600名职工参加全国“五五”普法网上法律知识竞赛，为深化推进集团“五五”普法教育工作起到了有效的促进作用。上海烟草（集团）公司、上海海烟物流有限公司被评为“全国五五普法先进单位”。在职工法律援助方面，烟草工会通过加强法律援助员队伍建设、开展法律咨询日和接待日活动、参加杨浦法院劳动争议现场调解等方式，为职工排忧解难，化解矛盾，打开心结，维护职工权益。“十一五”期间，集团、厂两级律师援助机构共为职工提供法律咨询、代理民事诉讼、代书服务等共计363起。（江洪生）

劳动关系协调机制

【市劳动关系三方联手推进构建和谐劳动关系】 2010年，市劳动关系三方加大联合工作力度，努力构建和谐劳动关系。一是研究贯彻国家三方有关“计划”的具体措施。《国家三方关于印发全面推进小企业劳动合同制度实施专项行动计划通知》下发后，市劳动关系三方专题进行商议，并及时下发《关于“全面推进小企业劳动合同制度实施专项行动计划”的实施方案的通知》，要求全市各级三方组织要结合劳动关系和谐企业（园区）创建、农民工劳动合同签订“春暖行动”等活动，对辖区内的小企业开展劳动用工情况的摸底调查，研究推进小企业签订劳动合同计划的具体措施，逐步完善劳动关系定期研判的工作制度，有效预防并快速化解涉及小企业的劳动纠纷，切实维护企业和职工双方的合法权益。二是联合推进工资集体协商工作。上半年，市三方联席会议先后到浦东、杨浦、长宁等区县就企业工资支付、落实最低工资、开展工资集体协商、建立工资正常增长机制等情况进行联合调研，总结典型经验，研讨疑难问题，推动工作有效开展。三是积极推动最低工资标准的调整工作。市总工会与市企联组织等有关部门，通过三方协商机制平台，经反复沟通协调论证，推动全市第18次调整最低工资标准，最终确定月最低工资标准从960元提高到1120元，非全日制小时最低工资标准从8元提高到9元。四是联手加强劳动争议调解工作。市三方加强与劳动争议仲裁院、法院、司法部门的沟通，积极推广仲裁和诉讼前置委托调解模式，共同参与重大劳动争议的调处。年底，市三方共同联手组织街道、乡镇、工业园区的劳动争议调解员的专业培训，有效推动全市劳动争议多元化调解机制的建设。（黄　琦）

【浦东新区构建和谐劳动关系确保世博期间职工队伍稳定】 （1）建立劳动关系观察点。3月29日，新区总工会召开会议，在企业相对比较集中、劳资矛盾易发以及劳资关系敏感地区的街镇、开发区和集团公司设立10个劳动关系观察点，准确把握劳动关系总体情况，及时有效掌控群体性劳资矛盾信息，增强工作主动性和有效性。（2）构建世博区域劳资纠纷应急处置平台。4月13日，在世博核心区及周边地区，新区总工会与新区人保局、新区建交委等单位联手建立世博区域劳资纠纷应急处置中心。中心通过对世博区域劳资矛盾，特别是群体性劳资矛盾信息的排摸与掌控，重点做好世博期间各类劳资矛盾的化解处理工作，确保世博期间，世博区域劳资关系的和谐稳定。（3）启动世博一线职工生产生活系列关爱行动。4月15日，新区总工会启动服务世博一线职工的关爱行动。积极主动联系有关世博公交营运单位，建立公交一线职工服务世博考核激励机制，鼓励公交职工更好地奉献世博；加强职工劳动保护，会同政府和企业行政部门，在重点区域、重点企业、重点人群中，开展危险源和安全隐患排查工作，力保世博期间不发生重大安全生产事故；启动新区总工会帮困基金，全力帮助世博一线职工中家庭成员有患重大病以及年幼子女等需要照顾的特殊困难职工，想方设法帮助他们解决实际问题；做好世博职工食堂食品卫生保质工作，与新区食品药品监督局建立联合专项检查制度，严防集体食物中毒事故发生；做好防暑降温工作，提前备足各类防暑降温物资，改善世博职工作业条件和作业环境。（4）实施劳动关系和谐工程。采取五大措施确保世博期间新区劳动关系的基本稳定。一是加强转改制企业职工源头参与。针对年内拟转改制的129家企业，联手新区国资委、新区人保局、新区纪委制定下发《关于在浦东新区国有企业改制重组关闭破产过程中加强民主管理工作的通知》。二是推进事业单位民主管理。根据新区教育、卫生系统实行绩效工资、两区合并、事业单位整合和岗位设置改革等实际，与新区教育、卫生等部门制定《事业单位实行绩效工资等重大事项职工民主参与工作规范》。三是强化平等协商和集体合同工作。从3月份起，在各基层工会开展“关于组织职工有序集体协商和规范企业工会协商程序妥善化解企业群体性纠纷的操作细则”的实务培训，提高基层工会干部组织职工开展集体协商、化解群体纠纷的能力。四是加强劳动争议调解组织建设。在街镇层面，配合新区人保局在各街镇建立健全街镇劳动争议调解组织的建设和规范运转。在企业层面，大力推进企业劳动争议调解组织的建设，建制率在原有基础上提高10%，达到1800家。五是加强基层工会劳动争议调解员、仲裁员培训。全年完成直属工会干部100人次的培训工作，力争在每个街镇有一名工会干部取得劳动争议调解员证书，重点镇和区域有一名工会干部取得兼职仲裁员证书，构建劳资矛盾“不出三区”的人力支撑。（谢金亮）

长宁区总工会积极构建和谐劳动关系，推进平安世博建设（印敏峰）

【浦东新区召开劳动关系三方协调联席会议】 11月9日，浦东新区召开劳动关系三方协调联席会议暨2010年工资集体协商工作推进会议。会议阶段性总结各成员单位开展劳动关系协调工作情况，动员和部署下阶段劳动关系协调工作及工资集体协商扩覆工作。会议对后世博时期及2011年元旦春节期间劳资矛盾预防化解工作提出要求，一要完善三方协调机制建设，夯实和谐劳动关系的基础。新区调整充实区级层面劳动关系协调联席会议组成成员，是完善劳动关系协调工作组织体系和领导体制的一项重要举措。争取用半年时间完成全区38个街镇的劳动关系三方协调机制建设，实现劳动关系三方协调机制全覆盖。各开发区管委会要加强劳动关系协调、劳资矛盾处置机制建设。二要明确各级工作职责，发挥工作协同效应。人保局、总工会、企联、工商联等劳动关系各方工作既要明确职责分工，还要强调合作，充分发挥协同效应。切实做到重要政策共同研究、共同制定、共同推进，重要工作共同组织落实，重大矛盾共同参与化解，加强信息沟通，确保行动协调一致。三要抓住重点工作，确保年前岁尾劳动关系的和谐稳定。全力冲刺做好市政府下达的工资集体协商扩覆工作。做好世博后劳动关系维稳工作。稳妥处置元旦春节期间群体性劳资矛盾。（陈建林）

【浦东新区总工会启动劳动关系观察点】 3月29日，新区总工会在川沙新镇召开浦东新区总工会劳动关系观察点启动暨培训会，正式启动在企业相对比较集中、劳资矛盾易发以及劳资关系敏感地区的街镇、开发区和集团公司设立的10个劳动关系观察点。（张真琦）

【徐汇区总工会开展劳动关系和谐企业创建活动】 徐汇区总工会组织2009年度区劳动关系和谐企业、楼宇、小区评选申报，经审核和专家评议，评选出2009年度区劳动关系和谐企业、楼宇、小区65家，2009年度区劳动关系和谐企业、楼宇、小区创建达标单位161家。通过创建工作，推进企业集体协商劳动关系工作的开展，促进企业建立集体协商制度。2010年，全区集体合同覆盖企业6459家，覆盖职工119947人；其中工资专项集体合同覆盖企业5291家，覆盖职工98354人。（徐梅华）

【长宁区总工会3项措施构建和谐劳动关系】 长宁区总工会将维护区劳动关系稳定作为重要职责，发挥好工会在化解群体性劳动纠纷中知情人、报告人、调解人的作用，协助政府做好世博会期间群体性劳动纠纷的预警预防和职工队伍的稳定工作。一是加强指导，完善各项工作机制。制定下发《劳动纠纷调处指导工作手册》，各级工会制定符合自身情况的制度记录册，不断完善群体性劳动纠纷一周一报、零申报、信访月报表、典型案例申报、月联席会议等长效工作机制。二是应时而动，主动转变工作方式。以三级网络调解机制为重要平台，逐步转变原有的从上至下、任务分配化解纠纷的工作方式，改为自下而上、基层单位主动研判排查劳动纠纷隐患，做到及早介入、及时上报、稳妥处置。三是有效借力，着力搭建联动平台。与横向部门加强联系，完善资源共享制度，畅通信息沟通渠道，配合政府做好群体性劳动纠纷调解工作。2010年长宁区通过劳动纠纷调处三级网络联动机制平台接受职工咨询1705人次，工会参与调解纠纷653件，援助73件，引导职工申请劳动仲裁72件，申请诉讼260件，收到信访件12件，合理办结12件。上报区群体性劳动纠纷共20件，涉及职工约1195人。（王亚文）

【普陀区餐饮行业工会积极创建劳动关系和谐行业】 （1）围绕一条工作主线，努力推进劳动关系和谐行业建设。将创建劳动关系和谐行业贯穿于餐饮行业工会工作的始终，明确创建工作重点主要在非公餐饮小企业和餐饮业农民工上，通过创建活动增强餐饮企业的凝聚力和向心力，提高行业职工的积极性和主动性。（2）构建两个组织平台，合力推进劳动关系和谐行业建设。一是加快行业工会建设，在全区9个街镇分别建立街镇餐饮行业工会，形成“区域到街镇、由面覆盖线、由线连接点”的行业工会三级组织网络；二是建立行业“政府—企业—工会”三方协商机制。(3)完善三项维权制度，联动推进劳动关系和谐行业建设。一是强化行业平等协商制度建设，依托行业工会“小三级”组织网络，对行业内857家餐饮企业15个主要岗位的工资标准进行调查，形成行业岗位最低标准草案，提交餐饮行业平等协商机制进行协商，增强全区各级餐饮行业平等协商的针对性和有效性。二是强化行业职代会制度建设，区餐饮行业工会以行业三方机制的名义，制定下发推进餐饮行业职代会的指导意见，要求全区各级餐饮行业组织分别建立餐饮行业职代会制度，实现“区级餐饮行业—街镇餐饮行业——条街餐饮行业—餐饮企业”四级民主管理制度的建立和联动。三是强化行业劳动法律监督检查制度建设，加强执法检查，督促餐饮企业履行劳动法律法规，促进劳资协商、职代会共决事项的落实。(4)突出4个工作重点，有侧重地推进劳动关系和谐行业建设。一是确定行业最低工资标准，保障行业职工岗位工资托底收入。二是建立行业工资调整机制，针对不同街镇、不同规模的餐饮企业的经济效益，确定工资最低增幅，保障职工收入合理增长。三是开展行业共同约定行动，保障行业职工利益，实现企业的健康发展。四是制订行业员工手册，规范行业劳动用工行为。区餐饮行业工会制订《餐饮行业员工手册》，明确了公开栏、职工信箱、满意度调查等7种诉求渠道。

（李　悦）

【黄浦区政府与区总工会举行2010年度联席会议】 12月21日，黄浦区政府与区总工会举行2010年度联席会议。区委副书记、区长周伟，区人大常委会副主任、区总工会主席徐少伯出席。会议商讨和研究了年内黄浦区工会工作，并就区政府支持黄浦区工人文化宫改建等事项进行研究。区总工会向区政府通报全年区工会工作主要成果和全区工会普遍开展“聚焦金融外滩、推动转型发展”主题立功竞赛、普遍建立工会组织、普遍开展工资集体协商等3项工作安排。还向区政府提出支持黄浦区工人文化宫改建等请求。区政府表示，要关注建筑业、转包单位等企业职工欠薪问题的发生，希望工会发挥积极作用，和政府社保局等部门共同运用预警等机制，防止欠薪发生。一旦发生欠薪问题，社保局要先动用欠薪基金发放职工应发工资，再向用工方追讨；支持区工人文化宫改建等。

（吕诚陆）

【静安区劳动关系协调联席会议关注职工工资收入】 9月6日，静安区劳动关系协调联席会议召开以“完善集体协商制度，关注职工收入待遇”为主题的第十二次会议。会议表彰了上海静工（集团）有限公司等12家“静安区劳动关系和谐示范单位”以及上海三阳盛食品有限公司等10家“静安区劳动关系和谐示范提名单位”。会议通报了静安区和谐劳动关系创建活动的情况。会议就全面推进工资集体协商，维护职工合法权益、促进经济社会和谐发展提出3点要求：一是进一步提高思想认识，增强工作使命感和责任感。要从保障和改善民生、促进经济社会协调发展的高度认识推进此项工作的重要性，全面推进工资集体协商、提高职工收入水平，保证广大职工共享改革发展成果。二是认真总结经验，典型示范引路，扎实有效开展工资集体协商。要认真总结推进工资集体协商工作的成功经验，继续在不同所有制、不同行业、不同规模的企业中大力推进工资集体协商工作，使“企业协商谈增长、行业协商谈标准、区域协商谈底线”的工资协商工作格局更臻完善。三是明确目标任务，加强组织领导，推动工资集体协商取得新进展。要根据国家协调劳动关系三方会议下发的《关于深入推进集体合同制度实施彩虹计划的通知》精神，落实全国总工会关于依法推动企业普遍建立工会组织、依法推动企业普遍开展工资集体协商的要求，进一步加大宣传力度，加快集体协商人才队伍建设，着力扩大工资集体协商工资的覆盖面，提高协商水平和质量，使工资集体协商真正成为帮助职工提高工资收入、帮助企业稳定职工队伍、推动构建和谐稳定劳动关系的法宝。

（冯贻茂）

12月18日，嘉定区总工会在马陆镇永盛公寓联合开展“共创和谐——法律援助与困难职工同行”的法律咨询活动　（徐　浩）

【闵行区全面推进劳动关系和谐企业创建工作】 一是明确创建目标。通过创建活动，正面引导企业规范用工行为，健全民主管理，履行社会责任，实现持续成长，为闵行经济健康发展和社会和谐稳定作贡献。二是建立创建工作新机制和新策略。成立由区委副书记担任组长的区创建劳动关系和谐企业领导小组，由区人保局等35家单位分管领导担任组员，合力推进创建工作。同时，做好创建工作摸底调查，采取“成熟一批、创建一批”的工作方针，采用"小步走、不停步"的创建策略。三是创新评估标准和创建方式。积极学习借鉴国际SA8000等标准，结合闵行实际，制订《2010年闵行区劳动关系和谐企业创建手册》，明确创建评估方法、标准体系、工作流程等相关内容。通过招投标形式采用社会第三方评估机构对申报企业进行劳动关系和谐评估测评，确保创建工作的公平公正和公开。充分利用信息化管理手段，开发劳动关系和谐企业创建信息平台，提高创建工作效率。截至年底，3家第三方评估机构评估工作的满意率达到100%。四是提升创建服务指导水平。按照"在服务中创建，在创建中建设，在建设中形成机制，用机制来建设品牌"的创建原则，对企业开展针对性的培训指导。先后举办工资集体协商、劳动争议调解、"安康杯"劳动保护等系列培训，培训工会和人事干部3000余人。建立和谐企业评估观察员制度，选派区总机关干部到测评企业现场，全程观察第三方评估工作，并向评估公司进行反馈。2010年闵行区"过程绩效评估"中，和谐企业创建项目被评定为"优良"。 （黄润青）

【七宝镇建立工会、劳动保障、司法调解"三方联动"工作机制】 七宝镇总工会联合镇劳动保障所、司法所在工资集体协商、职工法制宣传教育、劳动关系预警协调等方面加强合作，发挥各自优势，形成工作合力。一是不断推动集体协商工作，从源头上防范和化解劳资纠纷；二是开展"法制宣传进企业"活动，为全镇职工提供广泛的法律宣传、法律服务；三是重点推进企业劳动争议协调组织建设，筑起劳动关系矛盾调处的第一道防线，推动建立企业维稳工作长效机制。同时，七宝镇还成立"三方联动"工作小组，并通过建立联席会议、加强信息沟通、实现资源共享、做到活动联办、突出典型引导等措施，在九星村、联明村来沪人员集中居住小区等处建立"三方联动"工作基地，在全镇发挥示范引领作用，把"三方联动"工作机制真正落到实处。 （陶慧卿）

【奉贤巴士实施员工违纪处理听证制度】 年内，奉贤巴士公交公司推出员工违纪处理听证制度，即对员工作出处理决定前，让有诉求的被处理员工表达自己的意见，给员工一次澄清事实和申诉的机会，从而有效维护员工合法权益。听证委员会由工会委员和员工代表组成，听证会采取一人一议办法，听证程序包括：人力资源部代表公司行政陈述调查情况和处理意见，被处理员工进行确认并陈述本人的意见，听证委员会对处理意见进行讨论，并采用无记名投票表决，听证结果由听证委员会全体代表共同签字确认，形成听证合议意见后提供给行政方。听证会在充分尊重企业规章制度、制度面前人人平等的前提下，给予被处理员工再次申述机会，充分尊重被处理员工的合法权益，规范员工职业操守，不断提升员工道德素质。 （刘传军）

黄浦区总工会和黄浦区政府举行联席会议，商谈工会工作和职工维权工作 （吕诚陆）

【奉贤区总工会开展"服务世博盛会，化解劳资纠纷"竞赛活动】 2010年，按照建设平安世博的要求，奉贤区总工会开展"服务世博盛会，化解劳资纠纷"竞赛活动，以加强世博会期间劳资矛盾排查化解工作为主要内容，加强基层劳动争议调解组织建设，及时掌握劳资纠纷信息，主动参与劳资纠纷的调处。世博会期间，全区各级工会及时调处劳资纠纷386件，涉及职工544人次，促进社会和职工队伍的稳定。 （刘传军）

【纺织工会与纺织协会召开首次联席会议】 3月29日，上海市纺织工会与上海纺织协会在纺织控股公司会议中心召开2010年联席工作会议。会议传达了中国纺织工业协会与中国财贸轻纺烟草工会第八次联席会议精神。双方通报上海纺织协会与上海市纺织工会2009年主要工作和有关情况，讨论2010年上海纺织协会与上海市纺织工会共同关注的议题，并就建立《上海市纺织服装行业劳动用工共同约定》达成一致意见。文本由纺织工会与金山区纺织行业工会联合会，结合上海市司法实践和上海纺织服装企业在协调劳动用工方面的突出问题整理起草，共有5章23条。文本已经在控股公司和金山、普陀等区试行，对企业规范用工具有重要的指导意义。 （林裕良）

【上海市电力公司工会建立健全员工诉求表达机制】 上海市电力公司工会为进一步推进企业民主管理，收集、反映、解决员工最关心、最现实、最直接的问题，在广泛调研的基础上，制定《上海市电力公司建立健全员工诉求表达机制实施办法》，并由党政工联合发文正式颁布实施。《办法》以促发展、促和谐为主线，以利益协调、诉求表达、矛盾调处、权益保障为重点，通过搭建平台，畅通渠道，建立健全员工诉求表达机制，教育和引导员工依法、合理地反映诉求和问题,使员工诉求表达机制系统化、常态化,实现党委领导、行政主管、工会负责、多方参与的员工权益维护工作格局,促进企业和员工共谋发展、共享成果。《办法》的诉求内容主要包括劳动合同、劳动工资、社会保险、劳动安全与劳动卫生、休息休假、学习培训、困难帮扶、女员工权益等基本权利保护以及员工依法参加企业民主管理的参与权、知情权、建议权和涉及员工切身利益的其他重大问题。员工诉求表达机制实行"分级负责、基层为主"的管理原则,建立公司、基层两级网络,承担受理员工诉求的职责。 (余传毅)

【上海石化工会通过日常协商会议解决职工热点问题】 2010 年,上海石化公司工会通过政策信息平台、班组网络和工会组织,收集职工集中关注的热点问题,形成包括环境保护、网上练兵和班组信息化管理、青年职工小家以及健身设施、食堂定价机制等 6 个议题,通过工会方和行政方在两次日常协商会议中的充分沟通,讨论了解决问题的原则和措施,推动了解决方案的落实。 (张　敏)

【新华发行集团工会建立职工诉求平台】 上海新华发行集团工会面对新形势下职工利益诉求多元化的发展趋势,结合集团实际,就畅通职工利益诉求表达渠道、营造和谐稳定劳动关系进行积极探索,制定下发《职工诉求代理制度实施办法(试行)》。《办法》明确:凡涉及职工有关劳动关系、安全生产、工资福利、民主管理、教育培训等方面的权益诉求,由集团下属各级工会组织实行诉求代理,通过对有关方面的协调,表达和解决诉求者所诉求的相关事宜,依法维护职工的合法权益。《办法》规定,集团工会实行"分级负责,基层为主"的三级诉求代理制度,各级工会负责人为第一责任人。其中基层部门工会(小组)直接代理部门职工的诉求,并将这些职工诉求信息及时向上级工会报告;各子公司及公司直属部门工会直接代理涉及职工多、影响较大、下级工会(小组)难以处理的职工诉求,通过加强与所在单位党政部门的协调和沟通,解决有关诉求问题;集团工会则代理在集团内有一定影响的职工群体诉求。 (唐仲俊)

集体协商与集体合同

【市总工会积极推进集体协商机制建设】 一是联合确定工作目标。年初,多次与市人保局有关部门协调沟通,推动政府连续第三年将工资集体协议覆盖劳动者人数列入区县就业保障工作考核指标。共同商定 2010 年工资协议覆盖 160 万人的工作目标,覆盖人数比去年提高 5%,同时分解确定各区县的递增指标。二是联合召开工作会议。市劳动关系三方联合召开 2010 年上海市工资集体协商工作会议,总结交流工作经验,制定下发《关于 2010 年进一步推进工资集体协商工作的通知》,明确以劳动争议较多的企业为推进重点,健全三方分工合作协调机制,着力提升工资集体协商实效等要求。三是联合研究制定下发《关于本市全面推进集体协商机制建设的意见》,就全面推进集体协商机制建设的重要意义、总体要求、基本原则、协商内容、目标任务、具体措施、组织实施等方面提出工作要求,积极指导和推动全市集体协商工作,得到市委、市政府高度重视,由市委办公厅、市政府办公厅联合转发。四是向市委报送工资集体协商专报。认真整理分析上海工会近年来会同相关各方着力推进工资集体协商,促进形成公平合理的收入分配秩序和构建和谐劳动关系等方面的积极成效,会同保障部起草《关于上海工会推进工资集体协商工作的情况报告》向市委专报。五是共同推动一线职工工资增长。会同保障部制定下发《上海市总工会关于落实本市最低工资标准　积极开展工资集体协商的意见》。要求各级工会加强宣传最低工资标准调整情况,督促用人单位严格执行;通过开展工资集体协商,保障一线职工工资随最低工资标准调整同向增长;加大与有关部门联合监督检查的力度,依法妥善处理因执行最低工资标准及开展工资集体协商的矛盾争议。六是共同推动建立环卫一线职工收入正常增长机制。配合保障部参与制定下发《关于世博会期间加大对环卫作业一线员工激励力度的通知》。同时与市发改委、市建交委、市人保局、市财政局、市绿化和市容局等部门联合开展关于建立环卫一线职工收入正常增长机制的调研。七是开展行业性集体协商调研。为深入推进本市行业性工资集体协商工作,积极探索新形势下工会依法维护职工合法权益的新思路新举措,努力构建和谐稳定的劳动关系,对全市推进行业性集体协商的情况进行调研,形成了《关于本市开展行业性集体协商的思考与建议》。(邱晨鹤)

【市总工会推动调整上海市最低工资标准】 2010 年,市总工会充分依托三

浦东新区召开劳动关系三方协调联席会议暨工资集体协商推进会 (陈建林)

方协调机制平台,会同市人保局、市企联首次通过联合发布的形式,推动全市最低工资标准由960元提高到1120元,增幅达16.7%,非全日制小时最低工资标准从8.0元提高到9.0元,并推动全市27万名公共服务类就业项目、社会协管类万人就业项目、“千、百人”就业项目和社区“四保”公益性岗位从业人员提高收入水平。 (胡 敏)

【长宁工会赴杨浦工会进行集体协商工作学习交流】 10月26日,由长宁区总工会副主席徐雍安带队,携同16位长宁区街道(镇)、园区及建筑行业工会专职副主席赴杨浦区总工会进行集体协商工作学习和交流。杨浦区控江、长白、定海地区的制造、建筑等行业的工会主席分别介绍开展集体协商的经验和成果。此次交流为长宁工会推进“两个普遍”和落实“彩虹计划”拓宽了工作思路。区总工会借此认真总结,全面落实关于集体协商的各项具体工作。一是加强动员,召开长宁工会落实“彩虹计划”工作推进座谈会,详细部署在区域内进一步推动工资集体协商的工作要求;二是整合资源,积极争取党政领导的支持,加强与人保局等职能部门的协作,形成工作合力;三是深入推进,探索不同规模、不同所有制企业开展集体协商的方法和形式,突出不同的协商重点;四是务求实效,全面落实“彩虹计划”,扩大集体协商覆盖面,着力提升一线职工的收入水平;五是完善机制,建立健全企业工资分配共决机制、职工工资正常增长机制和支付保障机制。

(徐雍安)

【普陀区长寿社区(街道)总工会扎实推进行业协商提高餐饮行业职工工资收入】 一是抓调研,建立和完善餐饮行业职工收入分配信息收集平台。社区餐饮行业工会围绕“如何在餐饮行业工会的平台上,通过平等协商,既促进企业经济发展,又提高职工收入水平”的主题,多次召开会议,汇集各方意见建议。通过每季度召集各餐饮企业工会主席及相关工会组织员召开座谈会,实时了解职工工资福利状况。先后就《长寿社区餐饮行业工资专项集体合同(草案)》、《长寿社区餐饮行业加强职工技能教育培训的试行办法(草案)》等开展多次专题调研,为行业工会参与行业最低工资标准、工资增长指导线的调整积累详实的数据资料。二是推协商,发挥行业工会优势,推动行业性集体协商规范运作。社区餐饮行业工会以“四个保障”为核心,明确行业集体协商的重点:围绕餐饮行业最低工资标准指导线协商,保障职工岗位工资托底收入;围绕餐饮行业工资增长指导线协商,保障职工工资合理增长;围绕行业工时劳动定额进行协商,保障职工法定休息权利;围绕企业规范用工、保障职工就业稳定,将“社区内餐饮企业承诺不裁员”写进行业工资专项集体合同,确保辖区餐饮企业不裁员不减薪,保障企业职工的劳动经济权益。三是抓落实,依托行业工会职代会,力保协商成果落实到位。一方面,通过各餐饮企业的公开栏、法宣园地、企业内部刊物等信息渠道发布《行业工资专项集体合同》实施告知书,将行业主要岗位的最低工资标准和企业“不裁员、不减薪、不欠薪”的约定等内容向全行业职工予以公开,并通过职工信箱等方式对行业集体合同的履行情况进行监督。另一方面,积极推动行业内大中型餐饮企业建立健全职代会、劳资恳谈会、民主共商会等多种形式的民主管理制度,以此来进一步向职工宣传《行业工资专项集体合同》和行业职代会决议的具体要求,并根据企业实际,对有关条款进行细化和优化,促进行业集体合同更有效地落实,稳步提高职工工资收入。 (李 悦)

【普陀区真如镇总工会集体协商工作取得有效进展】 一是注重培训,提高工会干部的协商能力。镇总工会每年选派10—20名工会干部参加区总工会组织的培训学习,同时对全镇150多名工会干部和职工代表进行平等协商、集体合同专业培训。二是抓好宣传,营造良好环境。组织镇内各级工会开展《劳动法》、《工会法》等法律法规宣传咨询活动。开展“工资协商双向宣传行动”,提高职工对工资集体协商工作的认识,增强企业经营者的协商意识和自觉性。三是规范平等协商程序。进一步细化各协商环节,并就协商过程提出具体要求。四是开展厂务公开民主管理调研检查。镇属单位职代会已基本实现全面建制,非公企业民主管理制度建设取得积极进展,建制率达到75%。五是积极推行区域性、行业性平等协商集体合同制度。2010年,引入真如镇商会作为平等协商的主体,就劳动关系协商一致后签订区域性、行业性集体合同取得共识。全镇共签订工资专项集体合同72份,覆盖企业407家,覆盖率已达100%。 (李 悦)

【普陀区总工会开展“抓空白、提质量、保稳定”工资集体协商集中行动】 普陀区总工会启动“抓空白、提质量、保稳定”工资集体协商集中行动,提出“32233”的工作目标:“三”——力

12月15日,奉贤区南桥镇纺织行业工会集体合同签约 (刘传军)

求工会组建后"一证、两会、三合同"三个到位，使组织和工作同步覆盖。"一证"即工会法人资格证；"两会"即职代会、劳动争议调解委员会；"三合同"即集体合同、工资专项集体合同、女职工特殊权益专项集体合同。"二"——依托"两大平台"，源头推动工资集体协商工作。依托区劳动关系协调委员会、区厂务公开工作领导小组两大平台，及时向党委、政府汇报工资集体协商的开展情况和存在的问题，积极争取党委和政府的领导和支持，完善"党政主导、三方协商、工会力推、劳资共赢"的工作格局。"二"——做好"两个推动"，体现工资集体协商的科学性和民主性。继续大力开展行业性、区域性工资集体协商。深化区域性、行业性职代会制度建设，畅通职工的诉求渠道。"三"——建立"三联制度"，打造工资集体协商的合力推进机制。一是联合部署考核，二是联合调研会商，三是联合评选表彰。"三"——抓好"三支队伍"，为开展工资集体协商工作提供组织保障。一是抓好工资协商专家顾问团队伍，发挥智囊团的作用。二是抓好工资协商特派员队伍，参与企业的集体协商过程。三是抓好行业劳动用工标准研究制订专委会队伍，科学研究制订劳动定额、工时工价。 （李　悦）

【普陀区总工会召开区纺织行业劳动关系三方协商现场会】 普陀区总工会召开纺织行业劳动关系三方协商现场会，借助行业三方平台，深入推进行业性工资集体协商。在以区人社局、工商局、商务委为政府方代表的协调下，区纺织工会和区服装协会、外企协会、私企协会分别代表职工方和企业方就行业内的18个主要岗位的最低工资标准、行业工资增长线、职工工龄补贴等关系全区7200名纺织职工切身利益的议题达成共识。经协商，行业职工主要岗位的最低工资标准较上一年度平均增幅约19%。同时，区纺织工会根据2010年以来在部分纺织企业内开展以工时工价、劳动定额为主要内容的工资集体协商所取得的经验和实效，将会同行业协调劳动关系三方，共同推动全区纺织企业普遍开展劳动定额"一品、一测、一协商"，在保障行业职工托底工资的基础上，进一步消除职工工资中的"虚高"部分，保障职工工资的真金含量。 （李　悦）

静安区总工会召开工资集体协商工作推进会 （冯贻茂）

【杨浦区长白地区区域性工资集体协商取得实效】 杨浦区长白地区总工会探索建立小区区域性职代会制度和工资集体协商制度，推动辖区内241家街面商铺开展区域性工资集体协商。职工方代表与企业方代表经协商后确定，区域内职工最低工资标准提升到1150元，惠及职工1920余人；企业在不影响正常运转的前提下安排部分女职工"三八"妇女节休假半天，同时为无法休假的女职工提供相应补休或经济补偿；部分经济效益较好的企业为女职工提供两年一次的妇科体检。 （王建强）

【杨浦区总工会成立工资集体协商专家顾问团】 8月27日，杨浦区总工会召开工资集体协商专家顾问团成立大会，顾问团由来自上海财经大学、外资企业的教授、律师、总监等8位协商专家组成。顾问团成立后，协商专家每月为专职工会干部培训一次，同时协助杨浦区12个街道、镇的55名专职行业工会主席与企业负责人进行工资集体协商。 （陈柏霖）

【杨浦区总工会行业性工资集体协商获多家媒体头版报道】 杨浦区总工会通过地区行业工会与企业开展工资集体协商、签订集体合同来维护职工权益的做法引起多家主要媒体关注，《工人日报》、《新民晚报》、《劳动报》均在头版刊登相关报道。区总工会通过地区行业工会与企业开展行业性工资谈判，探索在集体合同中推广"工资共享机制"，保持职工收入与企业利润同步增长。杨浦区定海地区建筑行业集体合同明确，行业最低工资必须高于上海市最低工资标准5%，行业内超额完成年度利润目标的企业应在超出部分中提取不少于7%的额度作为职工奖励分配。 （李学兵）

【静安区推进工资集体协商形成新格局】 2010年，区总工会积极推进工资集体协商，维护广大职工经济权益。一是企业协商谈增长。在促进企业发展的同时，把职工共享企业发展成果，构建稳定和谐劳动关系作为工作重点。特别是对于国有、集体及其控股企业，工资集体协商主要是实现协商工作与国企领导人员收入公开相挂钩，与国有、集体及其控股企业经营者业绩考核相挂钩的"双挂钩"，建立起职工工资正常增长机制。二是行业协商谈标准。由于行业的特性，体现了行业内企业间职工劳动性质、内容、强度的可比性。区总工会根据一些行业职工工资收入普遍不高，企业职工个体又无力与企业老板谈工资，结果职工流动频繁，企业发展不稳定等情况，及时制订行业工资标准，集中精力推行行业工资集体协商，不断提高整个行业的工资标准。三是区域协商谈底线。由于入驻区域的企业性质不同、规模大小不同、经营门类繁多，职工工资差异显著，区域职工工资标准很难制定。区总工会和各级工会通过与区域协商谈底线，分类确定工资标准的办法，破解区域工资协商的难题。分类协商和确保底线的协商办法，兼顾各企业的实际情况和职工的工资收入，保证集体合同和工资集体协议的质量，提高工资协商工作的针对性和有效性。2010年，静安区集体合同和工资集体协议的覆盖率分别达到了81.2%和76%，其中集体合同覆盖企业3838家，职工6.7万余人，工资集体协议覆盖企业3590家，职工5万余人。（王 赪）

【江宁路街道总工会探索餐饮行业工资标准化、规范化】 4月，江宁路街道总工会推动辖区内餐饮企业制定《江宁路街道餐饮行业工资集体协议》及其附件，得到该行业50%以上企业的认可和接受。一是健全组织，明确协商主体。从组建行业工会联合会入手，建立起一支工会干部队伍，为依法推荐餐饮行业工资集体协商代表提供组织保证，在此基础上确定协商主体。二是深入调查，确定协商标准。行业工会对职工工资收入现状开展调研。将餐饮企业按规模和类型分为五大类企业，细化为13个岗位工种，以餐饮企业近3年各岗位薪资为依据，初步形成2010年拟定协商的各岗位工资标准。三是严格程序，依法规范协商。牢牢把握代表产生、要约提出、议题确定、正式协商、盖章确认、备案生效、文本公示、监督检查等集体协商的关键环节，确保程序合法，规范协商。（王宛玲）

【嘉定工资集体协商"要约行动"显成效】 2010年，嘉定区总工会依托劳动关系三方协调机制，充分发挥工会主体作用，以发展和谐劳动关系为主线，以推进"要约行动月"活动为抓手，以区域性工资集体协商为突破口，积极开展工资集体协商工作，取得了良好成效。一是以发展和谐劳动关系为主线，着力提升工资集体协商工作水平。坚持工资集体协商建制与劳动关系和谐企业创建活动相结合，将工资集体协商作为创建活动"5+X"工作模式的核心内容和"硬指标"。二是以推进"要约行动月"活动为抓手，着力提高工资集体协商建制率。9月，集中开展工资集体协商"要约行动月"活动，区总工会、区人社局联合向500多家要约重点企业的工会方和行政方发出《工资集体协商特别提示函》，督促企业及时开展工资集体协商。区总工会还针对要约行动月活动中遇到的协商程序和协商内容等共性问题，前往各街镇进行集中指导。至10月底，全区共有537家企业工会向行政发出工资集体协商要约，要约回应率达到93%。三是以区域性工资集体协商为突破口，着力破解小企业协商难问题。5月，制定下发《嘉定区区域性行业性工资集体协商操作办法》，对600多名工资集体协商指导员开展业务培训。截至年底，有105个工业园区（村）签订区域性工资专项集体合同，占全区工业园区（村）数的75.5%。（徐 浩）

【金山区纺织服装行业二届二次职代会暨"一份合同五项协议"签约仪式举行】 7月28日，金山区纺织服装行业二届二次职代会暨"一份合同五项协议"签约仪式举行。区纺织服装行业职代会审议通过了"一份合同五项协议"，即在原来集体合同及其工时工价定额、劳动安全卫生、女职工权益保护等3项协议的基础上，针对劳动用工和职业技能培训的问题，又提出劳动用工共同约定、职业技能培训两项协议。为使"一份合同五项协议"得到有效落实，行业工会采取"一揽子协议，一门式服务"的办法，得到协会和企业的广泛认同，标志着纺织行业工会维权机制建设进入了新的发展阶段。（王 永）

青浦区总工会在美津浓公司举办集体合同平等协商现场观摩会
（马美君）

【松江区总工会以"四个加强"推进工资集体协商工作】 松江区总工会为切实做好维权维稳工作，以"四个加强"依法推进工资集体协商工作。2010年共签订工资专项协议325份，覆盖企业7675家，覆盖职工20.6万人。一是加强宣传教育，推动形成工资集体协商社会化工作格局。加大宣传《劳动合同法》力度，发挥劳动关系协调联席会议制度作用。召开非公中小企业主座谈会，充分调动企业和职工两个协商主体积极性，推动建立健全工资共商机制、正常增长机制和支付保障机制，努力构建党委领导、政府主导、依托三方、工会推动、劳资互动、各方协同的工资集体协商工作格局。二是加强主体培育，重点推进行业性、区域性工资集体协商。对行业分散、难以单独开展协商的单位，街道、镇总工会指导开展区域性工资集体协商；对行业特点明显的区域，区、街道（镇）总工会积极组建行业工会，培育协商主体，搭建行业性工资集体协商平台；对有些行业、区域劳资双方地位失衡的单位，采取上级工会派出代表进行“以上代下”工资集体协商。三是加强代表培训，提高工会工资协商谈判能力和水平。加强工资集体协商指导员、工会工资谈判专业队伍建设，提高法律政策水平和协商谈判能力；认真研究工资专项协议文本，充实协议内容，突出协议重点，规范协商程序；召开工资集体协商工作经验交流会，相互借鉴，共同提高协商谈判水平。四是加强监督检查，推动集体合同履约到位。充分运用工资集体协商要约权，加强对各方履约情况质量分析；会同企业联合会发挥好宣传、协调、沟通作用；推动人保部门把工资协商履约情况列入劳动保障监察内容，纳入人大法律监督和政协民主监督范畴；将每年11月作为工资集体协商工作监督检查月，并把开展工资集体协商工作列为企业评优条件之一。

（孙爱华）

【青浦区香花桥街道探索行业协商成果向区域延伸有成效】 2010年，香花桥街道总工会在认真总结纺织服装、机械制造等5个行业集体协商成功经验的基础上，拓宽工作思路，积极探索行业集体协商成果向村居工会联合会延伸新路径。将区域内小企业按行业进行分类，由村级工会联合会负责，将相关行业经区、镇、行业、企业多重协商确定并通过法律程序的合同文本，分别送到区域内的企业进行确认，使行业协商成果延伸到各区域内的小企业中。年内，香花桥街道28个村、居工会联合会所属的292家小企业中确认5个行业集体合同的有248家，占企业总数的85%；覆盖职工4617人，占职工总数的92%，有效解决中小企业“不愿协商”，企业工会干部“不敢协商”问题，扩大了工资集体协商的覆盖面。（马美君）

【青浦区总工会典型引路推动企业普遍开展工资集体协商】 青浦区总工会注重发挥典型示范、“上代下”等作用，努力扩大工资集体协商覆盖面，提高协商质量，增强实效性。8—9月，区总工会相继在练塘镇科星五金有限公司、朱家角镇上海美津浓公司、白鹤镇王泾村召开民营、外资和村级区域性集体合同平等协商现场会，组织各镇、街道总工会及部分企业、村居工会干部代表现场观摩，充分尊重基层的首创精神，鼓励和支持基层工会创新实践，带动整体工作上水平。为使工资集体协商工作不流于形式，区镇两级工会还因企制宜，加强分类指导，从个性化的合同文本入手，指导不同规模、不同经营状况、不同所有制企业根据自身特点和规律，确定不同的协商重点。在各级工会的共同努力下，2010年全区工资集体协商覆盖职工21.9万余人，完成市考核目标的115.3%。独立建会企业集体合同、工资协议、女职工特殊权益专项合同签订率分别达到92%、79%和88%。

（马美君）

【奉贤区总工会积极推进工资集体协商】 年内，奉贤区总工会举办工资集体协商培训班，帮助基层工会干部掌握协商程序，把握协商技巧，提高集体合同的签订率。在调查研究的基础上，制定《关于进一步推进奉贤区集体协商机制建设的实施意见》，采取提高考核权重、成立集体协商指导员队伍、加强协商指导等方式，有序推进签订工资集体协商工作。加强行业性工资集体协商机制建设，以金汇镇、庄行镇为试点，在纺织行业推行工资集体协商工作。会同区人保局，开展工资集体协商履行情况专项检查，推动生产一线职工收入稳定增长，保障职工工资支付情况的落实。截至年底，全区累计签订工资集体协议999份，覆盖职工84499人，超额完成市政府下达的指标；其中女职工专项集体合同1226份，覆盖单位3981个，覆盖女职工6.8万人。（刘传军）

【崇明工业园区签订区域性工资集体协议实现劳资双赢】 9月，依托区域性职代会平台，崇明工业园区开展第三次区域性工资集体协商，重新签订《园区区域性工资集体协议》，覆盖园区落户企业和部分注册企业共44家、职工3650人。新签订的《园区区域性工资集体协议》明确企业职工年度工资同比增幅不低于5%，园区企业职工最低工资在上海市最低工资标准基数上分类上浮：其中效益增幅同比大于30%的企业上浮3%—5%，其他盈利企业上浮幅度不低于2%。年底，园区工会组织人员对工资集体协议执行情况作了检查，发现职工工资增幅普遍在10%左右，一些规模较大企业工资增幅突破15%。全年没有出现在最低工资标准执行上的劳动纠纷，70%以上职工对工资集体协商表示欢迎和拥护。职工流动率由原来的10%降至5%以下，职工队伍进一步稳定。（陈进修）

【上海电气（集团）总公司签订工资集体协商协议】 上海电气（集团）总公司签订工资集体协商协议时提出：（1）2010年度总公司的职工工资总额和人工成本总额应不低于上年的结算水平。（2）企业经济运行正常的，工资增长幅度为4%—10%。其中实现利润增长较快的企业，工资增长幅度可适当增加，最高不超过14%。企业实现利润下降的，可根据企业实际情况，在增长幅度内确定适当增长比例；部分企业实现利润虽然下降，但盈利水平仍然处于行业领先的，工资增长比例可在增长幅度内取上限。（3）工会应当配合行政在企业发展和结构调整中做好各项工作。通过职代会等形式，让职工了解企业当前的经营状况，组织和引导职工为企业共谋发展，共享成果。团结和动员职工立足本职岗位，努力工作，降本减耗，创造一流业绩。（4）企业按照《上海市集体合同条例》的规定都要建立工资集体协商制度，完善内部收入分配协商机制。企业经营班子和企业职代会代表共同就经营目标、工资增减幅度及工资总额预算、人工成本预算、工资分配方案，工资支付办法等进行平等协商。（5）总公司2010年的最低工资标准应不低于上海市社会最低工资标准。效益好的与比较好的企业，应提高企业的最低工资标准。（6）坚持“两个倾斜”的总体要求。在收入分配上坚持市场导向，向科技人员和一线技术工人倾斜，向30%左右的核心人才倾斜。（7）坚持“两个关心”的总体要求。要关心待岗职工，关心生活特殊困难的职工，进一步提高待岗人员的最低生活补贴费。对内退职工最低生活补贴费从600元增加到660元；对其他待岗人员（男满55周岁，女满45周岁），月生活费低于550元的补足到550元；协保人员（男满55周岁，女满45周岁）月生活费低于200元的补足

到200元。（沈剑宏）

【上海电气集团资产经营有限公司开展集体协商，签订集体合同】 5月20日，上海电气集团资产经营有限公司开展集体协商签订首份集体合同。上海电气集团资产经营有限公司重视职工民主权利，支持职工参与民主管理。公司工会先后召开职工（会员）会议和座谈会，听取职工建议，广泛征求各方意见，签订《上海电气集团资产经营有限公司集体合同》、《上海电气集团资产经营有限公司工资集体协议》、《上海电气集团资产经营有限公司女职工特殊权益保护协议》。上海电气集团资产经营有限公司在开展协商过程中，体现3个特点。一是协商充分，广泛征求意见。召开职工座谈会和开辟多种渠道，充分了解职工的新需求新要求，在此基础上形成了三项文本的草案；还组织全体职工（会员）按工会小组对三项文本草案进行了通读，作了专项讨论。会上职工（会员）积极发言，提出建议和设想。二是组织专项讨论，梳理归纳问题。工会与有关方面积极沟通，主动协调，深入讨论，对有关条款的修改提出建议；职工方代表还将相关文本草案提交公司法律顾问审核，从法律角度提出规范性建议，并将意见及时反馈职工方代表。三是行政方高度重视。行政方代表在公司领导班子会上听取职工方代表汇总的建议，并对建议和文本草案进行专题讨论，还向职工方首席代表及相关人员进行了反馈。整个协商过程体现了民主性、广泛性和规范性。（高姗姗）

【上海轻工业工会联合会塑料行业工会制定《上海塑料行业性集体协商规则》】 历经塑料行业协会理事会的讨论和塑料行业工会全体会员单位工会主席会议的酝酿后，在塑料行业第一次集体协商会议上，行业协会与行业工会讨论通过了《上海塑料行业性集体协商规则》。《规则》明确“行业工会和行业协会是本行业内唯一有权代表行业职工和有权代表企业进行集体协商的主体，双方不与除对方以外的其他任何组织或个人就签订行业性集体合同或与劳动关系有关的事项进行集体协商。”对行业集体协商可以形成《集体合同》、《专项协议》、《协商会议纪要》、《就有关事宜达成一致形成书面文件》等多种协商结果的表述，为开展行业性集体协商创造了有利条件，提供了制度保证。（徐俊彦）

【纺织工会在全国工资集体协商会议上作经验交流】 6月23—24日全国工会工资集体协商工作现场经验交流会在辽宁省营口市召开。上海市纺织工会代表作了题为“增强行业工会组织活力，推动行业性工资集体协商工作”的交流发言，介绍了行业性工资集体协商的3种模式。一是金山区纺织行业工会联合会模式。其特点是发挥工会联合会的作用，组建行业协会，完善协商主体。双方选派代表，开展了服装行业劳动定额标准的协商，签订以羽绒服为主要内容的《金山卫镇纺织服装行业工时工价定额指导标准集体合同》。二是普陀区纺织行业工会联合会模式。其特点是建立行业三方协商平台，组建劳动定额和工资“两个标准”专委会，提出行业集体协商的议题和劳动定额、工资分配的建议。并指导企业根据品种、面料、设备的特点，建立“一品、一测、一协商”的机制，确定企业个性化的劳动定额工资标准。三是青浦区纺织行业工会联合会模式。其特点是探索在没有行业协会的情况下，行业工会主动寻找协商对手，建立行业性集体协商机制。（王慎微）

中铁二十四局集团公司企业方和职工方共同签订集体合同
（高　扬）

【上海电力安装第二工程公司工会积极开展集体协商】 上海电力安装第二工程公司工会与行政积极开展协商，取得一定成效。一是公司连续3年以10%的增长幅度为在岗职工普遍增加工资，使所有在岗职工都能分享到企业发展的成果。二是公司不断加大职工岗位成才激励机制的力度，推出工程技术人员，首席技师，领军人才和见习助理，以及安全员、质检员、机管员、外包管理员四大员等一系列薪酬方案。三是在集体协商过程中，把劳务派遣工和外来务工人员的成长成才摆上议事日程，为他们中的优秀人才提干、晋级创造条件，调动了广大员工的工作积极性。（龚洁庆）

【宝钢股份公司工会提出开展集体协商工作指导意见】 宝钢股份公司工会对集体协商、签订《集体合同》工作提出指导性意见。一是《集体合同》条款内容要体现宝钢新一轮发展要求；二是要结合单位实际，注重与现有法律法规相衔接，注重企业与职工共同发展；三是对《集体合同》中涉及“劳动报酬、补充保险与福利、职业技能培训、劳动安全与卫生”等方面的条款要尽可能量化。2011年公司总部集体合同的起草工作，得到了公司党委的高度重视，专题听取工会汇报。起草工作小组和集体协商代表遵循“促进公司发展、维护职工权益、构建和谐企业”的原则，进行集体协商，对合同文本的69项条款进行逐项讨论。经过与行政方的反复协商，2011年合同文本比较2010年合同文本修改条款22处，增加条款7处、其中重大修改3处，顺利获得通过。（王俊民）

【上海石化召开第十六次平等协商会议】 12月30日，上海石化公司召开第16次平等协商会议。会议通报了2009—2012年集体合同、女职工专项集体合同2010年度履行情况，行政方和工会方代表就标准工时和综合工时标准、长病假人员最低疾病救济费标准、补充医保政策规定、聘用管理岗位女职工退休年龄等通报内容发表了意见。双方代表还结合职工普遍关心的企业发展规划、环境保护工作、职工文化建设、集体宿舍管理等事项进行沟通与协商，达成了共识。（张 敏）

【上海航天局工会通过“四抓”推进女职工专项集体合同签订】 一抓源头。多次召开专题会议和各个层面的座谈会进行调研，制定具体工作方案并下发通知，邀请市总女工部、法律部专家就专项集体合同签订进行专题培训，选择新新厂（企业）和805所（事业）作为全局试点单位，适时组织召开现场推进交流会，总结经验，规范运作，把握好起草、协商、签订、上报环节，确保合同的合法有效。二抓落实。建立女职工专项集体合同工作检查制度，实行目标责任制管理。一是坚持职代会专项检查，每年组织职代会专门工作委员会和女职工代表一起检查，对检查出的问题，及时与行政有关部门协商解决。二是坚持集体合同专项条款检查，各单位每年形成专题检查报告，及时向党政领导和相关部门反映，促进条款落实。三是坚持与建家验收同步检查，将女职工专项合同履约情况作为工会评选先进职工之家的重要依据。三抓完善。召开女职工专项集体合同推进会，针对续签工作进行专题部署。加强调研，组织相关法律知识培训，在法律框架下，结合企业和女职工的实际，拟订续签合同内容。准确把握维权的重点、难点问题，将女职工最关心、最直接、最现实的利益问题和共同需求，结合单位实际，将有条件履约的条款作为修订合同的重点，突出合同可操作性。四抓成效。通过落实女职工专项集体合同制度，使女职工真切感受到企业党政和工会组织的关心爱护，激发工作热情。还通过专项集体合同的签订、履约、续签，监督、检查等工作，在工会女职工组织主动维权、依法维权、科学维权上发挥作用。年内，全局17家企业全部签订女职工专项集体合同，有13家事业单位建立了女职工特殊权益保护协商机制并签订了专项集体合同，实现了企业单位女职工专项集体合同100%签订率和事业单位女职工专项集体合同68%签订率的突破。

（黄伟勤）

上电安装二公司召开工资集体协商会议　　（常 青）

【运输工会持续推进工资集体协商】 一是以制度建设为抓手，持续推进工资协商工作不断深化。制定下发《关于进一步做好工资集体协商工作的意见》、《规范国有企业收入分配，促进和谐劳动关系建设的工作目标制度》，明确建立完善职工收入正常增长机制、国有企业经营者业绩考核机制、困难职工帮困救助机制等7项机制。二是以改善民生为出发点和归结点，持续推进工资协商工作不断深化。通过工资集体协商工作的持续推进，把保障职工权益纳入制度化、法律化渠道，让职工群众得到更多实惠。确立“一纳入、一分离、一倾斜”的集团薪酬分配政策，职工工资收入保持15%以上的快速增长。围绕集团科教兴企的战略方针和“十一五”职工素质工程计划书，协商确立岗位技术能手、首席员工岗位津贴制度，激发职工学技能的积极性，培育一批生产一线领军人物。围绕集团人才强企发展战略，协商确立职工技能操作比武优胜者晋升工资政策，成为工资薪酬激励机制的重要组成部分，有效推动核心主业主体工种的劳动力成本优势向素质优势转化。围绕集团科学发展，协商确立在岗职工110%的最低工资托底政策，保障低收入职工群体的根本利益。三是以社会责任为己任，持续推进集体协商工作不断深化。通过开展集体协商，公司工会确立关心协保人员生活制度，制定办理离岗职工互助医疗补充保险和给予特殊困难企业维稳帮困资金的措施，出台了给予服务世博一线职工特殊工作津贴等政策。（陈敢敏）

【上海交运（集团）召开第八次集体协商会议】 5月17日，上海交运（集团）公司和上海市运输工会召开第八次集体协商会议。会议听取了集团第七次集体协商议题落实情况的汇报。双方协商代表就《关于2010年交运职工技能操作竞赛活动的建议》、《关于全面加强集团班组建设工作的建议》、《关于世博运营期间给予服务世博园区一线职工特殊工作津贴的建议》、《关于向困难企业下拨平安世博维稳帮困资金的建议》等四项议案进行了认真讨论和协商，并达成一致意见。（王 勤）

【上海市邮政公司签订集体合同】 4月12—13日，上海市邮政公司召开职工(员工)代表大会，审议通过《上海市邮政公司集体合同》、《上海市邮政公司女职工(员工)权益保护专项集体合同》，市邮政公司总经理王观锠与上海邮政工会主席史金虎，分别代表公司方和工会方签订了两份集体合同，并已报上海市人力资源和社会保障局备案。（顾奇良）

【上海电信2010年集体协商采取六项关爱员工措施】 2010年，上海电信工会通过与行政开展集体协商，确定了6项关爱员工的措施。一是为岗位等级七级及以下的员工晋升一级岗位工资；二是为激励员工更好地完成全年目标任务，在公司成立10周年之际向所有员工发放庆典奖；三是完成全年工作目标后，将员工2009年浮动的一级工资转为固定工资，并为员工增发一个月工资作为奖励；四是每年为工作满一年的员工安排一次健康检查，检查费用标准从每人450元提高到600元；五是公司为每位员工发放2张世博会门票；六是将外勤作业员工的高温津贴标准提高到每人每天20元。（朱东亚）

【中交上海航道局工会推动集体协商制度落在实处】 2010年，中交上海航道局有限公司工会修改《中交上海航道局有限公司集体协商制度》，为各单位在开展集体协商工作中提供依据，规范操作程序。中港疏浚公司、航道物流公司、装备工业公司、教育中心等单位按要求先后签订了年度集体合同。中交上航局公司工会牵头联合总经办、人力资源部等，在年末对公司所属各单位的集体合同执行情况开展专项检查，使集体合同条款落在实处，切实维护职工的合法权益。（钱文勤）

【建工集团基础工程有限公司开展工资集体协商重实效】 上海市基础工程有限公司与基础公司工会签订2010年工资集体协商协议。协议约定，按照效益与工资联动和按劳分配与绩效挂钩的原则，建立企业工资共决机制、工资正常增长机制和工资支付保障机制；全体职工应努力完成年度各项生产经营目标，提高企业经济效益；公司应根据年度生产经营状况和经济效益，参照上海市工资增长指导线、行业人工成本信息和劳动力市场工资指导价位及物价水平等因素，合理制订职工年度工资增长计划，确保在岗职工的岗位工资、技能工资、年功工资标准的落实，确保离岗职工在待工期间等工工资和年功工资的落实；协议还就实行综合计算工时工作制的在外省市工作的职工和在项目一线施工作业的职工所关心的相关津贴、加班工资和带薪年休假等内容作了详细约定。（廉永梅）

【光明食品集团签订新一轮集体合同】 年初，集团工会就新一轮集体合同和女职工专项集体合同中有关需修改、补充和完善的条款与集团行政进行集体协商。协商内容涉及：明确集团所属企业创建劳动关系和谐企业的达标要求；加强职代会、厂务公开等企业民主管理制度的功能建设；提高在岗职工年人均工资水平增长幅度；启动一线班组长素质教育3年行动计划以及将妇科普查范围扩大到下岗、协保女职工等。4月，在光明集团二届一次职工代表大会上，工会方与行政方首席代表分别签订集团新一轮集体合同和女职工专项集体合同。（桑树德）

建工集团本部集体协商会议　（缪云明）

劳动争议调解与仲裁

【市总工会积极推进劳动争议调解工作】 2010年，上海各级工会上下联动，内外整合，共同推进劳动争议调解工作。各级工会劳动争议调解组织直接预防了865件劳动争议案件的发生，受理调解了14930件劳动争议案件，其中成功调解6417件，调解成功率为43%。一是探索总结多样化调解模式。市总工会与二中院联合，对辖区内的10个区县法院、工会建立诉调对接组织网络。各级工会探索仲裁和诉讼前置委托调解、区域和行业联合调解、上下多级工会联动调解、集体协商机制化解群体性劳动争议等多样化调解模式，及时有效化解劳动争议。二是加强劳动争议调解组织网络建设。继续推进街镇劳动争议调解组织实体化建设，加快推进集团公司和100人以上规模企业劳动争议调解组织建设。到9月底，全市企事业单位劳动争议调解组织有13170个，比上年增加22.6%，区域性行业性劳动争议调解组织998个，比上年增加38%。三是加强劳动争议调解员队伍建设。与市人力资源和社会保障局、企业协会/企业家联合会首次三方联合举办劳动争议调解员培训班，共对90名街镇、工业园区、百人以上规模企业的劳动争议调解员开展培训。各地区、产业局工会也相应组织开展2000多名劳动争议调解员培训。组织职工法律援助员参与编写典型劳动争议案件，共有45篇劳动争议案件入选《构筑和谐劳动关系——上海职工权益维护的理论与实践》一书。四是开展劳动争议预防调解示范工作。与市人力资源和社会保障局联合开展劳动争议预防调解示范工作，确立上海锅炉厂和上海重型机器厂为劳动争议预防调解示范点。通过示范企业开展劳动争议预防调解工作，积极探索企业劳动争议预防调解工作的有效形式，为推进上海面上企业建立劳动争议预防调解机制提供参考模式。五是加大重大群体性纠纷的跟踪指导化解力度。按照"主动呼应、及时反映、有序表达、积极协商、依法维护"的工作要求，市总工会加大对影响大、规模大、代表性强的群体性纠纷的跟踪指导化解力度。先后奔赴嘉定、松江、浦东等地区，排摸了富士康在沪企业的生产经营和职工队伍稳定情况、龙工集团职工反应的职业病情况，并及时汇总信息提供领导决策；直接指导、参与化解了一些台资、外资等企业劳动争议群体性纠纷。

（钱传东）

【长宁区北新泾社区总工会探索社区劳动争议调处新模式】 北新泾社区总工会整合社区党建、司法等社会资源，纵向上建立社区劳动争议调处指导委员会、社区劳动争议调处指导工作站和社区各居民区劳动争议调处工作点三级组织网络，横向上完善健全法院法官、律师事务所律师、基层人民调解员、社区法律志愿者的劳动关系调解人才网络，形成全覆盖的调解工作体系。从4个方面加强联动开展工作，一是联动开展培训工作。社区总工会与司法所加强合作，共同选送社区调委会人员参加培训，取得劳动争议调解员证书。充分利用平台资源，定期邀请专家开展劳动维权讲座，有效提高工作人员的业务水平。二是联动指导基层调解。工作站加大对基层企业调解组织的支持力度，通过双向联动，指导基层企业调解组织开展劳动纠纷调解工作，同时加强企业调解和司法调解的衔接。三是联动进行纠纷调处。工作站在调处纠纷的过程中，积极为企业和劳动者搭建互动平台，并及时与相关执法部门、鉴定部门进行沟通，通过案件会商机制，形成化解合力，提高劳动纠纷化解的效率。四是联动落实调解协议。劳动纠纷双方自愿达成协议后，工作站主动开展案件回访制度，与相关企业及其管理部门进行联动，确保调解协议的落实。2010年全年受理咨询调处劳资纠纷120人次，并先后组织召开"维权在行动"劳动纠纷调处研讨会和劳动纠纷案例分析会，深入探讨进一步加强联动预警机制，对社区发生的劳动纠纷案例进行分析研判，真正做到及时发现预警，强化调处化解。（俞晓敏）

【普陀区长征工业园区工会调处劳资矛盾有新法】 一是整合渠道求得信息。园区建立由招商协管员、物业专管员和企业工会主席组成的信息员队伍，并要求结合各条线工作定期或不定期走访企业，及时掌握区域内企业的动态，发现问题及时汇报。一旦发生劳资纠纷的信息，园区工会第一时间到企业与劳资双方沟通，了解劳资矛盾的起因与细节，并收集相关依据，同时，稳定职工情绪，确保正常生产，避免激化矛盾。二是整合依据求得对策。园区依据劳资双方提供的依据，聘请律师对照有关法规进行相关依据的合法性分析，并整理成案例向上级工会汇报。由工会提议召开由劳动、司法、信访等部门和园区党政领导组成的联席会议，共同研究调处对策，确保劳动关系调处的针对性和有效性。三是整合力量求得支持。园区工会一方面将联席会议达成的调处对策向园区职工宣传解释，取得职工的理解与配合。另一方面积极争取园区管委会的支持，在必要时采取有效制约措施，促使劳动关系矛盾得到成功调处。

（李　悦）

10月21日，奉贤区总工会举办劳动争议老娘舅调解工作室现场观摩活动　（刘传军）

【黄浦区举行街道人民调解委员会劳动争议调解工作室调解员业务培训】 5月25—26日，区总工会、区人保局联合举办街道人民调解委员会劳动争议调解工作室调解员业务培训，各街道司法、劳动和工会系统40名劳动争议调解员参加。区人民法院分析了法院诉前调解情况和劳动争议案件的败诉原因，区人保局阐述了街道人民调解处理劳动争议的有关规定及与仲裁流程的衔接，区司法局讲解了人民调解处理劳动争议的相关程序与规范，劳动争议调解协议书的制作过程和注意事项，人民调解员陈丽娟以具体案例总结了劳动争议的调解技巧。调解员们认为此次培训学习很有收获，提高了业务知识，明确了工作流程，为今后工作的开展和工作室的有效运作奠定了基础。

（孟永林）

【黄浦区总工会维权维稳取得显著成效】 2010年，通过建立劳动关系周分析月报告、召开三方协调劳动关系联席会议、成立各社区企业联合会分会、推进法律服务进基层等4项制度，切实加强劳动纠纷预警机制、劳动关系三方协商机制、劳动争议调解机制等三项机制建设,在维护职工队伍稳定、促进劳动关系和谐方面取得了显著成效。全年累计排摸分析劳动关系案件733件,调解处理劳动争议92起,其中突出的劳动争议14起,涉及职工500人次。各社区在区总工会指导下,成立由工会、劳动行政、司法调解三方组成的社区劳动争议调解庭,协助信访部门调处劳动争议案件。8—10月,有效调解处理了某电视有限公司群体性劳动争议案,为97名在岗派遣制员工追索经济补偿金400万元。 (吕诚陆 林志祥)

市教育系统工会召开劳动人事争议调解工作推进会 (姜培庆)

【闵行区总工会推进劳动争议预警调解工作】 一是突出调查排摸,建立劳资纠纷信息报告机制。区总工会充分发挥各级工会组织"第一知情人"、"第一报告人"作用,建立企业劳资纠纷信息周报制度和日报制度。周报是指各级工会每周定期汇总上报一周劳动争议信息情况;日报是指针对出现的"企业一次性裁员10人以上"等七种情形,各级工会在第一时间进行了解,在第一时间予以报告,并及时进行跟踪,每日向上级工会报送信息。同时,坚持每月撰写劳资纠纷和突出信访矛盾的情况分析报告,为区委、区府决策提供参考。二是以源头预防为重点,不断提高工会干部劳动关系协调能力。在企业调解组织层面,将企业调解工作人员培训纳入劳动争议调解员培训整体规划,全年举办工会劳动争议调解员培训,覆盖企业工会、人事干部820余人,重点加强《劳动合同法》等相关法律知识、劳动争议调解程序和方法以及劳动争议仲裁案件处理情况等方面的培训,帮助企业劳动争议调解员进一步熟悉工作,增强工会干部综合能力和素质。三是以做强企业调解为核心,加大企业调解组织建设力度。截至年底,全区已有2934家企业建立了劳动争议调解组织,构筑了劳资纠纷预防化解的"第一道防线"。 (范茂盛)

【青浦区总工会建立和健全基层劳动争议调解组织】 2010年,青浦区总工会立足当前维权工作的新情况新变化,健全基层劳动争议调解组织,完善维权手段。一是切实加强组织领导。制定下发《关于进一步加强企业劳动争议调解工作的意见》,建立健全区、镇、企三级调解网络。二是深入开展调研。由区总工会班子成员带队,深入企业开展职工思想状况、劳动关系现状的调研,加强分析研判,维护职工队伍和社会稳定。三是进一步发挥人才资源优势。不断完善青浦工会法律顾问团的作用,增强工会依法维权的能力和水平。四是认真做好信访工作。主动参与调处劳动关系矛盾,努力把矛盾和不稳定因素化解在基层和萌芽状态。全年,区、镇两级工会共处理职工来信18件;接受来访和法律咨询239起,涉及职工463人次;参与集体争议事件调处65起。五是加强劳动争议调解培训工作。12月23日,青浦区总工会举办工会劳动争议调解员培训班。邀请区人保局、市演讲协会的专家授课,为提高工会劳动争议调解员化解企业劳动争议和群体性纠纷、维护企业稳定起到了积极作用。 (马美君)

【奉贤区总工会力争3年内实现调解员持证调解】 为规范全区工会劳动争议调解工作,奉贤区总工会将通过培训、考核、颁证的办法,建立调解员培训考核、验证考核长效机制,用2—3年的时间实现各级工会组织劳动争议调解员执证调解,建立起一支"正规"的劳动争议调解员队伍。2010年进行首次劳动争议调解员执证资格考试,90多名参加劳动争议调解培训的各镇、开发区工会工作指导员和区主要企业工会干部参加执证资格考试。 (刘传军)

【奉贤区总工会成立"老娘舅"调解工作室】 年内,奉贤区总工会"老娘舅"调解工作室以劳动争议调解培训暨"工会老娘舅"现场调解活动的形式,正式登上工会劳动争议调解舞台。这是奉贤区总工会为加强劳动争议调解工作,维护职工合法权益推出的一大举措。成立工作室后,主要职责是调解劳资纠纷、开展调解培训、规范提高区域内工会组织劳动争议的调解水平。"老娘舅"调解工作室每年将举办1—2次劳动争议调解培训,以《劳动争议调解仲裁法》为主要内容,重点讲解劳动争议调解内容、技巧、程序和调解文书制作等,并逐步由模拟调解培训走向现场调解培训。 (刘传军)

【教育系统各级工会有效推进劳动人事争议调解】 市教育系统各级工会坚持做好劳动人事争议调解工作,维护和谐稳定劳动关系,不断推进学校转型发展和提升内涵。截至年末,70%以上单位已经建立劳动人事争议调解小组,形成了学校工会工作的又一特色。一是着力构建多层次维权网络,建立多部门联席会议制度,力争将劳动人事争议调解于基层,化解于萌芽状态。二是尽可能吸收编制外人员加入工会，让编外人员在工会组织里，有序依法维权，缓解矛盾。三是通过法律援助途径，以协商、仲裁、诉讼手段解决劳动关系争议问题。

（李　弢）

劳动法律法规的实施监督检查

【市总工会强化工会劳动法律监督，依法维护职工合法权益】 上海工会健全劳动法律监督组织网络，截至年底，全市建立基层工会劳动法律监督组织6821个，拥有工会劳动法律监督员约1.4万名。先后开展农民工工资支付情况、劳动力市场监管等专项监督检查活动。市总工会会同市人保局等四部门在元旦春节期间联合开展农民工工资支付情况专项检查活动。1月13日、14日连续两天，市总工会、市人社局的相关处、部室负责人赴松江、金山、青浦、嘉定四区进行工作指导，检查开展农民工工资支付情况专项检查和企业欠薪保障金使用情况，并深入到上海春潮制衣有限公司等4家基层企业进行实地检查，解决农民工工资拖欠问题。1月20日、21日，市总工会召开部分区县、街镇、集团、企业工会负责人参加的调研座谈会，进一步了解解决农民工工资拖欠等问题。在专项监督检查活动中，各级工会配合政府劳动保障监察机构等部门检查用人单位1.38万户，涉及农民工44.62万人；被检查单位中存在拖欠工资行为的有646户，有2.02万余名农民工被拖欠工资6728.82万元。通过检查，责令欠薪单位支付1.33万农民工工资总计4670.26万元。市总工会还起草了《关于推动解决农民工工资拖欠问题的情况报告》，剖析企业欠薪的主要原因，提出具体建议措施，报送市委和全总。在6—7月，全市各级工会配合市人力资源和社会保障等部门开展整治非法用工，打击违法犯罪专项行动，共检查用人单位8800户，涉及从业人员28.75万人，查处一批用人单位的违法违规行为，其中作出警告处罚37件，发出责令改正通知书804份，补签劳动合同381人，补发8004名劳动者工资和经济补偿金1649万元，督促用人单位办理社会保险3377人，有效维护了广大劳动者的合法权益。

（甘党生）

【市总工会切实做好世博职工物价监督工作】 2月，市职工物价监督总站与市物价检查所联合开展“迎世博价格投诉快速处置”演练活动，就各区县物价管理部门接受投诉快速处置情况展开抽查，重点考核应对价格投诉的快速处置能力。世博会运营期间，市职工物价监督总站组织各区县职工物价监督分站配合物价管理部门对餐饮、旅游、交通、电信、百货、连锁等与世博城市运行密切相关的行业开展系列价格检查活动，累计组织检查活动407次，出动检查人员1719人次，检查经营户（单位）4227户，发现问题并提醒告诫1864件。

（杨　驹）

【金山区总工会组织全区工会开展劳动法律监督检查】 9月，区总工会组织全区各级工会对各类已建会企业开展工会劳动法律监督检查。此次检查分自查和抽查两个阶段。自查工作由区总工会各直属工会负责组织实施，组织所属企业工会普遍开展一次自查活动。在自查基础上，9月26日、27日，区总工会领导带队分3组抽取12家单位进行检查。检查内容涉及职工切身利益的热点、难点问题，包括企业执行市最低工资标准和工资发放、防暑降温和高温津贴、加班加点、签订履行集体合同、职工（代表）大会建制等方面情况。检查情况总体良好，区总工会对已发现的问题进行跟踪督改，对拒不改正的，将通过区人保局依法予以处理，切实解决问题，促进劳动关系的和谐稳定。

（沈勇军）

【青浦区开展劳动合同、集体合同签订和履行情况专项检查】 3月10日—5月31日，青浦区总工会会同区人保局组成联合执法检查组，在全区范围内启动劳动合同、集体合同签订和履行情况专项检查活动，以进一步规范全区各类用人单位的用工行为，切实维护劳动者的合法权益，推动劳动关系的和谐稳定。检查的范围包括在各级工商行政管理部门登记注册的各类企业（个体工商户除外）签订履行劳动合同、集体合同、工资集体协议和女职工专项合同的情况，重点对辖区内中小企业、租赁企业和劳动密集型企业进行全面检查。具体内容包括劳动合同签订、劳动合同内容、劳动合同履行、集体协商机制建设、用人单位建立劳动合同管理制度及用工管理等情况。通过专项检查活动，将按照劳动保障网格化管理要求，强化各镇、街道办事处对辖区内用工单位的日常管理工作，推进集体协商机制建设，建立和完善区域内企业用工情况数据库，进一步加强信息采集和动态监控。经检查发现，大部分企业的签约和履约情况较好，对存在问题的部分企业，检查组及时进行了调查和处理。

（马美君）

职工法律援助

【市总工会加强职工援助队伍建设，深化职工法律援助工作】 2010年，全市职工法律援助组织共为职工提供法律服务47466人次，其中非诉讼调解6504件，代理仲裁、诉讼3540件，处理来信2344件，代写法律文书553件，接待咨询32265人次，较好地维护了职工群众的合法权益。另外，还正确引导、参与化解了344起3人以上的群体性争议，涉及职工9620人。全年，通过内提素质、外拓资源，继续深化职工法律援助工作。（1）加强职工法律援助队伍建设。以工会法律人才库为依托，通过学习、培训、研讨等方式提高职工法律援助员的能力和水平。一是编写劳动争议案例集。组织工会法律人才库成员、职工法律援助员编写典型劳动争议案件，共有45篇劳动争议案件入选《构筑和谐劳动关系——上海职工权益维护的理论与实践》一书。二是组织学习法律法规和政策。多次组织人才库成员学习新出台的法律法规、劳动保障政策、司法实践规定等。三是组织参加交流研讨活动。组织工会法律援助员参加集体协商机制建设论坛、劳动合同制度与和谐劳动关系的构建——贯彻实施《劳动合同法》研讨会等。（2）组织“共创和谐——法律与你同行”职工援助系列活动。与市法律援助中心在全市范围内联合开展了“六个一”系列活动，包括：开展一次法律援助宣传咨询活动、举办一期劳动争议调解员培训班、开展一次为困难职工送援助证和法律书籍活动、组织一次农民工讨薪法律援助专项活动、组建一支劳动法法律援助律师队伍、建立一条农民工和困难职工的法律援助绿色通道。(3)开展工会法律援助工作专题调研。通过问卷调查、召开座谈会、开展个别访谈等形式,进行调查研究。在现状分析、查找问题的基础上,提出了6条建议:提高思想认识,加大对职工法律援助工作的投入;建立健全援助网络,延伸工会法律援助服务;搭建学习和交流平台,提升法律援助员的能力和水平;加大宣传力度,扩大职工法律援助的社会影响力;加强和司法援助机构的联系,拓展职工法律援助的社会资源;加强制度建设,提升职工法律援助发展能级。 (钱传东)

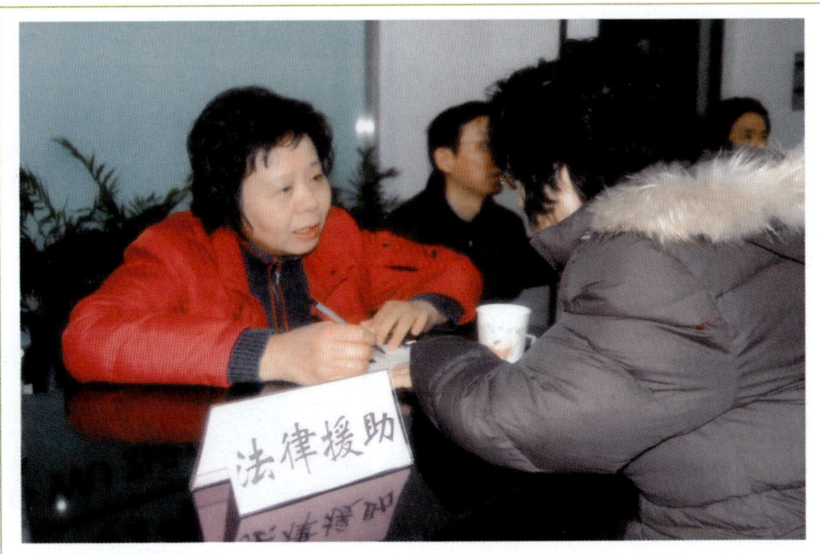

黄浦区总工会聘请专业法律工作者为职工提供法律援助

(姜济中)

【普陀区新曹杨园区工会联合会加强职工援助服务中心建设】 (1)搭建一个平台。援助服务中心通过采取设立服务项目、编写服务手册、确定援助物资,进行业务培训等措施,不断完善工会援助平台建设。(2)建立5项制度。制订《困难申报与审核制度》、《物资收发制度》、《物资管理制度》、《工作人员岗位责任制度》等5项内部管理制度和责任制度,明确中心的组织机构、人员配备、分工合作等运行机制。(3)提供6项服务。一是法律援助。依托镇劳动、司法、工会等部门,开展法律宣传进园区活动,设立农民工维权热线,为广大园区职工提供无偿法律咨询和援助。二是职工培训。依托农民工业余学校、长征镇社区学校,为园区职工免费提供科技文化教育、职工技能培训等。三是就业服务。为园区职工就业和园区企业招工搭建"双向"信息渠道。四是帮困援助。依托镇互助保障服务点,组织园区内职工积极参加互助保障计划,对上门求助并符合救助条件的困难职工进行帮困。五是设立"红娘热线"。为园区内的适龄青年牵线搭桥,提供交友机会。六是实物帮困。依托实物帮困点给园区内困难职工发放生活日用品等。

(李 悦)

【普陀区总工会职工援助服务中心新楼落成向全区职工群众开放】 4月26日,普陀区总工会职工援助服务中心新楼落成仪式举行,市、区总工会领导共同为援助中心新楼揭牌。区总工会援助中心设在西宫湖滨大道1号,是为全区职工提供服务,对困难职工、农民工实施帮扶的专门工作机构,是2010年上海世博会"采访线"工程境内外媒体民生采访点。中心依靠工会组织网络及其四级工会帮扶机构,充分发挥工会组织联系职工群众的桥梁与纽带作用,通过技能培训、职业介绍、互助保障、信访接待、法律援助、困难救助等多种形式,为求助的困难职工和农民工提供直接、快捷、方便的帮助和服务。 (李 悦)

【闸北区总工会整合司法资源做好法律服务】 区总工会整合司法资源,与区律师工会工作委员会共同签署《关于律师为本区职工提供法律服务的协议》,明确律师通过法律宣传、法律咨询、参与疑难劳动争议纠纷调处、代理诉讼案件等形式提供法律服务。一是参与开展劳动争议培训,区总工会与律师工会合作开展基层劳动争议调解组织调解员培训,联合编写案例汇编,邀请区内律师事务所律师授课。二是参与企业劳动争议调解,上海易都电子器件有限公司因员工不服工作调整产生冲突,公司提出单方面提前解除劳动合同。工会委托律师介入,进行调解、干预和保护,经过几次调解,双方协商达成一致。三是参与群体性事件防范处理,上海大有光动力公司发生欠薪事件,职工计划制造群体性事件,律师参与事件处理,提供法律意见,做好防范预案,指导职工办理相关手续,顺利帮助职工解决欠薪问题。 (徐梅生)

【黄浦区工会开展法律服务进楼宇活动】 第三季度,黄浦区工会正式启动法律服务进楼宇活动。各社区(街道)总工会认真落实好这项实事任务,积极推进区域内和谐企业的创建。在发放《工会法律服务进企业进楼宇告知书》、法律法规等宣传材料同时,积极开展系列服务活动:在企业集中的楼宇设立法律咨询点,接受职工和企业法律咨询;接受企业和职工委托,协调处理劳动争议案;为企业完善规章制度提出建议;举办和谐企业创建讲座等。区总工会在活动中编制两期专刊,介绍活动信息,并通过对6件案例的分析,帮助企业和职工解读《劳动法》和《工会法》等法律规定。

(林志祥)

【南京东路社区总工会法律服务覆盖来福士等10幢商务楼宇】 9月间,社区总工会开展"法律服务进楼宇"双月行动。一是法律服务与法律进楼宇告知书同送。近100册《工会法》、1000本《职工劳动保障权益手册》,1500份区总工会法律服务告知书,以及社区工会援助服务菜单等材料,相继送进来福士广场、新世界城等10幢楼宇，覆盖300家企业工会和3000名职工，为楼宇基层工会提供"政策宣传有载体、权益保障有措施、争议化解有平台"的服务路径。企业工会和职工对"法律服务进楼宇"的知晓率达到60%以上。二是法律服务与预警、跟踪机制同步。对即时发生的劳动争议，或有群体性上访的企业，把法律服务落到援助职工、调处纠纷的实处，及时采取跟踪式的法律服务，同步推进。三是法律服务与"三个推进"同行。法律服务呈现出"三个推进"态势，即对未组建工会的企业集中推进，矛盾、纠纷多发的企业重点推进，发生劳动争议并进入仲裁的企业跟踪推进。

（宋忠源）

青浦工会新一轮法律顾问团成员聘任仪式 （马美君）

【闵行区总工会发挥职工维权律师志愿团的服务功能】 闵行区总工会充分发挥职工维权律师志愿团专业优势，积极拓展志愿团服务功能。一是组织律师志愿团天天坐堂开展法律咨询。6月起，在区劳动仲裁大厅设立劳动法律援助接待服务室，每日由1名专职律师全天候接待，向职工提供免费的法律咨询与服务。截至12月底，已接待处理信访咨询(案件)820余起，服务职工1019人。二是组织志愿团律师开展法律宣传。通过开展法律进企业活动，为职工提供劳动法律法规咨询以及开展职工普法宣传教育讲座，提高职工的法律知识和水平，为理解和运用好劳动法律法规知识提供条件。三是组织志愿团律师参与劳资纠纷调处。积极探索志愿团律师作为社会组织参与劳资纠纷调处的机制，发挥其在重大群体性劳动争议纠纷调处中的独特作用。

（范茂盛）

【金山区总工会举行新一届区工会法律顾问团聘任仪式】 12月29日，区总工会会同区司法局举行"新一届金山区工会法律顾问团"聘任仪式。区总工会为顾问团成员颁发了聘书，会上要求切实发挥法律顾问团作用，做好三方面工作：一是区总工会与司法局加强合作，互相沟通、协调、支持，加强合作工作机制的建设。二是要从劳动关系建立、运行、监督、调处等方面着手，进一步建立健全工会维权机制。三是发挥顾问团的法律专家优势，邀请顾问团成员参加劳资纠纷调解、法律援助、劳动关系新情况研究和工会干部法律法规培训等工会维权活动，加强职工维权工作力度。 （沈勇军）

【青浦区总工会聘任新一届法律顾问团】 8月3日，区总工会举行新一届法律顾问团成员聘任仪式，来自方正等7家律师事务所的11位律师受聘。区总工会同时出台《青浦工会法律顾问团工作试行办法》，规定法律顾问团成员每年聘任一次，与区和街镇、委、局、直属公司两级工会建立双重联系制度，对涉及职工劳动保障和工会组织权益的事项提供咨询服务、代理法律援助，同时开展法律培训、研讨维权热点、参与平等协商等。聘任仪式上，11位法律顾问团成员分别与11个镇、街道总工会结对，今后将每月定时定点提供相关法律咨询和援助服务。 （马美君）

保障政策选辑

关于调整本市万人就业项目等公益性岗位从业人员收入标准的通知

为进一步保障本市公益性岗位从业人员的基本生活，经市政府同意，现就调整本市万人就业项目等公益性岗位从业人员收入标准的相关事项通知如下：

一、适当提高本市公益性岗位从业人员月收入标准，对实行全日制的公共服务类万人就业项目从业人员，在现有收入标准基础上每人每月增加160元；对实行全日制的社会协管类万人就业项目从业人员，在现有收入标准基础上每人每月增加100元；千、百人就业项目和社区"四保"公益性岗位从业人员的收入标准随最低工资标准的调整作相应调整。

二、本次万人就业项目和社区"四保"公益性岗位从业人员收入标准提高所需资金，由市失业保险基金承担50%，其余部分由区县和有关部门按照原渠道解决。

三、本次万人就业项目等公益性岗位从业人员收入标准的调整，从2010年4月1日起与本市最低工资标准的调整同步实施。

维护民主权利

Safeguarding Democratic Rights

光明食品（集团）有限公司
二届一次职工代表大会
2010·4·26

上海理工大学2010年民主管理工作会议

综　述

2010年，上海工会民主管理工作围绕全局和主要任务，突出重点，夯实基础，创新方法，增强实效，努力提高服务全局和服务职工的工作水平。一是精心组织，协调推进《上海市职工代表大会条例》（简称《条例》）的立法工作。配合市人大内司委、法工委等相关部门就《条例》的立法起草召开座谈会、研讨会、现场观摩会等30多场，对300家企事业单位、5000余名职工代表进行问卷调查，通过各种形式广泛听取社会各界对《条例》的意见和要求。拍摄《和谐·双赢——上海市职工代表大会制度巡礼》电视专题宣传片，展示全市基层企事业单位实践职代会制度的成果和经验。《条例》（草案）经过20多次修改于2010年12月23日经上海市人大第十三届常委会第二十三次会议表决通过，2011年5月1日正式施行。二是总结应对国际金融危机的成功经验，不断发挥厂务公开民主管理在确保2010年上海成功举办世博会、深化国资国企改革中的积极作用。3月，组织召开全市厂务公开民主管理工作会议。总结应对国际金融危机过程中，工会通过召开“暖冬职代会”、“厂情通报会”，开展企业与工会的“共同约定”行动，共渡危机的成功经验；总结产业（集团）工会通过厂务公开民主管理，化解矛盾，提高经营管理水平、确保世博会成功举办的做法和经验。三是积极推进职代会制度建设，保证和促进职工代表有效参与。加大指导基层企事业单位通过职代会提案工作制度、职工代表巡视检查制度、职代会质量评估制度以及职工代表工作制度等工作力度，强化对职工代表的教育培训，提高职工代表的代表意识和参与意识，切实保证职工代表的主动、有效参与。四是进一步探索发展企业民主管理的有效途径。通过丰富职代会审议内容，加强职代会闭会期间的民主管理，强化职代会制度整合等工作，有效发挥区域性、行业性职代会的作用。　　（周永宝）

职代会

【上海大力推进职代会制度建设】 2010年，上海各级工会全面推进公有制企事业单位职代会的全覆盖，加大推进非公企业职代会建制，在区域性、行业性职代会制度建设上取得了突破性进展。截至9月底，全市公有制企事业单位职工代表大会建制数达到9257家；非公企业职工代表大会制度独立建制数达到22440家；区域性、行业性职代会建制数达到4549家，覆盖企业88741家。一是健全完善职代会制度体系。着力加强职工代表、职代会提案、职代会议事规则、职工代表巡视检查、职代会质量评估、职代会专门小组（委员会）和日常民主管理6项工作制度建设，促进职代会制度体系健全完善，保证职工有效参与。二是强化职代会职权建设。在国有、集体及其控股企业和事业单位中坚持实行企事业单位重大事项向职代会预告制、涉及职工群众切身利益重大方案表决制、职代会民主评议不合格领导人员免职建议制等3项刚性制度，确保职代会职权落实。三是发挥职代会在化解利益矛盾中的积极作用。在国资国企转改制过程中，坚持“三个必须”，切实维护好职工合法权益。在推进领导干部收入公开中，坚持“六有”原则，不断健全完善薪酬分配制度。在推进事业单位绩效工资改革中，坚持对改革分配方案草案的审议通过程序，促进事业单位和谐健康发展。四是将职代会制度与平等协商集体合同制度有机结合。切实发挥“2＋X”民主管理模式的积极作用，在大力推进世界500强在沪企业和规模以上民营企业建立健全职代会制度和平等协商集体合同制度的同时，培育和树立一批通过“2＋X”模式促进劳动关系和谐，推动企业健康持续发展的新典型。五是继续推进区域性、行业性职代会建制。进一步加强区域性、行业性职代会日常民主管理制度建设，以日常民主管理的扎实到位，保证职代会职权的有效落实。通过区域性、行业性职代会的制度平台促进政府为企业服务，企业为社区服务，工会为职工服务，共同创建和谐社区、和谐企业、和谐劳动关系。　　（朱　佳）

【长宁区教育工会切实抓好教工代表竞选、培训、评优三个环节】 长宁区教育工会抓好竞选、培训、评优3个环节，切实提高教工代表的整体素质，形成一套完整制度。一是所有代表必须经竞选产生。代表候选人的产生有自荐、他荐和组织推荐3种方式，以自荐为主；代表选举时，候选人发表竞选演说，通过教职工无记名投票选举产生。二是加强培训，不断提高代表履职能力和水平。区教育工会编写《长宁区教育系统教代会代表培训材料》，开展代表的日常培训，组织代表学习相

《上海市职工代表大会条例》立法调研观摩会——徐汇区天平社区餐饮行业二届二次职工代表大会　　（朱　佳）

关政策和规定，提高审议能力和水平。三是通过代表述职评优，增强责任意识和代表意识。各单位每年开展代表述职活动，在此基础上推荐校优秀代表，每三年在校优秀代表中评选出区教育系统优秀代表。（叶云晓）

【普陀区长寿社区成立餐饮行业职工就业指导工作专委会】 普陀区长寿社区成立社区餐饮行业职工就业指导工作专委会，并作为行业职代会的日常工作机构。专委会由长寿社区总工会、社保科、司法所、区餐饮行业劳动用工标准研究制定专委会以及相关劳务公司的人员组成。专委会有5项职责：指导社区内各餐饮企业制定用人、招聘和培训计划；做好社区内餐饮企业用工需求和当地劳动力供给信息的收集、反馈和宣传报道；指导和扶持劳务派遣公司劳务输出；组织现场招聘和网络招聘等活动；协调劳务派遣公司、用工单位和职工之间的关系。在职代会闭会期间，长寿社区依托专委会统计分析餐饮行业用工需求和岗位信息、加强劳务输入地与输出地的衔接、推动解决长寿社区餐饮行业劳动力短缺的难题，落实行业职工新签劳动合同工作，组织举办行业职工岗前培训。（李　悦）

【普陀区教育工会建立“教代会月”制度】 普陀区教育工会结合教育系统学年工作特点，起草《普陀区教育系统“教代会月”制度实施办法（试行）》，并提交教代会审议通过，将每年的8月份和1月份定为“教代会月”。“教代会月”制度规定“听取和讨论校长工作报告”为8月份教代会的常规议题；“民主评议学校领导干部”为1月份教代会的常规议题。为提高会议效率，将教代会其他议题根据轻重缓急，合理组合，设计为会议的复项议题，做到教代会职权全覆盖。“教代会月”制度还进一步明确学校党政工领导推进教代会的工作责任：校党支部承担组织领导的职责。协调各方，督导教代会制度的规范落实，从宏观层面确保会议成功。校行政承担“为教代会履行职责和开展活动提供条件”的职责。主动报告工作、接受评议、参与审议，并贯彻落实教代会的决议。校工会是“教代会的工作机构，负责教代会的日常工作”。确定会议议题，做好会务工作，从操作层面确保会议成功。（李　悦）

【普环公司职代会高票通过实施《职工增资方案》】 上海普环实业有限公司是一家以环卫作业为主体的国有企业。公司下属6家分公司，现有职工2400余名，承担着全区54.8平方公里范围内的环境卫生服务，工作面广量大。世博会期间，根据一线职工劳动强度加大、劳动时间延长、劳动难度增加的实际情况，决定加大对一线职工的激励力度，公司行政和工会修订了《增加职工工资的方案》、《新进沪籍职工薪酬分配指导意见》，并在公司二届二次职代会上以无记名投票方式高票通过。《增加职工工资的方案》以提高一线职工工资为主要内容，中层干部则继续按原办法执行。增资方案草案在提交职代会审议前，多次听取职工代表、工会会员、一线职工、民管小组成员等各方代表的意见，并经过“五上五下”的修改。《新进沪籍职工薪酬分配指导意见》将薪酬分配向一线职工倾斜。根据指导意见，清洁工、清运工、清道工、技术工、质检员、统计员、收费员等普通工的薪酬都有不同幅度的增长。指导意见还要求各分公司建立公平、公正，具有激励效应的考评机制和加薪机制，着眼于长远发展，用待遇留住人，用关爱激励人。（李　悦）

【静安区创新区域性职代会民主管理模式】 2010年，静安区总工会在加强楼宇职代会制度建设的同时，在区内102家商务楼宇召开楼宇职代会基础上，创新职工代表大会提案工作制度和质量评估测评机制，为全区推行区域性职代会提供经验。第一，建立职工代表大会提案工作制度。建立职代会提案工作小组，负责征集、接受和处理职工代表的提案，并根据实际情况与有关企业进行沟通、处理。对各种原因不予立案受理的，将作书面告知并写明理由。提案落实情况接受职工代表的监督。提案处理结束后，将落实情况书面告知提案人，并听取意见。提案工作小组对提案办理情况，在下一次职代会上进行报告，接受职工代表的评判。第二，建立职工代表大会质量评估测评机制。一是对职代会制度实施情况的测评；二是对职代会职权行使情况的测评；三是对职代会程序规范情况的测评。（蒋康乐）

【静安区楼宇职代会制取得新进展】 2010年，静安区总工会推进楼宇职代会制度建设有3个特点。一是扩大建制面。全年已有102幢楼宇、69个小区和7个工业园区召开职代会，并指导部分行业职代会工作。区域性职代会在已建会商务楼宇、小区、园区中的建制率分别达到91.1%、98.5%和87.5%。区域性、行业性职代会覆盖企业3400余家，职工近5.5万。二是完善工作制度。区总工会在指导三和大厦召开一届三次职代会时，试点推行职代会提案制度和质量评估制度，在总结经验基础上，区总工会将两项制度在所有召开职代会的楼宇中推广。使楼宇职代会制度的组织原则、议事规则、权责利关系和工作制度更趋完善，职代会制度的完整性得到进一步强化。三是显现实际成效。随着职代会建制率的不断提高，职代会制度在维护职工合法权益、推动构建和谐稳定劳动关系方面的“规模效应”进一步显现。由于职代会制度与平等协商集体合同制度的有效衔接，通过职代会、平等协商增加职工工资或福利待遇的企业不断增多。（沈诗贤）

【静安区曹家渡街道三和大厦职代会建立提案工作制度】 5月6日，静安区曹家渡社区三和大厦召开一届三次楼宇职工代表大会推行楼宇职代会代表提案制度。提案制度分为提案内容、提案征集、提案处理和提案落实，实施后取得积极效应。一是企业得到发展。一些涉及企业或职工发展利益的提案得到解决，85%以上楼宇企业实现盈利。二是职工利益得到保障。劳动合同签订率达100%，企业交纳“四金”或综合保险达96%。调查发现，88.5%的职工对企业福利待遇基本满意，96%的职工认为基本权益得到保障。三是企业承担社会责任的意识得到增强。上海东方投资监理有限公司捐出巨额资金，连续3年在江西、安徽、云南建立3所希望小学。上海帕西菲卡建筑设计有限公司、上海势必达运动服饰有限公司、立特广告公

《上海市职工代表大会条例》立法调研观摩会——三和大厦一届三次职工代表大会　　（张来生）

司等多个企业出资捐助社区26名家庭困难学生。晓通网络公司等企业主动资助社区5名孤寡老人，并到社区敬老院为老人服务。　　（张来生）

【青浦区白鹤镇会员代表民主测评镇工会工作】　青浦区白鹤镇总工会在一届二次工代会上开展会员代表对镇总工会工作的民主测评。代表们在听取镇总工会2009年度重点工作、创新工作回顾总结及2010年工作思路等报告后，以无记名方式从"思想作风、创新能力、工作作风、服务职工和企业、工作实绩"等5个方面，按照"好、较好、一般、较差"4个档次对镇总工会工作进行综合评价。结果显示，满意率达91%。民主测评使会员代表更加充分行使民主权利，促进了镇总工会工作。　　（马美君）

【青浦区香花桥街道总工会深化行业职代会内容】　2010年，青浦区香花桥街道总工会深化行业职代会内容，努力构建职工参政议政平台。9月，街道所属电子电器、化工塑胶、日用综合、机械制造和纺织服装五个行业相继召开一届二次职代会，来自五大行业的370名代表参加各自职代会。五大行业职代会的召开取得三个方面的进展。一是增加职工代表提案及落实情况报告。6月起，向职工代表发出提案征询表，就职工代表所关心的"提高最低工资线"、"加强工会对企业安全生产监督检查"、"充分利用行业工委平台，发挥行业工委作用"等提出议案。二是对行业集体合同履约情况进行报告。90%以上的企业能认真执行行业集体合同。对执行合同较好的单位，重点辅导开展劳动关系和谐企业创建；对其他单位指导开展《企业工会工作条例》达标；对存在问题的单位上门帮助寻找症结所在，落实改进措施。三是积极做好第二次集体协商准备。五大行业的职代会分别通过了《关于行业职代会代表、集体协商代表调整的办法》，对于企业方代表出现空缺时的操作程序等作了规范。　　（马美君）

【奉贤区南桥镇总工会组织职代会现场观摩活动】　12月18日，上海德惠特种风机有限公司召开二届五次职工代表大会。奉贤区南桥镇总工会组织镇各基层工会观摩德惠风机公司的职代会各项议程。德惠风机公司的与会代表听取了公司年度工作报告以及年度财务工作报告。审议并通过了公司2010年度集体合同、工资集体协议、女职工特殊权益保护专项集体合同，表决通过了公司救急济难互助会章程和实施规定以及公司员工手册部分内容修正报告。公司总经理和公司工会主席分别代表公司和职工签订职代会通过的集体合同。　　（刘传军）

【奉贤区星联公司组织开展职工代表巡视活动】　2010年，位于奉贤区的星联公司组织开展职工代表巡视活动，对星火开发区排水管理中心、金海岸度假村有限公司、星火中法供水有限公司、星济工业废物处理有限公司等国有、中外合资、民营企业单位进行巡视检查。通过查看职工名册、职工劳动合同、集体合同及工资集体协议等书面材料，了解最低工资执行、高温费发放的情况以及职代会召开、厂务公开情况等，听取各单位工作汇报，并就检查中发现的问题交换了意见和看法，督促有关方面整改。　　（刘传军）

【化学工会为企业调整做好指导服务工作】　化学工会在积极参与集团结构调整工作中，为保障企业职工知情权、参与权、表达权和监督权，维护好职工合法利益，做好调整企业履行民主程序的指导、履行民主程序预案的审核和职工代表业务培训工作，指导帮助有关企业工会做好职代会和职工代表合法性等基础工作，为企业实施调整方案，履行民主程序奠定基础。针对基层工会工作实际情况，化学工会草拟《集团有关职代会工作问答》文本框架，为企业工会完整履行职代会程序提供方便。还组织6家基层企业的120名职工代表参与《上海市职工代表大会条例》（草案）立法和单位民主管理工作情况调研，在源头上参与企业民主管理的推进工作。　　（薛文海）

【上海红双喜公司在企业发展中深入推进企业民主管理】　上海红双喜股份有限公司扎实推进企业民主管理，使职工代表大会制度成为企业管理制度中的重要组成部分，让员工分享企业发展的成果。公司在召开职工代表大会前，工会认真收集员工思想热点反映，参与企业分配方案的讨论，参与涉及员工切身利益的问题讨论。随着企业的发展，工会主动配合行政做好提高员工收入和福利的分配方案。3年来，职工工资每年都有两位数的增长。在续订《集体合同》时，争取多做"加法"少做"减法"。公司《员工医疗互助基金会》每位会员的经费由原来的每年90元调整为140元；会员住院医疗补助费由原来一次性的800元提高到1500元；会员当年门、急诊和住

院总的补助费最高限额由原来的2600元提高到3300元；职工其他福利也相应有了明显提高。（徐俊彦）

【医药工会坚持走好企业转改制中的民主程序】 2010年上药集团整体上市。同时，集团面临新一轮国企整合和重组。在特殊背景下，要确保转改制工作的顺利进行，医药工会一是加强与这些企业党政工领导的沟通，坚持宣传和完善民主程序，切实维护好、实现好、发展好广大员工根本利益。二是指导帮助转改制单位，结合企业实际，制订员工安置方案，把好员工安置方案条款的相关内容关和使之具有可操作性。三是为企业员工提供法律政策咨询。邀请获得全国"十大维权律师"荣誉称号的律师为员工释疑解惑。四是严格把好员工安置方案讨论、审议、修改完善和表决程序关。在各级党政工的共同努力下，2010年上药集团下属5个企业的转改制方案和员工安置方案都经职代会或员工大会审议并无记名投票表决通过，确保企业转改制和员工安置分流工作的顺利进行。（黄德胜）

【上海电建公司工会夯实基层民主管理工作】 2010年，电建公司工会在调研和试点工作基础上，制定《关于项目职代会制度建设的实施意见》和《关于项目民主管理工作的实施意见》2个文件。在实施过程中，公司工会高度重视和悉心指导，深入基层帮助项目工会按程序规范召开职代会，帮助制定民主管理的实施细则，并总结工作实践中的经验。项目职代会制度和民主管理工作的实行和完善，使项目经营管理等权限在民主管理的制约下规范运行，加大项目民主管理工作的力度和广度，深化项目职代会制度的运行质量。（张文标）

【上海电力安装一公司推行企业两级职代会制度】 上海电力安装第一工程公司实行项目法施工管理后，公司工会通过调研，把基层民主管理工作的重心转移到项目，制订了项目职代会制度建设的实施意见，通过项目职代会，让项目全体员工参与民主管理。2010年，公司所属临港、威海、景德镇等项目，相继召开项目职代会。项目代表按在册职工比例选举产生，并向项目全体职工公示。项目职代会邀请项目分包队伍负责人列席。项目职代会的主要内容有行政工作报告、安全技术措施费用使用情况报告、工会工作报告和项目领导述职并接受全体代表无记名评议。各项目对制定的收入分配制度、奖励制度等进行公开，让代表充分讨论并审议通过。（傅 诚）

【宝钢股份公司工会认真贯彻集团公司职工民主管理基本制度】 《宝钢集团公司职工民主管理基本制度（试行）》下发后，宝钢股份公司工会在广泛听取各单位和相关职能部门的意见后，制订了具体实施计划。在推进过程中，重点梳理公司管理制度，对照《基本制度》规定，提出查找各种管理制度中是否具备科学、专业、民主、规范等必需的特征和程序，进行制度修订和完善。2010年，共梳理139个管理文件、管理标准和协会章程，其中7项制度需要重新修订。为贯彻好《基本制度》，公司还先后召开研讨会和推进会，提高职工参与民主管理的意识和能力，探索职工参与民主管理的新途径。工会还在公司党委中心组学习会上对《基本制度》进行了解读，会同人力资源部制订《基本制度》培训计划，编制民主管理工作《简报》。（王俊民）

公司召开三届二次职工代表大会 （章 革）

【宝钢股份梅钢公司工会积极落实《宝钢职工民主管理基本制度》】 宝钢股份梅钢公司制订《梅钢公司职工民主管理实施计划》，确定制度梳理、推进自主型职工队伍建设等7项重点工作；积极开展多种形式的宣传、学习和培训，将《宝钢职工民主管理基本制度》列入《员工服务手册》，宣传到每位职工；对公司419个管理文件进行梳理，修订制度2个，新建制度4个；将贯彻落实《基本制度》的情况纳入各单位、各部室党政主要领导年度绩效综合评价结果的调整因素和基层单位《2010年度"四好"领导班子创建、党委工作评价指标》内容；完善职工代表列席公司有关会议制度，明确对事关员工切身利益的会议，应安排职工代表列席会议；并定期召开推进会，检查重点工作实施情况，协调解决存在的问题，确保重点工作的有效落实。（张斗海）

【宝钢股份梅钢公司工会积极落实职工提案工作】 梅钢公司工会在开展提案工作中，特别强调和重视提案的落实环节，抓住关键点，形成提案工作的良性循环局面。一是召开提案工作审议会。每次职代会结束后，提案工作委员会及时将收集到的提案进行整理归类，召开审议会，对职工代表的提案一一进行审议。二是由办公室送交公司领导审批后，将提案单及领导批示转有关部门办理。三是在提案办理过程中召开提案工作见面会。参加的对象主要是提案人和落实提案责任部门负责人。在提案见面会上，提案落实负责人要介绍提案的落实情况、完成效果，征询提案人对提案处理结果的满意度；对于尚未完成的提案和重点建议，提案落实负责人要向提案人明确落实的措施、进度和完成的时间节点；对暂不具备条件、无法解决的问题做好解释工作，取得提案人的满意和谅解。提案工作见面会为提案人和提案落实部门双方搭建面对面交流沟通的平台，有利于协调解决提案落实过程中存在的问题。2010 年，职工代表提出的 6 项提案全部得到较好解决，得到了提案人和广大职工的好评，提案落实满意率达到 100%。

（张斗海）

【宝钢集团工会组织一线职工代表“感知宝钢”】 10 月 9 日，宝钢集团下发《关于批转〈宝钢基层职工感知宝钢活动计划指南〉的通知》，开展感知宝钢活动。计划通过实施职工代表看宝钢和班组同工序、同工种、跨厂际联谊交流两个方面的活动，促进和加深基层职工对宝钢发展战略的理解和认同，加深对宝钢战略、宝钢管理、宝钢文化的理解，树立全局观念，并作为职工代表履行民主参与、民主管理、民主监督职能的一项具体举措。12 月 2 日，集团工会组织 28 名钢铁主业的职工代表参观考察宝钢的生产服务、技术服务、钢材延伸加工等多元产业；12 月 9 日，组织 21 名多元产业一线职工代表参观宝钢展示厅、历史陈列馆、特钢和不锈钢产品展示厅和产线，炼铁、厚板、冷轧生产线。参观中，职工代表听取了各公司领导介绍的重点工作与发展战略等情况；听取了各单位负责人介绍的技术装备、生产工艺水平、产品定位与竞争力及发展计划等情况。参观结束后，宝钢集团公司领导与职工代表，就参观感受、宝钢发展、职工“三最”等问题进行交流。（陆　庆）

【宝钢集团梅山公司工会围绕优化薪酬体系开展职工民主管理】 为实现员工与企业的共同发展，梅钢公司制定《薪酬体系优化方案》（草案）。在草案出台前，公司召开由职代会民主管理委员会成员和各单位工会主席参加的座谈会征求意见，同时向员工进行宣传解释。在 10 月份召开的公司十届二次职代会上对草案进行审议，通过无记名投票表决，以高票获得通过。

（郭树鸿）

【上海石化公司扎实推进职代会制度建设】 为维护职工的合法权益，确保涉及职工切身利益的事项经职代会表决通过，2010 年上海石化公司增加职代会召开次数，并以无记名投票方式表决分别通过了《住房分配货币化实施方案》、《企业年金实施办法》、《实施企业年金制度的有关规定》、《关于激励性年金的补充规定》等涉及职工切身利益的规范性文件。此外，公司还表彰了优秀职工代表、优秀巡视评估员、职代会先进专门委员会和提案落实工作先进部门。

（张　敏）

【上海石化公司实施提案落实巡视评估工作】 2010 年，上海石化公司以职代会提案工作为切入点，围绕 51 件重点提案的跟踪落实组织开展了巡视评估工作。通过调研，公司形成了提案征集、预审工作及提案巡视工作流程，并组织 45 名巡视评估员每人对口 1—2 件提案，了解并记录提案进展情况，形成了 51 份提案落实情况表，促进提案工作的落实，同时提高了职工代表对提案落实的满意度。

（张　敏）

【上海石化公司召开职代会提案答复专场会】 7 月 23 日，上海石化公司首次组织提案落实情况集体答复专场会，为公司相关职能部门与职工代表提供面对面交流的机会。答复会分为人力资源专场和生活后勤专场，由人力资源部、总务部就职工教育、生活后勤、薪酬福利、交通安全等职工关注的 31 件提案，向职工代表介绍办理情况，并当场回答代表们所关心的问题。年底，职工代表对这两个部门的提案落实情况进行满意度测评，总体满意率分别为 98.1% 和 92.9%。

（张　敏）

【鲁中矿业工会坚持和完善民主管理制度】 鲁中矿业两级工会坚持职代会的制度化、规范化运作。2010 年，组织召开十二届四次职代会、职代会联席会议和三次矿情发布会。1 月 20 日，召开十二届四次职代会上，审议通过并签订《鲁中矿业有限公司集体合同》、《鲁中矿业有限公司女职工权益保护专项集体合同》；审查通过《鲁中矿业有限公司处级干部离岗休养办法》；审议《鲁中矿业有限公司处级干部选拔任用办法》、《鲁中矿业有限公司二级单位（子公司）领导班子和处级干部综合考核评价办法》和《鲁中矿业有限公司处级后备干部队伍建设暂行办法》等；对 34 名机关中层以上管理人员进行了民主评议。职代会联席会议上，听取审议《鲁中冶金矿业集团公司改制方案》和《鲁中冶金矿业集团公司井巷工程公司改制方案》文件。召开公司矿情发布会，组织部分职工代表参加并听取公司生产经营报告，职代会上，对各单位厂务公开工作进行满意度测评。（杨庆荣）

【烟草（集团）公司召开六届一次职代会】 1 月 23 日，上海烟草（集团）公司召开六届一次职工代表大会，211 名职工代表和有关列席代表参加会议。会议审议通过了《工作报告》、续签《上海烟草（集团）公司集体合同》和签订《上海烟草（集团）公司女职工权益保护专项集体合同》的决议，通报了《2009 年度上海烟草集团民主评议厂处级以上干部（班子成员）情况》，表彰民主评议优胜干部和优秀职工代表。（江洪生）

【上海卷烟厂工会探索实践职代会“议案”工作制度】 2010 年，上海卷烟厂工会按照烟厂《办事公开民主管理实施意见》的要求，探索实践职代会“议案”工作制度。明确职代会“议案”由职工代表提出，内容上突出事关工厂、车间（部门）重要工作、职工权益的共性问题，具有可行性、科学性和可评价性；要求“议案”以书面形式，一人提议，两人以上附议，经提交职代会审议通过方可立案，并形成“议案”。“议案”实施期间，组织职工代表共同参与“议案”的巡视、巡查，监督基层党政组织解决职工关心的突出问题，开辟了职工代表参政议政的新渠道。（薛　蛟）

【上海铁路局工会注重提高提案兑现率】 上海铁路局工会通过制定《上海铁路局职工代表大会提案征集、审理与处理办法》，明确提案工作在企业民主管理中的重要地位和作用，界定了路局职代会提案的范围。工会还研制开发职代会提案处理系统，实行职代会提案网上征集、审理与处理，简化流程，提高提案处理效率；并成立提案工作专家预审小组和机关部门提案工作联络员，加强对提案承办部门、人员的督办工作，提升提案办理质量。路局九届五次职代会共征集提案137件，审理立案30件，已全部落实兑现。（白　杰）

【上海铁路局工会注重提升职工代表的履职能力】 铁路局工会为提升职工代表的履职能力，在路局第十届职代会代表选举产生后，专门聘请师资对新当选的118名一线职工代表进行培训。培训内容涉及如何当好职工代表、路局改革与发展、高速铁路的安全事故防范、路局相关管理办法等，有效提升了职工代表参政议政的能力。（白　杰）

【交运集团职工代表"观察员"开展世博安保维稳巡检活动】 2010年世博会期间，按照服务世博、保障世博的工作要求，运输工会组织职工代表"观察员"以开展飞行检查、"啄木鸟"行动、明查暗访等活动为特征，重点围绕企业安全生产、服务质量、维护社会稳定等方面，连续开展专项巡检活动，查找管理中的漏洞隐患，形成了10多篇专题巡检报告，及时呈送集团领导并反馈给被检单位，督促企业及时整改，确保世博运营安全。（陈敢敏）

【上海移动公司召开"两会"，成功完成换届改选】 2月25—26日，中国移动上海公司第三届职工代表大会第一次会议暨第三届工会会员代表大会召开。会议听取和审议了公司行政工作报告，以及第二届职工代表大会第五次会议提案处理情况报告、2009年业务招待费使用情况、2009年"司务公开"实施情况检查评估、《公司第三期集体合同》和《公司第二期女职工权益保护专项集体合同》履行情况、2009年员工培训和教育经费使用情况、"五险一金"和补充保险缴纳情况等专题报告，表决通过公司第三届职工代表大会五大专门委员会名单。（史　旭）

【上海电信奉贤局工会通过"四定一包"落实职代会提案】 上海电信奉贤局工会在2010年职代会提案处理工作中，通过强化领导，健全组织，制定措施，落实"四定一包"，即定人员、定责任、定时间、定要求和包落实责任制，扎实有效处理提案，做到事事有着落，件件有回音。一是认真办理，狠抓落实。将办理提案同加快企业发展、为员工办实事结合起来，将员工普遍关心、涉及面广的提案和关乎企业和谐、健康、稳定发展的提案列为重点，最大限度确保按提案落实，按时答复率达到100%；二是创造条件，讲求实效。把检查办理进度和落实情况作为工作重点。对办理情况进行督促检查，对存在问题提出改进意见，对重点、难点问题及时协调，督促落实，对因条件限制、暂不能满足要求的，力争创造条件，逐步落实；三是坚持回访，提高满意率。正式回复前，必须与职工代表进行电话或面对面沟通，进一步听取意见。正式答复后，请职工代表填写《提案处理反馈意见表》，得到职工代表的肯定，满意率为100%。（朱东亚）

中国移动上海公司召开第三届职工代表大会第一次会议暨第三届工会会员代表大会（郜晓赟）

【上海电信松江局工会注重职代会提案工作"三提高"】 上海电信松江局工会关注职工代表提案处理工作，努力做到"三提高"。一是建立沟通协商机制，提高提案满意度。局党政主要领导认真审阅职工代表提案并落实责任部门，工会牵头跟踪反馈提案处理工作，有效调动职工参与企业管理积极性。局综合办、人力资源处、市场处等部门主要负责人对提案进行分类和归集，逐条予以办理和答复，使提案反映民声、体现民智、落实民生。职能部门承办人员深入一线调查研究，掌握提案本意和案情，做到心中有底，根据提案实际情况和发展变化，寻求最佳解决方案，不断提升满意度。二是严格实施工作流程，提高提案时效性。制定《提案处置及落实管理办法》，建立起严格的工作流程，使提案工作做到有章可循，有法可依。对涉及政策性较强的重要提案，组织部门人员集体研究，对需要两个以上部门协调处理的提案，沟通达成一致后再答复提案人。通过主动参与、落实、推进、整改、监督、反馈等工作，使提案工作走向良性循环。三是定期参与督查督办，提高提案落实率。跟踪反馈提案人满意度调查，及时告知办理部门，并做好流程记录。以OA通报形式公布提案处理情况，避免"有提无果，有果无晓，有行无知"，增强职工参与企业管理的主动性。及时告知提案处理结果，保障职工民主管理权利的落实，提升提案的质量和水平。（朱东亚）

【中交上航局有限公司召开提案落实工作座谈会】 在中交上航局十九届

四次职代会上，共收到有关工程质量、企业管理、设备管理、企业文化等内容的提案共18件。上航局专门召开提案落实工作座谈会，根据提案“交办、办理、答复”的有关规定，邀请相关部门和领导对提案作了全面的解答，并与提案人作了互动沟通，确保按照提案流程做到件件有回复。（刘昌明）

【中交三航局工会组织职工代表检查职代会决议执行情况与提案落实情况】 12月20日，中交三航局有限公司工会组织部分职工代表对局十四届五次职代会决议与提案执行、落实情况进行第二次检查。职工代表听取公司行政领导对三航局有限公司十四届五次职代会决议执行情况的汇报以及各部室领导对职代会提案落实情况的汇报，还对提案的落实情况进行检查，重点是对上半年19条提案中的10条落实提案情况进行两次检查。经过检查，代表们对办理提案落实情况表示满意。（黄书展）

【中交三航五公司职代会提案件件有回音】 在中交三航局五公司十届五次职代会召开之前，共收集到26件提案，其中涉及企业管理、设备管理、人才培养、成本管理、技术创新、经营安全生产、职工福利等等。分公司对这些提案高度重视，专门对提案的办理工作进行了部署安排。为充分尊重职工代表参政议政的民主权利，确保做到件件提案有回音，在规定的期限内对提案进行了审查，要求各承办部门专人办理、专人落实，及时掌握提案办理进度，跟踪反馈办理信息，协调办理中的一些问题。同时，加强与代表的沟通，及时了解代表对提案办理的意见，组织有关代表参与对重点提案的督查督办。在十届五次职代会上，分公司公布职代会提案审理工作的情况。分公司各有关部门就代表们的提案全部作出书面答复，做到件件有回音，并且对最佳提案进行奖励。

（黄书展）

【中远集运工会健全和完善职代会工作制度建设】 中远集运工会通过强化职代会制度建设，不断健全、完善职代会的组织体制与工作机制。一是强化组织体制建设，通过加强对基层职代会的指导，并派员参加部分基层单位的职代会或职工大会，确保职代会建制率达100%。二是强化职代会民主评议工作，通过民主评议公司领导班子成员及集体，推荐公司领导岗位后备人选。三是强化职代会提案工作制度，要求职工代表就生产经营、降本增效、节能减排、船舶管理、队伍建设、劳动保护、福利待遇等方面开展提案征集工作，展现职工代表的主人翁责任感和积极参与公司民主管理的自觉性。四是强化职工代表巡视检查工作制度，在职代会闭会期间，通过组织职工代表巡视检查，履行职工代表对公司生产经营工作的管理和监督职责。

（钱 华）

【三航院召开2010年度公司领导与职工代表恳谈会】 为深化院务公开、推进企业民主管理，三航院召开2010年度公司领导与职工代表恳谈会。公司党政领导与16位职工代表进行恳谈。恳谈会以“展望‘十二五’，促进公司科学发展”为主题，以“职工关心的热点问题”为重点。职工代表们以高度负责的精神，听取周围职工的意见与建议。会上，代表们重点围绕加强经营管理、企业人才培养、节能降耗增效、质量创新创优以及改善办公环境、加强职工文体素质、改善职工福利等方面畅所欲言、献计献策。公司董事长在认真听取职工代表们的发言后，就职工代表提出的意见和建议进行互动沟通。（陈浙沪）

【上海船研所召开2010年职工代表年中视察工作会议】 上海船研所召开职工代表年中视察工作会议。所党政领导、职工代表、基层工会主席、所属部门负责人等100余人参加了会议。会上，有关行政部门分别汇报上半年工作情况；工会通报了十一届一次职代会提案、意见（建议）处理情况。与会代表对提交大会审议的报告进行讨论，代表们对十一届一次职代会提案处理和答复表示认同和满意，并就船研所的发展和管理提出了建议。

（黄元元）

【市建科院工会组织职工畅言讲台】 5月14日，市建科院工会组织召开上半年度职工畅言讲台，以“关注职工民生，倾听职工心声”为主题。院党政工班子成员、职能部门负责人、分工会主席和30名职工代表参加了会议。会上，院领导充分重视职工的思想动态和利益诉求，并就职工心理健康及疏导援助、职工福利制度管理、文体活动场地、便民生活设施等问题认真解答代表们提出的意见和建议，达到相互沟通、互谅合作、实事实办目的，营造了职工为企业分忧，企业为职工解难的良好氛围。（莫友凡）

【中铁二十四局集团公司召开一届五次职代会】 5月28日，中铁二十四局集团公司召开一届五次职工代表大会，职代会代表和列席代表共150余人参加会议。会上，集团公司领导分

上海船研所召开2010年职工代表年中视察工作会议 （黄元元）

别进行述职，并接受与会代表的民主评议。集团公司董事长、工会主席分别代表企业方和职工方共同签订《中铁二十四局集团有限公司集体合同》，还选举产生集团公司职工董事。同时，对2009年度“四好”领导班子和集团公司先进单位、先进集体、优秀员工以及劳动竞赛优胜单位等进行表彰。（李 敏）

【建工集团深入开展职代会民主评议企业领导干部工作】 上海建工集团工会按照集团党委批转的《关于进一步完善职代会民主评议企业领导干部工作的意见》，部署2010年度民主评议企业领导干部工作，把加强领导干部的述职述廉作为深化职工民主参与、民主管理、民主监督的重要内容。在各单位党委重视下，严格按照集团党委提出的民主评议的7项工作程序，即党委动员、代表座谈、本人述职、代表测评、反馈谈话、民主生活、奖惩建议等，认真组织好评议工作。领导干部认真听取职工群众意见，党政主要领导也把职工群众的意见作为与被评议领导干部谈心谈话的内容之一，进一步推进分公司领导干部的民主评议工作。（杨钟春）

【建工集团机械施工有限公司完善民主评议工作机制】 上海建工集团机施公司通过坚持“五项原则”，规范“九项程序”，把握“三个要点”，不断完善民主评议工作。(1)坚持“五项原则”。一是坚持党委领导原则。每次评议工作开始前，成立由公司党委书记任组长的民主评议工作领导小组。二是坚持实事求是原则。实事求是地对领导干部进行评议，力求客观公正。三是注重工作实绩原则。对领导干部的“德、能、勤、绩、廉”进行全面评价，重在工作实绩。四是坚持相信依靠群众原则。充分发扬民主，广泛听取职工群众的意见。五是坚持权利与义务相统一原则。既充分尊重职工的民主权利，又保障被评议对象的正当权益。(2)规范“九项程序”，即党委动员、职工座谈、本人述职、代表测评、公布结果、意见反馈、民主生活、奖惩兑现和立案归档。(3)把握“三个要点”。一是评议对象全覆盖。公司实行的是公司和基层两级职代会民主评议两级领导干部制度，凡是符合条件的领导干部都要参加评议。二是职工代表全参与。公司两级评议干部工作都必须由本级职代会代表参加，参加民主测评的职工代表人数必须符合召开职代会的法定人数。三是评议过程全公开。评议要求、步骤和方法，事先都向全体职工代表公开。评议结果当场宣布，并通过厂务公开栏等形式向全体职工公布，接受职工群众的监督。（戴建雄）

【建工集团第七建筑有限公司坚持三级民主管理制度】 七建公司通过建立三级民主管理体系，提高职工对企业情况的知晓度、对企业管理的参与度、对企业文化的满意度，促进企业的和谐发展。(1)建章立制，完善公司民主管理制度。公司始终坚持把职工代表大会作为加强企业民主管理的基本形式，通过建立职代会、平等协商、量化指标民主评议领导干部等一系列制度，确保企业民主管理工作顺利开展。并依照国家法律法规，相应制定《构建和谐企业实施细则》、《公司职工基本权益保障制度》、《平等协商和集体合同实施细则》、《职工劳动合同实施细则》、《职工教育培训管理办法》等一系列制度和实施细则，从制度上确保公司各项民主管理职权落到实处。(2)拓宽渠道，加强分公司民主管理建设。分公司根据实际情况每年召开1—2次职代会，审议分公司《行政工作报告》、制定适合分公司实际情况的实施细则、对分公司领导班子进行民主评议，并组织职工代表巡视，开展效能监察活动，行使好职代会职权。(3)加强延伸，开辟项目部民主管理新路。要求各项目部做到厂务公开上墙，主要包括重大事项、重大问题、民主管理、职工福利、廉政建设等6个方面，并明确项目经理为项目厂务公开第一责任人，把涉及职工切身利益作为重点，把企业管理内涵作为突破点，把党风廉政建设作为关键点，真正落实员工的知情权、参与权和监督权。（李申展）

【上海海洋石油局召开第五次工代会暨三届一次职代会】 12月16日，上海海洋石油局召开第五次工代会暨三届一次职代会，87名代表参加会议。会议审议通过《上海海洋石油局、上海海洋油气分公司职工代表大会制度实施细则》、《上海海洋石油局、上海海洋油气分公司职工代表大会闭会期间职工代表参与民主管理实施办法》和《上海海洋石油局、上海海洋油气分公司职工代表大会、局工会委员会实行替补的管理办法》等文件。（耿卫军）

【上海师范大学组织教代会代表检查验收实事工程】 12月31日，上海师大召开2009年实事工程检查验收会议。上海师大2009年实事工程具体包括十大项目：积极促进大学生就业、改善教师工作条件、促进教职工身心

中铁二十四局集团公司召开一届五次职代会 （高 扬）

健康、建立教代会网上提案平台系统、奉献校区报警中心改建、改善徐汇校区学生住宿条件、奉贤校区学生住宿条件、两校区学生宿舍安装开水炉、改善外来务工人员务工条件。代表们在观看2009年实事工程总结录像片后，听取了资产处、学工部、校工会等部门落实实事工程的具体情况汇报。之后，代表们又检查验收实事工程的实施情况，对落实情况表示满意。

（顾伯超）

【号百信息服务有限公司召开一届一次职工代表大会】 3月9日，号百信息服务有限公司一届一次职工代表大会召开，72名职工代表以及7名列席代表出席会议。会议全票通过《号百信息服务有限公司2010年度集体合同》，并由行政方和工会方首席代表共同签订集体合同。公司党委书记就贯彻会议精神提出五方面要求。

（沈　匀）

厂务公开

【全国召开厂务公开民主管理工作经验交流暨先进单位表彰电视电话会议部署下阶段厂务公开民主管理工作】 11月4日，全国厂务公开协调小组召开“全国厂务公开民主管理工作经验交流暨先进单位表彰电视电话会议”。中共中央书记处书记、中央纪委副书记何勇出席会议并作重要讲话。全国厂务公开协调小组组长，全国总工会副主席、书记处第一书记王玉普主持会议。上海市人大常委会副主任、市总工会主席、市厂务公开工作领导小组副组长陈豪主持上海分会场会议，并代表上海市厂务公开工作领导小组讲话。会议指出，认真学习贯彻全国厂务公开电视电话会议精神，进一步提高对新形势下深入推进厂务公开民主管理工作重要性的认识。围绕党的十七届五中全会“四个更加注重”的要求，将厂务公开民主管理工作放到“十二五”发展的总体规划中去思考和把握。会议强调，厂务公开民主管理工作要突出抓好三方面工作：一要围绕解决职工群众最关心、最直接、最现实的利益问题，不断提升工作实效和水平。要着力在建立完善职代会制度、严格规范企事业单位改制过程中职代会民主程序、建立健全职工收入协商共决机制和正常增长机制、切实发挥职代会民主评议的积极作用等方面下功夫。二要积极推进《上海市职工代表大会条例》立法进程，努力夯实工作基础。要集各方智慧，进一步修改完善，力争《条例》顺利出台，并围绕《条例》的制订实施，加强宣传和培训工作。三要加强调查研究，推动理论和实践创新发展。要把握新形势下厂务公开民主管理工作的特点和规律，探索切实有效的解决办法和工作载体，不断丰富和发展企事业单位民主管理的内容和形式。保力马科技（上海）有限公司作为先进单位代表在北京主会场作经验交流。

（章宁晓）

【上海厂务公开民主管理工作取得新成效】 2010年，上海厂务公开民主管理工作紧密结合经济社会发展实际，把握工作定位，突出工作重点，夯实工作基础，创新工作方法，增强工作实效，取得了明显的成效。截至年底，全市共有8691家公有制企事业单位实行厂务公开，17009家非公企业实行厂务公开。各级厂务公开工作领导小组加强组织领导，成员单位协调配合，推动措施有力，组织落实到位。厂务公开民主管理工作在促进经济社会健康发展，确保世博会成功举办，深化新一轮国资国企改革，构建和谐稳定劳动关系，维护职工合理合法权益，加强现代企业制度建设等方面发挥了积极作用。

（马艳芳）

【徐汇区总工会推进非公企业区域性、行业性职代会制度建设】 2010年，徐汇区82.3%的非公企业建立厂务公开民主管理制度。其中，建立职代会制度的为已建厂务公开民主管理制度的83.9%。全区87.5%的行业、楼宇、小区建立了区域性、行业性职代会制度，覆盖非公企业10710家。不少非公企业在建立职代会制度的同时，还建立了企业共商会、民主议事会、劳资恳谈会、职工民主管理委员会、双向通报沟通会等其他民主管理形式建设。

（孙洪盛）

【闸北区不断深化厂务公开民主管理工作】 闸北区厂务公开民主管理工作结合闸北实际，通过夯实基础、明确重点、探索难点、加强调研，不断健全完善体制机制，注重工作的针对性和实效性，稳步有序推进。加强企事业单位职代会制度建设，不断提高建制率，截至年底，全区公有制企事业单位职代会制度建制基本实现全覆盖，并通过小区、楼宇、市场等模式的区域性、行业性职代会制度建设，不断扩大非公企业厂务公开民主管理工作实施面。全区已有4553家非公企业建立了职代会制度，建制率为86.53%；已有4520家非公企业实施了厂务公开，实施率为81.93%。对领导收入公

11月4日，中华全国总工会召开全国厂务公开民主管理工作经验交流暨先进单位表彰电视电话会议（上海分会场）　（吴良荣）

开、民主评议领导干部等问题积极探索,充分发挥厂务公开民主管理工作在协调劳动关系、维护职工合法权益、维护企业和社会稳定中独特的积极作用,形成经验,得到全国和上海市厂务公开民主管理工作协调小组的肯定,闸北区荣获全国推动厂务公开民主管理工作先进单位。 (王立成)

【虹口区总工会认真开展第八次厂务公开调研检查】 7月底启动虹口区第八次厂务公开调研检查。为做好这次调研检查准备工作,区总工会向区厂务公开领导小组作了专题汇报,得到区委、区府的高度重视。9月7—10日,虹口区厂务公开工作领导小组组织区纪监委、区委组织部、区委宣传部、区国资委、区总工会等部门开展第八次厂务公开调研检查,调研检查共分4个组。在各单位自查、互查的基础上,对虹口烟草集团、区卫生系统和社区(街道)等22个单位进行调研检查。 (徐 洁)

【黄浦区大力推进区管企业集团领导人员收入公开工作】 2010年,黄浦区把规范区管企业集团领导人员收入公开作为厂务公开民主管理工作的重点。1月,区纪委、区委组织部、区国资委、区总工会联合下发《关于做好区管企业集团领导人员业绩考核方案公开工作的通知》,明确公开的内容与形式,进一步规范领导人员收入公开工作。8月,区厂务公开领导小组办公室下发《关于及时公开区管企业集团领导人员2010年业绩考核方案的通知》,再次强调公开工作要及时,公开的内容要完整。公开内容应包括企业集团领导人员的基薪、绩效加薪及特别奖励等。至11月底,全区13个区管企业集团完成了领导人员收入公开工作,公开率达100%。

(徐佳礼)

【梅龙镇集团公司厂务公开工作取得新成效】 梅龙镇集团公司在企业转制后坚持推行厂务公开民主管理工作,形成"一个标准,两个确保,五个必须"的工作制度。一个标准:既厂务公开要以职工是否满意为检验标准;两个确保:既确保厂务公开内容的真实、可信,确保职工及时了解公开内容、广泛参与公开工作;五个必须:即凡企业重大经营决策、方针目标必须经职代会讨论通过,企业领导人的选拔、任用和管理必须接受职工代表的民主评议,凡涉及职工切身利益的问题必须交职代会审议决定,企业经营状况必须由有关职能部门参与监督,企业领导人收入和待遇必须向职工全面公开。工作制度的推行,促进了企业工资集体协商、签订集体合同制度、重大事项公示、重大决定公布、物资采购招投标、厂务公开执行情况监督检查、领导干部民主评议等各项管理制度的进一步完善。 (孙来宝)

【宝山区召开企业反腐倡廉建设暨厂务公开民主管理工作推进会】 4月28日,宝山区企业反腐倡廉建设暨厂务公开民主管理工作推进会在上海东晨市容清洁服务有限公司召开。各镇、街道、工业园区和部分委办局、区属集团(公司)企业党政主要负责人、纪委书记、工会主席等共110余人参加会议。区国资委党委传达了上海市国有企业反腐倡廉建设工作会议精神,区总工会对2009年宝山区厂务公开民主管理工作进行通报并布置2010年相关工作。 (胡立伟)

【闵行区深入推进厂务公开民主管理工作】 一是项目化推进厂务公开民主管理工作,将厂务公开民主管理工作纳入到依法治区、劳动关系和谐企业创建以及惩治和预防腐败体系建设的重要项目内容加以推进和实施。二是积极推进非公有制企业厂务公开民主管理工作,通过典型企业培育、健全职代会6项工作制度,不断提高非公企业厂务公开工作水平。三是强化国有企事业单位民主管理工作。进一步加强国有企业民主评议领导干部、职工代表巡视检查制度,围绕事业单位绩效工资改革等职工关心的热点问题,提高厂务公开工作实效。四是注重职工代表的教育培训。举办15期集体协商和职代会工作的培训,培训工会主席和职工代表1327人,有效提高职工代表的履职能力和水平。五是加强厂务公开调研检查。10月组织开展第八次厂务公开调研检查,查找存在的薄弱环节,整改存在的问题,总结推广先进经验。截至年底,全区共有9094家单位建立了厂务公开制度。其中,企事业单位单独建立职工(代表)大会制度的2714个;建立区域性、行业性职工大会制度141个,覆盖企业4595家。 (刘 芳)

【闵行区马桥镇厂务公开工作有成效】 闵行区马桥镇厂务公开党政工齐抓共管,以突出重点、培育亮点、攻克难点为宗旨,在继续强化集体企业公开实效的同时,重点突破非公企业的厂务公开。一是把厂务公开民主管理工作作为企业党风廉政建设和领导班子绩效考核的主要内容,使厂务公开民主管理成为现代企业管理的重要载体。二是通过召开推进会、座谈会、交流会,不断深化厂务公开民主管理工作,使厂务公开民主管理向区域性延伸。三是开展达标验收,设定了初、中、高3个不同等级的达标标准,使厂务公开民主管理向制度化、规范化发展。全镇范围内已建工会的35家集体企业、64家民营企业、11家港澳台和外资企业都建立了厂务公开制度。

(乔世苏)

【松江区总工会"三抓三促"深化厂务公开】 一是抓组织领导,促职责履行。召开松江区第八次厂务公开领导小组会议,下发《2010年松江区厂务公开民主管理工作要点》,使厂务公开民主管理工作围绕提高企业经济效益、维护职工合法权益和构和谐劳动关系展开。上半年,全区新增实施厂务公开企业62家。二是抓分类指导,促巩固深化。坚持在内容上体现职工的知情权,将涉及职工切身利益的事项、企业重大决策、职工关心的热点难点问题等予以公开。国有集体企事业单位厂务公开重点推进领导干部收入公开,立足建立健全职工董事、职工监事制度。非公企业厂务公开做到涉及职工切身利益事项"六公开"。转改制企业做到"三必须"。全区符合推行厂务公开条件的314家国有集体企事业单位建制率、公开率达100%。非公企业实施厂务公开992家,建制率为82.6%。三是抓制度建设,促规范运作。落实厂务公开检查、考核、责任追究制度,坚持事前公开、事中公开、事后公开相结合,职代会与厂情通报会、公开栏、简报等相结合,实现多

方位、多渠道公开，增强厂务公开透明度。（孙爱华）

【奉贤区总工会大力推进厂务公开民主管理工作】 年内，奉贤区总工会认真组织实施厂务公开民主管理，由区厂务公开领导小组召开工作会议，明确工作重点和要求。开展创建活动，研究制订厂务公开民主管理星级单位创建计划，推进非公企业“2 + X”模式民主管理工作，切实保障职工的知情权、参与权、表达权、监督权。完善以职代会为基本形式的民主管理制度，推行纺织行业职代会制度建设，进一步扩大覆盖面。组织开展第八次厂务公开民主管理工作调研检查，据统计，全区建立职代会制度的企事业单位1827家，建制率为已建工会的86%。实施厂务公开民主管理的企事业单位1724家，实施率为已建工会的81%。有136个村、经济园区建立区域性职代会制度，覆盖企业3111家。（刘传军）

【奉贤区总工会开展厂务公开民主管理星级单位创建】 奉贤区总工会在全区已建工会组织的企事业单位中开展厂务公开民主管理星级单位创建活动，争取用6年左右时间，创星级单位达60%以上。根据非公企业，国有、集体及其控股企业和事业单位的不同性质，区总工会制定各自的“三星级”、“四星级”、“五星级”评审标准。创建五星级、四星级、三星级厂务公开民主管理单位分别由奉贤区、各委局镇、开发区、工贸集团公司厂务公开工作领导小组负责实施，每2年组织一次申报考评。厂务公开民主管理星级单位实行动态管理，五星级、四星级、三星级单位创建后每2年由奉贤区、各委局镇、开发区、工贸集团公司厂务公开工作领导小组组织一次复查确认。厂务公开星级单位创建活动将作为评选“五一劳动奖状”、“劳动关系和谐企业先进单位”和“上海市模范职工之家”的重要依据之一。如出现重大群体性事件、刑事案件或重大安全事故等则取消星级。（刘传军）

【崇明供销合作总社以“三重一大”制度促厂务公开深入发展】 为促进企业发展，总社领导把推进厂务公开民主管理工作作为加强基层民主政治建设的重要途径，列入重要议事日程，明确厂务公开工作由党委书记负总责，行政领导分管抓，纪委和组织部门配合抓，工会负责日常工作，形成分工明确、齐抓共管的组织格局和工作机制。为规范管理行为，严格决策程序，提高决策能力，防止决策失误，总社专门制订了“三重一大”——即重大决策、重要干部任免、重大项目安排、大额度资金使用的决策管理制度，建立完善责任追究制度。同时借助职代会和公示制度，不断深化厂务公开民主管理工作。全系统各单位职代会制度实施率达100%，企业改革方案、门店租赁、职工就业安置以及工资奖金分配、社会保险费缴纳等涉及职工切身利益的重要事项，都事先与职工群众通气，征求意见，并按规定经职代会审议通过后实施。企业领导班子人员自觉利用职代会述职述廉。总社还在干部人事制度上实行公开、公正、公平原则，对提拔任用的企业领导干部，申报市、县级的先进工作者，以及新发展的党员，都在事前做好公示。2010年招租或续租的14处营业用房全部实行公开招投标，促进资产租赁市场化运作，杜绝各种人情关系干扰或暗箱操作。（陈进修）

【亚尔公司厂务公开民主管理成绩显著】 亚尔公司高度重视厂务公开、民主管理工作，以此来推动党的全心全意依靠工人阶级方针的贯彻落实，实现好、维护好、发展好广大职工群众的根本利益。在职代会监督检查、工会主席参加经理办公会议、民主管理沟通会、员工满意度测评、员工生日晚会等都成为干群沟通的平台，推行以人为本管理制度、搭建舞台让员工成才等方面都有自己独特的做法，受到了员工、上级部门和全国人大常委会检查团的好评。2010年上海亚尔光源有限公司被全国厂务公开协调小组授予“全国厂务公开、民主管理先进单位”荣誉称号。（顾　文）

【上海电建公司工会以厂务公开推动“十二五”发展规划大讨论】 电建公司工会组织职工开展《共同的愿景——“十二五”发展规划大讨论活动》。为让职工了解公司和企业“十二五”发展规划的内容，工会干部深入基层、班组进行宣传动员，引导职工积极投入到大讨论活动中去。职工在开展大讨论活动中，围绕企业和个人的共同的愿景，积极参与“我为企业发展献一策”活动，最大限度集聚职工的智慧和力量。工会还注重发挥职工代表参政议政的作用，组织职工代表开展专题调查研究，以书面报告对发展规划提出合理化建议。通过“全员议规划、开门订规划”的大讨论活动，发挥厂务公开在制订企业“十二五”发展规划中的积极作用。（张文标）

【上海航天局工会从三方面加强职代会制度建设】 一是坚持有效推进职代会制度，以局职代会制度的不断进步，带动基层单位职代会制度的巩固和发展。经过系统策划、精心组织，首次开展局职代会职工代表提案征集工作，并组织专题培训和实例介绍，使18项提案均得到回复。二是坚持职工代表巡视制等各项民主管理制度，组织局职工代表听取“十二五”规划编制情况，实地察看东川园区。组织局劳动争议调解和劳动安全监督委员会对处于企业重组单位的职工劳动关系处置情况进行检查监督。三是加强职工维权机制建设，组织开展“上海市集体协商条例”知识竞赛和女职工专项集体合同签约、履约情况调研。在2010年上海市厂务公开民主管理工作会议上被授予“2008—2009年度上海市推动劳动关系和谐企业创建活动先进单位”称号。（沈　恺）

【上港集团构建厂务公开民主管理工作长效机制】 集团坚持落实厂务公开巡检制度，采取自查、互查和抽查等形式，取得3个方面成效。一是厂务公开民主管理的基本形式得以巩固。坚持基层单位每年召开两次职代会的长效机制，通过“四个公开”来落实企业民主管理制度。二是厂务公开民主管理的公开渠道得以拓展。以职代会为主渠道，并辅以公开栏、企业报、电子大屏幕、厂情发布会、厂情共商会、OA网等多种公开形式，将企业的生产经营状况、重大决策等公布于众。三是显现厂务公开民主管理的主要功能。在维护职工合法权益上起到保障作用;在构建和谐劳动关系上起到协调作用;在加强党风廉政建设上起到督促作用。8月,集团工会对集团下属30家基层单位开展职工问卷测评,下发问卷1630张,职工对实行厂务公开民主管理的总体满意度达84.2%。（焦小涵）

【交运集团深化厂务公开民主管理】 交运集团深化厂务公开民主管理,不断取得新进展。一是做到"三个普遍加强"。既普遍加强厂务公开工作的领导体制建设,普遍加强以职代会为基本形式的厂务公开制度,普遍加强厂务公开民主管理的日常工作制度。二是落实"三个保证"。既保证厂务公开的时效性,保证厂务公开的科学性,保证厂务公开基础工作到位。三是实现"四个优化"。既不断优化集团上下依靠职工办企业的动力机制,不断优化职工维权保障的协调机制,不断优化职工民主参与、民主决策、民主监督的工作机制,不断优化关注民生、改善民生的权益保障机制。四是凸显"五个方面"。既厂务公开民主管理提升企业科学管理水平,厂务公开民主管理向班组民主管理建设发展,厂务公开民主管理与企业文化的打造紧密结合,厂务公开民主管理工作领域向外来务工人员延伸,厂务公开民主管理促进服务世博、保障世博工作。（陈敢敏）

【上海电信工会"三项举措"深化厂务公开工作】 2010年,上海电信工会通过落实"三项举措",不断深化厂务公开工作。一是结合上海市开展的第八次厂务公开工作检查,在全公司进行一次厂务公开工作的基层自查和公司抽查工作,督促基层单位规范制度,梳理流程,健全渠道,找出问题,以提高基层厂务公开的实效性。二是根据公司民主管理厂务公开多级管理要求,调查研究,找准关键,指导基层,制定下发《关于加强基层班组厂务公开民主管理工作的指导意见》,以进一步夯实基层厂务公开民主管理基础,提升基层班组民主管理水平。三是汇集总结和提炼基层厂务公开民主管理工作的经验做法,开展相互交流,相互启发,相互学习;组织员工信赖的好领导、员工最满意单位评选活动,以此推进厂务公开工作不断深化。（朱东亚）

【中交上航局推进企务公开全面开展】 中交上航局不断拓展企务公开内容与形式,推进企务公开全面开展。一是公司企务公开办公室组织中港疏浚公司等在沪6家单位的纪委、工会领导召开企务公开民主管理学习观摩会。东方分公司工会主席重点介绍创新思路贴近生产实际解决船员作息制度的做法;物流公司工会主席介绍公司整建制将水供船交给劳务工群体管理,实现供水能量大突破的做法等。为观摩者提供企务公开民主管理思路和经验,收到较好的效果。二是中交上航局两级工会积极参与并配合《上海市职工代表大会条例》立法工作。在对交通建设公司、装备工业公司、中港疏浚公司等有关职代会工作进行调研的情况下,为《和谐·双赢——上海市职工代表大会制度巡礼》的电视专题宣传片提供有关资料。三是开展第八次企务公开民主管理自查与抽查活动。（刘昌明）

【上航局召开企务公开暨总经理信息发布会】 10月28日,中交上航局在居家桥会议中心召开2010年企务公开暨总经理信息发布会。公司总经理作信息发布并讲话。信息发布的主要内容有:2010年以来公司生产经营运行情况以及"十一五"以来三大经济指标完成情况;通报2010年职工集体合同执行情况。董事长、党委书记对企务公开工作提出新的要求。局属各单位党政领导、工会主席、专(兼)职纪检干部和机关有关部门负责人、项目部代表,两级职工代表共75人参加。会上,东方分公司、中港疏浚公司和装备工业公司分别以《坚持企务公开,营造和谐企业》、《落实企务公开制度,推进职工民主管理工作》、《深化企务公开,促进和谐发展》为题,作企务公开民主管理工作交流发言。（刘昌明）

【中远集运工会扎实推进企务公开民主管理工作】 召开公司企务公开领导小组会议,结合公司实际,明确目标,突出重点;会同公司纪委对部分基层单位开展企务公开情况督查,特别就重大改革事项预告制、涉及职工切身利益的重大方案表决制、民主评议干部制这三项刚性制度是否真正建立和实施进行监督检查,总结经验,找出问题,并提出整改意见。公司下属单位企务公开推行率达100%。（钱　华）

【上海海事局海测大队工会推进班务公开】 上海海事局海测大队工会将班务公开列为班组建设的一项重要内容,制定《上海海事局海测大队班务公开实施办法(试行)》,以制度推进班务公开,确保班务公开长期、有效、规范运作和推进。在推进班务公开的过程中,大队工会积极指导班组将组员最关心、最现实、最直接的事项,作为班务公开的重点内容。大队工会每季度对班组建设情况进行考核,将检查班组台账和听取组员意见作为班务公开的重点内容。组员对班务公开的知晓率达100%,满意度达95%以上。（朱卫平）

【上海建工医院依靠职工推进院务公开】 (1)坚持采购"阳光"操作。医院的药品、设备、一次性医疗耗材、基建、后勤大宗物资等各类采购,实行采购项目、采购形式、采购程序、采购纪律的"四公开",医疗耗材招标后,全年降低成本几十万元。药品采购质量有了保证,成本得到控制,物资采购实际费用比预算有较大幅度降低。(2)坚持人才选拔"阳光"操作。在用人方面坚持层层推荐、组织考察、张榜公示的程序。医院组织职工代表无记名民主推荐领导班子成员,使医院班子成为引领发展、职工信得过的集体。(3)坚持收入分配"阳光"操作。确立"工资调整要尽可能确保到位,奖金分配跟着效益走"的观念,《奖金分配方案》经职代会审议表决通过。4年来,职工收入福利每年增长10%以上。(4)坚持决策程序"阳光"操作,确保医院决策正确科学。始终坚持发扬民主,坚持走程序,坚持领导、专家、群众相结合,成立医院办事公开领导小组和工作小组做到不经过调研不立项、不征求意见不讨论、不经过论证不决策。(5)坚持医疗服务"阳光"操作,提升医院良好社会形象。通过公告栏、电子屏、宣传栏等途径让病人及

社会知晓医院相关信息，保障患者的就医知情权和监督权，使院的医疗纠纷明显减少，病人满意度达92%。（史立新）

【市绿化和市容管理局推进厂务公开民主管理工作】 市绿化和市容管理局厂务公开领导小组办公室深入基层，注重调研，撰写《上海市绿化和市容管理局厂务公开民主管理工作调研报告》，先后在全国农林水利工会和全国海员建设工会进行经验交流。并被上海市厂务公开领导小组、上海市总工会评为2009—2010年度推动厂务公开民主管理工作先进单位。上半年，召开局厂务公开民主管理工作会，水管处、林业总站、环境学校、辰山植物园等4家单位交流厂务公开民主管理工作经验和做法，对下半年工作提出要求，不断深入推进厂务公开民主管理工作。（唐鸿仙）

【上海高校开展2010年校务公开重点调研检查】 市教育系统校务公开工作领导小组办公室从11月9日至16日，组织6个检查组，分别对同济大学等12所高校校务公开民主管理工作进行重点调研检查。全市各高校校务公开民主管理工作取得新的进展。一是学校领导认识到位；二是逐步形成校务公开民主管理长效工作机制；三是多级多层次多方位实施校务公开；四是从实际出发，积极探索校务公开民主管理工作，不断创新工作内容与形式，提高校务公开质量。（张渭明）

【市卫生系统召开院务公开推进会】 2月1日，上海市卫生系统召开院务公开推进大会。市第六人民医院、普陀区卫生局在会上作交流发言，表彰2007—2009年度上海市卫生系统院务公开先进单位、先进工作者和优秀成果。市卫生局领导，以及各区县卫生局和全市各级医疗卫生单位的党政工领导共250余人参加。年内，市卫生系统院务公开工作在3个方面取得进展。一是领导干部参加职代会评议取得新进展。全市有70%以上的医疗卫生事业单位领导参加评议。二是领导干部收入公开取得新突破。全市近80%的医疗卫生事业单位根据“六个有”原则开展领导干部收入公开。

2月1日，市卫生系统院务公开推进大会召开　（池朝霞）

其中，有20.78%的单位公开领导实际收入数。三是民营医疗机构院务公开有序推进。有50家民营医疗机构开展院务公开工作。市卫生系统院务公开工作还畅通公开渠道，创新公开形式，增强工作实效。据统计，院务公开平均得分94.95，职代会代表对院务公开满意度为86.95%。（池朝霞）

【监狱局工会积极推进厂务公开工作】 一是加强领导，健全组织，建立厂务公开长效机制。明确党委是第一责任人、行政是第一执行人、工会是主要的推动者，形成三方合力推进厂务公开工作。二是局工会认真开展第八次厂务公开工作的调研检查，在企业自查基础上，通过听取汇报、职工座谈会等形式，对5家局属企业单位进行调研，撰写《关于局属企业和社区厂务公开工作的调研报告》。三是以职代会为抓手，按照厂务公开“六个化”的民主程序和涉及职工切身利益“六公开”的要求，进一步落实职工群众的知情权、参与权、监督权和审议权。四是在深化监狱体制改革中，配合5家企业，根据厂务公开民主管理工作的要求，把涉及职工切身利益和企业发展等重大问题，提交职工代表审议和讨论，进一步规范厂务公开工作。（江海群）

职工董监事制度

【上海大力推进职工董监事制度建设】 2010年，上海各基层单位将职工董事、职工监事制度作为现代企业制度的重要内容，进一步完善企业法人治理结构。职工董事、职工监事积极参与企业各项经营管理决策，在维护职工合法权益，激发职工的主体意识和工作积极性等方面发挥了重要的作用；对于完善法人治理结构，确保企业改革发展稳定具有重大的现实意义。部分基层单位在公司章程中明确确立职工董监事制度，并将职工董监事制度与职代会制度有机整合，建立职工董监事调查研究制度、学习培训制度，为职工董监事履职创造更好的条件。（章宁晓）

【静安置业集团公司工会强化职工董监事制度】 2010年，静安置业集团公司工会加强职工董监事制度建设，积极探索建立职工董监事年度述职制度、民主评议制度，有力地推进企业民主管理工作。一是对集团基层的22家子公司和第三层面的企业进行排摸，了解职工董监事建制情况。重点对16家已建董事会、监事会的企业进行调研，排摸职工董监事人员的落实情况。对其中3家建立董监事会而未建立职工董监事制度的企业，积极协调，督促建立职工董监事制度。二是完善职工董监事述职、评议制度。要求各位职工董监事必须做好年度书面小结，在企业召开的职代会上做履职情况报告，接受职工代表询问和民主评议。2010年集团公司共有16个基层企业的20位职工董监事进行述职，述职率达100%。三是开展职工董监事能力培训。举办专题培训班，邀请资深专家讲课，课堂上开展互动交流、难题解答、热点探讨等。四是注重作用发挥。年内根据基层企业实际情况，协同有关部门对集团公司董事会、监事会的2项相关制度作修改，尤其是修改涉及职工董监事的有关条款，使之更切合实际需要，确保职工董监事履职，更好发挥作用。（顾新生）

非公企业民主管理

【上海非公企业民主管理工作实现新突破】 2010年，上海工会扎实推进非公企业民主管理工作，着力于解决职工关心的“三最”问题。通过加大工作力度，推进世界500强入驻上海外资企业和规模以上民营企业实现平等协商集体合同制度与职代会制度的有效联动，培育和树立一批通过“2＋X”民主管理促进劳动关系和谐，推动企业健康持续发展的非公企业民主管理先进典型。树立了富大集团、铭源集团等非公企业在突出强化职工代表调研及提案、代表巡视、培训实践和质量评估等制度建设方面的先进做法和成功经验；并重点加强对企业特别是非公小企业实行“六公开”制度的监管，全面保障职工对涉及切身利益事项的知情权，切实保障职工的合法权益。此外，还加大对区域性、行业性职代会的推进及探索，在坚持区域性、行业性集体合同草案经职代会审议通过的基础上，引导基层将区域或行业有关经济社会发展、改善投资和生产环境以及劳动关系状况等情况作为职代会的报告内容，以促进区域（行业）、企业与职工三者的共赢；总结普陀区金环工业园区职代会、静安区三和大厦职代会、徐汇区天平餐饮行业职代会的经验做法，推动区域性、行业性职代会与工资集体协商工作紧密结合，使职工的维权工作更加扎实有力。（王珍宝）

【青浦区探索非公企业职代会民主评议新办法】 为增进企业厂务公开透明度，拓宽职工参与民主管理渠道，青浦区积极探索非公企业开展职工代表民主评议领导干部工作，推动非公企业民主管理进程。1月6日，在区镇两级工会指导下，落户于白鹤镇的上海汇益控制系统股份有限公司召开职工代表大会，对公司中层以上干部19人进行民主测评和民主评议。公司工会在听取不同层面干部、员工意见的基础上，制定十方面评价标准，即思想品质、工作思路、领导水平、履行情况、工作作风、精神状态、团队协作、创新能力、人力开发和廉洁自律，并采取领导点评、同级互评、职代会评议和本人自评的方式，不断完善非公企业民主评议领导干部工作。（马美君）

【青浦区朱家角镇总工会探索商街职工民主管理新途径】 6月30日，朱家角镇北大街社区商铺一届一次职工代表大会顺利召开，在此之前，北大街社区已经成立社区商铺工会委员会。为进一步让商铺从业人员参与到基层民主管理中来，扩大知情权，行使民主监督权利，镇总工会经过调研后决定以商铺为单位建立职代会制度。在职代会代表的名额分配上，每个商铺分配一名代表名额，使每个商铺的从业人员都能通过代表行使民主权利、拥有知情权。首次职代会上，职工代表们听取了北大街社区经济社会发展情况工作报告，表决通过了北大街社区商铺职工代表大会试行办法、北大街社区商铺从业人员文明守则等。（马美君）

创建职工满意企业

【上海市创建劳动关系和谐企业取得新进展】 2010年，上海工会大力开展劳动关系和谐企业创建活动，着力解决热点难点问题，取得突破性进展。在推进工作中，各级工会紧扣当前经济形势，突出劳动关系协调机制建设，保证和促进劳动关系持续和谐稳定；着力于解决职工“三最”的利益问题，提升工会组织服务职工的能力；紧紧围绕影响劳动关系和谐稳定的突出问题，强化调研、调处、监督力度，及时消除不稳定因素。徐汇、闵行、嘉定、青浦等地区以及静安区石门二路街道、普陀区桃浦镇、长征镇等街镇通过健全和完善劳动关系预警、协调机制，充分发挥平等协商集体合同制度、厂务公开民主管理制度、劳动争议调解制度的积极作用，培育并树立一批先进典型单位，引导更多的企业参与到创建和谐企业的行列中来，为构建和谐劳动关系营造了良好的社会氛围。（王珍宝）

【普陀长征工业园区工会联合会以区域性“2＋X”推进园区和谐企业建设】 普陀长征工业园区工会联合会依托团队建设和机制建设，以进城务工人员为维权重点，逐步扩大和谐企业覆盖面，有效推动了和谐园区创建。（1）以区域性“2＋X”制度为核心，形成和谐企业滚雪球效应。一是建立调研制度。园区工会结合“走百家企业”和“税收属地化”工作之际，定期分块分条线到企业进行调研，倾听职工呼声，了解企业需求。并及时与行政方协商，通过物业开展各项服务活动，投入巨资，加强设施和硬件建设，改善职工日常生活。二是强化组建工作。在园区党政领导下，本着“成熟一家，组建一家”的原则，联动各方形成合力推动建会工作的局面。三是建立上下两级“2＋X”民主管理机制。召开区域性职工代表大会，并建立《区域性职工代表大会制度》、《企业职工代表大会制度》、《民主管理监督巡视检查工作制度》、《联席会议制度》等制度，逐步探索职代会与平等协商制度有机结合的区域性“2＋X”民主管理模式，为建立非公企业职代会创造条件。（2）建阵地办实事，营造园区第二故乡情。一是从各方面维护进城务工人员合法权益。成立职工援助服务中心并建立接待日制度，提供“欠薪欠保”投诉点、企业招工信息栏、就业登记等服务，畅通农民工诉求渠道。二是满足进城务工人员文化娱乐需求。每年举办青年联谊会、新春联欢会等大型活动，满足职工不同层次的文体需求。三是为进城务工人员办实事。积极发挥工会组织的作用，为进城务工人员排忧解难，把温暖送到职工手中。（李　悦）

【嘉定区扎实推进劳动关系和谐企业创建工作】 2010年，嘉定区在命名表彰2009年度劳动关系和谐模范企业24家、劳动关系和谐工业园区（村）11家，区、镇两级劳动关系和谐企业361家的基础上，广泛开展创建活动先进个人和创建感言、建言、典型事例的评选、表彰、宣传活动，进一步扩大创建工作的影响力和参与度。对全区912家历年劳动关系和谐企业的重点工作落实情况进行复查，进一步提高创建工作的连续性、稳定性。组织开展新一轮创建活动，重点加强“和谐园区（村）”和“镇级和谐企业”的创建工作力度，进一步扩大创建工作的覆盖面。各街镇积极通过召开创建工作表彰、推进会，举办培训班、座谈会等多种形式加以推进。全区创建“和谐园区（村）”95家，创建“和谐企业”镇级635家、区级127家。嘉定区和安亭镇人民政府荣获“上海市推动劳动关系和谐企业创建活动先进单位”称号。 （徐　浩）

【青浦区开展第二轮劳动关系和谐企业创建】 青浦区有1152家企业参加创建活动，占全区已建工会企业的85%，有552家企业被评为区劳动关系和谐企业，首轮三年创建目标任务已顺利完成。2010年起，青浦开始第二轮三年创建活动。为进一步提高创建工作质量，区总工会组织开展了创建活动的专题调研活动，通过认真总结经验，谋划新一轮创建计划。5月19日，区委办、区府办下发《关于2010—2012年开展创建青浦区劳动关系和谐企业活动的意见》。根据第二轮创建目标任务，劳动关系和谐企业创建达标数要达到2009年底全区实有企业独立工会组织数的50%，净增200家左右。规模以上企业、职工数在100人以上的企业，列为创建活动的重点。对已经创建达标的企业，将加强动态管理，开展定期复查，实行退出机制。“一票否决”由原来的8条新增“未建立劳动争议调解组织”和“企业有违法用地”两条项目。 （马美君）

【上海电信工会坚持维权维稳相结合促进劳动关系和谐稳定】 2010年，上海电信工会坚持维权维稳相结合，以“三项举措”确保企业和谐稳定。一是广泛开展员工素质工程，全面提高员工抗压能力。制订“学习制度健全、学习氛围浓厚、各类人才竞相涌现、企业竞争能力不断增强”的学习型组织创建目标，认真做好中国电信网上大学、中国电信上海市工会会员学校、女职工周末学校建设，做到学有方法、学有载体、学有成效；坚持开展岗位练兵劳动竞赛，建立“全球眼研发团队”、“IPTV新业务创新团队”，评选员工创新奖、贡献奖，设立“员工自学成才奖”，在一线专业技术岗位中评选首席员工，为员工发展搭建舞台。二是打造“快乐文化”，为员工快乐工作创造条件。设立5月16日“全员读书日”，让员工在书香中细细品味人生、直抒胸臆；6月6日全员健身日，让员工在繁忙的工作之余强身健体，劳逸结合；12月28日“企业文化日”，让员工感受团结奋进、和谐共享的企业文化精神。投资2300万元改造邮电俱乐部，为员工创造一个舒适的文化娱乐场所；在两级基层建立员工活动中心，配备一定的活动器材，为丰富员工业余文化精神生活、舒缓员工压力创造有利条件。三是坚持以人为本理念，帮困与心理疏导双管齐下。坚持工会帮困送温暖长效机制，体现“四个结合”，即党政主导与工会参与相结合，“普遍帮”与“重点帮”相结合，经济救助与精神激励相结合，节日帮困与平时帮困相结合；坚持做到“五帮一送”，即大病帮困、重灾帮困、助学帮困、生活帮困、单亲帮困、节日送温暖；聘请心理学专家为员工提供24小时心理咨询服务，组织基层党群工作者参加全国心理咨询师培训，普及心理健康知识，与员工一起探究“自我”，走出“迷雾”，设立法律咨询热线和帮困热线，随时为员工提供帮助。 （朱东亚）

【建工工会创建职工满意企业有成效】 集团工会推进职工满意企业创建工作，注重把促进企业发展为基础、倡导共同价值观为核心、双向沟通为平台、培育人才为措施、成果共享为体现的同时，强化两个方面工作。一是坚决贯彻集团《关于推进建立工资集体协商制度的意见》，各单位工会在企业党政支持下，开展工资集体协商，突出维护职工劳动经济权益，确保职工收入与企业发展实现同向增长，低收入职工生活得到基本保障，补充保障机制得到新的完善。使职工权益的实现状况与经济社会发展同步、与企业效益同向、与社会保障同享，让职工群众更加公平合理地分享改革发展成果。二是建立健全矛盾调处机制，加强劳动关系矛盾预警监测、信息报送、应急处理等机制建设，重视发挥劳动争议调解委员会作用，做好工会维稳信访工作，落实首问责任制，努力把矛盾解决在基层、化解在萌芽状态。在上海市厂务公开民主管理工作会议上，上海市安装工程有限公司、上海建工医院、上海市建工设计研究院有限公司和上海野生动物园发展有限责任公司荣获2008—2009年度上海市职工最满意企（事）业单位称号。上海建工医院在大会上作了题为《依靠职工办院，推进厂务公开》的交流发言。 （杨钟春）

上海电信举行双月沟通暨网上互动 （朱东亚）

保障经济权益

Guaranteeing Economic Rights and Interests

综　述

2010年，上海工会贯彻落实九届上海市委十二次、十三次全会精神，紧紧围绕“平安世博”建设和上海经济社会发展大局，积极协助党政做好顺民意、解民忧、惠民生、纾民困的实事，努力在推动保障和改善民生、“服务世博，奉献世博”中作出积极贡献。一是以关心服务世博一线职工生产生活为重点，积极推进“平安世博”建设。广泛动员各级工会深入世博园区，深入职工家庭，了解、反映世博一线职工的利益诉求，深入开展走访慰问活动、全面推进薪酬激励制度、全面落实助医助困等各项后勤保障措施，千方百计帮助世博一线职工排忧解难。世博期间，各级工会总计投入1.39亿元资金用于关心帮扶世博一线职工及世博期间一次性帮扶在档困难职工。二是以稳定就业和扩大就业为重点，切实加强工会就业援助服务体系建设。组织实施“技能培训促就业行动”，技能培训6.53万人，1.6万人通过职介实现就业。深入开展“困难职工家庭高校毕业生阳光就业行动”，共帮助应、历届毕业生实现就业4147人次。组织全市9家用工企业赴四川省绵阳市、遂宁市、南充市参加招聘洽谈会，提供就业岗位2029个。参与实施“家政服务工程”项目，共培训3200名家政服务人员，有效参与家政服务网络平台开发和家政服务龙头企业培育。有效开展“百企千岗进社区”活动，市总工会协调举办20场职介专场，共组织900家用工单位进场招聘，提供1万多个就业岗位，各级工会共帮助3.04万名就业困难人员实现就业。积极会同政府相关部门联合开展“春风行动”、“民营企业招聘周”等活动。三是以推动提高一线职工的收入水平为重点，着力推进收入分配三项机制建设。会同市人保局、市企联联合发布，推动全市最低工资标准由960元提高到1120元，增幅达16.7%。积极参与全总关于推进三项机制建设，加强工会工资工作的课题调研。深入开展环卫行业一线职工工资收入状况的调研，推动健全环卫行业职工工资正常增长机制。合理调整职工收入状况调查网的结构体系，着力对228家成员单位2009年职工收入分配状况进行跟踪调研。会同市国资委对国资委系统国有及国有控股企业贯彻落实《关于规范本市国有企业收入分配的若干意见》的情况进行专项检查。密切关注物价指数上涨特别是国家及上海稳定物价政策出台后全市职工的生产生活状况，积极编制低收入职工家庭“菜篮子”价格指数，重点反映民生价格上涨及市场价格监管等问题。四是以积极参与民生政策的研究制定和推动实施为重点，推动完善上海社会保障体系。配合政府研究推动全市“综保”、“镇保”和“老农保”的调整。推动调整全市“低保”、城镇退休人员养老金、非因工死亡职工遗属生活困难补助费、因工死亡人员供养亲属抚恤金及支援外地建设退休(职)回沪定居人员养老金分档补助等民生政策标准。联合开展“上海市住房公积金百佳诚信缴交企业”网上评选和“上海市住房公积金诚信缴交企业”网上申报活动。做好市职保会四项互助保障计划的参保、给付工作，截至年底，四项互助保障计划共有有效会员722.54万人次，累计给付673.99万人次，给付保障金37.91亿元。五是以有效形成“一般困难机制帮、突出困难重点帮、突发困难及时帮”的工作格局为重点，不断推进工会长效帮扶机制建设。在全市18个区县和197个街道(乡镇)建立职工援助服务中心、分中心的基础上，进一步引导行业、企业建立援助服务分中心(工作站)，全市共有31个工业园区、开发区(产业集团)建立职工援助服务分中心(工作站)。开展元旦春节送温暖活动，组织超过130万名职工参加“一日捐”等捐款活动，共筹集帮扶资金超过6000万元；“两节”期间，共走访慰问困难职工家庭近15万户，发放帮扶款物总计1.34亿元；举办送温暖援助服务日和职介专场活动，共为1.17万名职工提供政策咨询、求职指导和创业指导等援助服务，提供就业岗位近7000个。实施“金秋助学”活动，举办“点亮心灯，畅想世博——上海工会千名助学受助学生畅游世博主题活动”，共发放助学款5879.74万元，资助5.22万名困难职工子女和农民工子女。坚持开展“三定帮困”工作，积极配合政府做好对上海支援外地建设退休(职)回沪定居人员一次性特困补助工作。

(曹宏亮)

就业援助

【上海工会广泛开展“技能培训促就业行动”】 2010年，上海工会切实以农民工、就业困难人员和困难职工家庭高校毕业生等为重点对象，深入开展“技能培训促就业行动”。各级工会共筹集就业培训资金428.27万元，共实施技能培训6.63万人，其中，获得劳动部门颁发的职业技能证书有2.88万人，获得其他部门颁发证书的有1.62万人，培训农民工2.37万人；共成功职介1.6万人实现就业，其中，培训后实现就业1.18万人，签订1年以上劳动合同1.03万人。提前超额完成全总下达的全年培训1.7万名就业困难人员、农民工，并获得人力资源社会保障等部门认定的初级以上资格证书及成功介绍1万名各类求职人员实现就业，并签订1年以上劳动合同的目标和任务。　(曹宏亮)

【上海工会扎实推进“困难职工家庭高校毕业生阳光就业行动”】 2010年，上海工会深入开展“困难职工家庭高校毕业生阳光就业行动”。一是召开专题会议加以部署，要求各级工会以在档困难职工家庭高校毕业生为重点帮扶对象，制订实施方案和帮扶措施。二是快速、细致地开展对纳入工会困难职工档案中的困难职工家庭高校毕业生就业情况的调查排摸，准确掌握其具体人数、所学专业、就业需求、技能特长及困难程度等情况，共排摸困难职工家庭高校毕业生1.56万人，其中，应届毕业生3706人，往届毕业生1.19万人。三是在排摸基础上，进一步健全、完善“一条龙”、“一站式”服务机制，通过就业指导、职业介绍、技能培训和创业扶持等形式，及时向困难职工家庭高校毕业生提供点对点的就业援助服务。经努力，共帮助困难职工家庭高校毕业生实现就业4147人次。　(曹宏亮)

【市总工会广泛开展“职工创业示范点”选树活动】 2010年，市总工会在全市范围内广泛开展“职工创业示范点”选树、推荐活动。各级工会积极培育和扶持“职工创业示范点”，充分发挥创业示范典型作用，不断完善工会扶持创业服务平台，大力营造良好的创业氛围，支持和鼓励更多的下岗失业职工走自主创业之路，促进创业带动就业。选树活动根据生产经营状况、吸纳就业情况、企业发展前景及职工权益维护等条件，经基层推荐、材料审核、组织互评和实地考察等评审程序，上海禹罡环保科技发展有限公司等10家单位荣获“上海工会职工十佳创业示范点”称号，上海清皎茶馆有限公司等90家单位荣获“上海工会职工创业示范点”称号。（曹宏亮）

【市总工会举行上海工会系统大学生见习工作座谈会】 1月26日，市总工会召开上海工会系统大学生见习工作座谈会。会议回顾总结全市工会系统大学生见习工作的典型经验，研究部署推动、深化大学生见习工作的具体举措。会议要求，各级工会要提高思想认识，切实增强做好促进大学生就业工作的使命感和责任感；要加紧调查排摸，切实为见习大学生提供就业援助服务；要加大帮扶力度，切实为困难见习大学生排忧解难。会上，蔬菜、百联、普陀、徐汇、锦江5家单位作交流发言。（曹宏亮）

【市总工会联合举办民营企业招聘周活动】 5月20—26日，市总工会会同市人力资源社会保障局、市教委、市工商联等部门开展以“为高校毕业生就业搭桥，为民营企业招聘人才服务”为主题的2010年上海民营企业招聘周活动。活动期间，全市共举办招聘会20余场，4600多家企业（民营企业4100多家）进场招聘，发布招聘岗位4.2万个，4951名求职者与用人单位当场达成录用意向。全市公共就业服务机构及各级工会职工援助服务中心共受理各类就业咨询1300多人次，发放各类宣传资料约8万份。同时，上海公共招聘网“网上民营企业招聘周”专栏同步发布，共有5.57万求职者通过网络应聘。（曹宏亮）

【市总工会组织用工企业赴川参加全国工会对口劳务协作招聘洽谈会】 3月17—20日，全国总工会分别在四川省绵阳市、遂宁市、南充市举行全国工会对口劳务协作招聘洽谈会。市总工会组织上海锦雕起重机械有限公司、上海神龙企业（集团）有限公司、上海东方泵业有限公司等9家用工企业参加招聘洽谈会，涉及机械制造、服装加工、物业管理、餐饮服务等领域41个工种，提供就业岗位2029个。招聘活动期间，上海用工企业共接待求职咨询5000多人，达成初步用工意向近1000人，3家用工企业与三地11所高等职业技术院校签订了对口劳务协作协议。同时，市总工会与四川省总工会达成省际间工会就业维权合作协议。（曹宏亮）

【徐汇区总工会积极畅通就业渠道开展就业援助活动】 2010年，徐汇区总工会紧紧依托职工援助服务中心、分中心和职介所的资源优势，深入开展以“百企千岗到社区、联手推进再就业”为品牌的就业援助活动。一是分别在田林、枫林、斜土等社区举办4场迎世博社区职介专场，并现场设立法律维权、便民服务、心理疏导和互助保障咨询点，为社区困难职工提供全方位服务。二是会同市总工会培训中心和徐汇区职业高级中学，采取集中培训、送教上门等形式，举办家政、水电工、母婴护理等技能培训班，并积极帮助培训合格人员联系用工单位。三是开展创业培训、开业指导、项目开发等创业扶持活动，努力提高职工创业择业能力。全年，徐汇工会共组织876名下岗失业人员、农民工参加技能培训和创业培训，帮助250多人实现就业、再就业。（朱伟锋）

【普陀区总工会举办“困难职工家庭高校毕业生阳光就业行动”专场招聘会】 4—6月，普陀区总工会在西宫“天天职场”举办“困难职工家庭高校毕业生阳光就业行动”专场招聘会，共组织85家用工企业进场招聘，提供就业岗位462个，涉及管理、行政、金融、会计、文秘、市场营销等10多个行业、工种。同时，区总工会将实施“困难职工家庭高校毕业生阳光就业行动”与开展“技能培训促进就业行动”相结合，充分发挥职工援助服务中心、分中心和职介、培训机构的作用，为求职大学生提供免费就业指导，开展有针对性的职业介绍、技能培训等就业援助服务，广辟大学生就业渠道。（李　悦）

【普陀工会大力推进大学生工会志愿者见习基地建设】 2010年，普陀工会建立大学生工会志愿者见习基地，积极构建“毕业—见习—就业”绿色通道。一是在基层工会建立7个见习分基地，安排100个见习岗位，并联合致达集团共同出资50万元用于见习补贴、培训等。二是通过高校内的招聘网、劳动部门的公共招聘网及西宫“天天职场”等途径发布有关见习信

5月19日，杨浦区总工会举行“奉献世博，共创美好生活”卖场招聘会（张全桥）

息，共邀请126名就业困难的应届大学毕业生和困难职工未就业子女参加工会见习工作。三是建立每周见习领导小组办公室会议、每月分基地工作例会制度，加强对见习工作的跟踪管理，并在招录、见习、留用等各个环节建立相关的管理制度，提高工作效能。四是组织见习大学生参加工会工作培训班，由劳动、工会等相关部门授课，介绍求职、面试技巧，开展“一对一”的就业指导。五是建立工会见习大学生信息库，继续跟踪其学习、工作情况，进一步挖掘人才，充实工会干部队伍。（李 悦）

【杨浦区总工会开展“一万岗位促就业”计划显实效】 2010年，杨浦区总工会充分发挥职工创业指导服务中心、“1+1群”创业者联合会、工蕴人力资源公司、各地区总工会创业服务站的作用，深入开展“一万岗位促就业”计划，即全年为杨浦职工提供至少1万个就业岗位。截至年底，杨浦工会共提供各类就业岗位21542个，成功推荐3546人就业，17家企业被评为上海工会职工创业示范点。（张鸿祥）

【杨浦工会全力打造“职工电子创业”模式】 1月23日，杨浦区“1+1群”创业者联合会与南京市职工技术协会签订共建大学生电子商务创业实训基地协议，帮助南京市总工会打造服务不同社会群体的职工电子创业平台。自2009年杨浦区总工会“电子商务创业实训基地”建立以来，已培训180名残疾人，帮助224名就业困难职工转型成为“网店老板”，取得良好的社会效应。（李学兵）

【黄浦区总工会举行大学生职业见习结业仪式】 1月8日，黄浦区总工会举行大学生职业见习结业仪式，19名见习期满的见习生获得了见习证书及纪念品。黄浦区总工会见习基地自建立以来，共有50名大学生分赴36家基层工会见习。见习期间，区总工会通过安排座谈会、观摩主旋律电影、国庆征文、就业指导讲座等形式，提高见习生的工作能力。见习期间，共有31名见习生提前离开见习岗位实现就业，就业率达62%，其中，11人被区内第一铅笔股份有限公司、老凤祥有限公司、老西门街道、区车辆停放管理所、人民企业公司、豫园物业公司、豫园文化传播公司和邵万生食品公司等见习单位正式录用。

（徐佳礼 吕诚陆）

黄浦区总工会会同区人保局举办世博园区职工岗位招聘专场

（张文虎）

【黄浦区总工会举行送温暖援助服务日活动】 1月23日，黄浦区总工会举行“心系职工情，温暖进万家，和谐迎世博”援助服务日活动。活动期间，共组织9家企业进场招聘，提供102个就业岗位，达成初步用工意向19人，其中，2人被当场录用。同时，现场还为职工提供医保政策、法律援助、心理援助、互助保障等各项咨询服务。活动当天，区总工会共向66名困难职工发放帮扶金3.26万元。（吕诚陆）

【宝山区总工会举办专场招聘会】 5月29日，宝山区总工会会同市总工会培训中心、宝山区人力资源社会保障局在上海国际节能环保园举办“宝山工会‘百企千岗进社区，推进万人再就业’职介专场”。招聘活动期间，共组织134家企业进场设摊招聘，提供就业岗位2972个，现场接待求职2300人次，达成意向录用318人。

（胡立伟）

【金山区人力资源社会保障局工会举办择业观教育专题故事会巡回演出】 3月6—11日，金山区人力资源社会保障局工会分别在金山卫、枫泾、金山工业区、石化街道等11个镇（工业区）和社区举办“迎世博、促就业、择业观教育专题故事会”巡回演出。活动通过群众喜闻乐见、生动活泼的文艺作品，用讲故事、快板和小品等艺术形式，寓择业观宣传教育于娱乐之中，对基层优秀就业援助员的先进事迹进行生动展现，帮助职工群众树立“先就业、后择业，先生存、后发展”的正确择业观念。巡演为期一周，共有1500多人参加活动。（袁碧云）

【金山区人力资源社会保障局工会组织开展“政策宣传、就业服务进社区”活动】 10月10—17日，金山区人力资源社会保障局工会会同区就业促进中心职介、开业、就业援助等多个部门在区内11个街镇（工业区）开展“政策宣传、就业服务进社区”活动。活动以“满怀信心，调整心态，走好职场第一步”为主题，积极为失业人员及应届毕业生提供岗位信息，并安排职业见习、技能培训、创业贷款等就业援助服务。活动期间，共接待求职咨询、创业指导3000多人次，发放各类宣传资料2000多份，350人登记求职，45人经推荐与企业达成录用意向。

（王锐彬）

【松江区总工会做好帮扶服务工作推动“平安世博”建设】 一是协助政府做好促进就业工作。会同区人保局开

金山区人保局工会组织2010年政策宣传就业服务进社区活动

（王锐彬）

展“春风行动”，共参与组织招聘活动12场次，推出就业岗位1.9万个；联合举办“松江民营企业招聘周”活动，为2135名职工提供就业信息；举办各类技能培训班58期，培训职工6700人次；选树培育27个职工创业示范点，促进以创业带动就业。二是落实职工互助保障计划。共组织16.3万人次职工参加互助保障计划，较上年增加1万人次，共为1878人次职工送上给付金184.93万元。三是深化送温暖工作。“两节”期间，会同区慈善基金会组织7.53万职工开展“蓝天下挚爱——和谐松江‘一日捐’”活动，募集捐款248.26万元；完善困难职工档案，共有1532名困难职工进入各级帮扶信息平台；区总工会对大病、助学一次性帮扶1152名困难职工，帮扶款额总计96.82万元，各系统工会共帮扶4028名困难职工，帮扶金总计282.77万元。 （孙爱华）

【松江区总工会扎实推进就业援助行动】 2010年，松江工会坚持把开展就业援助行动作为工会工作的重中之重，积极帮助下岗失业人员、农民工实现就业。一是制定下发《松江区总工会促就业、保稳定——职工援助行动计划》，指导各级工会开展就业援助服务活动。二是通过基层调研、走访家庭、召开座谈会等方式，及时掌握下岗失业人员、农民工和“零就业”家庭人员的年龄、文化、技能和就业需求等情况，完善困难职工档案，定期进行跟踪调查。三是会同政府部门开展民营企业招聘周、“春风行动”等招聘活动。四是通过委托培训、校企联办等形式，开展各类岗位培训、技能培训。泗泾镇和九亭镇总工会，根据企业实际需求和岗位工种需要，实施订单式培训，开办电器维修、家政服务、蔬菜园艺等就业培训班138期，培训8700人次。五是广泛宣传扶持创业的各项政策和措施，把培育和选树创业点作为基层工会考核指标，全区共培育创业示范点43家，为4550人提供就业信息，推荐就业1495人。 （孙爱华）

【青浦工会召开职工创业示范点、就业基地授牌仪式暨就业工作推进会】 8月10日，青浦区总工会举行职工创业示范点、就业基地授牌仪式暨就业工作推进大会。会议对62家“青浦工会职工创业示范点”和90家“青浦工会职工就业基地”的企业进行授牌。上海方隆金属材料有限公司、上海宝狮缝纫机有限公司和上海马龙铝业有限公司等3家企业经营者作交流发言。会上，下发了《青浦工会职工创业示范点、就业基地管理实施意见》，进一步细化实施意见，采取切实有效措施，突出各级工会的服务和管理功能。 （马美君）

【青浦区总工会举办百家企业联合招聘会】 3月27日，青浦区总工会联合区人保局、区妇联和团区委举办百家企业联合招聘会。招聘活动共组织155家企业进场招聘，提供就业岗位5000多个，涉及机械电子制造、综合服务业等行业及行政管理、生产管理、财务、销售、业务、采购等10多个工种，现场接待求职4000多人，达成录用意向700多人。同时，招聘会现场还提供职业指导、开业指导等政策咨询服务，并开展单位用工及个人求职意向调查。 （马美君）

【崇明县总工会积极开展就业援助工作】 2010年，崇明县总工会充分整合社会资源，投入近6万元职介、培训

市档案馆与上海工会管理职业学院就建立大学生实训基地举行签约仪式

（兰宇新）

资金，有效开展就业援助工作。崇明县总工会职业介绍所继续与中华职校家庭劳务介绍所合作，县总工会培训机构积极开展保育员、维修电工技师、创业能力、多媒体作品制作员等多项技能培训，并在培训基础上，为其就业牵线搭桥，全年共成功推荐451人就业。（陈进修）

【上海工会管理职业学院建立大学生实训和档案在职教育实训基地】9月19日，上海工会管理职业学院和上海市档案局签署《档案人才培养和技术合作协议》。市人大常委会副主任、市总工会主席陈豪出席签约仪式，并为上海工会管理职业学院大学生实训基地和档案在职教育实训基地揭牌。《协议》明确，双方将充分发挥学校专业专长和档案行政部门行业管理的优势，共同建立档案修复与保护技术人才培养基地，推动全市档案教育实训工作和大学生社会实践活动，完善学校档案管理课程建设，加强档案安全保护技术研发和推广应用。（兰宇新）

困难帮扶

【市总工会及时做好"11·15"特别重大火灾事故受灾职工关心帮扶工作】静安区胶州路教师公寓楼"11·15"特别重大火灾事故发生后，全市各级工会迅速贯彻落实国务院调查组和市委、市政府的指示精神，全力做好调查排摸、走访慰问和精神帮扶工作，精心组织开展各项赈灾帮扶活动。市职工帮困基金会增拨赈灾资金100万元用于一次性帮扶"11·15"特别重大火灾事故受灾职工家庭，并及时调整赈灾帮扶的对象和标准，将原先赈灾帮扶2000元的标准根据受灾情况提高到2000—5000元，共帮扶113户受灾职工家庭，帮扶款总计40.1万元。市职工保障互助会及时开辟"绿色通道"，通过上门办手续、上门送给付金等形式，向参加"综合保障计划"、"意外伤害保障计划"的受灾会员给付每人最高5000元的意外火灾互助保障金，并及时启动"会员遭遇重大灾难互助基金"救助机制，向受灾会员家庭另外提供2000元的一次性救助金，共给付66户受灾职工家庭和28名受灾职工金额总计27.2万元。同时，各级工会也采取多种措施关心帮扶受灾职工家庭。静安区总工会举全会之力，迅速制订计划，部署排摸、慰问工作，并派出工作人员参与事故善后处理；黄浦、长宁、仪电、医药、医务、文新报业等工会组织也对地区、系统内的受灾职工家庭进行走访慰问；机电、纺织、教育、城建等局（产业）通过多种形式积极做好受灾职工的心理疏导、安抚和精神帮扶工作，使其"安心生活、安心工作"。（曹宏亮）

3月12日，召开上海工会保障工作会议暨市职保会三届五次理事会（史　韵）

【市总工会召开上海工会保障工作专题推进会议】11月11—12日，市总工会举行上海工会保障工作专题会议，进一步总结关心服务世博一线职工生产生活工作，研究部署2011年元旦春节送温暖工作计划。会议要求，一是要继续总结各级工会开展关心服务世博一线职工生产生活工作的主要业绩，宣传、推广经验典型，引领广大职工大力弘扬世博精神。二是要精心筹划2011年元旦春节送温暖活动，继续通过做实走访慰问、扶贫济困、权益维护、援助服务、精神关怀等举措，努力推动和帮助广大职工群众和困难职工解决"三最"问题。三是要学习贯彻党的十七届五中全会及九届市委十二次、十三次全会精神，密切关注"转方式、促转型"背景下及"十二五"期间职工劳动经济权益的新变化，认真谋划、制定2011年工作实施计划，不断推动工会保障工作创新发展。会上，浦东、长宁、杨浦、普陀、卢湾等区总工会和机电、纺织、铁路、船舶、水产、绿化市容等局（产业）工会作了专题交流发言。（曹宏亮）

【市总工会举行上海工会保障工作专题会议】4月29日，市总工会举行上海工会保障工作专题会议，部署关心服务世博一线职工生产生活及世博期间帮扶工作。会议明确，各级工会要深入学习胡锦涛总书记在全国劳模表彰大会上的讲话精神，进一步增强做好关心服务世博一线职工生产生活工作的使命感和责任感，主动作为，扎实推进，努力为"平安世博"建设作贡献；要明确重点，狠抓落实，有效推进薪酬激励、后勤保障等措施，积极主动维护广大职工特别是世博一线职工的劳动经济权益；要贯彻落实全国工会保障工作会议精神，切实加大帮扶困难职工群体的力度，着力做好世博期间困难职工家庭一次性帮扶工作，坚持不懈地开展就业援助及困难职工子女大学毕业就业、农民工援助、金秋助学等帮扶服务。（曹宏亮）

【市总工会举行2010年上海工会保障工作会议】3月12日，市总工会召开2010年上海工会保障工作会议。会议紧紧围绕市委、市政府"五个确保"的总体要求，回顾总结2009年上海工会保障工作所取得的成果，分析研判经济运行企稳回升和国企国资重组改革步伐加快的新形势下职工劳动经济权益的新变化，明确部署2010年上海工会保障工作的主要任务与目标。会议明确，一是要认清形势，围绕大局，切实增强做好新形势下上海工会保障工作的使命感和责任感，进一步推动上海工会保障工作的改革创新。二是要以完善上海工会就业援助服务体系为重点，全力推进"一网三平台"建设，切实做好工会就业援助工作。三是要以促进完善收入分配格局为重点，全面把握各类职工的多元化利益诉求，积极推进工会工资工作。四是要以参与完善上海社会保险制度体系为重点，全面梳理全市社会保险方面涉及职工切身利益的突出矛盾，积极推进工会政策保障工作。五是要以建立健全工会系统职工援助服务机制和网络为重点，积极推进工会帮扶工作可持续发展。六是要以加强工会保障工作队伍建设为重点，进一步提高新形势下工会保障工作的整体水平，努力将工会保障干部培养成社保政策的专家、调查研究的行家、维权帮扶的能手。会议表彰保障工作先进单位。（曹宏亮）

【市总机关党委及系统部分党组织与"帮困结对村"党组织签订新一轮帮扶协议】 在前3年结对帮扶工作的基础上，市总机关党委与浦东新区新建村，上海工人疗养院党委、科中技协党总支、退管办党总支、千禧海鸥党支部等党组织与崇明县联益村，上海工会管理职业学院党委和奉贤区东风村签订新一轮的帮扶协议。协议明确：市总机关和部分直管单位要在3年内筹措一定资金，补充投入村民生工程建设，定期慰问困难群众和捐资助学，增强村社会事业发展的能力；要整合各方资源，通过提供学习培训资料，完善村民活动场所设施，开展村干部、党员的教育培训等活动，推进基层党组织建设；要开展党建共建活动，双方党组织在思想、组织、作风建设上进行交流，研究探讨解决存在的重点难点问题，通过共建，相互学习，夯实党建工作的基础；要组织机关干部下村考察、学习与调研，了解新农村建设的现状和需求，增强对新农村建设的帮扶意识，并适时组织"送文艺"、"送法律"、"送健康"等下乡活动，为村民办实事。（余文龙）

【市总机关系统向受灾职工群众献爱心】 2010年，青海玉树、甘肃舟曲先后发生地震和泥石流灾害，上海市发生"11·15"特大火灾事故。灾情发生后，市总机关系统广大党员群众迅速行动起来，踊跃参加以"情系受灾群众，献上一份爱心"为主题的捐款活动，共向青海玉树灾区捐款2.73万元，向甘肃舟曲灾区捐款17.97万元，向"11·15"特大火灾事故受灾职工捐款2.17万元，以实际行动支援救灾工作。（余文龙）

【普陀区真如镇总工会发挥职工援助服务中心功能】 一是帮扶范围和内容上有新拓展。联合真如"爱心"超市，为困难职工、农民工以及世博一线职工和志愿者困难家庭提供优惠服务。二是完善帮扶方式上有新举措。联合镇就业指导中心举办大型招聘会，推荐31名困难职工参加食品安全、营业员、收银员上岗证培训。以真如创业园为平台，开展创业培训、创业指导。世博期间，共走访慰问200户特困职工、劳动模范家庭和世博志愿者家庭，慰问款物品总计4万元；帮扶生活难以为继、遭受意外灾难、因病致贫职工50户，帮扶金额3万元；为200人次困难职工提供免费健康体检服务。三是提高帮扶水平上有新突破。建立报告机制，通过建立镇、基层两级职工援助服务站、服务点，及时掌握职工的生活、就业等动态情况。建立分析机制，了解、掌握困难职工家庭的基本情况，及时分析困难企业和困难职工生产、生活状况和劳动关系矛盾。建立救助机制，实行首问接待和限期办理制度，做到"问题不过夜，帮扶即到位"，提供高效快捷的一站式服务。建立服务机制，采取全方位、一站式、亲情化服务方式，实现"三个到位"（感情到位、维护到位、工作到位）、"两个及时"（及时化解矛盾、及时理顺情绪），为困难职工打造帮扶服务平台。（李悦）

【虹口工会系统做好保障工作服务世博大局】 区总工会及全区各级工会通过走访调查，了解和掌握服务世博一线职工需求。(1)为服务世博一线职工参保"从业人员意外伤残保障计划"和"职工团体意外伤害保障计划"。区绿化市容局工会组织1200名外来务工人员参加"从业人员意外伤残保障计划"和"职工团体意外伤害保障计划"，长远集团工会为世博一线职工购买互助保障计划。(2)区总工会与区虹口公安分局工会联手，集中走访慰问服务世博一线、家庭困难或因投身世博运营而无力照顾患病家属或年幼子女的60名民警。(3)区医务工会选派12名职工参与4号线大连路站出入口安保工作期间，在地铁站内抢救一名重病青年男子。(4)做好关心服务世博一线职工工作。区

杨浦区总工会"一日捐"募集帮困资金177万元（曹理仰）

商业集团工会慰问参加地铁安检工作职工，区机关党工委向派驻园区的工作人员表示慰问，嘉兴社区（街道）总工会向世博一线职工发放纪念品和纪念包，向交通志愿者发放茶杯和雨披1600份。截至5月底，各级工会帮扶世博一线职工总人数303人，其中农民工105人，帮扶资金计9.16万元。

（徐　洁）

【杨浦区总工会世博期间“四大行动”服务职工】 一是“柔性化帮扶进企业进社区”行动。组织心理专家志愿团为非公企业、社区居民等举办3场迎世博心理健康知识讲座，每周六在线提供个性化心理援助服务。二是“春风式援助送慰问送健康”行动。筹措专项帮扶资金63万元，对地区内1923名重病、单亲、子女失学、支内回沪等生活困难职工、农民工进行一次性帮困，对已建档案的困难职工给予每户300元的一次性帮困资助。三是“公司化运作促创业促就业”行动。整合上海工蕴人力资源公司与职业介绍所资源，在杨浦工会网站发布就业岗位5000多个，成功推荐就业700余人，举办8场招聘会，提供岗位1443个，录用659人，同时建立大学生创业网、蚕宝宝商城等网站，帮助200余人实现网上创业。四是“联动式维权保平安保和谐”行动。建立区总工会、人保局、信访办、建交委多部门职工稳定工作协调联动机制，由协商部门的分管领导、职能科室科长及联络员组成工作小组，专门处置世博期间劳动关系运行过程中的群体性、突发性事件，并在街道、镇层面建立工会劳资矛盾应急化解工作小组。

（李学兵）

【杨浦区五角场地区总工会为困难职工送温暖】 一是开展“一日捐”活动，共筹集帮扶资金近6万元，机关干部个人捐款总额也达到1.65万元。二是做好特困职工的慰问和帮扶工作，共走访各类企业30多家，明确帮困对象400多人，发放大米250袋、食用油250桶及帮扶款4万元。三是积极宣传、广泛发动进一步督促企业为农民工办理综合保险和从业人员意外伤害和伤残互助保障计划。

（梁绍法）

卢湾区总工会召开金秋助学座谈会　（陈菊萍）

【黄浦区总工会第一时间关心慰问“11·15”特大火灾事故受灾职工】 “11·15”特大火灾事故发生后，黄浦区总工会迅速排摸了解区属企业7个家庭8名职工受灾情况，并在一周内将每人3000元的帮扶金送到受灾职工手中。同时，各级工会职工援助服务中心及时了解受灾职工参加互助保障计划的情况，及时做好理赔给付工作。

（江屹巍）

【黄浦区总工会开展服务世博“送温暖、送健康、送服务”系列活动】 一是维护区内企业中实习生的权益。黄浦区总工会联手区人保局指导有关单位签订学校、实习单位和学生家长“三方协议”，提供协议参考文本、规范协议内容，规范用工，维护1000名实习生的合法利益。二是走访慰问世博会园区内外职工。先后5次赴世博园区走访慰问，共投入慰问金125万元。三是帮助解决世博园区内外职工的后顾之忧。在开展走访慰问活动的基础上，开展大型义诊专场活动，并帮助16个职工家庭解决子女就学、患病就医、赡养老人、家政护理等方面的问题。四是举办心理疏导讲座。区总工会与专业心理咨询机构心潮健康咨询有限公司合作，先后两次为50名明华物业公司职工和70名公安干警提供心理疏导服务。

（吕诚陆）

【卢湾区总工会切实做好关心服务世博一线职工生产生活工作】 一是会同区市容绿化局加大对世博期间环卫一线员工的关心力度，积极争取区财政支持，落实劳动保护措施、高温津贴等防暑降温待遇，提高一线作业人员的收入水平。二是部署落实防暑降温和劳动保护措施，对1.71万名公安干警、世博志愿者、入驻园区企业、街道等一线职工进行高温慰问。三是加大帮扶工作力度，建立园区内职工信息库，为近800名参加世博运营保障工作而难以照顾患病家属或年幼子女等特殊困难的职工提供就学、就医、养老、家政等方面的援助服务。四是组织为世博作出突出贡献的市容绿化、城管系统357名一线职工参加疗休养，并落实专项资金为全体公安干警提供健康体检服务。五是会同有关部门开展世博期间职工食堂、工地食堂食品安全专项检查，推动落实后勤保障措施。六是举办农民工慰问专场，做好服务世博一线农民工的援助服务工作。

（葛家敏）

【静安区总工会紧急部署“11·15”特大火灾事故受灾职工排摸帮扶工作】 “11·15”特大火灾事故发生后，区总工会第一时间召开关于做好受灾职工关心帮扶暨职工募捐动员专题会议。会议传达市、区领导关于此次事件的重要指示精神。会议明确，一是要广泛发动职工参与捐款活动，并要求区总工会落实专人负责将各级工会组织和广大职工的捐款汇总至区“11·15事故”处理领导小组。二是要求各级工会组织做好职工及其家属受灾情况的排查，对受灾职工要积极配合党政做好关心慰问工作，派出人员前往安置点、医院看望，安抚受灾人员。三是要做好派出工作人员、参与事故善后处理的工作人员的关心慰问工作。各级工会迅速行动，广泛发动，全区各级工会共募集到捐款 206 万。欧莱雅(中国)投资有限公司、大金(中国)投资有限公司等世界 500 强企业工会组织在第一时间将捐款送到区总工会。

（姜颖洁）

上海市机电工会召开助学帮困大会　（钱国钿）

【青浦区总工会建立"工惠"帮困基金】 2010 年，青浦区总工会积极争取区慈善基金会的支持和资助，成立"工惠"帮困基金，并通过宣传发动，逐步形成职工帮扶区、镇、企三级网络，不断加大帮扶力度，拓展帮扶覆盖面。全年，区总工会共帮扶困难职工 1424 人次，帮扶总金额达 64.6 万元，较 2009 年增长 27%。同时，依托"工惠"帮困基金，开展为困难企业职工"送体检、送意外保障、送女职工特种重病保障计划"活动，帮扶金额共计 28 万元，较 2009 年增长 47%。

（马美君）

【奉贤区总工会切实加大援助服务工作力度】 一是组织高温慰问活动，关心一线职工生产生活，共慰问职工 1.1 万人，慰问金总计 20 万多元；开展对动迁工作人员的慰问活动，共慰问干部职工 680 人次，发放慰问品近 5 万元。二是积极开展就业援助服务活动，全区工会系统推荐就业岗位 9104 个，帮助 3235 名下岗失业人员、大学生和农民工实现就业；命名上海超日太阳能科技股份有限公司等 40 家单位为区职工创业就业示范基地，其中，上海朝昌包装机械有限公司获得"上海工会职工十佳创业示范点"称号，上海华向橡胶有限公司等 7 家单位获"上海工会职工创业示范点"称号。三是坚持开展送温暖活动，共走访慰问困难职工、困难劳模、助学对象 2186 人次，发放慰问款 189 万元。四是认真做好互助保障计划的参保、给付工作，共组织参保 5.69 万人次，参保金额达 773 万元，给付 9255 人次，给付金额达 705 万元。五是完善区职工救急济难互助会实施办法，截至年底，参会职工已达 11.38 万人。

（刘传军）

上海大众出租营运六分公司工会开展走访崇明籍职工家庭活动，送上工会关爱　（查建华）

【上海电气人力资源有限公司建立助学帮扶长效机制】 一是制定《阳光助学帮困暂行规定》，对考入全日制大专以上高校的离岗职工子女给以一次性助学奖励；设立"奋飞奖"，对离岗职工子女被评为"三好"学生的给以奖励；对符合"低保"条件的困难职工家庭，每学期开学前给以助学补贴。2010 年，共助学帮扶、奖励 449 人次、发放助学款 30.37 万元。二是开展延伸服务，对困难职工家庭中有就业愿望和就业能力且目前无工作的子女，提供职介服务，推荐上岗就业。三是制定《深度帮困制度》，对"低保"或夫妻双方都在"人力公司"托管的家庭，因生活发生困难，经各类助学帮扶后仍无能力支付子女学费造成子女无法入学或辍学的，列入深度助学帮扶范围。2010 年 1—6 月，共有 27 人享受深度助学帮扶，帮扶金额达 12.58 万元。

（陈　群）

【上海电气职工为甘肃玉树地震灾区献爱心】 青海玉树发生 7.1 级地震后，电气集团领导率先捐款，广大职工积极弘扬"一方有难，八方支援"传统美德和良好社会风尚纷纷慷慨解囊，向地震灾区捐款捐物。截至4月29日，捐款总数达592万元，其中，6.27万名电气职工共捐款407万元，企业共捐款185万元。（周 珺）

【仪电工会慰问胶州路“11·15”特大火灾遇难职工家属】 11月18日，得知集团系统原上无廿厂退休人员金淑青在胶州路“11·15”特大火灾中遇难的消息，集团工会会同党委以及上海金陵股份有限公司工会前往武定路朗格假日酒店，代表集团党委、行政领导向金淑青家属表示慰问。上海金陵退管会关注受灾家庭，及时为他们提供帮助。据统计，火灾发生后，仪电系统领导干部慰问了8位受灾职工和家属，仪电工会送出慰问金共计2.4万元。（陶丽娟）

【市化学工会坚持多措并举做好帮扶工作】 2010年，市化学工会共组织动员近3万名职工参加“一日捐”和向青海玉树地震灾区捐款活动，捐款金额超过200万元；共排摸建立困难职工档案2571份，共帮扶困难职工1.38万人次，帮扶总金额达646.82万元，其中，通过工会职工救急济难基金会安排集团领导走访慰问困难职工及定向帮扶，共帮扶近4000名困难职工，帮扶金额达138.48万元；扎实推进互助保障计划参续保和给付工作，基本做到全覆盖，全年，共给付11.54万人次（含退休职工），给付金额总计1159.07万元。（王有福）

【市纺织工会7项举措夯实工会帮扶工作】 一是组织开展“爱心一日捐”活动，88家企业共捐款195.5万元。二是开展领导干部“双百结对帮扶”活动，100名困难职工与集团各级领导的结对帮扶。三是继续为在档800多名困难职工赠送“爱心保单”，全年共有47名困难职工给付金6.58万元。四是开展“爱心传递”活动，16名受助大学毕业生捐出首月工资2.28万元帮助都江堰市10名结对学生。五是世博期间为在档困难职工发放总计24万元的一次性帮扶金及200张世博门票。六是坚持节日帮扶，全系统共帮扶7584人次，帮扶金额达226.52万元，其中，助学帮扶1094人次，助学金额41.68万元。七是开展农民工帮扶，赠送意外伤残保障计划，惠及行业内3000名农民工。（汪叶慧）

【市电力公司工会着力构建长效帮扶机制】 一是源头参与，市电力公司工会坚持对企业涉及员工的重大事项经民主程序讨论通过。二是建章立制，公司工会制定《关于建立多层次帮困送温暖机制的若干意见》和《关于做好多层次帮困送温暖工作的实施办法》，明确帮扶工作的原则和做法。部分基层单位健全和制定相应的帮扶工作制度和工作目标责任。三是组织参保，公司工会组织职工参加在职职工住院、特种重病、女职工特种重病、退休职工住院等互助保障计划。（余传毅）

【上海电力安装第二工程公司工会实施职工关爱联动机制】 2010年，上海电力安装第二工程公司工会建立“职工关爱联动机制”，让职工对企业多一份信赖，对家庭少一点牵挂。对所有赴外地职工家庭信息通过公司工会、基层工会和项目工委三方联合进行排摸，并建立“一人一档”，向家属发放《关爱联系卡》，同时，做到“三个应访”，即定期询访，节假日必访，应急突发情况即访。全年，公司工会组织应急处理职工家庭各种突发事件15例，中秋国庆期间，共集中走访慰问160名职工家庭。（龚洁庆）

市纺织工会阳光爱心志愿者与来自都江堰的同学联欢（徐志康）

【上海石化工会调整规范帮扶标准】 6月，上海石化工会职工帮困互助基金会对特困职工界定标准、困难职工重大节日慰问帮扶标准进行调整，并对《公司职工帮困互助基金管理实施细则》和《公司特困职工帮困办法》部分条款进行修改，明确两级单位帮扶工作的具体要求，不断扩大帮扶覆盖面，提高帮扶工作水平。全年，上海石化各级工会共帮扶1189人次，帮扶金总计311.49万元。（吴雪梅）

【烟草系统职工踊跃向玉树地震灾区捐款捐物】 青海玉树发生7.1级地震灾害后，上海烟草集团各基层单位迅速行动起来，根据统一部署，紧急动员和组织落实向玉树灾区的募捐活动。集团所属9家企业全部参加捐款，广大职工积极响应，踊跃参与。共有超过1万名集团职工募集救灾款118.41万元，募集衣被2.28万件。（江洪生）

【中海集团工会积极做好职工援助保障工作】 一是推动提高集团职工收入水平，职工年平均工资从2005年的5.7万元提高到2010年的8.81万元，年均增长9.1%。二是推动行政出资2亿元提高运输船员待遇，增加船员工资、奖金和伙食津贴，提高船员社会保险和住房公积金缴费水平。三是推动建立企业年金制度和企业补充医疗保险方案。四是加大关心帮扶一线职工和离退休人员的力度，“十一五”期间共慰问一线职工近15万人次，慰问金达2000多万元，共发放离退休人员企业节日补贴2.3亿元。五是对口支援新疆柯坪县和定点帮扶云南永德县，累计无偿援助资金4595万元，被国务院授予“中央国家机关等单位定点扶贫先进单位”称号。（沈海龙）

【长江轮船公司职工为玉树地震灾区奉献爱心】 4月19日，长江轮船公司工会第一时间采用电传方式，用最快的速度把募捐的信息传递到基层各单位，公司领导和广大职工积极响应，慷慨解囊，仅一天时间，共有2337名职工参加捐款活动，共募集善款12.09万元，并于21日上午电汇至长航集团工会。 （章 伟）

【长江轮船旅游事业部工会努力为职工办实事做好事】 2010年，长江轮船公司旅游事业部工会着力帮助职工解决实际困难成效显著。一是通过召开职代会途径，推动行政提高一线职工的收入水平。2010年，事业部职工工资平均增幅21%，对一线职工倾斜平均增幅达29.5%，其中，游船职工平均工资增幅17.7%，酒店职工平均工资增幅24%，物业职工平均工资增幅22.3%。二是下基层慰问高温一线职工，送去清凉饮品及慰问品，同时，在传统节日特别是中秋节前后走访慰问企业湖南籍职工。三是根据《旅游事业部助学帮困实施细则》，共实施助学帮扶7人次。 （李 哲）

【上海邮政工会积极开展送温暖活动】 2010年，上海邮政工会精心制定帮扶救助措施，切实关注广大职工“三最”利益问题，不断完善和创新以送温暖工作为基本形式的长效帮扶机制。一是注重把送温暖活动与确保“平安世博”结合起来。通过送温暖活动，切实为广大困难职工排忧解难，不断推动帮困送温暖经常化、制度化、规范化建设，促进职工队伍稳定。二是注重把帮扶援助工作与“第一责任人”制度结合起来。通过动态管理，了解困难职工实际状况，有针对性地开展工作。全公司共有38个基层工会建立了帮困基金会，27个基层工会建立了困难员工档案，基本做到“不遗漏、主动帮”。三是注重把开展送温暖与“政策帮扶”结合起来。最大限度地实现政府救助政策与困难职工的无缝链接。全年，共为823名员工提供政策咨询。2010年，市邮政公司帮困基金会，帮扶530人次，帮扶总金额超过30万元。 （顾奇良）

【中交上海航道局工会积极推进长效帮扶机制建设】 中交上海航道局工会围绕和谐企业建设目标，不断夯实帮扶工作基础，健全完善《中交上海航道局有限公司帮困送温暖长效机制》，切实加大工作力度，着力构建两级工会困难职工信息管理系统。同时，公司工会深入基层，辅导、带教保障干部，对困难员工基本信息进行全面清理，年中和年末复审，对已脱困人员资料及时更正。2010年，公司工会全面提高离岗困难职工帮扶补助金、节日慰问金、重大疾病补助金的标准，形成“特困职工重点帮，一般困难普遍帮”的工作格局，在开展以“四个一”（一次访家，写一封祝贺信，送一只书包，送一笔助学款）为重点的“金秋助学”活动中，两级工会共助学帮扶67名困难职工子女，助学款近4万元。 （钱文勤）

【中交三航二公司工会发挥“生福会”的作用切实为职工排忧解难】 中交三航二公司工会注意发挥“职代会生活福利规章制度委员会”的作用，通过“职工维权快速通道”和深入基层调研等途径，了解掌握职工的利益诉求，并结合公司实际，积极为职工谋福利。公司出台《对职工自购住房实行房款补贴办法》，帮助公司员工解决购房难的困难；又根据青年职工买房困难的情况，出台实施《关于对青年技术骨干自购住房款实行补贴的办法》、《青年知识分子购房全贴息借款办法》等制度，为青年职工解决购房首付款的问题。2010年，“生福会”通过调研，将相关《办法》的实施地域从上海拓展到江、浙两省，同时，进一步加强对职工、青年职工享受购房全贴息借款、补贴执行情况的监督检查，坚持把好事做好。2007—2010年，有46名青年职工享受购房全贴息借款政策，共计贴息448万元；有84名青年技术骨干和住房困难职工享受自购住房补贴政策，共计补贴248万元。 （王乃麒）

【中远集运工会积极开展赈灾募捐和结对帮扶活动】 青海玉树地震灾害发生后，中远集运发扬“济贫扶危、守望相助”的光荣传统，由公司工会及时发出倡仪，共组织8690名职工参加捐款，捐款总额超过100万元。西南旱灾发生后，在公司工会的倡导下，中远职工大力弘扬“奉献、友爱、互助、进步”的精神，积极投身“情系灾区、传递爱心——我为灾区捐赠一瓶水”的行动中。在圆满完成与崇明县三星镇北桥村首轮结对帮扶工作的基础上，继续开展新一轮为期3年的结对帮扶工作，2010年，又出资10万元用于新农村建设，并对25户特困户和75户贫困户发放帮扶金6万元。 （钱 华）

【城投总公司工会动员职工积极参加公益活动】 4月初，城投总公司工会向全体职工发出参与文汇报社主办的2010年第七届“书送希望”捐赠活动

百联集团工会携手市慈善基金会举办义卖会 （姜 杰）

的倡议，经发动共募集七成新以上，以知识型为主适合孩子和学生阅读的图书总计1.33万册，募集书包、铅笔盒等文具2274件。文汇报社第一时间将城投系统职工捐赠的全部书籍、文具在儿童节前后送到贫困地区孩子手中。5月，城投系统各级工会还开展为玉树地震灾区募捐活动，共筹集善款110.87万元，并通过上海市慈善基金会统一捐往灾区。 （朱文慧）

【虹桥开发公司与横沙乡新联村签署新一轮结对帮扶工作协议】 7月13日，虹桥开发公司与新联村村委会续签新一轮结对帮扶工作协议，协议明确，未来3年里，结对双方将在巩固前3年结对帮扶工作成果基础上，通过发挥各自强项，充分利用现有资源，相互支持，密切协作，推动双方党建联建、文明共建作出新成绩。双方重点帮扶项目为基层党组织工作条件、工作资源的改善，加强基层党员学习教育管理工作的探索，文明创建工作的经验交流成果共享，继续扶贫帮困、助老助学，继续帮助拓宽农副产品销售渠道，继续实施就业援助工作。

（袁海明）

【百联集团工会联手市慈善基金会举办义卖会】 5月31日，百联集团工会联手上海市慈善基金会在东方商厦南东店举办慈善义卖会。200多位来自百联股份本部、东方商厦南东店、第一百货商店等企业的职工踊跃参加、慷慨解囊。市慈善基金会上门组织义卖活动，现场提供厨具、玩具、服装、玻璃器皿等8个大类、6万余元的品牌商品。义卖所得善款全部用于老年白内障与小儿先天性心脏搭桥患者的治疗。 （姜 杰）

【水产集团工会夯实7项举措开展帮扶工作】 一是开展帮扶工作调研检查，确定集团系统八类帮扶对象。二是召开帮扶专题会议，部署送温暖工作。三是下发送温暖文件，提出具体工作要求。四是通过集团与企业两级行政资助，不断提升帮扶实力。五是动员职工参加“爱心一日捐”活动，扩大各级帮扶资金规模。六是在元旦春节期间，深入开展走访慰问活动，共筹集慰问款物304万元，慰问困难职工和劳模先进1.06万人次。七是认真组织职工参加市总在职住院、大病重病、女职工特殊保护等互助保障计划，做到参保全覆盖。 （汤宝龙）

【市科技工会建立困难职工专项补助制度】 市科技工会积极发挥帮扶专项经费的作用，建立系统内因患病或家庭遭遇突发事件造成生活困难的在职职工专项补助制度，明确凡因患特种重病并获市职保会给付的职工可再获得5000元的困难补助，凡因患病住院并获市职保会累计3000元以上住院给付的职工可再获得800元以上的困难补助，同时，对因职工家庭遭遇突发性灾难造成基本生活困难的职工也给予适当补助。 （陶 薇）

【市新闻出版工会多形式、多渠道为职工排忧解难】 2010年，市新闻出版工会坚持面向困难职工和劳模群体，努力为行业广大职工办实事、解难事。一是组织75家基层单位的7000多名职工参加“一日捐”活动，募集资金23.7万元。全年，共下发各集团、基层工会帮扶款30万元，帮扶困难职工552人次。二是扩大退休职工重病给付力度。从原给付的10种病种，再次将“消融术、置换股骨头、膝关节”纳入新增给付病种。同时，对没有享受重病资助发生死亡的退休职工，给予1000元死亡补助金。全年，局重病医疗互助基金共为197名退休职工进行了给付，给付金额达61.6万元。三是切实关心劳模的身心健康。共组织42名退休劳模体检，为其订阅报刊杂志、送生日慰问金、并购买“银发无忧”商业保险。 （陈宏华）

【良友集团工会着力开展帮扶工作】 一是共组织6128名职工参加“一日捐”活动，捐款总额达21.87万元，有效地充实各级工会帮扶基金；二是元旦春节期间，通过行政帮助、工会出资、职工捐款等多种渠道，共筹集帮扶资金63.94万元，帮扶2215名困难；三是开展“金秋助学”活动，共筹集助学资金21万元，资助困难职工和困难农民工子女347人。

（刘国成 周黎琼）

【市监狱局工会建立健全长效帮扶机制】 市监狱局工会不断完善市、局和基层工会三级帮扶网络，建立困难干警职工家庭情况及子女助学档案，实行动态网络管理，同时，用好两级工会帮扶资金，争取多渠道的社会救助，着力做好帮扶工作。一是在四大节日期间，共帮扶1798户困难家庭以及患病住院的干警、职工，帮扶总金额达81.71万元。二是助学帮扶203名困难干警职工子女，发放助学金20.07万元。三是出资20万元，对社区和企业生活困难的退休职工开展“送温暖”和“送清凉”活动。四是向市总工会争取救灾款8万元，并筹资20万元为军天湖监狱基层单位办职工书屋。五是共为1.85万人次干警职工（包括

锦江旅游工会接待灾区学生 （陈佳瑛）

退休职工)续保4项医疗互助保障计划,8025人次获给付金170.21万元。六是定向帮扶患病干警职工66人次,帮扶款总计3.24万元。 (江海群)

【锦江国际集团工会不断健全帮扶保障机制】 锦江国际工会充分依托三级帮扶网络的资源优势,将关心困难职工作为一项长期的重要工作来抓,着重组织开展好"送温暖"、金秋助学、助医等活动,落实好领导干部联系帮助生活困难职工户制度,切实加大帮扶工作力度,坚持"节日帮"和"平时帮"相结合,扎实推进工作。2010年,集团工会帮扶困难职工8355人次,帮扶款总计394.42万元。其中,生活帮扶6244人次,帮扶金218.54万元;医疗帮扶1032人次,金额113.55万元;助学帮扶721人次,帮扶金44.65万元。 (陈 怡)

【市经济和信息化工作系统工会有效推进帮扶工作】 一是元旦春节期间,共对系统内38家单位的236名困难职工(困难劳模)进行走访慰问,慰问款物总计15万元。二是召开市经信系统帮困基金一届一次理事会,通过《市经济和信息化工作系统帮困基金章程》和《基金使用管理办法》。三是高温期间,共慰问大型央企和直属单位34家,慰问职工3100多名。四是"11·15"特大火灾事故发生后,系统工会第一时间排摸、慰问6家单位的12户家庭受灾职工家庭。五是开展"金秋助学"活动,共助学帮扶48名单亲职工子女,助学金总计8.5万元。 (黄 俭)

【市公惠医院坚持开展帮扶困难职工"献爱心"活动】 一是开展"一日捐"活动,共组织全院257名在岗职工参加,筹集帮扶资金6360元。二是"党员爱心捐款"活动,51位在职党员捐款3085元。三是落实节日慰问、生活帮扶、医疗帮扶及助学帮扶,共惠及94人次,帮扶款总计2.28万元,其中,共有24人次得到"党员爱心捐款"资金的帮扶。 (张利平)

元旦春节送温暖

【上海工会举行2010年元旦春节送温暖援助服务日活动】 1月23日,市总工会开展以"心系职工情,温暖进万家,和谐迎世博"为主题的2010年元旦春节送温暖援助服务日活动。活动当日,市总工会分别在徐汇、长宁、普陀、闸北、杨浦、虹口6个区举办送温暖职介专场,共有330家用工单位进场招聘,提供就业岗位6909个,共有7200多人进场求职,接待求职咨询3945人,1234人当场达成用工意向。同时,全市18个区、县总工会职工援助服务中心及部分街道(乡镇)分中心也于当日通过窗口及设摊服务等形式,现场为职工提供政策咨询、求职指导、创业指导及便民服务等援助项目,进一步深入开展"送政策、送岗位、送技能、送健康"、"进社区、进企业、进家庭"的"四送三进"活动。(曹宏亮)

浦东新区总工会举办援助服务日活动 (陈建林)

【浦东新区总工会举行送温暖援助服务日活动】 1月23日,浦东新区总工会在浦东金桥国际商业广场举行以"心系职工情、温暖进万家、和谐迎世博"为主题的送温暖援助服务日活动。活动以困难企业的困难职工、特困职工家庭和农民工为重点帮扶对象,现场提供政策帮困、政策解答服务、技能培训登记、帮困救助登记等服务。活动当日,共接待咨询150多人次,帮扶登记20人次,技能培训登记60人次,发放保障政策相关丛书和宣传资料560份。 (王建中)

【长宁区总工会3项举措深化送温暖活动内涵】 元旦春节期间,长宁区总工会精心筹划、多措并举,深入开展送温暖活动,不断深化送温暖活动内涵。一是提升效应,加大帮扶力度,共走访慰问困难职工1290人次,帮扶金额达172.7万元,困难企业和困难职工人数及慰问金额较2009年有新的突破。二是结合困难职工子女毕业生就业援助工作,在走访慰问的同时开展全面调查排摸,详细了解他们的就业意向、技能专长等相关信息,及时开展就业援助工作。三是实现与10个职工援助服务分中心的联动,有效开展就业援助活动,切实为困难职工提供就业、医疗、法律等方面的援助服务。 (沈 婕)

【普陀区总工会加大"中秋、国庆"期间帮扶力度】 2010年,普陀区总工会对在档困难职工家庭按每户不低于300元标准给予生活帮扶的基础上,进一步加大帮扶资金筹集和投入力度,通过中央财政、地方财政配套、区级工会拨款和社会捐赠等途径,共筹措帮扶资金60万元。同时,不断扩大困难职工帮扶范围,在"中秋、国庆"期间,积极开展慰问世博一线职工、金秋助学、生活帮扶、大病帮扶等帮扶服务工作,惠及近2000人次困难职工。 (李 悦)

【杨浦区总工会举行春节帮困送温暖大会】 1月23日,杨浦区总工会举行春节帮困送温暖大会暨援助服务日活动。会上，启动实施"一日捐"活动，共募集帮扶资金177万元；向非公企业农民工代表发放进城务工人员助医卡；杨浦工会"1+1群"创业者联合会介绍扶持大学生创业的典型经验，并与南京市总工会职工技协签订大学生电子商务创业实训基地协议。

（许　萍）

【黄浦区总工会广泛开展元旦春节送温暖活动】　2010年元旦春节期间，黄浦工会共走访慰问困难企业62家，慰问因病致贫职工、困难协保职工、农民工、困难劳模6347人，发放帮扶金总计达284万元。1月4日，黄浦区总工会举行"惠民生、解民忧、促和谐——黄浦区2010元旦春节送温暖活动启动仪式"，区四套班子领导分25路走访慰问困难家庭、困难职工、下岗失业人员家庭。（江屹巍）

【静安工会做实3项举措深化元旦春节送温暖活动】　一是开展以"捐出一日工资，献出一份爱心"为主题的"一日捐"活动，共募集帮扶资金394万元，同比增加15%。二是排摸困难职工家庭477户，走访慰问困难职工家庭2875户，发放慰问款物328万元，其中，区总工会领导分五路走访20户困难职工家庭。三是分别在静安公园和区总工会职工援助服务中心举行两场以"心系职工情、温暖进万家、和谐迎世博"为主题的送温暖援助服务日活动，现场为职工提供职业介绍、法律援助、工会维权、职工互助保障等10多项援助服务项目，共接待咨询400余人次，帮助150名就业困难职工实现就业。（陆　蕾）

【嘉定工会积极开展送温暖系列活动】　2010年元旦春节期间，嘉定各级工会通过开展送温暖系列活动，切实为困难职工、农民工排忧解难。全区共组织10.3万名干部职工参加"献爱心，一日捐"活动，捐款总额达236万元；共走访慰问困难职工、农民工1.24万人次，发放慰问款物达502万元，其中，走访困难企业15家，慰问农民工5278人；共向困难职工、下岗失业人员提供政策宣传2381人次，帮助符合条件的困难职工落实相关惠民政策1387人；实施技能培训1320人，医疗帮扶377人，助学帮扶1630人，法律援助283人次；配合政府有关部门帮助1278名农民工追讨欠薪393.4万元；为93家企业出具证明，订购返乡车票，帮助农民工平安返乡3500人。（徐　浩）

中远集运继续开展与崇明县三星镇北桥村新一轮的结队帮扶工作

（陆　涛）

【中海集团工会开展元旦春节期间职工帮扶活动】　2010年元旦、春节期间，中海集团工会全力以赴开展送温暖活动。中海集团工会共组织1.2万名职工参加"一日捐"活动，筹集资金64.08万元；建立困难职工档案家庭1518户，走访慰问困难职工2616人，发放慰问金151.5万元；慰问生产一线职工6038人，发放慰问金93.34万元；建立规模达1000万元的退休运输船员帮扶基金，共帮扶4832人（次）生活困难退休船员，帮扶款总计387.74万元。（顾惠根）

【上海电信松江局工会建立送温暖活动3项制度】　一是建立台账制度，确保帮扶工作到位。各部门工会、工会小组作为帮扶对象第一知情人，及时将困难职工实际情况报局工会，经过摸底调查，确定帮扶对象和标准，做好台账登记。二是建立捐助制度，确保帮扶对象解决生活困难。局工会建立帮困基金，发动部门工会积极开展"爱心募捐"活动和"暖心计划"行动。三是建立走访制度，广泛开展为困难职工"雪中送炭"活动。每逢元旦、春节、中秋等节假日，工会领导都分头走访困难职工家庭，同时每逢"六一"节，局工会女工委还开展单亲家庭关爱行动，送上工会组织的关爱。

（朱东亚）

【中远集运工会大力开展送温暖活动】　2010年元旦春节期间，中远集运工会把开展好送温暖活动作为建设"和谐中远"的重要举措，精心筹划安排，协调各方力量，落实各项举措。集团工会共组织6065名在沪职工参加"一日捐"活动，筹集帮扶资金26.32万元；同时，深入开展针对退休老劳模、困难职工、起义北归船员、退休军转干部等家庭的走访慰问活动，共慰问3223人次，慰问金总额达358.92万元。（钱　华）

【上海机场集团工会开展"迎世博、送温暖、先锋队在行动"主题活动】　1月中旬，上海机场集团工会启动实施"迎世博、送温暖、先锋队在行动"主题活动。活动期间，集团党员先锋队、工人先锋队、巾帼先锋队、青年先锋队集体行动，共走访慰问264人困难职工，慰问款物总计达73万元，其中，集团帮扶资金出资24万元。

（王　冰）

【建工集团工会不断夯实送温暖活动基础】　2010年，建工集团各级工会贯彻落实集团行政和工会共同制定出台的《关于进一步做好帮困送温暖的工作意见》,不断健全送温暖工作信息网络,对帮扶对象每年进行一次排摸调整,建挡立卡,做到"五个清",即困难职工个人情况清、家庭情况清、困难原因清、思想动态清、解困重点清,并实行动态管理。同时,切实落实好送温暖资金,不断提高帮扶标准。元旦春节期间,集团工会共组织1.69万名职工参加"一日捐"活动,募集帮扶资金97.42万元;共筹集送温暖资金105万元,走访慰问困难职工1679户(其中助学对象388人次)、沪外项目工作职工家庭421户。 (缪云明)

【上海市税务工会开展爱心一日捐】 在2011年春节来临之际,市税务工会组织系统各直属单位职工开展"爱心一日捐"活动,截至1月6日,13家单位1722名职工共捐款114557.90元,募捐所得款项将全部进入各单位的"爱心基金"账户内,并用于元旦春节期间走访慰问单位内困难职工。

(臧 韬)

【市医务工会精心组织送温暖活动】 元旦春节期间,市医务工会制定送温暖活动计划,通过排摸调查,明确100名重点帮扶对象,组织开展走访慰问。自元月18日起,市卫生局党政领导分别上门慰问老领导、老专家及卫生系统身患重病或家庭困难的职工。至春节前,市卫生系统共慰问在职困难职工98人,发放慰问金10.8万元。

(童秀妹 柯 婷 张春荣)

【光明食品集团工会扎实推进送温暖活动】 年初,光明食品集团工会召开集团送温暖工作会议,传达市政府有关送温暖工作要求,部署集团送温暖工作,强调纵向到底、横向到边,加大帮扶力度、扩大帮扶覆盖面,力争做到"一个不漏"。各级工会围绕困难职工面临的热点和难点问题,明确帮扶重点,确定帮扶对象,深入困难职工家庭,帮助解决急难愁忧问题。元旦春节期间,全系统共慰问困难职工1.61万人次,慰问金额达781.15万元;共资助困难职工和困难农民工子女471人,发放助学款53.62万元。

(桑树德)

【市民政局工会举行向困难职工献爱心捐款仪式】 春节前夕,市民政局工会举行"'情牵残疾职工、共建和谐民政'——2010年市民政系统向困难职工献爱心捐款仪式"。市民政局机关、市殡葬服务中心等12家局属单位共向民政(集团)有限公司困难职工捐款66万元。 (林丽萍)

金秋助学

【上海工会深入开展"金秋助学"活动】 2010年,上海工会贯彻落实全总关于开展2010年全国工会"金秋助学"活动和困难职工家庭高校毕业生阳光就业行动的部署要求,切实以国家助学体系暂时没有覆盖,或者已经覆盖到但需要进一步救助的困难职工子女、农民工上学子女和困难职工家庭就业困难的高校毕业生以及遭受重大自然灾害的困难职工子女为主要对象,重点帮扶"低保"职工家庭中经过政府救助后生活仍然困难的职工家庭子女、家庭人均收入略高于全市最低生活保障线但存在家庭成员患大病等特殊困难的"低保"边缘职工子女及服务世博一线困难职工、农民工子女,进一步拓展助学帮扶覆盖面,不断深化助学帮扶内涵。市总工会通过市职工帮困基金会筹资270余万元,直接定向助学2242名困难职工子女。全市各级工会共发放助学款5879.74万元,资助5.22万名困难职工子女和农民工子女。同时,作为"金秋助学"活动的重要组成部分,开展"千千助学"活动共筹集助学款202.84万元,结对助学817名困难职工子女;举行"点亮心灯,畅想世博——上海工会千名助学受助学生畅游世博主题活动",共组织1000名困难职工子女、农民工子女和都江堰在沪大学生参观世博会。

(曹宏亮 顾 佳)

【长宁工会突出"五个更加注重"深入开展"双百"助学行动】 2010年,长宁工会深入开展"百名企业帮助百名学生"助学行动,全区170家单位共结对助学769名困难职工子女,受助金总计101.8万元。在"双百"助学行动实施过程中,长宁区各级工会做到"五个更加注重":一是更加注重困难农民工子女的健康成长,共有50多名困难农民工子女得到助学帮扶。二是更加注重树立"解困、育人、成才"的助学帮扶理念。三是更加注重整合社会各类资源,30多家企业和社区单位为受助学生提供暑期见习岗位,部分受助学生还在世博园区中担任"小白菜"志愿者。四是更加注重人文关怀和精神慰藉。五是更加注重了解贫困家庭的生活现状和受助学生的期望,进一步完善困难职工子女档案,并建立动态信息反馈机制,实施跟踪服务,确保掌握每一名困难学子的家庭情况。截至年底,共有193名受助学生顺利完成学业。 (沈 婕)

5月11日,城投总公司工会主席杨申鲁代表总公司2万名职工通过上海慈善基金会向玉树灾区捐款 (金 寒)

【杨浦工会多措并举开展“金秋助学”活动】 8月6日，杨浦区总工会举办“情系莘莘学子，工会祝你成才——2010年杨浦工会金秋助学”座谈会。会上，区总工会向困难职工子女发放爱心助学款，4名受助大学生被选为2010年杨浦工会“爱心助学志愿者”，并与4名困难职工子女结对。杨浦工会整合多方资源，累计筹集助学资金1854.15万元，发放助学贷款1783.27万元，助学帮扶困难职工子女和农民工子女2.13万人。 （许 萍）

【黄浦区总工会扎实开展“金秋助学”活动】 7月8日，黄浦区总工会与区“关心下一代工委”、区机关工会联合举办以“爱心孕育希望，共享精彩世博”为主题的“金秋助学”活动启动仪式。仪式上，区退休老干部代表向困难职工子女代表赠送慰问金与高温慰问品。“金秋助学”活动期间，49名区机关干部与49名困难职工子女结对助学，区机关干部向困难职工子女赠送150份价值1.5万元的高温慰问品，区总工会投入15万元资金资助109名困难职工子女。区总工会共投入助学资金45.8万元，资助困难职工子女467人次。 （吕诚陆）

【崇明县总工会开展“金秋助学”活动成效显著】 “金秋助学”活动期间，崇明县总工会坚持开展“托起明天的太阳”助学帮扶活动，对2010年新进大学的困难职工和困难农民工子女情况做好调查摸底，确定34名重点帮扶对象，并按照专科800元、本科1000元的额度进行一次性资助。同时，对已经列入市总工会定向助学帮扶的困难职工子女按照600—1500元的标准发放助学金。同时，崇明县总工会领导多次深入到新进大学的困难职工子女家庭，送上助学金，并鼓励其克服困难，完成学业。 （易建军）

【市机电工会有效开展助学帮扶工作】 2010年，市机电工会将助学帮扶困难职工子女作为送温暖活动的重要内容，逐步形成“领导出资个人帮，支部结对牵手帮，劳模先进结对帮”的助学帮扶新格局。主要做法：一是集团总公司领导带头个人出资与系统内困难职工子女结对助学，同时，市机电工会加大对助学帮困资金的投入，助学资金增加到120万元。二是切实将重点解决困难企业职工子女、因病致病困难职工子女和外来务工困难职工子女作为重点帮扶对象。三是在保持传统的助学帮扶内容的基础上，市机电工会还将帮助困难职工子女解决就业困难作为助学帮扶工作新内涵，明确困难职工子女所学专业与行业对口并愿意到集团总公司下属企业工作一律优先录用。全年，系统内共有103户困难职工家庭走出了困境，困难家庭应届毕业生就业率达100%。 （张宝霞）

【上汽集团工会开展“金秋助学”活动】 7月，上汽工会精心组织，周密安排，启动实施以“聚上汽情、圆学子梦”为主题的助学帮扶活动。活动期间，共助学帮扶困难职工和困难劳务工子女720人，发放助学款近100万元，共向10名困难职工家庭高校毕业生提供就业援助。 （陶壮丹）

【中海集团对口帮扶云南省永德县一中显成效】 从2007年起，中海集团在云南省永德县一中开设首届“中海希望班”，为50名品学兼优的农村贫困学生每人每月提供200元学习补助，帮助其完成高中学业。同时，集团每年设立5万元“中海奖学金”，奖励全校各班级前5名学生。2010年，“中海希望班”50名学生中有48名考取大学本科，2人考取专科，在永德县引起强烈反响。第二届“中海希望班”将开始选拔工作。 （任汉鑫 沈红峰）

【中海集团工会多形式、多渠道开展“金秋助学”活动】 2010年，中海集团工会精心组织，周密部署，确保“金秋助学”活动取得实效。中海集团工会从上海、广州、大连等地共筹集助学资金129万元，助学帮扶1832人，发放助学款87.8万元。中海工业、中海国际、上海海运、广州海运等企业还分别以召开座谈会、组织参观、上门走访、发放书包、赠送书卡等形式开展助学帮扶活动，中海集运公司工会筹集45万元资金用于帮助云南省永德县信坝等3所小学改善教学环境和提高学生伙食补贴。 （秦源潮）

【上港集团宝山分公司工会积极协助党政做好助学帮扶工作】 一是排摸困难职工子女就读、生活等情况，建立13户困难职工档案；二是在每年春秋季开学前分别确定助学对象，共助学帮扶7名困难职工子女，发放助学金3600元；三是对14名考入高等院校的公司职工子女和承包工子女实施奖励，共发放奖学金1.55万元。 （罗立天）

【中交上航局工会开展“四个一”帮困助学活动】 对于困难职工家庭来说最大的心愿是子女能够考入理想的大学。中交上航局工会在开展金秋助学活动中，注重形式和内容的创新和实效，突出“四个一”即：家访一次，写一封祝贺信，送一只书包，送一笔助学款，惠及困难职工子女。盛夏季节公司工会、局人力资源及基层工会干部冒着近40度的高温，开展“助学”活动。家住淞南地区的离岗职工陈某没想到儿子被安徽建筑工业学院录取的通知书刚到，单位领导的“关心”接踵而至。儿子从初中到如今考入大学，工会的援助从未间断，这次领导上门祝福，使全家人十分感动。离岗职工周某家庭比较贫困、儿子身体残疾，但他儿子以常人难以想象的毅力和勇气，考入了上海应用技术大学，而且是学校唯一的高中生党员，工会领导上门送来的助学款、书包、祝贺信对儿子的学习是最大鼓励和鞭策，老周及家人十分动情。中交上航局两级工会都开展了“助学”活动，中港疏浚公司工会除了给困难职工子女送助学款外，还来到潍坊街道对2名公司结对的特困家庭，为其子女送去助学款；东方分公司、航道物流公司、浚浦置业公司、装备公司工会等分别冒着高温酷暑为困难职工子女送去助学款；据统计，2010年两级工会共为67名困难职工子女送去助学款37100元。公司工会还组织5名自强不息，品学兼优的困难职工子女参加“点亮心灯，畅想世博，一千名受助学生畅游世博主题活动”。 （钱文勤）

【城投总公司工会着力拓展“金秋助学”活动外延】 8月24日，城投总公司工会举行以“精彩在世博，温暖在金秋”为主题的“金秋助学”活动启动仪式,当场资助34名困难职工子女。自开展以"手牵手,城投人帮城投人"为主题的"金秋助学"活动以来,共助学帮扶困难职工子女120余人次。2010年,城投总公司工会在总结前3年工作的基础上,进一步拓展助学活动外延,特别新增一项奖励机制,即对在校期间获得学校"优秀学生"等荣誉或社会表彰的受助学生,在"金秋助学"活动中再给予表彰及一定奖励,以此激励受助学生树立积极向上的人生观,完成好学业。 (朱文慧)

【市体育局工会与市体育彩票管理中心联手开展"金秋助学"活动】 2月5日,市体育局系统举行"金秋助学"签约仪式,局系统直属单位的45名受助学生参加签约仪式和联谊活动。协议明确,市体育彩票管理中心将每年从体育彩票发行费中捐赠部分资金为局工会开展助学活动提供资金支持。 (乐俊平)

职工互助保障

【浦东新区职工幸福安康基金不断发展壮大】 浦东新区职工幸福安康基金自2007年建立以来,已经成为新区慈善联合捐助的品牌项目,通过积极动员国有企业履行社会责任,截至年底,累计募集帮扶资金已达1783万元。12月,浦东新区总工会启动了新一轮基金募集工作。 (陈建林)

【普陀区长寿社区总工会三项举措推进散户参保工作】 一是注重强化小区工会、基层工会两个平台作用,加大宣传力度,让社区职工能够及时了解参保信息。二是通过召开散户参保理赔员培训会、进行参保宣传上门服务、实施散户数据库动态管理、提高各项参保业务协作以及特设参保告知书、提供电话提醒等途径,扩大散户参保知晓率和覆盖面。三是加大组织外来务工人员参保的工作力度,不断提高散户给付的成功率,积极促进散户帮扶模式多元化。 (李 悦)

【杨浦区五角场镇总工会"两次告知、两次审核"散户投保续保工作】 2010年,杨浦区五角场镇总工会采取"两次告知、两次审核"工作法,全年共组织非正规劳动组织、破产和歇业企业职工参保692人,失业、退休职工参保2173人,共受理2865人,同比增长24%,参保金额达32.41万元,同比增长54.6%。主要做法:一是两次告知广覆盖。在镇报上刊登参保通知,印发参保启事8000多份,分批张贴到各小区宣传栏,并开通职保政策咨询热线。二是两次审核双保险。对42个居民区工会上报的职保材料逐一审核,做到"续保不漏、新保不错"。对未续保人员和新参保人员信息进行两次审核,两次审核无误后编制参保名册并及时上传参保信息。

(王侠慧)

【南京东路社区总工会为社区服务中心职工参保互助保障计划】 2010年,南京东路社区(街道)总工会对惠及职工民生的实事项目加大投入力度,重点做好从事直接服务企业职工、小区居民岗位工作人员的关心服务工作。7月,社区总工会出资7000多元为街道社区服务中心从事事务接待、综合治理、经济文化和党员服务的147名一线职工参保在职职工住院补充医疗保障计划,得到了社会各方的认可。 (宋忠源 吕诚陆)

【市纺织工会参保互助保障计划实现"两个全覆盖"】 2010年,市纺织系统行业全体职工和行业所有协保人员总计4万多人全部参保互助保障计划。其中,集团共出资250万元,帮助2.5万名协保人员参保。截至年底,共有6166人次获得给付,给付金总额达270.45万元。同时,市纺织职工救急救难基金出资为系统内800多名特困职工赠送了一份综合补充医疗保障计划的"爱心保单",共有45名职工获得给付。 (汪叶慧)

【宝钢集团工会不断完善健康保障计划】 从2006年起,宝钢集团工会积极推进员工健康保障计划,引导职工加强体育锻炼,提高身体素质。截至年底,宝钢在沪11个分公司中已有8个实施了职工健康计划,宝钢集团工会已与16家健身场馆签订职工健身协议,涉及的运动项目包括游泳、篮球、足球、羽毛球、乒乓球等10多项,近4.8万名职工拥有健康卡,各个健身场馆消费点数已达1600万点。同时,集团工会对沪外职工享受健康计划也作了适当安排,并拨出一定经费用于改善宁钢等公司的文体设施。

(夏建青)

【上海邮政职工互助保障会着力为困难群体排忧解难】 2010年,上海邮政工会根据实际情况制订工作方案,通过召开会议部署、班组学习、张贴问题解答和黑板报等形式,充分做好宣传发动工作,积极组织职工参加"重病医疗互助保障会"和"住院医疗保障会"。截至年底,累计有2.34万名

4月14日,市社会帮困基金会、市职工救急济难基金会分别召开第二届六次理事会和四届六次理事会 (顾 佳)

职工参加“重病医疗互助保障会”，全年共为46名患重病员工及在职正常死亡员工家属给付互助保障金总计55.2万元；累计有2.18万名职工参加“住院医疗互助保障会，全年共为479名住院职工给付互助保障金超过100万元。（顾奇良）

【中交上航局工会编印《职工保障知识读本》】 2010年，中交上航局工会收集整理近几年出台的社会保险、劳动合同集体合同、医保与生育、工伤与救助、职工互助保障等方面政策及局层面制定的规章制度，编印《职工保障知识读本》，分送基层单位和船舶（班组）工会，进一步落实政策帮扶。10月，局工会还专门就相关法规和政策进行解读，不断提升基层工会干部的政策理论水平。（钱文勤）

【市职保会积极采取措施应对参续保高峰】 为做好工会互助保障参续保高峰期间的接待工作，市职保会积极采取措施，确保工会平稳推进。一是从内部挖潜，将科室人员充实到第一线；二是通过全体党员义务加班，协助财务部处理积压单据；三是在职工中开展劳动竞赛等活动，有效调动职工积极性。1—5月，市职保会共为360万人次在职职工、退休职工办理互助保障计划的参续保手续，共为39万人次在职职工、退休职工办理给付手续。（史　韵）

【市职保会平稳推进“退休住院计划”个人缴费额度调整工作】 经市政府同意，从4月1日起，“退休住院计划”个人缴费标准从每人每年110元提高到每人每年135元。市职保会根据市总工会提出的“把各项准备工作做足做细、最大限度地做好维稳工作的要求”，通过召开互助保障工作通气会、加大政策宣传力度、认真处理来信来访等方面工作确保调整工作平稳推进。由于前期做了大量细致的准备工作，标准调整已得到广大退休职工的理解。全年，“退休住院计划”共有301.37万人参保，增幅达3.4%。（史　韵）

【市职保会有效发挥“退休住院”联网给付系统作用】 从2月起，所有参保“退休住院计划”的退休职工可通过街道（乡镇）工会服务点办理“退休住院”的网上给付工作。同时，退休职工因病出院一周后，也可携带材料直接办理，减少了往来时间，缩短了给付周期。全年通过专线联网给付的退休职工达到64.02万人次，给付保障金4.22亿元，占同期“退休住院”给付总人数的79%，占给付总金额的91%。（史　韵）

【市职保会第一时间做好“11·15”特大火灾事故受灾职工会员给付工作】 “11·15”特大火灾事故发生后，市职保会及时开通绿色通道，根据《上海市职工保障互助会综合补充医疗、意外（工伤）互助保障计划》、《上海市职工保障互助会职工团体意外伤害互助保障计划的附加条款》明确的给付流程和标准，向受灾职工会员提供给付保障金。参加“综合保障计划”、“意外伤害保障计划”的在职职工，每人可获得最高5000元的意外火灾互助保障金。同时，市职工保障互助会还启动“会员遭遇重大灾难互助基金”救助机制，向每户受灾职工会员家庭提供2000元的一次性救助金。截至年底，共向受灾职工会员累计给付26.7万元，其中，重大灾难基金给付66户、“综合保障计划”、“意外伤害保障计划”等给付27人。（史　韵）

3月15日，上海市职工保障互助会召开2010年互助保障工作培训会议，全市160多名互助保障服务处（点）工作者参加（史　韵）

【市职保会开展互助保障业务培训】 3月15日，市职保会召开互助保障工作培训年会，160多名互助保障服务处（点）工作人员参加。为使培训取得实效，市职保会通过联网给付平台将培训材料传至与会人员，并及时收集、整理反馈意见。同时，召开专题会议对疑点、难点问题进行讨论。（史　韵）

【市职保会开展互助保障计划目标考核工作】 2010年，市职保会在维持历年各项考核目标不变的基础上，将“从业人员意外伤残”和“职工团体意外伤害”的考核指标从20%提高至25%。全年，各级工会圆满完成目标考核任务，浦东新区总工会、机电工会等70家单位荣获上海职工互助保障工作考核优胜工作委员会称号，宝钢集团有限公司工会、长江计算机（集团）公司工会等14家单位荣获上海职工互助保障工作考核达标工作委员会。（史　韵）

【市职保会做好“社区参保对象”参续保工作】 为做好全市非正规劳动组织、破产企业、歇业企业及失业后退休的职工（以下简称“社区参保对象”）参保互助保障计划工作，6月，市职保会统一在18个区、县的150多个街道（乡镇）工会服务点集中吸纳“社区参保对象”参续保。在做好组织和宣传工作的基础上，各级工会积极落实工作新要求，工作效率显著提高。全年，共有19万人次“社区参保对象”参续

保，同比增加15.51%。（史　韵）

劳动保护

【市总工会继续大力开展百万职工“安康杯”竞赛活动】 上海市总工会、上海市安全生产监督管理局继续开展以“加强班组安全建设，强化一线教育管理”为主题的百万职工“安康杯”竞赛活动。活动以高危行业和非公有制企业为重点，广泛开展企业、车间、班组“安康杯”竞赛，促进班组安全建设和管理。以开展各种安全文化活动为手段，吸引更多的企事业、机关单位和职工参加到活动中来，不断提高广大职工的安全健康意识和素质，提高杜绝违章作业、抵制违章指挥、遵守劳动纪律的主动性和积极性。市电信公司中区电信局等51家单位获全国“安康杯”竞赛“优胜企业”，市邮政公司浦东新区邮政局世博邮政支局等33个班组获全国“安康杯”竞赛“优秀班组”，上海市“安康杯”竞赛领导小组等5家单位获全国“安康杯”竞赛“优秀组织单位”和卢湾区总工会陆培莉等8人获全国“安康杯”竞赛“优秀组织者”称号，上海现代交通建设发展有限公司获全国“安康杯”竞赛“示范企业”称号，中石化上海石油分公司总经理杨棣被评为全国“安康杯”竞赛“安康企业家”。上海市总工会、上海市安全生产监督管理局授予上海申茂电磁线厂等183家单位为2010年度全国“安康杯”竞赛（上海赛区）优胜单位称号；授予上海电缆厂有限公司铜导体班组等140个班组为2010年度全国“安康杯”竞赛（上海赛区）优秀班组称号；授予上海明东集装箱码头有限公司等32家单位为2010年度全国“安康杯”竞赛（上海赛区）优秀组织单位称号；授予上海市基础工程有限公司徐彪等89人为2010年度全国“安康杯”竞赛（上海赛区）先进个人称号。（郇明亮）

【上海市“安康杯”竞赛办公室开展“战高温、保平安、促运行、创一流”专项竞赛】 为确保世博会运行期间的平安和谐，市安康杯竞赛办公室结合6月份全国“安全生产月”活动，组织开展“战高温、保平安、促运行、创一流”专项竞赛，要求各参赛单位认真组织广大职工（包括企业外来务工人员）积极参加全国职工职业安全卫生知识普及教育及竞赛活动，认真开展“班组安全建设与管理成果（亮点）展示活动和展示比赛”，组织职工对本岗位进行事故隐患的排查，并对安全生产工作提出合理化建议，落实各项防暑降温待遇及高温津贴待遇，切实保障防暑降温设施的正常运行，防止中暑事故的发生，做好食堂（尤其是世博园区餐饮）的饮食卫生，杜绝食物中毒事故发生。在竞赛期间做到“六无”（无死亡、无重伤、无重大职业危害事件、无重大交通事故、无中暑、无食物中毒等情况发生），杜绝“三违”（违章指挥、违章操作、违反劳动纪律）。（郇明亮）

【上海工会贯彻落实全市防火及安全生产电视电话紧急会议精神】 “11·15”火灾事故发生后，上海各级工会贯彻落实国务院调查组和市委、市政府指示精神，充分发挥工会组织优势，按照市总工会《关于进一步加强工会劳动保护和安全生产工作的紧急通知》要求，广泛开展群众性查隐患、堵漏洞、群防群治活动，积极发动职工就劳动保护、安全生产工作开展合理化建议活动。针对交通运输、建筑施工、危险化学品、冶金、船舶修造等重点行业（领域）、重点区域、重大危险源以及重大危险设备和报警装置中排查出来的问题和隐患，积极配合党政加大治理和整改工作力度。针对冬季用火、用电量增加和动用明火等可能导致火灾隐患以及天气变化可能导致雨雪冰冻灾害情况，积极配合党政落实各项防火、防冻措施，进一步提高职工安全意识和自我保护能力，严防、严控各类安全事故的发生，切实保护职工群众的生命财产安全。（李　伟）

【市总工会下发加强工会劳动保护和安全生产工作紧急通知】 “11·15”特别重大火灾事故发生后，为贯彻落实全市防火及安全生产电视电话紧急会议精神，进一步发挥全市各级工会组织在劳动保护和安全生产中的监督作用，市总工会制定下发《上海市总工会关于进一步加强工会劳动保护和安全生产工作的紧急通知》，要求全市各级工会始终保持清醒头脑，以高度的责任感和使命感，切实把工会劳动保护和安全生产各项工作落到实处；充分发挥工会组织优势，不留死角，配合党政积极做好隐患排查及安全生产检查各项工作；层层落实安全生产责任，加强工会劳动保护监督、检查力度，做好安全隐患治理、冬季防火防冻等各项工作。市总工会向直管单位下发《关于加强消防安全工作的紧急通知》，对部分直管单位消防安全工作进行重点检查。11月29日，市总工会再次召开专题会议，研究部署关心帮扶受灾职工工作，要求各级工会加强组织领导，着力健全“一般困难机制帮、突出困难重点帮、突发困难及时帮”工作机制，做好调查排摸、走访慰问和精神帮扶工作，精心组织开展各项赈灾帮扶活动，切实维护职工群众的安全健康权益。（李　伟）

【“安康杯”竞赛中途检查工作稳步有序推进】 （1）加强组织领导，建立长效机制。围绕竞赛要求，华东电力工委、中国移动上海公司工会、水产集团工会、宝钢集团工会、港务集团工会、久事公司工会等单位及其下属各参赛单位纷纷设立相应机构，加强组织领导，使“安康杯”竞赛朝着常态化、机制化运作的方向稳步发展。（2）加强宣传发动，提高安全意识。围绕竞赛要求，卢湾区总工会、闸北区总工会、港务集团工会等单位及其下属各参赛单位加大工作力度，采用宣传板报（展板）、宣传片、现场演习、手机安全寄语短信等通俗易懂、喜闻乐见的宣教形式，多形式地开展各种宣传活动，提高员工安全意识。（3）加强班组管理，深化竞赛主题。结合“安康杯”竞赛活动主题，金山区总工会、水产集团工会等单位及其下属各参赛单位狠抓一线管理，以“班组安全建设与管理成果（亮点）展示活动和展示比赛”等为契机，加强班组安全建设。（4）加强载体建设，营造安全文化。围绕竞赛要求，宝钢集团工会、中远集运工会等单位及其下属各参赛单位以“五个一”、“十个一”活动为依托，结合安全生产年、安全生产月、群防群治月等活动的开展，以“全国职工职业安全卫生知识普及教育及竞赛活动”等为载体，营造安全生产氛围，创新安全文化建设。（5）围绕世博安全，强化维稳工作。根据世博工作的实际情况，长江轮船公司工会、华能上海分公司工会等单位及其下属各参赛单位纷纷加强“平安世博”宣传力度，并结合“战高温、保平安、促运行、创一流”专项行动，进行高温慰问，营造和谐氛围。(6)加大检查力度，深化竞赛效果。在“安康杯”竞赛的开展过程中，医药工会、三航局工会等单位及其下属各参赛单位针对活动中出现的各种不足，加大检查力度，加强隐患排查，并提出整改措施，深化竞赛效果。

（武吉波）

【市总工会启动“战高温、送关爱、保运行、创一流”专项行动】 7月15日，由市总工会、市建设交通工作党委联合开展的“战高温、送关爱、保运行、创一流”专项行动在浦东陆家嘴中心绿地启动。市人大常委会副主任、市总工会主席陈豪出席启动仪式并作重要讲话。仪式上，世博园区绿化环卫代表等作交流发言，市市容环境行业工会代表向全市绿化市容行业职工宣读慰问信，市总工会向虹桥机场安检护卫保障部旅检一科二分队“安捷组”等先进集体授予“上海市工人先锋号”奖牌；市总工会、市建设交通工作党委等向建设交通行业职工赠送慰问金及防暑降温用品。专项行动启动后，市总工会在全市工会开展高温慰问行动，市建设交通系统也全面开展高温慰问，对世博园区内6000名绿化环卫职工进行专项慰问，各区县总工会、区县绿化局联手慰问所在地区绿化环卫一线职工，形成市区携手、上下联动的同城效应。

（武吉波）

【市总工会启动实施“千名环卫一线职工健康行”活动】 12月17日，市总工会在市公惠医院举行上海工会2011年元旦春节送温暖系列活动——“千名环卫一线职工健康行”活动启动仪式。1000名为世博运营和城市运行作出突出贡献的环卫一线职工参加健康体检，体检项目主要包括肝功能、肾功能、血常规、尿常规、B超、心电图、妇科等，市公惠医院还为体检职工提供后续健康咨询服务，切实为环卫一线职工“送健康、送关爱、送保障”。

（曹宏亮）

【市总工会领导赴基层慰问一线职工】 2010年夏季高温来临之际，为确保广大职工平安度夏，市总工会连续发出两次通知，要求加强防暑降温和劳动保护工作，把各项防暑降温措施落实到每个企业、每个班组、每个高温岗位和每个职工；督促企业合理安排作息时间，改善职工生产生活条件，把高温津贴及相关待遇落实到位；加强群众性安全生产监督检查，确保职工生命安全万无一失。市总工会领导纷纷冒着酷暑走进基层，向奋战高温的各行各业一线职工送去关爱，并对防暑降温和劳动保护工作措施落实情况进行检查。

（沈兰萍）

举行“战高温、送关爱、保运行、创一流”专项慰问行动启动仪式

（汪建然）

【上海市“安康杯”竞赛办公室表彰“班组安全建设与成果展示”获奖作品】 为进一步加强企业班组安全建设，推动班组安全生产管理工作，市“安康杯”竞赛办公室在全市范围内开展班组安全建设与管理成果展示活动和展示比赛。活动得到各区县局“安康杯”竞赛分赛区办公室的大力支持和各参赛单位的响应，35个区县局上报111个参赛作品。经评审，上海日立电器有限公司《“敞开心怀、释放心情，把快乐融入安全生产”·“笑脸”活动成果展示》等32个参赛作品荣获特、一、二、三等奖和优胜奖。

（邬明亮）

【市总工会对“安康杯”竞赛成绩突出的优胜单位即时授予“上海市五一劳动奖状”】 2010年，“安康杯”竞赛活动在各区县局和参赛单位的大力支持和热情参与下，取得新的进展。各参赛单位把开展“安康杯”竞赛与“迎世博”有机结合起来，通过竞赛，提高企业安全管理水平，增强职工安全意识，防止各类安全事故的发生，为成功举办世博会营造安全和谐的社会环境。为进一步提升“安康杯”竞赛活动品牌，激励“安康杯”竞赛活动中涌现出来的先进典型，引导更多企事业单位和职工参与到“安康杯”竞赛活动中来，不断提高广大职工的安全健康意识和职业素养，市总工会对在“安康杯”竞赛活动中表现突出、获得全国“安康杯”竞赛优胜单位五连冠（含）以上的上海东鑫电力工程安装有限公司、中国石油化工股份有限公司上海石油分公司、中交三航局兴安基建筑工程有限公司即时授予“上海市五一劳动奖状”荣誉称号。

（邬明亮）

【2010年上海生产安全（工矿商贸）事故概况】 2010年，上海地域内企业发生生产安全事故404起，伤亡468人。其中发生死亡事故276起，死亡290人，同比死亡事故起数下降21.73%，死亡人数下降21.2%。外来务工人员死亡232人，同比下降12.78%。(1)按经济类型分类：国有企业死亡30人，同比上升20%；集体

企业死亡13人，同比上升8.33%；外商投资企业死亡20人，同比下降13.04%；私营企业死亡201人，同比下降16.25%；外省市在沪企业死亡26人，同比下降61.76%。(2)按行业分类：制造业死亡134人，同比下降20.24%；建筑业死亡64人，同比下降14.67%；租赁和商务服务业死亡30人，同比下降37.5%；居民服务和其他服务业死亡15人，同比下降37.5%；交通运输、仓储和邮政业死亡24人，同比上升26.32%；其他行业死亡23人。(3)按事故类别分类：高处坠落死亡89人，机械伤害死亡29人，起重伤害死亡33人，坍塌死亡15人，物体打击死亡44人，触电死亡35人，车辆伤害死亡20人，中毒与窒息死亡7人，淹溺死亡2人，其他伤害死亡3人，灼烫死亡0人，其他爆炸死亡13人。 (沈兰萍)

【浦东新区总工会与安监局联合开展防暑降温检查】 根据市总工会《关于进一步加强防暑降温和劳动保护工作的紧急通知》文件精神，区总工会经济工作部、法律维权部、区安全生产监督局有关部门组成联合检查小组，8月11—13日深入浦东环境有限责任公司、伟创力上海金属制品有限公司、上海港伟五金厂等重点国营企业、外资企业及民营企业进行专项检查，对这些企业办公用房、生产车间、露天施工等重点部位和环节进行巡视，检查高温津贴发放情况、职工工间休息场所防暑降温设施配备情况、防暑用品及清凉饮料供应情况、高温季节工作时间等。新区总工会转发上海市总工会《关于进一步加强防暑降温和劳动保护工作的经济通知》及开展关于加强防暑降温劳动保护工作情况的调查，促使各级工会积极行动，全面落实为职工防暑降温工作的各项措施，确保职工不因高温而影响身体健康和生产安全，促进企业和谐发展，确保平安世博。 (周伟文)

【长宁区各级工会切实做好防暑降温工作】 长宁区各级工会组织开展“战高温、送关爱、保运行、创一流”专项行动，把防暑降温工作落实到每个企业、每个班组、每个高温岗位，切实保护广大职工的安全和健康。一是落实资金，慰问一线职工。区总工会筹集慰问金18万元，走访慰问联合利华等规模型非公企业一线操作员工，以及世博园区借调工作人员及家属，社区世博平安志愿者，世博服务外建站志愿者，世博安保运行一线的公安、市容环卫、绿化等33家单位的3000余名职工，为他们送上防暑降温用品。各级基层工会组织积极响应，早做准备、落实措施，走访企业和工地704家，慰问职工28440人次(其中世博园区工作者588人次，各类志愿者10397人次，外建站志愿者1899人次，农民工9685人次)，发放防暑降温用品295.48万元。二是落实措施，确保职工平安度夏。各级工会组织督促企业行政发放高温津贴864.25万元，保障高温季节各项津贴标准及相关待遇落实到位。各级工会组织先后开展劳动保护监督巡查活动388次，组织劳模先进及职工代表开展安全巡查活动270次，督促企业根据生产特点和具体条件，合理安排职工作息时间。在行政的支持下，安排职工参加健康体检1.2万余人次。 (陈伟明)

市总工会领导赴长宁企业工会慰问职工 (吴斐隽)

【普陀区总工会做好世博期间劳动保护4项工作措施】 一是落实待遇，确保一线职工平安度夏。指导基层工会依法履行职责，监督、协助用人单位合理安排职工的作业时间，督促行政落实高温季节各项津贴标准及相关待遇的发放，抓紧在入暑前对高温作业职工进行健康检查，加强职工食堂管理，搞好饮食卫生，深入一线慰问高温作业和服务世博一线的职工。二是加强防范，防止职工职业病的发生。监督用人单位严格遵守国家职业病防治的法律法规，有针对性地做好职业病防治的宣传工作，不断增强广大职工群众的职业病防治意识，提高职工的职业卫生意识和能力。三是开展培训，增强职工安全生产意识。围绕“加强班组安全建设，强化一线教育管理”主题，深入开展形式多样、寓教于乐的安全生产、劳动保护宣传教育和培训活动，增强职工特别是农民工的安全意识，提高应对各类突发事件和保护自救的处置能力。四是加强检查，认真履行监督检查职责。重点检查高温作业、高空作业、露天施工、危险品储运等危险因素较大的企业和工地，对企业落实各项防暑降温待遇及高温津贴的情况进行检查。对检查中发现的问题和隐患，联合政府职能部门责令企业限期整改，切实消除事故隐患，防止、减少各类生产安全事故的发生。 (李 悦)

【虹口区总工会开展高温“送清凉”慰问工作】 7月下旬以来，区总工会领导班子一行，冒着高温酷暑先后前往看望慰问虹口动拆迁公司、区交警中队、区看守所、虹口区精神卫生中心、市容局下属东虹保洁公司、大连路4号线地铁安保志愿者等20家单位近1000名坚持奋战在一线的基层职工，送上花露水、毛巾，香皂等防暑降温用品，并详细了解工作开展情况、存在的困难和问题，询问一线员工的生活、身体情况，提醒大家要做好防暑工作，注意身体健康和施工安全，严防中暑事件发生，同时要求各基层工会在组织开展防暑降温“送清凉”工作的同时，加强现场安全监督检查，进一步营造以人为本、关爱员工、注重安全的良好工作氛围，有效促进迎峰度夏工作，为高温期间的安全提供有效保障。

（徐　洁）

【杨浦区总工会为重大工程建设者免费上门体检】 12月，杨浦区总工会携手区中心医院，将体检服务送到工地，利用流动体检车和工地施工板房为重大工程一线建设者免费体检，活动分五角场地区信息化综合大楼工地、创智天地科技中心项目工地、同济逸仙大厦项目工地三站进行，惠及210余名农民工。体检内容涉及测量血压、血液化验、X光胸透等项目。

（张东寅）

【静安工会全面启动高温慰问工作】 区总工会制订高温慰问工作方案，做到“早计划、早安排、早落实”，确保高温期间一线职工安全度夏。5月下旬，举办工会劳动保护干部复训班，6月初下发文件，要求从确保世博平安举办的高度，充分做好今夏工会高温慰问、劳动保护工作，将服务世博一线的职工和世博园区的志愿者，与建筑工地、餐饮厨房间等高温作业场所工作的职工一并列为走访慰问的重点。区总工会召开专门会议，部署区总机关干部对24个涉及到世博志愿者、高温作业、露天野外作业等特殊作业的企业、工地、车间走访慰问。各级工会根据实际情况和行业特点，制订高温慰问工作计划，并落实专人负责，主动争取党政支持，确保“人员、经费、措施”3个落实。据统计，各级工会落实255.8万元高温慰问专项资金，慰问职工1.4万名，其中外来务工人员3300人。

（丁臣亮）

【静安教育工会着力提升教职工身心健康水平】 静安教育工会与教育局党委、行政联合发文《关于促进教职工身心健康发展的若干意见》，并以此为契机，抓好落实，抓出实效，首创将“关心教职工身心健康发展”作为行政述职内容，首次将“促进教职工身心健康发展”作为区政府督导室考核学校的内容之一，改善教职工保障水平，较好提升教职工健康水平。一是开展调查研究。年初开展教职工身心健康状况的问卷大调查，回收问卷2679份并进行汇总分析。二是制定下发文件。教育局党政和教育工会分别召开基层单位党政工负责人会议，通报调查情况，统一思想认识，下发《关于促进教职工身心健康发展的若干意见》文件，并就贯彻落实文件精神，提出明确具体责任要求。三是贯彻文件精神，落实工作措施。各级基层建立教职工身心健康监测和调适制度；建立教职工健康档案；开展健康教育，每学期各单位至少举办一次有关健康咨询、保健讲座、健身方法辅导等活动；开展群众性小型多样体育竞赛；组织“四个一”活动，即每天做一次操、每天一次20分钟的锻炼、每人学会一种体育锻炼方法、每学期参加一项学校组织的体育竞赛活动；探索试行“运动处方”服务制度；加强学校的健身设施、休闲设施建设；积极开展教工之家创建活动；调整疗休养时间，周期由原来每人每3年一次，调整为2年一次，提高疗休养标准，由原来的每人2000元，提高至每人2500元，增幅达25%，增加教职工医疗投保项目并适当提高投保标准，提高教职工体检标准，增幅达64%。

（张连根）

【静安区开展工会劳动保护干部业务培训】 5月27—28日，区总工会举办“2010年静安区工会劳动保护干部培训班”。区工会劳动保护监督检查委员会委员和部分“安康杯”竞赛活动参赛单位的工会劳动保护干部等40人参加培训学习，并通过考核获取相关证书。区总工会还向参加培训的学员发放最新劳动保护知识普及读本《尘肺病防治知识》，对在2009年度上海赛区“安康杯”竞赛活动中获奖的先进单位、班组及个人进行表彰，并颁发奖牌和证书。

（丁臣亮）

【闵行区总工会广泛开展职工心理健康知识培训】 一是在培训内容上，根据不同类型职工的工作特点和职工的切实需求，以职场压力管理、快乐工作与自我管理、观博心理调节、危机管理和干预等12个内容为主题，制订心理健康知识培训计划，为职工提供可多元选择的个性化培训。二是在培训方式上，打破传统的教学模式，以职工的工作为中心，教师送教上门（进车间、进班组），营造平等和谐沟通氛围，激发职工探究心理健康知识的兴趣和热情。三是在培训过程中体现“三贴近”原则——贴近职工心理需求、贴近职工职业特点、贴近职工知识水平，以通俗易懂的语言、生动多样的形式，普及心理学知识，提供实用的解决问题之道。已开展专题培训120多场，培训职工2万多人。

（洪　岩）

闵行区总工会慰问世博安保卫士　（俞龙祥）

【闵行区总工会开展安全生产大检查】 11月30日—12月1日，闵行区总工会组织区劳动保护监督检查委员会成员、各镇总工会，协同区建交委等到建筑工地、防火高危企业等重点场所实施安全生产检查，重点抽查防火安全、职工安全教育和安全防护器材等，切实保障职工的生命安全和健康。区总工会要求各基层工会组织要发挥工会劳动保护组织、劳动保护监督员作用，做好工会劳动保护和安全生产工作；要组织职工代表深入施工现场、生产车间和职工生活区，开展防火安全大检查，广泛开展群众性查隐患、堵漏洞、群防群治活动；要以“安康杯”竞赛活动为载体，牢记“11·15”火灾事故教训，加大职工开展安全意识教育力度，进一步提高职工安全防范意识。 （陶慧卿）

【松江区总工会以“五结合”深化“安康杯”竞赛】 一是与加强安全生产法律法规宣传相结合。重点组织45家规模企业2万名职工，以演讲、图片、板报等形式，开展《工会法》、《安全生产法》等法律法规宣传，增强干部职工安全意识，自觉遵守安全操作规程，实现法律宣传面全覆盖。二是与提高职工安全生产技能素质相结合。会同区安监局等部门，联合举办安全健康培训教育，开展“迎世博、促和谐、安康学校进企业”活动和区政府实事工程3.5万名农民工安全培训，培训农民工20454人，获证率100%。三是与企业文化、职工文化建设相结合。联合区安监局等部门，围绕“科学发展抓预防，预防为主重教育”主题，排演一台安全文艺节目，巡回演出60场，2万多职工观看，营造“关爱生命、关注安全”企业安全文化氛围。四是与强化安全监督、参与隐患查处相结合。指导企业工会发动职工开展安全生产自检自查活动，重点检查事故多发行业、作业场所和生产岗位，制止各种违章作业行为。五是与发挥典型示范作用相结合。以2009年全国“安康杯”竞赛优胜单位上海申新电气有限公司、上海开天建设(集团)有限公司为典型，通过现场观摩，现身说法，充分发挥示范效应作用，全面有效深化“安康杯”竞赛，取得明显成效。 （孙爱华）

普陀区总工会为困难职工提供免费体检 （李 悦）

【青浦区白鹤镇总工会以“四小”安全模式营造良好安全氛围】 为保障世博安全成功，青浦区白鹤镇总工会着力开拓“四小”安全模式，营造良好安全氛围。一是营造小环境，加强宣传，筑牢职工安全生产思想防线；二是开设小课堂，利用班前会、班组安全会等形式对员工进行日常安全技术培训，定期组织专业技术人员上门开办讲座，现场进行指导；三是用好小载体，通过黑板报、橱窗等宣传阵地，定期组织开展形式多样的安全教育活动；四是抓住小问题，认真开展检查，严格贯彻落实月检、周检、班组日检等安全检查制度，查找隐患并落实整改措施。 （马美君）

【青浦区工会加强劳动保护监督检查工作】 围绕“安全生产月”、夏季高温和“11·15”火灾事故，青浦区各级工会广泛深入开展职工职业安全卫生知识竞赛、建筑业农民工劳动保护专项检查和劳防用品专项检查等活动，着力在增强职工安全意识、提高职工防范能力、促进有关方面加强安全生产管理和监督、保障职工在生产劳动过程中的安全与健康、维护社会稳定等方面取得新进展。一是抓好劳动保护三级网络建设。重点加强非公企业安全监督工作，有1173家企业建立劳动保护监督网络。二是加强对企业一线劳动保护检查员培训工作。各级工会开展安全生产和劳动保护培训352次，培训职工51164人。三是广泛开展“安康杯”竞赛活动。通过层层发动，2010年共有61家企业参加市级“安康杯”竞赛，817家企业参加区级“安康杯”竞赛。其中，有1个班组获得全国赛区“安康杯”竞赛优秀班组，有5家企业获得市“安康杯”竞赛优秀单位。区总工会获得市优秀组织单位称号。 （马美君）

【青浦区开展夏季安全生产、劳动保护专项检查】 一是加强现场安全管理的监督检查工作。各级工会加强防暑降温工作的自查和监督检查，区总工会会同区安监局对22家实施高温作业、高空作业、露天施工、危险品储运等危险因素较大的企业进行检查。二是开展“送清凉”慰问活动。区总工会分别走访各镇、街道所属高温生产企业、重大工程工地、世博安保点、窗口服务行业等，向在高温岗位辛勤工作的企业职工以及服务世博的公安民警、志愿者、窗口服务人员送上工会的关怀。各级工会也自行组织开展防暑降温、安全生产检查和为职工、农民工“送清凉”慰问活动。区、镇两级工会共计发放高温慰问品85万元。三是加强对各企业单位职工食堂、施工现场食堂的安全卫生监督，确保职工食堂饭菜的安全卫生，严防食物中毒，尤其是集体食物中毒事件的发生。 （马美君）

【崇明县总工会高温慰问“的哥”】 8月4日，崇明县总工会领导专程来到

"崇明的哥"较为集中的上海巴士公司市北分公司,亲切慰问为世博服务的"崇明的哥"代表,详细了解"的哥"的工作和生活情况以及需要帮助解决的困难,叮嘱他们保重身体,在为世博做好车辆保障的同时,防止高温中暑,并为他们送去防暑降温慰问品400份,价值2万余元。县总工会领导与巴士集团工会领导进行座谈,就双方下一步继续联手关心好"崇明的哥"的生活,为他们创造良好的工作与生活环境,引领他们以优质的服务和良好的精神风貌为上海发展作贡献作了深入的沟通与交流。(易建军)

【上海市机电工会开展夏季安全劳动保护工作检查】 7月,市机电工会安全劳动保护监督检查委员会抽调安全劳动保护专职监督检查员和部分工会生活干部,组成5个检查组,对20家企业夏季防暑降温、安全劳动保护工作的组织落实、措施落实和实施情况进行检查。各检查组通过现场检查,对进一步加强防暑降温和职工安全劳动保护提出建议,对20家企业开出整改建议单,共提出整改建议77条。从确保"安全世博"的高度着眼,认真做好企业安全生产工作和当前防暑降温、安全劳动保护工作把防暑降温、安全劳动保护工作自觉纳入企业重要议事日程,纳入"安全月"活动和"安全世博"具体工作内容。无论是经济状况较好的企业还是经济状况较差的企业,都尽最大的努力加强在安全生产方面的投入,加大对职工安全劳动保护工作的关注,加大对防暑降温、职工安全劳动保护工作的落实。(朱汉民)

【上海日立电器有限公司获上海市"安康杯"竞赛特等奖】 由上海市总工会和上海市安监局联合设立的全国"安康杯"竞赛上海市"安康杯"竞赛活动办公室组织开展的"班组安全建设与成果展示"活动中,由上海市机电工会选送的上海日立电器有限公司"敞开心怀、释放心情,把快乐融入安全生产——'笑脸'"活动成果展示作品,在35个区县局选送的111个参赛作品中脱颖而出,经过现场多媒体演讲和专家组的现场评审,该参赛成果荣获这次活动的唯一特等奖。根据全国"安康杯"竞赛活动组委会的活动要求,上海日立电器有限公司"敞开心怀、释放心情,把快乐融入安全生产——'笑脸'"活动成果将代表上海市参加全国"班组安全建设与成果展示"演讲比赛。(朱汉民)

【化学工会开展"万名员工安全环保万里行"活动】 化学工会结合"平安世博"要求,联手集团行政部门组织开展"我要安全——万名员工安全环保万里行"活动,通过构筑开展"安康杯"竞赛、征集安全格言和宣传画、举办安全演讲比赛、评选安全合理化建议等多个安全文化实践系列活动平台,吸引职工共同参与传播、倡导集团安全文化,进一步增强职工的安全文化意识。"安康杯"竞赛基本做到全覆盖,收到职工创作安全格言1万余条,安全关注图片1500余幅,安全宣传画130余张,安全合理化建议3000余条,有56位职工代表参加集团安全演讲比赛。(鲁德翔 陆镭)

【纺织工会组织安全生产应急知识竞赛】 纺织工会联合上海纺织控股(集团)公司在4月份专题召开职业安全卫生知识和安全生产应急知识竞赛活动,立足班组和一线职工,凸显群众性、普及性特点。联吉合纤公司开展"寻找身边安全隐患"活动,职工提出安全隐患175条;申达股份有限公司对职工进行辅导后书面答题,并设立个人参与奖和优秀组织奖,对活动组织工作好,参赛率高的12家单位颁发优秀组织奖;上海纺印利丰印刷包装有限公司拿出1.2万元对职工参加答题活动进行奖励,所有职工参加答题活动。全年共有60家单位的15410名职工参加活动,上海纺织控股(集团)公司荣获全国安全生产应急知识竞赛优胜单位奖励。(杜伟钧)

【市电力公司工会建立家属安全协会】 市电力公司工会坚持安全管理与和谐文化相融合,努力探索适应时代要求、切合行业实际、具有自身特色的安全工作新途径,通过推进班组互保、家属联谊等多种形式的"安全互保"活动,将安全与亲情有机结合。家属安全协会以"关注我们亲人安全、共筑班组亲情防线"为宗旨,把安全管理延伸至家庭,建立家庭与班组的互保体系。协会每年定期安排开展职工家属的安全生产联谊活动,交流思想,联络感情,并通过与公司签订安全生产互保合同书的形式,动员职工家属当好"贤内助",在生活上多照顾,在感情上多关心,在安全上多提醒,在日常工作中做到"家属六提醒、六帮助",配合班组时刻敲响职工安全警钟,做好督促工作。家属安全协会的建立,形成互保与安全"手拉手",职工与企业"心连心"的良好氛围。(余传毅)

【电建公司工会围绕目标开展"安康杯"竞赛】 一是加强组织领导。公司党政工领导任竞赛委员会主任、副主任,职能部门及基层单位工会领导为成员,下设办公室负责竞赛工作。二是丰富活动载体。组织安全格言警句征集和安全寄语活动,把安全寄语配上职工孩子照片制成安全宣传册;举办"安全与责任"班组安全论坛,夯实安全生产基础;发动职工参加"全国职工安全卫生知识竞赛活动"和"全国安全生产应急知识竞赛活动",提高职工安全防范意识;开展工会劳动保护监督检查员工作评估,增强工作责任感;开展外包施工队安全文明岗建设,加强外包施工队安全管理;开展"寻找身边安全隐患,寻找身边安全亮点"活动,为施工安全筑起可靠防线;开展施工现场安全突击检查,加强安全隐患整改;开展人身触电事故和高空坠落救援演练活动,提高职工处理事故能力;开展"抓基础、控风险、防事故"基建安全主题活动,有效控制事故发生。三是强化安全履约。组织职工代表检查组,对《集体合同》安全条款履约情况进行检查,为企业安全生产和职工劳动保护提供源头支持和保证。(张文标)

【华东送变电工程公司工会强化职工安全教育出新招】 公司工会编辑发放《工程施工安全常识口袋书》,以漫画的形式、通俗易懂的语言,直观表现了送变电工程的施工安全作业要求。52幅漫画生动有趣,以人物的夸张动作和造型,增加了幽默感和可读性,生动表达了遵守规程的重要性。文字采用顺口溜,朗朗上口易懂易记,清楚交

代了安全措施和安全规程。公司工会为扩大宣传力度,在枫泾换流站工程施工现场举行授书仪式。（孙惠君）

【宝钢股份公司工会开展劳动保护监督检查工作】 公司工会明确“保障劳动安全,监督管理行为”工作定位,对劳动保护监督检查工作的内容进行全面梳理,提出“职业安全、职业健康、职业卫生”具体项目为监督内容,形成《股份公司工会劳动保护监督卡》。各级工会组织开展劳动保护监督检查14815次,3858名员工安全代表提出安全信息26327条,人均6.82条,实施率达到96.13%;积极推进安全“100”,即安全第一、事故为零、违章为零的班组建设,评选产生优秀安全“100”班组160个、优秀员工安全代表260名;及时修改完善劳动保护工作管理文件、管理标准及评价标准;采用上下结合、分层分类培训方式,对直属厂部2258名员工安全代表进行培训;积极探索劳动保护工作融入公司安全管理,开发员工安全代表劳动保护信息单进入公司安全日管控体系;开展管理者履行安全职责评估,对33名管理者进行评议,满意率90%以上。（王俊民）

【宝钢股份梅钢公司工会落实“员工健康改善计划”】 完成“员工健康改善计划”问卷调查,组织召开健康改善计划宣传会和健康改善见面会,为试点单位配置电子秤和血压计,并在公司工会的积极倡导下,炼钢厂、能环部、运输部、炼铁厂等单位为基层的车间班组配置电子秤138台、血压计98只。组织96名基层员工听取健康保健知识讲座。2010年公司员工健康体检率首次达到100%,员工健康状况首次出现向好的趋势。（张斗海）

【宝钢集团梅山公司工会,落实员工健康实事工程】 研究制订员工健康改善2010年行动计划,建立“员工健康改善”工作推进指导三级网络组织,通过三个系统(三条线),推进“员工健康改善计划”。通过宣传橱窗、移动展板等活动向职工宣传健康改善阶段性成果、计划及各类健康小知识等;组织开展问卷调查,了解员工对“员工健康改善计划”的评价、意见和建议等;组织开展管理者健康改善联谊活动和车间工会主席“健康改善”专题研修活动,促进管理者关注员工健康改善工作;发挥志愿者作用,影响、带动和指导周围人群参与健康改善活动。明确责任部门,逐步完成员工健康信息的更新工作。（郭树鸿）

【中铝上铜工会开展安全世博,企业环境整治活动】 公司工会加强劳动保护监督,结合公司现场管理专项检查,持续开展“让生产更安全,让职工更健康”安康杯劳动保护竞赛活动,积极协助和监督做好安全生产工作,进一步强化安全生产管理,提高广大职工安全生产意识和安全操作技能水平,杜绝“违章指挥、违章作业、违反劳动纪律”的行为发生,营造“安全第一、预防为主”的安全生产氛围;进一步增强广大职工安全生产和自我保护意识。春节期间和五一期间以及高温来临之前,公司工会配合行政有关部门对各工厂进行安全生产和防暑降温工作检查,对检查中发现的安全隐患,提出整改建议,并督促有关部门进行整改,对职工休息室进行专门检查,并积极协调,对条件较差的职工休息室进行改造,保证职工夏季有好的工间休息环境。（陈益林）

【鲁中矿业工会抓好劳动保护竞赛】 为确保完成公司全年170万吨成品矿生产指标,鲁中矿业工会会同有关部门在两矿一厂开展了“主产品提产”劳动竞赛。通过严抓过程管理、及时考核兑现,调动职工生产积极性,竞赛取得良好效果,促进公司生产经营目标的实现。继续开展以“三化”为重点的“安康杯”劳动保护竞赛活动。不断扩大“三化”竞赛活动的参赛面,全公司12个两级单位、48个车间(区队)参加“三化”竞赛活动,参赛职工占职工总数的90%。会同有关部门开展劳动保护调研,深入基层了解情况,督促有关部门解决职工反映实际问题,增强群众性劳动保护工作的有效性。开展“红旗设备”竞赛活动,积极推行设备现场标准化管理,不断提高设备管理水平,组织有关人员对各单位的主要生产设备进行考核检查,对不符合“红旗设备”管理标准的在用设备提出落实整改意见。在高温季节,为部分从事高温作业的职工送去清凉饮料和防暑降温物品。（吴玉圣）

【铁路局工会注重抓好劳动保护】 一是针对劳动保护的难点和重点,开展“学规章、找陋习、执标准、杜三违”“安康杯”竞赛活动。面向生产一线,运用好“三书一档一表一卡”(红、黄、白通知书,事故隐患档,安全检查表,有毒有害信息卡)等群众性监督检查手段。二是出台《路局工会劳动保护监督检查员管理办法》,开展劳动保护监督检查员星级评选活动;举办劳动保护监督检查员的培训,加强对工会小组劳动保护检查员技能培训,切实做到关口前移,年内对50名基层工会主席、100名工会专兼职干部、6个基层单位350名工会小组劳动保护检查员进行业务培训。三是组织职工代表安全巡视,路局、站段两级工会组织职工代表视察组,通过采取查、看、谈方式,共发现安全生产、管理、劳动安全方面的事故隐患1269条,及时反馈给行政方,督促整改,得到行政方的充分肯定。（白　杰）

【中海工业立新船厂工会防暑降温出新招】 2010年上海盛夏酷暑高温时长创百年之最。立新船厂是一家大型修造船厂,职工大多在船舱和露天作业,盛夏高温出汗多,身体中盐分大量流失。厂工会除向职工供应大麦茶、酸梅汤,还采购1600份盐金枣分发到每个职工手中。厂行政、工会、车间三方出资,在船体车间安全员房间里放置冰柜,放满成盒的赤豆棒冰,每当气象台预报气温超过35摄氏度,车间党政工及时在冰柜里补足棒冰和盐汽水,工人随时可以自己饮用。（许志勇）

【中海集运工会开展世博安全维稳承诺倡议】 中海集运工会在2010上海世博会期间举办船舶“迎世博、讲文明、保安全我先行”承诺倡议活动,全体船员积极参与,展示中海集运船员争当世博先锋者的一流形象,这项活动得到各轮响应。“新丹东”轮结合世博会期间船舶抵达和途径上海港、尤其是世博核心区水域的各项安全、管控要求,多次组织驾驶员对狭水道航行、雾航、大风浪靠离泊位等方面的安全操作开展专题讨论，认真学习上海海事局关于2010上海世博会水上交通管控宣传册。组织船员从设备、资料到台账，从值班制度、操作行为到安全意识，从危险品规范装载、航海资料储备到应急设备养护，全方位开展岗位安全自查，整改缺陷，优化管理。“新北仑”轮船员以“安全稳定迎盛会，扎实工作献世博”为动力，围绕执行规章制度是否到位，内保工作是否到位，船舶防火、防盗、防爆、防破坏、防海盗措施是否落实到位，船舶安全维稳群防群治是否治理到位的“四个是否到位”，采取措施，查患补漏，确保上海世博会期间安全航行无事故。（张　轰）

上港集团工会主席王晓华高温期间慰问码头一线职工　（罗立天）

【上港集团工会积极推进劳动保护群防群治月活动】　6月，组织开展“预防为主，安全发展”工会劳动保护“群防群治月”主题活动，通过举办形式多样的安全生产征文、演讲、漫画、摄影、知识竞赛等活动，营造出良好的活动氛围；组织广大职工参加“全国职工职业安全卫生知识百题答题竞赛活动”，28家基层单位17093名职工参加知识竞赛活动；配合行政落实“寻找身边危险源活动”教育培训，开展危险源辨识和隐患排查专项治理活动，逐级列出班组、部门和单位的重点危险因素和应对措施；开展“找隐患、反违章、防事故”安全合理化建议和开展班组安全建设与管理成果展示活动，收到宝山分公司《防登高坠落组合式安全修理平台》等46个安全合理化建议。经组织相关部门进行评选，张华浜分公司装卸305组《重大件装卸“十步法”》等19个班组安全建设与成果受到表彰，龙吴分公司营运计划室《落实“四步循环法”，环环相扣保安全》还荣获上海市“班组安全建设和成果展示”二等奖。（焦小涵）

【上港集团张华浜分公司工会积极推进企业群防群治工作】　一是开展安全生产和劳动保护知识的宣传教育，教育员工遵章守纪，增强搞好安全生产、劳动保护工作的责任心和紧迫感，确保企业安全稳定。二是加强职业安全卫生知识普及教育，激励员工主动学习和掌握以劳动安全卫生、职业病预防、交通消防安全为主的安全生产知识，进一步强化班组安全建设管理水平。三是充分发挥好劳动保护民主监督的作用，组织开展劳动保护检查，督促相关措施落实到位，提高安全管理效果和水平。四是加强对外来劳务工劳动保护措施的落实，确保外来劳务工的职业卫生安全，增强遵章守制意识，为企业营造良好的生产安全环境。五是大力开展“寻找身边危险源”活动，解决在安全生产中的薄弱环节，掌控安全生产危险因素，集思广益寻找解决的方法和对策，提高整治存在问题的针对性和有效性。（季友明）

【长江轮船组织职工代表开展安全巡查活动】　长江轮船公司工会按照“安全生产月”活动总体部署，组织公司职工代表到闵南船厂进行安全巡查活动。巡查组成员来到车间、船坞和码头勘察现场，了解安全防汛措施的落实情况，来到危险品重地乙炔间、液氧间和易燃品存贮间，查看岗位责职和台账记录，对专职人员进行安全提问。公司工会还和公司安全生产部联合，组织公司职工代表对公司旅游事业部下属酒店和游船进行安全巡查，先后对船长酒店张扬店、福州店、延安店进行安全检查，对安全的重要部位，如客房、厨房、安全通道等场所的安全消防灭火器材置放和使用有效期进行查看，对用电、用气状况进行重点检查。公司职工代表通过安全巡查活动，认为公司领导对安全管理工作重视、措施落实有方、岗位责任明确、奖励资金到位、安全成效显著，总体表示满意，特别是在为世博运行中，确保船舶安全行驶和人员安全，完成世博运行任务。（章　伟）

【上海邮政开展员工生产生活和防暑降温调研】　上海邮政工会会同公司总务部和职工代表组成三个检查组，于8月6—10日对12个邮政支局、投递支局和生产科的防暑降温工作落实情况进行明查暗访并开展调研。高温期间，各单位领导多次慰问奋战在露天高温作业的一线员工，烧煮含盐菜汤（或绿豆汤）。雷雨天气，及时准备姜茶供员工饮用，预防员工受凉感冒。上海邮政工会结合“安康杯”竞赛，配合党政对员工就餐、休息、冲凉等方面进行组织检查并提出建议，督促行政做好防暑降温工作。生产一线单位的领导在高温期间，积极落实防暑降温工作的各项措施，切实保障广大员工的健康，最大限度的为员工创造良好的工作环境和休息环境，确保世博期间员工队伍的稳定和通信生产的正常。（顾奇良）

【上海邮政深入开展“安康杯”劳动保护竞赛】　根据市总工会和市安全生产监督管理局《关于本市开展2010年度“安康杯”竞赛活动的通知》精神，围绕“加强班组安全建设、强化一线教育管理”竞赛主题，上海邮政公司和邮政工会开展2010年度“安康杯”

劳动保护竞赛活动。2010年“安康杯”竞赛活动分上海赛区和上海市邮政公司分赛区两个层面进行，各直属单位全部参加“安康杯”上海邮政分赛区竞赛，其中有28个直属单位参加上海赛区竞赛。10月份，各参赛单位按照《安康杯检查考核标准》进行自查，11月份，邮政工会根据市总工会关于开展2010年度“安康杯”竞赛活动评选活动的工作要求，组织参赛单位开展评选工作。松江区邮政局、宝山区邮政局、市南邮政局、市西邮政投递局、机要通信局、闵行区邮政局等6家单位获2010年度“安康杯”竞赛（上海赛区）优胜单位；集邮总公司获“安康杯”竞赛（上海赛区）优秀组织单位；浦东新区邮政局世博邮政支局、汽车运输局邮件运输部343次驾押班、川沙邮政局浦东国际机场候机楼邮政所等3家单位获“安康杯”竞赛（上海赛区）优秀班组，宝山区邮政局党委书记、副局长周凤海和市南邮政局局长王建农获“安康杯”竞赛（上海赛区）先进个人。（蔡俊皓）

【上海电信“五项举措”关心慰问世博保障人员】 一是深入现场慰问。公司领导先后到周家渡现场指挥部，了解世博保障情况，协助落实园区交通、值班住宿及冰箱、微波炉、清凉饮料、防暑降温用品等，关心世博保障人员的健康状况、工作环境和生活设施。二是向家属发慰问信。上海世博会举行中，以公司党委书记、总经理张维华名义向世博保障员工家属发出慰问信，向参与世博保障员工的家属道谢。三是出台“世博保障人员专项关爱制度”。规定班子成员分批定期到园区了解情况，解决世博保障人员实际困难，与世博保障人员家属建立联动制度，加强世博保障情况宣传，定期到世博保障一线挖掘闪光点等。四是基层慰问联动。公司市场部、信息网络部、机动通信局等单位负责人先后前往周家渡指挥中心，看望慰问坚守在一线的世博通信保障人员，激励大家继续发扬团结合作、奉献拼搏精神，圆满完成世博通信保障任务。五是配备防暑药品包。涉博单位工会定期为每位保障员工配备防暑药品包，并附上防暑保健贴士，提醒员工做好高温天气自身保护和保健。（朱东亚）

【上海电信崇明局工会培育3种安康文化】 一是培育安全观念文化。通过局安全生产会议、班组安全分析会和分局宣传栏等形式组织员工学习安全生产法律法规和岗位安全知识，结合事故案例进行宣传教育，提高员工的安全生产责任意识和自我保护意识。强化新进员工和外协员工的安全教育培训和岗位技能培训，提升各群体员工的安全意识和防范技能。搭建和完善员工心理健康咨询平台，帮助员工释放压力，轻松面对工作。开展“世博”安全互递，让员工在家庭中起到“安全文化宣传员”作用，构建“安全之家”。二是培育安全行为文化。组织“五个一”保障出行安全系列活动，即一个案例、一份安全承诺书、一次交通安全志愿者活动、一次车辆操作技能比赛、一次车检，让交通安全深入人心。开展消防知识培训与消防演习活动，并将消防技能延伸至全局营业员，全面提高员工消防意识与技能。加强员工生产、就餐环境设施改善，投入55万元加强电子围栏、加固防盗门，为做好世博安全工作提供强有力的保障。三是培育安全管理文化。加大安全监察力度，狠抓现场生产安全动态管理。深入推进动态隐患排查治理，开展各项有针对性的安全大检查，切实消除各类事故隐患。加强公用车辆管理，做好驾驶员安全培训。加强工作场所人员出入管理，执行来访来会人员按程序登记确认并持证出入制度，随时了解各种可能的突发情况，做到心中有数，处事不乱。（朱东亚）

上海电信公司举行安全责任书签约仪式 （朱东亚）

【中交三航局安全生产月活动取得实效】 中交三航局有限公司工会联合局安全处于5月底下发《关于开展安全生产月活动的通知》，指导全局开展“安全生产月”工作，并专门召开主席例会，布置落实此项工作。全局广大职工积极响应，并取得实效。二公司对全局施工船舶的消防器材进行检查更新，组织安全知识竞赛和消防演练；宁波分公司宽城梁场开展消防火灾、高处坠落、触电等应急预案演练，对预案进行改进和完善；分公司嘉电三期煤码头项目部召开安全工作会议，对协作单位安全管理先进个人进行奖励，用图片形式指出施工中存在的安全隐患，要求对施工区域引桥大堤段嵌岩桩底部护堤提前准备好防汛沙袋，加固塔吊，检查设备和供电线路，对工棚和板房采取加固措施等；厦门分公司武夷山项目部遭遇连降40毫米以上大暴雨，造成大面积停电，项目部员工做好抗灾自救工作，配合当地村民用编织袋将田埂加高，阻止泥水流入；装载机配合人工将铁路旁的树枝杂物和松动不稳的石块清除；船舶公司开展“平安世博安全生产双百日”活动，要求所属船舶提早完成防台防汛工作预案制定；要求船员严格遵守护船值班、酒精控制、“三穿二戴”和防污计划规定。世博期间重点排查消防安全、特种作业和车辆交通等安全隐患；做好船舶消防知识和动

中交三航四公司嘉兴电厂三期工程项目部积极开展安全月宣传活动
（刘 星）

火看火员专项培训，强化应急预案演练。（黄书展）

【中交三航局组织开展平安世博安全生产双百日活动】 中交三航局船舶公司工会把做好安全生产工作放在首要位置，以“安康杯”竞赛为抓手，结合企业近期防台防汛、防暑降温等工作重点，紧紧围绕“加强班组安全建设，强化一线教育管理”主题，组织广大职工群众深入开展“平安世博安全生产双百日”活动。活动期间，分公司工会按照“安全生产双百日”活动计划，用黑板报、宣传画廊、班组学习等手段加大宣传力度，营造平安、和谐的良好氛围。为保障活动能够取得实效，组织部分职工代表和科室负责人，由分公司工会和行政领导带队对洋山、崇启大桥、滨海等施工区域进行综合考评。重点对安全生产过程、食品安全卫生、防暑降温、防台防汛等工作进行巡查。对查找出来的问题按照“四不放过原则”立即督促有关部门和班组予以整改，切实保障职工的健康安全。（黄书展）

【中远集运工会深入开展安全主题活动】 中远集运工会认真制订计划、组织落实，唱响“安全发展”主旋律，会同安全技术管理部组织开展安全知识竞赛，营造安全生产氛围；会同上远公司工会举办2期劳动保护监督检查员培训，发挥三级工会劳动保护网络作用；针对夏季安全生产与劳动保护工作的特点，普遍开展一次高温走访慰问活动和食堂安全卫生检查，切实做好防暑降温工作，保障职工在夏季劳动生产过程中的安全与健康；与安全技术管理部组成联合检查组前往部分船舶、基层单位进行安全、劳动保护专项检查，确保公司安全生产的平稳态势。（钱 华）

【锦江航运公司秋锦轮开展文明航行保安全活动】 秋锦轮在“喜迎世博庆新春，文明航行保安全”活动中全面推动“安全是最大的效益”，营造“安全第一、预防为主、综合治理”良好氛围，促进船舶安全生产状况持续稳定好转，增强全体船员的安全意识和自我保护意识，推动船舶各项工作的有效落实。组织船员进行竞赛，对全船组织开展“消防服穿着比赛”，当过消防兵的一水沈杰以33.2秒的成绩荣获比赛冠军；开展“撇缆绳投抛比赛”，船员司旦、沈杰、张琴荣3人，分别获得一、二、三名。（田 冰）

【市建设交通工会开展高温慰问和防暑降温劳动保护联合检查】 市建设交通工会（市建筑农民工工会工作促进会办公室）、市建设工程安全质量监督总站、市建设交通工作党委宣传处（文明办）等来到东方体育中心、轨道交通12号线、闸北不夜城406地块等建筑工地，联合开展高温慰问、防暑降温和劳动保护检查，涉及总承包单位上海建工、城建集团和中建八局。联合检查组分别向农民工代表赠送高温慰问品，并查看工地劳动保护安全设施、工地食堂和农民工住宿。通过检查总体情况良好，其中中建八局闸北不夜城406地块项目工地，把高温期间每人每天10元津贴直接发到农民工手中的做法得到农民工的普遍欢迎。（钱 蓉）

【市总工会、市建设交通两委启动“战高温、送关爱、保运行、创一流”专项慰问行动】 7月15日，市总工会、市建设交通两委联合开展“战高温、送关爱、保运行、创一流”专项慰问行动。随着高温季节的到来，市总工会结合高温慰问，在建设交通行业职工中开展“战高温、送关爱、保运行、创一流”专项行动，并在全市18个区（县）上下联动，形成同城效应。在对办博一线职工进行慰问、表彰的同时，进一步倡导文明服务、文明出行、文明观博，并激励建设交通行业广大职工再接再厉，打好世博保障决胜战。6月以后，世博会进入气温和客流的“双高期”，世博园区内的6000名环卫工人，不怕高温烈日，不畏深夜作业，不惧早晚倒班，“宁愿一人脏，换来万家洁”；轨道交通、公交、市政道路、水务、绿化、燃气等行业广大职工，默默付出、无私奉献，全身心投入到世博运行服务保障工作中。仪式上，市总工会还对作出突出贡献的建设交通行业班组即时授予“上海市工人先锋号”称号。（钱 蓉）

【中铁二十四局集团电务电化公司深入开展职工“安康杯”竞赛活动】 中铁二十四局上海电务电化公司党政工团联合发出通知，全面开展职工“安康杯”竞赛活动，以公司2010年安全生产工作目标为内容，加强和促进项目安全建设、强化一线安全教育的管理。电务电化公司牢固树立安全发展理念，坚持“安全第一、预防为主、综合治理”方针，以“安康杯”竞赛为载体，积极组织实施群众性安康工程，全面推进现代化安全生产管理、安全文化建设、职工安全健康培训教育。公司结合全国“安全生产月”等活动，有针对性地组织开展各种形式的安全生

更自信、礼仪让女性更优雅、健身让女性更美丽”女职工成果展，来自医务、检察院、公安、教育、建交委、城开集团、徐家汇商城集团和新路达集团等系统2000多位一线女职工参加系列活动。 （朱伟锋）

【普陀区长征镇总工会建立新经济组织女职工“六步工作法”】 2010年，普陀区长征镇总工会突出新经济组织女职工工作特点，建立“六步工作法”，维护非公企业女职工权益。一是同步组建法，明确要求做到工会女职工组织与工会同步建立，10人以上的工会都应建立女职工委员会，10人以下条件成熟的建立女职工小组，女职工人数极少的单位隶属上级园区女职工委员会管理；二是源头参与法，把女职工委员会主任作为园区平等协商重要代表人选参与平等协商和签定集体合同的全过程，邀请女职工委员会主任参加园区的劳动争议调解委员会、法律监督小组；三是建章立制法，制定培训制度、信息反馈制度和工作汇报制度；四是典型示范法，树立全国女职工标兵金爱华和上海市“巾帼”文明班组典型；五是活动吸引法，开设电脑学习班、物业管理班，适时开展岗位技术比武、女职工趣味运动会、舞林大会等活动，增强工会组织吸引力；六是权益维护法，开设网站和维权热线，建立困难女职工帮扶基金，在园区内设置了侵权投诉箱，畅通女职工维权渠道。 （李　悦）

【市总工会女职工培训示范学校在杨浦区挂牌】 9月8日，市总工会“工会女职工示范学校”在杨浦区沪东工人文化宫挂牌。全总女职工部部长丁大建和市总工会副主席汪兰洁共同为学校揭牌。市女职工周末学校成立14年来，在服务女职工、提高女职工素质中发挥了重要作用，被全国总工会女职工委员会授予“工会女职工培训示范学校”。 （许　萍）

【黄浦区“五一巾帼示范岗”与地铁第一运营有限公司“巾帼文明号”开展结对共建活动】 在迎世博600天活动中，黄浦区8个“五一巾帼示范岗”与上海地铁第一运营有限公司“巾帼文明号”开展结对共建活动，旨在互相学习，取长补短，取得了共建成效，区结对示范岗荣获迎世博600天“上海市五一巾帼示范岗”称号。12月30日，双方召开结对共建座谈会，明确在新的一年里将通过组织专题交流、参观学习、文化体育等活动，增进友谊。 （江屹巍）

【黄浦区总工会开展纪念三八国际劳动妇女节100周年系列活动】 3月4日，黄浦区总工会会同区妇联等11家单位开展以“关注妇女民生，建设平安家庭，服务精彩世博”为主题的“庆三八”法律宣传咨询服务活动，现场提供法律宣传、劳动保障、职工维权、婚姻家庭亲子沟通、户籍政策、妇科乳腺病、中医内科、反家庭暴力庇护救助等咨询援助服务。翌日，区总工会会同区妇联举行“一个世纪的骄傲”——黄浦区各界妇女庆祝三八国际劳动妇女节100周年大会。会上，向社会各界推出24名黄浦区各条战线的老中青三代优秀女性。 （江屹巍）

【静安工会举行迎三八国际劳动妇女节女职工风采展】 3月4日，静安区总工会举办区女职工风采展。风采展以“百年的跨越，世纪的传承”为主题，由星火诗篇、百花艳舞和百年梦歌三个板块共同演绎。在星火诗篇板块，以原大同纺织厂工人运动领袖人物薛映晖为原型创作的朗诵剧《映山红遍，与日争晖》，展现革命女性的机智和勇敢；在百花艳舞板块，音乐游戏《小乌鸦找妈妈》、诗表演《献给静安商业的现代女性》等节目，展示新时期静安女职工的职业风采和魅力；百年梦歌板块则紧扣世博会主题，通过原创小品、视频演讲等节目，展现静安女职工服务世博盛会、建设国际静安中的风貌。 （沈诗贤）

【闵行区总工会深化共同约定行动，切实维护女职工权益】 一是开展“妇科体检进企业”活动，首次以社会化运作的模式，为近1700名女职工提供免费妇科体检和跟踪治疗服务。二是全面发起实施妇科体检倡议，号召区内企业积极落实女职工妇检权益，共有361家单位响应倡议，涉及女职工2.67万人。三是开展“健康知识专题讲座送企业”活动，共组织开展78场女职工心理、生殖健康和婚姻家庭等专题讲座，覆盖5028人次。四是结合劳动关系和谐企业创建活动，将“企业是否遵守女职工特殊劳动保护规定”和“为女职工安排两年一次的妇科体检”纳入和谐企业创建指标。 （杭梅娟）

【金山区卫生系统工会引领女职工在服务群众中创先争优】 一是引领女职工立足岗位，争创一流业绩。以“夯实基础护理，提高护理质量”为宗旨开展“巾帼建功”活动，以“患者满意、社会放心”为宗旨开展“巾帼文明岗”活动，以“力争岗位成才，鼓励岗

市总工会为世博园女职工免费体检 （吴良荣）

位创新"为宗旨开展"学习型组织"建设活动,激励女职工在本职岗位上争创一流业绩,建功立业。二是推动女职工找准定位,加强自身建设。按照"有利于女职工提高素质、有利于女职工教育管理、有利于女职工开展活动、有利于女职工作用发挥"的原则,逐步完善每周例会、支部委员联系职工制度,及时掌握女职工工作生活情况,将思想政治工作落到实处;按照"参与、促进、引导、服务"的工作定位,结合女职工队伍特点,做到"组织共建、队伍共建、阵地共建"。三是激励女职工争当典型,发挥示范效应。针对医疗卫生工作特点,倡导"文明服务、优质服务、用心服务",开展"明星集体"、"明星个人"评比活动,充分发挥示范带动作用;以"健康让城市更美好,细节让服务更温馨"为目标,激发女职工"比、学、赶、帮、超"的工作热情,不断提高业务工作水平;广泛开展巾帼文明岗创建活动,把"热情一点、周到一点、微笑一点、细心一点、耐心一点"工作要求贯彻到业务工作每个细节中,力求让患者满意、让家属放心。 (许雪军)

【金山区总工会举办女职工干部培训班】 9月15日,金山区女职工干部培训班在区会议中心举行。培训班特邀市总工会女职工部部长和东方航空公司培训中心首席教官为学员讲课。区总工会女职工委员会委员、各直属工会女职工委员会主任以及基层工会女职工干部代表、区总机关女干部等近120人参加培训。 (马琳联)

【松江区总工会力促女职工组织规范运作】 2010年,松江区总工会全面实施"五个一"工作法,增强女职工组织的凝聚力。一是建立一本台账。基层工会建立女职工工作台账,记录女职工简历、家庭成员、经济收入和子女学习等情况。二是签订一份女职工特殊权益保护专项集体合同。建立源头维权机制,依托集体合同工作平台,同步签订女职工专项集体合同。截至年底,全区共有1050家企业签订女职工专项集体合同,签订率达90%,覆盖企业1.23万家,覆盖女职工12万人。三是为女职工办一件实事。组织全区3万多名女职工参加妇科普查,做到"早检查、早预防、早治疗";组织1万多名女职工参保特种重病保险,增强抵御风险能力。四是参加一期岗位技能培训(竞赛)。组织6万多名女职工参加多种形式的岗位练兵、劳动竞赛和技能培训,提升女职工综合素质、增强岗位竞争能力。五是举办一次有意义的活动。在三八节、国庆节、元旦春节期间,举办丰富女职工业余文化生活的职工文艺汇演、职工健身节等活动,有效激发新生代女农民工的劳动热情和创造活力。 (孙爱华)

【青浦工会成立婚介中心搭建交友平台】 青浦区徐泾镇总工会会同镇团委、妇联联合成立上海新虹桥映缘婚介中心。在揭牌仪式上,市人大代表、明星调解员柏万青致贺词。婚介中心将定期组织卡拉OK、舞会、郊游互动等联谊活动,为在徐泾地区工作的广大未婚职工寻找伴侣。 (马美君)

【青浦工会扎实推进女职工工作显成效】 一是重视做好女职工组织的同步组建、同步报批和女职工专项合同的同步签订工作。截至年底,全区女职工组织组建率达98%,基本实现全覆盖,专项合同占集体合同数的95%以上。二是以深化"迎世博——青浦女职工在行动"主题活动为主线,举办"世博我参与,巾帼展风采"纪念三八国际劳动妇女节100周年大会暨世博海宝健身操大赛。会上,表彰了2008—2009年度十佳女职工先进集体、十佳先进职业女性,来自各行业、各街镇的16支女职工队伍参加海宝操的表演和比赛。三是加大宣传力度,关爱女职工身心健康。开展以"关爱女性健康,共创和谐家园"为主题的青浦女职工妇科疾病大筛查公益活动,共为20多家企业近600名女职工进行免费体检。四是坚持开展女职工权益专题调研活动,全年共撰写论文9篇,其中,5篇论文分别荣获上海工会女职工问题调研报告一、二、三等奖。2010年,区总工会女工委荣获第三届上海市五一巾帼奖(集体)称号。 (马美君)

【市机电工会举行纪念三八国际劳动妇女节100周年暨先进表彰大会】 3月,市机电工会举行纪念三八国际劳动妇女节100周年暨先进表彰大会,各基层单位党政工领导、女劳模、女先进工作者及工会女职工干部等300人出席大会。会上,对上海电气电站设备有限公司上海发电厂制造部线圈包扎班等荣获全国三八红旗集体,上海市五一劳动奖章、上海市五一巾帼奖标兵和上海市心系女职工好领导的先进集体和个人进行表彰。同时,大会还授予上海电气输配电集团人民电器厂压制组等47个班组2009年度机电工会系统"五一巾帼奖"集体称号,授予上海电气集团上海电机厂有限公司孔建平等58名女职工2009年度机电工会系统"五一巾帼奖"个人称号,授予上海锅炉厂有限公司邵建明等34人2009年度机电工会系统"女职工之友"称号,授予上海电气电站设备有限公司上海汽轮机厂沈磊磊等20人为2009年度机电工会系统"优秀女职工工作者"荣誉称号。 (张宝霞)

【广电电子工会女职工委员会促进女职工工作创新发展】 一是创巾帼品牌,促企业发展。组织基层单位女职工开展"争创巾帼星级示范岗(班组)竞赛"活动,培育工作典型,激发女职工的劳动热情和创造活力。二是维权维稳,尽心尽责。女职工干部积极探索劳动关系的新变化,从源头参与,反映职工群众述求。在实施安置分流方案、平等协商、听取职工诉求、认真接待个访、集访和困难协保人员的帮扶等方面做了大量工作,发挥了女职工组织的积极作用。三是坚持学习,提高女职工干部业务素质。年初,公司工会女职工委员会对女职工干部提出了学习好、工作好、维护好、参与好、协助好和关心好的"六好"工作要求。女职工干部踊跃参加各类培训。10月份,公司工会女职工干部结合专题讨论修改公司女职工委员会工作条例和实施细则,请有关专家专题辅导讲解女职工劳动保护和生育保险业务知识,将女职工"四期"保护的有关规定汇编成一览表,便于工作中的学习掌握。 (周克明)

【市化学工会举办三八节纪念活动】 3月9日,市化学工会女职工委员会以世博会为契机,举办"迎世博盛会、展巾帼风采"暨纪念三八国际劳动妇女节100周年庆祝大会。会上,集团下属各子公司女职工以才艺比拼的形式,共征集展示十字绣、串珠珠、丝袜花、编织等100多个手工作品。大会融视频、演讲、歌舞表演、女性手工作品展示等为一体,充分展示华谊女职工的精神风貌。 (赵 峥)

【市纺织工会深入开展关爱女职工行动】 一是督促签订女职工专项合同,切实维护女职工合法权益;二是举行三八节纪念活动,共表彰20名上海纺织"优秀女职工工作者"和10名"心系女职工工作的好领导",并进行世博礼仪讲座;三是开展巾帼建功活动,共有4家单位荣获"迎世博600天"上海市巾帼文明岗荣誉称号,1家单位和1名个人荣获第三届"上海市五一巾帼奖"称号;四是坚持开展每季度一次的"四女"联谊会活动,举办女性精英研修班,不断增强女职工组织的凝聚力和吸引力;五是组织纺织女领导"旗袍秀"表演队,在市纺织工会60周年庆典舞台上展示巾帼风采;六是免费为400名困难女职工和女农民工提供免费妇科体检,为42名困难单亲女职工子女提供助学帮扶。 (汪叶慧)

【宝钢股份公司工会积极推进女职工工作】 一是以纪念三八国际妇女节100周年为契机,召开纪念表彰大会,对先进女职工集体、个人进行表彰。二是举办以"我的幸福感知"为主题的"第八届女职工论坛",来自公司基层、管理、研发等不同领域的女职工结合自身工作和生活,畅谈人生幸福感。三是广泛开展"人人争做最佳实践者"立功竞赛活动,从不同层面发现、培养、宣传女职工最佳实践典型,共有45名女职工受到表彰。 (王俊民)

【宝钢集团工会举办女职工论坛】 3月5日,宝钢集团工会女职工委员会举行以"领时代潮流,品低碳生活,做低碳女性"为主题的"宝钢纪念三八国际劳动妇女节100周年暨女职工论坛"。集团部分职能部门、子公司党政工负责人及各单位女职工代表约70人参加论坛。会上,集团8名女职工代表围绕"低碳生活"之衣、食、住、行、健、美、育、爱等8个主题进行主题发言,着力倡导低碳生活方式。 (徐 卫)

【上海化学工业区工会重视做好女职工工作】 2010年,上海化学工业区工会女职工委员会着力强化女职工工作目标管理考核机制,开展女职工工作调研,发挥各级工会女职工组织作用,切实维护女职工的合法权益。一是着力加强女职工组织建设,新建工会中女职工组织同步组建率达到100%,女职工特殊权益专项合同占集体合同的比例达100%。二是深化"迎世博上海女职工在行动"主题活动,参与园区和企业组织的各项世博安保工作。三是着力推进"建功'十一五',巾帼绘和谐"女职工建功立业活动,开展2008—2009年度化工区工会巾帼集体、巾帼个人的评选表彰活动。四是着力保障女职工身心健康,继续实施女职工健康实事工作,各基层单位妇科体检率达到100%。 (张 俊)

【上海烟草集团工会召开纪念三八妇女节100周年大会】 3月8日,上海烟草集团工会举行"迎世博、展风采、上水平"——纪念三八国际劳动妇女节100周年大会。会上,集团先进女职工代表发出"让我们携起手来,立足本职,服务世博,文明观博,为'五个上水平'作出新的贡献"的倡议书,各单位女职工运用演讲、配乐诗朗诵、小品、情景剧等文艺表演的形式,向与会人员展示了"敬业、创新、合作"的女职工新形象。同时,会议对荣获"市五一巾帼奖"、"市巾帼文明岗"、"全国烟草行业劳动模范"和"市五一巾帼奖"称号的先进集体和个人进行表彰。 (江洪生)

【中海集团工会做好女职工关心服务工作】 一是组织538人次女职工参加"关爱女性、感受美丽"女性健康知识讲座,女职工合法权益保障宣传,女工委员及先进代表疗休养等各类文体活动;二是对32名困难女职工实施定向助学和节日帮扶,帮扶总金额3万多元;三是为509名女职工办理"女职工团体互助医疗特种保障",参保覆盖率达100%。 (李 静)

【上海移动工会举行迎六一观世博亲子活动】 5月30日,上海移动工会在世博园区信息通信馆举办以"梦想、放飞,信息、未来"为主题的六一亲子活动。活动共组织集团近520名一线职工及其子女参加。同时,集团工会还将职工子女的征文、摄影及绘画作品编印成册,深受广大职工欢迎。 (史 旭)

【上海电信崇明局工会女职工工作突出"四个凸显"】 一是凸显生产力。开展"我为节能减排献一计"、"我为C网发展献一计"、"提升服务响应能

3月5日,市卫生系统举行庆祝"三八"国际劳动妇女节100周年大会 (吴嘉民)

力”等合理化建议征集活动。二是凸显学习力。建立学习日制度，开展业务知识、操作技能、文字输入和手语交流等业务技能操作大赛。三是凸显文化力。充分发挥局域网、《宝岛电信》等内部媒体的作用，定期召开女职工交流会，并组织开展卡拉OK比赛、征文比赛等活动。四是凸显人文关怀。开展以“以我的眼睛发现美”、“魅力巾帼展风采”等为主题的系列活动同时，每季度开展垂钓、健身、摄影、棋牌等兴趣活动，丰富广大女职工的文化娱乐生活。（朱东亚）

【上海电信工会女职工委员会举办“手牵手姐妹情深献爱心”活动】 5月29日，上海电信工会女职工委员会举行“手牵手，姐妹情深献爱心”结对帮扶仪式，部分参与结对活动的女职工先进班组代表、结对女职工及其子女参加了结对仪式。东区局、北区局、号百分公司、共联公司的女职工班组代表在结对仪式上介绍了结对目标和计划。（朱东亚）

【上海电信女职工委员会发出迎世博倡议书】 三八节期间，上海电信工会女职工委员会向集团女职工发出“迎世博盛会，与文明同行”的倡议，号召集团女职工投身业务保卫战、移动业务进攻战、世博服务保障攻坚战，在奉献中展示才华，在创新中呈现业绩；争做建功世博引领者，发扬爱岗敬业、创新奉献的拼搏进取精神，以高度的责任感、高昂的工作热情，立足岗位，扎实工作，以非凡的工作业绩为世博增辉添彩；争做服务世博志愿者、文明观博的示范者、“三五”行动的实践者，充分展示电信女员工的魅力和风采；争做精彩世博的先行者，摒除生活陋习，遵守公共秩序，展现文明素养，共同构筑文明和谐的社会氛围。（朱东亚）

【上海电信市场联合工会向女职工发放“巾帼一卡通”】 2010年，上海电信市场联合工会专门设计、制作“巾帼一卡通”，向公司女职工发放。“一卡通”设置学习、竞赛、文体和专题活动四个方面功能，女职工每参加或完成一项内容就取得相应积分，超额设附加积分，全年累计积分将作为评选“十佳”女职工及“巾帼建功”先进个人的依据。（朱东亚）

【中交上航局工会女职工委员会开展女职工主题活动】 2010年，中交上航局工会女职工委员会组织开展以“我与航道同发展、巾帼建功创佳绩”主题活动。活动注重挖掘和培养先进苗子，树典型，进一步加强女职工先进的培育，经推荐，为上海国际航运中心建设做出重大贡献，有上海“一环十射”内河整治领军人物之称的陈虹荣获全国“三八红旗手”称号，长期从事长江口深水航道治理工作的季岚荣获上海市第四届“五一巾帼创新奖”。（钱文勤）

【中交三航局工会举办女职工演讲会】 3月5日，中交三航局工会举行以“与世博同行，与企业共赢”为主题的演讲会。为组织好演讲会，局工会前期在全公司范围内组织开展“我与世博同行”女职工征文活动，共征集文稿50多篇，30位女职工的演讲稿入选《世博·梦想·成就》一书，16位女职工代表在演讲会上演讲。（冯浩强）

【中远集运工会切实做好女职工工作】 2010年，中远集运工会把提升女职工素质同开展“降成本、促效益、谋发展”、“合理化建议”、“职工技能竞赛”等群众性活动相结合，动员广大女职工参与“巾帼建功，成才奉献”双文明立功竞赛活动，立足岗位，展示风采。认真履行女职工特殊权益专项集体合同，修订《总部女职工特殊权益专项集体合同》，指导单证公司签订《女职工特殊利益专项集体合同（试行）》，为女职工购买“上海市女职工团体互助医疗特种保险”，鼓励有条件的企业对40岁以上女职工每年再增加一次妇科检查。在三八节期间，邀请著名作家陈丹燕女士重点就独生子女教育问题与广大女职工进行交流。依托公司局域网和工会信息等渠道，广泛宣传和推广先进女职工集体和个人的先进事迹，以先进人物的敬业、勤奋、奉献、创新精神，营造“学先进、赶先进”的良好氛围。（钱　华）

【上海机场集团工会举行迎三八节系列活动】 一是举办庆祝三八国际劳动妇女节100周年先进表彰大会暨女职工职业风采展示活动，表彰先进，部署工作，并通过自编自演小品、诗歌、情景剧、职业装展示等形式，展示机场女职工的风采。二是围绕集团党委“建功世博，争当先锋”主题实践活动，开展主题征文比赛。三是启动第四期“民航女职工大病互助基金”组织发动和资金募集工作。四是选派集团先进个人和集体代表赴外学习交流，举办“低碳经济在我身边”专题讲座。五是配合行政部门在三八节前完成女职工特殊劳防用品津贴的发放工作。（汤惠东）

【市建设交通工会举行纪念三八国际劳动妇女节100周年大会】 3月12日，市建设交通工会举行“文明服务、文明观博、文明出行”——纪念三八国际劳动妇女节100周年大会暨迎世博知识竞赛决赛，市建设交通工会所属单位女工委主任、女职工先进代表等近200人参加会议。会上，沪宁实业公司江桥收费站女职工先进代表宣读《积极参与世博、优质服务世博》倡议书，同三高速公路收费窗口、市受理服务中心女职工进行了队列操、世博服务手语表演，沪杭高速公路公司表演情景剧《收费员的一天》。同时，“文明服务、文明观博、文明出行”迎世博知识竞赛决赛拉开帷幕，6家从初赛中脱颖而出的优胜单位开展角逐。（钱　蓉）

【城投总公司工会开展三八妇女节100周年纪念系列活动】 2010年，城投总公司工会以“为上海世博添彩、展城投女性风采”为主题，开展三八妇女节100周年纪念系列活动。举办2010年度上海城投巾帼示范岗表彰会，通报表彰获得市级和城投总公司荣誉称号的巾帼示范先进集体和个人；开展“城投人看城投”主题活动，组织女职工参观外滩滨水区和《百年外滩》图片展；在世博运营期间，公司工会将选树女职工先进典型与动员女职工积极参与立功竞赛活动有机融合，将激励女职工在世博中成长与倡导女职工践行“三个文明”主题活动的工作有机融合，将关心女职工权益

与做好关心服务世博一线女职工生产生活的工作有机融合,各项工作取得了长足的发展。(朱文慧)

【市教育工会举办PPT优秀作品展评活动】 在庆祝第二十六届教师节期间,市教育工会女职工委员会以教育系统百位杰出女教师为师德典范,举办"世博之韵、师德之美——上海女教师的故事PPT作品大赛"。各高校、区县教育系统通过初赛,共选送97个PPT作品参加复赛,经专家评审,共有35个作品被评为优秀作品。PPT优秀作品展评活动分为3个篇章,第一篇章"师道永恒",讲述5位女性上海教育功臣的故事;第二篇章"师爱无疆",展现女教师们爱满天下的情怀;第三篇章"师能璀璨",彰显女教师们孜孜以求、追求卓越的无限魅力。(朱小娟)

【市医务工会积极推进女职工工作】 3月5日,市卫生系统举行庆祝三八国际劳动妇女节100周年大会。大会表彰荣获迎世博"上海市巾帼文明示范岗"和"上海市巾帼文明岗"的100个班组。2010年,市医务工会女职工委员会始终围绕卫生中心工作,以迎世博为抓手,以提升女职工干部的综合素养为目标,不断开展各项活动,取得一定成绩。一是围绕《迎世博600天巾帼文明岗创建行动计划》,切实搭建平台,巩固创建成果,分"四步走"扎实推进市巾帼文明岗创建活动,共有100个班组获得"市巾帼文明岗"荣誉称号。二是实施市巾帼文明岗与困难女职工结对帮扶举措,定期开展各类帮扶活动。三是将帮扶困难女职工拓展到帮扶单亲女职工,并将帮扶重心由生活关爱扩展到精神慰藉。(童秀妹 柯 婷)

【市新闻出版工会举办市版协女编辑工作委员会年会】 2010年,市新闻出版工会举行2010年上海市版协女编辑工作委员会年会暨"女编辑的美丽人生"论坛。会上,播放新闻出版工会为女编辑制作的《男人眼中的女编辑》纪实短片。在开展论坛活动期间,特约上海纪实频道《往事》栏目的主持人刘凝现场主持,出版界前辈、作家欧阳文彬、原音乐出版社副总编陈学娅、《现代家庭》杂志社总编孙小琪、上海人民出版社美术编辑陈楠、《上海壹周》娱乐版副总编项思微等5位上海出版界不同时代的女编辑应邀在论坛上讲述编辑生涯中的精彩片段和动人故事。(陈宏华)

【市民政局工会举行三八国际劳动妇女节100周年纪念大会】 3月8日,市民政局工会召开纪念三八国际劳动妇女节100周年暨女职工工作十佳品牌表彰会。会上,对荣获"上海市民政局女职工工作十佳品牌"称号的市社会福利中心等10家单位进行了表彰,对荣获上海市第三届五一巾帼奖、上海市巾帼文明示范岗、上海市巾帼文明岗的班组和个人进行了授奖。市儿童福利院等5家先进集体作交流发言,市龙华殡仪馆等3家单位女职工作了才艺展示。局属两级党委、工会负责人以及局女职工代表100多人出席大会。(林丽萍)

【市监狱局工会从3个方面推进女职工工作】 一是维护女职工合法权益。积极宣传贯彻《妇保法》,对112名困难女职工进行了定向、助学和节日帮扶,帮扶金额达7.5万元;同时,积极开展女职工疗休养和妇科体检工作,实现"女职工团体特种保障计划"参保率达100%的目标和任务。二是提高女职工队伍素质。组织岗位练兵、建功立业等活动,举办女工干部培训班,提高女职工整体素质。三是开展表彰活动。通过《知心》杂志、工会网站等宣传阵地宣传荣获市五一巾帼奖的先进集体和个人的典型事迹,营造"学先进、赶先进"的良好氛围。四是抓好女工组织自身建设。加大建制力度,同步组建女工组织达100%。(江海群)

【锦江国际集团工会围绕世博运营开展女职工工作】 一是组织银河宾馆行政楼VIP班组、新亚广场长城大酒店行政楼班组参加市女职工志愿者服务队,为世博工地建设者缝补衣服,赠送针线包等。二是在迎世博600天行动中,组织集团10家单位巾帼文明岗加入服务世博联盟,锦江国际女职工志愿者服务分队被评为上海市迎世博志愿服务贡献奖。三是组织评选出市"五一巾帼示范岗"等5批45个班组。四是开展"双结对"活动,为集团困难女职工、女农民工提供免费妇科体检560人次。(陈 怡)

【上实集团工会关心世博一线女职工】 3月8日,第100个三八国际劳动妇女节之际,上实集团工会邀请集团领导看望慰问节日当天上实物业世博轴物业管理处的女职工,并召开部分女职工代表座谈会。集团工会宣读了《致上实集团全体女职工的一份慰问信》。世博会正式召开后,上实集团工会更是加倍关心世博一线职工,

举办2010年上海市女编辑工作委员会年会暨"女编辑的美丽人生"论坛 (陈宏华)

督促现场成立临时工会，并多次冒着高温酷暑深入世博园区世博轴、崇明东滩及沪宁、沪杭高速公路等项目现场开展慰问活动，为一线员工送上冰箱、电风扇、毛巾、沐浴露、花露水、饮料等防暑降温用品。（杨铁军）

【绿地集团工会举办“我们的世博”集团家庭日活动】 六一节前夕，绿地集团工会举办“我们的世博”2010年集团家庭日活动，来自60多个职工家庭的近200人参加活动。期间，在开展绘画、彩绘、钓鱼、手编气球、棉花糖等活动的同时，还举办了发放世博护照、集齐世博印章、竞猜世博灯谜等一系列围绕世博主题的相关活动，深受参加者的欢迎。（王 慧）

【上海工会管理职业学院举办第二届女生节】 3月3日，上海工会管理职业学院第二届女生节开幕。这届女生节为期一周，组织开展女生自护自救专题讲座、女生关注的生活情感话题系列论坛“我眼中的魅力女生”评选、活动经典语录网络展播和“最佳成功女生方案”有奖征集等活动。开幕第一天，学院医务保健站组织各班女生观看了自护自救知识影片，普及了人身安全知识，提高了安全意识，受到学院女生的好评。（兰宇新）

农民工权益

【市总工会联合举办“春风行动”】 2月25日—4月30日，市总工会会同市人力资源社会保障局、市妇联等部门联合开展以“服务进城务工，共迎和谐世博”为主题的“春风行动”。活动期间，共联手举办173场农民工专场招聘活动，接受免费公共就业服务的农民工超过11万人次；共向来沪农民工免费发放30万张“春风卡”、6万副“农民工进城务工须知”扑克牌等宣传资料，共向2.8万名农民工提供劳动维权服务和法律援助；共组织超过1.1万农民工参加职业技能培训，其中，近0.9万人享受政府补贴。（曹宏亮）

【浦东新区总工会做好农民工送温暖活动】 浦东新区各级工会根据农民工的实际需求，把组织农民工平安返乡和留沪过年农民工的关心帮扶工作作为元旦春节期间农民工工作的重点。在农民工集中的川沙、高东、高行地区以及浦发集团，由新区总工会牵头，组织60余辆农民工返乡专车，把3000多名农民工平安送回家乡。活动期间，共计开行农民工返乡专车180余辆，受益农民工1万余人，为81家企业的1.5万名农民工提供购票便利。同时，浦东新区总工会以组织年夜饭、为特困农民工发放慰问金等形式，关心服务留沪过年的农民工。（王建中）

【普陀区曹杨社区总工会落实三项举措关爱新生代农民工】 一是注重调查排摸。根据社区实际，开展基本情况排摸，发现社区内外来务工人员普遍存在学历低、收入少、夫妻长期分居、社会融入程度较低等问题。二是组织互动活动。针对排摸中发现的问题，开展“‘心灵彩虹，珍爱生命’——非公企业职工关爱活动”，满足新生代农民工的精神文化需求。三是提供综合服务。整合社区总工会资源，提供就业指导、技能辅导、创业引导、心理疏导等援助服务，提高新生代农民工的社会适应能力和心理承受能力。（李 悦）

【普陀区建设工会建立建筑工地农民工心理疏导流动工作站】 7月1日，普陀区举行“普陀区建筑工地农民工心理疏导流动工作站”揭牌仪式。工作站是全市第一家政府为建筑业农民工解决矛盾纠纷与心理健康疏导的平台。工作站成立后，将建立农民工矛盾纠纷和心理健康问题登记制度，坚持及时高效的办事原则，对查实的事实及时协调处理，对属于心理范畴的由专业人员及时做好心理疏导，努力做到“事事有回应，件件有着落”。（李 悦）

【普陀区开展农民工工资支付情况联合专项检查】 2010年，普陀区总工会会同区人社局、区建交委、区公安分局等部门在全区范围内联合开展农民工工资支付情况联合专项检查。在各基层单位自查的基础上，联合检查组共检查了区域内农民工集聚的加工制造、建筑施工、餐饮服务行业及其他中小型劳动密集型企业单位60家，共涉及劳动者7698人，重点监督用人单位支付劳动者工资的情况、用人单位执行最低工资标准的情况、用人单位拖欠工资后逃逸的情况、用人单位与劳动者签订劳动合同的情况以及用人单位遵守其他劳动保障法律法规的情况。检查期间，及时处置4起突发事件，其中，涉及拖欠工资事项的2家，欠薪金额约1.39万元。经检查组协调和责令改正，已发放全部拖欠款。（李 悦）

【杨浦区总工会开展艾滋病日主题宣传活动】 12月1日，杨浦区总工会与区卫生局联合开展主题为“遏制艾滋，履行承诺”的艾滋病日宣传活动。

杨浦区总工会开展艾滋病日主题宣传活动 （曹理仰）

期间，还举行四平地区总工会等10个“职工红丝带健康行动”工作站的授牌仪式以及12个重点行业工会代表的授书仪式，区疾病预防控制中心开展了市民艾滋病知识有奖问答。（许 萍）

【黄浦区南京东路社区总工会关心帮扶新生代农民工】 一是落实预警机制，掌握思想动态。要求工会组织主动呼应、及时反映、理性表达、有序协商、依法维权，促进职工队伍和社区的稳定。二是突出维权重点，稳定职工队伍。结合安全生产月活动，会同街道安监、劳动等部门开展安全生产、劳动监察专项检查，重点关注餐饮、IT行业和广告展览、电子软件开发等企业的超时加班、规范劳动保障等相关情况。社区总工会还通过开展“走企业、访职工、送温暖”活动，加强同企业和基层工会的动态联系，督促企业关心好新生代农民工的生产生活。三是开展专项行动，落实“九送行动”。整合社区资源优势，有针对性地拓展职工文体、关爱健康、快乐体验等活动，为新生代农民工推出“九送”减压、快乐行动，即送100张参观世博会门票、送100张社区文化活动卡、送100份东方网吧年卡、送100张新世界影城电影票、送100张杜莎夫人蜡像馆参观券、送100张当代艺术馆参观券、送100张亚宸健康园体检卡、送100名农民工加入“走进黄宫、欢乐周末”送100位桌友派对名额等。（黄宪祖）

【静安工会多措并举维护农民工权益】 一是以农民工为重点发展会员。通过源头入会、劳务派遣入会等一系列措施，创新农民工组织形式和入会方式，加强区域性、行业性工会联合会建设，吸引农民工加入工会。截至年底，全区共有农民工会员近1.2万人，入会率达87.8%。二是开展农民工就业和培训工作。以“千万农民工援助行动”、“春风行动”、“农民工职介专场”以及“家政服务工程”等为抓手，做好农民工就业服务工作。同时广泛开展农民工职业技能培训，提高农民工技能水平。三是维护农民工劳动经济权益。指导农民工签订劳动合同推动规范用工，开展农民工工资支付情况专项检查，保障工资按时、足额支付，以非公有制企业为重点开展覆盖农民工的工资集体协商和女职工保护专项集体合同工作。四是开展困难农民工帮扶工作。及时将生活困难的农民工家庭纳入工会帮扶范畴，共筹措10多万元专项帮扶资金用于开展农民工生活、助学、医疗等帮扶及就业培训和职业介绍等工作。五是开展农民工法律援助工作。将农民工法制宣传教育工作纳入“六五”普法规划，加强农民工普法宣传教育，免费为农民工提供法律服务，帮助他们依法处理因裁员、欠薪、断保等引发的劳动争议。六是保障农民工民主政治权利。保证企业工会代表大会和职工代表大会中有一定比例的农民工代表，畅通农民工利益诉求渠道。（陆 蕾）

【静安区总工会积极开展农民工就业技能培训】 2010年，静安区总工会与区人保局、团区委等部门联手搭建“培训、练兵、比武、晋级”四位一体职工职业技能发展平台，不断加大农民工就业技能培训力度，先后对1000名农民工实施技能培训。同时，区总工会充分发挥区、街道两级职工援助服务中心整合联动作用，进一步加强与企业、行业协会和工业园区的联手，根据企业的用工需求和技能需求，通过采取项目培训、品牌培训、定向培训等形式，实现培训、就业联动机制。在开展就业技能培训的基础上，静安工会充分发挥工会职介服务平台的作用，进一步建立完善职业需求预测、求职登记、就业咨询、创业指导、技能培训、职业介绍“一条龙”服务机制，并通过开展“春风送岗位”、“民营企业招聘周”、“农民工招聘专场”等活动及窗口服务形式，为广大农民工提供就业创业指导。（陆 蕾）

【宝山区总工会举行新生代农民工工商管理（EBA）培训开班典礼】 10月23日，宝山区总工会新生代农民工工商管理（EBA）培训开班典礼在顾村镇社区事务受理中心举行。培训采取“送教上门”的形式，参加首期培训的对象为基层工会主席、班组长、先进个人等62名学员。（胡立伟）

【闵行区建交委工会着力推进建筑农民工维权工作】 一是以发展建筑农民工入会和组建在建工程项目工会小组为重点，加强宣传，主动指导施工单位开展组建工作。二是在发放建筑行业农民工工资情况提示卡的同时，制作、发放服务内容丰富、携带方便的维权卡，详细记录务工须知、权益维护、投诉电话等信息。三是制订维权工作长效管理机制和应对突发事件的工作预案，在从预防到处置、从发现到解决、从人员到设备上，落实五项具体措施，即建立信息平台，实行动态管理；加强清欠力度，实行警示和奖惩并举；建立实名制台账，为每位农民工签订劳动合同，严格按照工资明细表把工资发放到每个人中；普及维权告示牌，为农民工维权提供路标；积极办理综合保险，应保尽保。四是发挥行业优势开展“六好”服务，即信息卡办理服务好，岗前培训、等级培训开展好，健康体检组织好，综合保险督查好，劳动合同签订指导好，经营行为查处好。五是以提高建筑行业农民工文明素质和安全意识为主要目标，以世博知识、文明礼仪等知识为重点，深化农民工基本素质教育培训，重点开展“三个文明”（即：文明服务、文明观博、文明出行）和“十要十不要”培训宣传，引导农民工了解世博、参与世博、奉献世博、共享世博。（陶慧卿）

【闵行区梅陇镇总工会加强“来沪人员工会服务站”建设】 2010年，梅陇镇总工会在依托党建、服务党建中，探索“党工共建”新方法，试点推进车沟村澄江外来人口小区和曹中村外来人口小区工会服务站建设，着力开展“六送”活动，即“送法律、送政策、送技能、送培训、送健康、送文化”。取得显著成效。一是抓组织，建立农民工会员组织网络。在小区内建立隶属于村工会联合会的工会小组，吸纳农民工入会。二是抓服务，为农民工办实事、办好事。三是抓培训，提升农民工整体素质。开展农民工素质教育培训、世博知识培训及电脑知识培训等。四是抓活动，增强农民工归属感和认同感。通过定期放映广场电影、组织开展联欢会、茶话会等活动凝聚广大农民工。同时，镇总工会还设立“工会信箱”，进一步畅通农民工诉求渠道。（陶慧卿）

【金山区枫泾镇总工会开展“十佳新枫泾人”评选活动】 1月17日，枫泾镇总工会对荣获第四届“十佳新枫泾人”称号的获奖者进行颁奖。自2006年起，枫泾镇总工会特设“十佳新枫泾人”奖，每年对10位优秀外来务工人员进行表彰，激励、引领更多农民工以“十佳”为榜样，融入枫泾镇经济社会发展。（沈德林）

【金山区亭林镇总工会着力为农民工办6件实事】 一是建立三级帮困基金，基金总额为30万元，共慰问帮扶包括农民工在内的各类困难职工1000人次以上。二是实施“224”就业服务行动，即组织200名就业困难农民工参加就业技能培训，联合举办春、秋季2场职介专场，为4000名农民工提供职业介绍服务。三是开展“工会法律服务进社区促和谐”活动，建立健全两级劳动争议社会化调解组织网络，全年按季开展4次《劳动合同法》现场咨询服务，按月开展农民工工资支付情况的检查。四是开展向农民工送“职工团体意外伤害互助保障”计划的活动，继续做好全镇万名职工的参保工作。五是开展送电影“周周映”活动，从4月起，逢周二、五在社区广场为职工放映电影，丰富农民工业余文化生活。六是开展“送清凉”活动，高温季节，共为100家企业的万名农民工送去防暑降温用品。（乐　民）

【青浦区开展农民工工资支付专项检查】 年初，青浦区总工会会同区人保局、区建交委及公安青浦分局开展农民工工资支付情况专项检查。通过前期的宣传发动和自查自纠，全区有73户用人单位自行补发全部或部分拖欠的工资，共涉及劳动者3087人，补发金额达780万元。区劳动监察大队对部分欠薪问题相对严重的企业进行重点监察，并督促20户企业补发拖欠工资，共涉及劳动者701人，补发金额268.91万元。（马美君）

【奉贤区建筑行业工会发公开信助农民工维权】 奉贤区建筑行业工会联合会、奉贤区建筑企业管理所联合发出“致建筑业农民工的公开信”。公开信侧重从如何签订规范劳动合同、及时办理信息卡、注重劳动安全和从业基本准则等方面帮助农民工提高自我保护意识、维护自身合法权益。同时，奉贤区所有施工现场都设有“建筑工人维权告知”告示栏，并注有维权投诉举报电话。农民工工资被克扣、拖欠或其他合法权益被侵害时，可拨打投诉电话进行投诉举报。（刘传军）

【上海兴港机械制作有限公司工会重视农民工权益维护】 崇明县上海兴港机械制作有限公司是专为上海振华港机长兴基地配套生产的机械制造综合性企业，有农民工1.2万多名，占公司总人数的97%。公司联合工会坚持信访接待、法律援助、劳动关系调解等3个服务工作机制，配备专业人员，全方位做好农民工权益维护工作。一是认真指导各工程队做好劳动合同的签订工作，农民工劳动合同签订率达100%；二是为杜绝农民工工资被拖欠，2010年下半年与振华公司沟通协商后，双方成立工作小组，对农民工工资发放进行确认，并严格监控工资发放的过程，确保农民工的切身利益；三是主动做好劳资关系调解工作，全年共调处75件纠纷案，其中大多涉及劳资纠纷，年内办结率达95%，惠及100多名农民工；四是加强农民工的劳动保护，督促各工程队按规定发放劳动用品。（陈进修）

10月25日，首届上海新生代农民工初级工商管理（EBA）培训开学典礼（吴良荣）

【崇明县进城务工人员服务站倾心为崇明“的哥”服务】 崇明县进城务工人员服务站自建立以来，深入基层企业和“的哥”家庭，帮助其解决实际困难。一是深入调查研究。及时反映市区崇明籍“的哥”的思想动态及生产生活情况。二是接待信访，排忧解难。开设“施阿姨热线”，共接待崇明“的哥”及其家属的来信来访1314件，接待1958人次。三是抓培训练兵，提高崇明“的哥”技能水平。举办“2010年崇明县驾驶员技能操作竞赛”，112名出租汽车驾驶员报名参加。四是关心“的哥”生活，解除后顾之忧。全年共慰问50名困难务工人员及其家属，共发放慰问金2.72万元；高温慰问“的哥”360人；举办“的哥”家属手工艺培训、美容礼仪知识等培训班7期，367人次参加培训，帮助644人实现就业；帮助“的哥”解决孩子转学共计897人。五是丰富“的哥”业余生活。在节假日举办9次娱乐活动。（陈进修）

【上海电气职工宋方、王靖华获“上海市优秀农民工”称号】 4月1日，在上海市优秀农民工、农民工先进个人表彰大会上，上海锅炉厂有限公司职工宋方、上海机床厂有限公司职工王靖华荣获“上海市优秀农民工”称号，上海锅炉厂有限公司张海青荣获“上海市农民工先进个人”称号。宋方是河南来沪劳务工，凭着聪明好学，在2009年全国锅炉行业焊工比赛中获得总成绩第一，被全国机械行业授予岗位技术能手称号，还破格提升为焊接高级技师。劳务工王靖华在生产实践中，善于动脑筋，实现技术改进，提高工作效率，成为企业生产能手。

（冯克华）

【市机电工会落实农民工帮扶五项举措】 一是通过成立上海电气李斌技师学院劳务工技术学校为系统内农民工提供岗前安全生产、职业技能、法律知识和文化道德素养等培训。二是向农民工较为集中的企业赠送价值5万元的团体助医卡。三是为400名农民工提供健康体检服务。四是鼓励企业为连续工龄3年以上的农民工参保特种重病互助保障计划。五是将特困农民工纳入市机电工会帮扶范畴，共出资10万元，分别对100名特困农民工及其子女实施生活帮扶和助学帮扶。

（张宝霞）

【市机电工会开展农民工健康体检活动】 3月19日，市机电工会会同市公惠医院联合开展农民工免费健康体检活动。上海日立电器有限公司、上海工具厂有限公司、上海天安轴承有限公司、上海第一机床厂有限公司、上海量具刃具有限公司等6家单位的300多名农民工参加体检。（沈剑宏）

【上海船舶公司工会加强农民工学习培训】 公司工会积极开展农民工的学习培训活动，参与农民工技能培养，提高农民工技能水平。一是配合行政落实农民工上岗培训和升级培训。各级工会参与做好组织工作，同时，会同行政开展持证上岗检查，督促劳务队规范用工管理。在提高技术等级的培训中，工会围绕行政培训目标，配合做好考核、评估工作，促进农民工队伍整体技能素质的提升。外高桥工会已培训出各工种技师70名、高级工320名、中级工2000名，农民工队伍的技能素质得到较大提高。二是开展农民工技能提高活动。在参与行政组织培训的基础上，船企工会结合实际，自主开展农民工技能提高活动。外高桥工会成立"农民工高级工焊接学会"，通过技术学习、研讨、交流和带徒活动，提高技术业务水平，学会成员已近100人。沪东中华工会举办农民工焊工技术专题讲座，邀请张翼飞劳动模范焊接技术研究室3位劳模为农民工中、高级焊工和班组长上焊接技术课。上海船厂结合浦东新区开展的"百名技师育高徒"结对带教计划，实施技师与农民工的"师徒带教"活动，来自公司造船、修船、制造部、机加工、质保部、培训中心等部门的28名技师，共结对带教50名优秀农民工。三是组织农民工参加各类技能竞赛。工会会同行政，在开展职工技能竞赛中，组织农民工参加，在技术竞争和竞赛奖励的双重激励下，激发农民工学习、钻研技术的积极性。在行政搭建的技能比赛的平台上，工会会同行政做好农民工参赛的宣传、动员、准备和评比、表彰工作，为农民工岗位成才提供服务。上海公司制定《职业技能竞赛管理办法》，规定自2010年起，每年组织两个主体工种的技能竞赛，进一步促进农民工学习技能活动的深入开展。

（曹金梁）

【上海烟草包装印刷有限公司工会建立劳务工民主议事会】 上海烟草包装印刷有限公司工会在总结劳务工管理工作经验的基础上，建立"企业劳务工民主议事会"制度，并制订企业劳务工民主议事会工作章程，选举产生33名劳务工民主议事会代表。议事会的主要职能是组织开展劳务工工资、加班薪酬调整情况通报工作，通报涉及劳务工的企业规章制度、企业重大改革措施和部署情况及围绕企业政治思想、生产经营、管理创新、技改发展等方面提出合理建议。（吴国屏）

【上港集团宝山分公司工会建立劳务工帮扶制度】 2010年，上港集团宝山分公司工会与4家劳务公司沟通协调，指导帮助承包队工会进行规范操作，普遍建立劳务工帮扶制度。制度明确，凡遇到劳务工生病住院、家属患大病或去世、家庭遭遇自然灾害造成巨大损失等情况，工会都可以根据具体情况帮扶困难劳务工。在宝山分公司工会的指导下，各承包队工会还通过部门职代会形式审议帮扶制度，并上墙公开帮扶情况。（罗立天）

【上港集团工会注重加大农民工帮扶力度】 上港集团工会制订农民工补充医疗综合保障计划，并委托市职工互助保障会进行日常运作，重点为住院和患重大疾病参保农民工提供一定保障。全年，共有1.1万名农民工参保。同时，上港集团工会继续做好农民工专项帮扶基金的管理工作，加大筹资力度，截至年底，基金总额已达243万元，累计拨付帮扶款55.8万元。（桂　明）

【上海外轮理货公司工会开展"关爱业务承包工在行动"系列活动】 2010年，上海外轮理货公司工会组织开展"关爱业务承包工在行动"系列

纺织工会对农民工进行迎世博上海农民工基本素质教育培训

（徐志康）

活动。一是年初实施增加业务承包工工龄补贴和饭贴，人均月收入增加229元，最高月增长626元。二是采取行政、劳务公司和工会"三个出一点"的办法，组织445位业务承包工参加为期3天的体检、疗休养活动。三是为业务承包工购买专项保险。四是向每位业务承包工发送世博会门票，基层工会、班组和团委还组织业务承包工及部分家属、子女参观世博会。五是在春节、中秋期间，对外来承包工进行慰问，通过举办茶话会和送大礼包、文化娱乐用品等形式，慰问外来承包工。（陆奕骅）

海军411医院医生为环卫女农民工免费体检（唐鸿仙）

【长江航运实业总公司工会着力改善农民工居住环境】 2010年，上海长江航运实业总公司工会与上海船长高尔夫实训场共同出资4万多元为船长高尔夫职工宿舍配备空调、液晶电视、电热水器、洗衣机及饮水机等生活、娱乐设备，极大改善了农民工的生产生活条件。（陆艳雯）

【市运输工会有效开展农民工援助服务活动】 下半年，市运输工会通过召开有关单位管理层沟通座谈会、企业行政安全生产情况分析会、回访外来务工人员代表、走访劳务派遣公司等多种方法，开展农民工生产生活状况的专题调查，并积极落实相关服务举措：一是专门拨款支持基层工会组织开展冲压工安全操作专题竞赛活动，树立安全规范生产典型。二是建立基层工会与农民工定期恳谈、对话交流等制度，畅通农民工诉求渠道。三是会同劳务派遣公司加强对农民工的教育培训工作。四是因地制宜、因时制宜地利用企业活动场所、农民工宿舍，多形式地组织开展文化娱乐活动。（陈敢敏）

【上海电信北区局工会落实三项举措关爱外包员工】 一是深入各营业厅调研座谈，关心营业外包员工的生活，提升营业外包员工的队伍职业素质。二是成立营业外包员工团支部，组织外包员工参加区局春节团拜会，并向所有外包员工寄送《北区月讯》报刊。三是完善优化《营业受理档案管理办法》、《营业账务费用调整管理办法》、《营业现场服务、稽核监督管理规范》等制度和流程，规范营业外包员工的服务行为。（朱东亚）

【上海电信工会切实做好外协员工关心服务工作】 2010年，上海电信工会在调研基础上，与公司相关部门协调，共同制定关爱外协员工10项计划：一是外协员工的入党入团入会和评先；二是根据业务发展与工作难度，实施外协员工的薪酬增长机制；三是为外协员工提供舒缓压力的心理咨询和援助；四是改善外协员工的工作学习场所条件；五为外协员工提供技能培训机会；六是为外协员工设立岗位成才奖励基金和帮困救助基金；七是打通外协员工主要工种的跨身份晋升通道；八是加大骨干外协员工的激励力度；九是实现员工文体活动中心、健身设施和通信等待遇的共享；十是开展公司领导层包括职能部门与外协员工的定期沟通交流。同时，上海电信工会会同行政制定出台《关于业务外包承包单位工会及从业人员会籍管理的若干意见》、《关于设立外包单位从业人员岗位成才贡献奖的意见》、《关于畅通诉求渠道，建立外包单位从业人员季度沟通制度的实施细则》和《关于外包单位从业人员共享文体设施的意见》等文件，通过制度的不断完善，促进外协员工队伍健康发展。（朱东亚）

【中交三航局有限公司工会建立农民工工资支付保障机制】 一是与分包单位签订保证金制度，开辟专门账户，如发生分包单位拖欠民工工资事件，将从保证金中代扣。二是项目部在为农民工制作上工卡时，清晰地将农民工工资数量、支付时间等情况注明，确保在出现欠薪时有据可查。三是在施工现场与生活区制作张贴《农民工权益告知牌》和《农民工工资支付管理暂时规定》，行使告知义务。四是联手银行给每位农民工办理工资卡，每月由项目部直接划拨工资。（黄书展）

【上海中远船务公司工会真情关爱农民工】 按照"思想上重视，政治上关心，生活上帮助"的理念，上海中远船务公司工会想方设法帮助农民工解决实际困难。公司工会组织召开分承包方员工代表（农民工）座谈会，制定"上海船务分承包方工会建设工作推进实施方案"，全年共帮助新建5个分承包方工会组织，协调2个分承包方工会进行换届选举；采取集装箱改装并安装照明、空调、通风设备的方式，帮助农民工解决住宿问题；共向900多名农民工发放春节慰问品，并对回乡集中地区专门安排车辆送农民工回乡。（钱　华）

【锦江航运工会开展农民工子女"金秋助学，助你成才"活动】 8月，锦江航运工会会同下属锦亿仓储物流有限公司工会联合召开"金秋助学，助你成才"交流座谈会。公司农民工及其子女代表参加座谈会，并获得工会组

织送上的电子词典、书包和文具等学习用品。（田 冰）

【锦江航运锦亿公司工会选送案例被市总工会评为优秀征集案例】 近年来，锦江航运锦亿仓储物流有限公司切实把关爱农民工作为构建和谐企业的大事来抓，坚持开展帮扶服务活动，组织开展文化娱乐活动，受到公司外来务工人员的好评。2010年，公司工会选送的《把关爱送到外来劳务员工心怀》案例被市总工会评选为“构建和谐劳动关系中的思想政治工作”案例征集活动的优秀案例。（田 冰）

【建工集团工会建立项目工会联席会议制度维护农民工权益】 按照“两个普遍”的总体要求，建工集团工会结合企业施工生产实际，通过直接吸纳、团体入会、组织挂靠和在197个项目上建立项目联合工会等形式，并通过建立项目工会联席会议制度，将7.18万名农民工组织起来，切实维护其合法权益。一是要求及时督促施工现场的所有分包单位，必须及时与农民工签订劳动（劳务）合同，严格履行合同程序，实施用工管理。二是在每个工程项目部公布农民工维权电话和责任人，在每个工地树立维权告示牌，一旦农民工权益受到侵害可以向工会联席会议的常设机构投诉。三是集团各级工会共走访106个工地，慰问农民工7000多人次，发放年货、体恤衫等各类慰问品总价值近50万元。四是由集团行政向各劳务分包单位作出规定，不得拖欠农民工工资，农民工的工资发放实行“一人一单”，由本人签收。五是坚持“先培训、后上岗”的原则，每年组织近2万人次农民工进行就业技能培训，凡新进工地的农民工都要及时参加安全培训和相关岗位的技术培训，重点加强现场施工安全生产等方面的专题教育和技能资格教育。六是开展“标化”文明工地的创建活动，制定工地宿舍管理标准，积极改善农民工的生活设施，共为7万多名农民工进行健康体检。（朱志嘉）

退休职工权益

【市总工会协助政府做好支援外地建设退休（职）回沪定居人员帮困补助工作】 一是推动政府发放支援外地建设退休（职）回沪定居人员帮困补助7.3亿元（其中，生活补助4.1亿元、节日补助1.8亿元、分档帮困补助1.4亿元），帮困补助总人数达36.2万人；二是在世博会期间，配合政府按人均200元的标准发放一次性生活补助，受益约35万人；三是对5400多名生活特别困难的支援外地建设退休（职）回沪定居人员发放一次性特困补助。（杨 驹）

【松江区退管会组织开展退休职工文体活动】 2010年，松江区退休职工管理委员会开展“当好东道主、文明观世博”系列活动，共组织1300多名退休职工加入世博服务志愿者队伍；利用老年活动室、书场等场所，坚持每月开展一次退休职工文体活动；共组织21个基层单位的300多名退休职工参加钓鱼、投球、飞镖、扑克牌等比赛，丰富退休职工文化生活。（孙爱华）

【崇明县总工会举行“千名老人复明看世博”活动】 3月11日，由市退管会、崇明县总工会会同市慈善基金会、市老年基金会、上海爱尔眼科医院举办“千名老人复明看世博”活动启动仪式暨崇明社区双月为老服务示范活动。活动期间，县区域内600多名患白内障退休职工在接受集中检查后，对符合手术复明医学要求的患者，由上海爱尔眼科医院安排实施复明手术，所需手术费用按照患者年龄实行相应减免。活动现场，县总工会还组织新华医院崇明分院医生为退休职工提供中医内科、心血管、呼吸内科、心理健康等医疗咨询服务，以及免费测血糖、量血压等为老服务活动。（易建军）

【纺织原料公司工会开展请老职工回“娘家”活动】 2010年，纺织原料公司工会组织公司本部离、退休老职工开展“回娘家走一走、看一看”活动，充分展示公司近5年来经历改革、调整和发展取得的成果。共有83位老职工参加“回娘家”活动。（王慎微）

【中国商飞上海飞机设计研究院工会服务退休职工“五到位”】 一是福利待遇到位。通过赠送世博门票和飞机模型、办理补充医疗保险、发放慰问金和住房补助等形式落实退休职工福利待遇。二是困难帮扶到位。通过开展“职工爱心一日捐工程”，对8名身患重病的退休职工实施帮扶。三是暖心慰问到位。适时开展“夏送清凉、冬送温暖”活动，对342名退休职工进行上门慰问。四是活动安排到位。邀请614名退休职工参加重阳节聚会，邀请10名退休职工代表参加“运十”飞机首飞30周年座谈会。五是专项服务到位。每月定期为退休块组长等85名退休职工寄送《中国大飞机报》，为32位老职工发放高龄老人优待证。（周世亮）

崇明县总工会举行2010“千名老人复明看世博”启动仪式（易建军）

【上港集团退管会组织第五次“十佳块组长”评选】 自2002年首次在退休块组长中评选“十佳块组长”以来，上港集团退管会在2010年敬老节期间第五次开展“十佳”评选活动。经过基层提名，集体评定，共选树丁兆祥等10位“十佳块组长”、陈树栋等14位优秀块组长及宋根娣等67位先进块组长。（余伟勃）

【上海移动工会举办“爱在重阳”活动】 10月15日，中国移动上海公司工会举办以“浓浓重阳情，感恩在我心”为主题的“爱在重阳”活动。近200名骨干员工及家人参加，活动现场向每个家庭赠送重阳糕券，并将家庭合影照制成具有特殊意义的邮票及相关纪念品，受到广泛好评。（史　旭）

【上海海洋石油局工会不断加强离退休职工服务工作】 2010年，上海海洋石油局工会从建立健全工作制度、完善工作机制、全面落实离退休人员生活待遇等方面入手，进一步加强离退休职工管理服务工作。一是建立局离退休管理委员会，局工会作为日常管理机构，局属两级单位也相应建立工作机构，明确责任部门和责任人，并逐步建立23个退休块组网络。二是先后制定和修订《局离退休管理办法》、《局离退休节日慰问金管理办法》等九项管理制度，统一工作标准、工作流程和服务内容。三是通过组织通气会、报告会、参观学习及邀请离退休代表参加年度重要会议、建立离退休人员节日慰问制度、开展健康体检等形式，落实离退休人员待遇。（耿卫军）

职工疗休养

【长江轮船公司职工疗休养工作重点向一线职工和老职工倾斜】 2010年，长江轮船公司工会在组织职工疗休养过程中注重以人为本，关爱职工，特别是关爱一线职工和老职工。4—11月，公司工会共组织8批共计224名职工赴长江三峡和庐山参加疗休养，其中，一线职工和老职工占大多数，并成为公司有史以来参加人数最多，时间跨度最长的一次休养活动。（章　伟）

【上海移动工会开展员工关爱活动】 2010年，为关心服务世博运行保障的职工，中国移动上海公司工会开展“‘成就世博，分享世博’——员工关爱活动”。活动共分3批组织来自各基层单位的180位一线骨干员工赴江苏作短期疗休养，并为参加疗休养人员制作以个人生活照为背景的个性化世博纪念邮票。（史　旭）

【中远集运工会举办中国部网点优秀员工回访总部活动】 6月2—4日，中远集运工会组织举办中国部网点优秀员工回访总部活动。主要内容：一是组织网点优秀员工代表参观洋山深水港、中远集发堆场、“青云河”轮；二是组织参观上海世博会；三是召开“降成本、促效益、谋发展”网点员工与总部员工座谈交流会，就具体工作中涉及到的市场营销、航线设置、舱位协调、客户管理等问题进行了有效的沟通和交流。通过参观、交流、回访活动，进一步提高了企业的凝聚力。（钱　华）

【上海海洋石油局工会努力推进职工疗休养工作】 上海海洋石油局工会为更好地调动职工积极性，要求各单位严格按照规定规范管理职工疗休养活动，确保职工疗休养工作有条不紊地开展。参加休养人员由各单位工会负责推荐、审核和报送，按照合理推选，公开、公平、公正，向先进人物、重点部门、一线荣誉职工（包括农民工）倾斜原则产生。2010年，局工会组织了2批40人次的休养活动。（耿卫军）

保障政策选辑

关于公布上海市2009年度职工平均工资及增长率的通知

各有关委、办、局，各控股（集团）公司、企业（集团）公司，市社会保险事业基金结算管理中心，各区县人力资源和社会保障局、社会保险事业管理中心：

现将2009年度全市职工平均工资及增长率公布如下：

2009年度全市职工平均工资为42789元，月平均工资为3566元，比上年增长8.3%。

凡按2009年全市职工平均工资计算的事项，均按本通知标准执行。

上海市人力资源和社会保障局

上海市统计局

二〇一〇年三月二十六日

关于调整本市廉租住房收入准入标准的通知

为继续扩大本市廉租住房受益面，加快解决城市低收入家庭住房困难，市政府决定，调整本市廉租住房收入准入标准。

调整后，廉租家庭的收入准入标准为，申请家庭申请之月前连续6个月人均月可支配收入低于1100元（含1100元）。特殊家庭的收入准入标准仍按原规定执行。廉租家庭的财产准入标准和住房困难面积标准维持不变。

加强自身建设

Strengthening Union Building

综　述

2010年，上海工会组织工作按照党的十七大、十七届四中、五中全会和九届市委九次会议精神，根据市总工会的统一部署，以“巩固、提高、发展”的工作思路，突出工会组织建设、工会干部队伍建设、自身建设3个重点，全面推进上海工会组织建设各项工作。(1)认真贯彻落实中央“党群共建创先争优视频会议”和全总“党工共建创先争优视频会议”精神，按照市委和全总的总体部署和市总党组的要求，组织开展相关工作。(2)大力推进工会组建工作。坚持“党建联建”，着力推进“双措并举、两次覆盖”，不断扩大工会组织和会员队伍，完成年初制定的工会组建工作各项目标任务。(3)积极开展工会干部教育培训工作。制定《2010年上海市工会干部教育培训计划》。与市委党校联合举办部分市总委员、区县局(产业)工会主席参加的专题培训班，选送新任区县工会主席和社会化、职业化工会工作者参加全总培训，选送工会管理职业学院教师参加全国工会干部教育骨干师资培训班。为全国19个省市工会在上海举办49期培训班。上海工会管理职业学院积极发挥工会干部教育培训的主阵地作用、培训基地的作用，各区县局(产业)工会也普遍开展了各种形式的基层工会干部教育培训工作。(4)抓好工会干部协管工作。坚持“党管干部”原则，按照市总党组关于工会领导班子配备的要求，与有关区县局党委、干部部门沟通，配齐、配强工会领导班子。注重对区县局(产业)工会的指导服务。全年有运输、机场集团工会等7个单位进行换届选举，有住房保障局和人保局2家单位新组建，有绿地集团新挂靠，另有35个单位进行届中班子调整，涉及63人次。(5)开展调查研究工作。完成《本市基层工会主席直接选举产生情况的调查研究》、《本市街道乡镇总工会工作的调研》、《上海工会干部教育培训工作的调研》、《市总机关系统领导班子情况的调研分析》等4项调研。(6)加强市总机关系统干部人事管理工作，建立健全日常工作考察考评等制度和考核工作，加强机关系统后备干部队伍建设，推进市总机关干部人事制度改革，完成市总副主席、研究室副主任、国际联络部副部长的公开选拔工作，组织对新近机关公务员的面试录用、下基层锻炼等。制定《上海市总工会直管单位领导干部聘任制实施办法》、《上海市总工会机关竞争上岗实施办法》、《市总各事业单位岗位设置初步方案》。(7)做好市总机关系统离退休人员工作。认真贯彻市委有关精神，落实好离退休人员的政治待遇、生活待遇。全年市总主席室领导、组织部、离休支部慰问看望老同志达200余人次，为多位经济困难的离休老同志解决了护理费、特殊医药费，按规定及时为134位退休人员调整生活补贴等。

(刘卫新)

组织体制

【事业单位人员编制调整】 5月，经市机构编制委员会批复同意，上海工会管理职业学院的事业编制由142名调整为232名，上海市工人疗养院的事业编制由402名调整为312名，上海国际海员俱乐部(海鸥饭店)的事业编制由500名调整为300名。

(邵丽倩)

【上海首批试点建立街道总工会的石门二路街道总工会到期换届】 3月2日，石门二路街道总工会作为上海市首批试点建立街道总工会和全国首批六好乡镇(街道)工会，召开街道工会第二次代表大会。来自社区、楼宇、机关、对应设置部门和市属、区属单位的115名会员代表出席会议。与会代表听取审议街道总工会第一届委员会工作报告、财务工作报告和经费审查报告；审议通过《静安区石门二路街道工会代表大会代表任期制试行办法》；并直选产生石门二路街道总工会第二届委员会委员和主席、副主席人选。黄荣当选为街道总工会主席。

(谭同政)

【市运输工会召开第九次代表大会】 4月19日，市运输工会召开第九次代表大会。来自集团系统的正式代表、列席代表、特邀代表130人参加会议。大会听取和审议市运输工会第八届委员会工作报告，审议通过市运输工会第八届经费审查委员会工作报告和财务工作报告，选举产生市运输工会第九届委员会委员和经费审查委员会委员。黄伟建当选为市运输工会第九届委员会主席，顾见华、王勤当选为副主席，顾见华当选为市运输工会第九届经费审查委员会主任，徐群力当选为副主任。

(袁俐俊)

【上海邮政工会换届改选】 4月12—13日，中国邮电工会上海市邮政委员会召开第二次代表大会。大会应

中国商飞公司工会召开第一届全委会，通过替补委员并选举职工监事

(李玉进)

到正式代表384人，实到正式代表374人，应到女代表127人，实到女代表125人，经无记名投票选举，卞玉蓉、史金虎、吕国羊、孙思溶、杨雪峰、杨鹤敏、李亦亦、李德仁、沈菁、陆应琪、陈怡平、胡建菁、姚建聪、顾涛、徐纪国、唐秀建、龚丽敏、康新华、韩文明、颜炳强、戴国富等21人当选为中国邮电工会上海市邮政第二届委员会委员；马淑言、刘颖、罗坚石、龚丽敏、缪欧蓉等5人当选为中国邮电工会上海市邮政第二届经费审查委员会委员；李亦亦、陈怡平、陈美芳、钱玉、龚丽敏等5人当选为中国邮电工会上海市邮政第二届女职工委员会委员。工会第二届委员会、经费审查委员会、女职工委员会于4月13日分别召开第一次全体会议，经过无记名投票选举，史金虎、孙思溶、陈怡平、姚建聪、顾涛、龚丽敏、康新华、韩文明、颜炳强等9人当选为中国邮电工会上海市邮政第二届委员会常委，史金虎当选为主席，龚丽敏、颜炳强、姚建聪等3人当选为副主席；罗坚石当选为中国邮电工会上海市邮政第二届经费审查委员会主任；龚丽敏当选为中国邮电工会上海市邮政第二届女职工委员会主任。（陈美芳）

【机场集团工会召开全委会选举产生主席、副主席】 4月6日，上海机场集团工会第三届委员会、经费审查委员会召开第一次全体会议，经全体委员投票选举，蔡军当选为集团工会第三届委员会主席、傅如钢当选为副主席及经审委主任。集团党委肯定集团工会5年来的工作成绩和取得的荣誉，对集团工会今后工作提出4点要求。一要把住正确的方向，服从服务于大局；二要凝聚力量，贡献职工才智；三要坚持以人为本，切实维权；四要坚持学习创新，提高自身能力。（陆敏峰）

【中建八局工会在沪召开三届六次全委（扩大）会】 8月22—23日，中建八局工会三届六次全委（扩大）会召开。全体委员及两级单位工会主席30余人参加会议。会议经民主程序，增替补中建八局党委副书记于金伟、楷昕公司工会主席郭传贤、青岛公司工会主席王晓卫、建泽公司工会主席孙艳丽、安装公司工会主席何敏等5人为中建八局工会第三届委员会委员，免去张勇为、张传忠、裴景波、陈德峰、韩连行等5人的中建八局工会第三届委员会委员职务。会议选举于金伟为中建八局工会第三届委员会主席。会议同时审议通过了《中建八局女职工特殊疾病互助保险管理办法》和《中建八局"工人先锋号"管理办法》。（宋向群）

干部管理

【市总工会加强工会干部协管工作】 根据局（产业）工会所在系统党组织归口关系变化大的现状，市总工会及时调整协管联络员归口联系单位，进一步明确协管联络员职责、责任人和联络范围。工会干部协管工作坚持"党管干部"的原则，按照市总工会党组关于工会领导班子配备的要求，主动与有关区县局党委、干部部门沟通，配齐、配强工会领导班子。全年，运输工会、机场集团工会等7个单位进行换届选举，调整6人次；住房保障局和人保局2家单位新组建；绿地集团新挂靠；35个单位进行届中班子调整，涉及63人次。同时在协管中注重对区县局（产业）工会的指导，抓好换届单位选举工作中的各项民主程序；参与届中调整单位的全委会，并对全过程进行指导。（杨伟良）

【市总工会推进干部人事制度改革】 为推进干部人事工作的科学化、民主化、制度化管理，促使优秀人才脱颖而出，防止用人上的不正之风，切实提高干部队伍整体素质，4—7月，市总工会党组研究制定了《上海市总工会直管单位领导干部聘任制实施办法》、《上海市总工会机关竞争上岗实施办法》，切实推进干部人事制度改革。（邵丽倩）

【市总工会公开选拔领导干部】 为扩大选人用人视野，引进优秀人才，推进市总工会领导干部队伍建设，根据市委组织部的要求，市总工会党组推出3个领导岗位在全市范围面向社会公开选拔领导干部。9—11月，经笔试、面试和考察，侯继军被选拔为市总工会副主席人选，李学兵被选拔为市总工会研究室副主任，竺敏被选拔为市总工会国际联络部副部长。（邵丽倩）

【浦东新区总工会推进机关自身建设】 机关党总支围绕中心、突出重点、狠抓落实、注重成效，被区委授予"创先争优，世博先锋行动"、"五好"基层党组织荣誉称号。一是立足认识提高，不断开展学习型机关创建。各支部坚持"三会一课"制度，及时传达、研讨中央、市、区重要会议及文件精神；通过完善新区总工会内网平台建设，充实栏目版块，及时增补"最新理论"、"政策"、"调研及工会动态"；通过成立青年干部活动小组，举办青年干部座谈会、读书会，抓好青

普陀区总工会召开四届九次全委（扩大）会议 （赵 勇）

年干部的学习培养，实现领导班子出席支部活动率近90%，公务员"在线学习"通过率100%。二是立足整改提升，不断加强机关作风建设。相继制定《关于加强机关作风建设的实施意见》及《关于创建学习型机关的实施意见》；正确认识对待每季度区级机关作风建设情况测评结果，建立情况通报制度和目标分解责任制度，利用机关干部大会、中层干部工作会等进行教育宣传，针对问题进行回顾分析和分类整改；各支部召开"五个问一问"专题民主生活会和对照检查活动，结合区级机关作风建设情况测评反馈意见；以"走千听万"活动为载体，对书院镇和沪东街道的81个村居开展三轮走访，收集各类意见和建议150条，主动牵头承办或协助区有关部门解决职工群众"急愁难"问题；与沪东社区（街道）党工委签订结对联动协议书，成立联动工作领导小组、建立定期互访机制和结对联动台账制度；在机关开展"文明部室"创建评优工作，创建率达100%。三是立足队伍成长，不断加强组织自身建设。抓好队伍、尤其是青年干部队伍的培养；选派5位干部到市委党校培训学习。四是立足内部融合，不断增强机关党组织凝聚力。开展"红色之旅"、清明节祭扫等活动，提醒机关党员时刻牢记使命；开展三八节女职工学习考察、机关羽毛球联赛、机关摄影展、双休日讲座、六一宝宝秀等活动，搭建机关干部沟通思想、联络感情的平台。（陈　英）

【杨浦区总工会被全总列为工会专职工作人员工资分级负担试点单位】 杨浦区总工会推行"行业工会建在地区上"模式以来，共建立地区（街道、镇）行业工会联合会55个，分别由55名专职工会工作人员担任行业工会主席，由6—8名非公有制企业工会主席担任行业工会副主席、委员，每个行业工会主席带领一个团队开展工作，在地区（街道、镇）初步形成总工会、行业工会、企业工会三级工会管理体制。5月，全国总工会专门下发文件，明确将杨浦区总工会列为聘用工会专职工作人员工资分级负担试点工作单位。在全国10家试点单位中杨浦区是唯一的区级单位。（邱华阳）

【青浦区香花桥街道总工会多层次关心企业工会干部】 青浦区香花桥街道总工会着力于企业工会干部队伍建设，多层次关心企业工会干部。政治上，街道总工会鼓励企业工会干部向党组织靠拢，通过街道党员服务中心为积极要求入党但企业暂未成立党组织的工会干部搭建平台。街道总工会和党员服务中心联合考察、发展党员，为构建大党建格局夯实基础。维权上，设立"企业工会干部专项维护资金"，为企业工会干部解决工作后顾之忧，在工会干部因维护职工合法利益而遭受不公正待遇时给予关怀。生活上，每两年组织企业工会干部进行体检，切实关心其身体健康。（马美君）

【奉贤区总工会加强工会干部队伍建设】 为研究制定"十二五"发展规划、拓宽推动奉贤工会事业发展思路，奉贤区总工会进一步加强工会干部队伍建设。一是不断加强学习培训。组织区总工会机关中层以上干部赴江苏昆山市总工会学习交流，开展"解放思想、开拓创新"大讨论，组织新一轮非公企业工会主席上岗培训170人。二是进一步转变工作作风。围绕创建服务型机关，落实首问责任制，不断提高服务质量。结合创先争优活动，在全区工会系统开展"走进企业、走近职工"活动，组织工会干部深入企业，了解企业工会的运转情况，及时把握职工的思想动态，关注职工的素质提升、劳动保护、文化生活等，帮助职工解决实际困难。（刘传军）

【市运输工会开展机关与基层共学活动】 全年，先后4次组织与基层工会上下共学活动，重点围绕职工素质工程、确保平安世博、推动"三基"工作和落实民生保障等专题进行研讨，把十七届四中、五中全会精神贯穿到工作思路中，把目标任务落实到职责岗位上。共学活动始终围绕工会工作面临的新形势、企业发展遇到的新情况以及职工发展的新需求，有针对性地开展专题学习研讨，开拓了工作思路，解决了实际问题，受到了上下两级工会的欢迎。（吴　明）

【市科技工会配齐配强基层工会干部】 2010年，市科技工会以加强基层工会干部队伍建设为重点，注重配齐配强基层工会干部。在基层工会换届改选中，市科技工会坚持全程参与，按照同级党委主管、上级工会协管的原则，重视工会各级领导班子成员的配备和考察，力求使基层单位配齐配强工会干部。除了和基层党委联系沟通外，还特别注重指导基层、确保工会代表大会召开。至年底，市科技系统所属基层工会组织的专职副主席或常务副主席平均年龄在45岁以下，全部达到大学以上学历。（杨　莹）

中国浦东干部学院"工会领导干部班"来杨浦现场教学　（曹理仰）

干部教育培训

【市总工会加大工会干部教育培训力度】 一是制定《2010年上海市工会干部教育培训计划》。5月份，与市委党校联合举办部分市总委员、区县局(产业)工会主席专题培训班，43人参加。按照全总要求，选送新任区县工会主席、社会化、职业化工会工作者参加全总培训，选送工会管理职业学院培训部教师参加全国工会干部教育骨干师资培训班，提高上海工会干部教育培训工作的教学水平。开展全国教育培训工作的调研，总结经验，奠定工作基础。二是多渠道、多形式培训工会干部。全年举办各类培训班56期，参加3940人次；举办讲座、授课158场次，受众1.4万余人。在市委党校举办首期在沪世界500强企业工会主席培训班，近50人参加；选送30人次参加全总培训；应邀选派街道乡镇总工会主席2名，到全总和北京市总培训班进行授课；各区县局(产业)工会分别开展各种形式的基层工会干部教育培训工作。全年共为全国19个省市工会在上海举办工会干部培训班49期、培训工会干部2231人次。

(杨伟良)

【市总工会与市委党校联合举办第八期工会干部轮训班】 5月24—28日，市总工会与市委党校联合举办第八期工会干部轮训班。部分市总工会委员、区县局(产业)工会主席以及市总工会职能部门的部长参加轮训班。市总党组副书记、副主席肖堃涛出席开学典礼并讲话。肖堃涛指出，在上海全力举办世博会的背景下，研讨新形势下的工会工作，进一步发挥工会在服务世博、保障世博中的作用，具有很强的现实意义。他要求，一要认真学习贯彻胡锦涛总书记的重要讲话精神，进一步增强做好工会工作的责任感和使命感；二要围绕中心，服务大局，切实做好上海工会的各项工作；三要树立良好学风，注重学习实效，把学习内容和实际工作紧密结合起来，将所学到的理论知识为我所用，树立新理念，拓宽新思路，提高观察、分析和解决问题的能力。 (杨伟良)

【沪滇两地工会签订工会干部挂职培训合作项目书】 为进一步加强沪滇帮扶与合作，10月18日，上海市总工会和云南省总工会签订《沪滇工会干部挂职培训合作项目书》。根据约定，自2011年起至2015年，云南省工会干部通过赴上海挂职，担任相应单位主席助理职务的方式，由上海市总工会帮助云南省总工会培训50名工会干部，每年两批，每批5人，每期挂职时间45天。上海市总工会也选派同等数量的地方或产业工会干部，以同样的方式到云南省总工会机关或州市工会挂职，以挂职的方式培训上海工会干部，交流工会工作。

(杨 娟)

【云南省工会干部来沪挂职锻炼】 8月，市总工会组织安排由云南省总工会选派的第九批共5名工会干部来沪挂职锻炼，挂职时间为45天。根据挂职人员所在单位性质和工作内容，这次挂职单位分别为黄浦区总工会、徐汇区总工会、杨浦区总工会和船舶工业公司工会。挂职锻炼注重突出两地工会的交流合作、促进与提高。

(杨 娟)

【市总工会和市体育局联合举办首届上海工会社会体育指导员培训班】 市总工会、市体育局联合举办首届上海工会社会体育指导员培训班，旨在加强全市工会系统职工体育骨干队伍建设，不断提升工会文体干部的理论素养和业务水平，建设一支具有一定体育专项运动技能和专业知识的职工体育指导员工作队伍。培训班邀请专家教授讲授《全民健身条例》、体育锻炼心理知识、社会体育组织管理、座立式工间操等，来自50个区县局(产业)工会的140余名工会干部参加培训，并经理论和专项业务知识考试，获得了三级社会体育指导员资格证书。

(宋 昶)

【浦东新区总工会举办基层工会主席直选工作培训班】 为确保基层工会主席直选工作科学、规范、有序开展，8月上旬，浦东新区总工会在周浦镇文化活动中心举办工会换届和基层工会主席直选工作培训班。来自浦东新区各直属工会及基层工会的近600位工会主席参加了培训。培训围绕工会换届和主席直选这一主题，对相关政策法规、具体要求、程序设置等内容做了全面的讲解，并结合实践经验，重点分析直选工作中出现的问题和困难。区总工会要求参会干部要勤于学习、勇于实践、善于总结，将培训的成果予以巩固、运用和发展，确保直选工作体现法制化、规范化和民主化特点，对于推动基层工会自身建设将起到重要作用。 (程茵茵)

【普陀区机关工会大力推进学习型机关创建】 一是围绕区域发展目标，开展前瞻性学习。注重引导机关党员干部围绕区域发展目标，明确学习

上海轻工业工会联合会举行"走进世博"专题讲座 (徐俊彦)

方向，制订学习计划，安排学习内容，开展学习实践。每年以区领导的区情报告为序幕，推开各单位专题学习教育活动。按照区委“四个确保”工作目标，成立《当前经济环境下促进中小企业发展的探索与思考》等课题组，深入基层和企业开展实地走访和调查研究，并对相关政策和制度进行分析梳理，在此基础上从产业结构布局、中小企业融资、政府部门为企业服务等方面提出普陀区中小企业发展战略的思考，并推出工作协调机制，带领或督促统战系统相关干部坚持“周四走访”和“三级走访”制度，全年走访200多家非公企业，帮助50家企业协调各类困难和问题200项。二是围绕区域发展的热点、难点，开展研究性学习。注重聚焦区域经济和社会事业发展中的热点、难点问题，列出在学习型机关创建工作中机关党的建设主题活动，机关作风建设，结对共建活动与志愿者队伍建设等课题，以及机关各单位促进发展的热点难点问题开展研究性学习。机关各单位通过开展调查研究来分析问题，探索方法，学以致用，指导工作。三是围绕工作职能，开展实务性学习。把机关每年10月开展机关干部“技能月”活动作为学习型机关创建的特色工作，各单位围绕机关专业知识的提升，融学习培训竞赛为一体，开展系列化的学习活动。指导区级机关各单位开展具有单位和部门特色的专业知识的学习，根据区级机关工作的实际和机关党员干部服务中心、服务大局和服务基层的要求，进行有针对性的安排，在区级机关层面上开展机关公文写作、办公自动化，普通话演讲、“双语”竞赛、硬笔书法等一系列技能竞赛活动。机关单位结合业务实际，以推进工作为目标，开展各种岗位练兵和技能提升。

（李　悦）

【杨浦区总工会组织70名基层专职工会干部赴京培训】　3月22日，杨浦区总工会干部理论培训班在北京工会干部学院举行开班仪式。参加培训的70名工会干部全部来自基层，其中包括55名地区行业工会主席。培训班为期一周，由北京工会干部学院、劳动关系学院的工会专家主讲，同时邀请全总基层组织建设部部长郭稳才和民主管理部部长郭军授课。培训期间，北京工会干部学院专门组织京沪两地行业性工会运作经验交流会。

（李学兵）

【黄浦区工会干部培训中心揭牌成立】　4月9日，黄浦区工会干部教育培训中心在区工人文化宫揭牌成立。培训中心将作为区总工会干部教育培训的主阵地，通过工会主席培训、工会干部轮训、工会专项业务培训等，全面提高黄浦区工会干部的思想政治素质和业务素质，调整和改善工会干部的专业结构及知识结构，增强工会干部在新形势下的综合工作能力。全年举办工会主席上岗培训、女工干部、经审干部、法律等24期培训班，受训人员近2000人；举办5期工会干部辅导讲座，参加人员600人。

（徐佳礼）

【静安区总工会开展新任工会干部培训】　6月22日—7月2日，静安区总工会举办2010年新任工会干部培训班，旨在切实提高新上任工会干部的理论和业务水平，为更好地履行工会职能、发挥工会作用提供保障。区总工会领导在培训班开班时作动员，要求学员以培训为契机，加强工会理论和实务学习，提高自身素质。来自全区各基层工会的66名工会干部参加培训与考试。对考核合格者，区总工会颁发《上海市静安区工会干部岗位资格培训证书》。这次培训先后邀请市工会学院教师、市总法律工作部干部、《劳动报》“劳动周刊”首席记者等作为主讲人。在培训内容上注重结合当前工会工作重点，以讲解基层工会干部必须掌握的组织换届、平等协商集体合同和工资集体协商、劳动争议预防与调解等实务性、操作性知识为主。

（黄世和）

【宝山区总工会加强工会干部教育培训工作】　2010年，宝山区总工会围绕工会“大培训”工作，先后举办2次大型报告会、1次工会论坛、4次专题讲座、7期工会业务培训班。各街镇总工会、委办局等工会分别结合工会干部的实际需要，组织开展多种多样的工会业务培训工作。5月12日，宝山区总工会以会代训，举办“走进2010”形势报告会，特邀上海工会管理学院培训部教授作报告。来自区总机关、各直属工会及广大基层工会干部近千人出席报告会。

（胡立伟）

【闵行区总工会改进工会干部培训教学方法】　为提高培训质量和培训覆盖面，闵行区总工会在改进培训方式方法上进行探索创新。一是做好区内外参观考察。坚持每次考察都事先确定主题，要求工会干部带着问题去学习参观考察，考察过后谈体会。年内先后组织工会干部到北京、天津、嘉兴、浦东新区和金山区等兄弟单位工会进行实地学习考察，工会干部反映

化学工会赴海南开展工会主席培训　（王有福）

收获大。二是举办工会主席讲坛。针对广大基层工会干部工作地点距离教学点远、工作时间难调整、缺乏实用性经验等困难,发挥网络优势,利用区政府视频网络资源,每月举办一次工会主席大讲坛,邀请市总工会部门领导、工会干部管理学院等专家教授来开展讲座。三是尝试新的教学方法。为进一步提高培训质量,尝试新的教学方法如情景模拟、案例教学、互动讨论等教学方法和形式,效果明显。

(许向东)

【嘉定区总工会举办2010年村(园区)工会主席培训班】 3月16—18日,嘉定区总工会在昆山举办嘉定区村(园区)工会主席培训班,来自全区各街镇的106名村(园区)工会主席参加培训。培训班沿用上一年封闭式培训模式,以分管副主席授课、基层单位工作交流和互动提问相结合的形式,强化村(园区)工会主席对做好工会联合会建设和工会组织全覆盖工作的思想认识,提升业务工作水平。培训班分别对"认清使命,明确定位,坚持走中国特色社会主义工会发展道路"、"组织教育引导职工充分发挥主力军作用,为'促发展、迎世博'建功立业"、"充分发挥工会组织协调作用,加快构建和谐劳动关系"等专题作辅导。安亭联西村、外冈泉泾村、马陆樊家村、工业区泾河村、马陆立新村和南翔都市园区等6个村(园区)工会联合会主席分别围绕专题,交流各自在工作中的做法、取得成效、存在问题及下一步工作设想。 (徐 浩)

【青浦区总工会组织全区广大职工开展"工会知识竞赛"】 12月初,青浦区总工会根据全总关于开展"工会知识竞赛"活动通知精神及市总工会要求,组织动员全区机关、企事业单位职工参加"工会知识竞赛"活动。各级工会通过工会刊物、画廊、网络等多种媒体,加强工会知识的宣传和普及,扩大"工会知识竞赛"的影响面,增强广大职工对工会组织的了解和认识;组织广大职工学习《工会基础知识读本》、《全国职工素质建设工程指导读本》、《中国工会十五大文件汇编》等竞赛参考书籍,为参加"工会知识竞赛"各项赛事做好准备。各镇、街道、委、局、直属公司工会结合实际,组织开展"工会知识竞赛"选拔赛,并择优组队参加区总工会明年3月份的"工会知识竞赛"预决赛活动。 (马美君)

新闻出版工会举办工会干部"学习十七届五中全会精神"培训班

(陈宏华)

【市机电工会举行信息信访组织工作培训班】 市机电工会贯彻落实上海电气集团干部大会和上海市机电工会五届七次全委(扩大)会议精神,加强信访工作,稳妥处置职工信访,协调劳动关系矛盾,适应集团促进发展、深化改制,确保稳定的形势发展要求。3月10—11日,机电工会举行信息信访组织工作培训班。各基层工会分管主席和部分合资企业工会干部近90人参加此次培训班。通过培训取得三个成效。一是提高处置突发事件的能力。做好突发事件和上访事件的协调和处理,切实改变上报不及时、信息不准确、渠道不畅通的问题。二是畅通信息渠道。传递信访信息要有及时性、真实性,完善突发群体性事件的信息报告制度。三是明确对不稳定事件和矛盾应在第一时间上报的责任制。根据不同情况,与有关部门沟通,及时到达现场,依法合理妥善协调处置。企业工会应在参与企业改制转制方案审议时,关注、表达和引导职工的合理诉求,了解、掌握改制过程中出现的不稳定因素。 (冯克华)

【市机电工会举办工会干部素质培训班】 一是举办工会干部岗位任职资格培训班。对新到任的工会干部进行工会理论、民主管理、劳动法律、社会保障等工会基础知识的培训。基层工会主席送市总工会、机械冶金建材工会、全国总工会培训;其余工会干部由市总工会培训中心机电工会分中心培训。2010年共有128名工会干部参加培训。二是举办工会条线业务培训班。举办经审干部、财务干部、工资协商干部培训班,有350人次参加,帮助干部全面系统掌握有关政策法规。三是举办工会干部专题研讨班、报告会。先后举办工会工作研讨班、培训班、形势任务讲座等,进一步扩大工会干部视野,拓宽工会工作思路。 (冯克华)

【市医药工会对基层工会干部进行系列培训】 医药工会根据工作计划,对基层工会干部进行系列培训,分别邀请中国劳动关系学院干部培训系主任欧阳骏教授、工会学系徐晓军教授和上海医药董事长吕明方为医药工会所属基层工会干部150余人授课。欧阳骏教授从当前经济形势和金融危机的走势、国内劳动关系群体性事件背后的深层次思考等方面,强调中国工会必须坚持中国共产党的领导、必须以维护职工合法权益为根本目标;徐晓军教授则以当前"工资集体协商"为重点,从确立工资集体协商为当前工会工作重点的社会背景、集体协商的基本原则、法定程序和集体协商中存在的普遍问题及对策,进行讲解辅导;吕明方董事长在讲课中回顾上海医药3年来的发展历程,肯定各级工会组织在企业发展过程中的积极作用,并阐述上海医药"十二五"规划及发展思路,对工会干部提出希望。

(赵一鸣)

【上海石化公司工会举办第六期工会干部培训班】 6—8月,上海石化公司工会举办第六期工会干部培训班。培训对象除公司和两级单位专职工会干部,还扩大到两级单位装置、直属车间工会主席,总计183人。与第一期相比,增幅达115%左右,兼职工会干部人数首次超过专职工会干部人数。培训内容包括时政热点、工运理论、法律法规、文学修养、管理知识、企业发展等6个方面,共10讲。培训结束后,每位学员交流学习体会,优秀学员受到表彰。

(张　敏)

【市烟草工会围绕提升服务水平开展业务培训】 4月14—17日,烟草工会举办工会业务培训班,共有76名工会干部参加。培训内容与工会自身实际需求紧密结合,主要学习培训《工会面临的形势与任务》、《走进世博会》、《公文写作常见问题剖析》、《集团文化建设》、《集团发展远景》、《职代会由来与发展》、《2010年班组创建特点与管理要求》、《民主管理工作重点与推进方法》、《职工之家绩效考核评价方法》等。为提高培训质量,培训采取集中时间办班和外请专家与内请老师并举的方法,确保内容的针对性和有效性。通过培训,工会干部更清晰地了解当前所面临的新形势、新任务、新要求,更深刻地感受到自身应担当起的使命和责任,更清醒地认识到提升服务集团改革发展工作水平的紧迫性和重要性。

(江洪生)

【上汽工会举办推进工会主席直选培训班】 为进一步加强工会基层组织群众化和民主化建设,按照推进基层工会主席直接选举工作的要求,8月4日,上汽工会举办基层分工会主席直接选举工作培训班,来自上海大众、延锋伟世通、上汽销售、制动系统等6家单位的分工会主席参加了培训。市总工会组织部就当前基层工会主席直选的目的、意义及方法等作专题讲座,上汽工会对工会组织建设和直选工作提出要求,学员们结合企业实际围绕培训内容展开讨论。培训班强调直选工作要在同级党组织的领导和上级工会的指导下,加强宣传,统一思想,制订方案,稳步推进。参加培训的各级工会负责人表示将积极稳妥地实施直选工作。

(陶牡丹)

【上汽工会举行新上岗工会主席培训班】 11月2日至3日,2010年度上汽基层企业新上岗工会主席培训班在上汽活动中心举办,来自上汽23家二、三层次企业的新上岗工会主席共34人参加培训。培训班围绕"建设什么样的工会"、"怎样建设好基层工会"、"如何成为'创先争优'的工会组织"三方面课题,结合上汽实际详细介绍了工会工作的切入点和工作方法,明确了当前开展工会组织"创先争优"活动"五个方面"的工作要求,即:深化"先锋号在行动",在服务经济工作中创先争优;围绕"尊严生活"、"体面劳动"和"快乐工作",在维护职工合法权益中创先争优;做职工贴心人,在构建和谐劳动关系中创先争优;发扬劳模精神,在立足岗位中创先争优;严于律己,以身作则,在推进工会自身建设中创先争优。培训中,学员们围绕授课内容进行分组讨论,并结合企业实际,对进一步做好工会工作建言献策。这次培训班采取专题授课和分组讨论相结合的方式进行,有助于参训学员更快熟悉工会业务、做好工会工作。

(陶牡丹)

【上海铁路局工会加强专兼职工会干部培训】 上海铁路局工会根据"十二五"期间路局工会干部培训规划,针对基层站段、车间工会专兼职干部调整快、兼职多的情况,为提高其履行岗位职责和工作创新的能力,根据不同层面工会干部的工作实际,按需施教,确定不同的培训内容和重点,不断提高培训内容的针对性和实效性。年内,共选送7名基层工会主席参加铁路总局工会举办的培训班;上海路局工会举办2期110名全局基层单位车间兼职工会主席参加的培训班;举办1期70余名基层单位工会主席参加的培训班;举办1期70名全局基层单位专兼职工会指导员参加培训班;举办1期90名多经系统职工董事、监事和工会干部为对象的培训班;还组织77名女工干部参加培训班。

(白　杰)

【市建设交通工会举办建设学习型工会系列讲座】 为推进"创建学习型工会"工作的全面开展,市建设交通工会与上海明德学习型组织研究所合作举办以"提升创新意识、发挥主力军作用、履行基本职责、强化职工素质工程、打造学习型工会"为主题的系列讲座。3月17日,首次讲座《建设

市建设交通工会举办建设学习型工会系列讲座　　(钱　蓉)

学习型工会的四个基本问题》在上海科学会堂举行，由明德学习型组织研究所所长张声雄教授主讲。市建设交通工会所属单位工会干部200余人参加讲座。讲座后，市建设交通工作党委提出4点要求，一是广泛动员，深入开展“三个文明”主题实践活动；二是精心组织，着力抓好“保平安、促运行、重服务、创一流”世博运行保障立功竞赛活动；三是主动作为，维护职工合法权益，构建和谐劳动关系；四是改革创新，加强工会自身建设，提高工会干部履职能力。（钱 蓉）

【上海建工工会举办专兼职工会干部培训班】 上海建工集团工会注重工会干部教育培训工作，邀请集团党政领导为工会干部进行形势任务教育和能力素质培训，举办为期3天的工会干部培训班，对各基层单位的160多名工会专兼职干部开展“企业工会干部的基本职责和群众工作”、“怎样当好企业工会主席”、“如何做一名称职的工会干部”、“如何调动和激发职工积极性”及“怎样开展企业文化建设”和培育核心价值观等课程的培训，用以提高广大工会干部运用理论政策发现、分析、解决实际问题的能力，增强新形势下做好组织、引导、宣传职工的信心，切实做到能办事，会办事，办好事，增强服务企业、服务职工的工作本领。（杨钟春）

【市科技工会加强基层工会干部培训】 市科技工会坚持做到对新上任的工会主席“入门”进行岗位培训，以及对岗位上的工会干部“提高”要加强学习的总体要求。2010年，市科技工会对新上岗的工会主席开设题为“如何当好工会主席”的讲座，为在岗工会干部开设一系列有关国内外形势、工会业务知识讲座。同时要求基层工会干部从单位实际出发，开展调查研究，提升自身理论素养和实际工作能力。（杨 莹）

【良友集团工会举办基层工会主席直接选举培训班】 为贯彻市总工会关于推进基层工会主席直接选举工作的意见，7月16日，良友集团工会举办基层工会主席直接选举工作培训班。培训班邀请市总工会组织部有关领导就工会主席直接选举工作开展的背景、条件和相关步骤等方面的内容进行详细讲解，有效指导直接选举工作的开展。来自集团基层各单位的近30位工会主席参加了培训，并就直接选举工作中可能遇到的问题在课堂上进行教学互动。（高 磊）

【监狱局工会注重工会干部培训工作】 监狱局工会注重工会干部的教育培训工作。一是面向各基层工会正副主席、经审主任、工会女工委主任举办了工会干部培训班，学习贯彻全国总工会和市总工会领导的讲话精神，贯彻落实局工作会议和局工会全年工作规划要点，邀请市总工会领导做关于世博与形势的报告。二是为适应新《工会会计制度》的运行，集中工会财务经审人员举办新《工会会计制度》和新软件应用培训班。三是开展工会内刊《知心》杂志通讯员培训班。四是采取走出去的方式，参加新上岗工会主席、工会女职工干部、全国监狱系统工会干部和企事业单位突发事件安全防范应对实务操作等培训班，共计培训工会干部102人次。（江海群）

【上海工会首次举办全球500强在沪企业工会主席专题培训班】 3月19—20日，“全球500强在沪企业工会主席专题培训班”在上海市委党校举行。来自强生制药有限公司、辉瑞投资有限公司等的48名工会主席参加了培训。这次培训班在组织筹备时充分考虑了500强企业工会主席的实际情况和实际需求，培训时间不长，但培训内容力求精干、务实，培训氛围力求生动、活泼，基层工会反响良好。整个培训班为期两天，既有当前工会工作面临的形势任务的总体介绍，也有开展具体工作的经验方法；既有外企工会主席的现身说法，也有与会学员的交流讨论；既有台上教师的知识传授，也有台下学员的积极互动。这次培训班取得的主要收获有：一是增强了在新的历史条件下做好非公企业工会工作的信心；二是学到了做好新形势下非公企业工会工作的经验做法；三是增进了彼此之间的友谊联系和工作交流。（兰宇新）

机关系统自身建设

【市总工会机关系统召开加强党风廉政建设干部大会】 2月5日，市总工会召开机关系统加强党风廉政建设干部大会。市总工会党组书记、市总工会主席陈豪出席会议。会议要求广大工会干部要认真学习、深刻领会胡锦涛总书记在十七届中纪委五次全会上发表的重要讲话精神以及中共中央政治局委员、市委书记俞正声在九届市纪委五次全会上的讲话精神，进一步增强做好党风廉政建设的自觉性，进一步推进制度建设，进一步改进工作作风，以党风廉政建设的新成绩推动

市总工会直属机关党委与浦东新区新建村党总支签订结对帮扶协议
（任新我供）

工会工作新发展。会议指出，深入学习贯彻胡锦涛和俞正声的重要讲话精神，进一步把思想认识统一到中央和市委的重大决策部署上，增强领导工作的公开性和透明度。领导班子成员要各司其职，严格贯彻班子的集体决定决策。会议要求，要以党风廉政建设的新成绩推动上海工会工作的新发展。当前特别要把迎世博、办世博作为重中之重的工作，广泛动员，全力以赴，充分发挥和运用工会资源和优势，切实深入开展"文明观博、文明服务、文明出行"大讨论，深入开展立功竞赛活动，让每一个职工主动参与世博、奉献世博，为办好一届成功、精彩、难忘的世博会作出工会的贡献。市总工会党组副书记、副主席肖堃涛回顾总结了 2009 年市总工会机关系统党风廉政建设工作，并部署 2010 年工作；市总工会党组纪检组组长、副主席汪兰洁传达胡锦涛和俞正声的重要讲话精神。（余　铮）

【市总工会机关系统开展纪念建党 89 周年系列活动】（1）开展专题组织生活。围绕促进职工队伍建设和社会稳定和谐的目标，动员广大机关工作人员为平安世博作贡献，深入学习中央、市委有关要求和俞正声"群众观点须臾不能忘记"的讲话，结合工会组织所承担的职能，以"切实加强职工群众思想政治工作，关心职工群众生产生活，维护职工合法权益，帮助职工群众解决实际问题"为主题，在广大机关党员中开展一次专题组织生活会。（2）举办党员服务活动。七一期间，组织市总工会机关系统的青年党员赴建设中的"东方体育中心"工地，为工地建设者进行志愿服务活动。（3）进行走访慰问活动。以"牢记党的宗旨，继承党的传统"为宗旨，组织市总工会机关系统的青年党团员，对系统内的老党员、老劳模、老干部进行一次走访慰问活动，学习发挥老同志的"传、带"作用。（4）开展谈心交流活动。为进一步了解党员参与服务世博的实际情况，广泛开展党员谈心活动，注重关心解决参博党员的具体困难，对工作成绩突出及生活上有困难的党员普遍进行一次慰问，让他们切实感受到党组织温暖。（5）开展学习考察活动。组织机关系统党组织书记参观世博会城市最佳实践区，听取未来城市发展的有关报告，运用世博平台拓展工作视野，增强创新意识，服务党建工作。（6）完成帮扶签约。根据市委和市级机关"帮困结对"工作新一轮规划，在部分调整帮困结对单位的基础上，完成与浦东新区新建村、崇明县联谊村帮困协议的签订工作。（余　铮）

【市总工会举行学习《中国共产党党和国家机关基层组织工作条例》报告会】 9 月 3 日，市总工会举行机关系统学习新修订的《中国共产党党和国家机关基层组织工作条例》（以下简称《条例》）专题辅导报告会。市级机关党工委副书记徐善良作专题辅导报告。市总工会党组副书记、副主席肖堃涛就学习贯彻《条例》，进一步推进市总机关系统党建工作讲话。徐善良围绕机关党建的基本历程和《条例》的重要意义、《条例》修订的背景和主要内容、把握《条例》的基本要点和重点以及贯彻《条例》需要关注重视的问题等 4 个方面作了专题辅导报告。会议指出，机关系统各级党组织要充分认识贯彻实施新《条例》的重要意义，精心组织学习。要突出党员领导干部、年轻干部和党务干部队伍建设重点，充分发挥领导干部的表率作用，注重年轻干部的培养教育，建设一支坚强的专兼职党务干部队伍，为落实《条例》提供坚实的基础。市总工会秘书长、直属机关党委书记周志军主持会议。市总工会党组中心组成员、机关全体党员和各直管单位处级以上党员干部 130 人参加报告会。（余文龙）

【市总工会积极开展党工共建、创先争优活动】 主要开展工作：一是认真贯彻落实中央"党群共建创先争优视频会议"和全总"党工共建、创先争优视频会议"精神；二是组织上海分会场会议；三是根据市总党组要求，制订下发《上海市总工会关于成立上海工会创先争优活动领导小组的通知》；四是结合对区县局（产业）工会年度重点工作考核，制定下发《上海市总工会关于在全市工会组织和广大职工中深入开展创先争优活动的实施意见》。（杨伟良）

【虹口区总工会开展"千人访万家"活动】 虹口区总工会党组联系工会实际，开展"百人走进千家、关心万名职工"活动。（1）完善制度，加强机关党员干部作风建设。一是进一步加强与结对共建党组织的联系。机关党支部加强与飘鹰居民区党总支的联系，参加飘鹰居民区组织的活动。同时机关党员干部主动联系所居住的居民区党组织，开展践行岗位行动、家园行动、志愿行动等。二是完善机关干部联系基层的制度。年初，相关街道合并后涉及到工会组织撤销合并的问题，在下发指导文件后，区总工会领导和机关干部及时走访嘉兴社区（街道）和四川北路社区（街道），与街道总工会共同商讨组织合并的相关程序；在确定商圈、园区、楼宇、街场等工会联合会作为工会组建工作重点后，相关部室负责人多次深入街道，与园区负责人、小区工会主任座谈，掌握情况，了解难点，寻求突破点。（2）拓展延伸，切实发挥工会组织作用。结合工会实际，在全区工会系统开展"百人走进千家、关心万名职工"的活动。在加强机关与基层工会联系的基础上，建立"三联系"制度，即区总工会主席联系区总工会委员、基层工会主席，区总工会委员、基层工会主席联系工会代表，工会代表联系工会会员的制度。（3）注重实效，着力为职工群众解难事、办实事、做好事。截至 5 月底，全区各级工会共走访帮扶 303 人次，其中农民工 105 人次，帮扶资金达 9.16 万。区总工会组织服务世博一线的职工参加"从业人员意外伤残保障计划"和"职工团体意外伤害保障计划"。（4）典型引领，扎实有效推进作风建设活动。召开"百人走进千家、关心万名职工"主题活动交流会，同时，在高温季节，继续做好"夏送清凉"慰问工作，拨专款对公安系统服务世博一线的困难家庭及因积极参与世博相关工作而无力照顾患病家属或年幼子女的特殊家庭进行集中走访慰问。（徐　洁）

【黄浦区总工会以创新工作来推动学习型机关建设】（1）坚持以制度创新为先导，夯实学习型机关建设基础。先后制定《区总创建学习型机关工作规划》、《区总机关创建学习型机关实施意见》、《区总建设学习型机关工作制度》等文件，从2008年至今，坚持每周区总工会主席办公会议、每月区总工会部长例会和每月区总工会中心组学习会。针对企业劳动关系出现的新问题，区总工会邀请朱素宝等专业公职律师讲解企业劳动关系问题和处理案例，邀请市社科院经济所研究员胡晓鹏讲解上海经济发展趋势，邀请副区长吴成等介绍外滩金融集聚带建设情况，研讨工会组建措施。（2）以调研创新为抓手，推动学习型机关建设开展。树立“学习中工作和工作中学习”的理念，针对国际金融危机带来的影响，区总工会干部深入到33家企业了解金融危机下的职工思想和生产经营困难情况，形成《情况反映》报区委。组成5个课题小组开展专题调研，形成14篇调研报告。（3）以工作创新为目标，体现学习型机关建设成果。一是在建言献策、鼓励学习和鼓励阅读中不断体现学习型机关建设成果。二是鼓励学习，加深知识修养。三是鼓励读书，拓宽工作思路，提高工作效率。四是学习型机关创建成果集中体现在工作创新上。先后建立2个园区工会分会、17个单位工会，发展3000名流动会员；开展平安世博、服务世博、保障世博三大立功竞赛，1000家企业10万名职工参与，组织106607人次技能培训、3.2万人次技术比武；区属国企职工工资连续七年增长，涨幅14.4%；组织22万人次职工参观世博会；筹资100万元、慰问1.6万名世博园区内外职工、志愿者；投入167万元救助300名因病致贫职工、260名协保离岗边缘职工和1751名协保人员；出资为1700名服务世博女职工妇科检查、为1079名女性农民工常规体检；新建新世界城等3个楼宇工会，新增街道餐饮行业工会，辅料行业、乐器行业、生产资料行业联会工会。

（吕诚陆）

【闵行区总工会大力开展“创先争优”活动】 区总工会以服务世博为主题，开展“创先争优”活动。一是建立进驻世博园区企业工会主席例会制度，及时了解企业服务世博信息，倾听基层工会意见，为企业提升服务出谋划策。二是建立服务世博职工的帮扶工作制度，及时解决职工的急难愁问题，对900名园区一线职工进行高温慰问，并对22名困难职工家庭落实帮困补助。三是建立园区内职工诉求渠道，将工会信箱安装在园区职工休息室，并在每个信箱上标注企业工会主席的电话、维权热线和心理咨询热线，让职工在世博园区找到求助、维权的渠道。四是开展最佳实践者活动，引导职工在平凡工作岗位上发扬主人翁精神，创造佳绩，形成人人争当最佳实践者的氛围。五是开展慰问世博卫士活动，为上海武警安保女兵分队200余名世博女兵义诊，赠送2000份防暑降温用品，进行部队驻地周边环境卫生防疫。

（洪　岩）

【奉贤区总工会突出工会特点推进“创先争优”活动】 2010年，区总工会突出重点工作，通过落实责任、选树典型、督促检查等途径，确保“创先争优”活动取得实效。一是在服务世博、奉献世博中创先争优。开展“奉献世博盛会，展示主人风采”立功竞赛活动，设立知晓世博奖、文明礼仪奖、岗位奉献奖、优质服务奖、环境优美奖等奖项，评选100个先进集体，激励广大职工为成功办博作贡献。二是在推进职工素质工程建设中创先争优。加强职工学校建设，提高职工队伍整体素质；开展创新型、技能型、节能型等劳动竞赛活动，调动广大职工的劳动热情和创造活力。三是在强化维权工作中创先争优。建立健全以职工代表大会为基本形式的企业民主管理制度，全面推进工资集体协商工作，加大劳动关系预防和调处力度，发挥好工会组织在保稳定、促和谐中的积极作用。四是在加强基层工会组织建设中创先争优。大力推进以非公企业为重点的工会组建工作，建立和完善镇、村（经济园区）、企业“小三级”工会网格化建设，激发基层工会活力，增强工会组织凝聚力。

（刘传军）

【中海集运员工与天安门国旗护卫队战士开展共建交流】 由20余名先进党团员、优秀员工和船员代表组成的中海集运学习交流团通过参观荣誉室、观看队列训练、进行座谈交流等形式，与天安门国旗护卫队开展共建交流活动，推动创先争优活动开展。

（刘清卿　杨　杰）

【中远集运工会组织开展“创先争优“活动】 中远集运工会积极开展“创先争优”活动，全面提高服务职工能力。围绕公司的工作总体要求和重点任务，以“建功立业，共谋发展”为主题，以“降成本、促效益、谋发展”金点子活动为载体，广泛动员和组织职工参与以节能减排、降本增效为主要内容的群众性经济技术创新活动。

（钱　华）

【城投系统工会印发“开展创先争优活动的实施意见”】 12月20日，城投总公司工会印发《关于在城投系统工会组织和广大职工中深入开展创先争优活动的实施意见》，要求系统内各级工会组织以“创先争优”活动为新起点，紧密联系当前形势和工作实际，把党工共建创先争优与工会重点工作有机融合，推动工会重点难点工作取得突破，以“创先争优”活动促进工会工作，以工会工作促进“创先争优”活动。

（朱文慧）

【新闻出版工会开展“创先争优”活动】 主要做法：一是深入开展职工之家创建工作。截至年底，新闻出版工会所属52家工会获合格职工之家称号，19家工会获先进职工之家称号，分别占新闻出版工会总数的80%和34.2%；6家工会获上海市模范职工之家称号，1家单位获全国模范职工之家称号。二是积极开展争创“工人先锋号”活动。2010年，9家基层工会（班组）荣获新闻出版工会“工人先锋号”称号，共有23家单位31个班组获新闻出版工会“工人先锋号”称号；世博期间，上海安全印务有限公司制作工段小组荣获上海市“工人先锋号”称号。三是增强激励机制。宣传表彰第三届“上海市五一巾帼奖”获奖集体和个人；表彰获得市总工会“迎世博系列主题活动”优秀组织奖集体以及荣获市总工会主题实践活动优秀组织奖集体和个人；向集团和基层工会担任15年以上的工会主席颁发荣誉证书。

（陈宏华）

【光明食品集团工会以“创先争优”为动力增强工会自身建设】 （1）组织

工会常委集中学习十七届五中全会精神以及胡锦涛等中央领导和市委的指示精神，在广大职工中开展“创先争优”活动，研究和把握企业工会工作中面临的新问题，结合开展创建劳动关系和谐企业活动，确立集团所属企业三年创建总目标，进一步提出改进和加强企业工会建设的措施。(2)推进基层工会组织建设，强化基层工会规范运作机制。2010年，东海总公司、光明乳业股份公司按民主程序完成工会主席的增补工作；跃进、投资、星联公司工会进行换届选举；川东农场、西郊国际成立了首届工代会；上海农场建立了工会筹备组。(3)选送7名新上任的子公司工会主席接受岗位培训。

（桑树德）

保障政策选辑

关于进一步加强就业援助工作的若干意见

为切实做好本市就业促进工作，保证就业局势持续稳定，经市政府同意，现就进一步加强就业援助工作提出如下意见：

一、“就业困难人员”认定标准

“就业困难人员”主要是指本市法定劳动年龄段内的失业、协保人员和农村富余劳动力中有一定劳动能力且就业愿望迫切，但因自身就业条件差而难以实现市场化就业，连续处于实际失业状态6个月以上的下列人员：

（一）大龄失业、协保人员（男性年满45周岁、女性年满40周岁）；

（二）城镇零就业家庭成员；

（三）农村低收入家庭成员；

（四）连续享受最低生活保障3个月以上的家庭成员；

（五）经鉴定为中度残疾或部分丧失劳动能力的人员；

（六）被征地并领取生活费补贴期满后仍难以实现就业的人员；

（七）刑释解教人员等有特殊困难的其他人员。

二、鼓励用人单位吸纳“就业困难人员”

本市企事业单位、社会团体、民办非企业等用人单位（劳务派遣类公司除外）吸纳经认定的“就业困难人员”，并签订一年以上劳动合同的，给予一次性补贴。其中，吸纳的“就业困难人员”属于城镇登记失业人员，补贴标准为每人每年10000元；吸纳的“就业困难人员”属于协保人员、农村富余劳动力以及一次性缴纳社会保险费已满15年的征地人员，补贴标准为每人每年5000元。

补贴期限最长不超过3年，所需费用从失业保险基金中列支。

三、鼓励就业困难人员灵活就业

鼓励有一定能力的就业困难人员，包括大龄失业人员通过自谋职业、自主创业等灵活就业的方式实现就业，并按原规定继续享受就业岗位补贴和社会保险费补贴。

四、加大公益性岗位就业援助的工作力度

各区县在控制公益性岗位现有规模不扩大的前提下，可根据当前就业状况，合理调整公益性岗位结构，在充分发挥公益性岗位吸纳就业困难人员的过渡性安置作用的同时，积极鼓励公益性岗位中的“就业困难人员”实现市场化就业，拓宽“就业困难人员”的就业门路。凡公益性岗位吸纳新认定的“就业困难人员”，失业保险基金按月给予岗位补贴、社会保险费补贴。

对满足本意见第一条“就业困难人员”认定标准中除“连续处于实际失业状态6个月以上”的其他条件，但就业确有特殊困难的人员，可在总量控制的前提下，经区县人力资源和社会保障局审核同意，认定为“就业困难人员”，并安排到公益性岗位就业，按规定享受公益性岗位相关扶持政策。

理论与调研

Theory and Research

综　述

2010年，全市工会理论研究工作从3个方面深入开展理论研究和调查研究。一是围绕全市工会工作大局，开展重点课题调研。包括：按照市总领导“积极应对经济发展方式转变，努力提升职工队伍素质”的工作要求，与上海社科院开展市总重点课题“上海职工发展研究报告”的调研；结合劳动关系和职工权益发展的热点问题，集中力量对职工队伍素质状况、职工住房保障问题、农民工民主权利实现途径以及工会工作在经济社会建设中的作用发挥、行业性集体协商、基层工会主席直选工作等开展重点调研。二是围绕上海经济社会发展的中心任务，开展专项课题调研。包括：接受依法治市领导小组办公室委托，承接“上海世博后劳动关系分析与劳动纠纷预测研究”课题调研；参与市委研究室、市社会工作党委“关于新形势下发挥群团组织作用，加强党的群众工作”课题研究，撰写《上海工会组织代表和维护职工利益面临的挑战和应对》和《党的群众工作在机关文化建设中的作用》的研究报告；按照全总部署，开展加强企业工会工作、农民工就业形势调研。三是围绕“十二五”规划大讨论，开展劳动关系领域民生热点问题调研。包括：围绕上海“十二五”期间劳动关系协调、职工权益发展、完善社会保障和民生政策等，广泛征求专家咨询委员会、专业学科委员会、市总职能部门、基层工会干部和职工群众的意见建议，深入研讨，集思广益，分别就进一步加强劳动关系协调工作，进一步规范劳动用工秩序，进一步调整和完善收入分配格局，进一步以改善民生为重点推进上海社会建设，进一步促进全市职工队伍整体素质提升等问题，形成专题报告或会议纪要上报相关部门，为编制好“十二五”规划建言献策。2010年上海各级工会调研成果主要集中在3个方面：一是积极调研上海世博会对全市劳动关系发展变化的影响效应，通过研究会专家委员咨询、各级工会主席座谈会、基层单位调查等方式，调查分析世博举办之际上海劳动关系状况，并对世博期间、世博闭幕后的劳动关系及劳动纠纷发展变化特点进行分析预测，在此基础上提出针对性的建议、对策、措施，推进构建和谐劳动关系和保障职工权益。二是关注新形势下群团组织的创新发展，根据“新形势下发挥群团组织作用，改进党的群众工作研究”的总体要求，围绕“新形势下工会如何更好地代表和维护职工权益”开展专题调研，分析工会组织代表、维护职工权益面临的新挑战，总结近年来上海工会在履行维权基本职责方面行之有效的工作举措，对进一步做好党的群众工作、推进社会管理创新提出思考建议。三是关注国际金融危机对劳动关系稳定和职工权益维护的影响，纺织工运研究会开展了“金融危机下集体协商机制作用再认识”的调研，杨浦区工运研究会开展了“工会在金融危机中的独特作用”的研究，机电工会工运研究会开展了“在推动企业结构调整中发挥工会积极作用”的研究，宝钢股份特钢事业部工会工运研究会开展了“在应对危机中推进‘最佳实践者’活动”的调研，形成一批有质量的调研报告。2010年上海工会不断加强工会学术性社团自身建设，深入开展对会员的服务、协调和指导工作，推动形成工运研究工作合力。通过完善调研工作网络，加强市总工会基层调研点的建设，充分发挥基层调研网络反映职工群众思想动态、了解基层工会工作状况的重要作用；通过出版《构筑和谐劳动关系——上海职工权益维护的理论与实践》，梳理、汇编近3年各级工会在劳动关系领域的优秀调研报告和论文，总结推广劳动关系领域工会调研成果，促进调研成果的交流、借鉴和运用；通过认真编辑《上海工运研究》，采编《上海工运研究资料专辑》，为各级工会交流与共享调研成果和工作经验搭建平台，为工会干部工作学习提供参考；通过编发工会内参，不断增强内参选题的时效性和针对性，发挥内参研究问题、总结经验、决策参谋的作用；通过加强研究会内部规范化管理，不断完善课题申报和委托调研制度，积极参与社团学术年会等活动，促进会员单位交流协作，经市社联考核评定为达标学会。理论政策研究和调查研究工作成果丰硕，团体和个人会员报送参加优秀调查报告和论文评选的文章达到224篇，在全国工会系统优秀论文评选中取得了优异成绩。　(桂晓燕)

工运研究会

【虹口区工会工作研究会多项举措确保调研工作落实】　由区总工会主席担任调研工作领导小组组长，下发《关于开展2010年调研工作的通知》，确定加强职工队伍建设等方面重点课题17个，把调研工作列入对产业(局)、集团、社区(街道)总工会工作的考核内容，发动全区各级工会干部参与调研，形成《关于推进区域工

12月24日，上海市工人运动研究会2010年年会在市总工会六楼大礼堂举行　(陈进修)

会建设的调研》等调查报告50多篇，汇编成《虹口工会调研文集》。（李学兵）

【闵行区工会工作研究会以机制推动调研工作】 建立健全工会调查研究会议制度，每年召开工会调研工作会议，适时召开务虚会、理论研讨会、课题论证会，深入研究工会工作面临的重大课题。建立健全研究工作激励制度，对调研工作实行目标管理，对作出贡献的人员予以表彰奖励。建立健全调研成果运用宣传机制，把优秀工会理论政策研究成果及时向有关部门建言献策，推动调研成果转化。分别开展了关于行业工会运作情况的调研、企业工会主席胜任能力的研究等重点课题。（李学兵）

【普陀区基层工会工作研究会坚持三项制度抓调研】 建立课题预报制度，理论培训制度和年会交流制度，调动工会干部参与调研工作。分别开展《关于普陀区职工收入分配状况的调研》、《关于在国资国企改革中加强“两个维护”工作的调研》、《关于小区行业工会联合会运作情况的调研》、《关于后世博时期深化巩固职工立功竞赛活动及其成效的研究》、《在改革改制中加强劳动关系协调、维护职工队伍和社会稳定的情况》等调研。通过政协会议提案发言、人代会宣传材料等形式，向社会发布调研成果，表达职工诉求和工会主张。调研报告获得2010年上海市工会优秀调研报告、论文评比二等奖、三等奖以及优秀奖等。（李学兵）

【上海机电工会以调研工作促进企业发展】 开展基层工会主席直接选举调研，为制订《上海市机电工会关于基层工会主席直接选举工作的意见（试行）》提供依据，选举产生13家基层工会主席。以李斌杯技能大赛为平台，开展职工技能素质调研，推动高级工、技师培训培养，上海电气（集团）总公司获“机械行业高技能人才培训示范单位”。在30多家企业开展工资集体协商调研，推动170家企业签订新一轮《工资集体协议》。20余家企业工会参与职代会民主管理制度建设调研，机电工会系统154家企业建立职代会制度，占企业总数62.9%，覆盖职工9.2万名，占职工总数90%；58家企业建立职工大会制度，占企业总数23.7%，覆盖职工7300名，占职工总数7.2%。（李学兵）

【纺织工会加强行业工会调研工作】 重点调研下属8个纺织行业工会及所属企业，了解其运作情况及存在问题。调研报告提出建立与行业协会相对应的产业工会组织体制设想，确定了行业工会协调、代表、服务、自律四项基本职能，明确区域性纺织行业民主议事机制、集体协商机制，与纺织协会协商共决机制以及同业技能比赛、职业技能评定与劳模评选联动机制。（李学兵）

【上海轻工业工会不断创新调研工作载体建设】 建立与行业协会信息交流制度，及时了解企业生产经营、停产歇业、裁减人员、工资福利变化等方面的动态，为调研活动奠定基础。举办以“走向谈判的工会——后金融危机时代工会维权”为主题的长三角地区部分城市轻工业工会主席论坛，开展《实现体面劳动是企业发展的源动力》、《有理有节，勇谋结合，学会运用“集体谈判”》等主题交流。组织《新生代产业工人状况分析》、《探索劳动竞赛新载体》等专题调研。《开展行业性集体协商工作的探索与实践》获全国财贸轻纺烟草行业工会优秀理论研究成果一等奖。（李学兵）

【市绿化和市容管理局工会调研关注一线职工生产生活状况】 召开20余次专项调研研讨会，明确调研专题与项目，就“如何写好调研报告”对500余人开展培训，先后开展《上海市环卫行业一线职工工资收入状况的调研报告》、《关于上海市环卫一线保洁工作息场所（道板房）现状的调研报告》、《上海市绿化市容行业文化建设调研报告》、《关于当前绿化市容行业职工主要思想动态的报告》，市领导对相关调研报告予以批示。（李学兵）

【卫生系统工会工作理论研究会群策群力抓调研】 建立健全研究会组织机构，印发调研工作计划，组织基层研究会开展课题征集活动，收到28家直属基层工会、7个区医务工会、1家企业职工医院论文121篇。对市级、区级、职工医院和民营医院等85家医疗机构2000人次走访调查，分别开展卫生系统高层次女性人才状况、职工科技创新情况和民营医疗机构民主管理状况调研，其中卫生系统高层次女性人才状况的调研被中国教科文卫体工会评为全国“百年——知识女性与社会发展”征文比赛一等奖；另有3篇调研报告分获中国教科文卫体工会优秀调研报告二等、三等奖。（李学兵）

上海轻工业工会联合会参加“走向谈判的工会”长三角地区轻工工会主席论坛（徐俊彦）

【上海市机电工会推进工运研究取得成果】 完成5项重点课题。一是关于工会组织建设的专题研究,二是关于职代会民主管理的专题研究,三是关于开展工资集体协商的专题研究,四是关于开展帮困送温暖工作的专题研究,五是关于职工技能素质的专题调研。这5项专题研究都紧密结合企业和集团的最新发展进行。接受市总工会研究室的课题委托,对农民工的技能培训和技能升级进行调研,发现问题,总结经验,提出对策。一是引导农民工不断学习。把加强农民工技能培训作为企业发展的战略任务,不断提高他们的技术技能水平。二是宣传农民工先进典型。通过选树和表彰农民工看得到、感觉得到和令人信服的先进典型,树立自信力。三是确立农民工归属感。着力加强企业与农民工、正式工与农民工、农民工与农民工之间的情感互动、观念互补、文化共融、价值共建的企业文化建设。四是开辟多条渠道,实施农民工技能培训。建立以岗位培训为基础、岗位学习为导向、行业竞赛为载体、技能升级为辅助的集培训、练兵、学习、竞赛、考核、表彰、使用为一体的农民工技能素质培训长效机制。2010年举办4次研讨班。举行由工会主席、人力资源部门领导参加的工资集体协商专题培训班,有200人参加;举行工会主席研讨会;举办工会信息信访组织工作培训班;有128名各级工会干部参加了各层面组织的新任工会干部上岗培训。组织2010年度工会工作论文评选。

(冯克华)

【宝钢股份公司工会坚持开展工会工作理论研究有成效】 公司工会坚持开展工会工作理论研究,作为提升工会干部自身素养和理论水平的重要载体,形成"实践出理论、理论促实践"的良好工作局面。年初,下发《关于开展2010年工会工作理论研究的通知》,提出五大方面的重点课题。各单位工会成立课题组,参与理论研究,共形成论文、调研报告65篇。公司工会举行工会工作理论成果发布会,其中,一批关注职工"三最"问题、职工素质工程、自主型员工队伍建设、员工发展的课题集中体现了基层工会围绕企业中心工作,探索新形势下工会工作把握大局、服务大局、服务职工的新成果。

(王俊民)

【宝钢股份公司特钢事业部工会关注职工需求促进管理改善】 特钢事业部工会建立规范的厂情通报机制和对话平台,有效落实厂务公开制度,切实做好联系职工、了解职工需求的工作,坚持季度职工座谈会制度,组织召开职工座谈会51个,参加人数近740人次,共汇总105条职工需求信息。按照《职工需求信息管理办法》,进行分类处理,并将处理情况回复提出人。针对2009年《宝钢管理者问卷》的调查结果,组织进行专题研究,对应调查数据,确定整改问题54项,按要求制订整改计划和措施。动态调整《优化员工生活、工作环境实施规划》,并完成年度21项改善性项目的实施。

(陈美坤)

【上港集团工运研究会坚持数年开展专题工运论文征集发布活动】 研究会坚持每年召开专题工运发布会。年初,从基层征集的70余篇工运论文中选出12篇论文参加"工会组织如何在增产增收、降耗节支中发挥积极作用"专题工运论文发布,经评选,两篇论文被评为一等奖,另外10篇论文被评为二、三等奖。年底又结合推进班组建设的重点工作,组织开展了"工会组织如何在推进企业班组建设、创建星级班组活动中发挥积极作用"的论文征集活动。

(张晨琦)

【上海电信工会思研工作呈现"五大特点"】 7月20日,中国电信上海市工会思研分会召开第十届年会,会议总结了第九届年会以来的工作,调整了理事会成员。通过了以陈鸿生为名誉会长,赵申祥为会长,董海燕、沙光明、邱浩庆、金慧卿、冯来周为副会长,杨锡高为秘书长、朱东亚为副秘书长的领导机构。年会总结工作主要呈现以下五大特点:一是思研活动呈现全方位、多视角的特点;二是研究课题凸显工会工作的重点;三是研究课题注重员工诉求热点,重视心理关怀;四是研究课题聚焦女工群体作用发挥;五是研究课题关注外包人员的发展。

(朱东亚)

理论、调研

【市总工会对2010年委托调研课题进行总结表彰】 12月29日,召开2010年市总工会委托调研课题总结表彰会,市总工会副主席周志军出席会议并讲话。会议充分肯定了2010年承接市总工会委托课题工作的22家单位坚持扎实抓好调研,在调研的广度和深度上取得了新的突破,为推动上海工会理论研究工作发挥了积极作用。会议指出,做好工会调查研究工作一是要进一步增强问题意识,在经济社会发展的大背景下,善于从工会、职工的视角去发现和研究新情况新问题;要更加注重制度设计,研究问题要体现对工作措施、方法和制度的设计。二是要进一步增强合力意识,将工会研究力量、专家学者、党政部门等方方面面的研究资源予以整合,在更大范围内发挥工会调查研究的作用和影响。三是要进一步增强科学意识,把握工会调查研究和理论研究的规律性,加强对调研课题的质量管理,注重研究成果的应用转化,在实践应用中不断地检验、评估和完善研究成果,推动各单位工会工作创新发展。会上表彰了2010年市总工会委托课题优秀成果获奖单位,建工(集团)总公司工会、市绿化和市容管理局工会、市纺织工会、徐汇区总工会、奉贤区总工会、上海大学工会、上海工程技术大学工会等7家单位作交流发言。

(张海丽)

【市总工会、上海社科院联合开展《上海职工发展报告(2010—2011)》课题调研】 由市总工会研究室、上海社科院工会共同承担调研并撰写报告,是市总工会重点调研课题之一。调研围绕党中央、市委提出的上海率先转变经济发展方式的战略任务,按照市总领导"积极应对经济发展方式转变,努力提升职工队伍素质"的工作要求,以《上海职工发展报告(2010—2011)》的形式,就上述问题共同组织调研,进行深入研究,形成上海职工发展年度报告。报告在上海率先实现经济发展方式转变的大背景下,把握上海经济结构、产业结构、人力资源结构发展变化的新趋势,深入研究上海职工队伍现状，立足于为上海经济社会发展提供人力资源保障，调查分析上海职工队伍建设中面临的新情况新问题，研究进一步提升职工队伍整体素质的新思路新举措，从工会组织职能和特点出发，对工会推动建设高素质职工队伍的工作目标、工作任务、方法途径等提出对策性建议，为“十二五”期间加强职工队伍建设提供政策依据和工作指导。报告主要包括：上海职工队伍建设总报告、上海金融行业职工队伍建设报告、上海制造业职工队伍建设报告、上海文化行业职工队伍建设报告四部分。同时，收录了《上海工会职工素质工程建设成功案例》和《上海工会职工素质工程建设“十二五”规划》。市人大常委会副主任、市总工会主席陈豪，市委宣传部副部长、上海社会科学院党委书记潘世伟担任顾问，市总工会副主席汪兰洁、茆荣华，上海社科院副院长谢京辉担任课题指导。调研在全市10个相关区局产业、60家市总工会调研点基层单位进行，共发放《调查问卷》4500份。

（陈　晖）

【市工运研究会开展“上海世博后劳动关系分析与劳动纠纷预测”研究】 市工运研究会成立专题调研组，聚焦2010年上海世博会对上海劳动关系发展变化的影响效应，通过召开座谈会、调查走访、文献资料分析等多种方式，对世博后上海劳动关系发展及劳动纠纷状况展开预测研究，并撰写调研报告。报告分析了世博会对上海劳动关系发展变化的综合效应，认为既要看到世博会在推动上海城市经济社会发展、拉动就业和提升劳动者素质等积极效应，又要关注世博会可能引发的经济过热、闭幕后扩大就业效应衰退等“负效应”。报告认为，世博后上海劳动关系将保持总体平稳的态势，但由于影响职工队伍和劳动关系稳定的一些源头性、基础性问题仍然存在，劳动关系矛盾仍将处于易发多发期，局部领域、某些方面存在的问题要引起高度关注，如若处置不当，可能成为影响劳动关系和社会和谐稳定的隐患。报告提出，要高度重视以下几个劳动关系领域的突出问题：一是发展转型、产业升级对劳动关系的影响问题；二是就业稳定性问题；三是劳动收入分配的公平合理问题；四是企业劳动用工的进一步规范问题；五是非正常因素引发的群体性劳动争议问题；六是农民工特别是新生代农民工群体权益维护问题；七是社会建设与经济发展间的平稳匹配问题。为进一步构建上海世博后和谐劳动关系，报告提出如下对策建议：进一步贯彻实施《就业促进法》、《劳动合同法》等法律法规，促进充分就业、稳定就业岗位、改善就业环境、提高就业质量，努力实现劳动者体面就业；进一步调整和完善收入分配格局，切实提高劳动报酬在初次分配中所占的比重，维护好、发展好广大职工的经济权益；进一步规范劳动力市场及企业劳动用工秩序，切实维护上海劳动力市场的良性运行和劳动者的合法权益。切实将世博期间维稳工作中好的举措与做法转化为长效机制；进一步加强劳动关系协调工作，积极关注当前农民工特别是新生代农民工权益维护出现的新特征、新诉求和新问题；进一步完善保障农民工权益发展的政策制度；进一步加强以改善民生为重点的社会建设，在住房保障、社会保障、基层管理机制等方面健全完善各项民生政策；进一步普遍推进企业工会组建，充分发挥工会在构建和谐劳动关系中的作用，不断增强基层工会维权工作水平和实效，扩大工会在职工群众中的吸引力和凝聚力。

（邹卫民）

【市总工会开展保障民生政策贯彻落实情况与工会帮扶工作可持续发展的调研】 由市总工会保障部承担调研并撰写报告，是全总调研课题之一，通过问卷调查、个案访谈和召开座谈会等形式实施专题调研。报告分析了上海保障和改善民生政策的落实情况、工会帮扶工作现状及存在的主要问题，研究探讨新形势下实现工会帮扶工作可持续发展的思路和对策。报告认为，当前困难职工群体的总体状况，表现为困难职工性别、年龄分布不平衡，困难职工多集中在工业商业和社会服务业等行业，国有、集体企业下岗职工仍是困难职工主体，全市“低保”边缘职工成为工会帮扶的主要对象，因病致贫、下岗失业和子女就学负担成为致困主因等特点。报告指出，尽管社会救助政策不断完善，一系列民生保障救助政策相继出台，但全市社会保障体系建设仍存在诸多问题：一是人口老龄化、高龄化对满足养老、医疗等社会保险的需求和资金保障带来的压力日益增大。二是社会保障领域人群类型划分过细，存在“碎片化”的潜在危机。三是部分社会保障制度的设定缺乏科学性和稳定性。四是体制外人群和特殊职工群体社会保障问题急需关注等问题。从完善社会救助体系分析，救助体系整体性不强，对救助后就业诱因机制尚未建立，救助标准偏低，因病致贫现象直接影响救助制度的运转和效果。其中工会困难职工帮扶工作仍存在必须进一步研究解决的可持续发展问题，包括工会帮扶工作的定位有待进一步明晰，帮扶资金筹措渠道、工作领域有待拓宽，帮扶对象和标准有待科学确定，帮扶工作地区和产业发展不平衡，帮扶工作内力整合不集中、外力协调不通畅，园区、产业帮扶分中心（工作站）规范化建设有待推进，帮扶工作者队伍自身素质有待提高等。报告建议，宏观层面，工会整体帮扶工作要实现向综合型、服务型帮扶转变、向多元职工群体互助互济型转变、向社会经济政治和精神文化综合层面意义的转变、向工作经常化状态、实体化转变、向长效性保障机制转变、向社会化转变。微观层面，工会帮扶工作要落实7项具体措施：一是建立稳定的帮扶资金来源，二是因地制宜推进帮扶中心建设，三是因地、因人制宜地开展工会帮扶工作，四是创新帮扶工作的内容和形式，五是切实加强工会内部帮扶资源的整合，六是不断提高工会帮扶工作社会化程度，七是着力强化帮扶工作者队伍建设。

（陈　晖）

【市总工会开展全市城镇职工基本医疗保险相关情况及存在主要问题的调研】 由市总工会保障部承担调研并撰写报告。调研结合贯彻落实全国总工会《关于开展医药卫生体制五项重点改革2010年工作情况调研的通知》精神，在深入调查上海城镇职工基本医疗保险制度相关情况的基础上，对其中存在的主要问题进行了梳理和分析，并提出意见和建议。报告分析了上海城镇职工基本医疗保险中全市城镇职工基本医疗保险覆盖面及参保人数，落实流动就业人员基本医疗保险关系转移接续、实行异地就医结算、医保基金预算管理、城镇职工基本医疗保险基金支出等方面的问题。报告建议，要加快整合上海城镇职工基本医疗保险制度，落实流动就业人员基本医疗保险关系转移接续工作，积极推进基本医疗保险异地就医结算工作，规范城镇职工基本医疗保险基金使用管理。（陈　晖）

【市总工会开展上海工会参与社会保险基金和企业年金监督情况的调研】 由市总工会保障部承担调研并撰写报告。报告从社保基金的构成和来源、社保基金的征缴方式及征缴率、收支总量及结余、企业年金的规模、基金管理等方面的运营管理情况入手，全面深入地分析社保基金和企业年金的运营管理情况。报告围绕工会（职工）参与社会保险基金监管建议要进一步明确社会保险基金监督委员会的职责，不断完善工会在参与社保基金监督中发挥作用的渠道和方式，切实履行好工会开展社保基金监督工作的职责和任务，积极督促企业按时足额缴纳社会保险费，积极为部分职工落实社会保障待遇。报告围绕工会参与企业年金基金管理监督建议工会要积极参与企业年金基金监督工作，大力推动建立健全监管体系，协同监管、规范运作，切实加大工会内部宣传与培训力度，组建工会界别企业年金专家顾问团，为更好地实现、维护职工合法权益服务。（陈　晖）

【市总工会开展上海职工住房保障问题的调研】 由市总工会保障部承担调研并撰写报告，是市总工会重点调研课题之一。调研在黄浦、青浦、市容环卫、高桥石化等6个区、产业进行，共发放《上海市城镇职工家庭住房状况与住房保障需求调查问卷》800份，并通过召集职工座谈、走访政府主管部门等方式，调查分析当前职工住房现状及住房保障制度体系建设中存在的问题，提出进一步健全完善住房保障体系的对策和建议。报告认为全市职工家庭住房状况体现了人均居住面积增速放缓、近七成职工家庭拥有自有住房、九成职工深感住房支出压力过大的特点。调查发现，近三成职工所在单位未缴交住房公积金，住房保障资金局促，造成住房保障制度覆盖面不足，保障性住房集中建造在边缘地区，增加了中低收入家庭的生活支出成本，合适房源缺乏和借贷难，造成部分符合住房保障条件的家庭得不到保障。报告建议，要尽快制定《住房保障法》，进一步强化政府的职责；要加大住房保障资金投入，确保住房保障资金落实到位；要科学决策规划，合理布局保障性住房；要采取切实有效措施破解难题，让符合条件的家庭尽早享受住房保障政策。（陈　晖）

【市总工会开展上海女职工妇科病、乳腺病筛查落实状况的调研】 市总工会女职工部开展对上海女职工妇科病、乳腺病筛查落实状况的调查，共涉及职工141854人，其中女职工67097人。调研显示，上海女职工“两病”筛查落实情况总体较好，企业对相关法律法规的知晓率较高，对女职工进行特殊劳动保护的意识较强，“两病”筛查落实率较高，这次调查中，被调查企业女职工“两病”筛查率达74.62%，各级工会在实践中形成了以女职工权益保护专项集体合同为载体落实“两病”筛查工作，与劳动监察部门联合开展专项检查，积极开展女职工健康实事工程等保障措施。而从这项工作存在的问题看，主要表现在企业间落实不均衡，两级分化现象严重，公有制企业明显好于非公有制企业，规模型企业明显好于中小型企业，建立工会的企业明显好于未建工会的企业，建立独立工会的企业好于工会联合会覆盖的企业；特殊劳动关系女职工“两病”筛查无法落实，女农民工、劳务派遣工、协保、下岗女职工等特殊劳动关系群体成为“两病”筛查“盲区”等方面。究其原因，除宣传普及工作尚不到位，企业因经济状况、生产任务因素影响落实外，相关法律法规中没有设定操作性较强的罚则，是“两病”筛查落实率不高的主要原因。为此，调研报告提出如下对策建议：一是建议将女职工“两病”筛查列为公共卫生管理项目，由政府财政支付费用，不断扩大“两病”筛查政府实事项目覆盖人员范围；二是建议以修改《女职工劳动保护规定》为契机，加强立法工作，尽早将“两病”筛查纳入《劳动保障监察条例》范畴，以加大监督执法力度，同时建议卫生部门大力发展流动“两病”筛查车，不断提高“两病”筛查率，并探索对女职工“两病”筛查采用社会化操作方式，纳入医保管理，切实帮助女职工提高健康水平。（朱莉颖　邹卫民）

【市总工会推进工会法律援助工作，努力构建和谐劳动关系研究】 市总工会法律工作部撰写。报告总结了自1997年8月上海在全国工会系统率先成立第一家职工法律援助中心以来，在全市推进工会法律援助工作的探索与实践，对上海职工法律援助组织现状及运作效果进行了分析。报告反映，当前上海有包括市级职工法律援助中心，区县、产业（局）职工法律援助分中心，街镇、工业园区职工法律援助工作站在内的三级职工法律援助服务组织，共有职工法律援助服务机构277个，三级职工法律援助服务机构共有工作人员944人，另聘请工会法律援助志愿者计1197名。13年来，全市三级职工法律援助服务组织共为职工提供法律服务243861人次，在维护职工合法权益，平稳推进纺织、仪电、机电等国有企业改革改制、市政、环卫、绿化等事业单位转制中发挥了较大作用。报告分析了当前职工法律援助中心运作存在的四方面主要问题，一是一些工会干部思想认识存在误区，开展职工法律援助工作较为被动；二是组织功能不够健全，三级职工法律援助服务机构联系仍不够紧密；三是队伍能力亟需加强，法律援助人员兼职化较为严重；四是资源运作水平有待提高，与社会力量的整合体现不够。为此，报告提出要加强对职工法律援助组织定位的思考，并在具体建议上，强调要进一步提高认识，不断加大对职工法律援助工作的投入；进一步建立健全职工法律援助网络，不断延伸工会法律援助服务；进一步加强职工法律援助员队伍建设，不断提升其能力和水平；进一步加大职工法律援助宣传力度，不断扩大职工法律援助的社会影响力；进一步加强与司法行政法律援助机构的联系，不断拓展职工法律援助的社会资源；进一步建立健全职工法律援助制度建设，不断提高职工法律援助发展能级。（邹卫民）

【市总工会关于制定《上海职工素质工程“十二五”发展规划》的研究】 由市总工会宣教文体部承担并撰写调研报告，是市总工会重点调研课题之一。报告认为，随着上海步入“十二五”新的发展阶段，深化改革开放、加快转变经济发展的任务更加明确，对职工队伍的思想道德、科学文化、技术技能、创新能力、民主意识等提出了新的更高要求。面对“十二五”上海经济社会发展的新形势新任务，要在总结和发扬“十一五”职工素质工程经验和成绩的基础上，制定《上海职工素质工程“十二五”发展规划》，进一步推进职工素质工程的深入发展。报告提出，在总体目标上，要围绕上海“十二五”期间创新驱动、转型发展对职工队伍素质的要求，全面提高上海职工思想道德素质、科学文化素质、技术技能素质、民主法律素质、身心健康素质和社会文明素质，使职工群众的理想信念更加坚定，职业技能更加精湛，知识结构更加合理，公共行为更加文明，精神世界更加充实，身心素质更加和谐。在工作任务上，要以开展主题教育活动、大力弘扬劳模精神、深化职业道德建设、开展精神文明创建、加强职工思想政治工作为重点，推进思想道德建设导航行动；以“深化创建学习型组织，争做知识型职工活动”、搭建职工就业培训平台、深化振兴中华读书活动为重点，推进新知识新理念学习培训行动；以促进职工技能升级、开展安康竞赛活动为重点，推进技术技能登高行动；以深化职工创新实践、加强职工科技服务体系建设、注重创新人才培育及激励为重点，推进职工科技创新行动；以建设职工文化阵地和团队、打造职工文化品牌和项目、实施职工体育健身活动和健康管理工程为重点，推进职工文化建设行动；以提升职工民主意识、实施职工“六五”普法教育为重点，推进民主法律意识提升行动；以完善女职工周末学校建设、提升女职工技能创新素质、搭建职业女性发展平台为重点，推进女职工职业发展行动；以提升农民工职业技能水平、提升农民工基本素质、保障农民工基本文化权益为重点，推进农民工成长成才行动。在机制保障上，要健全职工素质工程组织领导机制，着力建设党委重视、行政支持、工会实施、各方联手、社会协同、职工受益的职工素质工程组织格局；健全典型培育机制，注重加强对各类创新人才、创新团队和创新项目的培养和培育；健全考核激励机制，将职工素质工程开展实施情况纳入市总工会对各区县（局）产业工会重点工作目标管理考核序列；健全资源共享机制，将工会职工素质工程与各区域、各行业、各委办、各系统、各企事业单位的“十二五”发展规划实现目标、任务、机制、措施全面对接；健全经费保障机制，严格规范职工教育经费的使用与管理；健全社会评估机制，形成职工素质工程社会评估体系。（邹卫民）

【市总工会加强上海工会基层调研点建设】 作为联系基层调研点工作的责任部门，市总工会研究室大力推动调研点工作实现实质性运转。年初召开基层调研联系点组长单位工作会议，对全年工作进行部署。会议指出，基层调研点工作要围绕办好一届成功、精彩、难忘的世博会，积极发挥工会在组织实施世博运行保障立功竞赛、推进“文明服务、文明出行、文明观博”主题实践活动、服务平安世博建设等方面的作用；要围绕加快经济发展方式转变，研究探索基层工会在协调劳动关系、提高职工素质、促进企业发展和维护职工权益等方面的新方法、新手段；要围绕推动基层调研点工作的有效运作，充分发挥组长单位的牵头、组织和协调作用，合力做好基层调研点工作。每季度编发《基层调研点工作通讯》，及时反映基层工会工作中的新经验和新情况，加强调研工作信息的及时沟通，不断完善调研网络长效机制，进一步夯实调研工作基础。定期组织国企、外资、民营、科教文卫系统、服务行业等5个组别进行工作交流，加强基层调研点工作研讨。一年来，各调研点围绕构建和谐劳动关系、维护职工权益、推进世博运行保障立功竞赛、农民工群体素质工程建设、事业单位民主管理工作等进行分组交流和研讨，发挥了基层调研网络反映职工群众思想动态、了解基层工会工作状况的重要作用。（张海丽）

【市总工会开展当前上海工会组织代表和维护职工权益面临的挑战和应对研究】 由市总工会组成课题组并撰写调研报告，是2010年上海社会建设重点调研课题“发挥人民团体和群众团体作用，加强和改进党的群众工作”分课题之一。报告总结了近年来上海工会代表和维护职工权益的主要探索与做法，对当前工会组织在代表和维护职工权益中面临的新情况、新要求和新挑战进行调研分析。报告认为，随着工会工作所处背景与环境发生的变化，给工会组织代表和维护职工权益提出诸多新挑战：一是上海开放程度提升和经济结构调整，非公企业建会成为工会组建的瓶颈；二是企业工会组织体制依附性与法律法规滞后性的叠加，制约了基层工会活力的释放；三是职工身份多样化和利益诉求多元化加大了工会协调劳动关系的难度；四是工会组织内部资源难以满足日趋加重的维权任务和参与社会管理的要求；五是现有的工会干部配备、选拔和培养机制难以适应工会组织发展需要。为更好地发挥工会在代表和维护职工权益中的作用，报告提出如下思考建议：（1）进一步支持和鼓励工会在党的领导下按照工会章程独立自主创造性地开展工作，把更多的资源和手段赋予工会组织，为工会开展工作提供更好的环境和条件。（2）进一步重视工会组建工作，建议把包括外资企业工会组建在内的建会工作纳入各级党委目标考核体系，探索建立党建工作和工建工作“同步计划、同步布置、同步检查、同步考核”的联动制度，进一步落实区域性大党建工作中有关各方的职责，形成支持工会组建的工作合力。（3）进一步推进工会维权社会化进程，通过拓宽职工利益诉求表达渠道、完善劳动法律体系建设、搭建工会社会化维权平台等途径，实现对职工权益的主动、依法、科学维护。（4）进一步加大工会协调劳动关系工作力度，通过深化劳动关系和谐企业创建活动、加强劳动争议调处机制及组织建设、强化劳动监察执法工作力度、调整和完善收入分配格局、推进以工资协商为核心的集体协商工作等途径，切实维护职工队伍与社会的和谐稳定。（5）进一步创新工会运作模式和工作方式，通过完善推广基层工会主席直选与工代会代表任期制，完善基层工会会员考核评议机制，完善基层工会维权机制、完善工会新闻发布体系，不断激发基层工会活力。(6)进一步推进工会干部队伍建设，不断加强工会后备干部人才库、工会积极分子、工会工作志愿者队伍等基础性建设，不断完善分类别、分层次、多样化的工会人才专业化教育培训体系，扩大和优化工会专业化人才队伍。

（邹卫民）

【市总工会开展关于充分发挥工会在社会建设中重要作用的研究】 由市总工会办公室承担调研并撰写报告，是市总工会重点调研课题之一。报告对当前上海工会在参与社会建设中的作用发挥情况进行了总结分析，认为近年来，上海工会以协调劳动关系和服务职工群众为切入点，积极参与社会建设，不断开辟新途径，扩大新载体，建立新机制。包括加强立法源头参与，畅通利益诉求表达渠道，积极反映职工意愿和工会主张；加强职代会、平等协商集体合同及三方协商机制建设，切实维护职工合法权益，努力构建和谐劳动关系；建立健全职工援助服务体系，切实帮扶困难职工群体，努力为职工办实事做好事解难事；整合各方力量和资源，推进形成党委领导、政府重视、各方支持、工会运作的社会化维权工作格局。报告提出，工会在进一步推进参与社会建设中，要积极关注因转变经济增长方式进行产业结构调整给职工带来的有关失业等切身利益问题，关注资本的全球流动给职工带来的冲击而引起的不稳定因素问题，关注因职工队伍结构发生变迁而带来的职工利益诉求差别化的问题，关注工会组织作用发挥不理想导致“阵地占领”问题，关注后世博时代给上海带来的机遇与挑战，要针对不同地区的发展状况和阶段特点，有针对性地开展工作。报告认为，对于工会组织而言，参与和服务社会建设的重要切入点和着力点，就是要坚持主动依法科学维权，构建和谐劳动关系，为此提出如下建议：加强工会组织建设，积极培养一批具有组织、协调、服务能力的社会管理专门人才，为工会参与社会建设提供强有力的保障；建立对话协商机制，健全工会源头参与机制，不断畅通职工利益诉求渠道；制定完善职工困难保障机制、职工法律援助机制、职工利益协调机制、劳动关系协调机制、职工民主管理机制、职工矛盾调处机制、职工权益保障机制等工会参与社会建设的配套机制，积极为广大职工服务；建立劳动关系量化评价体系，促进构建和谐劳动关系，不断提升工会在社会建设领域的影响力；适应后世博时代的要求，积极发挥工会“大学校”作用，大力提高劳动者综合素质。

（邹卫民）

【市总工会开展关于进一步推进行业性集体协商的调研】 由市总工会法律工作部承担调研并撰写报告，是市总工会重点调研课题之一。报告反映，自2000年上海推进产业、区域性集体合同制度以来，全市积极开展行业性集体协商，截至2010年第三季度，全市共签订行业性集体合同236份，覆盖企业6000多家，覆盖职工63万余人；签订行业性工资集体合同106份，覆盖企业3000多家，覆盖职工27万余人。经过多年的探索实践，已形成一些做法和经验，包括积极推动形成党政主导、三方共同推进行业性集体协商的工作格局；相继在市容环境、城市交通等行业建立八大行业工会，在区县、街镇总工会组建行业工会或行业工会联合会，深入探索行业性集体协商的主体范畴；以行业岗位最低工资标准、工资调整幅度、同类工种的劳动定额标准、补充保险福利等内容为协商重点，努力把握行业性集体协商的工作重心；规范行业性集体协商的工作程序；创新行业性集体协商的工作模式等，在规范行业内企业工资标准、提高工会参与协商谈判能力、形成企业和职工双赢局面、维护行业职工队伍和谐稳定等方面取得了积极成效。报告分析了当前开展行业性集体协商存在的主要问题：部分企业对开展行业性集体协商的认识尚有误区，行业内集体协商机制尚未普遍建立，法律规定的行业性集体协商的层级较低，行业劳动定额标准亟需规范，行业性集体协商尚未覆盖劳务派遣工，企业代表组织一方协商主体尚存缺位，行业性集体合同得到行业内企业的认可存在障碍，行业内企业的差异性为集体协商深度推进带来影响等。为此，就进一步完善行业性集体协商工作提出如下建议：(1)加大开展行业性集体协商的宣传力度，提升企业和广大职工对行业性集体协商在促进企业健康发展、维护职工合法权益、化解行业劳动争议纠纷、稳定行业劳动关系等方面重要性的正确认识。(2)以“两个普遍”为指导，积极推动在各行业内普遍建立集体协商机制。(3)遵循因地制宜原则，不断试点扩大开展行业性集体协商的范围，探索在县(区)及以上开展行业性工资集体协商工作。(4)建议设立相关工作机构，不断完善劳动定额的制定和管理方式，提升集体协商的实效性。(5)积极探索集体合同覆盖劳务派遣工的模式，进一步扩大集体合同的覆盖面。(6)培育和健全行业性集体协

市总工会副主席茆荣华带队赴闸北调研工会法律工作　（陆　云）

商的主体，更好地为开展行业性集体协商提供组织保障。(7)建议有关部门完善有关法律规定，进一步明确行业性集体合同的法律效力。(8)针对行业内企业差异化的现实情况，不断细化行业内企业的分类标准，缓解企业差异化对行业性集体协商的影响。

（邹卫民）

【市总工会开展在率先转变经济发展方式中充分发挥工人阶级先进性的调研】 由市总工会经济工作部承担调研并撰写报告，是市总工会重点调研课题之一。调研报告分析了上海在率先转变经济发展方式中，充分发挥工人阶级主力军作用面临的新机遇与新挑战，认为上海率先转变经济发展方式，对改善职工知识结构、提升技术技能、增强创新能力都提出了全新的要求。在此基础上，报告全面阐述了上海在率先转变经济发展方式中，充分发挥工人阶级主力军作用的新目标、新任务，提出要以“五个明显增强”，即整体素质明显增强、职业能力明显增强、创新意识明显增强、创造活力明显增强、主力军作用明显增强为目标；以“五个不断深化”，即不断深化职工主人翁精神、不断深化职工素质工程、不断深化社会主义劳动竞赛、不断深化群众性科技创新活动、不断深化劳模精神为抓手，打造“十百千万工程”，不断推出“十大工人发明家”、“十大科技创新英才”、“十大首席技师”、“十大合理化建议标兵”、“十大先进操作法精英”等具有领军性质的优秀职工代表，推出“百项职工创新技术优秀成果”、“百项合理化建议优秀成果”、“百项先进操作法优秀成果”、“百个首席技师工作站”、“百个职工创新工作站”等具有代表性的职工创新成果和平台，推出“首席技师千人培养计划”、“劳模先进千个品牌项目”、“班组建设千个特色班组”、“科技创新千个创新型企业”、“安康杯竞赛千个优胜集体”等示范性品牌系列，推出万名知识型、技能型、创新型的技术人才。为此，提出以下三个方面的推进措施：(1)以科学发展为引领，充分发挥工会“大学校”作用，努力造就适应率先转变经济发展方式要求的高素质主力军队伍，一是要持续提升职工的职业技能，使职工素质发展与上海实现“四个率先”的发展目标要求相一致；二是要深入开展群众性科技创新活动，激发职工创造活力，推动职工创新实践，营造职工创新氛围；三是要积极探索新生代农民工技术技能提升的新途径，推动其为率先转变经济发展方式作贡献。(2)以争先创优为抓手，深入开展社会主义劳动竞赛，积极发挥广大职工在“转方式、调结构、促发展”中的主力军作用，一是要明确社会主义劳动竞赛在新形势下的历史使命和时代内涵，做好“世博后”大文章；二是要深化社会主义劳动竞赛的体制机制建设，发挥其在经济社会发展中的重要作用；三是要抓好社会主义劳动竞赛的“九大载体”，推动竞赛活动的持续开展。(3)以劳模精神为核心，大力弘扬中国工人阶级伟大品格，为率先转变经济发展方式提供强大精神动力，一是要大力宣传劳模事迹，形成学习劳模、尊重劳模、关爱劳模的社会氛围；二是要大力弘扬劳模精神，推动重大项目建设和区域经济发展规划的顺利实施；三是要大力培养劳模品牌，充分发挥劳模在经济社会发展中的示范引领作用。

（邹卫民）

【市总工会开展上海新生代农民工思想、生产、生活状况的调研】 由市总工会组成课题组，采取问卷调查、座谈会、个别访谈、文献研究等方式，对上海新生代农民工的思想、生产、生活状况进行了专题调研，形成调研报告。报告认为，新生代农民工有着“新生代”与“农民工”的双重特质，他们关注时事政治，对个人发展要求更高，择业取向更趋于有技能、有发展的岗位；他们反感身份歧视，对融入城市更加向往，一些人甚至对被称之为“农民工”较为反感。与传统农民工相比，他们追崇流行时尚，对生活质量更有追求；期盼公正平等，对自身权益更敢表达；同时也有着较多的精神困扰。报告指出，当前新生代农民工生产、生活状况及存在的问题主要体现在：一是用工方式以劳务派遣居多，就业稳定性较差；二是收入水平较低，超时加班情况较为普遍；三是社会保障趋弱，普遍关注综合保险与“城保”转移接续问题；四是劳动技能状况欠缺，提升自身知识技能素质成为多数人的渴望；五是业余生活较单调，人文关怀显缺少。报告认为，新生代农民工已经成为城市建设不可缺少的生力军，并将成为上海产业结构升级、经济结构转型不可或缺的重要人力资源，针对这一代农民工的新特征、新诉求和新问题，完善、落实相关法律和政策，为此提出如下对策与建议：(1)统一谋划公共政策体系，统筹考虑农民工住房、户籍、子女教育等政策，建议逐步将农民工服务和管理工作统一纳入政府公共服务体系，实现公共服务统一政策、统一制度、统一管理和统一服务，探索建立农民工住房公积金制度和企业农民工技术骨干的户籍开放措施。(2)完善立法和政策，加大对企业劳动用工的监管力度，建议进一步规范劳务用工市场，进一步加大对企业工作时间的监管力度。督促企业履行社会责任，实现体面劳动，建议引导企业积极履行社会责任，强化人性化管理理念，不断推进工资集体协商与职代会制度，建立健全农民工工资正常增长机制、支付保障机制。健全完善社保政策，公平分享改革成果，建议进一步健全完善上海社会保险制度，将包括新生代农民工在内的外来从业人员逐步纳入上海城镇职工社会保障体系。(3)加大职业技能培训力度，全面提升农民工综合素质，建议完善政府购买培训服务机制，完善农民工补贴培训政策，创造条件鼓励农民工提高学历，努力提升新生代农民工的综合素质。丰富农民工业余文化生活，加强心理疏导和社会关怀，及时帮助他们缓解心理压力。

（赵　倩　邹卫民）

【市总工会开展上海农民工民主权利实现途径问题研究】 由市总工会民主管理部承担调研并撰写报告，是市总工会重点调研课题之一。调研围绕农民工民主权利的主要内涵、现实需求、实现途径等内容开展研究。认为，农民工的民主权利在个人层面主要是指农民工依法享有的知情权、参与权、表达权、监督权；在社会制度层面是指企事业单位通过完善相应的制度体系，保证农民工依照法律、法规的规定，行使民主选举、民主决策、民主管理和民主监督的权利，维护个人正当权益。报告总结了近年来随着农民工民主权利需求日益浓郁后，上海各企事业单位在农民工民主权利实现途径方面的做法经验，分析了当前制约农民工民主权利充分实现的几个障碍因素：一是农民工参与企业民主管理的法律制度缺陷；二是一些企业发展理念偏差，单纯追求管理方利益，不愿意承担必要的社会责任，部分政府部门出于招商引资的考虑，对企业的违法或违规行为缺乏有力的监管；三是农民工受户籍制度与用工制度的双重歧视，客观上给其民主权利的实现带来一定的困难；四是部分农民工的自身素质与参与能力相对不足，限制了他们的利益诉求表达。报告认为，要进一步实现农民工民主权利，必须落实包括职代会渠道、工会渠道、厂务公开渠道及其它渠道在内的实现途径，即要通过参与企事业单位职代会以及区域性、行业性职代会，保障农民工的民主权利；要通过让农民工加入用工单位工会或劳务公司工会，反映其利益诉求，保障其合法权益；要通过厂务公开，落实农民工对本单位发展及与广大职工切身利益密切相关事项的知情权、监督权；要结合企事业单位自身的民主管理实际，探索农民工参与的民主议事会、恳谈会、员工例会、民主管理小组活动和合理化建议活动等。为此，报告提出以下对策建议：一要努力提高社会各方对维护农民工民主权利的思想认识，切实履行相应责任；二要整体规划农民工的民主权利保障工作，分层、分类、分步落实农民工各项民主权利；三要在有关法律法规与政策的制定中，积极探索农民工群体的利益保障与民主权利实现问题；四是各级工会要结合相关法规政策特别是《上海市职工代表大会条例》及其实施细则的出台与贯彻实施，推动农民工民主权利的实现；五要加强监督检查，督促有关部门和基层企事业单位推动基层民主发展，确保农民工的民主权利能够落到实处。 （邹卫民）

【市总工会出版《构筑和谐劳动关系——上海职工权益维护的理论与实践》】 市总工会编写，于《劳动合同法》审议通过3周年之际正式出版。市人大常委会副主任、市总工会主席陈豪作序。市总工会副主席茆荣华担任主编，市总工会研究室和法律部负责具体编纂工作。该书汇编了《劳动合同法》审议通过以来上海工会系统理论与实践的研究创新成果，以及在法律实施过程中的典型案例分析。全书共分为两大部分，第一部分为调查研究篇，汇编近3年来劳动关系研究领域的优秀调研报告和论文共29篇，涵盖工会履行维权基本职责、职工队伍发展趋势分析、集体协商制度和收入分配问题研究、劳动关系协调机制建设等四方面内容。第二部分为案例分析篇，汇集劳动合同签订、履行、解除、终止过程中真实典型的劳动争议案例共45篇，通过对案由和诉求的分类概括，对调解过程、法律条款、处理结果的具体阐述，对案例引发的思考和警示的重点评析。这是一本有价值的学习参考读本，对于进一步提高劳动关系各方学法、懂法、守法、用法的意识和能力，具有积极的促进和借鉴作用。 （张海丽）

【市总工会开展工会主席直选调研】 4月，市总工会召开全市范围的基层工会主席选举工作推进会后，市总组织部按照市总工会的统一部署对上海基层工会主席直接选举工作开展调研。调研采用整体问卷调查、典型案例调查、召开座谈会等方法，并形成具体调研报告。共发放问卷137份，共回收问卷66份，其中区县总工会18份，局（产业）工会48份。回收的调研问卷共涵盖基层工会组织50607个，占当时全市基层工会组织总数的94.2%，覆盖会员6435161人，占当时全市工会会员总数的86.4%。根据调研问卷统计显示，截至6月30日，全市137家区县局（产业）工会中，已经有下属基层单位开展工会主席直接选举工作的有47个区县局（产业）工会。其中，在市总工会召开全市推进大会后开展此项工作的有12个，较上年底增长34.3%。在47家开展直选工作的区县局（产业）工会中，有33家下发与直选工作有关的文件，有20家成立直选工作的领导小组。全市区县局（产业）以下开展基层工会主席直接选举的单位，共有9410家，占全市基层工会组织数的17.5%，较上年底的7583家，增长24%。覆盖的会员数1099752人，约占全市会员总数的14.7%，较上年底的817659人，增长34.5%。从统计数据中可以看到，在市总工会召开全市推进大会后，直选工作在组织数和覆盖会员数两项的比例均有较大幅度增长。 （杨伟良 刘睿）

【全国第六次厂务公开民主管理工作调研检查互检组在沪调研检查】 根据全国厂务公开协调小组要求，上海、河南、宁夏三省市组成第六次全国厂务公开民主管理第三互检组，分别赴三省市互检。6月23—26日，互检组在沪开展为期4天的互检工作。市厂务公开工作领导小组向互检组汇报上海市推进厂务公开民主管理取得的进展和今后的打算，重点介绍了近年来上海的厂务公开民主管理工作围绕经济和社会发展的中心任务，着力提升工作质量和实效，着力加强制度体系建设，在加强基层民主政治建设、构建和谐劳动关系、促进上海经济社会的和谐稳定发展等方面取得的积极进展和成效。互检组还赴上海电力建设有限公司、航天局、闵行区、徐汇区教育局、上海市铁路局以及闸北区等基层单位进行厂务公开民主管理工作专项调研检查。互检组认为，上海的厂务公开民主管理工作组织领导到位，工作措施有力，组织实施周密，工作成效显著，特别是对在厂务公开民主管理的重点难点问题上取得的理论创新和工作实践给予高度肯定。河南省省总工会副主席吕明义、宁夏自治区总工会副主席金邵琴、全总民主管理部一处处长许沪平、二处处长刘萍等参加调研检查。 （马艳芳）

【上海工会加强经审理论研讨】 2010年市总工会经审工作坚持开拓创新，加强经审工作的理论研究，共收到论文45篇。其中，市总工会经审办撰写的《上海市总工会加强工会资产审计监督确保工会资产安全有效》和《关于工会资产审查审计监督情况的调研报告》，市总经审办、杨浦区总工会经审会联合撰写的《杨浦区总工会抓住“议督审”三个环节》，市总经审办、普陀区总工会经审会联合撰写的《上海市普陀区总工会经审会强化经审工作目标管理》等论文发表在全总工会经审会主编的《工会经审工作》期刊上。市总经审会撰写的《尽快出

11月19日，上海市工会优秀审计项目一等奖获奖者及评委合影
（周 杰）

台〈中国工会审计条例〉，切实规范工会审计工作》、杨浦区工会经审会范本国撰写的《城市街道、镇工会经审工作情况调查》和《上海杨浦区总工会立足四个重点，切实发挥经审作用，服务工会全局工作》等3篇文章发表在《上海审计》期刊上。（周 杰）

【杨浦区延吉地区总工会重视职工体面劳动】 杨浦区延吉地区总工会开展“让职工实现体面劳动和有尊严生活”群众性大讨论活动，为工会工作提出重要依据。延吉工会对地区内28家劳动密集型企业进行排摸，组织职工填写涉及民主管理、加班情况、收入变化、工作环境、农民工待遇等十方面的调查表。在广泛征求职工意见的基础上，拟定20项讨论议题，工会干部、企业经营者和职工代表通过来电、来稿、网上交流等渠道发表见解，收到各类论文60余篇，其中12篇在“让职工实现体面劳动和有尊严的生活”首届延吉工会论坛上发布，期间职工们还参与“企业职工加班加点是与非”现场辩论。（梁 菁）

【市机电工会开展企业厂务公开民主管理制度建设现状调查】 调研的主要目的是通过对基层企业厂务公开民主管理制度建设的实施现状的了解，进一步巩固、规范、加强和推进企业民主管理制度的坚持和落实。召开4个座谈会，共有36家企业工会参加。机电工会工作涵盖企业总数为245家；企业民主管理基本载体实行职代会制度的有154家，占企业总数的62.9%，涵盖职工约9.2万名，占职工总数的90%。实行职工大会制度的有58家，占企业总数的23.7%，涵盖职工约7300名，占职工总数的7.2%。未建基本载体的为33家，主要分布在两级公司本部、个别小型合资企业和较多的壳体企业，涵盖职工约为4000名。报告总结了厂务公开民主管理工作的基本经验，并提出建议，认为企业民主管理应在“适应”和“做实”上下功夫，在“特点”和“特色”上下功夫，在“坚持”和“落实”上下功夫。推进职代会制度建设，要加强工会干部素质能力，不断提高工会干部履行基本职能和实行两个维护的能力，提高企业民主管理制度建设的有序推进能力，提高组织职工有效参与企业民主管理的能力和协调劳动关系，构建和谐企业建设的能力，提升职工代表参与能力。要通过规范化培训和制度化考核，最大限度地增强职工代表的代表意识、大局意识、法律意识、维权意识和双赢意识，不段加强党政工工作协调，努力形成一体化工作格局。（朱汉民）

【医药工会开展第三次员工思想状况调查】 10—12月，上海市医药工会组织开展了第三次“上药集团职工思想状况调研”活动。这次共调查56个单位，发放问卷3800份，经回收的有效问卷3651份，占96.08%。调研结果显示：职工高度关注企业的发展状况及前景，对企业进一步深化改革、突破瓶颈、攻克难题、实现科学发展既充满期待，同时又表达了较高的参与意愿和支持态度；伴随着企业的发展，职工利益有所改善，但个人收入与待遇依然是职工当前最关注的问题，职工迫切期望企业发展与员工利益实现共建共享；职工对企业领导干部的能力、绩效及工作作风等基本持肯定和认同态度，同时对进一步加强干部队伍的能力建设、作风建设，以及建立有效的沟通渠道、加强企业民主管理等方面提出更高的期望与要求；职工对企业工会的组织地位、作用与影响力的评价较高，对工会为职工办实事等方面的工作比较认可，同时对企业工会在新时期更好地代表和维护职工利益等工作提出更高的期望与要求。建议：一是要进一步加大企业文化建设力度，力争形成上下一致的共同价值观。二是要进一步建立健全员工收入分配机制建设，努力实现企业与员工利益的共建共享。三是要进一步加强干部队伍的能力和作风建设，融洽党群、干群关系。四是要进一步为员工构建实现自我价值的舞台，不断提升职工队伍的整体素质。（黄德胜）

【宝钢集团工会开展沪外投资企业工会工作和劳动关系基本情况调研】 根据《宝钢集团有限公司工会关于对沪外子公司工会的管理意见（试行）》要求，宝钢集团工会，集团公司工会对沪外企业工会工作和劳动关系基本情况进行调研。调研发现，劳动关系管理方面，钢铁类沪外企业建立了较为规范的劳动合同管理制度；建立了集体协商、集体合同制度以及劳动争议调解制度，每年通过平等协商以及多级职代会制度协调职工与企业的利益关系，总体情况运行良好。其他类企业都建立了劳动合同管理制度，92%企业建立职代会制度，其他单位正在筹备建立职代会；84.9%企业开展集体协商，签订了集体合同，有10%的企业正在筹备中。职工收入方面，宝钢沪外企业均高于所在地社会平均工资。职工生活保障方面，所有企业都

依法为自招职工缴纳社保金。钢铁生产企业都按照宝钢的统一要求建立了相应的职工生活保障措施，并建有职工文体活动设施；其他类企业也因地制宜，为职工提供一定的帮助。建议：一是要加强对沪外投资企业工会的重视和管理，逐步推进沪外工会“双重领导”的工作格局；二是加强对沪外投资企业职工队伍建设的关注，建立有效的信息沟通机制；三是加强对沪外投资企业劳动用工普遍性问题的研究，帮助沪外企业提高劳动效率。

（徐　卫）

【宝钢集团工会连续6年在全集团范围内实施《宝钢管理者问卷》调查】 集团公司在坚持贯彻《宝钢职工需求与关注点信息管理办法》的同时，连续第六年在全集团范围内实施《宝钢管理者问卷》调查，全集团5424名一线职工和743名管理干部参与。在调查汇总、分析的基础上，集团和各子公司共列出各类要求解决的问题152个，其中8个问题列入集团公司4D项目，由总经理任项目责任领导，工会主席任项目总执行人。年内“建立宝钢荣誉激励项目计划体系”、“建立宝钢基层团队建设活动经费”、“建立宝钢基层职工感知宝钢活动计划”、“提高大病救助和帮困标准”、“降低青年职工住果园单宿支付成本”等问题已经解决，“建立职工住房补充公积金制度”已经职代会联席会议审议通过，各单位履行民主程序后即可正式实施。各子公司在《宝钢管理者问卷》调查的基础上，共为职工解决“最关心、最直接、最现实”问题137个。

（钟　群）

【运输工会大力开展工会组织状况调查】 运输工会对集团所属各级基层工会组织的基本情况、届期任期情况、工会干部的基本情况以及会员（代表）大会组织制度情况等进行全面的调查。调查显示，集团系统现有工会会员达13920人，占集团全部职工数的96.1%，基层工会组织建会率实现全覆盖，工会干部队伍结构得到明显改善，工会群众基础进一步夯实，活力充分显现。调研建议要在4个方面进一步加强工会组织建设和干部队伍建设，一是进一步健全规范基层工会组织制度，二是稳步推进基层工会主席直接选举制度，三是加大组织外来务工人员入会工作力度，四是加快工会干部队伍培训培养工作力度。

（陈敢敏）

【中交三航局有限公司工会召开第三届“主席论坛”】 2010年，中交三航局有限公司工会召开学习贯彻党的十七届五中全会精神暨三航局第三届“主席论坛”论文发布会，来自公司两级公司工会的20余位工会主席参加。作为三航局有限公司政研会分会组织，“立足企业发展、服务职工需求，创新工作方法”的第三届主席论坛于4月正式启动，经半年多的调研与总结，共征集到工会论文20余篇，内容涵盖了厂务公开民主管理、工会工作创新、利益表达诉求机制建设、和谐劳动关系建设、工会自身建设、企业文化建设以及应急处理机制建设等方面。会议要求广大工会工作者开展工作要从基层入手；要发挥工会组织的独特政治优势，做好群众工作；要高度关注公司劳动关系协调工作，从源头参与，做好劳动关系的稳定协调工作；要开展好对各级领导干部的民主监督工作。

（冯浩强）

【中远集运工会重视开展基层工会工作调研】 为更好地加强对基层工会工作的检查指导，2010年，中远集运工会重点加大对基层工作调查研究的力度。由工会主席亲自带队，通过听取工作汇报、与部分职工座谈交流等方式，先后前往15家陆上单位进行工会工作调研，全面了解各陆地基层单位安全稳定和生产经营的基本情况，掌握广大职工关注的热点难点问题，确保公司的安全稳定与和谐发展。对调查了解的情况，形成陆地基层调研报告，重点就部分上远陆地单位业务萎缩、职工收入低等职工关心的热点问题向公司领导和有关部门提出了意见和建议。

（钱　华）

【建工工会开展“帮困送温暖工作情况调查”】 调查报告分析，集团总公司困难职工总人数有376人，主要集中在二层次企业下面的困难企业当中。主因有患大病、长病假、家庭收入水平相对较低，且须承担子女上学、待岗及单亲抚养孩子上学等。为此，建议各单位在岗职工最低工资由原来的1056元提高到1232元，职工体检标准提高到500元/年以上，有条件的企业为职工增加一份综合意外（医疗）保险，重大节日困难职工的补助标准一般不低于500元；助学帮困标准高中（中专、职校）阶段不低于1000元；大专、高职阶段不低于2000元；大学阶段不低于3000元；职工家庭遭受自然灾害，经济损失严重造成生活困难的，救助幅度一般不低于2000元。

（缪云明）

【建工工会开展施工现场职工劳动保护工作调研】 调研发现部分现场安全生产劳动保护工作问题主要表现在：一是未能有效执行基础性的管理制度；二是未能开展岗前针对性的教育培训；三是未能做到事故发生后的“四不放过”；四是未能坚持日常动态检查管理工作；五是未能制止一线作业人员违章操作。因此，报告提出建议：要进一步提高现场项目部负责人的思想认识，切实行使安全生产劳动保护一票否决权，将安全生产劳动保护与项目负责人的绩效挂钩；要进一步提升现场项目部安全管理人员的综合素质；要进一步加大对农民工的教育培训力度，要加强宣传教育力度，坚持岗前培训，建立健全培训制度；要进一步抓好责任制和奖惩制度的落实。要进一步完善工会劳动保护监督检查机制。

（何连成）

【建工工会全面排摸积极应对职工关注的热点问题】 6月中旬，集团工会到各直属单位开展专题调研，着重了解职工思想动态，全面排摸职工关注的热点问题，以及制定相应的对策措施，促进职工队伍稳定。调查显示，广大职工普遍关注的问题有：一是关心世博会，希望运营保障工作顺利圆满；二是关心企业发展，希望增强经营能力多接订单；三是关心“走出去”，希望有切实有效的激励措施；四是关心企业品牌，希望重视职工教育培训工作；五是关心企业文化，希望企业氛围更加和谐温馨；六是关心收入增长，希望工资水平体现集团地位；七是关心福利待遇，希望发展成果更多惠及员工；八是关心自身发展，希望企业重视职业生涯设计。针对上述职工关注的热点问题，集团工会研究制定相应的对策措施：(1)学习宣传劳模先进精神，进一步弘扬集团“世博五种精神”，激励广大职工确保完成世博运营保障和全年各项任务。(2)关注和倾听“走出去”职工的呼声建议，进一步建立完善激励保障制度，切实解决“走出去”职工的后顾之忧。(3)以加强职业道德教育，牢固树立品牌意识为抓手，进一步加强职工教育培训工作，不断提高职工队伍的综合素质。(4)积极开展创建职工满意企业活动，进一步推进和谐企业建设，努力建立规范有序、公正合理、互利共赢的和谐氛围。(5)认真践行“在共建中共享，在共享中共建”精神，进一步完善工资集体协商机制，确保职工收入与企业效益同向增长。(6)坚持“改革责任共担，改革成果共享”理念，在不断提高企业经济效益的基础上，进一步提高广大职工的福利待遇。(7)尊重职工个人发展需要，进一步开展“创、争”活动，完善职业生涯设计，为职工实现自身价值提供机会和条件。

（杨钟春）

【上海市卫生系统工会理论研究工作取得新进展】 市卫生系统工会工作理论研究会坚持以卫生改革与发展中工会工作的重点、热点和难点问题为理论研究的着力点，根据构建和谐社会、和谐医院、和谐医患关系的要求，加强调查研究和理论研讨，使工会理论研究工作取得新进展。一是在医务工会层面组织开展上海市医务女性高层次人才状况、上海市民营医疗机构民主管理工作和市上海市医务职工技协发展等3项专题调研，以问卷调查的形式，调查了市级、区级、职工医院和民营医院共85家医疗机构，2000多人次，形成3个调研报告。其中上海市医务女性高层次人才状况调研报告获中国教科文卫体工会“百年—知识女性与社会发展”征文大赛一等奖。二是组织基层研究会开展2010年工会理论研究课题征集活动。共收到28家直属基层工会、7个区医务工会、1家企业职工医院推荐的122篇论文，其中5篇推荐参加上海工运研究论文评选。三是举办工会理论、专业知识培训，邀请上海工运学院、医疗卫生研究专家为会员作专题报告，参加人员达500多人次。四是组织参加工会理论研究论文交流和基层工会理论研究课题座谈，为提高基层工会理论研究水平创造条件。五是筹备开展医务职工状况大型调研活动，已建立课题专家组，完成课题框架设计和调研方案制定等准备工作。

（钱菊敏）

【新闻出版工会开展上海出版业女编辑人员工作和生活状况调研】 为切实维护女编辑劳动权益和经济权益，新闻出版工会与上海出版工作者协会女编辑工作委员会联手，对全市39家出版社、414名在岗女编辑进行抽样调研。综合这次各项调研数据汇总分析，上海出版业女编辑队伍呈“一轻、二低、三多、四高、五重”现象。“一轻”即女编辑队伍总体年龄轻；“二低”即对收入满意度的评价较低、三年来工资增长幅度偏低；“三多”即女编辑人员加班加点的多、三年来职称没有晋级的多、用业余时间参加进修的多；“四高”即学历、职称高，对工作满意度高，体现自我价值高，参与管理热情高；“五重”即工作压力重，精神压力重，经济压力重，房贷压力重，健康压力重。为此，新闻出版根据上海市出版业女编辑队伍实际，提出三方面建议：一是紧跟时代发展潮流，不断提升女编辑的综合素质；二是加强维权机制建设，依法维护女编辑的合法权益；三是开展各项有益活动，不断释放女编辑的工作压力。

（方伟国）

【监狱局工会开展工会论文评选工作】 为适应新形势，掌握各级工会工作情况，监狱局工会开展工会论文评选工作，共设立工会工作和女工工作两方面13个论文课题，涉及岗位练兵、文化建设、队伍素质、劳动保护、干警职工的“三最”问题和维护女职工合法权益和特殊利益等内容。各基层工会积极参与，围绕新时期的工会工作，深化监狱体制改革过程中干警职工的维权等方面积极参与论文交流评选。经专家评委评审，共评选出论文一等奖1篇，二等奖2篇，三等奖3篇，鼓励奖4篇，3家基层工会获得优秀组织奖。

（江海群）

优秀工运论文、调研报告简介

【党的群众工作在机关文化建设中的作用研究】 由市总工会研究室陈晖、陈姣姣撰写。调研从市级机关、大口机关、区县、街道等多个层面了解党政机关中工会、共青团、妇联等党的群众组织参与机关文化建设情况和存在的问题，并就进一步发挥工青妇组织在机关文化建设中的作用提出对策建议。文章归纳了工青妇组织参与机关文化建设的主要方面、所发挥的作用和存在一些不利因素与薄弱环节。据此，文章提出进一步发挥工青妇组织作用、加强机关文化建设的若干建议：进一步加强机关文化建设的统筹规划，形成党委领导、行政负责、工青妇组织协同推进、机关干部广泛参与的工作格局，使文化建设由软变硬、由虚做实；进一步拓展机关文化建设的理念内涵，找准工青妇组织参与机关文化建设的着力点，加强机关精神文化、学习文化和服务文化建设；进一步探索机关文化建设的新载体新方式，更加主动地适应机关干部的现实需求。

（陈姣姣）

【农民工群体职工素质工程的探索与实践】 由徐汇区总工会撰写。报告介绍了徐汇区推进农民工素质工程建设的基本情况，总结了区建交委等五家单位开展农民工培训教育的特色做法。报告指出，当前农民工素质提升存在三大问题：问题之一，企业对提高农民工岗位技能的重视程度远高于文明礼仪、道德规范和学历教育等其他教育，在提升农民工综合素质方面存在“长短腿”现象，不利于这一群体全面长远发展。问题之二，在技师以上等级的技能培训方面，有些需求量较小的工种碰到了办班要求高、培训渠道窄的矛盾，这些工种在技能等级认定上存在无形“天花板”，客观上限制了农民工进一步提升技术等级的发展空间。问题之三，农民工群体特别是新生代农民工对“农民工”这一称谓感到反感，成为与农民工平等沟通的欠和谐音符。对此，报告提出以下对策建议：大力宣传、强化提升农民工的整体素质是全社会共同责任的理念。

各级政府、工青妇等群众组织、社会慈善机构以及各种公益社团应当在对农民工培训教育方面各尽所能、形成合力、持续推进。有关方面联手改革攻坚,为农民工的岗位培训、技能升级提供更广阔的空间、更多样化的渠道。要尽快加以创新和拓展职工技能培训的方式与手段,扩大高等级职业技能项目的鉴定范围。将“农民工”的称谓改成“外来工”、“外地工”或“外省市工”以及最能被市民、农民工等各方认可的“新上海人”。(陈姣姣)

【关于完善工会保障机制、加强职工援助服务分中心建设的思考与对策】 由长宁区总工会撰写。文章指出,长宁区的10个街(镇)均实现了将职工援助服务分中心纳入社区事务受理中心同步建设的目标,形成比较完善、辐射全区的两级职工维权保障网络,在职工援助服务分中心建设中积极探索并积累了一定的经验,但在工作的具体落实中,由于定位归属模糊、与受理中心在磨合中产生的矛盾等因素,造成分中心建设的困惑和瓶颈,主要表现在以下5个方面:一是观念转变不到位,与街道社区事务受理服务中心缺少主动的协调沟通,造成分中心建设滞后于职工的需求;二是存在权责不对称的体制性障碍,分中心在统筹协调、整合资源上遇到障碍;三是对社区分中心缺乏宣传力度,广大职工群众对于分中心的职能定位不了解,对于社区工会的权责范围缺乏信任;四是区总工会职工援助服务中心对于社区分中心建设的前景尤其在整合问题上存观望态度,指导服务不够;五是社区之间发展不平衡,管理模式、工作手段、操作程序各异。为此,文章提出以下建议:(1)健全制度体系,制定相关建设细则,明确分中心的功能定位、业务范围、服务标准、管理方案等制度,促进社区职工援助服务分中心制度化、规范化、标准化建设。(2)找准职能定位,整合受理中心原有服务与资源,优化社区职工援助服务分中心功能,构建综合性援助服务品牌,引进特色服务。(3)加强指导沟通,将上下指导沟通、横向交流形成制度化、长效化,全面推行包括联席沟通制度、基层走访制度、及时响应制度、联席会议制度及定期培训制度等在内的综合联动措施。(4)拓展宣传力度,利用媒体平台、发行宣传资料、宣传典型示范、全面推行事务公开制度等形式,扩大分中心影响。文章最后提出了职工援助分中心的发展愿景目标,即“因地制宜,打造特色,合力服务,共享资源”,实现社区职工援助服务分中心与受理中心的真正融合和资源共享。(张海丽)

【普陀区总工会进行当代大学生价值观对就业预期影响的调查】 由普陀区总工会撰写。针对就业难的现状,报告从探索价值观对就业预期的影响入手,探索通过引导大学生价值观来调整其就业预期,从而改善就业状况。报告指出,在全球金融危机冲击下,高校毕业生的就业形势有以下特点:整体就业水平不高,实际就业率仅为一半左右;升学等非实际就业部分占据较大比例;不同行业、专业领域的就业状况分化明显,金融、外贸、制造及相关专业领域的就业面显著缩小;赴基层单位与从事政府机构科研事业的毕业生增多。报告认为,大学生的择业价值观存在鲜明的时代特征:从价值评价标准来看,当代大学生价值观有明显的双重性,理论上认知的标准与实际中践行的标准不一致。从价值取向来看,大学生把理想追求和实现功利结合起来,一种新型的“合理利己”主义,成为大学生中比较普遍的价值取向。从价值观念来源来看,在社会主义市场经济冲击下,当代大学生的价值观念的来源呈现出多元倾向,社会现实生活及社会流行的价值观念对学生的影响较大,价值观呈现出裂解与分化态势。针对大学生价值观中的功利化趋向和价值理想与实践相背离的现状,报告建议:一是应加强对大学生的价值观引导,通过高校思想理论教育、道德修养教育、品质人格教育,帮助学生形成对就业市场及其形势的正确认知,调整自身的就业预期;二是应丰富大学生的职业认知,调整大学生的就业预期;三是应推动大学生的就业服务社会化,提高大学生的就业潜力,合力推动大学生就业呈现良性循环的态势。(张海丽)

【关于进一步发挥普陀区高技能人才在产业结构调整中创新驱动作用的思考】 由普陀区总工会撰写。文章指出,普陀区高技能人才总量和结构还不能适应经济转型发展的需要,存在以下问题:技能人才主要集中在国有、集体及事业单位,非公企业对高技能人才的重视不够,对职工素质的全面提升不予关注。技术型高技能人才出现年龄结构“老化”、企业技术革新后备力量不足的困境,加强中青年高技能人才培养的问题应该得到重视。知识技能型人才主要集中于个别大型的民营科技企业,科技系统高层次人才仍旧紧缺。普陀区高技能人才培训、吸引、激励机制不健全,人才流失现象严重。针对以上问题,报告提出4条对策建议:一是创新高技能人才工作理念,形成更具针对性与可操作性的关于进一步加强高技能人才培养、引进与激励机制,将着力点转向非公企业,不断营造吸引、培育、开发、留住高技能人才的良好氛围。二是创新高技能人才培训制度,以完善企业主导、政府推动与社会力量支持高技能人才培养体系为着力点,形成普陀区高技能人才培养工作合力。三是创新高技能人才引进制度,以其最关注的户籍、子女就学、住房、薪酬及科研经费等六大问题为突破口,在全区营造尊重知识、尊重人才、尊重创造的生活工作环境,增强普陀区对高技能人才的吸引力。四是创新高技能人才激励机制,通过建立以职业能力为导向、业绩和贡献为重点,薪酬待遇为体现,职工全面发展为辅助的高技能人才激励体系,不断激发其创新驱动力。(张海丽)

【闸北区总工会开展部分低收入职工(含退休)工资等情况的调查】 由闸北区总工会撰写。报告提出,当前收入分配问题是老百姓最关心的热点问题之一,也是政府需要解决的重要问题。为此,报告对闸北部分低收入职工(含退休人员)的工资情况、生活现状及职工的思想反映进行调查,主要反映:老国企职工收入长期没有增长,企业结构调整频繁,金融危机期间效益下滑,部分企业甚至减薪;私企普通职工工资长期徘徊不前,部分企业甚至将最低工资标准作为普通职工的最高工资;退休职工收入差距较大,企业退休人员低,机关事业退休人员退休金水平较高,而退休时间越早的企业人员退休工资最低，在1300—1500元左右。报告指出，多年来，部分职工收入未增，加上物价上涨迅速，造成普通职工收入增长为负数，不少职工的抵触情绪明显，担心生活得不到改善。退休职工反应相对平和，认为党和政府对民生问题的重视超过了以往，养老金一直在增加，但部分人将退休工资横向比较后，感到心态不平衡，对社会上分配不公、两极分化等问题备感困惑。报告建议，一是深入推进工资集体协商工作，建立工资正常增长机制，从源头上维护企业一线职工的经济利益；二是社会保障部门要充分考虑到低收入人群的实际情况，在制定政策尽可能向低收入群体倾斜；三是适当提高企业退休人员的养老金，特别是提高退休时间较早的高龄老职工的收入，逐步缩小企业与机关事业退休人员的退休金差距。（张海丽）

【绩效工资后义务教育阶段学校教工工作状态的调查】 由闸北区教育工会工运理论研究会撰写。调查发现，各校教代会机制健全，代表履职情况良好；都建立了劳动争议调解小组，坚持完善校务公开制度；提升教师综合素质，积极创设教职工专业化发展平台，不断明确教职工分层培养目标；落实教职工医疗保险、体检、帮困送温暖等保障机制，不断加强干群沟通，营造和谐工作气氛，缓解职工压力。报告指出，以下问题需引起关注：一是部分学校在民主管理上的宣传力度不够，全员参与上有所欠缺，覆盖面不广；二是骨干教师压力较大，学校的减压措施力度不够，保障过程有待加强；三是大多数教师认为劳动与收入不符，成为制约工作积极性的主要因素；此外“教工之家”的建设不够完善，还需细化。报告提出以下对策建议：首先，以完善教代会为契机，拓展民主管理的覆盖面，开展校务公开工作，增强学校管理的透明度，落实职代会各项职能，提高教师代表参政议政、参与民主管理、民主决策和民主监督的水平；同时，要加强集体协商制度，协调好学校整体利益与员工具体利益的关系，建立科学合理的绩效分配机制。其次，搭建提高教师技能素质的平台，积极开展师徒结对、岗位学习和岗位练兵等活动，充分发挥教师成长档案的作用，促进教师的专业化发展，促进学校的可持续发展。再次，重视教工之家建设，把建家与维护教职工权益、加强精神文明建设，推进教育改革紧密结合起来，提高教师的认同感，增进工会组织的凝聚力。最后，畅通诉求渠道，了解职工的思想动态和需求，解决实际困难，特别关注老师的身心健康，进行适当的心理干预。（张海丽）

【关于推进非公企业民主管理有效途径和方式的思考】 由虹口区四川北社区(街道)总工会课题组撰写。文章分析了社区内的民主管理现状：一是民主管理的范围继续扩大，但建制多，实践少，不注重实效，仅具备形式；二是民主管理的氛围逐步形成，但代表多，全员少，职工参与面还需进一步扩大；三是民主管理的程序不断规范，但定期多，常态少，大部分企业开展工作缺乏主动性和创造力。文章提出，在企业特别是非公企业开展民主管理工作需要从制度的建立、规范、完善等各方面进行研究探索。要加大宣传教育力度，打造思想转变的“助推器”，获取业主支持，提高职工意愿，增强干部能力。要拓宽参与渠道，打造职工参与的“直通车”，不断充实职代会内容，拓展厂务公开的知晓范围，规范职工董监事制度，提高参与地位。要创新工作方式，打造破解难题的“百科书”，包括创新组织设置，推动工作走向常态；创新公开形式，运用便捷的形式拓展空开手段；创新民管机制，寻找与企业发展同向的管理方式。要增强长效机制，打造获取实效的“保险箱”，建立监督、激励和联动机制，考核民主管理工作落实情况，加强职工参与意识，形成党政支持、工会指导、企业重视的合力局面。（张海丽）

【虹口区凉城社区(街道)总工会探索社区商圈民主管理新模式】 由虹口区凉城社区(街道)总工会撰写。文章对社区非公企业特别是社区商圈的民主管理的新模式进行了有益的探索和总结。文章认为，凉城街道在居民区组建的工会联合会有积极作用，但力量、能力有限，一定程度上影响非公企业民主管理的深化。为突破区域性民主管理上的局限，社区根据商圈入驻企业性质相近、行业特征明显、职工同类的特点，探索以社区商圈为平台，以非公企业为主要对象，以打造社区生活共同体为纽带，成立凉城社区商圈工会联合会，与居民区工会联合会形成了功能互补格局。文章指出，商圈工会联合会的组建坚持走群众路线，着眼于可持续发展，一是把握人选关，采取自下而上的方式产生候选人，在充分听取党组织和群众意见基础上，由社区总工会审定；二是把好程序关，确定商圈工会职代会的试行办法、选举办法、集体协商议事规则、商圈职工手册等，严格执行民主程序；三是把好制度关，先后建立提案工作制度、工会走访企业制度、职代会巡视检查制度等多项制度。文章最后提出了社区商圈民主管理未来三年规划，要着力加强“四个平台”建设：一是着力建设入驻企业、职工与党政组织的沟通交流平台；二是着力建设入驻企业与置业共同参与、共同管理、相互帮衬、相互服务的平台；三是着力建设社区商圈劳资矛盾、劳资纠纷调解的平台；四是着力建设社区商圈工会着力解决职工实际矛盾的平台，使社区商圈联合会成为增进党组织和职工联系的桥梁纽带。（张海丽）

【关于区域性行业性工会联合会建立运作情况的调研】 由杨浦区总工会撰写。报告分析了制约区域非公企业工会运作的突出问题，总结了地区行业工会联合会的运作方式和成效，并对“杨浦模式”所带出的启示进行思考和提炼。报告指出，为适应新形势变化，杨浦区总工会围绕激发基层工会工作活力，探索推行“行业工会建在地区上”模式。主要做法是：创新工会组织体制机制，按照行业相同(相近)原则，建立隶属于地区总工会的行业工会，在定海、五角场等先行试点的基础上全面推开；至6月，全区共建立55个地区行业工会联合会，覆盖非公企业4554家，会员11万；建设专职工会干部队伍，先后3次向社会公开招聘，加强业务培训，实行制度化、规范化管理；落实人员经费和工作经费，将行业工会工作经费列入地区总工会专项经费预算；地区行业工会作用迅速向各企业工会延伸、覆盖，对工会组建、企业工资集体协商、维护职工队伍稳定等起到积极作用。基于以上实践,报告总结地区行业工会建设的若干启示:(1)在地区层面建立行业工会,是提高工会影响力的重要举措,能够最大限度地吸收会员、组织会员,指导行业内制定行业工资指导线、劳动定额标准等。(2)聘用专职工会干部,是夯实工会工作基础的重要保证,让工会干部真正敢于代表工会说话、代表职工维权。(3)工会经费保障,是加强地区行业工会建设的重要基础。要进一步明确区域性行业性工会联合会在整个工会组织体系中的法定位置,为推进地区行业工会建设提供法律支撑。 (陈姣姣)

【黄浦区建立企业一线职工工资正常增长机制和集体协商机制的新一轮情况调查】 由黄浦区总工会撰写。调研由黄浦区总工会和黄浦区人社局联合开展,采取问卷调查、听取情况介绍、座谈会、个别访谈、专家咨询等形式,共召开工作会议、指导会议、座谈会10次,走访国有、集体及非公企业60家,发放企业调查表400份、职工问卷1000份。从职工调查问卷反映情况看,近年来一线职工的法定性福利得到保障,货币性福利、实物性福利和服务性福利项目均有所增加。一线职工对工资收入及增长幅度满意和较满意度的人数占到调研总人数的67%,对集体协商机制和工资集体协商的知晓度分别有79%和77%。报告介绍了近年来黄浦区总工会建立企业一线职工工资正常增长机制和集体协商机制的做法,指出工资集体协商在实践中存在如下问题:缺乏科学合理的利益平衡机制,一线职工的工资收入增速低于经济发展速度和劳动生产率提高的速度;低收入人群数出现扩大趋势;企业持续增长工资的能力下降;现行的计税起征点标准偏低;一线职工工资收入分配结构有待完善;缺乏强有力政府宏观调控收入分配手段;工资集体协商覆盖面有待扩大等等。报告据此提出对策建议:一是将改善职工收入分配制度列入区"十二五"发展规划,并明确具体增资目标。二是进一步巩固政府主导推进工资集体协商工作格局。三是进一步健全完善企业经营者收入考核机制。四是建议市政府每年年初出台全市企业最低工资标准和工资增长指导线,建议区政府出台扶持企业政策,区发改委增加统计一线职工工资收入科目。进一步发挥工会参与收入分配的作用。
(陈姣姣)

【南京东路社区总工会推进非公企业工资集体协商的路径思考】 由南京东路社区总工会撰写。文章阐发了推进工资集体协商的重要性和紧迫性,总结了南京东路社区总工会推进非公企业工资集体协商的模式和路径,并提出带有普遍性的启示和思考。文章认为,2009—2010年间,南京东路社区总工会采取四项举措,主动依法推进工资集体协商。一是用"三个机制"推动协商,以街道办事处为主导,以街道劳动关系三方协商、街道人民调解等协调机制为平台,切实把预防预警、矛盾化解和督促履约落到实处。二是用服务指导推进协商,建立集体协商顾问团,举办专题辅导讲座,为基层工会提供法律支持和服务。三是用依法履约促进协商,严格按照协商法定流程的"5个有效性"(主体、代表、程序、内容、备案)和"7个要素"(劳动定额、工作时间、休息休假、保险福利、职工培训、拉动纪律、劳动定额)操作。四是以点带面破解协商难点。截至9月底,社区内签订工资集体协议的企业已达391家,覆盖职工13354人。文章介绍,社区总工会以"5Z"模式即小区内职工代表实行公示制、关系职工切身利益的重大问题实行表决制、协商确定企业工资标准实行备案制、签约方式采取会签制、在集体协商框架下实行"1+2"附件制,有效破解职代会形同虚设难题;以协商文本业态化,实行"一岗一价",有效破解工资收入"一口价"难题;以成立餐饮行业工会联合会为切入点,为社区餐饮行业企业集体合同和工资集体协商奠定组织基础,建立行业协商标准样本,确保行业集体协商有章可循。文章归纳了南京东路社区推行工资集体协商实践的几点启示。一是在工资集体协商中力求做到"六有",即:有理,面对现实,追求双赢;有力,准备充分,证据确凿;有节,突出重点,循序渐进;有勇,摆正位置,履行职责;有谋,善用技巧,事半功倍;有让,求同存异,放眼未来。二是建立多元化协商机制,因企制宜解决"为什么"、"谈什么"、"怎么说"三大关节点。三是开展"要约行动",培育工资集体协商"倒逼"机制,丰富"要约"行动内涵和外延。四是积极引导企业和职工理性表达各自诉求,把无序纷争纳入到有序协商轨道上来,最大限度化解群体性劳动争议,实现劳资双赢。 (陈姣姣)

【宝山区总工会创新集体协商的方法和途径推动企业依法普遍开展工资集体协商】 由宝山区总工会撰写。文章介绍了宝山区推进工资集体协商的主要做法,查找分析当前企业集体协商存在的问题及原因,并提出对策建议。文章归纳了当前企业集体协商存在的主要问题:部分非公企业经营者协商意识淡薄,一些企业工会组织职能弱化,部分企业经营者存在畏难情绪,相关制度政策引导缺乏。这些问题主要是由于部分企业经营者对有关集体协商的规范性文件不知晓,协商双方力量不对等,三方合力推进力度不够等。为此,文章提出推行企业工资集体协商工作的几点设想:一是注重加强三方协调,形成齐抓共促、强力推进的工作格局。各街镇、园区及相关基层工会要努力把工资集体协商纳入党政工作大局,制订普遍要约工作方案,对于拒绝进行工资集体协商的企业要列入黑名单,对其参加的评选活动予以一票否决;对于建会后不签集体合同的企业和签订集体合同后不履行合同的企业,要积极提出整改建议。二是注重整合资源,努力营造推动工资集体协商工作合力。通过举办培训、研讨、座谈会等形式,加强队伍建设,为工资集体协商提供人力和智力支持;依托现有的行业工会组织平台,探索行业内工资集体协商试点工作。三是注重强化激励机制,增强开展工资集体协商工作动力。建立健全激励约束机制,把工资集体协商机制与劳动关系和谐企业创建、评先评优等工作有机结合,完善考核、年审、监督检查等制度,确保工资集体协商不走过场。 (陈姣姣)

【关于行业工会运作情况的调研报告】 由闵行区总工会撰文。报告介绍了闵行区行业工会运作情况和作用发挥,并就实际运作中存在的问题提出对策建议。闵行区现有市容环卫行业、建筑和市政行业等5个行业工会联合会,共覆盖工会组织2032家,会员6.4万名。依据工会经费上缴渠道不变、会员会籍管理关系不变、原有组织隶属关系不变的原则,各行业工会明确工作职责和相关制度,建立起工会委员会工作制度、议事规则制度、职代会制度、劳资矛盾调解制度、规范化建设制度等一系列制度和机制,在提高工会组建率和覆盖面、壮大工会工作声势和能量、促进企业工会工作整体提升、形成维权工作新格局等方面发挥着积极作用。报告指出,行业工会作为一种新体制实践,在实际运作中面临一些难点:一是行业工会组建难;二是管理体制不合理;三是工作经费无保障;四是维权工作难度大,缺少规范性的法律、政策规定,行业工会干部自身的维权能力也有待加强。报告总结了闵行区行业工会建设的几点体会和思考:第一,要进一步增强做好行业工会建设工作的责任感和紧迫感。要从实践科学发展观、夯实党建工作基础的高度,从服务于经济建设、推进社会和谐的高度,充分认识行业工会建设的重要性和必要性。第二,要建立健全行业工会组织新机制。在地区总工会中建立行业工会工作部,确保行业工会有人干事,保证行业工会工作与地区工会工作对接。第三,要理顺工会经费保障模式。建议区总工会根据各级地方工会和行业工会的工作开展情况和上缴经费情况,重新划分行业与地方工会之间的工会经费拨交渠道和分配方式。第四,要加大培训力度不断提高行业工会干部维权工作能力。第五,要加强上级工会的指导服务,切实发挥行业工会在行业工资协商、劳动争议调解、劳动安全卫生群众监督检查、非公企业民主管理、行业技能培训等方面的作用。 (陈姣姣)

【闵行区企业工会主席胜任特征的研究】 由闵行区总工会撰写。该研究借鉴国内外胜任特征的研究成果,立足闵行区企业工会工作实际,随机抽取35名企业工会主席作为研究对象,综合采用行为事件访谈法、统计学分析方法等,提炼出闵行区企业工会主席胜任特征模型,对企业工会主席的选拔、培训和绩效考核具有指导作用,为提高企业工会干部队伍科学管理水平提供新路径。研究显示,闵行区企业工会主席胜任力模型由忠诚负责特征(责任意识、奉献意识)、关系协调特征(语言表达、分析判断、协调沟通)、问题解决特征(信息处理、组织执行、情绪处理、公平公正)、成长学习特征(学习能力、文化意识)四个维度构成,并得出以下结论:工会主席是由职工推选出来的,职工对其代表、维护自身权益的要求较高,工会主席在受雇于企业的情况下,能够公平公正地维护职工与企业的权益,是其核心能力的体现,同时也需要较强的信息处理能力和组织执行能力相匹配。工会主席因在企业中不处于实质性的管理岗位,因而需要较强的人际相处能力、部门协调力和团队影响力,以和谐的人脉关系奠定工作基础。责任意识反映工会主席对工会组织的忠诚度,对工会主席社会角色的认知;奉献精神则是个人价值观的体现,两者综合体现为对工会工作的责任感、使命感;学习能力决定了工会主席的成长空间,是工会主席胜任特征中的潜力部分。 (陈姣姣)

【加强民主建会提高工会组织凝聚力】 由嘉定区总工会撰写。文章阐发了直接选举的概念、意义及影响,介绍了直接选举的操作流程,思考了基层工会主席直选可能引发的若干问题并提出相关启示与建议。文章指出,基层工会主席直选是工会系统开展民主政治建设的一项重要探索,有利于提高工会组织公信力、夯实工会主席的群众基础,增强工会干部的维权意识和群众观念;有利于扩大工会会员的选举权利,激发会员的民主意识,提高会员对工会组织的认可度;有利于扩大工会干部的选择范围,拓宽用人制度的选材途径,让那些热爱工会工作、乐于服务群众、深受大家拥护和爱戴的会员脱颖而出。直接选举主要有10项操作程序,分别是书面申请、宣传发动、制定方案、推荐方法、推荐程序、党组织审核、上级批复、选举实施、大会正式选举、报请审批等。文章指出,基层工会主席直选存在几个突出问题:一些民企和外企经营者民主意识淡漠,对直选认识不到位;直选工会主席多为兼职,工作时间和待遇难以落实;直选工会主席缺乏独立性,开展工会工作仍有后顾之忧等等。对此,必须选好工会工作的领头羊,把真正能够为职工办事的工会干部推向前台;必须根据职工维权的新特点、新要求,探索基层工会合法维权的新抓手、新方法;必须营造良好的内外环境,进一步加强党对工会工作的领导和指导,探索建立基层工会和谐维权的新体制机制。 (陈姣姣)

【金山区总工会进行机关工会建设“职工之家”的调研】 由金山区总工会撰写。报告介绍了金山区区级机关系统基层工会职工之家建设现状和取得的成效,查找存在的问题并提出对策建议。调研共发放706份问卷,调查机关干部职工对建家工作的认识和评价情况,认为建家工作重要的有655人,占样本总人数的92.8%;支持建家工作并认为建家工作应当要继续下去的有665人,占样本总人数的94.2%。报告指出,尽管建家工作成效良好,但也存在一些不足:一些机关对什么是职工之家、建设什么样的职工之家、怎样建设职工之家等问题认识不清;职工之家的软硬件建设有待加强;职工之家建设的内涵还需不断充实等等。报告据此提出进一步开展职工之家建设活动的对策:一要加强学习,充分认识职工之家建设是机关工会服务大局、服务职工、加强自身建设和创新发展的需要;二要整合资源,不断加强职工之家的软硬件建设;三要统筹兼顾,在实践中充实职工之家建设的内涵。 (陈姣姣)

【加强工会劳动争议调处机制建设,推进完善基层大调解工作格局】 由奉贤区总工会撰写。近年来,奉贤区总工会大力加强劳动争议调解组织网络建设,有效整合工会、司法、劳动以及其他社会力量,实现预防、报告、协商、调解、援助一体化的工作格局,切实发挥劳动争议调解委员会的直接调处、预警预报、法律宣传等作用。但在劳动争议纠纷调解机制不断完善的同时,也存在一些问题,包括企业劳动争议调解组织作用发挥不够,定位不明、影响有限、运作不规范;劳动争议调解组织机制建设不够健全,法院、人社局、工会等部门劳动争议调解力量缺乏系统整合;三级劳动争议调解组织在资源共享、沟通衔接、均衡发展等方面存在不足，劳动争议调解组织工作机制有待进一步理顺，以及劳动争议调解组织人员素质不够适应等。报告据此提出对策建议：进一步加强区域及行业劳动争议调解组织建设，积极培育发展行业和园区劳动争议调解组织，强化镇、开发区级劳动争议调解组织建设，完善网络体系。进一步理顺行政调解与社会调解、各部门调解组织、三级劳动争议调解组织之间的关系，整合行政资源与社会资源、各部门资源、层级资源，形成工作合力。进一步加强维权机制建设，深入推进劳动关系和谐企业创建工作、工资集体协商和集体合同签订工作，切实保障职工权益。进一步加强专业人才队伍建设，组织定期培训考核，提高各级工会干部的法律素养、服务意识和调处能力。（陈婕婕）

【工会为崇明“的哥”做好服务的实践与思考】 由崇明县总工会撰写。随着上海出租车行业的发展，大批崇明青年农民进入市区从事出租汽车驾驶员工作，现有崇明“的哥”3万余人，分布在大众、强生、巴士、锦江、海博等出租汽车公司，另有2.7万名“的哥”家属和2.4万名“的哥”子女随同生活，崇明“的哥”及家属子女在市区的总人数达到8万多人。2004年，崇明县总工会在宝山区成立崇明进城务工人员服务站以来，秉承服务职工、积极维权的宗旨，做了富有成效的服务工作。一是加强对崇明“的哥”的教育培训。开展文明礼仪专题讲座等，教育引导“的哥”讲文明、守礼仪、爱上海、爱岗位；依托宝山职业学校先后开设电脑、驾驶员中级技术职称、金融理财和法律知识等培训班10期，1.2万余人参加培训。二是积极为“的哥”解决实际困难。服务站与15名困难职工和3名患白血病“的哥”子女结成帮困对子，定期看望慰问。为所有“的哥”落实小城镇保险，切实解决部分“的哥”家属就业和子女就学难题。三是努力发挥好服务站的桥梁纽带作用。及时掌握“的哥”队伍思想动态，及时反映他们的利益诉求，做好维稳工作和信访接待。6年来，服务站共接待来信来访6594件，接待9357人次，结访率达99%。文章认为，有党和政府的关怀和温暖，离岛农民工对工作生活备感自信和踏实；通过教育培训和正确引导，崇明“的哥”正在逐步融入市区生活；进城务工人员服务站的建立运行，进一步拓展了工会职能。（陈婕婕）

【关于上海纺织行业工会运作情况的调查】 由市纺织工会撰写。报告总结了纺织行业工会联合会的现有组织架构、运作模式及特点，提炼出行业工会创新实践的经验和体会，并就进一步促进行业工会可持续发展提出思考和建议。自2003年起，市纺织工会适应地区经济发展特点和工会履职的需要，大力组建行业工会，形成了金山、长宁、青浦等区域性纺织行业工会组织特色模式，构建起全国财贸轻纺烟草工会、市纺织工会、区纺织行业工会联合会、街道（镇）行业工会分会、纺织企业工会五个层面的网络体系。行业工会联合会以行业协调、行业代表、行业服务、行业自律为基本职能，建立起区域性纺织行业民主议事机制、集体协商机制、协商共决机制、同业技能比赛—职业技能评定—产业劳模评选联动机制等四项运行机制。报告指出，纺织行业工会创新实践有几条基本经验值得总结：提出与行业协会相对应的产业工会组织体制设想，有效跨越所有制隔离，为体制创新奠定理论基础；利用产业与地区的双重优势组建区域性行业工会取得双赢效果；凸显行业特色解决共性问题是产业工会的立身之本。报告分析了当前行业工会运作存在的问题及对策建议：一要进一步重视产业工会组织建设，理顺与地方工会的关系；二要打破缺乏工作经费的瓶颈，为行业工会开展工作提供保障；三要进一步重视行业工资集体协商的指导和服务功能，建立健全多层次多形式的集体协商机制网络。（陈婕婕）

【中国电信上海公司开展员工心理关怀的实践和探索】 由中国电信上海市工会研究会撰写的《关爱员工、从“心”开始——中国电信上海公司开展员工心理关怀的实践和探索》一文认为，随着体制机制的改革，员工面临着改革带来的种种考验和压力，心理承受度不断受到挑战。从压力来源看，38%的职工认为压力主要来自企业内部生产经营管理，认为来自工作岗位要求的占比34%，外部市场竞争16%，自身心理状况7%，只有5%的员工认为压力来自家庭生活。具体考察企业内部生产经营管理，岗位目标任务、体制机制调整与绩效考核给员工带来的压力排在前三位。在对压力现状分析基础上，上海电信进行了大量的EAP（员工心理援助计划）探索与实践。文章建议要坚定信心，持之以恒地推进心理关怀；开展调查研究，提升服务的主动性；要从普遍关怀转变为普遍关怀与个体关怀相并重，重视员工个体性需求；把以人为本的理念融入管理，走群众路线，加大一线管理者的心理知识培训，在日常工作中发挥民主管理意识，营造人人参与的氛围。（陆新超）

【上海航天局工会从围绕中心和职工需求入手推进航天职工读书活动】 由上海航天局工会撰写。文章基于上海航天职工读书活动的问卷调查，查找了当前航天职工读书活动存在的问题，主要有：思维上被动阅读，工作需要成为阅读的主要动力；内容上偏向单一，80%的人选择阅读时事政治、个人发展和娱乐类信息；方式上创新不足，40%的职工选择“书店购买”和“图书馆借阅”这两种途径作为日常阅读的主要途径。文章指出，在很长一段时间内，要注意到一些将对职工读书活动产生重要影响的变化趋势：（1）阅读群体的变化。青年职工在航天高科技人才、一线技术工人、农民工群体的比重增加，女职工队伍逐步扩大，不同群体所持有的多元化的读书需求将对今后读书活动的发展产生重要影响。（2）阅读方式的变化。信息化时代催生新阅读方式变革，作为工会需要更为有效地在青年职工群体中普及电子阅览，并积极引导中老年职工群体完成从纸质阅览向电子阅览的过渡。（3）信息需求的变化。突出表现为职工对新事物、新知识和真实信息的渴求。（4）传统观念的变化。读书活动成为职工实现自身价值、提升综合素质的重要途径。文章认为，开展职工读书活动要注重在理念上普及和强化终身学习的理念，围绕企业发展和职工需求两个方面不断加大学习型社会、学习型组织建设；从内容和方式上积极引导职工全面阅读，获取更为全面和丰富的内容，充分利用最新科技成果，建立推进读书活动的长效机制，增强学习力建设。（陈姣姣）

【上海市金融工会开展创新高技能金融人才培养机制之研究】 由市金融工会撰写的《创新高技能金融人才培养机制之研究》一文以金融理财和一线员工为对象，就创新金融人才培训机制进行了探索。文章指出创新思路为"一条主线、两个面向、三项原则、四个突出"。一条主线，指坚持以培养提升金融人才综合素质和应用能力为主线。两个面向，指面向上海和长三角区域经济建设和社会发展需要，面向上海金融市场创新、制度创新、技术创新、产品创新的人才需要。三项原则，指坚持"基础性"、"应用性"、"创新性"原则。四个突出，指突出"应用性、高技能"的培养理念，突出多渠道培养方式，突出全方位培养过程，突出有利于人才发展的环境建设。为此，需要首先构建层次分明的组织保障工作平台，职责清晰的人才培养工作平台，全方位的公共服务平台；建立内外衔接、考培分离的培训机制，立足岗位成才的激励机制，客观公正的测评机制，教学前移、社企认同的用人机制。文章建议：积极营造高技能金融人才培养的社会和政策环境；筹建高技能金融人才的行业自律组织，促进人才队伍健康发展；建立高技能金融人才的创新实践平台，推动人才队伍作用的发挥；搭建高技能金融人才的服务组织机构，完善服务环境。（陆新超）

【上港集团班组建设工作现状调研报告】 由上海国际港务（集团）股份有限公司工会撰写。就上港集团班组基本情况，以及开展班组建设工作的主要抓手、存在问题和对策等进行调查研究。数据显示，上港集团现有班组总数 1471 个，其中外来劳务工班组 291 个。班组类型分布为：生产型 51%，技术型 8.3%，服务型 18.1%，保障型 3.8%，管理型 17.5%，其他 1.3%。集团现有班组长 1713 人，其中外来劳务工班组长 354 人。文章分析指出，当前集团加强班组建设工作的薄弱环节，主要表现在班组长的思想文化素质、班组的学习和自主管理水平有待进一步提升，班组的创新能力需要增强，品牌建设工作需要强化，班组长队伍需要稳定。据此，文章提出建议：集团和基层两级党政工组织要及时下发指导意见，注重抓好班组建设工作的动态管理；各级党政工组织要更加注重加强对班组长的教育培训，大力提升他们的管理能力和综合素质；结合企业文化、职工素质工程组织创建各种活动，开展"星级班组"评选，形成班组评选的梯次结构；热情关爱帮助班组长，做好班组长队伍的稳定工作和班组长人选的培育工作。（陆新超）

【关于上海市教育系统"双代会"常任制探索和实践的调研】 由上海大学工会承担调研并撰写报告，是市总工会委托课题之一。文章认为，"双代会"常任制建设中存在的最主要问题集中在 4 个方面。一是关于"常任制"的概念认识不统一；二是代表队伍建设与常任制职责不相适应；三是常任制组织体系尚不健全；四是顶层设计缺失，操作难以规范。文章建议：首先要明确"常任制"的概念，统一认识。文章认为"常任"不等于"专职"，常任制是在一届教代会任期内，以常任的双代会代表和每年召开一次代表大会为组织形式，以设立"双代会"的常设组织机构为载体，将制度化的运作机制贯穿于一届任期始终，保证教职工参与民主管理，行使民主权利职能的制度模式。其次，要遵循基层矛盾基层解决、具体问题具体分析的原则。最后，针对代表素质与职责不相适应的问题，建议加强对代表的教育与培训，并使培训常态化、多样化；代表的选举可以考虑群众推荐和自荐相结合；建立激励考核机制。针对常任制组织形式不健全问题，根据实际需要设立常任机制；为教职代表提供政治、时间、物质和组织等保障。针对顶层设计缺失，操作难以规范的问题，建议国家相关部门尽快修订出台《高等学校教职工代表大会条例》，尊重各个基层学校关于常任制的制度创新，并以法规、文件等形式给予确定和鼓励。（陆新超）

【关于完善本市收入分配的调研报告】 由华东师范大学石云撰写。通过文献搜索和座谈、问卷等方法对全市收入情况进行调研。文章指出，当前上海分配问题也日益凸显。居民收入占 GDP 的比重下降，从 1990 年到 2008 年 19 年间，政府、企业、个人三者在上海市生产总值中所得的比例，政府从 32.33% 上升到 33.47%，企业从 25.84% 上升到 30.16%，个人从 41.83% 下降到 36.37%。居民收入差距扩大，鸿沟明显。城乡收入差距逐渐拉大，但上海的差距和国际公认的差距还是比较一致。行业收入差距日益显现，最高的"金融业"和最低的

市教育工会主席夏玲英一行来到上海闵行区民办塘湾小学，调研闵行区民办民工学校工会工作（顾伯超供）

"居民服务和其他服务业"两者差距6.4倍。企业内部收入也不断扩大,外资企业内部收入差距尤其明显,最高层级的人员与最低层级人员的年薪差距达到13.86倍。一线职工的劳动报酬涨幅缓慢、长期偏低,劳动报酬争议高发、群发,成为影响社会稳定的重要因素。文章认为,上海收入分配差距主要源于初次分配的不公平,全市城乡居民收入70%以上来自初次分配中的工资性收入,因此,完善收入分配必须在初次、二次、三次分配领域同时进行,其中尤其应加强政府对初次分配中收入所得的调节。首先,要在初次分配中突出劳动要素的主导地位。要合理确定初次分配中政府、企业、职工收入的分配率。政府应着力调整初次分配中失衡的比例关系。增加工资增长指导线的引导作用。在工资指导线和工资指导价位上,对垄断行业的工资增长应重点限定,对普通职工工资的合理增长应加强引导。要加大最低工资标准的增长幅度。支持劳资双方开展工资平等协商,建立和形成企业工资正常增长机制。完善所得税对收入差距的调节功能。加强对企业执行工资方面法律规定的行政监察。其次,在二次分配中加大民生保障的投入。应将完善社会保障和公共服务作为缩小收入差距的重要手段。社会保障方面的切入点在社会救助、社会福利等,公共服务方面的切入点在于创造收入流动机制、就业服务机制、取消户口限制等。第三,在三次分配中发挥民间慈善组织的作用。上海应尽快放宽对社会力量举办慈善机构的登记注册限制,通过民间慈善事业,促进上海收入分配格局进一步走向公平与和谐。 (陆新超)

【高校工会在高校民主管理中的地位责任作用分析和对策研究】 由上海工程技术大学工会撰写。文章分析了新形势下高校工会民主管理上存在的新情况新问题及其原因,研究了高校工会在民主管理中的地位、责任和作用,并提出相关对策建议。文章认为,社会主义市场经济和教育改革的大环境给高校民主管理带来了新情况新问题:一是民主管理在高校管理体制中的位置、高校教职工在民主管理中的位置、高校工会在民主管理中的位置需要进一步摆正。二是民主管理的作用需要进一步增强。教职工和教职工代表参与民主管理的广度、深度不够,影响了民主管理集思广益科学决策、维护教职工合法权益、推进学校发展作用的有效发挥。三是民主监督不力。表现为一些学校民主监督的制度办法缺位、滞后或者不完善,民主监督推进无计划,民主监督的途径不明确、操作性差,对领导干部的评议走过场等。究其原因,主要有相关制度规定不到位,对高校民主管理的具体范围、推进的具体规划、推行的具体渠道途径和形式方法,以及教职工和教职工代表在民主管理中具体的权利义务等规定不明晰;一些领导的群众观念淡薄,民主意识不强,推动落实民主管理的主动性不高,部分教职工对加强民主管理的认识不深刻,参与民主管理的积极性不高、责任性不强;工会干部的责任意识和推进力度不到位。文章提出新形势下高校工会推进民主管理的对策:一是根据现有法律法规和实际工作的需要,修订或制定出符合实际的民主管理制度体系;二是抓好民主管理工作队伍建设;三是在民主管理实践中,协调好党委、行政、学院、部门等各方面的关系,注重民主管理程序和内容的规范落实,积极探索创新高校民主管理的新思想、新形势、新内容。 (陈姣姣)

【关于提高上海市企业一线职工工资收入的调研报告】 由上海工会管理职业学院课题组撰写。文章指出,随着上海经济的快速发展,职工工资收入有了明显增加。调查中,职工工资"不断增长"的合计达到82.5%。但是相比于企业其他员工,一线职工工资明显偏低,月平均工资低于全市社会平均工资线的比例较大,以最低工资标准作为基本工资在中小企业中呈现普遍化趋势。其次,一线职工收入形式多样,但是管理不规范。基本工资低迫使职工靠加班加点增加收入,劳动定额无人过问,调整随意性较大。随着用工制度的市场化改革,企业用工灵活性加大,劳务派遣工占据一线用工比重大,并呈逐年扩大趋势。由于身份不同,一线职工同工不同酬,社会保险待遇差异大。调研同时发现,上海工会已经充分意识并努力运用工资集体协商这个武器,积极表达和实现企业职工在收入分配方面的话语权,但总体来说,上海工资集体协商只能说是"起步"阶段,集体协商的覆盖范围还较窄,质量也不高,基本都是照搬照抄政策法律的有关规定或其他企业的集体合同,不切合企业实际。文章分析这些问题的原因有以下几个方面:一是社会财富分配偏差,挤占了职工收入上升空间。二是行业协会职能缺位,劳动价值无法科学衡量。三是企业经营理念落后,片面降低劳动力成本。四是工会干部存在身份障碍以及能力障碍,工会维护权益艰难,职工经济权益难以保障。据此,文章提出对策建议:以人为本,调整和完善分配政策。调整财政税收政策,加大对企业发展转型的支持力度;完善工资指导线、人工成本信息指导、最低工资标准等宏观调控制度;严格执行法律法规,加强对收入分配的执法监督和劳动监察。推进行业协会建设,健全社会分配格局。结合上海实际,制定《行业协会条例》;制定鼓励、促进行业协会发展的相关政策;把合法企业尽量吸纳到协会中来;引导行业协会实现职能归位和拓展。积极宣传引导监督,强化企业社会责任。着眼体制机制创新,加快工会转型与能力提升。改革企业工会干部产生机制,加快推进民主直选、民主评议和定期报告工作制度;建立企业工会干部权益维护专项基金,加快试行工会干部职业化、社会化,切实提高企业工会干部的专业素质和工作能力。 (陆新超)

信息与信访

Information and Letters and Calls

信息综述

2010年，市总工会信息工作围绕大局，按照市委、全总的部署，根据市总工会领导对信息工作的要求，做到及时编发，快速上报。全年共编发《工会简报》117期，《上海工会通讯》12期，网站刊登信息1802条，上报全总信息65篇，被全总采用41篇，市委办公厅录用信息111篇，转报中办重要信息11篇、专报材料1篇，中办采用6篇，6篇信息得到领导批示，在全国各省市信息评比排名中，上海列第二名。市政协社情民意信息工作取得很大成绩，环卫工人道班房问题得到市领导批示，有效促进问题的解决，发挥了工会通过政协参政议政的作用。一是围绕中心，服务大局，抓住机遇，及时谋划。2010年是世博年，保障世博会筹办、运行是全市工作大局，也是工会工作重点。为此，年初制定一系列世博信息报送计划，提前做好每个时间段、时间节点的信息报送安排，为信息报送做好充分的准备工作。年初，编发《上海市各级工会带领广大职工全面开展迎世博行动》；世博运营前夕，编发《上海市总工会团结动员全市职工为办好世博会建功立业》；世博会正式运营之初，编发《上海各级工会多措并举关心服务世博一线职工》；高温期间，编发《上海各级工会切实做好高温下世博一线职工保障工作》。针对世博运行保障立功竞赛，策划一系列信息报送内容，包括《上海市总工会举行"工人先锋号"建功立业世博誓师大会》、《世博运行保障立功竞赛有序推进》、《上海市总工会针对世博运行保障热点难点部署专项立功竞赛重点工作》、《上海900余支职工文明志愿者队伍积极为世博运行保障服务》、《上海世博园区立功竞赛取得阶段性成果》等，均被全总采用。二是突出重点，抓住节点，确保信息采编不遗漏。依据常委会工作要点，突出重点工作，抓住各个时间节点，有计划、有目标做好信息编发。元旦春节期间，编发《各级工会积极采取措施维护春节期间职工队伍稳定》、《各级工会积极做好农民工平安返乡工作》、《各级工会广泛开展送温暖活动协助党委做好春节期间困难职工帮扶工作》等；高温期间，编发《各级工会多措并举做好高温季节职工劳动保护工作》等。围绕维护职工队伍和社会稳定，编发《上海工会采取措施进一步加强职工队伍稳定工作》；围绕关注民生，编发《上海各级工会扎实开展服务职工帮扶职工工作》、《上海市总工会积极推动职工收入增长保障职工经济权益》等。进一步提高政治敏感性，紧紧抓住重要领导活动相关信息的报送工作，编发《上海市工会深入学习贯彻胡锦涛总书记2010年全国劳动模范和先进工作者表彰大会上重要讲话精神》、《上海市总工会认真传达学习习近平同志重要讲话精神切实推进新形势下工会工作取得新进展》、《上海市总工会认真学习贯彻王兆国同志重要指示精神深入推进上海工会工作》，均被全总采用。针对突发性事件，及时快速做好信息报送工作，在富士康职工跳楼事件发生后，连续两个星期及时编发20余篇职工稳定方面的信息，给领导提供决策第一手资料。静安区"11·15"火灾发生后，及时编发上报《上海各级工会积极协助党政做好"11·15"特大火灾事故事后调查赈灾帮扶工作》。三是信息量大，信息员积极性高，市总工会各部门发挥重要作用。各区县局（产业）工会上报大量信息，全年共上报4000多条，但被采用上报全总、《工会简报》、市委的大部分信息都是市总工会各部室提供的。在加强工会组织建设方面，组织部报送《上海市总工会重视台资企业工会》；针对"两个普遍"，法律部上报《上海市总工会大力构建工资集体协商格局切实维护职工劳动经济权益》等，均被全总采用；民管部开展《职代会条例》立法调研，及时报送一系列信息，使立法过程在市总工会网站上充分反映；国际部信息工作取得新的进展，充实网站上国际交往的内容；经审办全年出版四期经审专刊，女工部出版三八节专刊，通过信息全面反映各部门的工作；研究室也给予大量帮助，有些内参作为社情民意报送市政协，有些做成简报报市委。（范　瑜）

信　息

【浦东新区工会推广应用信息化技术服务】 随着浦东、南汇两区合并完成，浦东新区工会服务范围由570平方公里扩展至1210平方公里，涉及劳动人口由150万增加至270万。浦东新区工会建立"浦东新区工会综合管理服务平台"，利用信息化手段，梳理工会工作各项职能，优化工作流程，提高服务效率，完善管理模式。一是用办公自动化（OA）系统改进传统办公方式。采用内外部邮件、电子通讯录、即时通讯组件，改善日常沟通交流；采用工作日程安排，改进日常工作计划性与协调一致性；采用收发文与文件库组件，提高文件流转、发放、查阅效率；采用通知通告组件，代替传统的纸质、电话、传真等方式；使用共享文档功能，实现快速文件交换；使用手机短信告知组件，配合各功能实现提醒，大幅度提高办公效率。二是在业务平台上实现工会各项核心业务信息化。把业务平台设计成一个开放性框架结构，梳理工会各个部门与事业单位的业务职能，设计成各个业务子系统，挂接到业务平台上，实现工会各项核心业务的信息化，并为互动门户网站业务办理提供后台支持。使用工会年度大统计数据，构成工会基础数据库，并将各项工作数据充实进去，构成浦东新区工会核心数据库。设计可变业务支持系统，提供相关政策文件、工作方案、工作案例等支持，帮助业务处理人员快速、准确地完成工作。提供精确到年度、季度、月度等不同维度信息分析，实现检索查询和统计分析两大功能。三是用工会互动门户网站在线服务基层工会与职工。把信息化服务对象拓展到互联网，覆盖基层工会与职工。设计基层工会（企业）通道与会员（职工）通道，整合各项办理业务和可供查询的说明规范，实现部分业务网络化办理；设计在线法律服务，由专人每日及时为访客解答各类问题。四是用信息化辅助工会自身建设。建立学习园地，定期更新各类相关资料，督促工会干部经常上网充电，并建立相应考核制度，落实学习任务；开设内部论坛，给工会干部提供一个平等宽松的讨论环境，有效增进感情；开辟机关作风建设专区，开设专门的讨论帖，为和谐机关建设献计献策，收到良好成效。（陈建林）

【普陀区总工会四项措施加强世博媒体采访点服务工作】 区总工会职工援助服务中心被列为首批上海世博会“采访线”工程境内外媒体采访点。为此，采取四项措施，切实做好采访点服务及工会系统媒体采访接待工作。一是建立组织机构，明确责任分工。成立工会系统世博期间境内外媒体采访接待工作领导小组，组建区总工会新闻办公室，并配备新闻发布联系人和媒体接待翻译。二是建立工作制度，完善接待方案。制定《区总工会接待境外媒体采访流程》、《区总工会接待媒体集中采访方案》、《区总工会新闻宣传工作实施意见》，进一步健全制度，规范流程。编印《普陀工会》宣传单片和采访点中英文背景材料，拍摄反映区工人阶级和工会工作的宣传片。三是开展宣传培训，提高服务水平。组织工会干部学习有关做好新闻服务管理及舆情处置工作的文件法规，开展应对媒体、采写新闻等专题教育培训工作，组织工会青年干部参加专业英语培训，提高外语接待的能力。四是开通网上平台，拓展宣传渠道。改版区总工会官方网站，开辟专栏介绍采访点和其他工会工作，增设电子显示屏和三台触摸屏，滚动播放有关世博信息和采访点信息，开通新闻热线，方便接待和服务。（李 悦）

【普陀区总工会网站改版升级】 为更好地适应工会工作发展需要，发挥网络对工会工作的推动作用，区总工会网站改版升级，进一步优化网站设计布局，丰富网站内容，加强网上互动交流，使网站面貌焕然一新。改版升级后的区总工会网站开设“新闻中心”、“资料中心”两个下载区和“组织建设”、“宣教文体”、“民管法律”、“保障维权”4个栏目，同时开通若干专题网站和网上办公系统，以信息化为依托，拓宽服务基层工会和广大职工的空间，也为工会工作者提供良好工作平台。（李 悦）

【金山区总工会建立健全信息工作制度】 一是落实信息工作制度。由工会主席重视抓信息工作，信息员具体落实，各直属工会确定一名信息员为日常信息工作的组织者和责任人，为开展工作创造条件。住处员可参加有关会议和业务培训，阅读有关文件，了解掌握有关情况，赋予调查有关情况的权限等。二是报送达标制度。各直属工会每月向区总工会报送信息不少于3条。注重时效性，做到“收集信息第一时间，报送信息第一时刻”，当天信息当天报送，并提高报送信息质量。三是信息通报制度。对于报送量大、采用率高的部门和单位通报表扬，不能按时报送，信息质量较差的单位和部门通报批评。每年召开1—2次信息工作会议，总结交流工会信息工作经验，提高信息工作的敏锐性、及时性。四是积分表彰制度。将信息工作作为工会系统的评先考优依据，每年表彰信息工作先进单位、先进个人和年度好信息。各直属工会建立信息责任编辑、信息稿酬、好信息评比等制度，采取各种形式，激励信息员写出好信息，不断提高信息质量。（王 永）

【金山区红双喜集团公司工会制定信息工作办法】 红双喜集团公司工会贯彻集团公司2010年世博安全保卫群防群治动员会议精神，制定《关于2010年世博会期间安全稳定员工信息工作办法》，全面掌握员工思想动态，努力做好世博会期间的安全稳定工作。一是开展调查排摸，全面了解员工思想动态。建立和完善员工档案信息，开展有针对性的调查排摸，了解员工所想所议之事，重点排摸劳动关系现状及可能出现的矛盾隐患，主动关心困难员工的生活现状，尽可能扩大帮扶就助范围，重点关注有不稳定情绪员工的思想状况。二是建立信息网络，及时掌握员工思想动态。建立安全稳定信息网络，每个班组或科室设立联络员，定期召开联络员工作例会，听取员工思想状况汇报，对可能诱发员工思想问题的人和事等热点问题及时上报。各级工会主动深入员工中去，开展谈心、征询意见等，掌握员工思想信息，关注不在岗人员、外来务工人员的思想动态。三是建立预警机制，及时上报员工思想动态。通过联络员及时上报员工思想动态信息，对上报的信息加以归类，针对不同信息采取不同的处理方式，汇总上报。建立定期报告制和突发事件临时报告制，确保思想信息的掌控由被动转为主动。（龚 浩）

【上港集团工会充分发挥工会信息网络作用】 5月，集团工会下发“职工思想状况调查提纲”，深入车间（部门）、班组采集相关信息，并于6月3日召开上港集团工会信息发布会，听取基层工会信息员发布围绕“调查提纲”所采集的专题信息，对所发布信息进行认真汇总、整理和分析，形成“上港集团当前职工思想状况信息汇总”，及时报送上级工会和集团主要领导。6月下旬，根据集团农民工所占比例逐年提升的现状，下发通知要求重点了解集团农民工的思想、生产、生活状况信息，并将所采集到的相关信息进行整理分析后，刊发于《工会

中国商飞公司工会举办通讯员培训班 （季玉进）

信息内参》,报上级工会和集团领导,为领导决策提供及时信息。

(张晨琦)

【市政养护公司工会开展“手机工会大学校”创新实践活动】 市政养护公司工会结合“科学建会、学习强会、文化育会”的自身建设规划,利用公司信息平台等有利条件,5月份起,在各级工会干部中率先开展“手机工会大学校”创新实践活动。活动涵盖市政养护公司各级工会专兼职人员,包括公司工会委员,直属单位工会委员、经审主任、工会干事,各单位工会组长等。公司工会通过信息平台发送法律法规、重大新闻、工会知识等各类信息,每星期不少于3次。同步征集手机短信、彩信照片、手机小说和手机视频等积极健康向上的作品。年末,视采用的条数给予奖励,并与推荐优秀工会干部、优秀工会积极分子挂钩。

(曹心宇)

【市绿化和市容管理局工会加强工会网站建设】 一是改版网站。为体现绿化林业、市容环卫、城管执法系统合并后资源整合、工作磨合、思想融合的总体要求,8月16日,市绿化和市容管理局工会、上海市市容环境行业工会举行新网站开通仪式暨信息工作表彰大会。二是组织培训。举办工会信息员业务专题培训班,邀请市总工会办公室人员以《如何做好工会信息工作及信息写作技巧》为题,从信息定位、抓取信息的技巧、撰写信息的方法等进行讲解。三是提升质量。新网站开通后,工会网站信息的质量和数量有明显提高。截至12月31日,网站共录用信息409篇,其中被市总工会录用11篇、被全国农林水利工会录用43篇。

(唐鸿仙)

【监狱局工会《知心》杂志成为会员群众学习交流的平台】 监狱局工会创办《知心》杂志,一是兼顾政策性、知识性和娱乐性,全面反映基层工会的工作动态。二是注重培训通讯员,先后开展《知心》通讯员培训班、“我们,2010”第六届“知心杯”征文等活动,18个基层工会共征集101篇作品参赛。三是召开编辑工作座谈会,总结交流办刊经验。2010年,《知心》杂志共收到各类文章诗歌351篇、照片279幅,发行12期,共发表文章诗歌276篇,照片248幅。

(江海群)

【监狱局工会健全完善两级预测、预警、预报机制】 局工会健全和完善以各级工会信息为载体的预测、预警、预报机制,重新制定《上海市监狱管理局工会预警报告制度》,要求基层工会每月25日前将单位基本情况等三方面情况(各类工伤、交通、火灾等事故,以及自然灾害造成严重后果的;干警职工中发生意外伤亡、家庭突发性变故等引起特殊困难的;在改革、发展中涉及到干警职工切身利益而引起思想波动的情况)和干警职工关心的热点、难点等问题上报局工会,由局工会编发《热点反映》专刊,及时把群众反映情况向局党委汇报,并为局领导决策提供依据。2010年共上报《热点反映》5期,反映干警职工关心的热点问题,如对“三定工作”的想法,职工增资等问题共38条,得到局领导的重视并妥善解决。

(江海群)

【监狱局工会运用“工会网站”推动工会工作】 局工会自行开发的工会网站运行至今已有8年,经多次改版,已成为广大会员群众学习交流的平台。一是网站设有工会动态、工会文件、图片新闻、工会俱乐部、政策法规、工会论坛和摄影作品等7大版块和13个链接栏。网站围绕局中心任务,积极反映工会工作特色。由工会办公室人员更新维护,每周2次定期更新,有重要信息及时更新。2010年,报道工会动态信息206条,基层工会信息318条,图片新闻102条。二是有14个基层工会在局域网上建立工会网页。局工会制定《工会网站目标管理要求》,开展工会网站考核评比,通过评比,推动工会整体工作,形成上下沟通、互相交流、促进工作的新局面。

(江海群)

【绿地集团党建网正式开通运行】 七一前夕,绿地集团党建网(http://www.ldjtdjw.com)正式开通。党建网设有党建动态、企业文化、群团工作、在线培训等10个栏目,有工会动态、团委动态、办事指南、党务管理等21个子目,同时分设集团基层党组织、集团党群工作者、集团党员和普通用户等4个平台,包含浏览下载、统计排序、沟通交流、党员培训、支部建设等功能,涵盖基层党建工作、企业党群工作以及企业文化建设等多方面信息。

(王　慧)

督　查

【督查综述】 2010年,市总工会围绕举办上海世博会和工会工作重点,抓紧办理各项工作督查。(1)认真贯彻落实市委、市政府关于筹办、举办世博会的部署,将推动举办世博会作为督查工作的重要任务。加强与市总工会相关部室联系,聚焦世博,深入推进世博重大工程立功竞赛活动、世博运行保障立功竞赛活动和“三文明”主题实践活动,了解掌握和督促检查,确保各项工作按时间节点完成。(2)认真贯彻中央和全总领导关于维稳工作的批示精神,发挥督查工作作用,配合有关部室加强对上海维稳工作形势分析,特别是世博会期间职工队伍和社会稳定工作的排摸分析,有针对性地在加强组织领导、完善组织网络、建立工作机制等方面提出工作措施,加强企业群体性事件周报,做好职工队伍和社会稳定的预警、预防工作,发现不稳定因素,及时反馈,加强调处,防止矛盾扩大和激化。(3)按照市委督查室工作要求,就贯彻九届市委十次、十一次、十二次全会精神情况,起草专题督查报告。对2009年10月1日至2010年3月31日期间市委主要领导批示进行梳理,就领导批示落实情况作专题报告;根据社会治安综合治理工作案例选题要求,围绕工会组建、推进落实基层工会主席“公推直选”和工资集体协商制度等选题,组织上报3篇基层典型经验材料。按照全总督查要求,就学习贯彻胡锦涛总书记在全国劳模表彰大会上讲话精神,贯彻落实《全总关于进一步做好维护职工队伍和社会稳定工作的意见》以及《全总关于进一步加强企业工会建设,充分发挥企业工会作用的紧急通知》情况上报专题督查报告。(4)按照市加强舆论监督整改工作联席会议办公室有关工作要求,主动应对舆论批评意见,切实采取有效措施,加强督促整改,2010年共办理舆论监督件4件。一是对涉及职工切身利益的诉求和反映，落实职能部门处置。《新民晚报》刊登《中年员工尘肺病丧失劳动力艰辛维权案例》报道龙工（上海）机械制造有限公司100名电焊工均不同程度存在尘肺职业病的新闻。松江区总工会即刻与当地党政协商，成立协调处理小组，分析案情，召开涉及尘肺员工协调会，对员工提出诉求逐一答复，使问题妥善解决。二是对媒体反映的问题，及时督促单位落实整改。劳动报刊登《30名环卫工无奈住在立交桥下》一文后，及时要求闸北区工会认真调查，采取措施，迅速解决相关问题。在报道刊登的第三天，闸北区工会妥善解决环卫员工居住问题。(5)做好人大书面意见、政协提案办理工作的督办。2010年，市总工会承办人大书面意见、政协委员提案共22件，在市总工会领导的重视关心下，在各部室的支持配合下，圆满完成人大代表和政协委员书面意见和提案的办理。（夏伟民）

新闻工作

【市委宣传部、市总工会联合开展2009年度“五一新闻奖”评选】 4月12日，由市委宣传部、市总工会联合开展的2009年度“上海市五一新闻奖”评选工作正式启动。评选活动共收到来自上海主要新闻单位推荐参评作品32件。7月22日，市总工会召开“上海市五一新闻奖”评选会。评委会主任、市委宣传部副部长宋超出席并讲话。评委会主任、市总工会副主席汪兰洁主持评审会。经过评选委员会认真评审，共评出特别奖1个，一等奖4个，二等奖8个，三等奖10个。上海广播电视台广播新闻中心《就业形势严峻，如何破解就业难？——解读市总工会“12345”就业援助计划》获特别奖；解放日报《三方约定渡难关，上缆又闻机器声》、新民晚报《工会就是要为职工撑腰》、上海广播电视台电视新闻中心《宝钢依靠职工办企业“最佳实践者”活动增效10亿元》、劳动报《经营一回暖工资就“复原”》等4篇报道获一等奖；文汇报《上海女职工心态趋于求稳，市总工会推“三招”帮助走出困境》等8篇作品获二等奖；青年报《困难职工子女就业“一个不能少”》等10篇作品获三等奖。此次获奖作品主题鲜明、内容真实、贴近职工、文字生动，深入挖掘工会工作的新闻资源，从不同视角和层面，深入报道和深刻反映了上海工人阶级投身上海经济和社会建设中的生动事例和精神风貌，以及广大职工关注的热点、难点问题；深入报道和深刻反映了上海各级工会在应对国际金融危机中，贯彻落实中央、市委和全总有关精神，大力开展“共同约定行动”，广泛开展“同舟共济保增长、建功立业促发展”百万职工先锋号行动，引导广大职工与企业共克时艰、共谋发展所采取的一系列行动；深入报道和深刻反映了广大职工在参与世博、建设世博、服务世博、奉献世博中的生动事迹；深入报道和深刻反映了上海各级工会在维护广大职工的合法权益，促进建立和谐劳动关系等各方面的工作。8月11日，市委宣传部与市总工会联合下发《关于表彰2009年度“上海市五一新闻奖”的决定》。（范小雨）

信访综述

【信访综述】 2010年，市总工会信访办受理和办理职工群众信访总量为7007件(次)，与去年相比下降6.0%。其中，来信（含联名信）1131件（次），与去年相比下降6.1%；来访（含集访）850批1600人次，与去年相比，批次、人次分别下降6.1%和4.4%；来电5026个，与去年相比下降6.0%。职工群众信访量普遍呈下降趋势，其中来电信访数占信访总量71.7%，“12351”职工维权热线依然是职工群众信访的主要渠道。经归纳分析，2010年职工群众信访具有3个特点：一是职工群众来信、来访和来电数量普遍有所下降；二是历史遗留问题占据信访总量的首位，医疗保险问题仍然较多；三是劳动保障问题减少了，而解决问题的难度增大了。主要做法：一是加强理论学习，充实业务知识。认真组织学习党的十七届四中、五中全会精神，深入贯彻落实中央关于做好新时期信访工作的一系列决策部署，传达学习全国工会信访工作会议精神和王兆国同志的重要讲话精神，统一思想，提高认识，进一步增强做好工会信访工作的责任感和使命感。二是加强制度建设，推进工作规范。坚持信访工作例会制度，每季度召开区县局（产业）工会信访网络组工作例会，交流情况，互通信息，讨论案例，相互借鉴，取长补短，相互促进；坚持信访动态分析制度，每季度对信访情况进行汇总分析，形成书面材料报送，为有关部门和领导掌握信访实情，作出决策提供资料；坚持信访数据统计每月上报制度，并以书面形式在区县局（产业）工会系统内通报，强化对信访数据的开发利用；坚持督查督办制度，落实专人负责，确保领导批办件和上级转交办件及重大信访事项件件按时结案；坚持信访工作责任考核制度，明确各级工会做好信访基础工作和处置

11月25日，2010年上海工会信访工作经验交流会召开 （陈晓清）

群体性集访的职责和标准，实施信访整体工作的目标考核。三是坚持依法办事，狠抓工作落实。对职工群众的来信来访，坚持依法办事，着重抓好初信初访的处理，按照及时快速原则，速办速决，提高一次性办结率，确保转送交办、受理告知，按期结案达到100%，做到“件件有着落，事事有回音”。加大对重信重访案例的化解力度，在分析问题原因的基础上阐明道理，耐心疏导，消除情绪，积极协调，依法化解矛盾，解决问题。对2008年、2009年遗留下来的8件重信重访案例又重新处理一遍，经过市总工会领导包案，信访办与有关责任单位密切配合，通力合作，已全部办结，化解率达到75%。四是总结交流经验，提升工作水平。召开上海工会系统信访工作经验交流会，上海邮政工会、普陀区总工会等4家单位的代表在会上分别交流发言，评选表彰2010年上海工会信访工作先进单位14家、表扬单位5家、先进个人20名。（包森祖）

信访

【市总工会召开工会系统信访工作经验交流会】 2010年，市职工群众来市总工会信访的总量继续呈下降趋势，职工群众到市总工会的来信、来访、来电普遍下降。11月25日，市总工会在青浦上海纺工淀山湖疗养院召开上海市工会系统信访工作经验交流会。会上，徐汇区总工会代表谈了如何整合资源，做好职工初信初访工作体会；嘉定区总工会代表交流妥善处理劳动争议纠纷，促进劳资和谐共赢的工作经验；市邮政工会代表介绍坚持信访关口前移，及时化解各类矛盾的具体做法；普陀区总工会代表汇报从事工会信访工作8年来的体会和认识。市总工会信访办公室总结2010年工会信访工作，并提出2011年信访工作要求。（包森祖）

【浦东新区总工会建立“四项工作机制”有效促进信访工作】 浦东新区总工会重视信访工作，为构建和谐稳定劳动关系，确保职工群众在企业中的知情权、参与权、表达权和监督权，建立四项工作机制。一是建立劳动关系预警机制。发挥工会组织的网络优势，要求各级工会干部在工作中主动跨前一步，深入到职工群众中，倾听职工呼声，掌握职工队伍中存在不稳定事态的苗头，及时上报；加强与人保部门等各相关部门的协调，多渠道获取各种信息，及早调查研究，并妥善处理；设立劳动关系观测点，在部分企业集中，劳资纠纷较多的街镇、开发区和集团公司，设立10个工会劳动关系观测点，动态掌握新区劳动关系的趋势情况，及早掌控，提前预警。二是建立世博区域劳资纠纷应急处置机制。为保持世博期间劳资关系稳定，重点抓好世博园区及周边区域劳资矛盾的预防和化解工作。按照“重在矛盾预防、重在协同联动、重在快速处理”原则，新区总工会与新区人保局、新区公安局等联手建立世博区域劳资纠纷应急处置机制并成立世博区域劳资纠纷应急处置中心，通过各部门的优势发挥和协同配合，快速有效地处置世博区域突发性、群体性的劳资纠纷。设立社会维权热线，对区域内欠薪、非法职业中介等违法行为进行排摸；组织工作人员进行应急机制专业知识培训，开展劳动者维权宣传日活动，实施仲裁监察一口受理，政府购买劳动争议调解成果等方式，构建多渠道、多维度的劳资矛盾化解方式，确保世博区域劳动关系的和谐与稳定。三是建立工会信访工作责任机制。区总工会制定下发《关于认真做好大规模群体性劳资矛盾和重大新闻信息上报工作的规定》和《浦东新区总工会大规模群体性劳资矛盾专项应急预案》规定，要求各级工会主席在群体性争议处置中，做好职工的教育疏导工作，引导职工理性表达诉求，推选职工代表与企业平等协商，促使争议尽快解决。四是建立基层劳动争议调解机制。区总工会要求在全区范围内建立基层劳动争议调解委员会，形成覆盖全区的大调解格局；同时开展人员培训，提高工会干部的维权能力和劳动争议调处能力。（包森祖）

【徐汇区总工会切实做好信访工作】 截至11月底，年内区总工会共处理信访件221件，比上年下降4.3%，其中来信32件，比上年上升33.3%，来电101人次，比上年上升32.9%；来访88人次，比上年下降30.1%。涉及劳动争议133件、福利57件、劳动保护20件、劳动合同56件，占案件总数64%；其他类型案件，包括婚姻，财产纠纷等68件，占案件总数36%；接待外来务工人员37人次，老年人29人次；90%初次信访件均在30天内办结。（顾宝英）

【静安区总工会做好信访工作的“三个加强”】 2010年，静安区总工会围绕迎办世博大局，认真研判当前信访工作所面临的形势和任务，加强组织领导，落实责任措施，依法化解和处理信访矛盾，维护区域稳定。一是加强领导责任，明确工作任务。区总工会主席为信访工作第一责任人，副主席为分管领导，切实担负起领导责任。二是加强重大节日期间的维稳工作。在各大节日之前，区总工会都及时召开会议，通报工作情况，传达有关精神，交流相关经验，要求各级工会及区属事业单位要努力确保职工队伍稳定，做到切实把工作责任落实到位，切实把矛盾症结剖析到位，切实把职工群众的合理诉求解决到位。三是加强日常信访的接待处理工作。区总工会要求所有参加日常信访接待的干部认真执行《信访条例》、《全国工会实施（信访条例）办法》通知规定，对所有求决类信访件，答复率和办结率均要达到100%，加强对初信初访的办理，防止初信初访演变成重信重访、或越级上访，有效防止社会不稳定因素的发生。（包森祖）

【嘉定区总工会“三个强化”做好信访工作】 2010年，区总工会妥善处理职工群众的来信来访，着力解决好涉及职工利益的劳资纠纷，团结动员广大职工在“调结构，促转型”中加速城市化进程。一是强化信访接待，营造职工维权氛围。建立职工援助服务中心，不断完善“信访接待、法律咨询、调解诉讼”三位一体工作模式，热情接待每位来访职工，发现企业违规或侵犯职工合法权益的，主动介入进行调解，使劳资矛盾化解在萌芽状态。二是强化资源整合，构建农民工维权服务网络。区总工会信访办加快推进劳动争议人民调解机制建设，形成社会化维权服务网络，通过网络建设与区法院直接开辟工会“特别法庭”，由法院将劳动争议案件直接委托工会组织进行调解，法院再对调解结果依法审查予以确认，提升工会参与劳资纠纷调处的实效性。三是强化预警机制，妥善处理群体性纠纷。区总工会依托劳动关系和谐企业的创建活动，大力推行具有特色的创建活动“5 + X”工作模式，各基层工会相继建立企业劳动争议纠纷和突发性事件预警调处机制，建立“区、镇、村（园区）、企业四级信访预警调处网络”，完善信访信息收集，现状分析、定期报告、特别报告、工作台账等五项工作制度，做到早介入、早处置、早化解，强化工会参与处理劳动关系矛盾和处置突发性群体事件的工作措施。（包森祖）

【市机电工会“三个加强”做好信访工作】 一是加强学习培训，强化政策理论观念。深入学习《信访条例》、《全国工会实施〈信访条例〉办法》，培训各级工会信访干部，提高信访工作业务水平、政策理论水平，依法做好信访接待工作，严格规范信访工作程序，重视初信初访，提高一次性办结率。二是加强分析研究，解决职工实际问题。针对职工上访问题，机电工会认真加以分析研究，找准职工信访的主要问题，实事求是地解决职工诉求。三是加强制度建设，实行两级办案。机电工会坚持信访接待制度，坚持信访材料归档制度，坚持领导阅批制度，对民生问题、职代会等重要信访件由主要领导亲自阅批，实行两级公司办案。在接待重复上访对象或处理疑难杂症信访问题时，请两级公司工会信访办参与办案，集思广益，整合资源，解决积累数年的“老大难”问题。

（包森祖）

【宝钢集团工会通过网络平台畅通职工诉求】 宝钢集团工会坚持以“预防为主、基层为主、调解为主”的指导思想，借力宝钢职工网络论坛，搭建与职工沟通桥梁，解决职工最关切的利益问题。2010 年，在宝钢职工论坛上处理职工关心的各类问题 150 多个。宝钢职工论坛注册登录人数已超过 3 万人，占宝钢在沪职工总数 30%。通过定期登录职工论坛，掌握职工需求动态，对职工提出的各类诉求做到 5 日内有回复，及时答疑解惑，疏导职工情绪，体现人文关怀。（李士伟）

【高桥石化公司工会“三个坚持”致力于信访工作】 一是坚持领导重视，做好世博安保工作。公司各级领导始终坚持“一手抓发展，一手抓和谐”，把信访稳定工作摆在突出位置，认真部署，抓好落实，领导主动听取汇报，指导处理疑难信访。为实现上海世博会期间稳定工作目标，促进企业和谐，公司党委书记、总经理先后多次召开信访稳定专题会议，传达上级精神，部署稳定工作，带队检查落实情况，走访附近的街道和高桥镇，与地方政府协调一起做好世博安保工作。二是坚持完善信访制度，积极维护世博稳定。上海世博会期间，公司各级党组织完善信访制度，落实工作措施，创新工作方法，密切企地关系。主动与地方联系，争取地方支持，设立排摸预警机制，对可能越级进京上访的信访重点人员进行逐一分析，制定领导包案及稳控工作预案。三是坚持强化工作网络，确保信访“未动先知”。公司工会建立一支由工会组长、块组长、管理人员和领导干部组成的信访信息员队伍，形成“四级”信访信息网络，确保信访信息渠道畅通，信息传递快速准确，为实现“发现得早，化解得了，控制得住，处置得了”信访工作目标打下基础。2010 年，全公司没有发生一起影响社会稳定的群体性事件，也没有发生信访重点对象、上访老户越级进京上访事件。（包森祖）

上海市机电工会召开信息信访组织工作培训班（冯克华）

【中远集运工会重视做好信访工作】 坚持每月信访例会制度，以“妥善化解矛盾，防止积聚激化，为确保世博会平安提供坚实保障”为重点，加强对矛盾纠纷和各类不稳定因素的排查，分析预测可能引发的各类不安定因素，及时解决职工实际困难，妥善处理职工意外死亡的善后工作；认真清理各类历史遗留问题；有效控制越级访、集体访和缠访闹访事件的发生。作为信访工作重点单位的上远公司，信访办坚持 24 小时值班制，选派有信访经验的接待员，坚持“耐心、热心、诚心”工作法，从大局出发，不推诿、不回避，通力协作，共同研究，在情、理、法基础上，积极探索解决办法，切实解决好大量历史遗留问题和难点问题。

（钱　华）

【监狱局工会抓住 4 个环节做好信访工作】 一是落实责任制，加强对信访工作领导。健全和完善两级工会信访管理网络，明确工会主席为信访工作第一责任人，对每起来信来访认真调查核实，会同有关部门和基层分类解决，做到“事事有回音，件件有落实”。二是配合党政，做好“平安世博”工作。重新制定《上海市监狱管理局工会预警报告制度》，世博期间，及时了解基层信息，积极做好工会信访工作，使许多情况化解在萌芽状态，成功化解 2 起有可能引发进京闹访的事件。三是正确处理改革、发展、稳定的关系，发挥桥梁纽带作用。源头参与各项改革政策的制定，在涉及干警职工切身利益的企业产业结构调整、职工分流、工资调整等问题上，源头参与政策的制定。四是明确重点，特事特办。对于个别干警、职工患重病造成生活困难的信访件，工会做到特事特办，缓解群众生活困难。（江海群）

保障政策选辑

关于将本市城镇从事自由职业人员和个体经济组织业主及其从业人员纳入城镇职工基本医疗保险有关事项的通知

为进一步完善本市基本医疗保险制度，经市政府批准，现将本市城镇从事自由职业人员和个体经济组织业主及其从业人员（以下简称个体参保人员）纳入《上海市城镇职工基本医疗保险办法》（以下简称城保）的有关事项，通知如下：

一、缴费基数和缴费比例

（一）缴费基数。在职人员基本医疗保险的缴费基数与基本养老保险的缴费基数相同。

（二）缴费比例。在职人员按月缴纳基本医疗保险费的缴费比例由原来的8%，调整为14%，具体为：

1. 从事自由职业人员的缴费比例为14%。其中，10%为基本医疗保险费，2%为地方附加医疗保险费，2%为个人缴费部分。

2. 个体经济组织业主为本人及其从业人员缴费的比例为12%。其中，10%为基本医疗保险费，2%为地方附加医疗保险费。个体经济组织业主本人、从业人员的个人缴费比例为2%。

3. 领取养老金人员不缴纳基本医疗保险费。

二、基本医疗保险待遇

个体参保人员按规定缴纳基本医疗保险费后，市医疗保险事务管理中心应当为其建立个人医疗账户。

个体参保人员个人医疗账户的计入标准、门急诊、门诊大病、家庭病床和住院（含急诊观察室留院观察）基本医疗保险待遇，以及医保综合减负办法按照城保办法同类人员有关规定执行。

三、其他相关问题

（一）2010年4月1日至2010年10月1日为过渡期。过渡期内，个体参保人员可以按照14%比例缴费，也可以按照8%比例缴费，并享受相应的基本医疗保险待遇。

（二）个体参保人员要求补缴2010年10月1日之前基本医疗保险费的，按照《关于本市从事自由职业人员养老、医疗保险若干问题补充处理意见的通知》（沪劳保养发〔2001〕53号）的有关规定，缴费基数与基本养老保险的缴费基数相同，补缴费比例为8%。

（三）《关于超过法定退休年龄的本市城镇户籍人员社会保险若干问题的通知》（沪劳保养发〔2005〕29号）中办理一次性补缴费的超龄人员；以及《关于本市居民的外省市户籍配偶参加本市养老、医疗保险若干事项的通知》（沪人社养发〔2009〕41号）中本市居民的外省市户籍配偶，在本通知实施之日起，原按8%比例缴纳基本医疗保险费的，统一调整为按14%比例缴费，并按照城保办法规定享受相应基本医疗保险待遇。

四、实施日期

本通知自2010年4月1日起施行。

财务与经审

Finance and Audit

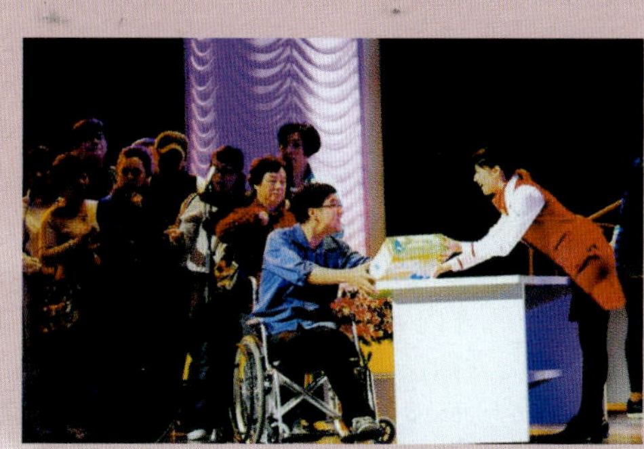

财务综述

2010年,上海工会财务工作按照"创新收缴机制、强化科学管理,推进绩效考核"的要求,坚持"服务基层、服务职工"的方针,积极探索新形势下工会财务工作的新办法,使工会经费收入的途径不断扩大,筹集资金的领域不断拓宽,工会的整体经济实力不断增强。2010年工会各项收入同比增长14.49%,工会经费拨缴收入增长10%以上,为工会组织履职提供有力的资金支持和物质保障。(1)依法收缴,推进经费收缴的稳步增长。一是贯彻《工会法》,坚持依法收缴。加大《工会法》宣传,抓住新《工会会计制度》实施的有利契机,把工会经费收缴纳入依法收缴、依法管理轨道,进一步强化工会经费收缴的法律地位。全市区县局(产业)工会实行劳动工资表(1—102表)为基础的经费收缴考核,实现工会经费的科学收缴和规范管理,形成工会经费"应收尽收、不留空白、规范收缴"的经费收缴机制。二是改革回拨比例,实施分级奖励。合理拟定上下级工会间的经费留存比例,通过改革"超基数按比例奖励,超同期增加奖励"的分级奖励机制,实施鼓励多缴、超缴增奖、多缴多奖的考核办法,促进各级工会的资金积累。三是争取政策支持,加大经费源头收缴。市总工会与财政局联合下发《关于财政拨款的行政事业单位计拨工会经费有关问题的通知》,为工会经费收缴提供有力的政策支持。四是结合实际情况,落实街镇经费。根据全国总工会《关于加强乡镇(街道)工会规范化建设的意见》文件精神,进一步明确街道、乡镇总工会财务工作的基本任务、经费核算、分成比例、财务管理等工作,对全市211个乡镇街道经费留存比例作明确规定,为街镇工会开展各项工作提供资金保障。五是加强非公经济、中外合资和合作等不同层面企业的经费收缴,对计提经费基础、劳务工经费的计拨等进行调查研究,增强拨缴意识、落实拨缴责任,推进非公经济各项财务工作发展。(2)规范管理,促进经费的良性循环。一是加大培训力度,规范会计核算。以实施新《工会会计制度》为契机,采取面授和网络答疑的方式培训财务人员,有1450人次工会干部参加。二是加强票据管理,严格票据秩序。认真贯彻全总《工会经费收入专用收据》和市总工会《关于启用〈工会经费收入专用收据〉的通知》精神,认真做好票据清理、登记、造册、统计等工作,有效防止和杜绝票据违规行为发生。三是严格法律法规,规范核算行为。对2009年市总工会经审检查发现的区县局层面以及市总工会直管单位层面的各种问题,提出整改方案,并纳入财务业绩考评内容之一,杜绝各类不规范会计行为的发生。四是制定规范标准,落实检查措施。以基层工会和市总直管单位为重点,制订基层单位规范化标准,采取自查与互查方式,对90家基层单位规范化进行检查,提高基层工会的财务管理水平。(3)突出绩效,确保经费使用的正确方向。一是保证重点工作需要,体现工会职能。对专项资金做到单独预算审报,单独预算核算,确保世博会专项资金的需要和使用,做到专款专用。二是加强政府采购,规范采购机制。结合实际,制定措施,把"压缩支出、节能减耗、削减指标"的任务落到实处。严格工会行政费、业务费等项目支出,对专项费用和会议费开支明细项目进行严格的审查审核,用制度保证工会经费的使用绩效。制定下发《关于加强工会采购项目纳入政府集中采购工作的通知》,继续加强大宗办公用品、设备等采购资金管理与监督,严格按照程序购置设备。从6月1日起,全市各区县总工会和市总工会各直管单位对符合规定的采购项目都纳入政府采购,规范工会系统固定资产采购机制。三是贯彻节能措施,严格控制费用支出。根据压缩行政支出的总体要求,对部分增加预算支出或超预算的项目,召开专题会议研究,在确保各部门工作正常开展的前提下,尽量压缩费用,提高资金使用绩效。四是围绕重点,深化财务理论研究。针对工会经费收缴面临的热点难点问题,积极开展研究,促进各级工会财务理论研究的深入发展,为推进上海工会财务工作的创新发展奠定基础。 (夏惠珍)

财　务

【普陀区重视工会经费的规范化管理】 一是强化会计基础工作。针对财务基础管理薄弱的问题,建立由财务部门和上级财务部门共同组成的双重监督检查机制,对基层工会财务报表、预决算管理、经费收缴等基础工作进行检查验收,进一步规范和完善工会经济行为有效监管的机制。二是增强规范化意识。针对检查中发现的问题,要求基层工会及时做好整改工作,完善各项制度,并及时对问题整改情况进行回访检查,指导基层工会结合同级经审和上级经审查出的问题进行整改,增强基层工会财务干部规范化管理意识,实现"任务到人、责任到人、整改到位"的管理效果。三是加大票据监管力度。对工会经费拨缴款专用收据和行政事业单位统一收据的领用、登记、核销,运用电脑系统加强管理,确保每张收据的使用都处于可控状态,确实将工会经费的规范化管理落到实处。 (李　悦)

【虹口区总工会组织工会财务和经审规范化培训】 7月13日至14日,为落实市总工会关于加强工会会计和经审规范化要求,虹口区总工会围绕加强和改进基础性建设与管理等方面的问题,举办工会财务、经审培训班,区属工会财会、经审共62人参加专业培训。 (徐　洁)

【黄浦区总工会着力提高工会经费收缴率】 一是以社区总工会为平台,扩大经费收缴率。通过对久拖、少交工会经费的单位进行调查审计、约谈沟通和发律师函等形式,督促企业及时上缴工会经费,2010年社区新经济组织工会上缴工会经费增幅达到41.09%,全区工会经费收入再创新高。二是以集团和委办局工会为重点,努力提高经费收缴率。通过学习宣传新《工会会计制度》,举办《工会财务电算化软件》使用培训班,完善工会经费目标考核激励制度,定期反馈基层工会经费收缴明细表,与33家直管工会签订目标责任书等办法,确保拨缴工会经费收入稳定增长。三是以财务检查、审计为抓手,解决工会经费欠、漏、截问题。通过开展基层工会财务规范化检查,发现问题,及时沟通,督促纠正,减少和杜绝工会经费欠、漏、截现象。 (朱敏嫣)

【南京西路街道总工会收缴经费有成效】 2010 年,南京西路街道总工会经费收缴继续保持 10% 的增长率,为工会组织开展各项活动提供物质保障。一是坚持依法收缴的原则。加强社区工会干部法律法规等业务知识的学习,加大向建会企业宣传《工会法》的力度,强调企业的法律责任,依法足额收缴工会经费。二是加强指导,注重工作的方式方法。加强对工会工作者的业务指导和培训,完善经费收缴工作机制,将收缴经费纳入工会干部的考核目标,不断调动经费收缴的积极性,形成经费收缴的良好环境。三是管好用好工会经费,激发基层工会活力。把足额收缴的工会经费用到基层工会的各项活动中,在服务基层、服务职工、服务企业上下功夫,赢得企业和职工的认可,为做好经费收缴工作打下基础。四是公开经费使用情况。将经费使用情况在职代会上向职工代表报告,使广大职工了解工会经费使用情况,接受职工代表的监督。截至年底,街道总工会经费收缴增长 12.23%。 (刘承军)

【松江区总工会"三项举措"推进基层工会财务规范化建设】 一是夯实财务工作基础。明确工会财务规范化建设的实施范围和工作目标,着力提高资金使用效率,提升工会财务管理水平,按照科学化要求实施管理,实现各级工会财务管理规范化要求。二是加大宣传指导力度。召开基层工会主席和财务会计会议,相互学习、相互促进。对个别财务工作基础较差的企业工会,进行面对面指导,使基层工会掌握推进工会财务规范化建设的操作要领,全面推进工会财务规范化建设。三是开展自查自纠活动。按照市总工会拟定的基层工会会计基础规范化考核标准及考核表,采取日常管理与年度考核评比相结合的办法,组织开展自查自纠活动,提升财务管理水平。松江区总工会被全国总工会评为 2010 年度财务工作先进单位。

(孙爱华)

【青浦区总工会从"四个保证"入手管好用好工会经费】 青浦区总工会坚持做到有计划地使用经费,杜绝多头开支和浪费现象,保证工会经费使用的正确方向。一是保证向基层倾斜,支持各级工会建好职工"大家"和"小家"的经费需要。二是保证重点工作需要。确保职工生产安全、文化素质教育培训、建设职工之家、工会干部及职工代表培训等重点工作的活动经费。三是保证重大活动的经费需要。在"同一片蓝天"文艺汇演、迎世博系列活动、"安康杯"竞赛活动等重大事项中专门列出费。四是保证送温暖资金需要。对元旦春节送温暖、困难劳模补助、金秋助学等保证资金及时足额发放。 (马美君)

松江区总工会以三项举措推进基层工会财务规范化建设 (夏 晖)

【上海市机电工会"四项举措"推进财务工作规范化】 一是开展业务培训。举办新《工会会计制度》、"工会财务软件"培训班。通过各类培训、块组活动、网络互动等形式,对各科目的列支使用进行规范,统一计算口径,增强核算的可操作性,为进一步做好工会财务管理规范化工作奠定基础。二是为会计规范化工作提供有力的政策支持。及时转发全总《工会预算管理办法》、《基层工会经费收支管理办法》、《工会财务会计管理规范》等文件,及时组织有关人员学习,提出实施规范化工作的具体要求,为工会财务工作规范化提供全面的政策依据。三是进行表彰激励。4 月份,对 2009 年各项经费收缴较好、工会财务管理比较完善、工会各项经费收支规定执行比较严格的直属单位工会财务工作进行总结表彰,共评出 20 家优胜单位和 20 家先进单位。四是开展财务规范化及经审检查。以《会计基础工作规范》及修订后的《上海市总工会会计基础工作规范化考核标准》为依据,抽调 60 名财务及经审骨干,对 48 户二、三级企业工会及所属三产、技协开展财务规范化及收支审计监督,根据规范化达标及审计中发现的问题进行整改,促进工会财务工作规范发展。

(张新禾)

【仪电工会举办《工会会计制度》培训班】 6 月 25 日,仪电工会举办《工会会计制度》培训班。基层工会主席、财务经审人员共计 180 余人参加培训。根据国家财政部和全国总工会通知要求,自 2010 年 1 月 1 日起,全面实施新《工会会计制度》。培训班邀请上海市总工会的有关财务和经审专家进行授课。仪电工会要求通过培训进一步规范各级工会的会计行为,正确把握新制度的各项规定和具体要求,加强财务基础工作规范化管理,管好用好工会经费。 (高正峰)

【化学工会抓紧基础管理不放松】 化学工会在加强工会经费收管用基础上,实施两级子公司经费预决算向常委会报告制度,增强工会干部对工会经费预决算管理的意识和能力。结合新《工会会计制度》的实施,历时3个多月对46家企业工会,开展工会财务基础管理达标专题检查,对新老会计制度衔接中出现的问题,召开工会财务会议进行专题辅导,确保新会计制度准确执行。进一步规范工会审计工作,强化工会经审监督,制定下发《2010年工会经审工作规范化建设考核标准》,进行工会经审考核和评比表彰工作,提高工会经审规范化建设水平。 （沈之歌）

【医药工会全面执行新《工会会计制度》】 一是组织所属基层工会财务人员进行培训,使大家了解新《工会会计制度》制定实施的背景和意义,掌握新旧制度衔接的内容方法。二是以学习新会计软件为抓手,集中培训上门安装,在年底实现会计电算化全覆盖,为新制度的实施提供有力的技术支持。三是以年底预决算为契机,通过解答部分基层工会审计中发现的问题、进行会计软件年终结账辅导等方法,对新会计制度再次进行宣讲,使各级工会在完成预决算工作中贯彻落实好新会计制度。 （陈 蓉）

【上海化学工业区工会采取“五项措施”提升财务水平】 一是加强学习培训,提高工会财务人员综合素质。采取多种方式开展新《工会会计制度》知识培训,全年有88人次参加各类培训。二是加强指导,提高财务工作水平。深入基层工会开展专业指导,帮助基层工会安装使用会计软件,使会计电算化率达到100%。三是开展财务工作专项大检查,确保《工会会计制度》执行。深入21家基层工会进行专项检查,对查出的问题逐项整改落实。四是开展财务工作规范化建设考核评比,促进会计基础工作上台阶。结合基层工会实际,从“机构岗位”、“会计核算”和“会计监督”等三个方面20个观测点对基层工会会计基础工作进行考核评比。五是加大经费收缴力度,促进经费收缴增长。通过规范基层工会经费拨缴流程、会计达标、会计规范化检查等,提高基层工会人员经费收缴的积极性,超额完成经费收缴目标。

（张 俊）

【市水务局(市海洋局)工会举办工会财务和经审干部培训学习班】 11月16日至18日,市水务局(市海洋局)工会根据年度工作计划和新《工会会计制度》执行情况,举办市水务局(市海洋局)工会财务和经审干部培训学习班。市水务局(市海洋局)直属单位和局机关工会财务会计、出纳、经审主任(员)30余人参加培训学习班。通过培训和交流,进一步提高工会财务、经审人员的业务水平和具体操作能力。 （王佐仕）

【市职保会财务部荣获“工人先锋号”称号】 市职保会财务部坚持文明、优质、诚信的服务理念,开展服务创新,不断提高财务服务质量,为基层单位提供热情周到、规范满意的服务,得到了基层单位的满意与认可。以优质高效的服务、准确及时的数据、全面细致的分析为互助保障工作提供参考,为工会互助保障事业发展做出了重要贡献。连续三年获得上海工会财务竞赛优秀奖等荣誉称号,财务工作技能和服务质量居行业领先水平,被上海市总工会授予“工人先锋号”的荣誉称号。 （史 韵）

经审综述

2010年,市总工会经审工作进一步加大依法审查审计力度,促进经费收支的规范管理和经济活动的规范运作,各项工作取得新进展。(1)依法履行职责,开展审查审计。一是开展同级经费收支执行情况审计,进一步规范预算管理。市总工会经审办对市总工会2009年经费收支情况进行审计。审计结果表明预算执行情况总体良好。二是开展对直管单位审计,进一步加强财务管理,市总工会、经审办注重加强与组织部、财务部等职能部门的沟通协调,形成监管合力。对市总工会部分直管单位开展年度审计,对西山疗养院原常务副院长离任经济责任审计,对公惠医院、工人疗养院、西山疗养院、劳动报社、培训中心的专项审计,加强对市总工会重点基建工程项目的监督,委托工程造价公司对重点工程项目进行审计,对西山疗养院和工人疗养院基建工程开展工程项目财务支出审计。三是开展对下级工会财务收支审计,进一步加强基层工会经审工作。2010年是启动第三轮对下审计的第一年。在对下审计前,市总工会经审办认真分析汇总前两轮的经审工作情况,寻找存在问题的主要原因,并确定第三轮审计重点。市总工会经审办组成4个审计组,对28个区县局(产业)工会2009年经费预算执行(决算)及财务收支情况进行审计,实施对普陀区总工会原主席离任经济责任审计。(2)开展调查研究,明确工作方向。市总工会经审办注重开展调查研究和内部审计理论研讨工作,36个工会经审会积极参与调查研究,撰写理论研究文章45篇,其中《工会内部控制评价体系的构建》、《关于内部控制与审计方法的思考》等七篇文章列入市内审协会的内部审计优秀论文集;积极参与全总经审会对《中国工会审计条例》的起草工作,认真开展工会资产审计监督情况调研、工会经审干部队伍状况调研、县级工会经审工作现状调研和审计意见整改落实情况调研。(3)开展规范考核,提高队伍素质。认真贯彻市总工会下发的《区县局(产业)工会经审工作规范化建设标准》文件,组织举办2期新上任基层工会经审委员的岗位培训班,协助举办12期937人参加的新上任基层工会主席培训班;与内审协会联合举办2期工会经审人员后续教育培训班。认真办好《上海工会通讯》经审专刊,健全经审工作信息网络,组织全市优秀工会审计项目展示交流,进一步落实审计规范,提高审计质量。 （杨永平）

经 审

【市总工会召开2010年全市经审工作会议】 3月10日召开。会议指出,全市各级工会经审组织要牢固树立大局观念、充分发挥经审组织在工会工作全局中的重要作用,充分认清形势,突出经审工作重点,不断提高审查审计工作水平。各级工会经审组织要深入贯彻落实科学发展观,坚持以科学发展观指导工会经审工作实践,把科学发展观的要求落实到经审具体工作中。要坚持依法审计、依法监督,坚持上审一年、下审一级、抽查二级、服务基层,自觉将审查审计监督融入到服

3月10日，召开上海工会经审工作年会　（周　杰）

务工运事业发展中来，融入到促进工会经济发展上来，做到工会工作开展到哪里，经审工作就要延伸到哪里，工会经济活动运行到哪里，经审工作就应监督到哪里。会议强调，各级工会要加强对经审工作领导、推动经审工作创新发展。经审组织要做到工作下移、审计下移、监督下移；经审干部要加强学习、提升能力、增强责任意识。

（黄银萍）

【市总工会开展对区县局（产业）工会审计】　市总工会经审会派出审计小组，先后对嘉定区总工会、闵行区总工会、浦东新区总工会、普陀区总工会、崇明县总工会、化学工业区工会、电力工业工会、国际港务集团工会、航天局工会、中海集团工会、长江轮船公司工会、邮政工会、建工集团工会、海事局工会、税务局工会、劳动保障局工会、体育局工会、经信委工会、文管会工会、文广影视工会、电科所工会、衡山集团工会、申江两岸工会、锦江航运工会、地产集团工会、合作交流工会、中铝铜业工会和洋山港区工会等28个区县局（产业）工会的2009年预算执行情况暨财务收支情况进行审计，在范围上除审计区县局（产业）工会本部核算的所有账户外，还延伸审计调研每个区县局（产业）工会下属二个基层工会相同年度的财务管理情况。审计重点为：工会经费收入情况（包括会费收入、拨交经费收入、事业收入、上级补助收入、政府或行政补助收入、投资收益、其他收入）；工会经费支出情况（包括会员活动费、职工活动费、工会业务费、工会行政费、专项资金支出、补助下级支出、其他支出、上解经费支出）；投资、借款情况；滚存经费结余情况；预算、决算执行情况；工会三产、技协、退管会及有关工会设立的各项基金；政府财政、全总和市总拨付的帮扶资金、送温暖资金、“劳模三金”等专项资金的使用情况；上轮审计意见的整改情况。从审计情况看，各区县局（产业）工会高度重视前两轮审计提出的意见和建议，有计划、有重点地开展对下级工会经费收支实施审计监督，大部分单位能较好地执行预算、通过积极组织收入，使经费收入实现稳步增长，预算支出体现了为职工服务、为重点工作服务和为工运事业服务的原则；大部分单位能严格执行主席“一支笔”制度，严格按规定管理和使用专项资金，在预算管理、内部控制制度的制定和执行、会计核算和会计规范等方面的工作得到进一步加强。大部分区县局（产业）工会经审会能认真履行经审监督职能，开展对同级经费收支和资产管理情况的日常监督，并对下级工会的经审工作进行业务指导和检查考核。在审计过程中，审计小组对个别区县局（产业）工会在预算管理、财务管理、资产管理等方面存在的问题提出意见和建议，引起各级工会重视并加以解决。

（黄银萍）

【市总工会开展对市总工会本级2009年度工会经费收支预算执行情况审计】　根据《上海市总工会本级各级工会经审会对同级工会年度预算执行情况审查审计监督的暂行办法》的规定，市总工会经审会组成审计小组，对市总工会本级2009年度工会经费预算执行情况暨财务部核算相关账套的财务收支情况进行审计。审计结果表明，2009年市总工会财务部的会计核算遵循了相关会计准则和会计制度的规定，会计报表反映了审计期间内的财务状况和经营成果，与财务管理相关的内控制度基本健全有效，核算规范、内容清晰、附件完整、手续齐全、收据管理规范。针对审计中发现的一些需要进一步纠正和改进的问题，市总工会经审会提出意见和建议，财务部积极整改，收到了应有的成效。

（黄银萍）

【市总工会开展对市总直管单位审计】　2010年，市总工会经审办对实行经营业绩目标考核的市总工会直属单位工会管理职业学院、市工人文化宫、劳动报社、科技中心、幼儿园、培训中心、公惠医院、保障互助会、退休职工活动中心和海鸥集团等10家单位采取联合审计的方式进行年度经营业绩考核完成情况的审计。对不纳入目标考核的单位采取市总经审办和市总“特邀经审员”共同实施的方式进行财务收支审计，通过审计对各单位年度财务经营成果的真实性、全面性、完整性，财务状况的真实性、合法性和有效性进行审计认证；开展对西山疗养院原常务副院长离任经济责任审计；开展对公惠医院、工人疗养院、西山疗养院、劳动报社、培训中心的专项审计调研，促进相关单位健全内部控制制度、严格资金管理制度、凝聚经营管理力量。针对审计和调研中发现问题，提出30条意见和建议，促进提高直管单位的经营管理和财务管理水平。市总经审会还加强对市总工会重点基建工程项目的监督，委托工程造价公司对重点工程项目进行了审计，送审价19739万元，审定价为16771万元，核减额2968万元，核减率15%，节约了建设资金；对西山疗养院和工人疗养院基建工程开展了工程项目财务支出审计，对工程支出中组成的固定资产、低值易耗品及费用进行了分类。

(黄银萍)

【市总工会加强培训提高经审干部工作能力】 2010年,市总工会经审办加大对经审人员的业务培训力度。根据人员的层次和水平,运用多种方式开展分类培训,采用走出去、请进来的教学方式,结合实际,开展经验交流,探讨工会经审工作中热点难点问题,同时组织相关业务讲座和案例分析,开拓学员思路,提高培训质量。2010年,完成813人工会经审干部上岗业务培训任务。另外,有420人参加由市总经审办协助、市审计局审计培训中心主办的工会内审人员继续教育培训。 (卢能飞)

【市总工会实施工会经审工作规范化建设考核】 对照《上海市区县局(产业)工会经审工作规范化建设标准》,根据各单位上报的考核评比材料,经过自评、小组核定和市总工会经审办最终审定,并经市总工会经审会十二届九次会议审议通过,上海市浦东新区总工会经审会等70家单位获特等奖(考核达到A级标准);上海市崇明县总工会经审会等33家单位获一等奖(考核达到B级标准);上海华虹(集团)有限公司工会经审会等7家单位获二等奖(考核达到C级标准);中国海员工会上海航道局工会经审会等3家单位获三等奖(考核达到D级标准)。在查补漏交工会经费的单项考核中,上海市闵行区总工会经审会等7家单位获一等奖;上海市嘉定区总工会经审会等8家单位获二等奖;中交第三航务工程局有限公司工会委员会经审会等36家单位获三等奖。

(周 静)

【市总工会经审办修改区县局(产业)工会经审工作规范化建设标准】 为了进一步发挥工会经审工作的职能,落实中华全国总工会新修改的《省级工会经费审查工作规范化建设标准》和《上海市总工会关于加强工会经费审查监督工作的意见(试行)》精神,进一步提高经审工作整体水平,更好地适应新时期加强工会经审监督工作的需要,增强上海工会经审工作规范化建设标准及考核工作的科学性、针对性和时效性,上海市总工会经审会决定对《标准》作适当修改。这次《标准》修改参考《上海市区县局(产业)工会经审工作规范化建设标准》和《关于上海市区县局(产业)工会经审工作规范化建设标准的说明》,作部分修改,新增11个观测点,合并2个观测点,取消8个观测点,并对28个观测点的具体内容进行修改。新修订的《标准》共包括6项一级指标、19项二级指标和45个考核观测点,并对《标准说明》进行相应修改。新修订的《上海市区县局(产业)工会经审工作规范化建设标准》和《关于上海市区县局(产业)工会经审工作规范化建设标准的说明》经市总工会经审会十二届九次全体委员会议讨论通过。

(周 静)

【徐汇区总工会加强专项资金审核工作力度】 2010年,徐汇区总工会将政府拨付区工会175万元"迎世博农民工基本素质培训专项资金"为工会绩效审计的项目。一是注重审前调查。走访区审计局、区财政局和区政府采购办,学习专项资金使用绩效审计工作经验,政府有关专项资金使用管理的规定,制定《徐汇区总工会各类专项资金审计监督实施办法》。二是注重加强源头规范。引导区总宣教部门遵循政府采购制度规定,通过"购买培训服务"方式选择培训单位;参与"世博专项"项目询价、招标到确定成交供应商的全过程监督,对区总宣教部门"世博专项"预算进行审核。三是注重信息及时沟通。区总经审办以资金流向为主线,定期与宣教部门、财务部门就专项资金使用情况进行沟通,及时掌握"世博专项"支出情况的最新动态。四是注重职工对培训的评价。区总委托社会组织对"世博专项"培训效果情况进行抽样调查,在接受培训的外来务工人员中发放问卷近千份24个单位开展访谈。五是注重审计情况公开。六是注重内控制度健全。以"世博专项"经费使用为契机,建立政府拨付专项补助资金支出绩效评价制度。 (许妙根)

【徐汇区总工会经审会强化经审职能】 截至9月底,基层工会已建经审组织数为1699家,占已建工会数81.57%;专兼职工会经审干部1,852人,其中:有审计师、会计师以上职称的140人。936家工会经审会开展本级经费年度预决算审查,417家工会开展工会领导干部离任经济责任审计。针对经审中存在的问题,提出整改意见和建议269条,查出漏缴工会经费11,116.04元。开展新《工会会计制度》等业务知识培训,培训经审干部238人。经考核,天平社区总工会经审会等15家单位达到工会经审工作规范化考核A级标准,田林社区总工会经审会等6家单位达到工会经审工作规范化考核B级标准。

(许妙根)

【普陀区总工会以"五项运作制度"为切入点强化经审工作目标管理】 一是推行审查审计目标任务年度计划制度。年初制定基层工会经费收支及财务情况审计计划,按照一级审一级、重点直接审的要求,预先安排被审计单位、审计时间、审计人员、审计地点等事项,明确全年审计工作目标、任务和要求,各级经审组织按照年度计划和时间节点,完成全年审查审计任务。二是推行审计三级复核、质量互审、过错追究等制度。从审计的准备阶段、实施阶段和终结阶段全过程地规范审计行为,明确审计责任,控制审计质量,促进审、帮、促相结合,提高审计工作的效率和效果。近三年区总经审会对136家单位开展工会主席离任审计,在工会经费收缴专项审计中查补工会经费110多万元。三是推行审计整改、落实情况的追踪回访检查制度。在审计终结后6个月内,组织非原项目审计组成员进行审计回访,对被审计单位出具的审计决定、审计意见、审计建议的整改落实情况进行追踪检查,推动整改力度,提高后续审计质量。对无正当理由、不执行审计决定和建议、未按规定时间进行整改的给予批评或通报,强化审计的严肃性和效益性。四是制定本级工会及直属单位年审制度。对区总工会、工人文化宫、技术交流站等五家单位年度审计,做到预决算、经济活动、领导离任和基建改造项目"四个必审"。近年来,仅基建改造项目竣工结算审计就组织了15次,共核减项目支出86.26万元。五是建立指导、监督、服务一体化制度。聘请区相关职能部门中具有丰富工作经验的10位专业人员为特邀经审顾问。制定《普陀区总工会特邀经审顾问职责和管理暂行办法》，聘请区、街镇从事相关业务的15名人员为区总经审会特邀经审员，参与区总经审会对区总直属单位及区各系统、街镇工会的实务审计。制定《普陀区总工会经审会特约经审员管理办法》，以工会经费收缴专项审计为重点，依托特邀经审员力量，加强对区重点单位工会经费收支和经济活动的实务审计和审查监督。 （李　悦）

【闸北区总工会经审会坚持审帮促相结合提升审计整改效率】 （1）领导重视，加强指导，促进审计整改落实。做到组织上加强、抓好队伍建设，为区总经审会和经审办分别配备了专职干部，建立起特约经审员队伍；工作上支持，抓好审计汇报和分析制度，将审计整改列入主席办公会议重要内容，定期听取经费审查工作情况汇报。（2）强化后续审计，跟踪督查促进审计整改落实。为确保审计结论落实，制定了《审计回访制度》，要求被审计单位1个月内提交整改方案；3个月内报告整改情况；审计单位6个月内对问题较严重的单位进行审计回访，下一审计必须对审计整改情况进行全面回访。在审计中发现，不少企事业单位未将非在编职工纳入拨交工会经费的职工工资总额。区总经审会根据重大问题及时进行回访等规定，对个别单位整改、落实缓慢的情况，发出了第一张审计决定书，解决拖欠的工会经费。（3）健全沟通机制，各方协力促进审计整改落实。一是建立经审财务沟通机制。定期举行由经审会、财务分管主席、财务部和相关部室负责人等参加的沟通会议，做到信息共享、分工负责、各司其职。二是审计整改联动机制。区总经审会在延伸审计中，根据审计发现的问题，加强与被审计单位上级党政和工会的联系配合，上下联手，共同做好整改工作。（4）通过规范促进审计整改落实。区总经审会注意加强对问题的调查研究，定期在有关会议上通报经审工作和审计情况。在区总经审工作年会上通报上年度审计情况，提高基层工会经审干部的审计工作能力。在区总财务工作会议上，针对财务工作存在的问题，提出做好财务工作意见和建议。定期召开社区工会经审主任、街道财务科长、工会指导员等会议，纠正了少数基层工会经审组织不到位，街道机关公务员、事业单位拨交工会经费工资总额计提不规范等问题。 （陈　建）

【卢湾区总工会发挥工会经审组织在服务重点工作中的作用】 根据《上海市总工会经审会关于加强专项资金审计监督的通知》精神，区总工会经审会把专项资金审计列入年度审计计划，并对区总本级工会的帮困等专项资金开展了审计，确保专项资金的安全和使用效益。大口工会经审会对125家单位2009年度的行政拨交工会经费进行审计，共查出欠漏交经费5.03万元，已全部补交入库。在2010年度工会经审工作规范化建设考核中，区总经审会对五里桥社区（街道）总工会2009年度财务收支审计的项目，获得2010年上海市工会优秀审计项目评选三等奖。有8个大口工会经审会达到区优秀等级，占全部大口工会经审会的40%，比上年提高了5%；达到优胜和达标等级的各有5个单位；获达标以上的单位占全部大口工会经审会的90%，比上年提高了10%，为实现工会经济活动的安全运行、提高工会维权能力和实效、促进工会工作发展提供保障。 （杨韵波）

上海航天局工会召开七届五次经审会 （沈　恺）

【上海市机电工会开展经审工作规范化建设】 一是健全经审制度体系。建立以“特约经审员”为骨干的经审队伍，合理利用社会审计资源，加大下审监督力度。机电工会经审委员全部具有大专以上文化程度，具有经审岗位证书。发挥经审委员组织领导和经审监督的核心作用。二是健全内部经审制度、讨论制定年度经审工作计划、完善审计工作方案、指导经审工作规范化建设。三是加强经审队伍的管理，对76家直管经审会按性质和地域划分为6个互助小组，经审委员分别负责一个小组，开展经审技能交流。对本级工会经费预决算、专项基金进行全面的审查审计，规范本级工会财务核算管理。四是加大下审工作力度，深入经审工作第一线，每2年对所属工会进行一次审计审查。通过审查审计，促进了经费计拨上解，促进了基层工会经费财务制度的建立和完善，增强了基层工会的遵纪守法观念，工会经费管理日趋规范。 （姚明晋）

【上海化学工业区工会强化基层工会“本级审”职能】 按照市总经审会的要求，结合经审工作规范化建设考核，强化基层工会经审委员发挥对本级工会审查审计的监督职能，统一基层审计工作底稿和审计报告格式，提高审查审计水平，进一步规范基层审查审计工作规程，切实履行经审工作职能。 （张　俊）

【上海电信工会经审工作提出"四个坚持"、满足"四个需要"】 上海电信工会经审会结合实际，强调制度执行，提出了"四个坚持"。即：坚持对本级财务预决算"必审"制度；坚持工会主席离任"必审"制度；坚持工会委员会换届"必审"制度；坚持经审会定期向工会全委会报告制度。通过严格执行经审制度，为基层工会理财增效，满足了"四个需要"。一是确保工会经费足额收缴的需要；二是确保工会经费合理使用的需要；三是确保工会资产安全和保值增值的需要；四是确保工会干部勤政廉政的需要。上海电信工会经审会荣获2009年度工会经审工作规范化建设标准考核特等奖(A级)。 (朱东亚)

【上海市医务工会经审会首次独立开展基层工会主席离任审计】 10月，市医务工会经审会对瑞金医院工会主席离任开展经济责任审计。瑞金医院是一家全市规模最大，职工人数最多的大型综合性医院，现有职工近4000人，医院工会每年的经费收支达350万元。为做好这次审计工作，医务工会经审会进行了充分的准备。第一，熟悉经济责任审计的工作流程、审查范围和审核内容。第二，确定审计时间，针对该院工会主席在任时间长达15年的情况，为保证审计质量，明确以最近一个任期为重点。第三，列出审计清单，要求该院工会提供完整的资料。第四，制定实施方案，明确审计内容和审计分工。在基层工会的大力支持下，经审会7名委员除1人回避外，其余6人及医务工会财务负责人，分别对账册凭证、各类报表、工会资产等进行认真审查，重点对审批程序、专项资金支出、固定资产管理、投资等关键环节进行审计，对审计中发现的会计核算等问题提出整改建议，形成了完整的经济责任审计报告。 (钱菊敏)

保障政策选辑

上海市住房公积金个人购买经济适用住房贷款实施细则(试行)

第一条(目的和依据) 为加快上海住房保障体系建设，提高本市中低收入职工购买经济适用住房的能力，上海市公积金管理中心(以下简称"市公积金中心")根据国家有关法律、法规和《上海市住房公积金个人购房贷款管理办法》(沪府发〔1999〕27号)、《上海市经济适用住房管理试行办法》(沪府发〔2009〕29号)的相关规定，特制定本实施细则。

第二条(定义) 本实施细则所称的"住房公积金个人购买经济适用住房贷款"(以下简称"住房公积金经适房贷款")，是指符合购买经济适用住房条件，且符合申请住房公积金经适房贷款条件的借款人，使用住房公积金贷款购买经济适用住房，并以该住房抵押作为反担保的住房公积金贷款。

第三条(贷款申请条件) 借款人应同时符合下列贷款条件：

(一) 符合购买本市经济适用住房的条件，并已按相关规定签订《上海市经济适用住房预(出)售合同》；

(二) 符合现行住房公积金个人购房贷款的各项条件。

第四条(共同借款人) 为提高购买经济适用住房家庭的筹款能力，除借款人之外，经济适用住房共同产权人应作为住房公积金经适房贷款的共同借款人。产权人之外的经济适用住房共同申请人，经本人同意可作为住房公积金经适房贷款的共同借款人。共同借款人应同时符合住房公积金贷款申请条件。

第五条(贷款金额的确定) 每户家庭住房公积金经适房贷款额度的计算办法是以户为基础，借款人和共同借款人分别计算贷款额度后累加，具体贷款金额按照借款人及共同借款人的申请金额和现行规定的贷款限额标准确定。每户家庭住房公积金经适房贷款金额应同时符合下列限额标准：

(一) 不高于借款人、共同借款人按各自住房公积金账户储存余额的倍数确定的贷款限额；

(二) 首付款比例不低于房屋总价款的20%；

(三) 不高于按照还款能力确定的贷款限额。其计算公式为：借款人、共同借款人计算住房公积金月缴存额的工资基数×规定比例×12个月×贷款期限；

(四) 不高于最高贷款额度。每户家庭住房公积金经适房最高贷款额度为60万元。

第六条(补充还款人)当住房公积金经适房贷款的借款人发生三期以上(含三期)逾期时，借款人和共同借款人可向市公积金中心提出增加补充还款人的申请。补充还款人的范围包括：借款人的父母、子女、兄弟和姐妹。经补充还款人本人同意，并由市公积金中心核准，签订相关补充协议后，其缴存的住房公积金余额可专项用于住房公积金经适房贷款的还款。

第十条(合同签订)借款人及共同借款人、受托银行、保证人等应当以面签形式签订《上海市住房公积金个人购买经济适用住房担保借款合同》。合同签订者必须具有完全民事行为能力。

工会经济事业

Cause of Union Economy

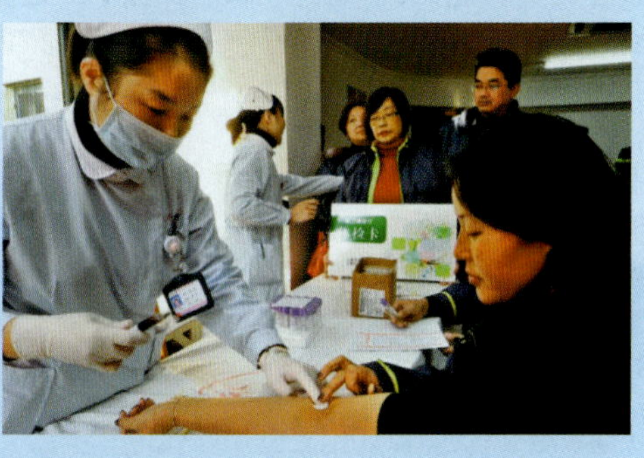

综　述

2010年,市总工会资产监管和企事业发展工作围绕工会工作中心任务,在加强调查研究基础上,不断完善制度建设,严格监督检查,夯实基础管理,有效推进工会资产监管和企事业发展工作。截至12月31日,全市工会企事业单位共有287家,比上年减少8家;资产总额达107.80亿元,比上年增加20.38亿元;净资产为50.07亿元,比上年增加17.19亿元;负债总额为57.73亿元,负债率53.55%;总收入计63.83亿元;利税总计13.65亿元;从业人员有9977人。(1)加强调查研究,促进资产管理工作。一是开展市总直管单位固定资产管理及相关制度执行情况调研。总结发展经验、分析存在问题及原因,检查资产管理制度建立和执行情况以及整改措施的落实情况,进一步指导和推进直管单位资产管理工作。二是召开工会资产监管工作会议。在调研基础上,召开工作会议,通报直管单位资产管理情况,研究加强工会企事业资产管理工作的举措,布置市总工会系统企事业单位开展固定资产清理工作任务。三是开展上海市区县局(产业)工会资产管理基本状况调查。了解管理人员队伍建设等基本情况,并搜集相关资料。(2)加强监督检查,保证资产安全完整。一是严把固定资产核销关。先后对劳动报社、市工人文化宫等14家单位待报废的固定资产进行实地核查,提出处理意见,履行审批程序;多次赴杭州协助海鸥集团和屏风山疗养院做好疗养院改造期间固定资产的清理、报废、调拨工作,防止工会资产流失。二是严把工会企业转改制(股权转让)资产处置关。严格审批上海市医药工会、市建一公司工会等单位分别投资的6家工会企业股权转让事宜;对一些不具备转改制条件的工会企业进行政策指导,协助企业妥善处置。三是加强对新建和整修工程项目的监管。重点对工程建设项目在质量、进度、造价、安全等方面加强监管,对工程建设管理方面存在问题督促落实整改。2010年,先后有多项新建和整修工程顺利完工:上海工会管理职业学院奉贤校区二期工程实验、实训综合楼项目于年初竣工并投入使用;科中大楼(海鸥商务大厦)改造工程竣工,招商工作已基本结束;劳动报社大楼整修改造项目已于年内全部竣工;沙家浜休养院会议中心改造项目于6月上旬完工;市工人文化宫电梯更新及楼梯间改造项目于7月下旬竣工;工会幼儿园在暑假期间完成1号教学楼的内部装修工程。四是督促和协助各单位做好历史遗留问题清理工作。督促和协助市总直管单位妥善解决相关的历史遗留问题。配合海鸥集团做好历史遗留问题的清理工作。(3)加强制度建设,完善监督管理机制。一是制定完善工会资产监管制度。起草《关于加强对市总直管单位基本建设监管的实施意见》。通过召开专题座谈会的方式,听取直管单位和市总纪委、财务部、经审办等部门意见,不断修改完善《意见》,并经主席会议审定后,于11月下发执行。二是检查督促制度的执行情况。结合固定资产管理调研工作,加强对《上海市总工会关于进一步加强工会资产监督管理工作的实施意见》、《上海工会企事业单位固定资产监督管理实施细则》、《上海工会企业转改制中的资产处置实施细则》、《上海工会企事业单位产权管理实施细则》等文件执行情况的调研和检查,督导各单位抓好制度学习和贯彻落实。(4)加强资源整合,促进工会资产保值增值。一是做好购置崇明地块的前期筹备工作。赴市政府相关部门了解购地程序,按规定准备所需材料;会同崇明县总工会与陈家镇开发公司及当地规土部门沟通、了解拟购地块的情况,积极开展购置地块前期协调工作。12月完成签署购地意向书。二是配合海鸥集团启动沙家浜度假小岛开发工作。为确保沙家浜小岛土地使用权,配合海鸥集团、沙家浜休养院与常熟市政府相关部门进行沟通协调,拟定小岛初步开发设计方案。三是开展嘉定公寓房屋设施大修筹备工作。协助退管办和嘉定公寓做好与原集资单位历史遗留问题的处理工作,所有集资单位均签订协议书。为解决房屋安全隐患问题,会同财务部、退管办多次赴实地了解情况,提出房屋设施大修的方案及预算。四是论证劳动报社购置印刷机及配套设备事宜,并拟定最终购置方案。(5)加强清理统计,夯实资产管理基础。一是开展市总工会系统企事业单位固定资产清理工作。二是完成全市工会资产统计上报工作。召开工会资产统计工作会议,开展工会资产统计人员培训,确保统计工作的全面性和准确性。三是加强产权管理,继续推进不动产产证办理工作。协助和督促少数未办证单位做好办证工作。沙家浜休养度假中心、退管会沙家浜小楼的房产证已办好。世纪海鸥房产正在进行产权分隔工作。四是收集、整理市总直管单位基本建设项目相关资料。(6)加强责任考核,增强资产管理责任感。一是会同有关部门完成2009年度直管单位负责人业绩考核工作。二是签订2010年直管单位经营业绩考核责任书。　　(张　卉)

工会企事业

【市总工会开展直管单位固定资产管理状况调研】　2010年,市总工会事业部开展对市总工会直管单位固定资产管理工作的调研。在固定资产管理工作总体运行正常,趋向有序管理的同时,少数单位存在问题,主要表现为:对固定资产管理工作重视不够;管理制度不完善,执行不到位;固定资产管理人员业务能力欠缺,责任心不强;面对新情况、新问题,应对不及时。为此,报告提出建议:(1)提高对固定资产管理工作重要性的认识。要进一步加强对固定资产管理工作重要性的宣传和教育,不断提高各直管单位负责人对固定资产管理工作的认识,将其作为一项重要内容列入工作日程。(2)不断完善固定资产相关管理制度。在市总工会下发的《上海工会企事业单位固定资产监督管理实施细则(试行)》基础上,针对近几年实践中发现的新情况、新问题,不断完善固定资产管理制度,更好地指导和规范实际工作。(3)组织开展市总工会所属企事业单位固定资产清理工作。通过清理使各单位全面掌握固定资产的数量、使用情况,发现管理中存在的问题,进一步规范管理工作,提升管理水平和使用效益,逐步形成管理长效机制。(4)加强对固定资产管理工作的检查考核。对是否建立固定资产管理制度、是否建卡建账、账实是否相符等

中国武警部队后勤保障部魏佑江部长一行专程来到上海市工人疗养院，代表中国人民武装警察部队向工疗赠送“警民鱼水情，世博心连心”锦旗 （戴坚秋）

进行核查；并将资产管理工作纳入市总直管单位负责人工作业绩考核综合指标，年底统一考核。（5）提高固定资产管理人员的业务水平。配备符合岗位要求的固定资产管理人员，通过开展各种形式的学习教育活动，提高人员的业务水平，满足岗位发展要求。（陈依岚）

【中国武警部队后勤保障部魏佑江来院答谢】 11月11日，中国武警部队后勤保障部魏佑江部长一行专程来到上海市工人疗养院，代表中国人民武装警察部队向工人疗养院赠送一面写有“警民鱼水情，世博心连心”的锦旗，为武警部队世博安保督导组入驻工疗康柏苑期间，得到的优质服务表示感谢。魏佑江表示此次世博安保任务的圆满完成，离不开工人疗养院和康柏苑酒店领导的大力支持，以及全体职工的积极配合和付出的努力，并赞赏上海市工人疗养院环境一流，保障有力，安全可靠，服务周到，让武警官兵充分感受到家的感觉。11月23日，上海武警总队李俊副总队长来到康柏苑大酒店，赠送写有“军民携手同保平安世博，你我同心共创世博精彩”的锦旗。再次感谢此次热情周到的服务，并与酒店领导班子成员合影留念。（戴坚秋）

【公惠医院坚持认真做好医疗服务工作】 公惠医院始终坚持“医疗帮困，施惠于民”的办院宗旨和“一级医院收费，二级医院设施，三级医院专家服务”的医疗特色，继续在提高医疗业务水平和医疗服务质量、加强医保管理和传染病防控方面下功夫。在医疗资源紧缺的情况下，充分发挥主观能动性，努力挖掘内部资源，将3号楼原部分闲置的三层楼面改造为病房，增加床位64张，并于1月22日正式开张。综合病房开张至今运转情况良好，床位满负荷使用，业务总量获得提升，病人需求得到尽可能满足。2010年门急诊就诊病人584755人次，比去年同期增加0.2%；出院5478人次，比去年同期增加9.96%。继续做好医疗帮困工作，全年门诊帮困482人次，帮困金额10.72万元；住院帮困5人，帮困金额0.63万元。发放集体助医卡168张（每张500元），配置医药箱80只，合计金额17.5万元。世博会期间，与市总工会领导一起慰问为世博场馆工作人员，向他们赠送医药箱200只。精心组织世博一线的千名环卫职工免费健康体检。坚持每月25日赴杨浦区总工会职工援助服务中心，为职工送医送药上门。（张利平）

工会技协

【市总工会联合举办第二十三届上海市优秀发明选拔赛】 由市总工会、市知识产权局、团市委、市科协、上海发明协会等单位联合举办的第二十三届上海市优秀发明选拔赛，收到参赛项目达1471个，比上届增长21%，评出获奖项目673项。其中：授予上海梅山矿业有限公司衣德强发明的“一种含硫复合铁矿尾矿的选矿方法”等97个项目为优秀发明金奖；授予上海三菱电梯有限公司徐卫玉发明的“电梯层站指示器”等129个项目为优秀发明银奖；授予上海市城市排水有限公司白龙港第二污水输送分公司沈宁发明的“城市水泵节能止逆阀”等268个项目为优秀发明铜奖；授予上海柴油机股份有限公司陈祖权发明的“齿形组合拉刀的研制”等19个项目为职工技术创新成果金奖；授予上海市浦东新区农业技术推广中心张耀良发明的“嫁接黄瓜生产技术”等36个项目为职工技术创新成果银奖；授予上海闸环环境卫生运输有限公司李德成发明的“沃尔沃210B挖掘机针对特殊作业条件的改装”等53个项目为职工技术创新成果铜奖；授予上海汇成物业有限公司任铄军发明的“垃圾箱周转运输车”等51个项目为职工技术创新成果入围奖；授予上海广安工程应用技术有限公司程志华发明的“带有空气源热泵和智能蓄热装置的电热锅炉系统”等21个项目为发明产品推广实施金奖。（王小龙）

【市总工会联合举办第三届优秀职工创新成果评选活动】 市总工会、市科学技术委员会、市经济和信息化委员会、市人力资源和社会保障局联合开展第三届上海市职工优秀技术创新成果评选表彰及推荐活动。通过组织发动，共收到来自60家区县局（产业）、229家企事业单位申报的职工创新成果283项。根据群众性、先进性、效益性和兼顾平衡的评选原则，经初审、专家评审和领导小组审定，共评出第三届上海市职工科技创新成果一等奖28个，二等奖43个，三等奖56个，优秀奖60个。推荐5个项目申报第三届全国职工优秀技术创新成果项目，经评审，上海奥威科技开发有限公司华黎等人的“世博‘零排放’公交客车用超级电容器动力系统研制”项目获得第三届全国职工优秀技术创新成果一等奖，上海城市排水有限公司沈宁等人的“城市排水节能和安全系列技术”项目获得二等奖，餐余垃圾处理技术有限公司张平等人的“一种餐厨垃圾资源化利用新方法”项目和宝钢技术集团有限公司章文强等人的“转炉副枪系统成套技术装备开发”项目获得三等奖。（王小龙）

【市总工会集中开展职工科技创新周活动】 市总工会在2010年上海科技活动周期间，以“科技世博，岗位创新”为主题，集中开展形式多样的职工科技创新活动。市级层面开展“上海职工科技创新工作经验交流会”、“科技世博与岗位创新”——上海职工科技创新论坛等5项职工科技创新活动。52家区县局（产业）、8851家基层单位和104万职工集中开展和参与430项职工科技创新活动。其中：举办有关职工科技创新论坛、讲座、报告会、座谈会、征文、演讲等活动1217次；组织技术攻关、技术交流和先进操作法推广活动995次；48家区县局（产业）单位开展合理化建议、金点子征集活动；44家区县局单位开展创新人物和创新成果的评选、表彰活动，评选各类先进681人；46家区县局（产业）单位举行职工技能比赛，参加人数达24.35万人；还有25家区县局（产业）单位的3105对技能人才举行结对活动。（王小龙）

【市总工会联合制定《关于推动本市职工技协组织开展群众性科技创新活动的若干政策意见》】 7月26日，市总工会、市科委、市国家税务局、市地方税务局、市工商局、市民政局、市社团局联合制定《关于推动本市职工技协组织开展群众性科技创新活动的若干政策意见》，进一步明确职工技协开展群众性科技创新活动的宗旨、方针和主要任务；明确职工技协开展科技服务活动的组织体制、相关税收政策和加强管理、监督的规定；明确市和区县局（产业）职工技协可以通过建立“职工科技服务工作站”的方式，独立地开展科技服务活动，为职工技协活动的开展进一步创造良好的政策环境。为更好地贯彻执行《意见》精神，市职工技协办公室制定《关于贯彻〈关于推动本市职工技协组织开展群众性科技创新活动的若干政策意见〉的实施意见》、《“职工科技服务工作站”工作细则》和《上海职工技协财务管理规定（修订稿）》等3份配套文件。（王小龙）

保障政策选辑

关于本市基本医疗保险关系转移接续若干问题处理意见的通知

为切实保障流动就业人员的合法权益，做好本市流动就业人员城镇职工基本医疗保险关系转移接续工作，根据人力资源和社会保障部、卫生部、财政部《关于印发流动就业人员基本医疗保障关系转移接续暂行办法的通知》（人社部发〔2009〕191号，以下简称《暂行办法》）要求，经研究，现就本市城镇职工基本医疗保险关系转移接续若干问题的处理意见通知如下：

一、凡参加本市城镇职工基本医疗保险的人员，跨省、自治区、直辖市流动就业的，其基本医疗保险关系的转移接续，按照《暂行办法》和人力资源和社会保障部社会保险事业管理中心《关于印发流动就业人员基本医疗保障关系转移接续业务经办规程（试行）的通知》（人社险中心函〔2010〕58号，以下简称《经办规程》）有关规定办理。

二、参加本市城镇职工基本医疗保险的流动就业人员，办理基本医疗保险关系转移接续手续，原则上应与城镇职工基本养老保险关系转移接续手续一并办理。

三、参加本市城镇职工基本医疗保险的流动就业人员，在按照规定参保缴费后，由市医保事务管理中心为其建立个人医疗账户。

本市城镇职工基本医疗保险参保人员流动到外省市就业的，在本市注销个人医疗账户，并由医保经办机构对个人医疗账户剩余资金进行清算，清算后的个人医疗账户余额（包括个人缴费部分和单位缴费划入部分）通过医疗保险经办机构转移。

四、市、区医疗保险经办机构要按照《暂行办法》和《经办规程》的要求，做好流动就业人员的基本医疗保险关系转移接续工作，及时记录更新流动人员参保信息，保证参保记录的完整性和连续性。

五、本市基本医疗保险关系转移接续的经办流程，由市医疗保险事务管理中心另行制订。

六、本通知自发文之日起施行，有效期至2014年12月31日。

友好交往

Friendly Intercourse

综 述

上海工会国际工作围绕上海工会工作大局，以服务大局、服务基层为主要宗旨。本着“围绕中心、服务全局、与时俱进、求真务实”的指导思想，为宣传上海、拉近同世界各国工会的距离，为造就一支了解国际工会运动情况、善于吸收创新、能够与时俱进的上海工会干部队伍服务。通过对外交流，宣传中国，宣传上海，宣传中国工会，宣传上海工会。上海工会抓住2010年世界博览会在沪举办的良好机会，积极开展工会国际交流，将世博会作为对外展示中国良好形象的舞台，多次与国外工会组织在世博园内举办工会工作研讨会。上海工会与法国罗纳—阿尔斯卑大区工会合作在世博园罗纳—阿尔斯卑馆举办题为“预测及应对在全球化背景下的经济变化”研讨会，来自政府、企业和工会三方的代表100多人参加研讨活动。协助全总先后与挪威全国总工会、挪威劳动部和挪威企业联合会在世博园挪威馆联合举办“中挪劳动关系三方研讨会”、与国际劳工局在世博园联合国馆联合举办“加强职工教育、促进性别平等、实现体面劳动”研讨会。上海工会在继续加强与国（境）外已建立友好交流关系的工会组织交往的同时，积极拓展新的交流渠道，扩大中国工会的国际影响，树立起与国家经济社会发展总体水平相协调的中国工会形象，进一步扩大上海工会的影响。在对外交流中，积极宣传中国改革发展所取得的成果，展示上海改革开放30年以来的城市和经济新貌，帮助外国工会朋友正确了解中国，了解上海，了解中国工会，了解上海工会，努力为中国改革开放和社会主义现代化建设营造良好的国际环境和有利的外部条件。年内，上海工会共接待来自世界各国和地区的58个工会代表团，793人次。通过交流，上海工会有选择地借鉴世界各国工会的有益经验，借鉴市场经济国家在长期劳资矛盾处理方式的探索中形成的成功经验和有效方法，了解如何化解全球金融危机对实体经济受到的影响，更好地维护职工的合法权益。2010年，来访的重要客人有：国际劳工局代表团、澳大利亚工会理事会代表团、挪威奥斯陆市总工会代表团、意大利米兰总工会代表团、丹麦综合工会联合会代表团、摩洛哥公用事业工会代表团、日本横滨市劳联代表团、日本大阪市劳联代表团、澳大利亚昆士兰州工会理事会代表团、香港公务员总工会世博参观团和台湾地区工会大陆参访团，等等。上海工会在做好“请进来交流”的同时，还注重“走出去交流”的方式。2010年，上海工会共组织出访6批团组，31人次，分别赴澳大利亚、日本、意大利等国进行交流访问。基层产业工会的对外交流得到了进一步的拓展。通过各种形式、各个层面的交流，使上海各级工会拓展了视野，进一步了解发达国家工会工作的有益经验。上海工会积极开展同台、港、澳地区工会组织的交流，相互间关系日趋密切，交流内容向更深层次发展。 （沈雄德）

2010年上海工会与外国工会主要交往简表

团 名	时 间	交 往	人 数
越南胡志明市劳联访华团	4.9—14	来访	7
市总工会访问日本代表团	5.17—22	出访	6
挪威奥斯陆市总工会访华团	5.19—26	来访	5
日本横滨市劳联访华团	6.29—7.4	来访	13
澳大利亚昆士兰州工会理事会访华团	7.18—26	来访	5
摩洛哥公用事业工会首次访华团	8.2—9	来访	5
丹麦综合工会联合会访华团	8.20—25	来访	4
市总工会访问法国代表团	8.30—9.5	出访	6
日本大阪市劳联访华团	9.7—10	来访	8
意大利米兰总工会访华团	10.14—22	来访	6
韩国釜山劳总访华团	11.9—13	来访	5
市总工会访问意大利代表团	11.22—27	出访	6
市总工会访问越南、澳大利亚代表团	12.10—19	出访	6

（张国峰）

上海工会出访

【上海市总工会代表团应邀访日】5月17日—5月22日,应日本大阪市工会联合会的邀请,以市总工会经济工作部部长彭剑明为团长的上海市总工会访日代表团一行6人对日本大阪、横滨、京都以及东京等地进行为期6天的交流访问。代表团一行在日期间受到以中村委员长为首的大阪市劳联本部以及该会所属7个产业工会领导的热情欢迎和真诚接待。两地就《金融危机背景下的大阪劳动保障》进行了座谈,大阪市劳联特意请大阪府工会联合会政策部负责人井尻雅之先生专题为座谈会作报告。代表团在横滨期间,听取以石井委员长为首的横滨市劳联有关领导介绍的横滨市工会运动情况,以及横滨市劳动就业及其保障情况,彭剑明也介绍了在金融危机背景下上海工会的主要工作。代表团还应邀参观横滨市职工活动中心。通过交流和互动,达到了交流信息、增进了解与友谊的出访目的。 （李　庆）

【上海市总工会代表团访问意大利】11月22—27日,应意大利米兰总工会的邀请,以市总工会副主席陈国华为团长的代表团一行6人对意大利进行为期6天的友好访问。代表团在访意期间先后拜访意大利米兰总工会、意大利总工会国际部,就共同感兴趣的话题进行交流。交流中,意方介绍了意大利工会在国际金融危机背景下维护职工权益的经验和做法。同时意方对中国迅速走出国际金融危机并有长足发展,以及上海工会如何作为十分感兴趣。陈国华介绍了上海工会在应对国际金融危机中发挥自身优势,配合政府统一行动,通过开展“共同约定”活动、集体协商、就业援助、劳动竞赛、岗位培训等维护职工权益的经验和做法。此外,两会在加强工会干部培养、提高职工技能培训等领域也有着广泛交流合作的空间。在交流过程中,意大利总工会谈到多年来一直十分迫切与中华全国总工会恢复自1989年中断的友好交流关系,希望与中国工会组织有良好、深入的互访交流。在拜会意大利总工会时,他们确定中国工会年底将访问意总,表示这次中国工会和意总成功恢复交流关系,是上海工会和米兰总工会多年促进交流的结果。中意两国工会建立友好关系,对推动地区工会的互访有着重要的作用,也对推动两国人民友谊发展起到很好的作用。 （施雅南）

11月25日,以陈国华副主席为团长的上海市总工会代表团在意大利罗马拜访意大利总工会,与意总国际部领导进行交流 （施雅南供）

【上海市总工会代表团访问越南、澳大利亚】 应越南胡志明市劳动者联合会和澳大利亚昆士兰州工会理事会的邀请,12月10—19日,以市总工会副主席杜仁伟为团长的上海市工会代表团一行6人,对越南、澳大利亚进行为期10天的友好访问。访越期间,代表团拜会了胡志明市劳联,双方在友好的氛围中互通信息,交流工作经验,就共同关注的维护外来务工人员合法权益问题进行广泛的探讨;代表团还参观了越南最大的台资宝元公司(现有职工7.4万人,会员6万余人),了解胡志明市基层工会组织的运作情况。访澳期间,代表团与昆士兰州工会理事会、凯恩斯餐饮行业工会、凯恩斯船员工会进行了广泛而深入的交流。 （崔春吉）

【上海市总工会代表团赴法国访问】8月30日—9月5日,应法国总工会罗纳—阿尔卑斯大区委员会邀请,以市总工会法律部部长吴萌为团长的上海市总工会代表团一行6人访问法国巴黎、里昂等地。访法期间,代表团先后拜访法国总工会、法国总工会巴黎大区委员会、罗阿大区委员会;访问了卢安市总工会、卢安市市政厅;在罗阿大区总工会培训中心,听取罗阿大区培训机构负责人关于法国工会组织发展沿革及劳资双方开展集体协商谈判的情况介绍。在法期间,市总工会代表团与罗阿大区总工会就工会的组织发展、集体协商谈判、职工权益维护等课题进行了交流探讨,并希望双方能定期沟通联系,就热点问题进行深入而富有成效的研讨,建立长期稳定的合作机制。双方表示,充分理解并尊重两国工会根据本国国情制定的工会发展战略及在维护劳工权益方面所做出的努力和积极贡献,通过访问进一步增进两地工会的友谊。吴萌着重介绍了上海工会组织在按照“促进企业发展,维护职工权益”原则指导下,开展的卓有成效的工作。罗阿大区政府、工会代表就10月在上海世博园城市最佳实践区罗阿大区案例馆联合举办的主题为“创新与社会进步、社会发展、社会对话”研讨会事项进行介绍,并希望上海市总工会能出席这次研讨活动。吴萌代表上海市总工会邀请罗阿大区总工会总书记布维埃等在随罗阿大区政府、议会代表团到访参加上海世博会专题论坛期间访问上海市总工会。 （赵永康）

工会友好团体来访

【澳大利亚昆士兰州工会理事会代表团访华】 7月18—26日，应上海市总工会邀请，由副总书记阿曼达·马里恩·理查兹女士率领的澳大利亚工会理事会昆士兰州分会代表团一行5人访问中国。理查兹团长介绍了在全球金融危机期间工会的应对策略。工会要求企业不减员，但可减少工作时间，3人活2人做，同时加强员工培训，争取扩大医疗覆盖范围。政府企图把公共交通、港口、森林等资源私有化，工会表示坚决反对，会使其会员流失。昆士兰州工会理事会下辖35个产业工会，有35万多会员，入会率为21%—22%；护士、警察、教师等工会的入会率达80%—90%，而私有企业、劳务公司的入会率很低。7月19日，市总工会副主席陈国华会见昆士兰州工会同行，并向客人介绍上海工会的主要工作和世博会的有关情况。代表团除了参观世博园，还在上海申通地铁集团工会的安排下参观地铁世纪大道站。 （张国峰）

【丹麦综合工会联合会代表团访华】 8月20—25日，应上海市总工会邀请，由斯蒂恩·安德森副主席率领的丹麦综合工会联合会代表团一行4人访问上海。8月23日，上海市总工会副主席肖堃涛会见代表团一行，对丹麦工会客人的来访表示欢迎，并介绍了上海工会在应对全球金融危机、促进就业和企业发展等方面所做的工作。斯蒂恩说，当今丹麦保守自由党执政，它只是减税，对降低失业率没有作为。现丹麦失业率为4%—5%，蓝领工人达到10%。国际金融危机发生后，一些企业乘机裁员，或把厂迁至发展中国家。丹麦工会不反对丹麦公司在海外办企业，但希望在薪酬、福利、工作条件上不要相差悬殊。丹麦综合工联是一个以蓝领工人为主的工会，这些年来会员一直呈下降趋势。工会当务之急是提高就业率，发展会员。工联准备与一个有4.5万会员的木工工会合并。此次系斯蒂恩第四次率团访华，代表团除参观世博园外，还走访了上海市科技创业中心等丹麦公司。 （张国峰）

8月3日，市卫生局妇委、市医务工会女职工委员会首次在世博园区与美国国家馆官员开展文化交流 （童秀妹）

【韩国劳总釜山地域本部代表团访华】 11月9—13日，由议长李海守率领的韩国劳总釜山地域本部访华代表团一行5人应邀访华。11月9日，市总工会主席陈豪在千禧海鸥大酒店会见并宴请了代表团一行，副主席周志军等参加。双方围绕后金融危机时期两地工会面临的课题和应对经验进行了交流。在沪期间，代表团还访问了洋山深水港，上海国际港运（集团）股份有限公司工会主席王晓华介绍了上海航运概况和工会工作情况。 （崔春吉）

【挪威奥斯陆市总工会代表团访华】 5月19—26日，挪威奥斯陆市总工会应上海市总工会邀请第六次派代表团访华。5月20日，上海市总工会副主席肖堃涛会见了以斯文恩·托雷·莫滕森先生为团长的包括原主席克莱夫·西蒙·费斯克维科在内的挪威工会客人。肖堃涛向客人介绍了世博会和上海经济发展的有关情况以及上海工会在市场经济条件下维护职工权益的工作进展。斯文恩说，挪威通过税收调节收入，脑力劳动和体力劳动差别小，最低工资标准随着职工工资增长而提高。近年来，来自东欧、波罗的海的劳务工涌入挪威，工会对他们同样维权，希冀能做到同工同酬。在普陀区总工会的安排和陪同下，代表团参观了上海九周通医药有限公司，了解工会如何在私营企业开展工作等情况。代表团还参观了世博园的中国、挪威等馆。 （张国峰）

【全总和国际劳工组织在沪联合举办研讨会】 7月8日，全总和国际劳工局在上海世博园联合国馆共同举办“加强职工教育、促进性别平等、实现体面劳动”研讨会。全国总工会副主席倪健民、国际劳工局性别平等司司长霍婕丝等作演讲。霍婕丝系澳大利亚人，长期担任国际劳工局性别平等司司长职务，她积极推动国际劳工组织与中国工会在性别平等、实现体面劳动方面的技术交流和合作。上海市总工会副主席汪兰洁出席研讨会。 （张国峰）

【日本大阪市劳动组合联合会代表团访华】 9月7—10日，由委员长中村义男率领的日本大阪市劳动组合联合会代表团一行8人应邀访华。9月7日，市总工会主席陈豪在千禧海鸥大酒店会见并宴请代表团一行，市总工会副主席陈国华等参加会见。陈豪介绍了上海市经济社会发展情况、世博会情况和后金融危机时期上海工会面临的课题以及应对情况。中村委员长介绍了后金融危机时期和民主党执政以来日本公务员工会怎样应对工资削减和会员减少的挑战。在沪期间，代表团访问了上海申通地铁集团有限公司和上海市自来水市北有限公司，双方进行了有针对性的友好交流。 （崔春吉）

【日本横滨市劳动组合联盟代表团访华】 6月29日—7月4日，由委员长石井荣一率领的日本横滨市劳动组合联盟第十四次代表团一行13人应邀访华。6月29日，市总工会主席陈豪在千禧海鸥大酒店会见并宴请代表团一行，秘书长周志军等参加。陈豪介绍上海市经济社会发展情况、世博会情况和后金融危机时期上海工会面临的课题以及应对情况。石井荣一委员长介绍了日本在后金融危机时期面临的各种社会挑战和民主党执政以来日本工会所面临的若干课题。7月2日,代表团参加了上海世博会横滨周活动。 (崔春吉)

【上海和法国罗阿大区共同举办研讨会】 10月21—22日,上海和法国罗阿大区三方代表在世博园罗阿馆内参加"预测及应对全球化背景下的经济变化"研讨会。两天里,法方劳资政三方代表近20人,中方来自政府、工会、企业和有关专家学者约100人出席会议。市总工会宣教部长丁巍就工会如何开展职工素质和技能培训作专题发言。10月19日晚,民主管理部部长张立群代表市总工会会见出席研讨会的法总罗阿大区委员会国际事务书记让·雅克·古贡,宾主双方在友好气氛中互通信息,交流工会工作经验。 (张国峰)

【意大利米兰总工会代表团访华】 10月14—22日,应上海市总工会邀请,由意大利米兰总工会副总书记戈拉·格拉西亚诺率领的意大利米兰总工会代表团一行6人访问上海、西安和北京。此系意大利米兰总工会第14次派代表团访华,旨在加强双方工会间的友好联系,更多地了解中国近年来的社会、经济发展情况和上海世博会的运行状况以及中国工会的主要工作。10月15日,市总工会副主席肖堃涛会见代表团。向客人们介绍上海的情况和工会的组织体系、技能培训、维权工作以及工会参与世博服务的活动。戈拉说:"2015年米兰将举行世博会,此次来就是要学习上海举办世博会的经验。米兰和上海两个城市很相似。尽管会员显得少,但也要为世博会作贡献。意大利在环境保护方面有优势,今后双方可以在这方面进行合作。"代表团在沪拜会了上海世博园事务协调局工会,参观了世博园,在市化学工会陪同下走访了氯碱化工股份有限公司。 (张国峰)

【越南胡志明市劳联代表团访华】 4月9—14日,应上海市总工会邀请,由阮辉近主席率领的胡志明市劳动者联合会代表团一行7人来华访问。4月9日,上海市总工会陈豪主席会见代表团。陈豪向越南客人介绍上海经济、社会和工会的发展情况。阮辉近说,看到上海快速发展,代表团成员都很感动。越南工会和中国工会的任务相似。2009年越南经济较困难,工会积极参与社会政治活动,参与劳动法、工会法等有关法律、法规和条例以及有关政策的制订和修改工作,监督法律和政策的执行;通过协商签订集体协议和劳动合同,保障会员和工人的就业和收入;开展职工培训,通过努力使80%的失业者找到工作。代表团参观了上海贝尔股份有限公司,并与公司工会干部进行深入的交流。 (张国峰)

【中挪劳动关系三方研讨会在沪举行】 9月30日,中挪劳动关系三方研讨会在上海世博会挪威馆举行。参加研讨会的有中国人力资源和社会保障部、中华全国总工会、中国企业家联合会和挪威劳动部、挪威全国总工会、挪威企业联合会等中挪两国三方代表约60人。挪威全国总工会主席弗拉顿和中华全国总工会副主席张鸣起代表工会方作了发言。上海市总工会副主席茆荣华参加研讨会。 (张国峰)

【周志军会见台湾工会贵宾】 11月1日,上海市总工会副主席周志军在市总工会机关贵宾室会见了中国国民党中央常务委员、台湾两岸劳动关系发展协会理事长姚江临和中国国民党中央委员、台湾能源产业工会联合会理事长庄爵安。周志军向台湾客人介绍了上海工会的基本情况及在维护职工权益方面所做的工作。姚江临对上海工会工作、特别是帮助困难职工家庭的大学生就业之事表示钦佩。姚江临和庄爵安均为台湾工会资深领导人,为两岸的和平发展和工会交流起到了重要作用。此次是应国务院台办邀请在参加世博会闭幕活动后由全总港澳台办公室副主任刘洪陪同前来拜访上海市总工会的。 (张国峰)

【挪威奥斯陆市总工会访问普陀区总工会】 5月20日,以挪威奥斯陆市总工会主席斯文恩·托雷·莫滕森为团长的挪威奥斯陆市总工会访华团一行5人到普陀区总工会参观交流。区总工会主席严爱科对挪威客人的来访表示欢迎,向客人们介绍了普陀工会在维护职工政治、经济、精神文化权益等方面所做的工作。访华团参观了区总工会职工援助服务中心、沪西工人文化宫、沪西职工技术交流站等单位,走访了上海九洲通公司,深入了解私营企业工会工作情况。区总工会副主席周伟、张德鑫,桃浦镇总工会主席邹元和等参加接待活动。 (李 悦)

【台湾中华邮政工会交流访问团来上海访问】 10月19—22日,受国家邮政工会委托,上海邮政工会接待以江

沪台电信工会签订友好交流协议 (朱东亚)

子蓁为团长的台湾中华邮政工会交流访问团一行11人。访问期间，上海市邮政公司党委书记、总经理王观錩等公司领导会见并宴请访问团一行。上海市邮政公司纪委书记、工会主席史金虎就推进上海与台湾两岸邮政工会全面交流、增进相互信任和了解等达成共识。上海邮政工会陪同访问团参观了世博园区、浦江游览、上海环球金融中心、上海邮政博物馆等。 （姚荣根）

【联合国合唱团访问上海电信瑞信养老院】 5月4日，联合国合唱团来到上海电信瑞信养老院访问，院长向客人们介绍了养老院的概况。联合国合唱团以世界名歌表达对老人的祝福，随后，他们跟着老人们学包馄饨，养老院的老人用英语表达对外国友人到来的欢迎，与老外和着乐曲共舞，令合唱团成员激动不已。 （朱东亚）

【上海台湾两地电信工会进行首次友好交流】 6月9—14日，以（台湾）中华电信工会常务理事、台南分会理事长曾世宏先生为团长的一行10人应邀与上海电信工会进行首次友好交流，并签订首轮沪台电信工会《友好交流协议书》。上海电信工会十分重视中华电信工会友好代表团的首次来访，除交流座谈外，安排参观了上海世博会、电信信息生活体验馆、上海豫园、电信网络操作维护中心、瑞信养老院，游览了南京中山陵、无锡梵宫、苏州拙政园、狮子林等。此行给台湾同行留下美好印象，双方商定明年台湾再次相会。 （朱东亚）

【美国加州教师工会联盟代表团访问上海】 4月25日—5月1日，应上海市教育工会邀请，以美国加州教师工会联合会副主席肯特·黄（黄道权）为团长的加州教师工会联合会代表团来华访问。4月28日，双方签订友好合作协议。两地教育工会交流活动始于1999年，11年来，双方8次互派代表团定期访问，交流经验、参观考察学校和教育情况。2010年起，上海与美国方面的友好合作交流，由洛杉矶教育工会升格为加利福尼亚州教师联合工会。 （顾伯超）

国际友好工会

【巴西工人总工会】 2005年9月，巴西工人总工会国际关系书记（现任副主席）、巴西银行和保险业工会联合会主席洛伦索·费雷拉·普拉多应邀在沪参加全总主办的“2005’经济全球化与工会”国际论坛。期间通过接触，与之达成相互开展交流的意向。2006年12月和2009年9月，上海市总工会代表团先后应邀访问了巴西。在圣保罗，代表团拜会了巴西工人总工会，与其主要领导进行会谈。在首都巴西利亚，代表团走访了巴西银行和保险业工联总部，与普拉多主席等进行了深入交流，加深了友谊。在访巴过程中，上海工会代表团受到巴西工会同行的热情接待。通过一系列工会工作的交流，我代表团对巴西工会的情况及其所开展的工作有了初步了解。（1）巴西工人总工会概况。巴西工人总工会创建于1929年，系巴西历史最悠久的全国性工会。1964年，它遭到巴西军政府强行解散，工会领导受到迫害。1979年巴西工人总工会开始重新运作。1986年3月23日，巴西工人总工会（CGT）再度成立，并召开了第一届全国代表大会。2007年7月19日至21日，由3400代表出席的巴西总工会第八届代表大会在圣保罗召开，CGT（约有会员280万）同SDS（有会员100多万）和CAT（会员50万左右）两家综合工会及一些独立工会合并，更名为UGT，商业工会主席里卡多·帕塔当选为主席，任期4年。UGT现为巴西第三大工会组织，总共有会员500多万。巴西有多个大小不等的全国总工会，最大的工会叫巴西工人统一中央工会（CUT），麾下有1200多个工会组织，号称拥有2100万会员，但实际上相当一部分为农民工。然而整个巴西工会入会率只有30%左右。（2）巴西总工会及其下属工会的主要工作。一是参与三方协调工作。巴西总工会在政治上主要受巴西民主运动党和民主工党的影响，通过积极参与联邦、州和市三个层面的三方协调工作来维护会员的权益。全球金融危机爆发后，该会联合其他工会要求政府降低基准利率，增加失业保险的覆盖范围，督促雇主不裁员、不减薪或少减薪，取消加班，缩短工时。巴西法律规定每周工作44小时，但实际上在不同的行业实行不同的工时制度。巴西工会现正在努力推进实行每周40小时的工作制，工会最终目标是把每周工时减至36小时。二是提高工资。巴西总工会每年会同另两大工会与政府和雇主协会谈提高最低工资等事宜。在工会的努力下，巴西的最低工资从2006年的150美元增至200多美元。但工会要求按物价指数继续调整最低工资，将其提高到300美元，以保障每个家庭衣食住行及受教育所需的花费够用。巴西银行和保险业工联代表160余家银行职工同雇主方代表进行工资等方面的谈判。法律规定每两年须谈判一次，但银行系统实际上每年都谈，主要谈加薪，也谈劳动关系、劳动安全、健康等问题。现银行职工平均月工资为1200美元（巴西法律规定最高月薪为12000美元），外加优厚的福利；年终分红平均为月薪的80% +400美元，最多不超过5000美元。此次国际金融危机对巴西实体经济虽有影响，但其银行业因未涉足次贷业务而经营状况良好，银行业工会遂向资方提出增资12%的要求，但遭到后者的拒绝。于是工会在2009年9月24日举行了全行业总罢工，力压雇主让步。当然，根据有关罢工的法律规定，工会在罢工前除了要向政府有关部门备案外，还得在72小时前向雇主及工会会员公布罢工信息，否则就是违法，将会受到处罚。三是为会员服务。该会为其1万会员及家属共3万人提供免费体检、法律咨询等服务，看牙病、动小手术、接受培训只要付很少的钱，到健身房锻炼每月需付27元巴西雷亚尔（1雷亚尔现约合3.8人民币），用于支付专职指导老师的费用，而业务、电脑和外语培训的老师则来自工会会员或其家属。该会还组织会员出外旅游度假、开展垂钓活动等，会员也只是象征性地付点钱。四是重视国际交往。UGT重视国际交往，与欧、亚、非及美洲的许多工会保持良好的交流关系，特别重视同美国、加拿大、日本、中国、意大利、荷兰、西班牙、葡萄牙、以色列、阿根廷等国的交往和合作。该会加入国际工会联合会等国际或区域性工会组织；在国际劳工组织的理事会中有其代表，每年赴日内瓦参加国际劳工组织工人组理事会议。(3)有关会费交纳及其他情况。巴西有关法律规定,会员一年要交的会费相当于会员一天的工资。会费约占会员工资收入的1%,但电力系统的会员则占1.7%,一般最高不超过25美元,一年扣一次。会费60%留在基层工会,15%上交地区产业工会,5%上交全国产业工会,20%交给政府,用于支付会员的失业保险等费用。UGT等巴西全国性总工会不拿百分比,这样便可无拘无束地同政府劳动等部门和雇主协会进行协商谈判,要求增加失业接济金,共决并监督那20%会费的使用情况。实际上,UGT下属的600多个工会组织或多或少地捐助总部。钱交得越多,参加代表大会的代表名额也就越多。交费数额与代表名额共分为七等,譬如最少交35美元,只能有2个代表参加大会,交80美元可有6个代表,而交500美元则拥有20个代表。巴西行(产)业工会通过与资方谈判来提高会员收入,而会员增加工资后的第一个月则按工资总额的5%作为会费一次性交给工会。在巴西的政治格局中,工会具有重要的地位。原总统卢拉原是巴西ABC地区的冶金工人工会主席,他当选和执政都得到工会的支持。

(张国峰)

国际工运动态与理论

【“联合大阪”为改善非正规就业者待遇采取新举措】 20多年来,日本经济徘徊在低迷之中,失业率创历史新高。在此背景下,日本工会经过多年的努力使自己支持的政党——民主党获得政权。工会通过建立“非正规就业劳动中心”,从组织上对处于弱势群体进行维权,从而受到广大非正规就业者支持。此外,还通过建立“大阪希望馆”,作为对不完善的社会保障之补充,体现日本工会干部在困境中的可贵精神。其具体形式和内容如下:一是建立“非正规就业劳动中心”。鉴于日本非正式员工数量的迅猛增加(占职工总数的1/3),日本各地工会根据当地实际情况先后成立“非正规就业劳动中心”。大阪府工会联合会于2009年初建立了“非正规就业劳动中心”,中心的主要任务是:帮助协调解决非正式员工的就业、劳动保障以及生活等基本民生问题。提出口号是:只要能够帮助非正规就业者稳定就业和生活,任何问题都可以到中心来咨询。自从建立中心以来,在协助处理非正规就业者的就业、劳动保障及其劳资纠纷等方面起到了较大的作用,受到广大非正规就业者普遍欢迎。二是建立“大阪希望馆”。为帮助缓解大阪地区非正规就业者遭遇企业临时解雇而一时“无家可归”的居住问题,大阪府工会联合会携手大阪地区民间团体,在日本建立首个“大阪希望馆”。馆内设施齐全,一般入住者不超过两星期。由于日本工会经费紧缺,工会日常运营完全靠会员会费维持,“希望馆”规模还不大。为此,大阪府工会联合会除了到街上募捐外,还积极向大阪府、大阪市政府以及国会提出资金申请。大阪府、大阪市政府已采纳大阪府工会联合会的建议,给予财政拨款,从而在资金上保证“希望馆”的正常运营。日本工会总联合会把大阪“希望馆”的模式作为社会新型的福利设施以及就业支援事业的典型向政府提出普及建议。

(李 庆)

【丹麦综合工联不断拓展对外交往】 20多年来,丹麦综合工联扩大国际交往,认为紧密的国际联系和工会间的团结合作能促进世界和平与发展。丹麦综合工联(3F)同波兰、乌克兰、巴勒斯坦、古巴、厄瓜多尔、危地马拉、洪都拉斯、尼加拉瓜、莱索托、莫桑比克、南非、斯威士兰、赞比亚、津巴布韦、菲律宾、印度、尼泊尔、越南等东中欧、中东、拉美、非洲、亚洲等国有关工会建立了姐妹关系。3F每年外事经费预算近3千万丹麦克朗,此外还从丹麦外交部得到财政支助,用于在最贫穷国家开展工作。欧盟对其在东中欧一些国家开展活动也有所拨款。1996年6月起,上海市总工会与丹麦综合工联进行接触。1998年6月和8月,该工联两次派以丹麦工会国际问题专家弗来明·卡尔森为团长的下属地方工会干部共30人自费来沪作为期一周的考察。在中方精心安排下,两批考察团比较全面地了解了中国工会在市场经济条件下的任务、工人的生活以及劳动力市场等方面的情况,并对上海留下深刻印象。1999年5月,市总工会与丹麦综合工联正式建立友好关系,随后双方派团进行互访。最近几年3F派团着重考察在上海、江苏、云南等省市的丹麦投资企业的职工工资、工作环境以及工会如何开展工作等方面的情况。通过交流,认为这些企业提供的工作条件和工资待遇都在平均水平之上,回国后可放心地告诉其丹麦总公司会员这些实情。他们希望丹麦在华投资企业的工会干部和会员能与丹麦总公司的同行开展交往,或通过电子邮件互通情况,或进行自费交流。2008年,市总工会国际联络部和经济工作部合作同3F代表团就工会在保障工作场所安全与健康方面所做的工作进行研讨。中方围绕上海工会的劳动保护工作作了发言。3F工作环境问题专家介绍了丹麦有关工作场所安全与健康等方面法律和劳动保护体制的形成过程和工会在这领域的作用和做法。近年来由于产业结构调整等原因,丹麦蓝领工人减少,年轻人加入工会的比例下降,3F会员以每年6000—8000人的数量在削减。整个丹麦工会入会率原高达84%,现在约为80%;故3F的当务之急就是努力吸引青年工人加入其工会。

(张国峰)

【挪威工会概况】 挪威全国总工会成立于1899年,是挪威最大、最有影响力的工会组织。下辖21个全国性的产业工会,共有会员86万。会员以私营企业、公司的蓝领职工和地方公共部门的雇员为主,女会员占会员总数的一半。挪威的工会入会率占职工总数的55%,挪威全国总工会拥有一半以上的会员,约有13万名基层工会干部,他们由会员直接选举产生,代表会员同雇主谈判。从历史上看,挪威全国总工会一直和挪威工党保持着密切的合作关系,主要任务是通过参与立法来维护工人权利;对政府制定政策施加影响,保护并发展职工福利;承担社会责任,开展环保等项工作;与政府劳动部门、挪威企联在劳动立法等领域进行富有成效的合作;工会参与政府各类委员会的工作,对收入分配、集体谈判和工作场所的安全、劳动时间、劳动合同的规范等内容提出政策建议。工会和雇主组织结成社会伙伴关系，通过各级集体谈判和签订集体协议来发展劳动关系，力争双赢，既维护职工权益，又促进产业发展。

（张国峰）

【意大利工会积极应对国际金融危机】 以市总工会副主席陈国华为团长的访意代表团与意大利总工会国际部部长里奥帕多·塔尔塔亚、米兰总工会总书记奥纳里奥·罗素和书记处全体成员交流时，双方就"工会组织如何应对国际金融危机带来的机遇和挑战"进行深入的探讨。研讨中，陈国华介绍了中国政府应对金融危机采取拉动经济的一系列行之有效的举措，同时重点介绍上海工会在应对国际金融危机中发挥的作用，并回答意方感兴趣的话题，得到了意大利同行的积极评价。代表团也表示要学习借鉴意大利总工会在国际金融危机背景下维护职工权益的经验和做法，对共同面临的如农村劳动力转移、新兴产业工会组建等问题，要进一步加强关注、研究和合作。中意两国社会制度不同，工会的组织形式、运行方式、维权手段等有所不同，但在经济全球化背景下，面临着许多共同话题。意方介绍，意大利遭受国际金融危机的影响比较严重，2009 年出口下降 5%，GDP 同比下降 4.2%，由于企业规模较小，受全球经济衰退的影响远远大于其欧盟伙伴。据意大利国家统计局最新公布的数据显示，2010 年 10 月意大利的失业率达到 8.6%，失业人数为 216.7 万人，创 2008 年以来新高，青年人失业率为 26.2%，远高于欧盟同期平均 20.1% 的失业水平。与美国、欧盟等实施大规模经济刺激方案等应对措施不同，意政府没有实质性的举措，反而为迎合资方利益，大幅修改劳工政策，致使企业更容易聘用或解雇员工。因此，中小企业受到很大冲击，特别是对米兰地区的汽车行业和工业冲击非常大，社会矛盾比较尖锐。为保护工人利益，意方工会十分关注严峻的就业形势，采取一系列行动，如对停薪留职的职工发放补贴、向 200 多万名会员征询需求、组织大罢工。2010 年 3 月和 6 月，意大利总工会发起 100 万人大罢工，以抗议政府出台财政紧缩措施。在代表团访问期间，意大利总工会准备 11 月 27 日在罗马发起为保卫工作岗位而抗议政府预算紧缩政策的游行示威活动，有 12 万民众参加，众多学生抗议贝卢斯科尼政府的削减预算和改革大学教育的提议，代表团在意大利所到各处都能看到在 CGIL（意大利总工会）的旗子飘扬下工会成员宣传这次活动的场面。

（施雅南）

保障政策选辑

《社会保险法》由全国人大审议通过 2011 年 7 月 1 日起施行

2010 年 10 月 28 日，《中华人民共和国社会保险法》（以下称《社会保险法》）由十一届全国人大常委会第十七次会议审议通过，并由国家主席胡锦涛签署第 35 号主席令予以颁布，自 2011 年 7 月 1 日起施行。《社会保险法》是继劳动合同法、就业促进法、劳动争议调解仲裁法之后，在保障和改善民生领域又一部支架性法律。

《社会保险法》确立了我国社会保险体系的基本框架，即规定国家建立基本养老保险、基本医疗保险、工伤保险、失业保险、生育保险等社会保险制度，保障公民在年老、疾病、工伤、失业、生育等情况下依法从国家和社会获得物质帮助的权利。

第一，基本养老保险包括职工基本养老保险、新型农村社会养老保险和城镇居民社会养老保险。《社会保险法》总结二十多年来我国养老保险制度改革的经验，对职工基本养老保险制度的覆盖范围、基本模式、资金来源、待遇构成、享受条件和调整机制等作了比较全面的规范，并规定了病残津贴和遗属抚恤制度。根据开展新型农村社会养老保险试点这一重大实践进展，《社会保险法》对新型农村社会养老保险的主要制度作出规范。此外，《社会保险法》还规定国家建立和完善城镇居民社会养老保险制度，同时授权省、自治区、直辖市人民政府根据实际情况，可以将城镇居民社会养老保险和新型农村社会养老保险合并实施，为逐步建立统筹城乡的养老保障体系奠定了法律基础。

第二，基本医疗保险包括职工基本医疗保险、新型农村合作医疗和城镇居民基本医疗保险。《社会保险法》对职工基本医疗保险制度和城镇居民基本医疗保险制度的覆盖范围、资金来源、待遇项目及享受条件、医疗保险费用结算办法等作了比较全面的规定，对新型农村合作医疗制度作了原则规定，并授权国务院规定管理办法。

第三，工伤保险、失业保险和生育保险制度经过十多年的实践，已经比较成熟。《社会保险法》在总结实践经验的基础上，对工伤保险、失业保险和生育保险也分别单独成章，对其覆盖范围、资金来源、待遇项目和享受条件等作了具体规定。

区县工会概况

Brief Introduction of District and County Unions

概　况

浦东新区总工会

主　席
姜　鸣

【概　况】　浦东新区总工会辖系统工会、区属企业工会、社区镇总工会、开发区工会联合会、直管企业工会联合会共75个,基层工会11001个,覆盖单位22175家,会员1003292人。(1)动员职工投身世博建设。打造优秀职工志愿者队伍,突出工会服务世博特色。筹建130个内设站点,承担8568名职工志愿者的协调管理工作。新区内设站志愿者上岗13万人次,提供各类服务289.5万人次。一是开展立功竞赛,展示职工保障世博运行新风采。在新区公安、公交、环保、商圈、志愿者服务及协调劳动关系等方面开展世博运行保障立功竞赛浦东赛区活动,发动12万名职工投身世博运行保障,评选表彰各类市、区级先进480名。二是切实推进世博职工关爱工程,激励一线职工为成功办博立新功。组织各级工会慰问公安交警、公交环卫、医疗卫生等世博一线职工18.6万人次,慰问款物1232万元;在世博核心区组织3场慰问演出;与新区食药监局共同做好世博职工食堂食品卫生保障工作。三是推进职工世博文明素质工程,展现外来建设者新风貌。命名1万余辆世博文明示范车,培训25万名产业职工,发动90余万名职工参加"文明观博共同约定"签约活动。(2)促进劳动关系和谐。与有关部门制定下发规范性文件,进一步推进厂务公开民主管理工作,构建源头维权机制。配合劳动部门,加强指导,全面开展工资集体协商,覆盖职工达23.6万人;分批对310名重点企业工会主席开展工资集体协商培训。加强劳动争议预防和调解机制建设,保持职工队伍稳定。参与协调化解54起群体性劳动争议事件,完善劳动关系预警机制、世博区域劳资纠纷应急处置机制、工会工作责任机制、基层劳动争议调解机制。深化职工帮困关爱工作,各级工会共筹集资金2285.75万元,对特困职工发放帮困款物891.11万元,惠及职工16289人次,慰问困难企业1091家;帮助2292名农民工追讨欠薪338.4万元;帮助2万余名农民工春节平安返乡,为2.5万余名名农民工免费体检,基本建成原南汇区域的15家街镇职工援助服务分中心。(3)组织引导职工发挥工人阶级主力军作用。宣传弘扬劳模精神,评选全国劳模4名,市劳动模范49名、模范集体21个,区先进个人545名、先进集体112个。编辑出版《劳模风采录》,召开庆五一暨劳模先进表彰大会,组织10余场劳模事迹报告会,发放4000余册劳模书籍,同时组织新区1000名劳模参观世博会试运行、200名退休劳模疗休养、100名在职劳模体检。帮助困难劳模627人次,帮困金额51万元;为70岁以上的高龄劳模发放高温补助21.65万元;为739名退休劳模设立职工互助保障项目,投保金额达7.39万元。搭建职工创新平台,推动科技成果转化。以新区第四届职工科技节为载体,开展各类职工科技创新项目评比,申报数比2009年增加82%,有296个项目和59名个人参加职工科技创新成果展;评估命名10家职工创新基地。推进职工素质工程,提高岗位竞争力。培训职工2万余人次,与相关部门联合发动425家企业、5万余名职工参加职工技能比武竞赛。(4)切实增强工会自身活力。一是梳理组织体制,适应大区域特点。通过深入基层调研,狠抓重点区域建会工作和重点企业工会组建,全年建会673家,覆盖企业2379家,发展会员67188名;指导11个直属工会调整班子人员及换届。二是搭建工会平台,服务"两个中心"建设。启动党群工作同步运作试点。(5)加强机关作风建设。启动"指导基层在一线、服务职工在一线、解决问题在一线、成效体现在一线"主题活动;开展3轮"走千听万"主题活动,收集各类意见和建议共106条。

（姜　鸣）

徐汇区总工会

主　席
袁建村

【概　况】　徐汇区总工会辖社区、镇总工会,系统、集团公司及直属工会42个,基层工会2083个,涵盖企业15159个;职工328793人,会员317245人,其中外来务工会员105170人。年内,区总工会组织20317名职工参加"迎世博、学双语"培训;动员49493名职工学习《上海迎世博市民读本》;安排38700名农民工参加迎世博农民工基本素质教育;组织43010名职工参加"文明观博"网上测试;3万多名职工参加"全国职工世博知识网上竞赛"活动。组织开展"保平安、促运行、重服务、创一流"世博运行保障立功竞赛活动,设立综治安保、社区运行、城区管理、综合服务、重点商圈5大赛区,涌现出区世博工作先进个人1252名、先进集体259个,市世博工作优秀个人29名、优秀集体3个,市工人先锋号6个。启动"服务世博一线职工系列关爱行动",慰问2000余名一线职工和1000多名世博志愿者,帮扶慰问困难职工1700余人次,帮困金额达61.5万元。发动职工积极参加"我为服务世博献一计"活动,共征集合理化建议1080条,其中30条被评为"优秀世博金点子"。推荐产生3名全国劳模和先进工作者、15名市劳模和先进工作者以及5个市模范集体。结合迎世博600天行动,评选表彰21名区世博工程建设先进生产(工作)者、10个区世博工程建设先进集体和15个区世博工程建设工人先锋号。加强劳模双向服务机制建设,组织200名劳模参观世博会试运行,走访慰问劳模110多人次,发放帮困慰问金13万余元,组织40多名劳模疗休养,为120名劳模免费体检。打造以"百企千岗到社区、联手推进再就业”社区职场品牌，组织4场社区职场援助活动，帮助近400人实现就业，分别组织500余名失业人员和400余名农民工参加技能培训和创业培训。组织工人先锋号和巾帼文明岗等先进集体与贫困学生结对帮扶，给500名有特殊需求和突出困难的农民工购买保险和体检卡。集体协商机制覆盖企业6459家，覆盖职工12万人；工资协商协议覆盖单位5291家，覆盖职工9.8万人。首次将劳动关系和谐楼宇、和谐小区纳入创评范围，评出48家区劳动关系和谐企业、135家创建达标单位。推动132个百人以上企业成立劳动争议调解委员会，建制率达68.4%，初步形成劳动争议调解组织纵向立体化和横向网格化的三级联动体系。各级工会劳动争议调解组织受理劳动争议案件228件，成功调处110起，其中协助党政妥善化解9起劳动争议群体性纠纷。对42家基层大口工会及下属1200余名工会财务、经审人员进行新《工会会计制度》培训，指导520家基层工会开展经审工作。（宋抒音）

长宁区总工会

主　席
鲁德喜

【概　况】　长宁区总工会辖系统、集团（公司）工会18个，街道（镇、园区）工会11个，基层工会1827个，覆盖企业9386家，会员216897人。（1）激励职工全力以赴服务世博、奉献世博。一是动员职工投身迎世博600天行动。会同区城市管理指挥部推进市容环境建设立功竞赛，深入开展虹桥商圈窗口单位“五比五赛”，召开长宁职工岗位建功誓师大会。二是凝聚职工力量，为成功举办世博再立新功。开展“保平安、促运行、重服务、创一流”世博立功竞赛活动。三是开展“三个文明”主题实践行动。组织5万余名职工参加世博知识网上竞赛，举办“我和我的世博会”职工征文比赛。成立医务、公安、物业、外籍多语种等4支窗口服务志愿者队伍。（2）大力推进区域企业普遍建立工会组织。一是坚持突出重点与整体推进相结合，分层分类推进组建工作。以世界500强等跨国公司和规模型企业为组建重点，着力推进外资企业规范建会。二是深入开展“广普查、深组建、全覆盖”集中行动，召开专题工作会议，提出3年组建目标。以非公企业、外资和港澳台资企业、物流商贸等现代服务业为重点，着重推动25人以上的基层企业独立规范建会。三是以建设职工之家活动为载体，切实加强基层工会组织规范化建设。将建会、建制与建家相结合，在条件成熟的企业有序推进基层工会主席直选。（3）维护职工合法权益，构建和谐稳定的区域劳资关系。一是全年签订集体合同5653份，覆盖职工13.44万人；工资集体协议998份，覆盖职工4.2万人；女职工特殊利益专项协议5653个，覆盖女职工5.51万人。会同区人保局联合开展农民工工资支付情况专项检查。二是主动做好劳动纠纷预警调处工作。接待咨询1189人次，成功化解劳动争议653件，提供法律援助60件。三是切实加大企业民主管理工作力度。开展第八次厂务公开民主管理调研检查。四是落实劳动保护和安全生产措施。（4）健全职工援助体系，落实各项民生实事工程。一是切实加大困难职工帮扶力度。对2607名困难职工发放慰问金178.41万元；坚持开展双月为老服务；深入开展“双百”助学活动，172家单位共资助828名困难职工家庭学生；对投身世博运行的困难家庭及“11·15”特大火灾受灾群众和遇难者家属，及时开展帮困资助与精神慰藉。二是深入开展工会就业援助服务。举办“心系职工情，和谐迎世博”就业援助日活动，成功就业215人。协助解决22名困难职工家庭应届大学生就业。开展“技能培训促就业”行动，为910名协保、下岗人员及外来务工人员提供各类技能培训。发挥区总工会就业援助窗口和社区援助分中心的平台作用，帮助620人实现就业。三是不断扩大职工互助保障覆盖范围。29.5万人次参加各类医疗互助保障计划，受理各类互助保障给付3.7万人次，给付金额达2822万元。（5）弘扬劳模精神，推动职工队伍素质全面提升。一是做好劳模先进选树表彰和宣传服务工作。二是广泛开展职工科技创新、技能登高行动。完成技术攻关20余项，提出合理化建议500余条，实现经济效益2000余万元。与区人保局联合开展职业技能竞赛。举办区首届国际物流职业技能竞赛，200余名职工参赛。三是努力建成“工人的学校与乐园”。与市金融工会共同举办“让财富滚雪球，让生活更美好”讲座，举办“舜元杯”第一届农民工乒乓球锦标赛。开展免费外语沙龙活动，举办第二届长三角职工斯诺克团体赛、“精彩世博、风华巾帼”第二十一届三八姐妹运动会排舞比赛、第六届“百川之音”长宁区新上海人唱歌比赛等活动。四是建立160个区级“职工书屋”，开展“悦读世博，阅读经典”职工诗文诵读比赛。（周　君）

普陀区总工会

主　席
张新华

【概　况】　普陀区总工会辖9个社区（街道）、镇总工会，7个委、办、局工会，8个行业工会；基层工会8995个，会员216553人。区总工会设办公室、组织部、民法部、宣教部、保障部、资产办、财务部、经审办，直管单位有沪西工人文化宫、沪西工人体育场、沪西工人影剧院、沪西职工技术交流站和区总工会职工援助服务中心。（1）围绕实现“十一五”目标和迎博办博中心任务，发挥工人阶级主力军作用。开展“文明服务、文明观博、文明出行”主题实践活动，参与职工17.3万人次，覆盖机关和企事业单位7693家。开展农民工世博基本素质培训，并启动农民工初级工商管理EBA培训。

开展世博窗口服务行业职工立功竞赛活动，参与单位1088家，职工3.9万余人。开展职工科技周活动，举办各类职工技术比武656场，组织近万名职工参与"五小"竞赛活动，开展劳动保护监督检查活动102次。举办沪西工人文化宫成立50周年庆祝大会和区第六届职工体育节，承办职工体育活动90余次，参与职工2万人次；举办大型职工文艺演出27场，辅导基层文体活动53次，开办戏曲沙龙446场，吸引35680人次职工观摩。(2)围绕劳动关系和谐稳定，把握4个重点环节，进一步强化维权机制执行力。加强以区域性行业性职代会、联席会议、三方协商会议、劳动法律监督检查为主要内容的劳动关系协调"四轮联动"机制建设，围绕"保增长、办世博"的主题，进一步丰富工作模式，在基层形成一批特色亮点。举办劳动合同和集体协商指导员、工资协商特派员培训。全区签订集体合同的单位1796家，工资协议覆盖职工73271人。有377家规模以上企业建立内部劳动争议调解委员会。各级工会妥善调处2起群体性劳资矛盾和245起劳动争议案件。(3)围绕推动保障改善民生，加强援助服务中心建设。元旦春节期间，走访100户特困职工家庭、149家困难企业，慰问困难职工4157人次，发放各类帮困款物210余万元，组织1万名困难职工免费体检。世博运营期间，向67名特困职工发放"三定"帮困金3.34万元，向183名支内支疆职工发放一次性帮困款16万元；向1105名世博一线职工赠送意外保险，走访慰问1114人次职工，发放6.8万元慰问款物。深入推进"金秋助学"活动，向268名困难职工家庭子女发放助学款物27万余元。国庆期间向532名困难职工发放生活帮扶、医疗帮扶和特定帮扶款物23万余元。举办143场招聘会，指导就业26362人次，成功就业3618人。开办职工技能培训班370个，培训职工14813人次，12146人次取得等级证书；对1000名困难职工减免技能培训学费25万元。组织25.5万余人次职工参加职工医疗互助保障计划，给付保障金4559.8万余元，受益职工63704人次。(4)围绕提高工会工作整体水平，突出加强三项建设，进一步增强工运事业队伍凝聚力。广泛开展"广普查、深组建、全覆盖"集中行动，新增基层工会418个、工会会员1.5万人。启动新一轮增强企业工会活力"三三五"达标创优活动。指导街镇总工会全部完成换届，推进工会主席、副主席直选，进一步加强地区一级总工会建设。举办工会干部业务培训班102个，分级分批培训基层工会干部10578人次。

（赵　勇）

闸北区总工会

主　席
虞国林

【概　况】 闸北区总工会辖社区(街道)总工会8个，镇总工会1个，系统工会15个，区管重点企业工会6个，直属单位工会15个，基层工会组织1745个，涵盖单位5675家，职工165526人，会员159133人，其中女会员55858人，农民工会员56045人。(1)在群众性建功立业活动上见实效。一是组织开展"当好主力军、建功世博会、展示新风采"为主题的立功竞赛和主题实践活动。开展"保平安、促运行、重服务、创一流"世博运行保障立功竞赛，开展上海站地区和窗口服务行业"五比五赛"活动；组织区迎世博劳模窗口服务巡访团定期督查和服务行业对口检查；发动144家企事业单位参加安康杯劳动保护竞赛。二是广泛开展"文明服务、文明观博、文明出行"主题实践活动。参与培训职工10万余名，上网测试的职工达6万余名。三是广泛开展"服务世博、奉献世博"立功竞赛评比表彰工作。(2)在培育知识型、技能型职工上见实效。一是抓好劳模选树，弘扬时代精神。评选出14名上海市劳动模范和先进工作者，5个上海市模范集体；201名职工和135个集体分别被评选为区先进生产(工作)者和先进集体。二是抓好劳动竞赛，深化创新发展。深入推进"我为旧改出份力、我为发展作贡献"主题实践活动；继续开展"争做招商引资最佳实践者"活动；联合区投资促进办公室表彰3个区工人先锋号集体，区投资促进中心被授予上海市工人先锋号荣誉称号；与区建交委、区旧改办合作，开展旧区改造动拆迁立功竞赛。三是抓好素质工程，提升职工技能。结合"与祖国共命运，与世博共奋进，与企业共发展"主题活动，广泛开展形势政策教育。深入开展"创建学习型组织，争做知识型职工"活动，新建3个"职工书屋"。组织汽车维修工开展技能等级培训，32名一线职工获汽车维修技术等级工中级资格证书。(3)在解决职工"三最"问题上见实效。一是完善就业援助服务体系，重点抓实"百企千岗进社区"活动、农民工援助行动等工作，联手市总工会举办3场就业援助专场。开展创业示范点选树、推荐，组织2期创业者培训。二是关注困难职工，加大对特殊群体的帮困送温暖力度。节日期间，全区工会系统共计慰问救助10921人，资金460.41万元。加强防暑降温和劳动保护工作，慰问职工25195人次。对2374名环卫一线职工发放世博运行保障津贴569.76万元。(4)在维权和维稳中见实效。一是以职代会制度建设为载体，有效推进厂务公开民主管理。完成4553家非公企业职代会建制，建制率86.53%。以国有企事业单位为重点推进厂务公开民主管理工作，深化职代会民主评议领导人员工作，继续推进领导人员收入公开工作。全面推开非公企业厂务公开工作，已有4520家非公企业实施厂务公开。二是以集体协商为抓手，切实维护职工合法权益。制定下发推动企业普遍建立工会组织、普遍开展工资集体协商工作的《实施意见》，着力推进集体协商机制建设。全区工资专项合同覆盖职工43129名，同比增长28.9%；集体合同覆盖企业3332家，占已建工会企业的79.2%，同比增长35.7%。女职工权益保护专项集体合同签订率达90.6%。三是以创建劳动关系和谐企业为依托，防范和处置群体性事件。首次以《维权建议书》形式提出工会主张，使维权职能具体化、项目化，借助律师第三方力量，推动相关单位有效解决职工劳动保护和欠薪问题。(5)在工会组建、干部能力提升上见实效。一是组织发动各社区(街道)、镇总工会和园区工会以外资企业、非公企业建会和农民入会为重点,探索多种组建模式,合力推进组建工作。二是加强工会干部培训,制定实施《2010 年闸北工会教育培训计划》。制定实施《关于加强社区(街道)、镇总工会财务工作的实施细则》,加大依法收缴、管理、监督工会经费力度。

(黄　欢)

虹口区总工会

主　席
麦碧莲

【概　况】 虹口区总工会辖产业(局)街道、镇、集团公司工会 38 个,基层工会 2175 个,涵盖企业 5857 家,职工 161459 人,其中女职工 58659 人;会员 156172 人,其中女会员 56973 人。(1)以“创先争优”作风建设年为契机,进一步推进学习实践科学发展观活动。建立区总工会领导班子成员、工会委员、基层工会干部、工会代表之间的“三联系”制度。开展“百人走千家,关心万名职工”活动,结合“创先争优”活动,加大调研力度,形成 50 篇调研报告。(2)围绕工作大局,以“服务世博、奉献世博”为立足点,为举办一届“成功、精彩、难忘”的世博会建功立业。在四川北路商圈窗口单位建立 50 个示范点,使每个示范窗口企业都有服务品牌,每个商圈都有引领企业。建立 2 支劳模巡访队伍,对商圈进行全覆盖的巡访检查,总结“四个带”和“五个结合”工作经验。开展各类立功竞赛,涌现一批先进集体和个人。(3)关注民生保障,以服务职工和谐发展为落脚点,职工利益得到充分保障。全区在职职工参加各类互助医疗保障计划 13.57 万人次。退休职工参保总数 8.9 万人,参保金额 1185 万元,给付 4.93 万人次,给付金额 3472 万元。各级工会筹措帮扶资金 1406 万元,帮扶困难职工 65264 人次,向 560 人次支内职工发放帮困款 16 万元,资助 1063 人次困难职工家庭子女上学。走访慰问服务世博一线职工家庭 1094 户,发放帮扶资金 94 万元。为 400 名困难职工和农民工提供技能岗位培训,并获得岗位证书和重新上岗。树立培养一批职工创业示范点。在原虹口职工俱乐部协会的基础上,更名成立职工文化体育协会,建设虹口职工文化团队活动中心,建立合唱、舞蹈、话剧、戏曲和管乐等 5 个职工文化团队。(4)推进民主管理,以构建和谐劳动关系为核心,体现工会维护社会和谐稳定作用。召开构建和谐劳动关系职工发展论坛专题研讨会,向全区非公企业发出构建和谐劳动关系倡议,培训国资企业工会干部和 200 多家小区联合工会主任,在富大胶带制品有限公司举行工资集体协商现场会。做好第八次厂务公开调研检查工作,区连续 4 次被评为市推进厂务公开民主管理工作先进单位。(5)注重典型引路,创新工会工作特色品牌。召开五一表彰大会,营造学习劳模、争当先进的良好氛围。组成 10 个劳模志愿者工作室,定期为职工服务。建立劳模先进企业家俱乐部。(6)加强组织建设,以推动工会工作科学发展为目标,服务大局、服务职工的能力得到不断提升。成立欧阳社区物业管理行业、四川北空间 188、广中绿地阳光园、曲阳大柏树 930 创意园区、卜蜂超市等一批工会联合会,并吸收上海苏宁电器有限公司工会落户虹口区。深入开展建设职工之家、“双爱双评”等活动。

(徐　洁)

杨浦区总工会

主　席
袁建民

【概　况】 杨浦区总工会辖行业、地区和直属工会 33 个;基层工会 1681 个,涵盖单位 5486 家,职工 163977 人,工会会员 161186 人,其中农民工会员 55998 人。机构设办公室(经审办)、组织人事部、民管法律部、保障工作部、宣教经济部、财务管理部、招商服务中心,事业单位有沪东工人文化宫、中原护理院、申原敬老院和职工援助服务中心。(1)动员职工在迎博、办博中发挥主力军作用。一是组织动员职工全面投入迎办世博工作。对 4.5 万名职工开展文明观博培训,对 1.9 万名职工进行迎世博学双语培训。组织 6000 多名职工参与“我们大家的世博”全国职工世博知识网上竞赛。组织发动 4.4 万名职工担任世博志愿者,开展治安巡防、医疗急救、轨交安保等活动 198 项,慰问世博园区一线职工 500 人。二是开展劳模评选,弘扬劳模精神,动员职工在杨浦国家创新型试点城区建设中建功立业。三是发挥工会“大学校”作用,不断提升职工综合素质。开展技能培训,创新培训项目,培训职工 2733 人。获全总“工会女职工培训示范学校”称号。(2)以推动实现“两个普遍”为重点,创新工会工作机制。一是全面推行“行业工会建在地区上”工作,组建 55 个地区行业工会。二是加大工会组建力度。开展工会组建“百日攻坚”行动,推动 30 家长期难组建的企业建会。2010 年净增会员 1.12 万名。三是以行业工会为载体,扎实开展工资集体协商。55 个地区行业工会全部开展工资集体协商工作,全区集体合同、工资集体协议、女职工专项集体合同覆盖企业 2974 家,覆盖职工 7.5 万余人,同比增长 58%。(3)以关注改善职工民生为着力点,不断提升职工帮扶工作水平。一是进一步做好职工就业工作,强化创业带动就业。举办针对农民工、下岗失业职工、困难家庭大学毕业生、世博志愿者等 14 个专场招聘会、29 场小型招聘会,提供各类就业岗位 21542 个,成功推荐 3546 人就业。多种形式推广职工创业示范点经验,17 家企业被评为上海工会职工创业示范点。二是注重拓展帮扶项目,强化职工生活帮扶。三是关注职工心理健康,强化精神帮扶。组织杨浦工会心理专家志愿团深入地区、企业，举办14场职工心理健康讲座，听讲人数达1600人次。深化区总工会网站“职工网上谈心室”功能，已有注册网友17167人，网上观点交流栏目点击量达11362人次。（4）以构建和谐劳动关系为目标，维护职工权益，保持职工队伍稳定。同步建立55个地区行业劳动争议调解委员会，全年参与化解劳资纠纷171件。接受法院委托，调解劳动争议331件，成功调解191件，成功率58%。（5）以开展创先争优活动为契机，进一步加强工会自身建设。一是努力探索党工共建，在创先争优活动中形成工会工作特色。探索建立“党工共建，交叉任职”模式，20%的专职工会干部兼任基层企业党组织负责人。二是加强领导班子和干部队伍建设，建立健全干部培养培训机制。三是创新工作方式，加强工会信息化建设。工会网站访问量已达16万人次。（曹理仰）

黄浦区总工会

主 席
徐少伯

【概 况】 黄浦区总工会辖产业（局）、企业集团（公司）、机关、社区和直属工会30个；基层工会1565个，涵盖企事业单位5423家；职工180323人（含农民工29001人），其中女职工78984人；会员169770人（含农民工26686人），其中女会员74479人。工作机构设办公室、财务部、组织民管部、保障部、法律部、生产宣教部、研究室、社区部、社工委、经审办、工人文化宫、工人体育馆。（1）全力建功世博，服务大局有作为。一是服务世博有序。成立世博会运行工作领导小组及园区工会工作委员会，建立2个园区工会分会、17个单位工会，发展3000名流动会员。维护实习员工合法权益，关心慰问园区一线职工，帮助解决后顾之忧。二是建功世博有效。开展平安世博、服务世博、保障世博立功竞赛，1000家企业10万名职工参与，组织106607人次职工参加技能培训、3.2万人次职工参加技术比武。三是宣传世博有力。抓好世博竞赛总结表彰，宣传服务世博典型，倡导学习劳模与奉献世博结合。评出全国劳模2名、市劳模24名和市模范集体9个、市世博工作优秀集体10个和个人88名、区世博工作优秀集体304个和个人1214名，区总工会荣获全国五一劳动奖状。（2）竭力聚焦民生，服务职工有成效。一是完成民生实事。签订765份工资协议，覆盖76629名职工。区属国企职工工资连续第7年增长，涨幅14.4%。组织210147人次职工参观世博会。筹资100万元慰问1.6万名世博园区内外职工、志愿者。投入167万元救助300名因病致贫职工、260名协保离岗边缘职工和1751名协保“夹心层”人员。所有街道成立劳动争议调解工作室。完成文化宫二期改造工程。为1700名服务世博女职工妇科检查、为1079名女性农民工常规体检。二是维权维稳有效。强化劳动纠纷预警机制、劳动关系三方机制、劳动争议调解机制建设，分析733项劳动关系情况，处理92起劳动争议。三是源头参与深化。组织职工代表、工会干部为编制区“十二五”规划建言献策150条；发动工会界别政协委员和工会方面人大代表在“两会”中提出书面意见和提案18份。（3）开展创先争优，服务基层有突破。贯彻党工共建创先争优要求，自身建设取得发展，运转效能得到提升。一是加强组织建设，新建3个楼宇工会，覆盖会员3000名；新增南东餐饮行业工会和外滩辅料行业、乐器行业、生产资料行业联会工会，覆盖172家单位，发展3124名会员。二是深化职工之家创建，1家工会获全国模范职工之家、1个班组获全国模范职工小家、7家工会获市模范职工之家、7个班组获市模范职工小家称号。三是注重制度建设。健全培训制度，区工会干部培训中心举办各类培训班24期，培训2000人次，举办5期工会干部辅导讲座，600人次听讲。继续对非公企业工会主席实行津贴制度。（吕诚陆）

卢湾区总工会

主 席
邹建东

【概 况】 卢湾区总工会辖基层工会1942个，职工112656人，其中女职工41384人。会员108134人，其中农民工会员29302人。2010年，区总工会紧紧围绕“五个确保”的目标任务，组织职工服务世博、奉献世博，全区直接参与世博运行和志愿者服务等工作的职工共11.04万人次，覆盖企事业单位50%以上。开展市、区两级“服务世博、奉献世博”优秀个人、优秀集体等评选表彰活动，区总工会被授予市“迎世博贡献奖”。开展全国和市劳动模范、先进工作者和模范集体评选推荐工作，14名职工分别获全国和市劳动模范、先进工作者称号，4家单位被评为市模范集体；表彰全国和市五一劳动奖章（状）5个、全国和市工人先锋号14个。开展“广普查、深组建、全覆盖”集中行动，推进非公企业工会组建，其中外资企业建会1003家，入驻世博园区企业工会组建率达100%。推进基层工会主席直选，应换届国有企业直选覆盖率达60%、非公企业达40%。加强基层工会组织建设，推进基层工会规范运作和职工之家创建活动，争创全国模范职工之家（小家）2个，市模范职工之家（小家）11个。救助困难职工8781人次，金额366.26万余元。组织143554名职工参加各类医疗互助保障计划，其中10489人次职工获给付1261.61万余元。开展单亲困难女职工结对帮扶，为828名困难企业女职工、外来务工女性免费体检。坚持双月为老服务，慰问退休职工46532人次，金额943.73万余元；向100名困难农民工赠送医疗帮困卡。制定区总工会世博会期间处置（突发）群体性矛盾专项应急预案，配合处置群体性纠纷6起，处理职工来信来访25批95人次。开展第八次厂务公开调研检查，推进劳动关系和谐企业创建活动，健全完善劳动合同、集体协商和职代会制度，区域性职代会覆盖企业2520家，公有制企事业职代会和厂务公开民主管理工作建制率达100%，区总工会被评为市推动劳动关系和谐企业创建活动先进单位。1240家企业开展工资集体协商，覆盖职工54081人。加强对涉博单位用工专项检查；加大欠薪欠保查处力度，追讨拖欠职工工资300万余元；围绕世博运行保障，开展安康杯劳动保护竞赛。举办上海市第三十届庆“八一”军民长跑、庆世博系列体育、美术书法展览、农民工纳凉晚会、农民工故事大赛，7万余人次职工参加形式多样的文体活动。（葛家敏）

静安区总工会

主　席
周文芳

【概　况】　静安区总工会辖街道总工会5个，系统、集团公司工会20个，基层工会1456个，覆盖企事业单位5085家。职工112057人，其中女职工44510人。会员104580人，其中女会员42487人。工作机构设办公室、组织民管部、宣教文体部（经济工作部合署办公）、生活保障部、社区工作部和财务部。事业单位有区工人文化宫、区工人体育场。（1）召开世博工作动员大会，以创建工人先锋号为载体，广泛深入开展“保平安、促运行、重服务、创一流”立功竞赛活动。建立由3000人组成的窗口行业职工志愿者队伍。各级工会组织6.3万名职工参加文明观博培训。组织3万余名职工参与全国职工网上世博知识竞赛。举办职工世博摄影展、世博纪念藏品展和世博征文活动。（2）聚焦全区的重大工程、重点工作，不断深化“当好主力军，建功‘十一五’，建设国际静安”建功立业主题活动。发挥职工技协在开展群众性科技活动方面的积极作用，与区人保局联合开展“世博杯”职工技能培训活动，设19个培训项目，2500多名职工参加并通过考试晋升了技能等级。全区各重点行业的110家单位参与安康杯竞赛活动。举办工会劳动保护干部培训班。全面落实夏季高温慰问与防暑降温工作。积极参与“11·15”特大火灾事故善后处置工作，并与区安监局、监察局联合开展安全生产督查活动。（3）推进厂务公开民主管理。召开区厂务公开领导小组工作会议，举办职代会业务知识培训班。落实区属企业领导人员收入公开工作。开展第八次厂务公开民主管理调研检查。对全区国有、集体及其控股企业职工董事、职工监事情况进行排摸，并指导部分企业作了人员调整。指导三和大厦召开一届三次职代会。全区102幢楼宇、66个小区和7个工业园区召开了职代会。（4）坚持维权维稳并重，为构建和谐劳动关系履行职责。召开工资集体协商推进会，集体合同和工资集体协议覆盖率分别达88.2%和82.5%。召开第十二次劳动关系三方联席会议，命名表彰一批区劳动关系和谐示范单位。发动6万余名职工“一日捐”394万余元。各级工会帮扶救助困难职工1.48万人次，发放帮困金748.6万余元。帮助近700人实现就业。职工互助保障计划参保人数达10万余人次。持续加大对农民工的关心关爱力度，实施生活、助学、医疗救助，组织了新生代农民工读书活动、心理咨询、文体活动等。（5）弘扬劳模精神。圆满完成评模工作。召开庆祝五一国际劳动节暨劳模先进表彰大会，在《静安时报》开辟专版刊登劳模先进事迹。深化“创建学习型组织、争做知识型职工”活动，推进职工书屋、社区职工文化活动中心建设和职工读书活动，“悦读人生，精彩楼宇”静安区白领职工读书成果展示活动被评为上海市第十二届读书节优秀项目。以“活力静安、精彩世博、健康上海”为主题，开展了文体系列活动。组队参与上海市第十四届运动会比赛，区总工会被评为市群众体育先进单位。（6）加强工会自身建设，为提升工会工作水平夯实基础。编印《工会组建宣传资料》，召开“广普查、深组建、全覆盖”集中建会行动工作会议。突出世界500强等跨国公司、区纳税100强企业和台资企业等建会重点。各街道相继组建了物业、餐饮、广告等行业工会。5幢商务楼宇组建了楼宇工会联合会。70%以上的区属企业、机关事业单位工会开展了“会员评家”、“会员评工会主席”活动。5个街道按时完成了换届选举工作，并推行了街道工会主席直选和工会代表任期制。制订并实施2010年工会干部培训计划，举办各类培训班、讲座共20余批次，680余名工会干部参加。（程忠俊）

宝山区总工会

主　席
杨卫国

【概　况】　宝山区总工会辖直属工会43家，基层工会2109个，涵盖单位10874家，职工379914人，其中女职工131623人，农民工133507人；会员356022人，其中女会员123746人，农民工会员120354人。工作机构设办公室、组织民管部、保障工作部、财务技协部，另有直属事业单位3家。（1）聚焦世博，积极开展“大竞赛”，组织广大职工为世博建功立业。在窗口行业开展了丰富多样的立功竞赛活动，近5万名职工参与。向36万余名职工和基层工会发放“十要十不要”世博宣传卡、宣传画。对8万余名职工开展世博文明礼仪知识培训，对8万余名农民工开展基本素质教育培训，组织6000多名职工参与全国职工世博知识网上竞赛。举办“走进世博、一样精彩”三八妇女节诗文朗诵大赛。组织6支世博志愿者服务队为世博建设者和世博女兵开展服务。（2）服务大局，大力弘扬劳模精神，团结动员职工为宝山发展转型作贡献。351家基层单位开展合理化建议和技术改进活动，提出建议3320条，已实施1512条。组织职工积极参加上海职工科技节活动。组织开展用户满意服务明星评比活动。推荐产生全国劳模2人，市劳模19人、市模范集体6个，评选出区先进个人286人、区先进集体106个。召开庆祝五一国际劳动节暨劳模先进表彰大会。通过各种形式宣传劳模先进事迹，《楷模》一书入围第十二届上海读书节“上海劳模事迹读本”评选。5个“劳模之家”坚持开展双月活动，走访慰问劳模212人次，发放慰问金28万余元，为160名退休劳模免费健康检查。向全区250名退休劳模赠送世博门票，组织劳模近300人参观上海世博会。(3)服务职工，构建完善“大服务”工作格局。一送岗位：举办“百企千岗进社区，推进万人再就业”工会大型职介专场，共有134家企业提供了2972个就业岗位，帮助318人达成就业意向。二送培训：为2152人开展职业技能培训，推荐64人参加上海首届“新生代农民工EBA培训”。三送服务：完善区、街镇两级职工援助服务网络建设。四送保障：全区职工参加职工互助保障计划达18.5万人次，投保总额1453万元，给付金额2893万元。五送健康：各级工会深入开展职工食堂卫生监督检查，为2178名女职工免费妇科体检。六送文化：开展“百场电影进企业”活动，5.2万人次观看；新建职工书屋67家。七送法律：举办职工学法讲座，受益职工近4000人次，为基层一线工会干部和职工发放《职工法律知识手册》2000册；聘请律师为职工提供法律咨询和无偿法律援助。八送温暖：各级工会走访慰问困难职工8000余人，发放慰问金600余万元。开展“一日捐”活动，组织职工为青海玉树地震灾区捐款536万元。九送清凉：各级工会共筹措资金550万元，为15万余名职工送防暑降温用品。十送连心卡：向30万余名职工送上工会与职工“连心卡”。(4)注重维权，搭建“大协商”平台，完善“大调解”网络，维护职工合法权益，促进社会和谐稳定。规模性企业劳动争议调解组织覆盖率达50%以上，各街镇园区普遍成立劳动争议调解员队伍，全年受理劳动争议案件407件，调解成功335件。工会兼职仲裁员参与审理劳动仲裁案件610件，调解争议275件，参与办案率42.6%。依托二级三方协商平台，覆盖职工7.1万人，与区纪委、区委组织部联合召开厂务公开会议，开展第八次厂务公开调研检查。与安监部门联手开展安康杯竞赛活动，参赛企业283个，参赛班组1947个。(5)夯实基础，深入推进“大组建”工作，工会组织阵地进一步拓展。积极探索行业工会建设，在完善建筑、餐饮行业工会的基础上，新组建物业、市场、劳务3大行业工会，配备5名专兼职社会化工会干部，5个行业工会覆盖企业600余家，职工6万余人。深入开展“广普查、深组建、全覆盖”集中行动，净增独立工会200家，净增覆盖单位856家，新增工会会员25000人。基本形成“合格职工之家—先进职工之家—模范职工之家”3级递进建家模式。 （胡立伟）

闵行区总工会

主　席
俞莉红

【概　况】　闵行区总工会辖镇、社区(街道)总工会，莘庄工业区及委、局工会共35个，基层工会5709个，覆盖各类单位15059个，职工549476人；工会会员500068人，其中女会员224509人，农民工会员346507人。工作机构设办公室、组织部、经济宣教部、法律民管部，下辖直属事业单位3个。(1)凝聚全区职工力量服务世博、奉献世博，充分发挥工人阶级的主力军作用。推荐产生2007—2009年度全国劳动模范(先进工作者)2名、2007—2009年度上海市劳动模范(先进工作者)23名、模范集体7个；评选产生区先进生产(工作)者390名、先进集体114个；推荐产生市“服务世博，奉献世博”先进个人13名，区“迎世博600天行动社会动员”先进个人7名。组织370名劳模先进代表参加世博会试运行观展，为153名退休劳模免费体检，组织新当选劳模分别赴新疆、云南休养；以“文明观盛会，书香伴世博”为主题，组织10.3万名职工参加“十要十不要”、“文明服务公约”、农民工基本素质教育等学习培训；高温慰问世博园区一线职工900名，对21名困难职工落实帮困补助，为200余名上海武警安保女兵义诊，赠送防暑降温用品2000余份。开展节能减排知识讲座109场，3.5万人次职工参加合理化建议“金点子”征集推广活动；引导职工参与世博后效应的研究与实践，举行职工创新座谈会24场，参加职工2.2万人次；开展群众性科技创新评选活动，深入实施职工心理援助项目(EAP)，加强职工心理疏导，组织职业心理健康知识讲座104场，受益职工达1.1万名。(2)努力构建和谐稳定的劳动关系，充分发挥工会的代表维护作用。建立具有闵行特色的劳动关系和谐企业创建标准和评估体系，编制《劳动关系和谐企业创建手册》等规范性文件；通过招投标形式，引入社会第三方机构对创建工作进行评估；利用信息化管理手段，开发设计创建信息平台；全区641家企业申报创建劳动关系和谐企业。工资集体合同覆盖职工17万余人，9094家单位建立了厂务公开制度；健全区、镇(街道)、村(小区)、企业4级劳动争议调解网络，新建企业劳动争议调解组织351家，累计2934家；对突发性、群体性事件实行周报制度，调处群体性劳资纠纷22起，平息19起。帮扶困难职工4828人次，帮困资金224.31万元；组织25.56万名在职、退休职工参加市职工保障会住院医疗互助保障计划，参保金额1482万元；积极做好大学生见习和困难家庭大学生就业工作。(3)切实加强基层工会组织建设，充分发挥工会的组织凝聚作用。年内净增工会会员3.36万名，净增工会组织285个，覆盖单位845家，净增农民工会员1.24万名；外商投资企业、港澳台资企业已建工会1531家；2529家基层工会实行工会主席直接选举，占44.3%。(4)提升工会组织的服务能力，充分发挥学习培训平台作用。每月举办一次工会主席大讲坛。编辑发行《闵工简报》51期，区总工会网站编辑上传信息500余篇。 （陶慧卿）

嘉定区总工会

主　席
沈贵楚

【概　况】　嘉定区总工会辖街镇等地区总工会12个，委、局、公司工会48个。基层工会组织3416个，职工519119人，其中工会会员451747人。工作机构设办公室、组织基层部、保障法律部、经济工作部。直属企事业单位有工人俱乐部、工人影剧场、退休职工管理委员会办公室、职工招待所、职工劳务开发公司。(1)围绕中心，在服务世博、促进发展中作出新贡献。举办"奔向世博，冲刺100"主题活动，开展嘉定职工"文明服务、文明观博、文明出行"主题实践活动，发放世博礼仪手帕等宣传品3万余份，近20万名职工接受区、镇两级工会培训。在窗口服务行业开展"五比五赛"立功竞赛活动。成立世博志愿服务支队，组织开展平安世博、交通文明、世博宣传等志愿服务活动。以劳模评选为契机，以创建工人先锋号活动为载体，广泛开展"建功立业促发展"立功竞赛活动；以区第五届职业技能竞赛为平台，进一步完善"培训、练兵、比武、晋级、激励"5位一体工作机制，777名职工参加了16个竞赛项目；以"科技节"为契机，聚焦重点行业和企业，广泛开展以节能降耗为主要内容的职工科技创新活动；以安康杯竞赛为抓手，进一步加强群众性劳动保护工作，206家企业、7674名职工参加竞赛，3万多名农民工接受安全生产培训。(2)突出重点，在维护稳定、促进和谐中取得新成效。依托嘉定工会劳资矛盾预警调处"四级网络"，妥善处理突发性、群体性劳资纠纷21件，接待来信来访342件，调解劳动争议委托案件557件。依托劳动关系和谐企业创建活动平台，促进区域劳动关系和谐稳定。(3)健全机制，在维护权益、帮扶职工中取得新进展。以工资收入为核心，大力开展集体协商"要约行动"，537家企业工会向行政发出工资集体协商要约，要约回应率达93%。加快推进区域性工资集体协商工作，有效解决小型企业协商难问题。年内有749家独立建会企业签订工资专项集体合同，94个工业园区(村)签订区域性工资专项集体合同、覆盖企业1036家，两类工资专项集体合同共覆盖职工18.11万名。切实加强职工文化、企业文化建设，围绕"我读书、我交友、我健康"，广泛开展"我工作、我快乐"主题实践活动，新建区级"职工书屋"示范点19个，举办"我和春天有个约会"、"11.11城市童话派对"、"让我和你一起走"等系列活动，成立嘉定职工心理健康教育讲师团。(4)夯实基础，在扩大覆盖、增强活力上有了新举措。坚持以"领导负责、目标分解、中途督查、情况通报、考核评比"方式推进工会组建，着力抓好规模型企业独立建会和微小型企业全覆盖工作。新建基层工会268家、新增会员3.38万名。累计有162个村(园区)实现工会组织全覆盖，新增有效覆盖企业430家，组建首家楼宇工会。以职代会、厂务公开民主管理制度建设为抓手，推动工会工作规范化、制度化。全区推行厂务公开民主管理单位1255家，职代会独立建制1250家，区域性、行业性职代会建制111家，新建区星级先进职工之家65家。　（徐　浩）

金山区总工会

主　席
刘跃俊

【概　况】　金山区总工会辖镇、街道总工会10个，工业区、局、委、区属公司工会24个，基层工会1410个，联合工会267家，建会单位11530家。会员261533人，其中农民工会员163949人。工作机构设办公室、组织工作部、经济宣教部、生活保障部、法律工作部、事业部、经审办和退休职工管理委员会办公室。(1)围绕服务金山发展大局，团结动员职工建功立业。举办职工科技创新成果展，巡回展示48项创新成果，引导和激发广大职工科技创新的热情，提高企业自主创新能力。评选表彰100家工人先锋号。会同区人保局等部门开展职业技能竞赛，340名职工获中级资格证书。弘扬新时代劳模精神，评出2名全国劳动模范和全国先进工作者，18名上海市劳动模范和先进工作者，5个上海市模范集体。召开"抢抓机遇谋创业，携手引领促发展——金山区百名劳模迎元宵茶话会"。深入开展以"加强班组安全建设、强化一线教育管理"为主题的安康杯竞赛活动，共有45家企业3万多名职工参加。(2)围绕服务世博，深化职工素质工程。与区政法委联合走访慰问1000余名世博安保民警、武警和增援学警。开展"服务世博、奉献世博"立功竞赛。围绕建设"创业金山、宜居金山、和谐金山"发展目标，联合区委宣传部等开展"共享世博成果、提升发展理念"金点子征集活动。积极开展迎世博金山农民工基本素质教育培训，开展"文明观博，创新建功"金山区职工第五届读书节主题活动。(3)围绕服务职工群众，促进建立和谐劳动关系。富士康员工坠楼事件发生后，各级工会以外资企业特别是台资企业为重点，全面开展企业职工思想和劳动关系状况的调查。对各类已建会企业开展工会劳动法律监督检查，对个别企业存在拖欠职工工资、高温津贴发放不到位和超时工作等问题进行督改。在纺织服装行业深入推行"一份合同五项协议"，行业工会维权机制建设进入新的发展阶段。开展职代会达标创优活动和3个层次达标活动，有78家国有、集体或其控股企业职代会达标，10家企业职代会被评为先进职代会；261家非公企业厂务公开民主管理工作达到初级层次，283家企业达到中级层次，40家企业被评为高级层次。(4)围绕工会组建，进一步扩大工会工作覆盖面和影响力。积极推进"创建工会组建全覆盖镇(街道)"，净增工会组织154家、工会会员18212人。积极推进基层工会主席直接选举，与区委党校联合举办直属工会主席培训班,33名直属工会主席参加培训。

（王 永）

松江区总工会

主 席
吴红星

【概 况】 松江区总工会辖镇、街道总工会15个,工业区工会1个,委、局工会30个,直属公司工会4个,行业工会3个,基层工会2133个,涵盖企业24981家,工会会员453912人。工作机构设办公室、组织民管部、保障女工部、法律宣教部、经济工作部、财务部、经审办和退休职工管理委员会办公室。直属事业单位有松江工人文化宫。(1)推进工会组建工作。一是区四套班子、各镇、街道、工业区的党政主要领导带头联系重点企业建会工作,为推进工会组建打下基础。二是区委组织部、区台办、经委、工商局、人保局、安监局等部门结合各自工作优势,加大推进工会组建工作力度。三是各镇、街道总工会把建会工作纳入“大党建”之中,拓展与企业的沟通渠道。新建工会组织191家,覆盖企业4041家,新增会员64433人。(2)深化职工素质工程建设。一是以创建工人先锋号为载体,组织3300多名职工参加区35个项目技能比赛,24036名职工获得技能等级。做好全国劳模、上海市劳模和市模范集体,区先进个人、先进集体的推荐评选表彰工作。五一前夕对新评选的劳模、模范集体进行表彰奖励,在《松江报》组织专版刊载劳模先进事迹。二是在服务世博中提升职工素质。开展“当好主力军、建功世博会、展示新风采”为主题的窗口服务单位文明实践活动,以及“平安世博”、安康杯竞赛等活动。(3)推进集体合同建制和工资集体协商工作。对50家企业进行摸底调查,掌握职工最低工资标准落实情况,督促企业按规定执行。坚持平等协商集体合同制度,全区劳动合同签订率达97%以上,签订集体合同1207份,覆盖企业7982家;签订工资专项协议325份,覆盖企业7675家,覆盖职工20.6万人。(4)开展帮扶救助工作。配合区人保局开展“春风行动”就业招聘活动,共举办招聘会12场次,972家企业参与招聘,实现岗位就业4696人次;选树27个职工创业示范点,带动就业4080人。帮助120名大学生成功实现就业。举办“蓝天下的至爱——和谐松江一日捐”活动,7.53万名职工捐款达248.26万元。有1532名困难职工进入帮扶信息平台,为722名职工提供大病、助学及一次性困难救助,发放慰问金96.82万元,为4028人次职工开展帮扶救助活动,发放帮困金282.77万元。组织16.3万人次职工参加各类互助保障计划。帮助职工清欠工资3452万元。(5)创建和谐劳动关系。坚持劳动关系三方联席会议制度,共商解决职工群众普遍关心的热点、难点问题;坚持职代会和厂务公开民主管理制度,全区国有、集体企事业单位厂务公开建制率、公开率在动态中均保持100%。开展创建劳动关系和谐企业活动,147家企业参与,已有43家创建为区和谐示范企业。(6)加强自身建设。以创建职工之家为载体,从“六有”规范化要求抓起,加强基层企业工会建设。已有1045个基层工会成为区合格职工之家。

（孙爱华）

青浦区总工会

主 席
张海珍

【概 况】 青浦区总工会辖直属工会58个,基层工会2562个,涵盖企事业单位31369家,工会会员429605人,其中女会员186699人,农民工会员302398人。工作机构设办公室、基层组织部、法律宣教部、经济工作部和生活保障部,下属事业单位有区工人文化宫和朱家角工人俱乐部。(1)引导职工参与世博、服务世博。广泛开展服务世博运行保障立功竞赛活动,重点会同朱家角、赵巷和区交运局,开展“迎世博盛会、展古镇形象”、“我在岗位,我建功”、“迎世博、保安全、争信誉”等活动;发动绿化市容、建交、公安、水务、交运等单位职工开展“保平安、促运行、重服务、创一流”立功竞赛活动;会同区委宣传部、公安分局联合开展争创青浦区“平安世博·平安卫士”主题实践活动。(2)服务经济转型,投身“一城两翼”建设。圆满完成全国劳模、市劳动模范、市模范集体的评选推荐工作。引导广大职工立足本职、挖潜增效,2288家企业开展各类劳动竞赛2834项,参赛职工近6.5万人;职工提合理化建议5417条,采纳1269条,创经济效益1368万元。加大创新型、技能型人才培养力度,努力提高职工技能水平,会同人保局开展电工、多媒体制作等4个项目职业技能竞赛活动,81人获中级职称、32人获高级职称、1人获技师职称。会同政府培训机构培训职工9683人,其中4486人获中高级以上职称。(3)加强维权维稳,构建和谐劳动关系。工资集体协议覆盖职工21.9万余人;独立建会企业集体合同、工资协议、女职工特殊权益专项合同签订率分别达到92%、79%和88%;签订区域性集体合同186份,覆盖企业8000余家。加强企业劳动争议调解组织建设,建立健全区、镇、企三级调解网络。参与集体争议事件调处65起。新命名区劳动关系和谐企业179家,对2007年和2008年创建达标的373家区劳动关系和谐企业进行全面复查,同时启动新一轮(2011—2013)区劳动关系和谐企业创建。(4)深化职工素质工程,促进职工全面发展。扎实推进农民工基本素质教育培训,培训农民工4.8万多人;开展“三个文明”教育,培训职工13.6万多人;组织职工参加EBA培训580人、大中专学历培训500人;深入开展“青浦职工免费培训菜单”进企业,培训职工3.7万多人;开展“万名职工计算机培训”政府实事项目,培训职工4713人。切实加强职工文化建设,启动(2010—2012)3年创建50家“企业职工文体活动中心”示范点;联合区学习委开展学习型企事业单位评选活动;投入20万元新建“职工书屋”流动书库;开展“同一片蓝天”“三送”活动8场;“百场电影送基层”近180场次。(5)帮扶困难职工,推动民生持续改善。全年帮扶困难职工1424人次,帮困金额64.6万元,比上年增长27%;开展为困难企业职工送体检、送意外保障、送女职工特种重病保障计划活动,共计28万元,比上年增47%;职工互助保障计划参保12.3万人次,比上年增16%。坚持开展就业援助行动,联合区人保局、团区委、妇联举办百家企业联合招聘会;推进职工创业示范点和就业基地建设,建立区级创业示范点48个、就业示范基地90个,创建市级创业示范点14个,其中1个为市“十佳创业示范点”。(6)结合创先争优活动,不断加强工会自身建设。深入开展“广普查、深组建、全覆盖”集中行动,全年新组建基层工会266个,新增建会单位1253家,发展会员43238人,劳务派遣工入会工作取得有效突破,积极推进“公推直选”工作,全区新建、换届企业“公推直选”实施率达40%。加强村、居工会联合会建设试点工作,积极探索区域性、行业性职代会建制试点工作,近30个村、居、开发区、行业工会联合会建立并召开职代会。 (马美君)

奉贤区总工会

主　席
季伯明

【概　况】 奉贤区总工会辖委、局、镇(开发区)工会、工贸集团公司、行业工会59个,基层工会2313个,涵盖企业9702家,工会会员369448人。2010年新建工会组织201个,覆盖企业905家,新增工会会员32873人。累计签订工资集体协议999份,覆盖职工84499人;累计签订女职工专项合同1226份,覆盖单位3981个,覆盖女职工6.8万人。工会系统接待来信来访3024人次,调处化解各类劳动争议纠纷513件。开展职工之家示范单位创建活动,1827家企事业单位建立职代会制度,建制率86%;1724家单位推行厂务公开,实施率81%。136个村、经济园区建立了区域性职代会制度,覆盖企业3111家。围绕世博中心任务,组织动员全区职工积极投身三大竞赛活动,评出100个先进集体,12名职工获上海市“服务世博、奉献世博”立功竞赛活动优秀个人;世博会期间及时调处劳资纠纷386件,涉及职工544人次;征集合理化建议175个,评出60个“金点子”。在百人以上企业设立教学点,加大职工教育培训力度,镇、开发区13所职工学校共设立教学点422个,累计培训职工12万多人次。4.7万多名农民工参加“迎世博奉贤农民工基本素质教育培训”考核,5万多名农民工参加了“文明观博”200题问卷考试。组织职工技能培训、比武1790场,参加职工14.1万人次。工会系统推荐就业岗位9104个,帮助3235名失业人员和大学生(包括农民工)实现就业。组织职工提出合理化建议10757条,采纳4913条,实施2741条,产生经济效益1.1亿元;1356个企事业单位开展了劳动竞赛和节能减排活动,参加职工10.6万多人次,创造经济效益7054万元;实施技术攻关、技术革新、技术发明项目1045项,总结推广先进操作法项目290项。慰问困难职工、困难劳模、助学帮困共2186人次,发放慰问救助款共189万元。参加市总工会互助保障计划的职工56929人次,其中9255人次职工获给付705万元;参加区职工救急济难互助会职工达113752人。加强劳模服务管理,组织劳模看世博、学习交流、疗休养、听健康讲座,并对困难劳模进行帮扶。开展职工文化活动示范基地创建。组织文艺演出进企业活动及各类体育赛事,丰富职工业余文化生活。夯实工会基础工作,加强宣传信息工作,扩大工会工作影响力。重视工会经费收缴,加强工会经审工作,促进工会财务规范化运作。 (刘传军)

崇明县总工会

主　席
张　荣

【概　况】 崇明县总工会辖乡、镇总工会18个,委、局及县管公司、经济开发区工会20个,直属工会42个,基层工会879个,涵盖企业1821家,工会会员137408人。工作机构设办公室、组织民管部、宣教生产部、法律保障部及职工技协办公室、劳动模范协会、退休职工管理办公室、职工互助医保服务处。直属事业单位有崇明工人文化宫、第二工人俱乐部及总工会法律咨询服务所。(1)加强教育引导,凝聚全县职工为上海世博会和崇明经济发展作贡献。广泛开展“文明服务、文明观博、文明出行”主题实践活动。组织40支共6300名职工志愿者队伍。组织由部分劳动模范、职工代表参加的巡视组,对县城区域内窗口服务行业的规范服务、文明礼仪等进行巡视检查。与人保局、团县委、教育局等联合举办职业技能竞赛。广泛开展群众性科技创新活动,评选节能减排、科技创新活动金点子,征集合理化建议600余条。深化“创建学习型组织、争做知识型职工”活动,新建职工书屋12家。(2)坚持维权和维稳相结合,促进劳动关系和谐稳定。全县762家企事业单位建立职代会制度,占单独建立工会组织企事业单位的86%。742家企事业单位实施厂务公开。487家企业签订集体合同,102家企业签订了工资集体协议。建立健全劳动关系预防、预警、调处、信访工作机制,与政府相关部门定期召开劳动关系协调联席会议,形成维权合力。以宣传《劳动合同法》、《上海市集体合同条例》等劳动法律法规为主要内容,先后举办法律知识培训班和专题讲座16期,参加培训人员3000余名。加强对劳动合同签订、履行情况的动态监管，与政府相关部门联合进行法律检查，全县职工劳动合同签订率达98%。认真组织实施"安全生产月"和安康杯劳动保护竞赛活动，550家企业共34840名职工参加竞赛活动。高温慰问投入资金12万余元，慰问职工6000余人次。(3)开展"心系职工情、温暖进万家"为主题的送温暖援助服务日活动，元旦、春节期间共慰问困难职工1160名，困难退休职工523名，困难劳模121名，发放各类帮困资金130余万元。拓展帮困资金来源，组织职工"一日捐"，共捐款37.05万元。开展岗位培训和职介就业帮困。举办岗位培训班18期，共培训688人，通过县总工会职介平台，推荐就业482人。积极争取市总"千名老人复明看世博"活动在崇明启动。组织为老服务活动5次，服务1000多人次，发放各类宣传资料2000余份。(4)加强工会组织建设，提高工会工作能力。指导各乡镇总工会组建居家养老工会。指导长兴镇总工会成立促进就业服务总社联合工会。先后2次组织对全县20人以上的1384家非公企业工会组建现状进行全面排摸。大力加强工会干部能力建设。年初在上师大奉贤校区举办为期3天的工会主席培训班。组织所属工会主席到温州市总工会学习考察。全年举办工会业务培训班6期，培训各级工会干部2800人次。（易建军）

区、县总工会主席、副主席名录

单位名称	主席	副主席
浦东新区总工会	姜　鸣	徐惠平　胡亚平　成丕贤　陈　英(女)　殷珏娟(女)
徐汇区总工会	袁建村	李　青　汪启昀　孙小林　陈　华(女)
长宁区总工会	鲁德喜	张龙福　徐雍安　周　华(女)　赵永康
普陀区总工会	张新华(女)	钱忠明　周　伟　张德鑫　吴　俊　沈丽萍(女)
闸北区总工会	虞国林	陆慧华(女)　张劲松　杜嘉宝
虹口区总工会	麦碧莲(女)	张宝明　许金森　常和平
杨浦区总工会	袁建民	张建国　郑星霞(女)　马　庆
黄浦区总工会	徐少伯	马忠荣　刘德祥　柏茜雯(女)
卢湾区总工会	邹建东	宣铭祥　李　昉　张　珏　但汉春
静安区总工会	周文芳	瞿乃栋　王　赪(女)　程忠俊
宝山区总工会	杨卫国	陆春萍(女)　唐励良　高利华　曲国莉(女)
闵行区总工会	俞莉红(女)	朱冬梅(女)　朱　瑛　曹　宏
嘉定区总工会	沈贵楚	金伟荣　焦统骞　龚　英(女)　杨炳康
金山区总工会	刘跃俊	张希泽　黄　政　蒋雅红(女)
松江区总工会	吴红星	高兴欢　潘　瑛(女)　顾　彬
青浦区总工会	张海珍(女)	朱俊华　陆桂芳(女)　许　峰　王　华
奉贤区总工会	季伯明	金国强　卞　健　黄亚萍(女)　高国弟
崇明县总工会	张　荣	姚美琴(女)　李　彬

说明：1. 任职名单以2010年12月底为准。
2. 上述人员职务以市总工会批复为准。

（市总工会组织部）

局(产业)工会概况

Brief Introduction of Bureau(Industrial)Unions

概　况

上海市机电工会

主　席
左山虎

【概　况】 上海市机电工会辖基层工会组织245家，会员98013名。女职工委员会238个。(1)组织职工迎办世博。一是组建30支职工世博志愿者服务队，共有758名志愿者，累计工作、执勤人数1.26万人次。二是组织54家市级文明创建单位重点开展迎世博主题宣传活动，动员职工在“上海电气职工文明迎博”大型签名牌上签名，发出“文明迎博”倡议；制作8万张“文明观博”宣传卡片，6万名职工参加世博知识文明礼仪大培训。三是51家企业工会组织60场文艺活动和演出；组织3台节目参加上海市五一文化奖“上海电气杯”职工舞蹈、小品演出；举办“上海电气职工看世博”优秀摄影作品展。四是组织5支安全生产检查组，对20家企业夏季防暑降温、安全劳动保护工作提出77条整改建议。(2)大力培养高技能职工。一是李斌的一项创新成果荣获国家科技进步二等奖。表彰3名全国劳模、36名市劳模、16个市模范集体，同时表彰一批上海电气李斌式职工标兵、李斌式班组标杆、李斌式职工、李斌式班组；二是承办上海市职工技能竞赛3项决赛，荣获3个团体第一。1002名选手参加技能大赛，61名晋升技师，169名晋升高级工，132名晋升中级工。高级工及以上人数已占集团工人总数的27%。三是推进上海电气“3+3+3”技术工人培养模式，对251个行业特有工种进行培训和鉴定；举办由800名班组长参加的培训班。(3)推进职代会、工资集体协商制度建设。一是154家企业建立职代会制度，占企业总数62.9%，覆盖职工总数90%；实行职工大会制度的有58家，占企业总数23.7%。二是《工资集体协议书》已覆盖集团所有企业；202家国有及国有控股企业中，实行工资集体协商的121家，占60%，覆盖90%的职工；合资企业实行工资集体协商的66家，占79%。三是参与22家企业转改制方案的讨论和审议，编辑出版网络版《新劳动法规政策介绍》10期；为150人次提供法律咨询、仲裁服务。(4)推动帮困送温暖长效机制建设。一是84家单位组织“一日捐”活动，筹款568.8万元，对21家困难企业实施帮困救助共172万元；对1010名困难职工子女实施助学帮困；对100名困难劳务工实施救助，对124名职工因大病给予救助款24.8万元。为230名老劳模、300名劳务工提供免费健康体检。二是组织企业和职工向青海玉树地震灾区捐款592万元。三是及时慰问上海“11·15”特大火灾受灾职工。(5)加强自身建设。一是制定《上海市机电工会推进工会主席直接选举的工作意见》(试行)和《工会主席直接选举操作程序》。有14家基层工会顺利进行工会主席直选，其中7家合资企业。二是召开部分工会主席工作研讨会。举办信息信访组织工作培训班。128名工会干部参加新任工会干部上岗培训。三是对48家基层工会进行会计基础工作规范化达标验收，对新任职的59名经审干部进行岗位培训。四是发挥女职工委员会作用。评选表彰一批女职工工作先进集体和个人。

(冯克华)

上海市仪表电子工会

主　席
田　原

【概　况】 上海市仪表电子工会辖子公司工会10个、基层工会89个。职工40544人，其中女职工16025人。工会会员38626人，其中女会员15169人，农民工会员7597人。机构设办公室、基层工作部、经济事业部、权益保障部。(1)围绕集团新一轮发展战略，继续开展创新活动。一是组织50个单位开展158项劳动竞赛，56823人次职工参加，总结推广20项先进操作法。二是深化合理化建议活动，全系统共提出建议10979件，实施率达46.29%，实现经济效益8651万元，获得国家专利90项。三是围绕上海仪电集团“三三战略”，召开职工科技创新座谈会，出台《关于深化职工技术创新活动，加强技能人才队伍建设的意见》。(2)加强劳动关系和谐企业建设。一是在企业调整重组、股权退出、改制歇业过程中坚持履行职代会民主程序。二是75家企业实行厂务公开，12家单位实行领导干部收入情况公开。三是逐步推进集体协商签订工资专项集体合同工作，巩固建制率和履约率。(3)建立健全多层次帮困保障体系，深入开展送温暖活动。一是加大帮困力度，扩大受助面，帮扶4639名困难职工，154名党政工领导联系316户困难职工家庭进行走访帮扶。二是开展职工互助互济工作，参加职工达15221人，213人获得经济资助。(4)加强企业文化建设，办好文化体育节。组织卡拉OK比赛、5项体育竞赛和“畅想仪电”职工文艺表演等。组织新一轮劳模评选，宣传劳动模范先进事迹。(5)注重工会基础工作，加强工会自身建设。组织培训班组长，培训工会主席及工会财会人员，对91家基层工会财务规范化工作进行检查。

(高正峰)

上海市化学工会

主　席
黄岱列

【概　况】 上海市化学工会辖29个子公司(直属)工会，103个基层工会，职工 37035 人,其中女职工 7249 人;工会会员 33059 人,其中农民工会员 526 人。机构设办公室、组织宣传部、权益保障部和经济工作部。(1)围绕迎办世博,为确保集团一方平安凝心聚力。一是开展“三个文明”、“十要十不要”、“和谐企业、平安世博十承诺”宣传教育活动。二是推出“我要安全——万名员工安全环保万里行”活动。三是策划“与世博同行”职工摄影大赛。(2)围绕经济中心,为实现集团目标建功立业。一是积极协调,细化方案,全面部署实施主题立功竞赛工作。二是评选表彰,营造氛围,抓好劳模先进评选宣传工作。(3)促进维权维稳工作,为实现企业职工双赢履职尽职。一是新建集团工会、两级子公司工会突发性群体事件应急处置领导小组,分层分级处理群体性矛盾,落实维权维稳责任。二是突出重点,加大帮扶力度。共帮扶困难职工 12164 人次,帮困金额达 619.83 万元;21032 名职工参加“一日捐”献爱心活动,捐款金额达 82.39 万元。(4)加强自身建设,为凝聚职工、服务职工夯实基础。一是组织 140 名工会主席参加集团工会干部学习班,委托中国(海南)改革发展研究院举办工会主席政治理论培训班;选送 15 名新任基层工会主席参加市总工会举办的工会主席上岗培训班;组织 34 名工会经审干部参加审计继续教育,80 名经审干部接受业务培训。二是切实加强工会组织建设。表彰 26 个先进职工之家,51 个先进职工小家,26 名优秀工会工作者,131 名优秀工会积极分子。三是坚持每月至少召开 1 次常委会或常委(扩大)会议制度。四是切实加强职工文化建设。组建华谊职工合唱团,在全系统开展职工文体健身活动。(5)强化基础工作。一是结合《工会新会计制度》实施,组织开展工会财务基础管理达标专题检查,下发《公司、直属企业 2010 年工会经审工作规范化建设考核标准》,加强工会经审规范化建设。二是下发《华谊集团女职工工作目标管理要求》,举办纪念三八国际妇女节 100 周年“我行我秀”庆祝活动,组织女职工手工作品展,召开女职工特色工作交流会。

(王有福)

上海市轻工业工会

副主席
姚志贤

【概　况】 上海市轻工业工会辖 9 个基层工会,职工 4277 人。会员 4277 人,其中女会员 1136 人。上海轻工业工会联合会有 48 个团体会员单位工会,15 个行业分会,新增 10 个成员单位,会员单位总数已达到 333 家,涵盖 586 家企业工会,职工 17 万人。机构设办公室、组织部、民管部、法律部、经济工作部、宣教部、生活保障部、财务部、技协三产办公室。(1)引导职工为迎办上海世博会作贡献。以“诚信满意在轻工”为宗旨,以“一创”(创诚信形象)、“两优”(优质服务、优质产品)、“三比”(比产品质量、比劳动技能、比岗位贡献)为载体,开展“服务世博、诚信创优”立功竞赛活动,20 家世博会特许商品生产企业的 200 多个班组代表在承诺书上签名。与市轻工业协会等 17 家行业协会联名向轻工行业的企业和职工发出《“当好东道主、奉献在世博”倡议书》;在女职工中开展“轻工巾帼世博风采”活动。(2)引导职工为推动转变经济发展方式作贡献。开展“调结构、促转变,发展轻工作贡献”主题竞赛活动,举办“‘轻工杯’钟表创意设计大赛”等,将竞赛主体从行业内职工扩展到全社会市民;开展以“弘扬世博文化、演绎轻工品牌”为主题的上海轻工品牌文化建设宣传活动,深入企业调查研究,选择 10 个轻工知名品牌,在《劳动报》上开辟《上海轻工品牌文化建设十日谈》专栏,集中刊登 12 篇轻工品牌文化建设系列报道;与钟表行业协会联合举办“2010 上海钟表发展论坛”。(3)为维护职工队伍和社会稳定作贡献。积极推进集体协商机制建设。推广上海广濑精密工业有限公司等企业工会开展工资集体协商的做法,制定《上海塑料行业性集体协商规则》。(4)加强工会组织自身建设,增强服务基层和服务职工的能力。建立行业工会秘书长例会制度,推进各行业工会间的工作交流和合作互动。围绕“走进世博”、“2010 年全国两会热点追踪”、“提高工会干部调适能力”等专题举办工会干部培训班;承办全国部分城市轻工业工会工作研究会年会;组团参加第五届长三角部分城市轻工业工会主席论坛,为工会工作交流提供服务。

(徐俊彦)

上海市纺织工会

主　席
王水官

【概　况】 上海市纺织工会辖子公司工会 12 家,直管单位工会 26 家,基层工会 103 家,职工 20567 人,会员 20298 人,其中女会员 7500 人,农民工会员 4792 人。另有地区纺织行业工会联合会 8 家,覆盖会员近 17 万人。机构设办公室(含法律部)、组织民管部(含地区工会工作部)、宣教部、生产部、女工生活部、退休职工管理办公室、经费审查管理委员会办公室。直管新东纺大酒店、纺织职工马山疗养院、纺织职工淀山湖疗养院、东纺宝洁产品专营公司、纺织职工疗休养度假服务中心等 8 家单位。(1)以纪念建会 60 周年为动力,继承传统求创新,推动工会工作发展。先后举办 4 场大型聚会,邀请 400 多位纺织工会历届委员代表座谈。《纺织工运》杂志特辟“我与纺织工会”专栏,组织《岁月如歌》大型文艺演出。结合培训班组骨干、职工巡游纺织园区、开展创先争优等活动,宣传纺织转型发展规划,激发职工参与劳动竞赛的积极性。有 68 家企业开展各类劳动竞赛 186 项,参赛职工 9139 人。职工提出合理化建议 1074 条,实施 281 条,完成技术革新 50 项,产生经济效益

269.9万元。积极争取上海市技能竞赛办公室支持,探索实训加技能晋级进企业的方式,帮助150名参赛职工通过职业资格鉴定考试,131人取得国家职业资格证书。(2)以迎接和服务世博会为契机,提升工作水平,带动工会企事业发展。开展"和谐生活,共享世博"专项帮扶活动,为"平安世博"保驾护航。对850名特困职工重新登记入数据库,筹集送温暖资金226.52万元。全年慰问困难企业6家,慰问困难职工7584人次。为400名困难企业女职工以及女性外来务工人员提供免费妇科体检;为341名困难女职工提供1000元以上的定向帮扶救助;为单亲困难女职工提供1500元以上助学帮困;为99%以上的女职工办理女职工大病保障计划。向800名特困职工赠送职工综合保障计划的"爱心保单",为3000名外来务工者赠送意外伤害保障计划;有6166人次因住院、患大病重病、意外伤害而获得给付,给付金额达270.45万元,帮助172名特困职工实现脱困。集体合同规定的协保人员综合保障计划参保经费全部落实。世博会期间,组织安全检查722次,1.53万人次职工参加"全国安全生产应急知识竞赛"活动。组织"文明服务、文明观博、文明出行"班组骨干培训和女职工专场讲座,举办"我与世博会"主题征文、迎世博集邮展、看世博摄影大赛等系列活动。组织600名纺织劳模参加世博试运行。筹措25万元资金,为800名特困职工每人发放300元世博补贴,为130名孩子发放世博门票和"护照",特邀10名都江堰助学学生参观世博会。(3)积极探索工运理论,增强基层工会的战斗力和凝聚力。以完善工会工作目标责任制考核为重点,开展新一轮"建家创模"活动,稳步推进职工民主管理工作。全年有17家工会换届,80%实行工会主席直选;25人以上单位100%建会,职工入会率达98.7%,其中外来务工人员入会率达98%以上;企业普遍建立职工(代表)大会和开展工资集体协商、签订工资集体合同制度,95%建立厂务公开民主管理工作制度。金山、普陀、青浦、奉贤等区纺织行业工会均建立行业工资集体协商、签订工资集体合同制度。（王慎微）

上海市医药工会

主　席
陈　欣

【概　况】　上海市医药工会辖基层工会95个,职工26947人,会员25273人。机构设办公室、组织管理部、经济宣教部、权益保障部和财务室。(1)围绕职工队伍建设,以表彰劳模先进为抓手,以世博会召开为契机,深化职工素质工程。一是推荐评选出全国劳动模范1名,上海市劳动模范5名,模范集体3个;评选出118名上药集团先进生产(工作)者,40个先进集体。二是开展世博知识和文明礼仪培训,组织基层工会干部开展"啄木鸟"活动,协助华氏大药房提高服务质量,在集团范围内开展"文明服务、文明观博、文明出行"主题教育和实践活动。三是开展"社会主义核心价值观,新上药发展形势与任务,当好东道主、文明迎世博"等培训。四是组织"吟新、畅想、齐飞扬"上药集团第三届员工文艺大赛,举办"上药集团职工艺术作品展"。(2)围绕企业和集团年度经济目标,以"当好主力军、建功新上药"为主题,以劳动竞赛、合理化建议、班组建设等为抓手,深入开展群众性经济技术创新活动。一是由竞赛领导小组评定21个项目确认为集团劳动竞赛立项。二是共征集职工合理化建议918条,推荐上报38条,其中23条建议被评为优秀,直接创造经济效益783.89万元。三是深化班组建设内涵,着重开展班组建设"五个一"活动。(3)围绕建设和谐企业,以坚持职代会制度建设为重点,以深化厂务公开为平台,发挥工会维权和参与职能。一是以推行职代会质量评估制度为依托,不断提高职代会运行质量;以实行职代会预报制度为手段,进一步规范职代会程序。二是推进工资集体协商、健全集体合同制度。三是完善职工维权机制,构建和谐劳动关系。指导参与5家改制重组单位制定民主程序和方案审核工作。四是开展安康杯竞赛,加强企业劳动保护,共有25家单位参赛,涵盖585个班组、9697名员工。五是开展"一日捐"和帮困送温暖工作,参加"一日捐"员工达19919人,总金额为99.66万元。22250人为青海玉树地震灾区捐款,捐款总额185万元。发放各类帮困金98.75万元,受助员工1727人。(4)围绕工会工作规范化、制度化建设,以综合考评为抓手,全面加强工会自身建设。邀请上海医药董事长讲解《上海医药十二五发展规划》。推进落实工会主席直选工作,有两家单位的工会主席通过直选产生。以推行会计电算化新软件为契机,培训70名基层工会财务人员,加强经费审查工作。（赵一鸣）

上海市电力公司工会

主　席
黄效喜

【概　况】　上海市电力公司工会辖基层工会32个,职工17086人,其中女职工3293人;会员17086人。(1)围绕世博工作中心,推进建功立业活动。共开展技能比武项目142项,涉及工种68个,参与职工6811人次,参与率为84.57%,班组参与率92.16%。申报世博运行保障立功竞赛特色项目28项、典型案例30项;入选世博竞赛办合理化建议汇编223条,占园区总建议数37%。开展"世博杯"金点子建议活动,4条建议获"优秀金点子"称号。提出合理化建议1979条,采纳531条,实施264条,产生经济效益69.48万元。(2)展示企业先进文化。开展以"建功世博展风采"为主题的征文及摄影比赛,编辑出版《"建功世博展风采"职工文学作品征文选》和《卓越·世博》、《光耀

·世博》大型摄影画册。组织16465人次职工及家属参观世博园。(3)关心和关爱员工,营造企业和谐氛围。世博会保电期间,共慰问职工34739人次。组织86次劳动保护专项监督检查活动,开展43次职工代表安全巡查,工会与行政联合开展115次专项检查。开展基层单位"班组安全互保协议双结对"活动,确保世博保电、迎峰度夏平稳有序。建立多层次帮困长效机制,使用帮困基金49万元,下拨企业帮困基金144万元,对9家企业进行帮困。两级帮困网络组建率、运作率均达100%。(4)深化企业民主管理,维护员工切身利益。召开公司四届二次职代会暨2010年工作会议。开展职代会提案征集和处理工作,共征集60项,立案5项。制定出台《上海市电力公司建立健全员工诉求表达机制实施办法》,由公司党政工联合发文实施。(5)大力开展创争活动,扎实推进班组建设。一是明确班组建设管理体系;二是通过流程梳理落实责任分解;三是细化节点分步实施;四是以班组长联谊会为载体推进班组建设。(6)加强工会自身建设。指导新组建的基层工会召开工代会,11家单位完成选举工作。举办工会工作实务操作、工会财务管理、工会劳动保护、职工帮困等专题培训班,推进模范职工之家创建工作。首获全国模范职工之家称号,并评为全国财务先进单位。

(余传毅)

上海电力建设有限责任公司工会

主　席
李　苏

【概　况】　上海电力建设有限责任公司工会辖10个基层工会,职工4418人,其中女职工418人;职工入会率100%。(1)加强职工思想政治教育。以上海举办世博会和公司召开三届二次职代会为契机,制作《宣传册》,发放《上海迎世博市民读本》,动员职工为世博保电努力工作;大力宣传外高桥三期工程获"国家优质工程金质奖"和"百万机组工程建设杰出人物",制作劳模先进事迹专题宣传片,大力弘扬劳模精神。(2)强化企业民主管理工作。制定下发职代会制度建设和民主管理工作实施意见,坚持职代会专门委员会活动制度,持续开展职代会闭会期间的民主管理工作,开展厂务公开工作自查总结和抽查工作,召开厂务公开工作交流推进会。公司获市推动劳动关系和谐企业创建活动先进单位、全国厂务公开民主管理工作先进单位称号。(3)推进职工素质工程建设。创建劳模先进示范基地,命名上海电建第二批劳模先进示范基地专家,启动劳模带教和"劳模先进工作法"征集推广活动;开展核心工种技能竞赛系列活动;搭建职工高技能成长平台,开展首席技师、领军人物及高级技师和技师申报选拔工作;加强外包队伍班组建设;注重职工技术创新活动。参加第三届上海职工科技节活动,举办职工"五小成果"发布会。(4)结合企业实际,开展立功竞赛。制定《2010年度"聚焦亮点、超越昨天"立功竞赛活动实施意见》,组织"聚焦亮点"先进案例和"超越昨天"先进人物评选;召开立功竞赛动员暨临港工程推进会;开展世博保电工程建设立功竞赛活动,出色完成世博保电任务。(5)积极开展劳动保护工作。开展安康杯竞赛和劳动保护"群防群治月"活动,举行安全生产、劳动保护寄语、格言警句征集和"安全伴我行"演讲,推进分包队伍班组安全建设,组织劳动保护监督检查员岗位知识培训,推行劳动保护监督员工作评估,公司实现"安全无事故年"目标。(6)组织"世博情"职工摄影、征文活动,出版《"世博情"——上海电建职工摄影征文作品集》。(7)举办迎五一"银线杯"职工羽毛球比赛和迎国庆"英豪杯"职工网球比赛。(8)加强工会干部业务培训,召开工会理论研讨会和"一会一品"成果发布会。(9)继续做好帮困送温暖工作,组织职工参加市互助医疗保障计划,全年有98人次患大病、重病职工获给付41.1万元。

(张文标)

宝钢集团有限公司工会

主　席
汪金德

【概　况】　宝钢集团有限公司工会辖子公司、直属工会13个,基层工会111个,职工85953人,其中农民工935人。会员85492人,其中农民工会员781人。(1)深化最佳实践者活动,建设自主型职工队伍。制定深化最佳实践者活动的《工作指导意见》,对各子公司千名基层管理人员进行理念普及、方法指导,并对C、D层级后备培训人员进行专题授课。召开专题推进会,发布16项最佳实践案例,汇编100例《最佳实践者事迹》。(2)围绕公司计划预算目标,广泛开展劳动竞赛,开展以"产品经营、成本改善、环境经营、安全管理"为主题的全员降本增效劳动竞赛和安全三级网络管理劳动竞赛。共实施竞赛项目3840项,实现降本增效75.6亿元。(3)落实《基本制度》,创新职工民主管理。颁布《宝钢集团有限公司职工民主管理基本制度(试行)》。(4)建设和谐劳动关系现代企业。会同有关部门联合开展专项调研,2次召开沪外企业劳动关系研讨会,先后提出《宝钢在沪企业社会协力人员状况的调查报告》和《宝钢集团沪外企业工会工作及劳动关系基本情况的报告》,对宝钢加强优化人力资源管理提出意见和建议。(5)围绕绩效改善和素质提升,开展职工经济技术创新活动。职工提出合理化建议19万条,实施9.7万条,创经济效益23.3亿元,建立职工经济技术创新小组2067个,取得创新攻关成果1610项,形成专利1099件,技术秘密1678件,先进操作法189项。职工创新活动基地组织40次创新论坛,209次发布创新成果,10次跨厂际操作技能交流,建立40个职工创新工作室。(6)重视和规范职工诉求管理,解决职工"三最"问题。形成由党政组织定期收集、"桥"论坛及时反映、实施《宝钢管理者问卷》专业调查构成的职工诉求信息管理机制。2009年调查汇总的152个问题,2010年解决了94.7%。修订宝钢职工最低生活帮困标准和大病救助标准,进一步规范集团公司职工大病医疗救助工作管理。年内共实施帮困25435人次,帮困总金额1710万元。(7)坚持"群防、监督、基础"方针,完善工会安全监督三级网络目标体系管理。建立评估体系,开展对各级管理者履行安全管理职责的监督评估,普遍建立对E层级以下管理人员履行安全职责的民主评议制度,三级网络监督检查及时整改率达97.2%,员工安全代表信息及时处理率达96.7%。(8)开展"三文明、一维护"迎世博、作贡献的主题实践活动。制定《关于响应上海职工"文明服务、文明观博、文明出行、维护安全稳定"主题实践活动的实施意见》。组织职工代表参观世博园,开展班组世博主题日活动以及世博志愿者活动。组织职工参加上海迎世博职工文艺汇演,世博宝钢日活动展演等。(9)加强自身建设。首次实施对基层工会年度工作评价,组织28名党政领导和300多名工会会员代表对25家两级工会实施年度工作评价。开展工运理论研究,实施的《现代企业制度下职工民主管理实现途径的研究》课题获全国总工会和上海市总工会工运理论研究一等奖,并获上海市企业管理创新成果一等奖。

(钟　群)

上海市宝冶集团有限公司工会

【概　况】　上海宝冶集团工会围绕企业中心,找准工作定位,有效发挥作用,突出"三个重点"、搭建"四个平台",做好新形势下工会工作。(1)履行维护职能,当好构建和谐劳动关系的参与者。以党委文件下发《厂务公开管理办法(试行)》,调整了公司厂务公开领导小组,起草了公司平等协商和签订集体合同试行办法。(2)聚焦发展,当好员工岗位建功活动的推动者。重新制订公司《立功竞赛管理办法》,加强立功竞赛的组织领导,突出竞赛内容,加大奖励力度。年内对1个集体和18名个人记大功,2个集体和163名个人记功。在上海市重大工程立功竞赛活动中,公司被评为优秀公司。通过开展合理化建议排行榜工作,员工提出合理化建议459条,实施243条,实现降本增效2300多万元。(3)促进优秀团队建设,当好争创活动的组织者。围绕"创建学习型红旗班组和争做知识型先进职工"活动目标,以工人先锋号创建活动为抓手,树立典型,弘扬先进。(4)围绕安全生产,当好员工安康的监督者。以班组为重点,开展安全教育成果展示征文活动。发挥工人先锋号集体在安全生产工作中的示范带头作用,在工人先锋号集体中开展安全合理化建议活动,共提出安全建议324条,排查安全隐患178项。(5)围绕凝聚力工程,当好帮困送温暖的实施者。帮困400多人次,发放帮困金额33万余元。开展献爱心捐款活动7次,捐款金额11万余元。关心一线员工,开展战高温、保安全、送清凉活动,工会投入32万余元,开展慰问活动60多次,慰问一线职工7000多人次。开展员工文体活动,营造团结、向上、和谐的氛围。组织全体员工参观世博园,开展"我眼中的世博"职工摄影比赛、羽毛球比赛、篮球比赛。

(毛一新)

上海高桥石油化工公司工会

主　席
罗新富

【概　况】　上海高桥石油化工公司工会辖基层工会8个,工会会员7670人。机构设民管宣教文体部、生产生活保障部和办公室。(1)坚持维权服务机制,促进公司民主政治建设。审议通过《优化管理组织,深化体制改革方案》、《企业安全生产禁令实施细则》、《严格禁止领导干部利用中石化平台和资源以权谋私十大规定》等。对职工普遍关心的热点问题采取提前公布有关条件和标准,职工评选打分,最终在网上公示后产生。企业出台重要规章制度预先征求职工代表意见。(2)坚持开展主题活动,促进生产发展。围绕"我要安全"主题活动,在提高职工安全意识、风险识别能力和安全技能上下功夫,举办劳动保护监督检查员培训班。2次组织职工代表进行HSE现场督查,排查生产装置作业现场不安全因素。在全体职工中开展"查隐患、定措施、促整改"安全生产合理化建议征集活动。开展炼油装置检修"比安全、比质量、比进度、比控制、比文明"的"五比"竞赛活动。深化精细管理,将班组升级竞赛指标和"比学赶超"对标活动纳入工人先锋号金银牌班组创建和劳模、先进评选活动。开展班组长应急指挥与现场管理能力和班组建设情况调研,建立健全公司班组建设办公室组织机构,与教培中心合作举办3期共105名班组长参加的培训班。(3)坚持提高职工文明素质。以迎世博为契机,开展"文明服务、文明观博、文明出行"和"十要十不要"主题实践活动,与公司的"规范行为树新风,标准管理立新功"主题活动结合起来。开展迎世博巾帼文明窗口"五比五赛"活动,10个服务窗口的80名员工参与。下发《文明观博200问》和《画说理念》小册子供职工学习,并结合学习《高桥石化职工行为规范》,开展不文明行为全员大搜索,评选出10名公司文明规范标兵员工。以公司"1235"人才建设规划为目标,加快培养35岁以下操作技能人才,坚持实施职工素质工程奖励,共有42名职工通过业余自学获得专科以上学历,381对师带徒取得上岗证,分别获得公司职工素质工程奖励。(4)坚持发扬劳模精神,积极开展全国、上海市劳动模范评选工作,组织512名劳模先进和班组长参观世博会,以春节团拜会文艺表演和纪念三八国际妇女节100周年活动为平台,展示高桥石化职工风采。(5)坚持完善帮扶措施,促进公司职工生活质量改善。加强作业环境改善的监督力度,组织公司有关处室制定18项"公司2010年改善职工健康工作计划",加大劳动安全卫生工作的参与监督力度,高温期间进行作业现场防暑降温工作检查,完成体制改革后高温慰问冷饮集中配送发放工作,安排落实脱岗疗养14批、共560人,短途休养56批、2290人,老职工疗养5批、200人,高度关注困难职工生活,切实加大帮扶救助的力度。（沈根明）

中国石化上海石油化工股份有限公司工会

主　席
高全平

【概　况】　上海石化工会现有基层直属单位工会26个,工会会员21344人。机构设办公室、基层工作部、宣教文体部、生活女工部、经济工作部。(1)深入开展"增收节支、建功立业"竞赛活动。健全事业部、装置(车间)和班组三级竞赛指标体系;形成百套装置、千个班组、万名员工共同参与劳动竞赛的格局。以"我要安全"主题活动为抓手,广泛组织群众性技术创新活动;针对公司安全生产的重点问题、环境保护的薄弱环节、职业卫生的热点问题,广泛开展"我为节能减排献一策"活动,加强对隐患治理项目整改落实情况的督查。配合人力资源部、培训中心组织好公司、两级单位、装置3个层面的职业技能竞赛,继续强化班组培育工作,切实做好全国劳模、市劳模(模范集体)、公司标兵和先进的评选表彰工作;积极组织开展"走进世博"系列活动,举办文化艺术节、宣传文明观博公约、世博志愿者服务、"迎世博、保平安"等活动。(2)推动厂务公开民主管理工作持续深化。发挥职工代表、职代会专门委员会和职代会巡视评估员的作用,着重强化提案的预审、审理、落实环节,促进职代会各项职权的落实;做好职工代表的评定考核,实施好职工代表关心机制。加强集体合同履行情况的检查、通报、反馈、评价,加大对集体合同履行情况的宣传、履约力度。(3)完善职工生活补充保障机制。修订完善《公司职工帮困互助基金管理实施细则》和《公司特困职工帮困办法》,调整特困职工界定标准和补助金额;规范两级单位帮困补助标准,广泛开展领导干部对口联系困难职工制度,组织职工参加"一日捐"和上海市职工医疗互助保障计划。继续协助行政完善职工工作环境和生活条件;发挥公司生活后勤管理委员会作用,加大与职能部门、改制企业之间的沟通力度,不断提高生活后勤的服务水平和职工的满意度。(4)提高工会组织的战斗力、影响力和凝聚力。举办工会干部培训班;进一步明确基层工会的工作定位和职责,组织开展建家活动成果学习交流,形成《建家成果汇编》。不断完善工会工作的组织体制与工作机制,研究制订《关于开展基层工会主席直接选举工作的实施意见》,做好试点工作,开展课题调研,为解决问题提出建议、提供依据,提高工作的针对性和实效性。（施东亮）

上海化学工业区工会

主　席
陈兆麟

【概　况】　上海化学工业区工会辖基层直属单位工会25个,工会会员5203人,其中女会员1943人。(1)充分发挥工会组织作用。当好职工各项权益的代表者和维护者,引导职工支持和参与改革,促进改革平稳推进;加大依法维权力度,完善利益协调机制,努力构建和谐稳定的改革发展环境。(2)夯实基础,推进工会组织建设。充分发挥建设"职工之家"活动的载体作用,进一步增强工会工作的规范化、制度化、民主化;加强理论学习,创建学习型工会组织,不断提高工会的工作能力和业务水平,增强工作的主动性和积极性。(3)强化职工维权工作成效。大力推进集体合同签订工作,积极推动职代会制度与集体协商、工资协商机制的建设;不断完善劳动关系预警疏导机制;加强劳动关系协调工作,积极推进劳动关系和谐企业的创建工作;切实抓好劳动保护和安全生产,主动把劳动保护工作纳入安全生产监管体系。(4)增强工会在经济工作中的作用。广泛开展"十二五"规划的宣传教育,深化群众性立功竞赛活动,深入推进职工科技创新工作,广泛开展"创建学习型组织、争做知识型职工"活动。(5)营造关爱职工的氛围。高度重视和加强职工文化建设,更好地满足职工群众日益增长的精神文化需求;加强困难职工帮扶工作,推进和规范帮困救助长效机制建设。(6)加强工会思想建设、作风建设和能力建设,推动工会各项工作继续向前发展,不断取得新的成绩;积极探索党工共建的形式和载体,努力提高工会干部的综合素质;加强基层工会女职工工作,切实做好女职工权益保护工作;围绕两个规范化建设,提升财务经审工作质量。（张　俊）

国药控股股份有限公司工会

主　席
沈立年

【概　况】　国药控股股份有限公司工会上海地区辖基层工会9个,职工2314人,会员2207人。(1)围绕公司"整合、转型、创新、跨越"发展主题,开展形势任务教育,进一步提高职工对公司跨越式发展和肩负使命的认识,积极开展"五五"普法教育,提高职工法律意识和诚信经营意识,规避经营风险。(2)强化"窗口"建设,全面推进"当好主力军、建功世博会、展示新风采"主题活动。以零售药房、物流配送、营业商场(店)等服务窗口为重点,开展优质服务立功竞赛活动,积极参加上海"世博健康行"等活动,提供价值30万元的“清凉大礼包”慰问世博工作人员和志愿者。(3)深入创先评优活动,在职工中开展销售明星、采购明星、物流明星、星级店长、星级营业员、优秀生产者、优秀管理者等个人和团队的创评活动,通过多种形式深入开展学习劳模、宣传劳模、崇尚劳模、争当劳模活动。(4)调整基层工会组织架构,完善职代会的运作制度和工作机制。对新机构及时落实组建工会(职代会)工作。结合领导班子及干部考核工作,开展职工代表民主评议干部。(5)依法完善劳动合同制度,积极推进集体协商签订集体合同工作,发挥工会在劳动合同签订、履行、变更过程中的指导和监督作用,推动企业和谐劳动关系建设,维护企业和社会稳定。(6)积极推进企业文化建设。举办“新国药、新起点、新跨越”职工运动会、“国药控股”杯乒乓球锦标赛、“爱国、爱企业、爱家”职工摄影大赛等群众性文体活动,以职工读书沙龙活动等为载体,积极开展职工读书活动。(7)关心职工生活,积极主动地为职工做好事、办实事、解难事。做好高温慰问和防暑降温工作,保障职工身体健康,确保安全生产。上海“11·15”特大火灾发生后,工会发出捐款献爱心倡议,并将职工所捐的7万余元资助受灾职工。

(周国良)

中铝上海铜业有限公司工会

主　席
王　玮

【概　况】 中铝上海铜业有限公司工会辖基层工会8个,职工2235人,其中女职工424人;工会会员2073人,其中女会员407人。机构设办公室,生产、生活保障部及女工法律部。(1)组织召开“扭亏增盈班组先行”表彰大会,充分展示“控亏增盈,班组先行”主题活动取得的成果。在“迎世博,企业环境整治”工作中,进一步强化安全生产管理,提高广大职工安全生产意识和安全操作技能水平。高温期间慰问8个企业的2235名职工。(2)召开公司第一届职工代表大会第四、五次会议,听取业务招待费、职工收入、社会保险费交缴情况的汇报,审议通过《中铝公司职工违纪违规处理暂行规定》,组织166名职工代表对公司领导干部进行民主评议。开展第八次厂务公开调研检查。(3)元旦、春节期间走访慰问困难职工。公司困难员工重大疾病互助、互济基金会共有会员2235名,筹集基金477397元,为11名困难职工发放基金96707.93元,并对重大疾病基金使用情况进行公示。(4)积极开展寓教于乐的文体活动,举办纪念三八国际妇女节100周年暨女职工风采展示活动,近50名女职工参展70件作品。组织职工参观世博会,落实中铝公司成立10周年庆典活动《欢庆锣鼓》节目排练和报送。(5)加强职工队伍建设。进一步完善班组建设条例。继续深化以建文明班组、创文明岗位、做文明职工和争创学习型组织、争当知识型职工为主要内容的职工素质工程。(6)加强工会自身建设,建立健全各级工会组织,切实发挥工会组织作用。调整第一板带厂工会班子,指导机动分厂召开工会第一次代表大会,指导行政服务分公司组建工会。

(陈益林)

鲁中冶金矿业(集团)公司工会

主　席
沙宝珍

【概　况】 鲁中矿业工会辖15个两级单位工会,75个车间(区队)工会,现有会员5935人,其中女会员1439人。机构设办公室、民管部、生产(宣教)部、保障(女工财务)部、俱乐部。(1)抓好劳动竞赛和劳动保护工作。一是会同有关部门在两矿一厂开展“主产品提产”劳动竞赛。通过严抓过程管理、及时考核兑现,竞赛取得了良好效果。二是开展以“三化”为重点的安康杯劳动保护竞赛,参赛职工占职工总数的90%。三是开展“红旗设备”竞赛活动,对不符合“红旗设备”管理标准的在用设备提出落实整改意见。(2)坚持和完善民主管理制度。组织召开十二届四次职代会、职代会联席会议和3次矿情发布会。签订公司《集体合同》、《女职工权益保护专项集体合同》;审议通过公司《处级干部离岗休养办法》等6个企业规章制度。(3)开展群众性技术创新和班组建设活动。举办钳工、管道工、测量工、厨师、凿岩台车工等5个工种120人参加的技术比武活动,开展女仓库保管员技术业务竞赛。开展“金点子”合理化建议征集活动,共征集职工合理化建议176份,推荐专家评审155份,并对其中具有较高价值的建议送交有关部门组织实施。(4)认真做好帮困送温暖工作。全年共救助特困职工158人次,发放救助金12.63万元。对68户特困家庭发放特困证。继续向市总工会申请助学帮困5人,救助金额7500元。加大对劳模、先进的宣传力度,积极营造学赶先进的良好氛围。组织劳模先进、生产技术骨干和各层面代表300余人参观上海世博会,为12名省(部)级以上劳模免费健康体检。(5)开展群众性文化娱乐活动。举办职工桥牌、排球、拔河、羽毛球、乒乓球、中国象棋、春季长跑等比赛和元宵节焰火晚会。筹备组织“建矿40周年”文艺演出和职工美术、书法、摄影展览,编辑出版《“情系矿山”职工美术书法摄影优秀作品集》。推荐美术、书法、摄影作品参加五矿集团公司以及全国冶金矿山系统和上海、莱芜等地的展出和比赛,组队参加市建设交通工会举办的“庆亚运‘斯美杯’职工乒乓球大赛”,夺得团体冠军。(6)不断加强自身建设。召开第七次工代会,提出未来5年工会工作目标与任务。坚持工会机关与基层工会“1+2定点”联系工作制度,密切与基层的关系。女职工委员会开展目标管理、建功立业以及庆三八趣味体育活动。

(吴玉圣)

上海航天局工会

主 席
吴海中

【概 况】 上海航天局工会辖51个基层工会,会员18835人,其中女会员5476人。(1)大力弘扬劳模精神,发挥典型引领示范作用。开展各类先进推荐评选工作,全局有2人获全国劳动模范称号、7人获2007—2009年度上海市劳动模范和先进工作者称号、5个班组获2007—2009年度上海市模范集体称号。(2)围绕科研生产中心任务,开展建功立业活动。组织开展以"创新、创效、创优"为主题的建功立业活动,在世博运营团队中组织开展"服务世博、奉献世博"立功竞赛活动;召开合理化建议活动现场推进会;召开"三创主题活动暨班组节能减排工作交流推进会";组织职工参加2010年上海科技活动周活动,报送28个项目参加第二十四届上海市优秀发明选拔赛;23家单位、1134个班组和13515名职工参加安康杯竞赛。(3)开展创新型班组建设,深入推进职工素质工程。一是开展"六好"班组建设,坚持以质量为主线,召开班组质量分析会制度推进交流会。二是重视班组长培训工作,通过办班培训、专题培训、网络远程培训、研修提高式培训等形式培训350名班组长。三是举办"我读书、我创新、我快乐"第三届上海航天职工读书节,开展读书活动调研,开设讲座,组织征文、优秀读书小组评选活动,展评职工期刊,开展学习型集成团队建设交流,推广"项目老师"自助式学习培训。(4)坚持健全职代会制度,深化民管维权工作。一是坚持有效推进职代会制度,开展局职代会职工代表提案征集工作,18条提案立案,均得到落实并回复。二是坚持职工代表巡视制等各项民主管理制度,职工代表听取局"十二五"规划编制情况,实地察看东川园区,同时组织开展第八次厂务公开工作自查抽查工作。三是做好"五五"普法总结,组织开展《上海市集体协商条例》知识竞赛活动和女职工专项集体合同签约和履约情况调研,坚持发挥"航天爱心基金"帮困作用,做好元旦、春节、五一等节日困难职工帮扶工作,为7003人次职工体检。(5)抓住世博举办契机,加强职工文化建设。参与以航天新区首届"迎世博"健身长跑比赛、"上海市迎世博倒计时100天市民风采展示"等为代表的各类世博主题文化活动;组建上海航天职工文体协会,参加上海市国际艺术节航天专场演出,组队参加闵行区运动会、上海市"世界著名在华企业健身大赛"。(6)坚持抓基层、强基础,加强工会组织自身建设。一是坚持常委会、全委会制度,完善和规范基层工会换届改选工作,系统内7家单位完成换届选举。二是组织"建家"工作成果发布会,汇总编辑职工之家创新经验小册子,推荐申报并获得全国模范职工之家1个、全国模范职工小家1个。三是走访调研7家单位,撰写《基层工会工作调研报告》,坚持发挥局工会主席研究会的作用,开展相关课题调研。

(沈 恺)

上海船舶工业公司工会

主 席
吴金韻

【概 况】 上海船舶工会坚持以科学发展观为指导,紧紧围绕中船集团公司改革发展目标,团结动员广大职工,为全面完成中船集团公司"十一五"各项任务,做出应有的贡献。(1)各级工会干部认真学习贯彻集团公司工作会议提出的各项要求,准确把握新形势下工会工作的新任务、新要求,明确工会工作的方向和重点。积极组织劳模的评选、表彰和宣传活动,在劳模培养、选树中,引导广大职工学习劳模精神,弘扬工人阶级伟大品格,为振兴和发展船舶工业建功立业。(2)深入开展"保增长、促发展、振兴船舶"劳动竞赛活动,组织广大职工振奋精神,勇于创新,攻坚克难,降本增益,在企业完成各项生产任务中发挥主力军作用。(3)坚持推进职工民主管理,加强职代会建设,深化厂务公开,落实平等协商、集体合同工作,切实维护广大职工合法权益,努力发展和谐劳动关系。(4)发挥工会"大学校"作用,不断加强职工队伍建设,强化宣传思想工作,开展"创建学习型组织、争做知识型职工"活动,丰富职工文化生活,进一步提高职工队伍整体素质。(5)努力增强责任意识,进一步转变工作作风,加强工会组织建设,落实工会干部培训,不断深化建设"职工之家"活动,在实践中提高工会服务大局、服务职工的能力和水平。

(曹金梁)

中国商用飞机有限责任公司工会

主 席
刘林宗

【概 况】 中国商用飞机有限责任公司工会辖基层工会11个,职工6867人,工会会员6611人,其中女会员1663人。(1)加强班组建设。一是加强培训,提升班组长工作能力。组织151名班组长参加由国资委与清华大学联合举办的班组长管理能力资格认证远程培训;12名年轻班组长参加由国资委研究中心举办的"企业班组建设与管理高级研修班"学习。二是建章立制,夯实班组管理基础。起草《中国商用飞机有限责任公司党委加强班组建设的意见》,制定工会《关于推进"十好"班组创建的实施意见》。建立两级班组建设联络员队伍,开展"十好"班组建设。三是加强宣传阵地建设，营造良好氛围。创刊《“十好”班组建设快讯》，开辟“工会工作”和“班组建设”专栏。年底评选表彰“翱翔号”（金牌）、“腾飞号”（银牌）、“展翅号”（铜牌）班组30个。四是加强调研。总结班组建设经验，出版班组建设论文集。五是实施创优提速承诺，促创先争优进班组。公司各班组结合科研生产任务，制定切实可行的创优提速计划并签订承诺书。公司工会收集承诺内容，发布《“十好”班组建设快讯》。发放班组建设专项经费30万元。（2）服务大局，调动职工投身产品型号研制的积极性与创造性。一是组织学习活动。学习胡锦涛总书记视察公司的讲话。二是推进企业文化建设。组建职工业余篮球队、羽毛球队和乒乓球队。举办新春团拜会、首届职工羽毛球赛；参加第五届“中国建材杯”乒乓球比赛；举办“大飞机之夜”文艺活动。开展以“我与世博”为主题的职工摄影大赛。三是开展立功竞赛活动。围绕C919大型客机预发展和试飞、总装任务，以“保质量、保成本、保安全、保节点、保交付”为目标，开展“抓五保、创一流，为民机研制发展作贡献”主题立功竞赛。同时，推进以“攻克民机研制难关，推进公司科学发展——十大攻关队、百名示范岗”主题实践活动。组织开展“我为节能减排献一策”活动。四是抓安全生产劳动保护。组织百万职工“安康杯”竞赛活动。五是选树先进典型，弘扬劳模精神。组织评选全国和市劳动模范、模范集体。加大对劳模先进典型的宣传力度。（3）履行维护职能，努力为职工做好事、办实事。一是实施送温暖工程。二是切实关心女职工健康与成长。三是主动履行社会责任。先后组织4次向西南旱灾地区、青海玉树地震灾区、舟曲泥石流灾区和四川、云南等灾区献爱心活动。（4）加强自身建设，推进工会工作创先争优。选送9名财务干部参加基层工会会计电算化培训班；34名工会专兼职干部参加岗位培训班；召开公司工会第一届委员会暨职工监事选举会议，对公司职工监事进行改选；召开公司工会一届四次全体会议，专题审议通过《中国商用飞机有限责任公司企业年金方案（草案）》。（季玉进）

上海市烟草工会

主　席
解建伟

【概　况】　上海市烟草工会辖基层工会11个，职工9018人，其中女职工2512人；工会会员9018人。机构设办公室、一科、二科、退休职工管理办公室、职工活动中心。（1）以工人先锋号为标杆，推进班组建设创新发展。采取“标杆”引路和“塑型”管理方法，优化完善班组考核评价标准，明晰集团和基层两级管理职责，着力提升工人先锋号、50强班组和世博文明窗口班组的创建绩效。评出集团工人先锋号27个，50强班组43个，上海市质量信得过班组2个，上海市用户满意明星班组3个，个人3名，上海世博工人先锋号3个，上海世博五一劳动奖状集体1个，上海世博工作优秀个人2名。（2）以增强“职业自觉、现场主动”素质为目的，推进职工队伍建设上水平。动员职工参与“文明服务、文明观博、文明出行”主题实践活动，以争创“优秀工厂”为主题，采取分级组织方法，集团抓“卷烟营销、烟机维修、烟叶分级”3项技能竞赛，基层抓117项劳动竞赛项目。召开劳模先进培育工作推进会、举办历届劳模事迹展、选树集团“劳模示范点”、整理汇编《巾帼小故事》和《工人先锋号事迹集》。（3）深化厂务公开民主管理，推进和谐企业建设。制定下发《上海烟草集团关于进一步推进办事公开民主管理的实施意见》，在上海卷烟厂和杨浦分公司先行试点。严格规范落实职代会、集体协商和联席会议工作制度，完成《集体合同》续签和《女职工专项集体合同》的签订，对职工代表进行企业文化建设、“百万千亿工程”专题培训，调研形成（集团）公司《关于深入开展员工合理化建议活动实施意见》，构筑职工参与企业管理和“百万千亿工程”献计献策的平台。开展职工满意企业创建活动，抓好职工普法教育和法律援助工作，推动企业劳动关系和谐健康发展，工会获全国工会系统“五五普法”先进单位称号。创新完善关心关爱工作机制，启动实施第三轮“我爱我家”职工疗休养方案，全年实施大病救助、救急济难、住院互助、困难补助职工627人，救助资金达119.2万元。（4）围绕增强活力与激情，着力加强工会自身建设。以推进工会工作创新发展为目标，加强组织建设、职工之家建设、工会干部业务培训、责任文化培育等4项工作力度，研究制定以推进“双发展”为主题的“十二五”工会工作目标和措施。

（江洪生）

上海汽车工业（集团）总公司工会

主　席
吴诗仲

【概　况】　上海汽车工业（集团）总公司工会辖基层工会48个。机构设综合管理部、组织民管部、经济工作部、文体宣教部、权益保障部和企业办公室。（1）以“先锋号在行动”为载体，发挥职工“保增长、保世博”的主力军作用。积极组织各类劳动竞赛，开展QC小组活动，配合行政实施质量联合改进114项，提升薄弱环节605项。会同质量与经济运行部表彰46名上汽质量标兵和20个质量先锋号；开展合理化建议、“小发明、小创新、小革新、小攻关”等群众性创新活动，共有44家单位的85726名职工参与合理化建议活动，提出合理化建议62.1万条，实施56.1万条，节约总金额达34.9亿元。会同世博项目部、团委启动“贴近世博、贴出精彩”——上汽世博车贴文明行活动。举行“和谐世博保平安，安吉物流争先锋”主题活动，倡议大板车驾驶员文明行车、安全行车。世博开幕倒计时50天之际,举行上海职工"文明服务、文明观博、文明出行"世博先锋号行动现场会。与团委联合招募573名志愿者,践行"奉献、友爱、互助、进步"精神,为世博汽车场馆服务。(2)以加强民主管理为着力点,依法科学维护职工合法权益。召开上汽集团五届二次、上海汽车二届二次职代会,制定《职工代表提案制度》、《职工代表巡视制度》。召开职代会联席会议,开展工资集体协商,审议通过2010年企业工资调整工作指导意见。年内职工工资普遍增长11.3%。深化厂务公开,对6家单位实地调研检查。把"人人成为'经营者'"管理模式与厂务公开有机结合,发挥职工自主管理的作用。积极探索职工代表大会与工会会员代表大会分离的模式,2家试点企业实行两会分离;组织6家合资企业119名职工代表参与《上海市职工代表大会条例》立法问卷调查。(3)以保障民生为落脚点,促进发展和谐劳动关系。深入16家单位,做好夏季防暑降温和高温慰问工作,发放慰问金18.7万元。组织安全生产培训8200人次,开展安全标语、警示语征集;组织优秀劳务工、有毒有害岗位职工等462人次参加疗休养。健全困难职工动态管理档案,全年共慰问补助困难职工15606人次,帮扶金额达852.09万元。通过对劳务工的生活水平、家庭情况等认真排摸,建立"困难劳务工档案"。把每年党生日前的一周定为"困难劳务工帮扶周";发挥"先锋号帮扶分中心"作用,逐步健立工会"三级"帮扶网络。无偿为业内患白内障的510名在职和退休职工提供手术费用102万元。深化职工文化建设。举行"先锋号在行动——做职工贴心人"工作交流会。举办上汽第四届职工健身运动会乒乓球赛、男子篮球赛等文体活动,组织职工参与上海市第十四届运动会,举办"相聚上汽,我们快乐"上汽优秀青年工程师篝火晚会。(4)以工会自身建设为立足点,不断提高工会工作水平。指导12家基层工会换届改选,开展基层工会主席直选试点,培训新上岗工会主席。加强工会财务管理,出台《上汽工会投资管理规定》及《关于进一步规范上汽工会经费使用的管理办法(修订)》;对23家建工会企业进行"小金库"抽查;对16家基层工会进行财务收支审计,并对9家工会实施主席离任审计。 (范　融)

上海久事公司工会

主　席
顾利慧

【概　况】 上海久事公司工会辖基层工会57个,会员80040人。(1)广泛发动职工参与世博,提升服务世博品牌。组建久事世博志愿服务队。开展"迎世博学双语"宣传教育、读书演讲、奉献世博承诺签约行动、服务世博誓师动员等活动,组织世博礼仪专题讲座,举办迎世博主题实践活动暨文艺汇演。(2)大力加强维权与维稳工作,夯实企业和谐稳定的良好基础。一是着力推进民主管理。加强民主管理3项刚性制度建设,保障职工的知情权和参与权,促进企业资产重组顺利推进。二是关注职工思想动态。深入一线召开员工座谈会,倾听职工呼声和建议,分析职工思想动态,努力将矛盾化解在基层、消除在萌芽状态。三是构筑职工保障体系。全年帮困慰问43823人次,慰问金额达2827.65万元。落实职工互助保障计划参保,组织职工体检,建立职工健康档案,完善体检后续服务。四是关爱基层一线职工。深入世博园区和公交站点慰问职工,改善职工工作休息环境。(3)注重先进典型培育,拓展"创先争优"的良好局面。一是通过示范交流、劳模宣讲、岗位练兵、先进结对等活动,积极开展先进典型的选树培育。二是积极推进"创先争优"活动。以"五比五赛"、"三五"集中行动和"服务世博,铸就久事品牌"等活动为载体,促进服务品牌质量提升。三是发挥劳模引领作用。通过劳模联谊、师徒帮教结对、劳模巡查交流、先进事迹巡讲等形式,培育一大批品牌线路、优质车组和服务新秀。四是树立身边先进典型。开展年度"十佳好事"和建功世博"十佳标兵"、"十佳团队"等先进评选,倡导立足本职、追求卓越、岗位奉献的敬业精神。(4)广泛开展竞赛练兵,动员职工全员参与。一是拓展"安康杯"竞赛活动的内涵和外延,开展"走进世博会,安全伴我行"主题活动。二是组织各类主题竞赛。实现"竞赛进程可控、申报方法有序、奖励办法清晰"。三是大力开展岗位练兵。发掘并储备一批技术业务骨干。(5)加强工会自身建设,培育工会干部的良好素质。一是根据企业资产重组进程,及时跟进工会组织建设,夯实工会工作基础。二是开展专题辅导培训,提高广大工会干部适应新形势、探寻新思路、处理新问题的水平和能力。三是加强基层工会财务经审工作的管理和分类指导,规范完善工会经费收支管理。 (谢　刚)

上海市漕河泾新兴技术开发区发展总公司工会

主　席
陈　克

【概　况】 上海市漕河泾新兴技术开发区发展总公司工会辖6个基层工会。共有职工1408人,其中女职工538人;会员1386人,其中女会员533人。(1)参与社区总工会开展对开发区内外资企业的工会组建,开发区内新建工会21个,新增工会会员1471人,覆盖企业100家。(2)以举办世博会为契机,推进职工素质工程。一是组织开展"文明观博"、"十要十不要"、"网上世博知识竞赛"、"我眼中的世博"摄影比赛、"书香漕河泾"职工读书征文活动。二是组织开展职工体育活动。举行"漕河泾开发区杯"冠名的上海市第十四届市运会,先后开展"迎世博'双创杯'羽毛球双打"比赛,"电信杯——龙舟邀请赛","瞩目漕河泾"篮球、乒乓球、羽毛球等各类比赛。(3)开展服务世博公益活动。园艺公司积极参与世博建设,成功签约世博会西藏馆和太平洋联合馆整体绿化工程项目;组织职工参加"迎世博、保畅通"文明路口志愿者活动;组织"人人都是世博安全责任人"活动。(4)争先创优,弘扬先进。开展2007—2009年度上海市劳动模范推荐工作;开展"服务世博,奉献世博"评选表彰;组织开展总公司系统"十佳员工"评选表彰。(5)通过司务公开、行政对话及职代会等途径,把职工参与企业民主管理的工作落到实处。(6)积极开展帮困送温暖活动。一是为青海玉树地震灾区开展"爱心一日捐",1725人参加,筹款259775元;二是参加上海市2010年"送温暖、献爱心"社会捐助活动,共捐衣被1688件;三是组织开展元旦春节帮困送温暖活动,对231名退休、患病职工及其家属发放帮困金25.51万元。(7)开展三八妇女节、八一建军节、重阳节等活动及职工体检和疗休养。

(汪海燕)

中国能源化学工会华东电力工作委员会

主 任
庄毅群

【概　况】 华东电力工委辖上海地区基层工会7个,职工2031人,工会会员2031人。机构设办公室、组织民管部、生产生活部、宣传文体部。(1)围绕"深化转变、服务世博、巩固提升、创新发展"的主基调,广泛开展创建工人先锋号活动,动员和组织职工为保障世博电力作贡献。发挥群众工作优势,做好国家电网公司工会交办的职工代表参观世博会和劳模疗休养工作。开展世博后各类先进表彰和事迹宣传,回顾编辑"服务世博、奉献世博"画册。(2)突出以人为本,深化民主管理,充分发挥职工群众主体作用。落实职代会各项任务,进一步完善民主管理制度体系。签订华东电网公司第二轮集体合同,修改下发《公司厂务公开实施办法》等3项制度,开展厂务公开工作调研检查。(3)组织召开劳模先进代表座谈会,号召广大职工向劳模学习,向身边的先进学习,营造"比学赶帮"氛围。组织召开纪念三八国际妇女节100周年座谈会,并举行《华东电网女职工建功立业风采录》授书仪式。开展劳模情况调研,倾听劳模意见和建议。关注一线岗位员工、先进员工及退休老劳模的工作和生活,做好帮扶帮困工作。(4)开展劳动竞赛、技术比武、班组建设等建功立业活动。开展"创建先进班组、争当工人先锋号"活动,突出"四个坚持"(坚持一个"体系"、坚持公司"排头兵"战略、坚持"减负"原则、坚持管理部门为班组服务原则),积极开展员工技术技能竞赛活动。(5)狠抓标准化建设,提升工会各项管理工作和干部队伍建设水平。举行民主测评,主动接受各级工会干部和会员单位的评议。开展建家活动,进行"职工之家创建标杆单位"创新成果发布。组织基层工会主席、女职委干部、经审干部和优秀班组长培训班,促进工会干部的能力建设。

(施炜伟)

申能(集团)有限公司工会

主 席
仇伟国

【概　况】 申能(集团)有限公司工会辖基层以上工会5个,基层工会32个,职工11667人,会员11430人,其中女会员2423人。(1)适应企业发展,强化学习创新,提升队伍素质。通过深化"创争"工作目标和岗位创新活动,提升职工群众学习力、创造力;通过开展职工思想状况和工会工作专题调研,提高工作针对性和渗透力。(2)深化劳动竞赛,推动企业发展。一是突出"平安世博"工作重点,深化安康杯劳动保护竞赛。通过开展隐患排查、改善防暑降温设施、应急演练、知识竞赛、合理化建议、成果展示、信息宣传等活动,全面提升职工安全意识。二是突出"保障与服务世博"工作主线,深化岗位建功。按照"三个等级"安保防范规定,保障各工作岗位的安全规范操作,提升应急处理能力。引导职工遵守岗位服务要求,摒弃陋习,提升文明素养。三是突出"创新、节能"工作主题,开展群众性科技创新和节能减排献计献策活动。30个项目评为集团科技创新和节能减排"金点子"。四是表彰先进,落实"评先创优"工作。全年申报、获得各类市级以上先进集体37个,先进个人17名。(3)深化民主管理,促进和谐劳动关系。一是完善厂务公开民主管理工作。调整工作机构,召开工作会议,结合职工关心的热点、重点、难点问题提出厂务公开工作的"三个落脚点",严格落实责任。二是开展工资集体协商工作调研,推出系统工资集体协商实施方案,确定工资集体协商建制率3年总目标和年度目标。三是完善职代会参与机制,促进燃气结构转型。在吴淞煤气制气公司结构转型中,对职工分流安置工作进行专题调研,完善分流单位职代会制度化、标准化、程序化机制建设,从源头上维护职工合法权益。(4)坚持以人为本,落实民心工程,保障职工生活。一是深化帮困送温暖慰问工作。对各类人员帮困达5719人次,帮困资金318.37万元。二是弘扬劳模精神。组织劳模进行世博试运行集体观展活动,为退休劳模发送世博门票。三是开展各类文化活动,促进和谐文化建设。举行"徽韵摄影采风"、"精彩世博"摄影赛;举办"相约世博,精彩你我"申能集团与非洲馆足球友谊赛;组织劳模先进代表视听"国庆国际电影主题曲演唱会";组织女职工代表观看电影《阿凡达》。(5)夯实职能基础、增强自身建设。召开纪念三八国际妇女节100周年暨三八红旗手(集体)表彰大会,推进女职工目标考核评价体系建设。指导2家直属工会完成工会主席公推直选。加强工会干部教育培训,强化工会财务管理。

(倪　静)

华虹集团工会

主　席
陈剑波

【概　况】 华虹集团工会辖基层工会5个,会员1686人,其中女会员559人。(1)围绕发展战略,加强学习教育,增强会员科学发展意识。开展《劳动合同法》、职工职业安全卫生与安全生产知识(安康杯竞赛)、职业技能与素养、法律知识、行业知识等内容的学习培训活动。组织员工在企业发展、世博项目、世博服务各项工作中开展创先争优活动。(2)开展"两保一促进"立功竞赛,奉献世博,争创佳绩。一是围绕世博项目建设和服务保障任务,动员会员立足岗位作奉献,创先争优保营运。从世博会项目建设到运营结束,由华虹员工设计并且负责维修保养的世博园区14个出入口的票检设备经受了极端天气、超大客流等各种考验,设备完好率达到100%,门票故障率低于十万分之一,后滩、长清路、上南路3个入口的累计检票数分别超过了千万。二是组织动员员工开展立功竞赛,建功企业发展,争创一流经营业绩。发出大力开展"保运营、保稳定、促发展"立功竞赛活动的倡议,18个部门开展了各具特色的劳动竞赛,参与人数1856人,其中劳务工、临时工的参与率超过90%。(3)发挥组织优势,推动科技进步,激发创新活力。一是举办首届华虹职工科技论坛。二是继续鼓励和推进知识产权申报活动,2010年各公司新申报专利近300项,获得专利授权100多项。(4)落实维权机制,推进民主管理,促进和谐企业建设。一是推进集体协商和集体合同工作取得阶段性成果。二是各单位工会主动参与相关制度的修改、劳动合同签订和履行,集团系统全年未发生影响稳定的劳动合同纠纷事件。三是关心会员生活、工作和学习,营造和谐发展环境。加大经费投入,做好困难员工和骨干员工的慰问工作,合计慰问费用达3.5万元。四是推进厂务公开民主管理。年初组织员工对中方委派的经营管理成员进行民主测评,并将测评结果向个人反馈。(5)继续开展安康杯竞赛和节能减排活动。一是按照世博期间安保要求,有针对性组织开展安康杯劳动保护竞赛。二是推进节能减排各项活动。重点推进能耗重点企业的节能减排工作,其中华虹NEC实施的229项节能降耗项目产生效益达481万元。(6)加强工会组织自身建设。全面推行工会主席直选,在试点、实施、完善的基础上,形成《基层工会主席直选工会主席暂行规定》,在公司层面全部实行直选,并在部门工会作了探索。顺利完成4个工会换届选举;新建华力公司工会。(7)广泛开展群众性文体活动和社会公益活动。举办世博主题系列文体活动,举办第五届职工运动会,逾400人次的运动员参加了自行车、羽毛球、搭多米诺骨牌等10个项目比赛。开展华虹希望小学捐资助学活动。 (戴宗国)

中国铁路工会上海铁路局委员会

主　席
钱　铭

【概　况】 中国铁路工会上海铁路局委员会辖区分布苏、浙、皖、沪三省一市,其中上海地区有基层工会38个,会员34623人,其中女会员5197人。机构设综合(财务)部、组织部、生产和文体部、保障和女工工作部;代管中国火车头体育协会上海理事会、局退休职工管理委员会。(1)认真做好路局第十届职工代表的选举,培训新当选的职工代表,召开路局十届一次职代会。源头参与,制定路局职代会专委会工作制度、联席会议实施办法等,规范和落实各专委会的工作职责。(2)深入开展劳动竞赛,围绕阶段性铁路运输任务和大规模铁路建设,开展春运立功竞赛。围绕高铁调试运营,先后在沪宁、沪杭、京沪高铁先导段以及沪汉蓉高铁调试运营过程中开展专项立功竞赛。围绕举办上海世博会,开展"创一流、树形象、优质服务迎世博"等立功竞赛,获上海市"当好主力军,建功世博会,展示新风采"主题实践活动优秀组织奖。紧扣安全生产、经营管理、新装备应用等重点,会同专业处室开展系统性单项竞赛。深化安康杯竞赛,杭州北车辆段、芜湖工务段获全国安康杯竞赛优胜企业称号。(3)修改完善落实"三不让"实施办法,提高职工患大病住院期间的个人支付医疗费用补助标准,合理拓展救助范围,缓解家庭临时性困难。完善救助格局,按照"扶贫、扶志、扶能力"相结合的要求,积极探索"造血"帮扶、励志助学帮扶等新思路。深入开展"冬送温暖,夏送清凉,一年四季送关怀"活动,全年用于小药箱(盒)、职工医疗应急周转资金和送温暖(清凉)等支出2031万元;筹集资金7788万元用于助困、助医、助学。(4)"三线"建设深入推进。投入755.65万元,为一线职工添置更新空调、净水器、冰箱等生活设施;投入123.46万元建设文化线,同时为各疗养院更新增添文体设施。修订三线建设标准及管理考核办法,启用"三线"信息管理系统,建立月通报制度,并将"三线"建设日常管理情况纳入机关处室和站段安全质效管理考核办法。(5)加强企业文化建设。组织先进模范代表7批1600余名参加"感受世博、奉献铁路"主题教育活动。定期开展富有地区特色的文化活动,推荐节目参加上海市职工小品比赛获银奖,举办全局客运系统"走进高铁时代"职工职业技能风采大赛。指导地区体协开展全民健身到站区活动。(6)全面展开"党工共建、创先争优"活动。制定《关于在全局工会组织和广大职工中深入开展创先争优活动的实施意见》。(7)进一步夯实工会工作基础。培训各级工会干部370名。修订完善《基层工会创建职工之家考核管理(暂行)办法》。 (白　杰)

中国海运（集团）总公司工会

【概　况】　中国海运（集团）总公司系国务院国资委直管的国有骨干企业之一，是以航运为主业的跨国、跨行业、跨地区和跨所有制经营的特大型综合性企业集团。其中，上海地区辖基层工会 24 个，职工 19508 人，会员 19180 人，其中女会员 2427 人。（1）深入推进“安康杯”、“中海杯”劳动竞赛。提出“增收节支、人人有为，安全稳定、人人有责”的第十三届“中海杯”劳动竞赛主题，全系统开展各类竞赛 234 次，27670 人次参加，创造效益 4480 万元；提出合理化建议 1986 条，创造效益 609 万元；开展节能减排活动创效益 7779 万元。表彰 51 个优胜集体和 100 名先进个人。（2）开展“创建学习型班组、争做知识型员工”活动，提高职工综合素质。联合举办为期 3 个月的“中海杯”船员远程教育知识竞赛活动，共有 320 艘船舶、5199 名船员、21 支船公司代表队参加竞赛。全年共有 31404 人次职工参加各类教育培训，11781 人次劳务派遣工接受业务技能培训。（3）坚持厂务公开，推进民主管理，不断适应现代企业制度建设。修订颁发《关于进一步加强集团系统职代会制度建设的指导意见》和《关于进一步加强班组建设的实施意见》。（4）推进企业文化建设，引导广大职工创先争优。大力倡导“诚信四海、追求卓越”的企业核心价值观，大力弘扬劳模精神。进一步加强“海上俱乐部”、“海上学校”建设，开展各种有益于职工身心健康的文体活动。（5）关心关爱员工，共建和谐社会。做好服务世博工作，保障世博电煤运输。组织动员职工为青海玉树地震灾区捐款 217.1 万元。全年帮扶困难职工 3229 人次，发放帮困金 743.39 万元；慰问职工 28678 人次，发放慰问金 896.15 万元；帮困助学 1832 人次，发放助学金 87.79 万元。（6）加强工会自身建设，不断提高服务创新能力。调整充实工会经审会、女工委班子，做好离任经济责任审计和工会法人资格变更，加强工会信息和信访，开展新任工会主席上岗培训。

（柴淮生）

上海国际港务（集团）股份有限公司工会

主　席
王晓华

【概　况】　上海国际港务（集团）股份有限公司工会辖直属基层工会 38 个，工会会员 33739 人，其中女会员 3551 人。机构设办公室、基层工作部和生活保障部。（1）弘扬劳模精神。召开 2010 年度劳模表彰大会暨劳模事迹报告会，制作劳模先进事迹展板到各基层单位巡展。（2）以强化班组建设为突破口，深化职工素质工程建设。通过班组建设工作现状调研和召开班组建设工作座谈研讨会，形成加强班组建设工作的指导思想和星级班组创建标准，并在加强班组建设工作推进大会上下发《关于进一步深化班组建设工作的指导意见》。（3）落实“两个坚持”，推进企业民主管理工作。一是在集团一届五次职代会闭幕后，继续由职工代表对职代会议程安排等 5 个方面进行评价，各项满意率达 96% 以上。二是职代会后，及时召开提案审理委员会会议，对职代会征集的 37 件提案进行研究，确定对其中 20 件提案进行立案，及时给予提案人书面答复并征求意见。（4）以推动经济建设为目标，落实“三项竞赛”活动。年初，部署开展立功竞赛、安康杯竞赛和创建节约型企业活动，动员广大职工投身生产建设主战场，并在服务世博、参与世博、奉献世博中展示海港职工形象；年中，由集团工会牵头对 10 家参赛单位的推进情况进行中途检查，为实现全年工作目标打下良好基础。（5）动员职工奉献爱心，共同构建和谐企业。一是动员和组织职工向青海玉树地震灾区献爱心，共募集 2556461 元捐款。二是举行集团第十四次“8·15”爱心捐献活动，职工共捐款 347.77 万元。三是集团和各基层工会对各类困难职工共发放帮困金 579.36 万元，15005 人受助。四是组织 4088 名职工参加“红色之旅”疗休养。五是协助落实劳务工补充医疗综合保障。（6）加强工会自身建设。开好工会全委会、工运论文发布会和专题工作研讨会的同时，重点推进 3 项工作：一是推进基层工会主席直接选举；二是召开工会信息发布会，形成“上港集团当前职工思想状况信息汇总”；三是总结交流农民工维权工作经验。

（张晨琦）

中国海员工会上海长江轮船公司委员会

主　席
高　峰

【概　况】　上海长江轮船公司工会辖基层工会 15 个，会员 2662 人。（1）围绕大局，开展立功竞赛活动。一是大力开展“保增长、促发展，迎世博、保平安”劳动竞赛。制订相应的竞赛方案和考核、评比办法。二是以“调结构、转方式、保增长、促发展”为主题广泛征集金点子。5 月份开展征集合理化建议月活动，共收到合理化建议 451 条，经评审，7 条合理化建议获“金点子奖”；3 个基层工会获优秀组织奖。三是大力推进安康杯竞赛和开展职工代表安全巡查活动。落实安全生产“十个一”活动，各单位工会结合行业特点继续开展职工安全警句、亲情寄语、安全家书等活动，并将班组安全建设成果制作成展板和光碟进行宣传推广。在安全生产月活动中，抽调 8 名职工代表及安全管理专业人员，对公司承担服务世博的相关酒店、游轮、船厂进行安全巡查；通过公司信息中心平台，向公司机关处级以上干部和公司所属单位班子成员 200 人发送安全寄语短信，层层传递到一线职工手机上，提升职工安全意识。（2）加强企业民主管理，推进企业和谐发展。

一是建立健全职工代表大会制度，落实职代会职权。公司两级单位全部建立比较规范的职代会和职工大会制度。二是深化厂务公开工作。已逐步形成公司、两级单位、船舶(班组)三级公开的工作网络。三是开展职工文化体育活动，并组织代表队参加长航全线的羽毛球比赛。(3)切实开展送温暖、办实事工程。元旦春节期间，共投入12.8万元慰问144名特困职工、劳模先进和伤残职工，下拨资金3.3万元慰问客司、南通驳船厂、长伟公司困难职工。为70多名特困学生发放6万余元助学款。出资10万元为职工办实事。购置5万元高温慰问品，慰问一线职工2200人。组织安排劳模、先进、优秀船员家属等8批、224人疗休养。(4)开展创先争优活动。一是抓好工会组建和会员发展工作。指导外贸事业部和吴淞工程合作公司组建工会，指导4家单位及时做好工会换届工作。加大农民工入会工作力度，闵南船厂农民工入会率达85%。二是切实加强工会干部培训工作。选派专兼职工会干部23人次参加上级组织的培训，新当选工会主席的培训率达100%，培训两级单位工会财务人员。三是加强女职工工作，开展"建功'十一五'，巾帼绘和谐"女职工建功立业主题活动；女职工委员会组建率达85.7%。 (马吉怡)

上海市运输工会

主 席
黄伟建

【概 况】 上海市运输工会辖基层工会56家，工会会员13279人。机构设办公室、宣教部、保障部、事业部，并设有女职工委员会和退休职工管理委员会，所属事业单位有交运俱乐部和交运休养院。(1)展示交运员工参与世博、奉献世博的风采。加强世博安全保卫宣传教育，落实安全保卫书面告知和责任承诺，组织职工代表"观察员"开展飞行检查和"啄木鸟行动"，组织开展13项迎世博应急预案演练，开展"服务世博创一流、保障世博作贡献"竞赛，确保服务优质高效。组织窗口单位开展"讲文明、治顽症、纠陋习"活动，结合企业和岗位实际，查找陋习现象，提升服务水平。(2)服务集团经济发展大局，组织动员职工为集团发展建功立业。开展"建功十一五、岗位创一流、和谐在交运"主题立功竞赛，召开竞赛工作交流发布会，20个基层单位获竞赛特色项目，开展"安全优质保春运"、"关爱农民工，平安过新年"工作竞赛。(3)提升职工整体素质，进一步加强基层团队和优秀人才的培养。与行政联合下发《关于加强班组建设的指导意见》。通过班组工作调研，召开分管领导座谈会、总裁与班组长恳谈会、班组建设大型座谈会等，进一步推进班组工作"五个一流"、"五型"建设。组织开展2010年度交运职工技能操作竞赛活动，确定12项竞赛项目，320名选手参加决赛，继续实行技能比赛前3名给予工资晋升的奖励。举办劳模先进事迹报告会，对10名新当选的全国劳模和市劳模、2个市模范集体进行事迹介绍与展示。(4)加强职工维权机制建设。与集团行政进行第八次集体协商，围绕职工技能操作竞赛费用预算、全面加强集团班组建设工作、给予直接从事世博园区服务的一线职工特殊工作津贴、下拨困难企业平安世博维稳帮困资金等4项议题进行讨论和协商，并达成一致意见。全系统35家单位开展集体协商工作，落实议题254项。全年共举办3次集团领导与劳模、首席员工、岗位技术能手、农民工沟通恳谈会。开展第八次厂务公开民主管理工作检查。大力开展帮困送温暖工作，慰问困难职工6922人次、农民工846人次，发放慰问金191.19万元。关心慰问单亲特困女职工家庭子女，全年结对20户。为4437人次退休职工送慰问金、慰问品共计88.80万元。组织职工为青海玉树地震灾区捐款49.07万元。开展职工医疗互助保障计划参保工作培训，在职职工参保率达92.8%、退休职工住院参保率达96.5%、在职职工特种重病参保率达78.2%，女职工医疗互助团体保障参保率达74.26%。(5)进一步加强自身建设。组织4次与基层工会上下共学活动。以"共谋发展献良策、创先争优当模范"为主题，组织劳模、首席员工、岗位技术能手培训班，90余人参加。召开运输工会第九次代表大会，选举产生新一届委员会、经费审查委员会，同步组建女职工委员会。 (王 勤)

中国邮电工会上海市邮政委员会

主 席
史金虎

【概 况】 中国邮电工会上海市邮政委员会(简称上海邮政工会)辖基层工会39个，工会会员21111人，工会专兼职干部106人。机构设办公室、组织宣传部、基层工作部和权益保障部。(1)以参与世博、服务世博、建功世博为抓手，深入开展以"文明服务、文明观博、文明出行"为主要内容的"当好主力军，建功世博会，展示新风采"主题教育实践活动；开展"保平安、促运行、重服务、创一流"世博运行保障立功竞赛；广泛组织员工学习和践行"十要十不要"行为规范，进一步深化邮政服务窗口员工立功竞赛活动；以支局(生产科)为单位，深入开展"先锋号窗口"流动红旗竞赛。开展"庆世博、促服务、保平安"专项检查，上海邮政世博服务工作被中共中央、国务院授予"中国2010年上海世博会先进集体"称号。(2)大力弘扬新时期劳模精神。联合下发《关于掀起弘扬先进劳模精神高潮的通知》，运用多种形式学习宣传上海邮政"劳模十强精神"，为321名全国和市劳动模范定制世博肖像个性化邮票。(3)坚持推进企业民主建设。召开职代会暨工会第二次代表大会，听取和审议行政工作报告、工会工作报告、经费审查报告、为员工办理社会保险金使用情况报告、教育经费使用情况报告，选举产生新一届工会委员会、经费审查委员会和女职工委员会；与行政签订《上海市邮政公司集体合同》、《上海市邮政公司女职工（员工）权益保护专项集体合同》；提出2010年10件实事项目。（4）积极组织开展为青海玉树地震灾区募捐活动，捐款总额达72万元。（陈千涛）

中国移动通信集团工会上海市委员会

主　席
张新康

【概　况】　中国移动通信集团工会上海市委员会（简称中国移动上海公司工会）辖有工会会员4426名。工作机构设基层工作部、权益保障部和综合部。（1）开展以"攻坚奋进、献礼世博，拓展移动新领域"为主题的劳动竞赛，通过"季度奖励、三奖并重"的方法，以流动奖杯与物质奖励相结合、与年度绩效考核挂钩等方式，促进公司KPI指标的提前完成。（2）以世博倒计时600天为起点，举办系列迎世博活动。在迎世博各百天节点开展6大板块14项系列活动，同时结合"重阳节"和"七夕"等特殊纪念日，继续推出7大活动，在公司内外扩大影响力。（3）关爱企业员工，营造文化氛围。公司和基层两级工会以多种形式慰问一线员工达1万人次；坚持工会主席巡回联系日制度，巡回基层单位21家；开展每季班组建设主题论坛，举办"快乐园"活动，举办"世博园区服务人员心理支持行动"、"我为世博唱响嘹亮的歌"、健康讲座等，做到月月有活动；举办第三次运动会，员工参与率为历届之最。（4）大力推进企业民主管理。召开三届一次职代会暨第三次工代会，听取和审议行政工作报告、工会工作报告、业务招待费使用情况、提案处理情况报告、"司务公开"实施情况检查评估、《公司第三期集体合同》和《公司第二期女职工权益保护专项集体合同》履行情况、2009年员工培训和教育经费使用情况、"五险一金"和补充保险缴纳情况等专题报告，选举产生公司第三届工会委员会和经费审查委员会。（史　旭）

中国电信集团工会上海市委员会

主　席
陈鸿生

【概　况】　中国电信上海市工会拥有会员24009人，其中女会员7623人。（1）围绕企业发展和举办世博会开展重点工作。开展"奉献世博当主人，天翼腾飞作贡献"为主题的9项劳动竞赛；培育推广陈兆波《C网问题处理操作法》、NOC《学明操作法》；建立公司首席员工交流制度，扩大首席员工影响力；与联合国合唱团开展广泛交流；入选世博会"秀空间"获优秀展演团队；帮助湖北电信员工鲍政斌实现"游到上海看世博"壮举；中标参加世博文化广场3场演出，社会效益显著。（2）围绕员工帮困开展活动。多次组织慰问参加保障服务的员工；开展节日帮困活动，推出5项制度，全方位关心外包从业人员。（3）围绕基层特点开展分类指导。组织168名工会干部参加上岗、法律及新工会会计法专题培训；下发《加强基层班组厂务公开民主管理工作指导意见》，深化厂务公开民主管理工作；深入基层工会进行劳动竞赛调研；指导和推进工会研究课题组调研活动。（4）围绕员工热点和切身利益开展活动。召开4次公司职工代表组长会议，对相关方案进行审议表决。从2010年起，工会牵头开展业务外包单位从业人员季度沟通活动，使公司的双月沟通平台向外包员工层面拓展。（朱东亚）

中国海员工会交通运输部东海救助局委员会

主　席
金振泰

【概　况】　中国海员工会交通运输部东海救助局委员会辖基层工会12个，会员1083人，其中女会员85人。（1）围绕救助中心工作，开展群众性劳动竞赛活动。以练促赛、以赛促战，充分发挥救助职工建设救助、服务社会的主动性、积极性。重点围绕上海世博水上应急保障开展建功竞赛，培训先进典型。坚持开展安康杯竞赛，注重职工安全生产和劳动保护。积极开展技能练兵和比武活动，促进救助技能水平上台阶。（2）积极倡导和谐企业文化，深入推进职工素质工程，提升职工队伍综合素质。开展职工之家创建，推动船舶"船员书屋"建设，搭建学习和交流平台。组织开展职工文体活动，不断满足职工日益增长的文化需求。（3）切实抓好职工实事工程。持之以恒开展帮困送温暖活动，积极实施职工医疗互助保障计划，完善医疗互助机制，减轻职工医疗负担。深入基层一线调研，倾听职工诉求和意见，协助解决职工切身利益问题。积极关心女职工工作，鼓励开展适合女性自身特点的活动，切实保障女职工的特殊权益。（4）夯实工会基础工作，提升工会干部能力，提高整体工作水平。扎实推进基层工会建设，健全民主管理机制，增强了基层工会组织活力。坚持集体领导机制，群策群力发挥工委会作用。（吴　斌）

中国海员工会交通运输部上海打捞局委员会

【概　况】　中国海员工会交通部上海打捞局委员会辖基层工会8个，会员1254人,其中女会员79人。(1)加强学习培训,认真贯彻落实党的十七届四中、五中全会精神。认真抓好基层工会主席每月学习例会、每季度定期交流、每半年工作通报、年度工作务虚会等制度。召开局属单位工会主席学习党的十七届五中全会专题研讨会。发挥工会宣传阵地的作用,广泛开展面向广大职工的宣传教育活动。(2)深化职工民主管理,提高民主管理质量。筹备召开局二届二次职代会暨工代会。坚持职代会闭会期间的主席团联席会议制度。制订涉及局中长期发展规划和职工切身利益的规章制度时,均在广泛征求意见的基础上,在职代会主席团联席会议上讨论、审议、通过。注重职工代表提案的立案和处理。(3)发挥劳模示范引领作用,为打捞经济持续稳健较快发展服务。组织好2010年全国劳动模范和2007—2009年上海市劳动模范和先进工作者的推荐评选工作。加强救捞系统各单位一线先进代表的沟通交流。广泛开展创建工人先锋号活动,形成团结互助、争先创优的良好氛围。(4)坚持实施职工素质工程,促进职工队伍全面发展。组织开展"当好主力军,建功世博会,展示新风采"主题实践活动。广泛开展安康杯劳动保护竞赛和全国水运系统安全生产"双基"建设合理化建议活动。以一线船舶、车间、班组为重点,全面推进安全生产管理、安全文化建设和职工安全健康培训教育。开展职工技术练兵和劳动竞赛活动。组织职工参加救捞系统首届职工技能比赛。(5)下拨帮困金6万余元,看望慰问特困、重病职工和困难劳模。关心困难职工子女,开展六一儿童节帮困助学和"金秋助学"活动。深入调查了解职工家庭状况和子女就学状况,并建立相关档案,发放帮困助学金。继续开展职工补充医疗互助保障工作和因病致贫职工帮扶工作。共有291名职工受惠,给付医疗互助金457458元。开展纪念三八国际劳动妇女节100周年系列活动。组织在沪单位57名女职工赴无锡社会主义新农村建设巾帼示范基地参观学习。组织开展夏季劳动保护和高温慰问活动,共发放高温慰问金9万余元。组织22批次、10条线路、668名职工参加休养。 (满竞璐)

中交上海航道局有限公司工会

主　席
王伯华

【概　况】 中交上海航道局有限公司工会委员会辖基层工会11个,会员4478人,其中劳务工会员979人,女会员323人。(1)围绕"建设国际一流疏浚公司"目标,开展以"赛科技创新出成果,赛项目管理出经验,赛安全施工出精品,赛设备管理出成效,赛文明建设出人才"为主要内容的"五赛五出"立功竞赛活动。举行船舶水手、技工、测量、电焊、铲车等10个工种的技术比武,提升职工技能素质。(2)深入开展创争活动,组织劳务工参加上海市第十二届读书节"精彩故事,和谐人生"农民工讲故事大赛,以创建学习型船舶为抓手,开展《船与船员故事》征文活动,共收到34篇。(3)抓好企务公开民主管理,做到在制度上落实,工作中创新,效果上提高。一是职代会召开率达100%,召开总经理信息发布会。二是加大提案落实力度。两级职代会收到职工代表提案65份,做到件件有回复,件件有落实,提案质量有新的提高。三是坚持民主评议工作。开展两级单位干部"述职、述学、述廉"的评议工作。(4)进一步做好安康杯竞赛和职工保障工作。参加全国安康杯劳动保护竞赛,参加班组安全建设成果展示活动,下发《全国职工职业安全卫生知识手册》和"全国职工职业安全卫生知识竞赛活动专用试卷"1600多份。高温期间走访两级项目部25个,慰问员工4335名,慰问费达70多万元。完善在沪11家企业内部的大病互助补充保障计划,加强对困难职工的信息管理,将5家单位的32名困难职工信息与全总联网。(5)加强工会自身建设。组织工会干部参加各类学习,提高自身工作能力。深入开展建家活动,"新海鳄"轮被命名为全国模范职工小家。 (杨建平)

中交第三航务工程局有限公司工会

主　席
夏　昕

【概　况】 中交第三航务工程局有限公司工会辖基层工会12个,职工3645人,工会会员3638人,其中农民工会员278人,女会员464人。(1)围绕企业中心工作,服务大局,促进企业经济建设发展。一是深入开展"创先争优"活动,实施职工素质工程。通过岗位培训、技术比武、评先奖优等措施,推进"创争"活动和职工素质工程的开展。二是开展重点工程立功竞赛活动,促进工程项目建设。广泛开展以保证施工进度、强化精细管理、提高经济效益、促进文明施工、树立企业品牌为主题的立功竞赛。三是开展安康杯竞赛活动,促进安全生产。四是通过选树劳模先进,大力弘扬劳模精神。在《三航报》上连续多期专版报道劳模先进事迹。(2)结合实际,履行职责,切实维护职工群众合法权益。一是通过职代会"以人为本"民主管理,群策群力共谋发展。二是进一步规范实施厂务公开民主管理工作。三是通过"送温暖"和扶贫帮困活动,进一步增强凝聚力。全年共有在职职工437人次、退休职工3947人次获得经济保障给付48.2万元;14人次获重病给付17万元;112人次获综合给付18.3万元。四是通过创建劳动关系和谐企业活动,促进和谐发展。五是通过检查落实集体合同,完善工会维权工作机制。(3)重点突出,全面推进,促进各项工会工作的落实。一是进一步健全工会组织,培训工会干部,多次举办工会财务知识学习培训班。二是深入调查研究,不断总结交流探讨。三是制订措施,工会信息宣传工作进一步规范化、制度化。四是大力推进工会女职工工作。五是工会经费收支管理工作得到了加强。坚持工会经费预决算报告的编制、审计和执行情况的报告。实现局工会财务会计电算化管理,工会经审会按计划实施对下审计工作。六是承办公司第十一届“青工杯”足球赛和局首届羽毛球选拔赛。（黄书展）

中国海员工会中远集装箱运输有限公司委员会

主　席
房迪坤

【概　况】 中国海员工会中远集装箱运输有限公司委员会(简称中远集运工会)隶属中国海员工会中国远洋运输集团委员会,辖基层工会22个,工会会员10186人,其中女会员1621人。工作机构设综合宣教部、组织劳保部。(1)围绕企业中心工作,团结带领广大职工为公司打赢效益攻坚战作贡献。组织开展“降成本、促效益、谋发展”金点子征集活动,征集合理化建议343条;深入开展安康杯劳动竞赛、创建工人先锋号、“安全在我身边,降本增效从我做起”主题活动和“平安世博安全生产双百日”等活动。(2)坚持和完善职代会制度。召开八届一次职代会,组织职工代表巡视检查,落实职工代表的监督权。指导基层工会组织建设,确保职代会建制率、基层工会组建率、企务公开实施率、集体合同签约率约达100%。(3)开展“迎世博、展风采、比贡献”群众性技能比武活动,培养一批学习型企业、船舶、班组和高素质的知识型职工队伍。围绕解决船舶实际问题,有针对性地组织船员开展技术难题会诊、关键课题分析;同时,开展各类营销竞赛活动,全面调动营销人员积极性,为完成企业经营生产任务形成有利的支撑。世博会期间,公司有30名园区高峰志愿者、19名城市志愿服务站点志愿者以及2128人次的平安志愿者参与服务世博。(4)深入有效地开展帮困送温暖、帮困助学活动。坚持每月信访例会,及时掌握职工思想动态,协调解决职工热点问题;精心组织职工疗休养和体检,开展职工欢乐健康日等系列主题活动和文化月活动。（钱　华）

中国海员工会中波轮船股份公司委员会

主　席
周万勤

【概　况】 中波轮船股份公司工会辖基层工会5个,船岸职工1072人,工会会员1072人。(1)充分依靠职工,推进民主管理,坚持和完善职代会制度,组织召开十届三次工代会、六届三次职代会,落实职工的知情权、参与权、表达权和监督权,团结动员船岸员工攻坚克难,增收节支,拼搏效益,开展我为管理增效献一计“金点子”评选活动,对8项金点子给予表彰和奖励,激励职工建言献策为公司发展作贡献。(2)深入开展“五比五创”劳动竞赛、“服务世博、奉献世博”立功竞赛活动,公司在专为上海世博会承运8台大型变压器等重要设备项目中,通过克服诸多困难,使设备比原计划提前4天运抵上海港,为世博会作出积极的贡献。公司员工大力弘扬“奉献、友爱、互助、进步”的志愿者精神,积极开展世博志愿服务,公司被授予上海世博外事工作优秀集体称号。(3)加强职工素质工程建设,关注职工的学习权、发展权,为职工的再教育和可持续学习创造优越的学习环境,组织不同层面多方位的培训和岗位练兵,提高职工的业务水平和综合素质,推进职工的全面发展。全年培训员工331人次,晋升中级工5人,高级工22人,技师3人,高级技师1人,2名管理人员获得高级职称。(4)维护员工的安全与健康,深入开展“安康杯”、“全国水运系统船舶、班组安全竞赛”、“全国水运系统安全生产‘双基’建设”及“安全在我身边,降本增效从我做起”等活动,发挥基层工会安全监督职能,创造安全稳定的和谐环境。组织职工疗休养,安排在职职工和居住上海的退休职工健康体检,并为居住在外省市的退休职工发放年度体检费。不断更新船舶健身器材。(5)切实为职工办实事、做好事、解难事,做好帮困送温暖工作。走访慰问在职及退休职工203人次,慰问船员家庭151户,发放慰问和补助金23.5万元。(6)加强企业文化建设,充分发挥书画摄影协会、文艺协会、球类协会、钓鱼协会作用,开展“迎新年”、“春天来了”、“世博风采”、“夏日情怀”、“旅游风光”等主题摄影比赛。（潘根宝）

中国海员工会上海海事局委员会

主　席
樊卓越

【概　况】 上海海事局工会辖基层工会20个,会员3085人,其中女性会员305人。(1)发挥服务大局作用。围绕完成世博水上安保的重大任务,组织动员全局职工开展“当好主力军,建功世博会”立功竞赛和“我为世博水上安保献一计”活动,共收到建议648条,采纳392条,实施354条;共有169个班组、2128名职工投身于立功竞赛活动,顺利完成水上交通管控任务。(2)会同有关部门制定《进一步加强对劳模培树育的方案》,利用世博水上安保工作舞台,选树评比表彰一批先进船舶、班组、个人。(3)世博会期间,组织8批共1200余名职工代表及家属游览黄浦江,观世博夜景,举行以“我眼中的世博”为主题的摄影征稿活动,共收到800多幅作品,从中选出280幅在局域网和《上海海事》上发表。(4)成立帮困小组,服务和关心世博安保一线职工生产生活工作,走访慰问服务世博一线职工家庭188户,帮扶52户困难职工家庭。对退休职工"夏送清凉,冬送温暖"1217人次,为1011人次办理"银发无忧"保险,为女职工办理团体互助医疗特种保险。(5)召开局、处两级部分职工代表座谈会,听取实施"创先争优"长效机制及完善干部竞争上岗制度方面的意见和建议。(6)制订职工之家建设的5年方案,全力推进建家活动。8个基层工会获得直属海事系统先进职工之家称号。 (朱卫平)

上海市锦江航运有限公司工会

主　席
施振兴

【概　况】 上海市锦江航运有限公司工会辖4个基层工会,职工539人,其中女职工132人。公司工会会员539人,其中女会员132人。(1)加强职业道德建设,提高职工整体素质。开展"荣誉、命运、利益共同体"理念教育,实施"以人为本、依法管理"企业方针,积极开展"干事创业、岗位成才"和创建双文明星级船舶、双文明星级部室评比等活动。(2)关心职工疾苦,认真开展送温暖工作。全面开展多层次、全方位的慰问和帮困活动,并把工作延伸到职工家庭。(3)加大企业民主管理力度,深化厂务公开工作。继续开展集体协商,签订集体合同和工资集体协议,涉及公司发展的重大事项和关系职工切身利益的问题,均由公司职代会全体会议审议通过。实施公司领导干部民主评议制度,对公司中层干部进行述职述廉评议和信任投票。(4)加强工会自身建设。采取多种方式对工会干部进行培训和教育,提高工会服务船舶、服务基层、服务职工的自觉性和责任性。(5)为职工办好事、做实事。全年安排50名职工疗休养,建立船舶流动图书馆,提供活动经费和健身器材,为每位职工送生日贺卡和蛋糕等。(6)大力弘扬先进,开展评选优秀员工活动。 (田　冰)

中国民航工会华东地区管理局委员会

主　席
周正凯

【概　况】 中国民航工会华东地区管理局委员会辖华东六省及厦门、青岛航空安全监督管理局8个基层工会和上海地区8个基层工会,并协管民航华东地区28个民用机场(集团)公司工会,共有职工43560人,其中女职工15306人,上海地区职工3670人,其中女职工1757人,会员3462人,其中女会员1690人。(1)振奋精神,同心协力,为做好上海世博会民航安全和服务保障工作作贡献。协同东航集团、上海机场集团等单位在上海民航系统开展"保平安、促运行、重服务、创一流"世博运行保障立功竞赛活动。发挥广大职工在世博运行保障中的主力军作用,共保航班正常,共创优美环境,共推优质服务,共筑平安世博。(2)发挥工会组织作用,促进华东民航事业发展。一是深入开展以"当好主力军、建功十一五、和谐奔小康"主题竞赛活动;二是持续深入开展安康杯竞赛;三是认真做好"冬送温暖、夏送清凉"工作及元旦春节送温暖活动。(3)加强工会维稳和维权工作,促进劳动关系和谐,维护职工队伍及社会稳定。(4)充分发挥工会"大学校"作用,深入实施民航职工素质提升工程,提高职工队伍整体素质。一是采用多种形式广泛开展"创建学习型组织,争做知识型职工"活动;二是组队参加第二届全国民航职工乒乓球比赛;举办民航上海地区职工足球邀请赛;三是承办由华东地区民航各单位领导参加的新年迎春团拜会。(5)加强工会自身建设,推动工会工作全面提升。改选局工会主席和女工委主任,指导民航青岛监管局、上海外航服务公司工会改选。 (徐治河)

中国东方航空集团公司工会

主　席
罗朝庚

【概　况】 中国东方航空集团公司工会辖直属工会12个,基层工会45个(其中上海市30个,外省市15个),工会会员67900名(其中上海地区32957名),女会员27219名(其中上海地区11689名)。(1)立足本职,争创一流。一是加强"四个一流"职工队伍建设。组织开展东航职工队伍建设工作调研。二是开展创先争优活动。三是分两批培训122名优秀班组长。(2)建功世博,争当先锋。以"安全、顺畅、有序、满意"为目标,开展"建功世博,争当先锋"立功竞赛活动;开展合同技能审核大赛、机动车驾驶员岗位练兵技能比武、东航客运销售业务知识竞赛等。(3)圆满完成上海"全国劳模代表团"赴京接受国务院表彰的包机任务;组织东航获全国劳模及各类劳模先进称号的代表分别参加国家级、全国民航和上海市的表彰活动;组织东航各类劳模先进参观上海世博会;承办全国民航劳模观博疗休养活动。(4)爱在东航,提高企业凝聚力。一是召开集团公司一届三次职工代表大会,审议确认两项人事改革制度;适时召开职代会代表团团长联席会议,选举产生东航集团公司新一届监事会兼职监事;组织员工参加东航第三届网络交流活动。二是深入基层慰问一线员工。全年慰问活动的覆盖面和慰问经费分别是2009年的1.5倍和2倍。三是开展"爱在东航"捐助帮扶活动。组织员工为西南特大干旱灾区、青海玉树地震灾区、甘肃舟曲泥石流灾区捐款，共募集捐款508.4万元；做好结对帮扶等工作，为特困家庭学生送去学费；开展抗震救灾先进评选活动，召开东航玉树抗震救灾总结表彰大会。四是代表中国民航参加由全国总工会举办的2010年国际职工体育交流会，囊括羽毛球项目男子单打冠亚军、女子单打冠军。(5)融入中心，体现特色。一是制订《东航集团工会女职工工作要点》，以"2010年东航集团工会女职工工作项目分解及成果评价"的方式，直观简洁地描述任务，分解项目。二是开展纪念三八妇女节100周年系列活动。三是建功世博盛会、展示巾帼风采。四是关心关爱女职工生活。组织东航女职工参加第四期"民航女职工大病互助基金"；引导五一巾帼奖集体与系统内的困难(单亲)女职工结对帮困。(6)整章建制，完善体系。一是编撰完成集团公司《工会管理手册》。二是集团工会领导亲自为各级工会干部授课。举办信息、统计、财务等专项工作会议，培训130名工会干部。

（贺　晔）

上海机场(集团)有限公司工会

主　席
蔡　军

【概　况】　上海机场集团工会辖基层工会29个，职工21351人，其中工会会员21302人。(1)围绕集团公司保障世博会总体任务，组织职工参与世博建功行动。开展"让工人先锋号旗帜在航空港为世博飘扬"主题活动，与民航华东管理局、中国东方航空集团工会共同发起，联合民航各单位组织开展中国民航上海地区世博保障立功竞赛，参与上海市交通赛区的世博保障立功竞赛，深化岗位建功行动和"五比五赛"活动。(2)坚持"沉下去、到一线、听清楚、讲明白"的工作原则，研究工会在推进集团改革发展中的工作着眼点、着力点和落脚点，不断健全密切联系职工群众的工作机制，积极制定职工援助服务工作机制，主动协助党政解决职工关注的热点、难点问题，认真履行民主程序，维护职工合法权益，维护企业和社会稳定，及时缓解职工突发困难，进一步推进企业和谐稳定发展。(3)深入推进职工素质工程，引领职工在企业经济建设中发挥工人阶级主力军作用。积极开展文明班组创建、职工技能大赛、职工金点子收集、群众性技术创新等活动。大力弘扬劳模精神，充分发挥先进典型引领示范作用。(4)广泛开展职工文化活动，积极培养职工健康有益的兴趣爱好，陶冶职工情操，培养团队精神，增强企业的凝聚力、向心力。开展职工健身节、职工艺术节等系列活动，共有40个基层单位、1500名员工参与。派员参与第二届世界工人运动会乒乓球比赛，囊括7项冠军。首次组团参加上海市第十四届运动会。参加上海市五一文化奖的比赛，获金奖和"上海市群众体育先进单位"称号。(5)按照"广普查、深组建、全覆盖"要求，加强工会组织建设。通过宣传动员、开展活动、组织学习和个别访谈等形式，最大限度地把租赁承包经营、委托管理企业员工吸收到工会组织中，并在工会联合会中建章立制，使联合工会各项工作日趋规范。完成集团工会换届选举，指导新建单位筹备建立工会组织，启动党工共建"创先争优"活动，集团工会获上海市组建工作优秀单位称号。认真做好《集团公司工资集体协议》的宣传引导和监督落实工作。

（陆敏峰）

上海市城乡建设和交通工会工作委员会

主　任
周　炜

【概　况】　上海市城乡建设和交通工会工作委员会辖基层工会50个，职工30327人，其中女职工7626人；会员30125人，其中女会员7580人。(1)开展世博保障立功竞赛。一是围绕世博期间交通协调保障和市政市容环保任务，开展"保平安、促运行、重服务、创一流"为重点的世博运行保障立功竞赛。评出世博工作优秀个人540名，优秀集体38个；上海市工人先锋号班组80个。市建设交通工会获中共中央、国务院颁发的上海世博会先进集体荣誉称号。二是围绕"三年任务两年完成"的援建要求，支持配合都江堰援建工程推进立功竞赛活动。三是围绕市重大工程开展建设交通综合赛区立功竞赛，推进重大工程实事项目建设。(2)深化职工素质工程，提升职工队伍整体素质。一是制定下发《关于进一步加强职工素质工程建设的指导意见》。二是完成20万名建筑业农民工安全生产、岗位技能和素质教育的培训任务。聘请新一轮50名建筑业工会工作指导员，调整和补充指导员队伍，巩固和完善工作机制。三是开展2010年全国劳动模范和先进工作者、2007—2009年度上海市劳动模范、先进工作者和模范集体评选推荐。市建设交通所属工会3人被评为全国劳动模范，10人被评为上海市劳动模范(先进工作者)、4个集体被评为上海市模范集体。四是举办纪念三八节窗口行业女职工迎世博双语比赛，开展"一季一赛"。举办"聚焦世博精彩瞬间"摄影比赛、"我为城市建设管理献一计"金点子征集活动。(3)坚持维权和维稳相结合，推进和谐劳动关系建设。一是配合行政开展关爱农民工"平安返乡"活动。二是开展第八次厂务公开工作检查。以《上海市职工代表大会条例》立法之年为契机，加大宣传力度，进一步完善以职代会为基本形式的厂务公开民主管理制度。三是深入开展困难职工帮扶工作，积极做好本系统劳模和困难职工的慰问工作。(4)强化工会自身建设，深化服务科学发展、服务基层工会、服务职工群众活动。一是以"提升创新意识、发挥主力军作用、履行基本职责、创建学习型工会"为主题，举办"学习型工会"系列讲座和女职工周末学校。二是落实《上海建筑施工业工会建设与农民工现状及发展研究》课题。总结近5年来建筑农民工工会组建和维权工作的经验,深入研究并积极探索建筑行业农民工工会的管理模式。 (钱 蓉)

上海建工(集团)总公司工会

主 席
肖长松

【概 况】 上海建工(集团)总公司工会辖基层工会62个,其中直属工会25个。职工99552人,其中女职工4736人。会员99395人,其中女会员4665人。(1)坚持把工会工作融入到企业的中心工作中,在世博工程建设最后冲刺的决胜阶段,开展以"速度创先进、质量创精品、安全创佳绩、文明创优化、科技创成果"为主要内容的"精品杯"立功竞赛活动,并组建世博运行保障临时工会,精心组织参与世博场馆运营保障的广大职工开展"当好东道主、建功世博会、展示新风采"主题活动和"文明礼仪迎世博"活动,组织窗口服务单位开展"优质服务"竞赛。(2)坚持把工会工作融入到职工群众中,广泛开展群众性精神文明创建活动,加强对全体职工,包括农民工的世博基本知识以及职业道德、文明礼仪、遵章守纪教育。以劳模评选为契机,坚持把评选劳模的过程作为学习劳模事迹,宣传劳模精神的过程,进一步营造尊重劳动、尊重知识、尊重人才、尊重创造的环境氛围。及时掌握职工思想动态,切实关心关注职工的"三最"利益,切实完善帮困送温暖长效机制,切实解决外埠职工的后顾之忧。(3)坚持把工会工作融入到和谐企业建设中,广泛开展创建"学习型企业"和"创建学习型组织,争做知识型职工"活动;进一步健全职工合法权益表达维护机制,贯彻集团《关于推进建立工资集体协商制度的意见》;进一步完善职工参与管理机制,推进企事业民主管理工作。按照集团党委批转的《关于进一步完善职代会民主评议企业领导干部工作的意见》,部署各单位的民主评议工作,在创建职工满意企业和深化厂务公开民主管理上取得新成绩。(4)积极开展创建学习型工会组织活动,通过开办工会干部培训班,制定切实可行的保证激励措施,引导、激励工会干部树立自觉学习、终身学习的观念;通过建立健全联系职工群众制度和工会工作调查研究制度,不断提高工会干部的工作水平。 (缪云明)

上海市交通运输和港口管理局工会

主 席
刘 岷

【概 况】 上海市交通运输和港口管理局工会辖基层工会11个,工会会员1653名。机构设组织民管部、法律部、财务部、宣教部、经济部、女工部、生活保障部、政研室、办公室。(1)争当世博交通保畅先锋。一是组织世博出租汽车电调应急服务演练暨为世博动迁居民服务活动。开展上海职工"文明出行"主题实践暨交通行业世博文明志愿者集中服务日活动。二是组织开展"上海世博交通保畅先锋"立功竞赛活动。三是会同市交通港口局安委会办公室举办职工安全生产劳动保护知识培训。(2)做好2010年全国劳模和2007—2009年度市劳模的评选推荐工作。与公用事业学校策划组织黑龙江省8名奥运冠军和行业全国劳模、市劳模与交通港航行业青年公务员和学生见面交流。启动劳模先进为主的"啄木鸟"队伍,对世博交通协调保障工作落实情况开展明查暗访,提升交通港航行业窗口服务水平。(3)开展帮困送温暖活动。一是开展"世博年、送温暖"结对帮困活动。动员各单位党员干部、职工开展结对帮困助学,关心进城务工人员的生活,春节期间邀请60名进城务工人员参加茶话会。对服务世博一线职工家庭特别是积极投身世博运营而无力照顾患病家属或年幼子女等特殊困难职工家庭做好关心服务工作。二是在纪念三八国际妇女节100周年之际,组织女工委员、女先进代表赴近郊学习观摩;组织行业外来务工女职工300人妇科专项检查;举办女职工健康知识讲座;邀请海事大学教授作"礼仪,让领导更有魅力"的讲座。(4)做好基础工作,完善工会制度建设。推进工会组织建设,指导换届改选;举行基层单位工会主席目标责任考核评比;召开2010年行业工会工作协调会和局工会、行业工会的全委会;召开工会财务工作会议;配合做好上届工会主席离任审计工作。(5)开展专项调研。一是配合中国海员建设工会开展落实"公交优先"政策和实现职工利益保障情况的专题调研。二是与出租租赁行业工会,对出租汽车企业落实出租行业集体合同和企业签订集体合同情况进行调研。(6)举办"交通港航世博风采"摄影和征文比赛。 (陈 健)

上海申通地铁集团有限公司工会

主 席
黄 建

【概 况】 上海申通地铁集团有限公司工会辖基层工会26个,会员17789人。(1)开展轨道交通建设和世博保畅立功竞赛活动,促进工程建设的全面推进和安全保畅运营服务的全面提高。(2)召开纪念三八国际劳动妇女节100周年暨巾帼创建活动交流会,促进女职工的学习交流。(3)大力推进职工素质工程,广泛开展世博宣传教育活动;召开加强班组建设推进会,编发《班组风采·2010》班组建设经验汇编。(4)召开工会第三次代表大会,进行换届选举。(5)组织"情系玉树,大爱无疆"募捐活动,募集善款934746.6元。执行《上海申通地铁集团有限公司职工大病医疗互助实施办法》,切实减轻患大病职工的医疗负担。(6)扎实推进群众性精神文明和企业文化建设。一是组织开展年度风采人物评选,召开2009年度集团风采人物颁奖暨2010年春节联欢会。二是召开劳模先进事迹报告会,并编印劳模先进事迹集《群星璀璨耀申通》。三是举办集团第三届职工文化艺术节。四是组团赴京参加首届全国城市轨道交通行业职工运动会,获团体总分第三名。(7)承办召开全国城市轨道交通企业工会联委会第六届年会,来自全国18个城市、20个单位的110名工会工作者代表、特邀代表出席会议。 (李君俊)

上海市城市建设投资开发总公司工会

主　席
杨申鲁

【概　况】　上海市城投总公司工会辖基层工会147个,工会会员18055人。(1)围绕公司承建的重大工程,开展"保世博,五比五赛"重大工程立功竞赛,形成"工程建设管理型竞赛"、"城市运行保障型竞赛"、"窗口服务管理型竞赛"3种类型竞赛特色;组织近4000名直接服务世博的职工开展"保供水、美环境、促防汛、优服务"世博运行保障立功竞赛活动;开展以"安全运营,平安世博"为主题的安康杯竞赛活动,落实劳动保护监督,各级工会开展职工代表巡视100次,参与安全生产检查1600次,开展班组安全建设与成果征集展示活动,落实各项世博"安康"举措,做好生活帮扶、医疗帮扶、走访慰问等关心世博一线职工生产生活工作。(2)立足"促维权",不断提升企业民主管理水平。一是修订《城投总公司职工代表大会条例实施细则》、《城投总公司企务公开管理办法》,全系统国有企业100%建立职代会和企务公开制度;二是进一步完善以"双通道"为主要形式的民意民情渠道,通过各种形式了解职工所思所想,经归纳分析后报总公司领导决策参考;三是共有18个直属工会开展集体协商,涵盖140家单位,12个直属工会开展工资平等协商,涵盖近70家单位。(3)立足"促发展",不断提升服务企业科学发展效能。一是推进万名职工科技创新活动,服务企业提升自主创新能力,会同有关部门组织专家进行评估,评选出"十佳节能减排金点子",同时初审出15项入围"十佳建功立业促发展"金点子项目;二是组织万名职工开展"创五星、争先锋、展形象"活动,广泛开展"五星五型班组"创建活动;三是深化万名职工素质工程,推动创新型、技能型职工队伍建设;四是做好劳模评选工作,召开劳模先进表彰会,宣讲劳模事迹,并发出《服务世博做贡献　岗位建功当先锋》倡议;五是举办以"庆上海世博、健城投体魄"为主题的城投第三届职工运动会,推进企业文化建设,共有26支参赛队、近2300名职工参加,产生50个奖项。(4)丰富扶贫帮困活动内容。一是建立完善"纵向到底、横向到边、分级管理、有效帮扶"的三级帮困体系和救助制度。二是慰问世博一线职工和重大工程建设职工。精心组织"一日捐"活动,1.6万名职工共捐款近100万元,围绕"三节三定"结对慰问活动,各级工会共计帮困近5000人次,帮困金额300万元;三是下拨专项经费为低收入职工投保市职工互助保障计划,实现在城投职工中全覆盖,开展"金秋助学"活动;三是参与各类社会公益事业,动员各级工会参与第七届"书送希望"捐赠活动,开展为青海玉树地震灾区募捐活动,共募集110.86万元。(5)加强工会基础管理,不断提升工会工作水平。坚持每周工作例会、每季度主席例会制度;组织开展工会业务培训,共计50名基层工会干部参加;指导直属工会实施换届改选。推进工会财务、经审规范化建设。 (茅瑞喆)

上海市住房保障和房屋管理局工会

主　席
魏　庆

【概　况】　上海市住房保障和房屋管理局工会辖基层工会14个,职工1239人,入会率100%。(1)深化"当好主力军、建功世博会、展示新风采"主题实践活动。开展世博运行保障立功竞赛、窗口服务行业"五比五赛"百日大检查行动,以及岗位练兵比武活动,促进全行业服务技能、服务质量、服务效率、服务艺术的全面提升。以"文明服务、文明观博、文明出行"为主题,组织职工开展地铁、车站站点秩序维护和环境清洁日活动,在各类主题活动中,涌现出一大批先进单位和个人。(2)加强工会组织建设。8月6日召开局第一次工会代表大会,总结前5年工会工作历程和实践经验,并总体规划今后5年的工会工作,选举产生第一届工会委员会、工会经费审查委员会和女工委员会。(3)深入开展全市住宅建设实事立功竞赛活动。评选和表彰9个先进分赛区、56个先进公司(单位)、251个先进集体、135名住宅建设功臣、344名记功个人和53名优秀组织者。1个市金杯公司、8个优秀公司、10个市优秀集体、3名市建设功臣、25名市级记功个人、3名市优秀组织者受到市政府表彰。(4)丰富职工文化生活。举办房管行业首届文化体育节,组织开展卡拉OK演唱比赛和30个体育项目的比赛,吸引各区县房管局、房地集团、市局机关、市直属事业单位等40个单位的2000多名职工参加,加强行业部门上下联系,增强行业职工的凝聚力。(5)纪念三八国际妇女节100周年。开展"迎世博、作贡献、展风采"为主题的女职工先进事迹演讲比赛,大力宣传、表彰在世博建设和行业发展中

涌现的先进集体和个人。（任大卫）

上海海洋石油局工会

主　席
刘振东

【概　况】 上海海洋石油局工会辖基层工会8个，职工1286人，会员1286人，其中女会员208人。(1)团结动员全体职工为实现石化海域油气勘探开发新突破、打造海洋石油工程服务铁军的战略目标而建功立业。继续开展“建创做”活动，以创建工人先锋号活动为抓手，以“比安全、比管理、比效益”和“比学赶帮超”活动为载体，开展一系列岗位建功立业、合理化建议等劳动竞赛。围绕企业HSE管理体系、“强三基”和“除四害”工作的落实，认真抓好安康杯竞赛活动。(2)积极推进民主管理进程。召开局、分公司二届十次职代会，审议行政工作及财务报告。召开第五次工代会暨三届一次职代会，选举产生新一届工会委员会和职工代表大会代表。深化厂务公开工作，制定《局、分公司厂务公开工作考核标准》，规定公开内容、报告形式和考评程序，确保局情、队情及院情发布会的功效。畅通职工诉求渠道，加强世博期间信访稳定工作，全年受理各类来信来访29件。(3)关心职工生活。高温、寒冬季节，由局、分公司领导带队，深入平台船舶，看望慰问一线职工910人次，慰问金额43.2万元。开展“助特困家庭”、“关爱劳模”行动，72人次困难职工得到帮助，为7名市级劳模体检。继续开展职工健康体检工作，恢复职工疗休养制度，计有2批40人次一线荣誉职工参加休养。完成“在职住院”、“特种重病”等5个保障计划的投保工作，全年共为240人次的在职职工办理给付，总金额为49万元；为106人次的退休职工办理给付，总金额为17万元。（耿卫军）

上海市绿化和市容管理局工会

主　席
徐文发

【概　况】 上海市绿化和市容管理局工会辖基层工会24个，涵盖基层单位24家，职工1558人，工会会员1539人，其中女会员530人。(1)围绕世博服务保障抓竞赛。组织上海电力、燃气、水务、邮政、气象、绿化市容等赛区14个成员单位，主动对接保障组确定的目标任务，开展多种形式的竞赛活动。总结《围绕保障抓竞赛，抓好竞赛促保障》、《服务世博运行保障，发挥竞赛助推作用》和《大力发扬四种精神，保障世博圆满成功》等经验；会同市容环境行业协会等单位，组织开展6万职工大培训、千名职工大比武、百名职工晋等级、优秀能手评标兵活动。(2)围绕履行维护职能抓调研。形成《关于当前上海绿化市容行业职工主要思想动态的调查报告》、《关于局系统厂务公开工作的调查报告》、《关于行业企事业职工文化建设状况的调查报告》和《关于上海道路保洁工作息场所现状的调查报告》。(3)围绕职工文化建设抓提高。认真总结12篇典型材料，总结《组织各级工会以文化引领、引导职工为世博会的成功举办建功立业，增添光彩》，撰写《开展职工文化教育的楷模》调研报告。(4)围绕行业和谐发展送关爱。承办市总工会“战高温、送关爱、保运行、创一流”专项行动启动仪式的相关组织工作；向400名农民工赠送“爱心健康卡”；组织行业会员单位筹措1500万元，慰问世博一线职工12万人次，救助2521户困难职工家庭；组织4100名从事世博保障的一线绿化环卫女农民工免费体检；配合开展“千名世博绿化市容一线职工健康行”活动。参与组织《建立上海环卫一线职工工资正常增长机制》调研。总结《积极推动关爱行业一线职工激励保障机制形成，努力体现上海市容环境行业工会指导服务职能》的经验。（唐鸿仙）

上海虹桥经济技术开发区联合发展有限公司工会

主　席
黄健健

【概　况】 上海虹桥经济技术开发区联合发展有限公司工会辖基层工会5个，职工926人。工会会员926人，其中女会员320人。(1)参与世博，服务世博，奉献世博。动员职工参加交通文明值勤，配合做好世博安保、服务等工作。为在岗和退休职工发放世博会门票，并组织参观世博园。在职工中开展“我与世博”征文和摄影展活动，涌现出一批质量较好的作品。(2)开展劳动竞赛，争创先进集体。开展爱岗敬业、提高技能、争创先进等劳动竞赛活动和争先创优活动，3名职工被市委、市政府授予“上海世博工作优秀个人”称号，3个班组被市总工会授予工人先锋号称号。(3)春节期间组织一系列团拜慰问和联欢活动。组织职工开展健身运动，坚持工间广播操活动，完善职工阅览室、乒乓球室，增添健身器材等设备。组织职工乒乓球比赛，开展征文和摄影展活动。为公司职工14岁以下的子女发放慰问金。(4)重视保障女职工权益，关注女职工身心健康。组织女职工体检，进行妇科筛查。积极组织女职工参与巾帼文明岗创建、技能比武等活动。(5)上门探望生病住院和生活困难的退休职工，给予一定的经济补助。及时发放公司各类经济补贴，共享公司发展成果。(6)继续实行开发区与所在区域联动，通过开发区工会联合会等平台，推进开发区内企业的工会组建工作。（裘海明）

上海市水务局（上海市海洋局）工会

主　席
卫洪达

【概　况】　上海市水务局（上海市海洋局）工会辖基层工会14个，工会会员1119人，其中女会员306人。（1）贯彻落实“党建带动工建、工建服务党建”工作，组织全局职工深入开展“创先争优”活动。（2）全面开展“保平安、促运行、重服务、创一流”市政市容环保运行服务和应急保障立功竞赛及“平安世博、平安卫士”主题实践活动，继续抓好市重点实事工程立功竞赛活动。（3）贯彻落实《“十二五”期间上海职工素质工程发展规划》，深入开展“创建学习型组织、争做知识型职工”活动。开展“‘迎世博’上海女职工在行动”建功立业活动，5个服务窗口被命名为“五比五赛”示范窗口，8人被命名为上海市建设交通窗口服务行业“五比五赛”服务明星。结合世博服务保障工作，大力开展职工岗位大练兵技能提升行动，进一步提高广大水务职工防汛抢险应急处置和协同作战能力。（4）深入开展职工之家创建活动。做好“夏送清凉、冬送温暖”工作，组织全局1087名干部职工“一日捐”捐款68275.9元，为青海玉树地震灾区捐款156536.5元。（5）根据市政府办公厅关于《上海市水务局主要职责内设机构和人员编制规定的通知》，“上海市水务局工会”更名为“上海市水务局（上海市海洋局）工会”，调整局工会委员会和经费审查委员会成员。指导4个局属单位工会换届改选，指导海洋管理事务中心筹备第一届工会委员会。调查工会经审干部队伍现状，做好工会经费收缴工作，举办局直属单位工会财务、经审干部培训班，对5家局属单位进行工会主席离任审计。　（王佐仕）

上海大屯能源股份有限公司工会

主　席
姚惠兴

【概　况】　上海大屯能源股份有限公司工会辖基层工会16个，职工23501人，会员23422人。机构设办公室、组织宣教部、生产保护部、民管法工部、生活保障部、女工部、财务部，事业单位文体中心、图书馆。（1）大力开展群众性经济技术创新活动。举办28场职工技术创新成果发布会，发布应用技术创新成果182项，有20项职工“六小”技术创新成果参加徐州展出。精选100项职工创新成果编辑成册，开展双增双节活动700项次，创效益达2500万元，减少支出1200万元；开展竞赛1400项次，完善各项管理制度150项，解决安全生产和经营管理难题142项，创经济效益9000万元。劳模创新工作室立项450个、完成280个，完成“六小”自主创新项目2800项，成果1130项，帮助企业解决难题124项。（2）突出安全监督，群众安全工作创出新水平。建立1800名群监员队伍，全年共汇报隐患33710条，整改率95%；解决重大隐患309条；强化职工代表安全监督检查，全年安全视察403次，查出隐患2060条，整改率达99%。组织安康杯竞赛，积极配合行政开展“平安一季度”、“一通三防”治理、“百日安全”竞赛和安全生产月等活动，公司获全国安康杯竞赛优胜单位。编发6000份《致全体职工和家属的一封安全公开信》，发放安全年历和安全祝福2万份。组织女工开展井口“嘱安全、送关爱”活动，签订夫妻安全联保公约8366份，女工安全协管被上海市总工会评为优秀品牌工作。（3）职工技能、职工文化建设取得新成果。组织技术比武工种310个，1.05万人参赛。组队参加“神华杯”采煤技能国际邀请赛，夺得井下长臂综采操作和编程应用项目比赛第二名。举办全国劳模事迹报告会、座谈会，编印劳模风采录。举办庆祝大屯开发建设40周年大会、职工书画摄影展、知识竞赛及诗歌征集等活动，举办6场“再造新大屯、再铸新辉煌”为主题的纳凉晚会。（4）完善民主管理，职工满意度得到提升。规范召开公司职代会，审议9项行政议案，听取评议公司领导班子成员述职，修订《公司深化厂务公开实施办法》，对基层厂务公开工作情况进行检查、总结和表彰。（5）为职工办实事、解难事。为280户伤病和特困、贫困家庭发放救助款26.56万元；对338名住院职工发放慰问金6.76万元。秋季助学691人，发放救助款88.2万元；全年救助大病职工260人，救助金额99.84万元；女职工特殊重大疾病基金救助130人、金额23万元；困难补助10351人次，发放困难补助金209万元；高度重视防暑降温工作，为基层高温一线职工送去慰问金和防暑降温物品达170余万元。加强“两堂一舍”检查。安排68批2135人疗休养和参观上海世博会。为青海玉树地震及甘肃舟曲泥石流地质灾区捐款103.1万元。（6）开展《公司集体合同》、《女职工特殊权益保护专项集体合同》履行情况检查。开展全员《员工手册》学习和法制宣传教育月活动；制定工会处置突发事件应急预案，成立协调小组，明确责任分工和工作范围、原则、程序；接待来信来访32起，做到件件有答复或有结果。为缓释职工心理压力，建立“中煤大屯公司心灵驿站”。与基层签订《创建和谐企业目标任务书》。　（王诗合）

上海现代建筑设计（集团）有限公司工会

主　席
姚延康

【概　况】　上海现代建筑设计集团

工会辖基层工会18个,工会会员3685人,其中女会员1198人。(1)坚持以推动集团转型发展和做好世博保障服务为重点,全面推进"当好主力军、建功世博会、展示新风采"主题实践活动,为全面实现集团十年发展规划确定的目标任务建功立业,涌现出一批全国和省市级先进集体、先进个人。(2)严格民主管理程序规定,集团两级职代会分别选举产生集团和子公司的职工董、监事。做好职代会换届选举工作,召开集团四届一次职代会,146名代表听取、审议《集团前十年发展规划实施情况预评估报告(送审稿)》、《集团2011—2015年发展规划(送审稿)》。(3)举办以"设计健康人生"为主题的第五届职工体育健身节,共有16支参赛代表队、近500名参赛选手踊跃参与各项赛事,再次形成职工文化建设的亮点。(4)组织"一日捐"活动,募集善款38万元;会同集团党政领导,上门看望患大病重病、特困职工、离退休老专家和老劳模,共发放补助款11万元;组织1100名女职工专科体检,2070名职工健康体检,慰问项目设计及高温作业一线职工250余人。(5)开展建家活动,评选表彰工会积极分子111名,推广实施工会主席直选工作。举办青年心理、生理保健知识讲座,组织2010年"缘"来你在这里——青年职工交友联谊活动。院工会被评为全国模范职工之家。

(谢志群)

中国建筑第八工程局有限公司工会委员会

主　席
于金伟

【概　况】 中国建筑第八工程局有限公司工会委员会辖基层工会24个,职工63133人,会员63040人,其中女会员14132人。(1)开展"创先争优"立功竞赛活动,助推企业发展。一是在世博工程、亚运工程、大运工程和青海玉树灾后重建等重点工程上开展立功竞赛活动。特别是为保证承建的世博场馆,以及世博配套工程和亚运场馆工程的按时交付使用,开展"赶工期,保质量"劳动竞赛活动。二是积极开展降本增效活动。通过开展合理化建议、金点子征集、我为公司献一策、双优化等活动,增强职工的节能增效意识,增强企业的赢利能力。三是广泛开展安康杯竞赛活动,促进企业的安全生产。通过安全生产宣传教育、安全生产签名、安全生产知识答卷、安全知识有奖竞猜、安全生产日咨询、安全生产动员会和"安全生产月"图片展等活动,增强职工的安全意识。(2)坚持职代会制度,企业职工民主管理和民主监督工作运行机制得到完善和发展。全年有21家两级单位召开职代会或职工大会,187名公司级领导班子成员在各职代会上述职述廉,审议决定84件企业重大决策和工资调整方案等事项。(3)坚持开展"创建学习型组织、争做知识型员工"活动。通过举办岗位技能比武大赛、职工大讲堂、项目讲坛、实行"周课堂"学习制度、项目职工互训以及职工夜校等形式和途径,加强职工素质工程建设。全年创建职工书屋50多个,利比亚2万套住宅项目的职工书屋获得全总授牌。(4)关心关爱职工,构建劳动关系和谐企业。坚持"冬送温暖、夏送清凉,一年四季送关怀",共走访慰问困难职工及出国人员家属1035人,慰问金98万元;高温慰问704个在建项目的职工或农民工3.04万多人,送出清凉慰问品300万元;资助家庭困难学生51人,资助金额达7.5万元。(5)组织职工文体活动,丰富职工业余文化生活。组织83名职工参加中建总公司首届职工运动会,获团体第二名。(6)关心关爱农民工。做好农民工队伍的稳定和安全教育培训;通过建立工会联合会,把农民工吸收到工会中来;督促检查签订劳务合同和农民工工资支付等情况;向农民工送电影、送图书、送清凉、送体检,关心农民工生活。

(宋向群)

百联集团有限公司工会

主　席
刘晓敏

【概　况】 百联集团有限公司工会辖基层工会130个,职工45767人,其中工会会员44031人。(1)凝聚职工,服务社会。组织集团下属5个公司、28家企业的45名市外企业先进员工"看世博、看百联"。在《劳动报》刊载4期"上海职工看世博摄影大赛",出版专题影集和画册。举行上海市商业行业职工世博文明志愿者集中服务日暨上海职工职业道德"双十佳"评比启动仪式。组织职工为青海玉树地震灾区捐款51.61万元。(2)开展立功竞赛,创造优良业绩。开展世博立功竞赛活动,35669人次参加;95家企业职工提出的167项合理化建议,产生经济效益50万元。在世博园区内19个零售网点的500名职工,创造2.63亿元销售业绩。集团系统6个集体、53名个人被上海市委、市政府授予先进荣誉,集团工会获"上海市迎世博贡献奖"。5次赴园区慰问一线职工6775人次。在园区内举行建军节慰问活动,举行"激情在百联"先进表彰大会,展示百联的劳模精神、世博精神和创新精神。(3)适应发展,提升职工素质。评选产生2名全国劳模、14名上海市劳模、6个上海市模范集体。发挥技能协会的作用,开展"2009—2010年百联集团创新创效优秀项目奖"评选活动,有10个经营管理项目和3个党建创新项目获奖。(4)依法维权,和谐劳动关系。续签百联集团集体合同,召开二届一次职代会,审议通过《百联集团关于进一步开展工资集体协商工作的意见》。99家企业实行厂务公开,98家企业进行民主评议领导干部。开展"关注民生,关爱职工"主题活动,慰问困难职工6446人次,慰问金709万元。开展

"夏送清凉、冬送温暖"活动，受惠员工56943人次，金额达600万元。356名领导干部结对帮助461名困难员工。(5)加强工会自身建设。召开集团工会第二次代表大会，选举产生集团工会第二届委员会和经费审查委员会。依托11个自治自理的职工文体协会，开展36次职工文体活动。

（姜　杰）

上海水产(集团)总公司工会

主　席
尹协仁

【概　况】　上海水产(集团)总公司工会辖基层工会19家。职工5327人，其中进城务工人员1065人；会员5326人，其中女会员481人。(1)组织职工参与世博，深化劳模带徒活动。发挥集团系统26名劳模先进的作用，实行技师带徒31人。(2)围绕集团中心工作，开展安康杯劳动保护竞赛。有17家基层单位2772名职工参赛，实现集团系统参赛单位全覆盖。二是组织500名职工参加"全国职业安全健康知识答题竞赛"。三是总结安康杯竞赛特色成果，撰写11篇文章。四是选树先进典型，金优公司、营销中心被评为市安康杯竞赛优胜单位，开创公司开富轮被评为全国安康杯竞赛优秀班组。(3)坚持职代会工作制度，深入推进厂务公开。召开集团厂务公开民主管理工作会议，通过职代会民主选举产生职工监事，组织实施集团系统厂务公开民主管理工作调研检查。(4)加大帮困工作力度，健全完善帮困制度。元旦春节走访慰问困难职工，远洋渔业企业组织慰问团奔赴江苏、浙江慰问劳务工，使集团系统帮困送温暖工作做到全覆盖。集团上下共筹措304万元，慰问8类困难职工(退休职工)和劳模先进等1.06万人次。二是制订《参与做好群体性处置专项应急措施》，建立集团工会参与做好群体性处置专项工作机构，明确工作职责，规范工作程序。三是认真组织职工参加职工住院、大病重病、女职工特殊保护等3项保障计划，做到职工参保全覆盖。(5)加强企业文化建设，丰富职工文化生活。注重远洋渔业企业的职工书屋建设，实现远洋渔轮、海外基地职工书屋、书架、书袋全覆盖。二是组织上海水产职工PPT制作和摄影作品展，13个基层单位的职工参赛。(6)注重转变工作作风，认真实施课题调研。《建立远洋渔业船员家属联谊会的思考》、《关于建议上海远洋渔业企业船员纳入国家职业技能等级的调研》等，分别获得2010年中国农林水利工会优秀调研成果一等奖和上海市总工会优秀调研成果三等奖；《上海远洋渔业企业技术技能人才培养的思考》，被市总工会列入2010年委托调研课题。　（汤宝龙）

上海兰生(集团)有限公司工会

主　席
徐尚仁

【概　况】　上海兰生(集团)有限公司工会辖两级公司工会13个，三级基层工会5个，会员1658人。(1)宣传世博、践行文明。开展"当好主力军、建功世博会、展示新风采"主题实践活动，在全体员工中开展"文明服务、文明观博、文明出行"宣传教育。(2)围绕集团"巩固、转型、发展、提升"工作主线，不断深化职工群众广泛参与的建功立业和职工素质工程。开展"学习提升强素质，转型发展立新功"主题活动。围绕开拓市场，在外贸业务员中开展"保客户、争订单"专项劳动竞赛，在职工、班组中比指标、比利润，争做"金牌职工"、争创工人先锋号。(3)坚持维权与维稳相结合，构建和谐劳动关系。指导职工签订劳动合同，提高集体协商机制建制率，集团系统已有6家企业建立比较规范的集体协商制度。(4)拓宽职工民主参与渠道。12家企业建立职代会或职工大会制度，涵盖职工1459人。10家企业实行厂务公开。组织专题会议，推广医保公司拓宽职工民主参与渠道的工作经验。(5)深入推进困难职工帮扶工作，努力提高职工4项互助保障计划的参保率和覆盖面，认真做好节日期间困难职工的帮扶，全年共帮扶4232人次，金额122.88万元。集团与浦东新区龙树村实行结对帮扶，为龙树村销售3万斤桃子。(6)加强工会组织建设，推进模范职工之家创建。指导1家企业组建工会，2家企业换届改选，2家企业充实调整工会班子。开展基层工会"一家一品"特色创建活动。加强工会经费收缴、资产管理和审查审计监督，集团工会财务工作被市总工会授予优胜单位称号。

（张　帆）

上海市金融工会工作委员会

主　任
盛裕若

【概　况】　上海市金融工会工作委员会辖基层工会138个，职工219213人，会员214606人。(1)深化"迎世博、树形象、满意服务在金融"立功竞赛，开展"保平安、促运行、重服务、创一流"世博运行金融服务立功竞赛，动员金融系统广大干部职工投入世博金融窗口服务。组织28家金融机构的200余名五星级服务明星(集体)开展"明星体验活动"，开展"2010上海金融'银线连世博，服务建新功'"客服竞赛。(2)完善职代会制度建设。落实《关于上海金融系统签订集体合同的实施意见》精神，有序推进市属金融机构集体协商签订集体合同工作，有56%单位签订集体合同。(3)积极开展员工素质工程，深化员工职业技能鉴定和专业水平认证。2

次组织109名世博先进个人(集体)、五星级服务明星(集体)参加金融理财师认证专项培训,1186人获得“金融理财师”(初、中级)认证证书,为沪上金融机构输送956名金融理财师。贯彻落实《全民健身条例》,聚焦上海世博会,做优品牌项目。组织“走进世博——2010年上海金融职工文体活动”,参加职工达2300人。与浦东体育总会进行“健身和健康”活动合作签约,优势互补,促进体育活动服务专业化,实现金融系统员工和地区群众性体育事业共同发展的目标。(4)加强工会组织自身建设。召开22家新进上海金融机构工会负责人座谈讨论,完成上海市侨外资银行工会工作委员会(下属外资金融机构工会26家)接受市金融工会工作指导的工作,推进上海外资金融机构工会组织的规范化管理。组织30余家金融机构工会负责人赴宝钢工会学习“最佳实践者”活动经验,紧密联系金融实际,开展评选“上海金融系统工会特色工作”和“优秀工会工作者”活动,举办“上海金融系统工会特色工作颁奖暨纪念金融工会成立10周年座谈会”和“工会工作思考与实践”交流会,完成《高技能金融人才培养机制的创新之研究》课题,探索工会组织切实履行维护职能的新载体,提升工会工作整体水平。加大女职工工作力度。举办以“靓丽风采,奉献世博”为主题的纪念三八妇女节100周年大会,30个女性集体(班组)代表发出上海金融女性世博服务承诺。(5)举办上海金融系统基层工会财务人员培训班,严格制度,规范管理,依法理财。

(章轶楠)

上海市税务工会

主　席
刘新利

【概　况】 上海市税务工会辖基层工会13个,会员1526人。(1)召开工会年度工作会议。讨论通过年度工作计划及《文体活动项目化运作实施办法》,审议了《上海市税务工会工作规程》。(2)举办一系列文体活动。春节前夕,与市局机关党委和团委共同主办“喜迎精彩世博,共建和谐税收”志愿者风采展示暨迎春联欢会,举行世博知识竞赛、志愿者风采展示以及志愿者队伍宣誓和授旗等仪式。开展《世博记忆》摄影作品征选活动,有4件作品被编入“世博记忆”大型画册。组织庆祝三八国际劳动妇女节联欢活动。以项目化运作方式组织开展“绿色崇明杯”跳绳比赛、“青浦税务杯”乒乓球团体比赛、“闵税杯”羽毛球单项比赛、“静税杯”网球交流赛、“和谐奉税杯”桥牌团体赛、“宝税杯”篮球赛,近2000人次职工参加活动。与团委联合开展“情牵百草缘”单身青年联谊活动。(3)组织开展劳动竞赛。开展“税徽为世博添彩”——上海市税务系统办税服务厅操作技能竞赛活动,来自各区县税务局和市税务二、三分局的21支代表队共210多名选手参加竞赛。(4)加强工会制度化和规范化建设。下发《上海市税务工会工作规程》、《关于规范上海市税务系统基层单位工会组织工作的通知》,对基层单位机构改革后工会组织的名称、工会组织成立的选举程序、主席、副主席补选工作等作了规定,至年底,共有8家基层工会按规定进行换届或工会更名。

(臧　韬)

上海市人力资源和社会保障局工会

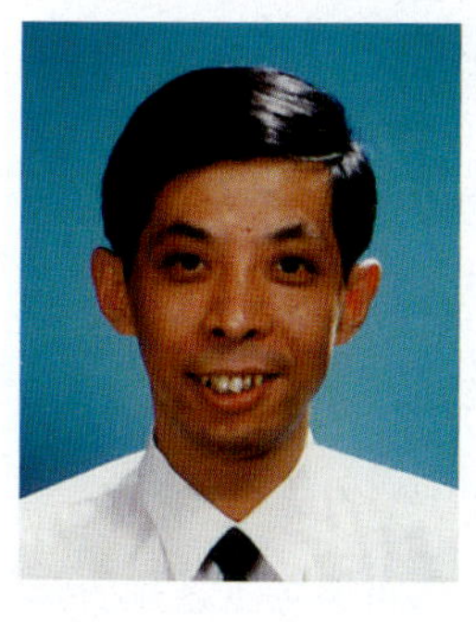

主　席
高延平

【概　况】 市人力资源和社会保障局工会辖基层工会42个,职工2530人,其中女职工1161人。会员2530人。(1)召开上海市人力资源和社会保障局第一次工会会员代表大会,选举产生第一届工会委员会和经费审查委员会。(2)增强服务意识,面向基层,积极开拓创新,力求实效。广泛开展以“迎世博”为主题的劳动竞赛。组织“师傅带徒弟”、“彩虹带教培训”、“换卡发卡”、业务技能比武等活动。开展工人先锋号、志愿者行动、“与文明同行”、“美好环境美好生活”、“礼仪之家”、“世界之窗”、“手语教学”、“清洁家园”、合理化建议、“创文明比贡献”、学习型小组、“世博心、服务情”、窗口服务承诺、“警民联谊”、知识竞赛、才艺展示等活动,落实迎世博600天行动计划,激发职工“参与世博、奉献世博、共享世博”的热情,1人获得市总工会“当好主力军、建功世博会、展示新风采”主题实践活动“工会优秀组织者”称号。(3)开展创建上海市模范职工之家活动。涌现一批先进基层工会组织,5个基层工会被授予全国五一劳动奖状、全国模范职工之家、上海市模范职工之家等荣誉称号。(4)开展形式多样的体育健身活动,因地制宜开展篮球、足球、乒乓球、羽毛球、棋牌等竞技比赛以及太极拳、工健操、月月赛等职工喜闻乐见的健身益智活动,丰富职工业余生活,增强职工体质。(5)开展女工活动,展现女工风采。召开由局系统全国、市先进集体女代表和女先进个人参加的纪念三八国际劳动妇女节100周年座谈会,向获得市巾帼文明示范岗、市巾帼文明岗和市五一巾帼奖等14家单位颁奖,评选产生市三八红旗集体(手)。(6)以人为本,关心职工,为职工办实事、办好事。组织节假日送温暖活动,对患病、住院、家庭生活困难的职工及时给予关心和慰问。广泛发动,落实职工互助保障计划的参保工作,组织参加上海职工住院补充医疗互助保障计划、女职工团体互助医疗特种保障计划,关爱职工的身体健康,举办健康咨询活动。(7)职工休养所入住率大幅提高,全年接待194批、4711人次,比2009年增长138.76%。(8)局系统工会投资企业管理领导小组走上正轨,抓经济效益和经审审计监管,各项工作稳步推进。

(杨征宇)

中国教育工会上海市委员会

主　席
夏玲英

【概　况】　上海市教育工会辖基层工会57个,工会会员69287人。工作机构设办公室、基层工作部、宣教文体部、生活保障部、女工部。(1)坚持工作创新和机制创新。在"整合优势、保持特色、条块结合、以条为主"的模式下,坚持从高等院校和普教系统的不同特点出发,加强各系统之间的工作交流,形成鼓励创新、资源辐射、发展个性品牌、实现共同推进的机制。(2)突出工作重点。加强各级工会领导班子建设,提高工会干部的工作能力和水平;加强对重点工作的指导,力求对学校发展的瓶颈问题、教职工关心的难点热点问题有所突破;加强工作机制的转换,提高工作效率,在维护员工、服务员工上体现热情、高效、科学、有力。(3)扎实推进各项工作。按照"组织起来,切实维权"的方针,推进以教代会和校务公开为主要载体的民主政治建设,以弘扬师德为核心的教师素质建设,以协调劳动关系为重点、以法律服务、医保、休养等为主要内容的生活保障建设,全面提高工会干部履职能力和水平。　(顾伯超)

上海市科技工会

主　席
陈　龙

【概　况】　上海市科技工会辖基层工会46个,职工20956人,其中女职工7099人。工会会员20213人。(1)激发职工创造活力,为成功举办世博会贡献力量。向全市科技工作者发出建设世博,服务世博的《倡议书》,开展建功立业活动。举办迎世博倒计时100天文艺宣传,展示科技工作者精神风貌。(2)深入实施职工素质工程。加大对科技系统劳模及模范集体、世博优秀个人(集体)等先进的表彰和宣传力度,深入推进"创争"活动,着力培育知识型、技能型、创新型职工队伍。(3)推进民主管理。成立科技系统所务公开工作领导小组,开展基层职代会实施状况调查。(4)加强工会干部队伍建设。举办系统工会主席专题培训讲座,组织基层工会工作年度公开展评活动。(5)关注民生办实事。积极开展信访、帮困救助、医疗互助等活动,坚持冬送温暖,夏送清凉;开展系统帮困调研,扩大帮困覆盖面。(6)开展形式多样的群众性活动,举办实用摄影技术高级研修班,开展科技系统桥牌双人赛,组织劳模携家属双休日休养活动。(7)加强工会理论研究。设立《关于上海市科技系统科研院所职工劳动关系状况》课题。组织基层工会围绕维护职工民主权益、保障职工经济利益、提高职工素质、加强工会自身建设等方面加强调研。(8)加强自身建设。制定科技系统财务工作规定,举办工会会计制度等专项培训,开展经费收支审计、财务规范化考核和"小金库"专项治理检查。　(陶　薇)

上海市医务工会

主　席
黄　红

【概　况】　上海市医务工会辖直属基层工会54个,职工54921人,其中女职工36747人。工会会员54735人,其中女会员36629人。(1)带领职工参与迎世博各类文化活动,3次获"迎世博特殊贡献奖";开展"文明服务、文明观博、文明出行"主题实践活动,推出"九个一"系列;组织开展志愿者服务、世博摄影、征文等活动,编印影集、世博先进事迹汇编;推进文明服务立功竞赛,评出卫生系统世博先进集体及个人;组织劳模、窗口服务先进代表、基层工会干部、困难及退休职工等3000人参观世博盛会;关心世博一线职工,做好涉博有关部门的物资保障和一线职工的慰问、疗休养等工作。(2)做好劳模选树、表彰、宣传工作,编辑劳模事迹宣传手册,制作劳模电视宣传片和台历,结合世博主题,多次开展大型劳模专家义诊活动以及首次援疆义诊活动,坚持做好服务劳模工作,首次组织劳模出境疗休养;广泛开展职工科技创新活动,创设医务职工科技创新"星光计划",积极参与上海市职工科技创新节,开展职工技协发展调研,组织技协政策培训,探索与金融等行业工会技术协作;大力推进行业文体建设,打造职工文化品牌,组建医工艺术团,参与"上海市第十二届国际艺术节"等大型职工文化演出;组队参加第十四届市运会。(3)开展元旦春节帮困送温暖活动,走访20家困难职工家庭,慰问困难职工98人,发放慰问金10.8万元;及时审核、发放一次性大病补助金28人,计6.5万元;定期困难补助19人,计2.31万元;落实市总工会定期社会帮困11人,计1.43万元。切实加强职工劳动保护,与局规财处联合开展安全生产检查和培训。落实"五五"普法工作。(4)召开院务公开推进大会;完成编辑卫生系统职代会、院务公开民主管理工作手册;配合局医管处开展大型医院巡查;召开民营医院民主管理工作论坛;开展民营医疗机构民主管理工作状况调研及职代会条例立法调研;组织基层工会干部参加《关于加强医疗卫生单位职工民主管理工作的若干意见》修改座谈会;承办中国教科文卫体工会举办的卫生系统修改《若干意见》座谈会,并提出修改建议。(5)修订《上海市医务工会职工之家评估标准》,开展先进及合格职工之家评选、全国模范职工之家(小家)推荐,完善建家工作规范。继续开展理论研究工作调研。组织新当选工会主席参加上岗资格培训以及工会财务、经审干部专题培训等。首次独立开展基层工会主席离任审计。

（柯　婷）

上海市新闻出版工会

主　席
李虹鸣

【概　况】　上海市新闻出版工会辖基层以上工会4家，基层工会65家。职工9813人，其中女职工4014人，农民工2003人；工会会员9251名，其中女会员3738名，农民工会员1874名。(1)开展迎世博主题系列活动。举办"迎世博·展风采"职工排舞大赛，行业所属工会组成24支参赛队、300名职工参加；举办"健康迎世博，和谐展风采"自行车趣味慢骑比赛；以创建工人先锋号为载体，各基层工会广泛开展"当好主力军，建功世博会，展示新风采"立功竞赛。(2)大力推进职工素质工程。重视高技能职工队伍的培育，认真组织好职工技能大赛活动；举办"女编辑的美丽人生"论坛，发布女编辑队伍调研信息，制作《男人眼中的女编辑》专题纪录片。(3)加大帮困救助力度。坚持面向困难、重病和退休劳模群体，组织75家基层单位、7000多名职工参与"一日捐"活动，募集资金23.7万元；发放帮扶款30万元，受助552人次，其中帮困助学245人次，金额13万元；新增退休重病理赔病种，对未享受重病资助而死亡的退休职工给予1000元死亡补助金，为197名退休职工保障给付61.6万元；关心劳模身心健康，组织42名退休劳模体检，为退休劳模订阅报刊杂志、送生日慰问金、投保"银发无忧"保险等。(4)加强维权工作机制建设。给合第八次厂务公开检查工作，对各基层单位开展厂务公开民主管理、平等协商集体合同以及女职工专项合同工作调查。通过建立集团《职工诉求代理制度实施办法》，畅通职工合理诉求渠道。(5)加强工会干部自身建设。举办工会干部学习党的十七届五中全会精神培训班，编印学习辅导资料；加强工会组建，4家单位组建工会，8家基层工会按时进行换届改选；加强行业和地区联动，探索建立工会联合会。开展创建合格、先进职工之家活动，夯实基层工会基础。有52家基层工会创建新闻出版工会合格职工之家，创建率达80%，19家工会获先进职工之家。对34家出版社、414名在岗女编辑的工作和生活状况开展调研。开展所属集团、基层工会工作和职工生活状况的调研。举办新任工会主席、工会财务和经审人员培训班，对17家基层工会进行审计。

（陈宏华）

解放日报报业集团工会

主　席
马笑虹

【概　况】　解放日报报业集团工会辖13个基层工会，会员1722人，其中女会员663人。(1)加强工会组织建设，促进工会日常工作规范有序。坚持条块分工负责制和各项工作会议制度，加强与基层工会沟通和指导，加大工会干部培训力度，举办由40多人参加的工会干部培训班，并选派部分工会干部参加市总工会举办的岗位资格培训和各类业务培训。(2)严格经费使用管理，提升工会财务管理工作水平。坚持工会经费服务大局、服务基层、服务职工的正确使用方向，向工会重点工作倾斜、向维护职工权益倾斜，着力解决好职工群众最关心、最直接、最现实的利益问题；围绕收好、管好、用好工会经费，严格工会经费使用管理规定。进一步强化预决算管理，顺利完成新旧《工会会计制度》的衔接工作。(3)推行厂务公开制度，履行职代会等各项民主程序。坚持推行以职工代表大会为基本形式的厂务公开民主管理制度，落实厂务公开各项工作要求，召开第三届职工代表大会第三次会议，审议并通过《关于集团工作报告的决议》和《关于调整2001年以后参加工作的新职工住房补贴发放办法的决议》。代表们提交20件提案，办结率100%，满意率70%。(4)举办世博主题活动，激励职工岗位建功立业。与印刷中心党总支联合主办以"岗位参博、岗位竞赛、确保世博印好报"为主题的世博200天主题实践活动。印刷中心共有390名职工、30个生产一线班组积极参与，努力做到"出早报、出好报"。圆满完成集团下达的"出报时效、印报质量、规范操作、安全生产、精神文明"等5个方面的目标。(5)成功举办第四届职工运动会。共设团队竞技、拔河、羽毛球、三人制篮球、大怪路子扑克、登楼、跳绳、乒乓球、升级扑克、中老年投篮等10个比赛项目，17支代表队、近1000人次参赛。(6)维护职工健康权益，致力互助保障工作平台建设。为2470名在职职工和退休人员办理市职工补充医疗保险续保手续，支付保险费43.18万元，并为职工办理给付55人次，计11.2万元；核发职工医疗互助互济补助100人次，计30.43万元。组织1984名在职职工和退休人员体检，元旦春节期间给予173名困难职工帮困，帮困补助和慰问金达23万元。(7)开展关爱慰问活动，体现集团的温暖和人文关怀。向全体职工和离退休老同志发放3100多份春节大礼包，举办2场迎新春电影招待会，认真做好夏季劳动保护防暑降温工作。

（庞　力）

文汇新民联合报业集团工会

【概　况】　文汇新民联合报业集团工会辖基层工会7个，工会会员2244人，其中女会员786人。(1)以世博年为契机，积极开展服务世博、奉献世博等系列活动。一是发起"世博文明行动"倡议，并举办"世博志愿者服务队"授旗仪式，引领职工以良好的工作业绩、敬业奉献的主人翁精神当好世博东道主。二是以迎世博为契机，积极推进职工的建功立业活动。在集团服务窗口单位(部门)中开展"迎世博100天创‘工人先锋号’活动”,7家单位(部门)被评为集团工人先锋号。三是积极做好“迎接世博、服务世博、奉献世博”先进典型评选工作。四是积极做好推荐全国先进工作者和上海市先进工作者、模范集体等评比表彰工作。(2)以职工代表大会为基本形式,不断完善维权机制,推进和谐集团的建设。落实职工代表提案,多次召开提案落实协调会,对42项提案作出了处理意见。召开部分职工代表会议,通报集团经济工作、重大决策及发展等情况,不断提高集团工作的透明度。完善机制,进一步加强职工合理化建议落实工作。(3)建立帮困工作长效机制,为职工做好事、办实事,落实和谐集团的建设。慰问困难职工170人次,补助金额12.2万元。做好帮困基金工作,对7名身患重病大病的职工补助12.9万元。(4)以开展评先教育活动为抓手,发挥职工群众的积极性和创造性,推动和谐集团的建设。召开劳模先进代表座谈会。组织工会干部到江苏苏州烈士陵园祭扫革命先烈组织先进工作者、先进集体代表等3批、130余人赴广西百色革命老区考察学习,接受革命传统教育。举办集团第十届职工文化艺术节,丰富职工文化生活。(5)以加强自身制度建设为抓手,增强服务大局、服务基层、服务职工的意识,促进和谐集团的建设。组织工会干部学习胡锦涛总书记在党的十七届四中全会上的重要讲话精神。做好基层工会换届改选工作,健全和完善工会经费审计工作制度,以依法维护职工权益为基本职责,不断提高工会工作的水平。

(刘玉平)

上海社会科学院工会

主 席
徐霖恩

【概　况】 上海社会科学院工会辖基层工会22个。其中,局级所工会8个。工会会员821人,其中女会员323人。(1)组织多项迎世博活动。组织3次迎世博、树新风、文明办公室评选活动,树立20多间文明办公室样板房,举办世博会职工书画作品展。(2)推进院务公开民主管理。召开第二届职工代表大会第三次会议,审议通过《全院工作总结与2010年工作计划》、《院财务决算与2010年财务预算》和《提案工作报告》,召开职代会代表有关全院岗位聘任工作和民生问题座谈会。(3)完善职工福利保障机制,维护职工的基本权益。做好职工医疗互助保障计划的投保工作,主动及时办理保障给付。开展职工“捐一日工资,献一份爱心”活动,在高温与节假日期间看望慰问困难职工,做好职工集中疗休养工作。(4)推进职工素质工程。做好劳模和先进的评选工作,推动学习型组织建设。开展形式多样的文体活动,营造积极向上的先进文化环境,举办以“城市让生活更美好”为主题的第三届职工摄影展和书画展,发放办公室健身光盘,组织乒乓球比赛。(5)协助院党委做好维稳工作。参与院岗位聘任工作小组及处级干部考评工作,为全院的和谐稳定、科研工作发展创造良好的环境。(6)发挥女职工委员会作用。起草《关于进一步加强女职工权益保障工作的意见》。根据女职工年度体检中发现的问题,有针对性地举办女职工健康及其他方面的知识讲座。积极参与工会理论研究,充分发挥院女职工的科研优势。(7)加强工会自身建设。组织各所与直属单位工会开展优秀基层组织和优秀工会干部评选活动。加强工会理论研究工作,完善工会理论研究中心的功能,做好课题组织工作。会同市委宣传部开展“宣传系统职代会建设情况调研”,并完成调研报告;会同市总研究室完成《上海职工队伍建设年度报告》;会同市总工会经济部撰写《在经济发展转型形势下,充分发挥工人阶级主力军作用》调研报告。严格工会财务管理,做好经审工作。加强工会宣传工作,改版《院工会网站》,定期编写《工会工作简报》。

(段淑芳)

上海市体育局工会

主 席
叶蓓伦

【概　况】 上海市体育局工会辖基层工会32个,职工3978人,其中会员2788人。2010年局工会在突出“创”、“特”、“精”、“实”上下功夫,凸显工作实效。(1)开展体育与世博同行活动。抓住举办世博会契机,以“当好主力军、建功世博会、展示新风采”活动为抓手,在职工中开展“文明服务、文明观博、文明出行”主题实践活动,以“十要十不要”为规范,引导职工在参与、奉献世博中做贡献。(2)加强工会组织自身建设。坚持“巩固、提高、发展”的要求,重点抓好组织建设和干部队伍建设。通过举办讲座,开展工会干部教育培训,在系统工会干部中开展读《工会的基本职责》一本书活动,发挥创建“优秀职工之家”平台作用,增强基层工会组织的活力。各级工会还积极配合单位贯彻落实《上海市事业单位岗位设置管理实施办法》,确保工作顺利完成。(3)坚持维权与维稳相结合。着力规范职工代表大会制度,对重大决策、涉及职工切身利益的热点和敏感问题,召开座谈会听取意见,在取得基本共识的基础上提交职代会审议通过。对职工代表的意见和建议,做到件件有回音,条条有落实。(4)建立健全长效帮困机制。建立困难职工档案,完善“雪中送炭”式的帮困救助。建立健全重大节日走访慰问困难职工的工作制度。持续开展“金秋助学”活动暨助学帮扶爱心活动。(5)积极倡导“学习型”组织建设,延伸读书活动,鼓励职工读好书,提高自身文化素养。(6)以举办世博会和纪念三八国际劳动妇女节100周年等重大活动为契机,组织女职工积极参与世博、宣传世博、服务世博、奉献世博,开展立足本职岗位建功立业活动,进一步增强女职工参与体育事业改革发展的能力和水平。(7)健全完善财务经审工作机制。认真执行新会计制度,按照《市体育局工会财务管理若干规定》要求,开展新会计制度业务培训。以预算执行审计为重点,做好新旧会计账目的衔接转换工作,年内对三分之一基层工会财务收支情况进行新会计制度规范化考核并审计。举办经审财务人员专业知识培训班,使工会财务审计工作更加规范有序。 (乐俊平)

光明食品(集团)有限公司工会

主　席
周海鸣

【概　况】 光明食品集团工会辖基层子公司级工会18家,二级公司以下基层工会202家,联合工会46家。从业人员91676人,工会会员89203人,其中女性会员43366人。(1)以集体协商和职代会制度为平台,切实表达和维护职工权益。通过与行政平等协商,双方在二届一次职代会上签订集团新一轮集体合同和女职工专项集体合同。(2)以职工顾问团为核心,发挥一线员工参政议政的主人翁作用。召开职工顾问团座谈会,了解来自基层一线员工的意见和建议。(3)以群众性建功立业实践活动为载体,进一步团结引领职工为保增长作贡献。各级工会通过形式多样的群众性建功立业实践活动和技术比武、职业技能大赛,深入推进"我为节能减排作贡献"专项劳动竞赛,开展"我为实现规划献一计"群众性"金点子"征集活动。(4)开展"绿色盛会一起来"活动,组织动员职工"当好东道主,激情迎世博"。开展一系列"内强素质、外树形象"活动,引领职工立足岗位,为光明品牌增光添彩,为世博盛会作贡献。共有27名个人、4个集体荣获"上海市世博工作先进"称号。(5)学习弘扬劳模精神。召开集团劳模座谈会,举办16场劳模事迹报告会,关心劳模生活和身体健康,组织劳模赴三亚疗休养。完成对全系统退休全国劳模、市劳模特殊困难情况的调查摸底。(6)完善工会帮困送温暖长效机制。元旦春节期间共慰问困难职工16100人次,慰问金额达781.15万元。发放金秋助学帮困资金53.62万元,资助困难职工和困难农民工子女471人。(7)创建学习型企业,进一步维护职工的学习权、发展权。全面启动千名班组长学EBA工程,采用送教上门的办学模式,为基层做好教学和服务工作。(8)加强维权工作机制和工会自身建设。深入基层就集体合同的修订和履约、工资集体协商的实施、职工最低工资标准执行情况以及职工收入分配情况等进行专项检查和调研,开展集团第八次厂务公开民主管理工作检查。深圳发生"富士康"员工跳桃坠楼事件后,对集团所属企业工会组织建设及作用发挥状况开展问卷调查。(9)以"快乐健身,建功立业新三年"为主题,举办第二届职工运动会。18个代表团、近千名运动员分别参加乒乓球、羽毛球、桥牌、呼啦圈、篮球定点投篮等5个项目的比赛。(10)强化基层工会规范运作机制。对相关子公司完成工会主席增补、换届选举和召开首届工代会等工作。 (桑树德)

上海良友(集团)有限公司工会

主　席
王淑萍

【概　况】 上海良友(集团)有限公司工会辖直属工会17个,基层工会30个,涵盖单位32家,会员6210人,其中女会员1750人。(1)当好主力军,建功世博会,展示良友职工新风采。统一购买《文明观博200问》,掀起学习世博知识、宣传世博理念的热潮。开展"文明服务、文明观博、文明出行"主题活动,举办世博礼仪培训,向职工赠送世博会门票,举办"微笑的窗口"、"精彩良友、聚焦世博"摄影作品征集宣传活动。组织职工代表开展安全生产巡视检查,组织366名女职工分赴全市各大超市卖场,开展"迎世博、保质量、树形象"啄木鸟行动。继续组织"良友职工清洁单位、美化环境"活动。推荐并获市"服务世博、奉献世博"等先进集体、个人奖项55个,共评选出集团系统先进集体37个和先进个人55名。(2)围绕中心,服务大局,团结动员广大职工建功立业。开展"创效益、比贡献,争做最佳销售员"和"早试车、早运转、早出效益"劳动竞赛,举办检化验人员和粮食保管员技能大赛。举办2期班组长培训班,在学习《班组工作法汇编》(之一)的基础上,各单位提炼新的班组工作法,完成《班组工作法汇编》(之二)的编写工作,下发到各个班组,年底启动集团红旗班组的评选工作。(3)加强民主管理,维护合法权益,积极构建和谐劳动关系。规范职代会程序,提高职代会质量。召开4次职代会,表决通过《集团集体合同》等4项重要议案,配合集团厂务公开领导小组调研检查12个单位,召开厂务公开工作推进会,开展2010年度工资集体协商,召开三届五次职代会表决通过。坚持开好一年两次的集团领导干部与职工代表沟通座谈会。(4)修订《集团工会帮困送温暖工作长效机制的办法》,全年共帮困4112人次,帮困金额208.71万元,262人次接受集团医疗补助,救助金额达48.70万元。发放高温慰问品4000多份。继续开展"一日捐"活动,建立职工体检制度、组织职工疗休养。(5)加强自身建设,提高工会工作水平。加强组织建设,开展工会先进评选活动。指导8个单位做好工会换届改选工作,完成3个基层工会的主席离任审计,举办基层工会主席直接选举工作培训班,2个工会完成工会主席直接选举工作。 (刘国成)

上海市民政局工会

主　席
周其军

【概　况】　上海市民政局工会辖两级工会5个，基层工会45个，职工6210人，工会会员6008人，其中女会员2721人。(1)组织职工参与世博、奉献世博。一是大力开展"文明服务、文明观博、文明出行"宣传教育活动，发放《文明观博200问》和《中国2010年上海世博会官方导览手册》。二是广泛开展"立足本职、奉献世博、提升民政"创先争优立功竞赛活动，2个集体评为市世博工作优秀集体，7人评为市世博工作优秀个人，3个班组荣获上海市工人先锋号称号，12个班组被授予局工人先锋号称号。三是组织开展"民政职工看世博"活动和"我眼中的世博、我身边的故事"摄影及征文比赛。(2)大力弘扬劳模精神，推进职工素质工程。举行局劳模先进表彰和劳模带徒签约仪式。(3)加强民主管理，开展第八次厂(院)务公开民主管理工作调研检查。(4)继续实施送温暖工程。元旦春节期间，举行第五次"情牵残疾职工、共建和谐民政"向系统内企业困难职工专项捐款活动，12家局属单位向民政(集团)有限公司困难职工捐款66万元。向基层工会职工帮困基金充实帮扶资金百万元，夯实局工会、两级工会和基层工会构建的"三位一体"职工帮扶体系。(5)丰富职工业余生活，举办"龙华杯"职工乒乓球邀请赛。(6)评选表彰局先进职工之(小)家、优秀工会工作者(积极分子)。(7)举办女职工干部培训班，邀请专业老师以"如何做一个快乐、健康、美丽的现代女性"为主题作"关爱健康、享受人生"辅导报告。

(胡积伟)

上海市监狱管理局工会

主　席
郭增乔

【概　况】　上海市监狱管理局工会辖18个基层工会。共有干警、职工7815人，会员7766人，其中女会员2033人。机构设组织宣传部和办公室。(1)做好平安世博工作。组织"迎世博、保安全，扎实推进现代警务机制知识竞赛"，为38名抽调到世博一线的干警做好后勤和慰问工作，收集世博期间的信息和先进典型事迹，在工会网站和《知心》杂志上宣传；慰问12名市级劳模。承办中国农林水利工会召开的"全国监狱工会工作研讨会"，世博期间共接待8批、86名来沪参观世博的外省市客人。(2)推进职工素质工程。开展"岗位标兵"评选活动，评出35名"岗位标兵"，召开"职工表彰暨先进事迹报告会"，分4批组织92名局系统先进个人和集体代表疗休养。(3)以职工之家考评促进工会工作发展。从维护权益、自身建设、素质工程、宣传工作等4个方面对创建职工之家工作进行考核，评选出6家优秀职工之家。(4)做好工会信访工作，完善制定《上海市监狱管理局工会预警报告制度》。编辑5期《热点反映》专刊向局党委汇报，受理10起来信来访，及时化解矛盾。(5)做好帮困工作。对1798名困难干警职工进行帮困送温暖，慰问金额达81.70万元；帮困助学203人次，金额为20.07万元；为18462名干警职工续保医疗互助保障计划，8025人次获医疗救助金170.21万元；向青海、甘肃受灾地区捐款99.05万元。(6)推进职代会和厂务公开民主管理工作。对5家局属企业、社区单位开展厂务公开工作调研检查。(7)加大劳动保护监督力度。"安全生产月"和高温期间，多次开展安全生产大检查；组成联合督导组对干警职工食堂及服刑人员炊场开展食品安全专项检查。(8)加强工会自身建设。举办工会干部、新《工会会计制度》和新软件应用、《知心》通讯员等培训班；举办新上岗工会主席、工会女职工干部、全国监狱系统工会干部和企事业单位突发事件安全防范应对实务操作等4个培训班，培训工会干部102人次。开展工会工作论文、调研报告评比和第六届"知心杯"征文活动，搞好工会两级财务和经审工作。

(江海群)

锦江国际(集团)有限公司工会

主　席
顾晓鸣

【概　况】　锦江国际集团工会辖基层工会366个，工会会员65605人，其中女会员26425人，农民工会员9620人。(1)动员职工以实际行动"聚焦世博、服务世博、奉献世博"，积极投身"当好主力军，建功世博会，展示新风采"主题实践活动。以"热心、耐心、用心、细心、精心"一流服务质量，以精益求精的服务境界，圆满完成一系列世博接待任务。(2)深入开展立功竞赛活动。动员集团2524个班组、5万名会员参加立功竞赛活动，全员岗位培训达18万人次。开展"保平安、促运行、重服务、创一流"世博运行保障立功竞赛活动，获"旅游饭店行业服务演练系列大赛"餐饮技能赛全部项目的4个第一；获"上海职工迎世博窗口服务行业"立功竞赛活动诸多奖项，6家企业获"迎世博银行卡刷卡无障碍立功竞赛活动"示范商户，集团工会获"主题实践活动"优秀组织奖。集团女职工委员会开展酒店业女职工班组"迎世博示范岗"创建活动，组织上海市五一巾帼示范岗——银河宾馆行政楼VIP班组与华亭宾馆房务部预订班组等5个创建示范岗班组进行“姐妹结对”。(3)抓好高温慰问和节能安全工作。开展夏季劳动保护、防暑降温工作,对厨房、锅炉房、汽车修理场地等特殊作业场所进行检查,落实各项防暑降温工作及高温津贴。酷暑期间,现场慰问参与世博接待服务的干部职工。会同行政参加安全生产大检查682人次,确保安全生产、劳动保护等各项措施落到实处。以岗位技能比赛、合理化建议为抓手,开展节水、节能宣传教育活动。动员广大职工参加“2010年全国节能宣传周节能知识竞赛”,职工共提合理化建议538条,采纳122条,产生经济效益164万元。 (张祥伟)

上海市东湖(集团)公司工会

主 席
陆浩东

【概 况】 上海市东湖(集团)公司工会辖基层工会14个,职工3620人,工会会员3490人,其中女会员1242人。(1)坚持“中宾为主,以外养内”的集团指导方针,组织和动员广大员工发挥主力军作用,参与世博、服务世博、奉献世博。积极推动集团迎世博行动各项任务的全面落实,配合行政广泛深入推进“五比五赛”百日大检查行动,通过工人先锋号、五一巾帼示范岗等创建活动,开展岗位交流,促进服务技能、服务质量、服务效率、服务艺术的全面提升。世博会运营阶段,开展优质服务等系列立功竞赛,圆满完成中宾接待、外事接待和涉博政务公务的接待任务。继续开展安康杯劳动保护竞赛,加强群众性安全生产、安全保障工作,开展职工群众性精神文明创建活动,集团获上海世博会先进集体。(2)加强企业文化建设,举办集团“浓情中秋,情系东湖,奉献世博”中秋联欢晚会,利用网络,征集青年员工对东湖集团的感受,收到微博135条,并组织评比;举办集团篮球比赛,组队参加市足球、网球、羽毛球比赛。(3)坚持维权与维稳相结合,突出工会维护职工劳动经济权益的职能。进一步完善职工利益诉求表达机制,全面落实职工代表会议的工作制度,引导职工依法、有序地表达合理诉求,促进企业和职工效益共创、利益共享。(4)进一步完善帮困机制。开展元旦春节帮困送温暖和“一日捐”活动。推进完善职工互助团体医疗保障制度,推动5项互助保障计划覆盖全部职工。关注员工餐厅服务质量,组织检查组对9个基层单位员工餐厅的基础管理进行突击性检查评比。开展金秋助学活动,为退休职工“夏送清凉、冬送温暖”。(5)围绕纪念三八国际妇女节100周年活动,组织集团先进女职工进行参观和交流,积极参加《女职工团体互助医疗特种保险》,坚持为100名女劳务工、外来务工人员赠送《女职工团体互助医疗特种保险》,为150名女劳务工、外来务工人员提供免费妇科检查及治疗。 (胡 明)

上海市衡山(集团)公司工会

主 席
卢惠民

【概 况】 衡山(集团)公司工会辖基层工会11个,职工4373人,其中会员4093人。(1)广泛动员,全力以赴,完成世博贵宾接待服务任务。开展“保平安、促接待、重服务、创一流”为主题的世博接待保障立功竞赛活动。引导员工在参与、服务、奉献世博中发挥主力军、排头兵作用,深入推进“当好主力军,建功世博会,展示新风采”活动,对员工的特殊困难和突出问题,以及员工餐厅的伙食和食品卫生等情况进行调查了解,促进餐厅食品和服务质量的提高。(2)协助企业推进节能减排,提升企业经营质量和经济效益。会同团委开展节能减排“金点子”活动,收到企业员工提交的“金点子”61份。(3)深入推进职工素质工程,尽快培养造就适应经济发展方式转变和集团双高目标要求的高素质员工队伍。努力完善先进员工的培育、选树、宣传、管理机制,积极选树、大力宣传先进集体和个人,发挥劳模先进的示范引领作用;利用各种渠道,鼓励员工自觉学习业务技能,提升职业素养和专业技能;重视企业文化建设,联合举办公司第三届文体竞技赛、“119消防日”竞赛、第六届读书活动等。(4)深入开展帮困送温暖活动,维护职工权益。组织高温慰问;开展5批、共99名职工疗休养;组织劳模体检;开展帮困送温暖活动;为青海玉树地震及四川、云南灾区捐款5350元。(5)稳步推进企业民主管理、厂务公开,不断完善职工代表大会制度。2月召开集团三届五次职代会。会同人力资源部抓好2家企业的工资集体协商。对未参加上海职工保障互助会互助保障计划的企业进行调研,召开民管会情况通报会。(6)切实加强工会干部思想、作风、制度、能力建设,提高工会业务工作水平。坚持经常性工会干部学习制度。协助部分企业对工会班子和干部进行调整和充实。开展职工队伍调查统计和“青年职工状况”调研。召开财务经审工作会议,先后2次组织工会主席和财务经审人员培训。 (高耀敏)

上海市市级机关工会工作委员会

主 任
顾明坤

【概 况】 上海市市级机关工会工作委员会辖工会组织370家,其中系统工会48家,直属基层工会54家,基层工会268家。职工总数54184人,其中女职工17673人。公务员24220人,其中女公务员7893人。工会会员52293,其中女会员17056人。(1)联合开展“我与世博共奋进”——市级机关劳模先进世博志愿服务示范活动。开展“服务世博、提升技能、展示风采”烹饪技能竞赛,23个机关食堂、餐厅的104名烹饪人员参赛。其中82人晋升技术等级,评选出6套职工最喜爱的套餐。开展“世博记忆”网上摄影大赛,收到2000幅作品,其中200幅入选《世博记忆——上海市机关干部职工摄影作品选》,于12月28日发行。组织劳模进园区参加“服务世博,让城市更亮丽——劳模先进文明志愿者集中服务日”活动。(2)建功世博,开展世博运行保障立功竞赛活动。以“当好主力军、建功世博会、展示新风采”为主题,以践行《上海市窗口服务行业职工文明服务公约》为主线,开展“五比五赛”立功竞赛活动,涌现一批先进集体和个人。(3)履行职责,加强机关文化建设。组队参加市十四届运动会,组成由137人参加的市级机关代表团,参加游泳、足球、羽毛球等12个项目比赛,获“道德风尚奖”。参加全市全民健身活动和全市职工健身活动,被授予“百万职工健身与健康生活同行上海职工健身活动月优秀组织奖”。开展以“城市,让生活更美好”为主题的读书活动和职工书屋建设。开展以“机关和谐文化”建设为主题的教育活动。(4)为世博添彩,开展有特色的系列活动。一是开展“争创巾帼文明岗,优质服务迎世博”上海市巾帼文明岗创建活动。二是举办“女性为世博添彩”为主题的纪念三八国际劳动妇女节100周年活动。三是开展“我与世博”主题征文活动。四是在市级机关干部职工子女中举办“小朋友眼中的世博”绘画摄影比赛。(5)服务职工,做好社会稳定工作。一是开展“世博关心关爱”活动。走访慰问机关幼托单位;高温季节走访慰问团市委、上海海关、上海出入境检验检疫局等直接服务世博的单位和工作人员,送出慰问金16万元。二是开展以“四助”为主要内容的帮困救助活动。65家单位的3448名工会干部参加元旦春节及高温期间的走访慰问活动,送出帮困慰问金500万元,惠及5000户干部职工家庭;有14764人参加“一日捐”活动,筹款119.75万元。三是组织女职工乳腺疾病普查。有34家单位的880人接受检查。四是举办单身干部职工联谊活动。(6)加强工会自身建设。做好工会经审和财务检查工作,获市总工会经审工作特等奖、全国工会财务先进单位称号。做好工会组织工作,基层工会换届改选15家,调整领导班子19家,新成立工会组织2家。 (王强鹰)

上海市经济和信息化工作系统工会

主 任
汪仲华

【概 况】 上海市经济和信息化工作系统工会辖直属工会72个,基层工会226个,职工37497人,其中女职工11622人;会员34509人,其中女会员10702人。(1)开展“服务世博、奉献世博”系列主题活动。上海加油(气)站开展“创工人先锋号,为世博加油”立功竞赛活动,通过聘请37名督导员,开展双月检查,满意度达95%以上。开展“世博企业行”活动,制作百块世博知识展板,在直属单位巡回展出。开展“世博身边行”活动,完成2万名职工“文明观博”培训任务。配合做好“全国职工世博知识网上竞赛”活动,开展“世博网上行”活动,所属39家单位的5800人踊跃参与。开展“精彩世博——我们的故事”主题征文活动,收到征文80篇,摄影照片700张。(2)市经信两委会同市总工会、市经济团体联合会联合下发通知,在全市工业和通信业企业开展“我为节能减排献一策”活动,并召开推进大会。(3)自下而上,突出重点,做好劳模推荐评选工作。(4)做好帮困送温暖和高温慰问工作。开展金秋助学活动,对系统内38家单位的236名困难职工(劳模)进行帮困送温暖,投入帮困资金15万元。召开市经信系统帮困基金一届一次理事会,通过《市经济和信息化工作系统帮困基金章程》和《基金使用管理办法》,在高温期间慰问大型央企和直属单位共34家,慰问职工3100名。市“11·15”特大火灾发生后,系统工会第一时间摸底了解到涉及6家单位的12户家庭在此次火灾中受损,立即召开帮困基金理事会确定帮扶标准,并将帮扶款及时送到受灾职工家庭。资助48名单亲职工子女,帮困总额达8.5万元。(5)承担党委“市经信系统部分行业高技能人才状况调研”课题调研并形成报告,将系统内25家单位报送的42篇调研报告和论文汇编成册。(6)专题学习贯彻胡锦涛总书记在2010年全国劳动模范和先进工作者表彰大会上的讲话精神并下发学习通知,举办工会主席、女职工干部和财务经审工作培训班,强化工会经费审查监督职能。 (黄 俭)

上海市社会系统工会工作委员会

主 任
施南昌

【概 况】 上海市社会系统工会工作委员辖直属工会14个,职工40497人,其中女职工6205人。工会会员34152人,其中女会员5518人。(1)团结动员广大职工为举办一届成功、精彩、难忘的世博会作贡献。开展“当好主力军、建功世博会、展示新风采”主题实践活动。以大众出租、吉祥航空等窗口服务行业单位为重点,开展迎世博立功竞赛系列活动和“五一巾帼示范岗”创建活动,引导广大职工践行“文明服务公约”,争当社会文明新风的倡导者和践行者。结合群众性精神文明创建活动,广泛开展世博宣传教育活动。积极参与世博志愿者服务工作,以积极向上的精神风貌为世博增光添彩。(2)加强工会组织建设,协助筹备和成立红星美凯龙工会;接转2个基层工会组织关系;协助完成中房置业工会改选;建立会展行业工会筹备组;为基层工会集中办理工会法人资格申请及变更登记手续。

(3)开展纪念三八国际劳动妇女节100周年系列活动。召开系统女劳模、三八红旗手、五一巾帼奖、女先进工作者代表座谈会。组织女职工赴浙江舟山学习。(4)开展评优推荐表彰工作。做好全国劳动模范、上海市劳动模范、上海市模范集体的推荐评选工作。开展上海市五一劳动奖状(章)、工人先锋号的推荐评选。(5)开展民主管理、职代会执行情况的调研工作,贯彻落实《上海市职工代表大会条例》。(6)积极开展帮困送温暖,全面掌握系统内生活困难职工状况,做好困难职工的帮扶工作。盛夏时期,对在高温环境下作业的职工开展送清凉、送健康活动。元旦春节期间,走访慰问困难职工。(7)关心劳模生活,落实困难劳模的困难补贴和"三金"发放。服务劳模,完善劳模动态管理,建立劳模数据库,组织劳模健康体检,分两批组织劳模及先进职工赴海南、云南疗休养。 (孙守印)

上海城建(集团)公司工会

主　席
陆雅娟

【概　况】 上海城建(集团)公司工会辖直属工会16个,基层工会99个,工会会员34917人,其中女会员2724人。(1)深入实践科学发展观,引领职工建功立业。在三届四次工代会上发出"共创文明、建功世博"倡议书,号召全体职工"当好主力军,唱响主旋律,做好东道主",为世博会贡献力量。(2)精心组织广大职工投身"当好主力军、建功世博会、展示新风采"主题实践活动。积极动员职工全力以赴建好世博园区、越江隧道、轨道交通、虹桥枢纽等世博工程,为世博会作出贡献;开展常州高架二期工程"四面流动红旗"竞赛,确保常州高架全线建成通车;开展"加强工程项目管理,推进项目经理职业化建设"专项竞赛,为推动集团项目经理职业化建设起到积极作用。一批集体和个人荣获市立功竞赛"优秀创新团队"、"杰出人物"、"金杯公司"、"金杯集体"、"优秀公司"、"建设功臣"等称号。(3)树立先进典型,弘扬劳模精神。年内,城建集团1人被评为全国劳动模范,4人被评为上海市劳动模范;编撰《劳模风采录》,大力弘扬劳模精神,营造学习劳模的氛围。(4)完善集体协商机制,构建和谐劳动关系。进一步推进工资集体协商,实现职工工资平均增幅达两位数,最低工资高于上海市最低工资标准10%;健全和完善职代会制度,做好民主评议领导干部工作,为领导和职工搭建沟通平台。(5)加大帮困工作力度,切实关心职工生活。在重大节日发放帮困金114万元,帮助困难职工2283人次,同时定期走访慰问困难职工。"11·15"特大火灾发生后,立即组织排摸集团职工的受灾情况,第一时间对受灾职工进行慰问和安抚。(6)以"与世博同行,为城建添彩"为主题,举办第三届职工文化艺术节,开展职工艺术作品、收藏品展、小组唱赛、演讲比赛、文艺汇演等一系列活动,参与职工达5000人次。(7)开展世博主题教育活动,提高城建职工文明素质。举办"文明观博"讲座,组织3000名职工参加全国职工世博知识网上竞赛,组织2万名农民工参加农民工基本素质培训工程,组织实施"三个文明"大讨论、大宣传、大培训,累计培训职工1.5万人次。(8)开展"广普查、深组建、全覆盖"集中行动,夯实工会基层工作。 (朱　强)

上海地产(集团)有限公司工会

主　席
郑建令

【概　况】 上海地产集团工会辖基层工会49个,职工2687人,工会会员2246人,其中女会员985人。(1)全力推进迎世博主题实践活动。开展"当好主力军、建功世博会、展示新风采"主题实践活动,引导广大职工争当文明办博的倡导者和践行者,积极参与"三五"窗口服务日、清洁环境日、公共秩序日集中行动;组织职工参与公交、地铁、路口等交通文明执勤,维护公共秩序,共同营造文明、有序、整洁、美观的城市环境。(2)深入开展立功竞赛。围绕年内市保障性住房建设的目标和要求,全面开展完成保障性住房建设目标立功竞赛,立足项目抓竞赛,广大职工创先争优、争创一流,发挥工人先锋号作用,推进企业改革发展。(3)有效推进节能减排活动。围绕建设"资源节约型、环境友好型"社会要求和集团"5项定位目标",强化职工群众节能减排的自觉意识,积极开展以企业为主体、以职工为主力的节能减排活动,着力在土地开发利用、工程设计优化、材料设备采购、资源优化配置、降低管理成本、资金合理使用等方面,注重科学管理、节约资源,促进企业创新管理、节能降耗、提高效益。(4)坚持不懈地推进职工素质工程。深化"创建学习型组织,争做知识型职工"活动,广泛开展群众性职工技能培训,推动建立职工培训激励机制、政策扶助机制,不断推进职工队伍知识化、技能化进程,培养一批企业科技创新团队、创新示范岗和一线创新人才。(5)积极构建和谐的新型劳动关系。加强企业民主管理,发挥厂务公开民主管理工作在促进党风廉政建设、领导干部队伍建设、职工民主监督制度建设等方面的积极作用;注重发挥工会组织在协商处理重大劳动关系问题上的积极作用,努力维护劳动关系和职工队伍稳定,为企业改革发展营造和谐、稳定的环境。(6)注重加强困难职工帮扶工作。全面掌握困难职工实际状况,建立困难职工档案,密切关注困难职工工作生活情况,开展献爱心"一日捐"等活动,主动帮助困难职工解决实际问题,帮扶127人次,资助金额达24.55万元。胶州路"11·15"特大火灾发生后,组织职工踊跃捐款42.54万元。

(林青云)

上海市申江两岸开发建设投资（集团）有限公司工会

主　席
王海燕

【概　况】 申江集团工会下设6个基层工会，会员162人，其中女会员51人。（1）强化职工素质教育。以争创学习型组织、争做知识性、技能型职工活动为抓手，通过各种形式的群众性学习、培训活动，不断增强职工的学习能力、创新能力和竞争能力，推进职工队伍知识化进程；结合党委中心组学习计划，开展双周政治理论和业务知识学习辅导。（2）坚持职工全员入会。建立劳动合同订立和职工入会联动机制，在职工签订劳动合同的同时填写工会会员登记表，确保实现职工全员入会；积极探索劳务工入会机制，配合派遣单位建立工会组织。（3）切实做好帮扶工作。帮助各基层工会建立帮困送温暖制度，形成以工会小组长为成员的职工困难联系网络，在第一时间掌握困难职工信息，及时开展帮困工作。全年走访困难职工200人次，使用帮困经费32.6万元，联系困难学生家庭2户，对口帮助郊县困难村民100户。（4）加强安全生产工作。针对世博安保、防汛、防台、维稳和反恐等工作重点，加强安全生产宣传教育，开展安康杯竞赛和“安全生产月”活动，两级工会组织专业安全管理人员30人，现场安全检查15处；慰问一线高温作业的职工50名。（5）开展职工文体活动。建立拥有健身房、阅览室、乒乓室、多功能球场等设施的“职工之家”，举办“申江杯”篮球、乒乓球、保龄球、羽毛球、游泳、跳绳和棋牌等比赛，参与职工500人次。（6）加强创建学习型工会活动。12人次参加市总工会举办的各类业务培训班，举办专题培训班2次，近30人参训，集团工会干部培训率达到100%。

（李建鹤）

中国联合网络通信有限公司上海市分公司工会

主　席
赵　乐

【概　况】 中国联合网络通信有限公司上海市分公司工会（简称上海联通工会）辖职工1447人，入会率100%。（1）围绕公司年度目标和任务，搭建员工奋勇争先、拼搏奉献的平台，为企业经营和发展助力。为确保上海联通3G各项工作目标的落实以及世博会的网络运行保障工作，组织广大员工开展“保增长促发展，我为联通添风采”专题劳动竞赛系列活动，包括产品创新、技能服务、网络维护、世博保障、物资库存再利用、降本增效等8个方面竞赛内容。（2）加强企业民主管理，积极推进企务公开工作，维护员工合法权益。一是通过召开新春茶话会、员工交流会等途径，加强公司领导与员工间的沟通交流；二是全年召开5次职工代表（组长）会议，就员工考核办法、津贴方案以及企业重点工作执行情况等内容听取职工代表意见；三是组织职工代表参加公司中层干部招聘，保证人才选拔的公开、公正、公平。（3）通过多种形式宣传先进典型，增强广大员工的荣誉意识和争先意识。利用年度先进表彰大会、《上海联通报》、展览展示等宣传载体，积极宣传获得市级以上先进集体和先进个人的事迹，特别是在世博保障工作中做出突出贡献的集体和个人。（4）落实员工关怀计划，丰富员工业余生活，增强企业凝聚力。继续开展“关爱工程”，高温季节深入生产一线慰问职工，定期开展异地单身员工联谊活动。同时建立11个文体协会，丰富员工业余生活，营造和谐企业氛围。

（康　迪）

上海临港产业区工会工作委员会

【概　况】 上海临港产业区工会工作委员会辖基层工会17个，职工2357人，其中女职工363人；会员2271人，其中女会员327人。工作机构设办公室、组织建设部、宣教文体部、民主法律部、财务管理部、公关联络部、生活保障部。（1）帮助基层工会夯实基础、提高水平，增加活力。有2家基层工会获上海市模范职工之家称号，一个集体获全国模范职工小家称号。（2）围绕临港产业区开发建设中心任务，坚持开展“建设国家新型工业化产业示范基地”立功竞赛。（3）以迎世博为契机，开展丰富多彩的文体活动，打造区域文化品牌。组织开展“歌颂祖国　共建临港”红歌赛、“临港杯”篮球比赛、“奉贤园区杯”乒乓球比赛等。（4）首次组织安康杯竞赛活动。使安康杯竞赛这一载体在产业区内生根开花，为产业区创建安全和谐环境作出贡献。

（陈欣堂）

中国电信集团工会号百信息服务有限公司委员会

主　席
王忠春

【概　况】 中国电信号百公司工会设基层工会2个，部门工会5个，职工427人，其中女职工195人，会员427人。机构设办公室、员工文体活动中心。（1）围绕中心开展劳动竞赛。在员工中开展“短信全能搜”业务使用劳动竞赛，征集提升业务质量的“金点子”，为完成公司百亿收入目标拼搏。参加集团公司“迎世博亚运　促天翼腾飞”文明短信传递竞赛。在号百总部员工中开展商品订购业务专项劳动竞赛。（2）参加上海市通信邮政行业职工世博文明志愿者集中服务日活动。向路人赠送《上海世博·快线》800余册,赠送世博手链500个。(3)落实关心关爱员工工作。开展"四小"工作研讨,改善员工工作环境,并就公司"非沪籍员工"婚恋、住宿、晚餐情况开展研讨。组织瑜伽、摄影等兴趣小组,实施高温慰问工作。(4)活跃和丰富职工文化生活。举行"庆三周年,全员健身、快乐工作、冲刺百亿"第二届健身日活动,300多名员工参加团队拔河、齐心协力、乒乓球、呼拉圈、双人跳绳等5个项目比赛。参与全国职工健身月评选活动,公司荣获"2010年全国亿万职工健身月先进单位"称号。积极参与集团"天翼活力"健美操比赛、"天翼景象"摄影比赛,选送参赛照片15幅。(5)召开公司一届一次职代会,审议通过劳动合同管理办法、员工奖惩管理办法、公司《集体合同》。做好职代会提案征集工作,共收到提案35份。(6)服务世博,奉献世博。开展"文明礼仪、文明观博"教育,开展世博礼仪培训,加强宣传上海职工"文明服务、文明观博、文明出行"十要十不要倡议书。 (沈 匀)

上海上实(集团)有限公司工会

主 席
史瑜倩

【概 况】 上海上实(集团)有限公司工会辖基层工会24个,会员2382人,其中女会员918人。(1)聚焦世博盛会,组织员工积极参与世博、服务世博、奉献世博。一是成立120余人的世博志愿者连,在世博轴上举行"上海职工迎世博文明行动推进会暨上实集团迎世博职工志愿者连上岗宣誓仪式"。二是先后开展世博礼仪培训、世博知识宣讲、发放《文明观博200问》、慰问世博轴一线职工、世博轴义务劳动、东滩湿地公园义务劳动、清洁使者行动、啄木鸟行动等活动,营造了浓郁的服务世博、奉献世博氛围。三是关心世博一线职工,督促相关单位成立临时工会。(2)聚焦经营工作,激励动员员工在本职岗位上建功立业。一是开展形势与任务教育,切实把员工的思想和行动统一到"求真务实,真抓实干,增强凝聚力,提高执行力"上来。二是深入开展劳动竞赛、"金点子"征集等主题实践活动,大力倡导"做好本职工作就是对上海世博会最大的贡献"的理念。三是注重抓好选先进树典型工作,并组织召开优秀女职工代表座谈会、劳模座谈会,积极营造"人人学先进、人人争先进"的良好氛围。(3)聚焦维权职能,切实加强企业民主管理和职工权益维护机制探索。一是反复向工会干部阐明"依法维权是工会的基本职能"这一重要原则,促进依法维权,主动维权。二是认真落实"彩虹计划",选择职工人数多、工作基础好、行政大力支持的上实物业管理公司试点,签订集体合同,为面上开展此项工作积累经验。三是切实加强各企业职代会建设和司务公开工作,切实维护职工权益。(4)聚焦员工队伍建设,切实加大对员工培训和关心力度。一是重视员工培训工作,积极推广上实发展股份有限公司"员工大讲堂"等做法。二是丰富员工业余文化生活,举办第三届职工运动会、"聚焦世博—记录精彩一瞬间"职工摄影比赛等活动。三是进一步加大对困难员工帮困力度,累计投入帮困资金20.22万元,帮扶困难职工128人。(5)聚焦自身建设,进一步完善工会组织架构,提高履职能力和水平。一是配合集团管控架构调整和重组整合,推动各企业完成工会组建;二是规范工会法人制度建设;三是规范会议制度;四是规范信访制度;五是规范会费收缴管理,加大经费审查力度;六是切实加强对工会干部的培训。选送部分工会干部参加职代会制度培训班和集体协商工作指导员培训班等。 (杨铁军)

上海市农业委员会系统工会工作委员会

主 任
陶振华

【概 况】 上海市农业委员会系统工会工作委员会辖基层工会45个,职工5722人,其中工会会员5505人。(1)广泛动员,开展"服务世博、奉献世博"系列活动。结合"十要十不要"宣传,开展"文明服务、文明观博、文明出行"主题实践活动。开展"世博印象"摄影比赛,全系统共有88人提供300幅作品参赛,评出一等奖2个,二等奖5个,三等奖8个,优秀奖37个,优秀组织奖9个。高温期间深入现场慰问直接服务世博一线的职工和地铁志愿者200人次。(2)开展2007—2009年度劳动模范和"服务世博、奉献世博"等各类先进评选活动。共推荐评选劳模2人、"服务世博、奉献世博"先进个人7名和集体1个、工人先锋号2个、全国巾帼标兵1名、五一劳动奖章1名、市三八红旗手1名。(3)开展扶贫帮困送温暖和防暑降温活动。元旦春节对66人进行帮困,对全国劳模和市劳模进行慰问。开展安全生产、防暑降温专项检查89次,配合劳动保护监督检查59次;为维护职工队伍的稳定,关心职工的生活,共筹集慰问资金及实物93.28万元,慰问在岗和退休职工5795人次,其中农民工3258人次。(4)加强组织建设。增补工会工作委员会委员5名。对3个基层工会组织进行换届改选和调整补充,并规范工会法人登记制度。

(陈 赛)

上海国盛(集团)有限公司工会

主　席
沈松龄

【概　况】 上海国盛(集团)有限公司工会辖基层工会6个。8月27日召开一届一次职代会,成立民主管理委员会和提案审查委员会。坚持完善以职工代表大会为基本形式的职工民主管理,推行厂务公开和民主监督制度,开展基层单位厂务公开和民主管理自查工作。开展"冬送温暖,夏送清凉"活动,为职工办实事,做好事。看望困难职工、慰问劳模,发放慰问金计572.3万元。以"服务世博,奉献世博"为主题,为世博上海企业联合馆输送技术人员,组织参加上海企业联合馆馆日活动的大合唱等活动。举办经审和民主管理业务培训,6个直属单位工会专职人员全部参加培训。发挥劳动模范的示范引领作用,完善各项培育、宣传、管理机制,组织开展争先创优活动。年内有6个单位分别获上海市五一巾帼集体奖、上海市工人先锋号、上海市三八红旗集体、上海市模范集体等称号,18人分别获全国和市劳动模范、市三八红旗手、全国建功巾帼标兵、上海世博优秀个人等荣誉称号。 (陈　洪)

绿地集团工会

主　席
黄　健

【概　况】 绿地集团工会辖直属工会27个。(1)在迎博办博中发挥主力军作用。开展"当好主力军、建功世博会、展示新风采"主题实践活动,组织动员职工参与服务世博工作。集团在沪7家酒店成立11支志愿者服务队,接待世博游客逾3万人次。(2)动员职工团结一致谋发展。广泛开展立功竞赛,总结先进经验,树立先进典型,在《绿地报》、集团党建网上广泛宣传和交流。(3)关爱员工,营造和谐氛围。坚持伤病必探、丧事必到、困难必访、夏送清凉、冬送温暖的慰问制度,把工会的关爱及时送到员工身边。坚持集团家庭日、运动会等工会凝聚力品牌项目。组织全国41个城市的员工和家属来上海参观世博会。(4)加强工会自身建设。完善工会工作制度,形成《绿地集团基层工会管理办法》、《困难职工帮扶办法》等长效管理制度,开展工会干部培训、年度考评、"十佳党群干部"评选工作,不断提高工会工作水平。 (陆秋贤)

局(产业)工会主席(主任)、副主席(副主任)名录

单位名称	主席(主任)	副主席(副主任)
上海市机电工会	左山虎	谢同伦　袁胜洲　史伟琳　麻秀娟(女)
上海市仪表电子工会	田　原	陶丽娟(女)生　青(女)
上海市化学工会	黄岱列	沈德蒂(女)
上海市轻工业工会(上海轻工业工会联合会)		姚志贤　应蓓卿(女)罗秋燕(女)
上海市纺织工会	王水官	肖荣珍(女)李援朝　李　盈(女)张世军
上海市医药工会	陈　欣(女)	佘　群
上海市电力公司工会	黄效喜	王　芸(女)
上海电力建设有限责任公司工会	李　苏(女)	周　勇
宝钢集团有限公司工会	汪金德	劳光熹　韩国钧
中冶宝钢技术服务有限公司工会	王　琦(女)	王天临
上海宝冶集团有限公司工会	杨　柳	
上海高桥石油化工公司工会	罗新富	罗小兰(女)胡家春
中国石化上海石油化工股份有限公司工会	高金平	王艳君(女)成　斌
上海化学工业区工会	陈兆麟	严国基　李庆红(女)丁贵忠
国药控股股份有限公司工会	沈立年(女)	徐恒昌
长江计算机(集团)公司工会		陈觉民

续 表

单位名称	主席(主任)	副主席(副主任)
中铝上海铜业有限公司工会	王　玮	陈益林
鲁中冶金矿业(集团)公司工会	沙宝珍	李秀娥(女)彭树刚
上海航天局工会	吴海中	张爱娣(女)李　昕
上海船舶工业公司工会	吴金韻	方争音(女)
中国商用飞机有限责任公司工会	刘林宗	沈　伟(女)
上海市烟草工会	解建伟	刘晓晴(女)蔡文喜
上海汽车工业(集团)总公司工会	吴诗仲	陈寿龙　马龙英(女)
上海久事公司工会	顾利慧	王雯洁(女)
上海市漕河泾新兴技术开发区发展总公司工会	陈　克	王佩萍(女)
中国能源化学工会华东电力工作委员会	庄毅群	乔谦明
申能(集团)有限公司工会	仇伟国	周燕飞(女)谈金龙
上海电器科学研究所(集团)有限公司工会	曾思勤(女)	龙　黛(女)
上海华虹(集团)有限公司工会	陈剑波	唐均君
中国铁路工会上海铁路局委员会	钱　铭	曹　阳
中国海员建设工会中国海运(集团)总公司委员会		柴淮生
上海国际港务(集团)股份有限公司工会	王晓华	胡庭亮
中国海员工会上海长江轮船公司委员会	高　峰	邵申祥
上海市运输工会	黄伟建	顾见华　王　勤(女)
中国邮电工会上海市邮政委员会	史金虎	龚丽敏(女)颜炳强　姚建聪
中国移动通信集团工会上海市委员会	张新康	杨忆雯(女)
中国电信集团工会上海市委员会	陈鸿生	赵申祥　董海燕(女)
中国海员工会交通运输部东海救助局委员会	金振泰	岑志良　徐　华
中国海员工会交通运输部上海打捞局委员会		张建浩
中交上海航道局有限公司工会	王伯华	李忠庆　苗庆良
中交第三航务工程局有限公司工会	夏　昕	张　辉(女)
中国海员工会中远集装箱运输有限公司	房迪坤	李显恩(女)
中国海员工会中波轮船股份公司委员会	周万勤	
中国海员工会上海海事局委员会	樊卓越	
上海市锦江航运有限公司工会	施振兴	章　薇(女)
中国民航工会华东地区管理局委员会	周正凯	韩平章
中国东方航空集团公司工会	罗朝庚	胡际东　童海坤
上海机场(集团)有限公司工会	蔡　军	傅如钢
上海市城乡建设和交通工会工作委员会	周　炜(女)	汪建然　张　静
上海建工(集团)总公司工会	肖长松	刘琰紫(女)何连成

续 表

单位名称	主席(主任)	副主席(副主任)
上海市交通运输和港口管理局工会	刘　岷	王仁良　陆金菊(女)
上海城市交通行业工会	刘　岷	王仁良　陆金菊(女)袁丽敏(女)凌春霞(女)臧晓敏　周丽霞(女)石　红(女)
上海申通地铁集团有限公司工会	黄　建	许雅琴(女)
上海市城市建设投资开发总公司工会	杨申鲁	徐　文　黄　洁
上海市住房保障和房屋管理局工会	魏　庆(女)	金宛平(女)
上海海洋石油局工会	刘振东	许鹤圣　钱碧云(女)
上海市绿化和市容管理局工会	徐文发	宋丽娜(女)黄　琼(女)
上海市市容环境行业工会	徐文发	刘广登　宗守和　宋丽娜(女)黄　琼(女)
上海闵行经济技术开发区工会	赵宏武	王理清　王利建
上海虹桥经济技术开发区联合发展有限公司工会	黄健健	裘海明
上海市水务局工会	卫洪达	石建兴　陆建峰　张海燕(女)
上海大屯能源股份有限公司工会	姚惠兴	李成国
上海现代建筑设计(集团)有限公司工会	姚延康	薛灵燕(女)
中国建筑第八工程局有限公司工会	于金伟	王为兵　许　红(女)
中国华源集团有限公司工会	朱少雯(女)	
百联集团有限公司工会	刘晓敏(女)	柏　松　柳立玮
上海市商业行业工会联合会	刘晓敏(女)	尹协仁　柏　松　姚黄平　郭志刚
上海水产(集团)总公司工会	尹协仁	徐明华　吴常产　张　蓉(女)
上海兰生(集团)有限公司工会	徐尚仁	
东方国际(集团)有限公司工会	王　佳(女)	何志刚
上海市金融工会工作委员会		卫国强
上海市税务工会	刘新利	沈　青
上海市人力资源和社会保障局工会	高延平	陈　忠　邵岭华(女)
上海市教育工会	夏玲英(女)	张中韧　贾金平　赵　玲(女)
上海市科技工会	陈　龙	王　震
上海市医务工会	黄　红(女)	张　浩　丁　强　戴　谷
上海市新闻出版工会	李虹鸣(女)	陆　娜(女)
解放日报报业集团工会	马笑虹(女)	庞　力　张以帆　丁　波　董晋伟
文汇新民联合报业集团工会		严惠芬(女)陈荣忠　顾鸿德　倪　珺(女)
新华通讯社上海分社工会委员会	朱忠良	
上海市文化广播影视管理局工会	王金国	
上海文化广播影视集团工会	翟东升	李培红(女)王济明
上海社会科学院工会	徐霖恩	王玉梅(女)何卫东
上海市体育局工会	叶蓓伦(女)	张黎明(女)吴晓莹(女)梁立刚

续 表

单 位 名 称	主席(主任)	副主席(副主任)
光明食品(集团)有限公司工会	周海鸣(女)	郭志刚　姜　伟(女)
上海良友(集团)有限公司工会	王淑萍(女)	周黎琼(女)
上海市民政局工会	周其军	孙晓红(女)
上海市监狱管理局工会	郭增乔	侯瑞勤(女)
锦江国际(集团)有限公司工会	顾晓鸣	戚大安
上海市东湖(集团)公司工会	陆浩东	
上海市衡山(集团)公司工会	卢惠民	
上海市市级机关工会工作委员会		吴志华(女)
上海市经济和信息化系统工会	汪仲华	潘晓岗　王永涛　郑文才
上海市社会系统工会工作委员会	施南昌	袁建国
上海城建(集团)公司工会	陆雅娟(女)	曹一玲(女)朱晨红(女)
上海地产(集团)有限公司工会	郑建令	陈　力
上海市申江两岸开发建设投资(集团)有限公司工会	王海燕(女)	李建鹤
上海世博(集团)有限公司工会	童元凯	孙江宁
中国联合网络通信有限公司上海市分公司工会	赵　乐	谢远明　于东平
上海市合作交流系统工会工作委员会	曹整国	蒋传华　王　靖
上海市电力股份有限公司工会	王国良	
上海市通信管理局工会	陈皆重	郑　敏(女)
民航华东地区空中交通管理局工会	来海根	
上海市宾馆业工会联合会	黄国忠	王行泽　徐中尼　高耀敏(女)徐连喜
上海世博会事务协调局工会	陈安杰	王永涛　邱水平
上海临港产业区工会工作委员会	戴伟中	王　跃
上海市公安局工会	俞　烈	张　君(女)王建幸　傅海鹏
中国电信集团工会号百信息服务有限公司委员会	王忠春	刘德顺
上海市信息行业工会	黄肇达	张静星(女)李　军(女)
上海上实(集团)有限公司工会	史瑜倩(女)	
上海市农业委员会系统工会工作委员会	陶振华(女)	陈　赛(女)
上海国盛(集团)有限公司工会	沈松龄	胡立强　姚黄平　王凌雨　钟晓慧(女)
华能上海分公司工会	张为民	
绿地集团工会	黄　健(女)	

说明：1. 任职名单以 2010 年 12 月底为准。
　　　2. 上述人员职务以市总工会批复为准。

（市总工会组织部）

上海市第七建筑有限公司工会

市委副书记、市长韩正等领导视察东方体育中心在建项目

公司坚持每年召开2次职工代表大会

上海市第七建筑有限公司工会注重加强三级民主管理建设，通过不断提高认识，完善制度，积极实践，增加职工对企业情况的知晓度、企业管理的参与度、企业文化的满意度，来促进企业的和谐发展。此外，公司工会以不断推进工地文化建设为抓手，用文化力营造凝聚力，增强企业竞争力，进一步提高职工队伍素质，为推进企业持续发展提供不竭动力。公司先后荣获全国创建和谐劳动关系模范企业、全国模范职工之家、全国厂务公开民主管理先进单位、全国模范劳动关系和谐企业、全国文明单位、上海市重大工程立功竞赛“金杯公司”等荣誉称号。

2010年度天津市建筑业农民工管理先进单位

上海市“当好主力军，建功世博会，展示新风采”主题实践活动工会优秀组织奖

项目部厂务公开栏

公司承建世博中心工程

东方体育中心实景照

公司承建天津文化中心工程

上海专利商标事务所有限公司工会

中共上海市委副书记、市长韩正视察公司

上海专利商标事务所有限公司是国家最具规模、全方位从事国内外知识产权代理机构之一，现有职工220余人。多年来，公司工会按照公司关于“要办成学习型、知识性、成才型公司”的宗旨，在突出以知识产权代理工作为中心的同时，坚持以人为本，注重发挥工会工作的本身特点，始终以学习型工会建设、职代会制度建设、职工俱乐部建设为抓手，组织职工、团结职工、依靠职工、凝聚职工，充分发挥广大职工在公司改革、发展、稳定、和谐中的作用。公司职代会先后通过了《员工手册》、《员工聘任办法》、《员工考核办法》、《员工培训办法》、《公司个人股东产生办法》、《企业年金办法》等公司规章制度，确保职工的切身利益；工会连续5年结合读书活动开展“建功立业”竞赛，形成具有工会特色的创先争优、激励表彰体系；职工联谊会下属篮球、游泳、太极拳、读书、歌咏、环境美等10余个俱乐部，丰富了职工的文体活动，成为公司企业文化建设一道靓丽的风景线。去年，公司被评为上海市文明单位、第二届上海市学习型企事业单位，公司工会被评为科技系统先进职工之家。

上海专利商标事务所有限公司

上海市学习型企事业单位

公司获上海市学习型企事业单位称号

右上：召开职工代表大会
右下：召开纪念三八国际劳动妇女节表彰大会
左上：健身俱乐部开展迎世博倒计时100天活动
左下：举办爱国歌曲大家唱歌咏大赛

举办第二届‘九星杯’歌咏会

九星工会主席赵文君慰问重症缠身的经营户

九星自编自演的“古韵茶艺·艺术玻璃”节目，走进上海世博会公众参与馆的“秀空间”舞台

九星——中国市场第一村揭牌

新老九星人踊跃为青海玉树地震灾区捐款

九星服务世博誓师动员大会上，成立近千人的志愿者服务总队

董事长吴恩福在九星首届运动会上亲自执哨主裁

上海九星控股(集团)有限公司成立于2008年。多年来，新老九星人励精图治创佳绩，开拓进取谋发展，形成“以市兴村、以商富民”的独特产业，走风险小、产出大的可持续科学发展之路。集团始终将坚持优化经济结构、提升综合实力、提高职工收入、爱心回报社会作为发展目标。

九星工会将“让工会成为职工的娘家、成为社会的稳压器、成为发展的助推器”作为自己的工作定位，通过党工一体化创建，培养职工的忠诚心，激励职工的奉献心，塑造职工的进取心。在金融海啸席卷全球的2008年，九星积极响应闵行区总工会的号召，与广大商户抱团取暖，抵御寒冬，共克时艰；2009年和2010年，工会动员职工人人行动为世博、大张旗鼓学世博。2009年，九星控股(集团)荣获全国五一劳动奖状；2010年，集团董事长吴恩福被评为全国劳动模范。

思路决定出路、态度决定高度，站在“十二五”规划的起跑线上，九星人坚持用坚韧不拔、勤奋好学、自主创新、求真务实、勇立潮头、敢于争先精神激励自己，在“创新驱动、转型发展”的大道上创造更加辉煌的未来。

举办第三届‘九星杯’知识竞赛

上海九星控股（集团）有限公司

2010年国际劳动节前夕，上海市人大常委会副主任、市总工会主席陈豪欢送进京受奖的全国劳模时与董事长吴恩福亲切交谈

上海市总工会副主席汪兰洁和上海市慈善基金会副理事长夏秀蓉为九星职工文化活动中心揭牌

市世博局领导视察九星“你我都是东道主，三五行动迎世博”活动

上海电视大学校长张明德和闵行区总工会主席俞莉红为九星职工书屋揭牌并赠书

市人大常委会副主任、市总工会主席陈豪向获得上海市工人先锋号的路政班组代表颁奖

上海市城乡建设和交通工会工作委员会紧紧围绕市委提出的“五个确保”的总体要求，以迎世博、办世博和推动城乡建设交通事业平稳较快发展作为基本要求，积极主动组织行业职工投入“服务世博、奉献世博”主题活动，积极开展以世博运行保障为主要内容的立功竞赛活动；以维护建设交通行业职工的合法权益和劳动关系和谐稳定作为工作重点，深化集体协商、集体合同制度；开展调查研究，关心行业低收入群体，推动基层创建劳动关系和谐企业；关心职工生产生活，推进安康杯竞赛；以推进工会自身建设实现创新发展作为长期目标，在服务科学发展、服务基层工会、服务职工群众中发挥重要作用。2010年，市建设交通工会荣获中共中央、国务院颁发的上海世博会先进集体称号。

市建设交通工会获中共中央、国务院颁发的“上海世博会先进集体”称号

主任周炜赴宁波象山检查劳动保护措施并慰问验船师

上海市城乡建设和交通工会工作委员会

市建设交通行业代表在“保平安、促运行、重服务、创一流”世博运行保障立功竞赛上接旗表决心

市建设交通行业劳模先进开展世博保障先锋号行动

市总工会对作出突出贡献的建设交通行业班组授予上海市工人先锋号称号

召开世博运行保障决战月誓师大会暨建交委现场会

上海市电力公司超高压输变电公司

公司获2010年上海市推进厂务公开民主管理工作先进单位荣誉称号

超高压公司荣获“上海市重点工程实事立功竞赛金杯公司”称号，图为总经理王振伟领奖

超高压公司圆满完成世博保电重任，获得中共中央、国务院授予的“上海市世博会先进集体”荣誉称号

市人大党委会副主任、市总工会主席陈豪与赴京参加表彰大会的全国劳模、上海十大工人发明家获得者杨庆华合影

举办庆祝建国60周年文艺汇演

积极搭建青年工程舞台，培育青年人才

超高压公司员工近年来在电力行业内的各级、各类技术技能竞赛中成绩名列前茅

上海市电力公司超高压输变电公司成立于1986年4月，是国家电网公司一流超高压输变电企业，属技术密集、知识密集、资金密集的大型国有企业。承担着上海地区500千伏、220千伏及部分110千伏输变电设备的运行管理、检修维护和更新改造工作，是上海电网的“主动脉”和“脊梁骨”。

2010年，公司在罕见连续极端夏季高温天气和电网负荷屡创新高的情况下，成功运维全国最大的500千伏静安地下变电站、±800千伏特高压直流线路，圆满完成世博保电、迎峰度夏等重大保电任务，实现了世博184天电网设备运维“零故障、零失误”目标，创造公司成立以来安全生产周期最高记录，用出色的业绩确保上海电网主网架安全、可靠、平稳运行。同时克服重重困难，在工期紧、任务重、压力大的情况下，按时完成电网建设和改造。

公司被国家电网公司授予“世博电力保障工作先进集体”称号，被中共中央、国务院授予“上海世博会先进集体”称号，还被授予“国家电网公司先进集体”称号。

中国能源化学工会华东电力工委

副市长艾宝俊出席华东电网世博电力保障工作总结表彰大会并致辞

2010年，华东电网有限公司工会华东电力工委以保障世博电力为重点，在华东电网范围内广泛开展创建工人先锋号活动，以确保上海1000万千瓦市外来电和输电通道的畅通，举全网之力共筑世博保电“护城河”工程。

市总工会党组副书记、副主席肖堃涛到公司调研慰问

公司工会认真贯彻落实全心全意依靠职工办企业的精神和宗旨，积极组织民主管理专委会成员和总经理联络员开展调研、巡视工作，职工代表的参政议政作用得到充分发挥。组织召开公司劳模先进代表座谈会、纪念三八国际妇女节100周年座谈会，举行《华东电网女职工建功立业风采录》授书仪式，进一步激发广大员工积极投身电网事业的工作热情。认真开展华东电网基层工会主席、女职委干部、经审干部和优秀班组长培训，有效地促进了工会干部的队伍建设。

华东电网第二轮技术技能竞赛圆满结束

举行纪念“三八”国际劳动妇女节100周年座谈会

召开总经理联络员、职工代表座谈会

上海市公路管理处

上海市公路管理处在2010年世博运行保障期间群策群力、克难奋进，取得了显著成绩。一是突出重点，保障世博，服务水平逐步提高。抓紧组织实施3大类共11项公路设施整治任务，均顺利完成。二是创新机制，精细管理，路况路容经受考验。建立并坚持每周路况三级巡查、流量分析、舆情分析机制和每月保障例会机制。三是积极应对，多措并举，排堵保畅效果显现。全市高速公路网已拥有超过110条ETC车道，逾10万名ETC用户。四是加强协调，整合资源，征收管理平稳有序。五是齐心协力，奉献世博，行业文明再上台阶。开展“三个文明”培训、岗位大练兵、“保平安、促运行、重服务、创一流”立功竞赛等活动，以确保工作落实到位、做好做精。

副市长沈骏在处长严炯浩陪同下慰问上海公路行业一线职工

严炯浩在上海市公路工作会议上发言

召开上海公路行业世博保障工作推进会

启动上海公路行业夏令热线活动

上海市公路工作会议会场

上海市第二市政工程有限公司工会

公司党委书记、董事长周松为“雄鹰青年成才奖”获得者颁奖

西藏南路越江隧道项目部荣获全国五一劳动奖状

公司总经理葛以衡在四届四次职工代表大会上讲话

职工代表投票

公司援建都江堰的骨干在映秀震中宣誓

上海市第二市政工程有限公司工会在上海城建集团工会和公司党委的正确领导下，认真践行科学发展观，根据全总“建家”的要求，进一步增强工会工作的使命感和责任感，以构建和谐劳动关系为主线，深入开展创建模范职工之家活动；加强民主管理，积极推进厂务公开制度，在“雄鹰论坛”上开辟“心语家园”，构筑交流平台，多渠道，多层次倾听职工呼声，充分发挥工会在组织、引导、服务职工方面的重要作用，建职工民主之家；突出工会维权职能，建立和完善帮困机制，从源头上关心和解决职工的实际困难，为职工办好事、做实事、解难事，建职工温馨之家；把提升职工素质工程建设纳入企业的发展战略，深入开展“创建学习型企业，争做知识型职工”主题活动，增强职工的凝聚力和归属感，打造一支具有“城建雄鹰，永创精品”企业精神的高素质职工队伍，建职工学习之家；通过开展立功竞赛活动，引领职工为经济建设发展建功立业，大力推动施工生产，企业效益连年攀升，建职工效益之家。公司工会被中华全国总工会授予2010年全国模范职工之家荣誉称号。

公司举行“清风颂歌”廉政歌曲演唱比赛

金山区水务局工会

金山区水务局工会下辖22个基层工会，会员1069名。近年来，局工会坚持以科学发展观为统领，按照“党政所需，职工所盼、工会所能”的要求，聚焦局中心工作，认真履行工会职能，凝聚和率领广大会员解放思想，奋勇拼搏，创先争优，为促进人水和谐作出了积极贡献。在实践为民服务宗旨过程中，涌现了许多先进人物，荣获上海市先进工作者称号的赵慈文就是其中的代表。

举行〞水务杯〞建功世博演讲大赛

水务局积极探索尝试传统水利建设与水文化、水景观、水旅游开发相结合的模式，开拓创新，建立区、镇、村三级合理分担镇村河道整治资金的筹资机制，打响水环境整治攻坚战，在全局共创积极向上的和谐水务团队。

冒雨检查指导水葫芦整治工作

与基层单位签订经济目标和安全生产责任书

区人大代表视察防汛防台与黑臭河道整治工作

部署水利建设与管理工作

上海市医药工会

上药集团党政工领导到华氏大药房世博村店指导工作并慰问奋战在服务世博第一线的药店员工

左上：向2010年党工共建、争先创优、创建“职工之家”、工会工作目标责任考核优胜单位工会颁奖

左下：举办2010年工会干部集中培训班

右上：举办“吟新、畅想、齐飞扬”上药集团第三届员工文艺大赛

右中：举办“文明观博”知识讲座

右下：华氏大药房世博村店员工热情为世博会外国友人介绍药品，提供药品服务

上海市医药工会下属95家企业工会，拥有会员2.5万余人。在集团党委和上级工会的领导下，医药工会紧紧围绕上实集团和上药集团资产重组的实现目标，深入学习实践科学发展观，不断深化职工素质工程，努力建设一支适应上药新发展的职工队伍；围绕集团“调结构、转方式、抓整合、促发展”的中心工作，以“当好主力军，建功新上药”为主题，深入开展群众性经济技术创新活动；以职代会厂务公开制度为基础，不断完善维权机制和共享机制，促进企业和谐稳定发展；以工会工作综合考评为抓手，全面推进企业工会的各项工作，不断加强企业工会工作规范化和制度化建设。在提升职工队伍素质、维护职工权益、推进群众性经济技术创新、加强企业民主管理和自身建设等方面都取得新的进展，做出新的业绩。

右上：上药集团举办先进表彰会暨劳模事迹报告会
右中：上药集团2010年技能大赛决赛颁奖现场
右下：组织职工代表对企业领导干部开展民主测评

上海市总工会副主席汪兰洁为上药集团职工艺术作品展剪彩

中共上海市委党校、

排舞

篮球队

瑜伽队

自行车协会到崇明县活动

书画协会活动

国际舞队

乒乓球队

合唱队

摄影协会活动

(一)2010年，校工会紧紧围绕“服务世博、奉献世博”的中心工作，发挥工会的应有作用。举办教师节“健康生活，快乐工作”活动和迎新年“让校院更和谐”两大活动。进一步加强班子建设，抓好工会干部学习培训。加强对校各业余文体社团的组织和领导，各项文体活动丰富多彩。开展调查研究，加强工会工作的针对性和实效性。开展先进评选活动。积极开展帮困送温暖工作。同时根据女性特点，开展关爱、服务女教职工的活动。

上海行政学院工会

（二）曾峻自2007年评为上海市劳动模范以来，先后主讲8门课程，撰写10多篇文章宣传党的重大理论和政策主张。近年来，发表论文或为实际工作部门提交研究报告8篇，获得国家课题1项，主持完成省部级课题2项，连续两届获得上海市哲学社会科学优秀成果奖，其中1次为著作类一等奖，担任多个国际国内学术机构常务理事以上职务，入选上海领军人才。中组部、中央党校、市委、市委组织部主办的报刊多次刊文介绍有关党校教学改革做法和经验。

右上：市总工会副主席汪兰洁欢送曾峻等全国劳动模范赴京出席表彰大会
左上：全国先进工作者曾峻在俄罗斯参加学术交流会议
左下：全国先进工作者曾峻与处室同志合影

（三）袁秉达曾为上海市委、市政府四套班子讲课，多次应邀到上海电视台、广播电台和东方网作专题访谈和理论讲座。近年来出版10多部著作，发表100多篇论文，其中30多篇论文发表在《人民日报》等权威或核心刊物上，主持或参与省部级课题5项。参加市委宣讲团、兼任上海市科学社会主义学会副会长等社会职务。被评为上海市干部教育工作先进个人、上海市党校系统优秀教师，在校内获记功奖励，多次被评为优秀共产党员，荣获上海市劳动模范、全国五一劳动奖章。

上海市劳动模范，全国五一劳动奖章获得者袁秉达

大众交通(集团)股份有限公司工会

市总工会副主席汪兰洁向集团董事长、总经理杨国平颁发南京路“天天演”纪念牌

党委书记、工会主席袁丽敏向世博园区VIP车队授工人先锋号奖牌

2010年，大众交通(集团)股份有限公司工会在集团党委领导下，动员职工，在建功世博盛会中发挥工会的组织作用；宣传职工，在提升企业品牌中提升工会的运作能力；维护职工，在创建和谐氛围中坚持工会的基本职能。集团董事长、总经理杨国平和出租车驾驶员钱斌被党中央、国务院授予“世博工作先进个人”称号，出租车驾驶员钱斌和张松春获市“杰出志愿者”称号，大众租赁国宾车队、世博园区VIP车队先后被命名为上海市工人先锋号，大众物流公司世博保障组等3家单位入围“‘服务世博、奉献世博’优秀集体”，大众租赁公司祁弘敏等16人获“世博工作优秀个人”称号。集团工会按照企业文化建设的要求，挖掘和宣传职工中的先进事迹，在系统内和社会上产生了良好的宣传效果。同时，集团工会继续做好服务职工的有关工作，增强企业凝聚力，促进企业的和谐稳定。

右一：集团举行大众出租第二批工人先锋号授牌仪式暨第三届“的哥论坛”
右二：集团下属各宾馆举办服务世博劳动竞赛
右三：南京路“天天演”上演大众交通“达人秀”
右四：大众交通世博园区VIP车队驾驶员在迎客

上海上实(集团)有限公司工会

上海上实(集团)有限公司(简称上海上实)注册在上海，与注册在香港的上海市政府窗口企业上海实业(集团)有限公司(简称上实集团)实行“两块牌子、一套班子”，负责经营集团境内资产。

上海上实工会下设二级工会组织5个，三级工会组织15个，在职职工5792人，职工入会率100%。2010年，上海上实工会紧密团结依靠基层工会组织，重点开展5方面工作。一是聚焦上海世博盛会，通过成立职工志愿者连等有效载体，开展“五个一”(一次义务劳动、一次慰问一线员工、一次啄木鸟行动、一次世博讲座、一次世博宣传)行动计划，营造浓郁的服务世博、奉献世博氛围；二是聚焦经营中心工作，开展丰富多彩的形势任务教育、劳动竞赛、学习劳模等系列活动，激励员工争做贡献；三是聚焦维权职能建设，认真推行“彩虹”计划，切实加强企业民主管理和职工权益维护机制建设；四是聚焦员工队伍建设，深入开展技能培训、读书活动、运动会、帮困送温暖等活动，进一步加大对员工的培训和关心力度；五是聚焦工会自身建设，通过完善工会组建、规范工作制度、加强工会干部培训等措施，进一步提高履职能力。

市总工会副主席汪兰洁高温慰问上实集团在世博轴工作的员工

举行“欢庆世博，健康快乐”第三届职工运动会

召开纪念三八国际妇女节100周年世博轴优秀女职工座谈会

召开劳模座谈会

上实集团迎世博职工志愿者连在世博轴举行宣誓和授旗仪式

旗下企业开展集体协商和集体合同签约

陆家嘴社

浦东新区总工会主席姜鸣出席大会并讲话

陆家嘴社区总工会辖注册(经营地)在陆家嘴社区的部分企(事)业单位的工会组织。社区总工会把基层不同条线的工会组织看成社区大家庭中的一员，把提高社区工会系统的运行效能、增强组织活力作为工作主线，把广大职工(会员)能在和谐大家庭中工作并发挥聪明才智作为追求的目标，积极倡导和发扬科学务实、善于探索、勇于进取的精神，源头

小区联合工会代表职工与业主签订集体劳动合同

每年定期走访社区劳动模范

召开小区联合工会职工代表大会

举办职工扑克牌比赛

区总工会

抓“组建”、重头抓“维权”，构建并发挥“三方协商”委员会、职工援助服务中心、劳动关系预警网、小区职代会制度以及会员联谊沙龙等“辐射平台”的作用，使社区总工会成为基层广大职工(会员)切身利益的保护者、社区部分企(事)业单位工会组织建设的管理者、服务者，2010年被市总工会授予上海市模范职工之家荣誉称号。

举行劳动关系三方协商委员会工作会议

会员代表在河北冉庄“地道战”所在地参观学习

会员(职工)参加“红五月”大家唱联谊活动

会员(职工)参加社区乒乓球赛

殴姆龙企业的工会干部和辅读学校学生在一起

公司召开职工代表座谈会讨论集体合同文本

上海高桥捷派克石化工程建设有限公司拥有各类技术职称或技能等级的员工1328名。公司是全国设备管理优秀单位、高新企业、专利培育企业、市认定企业技术中心。2007年以来，通过多轮集体协商及职代会，审议并投票表决通过《集体合同》、《公司年金方案》等文件，建立1100多万元的帮困互助基金，积极推进企业民主管理制度建设。同时确立预防性维修技术运维系统6大职工创新项目来推动浦东新区职工科技创新基地的创建，2009年以来共获得18项发明及实用新型专利，15项区级职工科技创新成果。2007、2009 年公司工会获上海市模范职工之家称号，2010年被命名为全国模范职工之家。另有1个专业部获得新区先进集体、7个班组分获市、区两级文明班组、新区工人先锋号、三八红旗集体、巾帼文明岗等称号，3个专业部在新区技术比武中获奖，涌现出以市劳动模范杨震为代表的先进群体。

公司工会与行政举行集体协商会议

召开一届八次职工代表大会

公司党委书记、工会主席刘华新慰问一线职工

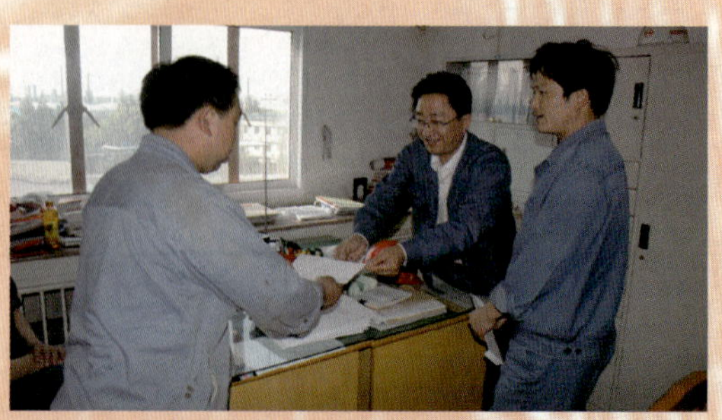
刘华新为地震受灾职工送上慰问金

上海高桥捷派克石化工程建设有限公司工会

公司举行部分职工代表座谈会

举办班组长培训班

举办捷派克春节联欢会

组织女子合唱队参加高桥镇纪念“三八”国际劳动妇女节100周年活动

高温慰问送清凉

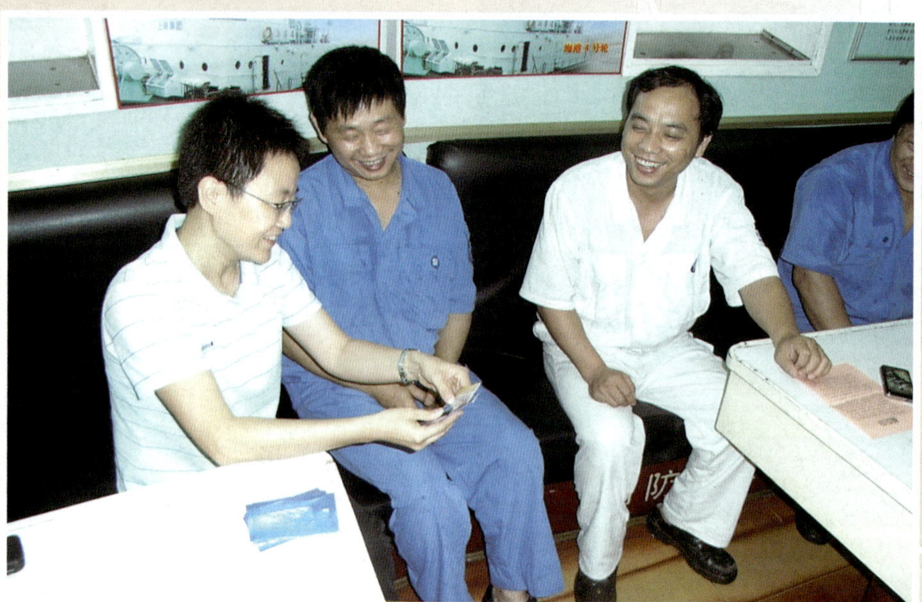

世博礼包关爱情

科技攻关显成效

上海港

上海港复兴船务公司是上海国际港务(集团)股份有限公司下属全资子公司，是全国最大的港口船舶服务企业。公司现有职工1200人，拥有船舶拖带、船舶修造和大轮进出坞等三大服务产品，获得中国船级社质量认证公司颁发的质量管理体系认证证书和具有英国皇家认证认可委员会标识的UKAS证书。公司全回转拖轮拥有量、年拖带作业艘次均居全国港口同行业领先水平；公司下属的三林船厂年造船能力达10—12艘。公司先后荣获上海市文明单位、上海市质量金奖企业、国家和上海市重合同守信用单位、上海市职工最满意企(事)业、全国“安康杯”竞赛优胜单位等荣誉称号。

近年来，复兴公司工会始终把建设“职工之家”作为构建和谐企业的重要举措，牢固树立“以职工为本，主动依法科学维权”的社会主义维权观，坚持服务职工、尊重职工、培养职工、关爱职工，先后培育出一批全国工人先锋号、上海市模范集体、上海市劳动模范、上海市十大工人发明家等先进集体与个人。进一步发挥桥梁纽带作用，广泛动员和组织全体职工为推动企业改革、发展、和谐、稳定和“打造一流船务”、实现建设强港目标作贡献。

2010年，公司工会被中华全国总工会授予全国模范职工之家荣誉称号。

复兴船务公司工会

授予
模范职工之家
中华全国总工会
二〇一〇年四月

2010年获全国模范职工之家荣誉称号

技术比武勤练功

文艺汇演展风采

学习劳模鼓干劲

慷慨捐款献爱心

民主协商维权益

松江区建设和交通委员会

与职工一起展望松江城市未来发展远景

参观历史图片展，进行爱国主义教育

组织女职工才艺展示

建筑业联合会组织农民工培训

工会主席指导基层工会工作

组织建筑业农民工培训

部署建筑行业职工安全保障工作

慰问公交一线职工

松江区建设和交通委员会作为政府职能部门，主要负责松江区城区道路、桥梁、市政设施建设和维护、建筑建材行业行政管理、燃气行政管理等工作。委工会紧紧围绕管理职能，组织职工广泛开展多种形式的立功竞赛、合理化建议、技术革新、技术攻关和岗位练兵等活动，在努力完成区委、区政府下达的各项工作任务中，积极发挥主力军作用，涌现出全国先进工作者1名，上海市劳动模范1名，上海市劳模集体1个，松江区先进个人和先进集体一批。委工会在工作中坚持“勇于开拓、锐意创新、甘于奉献”的理念，采取“以情动人、以理服人、以心感人”的工作方式，想方设法为职工解困；以做本色人、说知心话、办真心事的人格特征，与人心心相印，始终保持“创新、热情、忘我”的工作精神；创新思路，自我加压、勤政廉洁，在绿化、城区建设、交通建设管理中为提升松江综合竞争力作出贡献。按照城市绿化“点上成景、线上成荫、面上成林、环上成带”的要求，实现人均公共绿地从一张床发展到一间房目标，达到24平方米，城市绿化覆盖率达到44.06%，城区绿地率达到43.7%；城市道路“规范有序、平整宽阔”，新建、改建公路58.85公里、市政道路33.5公里、桥梁69座；城市交通通畅易达，新设公交线路12条，新增和更新公交车辆200辆，新建改建候车亭200个，方便百姓出行。经过不懈努力，松江城区先后被评为全国绿化模范城市(区)、“全国绿化先进城区”、“国家卫生城区”、“第九届全球国际花园城市”。

职工自编自演《风雪英雄》

《风雪英雄》剧照

组织职工开展群众性体育活动

视察沪杭高速铁路建设

上海亨井联接件有限

召开第八次职工代表大会

工会主席与一线员工交流

上海亨井联接件有限公司是一家台商独资企业，有2300多名员工，外省市员工占70%。公司工会成立5年多来，团结全体员工推进企业发展，致力于维护员工合法权益、谋取劳资双赢、创建和谐劳动关系。一是充分发挥职代会作用，在维权中取得双赢。工会成立以来，已召开8次职工代表大会。公司制订各项规章制度和修订相关制度，都经过职代会讨论、表决通过。如新一轮集体合同、工资集体协商协议、女职工特殊权益保护专项协议、劳动安全、卫生专项协议等，都经职代会讨论表决通过。工会的维权调动了职工的积极性，推进了生产发展。二是善于沟通，解决问题。工会通过座谈会、设意见箱收集意见，多渠道了解员工关心的各种问题，及时和企业经营者沟通协商，使大多数问题得到解决，一时无法解决的也向员工讲明原因，取得员工谅解。三是切实保障员工的各项福利待遇，凝聚人心。在工会努力下，凡录用为亨井公司的员工,上班第一天起就享受到社保或镇保,外省市员工享受综合保险。同时，工会为每位员工购买了人身意外保险。四是关心员工业余文体生活，体现爱心。在每年的春节、五一节、国庆节，工会都组织文体活动，进行卡拉OK和体育运动比赛，受到广大员

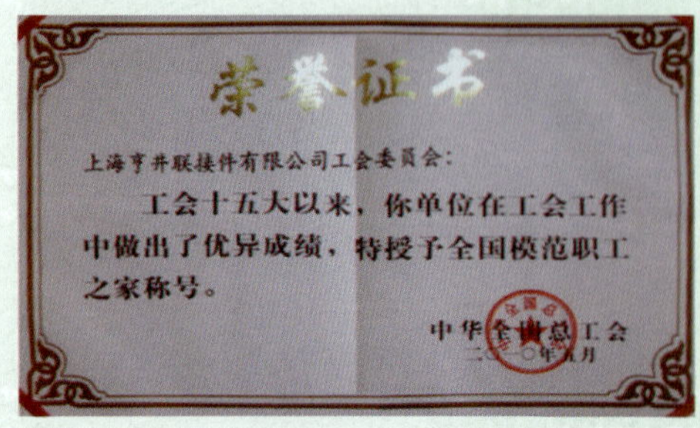
荣誉证书

上海亨井联接件有限公司工会委员会:

工会十五大以来，你单位在工会工作中做出了优异成绩，特授予全国模范职工之家称号。

中华全国总工会

获全国模范职工之家称号

荣誉证书

HONORARY CREDENTIAL

上海亨井联接件有限公司:

当选纪念《中华人民共和国献血法》《上海市献血条例》实施十周年系列评选活动——"十大无偿献血杰出单位"。

特此纪念

二〇〇八年十月三十日

获上海市十大无偿献血杰出单位称号

六有星级工会

[2007-2008年]

镇总工会

九年四月

被评为2007–2008年度亭林镇六有星级工会

公司工会

工积极响应。五是积极开展帮困、评优和化解矛盾，营造一个和谐的“家”。公司工会建立员工贫困档案,对发生突发事故的员工家庭进行募捐，每年对病、伤、残等员工给予补助。通过评优活动，使员工学有方向、比有榜样。亭井公司工会，正在成为广大员工心中的“家”。

组织新生代农民工参加EBA培训

工会代表员工向癌症患者捐款

党员参与安全先锋值勤

开展食品安全卫生宣传

公司与亭林镇村、居委党支部开展“贺中秋、迎国庆”联谊晚会

举办第五届秋季运动会

上海徐汇土地发

公司董事长邹子英和副书记何庆参观职工世博系列活动成果展示会

上海徐汇土地发展有限公司成立于2003年4月，是以土地前期开发、基础设施投资建设为主营业务的区属国有独资公司。现有企业7家，工会会员150余人。2010年公司工会围绕中心工作，紧扣世博主题，以思想道德建设为抓手，开展世博知识学习宣传活动，积极营造参与世博、服务世博、奉献世博的氛围；以完成世博配套任务为目标，开展立功竞赛活动，充分发挥广大职工在企业发展和项目建设上的主力军作用；以加强民主管理为根本，积极履行工会和职工代表大会各项职责，切实维护广大职工的合法权益；以服务职工为宗旨，推进凝聚力工程建设，充分调动广大职工的积极性，为全面完成迎办世博各项工作、推动公司健康和谐发展发挥工会组织的积极作用。公司工会被评为徐汇区世博教育培训先进单位，徐汇滨江开发投资建设有限公司荣获“上海市世博工作优秀集体”、上海市工人先锋号称号，地盛建设开发有限公司被授予上海市“优秀平安志愿者服务队”荣誉称号，有14名职工被评为市、区世博立功竞赛先进个人。

公司总经理李忠辉代表公司将节省下来的周年庆资金20万元捐献给街道慈善中心

公司本部3名员工积极参与世博志愿者服务

组织“知我世博”专题讲座暨知识竞赛

展有限公司工会

公司党总支副书记、工会主席何庆代表公司向四川地震受灾地区捐款

公司副总经理陶辉慰问高温下漕溪路公共开放空间现场施工人员

左一：公司领导班子在新春联欢会上向职工拜年
左二：公司深入开展"创先争优"活动
左三：公司舞蹈队参加第四届上海"五一文化奖""上海电气杯"上海职工舞蹈、小品大赛
左四：举办庆祝建国60周年职工歌咏比赛
左五：公司举办第一届职工羽毛球比赛

上海盛东国际集装箱码头

开展以职代会为基本形式的民主管理工作

上海盛东国际集装箱码头有限公司(简称盛东公司)由上海国际港务(集团)股份有限公司于2005年5月31日投资建立，负责经营管理洋山深水港区一、二期码头。公司码头岸线全长3000米，共有9个集装箱深水泊位，配备桥吊34台(其中13台为双起升双40英尺桥吊)、轮胎吊105台以及其它装卸设备。

开港5年来，盛东公司积极外拓市场，增加业务收入，树立优质服务品牌；内强基础，依靠科技创新，提升营运质量；强化安全管理，努力节能降耗，做大做强水水中转、国际中转业务，装卸效率已达到世界先进水平。公司工会以饱满的工作热情，认真履行职责，努力为员工服务，工会的整体工作已与公司的中心工作、科学管理、精神文明建设、企业文化建设和员工素质提高等融为一体。公司先后荣获全国精神文明建设工作先进单位、全国安康杯竞赛优胜单位、中国企业影响力•十大(行业)品牌、诚信中国•十大诚信企业、连续5年成为中国港口前十强集装箱码头、上海市第十三、十四和十五届文明单位等荣誉称号、上海市国资委“争创党建标杆”主题活动红旗党组织。2011年又荣获全国五一劳动奖状。

开展外来劳务工技术比武活动

公司党委副书记、工会主席刘炜给外来务工人员发慰问品

开展各项文娱活动丰富员工业余生活

盛东公司全景

有限公司

党委书记、总经理蒋工圣深入码头现场办公

蒋工圣被评为2010年度全国劳动模范

蒋工圣现场慰问员工

蒋工圣率领全体党员为外来务工人员所在地区贫困孩子帮困助学

组织"构建和谐劳动关系研讨会"

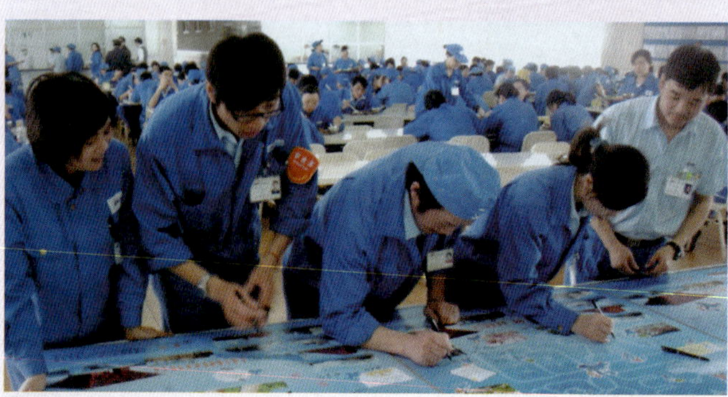

左上：组织"女职工权益保障研讨会"
左中：组织百家公司职工开展"世博文明践行签名"活动
左下：承办"浦东新区'千家企业万辆世博文明示范车'命名大会"

右上：组织"高技能人才培育研讨会"
右中：金桥职工积极参与"创建国家生态工业示范园区"
右下：金桥碧云国际主题长跑活动被浦东新区总工会命名为"十佳职工文体活动品牌"

上海金桥出口加工区工会

金桥出口加工区是国家级经济技术开发区之一，也是上海重要的先进制造业基地和生产性服务业园区。区内聚集一大批欧美著名企业。2010年金桥开发区工业总产值达2000多亿元，区内就业人员超过11万人。园区的工业效益、产业规模、综合效益在全国开发区中名列前茅。金桥出口加工区工会联合会建会11年来，注重维护稳定，创建一流的投资环境；注重调解劳资矛盾，创建和谐企业；注重推进企业集体协商机制建设，使职工与企业共享改革发展成果。2010年11月，经上海市协调劳动关系三方协商评选，金桥出口加工区被推荐为全国劳动关系和谐工业园区示范企业候选单位。近几年来，金桥出口加工区努力创建和谐园区，已经形成了区域党委领导高度重视、工会组织全力以赴、社会和企业密切配合、职工积极参与的工作格局，取得了企业经济健康发展，职工同步得到实惠，园区环境持续改善、和谐发展的可喜成效。2010年度，金桥工会联合会被浦东新区总工会评为模范工会、推进工资集体协商工作先进单位与浦东新区世博工作先进单位。2010年3月，金桥出口加工区被评为上海市和谐劳动关系创建活动示范单位；11月13日又顺利通过国家环保部、科技部和商务部的验收，成为首家“国家生态工业示范园区”。

举办金桥出口加工区首届职业技能（电工、钳工）大比武

举办“花样年华 轻舞飞扬”青年交友聚会

2010年编辑出版的《职工世博格言集》、《职工文明行车格言集》与《职工生态环保格言集》

授予：上海金桥出口加工区工会联合会
2010年度浦东新区
模范工会
上海市浦东新区总工会
二〇一一年一月

授予：上海金桥出口加工区工会联合会
2010年度推进工资集体协商工作
先进单位
上海市浦东新区总工会
二〇一一年一月

授予：金桥碧云国际主题长跑活动
十佳职工文体活动品牌
上海市浦东新区总工会
二〇一一年二月

上海市浦东新区金桥出口加工区工会联合会
荣获浦东新区世博工作
先进集体
上海市浦东新区总工会
二〇一一年一月

部分荣誉奖牌

上海惠而浦家用电器有限公司向联合工会赠送锦旗

浦东新区

召开浦东新区教育(体育)工会工作会议

组织"怎样做一名负责任的老师"优秀征文演讲比赛

召开校务公开民主管理工作会议

教育（体育）工会

浦东新区教育(体育)工会现有484个基层工会组织，会员28620人。在区教育党工委和市教育工会、区总工会的领导和关心下，教育工会坚持“围绕中心、服务大局、服务职工”的宗旨，切实履行工会职责，积极推进教职工代表大会制度和校务公开制度，促进基层学校民主政治建设；积极开展以“怎样做一名负责任的老师”为主题的师德建设活动，挖掘树立模范先进典型，引领教职工全面发展；完善由体检、医保、休养、帮困送温暖组成的教职工保障体系，保障教职工身心健康；稳步推进模范职工之家创建和工会主席直选工作，增强基层工会组织活力。新区教育工会为构建和谐校园、促进浦东教育体育事业发展作出了积极贡献。

上海市洋泾中学工会换届选举

举办职工乒乓球比赛

举办“源深杯”职工桥牌赛

浦东新区教师合唱团获第八届威尼斯世界合唱比赛民谣组金奖

召开庆祝“三八”国际劳动妇女节100周年暨先进表彰大会

上海久事公司工会

公司工会主席顾利慧就深入学习贯彻《劳动合同法》作动员报告

公司世博志愿者服务队在世博园区内

2010年，上海久事公司以迎接世博、服务世博为主线，大力实施“一个重点、三个品牌、两个优化、两个效益”发展战略，取得了丰硕成果。即重点确保政府规划项目的投融资任务完成；精心打造公交行业龙头品牌、外滩世纪经典楼宇保护开发利用品牌和赛事文化品牌；优化资产结构，优化管理模式；在体现社会效益的同时，实现经济效益的最大化。

公司工会围绕久事公司深化改革发展的工作大局，围绕服务世博中心工作，紧紧依靠公司8万多名职工会员，以促进和谐劳动关系为目标，坚持深化企业民主管理，不断加大帮困救助力度，切实维护职工合法权益，广泛开展建功世博主题实践活动，为办好一届成功精彩难忘的世博会、全面完成久事公司“十一五”规划目标发挥了工会组织应有的作用。

举行2010年工会主席目标责任书签约仪式

举办第四届“久事杯”牌类赛

开展女职工插花艺术培训

公司总经理张惠民作久事公司服务世博总动员

张惠民为“建功世博十佳标兵”颁奖

张惠民慰问世博园区内公交驾驶员

公司党委书记俞北华为“建功世博十佳团队”代表颁奖

张惠民慰问支援世博一线的公交后备干部

公司副总经理洪任初主持世博园区青年员工集体婚礼

中智上海经济技术

中智上海经济技术合作公司工会联合会成立3年来，努力为世界500强等外资企业组建工会服务，不断追求卓越，帮助会员找到工作与生活的平衡点，使会员带着良好心态投入紧张的工作，为企业创造更大效益。并在帮助所属工会组织解决疑难问题、劳资纠纷等方面做了大量而有实效的工作，使外企工会组织越来越信赖并依赖中智工会联合会，使广大会员有“家”的亲切感和归属感。

工会合唱队年会表演

举办黄帝内经讲座学习养生之道

交流外企工会工作经验

为单身青年创造交友平台

合作公司工会联合会

功能齐全的"中智上海员工之家"

在"十二五"的开局之年，中智工会联合会将一如既往地坚持高效、优质服务，当好员工的知心人，发挥工会桥梁纽带作用，努力把中智工会联合会打造成员工合法权益的维护者、员工先进文化的引领者、和谐劳动关系的推动者及温馨员工之家的创建者。

举办肚皮舞等各类舞蹈培训班

员工之家棋牌室一角

举办桌式足球比赛

上海汽车工业(集团)总公司工会

工会干部与劳模代表一起参观世博会

2010年，上汽工会围绕中心，服务大局，不断深化“先锋号在行动”，团结组织职工群众在保增长、保世博中建功立业；依法科学维护职工权益，深入开展“做职工贴心人”活动，保障民生持续改善，促进发展和谐劳动关系，让职工“尊严生活、体面劳动、快乐工作”，在实现企业与职工的“双赢”进程中发挥了积极作用。上汽工会荣获中华全国总工会“五五”普法宣传先进单位称号。集团所属的5家工会被评为上海市模范职工之家，7家工会被评为上海市模范职工小家。

职代会上表彰先进集体

上汽职工保障上海牌燃料电池轿车在世博会中顺利运营

上汽职工谱写酷暑中的奉献之歌

上汽职工奋力拼搏，确保世博新能源大客车顺利下线

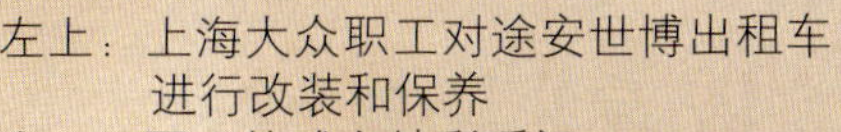

左上：上海大众职工对途安世博出租车进行改装和保养

左下：职工篮球赛精彩瞬间

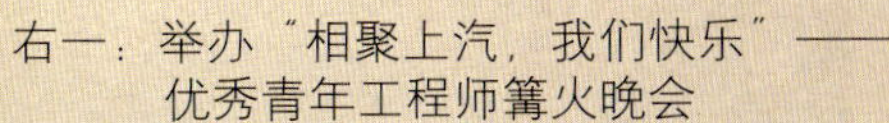

右一：举办“相聚上汽，我们快乐”——优秀青年工程师篝火晚会

右二：做职工贴心人——让劳务工欢欢喜喜回家过大年

右三：组织上汽—通用馆志愿者疗休养

右四：开展助学帮困活动

上海宝钢设备检修有限公司

上海宝钢设备检修有限公司是为宝钢钢铁主业提供设备服务的核心企业。近年来，基于“成为行业领先的钢铁冶金设备服务企业”的愿景，秉承“扎根宝钢股份，面向宝钢集团，对标行业一流”的经营发展定位，积极实施“6+1”(战略、组织、流程、绩效、人才匹配、薪酬激励+信息化)战略管理，有效提升保障能力和服务水平，掌握近10项国内领先、行业一流的专项技术，专利和技术秘密件数连年实现双过百，公司进入国家高新技术企业行列和国家机电产品再制造第一批试点单位，先后荣获全国设备管理先进单位、上海市检修企业50强排名第一、全国信息化企业500强等荣誉。公司工会紧紧围绕公司发展战略，坚持监督与服务并举，注重照顾好员工、发展好员工，积极推进自主型员工队伍建设，为实现员工与公司的和谐发展发挥了积极的作用。

强化民主程序　落实厂务公开

深化最佳实践活动　创建自主型员工队伍

参加国际发明展览　喜获法国巴黎金奖

参加全国发明展览　展示员工创新成果

全员参与安全保障　定期展示管理成果

组织迎春联欢活动　大力弘扬宝钢文化

直管单位概况

Brief Introduction of Affiliated Units

概 况

上海工会管理职业学院

【概 况】 上海工会管理职业学院是市总工会主办的一所全日制普通高等职业院校。教职工288人。专任教师中具有高级职称的占22%，硕士研究生以上学历的占58%，双师素质教师逾64%，一批相关专业领域的专家、学者和业界精英受聘于学院，组成实力雄厚的师资队伍。2010年，学院通过整合师资力量，将工会干部教育培训和社会工作专业群的建设相融合，使工会工作者核心能力培训与高职应用性人才核心能力培养有效衔接，为培养职业化、社会化的工会社会工作者搭建了课程平台。开设了《群体性突发事件应对》、《工会干部应具备的素质与能力》等课程。在工会干部教育培训中尝试了案例分析教学形式，各级工会学员共提供案例300余个，通过对这些来自工作一线的有血有肉案例的剖析，加强了课堂上师生的交流互动，课堂效果明显提升。继续做好免费培训工作，深化教育培训功能。除在学院"新上岗工会主席"岗位资格培训中继续贯彻免费培训的政策以外，着重开展了非公企业工会主席培训，青浦、松江、奉贤等区都举办了非公企业工会主席培训班，免费培训总数突破1000人。结合教育培训工作，围绕企业劳动关系的状况和与职工利益密切相关的社会热点，积极组织相关课题的调查研究，连续4年完成《上海市劳动关系和谐指数研究报告》，成为工会组织履行维护职工利益和参与社会事务管理职能的重要依据，发挥了工会理论研究服务工会、指导实践的作用。 （兰宇新）

海鸥饭店（上海国际海员俱乐部）

【概 况】 海鸥饭店是上海四星级旅游观景酒店，有下属独立企业海鸥汽车服务公司。2010年，饭店牢牢把握世博契机，认真做好市场预测和研判，并根据市场情况及时做好收益管理，在保质保量完成世博接待任务的同时，实现运营效能的最大化。世博会期间，饭店平均房价达1100元，出租率达99%。全年营业收入7517.89万元，比上年增加2711.33万元，增长56.4%，创历史新高。围绕服务世博主题，努力抓好员工培训。通过加强细节管理和提升服务质量，在管理和队伍建设等方面取得优异成绩。坚持以"提升企业形象，拓展市场空间，打造国际酒店，建设和谐企业"为目标，按照国际酒店的运作标准，不断提高产品质量，完善管理体系，提升市场定位，发挥最佳管理效能，着力塑造人性化、个性化的服务，形成小型、舒适、温馨、高雅、精致的酒店特色产品。通过加盟Worldhotels，开始跻身于国际酒店的行列。饭店作为"世界金钥匙酒店联盟"成员之一，将"满意加惊喜"的金钥匙服务理念引入到实际工作中，使服务工作实现了细化、优化、精品化和个性化，2010年再度被世界金钥匙酒店联盟授予最佳经营奖、管理创新奖、经营品德奖和联盟"5C"品质奖；并获得国家绿色旅游饭店银叶级称号。在抓好经营管理和优质服务的同时，注重提升全体员工绿色饭店的意识，在开源节流，节约能源消耗、降低用工成本、控制办公费用等方面取得了较好的成绩。继续开展创建新一轮上海市文明单位活动，以构建和谐企业为抓手，深入开展"建、创、做"活动，创造和谐融洽、健康向上、积极进取的企业氛围，推进两个文明建设。同时通过开展一系列有针对性的培训，不断提高员工的综合素质，打造一支有市场竞争力、适应国际化酒店要求的优秀员工队伍。

（张裕民）

上海市工人文化宫

【概 况】 上海市工人文化宫现有在编职工94人，外聘职工16人。文化项目和门类涉及文艺创作、影视制作、艺术培训、会展演艺、文化交流、职工爱好者联合会等。2010年承办了上海市春节劳模茶话会，"迎世博全国职工知识网上竞赛开幕式"暨上海职工"文明服务、文明观博、文明出行"主题实践展示活动，"为你喝彩"——上海工会慰问世博志愿者文艺专场演出，上海职工舞蹈、小品大赛。参与了"精彩世博，文明先行"大篷车进社区市民风采展示活动、市级机关"奉献世博，服务群众"主题演讲报告会、百联集团"激情在百联"先进表彰会、出入境检验检疫局多媒体报告剧《生命的盾牌》等编导、演出工作，派员参加世博会开、闭幕式工作，并在《和谐欢歌》、《致世博》等节目中任主创编导。与徐汇区文化宫联合主办合唱与民乐音乐会，茉莉花民乐团在"第十二届中国上海国际艺术节第二届长三角地区优秀民乐团队邀请赛"中荣获金奖；茉莉花合唱团在"上海市第二届无伴奏合唱比赛"中荣获银奖。通过长三角城际工人文化宫联席会、上海职工爱好者联欢会等平台，广泛开展职工文化交流与文体活动。承办聚焦世博，我拍精彩一瞬间——"中智杯"上海职工摄影大赛，组织开展"志愿者风采"授旗仪式、世博园"信息通信馆"现场采风等活动。摄影大赛共收到各系统推荐作品7000余幅，评选出300余幅精彩作品，分别在徐汇社区文化活动中心和长宁区工人文化宫展出。组织举办"集邮，让生活更多彩——第十届城市职工集邮研讨会"和"列支敦士登邮票专题研讨会"；举办城建、医务、东方网络杯等6届桥牌邀请赛，豫园商城猜谜会和参加长三角灯谜邀请赛。举办长三角职工中国书画联展；协同南通顺利召开第六届长三角城际工人文化宫年会；与长宁共同举办"长三角职工斯诺克桌球团体赛"等。搭建区县工会文化宫主任例会制度平台，加强服务与交流，努力形成职工文化建设新的合力。此外，组织东方书画院进行"五一义卖"活动，所得款用于捐助青海玉树地震灾区；职工踊跃参与"情系舟曲"一日捐活动，捐款8860元。由贾鸿源任总编剧的电视连续剧《老马家的幸福往事》在北京、沈阳、青岛、南京、苏州、深圳等地播出后，收视率居高不下；与北京幸福影视公司合作推出的话剧《白骨精列传》反映外资企业劳动关系及白领生存状况，塑造了工会主席形象；首部电视电影《女狙击手》在央视六套播出；制作完成公益专题片6部；完成市委组织部专题片《院士风采》20集及报告文学创作；与甘肃、上海文联等联手打造电视连续剧《燃烧的黄土地》；由曲信先创作的电视连续剧《姐妹帆》剧本获得文化基金的资助，并着手具体运作；《劳模风采》获得拍摄立项。《主人》杂志开设“世博日记——职工文学专题征文”专栏选登征文作品，得到了基层工会和职工的欢迎；完成《主人》杂志改版工作，出版“主人”丛书《职场达人手册》、《理财达人手册》和《行业博物馆》，完成编辑《上海职工摄影大赛作品集》。讨论修订《上海职工文艺创作中心管理办法》，吸收新会员16名；配合举办6期创作基地学员培训班；作家工作室运行逐步得到完善。（王超颖）

劳动报社

【概　况】 劳动报社是上海市总工会直属事业单位，是市总工会的机关报，也是市委宣传部确定的上海8张综合性日报之一。报社除主办《劳动报》外，还出版市总工会机关刊物《上海工运》杂志。2010年，报社坚持正确舆论导向，坚持工会机关报的定位，顺利完成世博报道任务。工会新闻采编部获得工人先锋号荣誉称号，世博报道临时党支部获得市委颁发的“创先争优”、“五好基层”先进党支部称号，3名记者分别获得全国“上海世博会优秀工作者”和“上海市上海世博会优秀工作者”称号，报社党委获得静安区“社区世博工作先进党组织”称号。报社3篇作品荣获上海新闻奖三等奖，4篇作品荣获上海“五一”新闻奖一、二、三等奖。全年报社获得市委宣传部专报表扬10次，阅评表扬6次，并多次获得市总工会领导批示表扬。报社资产规模达1.43亿元，全年累计收入7836万元，同比增加766万元；完成报社消防安全及大楼整体维修改造工程，解决了消防设施失灵、楼顶和外墙渗漏、室内墙体开裂、设施老化等问题，印务中心ISO9001质量认证复查工作获得通过。紧密结合重大活动报道，积极探索报社党建工作新方式，开展党建争先创优活动。世博期间，党委召开世博报道工作动员大会，并与全体党员签订《践行文明、奉献世博》承诺书。先后组织党委中心组成员、各党支部书记、全体党员学习党的十七届五中全会精神，完成职工代表培训、成立劳动争议处理小组、健全完善职代会制度、制定实施《报社员工奖惩规定》等工作。（姚惠福）

上海市总工会休养度假中心（沙家浜休养院）

【概　况】 上海市总工会休养度假中心、沙家浜休养院是上海市总工会直属事业单位，主要经营、管理上海市总工会沙家浜休养院、常熟沙家浜大酒店，组织职工疗休养度假。沙家浜休养院（亦称沙家浜大酒店）是集疗休养、度假、教育培训、会务、旅游、娱乐、购物为一体的综合型场所。休养院规模大，标准高，设施齐全，临湖而筑，风光秀丽，大酒店是沙家浜地区唯一的一家涉外三星级旅游酒店。2010年，中心和休养院党政班子清醒地意识到世博带来的千载难逢的契机，带领广大职工，以经营管理为中心，以改革创新为动力，以服务质量为保证，以提高效益为目标，激励广大员工以饱满的工作热情投入到工作中，圆满完成各项工作目标，成为当地同类酒店和上海工会系统职工休养院所中领军企业之一。作为中华全国总工会设定的全国劳动模范休养基地之一，受市总委托承担接待全总组织的1023名全国劳模参观上海世博会，承接了200名上海市全国劳模参观世博会的任务，还接待了西藏自治区、辽宁省、重庆市总工会代表参观世博约200余人，接待上海市公安系统世博安保卫士800名到沙家浜疗休养。全国各省市、自治区工会和劳模送来30余面锦旗和多份感激信。中心培养的导游队伍作为与劳模之间交流沟通的桥梁，发挥了应有的作用。中心还抓住世博契机，全力以赴做好大酒店部分设施设备及工程改造工作。自筹资金40多万元对二楼宴会厅、满江红厅、厨房、一楼自助餐厅等进行改造，硬件设施明显提升。为确保全国劳模接待工作在沙家浜休养院做到精彩、难忘，将会议中心的改造列为重中之重，仅用了3个月时间，实现了高效、优质、廉洁工程，成为沙家浜休养院亮点工程和新经济增长点。（杨　洁）

上海市工人疗养院

【概　况】 上海市工人疗养院是上海市最早集医务骨干力量和先进医疗设备为社会提供健康体检、康复医学和疗休养的单位之一，具有二级乙等医院资质。2009年4月，由上海市总工会全额投资建造。其中有逾3500平方米的健康体检空间、一流的全进口医疗设备和领先的自动化排检系统，以及按高星级国际标准建造的疗休养客房——上海市康柏苑大酒店。康柏苑大酒店占地4800多平方米，拥有82间客房，内设高级配套设施。疗养院是上海市总工会命名的“上海市劳动模范健康体检基地”。院体检中心独创的“人体调控功能测评”项目先后获得全国科学技术生产力成果转化评价证书和美国诺贝尔医学研究院杰出成就金奖。院康复医学中心主要收治心血管、脑外伤、一氧化碳中毒、脊柱损伤、骨折等康复治疗，在上海市慢性康复一氧化碳中毒救治等方面具有较好的信誉和成绩。在加快推进经济结构调整和转变经济发展方式的新时期，全体职工保持昂扬的工作状态，发扬敢于负责、敢于攻坚、敢于创新的经营理念，扎扎实实地履行市总工会赋予的社会职能，为工会资产保值、增值以及促进工会事业的发展做出应有的贡献。（戴坚秋）

上海市总工会洞庭西山休养院

【概　况】 2010年，西山休养院遭遇了原客户来源渠道突变、服务人员配备不足以及周边环境整治施工所带来的不便等诸多困难的考验。面对困难，全体职工坚定信心，振奋精神，扎实工作，抓“申星”、保增长、促和谐，全年共接待休养人员22325人次，实现营业收入969.3万元，完成了年初制定的目标任务。一是围绕休养院“申星”工作，强化服务意识，在提升管理上有所突破。通过“申星”，严格管理、强化培训、规范服务，提高员工队伍的整体素质，提升企业的整体管理水平，从而使企业更进一步溶入市场，提高工会资产的含金量。二是围绕市场运营，强化市场意识，在市场拓展上有所突破。面对市场激烈竞争的形势，及时调整营销对策，明确营销思路，“立足上海、依托苏州、拓展江浙、面向全国”。做到全员营销，全过程营销，全方位营销。同时，抓管理、促服务，发动全体职工，充分发挥人脉资源优势，人人争做兼职营销员；加强内部管理，通过规范、真诚、热情的服务，赢得更多的回头客。在抓好经营、抓好市场的同时，积极抓好职工队伍的建设。（沈建良）

上海市职工技协服务中心

【概　况】 市职工技协服务中心是上海市总工会的直属事业单位，也是上海市职工技术协会和上海市工会三产管理委员会的办事机构，下设办公室、财务科、技协基层科、三产管理科、协作科、培训部、经济发展部等部门。（1）开展2010年上海科技周活动。以“科技世博，岗位创新”为主题，集中开展多渠道、多形式的职工科技创新活动，组织召开经验交流会、职工科技创新论坛、科普知识讲座等，开展合理化建议、技术攻关、创新创意大赛、技术交流、岗位练兵和技术比武以及绝技高招展示、先进操作法总结评选推广、高技能人才与青年工人“结对子”等活动。（2）开展第二届上海市职工科技创新新人奖、优秀团队和示范基地评选活动。共评选出40名“新人奖”、40个“优秀团队”和20个“示范基地”。（3）举行第三届职工优秀技术创新成果评选活动。从60家区县局（产业）工会、229家企事业单位申报的职工创新成果中评出2010年上海市职工科技创新成果一二三等奖和优秀奖187个。推荐5个项目申报第三届全国职工优秀技术创新成果项目，获得全国一二三等奖共4个。（3）举办第二十三届优秀发明选拔赛，评出获奖项目632项。推荐147项职工优秀发明成果参加第十九届全国发明展和第五届海峡两岸职工创新成果展，获奖106项。推荐宝钢工人王康健的创新成果参加国家科技进步奖评选，获得国家科技进步二等奖。（4）由市总工会、市科委、市国家税务局、市地方税务局、市工商局、市民政局、市社团局联合制定《关于推动本市职工技协组织开展群众性科技创新活动的若干政策意见》，同时，市技协办制定《关于贯彻〈关于推动本市职工技协组织开展群众性科技创新活动的若干政策意见〉的实施意见》、《“职工科技服务工作站”工作细则》和《上海职工技协财务管理规定（修订稿）》等3份配套文件。（5）加强职工科技服务工作指导。经常组织开展科技服务工作交流活动，深入基层指导签订技术合同和运用技协政策，开展技协合同初审员、职工技术经纪人培训。全年科技服务收入达6亿多元。（6）加强区域技术协作和交流，开展同中西部地区的区域性经济技术协作，为云南普洱、个旧、昆明等地区培训130多名医务人员。做好参观世博接待工作。接待全总及外省市工会技协人员15批、200余人。以东海俱乐部为基地，接待外省市观摩游客30多批、1300余人。（7）加强组织建设，在有条件的国有企事业中建立技协组织，扩大技协覆盖面。积极探索非公企业组建职工技协和开展技协活动的方式方法，推进非公企业技协发展。（王小龙）

上海市总工会培训中心

【概　况】 上海市总工会培训中心集上海工会人资源有限公司、上海市总工会职业介绍所、上海境外职业介绍所、上海市企事业生活后勤协会、上海支点人力资源有限公司为一体，是中华全国总工会就业培训示范点、上海职工素质工程教育培训基地、上海市职业培训机构诚信等级A级单位。2010年，中心围绕年度工作目标，抓住机遇、勇于创新，在推进上海工会职工技能培训体系建设、工会职介服务网络、承办全市“家政服务工程”培训项目、多元化的人力资源外包服务工作和内部管理机制建设等方面取得了新成效。全年累计完成各类培训4600余人次；举办职业介绍专场20场；初步建立上海工会系统就业信息公共服务网络平台，已有8家区总工会和产业工会入网运行；承办并完成全市“家政服务工程”3年行动，实现年培训万人计划逾1/3的目标。（秦　峰）

上海市公惠医院

【概　况】 上海市公惠医院工会辖部门工会4个；职工244人，非在编职工19人，会员263人。（1）开展优秀文明班组、优秀文明岗位的评选。由院工会对各创建班组、岗位进行期中、期终二次综合考核，16个班组和岗位被评为2009—2010年度优秀文明班组、优秀文明岗位。（2）开展以“我眼中的世博”为主题的世博摄影作品评选展示活动，共收到作品69件，其中2件获得医务工会“我的世博之梦”三等奖，2件入选市级机关“我与世博”作品集。开展“我与世博共发展”为主题的征文活动，共收到征文14篇。（3）鼓励职工子女参加市级机关工会、妇委会举办的“小朋友眼中的世博”六一绘画摄影比赛，选送6幅作品参赛，获得优胜奖。（4）开展“迎世博进一步优化服务流程、普及文明礼仪、节能降耗等合理化建议征集活动”，收到合理化建议24条。（5）内一、内二科护理组获得“为上海世博增光添彩巾帼文明岗”称号。（6）举办“祖国，我们为您骄傲”配乐诗歌朗诵会，全院有16个班组参加。开展职工读书活动，53名职工参加读书沙龙活动，其中青年职工占86%，全年共举办3次读书沙龙活动。（7）坚持开展帮困一日捐活动，257名职工捐款6360元。全年帮困94人次，共计22775.7元。为194名女职工办理“女职工团体医疗特种保险”；为解决在职与退休职工两个住院医疗互助保障计划在参保时间上存在的脱节情况，经与市职工保障互助会协调后签约，将两个参保日期予以合并。（王蕙菁）

上海市职工保障互助会

【概　况】 2010年，上海市职工保障互助会坚持服务大局、服务基层、服务职工，为促进和谐社会建设发挥了积极作用。（1）积极做好各项互助保障计划的发展工作。截至年底，4项互助医保计划有效会员达722.54万人次，其中“在职住院计划”206.02万人、“退休住院计划”300.72万人、“特种重病计划”159.36万人、“女职工特种计划”56.44万人，共给付互助医疗保障金92.2万人次、6.03亿元（累计给付673.99万人次、37.91亿元）；“意外伤害保障计划”有效会员90.47万人，同比增加15万人；“从业人员意外伤残保障计划”有效会员67.72万人,同比增加24.9万人。(2)64名职工参加“迎世博平安志愿者”广场交通站点值班活动,并荣获黄浦区世博宣传及媒体服务指挥部颁发的世博会志愿服务月度先进集体、世博志愿活动优秀组织者及世博志愿者月度之星称号。(3)由于医疗费用的刚性增长,经市政府同意“退休住院计划”的缴费标准从每人每年110元调整到135元。调整后,积极做好宣传解释工作,保证调整的平稳进行。“退休住院计划”全年共有301.37万人参保,同比增长3.4%。(4)为了更好地服务全市退休职工,2月所有参保“退休住院计划”的职工可通过工会服务点联网办理给付操作。全年共联网给付64.02万人次,给付保障金4.22亿元。(5)上海“11·15”特大火灾事故发生后,立即开通绿色通道,根据“综合保障计划”、“意外伤害保障计划”等,向受灾会员提供每人最高5000元的意外火灾互助保障金。同时启动“会员遭遇重大灾难互助基金”救助机制,向每户受灾会员家庭提供2000元的一次性救助金。已向受灾会员累计给付26.7万元,其中重大灾难基金给付66户、“综合保障计划”、“意外伤害保障计划”等给付27人。(6)在3—5月参续保高峰阶段,开展“出全勤、无投诉”的劳动竞赛,通过内部挖潜等措施,尽可能缩短客户等候时间。高峰期间为近360万人次职工办理了参续保手续,为39万人次职工办理了互助保障金的给付手续。(7)通过各项措施,顺利完成6月“社区参保对象”参保工作。当年参保达19万人次,同比增长15.51%。其中参加“退休住院计划”14万人,同比增长29.93%;参加“在职住院”40786人。(8)继续做好退休职工参保代扣款业务,全年共为138.8万名退休职工办理代扣保费业务,占同期退休职工参保总数的46%。(9)开展互助保障工作培训,修订部室文明规范及职工行为规范,夯实各区县、街道服务处、点的工作规范,提高员工队伍的工作能力。 (史 韵)

上海市退休职工活动中心

【概 况】 2010年,市退休职工活动中心围绕退休人员的基本需求,开展各项工作。(1)优质服务留客户,确保工作目标实现。共接待客人58批,收入16.7万元,添置固定资产4400元,做到收支平衡。(2)围绕世博创品牌,为老服务获佳绩。围绕世博主题,做到早思考、早策划、抓落实。银发艺术团参与重大的地区性、国际性赛事及演出共计36场,观众突破1万人次。其中踢踏舞《靓的旋律》获“资生堂社区美容大赛决赛”一等奖;《火焰》荣获闵行区第六届踢踏舞大赛、2010长三角地区踢踏舞邀请赛银奖;《春天的外婆桥》荣获2010徐汇区群文创作大赛、群舞节目第一名。银发婚介所接待2万人次,成功36对;参与东方电视台《精彩老朋友》录制41场;坚持每周举行单身联谊会,为3.2万人提供各类不同形式的为老服务活动,获2010年度上海市敬老爱老先进集体等荣誉。集邮书画沙龙举办“海上八人”著名画家书画展,国庆期间举办“庆世博·著名画家左建华书画展”。摄影沙龙坚持每月一次交流活动,全年1500人次参加交流;摄影沙龙举办摄影班2期,每期50人,分赴丹巴、南疆进行摄影创作;健康沙龙以低碳、绿色、健康为主题,共举办讲座24场,2040人参加,并为老年人免费眼科检查。(3)物业服务讲质量,加大力度保平安。结合管理服务需求,合理安排员工,做到全天候服务,24小时确保大厦各项设备设施应急抢修和客房维修得到及时服务,确保大酒店世博接待工作的圆满完成。(4)加强管理有实效,和谐温馨氛围好。对固定资产进行清点、分类、编号,粘贴标签。召开专门会议,落实各部门责任人,加强固定资产管理,确保国有资产保值增值。 (邬时中)

上海海鸥国际酒店投资管理有限公司(千禧海鸥大酒店)

【概 况】 上海海鸥国际酒店投资管理有限公司(千禧海鸥大酒店)是市总工会下属首家委托国际品牌酒店集团 Millennium Hotels and Resorts 管理的五星级酒店。2010年,酒店围绕“服务世博,奉献世博”主题,在经营、管理、世博接待、企业文化建设等方面均取得丰硕成果。(1)通过市场调查和市场研判,及时调整经营策略,抓住世博商机,做好国内文章,全年营收1.4亿元,标志着酒店步入成熟发展期。纳税破千万,荣获长宁区政府经济发展贡献奖。(2)贯彻“以人为本,完善管理、培养队伍、稳定发展”的工作方针,对内加强管理练好内功,打好发展基础,对外加强销售提升业绩,以发展促巩固。采取调整管理团队、加大培训和考核、建立和完善绩效考核制度等措施,更好地量化员工的工作职责和目标,激发员工的工作热情。(3)成功接待党和国家领导人、多国首脑、欧盟委员会副主席等国内外政要,以及全国总工会历届老领导。圆满完成荷兰首相出席荷兰国庆招待会、杨洁篪外长连续数日接见各国外长、新加坡驻华总领事参加新加坡馆主题曲发布会等重要世博接待任务。(4)根据委托外方管理的新模式,围绕酒店中心工作,探索创新工作方法。一是发展一线岗位职工入党。二是2次合理增加员工收入。三是签订《集体合同》和《工资集体协议》,畅通员工和企业沟通渠道。2010年,酒店获得工人先锋号、“迎世博,上海旅游饭店行业服务竞赛三等奖”、“世博服务窗口单位服务明星”、“服务世博、贡献世博立功竞赛先进个人”等多项集体和个人荣誉。 (张 启)

上海海鸥控股(集团)有限公司

【概 况】 2010年,集团根据自身发展和各单位的经营特点,通过实施管理新举措和管理创新,运用科学手段定性、定量分析资产运营质量,不断提高集团资产监管能力和企业市场竞争能力,确保工会资产保值增值。(1)开展经营管理评估分析,帮助企业找准市场定位。4月,集团制订实施《企业经营状况评估分析办法》,将各单位的主要经济指标完成情况(指标数据)分别横向与行业内同地区、同星级、同规模的3家企业进行对比,纵向与自身近3年指标平均值进行对比和评估分析,促使各单位在同行业中比高低,从自身经营中找差距。同时,开展经营评估工作,增强了企业领导干部的危机意识、责任意识,促进企业转变经营方式和机制，提高企业应对、解决市场风险的能力。(2)从8月起，实施企业资源管理流程(ERP)系统，提高企业运营效能。充分利用企业资源管理(ERP)系统的优势，及时了解市场动态和顾客需求，稳定和控制客源市场，推动各单位市场化管理步伐。(3)实施星级标准管理工作，促进新建竣工营运项目成功起步和快速成长。年初，集团确定了新建酒店(大厦)提高运营质量的管理目标，制订了《关于加强工会资产管理，提高工会资产运营质量，按星级标准加强管理，提升市场定位的工作通知》。各单位制定了相应的实施方案，西山休养院以申四星工作为抓手全面提高酒店的各项管理水平；工人疗养院康柏苑大酒店充分利用虹桥区位优势，打造精品商务型酒店；海鸥商务大厦为打造4A级商务写字楼，确立了2011年大厦达到“上海市物业管理优秀大厦”标准的目标。(4)加强疗休养院及新建竣工工程的固定资产管理，推进工会资产管理工作上新水平。针对集团多个新建项目竣工营运、疗休养院建院时间长等现状，总结推广工人疗养院固定资产管理的做法和经验，通过运用固定资产管理软件等手段，创新固定资产管理模式和运行机制，全面、动态地掌握固定资产的使用状况。通过经常性的固定资产盘点，对资产全过程进行跟踪监控，实现对实物资产的全面精细化管理，优化资源，避免资产的重复购置、流失与浪费，从而提高资产管理水平。 (孙建军)

上海市总工会直管单位法人代表名录

单位名称	职务	姓名
上海工会管理职业学院	院长	傅小龙
上海市工人文化宫	主任	段芬芳(女)
劳动报社	总编	张刚
上海市职工技协服务中心		高兴国
上海市职工科技中心		高兴国(兼)
上海市总工会幼儿园	园长	周稼超(女)
上海市总工会培训中心(上海工会劳动就业服务中心)	主任	高越(女)
上海市公惠医院	院长	赵宗慕(女)
上海市职工保障互助中心	主任	顾学庆
上海市退休职工管理委员会办公室	主任	王京平
上海海鸥控股(集团)有限公司	董事长、总裁	杨伟健
上海海鸥国际酒店投资管理有限公司	总经理	杨伟健
上海职工国际旅行社有限公司	总经理	施建伟
上海国际海员俱乐部(海鸥饭店)	主任(总经理)	史方
上海市工人疗养院(上海市职工康复医院)	院长	吕泰康
上海市总工会休养度假中心(上海市总工会沙家浜休养院)	主任	郭金蓉(女)
上海市总工会屏风山工人疗养院	院长	侯伟康
上海市总工会黄山休养院	副院长	胡俊道
上海市总工会洞庭西山休养院	院长	侯伟康
上海市总工会东钱湖休养院	副院长	李荣泉

说明：1. 法人代表名录以2010年12月底为准。
2. 上述人员职务以市总工会批复为准。

(市总工会组织部)

表彰

上海市2010年全国劳动模范和先进工作者

上海市2010年全国劳动模范(95名)
(按姓氏笔画排列)

李　瑶(女)　沈国兴　王文杰　王春祥
李　斌　李治国　李　君(女)　邱开植
陈　仲　朱　阳　杨庆华　孙鸿玉
王　军　张汉谦　张金有　顾雪东
金宏伟　朱鸿昌　侯凯宇　张翼飞
钟　明　徐小平　薛　锋　陆金林
吕国羊　景伟娟(女)　徐倩雯(女)　郑建忠
金　锋　丁经国　刘明雅(女)　张连镖
朱慧慧(女)　张庆雄　费跃忠　郭建祥
柴永征　吴友良　江　伟(女)　潘　康
张宏伟　黄　欣　郭　强　万国良
马卫星(女)　马　珏(女)　鲍鹤群　王　浩
严林芳(女)　姚增培　孙大海　纪丽伟
陈小宝　何新源　王海斌　徐　虎
阳　虹(女)　顾卫忠　汪金德　雷海波
包起帆　倪伟江　尹海卿　何　杰
徐　健　蓝金康　黄国斌　尹天文
顾国荣　宁　风　刘瑞旗　周成建
彭　寿　袁　立　徐顺虎　陈　霖
吴恩福　刘经伟　蒋工圣　张香田
赵才标　徐祖荣　葛以衡　张英光
刘芹弟　刘永兴　唐祝平　金连章
俞正娟(女)　金海荣　朱雪芹(女)　李　影(女)
洪　刚　石海云　李　平

上海市2010年全国先进工作者(40名)
(按姓氏笔画排列)

黄远亮　徐培成　吴志强　刘宪权
樊　嘉　闫建军　陈赛娟(女)　周良辅
邓子新　王恩多(女)　刘京海　孙海燕(女)
沈　谦　方　岩　张永明　尹邦奇
曾　峻　贾伟平(女)　徐洪杰　朱振才
邵春安　朱国萍(女)　陈小英(女)　鲁慧茹(女)
陈　寅　曹月琴(女)　徐林根　张育青(女)
马　兰(女)　王拥军　刘子歌(女)　吴　华(女)
袁夏良　张静娴(女)　徐安琪(女)　徐皓然
郑　勇　倪　宁　陈　维(女)　雷树森

2007－2009年度上海市劳动模范(541名)

(按姓氏笔画排列)

丁仁刚　丁永生　丁姝炜　丁　健
于素霞(女)　万全林　马大军　马龙官
马建雄　王力雨　王大刚　王文成
王东红(女)　王东明　王讯华　王永芳(女)
王　成　王　伟　王伟亚　王兴康
王守华　王志标　王君堂　王张福
王林娟(女)　王　奇　王国平　王和杰
王佳景　王学美(女)　王宝华　王建明
王春海　王俊林　王洪兵　王桂忠
王健林　王益群　王海云(女)　王雪林
王惠民　王　瑜　王　照(女)　王增太
王　震　王德来　王德强　王　毅
亓安芳(女)　支家茂　尤洪明　尤勇明
从上珠　方奇飞　厉朝阳　石小东
石永明　卢　见　卢林根　卢海军
卢辅圣　叶永青(女)　叶吉明　叶伟民
叶勤书　田久旺　丛中芹(女)　包仁官
乐晖晔　冯文花(女)　冯玉婷(女)　冯忠耀
冯宝根　冯　敏(女)　邢文彬　吉青克
吉明鹏　成建国　成　晟　成勤潮
吕旭春　吕国羊　吕胜义　吕爱民(女)
吕继民　吕　强　朱仁良　朱公萍(女)
朱文照　朱玉华(女)　朱占东　朱永发
朱永兴　朱协军　朱有生　朱庆涛
朱孝渭　朱秀云　朱建中　朱建华(女)
朱建舟　朱建明　朱顺忠　朱剑华(女)
朱　琳(女)　朱雯瑾(女)　朱鹏程　朱　漪(女)
朱慧娟(女)　朱德章　乔英辉　任国友
庄卫麟　刘　云(女)　刘东明　刘永行
刘加华　刘芹弟　刘连锁　刘　宏
刘国富　刘朋新　刘　波　刘剑平
刘铁峰　刘海青　刘　强　刘　霞(女)
江伟国　江海洋　汤坤林　汤国定
汤　亮　汤德明　许长军　许青桥(女)
许莉莉(女)　牟　坚　孙大乐　孙永康
孙永斌　孙宇峰　孙丽亨(女)　孙虎山
孙季萍(女)　孙定山　孙勤奋(女)　孙新毅
严古国　严　兵　严金铭　严建忠
严维凌　苏　勤(女)　杜忠平　杜晓雷
杨月萍(女)　杨玉梅(女)　杨红梅(女)　杨孝永
杨志坚　杨连生　杨茂江　杨建华
杨建军　杨建芳(女)　杨顺林　杨　桦(女)
杨海清(女)　杨　敏　杨喆伦　杨　斌
杨瑞良　杨　震　李小平　李云龙
李永春　李　军(女)　李红波　李志君
李克隆　李国忠　李国保　李　佳
李　炜　李治国　李贵红(女)　李　俭
李　俊(女)　李俊岭　李健英　李益祥
李海红(女)　李家洪　李筱艳(女)　李　鹏
李　瑶(女)　李　锷　李　影(女)　步余宝
肖栋明　肖锡良　肖　毅　吴友良
吴文平　吴　刚　吴伯年　吴林琴(女)
吴怡恩　吴美芬(女)　吴　辉　吴　斌
吴静芬(女)　邱云地　邱　玥(女)　何江华
何玲玲(女)　何剑鸣　何　铮(女)　余相文

邹庐泉　辛志宏　辛伯林　汪一屏（女）
汪苏文　汪德希　汪德星　沙溪潾
沈凤祥　沈　平　沈永峰　沈利明
沈利培　沈宏斌　沈忠良　沈　恭
沈　琦　沈德钰　宋永琴（女）　宋美红（女）
张卫农　张云琳　张正权　张永林
张　伟　张　伟　张传捷　张延丰
张旭东　张红英（女）　张纪良　张秀琴（女）
张青雷　张松春　张国樑　张明江
张明杰　张金华　张建功　张建龙
张荣新　张　威　张　轶（女）　张映勤
张　彦　张　勇　张晓丽（女）　张惠吉（女）
张　榜　张德安　张　燕　张融华
张　巍　陆玉明　陆有根　陆伟丽（女）
陆红贵　陆伯良　陆　良　陆剑利（女）
陆桂英（女）　陆善刚　陆　巍（女）　陈　力
陈从公　陈立春　陈永康　陈加云（女）
陈召唤　陈幼君（女）　陈有义　陈扬帆
陈　刚　陈　仲　陈　华（女）　陈兆波
陈安民　陈志贵　陈　兵　陈若雷
陈　奇　陈国平　陈　怡（女）　陈宝华
陈建丽（女）　陈洪钟　陈　勇　陈雪云
陈　清　陈　超　陈　强　陈　新
陈　霞（女）　邵　洁（女）　邵惠华（女）　邵曙范
武志萍（女）　范叶艳（女）　范昌海　范佳健
茅静忠　林卫东　林国良　林宝华
林建海　林　峰　林　晨　林富生
郁凤兵　欧利民（女）　金孟宇　金晓春
金祥生　金耀坤　周卫东　周小琴（女）
周云华　周支柱　周　文　周玉升
周　民　周弘文　周　明　周　易
周　怡（女）　周学明　周建林　周　荣
周祖谦　周晓莉（女）　周　健　周常飞
周　铮　周　颖（女）　庞希奎　郑　华（女）
郑建东　郑　昱（女）　郑　琦（女）　孟小强
孟　杨　赵玉龙　赵芳玉　赵国芳（女）
赵　炯　赵祝清（女）　赵雪林　赵黎明
胡永立　胡创界　胡　均　胡枝东
胡国林　胡素娥（女）　查震鸿　柏巧明
钟孝铭　钟　岚　侯秀奇　侯鑫伟
俞亦纲　俞　枫　施志伟（女）　施国伟
施峥嵘（女）　施　俭　施桂兴　姜　锋
姜德林　祝　华　祝爱萍（女）　姚　文（女）
秦继平　班必俊　袁茂全　夏　军
夏怀清（女）　顾文兰（女）　顾　军　顾抒航（女）
顾　君　顾晓东　顾　奚　顾慧云（女）
顾澄勇　顾耀忠　柴刚强　党春山
钱士忠　钱广集　钱友林　钱文华
钱钦华　钱　俊　钱　敏（女）　钱　斌
倪　飞　倪巧林　倪华兴　倪建公
倪　袁　徐大海　徐卫琴（女）　徐中武
徐正良　徐伟平　徐　军　徐青松
徐国萍（女）　徐金生　徐美玲（女）　徐晓东
徐晓萍（女）　徐　峰　徐　健　徐爱蓉（女）
徐雅芬（女）　徐燕静（女）　徐耀良　殷仁俊
殷　彪　殷　雄　奚江华（女）　翁建和
高延峰　高建中　高　珉　高荣夫
高　勇　郭　文　郭予文　郭本恒
唐少波　唐龙清　唐志军　唐明杰
唐　建　唐　俭　唐洁耀　诸蓉晖
陶国全（女）　陶锦元　黄之阳　黄伟国
黄红雄　黄志刚　黄劲草　黄松荣
黄明礼　黄佩雄　黄　诚　黄胜发
黄铭飞　黄　勤（女）　黄　静（女）　黄德华
曹亚东（女）　曹启民　曹春平　曹　晟
曹　敏　曹湛卢　龚卫国　龚杜弟
盛爱国　常伟才　常　毅　崔质能
崔　健　康建明　章关富　章丽琴（女）
琚　姝（女）　彭建中　彭　辉　葛　巍
董华新　董　放　董学军　董毅明
蒋懋杏　韩　刚　韩丽娟（女）　韩啸军
程海明　傅子瑜（女）　傅　民（女）　傅其昌
储　滨　鲁吉明　鲁逸铭　童　静（女）
曾　风　曾海勇　谢友庆　楼定波
楼祖良　雷瑞华　虞仁瑛（女）　虞图伟
路怡彬（女）　鲍燕悦（女）　褚卫东　赫振华
蔡士刚　蔡耀忠　阚宝春　谭兴海
谭祥升　熊伟铭　熊　熊（女）　翟惠莉（女）
缪双英（女）　滕加伟　滕　晟　潘　俊（女）
潘剑锋　潘　峰　薛泰文　戴光铭
魏　骏

2007－2009年度上海市先进工作者（307名）

（按姓氏笔画排列）

丁　凛（女）　卜智勇　于　斌（女）　于福林
卫连观（女）　卫茂平　马兴发　马远东
马余刚　王　平　王永斌　王刚毅
王庆其　王红霞（女）　王甫建　王丽萍（女）
王其娥（女）　王美萍（女）　王　莹（女）　王继英（女）
王雅琴（女）　王　磊　尤丽娜（女）　毛　颖
方志伟　孔梅萍（女）　卢雪林　叶文娣（女）
叶正文　叶　军　叶树长　田　禾
白　硕　包金土　宁　光　冯文勤
匡成萍（女）　成耀南　吕长缨（女）　朱小珍（女）
朱永明　朱华年（女）　朱红华（女）　朱金团
朱建兴　朱玲丽（女）　朱美丽（女）　朱　洪
朱晓珍（女）　朱爱琴（女）　朱雪琴（女）　朱清军
朱　斌　朱颖文（女）　任学弟　任　荃（女）
任敏华　庄明霞（女）　庄慧珠（女）　刘小马
刘友霞（女）　刘中民　刘　芸（女）　刘　杰
刘国平　刘国平　刘金涛　刘晓刚

刘海燕(女) 刘　翔 刘锦纷 许　敏
孙晋良 孙桂英(女) 孙　瑛(女) 孙　群
杜月明 杨玉社 杨永其 杨伟民
杨　军 杨　妍(女) 杨奇勇(女) 李文萱(女)
李　忆(女) 李玉华(女) 李　东 李乐洲
李关华 李　江 李利珍 李应森
李国华 李春华 李　玲(女) 李　俊
李　桥 李　峰 李　捷(女) 李雅琴(女)
步定芳(女) 肖现民 肖　明(女) 吴卫平
吴甫光 吴根林 吴娟敏(女) 吴慧芳(女)
邱国强 邱建平(女) 何东仪 何敏娟(女)
余　峰 汪春英(女) 沈志强 沈忠英(女)
沈寅寅(女) 宋世雄 张一意 张大成
张巨浪 张少波 张永新 张全民
张　励(女) 张金弟 张建勇 张　经
张贵和 张洁华(女) 张晓宇 张　晔(女)
张敏薇(女) 张森年 张锐声 张德明
张　潮 陆　卫 陆亚芳(女) 陆红兵
陆虎敏 陆建国 陆敏之(女) 陆慧娟(女)
陈少云 陈方全 陈　军 陈志刚
陈　芳(女) 陈　青 陈　岭(女) 陈建杰
陈恒宝 陈晓虹 陈　梅(女) 陈惠香(女)
陈　嵘 陈　勤 陈　睿(女) 陈　磊(女)
邵秀勇 范　勤(女) 范锦良 茅忠鸣
林　涛 林鸿宣 郁林兴 易　静(女)
罗志军 金　丁 金亦民 金政道(女)
金晓晖 金　晨 金毅华 周士林
周世平 周　苓(女) 周科民 周　峰
周　斌(女) 周　新 庞佳颖(女) 郑步勇
郑君锋 郑振亚 郎月林 赵宗泉
赵培泉 赵登秋 赵慈文(女) 赵　静(女)
郝春燕(女) 胡国利 胡金英(女) 钟　扬
钟培松 侯冬梅(女) 侯建文 侯舒懿
俞正新 俞志清 俞吾金 俞　英(女)
施　欣 姜文义 姜澳米(女) 宣飞燕(女)
宣长华 姚正兴 姚建庄 姚能才
姚培娟(女) 骆　春(女) 骆　悰 莫红娣(女)
桂　琦 夏玉琴(女) 顾水明 顾玉龙
顾正荣 顾晓军(女) 顾静孅(女) 顾薇华(女)
钱元运 钱叶长 钱　进(女) 钱非凡(女)
钱美群(女) 钱雪娃 钱　橯 钱震华
倪秀红(女) 倪祖萍(女) 倪惠明 徐月敏
徐亚伟 徐　军 徐寿松 徐志刚
徐明宝 徐　斌 翁伟樑 翁雷均
高妙根 高建平(女) 高根木 高晓敏
高　康 高瑞莲(女) 高臻耀 郭长春(女)
唐子来 唐叶锋 凌　伟 浦利国
黄卫芝(女) 黄玉玲(女) 黄立昌 黄永春
黄显功 黄渭茂 曹月琴(女) 曹烨民
曹凌源 曹　越 戚五妹(女) 盛靖琪(女)
眭　禄(女) 崔佩生 屠建林 巢卫明
董乐义 董　尼 董君武 董美娣(女)
韩本谊 程元英(女) 傅林军 舒　敏(女)
曾在春(女) 谢　华 谢闻波 谢　斌
赖丽芳(女) 雷宏军 虞定海 鲍春红(女)
满莉萍(女) 蔡　琦(女) 裴根宝(女) 谭思欣(女)
翟连芳(女) 樊华伟(女) 樊荣燕(女) 樊　嘉
滕　平(女) 颜德岳 潘兰英(女) 潘佳章
薛宝平 戴志华 戴岱元 戴德良
魏淑君(女) 魏耀发 瞿新忠

2007—2009 年度上海市模范集体（350 个）

浦东新区(21 个)

上海市浦东新区潍坊新村街道事务受理服务中心
富士胶片(中国)投资有限公司人事总务部
上海市浦东新区上钢新村社区总工会浦东世博职工综合服务基地
上海扬航水陆综合养护有限公司张家浜保洁班
上海市浦东新区泥城镇劳动保障事务所服务窗口
上海市浦东新区芦潮港镇劳动保障事务所服务窗口
上海市浦东新区重大工程项目办公室重大工程部
上海市进才中学高三年级组
上海市浦东新区疾病预防控制中心微生物检验科
上海市浦东新区发展和改革委员会信息中心信息化建设推进组
上海市浦东新区公路管理署公路养护管理一所养护管理科
上海南汇殡仪馆礼厅策划组
上海市浦东新区粮食署市场业务科
上海市浦东新区法律援助中心法律援助服务窗口
帝人化成复合塑料(上海)有限公司技术中心
微创医疗器械(上海)有限公司冠脉药物支架项目组
上海万宝盛华人力资源有限公司上海金融组团队
上海浦东工程建设管理有限公司前期一部
上海市六里现代生活园区劳动服务有限公司劳服部
上海市浦东新区杨高公共交通有限公司 451 路车队
永乐(中国)电器销售有限公司上海永乐分部

徐汇区(5 个)

上海市徐汇区就业促进中心
上海惠工缝纫机三厂“海菱”技术中心
上海市徐汇区徐家汇社区文化活动中心
上海市南洋模范中学交响乐团教师指导组
上海高智科技发展有限公司系统工程部

长宁区(6 个)

上海中山建设实业发展总公司重大市政工程动迁项目组
上海新锦华集团有限公司废旧电子电器回收中心
上海长宁房地产交易中心审核部
上海新长宁集团建筑装饰实业有限公司工程部
上海市长宁区妇幼保健院功能科
上海瀚讯无线技术有限公司研发部

普陀区(6 个)
上海市普陀区疾病预防控制中心公共卫生应急处置队
上海普环实业有限公司第一分公司陈扣娣班组
上海新泉实业总公司招商分中心
上海市普陀区桃浦镇李子园村民委员会发展服务部
上海市普陀区人力资源和社会保障局就业促进中心
上海普陀区园林建设综合开发有限公司行道树养护队

闸北区(5 个)
上海大宁灵石公园管理有限公司观光车班组
上海市闸北区信访办公室接访科
上海市风华中学高三年级组
上海市闸北区疾病预防控制中心传染病防制科
上海闸环环境卫生运输有限公司工程机械维修班

虹口区(4 个)
虹口区精神卫生中心防治科
华东师范大学第一附属中学政治教研组
虹口区曲阳街道社区事务受理中心
上海中虹(集团)动拆迁实业有限公司动迁部

杨浦区(5 个)
上海市杨浦区平凉路第三小学英语教研组
中共上海市杨浦区委信访办公室接访科
上海杨浦环境发展有限公司第三分公司五角场街道作业队
上海百群拆迁服务有限公司曹国珍班组
上海市杨浦区殷行街道阳光之家

黄浦区(9 个)
上海邵万生南货店尤珏珍班组
上海杏花楼食品有限公司新品研发小组
上海豫园南翔馒头店有限公司豫园店鼎兴楼点心班组
上海老凤祥有限公司银器厂金银摆件大件组
黄浦区外滩一体化综合开发办公室综合业务部
上海外国语大学附属大境中学语文教研组
黄浦区卫生局卫生监督所综合执法四科
上海欣谊环境卫生服务有限公司南京路步行街保洁班
黄浦区小东门街道综合治理工作委员会办公室

卢湾区(4 个)
上海烟草集团卢湾烟草糖酒有限公司长春食品商店
卢湾区思南路幼儿园创意研究合作组
索尼(中国)有限公司上海分公司华东顾客满意科
上海交通大学医学院附属瑞金医院卢湾分院泌尿外科

静安区(5 个)
上海锦迪城市建设开发有限公司吴江路休闲街物业管理处
上海金缔保洁服务有限公司南京西路清道班
上海三阳盛食品有限公司南京西路店
静安区医疗保险事务中心社会服务部
大金(中国)投资有限公司上海营业统括部

宝山区(6 个)
上海市宝山区残疾人劳动服务所服务大厅班组
上海市宝山沪剧团演出队
上海市宝山区罗店医院妇产科
上海宝绿园林绿化有限公司吴淞炮台湾湿地森林公园养护项目部
上海淞南经济发展有限公司招商部
上海东晨市容清洁服务有限公司友谊路作业区

闵行区(7 个)
上海市闵行区城市交通运输管理所客运管理科
闵行污水处理厂机修车间
上海市闵行区医疗保险事务中心医保服务窗口
上海市闵行区浦江社区卫生服务中心妇产科
上海市闵行区第二社会福利院护理组
上海闵行区同心农场皋阳稻米专业组
上海龙柏环卫综合服务有限公司清运班

嘉定区(5 个)
上海嘉定轨道交通前期工作总指挥部办公室
上海贯裕能源科技有限公司车用动力电池研发项目组
上海杰宝大王企业发展有限公司二车间南厂区柜柜生产小组
飞利浦灯具(上海)有限公司产品开发部
上海市嘉定区江桥镇太平村新村民管理小组

金山区(5 个)
科宁化工(中国)有限公司工程部
上海信宜金朱药业有限公司灌封组
善强志愿者服务队
金山区山阳镇劳动保障事务所促进就业服务窗口
上海嘉乐股份有限公司技术中心

松江区(7 个)
松江区建筑管理所建筑业企业管理办公室
上海余天成医药有限公司余天成堂
松江区图书馆少儿部
松江区城市管理监察大队直属机动分队
松江区泖港镇曙光村村民委员会
上海松江新城建设发展有限公司项目管理部
松江区洞泾镇社区事务受理服务中心

青浦区(5 个)
新大洲本田摩托有限公司上海分公司发动机装配车间
上海金发科技发展有限公司车用材料研发部
青浦区教师进修学院课程教学研修中心
上海市青浦区环境监察支队
上海市青浦区少年业余体育学校训练科

奉贤区(5 个)
奉贤区南桥镇社区事务受理服务大厅

上海市工业综合开发区劳动职介所
奉贤区金汇镇社区和稳定服务中心
奉贤区房地产交易中心受理科
奉贤区青村镇社会事业服务中心环卫所

崇明县(4个)
上海陈家镇建设发展有限公司工程部
崇明县殡仪馆化妆组
崇明县蔬菜科学技术推广站技术科
崇明县城管监察大队机动分队

上海电气(集团)总公司(16个)
上海电气电站设备有限公司上海汽轮机厂设计研究所热力叶片室
上海电气电站设备有限公司上海发电机厂线圈工区定子一班
上海电气集团上海电机厂有限公司高速分厂定嵌班
上海锅炉厂有限公司金德华工作室
上海重型机器厂有限公司第四金工车间装配一组
上海三菱电梯有限公司安保部食堂
上海电站辅机厂有限公司自动焊一班
上海电气核电设备有限公司手工焊班
上海电气风电设备有限公司工程服务部白云项目组
上海电气输配电工程成套有限公司商务部
上海一纺机械有限公司培通公司生产制造班组
上海南洋电机有限公司牵引电机车间电机制造组
上海机床厂有限公司技术中心
上海日立电器有限公司技术中心设计开发部
上海自动化仪表股份有限公司技术中心
上海电气电站工程公司印度金达项目部

上海仪电控股(集团)公司(7个)
上海金陵房地产开发有限公司营销部
上海沪工汽车电器有限公司电子事业部
飞利浦亚明照明有限公司 HID-装配车间装架班组
上海松下微波炉有限公司技术部
上海精密科学仪器有限公司电化学产品部
上海松下半导体有限公司技术部新品导入试作攻关组
上海仪电物业管理顾问有限公司怡虹物业处

上海华谊(集团)公司(5个)
上海氯碱化工股份有限公司华胜化工厂电槽检修管理班组
上海吴泾化工有限公司醋酸装置区2#装置
上海焦化有限公司醋酐研发与产业化团队
上海华谊丙烯酸有限公司丙烯酸高空速催化剂研发项目组
双钱集团股份有限公司国贸部

上海纺织控股(集团)公司(6个)
上海针织九厂针织一车间保全组
上海申达进出口有限公司进出口二部
上海飞马进出口有限公司业务十五部
上海市纺织工业技术监督所标准物质开发中心
上海东星手帕厂物业招商小组
上海印染针织厂物业管理小组

上海医药(集团)有限公司(3个)
上海市医药股份有限公司全国销售部
上海信谊药厂有限公司制药二厂药品生产全过程在线质量管理与监控项目组
上海华宇药业有限公司科技质量部

上海市电力公司(3个)
上海送变电工程公司调试所
上海市电力公司市区供电公司沪西营销分中心营业室
上海市电力公司调度通信中心

上海电力建设有限责任公司(1个)
上海电力建筑工程公司特种工程公司

宝钢集团有限公司(20个)
宝山钢铁股份有限公司厚板厂设备管理室轧线机械点检作业区精轧点检组
宝山钢铁股份有限公司冷轧厂精整一分厂成品业务班
宝山钢铁股份有限公司能源环保部热力分厂高炉鼓风作业区丙班
上海梅山钢铁股份有限公司炼钢厂连铸车间浇钢丙班2#机
上海梅山钢铁股份有限公司热轧板厂轧钢车间精轧甲班
宝山钢铁股份有限公司中厚板分公司炼铁厂制造管理室COREX操业团队
宝山钢铁股份有限公司不锈钢事业部炼钢厂连铸分厂丁班浇注作业区2#机组
宝山钢铁股份有限公司特钢事业部条钢厂棒材一分厂装辊组
宝山钢铁股份有限公司钢管条钢事业部初轧厂板管丙班作业区机清组
东方钢铁电子商务有限公司在线服务部
上海宝钢化工有限公司苯加氢技术输出贸易专家组
上海宝钢车轮有限公司车轮生产班组
华宝信托有限责任公司信托营销部
上海宝钢工程技术有限公司 COREX 渣立磨设备国产化研发小组
上海宝钢工程技术有限公司工程设备部中厚板项目室
上海宝钢工业检测公司冷轧连退线全流程集中监控项目组
宝钢发展有限公司餐饮管理分公司厂内餐饮业务热一食堂综合一班
宝钢发展有限公司新型材料分公司宝田球磨班组
南京梅山冶金发展有限公司矿业分公司选矿厂浮选车间操作丁班
广东钢铁公司湛江钢铁工程指挥部工程管理部

中冶宝钢技术服务有限公司(1个)
中冶宝钢技术服务有限公司机械制造分公司特种车辆厂

上海宝冶集团有限公司(1个)
上海宝冶集团有限公司房屋质量检测站

中国石油化工股份有限公司上海高桥分公司(2个)
中国石油化工股份有限公司上海高桥分公司炼油事业部作业三区3号蒸馏联合装置
中国石油化工股份有限公司上海高桥分公司化工事业部漕泾苯酚装置

中国石化上海石油化工股份有限公司(3个)
上海石化炼油事业部4号炼油联合装置运行四班
上海石化环境保护中心污水处理车间
上海石化烯烃事业部2#烯烃运转四班

上海航天局(5个)
上海航天局第509研究所低轨结构热控二组
上海航天局第802研究所第四研究室
上海航天局第805研究所运载火箭总体设计组
上海航天控制技术研究所精加工中心数控组
上海飞奥燃气设备有限公司常规生产线班组

上海船舶工业公司(4个)
沪东中华造船(集团)有限公司第一造船事业部制造部船台车间电焊一组
上海船厂船舶有限公司造船总装车间望光划线组
上海外高桥造船有限公司机装调试部机装三作业区镗排班
沪东重机有限公司加工车间数控龙铣组

上海烟草(集团)公司(3个)
上海烟草(集团)公司上海烟草储运公司原料物流二部保管一组
上海烟草(集团)公司技术中心理化实验室班组
上海海烟物流发展有限公司物流管理部交通安全管理班组

上海汽车工业(集团)总公司(9个)
上海通用汽车有限公司供应链捍卫团队
上海大众汽车有限公司VW品牌营销事业部销售部
上海汽车集团股份有限公司乘用车分公司临港整车管理团队
联合汽车电子有限公司发动机电子控制器M780平台开发项目团队
上海柴油机股份有限公司“倪龙妹”班组
泛亚汽车技术中心有限公司新赛欧发动机设计团队
延锋彼欧汽车外饰系统有限公司工厂工程部
上海汇众汽车制造有限公司轿车底盘厂轿车副车架焊接组
上海汽车集团股份有限公司商用车技术中心新能源技术部

华东电网有限公司(1个)
华东电网有限公司科技信息部

上海华虹(集团)有限公司(1个)
上海集成电路研发中心有限公司西岳项目组

上海铁路局(3个)
上海铁路局上海机务段京沪线动二指导组
上海铁路局上海南站保洁部
上海铁路局上海客运段D32次第一包乘组

中国海运(集团)总公司(4个)
中海集装箱运输股份有限公司新长沙轮
中海发展股份有限公司货轮公司上海分公司振奋17轮
中海工业(上海长兴)有限公司工程部总管室
中海国际船舶管理有限公司教培部

上海国际港务(集团)股份有限公司(4个)
上海港复兴船务公司“海港18号”轮
上海国际港务(集团)股份有限公司龙吴分公司营运操作部营运计划室
上海沪东集装箱码头有限公司工程技术部设备组
上海港公安局外高桥欧高路港区派出所

上海长江轮船公司(1个)
上海长航船员劳务合作公司长英轮

上海交运(集团)公司(2个)
上海交运股份有限公司汽车零部件分公司
上海市长途汽车运输有限公司四分公司

上海市邮政局(3个)
上海市邮政公司市北邮政局四川路桥邮政支局“红缎带”便民服务队
上海市邮政公司宝山区邮政局彭浦新村邮政支局
上海市邮政公司邮区中心局邮件押运科沪乌十五班

中国移动通信集团上海有限公司(1个)
中国移动通信集团上海有限公司西区分公司长寿路旗舰店

中国电信股份有限公司上海分公司(3个)
中国电信上海公司南区局营业室
中国电信上海号百信息服务分公司呼叫中心运行二部
上海机动通信局三分局

中交上海航道局有限公司(1个)
中交上海航道局有限公司东方疏浚工程分公司新海鲛轮

中交第三航务工程局有限公司(1个)
中交三航局第二工程有限公司长江口项目部

中远集装箱运输有限公司(3个)
中远集装箱运输有限公司计算机中心
中远集装箱运输有限公司上海中远船务
中远集装箱运输有限公司上海中货宁波分部

中国东方航空集团公司(3个)
中国东方航空股份有限公司上海保障部浦东客运部头等舱旅客服务组
东方航空进出口有限公司进口部业务室
上海航空公司地面保障部浦东航站贵宾分部

上海机场(集团)有限公司(3个)
上海国际机场股份有限公司航站区管理部现场问讯"翔音组"
上海机场(集团)有限公司虹桥国际机场公司航空服务分公司客运科艳阳组
上海机场(集团)有限公司浦东机场华美达大酒店礼宾部"心灵之窗"班组

上海海事局(1个)
中华人民共和国上海洋山港海事处指挥分中心

上海市城乡建设和交通委员会(4个)
上海沪宁实业有限责任公司江桥收费站
上海市建筑科学研究院(集团)有限公司都江堰重建指挥部
中交三航局都江堰重建项目管理部
上海城市发展信息研究中心数字化管理部

上海建工(集团)总公司(9个)
上海市第一建筑有限公司经营部
上海市第二建筑有限公司侯卫青项目部
上海市第四建筑有限公司世博文化中心项目部
上海市第七建筑有限公司虹桥枢纽京沪高铁虹桥站项目部
上海市安装工程有限公司世博中国馆项目部
上海市基础工程有限公司陆凯忠工作室
上海市机械施工有限公司第一分公司
上海市园林工程有限公司杨怡佶项目部
上海华东建筑机械厂有限公司搅拌车制造分厂

上海市住房保障和房屋管理局(1个)
上海市公房经营管理办公室房屋维修监督科

上海建筑材料(集团)总公司(1个)
上海建筑防水材料(集团)公司改性车间改性一组

上海市绿化和市容管理局(1个)
上海辰山植物园引种部

上海现代建筑设计(集团)有限公司(1个)
上海申元岩土工程有限公司地基基础与地下工程设计研究中心

中国建筑第八工程局有限公司(2个)
中建工业设备安装有限公司广州分公司
中国建筑第八工程局有限公司天津分公司北京事业部

上海大屯能源股份有限公司(2个)
上海大屯能源股份有限公司徐沛铁路管理处车辆段旅客列车乘务组
上海大屯能源股份有限公司龙东煤矿综采队

金融系统(7个)
安信农业保险股份有限公司上海奉贤支公司
中国银行股份有限公司上海市分行营业部财富管理团队
招商银行股份有限公司上海分行营业部
中国建设银行股份有限公司上海金桥支行
海通证券股份有限公司并购融资部
东方证券股份有限公司信息技术中心
上海银监局办公室

上海市人力资源和社会保障局(1个)
上海市劳动保障电话咨询中心咨询科

教育系统(5个)
复旦大学附属华山医院神经外科
华东师范大学浙江天童森林生态系统国家野外科学观测研究站
东华大学纺织学院纺织材料与纺织品设计系
上海理工大学上海市现代光学系统重点实验室
上海电力学院新能源与电力安全研究中心

科技系统(4个)
中国科学院上海硅酸盐探究所钠硫电池研发团队
中国船舶重工集团公司第七〇四研究所军品三部
上海材料研究所检测中心
上海研发公共服务平台管理中心呼叫中心

上海市卫生局(6个)
复旦大学附属眼耳鼻喉科医院眼科
上海交通大学医学院附属仁济医院肾脏科
上海中医药大学附属龙华医院肛肠科
同济大学附属同济医院医学影像科
华东医院南门诊
上海市疾病预防控制中心急性传染病防治科

上海市体育局(1个)
上海体育职业学院男子排球队

经济和信息化系统(3个)
上海迪爱斯通信设备有限公司开发二部
中国人民解放军第四七二四工厂附件车间技术组
上海鼎隆置业有限公司旧改项目组

光明食品(集团)有限公司(4个)
上海第一食品连锁发展有限公司南东店无蔗糖柜
上海鲜花港企业发展有限公司花卉新品科普展示园
上海海博出租汽车有限公司第六分公司第11班组
上海冠生园食品有限公司设备科机修组

上海市民政局(3个)
上海市民政第二精神卫生中心一病区
上海市益善殡仪馆炉化组
上海市市政公路行业协会工程技术部

锦江国际(集团)有限公司(4个)
上海市华亭宾馆房务预订部班组
上海虹桥宾馆有限公司房务中心班组
上海锦江汽车销售服务有限公司销售部
上海锦江旅游有限公司出境旅游中心大洋洲部

上海市东湖(集团)公司(1个)
西郊宾馆餐饮部VIP服务小组

上海市衡山(集团)公司(1个)
衡山马勒别墅饭店管家总台班组

市级机关(3个)
上海市委市政府信访办公室来电处
上海市工商行政管理局青浦分局
上海浦东国际机场海关旅检处

百联集团有限公司(5个)
上海奥特莱斯品牌直销广场有限公司管理团队
上海百联房地产经营管理有限公司第三分公司
上海全方物流有限公司百事/新桥配送中心
上海物资贸易股份有限公司有色金属分公司
上海联华超市发展有限公司田林店

申能(集团)有限公司(1个)
上海外高桥第三发电有限责任公司设备管理部

上海久事公司(2个)
上海巴士二汽公共交通有限公司49路
上海强生集团汽车修理有限公司一厂

上海水产(集团)总公司(1个)
上海金优远洋渔业有限公司斐济办事处

上海申通地铁集团有限公司(1个)
上海轨道交通维护保障中心车辆分公司新车部

上海市城市建设投资开发总公司(2个)
上海市城市排水有限公司第三项目管理部
上海城投总公司都江堰项目部

上海电器科学研究所(集团)有限公司(1个)
上海电科智能系统股份有限公司软件部

社会系统(2个)
大众交通(集团)股份有限公司大众出租汽车分公司调度中心
上海岩土工程勘察设计研究院有限公司量测工程技术公司

上海城建(集团)公司(2个)
上海隧道工程股份有限公司上海长江隧道工程项目管理部
上海市第二市政工程有限公司第四分公司

上海世博(集团)有限公司(1个)
上海世博(集团)有限公司世博项目部

上海市合作交流系统(2个)
四川省人民政府驻上海办事处经济合作处
中建三局东方装饰设计工程有限公司设计事务所

中国商用飞机有限责任公司(3个)
中国商飞上海飞机设计研究院信息中心
上海飞机制造有限公司飞机部装车间平尾工位
上海翔运国际货运有限公司海运部

上海世博会事务协调局(2个)
上海世博会事务协调局工程部
上海市住安建设发展股份有限公司平山项目经营管理部

上海临港产业区(1个)
上海瓦锡兰齐耀柴油机有限公司财务部

上海上实(集团)有限公司(1个)
上海上实物业管理有限公司本部管理团队

宣传系统(7个)
上海社科院世界经济重点学科组
上海美术设计有限公司世博项目组
上海世博演艺中心建设项目组
解放日报经济部
文汇报要闻部
上海市美术家协会办公室
上海市图书馆讲座中心

政法系统(11个)
上海市第二中级人民法院民事审判第一庭
浦东新区人民法院立案庭
上海市金山区人民法院民事审判第一庭
奉贤区人民检察院侦查监督科
上海市人民检察院第二分院反贪污贿赂局
上海市公安局特警总队防暴突击二支队
上海市公安局闵行分局交警支队一中队
上海市公安局嘉定分局叶城派出所
上海市国家安全局“206”单位
上海市南汇监狱
上海市第一劳动教养管理所

社会动员指挥部(1个)
迎世博600天行动社会动员指挥部志愿服务组

城市管理指挥部(1个)
浦东新区迎世博600天行动城市管理与项目推进指挥部办公室

窗口服务指挥部(1个)
上海新世界丽笙大酒店礼宾部

2010年全国模范职工之家(40家)

上海高桥捷派克石化工程建设有限公司工会
上海市徐汇区教育工会
上海金鹿建设(集团)有限公司工会
上海市普陀区医务工会
上海市闸北区市北医院工会
上海广同物业有限公司工会
上海豫园商城小商品有限公司工会
上海浦江控股有限公司工会
上海静安区建设总公司工会
上海大场环境卫生服务有限公司工会
上海市闵行区梅陇镇总工会
飞利浦灯具(上海)有限公司工会
上海亨井联接件有限公司工会
上海市松江区永丰社区(街道)总工会
新大洲本田摩托有限公司工会
伟星集团上海实业发展有限公司工会
上海电气电站设备有限公司上海发电机厂工会
上海华谊丙烯酸有限公司工会
上海申创建筑工程有限公司工会
宝山钢铁股份有限公司不锈钢事业部工会
上海航天局第八设计部工会
上海三电贝洱汽车空调有限公司工会
华东电力试验研究院有限公司工会
上海铁路局上海机务段工会
上海港复兴船务公司工会
中国邮电工会上海市邮政公司市南邮政局委员会
中交三航局兴安基建筑工程有限公司工会
上海远洋运输有限公司工会
上海国际机场股份有限公司航站区管理部工会
中交第三航务工程勘察设计院有限公司工会
上海市第一建筑有限公司工会
上海巴士电车有限公司工会
上海建筑设计研究院有限公司工会
上海银行松江支行工会
核工业第八研究所工会
上海中医药大学附属曙光医院工会
上海广播电视台工会
上海市信息管线有限公司工会
上海海博股份有限公司工会
上海市城建第二市政工程有限公司工会

2010年全国模范职工小家(40家)

上海奇士企业发展有限公司企业设计技术部工会小组
上海恰尔斯安装工程有限公司抢修班工会小组
上海达吉斯高级内衣有限公司销售部工会小组
上海致达智利达系统控制有限责任公司工程部工会小组
上海闸环环境卫生运输有限责任公司工程机械维修班工会小组
上海市东余杭路幼儿园工会
上海万达广场商业管理有限公司营运部工会小组
上海邵万生南货店尤珏珍班工会小组
上海开平环境建设发展有限公司维修部工会小组
上海开开百货有限公司销售部工会小组
上海汇众人才服务有限公司一分厂项目部丙班生产作业班工会小组
上海吴泾环卫综合服务有限公司道路公厕保洁班工会小组
松江区妇幼保健院产房工会小组
上海市奉贤区水闸管理所金汇港北闸管理所工会
上海船用曲轴有限公司立车组工会小组
上海造币有限公司造币二部分工会
上海市纺织工业技术监督所标准物质开发中心工会小组
上海医药科技发展有限公司工会
上海宝钢钢材贸易有限公司工会
上海宝冶建设电气设备安装分公司浦东项目部工会小组
上海航天局第八〇〇研究所唐建平班工会小组
上海外高桥造船有限公司加工部分工会
上海烟草机械有限责任公司制造一部数控二组工会小组
华东电力调度通信中心分工会
上海铁路局上海客运段沪京车队T104/103次四组工会小组
中国邮电工会上海市邮政公司宝山区邮政局彭浦新村支局工会
中国移动上海公司网络优化中心工会
中交上海航道局有限公司“新海鳄”轮工会
上海市建筑科学研究院(集团)有限公司工程建筑新技术事业部分工会
上海市市容环境卫生水上管理处苏州河管理站莫干山分站工会
上海动物园灵长队工会小组
上海市劳动保障电话咨询中心咨询科工会小组
复旦大学上海医学院工会
上海市第一妇婴保健院产科五六病区工会小组
上海东方广播电视技术有限公司会展部工会小组
中国石化上海石油分公司广虹加油站工会
上海煤气第一管线工程有限公司一分公司工会
中国商飞上海飞机设计研究院信息中心分工会
中国商飞上海飞机设计研究院四性与产品支援设计研究部分工会
上海漕河泾开发区新经济园发展有限公司工会

2010 年上海市工会组建工作先进单位（共 10 家）

上海市金山区总工会
上海市青浦区总工会
上海市闵行区总工会
上海市松江区总工会
上海市长宁区总工会
上海市徐汇区总工会
上海市嘉定区总工会
上海市宝山区总工会
上海市奉贤区总工会
上海市闸北区总工会

2010 年上海市工会组建工作优秀单位（共 24 家）

上海市杨浦区总工会
上海市浦东新区总工会
上海市静安区总工会
上海市普陀区总工会
上海市卢湾区总工会
上海市虹口区总工会
上海市黄浦区总工会
上海市崇明县总工会
上海市城乡建设和交通工会工作委员会
上海汽车工业（集团）总公司工会
百联集团有限公司工会
上海城建（集团）公司工会
上海申通地铁集团有限公司工会
锦江国际（集团）有限公司工会
上海闵行经济技术开发区工会
中国建筑第八工程局工会
上海市经济和信息化系统工会工作委员会
上海市医药工会
上海市仪表电子工会
上海市社会系统工会工作委员会
上海机场（集团）有限公司工会
上海市公安局工会
上海市金融工会工作委员会
上海临港产业区工会工作委员会

全国推动厂务公开民主管理工作先进单位

中共上海市国有资产监督管理委员会
中共上海市城乡建设和交通工作委员会
闵行区厂务公开工作领导小组
闸北区厂务公开工作领导小组

全国厂务公开民主管理先进单位

上海电力建设有限责任公司
上海铁路局
上海航天设备制造总厂
上海大众汽车有限公司
上海亚尔光源有限公司
上海市自来水市南有限公司南市自来水厂
上海电力学院
上海交通大学医学院附属瑞金医院
上海市徐汇区教育局
上海市普陀长征工业园区管理委员会
上海桥升商贸置业有限公司
上海澳星照明电器制造有限公司
上好佳（中国）有限公司

2008—2009 年度上海市推动劳动关系和谐企业创建活动先进单位（共 39 家）

浦东新区川沙新镇城厢社区工会联合会
上海市徐汇区总工会
上海市徐汇区天平社区总工会
上海市长宁区北新泾社区（街道）总工会
上海市普陀区总工会
上海市普陀区桃浦镇总工会
上海市普陀区长征镇总工会
上海市闸北区总工会
上海市闸北区天目西社区（街道）
上海市虹口区教育局
上海市虹口区凉城社区（街道）
上海市杨浦区延吉新村社区（街道）
上海纺织科技工业园
上海市黄浦区人力资源和社会保障局
上海市黄浦区南京东路社区（街道）总工会
上海市卢湾区总工会
上海市静安区石门二路街道总工会
上海市宝山区顾村镇人民政府
上海市宝山区国有资产监督管理委员会
上海市闵行区总工会
上海市嘉定区总工会
上海市嘉定区安亭镇人民政府
上海市松江区总工会
上海市青浦区总工会
上海市青浦区朱家角镇
上海轻工业工会联合会
上海电力建设有限责任公司
上海宝钢工业检测公司
上海航天技术研究院
上海烟草（集团）公司
中国移动通信集团上海有限公司
中国电信股份有限公司上海分公司

中交上海航道局有限公司
中远集装箱运输有限公司
中波轮船股份公司
上海机场(集团)有限公司
上海市锦江航运有限公司
上海城建(集团)公司
上海临港经济发展(集团)有限公司

2008—2009年度上海市职工最满意企(事)业单位(共161家)

上海勃林格殷格翰药业有限公司
上海佳达航空国际货运代理有限公司
上海界龙实业集团股份有限公司
上海浦东新区建设(集团)有限公司
上海汽枪厂
上海申茂电磁线厂
超科林半导体设备(上海)有限公司
上海长顺电梯电缆有限公司
上海龙成建设集团有限公司
上海万象汽车制造有限公司
上海市徐汇区大华医院
上海市徐汇中学
上海徐房(集团)有限公司
上海新轻物业管理有限责任公司
上海康博飞达服装有限公司
上海达吉斯高级内衣有限公司
上海新长宁集团仙霞物业有限公司
上海市长宁区愚园路第一幼儿园
上海美天副食品有限公司
上海市曹杨商城有限公司
上海华明电力设备制造有限公司
德邦证券有限责任公司
上海市普陀区武宁路小学
上海市普陀区疾病预防控制中心
上海申克机械有限公司
上海金叶包装材料有限公司
上海市闸北区彭浦新村街道社区卫生服务中心
上海闸环灵石环境卫生工程有限公司
上海中谷新良海运有限公司
上海信虹房地产有限公司
上海锐力健身装备有限公司
上海上安工程物资有限公司
上海市虹口区广中路街道社区卫生服务中心
上海兴城物业有限公司
上海欧尚超市有限公司
上海理工大学附属小学
上海市杨浦区市东医院
上海市泰康食品有限公司泰康分公司
上海烟草集团黄浦烟草糖酒有限公司
上海大富贵酒楼
上海市黄浦区车辆停放管理公司
上海金瑶贸易发展有限公司
上海麦当劳食品有限公司
上海交通大学医学院附属瑞金医院卢湾分院
上海静安城建配套发展公司
上海市育才中学
上海宇振文化传播有限公司
上海舜枫龙国际物流有限公司
上海尤希路化学工业有限公司
上海祥明仪表机箱有限公司
上海市宝山区庙行镇社区卫生服务中心
闵行区浦江镇社会保障事务中心
上海科顿家具有限公司
上海七宝环卫综合服务有限公司
大金空调(上海)有限公司
上海安亭科学仪器厂
上海连成(集团)有限公司
上海爱普香料有限公司
上海遐和时装有限公司
禹辉(上海)转印材料有限公司
上海玩具进出口有限公司
上海中石化工物流有限公司
上海日清食品有限公司
上海开天建设(集团)有限公司
上海市松江区妇幼保健院
上海北玻玻璃技术工业有限公司
上海市松江区泗泾镇中心幼儿园
上海汇益控制系统股份有限公司
上海旭统精密电子有限公司
伟星集团上海实业发展有限公司
上海市崇明县东门中学
上海电气电站设备有限公司上海发电机厂
上海电站辅机厂有限公司
上海凯士比泵有限公司
上海发电设备成套设计研究院
飞利浦亚明照明有限公司
上海沪工汽车电器有限公司
上海富士施乐有限公司
上海市纺织原料公司
上海罗氏制药有限公司
上海信谊药厂有限公司制药二厂
上海信谊万象药业股份有限公司
上海市医药股份有限公司
上海海昌医用塑胶厂
上海紫源制药有限公司
华东送变电工程公司
宝山钢铁股份有限公司硅钢部
上海宝钢钢材贸易有限公司
上海梅山钢铁股份有限公司热轧板厂
中国石化上海石油化工股份公司涤纶事业部
中国金山联合贸易有限责任公司
上海东海电脑股份有限公司上海新计实业有限公司
上海亚太计算机信息系统有限公司

上海烟草(集团)公司上海卷烟厂
上海烟草包装印刷有限公司
上海海烟物流发展有限公司
上海汽车集团股份有限公司乘用车分公司
上海皮尔博格有色零部件有限公司
上海赛科利汽车模具技术应用有限公司
上海港复兴船务公司
上海市轮渡有限公司
上海通华不锈钢压力容器工程有限公司
上海市邮政公司宝山区邮政局
中国电信股份有限公司上海浦东电信局
中港疏浚股份有限公司
中交三航局兴安基建筑工程有限公司
上海中远船务工程有限公司
上海中波国际物流有限公司
上海浦东国际机场航空油料有限责任公司
上海机场(集团)有限公司虹桥国际机场公司
上海市建筑科学研究院(集团)有限公司
中交第三航务工程勘察设计院有限公司
上海市政工程设计研究总院
上海核工程研究设计院
上海市政养护管理有限公司
上海市安装工程有限公司
上海建工医院
上海市建工设计研究院有限公司
上海野生动物园发展有限责任公司
上海港港政管理中心
上海市房地产科学研究院
上海海洋石油局钻井分公司
上海市林业总站
上海市环境学校
上海市水文总站
上海市水利工程设计研究院
上海科技馆
中国电子科技集团公司第五十研究院
复旦大学
上海中医药大学
上海电力学院
上海市第六人民医院
上海市血液中心
复旦大学附属华山医院
上海交通大学医学院附属瑞金医院
上海交通大学医学院附属第九人民医院
上海德科电子仪表有限公司
上海鲜花港企业发展有限公司
上海思乐得不锈钢制品有限公司
上海牛奶棚食品有限公司
上海冠生园蜂制品有限公司
上海市民政第二精神卫生中心
上海天湖茶叶有限公司
上海外高桥第二发电有限责任公司
上海天然气管网有限公司
上海市市政工程建设发展有限公司
上海市自来水闵行有限公司
上海市城市排水有限公司
上海环境实业有限公司
上海环境集团有限公司
上海市自来水市南有限公司南市自来水厂
上海城投置地(集团)有限公司
中国石化集团上海工程有限公司
中国石油天然气股份有限公司西气东输管道分公司
上海航空电器有限公司
上海大众大厦有限责任公司
上海城建置业发展有限公司
上海市第一市政工程有限公司
上海东浩国际商务有限公司
上海临港普洛斯国际物流发展有限公司
上海绿地(集团)有限公司

2008—2009年度上海市职工信赖的经营(管理)者(共128名)

俞志松　上海汽枪厂厂长
费屹立　上海界龙实业集团股份有限公司董事长
蔡明桥　上海浦东新区建设(集团)有限公司党委书记
孙中奇　上海长顺电梯电缆有限公司总经理
王新国　上海申茂电磁线厂党支书记
赵国荣　上海亚荣电梯设备制造有限公司总经理
张其伟　超科林半导体设备(上海)有限公司总经理
吕春姝　上海佳达航空国际货运代理有限公司总经理
贾子平　上海徐汇市政工程有限公司总经理
蔡武璋　上海百士威物业有限公司总经理
李志青　上海大佳电器有限公司总经理
徐国财　上海徐房物业有限公司总经理
高建中　上海康博飞达服装有限公司总经理
钱凤霞　上海达吉斯高级内衣有限公司副总经理
张金秀　上海新长宁集团仙霞物业有限公司董事长、党支部书记
朱国强　上海美天副食品有限公司董事长、党总支书记
肖涟波　上海市长宁区光华中西医结合医院院长
卢树贞　上海长城电子信息网络有限公司总经理
嵇启春　上海市普陀区国有资产经营有限公司董事长、总经理
陈维新　上海烟草集团普陀烟草糖酒有限公司总经理
周玉升　上海中环投资开发(集团)有限公司党委书记、董事长
余　戎　上海运泰物业管理有限公司秋水云庐管理处总经理
史益敏　上海北盛建设工程发展有限公司董事长、总经理
浦月根　上海中环国际中小企业总部社区投资有限公司总经理
吴信申　上海康复达机械制造有限公司总经理
沈伟珍　上海市闸北区彭浦新村街道社区卫生服务中心主任

陈 斌 上海闸环灵石环境卫生工程有限公司经理
卢宗俊 上海中谷新良海运有限公司总经理
唐海金 上海海直建设工程有限公司总经理
朱玉民 上海园林机施有限公司董事长
胡美高 上海市继光高级中学校长
杨伟康 上海烟草集团虹口烟草糖酒有限公司总经理
张慧敏 上海市虹口区欧阳路街道社区卫生服务中心主任
苏德华 上海欧尚超市有限公司中国区总经理
丁利民 上海理工大学附属小学校长
陈允硕 上海市杨浦区市东医院院长
姚晓红 上海外国语大学附属大境中学校长
潘 斌 上海老凤祥钻石加工中心有限公司总经理
郑经纬 上海亚晨科技发展有限公司总经理
孙庆民 上海卢烟糖酒食品有限公司总经理
吴克毅 上海票据交换中心主任
森田章文 上海梅陇镇伊势丹百货有限公司总经理
刘 申 上海市静安区石门二路社区卫生服务中心主任
苏锦烇 上海市宝山北部汽车检测维修有限公司党支部书记、总经理
陈 霖 上海东晨市容清洁服务有限公司总经理
陆明其 上海吴淞口开发有限公司董事长
朱 涟 上海电机成套联合有限公司总经理
张凤飞 上海立事化工实业公司总经理
陆永泉 上海安亭科学仪器厂厂长
张锡淼 上海连成(集团)有限公司总裁
魏中浩 上海爱普香料有限公司董事长、总经理
张 英 上海遐和时装有限公司总经理
吴 恙 禹辉(上海)转印材料有限公司总经理
鲁光麒 上海玩具进出口有限公司总经理
谢林昌 上海中石化工物流有限公司董事长
朱 刚 上海纳格西斯商标有限公司总经理
徐顺根 上海松江商业总公司总经理
顾韶君 上海市松江区排灌管理所所长
陈建华 上海汇益控制系统股份有限公司总经理
谈国强 上海宏城经济发展公司总经理
徐 清 上海华新合金有限公司总经理
章卡兵 伟星集团上海实业发展有限公司总经理
黄华峰 上海冠华不锈钢制品股份有限公司董事长
李云福 上海电气电站设备有限公司上海发电机厂总经理
周赤忠 上海电站辅机厂有限公司总经理
严宏强 上海发电设备成套设计研究院总经理
高 博 飞利浦亚明照明有限公司总经理
张 辉 上海澳星照明电器制造有限公司董事长
黄 勤 上海新联纺进出口有限公司董事长、总经理
周伟晓 上海信谊药厂有限公司制药二厂厂长、党支副书记
余金琦 上海市医药股份有限公司总经理
周平山 上海罗氏制药有限公司总经理
汪胡根 华东送变电工程公司总经理
储双杰 宝山钢铁股份有限公司硅钢部部长
周隆云 上海宝钢钢材贸易有限公司总经理
曹建新 上海梅山钢铁股份有限公司热轧板厂党委书记
王 迪 中国石化上海石油化工股份有限公司涤纶事业部党委书记、经理
包一健 中国金山联合贸易有限责任公司总经理
陆 捷 上海烟草(集团)公司上海卷烟厂厂长
汤福刚 上海烟草储运公司总经理
徐国强 上海高扬国际烟草有限公司总经理
郭肇基 上海小糸车灯有限公司总经理
忻顺康 上海市轮渡有限公司董事长、党委书记
吴新华 上海通华不锈钢压力容器工程有限公司总经理
吴才鸿 上海市集邮总公司党支部书记、总经理
殷 雄 中国电信集团上海市松江电信局局长、党委书记
俞为伟 中港疏浚股份有限公司总经理
徐星春 中交三航局兴安基建筑工程有限公司董事长、总经理
范义正 中交三航局工程船舶有限公司总经理
刘玉国 上海中远船务工程有限公司总经理
宋 连 上海中波国际物流有限公司总经理
张燕平 上海市建筑科学研究院(集团)有限公司党委副书记、院长
王 祥 中交第三航务工程勘察设计院有限公司董事长、总经理
倪永明 上海市安装工程有限公司董事长
钱 进 上海市建工设计研究院有限公司院长
宋德章 上海野生动物园发展有限责任公司总经理
肖 风 上海港港政管理中心主任
任慧祥 上海海洋石油规划设计研究院院长
粟开喜 上海海洋石油局船舶分公司总经理
张 峰 上海市市容环境卫生水上管理处处长
佟 斌 上海共青森林公园管理处主任
史一兵 万达信息股份有限公司董事长、总裁
朱永明 上海市血液中心主任
肖泽萍 上海市精神卫生中心院长
舒 敏 中国福利会国际和平妇幼保健院党委书记、执行院长
房 敏 上海中医药大学附属岳阳中西医结合医院院长
魏家骏 上海鲜花港企业发展有限公司总经理
张 斌 上海思乐得不锈钢制品有限公司总经理
杨文倡 上海益民食品一厂(集团)有限公司总裁
徐树仁 上海市机动车驾驶员培训中心总经理、支部书记
张国强 上海达华药业有限公司总经理
吴以成 上海市宝兴殡仪馆主任
成冠俊 上海物资贸易股份有限公司有色金属分公司总经理
华士超 上海外高桥第二发电有限责任公司党委书记、总经理
吕 伟 上海石洞口煤气制气有限公司董事长、党委书记、总经理
张 鹤 上海市市政工程建设发展有限公司总经理
朱国治 上海市自来水闵行有限公司董事长
颜晓斐 上海市城市排水有限公司总经理

梁 超 上海环境实业有限公司总经理
陶小平 上海环境集团有限公司总经理、党委书记
戴 婕 上海浦东威立雅自来水有限公司总经理、党委书记
杨文灿 上海水务建设工程有限公司董事长、党委书记
方志云 上海市自来水市南有限公司南市自来水厂厂长
吴德荣 中国石化集团上海工程有限公司董事长、党委书记、总经理
胡创界 上海航空电器有限公司总经理
蔡伯承 上海三毛进出口有限公司董事长
裴建群 上海城建置业发展有限公司总经理
张玉良 上海绿地(集团)有限公司董事长、总裁、党委书记

上海市五一劳动奖状(章)

一、上海市五一劳动奖状(104 个)
上海园林绿化建设有限公司世博绿化养护项目部
上海竞天科技股份有限公司世博保障团队
上海联智会展服务有限公司世博演出管理服务团队
上海申能物业管理有限公司世博会非洲联合馆服务团队
上海国际建设总承包公司工程保障驻世博服务团队
上海市邮政公司
世博园区安保部出入口管理组
世博园区第七安保责任区中国馆安保工作组第一责任岗段
上海市公安局 110 报警服务台
上海市公安局行技总队特侦支队
上海市公安局消防局高桥中队
上海市公安局浦东分局刑侦一支队街面犯罪侦查队
上海市公安局黄浦分局南京东路派出所
上海市公安局卢湾分局交警支队
上海市公安局杨浦分局经侦支队
上海市公安局青浦分局赵巷派出所
上海市食品药品监督所
中华人民共和国上海海关驻世博会园区监管服务中心
上海国际问题研究院
解放日报世博报道临时党支部
新民晚报世博宣传报道组
浙江省人民政府驻上海办事处
中国建筑第二工程局有限公司(沪)
上海市浦东新区人民政府周家渡街道办事处
上海市浦东新区人民政府上钢新村街道办事处
浦东新区人民政府南码头路街道办事处
上海铁路南站广场管理委员会办公室
上海市公安局长宁分局天山路派出所
新华路街道办事处
上海市公安局普陀分局政治处
普陀区建设和交通委员会
上海市普陀区人民医院于井子护理小组
上海闸环三泉环境卫生工程有限公司彭浦清道班
上海耀达房地产开发有限公司浦西洲际酒店行政楼层客房部
上海市闸北区就业促进中心职业介绍科
上海市烟草专卖局虹口分局稽查支队
虹口区凉城社区商圈工会联合会
杨浦区医务工会
上海杨浦宝大祥青少年儿童购物有限公司
上海景鸿(集团)有限公司安保事业部世博保电突击队
上海凌锐建设发展有限公司抢险突击队
上海美丽园大酒店有限公司浦东分公司
上海凯司令食品股份有限公司总店西点部
上海紫泰物业管理有限公司
上海汽车制动系统有限公司电镀团队
上海鑫博海农副产品加工有限公司
上海市青浦区交通运输管理局区地方海事处
上海市崇明县城市网格化管理受理监督中心
上海电机学院
上海市电力公司浦东供电公司
上海市电力公司市区供电公司电网运行维护中心
上海航天物业管理有限公司太空家园馆运营管理处
上海江南造船博览馆管理有限公司
中国商飞大厦物业服务处
上海烟草(集团)公司市场营销中心地区办事处班组
上海通用汽车有限公司世博君越混合动力出租车售后保障组
泛亚汽车技术中心有限公司世博 EN－V 技术支持团队
华东电网有限公司生产技术部
上海华虹计通智能系统股份有限公司
上海铁路局上海机务段动车车间五指导组
上海港公安局
上海市邮政公司松江区邮政局
中国移动通信集团上海有限公司浦东分公司
中国电信股份有限公司上海长途无线部
中国电信股份有限公司上海分公司网络运行部
号百信息服务有限公司
交通运输部东海救助局救助船队
民航上海区域管制中心
中国东方航空股份有限公司上海保障部“金钥匙”组
上海机场(集团)有限公司浦东机场华美达大酒店
上海建工集团世博会园区工程指挥部
上海市城市交通运输管理处公共交通部
上海市航务管理处
上海市住房保障和房屋管理局物业管理处
上海市绿化管理指导站技术指导科
中建工业设备安装有限公司上海公司
中国银联股份有限公司上海分公司
华东师范大学设计学院
上海外国语大学上海教师世博多语种志愿者服务队
上海中医药大学附属曙光医院
上海交通大学医学院附属瑞金医院血液科
中国外运长航世博项目保障品操作组
上海亿通国际股份有限公司世博保障班组
上海东湖汽车服务公司中宾车队

上海市人民政府信访办公室来访协调处
上海市气象局上海市气象信息传媒中心
上海联华快客便利有限公司世博园区浦明店
上海又一城购物中心有限公司总服务台
上海现代交通建设发展有限公司新能源供电分公司
上海环境实业有限公司
上海燃气浦东销售有限公司世博燃气保障中心
上海华东电器集团有限公司人民武装部
上海市第二市政工程有限公司
上海市申江两岸开发建设投资(集团)有限公司迎世博600天整治领导小组办公室
上海东浩会展经营有限公司
中国联合网络通信有限公司上海市分公司
上海市通信管理局网络管理处
上海上实物业管理有限公司
上海绿地集团办公室
上海城建集团城建设计院道桥二分院世博工程设计组
上海世博会事务协调局论坛事务部
上海建工集团世博工程“五朵金花”
中船重工集团公司第七一一研究所自动化工程事业部研发部
上海市儿童福利院“茉莉园二组”

二、上海市五一劳动奖章(160名)
(按姓氏笔画排列)

丁建章	于惠芳	万　峰	弓　毅	卫国强
马列东	马伟强	王　铭	王文强	王辰玮
王寒梅	王增芳	尤莼洁	方士国	方家荣
尹伯良	史美伦	史美琴	央　金	白玛龙珍
朱卫峰	朱玉福	朱任强	朱贤钢	刘　芳
刘　俊	刘　森	刘卫民	刘伟芳	刘建军
刘建林	刘闻皓	刘晓平	刘群秀	刘增伟
江　艳	汤跃宝	许建华	纪林福	孙　瑜
孙子相	孙丽亭	孙春霞	花锐强	严伟清
苏　梅	杨大宏	杨建国	杨海康	杨朝东
李　文	李　战	李　洁	李　强	李　韬
李玉秀	李传勇	李剑峰	李胜来	吴才鸿
吴元祥	吴志华	吴荷生	吴振芳	吴福生
吴慧芳	时爱静	何伟康	何晓俭	辛觉慧
忻　烨	汪　罡	汪建中	汪建然	沈懿芬
张　荣	张　梅	张　磊	张伟庆	张伊明
张明成	张栋梁	张家祥	陆　铭	陆志康
陆金生	陈　竹	陈　良	陈　钢	陈中明
陈月梅	陈华林	陈国光	陈德章	邵　丹
范存青	林卫慈	林祈斌	郁凤华	罗经翔
金　奕	金中锦	金声浚	周　红	周成章
周国芳	周金妹	周艳琴	周德骏	宗宵寅
赵　云	赵纬纶	赵爱红	胡文俊	胡洪威
柯　卫	俞　玮	秦　毅	都佩敏	顾文虎
顾国明	钱桂枫	倪建新	徐　正	徐　辉
徐　飚	徐志刚	徐辰珏	高　峻	高凤新
高威军	凌　健	陶慎先	黄建强	黄晓星
黄嘉宁	曹　俊	龚　峥	龚波涛	崔月红
康志坚	梁兵农	巢爱莲	董　波	董志铭
蒋凌燕	傅　强	曾伟明	游有明	楼海英
赖文波	蔡敬艳	樊晓雯	潘　琳	潘光武
戴家琳	鞠志中	魏建华	魏家骏	瞿佳华

上海市“当好主力军，建功世博会，展示新风采”主题实践活动工会优秀组织奖
(排列不分先后，共200家)

上海市浦东新区总工会
上海市浦东新区医务工会
上海市浦东公交公司工会
上海市公安局浦东分局工会
上海市浦东新区公路管理署工会
上海浦东发展(集团)有限公司工会
上海市徐汇区总工会
上海徐家汇商城(集团)有限公司工会
上海市徐汇区区级机关工会工作委员会
上海市长宁区总工会
上海市公安局长宁分局工会
上海市长宁区医务工会
上海市普陀区总工会
上海市普陀区教育工会
上海市普陀区长寿社区(街道)总工会
上海市闸北区总工会
上海市闸北区绿化和市容管理局工会
上海市闸北区医务工会
上海市虹口区总工会
上海市虹口区绿化和市容管理局工会
上海市公安局虹口分局工会工作委员会
上海市杨浦区总工会
上海市杨浦区住房保障和房屋管理局工会
上海卫百辛(集团)有限公司工会
上海市黄浦区总工会
上海杏花楼(集团)股份有限公司工会
东亚联合控股(集团)有限公司工会
上海老城隍庙餐饮(集团)有限公司工会
上海市卢湾区总工会
上海市卢湾区打浦桥社区(街道)总工会
上海市卢湾区五里桥社区(街道)总工会
上海市公安局卢湾分局工会
上海市静安区总工会
上海静安环境建设有限公司工会
上海九百(集团)有限公司工会
上海市宝山区绿化和市容管理局工会
上海市宝山区区属国有(集体)企业工会
上海市闵行区总工会
上海市闵行区建设和交通委员会工会
上海嘉定工业区总工会
上海市嘉定区交通运输管理局工会

上海市公安局金山分局工会工作委员会
上海市金山区石化社区(街道)总工会
上海市松江区总工会
上海市松江区岳阳街道总工会
上海市青浦区交通运输管理局工会
上海市青浦区朱家角镇总工会
上海市奉贤区文化广播影视管理局
上海市奉贤区总工会
上海市崇明县总工会
上海市崇明县供销合作总社工会
上海电气集团股份有限公司中央研究院
上海轨道交通设备发展有限公司工会
上海长丰智能卡有限公司市场部工会小组
上海市化学工会
上海市轻工业工会联合会
上海新东纺大酒店有限公司工会
上海市医药工会
上海市电力公司工会
上海市电力公司工会浦东供电公司工会
上海市电力公司工会市区供电公司工会
宝钢股份营销系统工会
宝钢发展有限公司包装管理部工会
上海宝信软件股份有限公司工会
中国石油化工股份公司上海高桥分公司供应销售部
中国石化上海石油化工股份有限公司腈纶事业部工会
中国石化上海石油化工股份有限公司芳烃事业部工会
上海航天局工会
上海航天局第八〇二研究所
江南造船(集团)有限责任公司工会
沪东中华造船(集团)有限公司工会
中国人民解放军四八〇五工厂工会
上海海烟物流发展有限公司工会
上海汽车工业(集团)总公司工会
上海申沃客车有限公司工会
上海汽车集团股份有限公司商用车技术中心工会
华东电网有限公司培训中心工会
国药控股国大药房有限公司工会
上海铁路局工会
上海铁路局上海站工会
上海铁路局上海动车客车段工会
上海铁路局上海客运段工会女职工委员会
中海发展股份有限公司上海货轮分公司工会
上海港公安局工会
上海港国际客运中心开发有限公司工会
上海长江轮船公司旅游事业部工会
上海浦江游览有限公司工会
上海市轮渡有限公司工会
中国邮电工会上海市邮政委员会
中国移动通信集团上海有限公司南区分公司工会
中国移动通信集团工会上海市委员会
中国移动通信集团上海有限公司浦东分公司工会
中国电信集团工会上海市委员会
中国电信集团工会上海市浦东电信局委员会
中国电信集团工会上海市中区电信局委员会
中国电信集团工会上海市网络运行部委员会
中国海员工会交通运输部东海救助局委员会
中远集装箱运输有限公司机关工会
中国东方航空集团公司工会
中国东方航空股份有限公司工会
上海航空有限公司工会
上海机场(集团)有限公司工会
上海机场(集团)有限公司工会女职工委员会
上海国际机场股份有限公司工会
上海机场(集团)有限公司虹桥国际机场公司工会
上海机场城市航站楼管理有限公司工会
中国海员工会上海海事局委员会
上海海事局董家渡海事处工会
上海市政工程设计研究总院工会女职工委员会
上海市燃气管理处工会
上海市市政工程管理处工会
上海市公路管理处工会
上海市城乡建设和交通工会工作委员会
上海市第七建筑有限公司工会
上海市安装工程有限公司工会
上海野生动物园发展有限责任公司工会
上海市交通运输和港口管理局工会
上海市城市交通行政执法总队工会
上海市航务管理处工会
上海市城市交通运输管理处工会
上海市物业管理事务中心工会
上海市绿化和市容管理局工会
上海市城市管理执法总队工会
上海市市容环境质量监测中心工会
上海动物园工会
上海市排水管理处工会
中国建筑第八工程局有限公司工会
上海市金融工会
中国银行股份有限公司上海市分行工会
交通银行上海市分行工会
上海市科技工会
同济大学工会
复旦大学后勤公司工会
上海市医务工会
华东医院工会
复旦大学附属华山医院工会
上海交通大学医学院附属瑞金医院工会
上海交通大学医学院附属仁济医院工会
上海新华传媒连锁有限公司工会
上海少年儿童图书馆
上海广播电视台新闻中心
上海市文物管理委员会工会
上海博物馆工会
中国外运长航世博项目保障品操作组
电信科学技术第一研究所

上海市无线电管理局工会
农业部东海区渔政局工会
光明食品(集团)有限公司工会
上海海博股份有限公司工会
上海市殡葬服务中心工会
锦江国际(集团)有限公司工会
上海市宾馆有限公司工会
上海锦江外事汽车公司工会
上海东郊宾馆工会
上海东湖物业管理公司工会
上海瑞金宾馆工会
上海衡山汽车服务有限公司工会
上海市衡山(集团)公司衡山宾馆
上海大厦
上海市市级机关工会工作委员会
上海海关工会
上海出入境检验检疫局工会
上海市保安服务总公司工会
上海市总工会经济工作部
联华超市股份有限公司工会
上海第一八佰伴有限公司工会
好美家装潢建材有限公司工会
上海市旧机动车交易市场工会
上海燃气浦东销售有限公司工会
强生集团上海申强出租汽车有限公司工会
上海交通投资(集团)有限公司工会
上海市巴士电车有限公司工会
上海申通地铁集团有限公司工会
上海申通地铁运营管理中心总调度所工会
上海地铁第三运营有限公司工会
上海轨道交通维护保障中心车辆分公司工会
上海市城市建设投资开发总公司工会
上海市浦东威立雅自来水有限公司工会
上海环境实业有限公司工会
大众交通(集团)股份有限公司工会
上海城建(集团)公司工会
上海现代国际展览有限公司工会
上海世博(集团)有限公司世博项目部
中国联通上海市分公司管线维护中心
中国诚通东方资产经营管理公司工会
中国建筑第二工程局有限公司(沪)工会
中铝上海铜业有限公司工会女职工委员会
中国民用航空华东地区空中交通管理局技保中心工会
上海世博会事务协调局工会
上海世博会事务协调局交通管理部临时工会
上海世博会事务协调局设施和环境管理部、工程部临时工会
上海世博会事务协调局安保部、出入口管理部临时工会
中国电信集团号百信息服务有限公司工会
上海实业发展股份有限公司工会
上海市公安局政治部争创“平安世博·平安卫士”主题实践活动工作组
上海市公安局交警总队“烈日交警”和“区域交通文明示范线”评选活动工作组
上海市公安局浦东分局“世博安保先锋”评选活动工作组
上海市公安局卢湾分局世博宣传工作组
上海市公安局黄浦分局“世博安保先锋”评选活动工作组
上海国盛(集团)有限公司工会

上海市五一巾帼奖(集体)

上海城建集团城建设计院道桥二分院世博工程设计组
上海世博会事务协调局论坛事务部
上海建工集团世博工程“五朵金花”
中船重工集团公司第七一一研究所自动化工程事业部研发部
上海市儿童福利院“茉莉园二组”
上海浦东发展(集团)有限公司工会女职工委员会
上海静安置业(集团)有限公司工会女职工委员会
黄浦区第一中心小学
虹口区医务工会女职工委员会
闸北区教育工会女职工委员会
上海大裕橡胶制品有限公司大众生产车间
普陀区医务工会女职工委员会
上海市长风文化馆
大华医院飞燕输液护理组
上海市久光百货有限公司
杨浦区教育工会女职工委员会
卢湾区民政局婚姻登记中心
上海华汇机电有限公司工会女职工委员会
宝山区绿化和市容管理局工会女职工委员会
上海嘉定工业区总工会女职工委员会
青浦华新镇总工会女职工委员会
奉贤图书馆
松江区妇幼保健所普查队
金山区城市管理监察大队女子特勤分队
上海工具厂有限公司孔加工刀具厂轧制钻开口组
上海八达纺织印染服装有限公司进出口十五部
飞利浦亚明照明有限公司装配车间装架班组
上海华谊企发劳动服务有限公司
上海石化腈纶事业部金阳装置工艺技术组
中国石化上海高桥分公司炼油事业部产品与质量管理中心水、汽组
上海信谊天一药业有限公司市场部辅酶 Q10 班组
沪东中华造船(集团)有限公司综合试验所化学试验室
上海大屯能源股份有限公司龙东煤矿皮带队皮带集控班
市东供电公司客户及业务发展中心大客户营业室
上海外滩通道工程设计项目组
上海城市发展信息研究中心“世博园区建设工程管理信息系统项目组”
上海宝钢设备检修有限公司宝钢机械厂表面技术实验室
上海鲜花港国家 AAAA 级景区创建小组
上海海博出租汽车有限公司呼叫中心
上海野生动物园票务班

上海汽车乘用车公司市场传播部
上海长途客运南站售票 A 组
10000 号呼叫中心
中国人民解放军四八〇五厂工会女职工委员会
上海国际机场股份有限公司场区管理部停车楼班组
上海铁路局上海客运段沪京车队
上海市邮政公司市南邮政局淮海中路支局复兴中路邮政所
中建八局广州分公司财务部
上海烟草(集团)公司信访工作小组
上海索广电子有限公司工会女职工委员会
上海冠东国际集装箱码头有限公司营运操作部受理台
上海隧道工程股份有限公司混凝土分公司中心试验室
中远集运上海中货单证部
中国东方航空股份有限公司客舱服务部
上海航空公司地面保障部浦东航站贵宾分部
上海地铁第一运营有限公司一号线巾帼文明号
中海工业立新船厂三林厂区食堂女子班
中国商飞上海飞机设计研究院院长办公室
上海市商业学校
华山医院国际医疗中心
上海市第六人民医院内分泌代谢科
市委办公厅康平路总机班
上海航空公司“飞鹤”乘务组
上海市新闻出版工会女职工委员会
上海市南汇监狱七监区
第一八佰伴八楼收银组
上海乐惠食品有限公司品控化验组
上海申能物业管理有限公司世博大厦会务组
上海市公安局城市轨道交通分局宜山路站派出所
上海市自来水闵行有限公司营业所建华抄表服务队
上海现代设计集团都市院援建都江堰项目组
闵行区社会保险事业管理中心
上海长航医院内二科
解放日报党群政法部
上海丝绸集团股份有限公司国际贸易八部
上海巴士电车有限公司 934 路十五班
上海西郊宾馆会议中心
上海广场长城假日酒店行政楼班组
《案件聚焦》栏目组
上海美术设计公司世博工作组
上海新型建材矿棉厂销售服务中心
中冶宝钢技术服务有限公司协力分公司运输部月浦行车作业区甲班
上海大众空港宾馆有限公司客房部
中国联通上海分公司产品创新部产品开发部
中国移动通信集团上海有限公司网络优化中心 OMC 班组
上海航天局七三八疗养院医疗部
上海交通大学安泰经济与管理学院 EMBA 办公室
上海东平国家森林公园游览车班组
浦东新区房地产交易中心受理二科
东航上海保障部“金钥匙”世博服务示范组
上海百康电子元件有限公司变压器班组
上海世博会工程建设指挥部办公室技术处
现代都市建筑设计院世博会园区浦西出入口广场、停车场及配套设施工程设计团队
上海燃气浦东销售有限公司第一营业所业务组
上海浦东建筑设计研究院有限公司景观规划设计研究室
上海东方投资监理有限公司世博轴及地下综合体投资监理项目部
虹口区三中心幼儿园
青浦区总工会女职工委员会
上海机场(集团)有限公司工会女职工委员会
上海市城乡建设和交通工会女职工委员会

上海市五一巾帼奖(个人)

(按姓氏笔画排列)

于素霞　王　新　王　静　王伟娟　王芸茜
王武丹　王晓英　方　莉　方志燕　卢抗翠
卢青华　史岚岚　史雪芳　白玉娟　白建颖
包心怡　匡　翠　朱伟华　朱建波　乔金妹
刘　芳　刘　桢　刘月琴　刘玉兰　刘华婷
刘婷婷　祁　洁　许建华　许晓艳　孙　红
孙丽亨　杨　洁　杨凤玲　杨秋萍　李　虹
李　萍　李金华　李海红　李梅娟　李碧云
肖鸣伟　吴莉莉　吴家毅　吴慧芳　时爱静
何凤萍　何兆慧　沈明芳　宋玲英　张　超
张丽芬　张轶男　张铁群　张彩芳　张淑萍
张雅杰　陆　燕　陆洪丽　陆慧汇　陈　竹
陈　虹　陈　群　陈红霞　陈青云　陈凌云
林　琦　林　黎　金　芳　金　艳　周　红
周　磊　周敏华　郑　琦　单东萍　赵　敏
赵　勤　保桂娣　施佩玉　祝志英　贺凤珍
顾莺莺　柴小丽　徐　莉　徐　飚　徐美湘
徐蓓莲　奚美娟　高　慧　唐旻洁　凌　健
黄芸芸　黄迪迪　曹允池　盛　蔚　崔月红
梁　晨　董　适　董渝瑾　蒋小静　蒋应红
蒋珮莹　蒋碧珍　程　莉　谢少军　裘玉萍
熊敏艳　潘丽芳　瞿若梅　苏　梅　郑薇薇

全国推进女职工权益保护专项集体合同工作先进单位

上海市总工会女职工委员会
上海市纺织工会女职工委员会
上海市徐汇区总工会女职工委员会
上海市普陀区总工会女职工委员会
上海市杨浦区总工会女职工委员会
上海市青浦区总工会女职工委员会
上海市长宁区总工会女职工委员会
上海市闵行区总工会女职工委员会
上海市松江区总工会女职工委员会
上海航天局工会女职工委员会

上海市新闻出版工会女职工委员会

全国工会系统"五五"普法先进单位（共42家）

上海市总工会
上海综合保税区工会工作委员会
上海金桥出口加工区工会联合会
上海市徐汇区总工会
上海市徐汇区虹梅社区总工会
上海市长宁区总工会
上海市长宁区华阳路社区（街道）总工会
上海市普陀区总工会
上海市新曹杨工业园区工会联合会
上海市闸北区总工会
上海市虹口区总工会
上海市杨浦区总工会
上海市黄浦区外滩社区（街道）总工会
上海新世界股份有限公司工会
上海经纬集团城兴劳务服务有限公司工会
上海市静安区总工会
上海市宝山区顾村镇总工会
上海市闵行区总工会
上海市莘庄工业区工会
上海市嘉定区总工会
上海市金山区总工会
上海市松江区总工会
上海市青浦区总工会
上海市奉贤区总工会职工援助服务中心
上海市崇明县总工会
上海医药分销控股有限公司工会
上海电力安装第二工程公司工会
上海航天局工会
上海航天设备制造总厂工会
上海市烟草工会
上海海烟物流发展有限公司工会
上海汽车工业（集团）总公司工会
上海铁路局工会
上海铁路局上海机务段工会
上海运输工会
中国电信集团工会上海市委员会
上海机场（集团）有限公司工会
上海市建筑科学研究院（集团）有限公司工会
上海市医务工会
光明食品（集团）有限公司工会
上海吴淞煤气制气有限公司工会
上海城建（集团）公司工会

全国工会系统"五五"普法先进个人（共32人）

丁　巍　上海市总工会宣教文体部部长
黄　琦　上海市总工会法律工作部副部长
张　路　上海市总工会新闻办副主任
于国棣　上海烟草集团闸北烟草糖酒有限公司办公室主任
张宝明　上海市虹口区总工会副主席
方玉平　上海市杨浦区定海路街道党工委副处级调研员、地区总工会专职副主席
吴秦松　上海市卢湾区总工会民管法律部副部长
冯贻茂　上海市静安区总工会生活保障部部长
张新华　上海市宝山区高镜镇总工会主席
陈　佳　上海市嘉定区总工会保障法律部部长
胡新晔　上海金山工业区工会副主任兼综合工作党委副书记
毛联群　上海市松江区总工会法律工作部部长
孟祥伟　上海市青浦区香花桥社区（街道）总工会主席
李　浩　上海市奉贤区南桥镇总工会主席
宋国昌　上海市崇明县司法局法宣科主任科员
忻惠发　上海锅炉厂工会主席
姚志贤　上海轻工业工会联合会副主席
王艳君　中国石化上海石油化工股份有限公司工会副主席
吴金义　上海外高桥造船有限公司工会主席
俞文激　上海集装箱码头有限公司工会主席
李忠庆　中交上航局中港疏浚有限公司纪委书记、工会主席
秦国法　上海华东建筑机械厂有限公司工会主席
汤惠国　上海建筑材料（集团）总公司工会办公室、法律部负责人
王怡匀　现代设计集团工会委员、华东院建筑一所工会主席
李俊华　中建八局基础设施建设有限公司党委副书记、纪委书记、工会主席
孟晓芳　上海市司法局法制宣传处主任科员
汤家祺　上海市人力资源和社会保障局农民工办
张红星　劳动报社劳权周刊部主任
赵　　　上海工会管理职业学院副院长
贾鸿源　上海市工人文化宫专业编剧、研究馆员
李　刚　上海东方宣传教育服务中心副主任、工会主席
刘文富　上海电视大学继续教育学院院长

全国工会"千万农民工援助行动"先进单位

上海市杨浦区总工会保障工作部

全国工会先进培训和就业服务机构

上海市总工会培训中心
上海市总工会沪西职工技术交流站
上海市浦东新区工惠职工培训中心

统计

Statistics

各区县局(产业)工会组织数据一览表(一)

单位名称	基层工会	基层工会涵盖单位	职工	女性	农民工	工会会员	女性	农民工
	个	个	人	人	人	人	人	人
总计	**53747**	**214175**	**8181341**	**3080030**	**3216153**	**7601602**	**2920379**	**2944322**
浦东新区总工会	11001	22175	1074872	476124	384665	1003292	447754	353391
徐汇区总工会	2083	15159	328793	124175	108603	317245	120580	105170
长宁区总工会	1827	9386	223159	91417	108118	216897	89176	106822
普陀区总工会	3134	8995	228131	90010	111318	216553	85702	104242
闸北区总工会	1745	5675	165526	57621	58443	159133	55858	56045
虹口区总工会	2175	5857	161459	58659	41575	156172	56973	38499
杨浦区总工会	1681	5486	163977	60537	56114	161186	59253	55998
黄浦区总工会	1565	5423	180323	78984	29001	169770	74479	26686
卢湾区总工会	1942	4845	112656	41384	30242	108134	40013	29302
静安区总工会	1456	5085	112057	44510	19427	104580	42487	16677
宝山区总工会	2109	10874	379914	131623	133507	356022	123746	120354
闵行区总工会	5709	15059	549476	235587	355976	500068	224509	346507
嘉定区总工会	3416	15359	519119	210858	309353	451747	196715	278900
金山区总工会	1410	11530	266282	121330	166115	261533	120016	163949
松江区总工会	2133	24981	531765	228489	378360	453912	213574	316477
青浦区总工会	2562	31369	480269	201491	323224	429605	186699	302398
奉贤区总工会	2313	9702	417138	139583	191941	369448	125567	172264
崇明县总工会	879	1821	150962	59313	73094	137408	52377	69562
上海市机电工会	245	245	102468	23250	16909	98013	22493	14601
上海市仪表电子工会	89	89	40544	16025	8665	38626	15169	7597
上海市化学工会	103	104	37035	7249	3314	33059	6874	526
上海市轻工业工会	9	9	4277	1136		4277	1136	
上海市纺织工会	103	103	20567	7635	4884	20298	7500	4792
上海市医药工会	95	96	26947	11656	348	25273	11017	174
上海市电力公司工会	32	32	17086	3293	1	17086	3293	1
上海电力股份有限公司工会	16	16	6986	932	4	6972	929	4
上海电力建设有限公司工会	10	10	4418	418	95	4418	418	95
上海宝钢集团有限公司工会	111	111	85953	15476	935	85492	15415	781
中冶宝钢技术服务有限公司工会	12	12	18709	1676	12428	5480	769	
上海宝冶集团有限公司工会	14	14	6000	1138	1040	5635	1110	851
上海高桥石油化工公司工会	8	8	7684	2328		7670	2328	

续表

单位名称	基层工会	基层工会涵盖单位	职工	女性	农民工	工会会员	女性	农民工
	个	个	人	人	人	人	人	人
中国石化上海石油化工股份有限公司工会	26	26	21344	6176		21344	6176	
长江计算机(集团)公司工会	18	22	1310	397	103	1193	333	35
中铝上海铜业有限公司工会	8	8	2235	424	149	2073	407	6
上海航天局工会	51	51	19589	5623	1587	18835	5476	1273
上海船舶工业公司工会	24	27	62444	8533	21999	56557	7825	18401
中国商用飞机有限责任公司工会	11	11	6867	1692	137	6611	1663	58
上海市烟草工会	11	12	9018	2512		9018	2512	
上海汽车工业(集团)总公司工会	48	48	96873	18988	25568	92326	17892	21923
上海市漕河泾新兴技术开发区发展总公司工会	6	6	1408	538		1386	533	
中国能源化学工会华东电力工作委员会	7	7	2031	519		2031	519	
上海华虹(集团)有限公司工会	5	5	1711	569		1686	559	
中国华源集团有限公司工会	18	18	3961	1283	549	2841	808	50
华能国际电力股份公司上海分公司工会	6	6	2679	539		2679	539	
上海化学工业区工会	25	27	5776	1982	599	5203	1943	567
国药控股股份有限公司工会	9	9	2314	1105	111	2207	1093	4
中国铁路工会上海铁路局委员会	38	38	36170	5521	284	34623	5197	
中国海运(集团)总公司工会	24	24	19508	2485		19180	2427	
上海国际港务(集团)股份有限公司工会	38	38	35522	3686	12806	33739	3551	11081
中国海员工会上海长江轮船公司委员会	15	15	3037	686	753	2662	576	396
上海市运输工会	56	56	18260	2179	5001	13279	1834	1806
中国邮电工会上海市邮政委员会	39	39	28633	8783	15647	21111	6683	8177
中国移动通信集团工会上海市委员会	1	1	4426	2208		4426	2208	
中国电信集团工会上海市委员会	52	52	24100	7644		24009	7623	
中国电信集团工会号百信息服务有限公司委员会	2	2	427	195		427	195	
中国海员工会交通部东海救助局委员会	12	12	1083	85		1083	85	
中国海员工会交通部上海打捞局委员会	8	8	1254	79		1254	79	
中交上海航道局有限公司工会	11	11	4482	323	981	4478	323	979
中交第三航务工程局有限公司工会	12	12	3645	464	278	3638	464	278

续 表

单位名称	基层工会	基层工会涵盖单位	职工	女性	农民工	工会会员	女性	农民工
	个	个	人	人	人	人	人	人
中国海员工会中远集装箱运输有限公司工会	22	22	14452	1657	4288	10186	1621	84
中国海员工会中波轮船股份公司委员会	5	5	1072	93	77	1072	93	77
民航华东地区空中交通管理局工会	1	1	1697	445		1697	445	
中国民航工会华东地区管理局委员会	8	8	3670	1757	117	3462	1690	54
中国东方航空集团公司工会	30	30	33971	12151	1736	32957	11689	1420
上海机场(集团)有限公司工会	29	29	21351	6431	2000	21302	6421	1999
中国海员工会上海海事局委员会	20	20	3085	305		3085	305	
上海市城乡建设和交通工会	50	50	30327	7626	57	30125	7580	57
上海建工(集团)总公司工会	62	386	99552	4736	73446	99395	4665	73439
上海市交通运输和港口管理局工会	11	11	1653	447		1653	447	
上海市住房保障和房屋管理局工会	14	14	1239	460	106	1199	444	105
上海建筑材料(集团)总公司工会	34	34	10727	2118	1392	10233	2047	1206
上海海洋石油局工会	8	8	1286	208		1286	208	
上海市绿化和市容管理局工会	24	24	1558	536		1539	530	
上海现代建筑设计(集团)有限公司工会	18	18	3692	1198		3685	1198	
鲁中冶金矿业(集团)公司工会	15	15	7342	1453	1277	5935	1439	
上海闵行经济技术开发区工会	44	44	18443	7715	3166	17371	7184	2921
上海虹桥经济技术开发区联合发展有限公司工会	5	5	926	320	50	926	320	50
上海市水务局工会	14	14	1119	306		1119	306	
中国建筑第八工程局工会	24	174	63133	14139	42280	63040	14132	42280
上海大屯能源股份有限公司工会	16	16	23501	3747	5	23422	3732	5
上海市金融工会工作委员会	138	138	219213	108633	936	214606	106903	347
上海市税务工会	13	13	1526	725		1526	725	
上海市人力资源和社会保障局工会	42	42	2530	1161		2530	1161	
上海市农业委员会工会工作委员会	45	84	5722	1872	406	5505	1803	288
上海市科技工会	46	123	20956	7099	363	20213	6762	31
上海市教育工会	57	77	73542	31841	1890	69287	30747	1463
上海市医务工会	54	54	54921	36747	89	54735	36629	89
上海市新闻出版工会	65	65	9813	4014	2003	9251	3738	1874
解放日报报业集团工会	13	13	1722	663	373	1722	663	373

续表

单位名称	基层工会	基层工会涵盖单位	职工			工会会员		
				女性	农民工		女性	农民工
	个	个	人	人	人	人	人	人
文汇新民联合报业集团工会	7	7	2338	858	8	2244	786	
新华通讯社上海分社工会委员会	1	1	143	76		143	76	
上海市文化广播影视管理局工会	13	13	734	306	6	734	306	6
上海文化广播影视集团工会	71	71	14816	5950	267	14243	5798	237
上海市文物管理委员会工会	5	5	653	292		653	292	
上海社会科学院工会	22	22	821	323		821	323	
上海市体育局工会委员会	32	32	3978	1408	59	2788	856	
上海市经济和信息化系统工会	226	227	37497	11622	2197	34509	10702	321
光明食品(集团)有限公司工会	220	349	91676	44374	11027	89203	43366	9615
上海市民政局工会	45	45	6210	2838	225	6008	2721	136
上海市监狱管理局工会	18	18	7815	2051	493	7766	2033	444
锦江国际(集团)有限公司工会	366	366	65605	26425	9620	65605	26425	9620
上海市东湖(集团)公司工会	14	14	3620	1324		3490	1242	
上海市衡山(集团)公司工会	11	11	4373	1082	757	4093	988	711
上海市市级机关工会工作委员会	370	376	54184	17673	1830	52293	17056	1782
百联集团有限公司工会	130	130	45767	21848	3384	44031	21338	2529
上海水产(集团)总公司工会	19	19	5327	481	1065	5326	481	1065
上海申通地铁集团有限公司工会	26	26	22088	5358		17789	3883	
上海久事公司工会	57	68	81858	14316	958	80040	13671	958
上海市城市建设投资开发总公司工会	147	155	18394	5047	288	18055	5008	255
申能(集团)有限公司工会	32	32	11667	2423	646	11430	2423	409
上海电器科学研究所(集团)有限公司工会	9	9	975	290	187	893	267	156
上海良友(集团)有限公司工会	30	32	6322	1810	60	6210	1750	36
上海兰生(集团)有限公司工会	18	18	1728	634	62	1658	616	62
东方国际(集团)有限公司工会	46	46	4672	1900	315	4546	1825	189
上海市锦江航运有限公司工会	4	4	539	132		539	132	
上海蔬菜(集团)有限公司工会	13	13	2694	732	261	2372	561	12
上海市社会系统工会工作委员会	14	14	40497	6205	7668	34152	5518	6147
上海城建(集团)公司工会	99	99	34917	2724	21967	34917	2724	21967
上海地产(集团)有限公司工会	49	54	2687	1165	76	2246	985	
上海市申江两岸开发建设投资(集团)有限公司工会	6	6	162	51		162	51	
上海世博(集团)有限公司工会	28	29	3115	1593	392	3078	1578	361

续 表

单位名称	基层工会	基层工会涵盖单位	职工	女性	农民工	工会会员	女性	农民工
	个	个	人	人	人	人	人	人
中国联合网络通信有限公司上海市分公司工会	1	1	1447	568		1447	568	
上海市合作交流系统工会	52	52	4404	982	1037	3503	842	490
上海市通信管理局工会	2	2	194	58		194	58	
上海世博会事务协调局工会	1	1	351	201		351	201	
上海上实(集团)有限公司工会	24	26	5866	2214	90	2382	918	53
上海临港产业区工会工作委员会	17	17	2357	363	900	2271	327	900
上海市公安局工会	1	1	8502	1716		8502	1716	
上海国盛(集团)有限公司工会	6	6	1948	889		1948	889	

各区县局(产业)工会组织数据一览表(二)

单位名称	专职工会工作人员	女性	兼职工会工作人员	女性	女职工组织		本级工会女职工工作人员		建立工会经费审查组织
					建立女职工委员会	仅设立女职工委员	专职	兼职	
	人	人	人	人	个	个	人	人	个
总计	**18522**	**7330**	**181006**	**79062**	**31109**	**19374**	**2009**	**68420**	**46387**
浦东新区总工会	7113	2918	20897	9600	5920	4557	557	11594	10460
徐汇区总工会	1603	744	6006	3088	1174	870	112	3265	1699
长宁区总工会	44	16	4715	2649	1090	716	12	1874	1827
普陀区总工会	620	323	6509	2946	1192	1678	97	3584	2513
闸北区总工会	98	43	5508	2684	427	1250	18	2213	1687
虹口区总工会	414	208	4935	2474	1461	589	79	2168	2158
杨浦区总工会	79	52	4613	2305	885	736	10	2378	1543
黄浦区总工会	261	102	5674	2514	1241	262	43	1936	1433
卢湾区总工会	209	35	4182	2250	690	1100	12	1960	736
静安区总工会	394	201	4833	2545	322	1117	50	2145	1401
宝山区总工会	78	23	15593	4516	1409	443	18	2178	1647
闵行区总工会	124	27	22901	9889	3648	1595	19	7593	5709
嘉定区总工会	239	93	8513	3955	2466	444	38	3539	3416
金山区总工会	362	148	4848	2198	758	547	103	1635	1076
松江区总工会	420	116	15391	6018	1699	358	43	3852	1399

续表

单位名称	专职工会工作人员	女性	兼职工会工作人员	女性	女职工组织		本级工会女职工工作人员		建立工会经费审查组织
					建立女职工委员会	仅设立女职工委员	专职	兼职	
	人	人	人	人	个	个	人	人	个
青浦区总工会	587	164	7832	4040	2222	337	5	3619	2068
奉贤区总工会	183	42	5649	2220	1153	948	16	2248	1001
崇明县总工会	334	90	2505	1046	475	344	13	902	567
上海市机电工会	247	87	1399	602	147	90	46	524	230
上海市仪表电子工会	44	21	505	223	57	26	6	175	86
上海市化学工会	144	55	611	244	69	25	28	250	92
上海市轻工业工会	23	6	39	13	4	4	7	32	8
上海市纺织工会	75	26	328	166	76	24	11	164	103
上海市医药工会	62	23	460	241	80	13	15	218	75
上海市电力公司工会	131	56	215	61	26	5	27	151	27
上海电力股份有限公司工会	18	8	94	20	13	1	3	56	15
上海电力建设有限公司工会	23	6	137	34	10		5	43	10
上海宝钢集团有限公司工会	315	120	897	344	73	37	45	190	95
中冶宝钢技术服务有限公司工会	8	3	112	19	12		1	50	4
上海宝冶集团有限公司工会	25	12	150	35	12	1		63	13
上海高桥石油化工公司工会	28	7	46	17	3	5	1	9	8
中国石化上海石油化工股份有限公司工会	74	37	271	93	26		18	106	25
长江计算机(集团)公司工会	18	10	33	18	1	14	1	14	15
中铝上海铜业有限公司工会	4	1	39	17	6	2	1	13	7
上海航天局工会	69	33	279	144	36	15	25	91	51
上海船舶工业公司工会	101	32	643	176	19	4	12	150	20
中国商用飞机有限责任公司工会	22	10	64	25	5	6	4	28	7
上海市烟草工会	42	24	92	43	11		2	53	11
上海汽车工业(集团)总公司工会	198	85	965	367	46	2	33	218	48
上海市漕河泾新兴技术开发区发展总公司工会	5	3	29	10	6		2	13	6
中国能源化学工会华东电力工作委员会	13	3	46	17	5	2	2	14	7
上海华虹(集团)有限公司工会	2		83	33	3	2		31	5
中国华源集团有限公司工会	20	9	115	50	7	7	2	41	14

续　表

单位名称	专职工会工作人员	女性	兼职工会工作人员	女性	女职工组织		本级工会女职工工作人员		建立工会经费审查组织
					建立女职工委员会	仅设立女职工委员	专职	兼职	
	人	人	人	人	个	个	人	人	个
华能国际电力股份公司上海分公司工会	11	4	38	9	3	3	4	11	5
上海化学工业区工会	2		157	77	9	16		52	24
国药控股股份有限公司工会			23	10	8	1		10	9
中国铁路工会上海铁路局委员会	43	9	460	129	29	4	3	92	36
中国海运(集团)总公司工会	42	6	231	90	15	8	2	30	22
上海国际港务(集团)股份有限公司工会	157	36	289	126	30	8	11	98	38
中国海员工会上海长江轮船公司委员会	15	1	69	23	10	2		21	15
上海市运输工会	104	21	172	57	30	14	10	66	42
中国邮电工会上海市邮政委员会	95	45	452	266	37	2	9	102	39
中国移动通信集团工会上海市委员会	30	23	10	4	1			15	1
中国电信集团工会上海市委员会	75	37	551	306	49	3	13	183	52
中国电信集团工会号百信息服务有限公司委员会	3	1	28	18	1	1		6	2
中国海员工会交通部东海救助局委员会	2	1	42	14	5	6		16	12
中国海员工会交通部上海打捞局委员会	2		41	7	3	3		8	8
中交上海航道局有限公司工会	21	3	8	2	7	4		11	11
中交第三航务工程局有限公司工会	28	7	53	23	10	1		15	11
中国海员工会中远集装箱运输有限工会	15	1	215	45	10	11		41	19
中国海员工会中波轮船股份公司委员会	3		29	4	1	1		4	4
民航华东地区空中交通管理局工会	8	4	45	20	1		1	15	1
中国民航工会华东地区管理局委员会	12	5	100	49	7	1	1	28	8
中国东方航空集团公司工会	86	46	189	92	22	8	20	62	29
上海机场(集团)有限公司工会	33	7	493	232	22	7		164	29
中国海员工会上海海事局委员会	14	2	88	24	20		2	18	20
上海市城乡建设和交通工会	126	45	720	334	35	15	11	146	50
上海建工(集团)总公司工会	167	41	738	164	40	20	11	144	49
上海市交通运输和港口管理局工会	13	7	66	32	7	4	1	26	11
上海市住房保障和房屋管理局工会	5	1	67	32	9	5		31	14
上海建筑材料(集团)总公司工会	20	9	139	59	19	15	4	63	34
上海海洋石油局工会	4	2	36	9	3	5	2	7	7
上海市绿化和市容管理局工会	26	6	83	41	16	8	3	34	24

续　表

单位名称	专职工会工作人员	女性	兼职工会工作人员	女性	女职工组织		本级工会女职工工作人员		建立工会经费审查组织
					建立女职工委员会	仅设立女职工委员	专职	兼职	
	人	人	人	人	个	个	人	人	个
上海现代建筑设计(集团)有限公司工会	4	4	104	51	18		3	41	18
鲁中冶金矿业(集团)公司工会	25	6	171	52	15		5	36	15
上海闵行经济技术开发区工会	4		282	133	23	10		92	41
上海虹桥经济技术开发区联合发展有限公司工会	1		30	11	1	4		7	5
上海市水务局工会	7	1	97	41	1	13		16	14
中国建筑第八工程局工会	52	19	633	124	23	1	16	146	21
上海大屯能源股份有限公司工会	124	40	278	68	15	1	24	131	16
上海市金融工会工作委员会	102	55	1643	738	62	73	24	239	114
上海市税务工会	13	8	73	31	4	7	4	17	12
上海市人力资源和社会保障局工会	3	1	170	72	23	17	1	73	41
上海市农业委员会工会工作委员会	66	24	244	79	12	21	7	40	36
上海市科技工会	33	14	379	166	39	7	8	108	46
上海市教育工会	162	80	1457	661	47	10	36	396	55
上海市医务工会	112	62	466	238	48	6	29	248	54
上海市新闻出版工会	14	7	303	143	40	22	2	104	63
解放日报报业集团工会	6	3	78	34	1	12		17	3
文汇新民联合报业集团工会	5	2	50	20	7			13	6
新华通讯社上海分社工会委员会			4	1	1			1	1
上海市文化广播影视管理局工会	5	4	49	27	7	6		16	10
上海文化广播影视集团工会	35	11	417	194	47	21	4	126	58
上海市文物管理委员会工会	2	1	25	13	2	3		5	4
上海社会科学院工会			56	24		22		22	
上海市体育局工会委员会	4	3	142	62	10	22		47	24
上海市经济和信息化系统工会	81	35	1227	518	72	151	15	363	197
光明食品(集团)有限公司工会	189	65	797	383	172	46	24	369	138
上海市民政局工会	15	2	228	130	25	20	2	106	45
上海市监狱管理局工会	52	23	328	89	18		12	48	18
锦江国际(集团)有限公司工会	369	149	1036	206	345	19	12	954	366

续 表

单位名称	专职工会工作人员	女性	兼职工会工作人员	女性	女职工组织		本级工会女职工工作人员		建立工会经费审查组织
					建立女职工委员会	仅设立女职工委员	专职	兼职	
	人	人	人	人	个	个	人	人	个
上海市东湖(集团)公司工会	2	2	71	28	13	1	2	22	14
上海市衡山(集团)公司工会	9	1	62	27	11		1	23	9
上海市市级机关工会工作委员会	117	40	1964	809	127	186	19	499	289
百联集团有限公司工会	147	36	674	340	104	17	17	206	124
上海水产(集团)总公司工会	21	3	51	12	6	11	2	17	18
上海申通地铁集团有限公司工会	31	17	146	66	23	3	7	59	25
上海久事公司工会	119	27	289	91	45	12	10	93	57
上海市城市建设投资开发总公司工会	166	72	545	263	81	66	36	198	147
申能(集团)有限公司工会	44	17	165	63	14	12	6	54	29
上海电器科学研究所(集团)有限公司工会			56	29	7			19	9
上海良友(集团)有限公司工会	30	10	97	40	8	21	1	40	30
上海兰生(集团)有限公司工会	13	2	52	22	10	8	3	21	15
东方国际(集团)有限公司工会	46	16	230	106	21	25	4	72	46
上海市锦江航运有限公司工会	2		16	7	4			9	4
上海蔬菜(集团)有限公司工会	14	6	41	18	3	9		15	13
上海市社会系统工会工作委员会	16	3	204	85	10	2	1	75	11
上海城建(集团)公司工会	57	19	347	130	58	33	5	134	41
上海地产(集团)有限公司工会	49	15	112	56	7	42	7	43	25
上海市申江两岸开发建设投资(集团)有限公司工会	6		12	6	1	5		6	4
上海世博(集团)有限公司工会	31	8	167	92	12	15		51	27
中国联合网络通信有限公司上海市分公司工会	4	2	74	34	1		1	4	1
上海市合作交流系统工会	11	3	238	91	11	11	1	30	36
上海市通信管理局工会	1	1	8	2	2		1	2	1
上海世博会事务协调局工会	11	4			1		2	1	1
上海上实(集团)有限公司工会	18	7	73	32	3	11	2	13	19
上海临港产业区工会工作委员会	22	3	78	29		17		17	16
上海市公安局工会	7	2	43	9	1		1	4	1
上海国盛(集团)有限公司工会	8	3	36	19	3	1	2	13	6

工会组织建设状况（一）

所在行业	基层工会	基层工会涵盖单位	职工	女性	农民工	工会会员	女性	农民工
	个	个	人	人	人	人	人	人
总计	**53747**	**214175**	**8181341**	**3080030**	**3216153**	**7601602**	**2920379**	**2944322**
按国民经济行业分组								
(01)农、林、牧、渔业	662	1236	80880	28687	30452	77549	27325	28706
(02)采矿业	49	57	34512	6777	1890	32499	6585	613
(03)制造业	19140	44336	3001637	1179577	1449594	2734582	1104101	1305315
(04)电力、燃气及水的生产和供应业	438	446	78792	17813	8657	76397	17521	7537
(05)建筑业	1887	2964	682203	76779	500020	623187	68159	461439
(06)交通运输、仓储及邮政业	1717	1852	526473	113928	83989	484696	105581	62706
(07)信息传输、计算机服务和软件业	1467	2274	132978	48766	24555	128556	47674	23739
(08)批发和零售业	4938	28936	518193	235332	148246	491210	226816	136348
(09)住宿和餐饮业	3039	5669	283783	133224	114642	266752	127390	108935
(10)金融业	463	709	250095	120916	3968	242889	118529	3123
(11)房地产业	1335	1930	109367	34347	25623	99146	31609	23661
(12)租赁和商业服务业	3419	37966	462965	183831	202554	436365	176715	194674
(13)科学研究、技术服务和地质勘查业	846	1179	91582	30030	7486	89847	29470	7049
(14)水利、环境和公共设施管理业	879	1713	137746	55217	56097	124337	53160	52758
(15)居民服务和其他服务业	5919	56570	832016	342463	395061	766545	318455	369124
(16)教育	2594	2802	252348	156600	6296	245272	153549	5601
(17)卫生、社会保障和社会福利业	1140	1286	199194	125528	18531	192141	121940	16808
(18)文化、体育和娱乐业	916	1262	59884	24792	7015	56072	23248	6370
(19)公共管理和社会组织	2899	20988	446693	165423	131477	433560	162552	129816
按经济类型分组								
(110)国有企业	2339	3319	790166	223250	116227	734596	212849	88426
(120)集体企业	2342	7361	367612	112631	180202	348627	104860	170021
(130)股份合作企业	1338	1410	142740	60874	53342	128894	55288	48281
(140)联营企业	77	132	10299	4335	3733	9827	4247	3629
(151)国有独资公司	485	501	168295	38813	29577	160567	37224	24820
(159)其他有限责任公司	2375	4405	435799	148621	123414	392590	138008	104854
(161)股份有限公司中的国有控股公司	792	844	553025	171511	56336	535111	167229	45265
(169)其他股份有限公司	678	766	157526	42319	48512	146840	41048	44993

续 表

所在行业	基层工会	基层工会涵盖单位	职工	女性	农民工	工会会员	女性	农民工
	个	个	人	人	人	人	人	人
(170)私营企业	25060	156401	2959210	1115984	1667469	2735909	1070588	1553224
(190)其他内资企业	538	1670	76927	26832	31910	75323	26051	31896
(200)台港澳商投资企业	2925	3534	446918	215046	251865	396889	198217	227517
(300)外商投资企业	6983	11570	1136478	506570	475310	1027785	464853	426290
(401)财政拨款的事业单位	3910	4510	474341	249231	50477	462503	244059	49067
(402)其他事业单位	1458	2530	223964	78102	79035	216682	74904	78331
(500)机关	1428	1609	150554	47849	3310	148444	47397	3261
(600)个体经济组织	1019	13613	87487	38062	45434	81015	33557	44447

工会组织建设状况(二)

所在行业	专职工会工作人员	女性	专职工会工作人员年龄构成			专职工会工作人员文化程度构成				
			35岁及以下	36-50岁	51岁及以上	研究生	大学本科	大专	高中(中专、中技)	初中及以下
	人	人	人	人	人	人	人	人	人	人
总计	**18522**	**7330**	**3692**	**9224**	**5606**	**522**	**5637**	**7765**	**4013**	**585**
按国民经济行业分组										
(01)农、林、牧、渔业	326	91	52	140	134	5	77	115	95	34
(02)采矿业	143	51	16	105	22	1	44	88	9	1
(03)制造业	5896	1995	1076	3107	1713	135	1494	2290	1650	327
(04)电力、燃气及水的生产和供应业	420	165	51	205	164	19	196	152	48	5
(05)建筑业	881	258	180	419	282	12	251	398	193	27
(06)交通运输、仓储及邮政业	1241	391	208	537	496	32	412	533	234	30
(07)信息传输、计算机服务和软件业	448	233	191	205	52	33	252	132	31	
(08)批发和零售业	1447	636	362	654	431	43	377	647	357	23
(09)住宿和餐饮业	1014	453	460	367	187	13	148	605	233	15
(10)金融业	188	94	36	101	51	27	91	55	11	4
(11)房地产业	538	183	72	257	209	31	181	239	78	9
(12)租赁和商业服务业	1126	544	299	567	260	22	248	605	234	17

续 表

所在行业	专职工会工作人员	女性	专职工会工作人员年龄构成			专职工会工作人员文化程度构成				
			35岁及以下	36－50岁	51岁及以上	研究生	大学本科	大专	高中（中专、中技）	初中及以下
	人	人	人	人	人	人	人	人	人	人
（13）科学研究、技术服务和地质勘查业	285	125	50	145	90	24	122	113	25	1
（14）水利、环境和公共设施管理业	402	132	55	213	134	11	145	154	68	24
（15）居民服务和其他服务业	1488	748	198	777	513	8	283	701	450	46
（16）教育	786	457	88	510	188	45	543	158	38	2
（17）卫生、社会保障和社会福利业	429	237	59	222	148	7	186	171	58	7
（18）文化、体育和娱乐业	223	78	62	85	76	9	75	109	27	3
（19）公共管理和社会组织	1241	459	177	608	456	45	512	500	174	10
按经济类型分组										
（110）国有企业	2075	717	245	915	915	78	705	907	350	35
（120）集体企业	734	235	101	355	278	4	81	314	281	54
（130）股份合作企业	542	217	286	124	132	7	44	363	107	21
（140）联营企业	24	11	4	14	6		6	10	7	1
（151）国有独资公司	585	216	87	270	228	26	255	222	79	3
（159）其他有限责任公司	1142	398	156	554	432	55	314	505	246	22
（161）股份有限公司中的国有控股公司	1376	487	185	700	491	58	546	592	162	18
（169）其他股份有限公司	187	71	30	95	62	9	42	75	56	5
（170）私营企业	5720	2264	1271	2994	1455	56	1014	2454	1883	313
（190）其他内资企业	172	80	33	94	45	2	69	57	39	5
（200）台港澳商投资企业	762	331	244	364	154	16	235	327	153	31
（300）外商投资企业	2186	942	682	1126	378	91	845	895	323	32
（401）财政拨款的事业单位	1709	834	202	980	527	65	924	555	138	27
（402）其他事业单位	424	163	53	208	163	9	145	185	75	10
（500）机关	677	259	101	310	266	45	391	204	36	1
（600）个体经济组织	207	105	12	121	74	1	21	100	78	7

工会组织建设状况（三）

所在行业	兼职工会工作人员	女性	女职工组织		本级工会女职工工作人员	
			建立女职工委员会	仅设立女职工委员	专职	兼职
	人	人	个	个	人	人
总计	**181006**	**79062**	**31109**	**19374**	**2009**	**68420**
按国民经济行业分组						
（01）农、林、牧、渔业	1974	781	410	195	29	720
（02）采矿业	461	111	36	11	22	134
（03）制造业	58219	23433	12377	5483	610	22367
（04）电力、燃气及水的生产和供应业	1700	622	267	155	70	733
（05）建筑业	6628	2333	989	735	97	2199
（06）交通运输、仓储及邮政业	6614	2688	931	652	121	2302
（07）信息传输、计算机服务和软件业	3899	1921	631	737	45	1654
（08）批发和零售业	18541	6395	2028	2483	114	5888
（09）住宿和餐饮业	7243	3412	1980	960	65	3979
（10）金融业	2418	1107	272	175	37	614
（11）房地产业	3739	1679	707	578	78	1488
（12）租赁和商业服务业	12245	6279	1836	1399	76	5266
（13）科学研究、技术服务和地质勘查业	2552	1093	341	449	49	1056
（14）水利、环境和公共设施管理业	2597	1174	523	313	57	1025
（15）居民服务和其他服务业	22046	10015	3287	2234	158	7788
（16）教育	12355	7810	1619	967	83	4245
（17）卫生、社会保障和社会福利业	4578	2502	759	360	96	2004
（18）文化、体育和娱乐业	2695	1284	451	423	28	1066
（19）公共管理和社会组织	10502	4423	1665	1065	174	3892
按经济类型分组						
（110）国有企业	10674	4387	1521	707	312	3822
（120）集体企业	8697	3090	1520	700	71	3105
（130）股份合作企业	3486	1215	890	344	28	1908
（140）联营企业	223	91	46	24	2	90
（151）国有独资公司	2640	1139	264	206	97	908
（159）其他有限责任公司	8503	3425	1283	1017	140	2953
（161）股份有限公司中的国有控股公司	5831	2519	553	215	194	1839
（169）其他股份有限公司	2188	983	457	199	43	793

续表

所在行业	兼职工会工作人员	女性	女职工组织		本级工会女职工工作人员	
			建立女职工委员会	仅设立女职工委员	专职	兼职
	人	人	个	个	人	人
(170)私营企业	79333	33248	14057	9506	441	30396
(190)其他内资企业	1558	798	245	279	11	720
(200)台港澳商投资企业	8076	3622	1833	847	57	3235
(300)外商投资企业	19808	8882	3875	2542	160	7829
(401)财政拨款的事业单位	16941	9503	2514	1318	269	6126
(402)其他事业单位	5337	2788	823	554	65	1910
(500)机关	5243	2320	775	573	94	1787
(600)个体经济组织	2468	1052	453	343	25	999

工会保障工作(一)

所在行业	工会所在单位本年度经济性裁员		本单位困难职工人数	困难职工中被帮助的	本年度领导干部联系生活困难职工户活动		工会送温暖工程工作	
	裁员人数	得到经济性补偿			参加活动的领导干部	联系的困难职工家庭	建立了送温暖工程基(资)金	送温暖工程基(资)金结存额
	人	人	人	人	人	户	个	元
总计	**7555**	**6015**	**114656**	**110212**	**29210**	**40932**	**6007**	**573146764**
按国民经济行业分组								
(01)农、林、牧、渔业	83	72	4677	4559	735	930	101	4300940
(02)采矿业			3234	3224	123	153	14	2301235
(03)制造业	5371	4644	41189	39638	7681	10554	1492	209091511
(04)电力、燃气及水的生产和供应业	115	115	968	906	453	581	136	36650242
(05)建筑业	104	78	5617	5369	1379	3474	244	20002136
(06)交通运输、仓储及邮政业	434	323	13687	13274	1881	3040	312	76485256
(07)信息传输、计算机服务和软件业	60	19	830	822	285	317	113	55446470
(08)批发和零售业	295	240	8455	8015	1573	2579	282	14836211
(09)住宿和餐饮业	17	15	3142	2963	938	1512	257	9119875
(10)金融业			3770	3760	451	628	46	10087312

续 表

所在行业	工会所在单位本年度经济性裁员		本单位困难职工人数	困难职工中被帮助的	本年度领导干部联系生活困难职工户活动		工会送温暖工程工作	
	裁员人数	得到经济性补偿			参加活动的领导干部	联系的困难职工家庭	建立了送温暖工程基(资)金	送温暖工程基(资)金结存额
	人	人	人	人	人	户	个	元
(11)房地产业	10	7	2035	1999	809	1139	194	9467598
(12)租赁和商业服务业	459	238	4912	4427	1095	1495	231	2281674
(13)科学研究、技术服务和地质勘查业	26	21	695	668	367	475	106	8211534
(14)水利、环境和公共设施管理业	158		2123	2047	966	1350	143	6115462
(15)居民服务和其他服务业	249	203	5238	4892	1731	2400	506	22967071
(16)教育	2		4736	4661	4742	5089	1122	27583718
(17)卫生、社会保障和社会福利业	10	9	3767	3711	1296	1931	287	44169007
(18)文化、体育和娱乐业	35	31	984	965	500	667	74	5055276
(19)公共管理和社会组织	127		4597	4312	2205	2618	347	8974236
按经济类型分组								
(110)国有企业	1214	1096	40439	39668	5062	8161	650	165886474
(120)集体企业	208	196	7803	7209	1975	3028	337	3594827
(130)股份合作企业	79	46	1198	1081	641	775	88	7951626
(140)联营企业	139	139	97	95	23	35	9	103317
(151)国有独资公司	274	266	7503	7391	1005	1355	154	31874952
(159)其他有限责任公司	106	98	12590	11742	2247	3118	394	50703002
(161)股份有限公司中的国有控股公司	751	671	16644	16514	2415	5122	297	133249961
(169)其他股份有限公司	55	33	1384	1310	518	687	75	4263454
(170)私营企业	1204	387	7922	7080	3442	4077	1532	7963494
(190)其他内资企业			511	491	262	432	72	813805
(200)台港澳商投资企业	2610	2362	1924	1780	739	1058	158	5905700
(300)外商投资企业	907	719	3497	3209	1663	2247	384	65506522
(401)财政拨款的事业单位	5	2	8242	8144	6212	7332	1375	52059277
(402)其他事业单位			2406	2211	1340	1704	279	36380493
(500)机关	3		2331	2152	1624	1756	155	6858310
(600)个体经济组织			165	135	42	45	48	31550

工会保障工作(二)

所在行业	工会所在单位参加社会保险的人数					
	养老保险	医疗保险		工伤保险	失业保险	生育保险
		在职	退休			
	人	人	人	人	人	人
总计	**4685196**	**4721243**	**2397830**	**4350326**	**4080551**	**3347530**
按国民经济行业分组						
(01)农、林、牧、渔业	54803	53510	47447	48346	44250	36640
(02)采矿业	32015	30160	12746	31310	31671	30276
(03)制造业	1561842	1605400	1236219	1486213	1294289	990743
(04)电力、燃气及水的生产和供应业	68235	68956	30445	65980	65699	62221
(05)建筑业	252246	256642	75148	245776	206624	144667
(06)交通运输、仓储及邮政业	427293	425049	165215	406724	412431	370174
(07)信息传输、计算机服务和软件业	104162	106790	11141	97010	99191	83655
(08)批发和零售业	308262	308985	164052	278344	282441	239700
(09)住宿和餐饮业	168300	170093	32322	156647	145556	124521
(10)金融业	172339	170275	21332	163683	167002	159947
(11)房地产业	77819	75944	21028	70420	68877	58847
(12)租赁和商业服务业	263649	261759	89209	207815	218595	152634
(13)科学研究、技术服务和地质勘查业	72975	72610	41724	68965	69964	59417
(14)水利、环境和公共设施管理业	64051	62753	26668	59013	57839	50548
(15)居民服务和其他服务业	368840	366206	79705	339585	281357	223737
(16)教育	233004	232070	190344	216600	223658	209569
(17)卫生、社会保障和社会福利业	172319	170343	77060	163933	163596	150565
(18)文化、体育和娱乐业	48859	49203	22729	45731	46382	37296
(19)公共管理和社会组织	234183	234495	53296	198231	201129	162373
按经济类型分组						
(110)国有企业	598346	591066	1110590	579194	587443	546846
(120)集体企业	190503	186463	195874	145392	149562	107590
(130)股份合作企业	89343	86765	24739	77392	66665	53958
(140)联营企业	7808	7787	585	6066	6439	5057
(151)国有独资公司	141753	141338	154855	138486	132589	123655
(159)其他有限责任公司	306338	304286	170409	294543	263969	239952

续 表

所在行业	工会所在单位参加社会保险的人数					
	养老保险	医疗保险		工伤保险	失业保险	生育保险
		在职	退休			
	人	人	人	人	人	人
(161)股份有限公司中的国有控股公司	454942	453438	245685	441153	447798	393435
(169)其他股份有限公司	96906	102622	22248	93295	91784	82254
(170)私营企业	1130649	1133948	52159	993046	846848	565878
(190)其他内资企业	47207	47053	982	43780	44265	36743
(200)台港澳商投资企业	239841	276156	15951	251318	180136	147544
(300)外商投资企业	670694	682606	34945	629500	598563	489983
(401)财政拨款的事业单位	410340	408143	260456	385710	394293	363538
(402)其他事业单位	157160	155605	73323	145323	144999	95874
(500)机关	119426	119815	34796	102879	109017	87358
(600)个体经济组织	23940	24152	233	23249	16181	7865

工会保障工作(三)

所在行业	工会所在单位离退休人员	工会所在单位已参加住房公积金
	人	个
总计	**2468455**	**32121**
按国民经济行业分组		
(01)农、林、牧、渔业	48034	392
(02)采矿业	13265	42
(03)制造业	1256046	9943
(04)电力、燃气及水的生产和供应业	33303	347
(05)建筑业	79244	1093
(06)交通运输、仓储及邮政业	171500	1283
(07)信息传输、计算机服务和软件业	11236	969
(08)批发和零售业	167205	2975
(09)住宿和餐饮业	33147	1219
(10)金融业	24130	353
(11)房地产业	29382	1045
(12)租赁和商业服务业	96097	2231
(13)科学研究、技术服务和地质勘查业	42633	657
(14)水利、环境和公共设施管理业	27548	732

续 表

所在行业	工会所在单位离退休人员	工会所在单位已参加住房公积金
	人	个
(15)居民服务和其他服务业	81138	2339
(16)教育	194703	2408
(17)卫生、社会保障和社会福利业	80296	990
(18)文化、体育和娱乐业	23744	717
(19)公共管理和社会组织	55804	2386
按经济类型分组		
(110)国有企业	1133241	2319
(120)集体企业	197754	1757
(130)股份合作企业	26170	805
(140)联营企业	737	71
(151)国有独资公司	159382	485
(159)其他有限责任公司	174251	2274
(161)股份有限公司中的国有控股公司	258798	790
(169)其他股份有限公司	22919	667
(170)私营企业	56107	7726
(190)其他内资企业	1163	313
(200)台港澳商投资企业	16650	2187
(300)外商投资企业	38164	5768
(401)财政拨款的事业单位	267906	3908
(402)其他事业单位	77732	1457
(500)机关	37247	1412
(600)个体经济组织	234	182

工会劳动合同、集体合同工作

所在行业	工会所在单位签订劳动合同			
	基层工会	涵盖单位	签订劳动合同的职工人数	签订劳动合同的农民工
	个	个	人	人
总计	**45641**	**163394**	**6240783**	**1976987**
按国民经济行业分组				
(01)农、林、牧、渔业	570	1060	69932	24574
(02)采矿业	48	56	30991	1890
(03)制造业	16204	35399	2395211	1036587
(04)电力、燃气及水的生产和供应业	417	425	76274	6335

续 表

所在行业	工会所在单位签订劳动合同			
	基层工会	涵盖单位	签订劳动合同的职工人数	签订劳动合同的农民工
	个	个	人	人
(05)建筑业	1607	2259	370794	210128
(06)交通运输、仓储及邮政业	1597	1683	435219	28864
(07)信息传输、计算机服务和软件业	1403	2198	126068	18055
(08)批发和零售业	4339	18558	398803	87300
(09)住宿和餐饮业	2717	4224	246373	85493
(10)金融业	416	538	190419	2438
(11)房地产业	1264	1835	93661	15369
(12)租赁和商业服务业	3197	26605	355184	112249
(13)科学研究、技术服务和地质勘查业	758	1070	79799	4914
(14)水利、环境和公共设施管理业	746	1569	126570	48039
(15)居民服务和其他服务业	4837	43646	603727	218169
(16)教育	2414	2621	205844	4331
(17)卫生、社会保障和社会福利业	961	1084	175864	10328
(18)文化、体育和娱乐业	771	1023	44490	5565
(19)公共管理和社会组织	1375	17541	215560	56359
按经济类型分组				
(110)国有企业	2242	3219	707343	81642
(120)集体企业	2064	5772	242008	74470
(130)股份合作企业	1212	1284	131525	45038
(140)联营企业	72	127	9542	3070
(151)国有独资公司	474	490	149071	20455
(159)其他有限责任公司	2291	2936	381893	93343
(161)股份有限公司中的国有控股公司	766	818	452982	17875
(169)其他股份有限公司	646	731	138149	36173
(170)私营企业	21301	120898	2081533	971196
(190)其他内资企业	482	1506	50731	8729
(200)台港澳商投资企业	2473	3032	382280	195152
(300)外商投资企业	6143	10466	908693	320532
(401)财政拨款的事业单位	3361	3940	382020	36372
(402)其他事业单位	1206	2134	168394	49558
(500)机关	75	75	3899	16
(600)个体经济组织	833	5966	50720	23366

工会签订集体合同情况(一)

类型	签订集体合同总数			单独企业合同			区域性集体合同			行业性集体合同		
	合同	覆盖企业	覆盖职工	合同	覆盖企业	覆盖职工	合同	覆盖企业	覆盖职工	合同	覆盖企业	覆盖职工
	份	个	人	份	个	人	份	个	人	份	个	人
总计(0)	**22479**	**85262**	**4185980**	**19147**	**19147**	**2467942**	**3096**	**59935**	**1086791**	**236**	**6180**	**631247**
国有企业及国有独资公司(1)		3377	1153100		2116	817949		244	15305		1017	319846
集体企业(2)		2791	224070		1898	157971		862	59981		31	6118
私营企业(3)		72378	1760152		11563	771121		56355	873678		4460	115353
港澳台、外商投资企业(4)		3844	593258		2051	450933		1604	96328		189	45997
其他(5)		2872	455400		1519	269968		870	41499		483	143933

工会签订集体合同情况(二)

类型	工资专项集体合同总数			单独企业工资合同			区域性工资合同			行业性工资合同		
	合同	覆盖企业	覆盖职工	合同	覆盖企业	覆盖职工	合同	覆盖企业	覆盖职工	合同	覆盖企业	覆盖职工
	份	个	人	份	个	人	份	个	人	份	个	人
总计(0)	**11220**	**42844**	**2256578**	**9108**	**9108**	**1509226**	**2005**	**30652**	**474302**	**107**	**3084**	**273050**
国有企业及国有独资公司(1)		1587	486322		1283	421733		31	3686		273	60903
集体企业(2)		1560	129024		814	92376		726	34887		20	1761
私营企业(3)		34979	947575		4664	484103		28082	370030		2233	93442
港澳台、外商投资企业(4)		2388	385753		1113	297266		1126	48054		149	40433
其他(5)		2330	307904		1234	213748		687	17645		409	76511

工会签订集体合同情况(三)

类型	建立集体协商指导员队伍情况											
	集体协商指导员人数	区县局(产业)		街道、乡镇、经济开发区		指导参与签订集体合同	劳动安全专项集体合同			其他专项集体合同		
		指导员队伍个数	集体协商指导员人数	指导员队伍个数	集体协商指导员人数		合同	覆盖企业	覆盖职工	合同	覆盖企业	覆盖职工
	人	个	人	个	人	次数	份	个	人	份	个	人
总计(0)	**1243**	**33**	**482**	**277**	**761**	**6313**	**532**	**4289**	**255470**	**3148**	**7463**	**165435**
国有企业及国有独资公司(1)								436	120115		555	56115
集体企业(2)								254	18609		360	22899
私营企业(3)								2029	28255		4836	45334
港澳台、外商投资企业(4)								977	19909		1278	32403
其他(5)								593	68582		434	8684

女职工权益保护专项集体合同(一)

类型	女职工权益保护专项集体合同总数			单独企业签订合同				区域性合同				行业性合同			
	合同总数	覆盖企业	覆盖女职工	专项合同	集体合同附件	覆盖企业	覆盖女职工	专项合同	集体合同附件	覆盖企业数	覆盖女职工	专项合同	集体合同附件	覆盖企业数	覆盖女职工
	份	个	人	份	份	个	人	份	份	个	人	份	份	个	人
总计(0)	**19627**	**70556**	**1483720**	**14487**	**2261**	**16748**	**872039**	**1192**	**1550**	**48938**	**413262**	**108**	**29**	**4870**	**198419**
国有企业及国有独资公司(1)		2194	225596			1434	155685			23	1144			737	68767
集体企业(2)		2011	97735			1292	70868			688	24679			31	2188
私营企业(3)		58105	763932			9975	388257			44703	332675			3427	43000
港澳台、外商投资企业(4)		3744	246132			2120	178457			1445	38361			179	29314
其他(5)		4502	150325			1927	78772			2079	16403			496	55150

女职工权益保护专项集体合同(二)

类型	集体合同中有女职工权益保护专门章节总数			单独企业签订合同			区域性合同			行业性合同		
	专章总数	覆盖企业	覆盖女职工	专章数	覆盖企业	覆盖女职工	专章数	覆盖企业数	覆盖女职工	专章数	覆盖企业数	覆盖女职工
	份	个	人	份	个	人	份	个	人	份	个	人
总计(0)	**2191**	**11370**	**238992**	**1991**	**1991**	**151574**	**117**	**8726**	**58032**	**83**	**653**	**29386**
国有企业及国有独资公司(1)		689	63159		309	36429		0	0		380	26730
集体企业(2)		298	16243		295	16006		3	237		0	0
私营企业(3)		9856	116294		962	58902		8655	56533		239	859
港澳台、外商投资企业(4)		312	30435		237	28681		56	1101		19	653
其他(5)		215	12861		188	11556		12	161		15	1144

工会民主管理工作(一)

所在行业	建立职代会制度情况		本年度召开过职代会(包括职工大会)	职代会职工代表(建立职工大会制单位不填)		工会所在单位实行厂务公开
	建立了职代会制度	建立了职工大会制度			女性	
	个	个	个	人	人	个
总计	**15877**	**20185**	**30668**	**531311**	**196841**	**29337**
按国民经济行业分组						
(01)农、林、牧、渔业	199	284	430	7008	2358	438
(02)采矿业	27	9	32	1944	291	32
(03)制造业	5807	7106	10969	190118	66339	10417
(04)电力、燃气及水的生产和供应业	216	159	338	9004	2202	343

续 表

所在行业	建立职代会制度情况		本年度召开过职代会(包括职工大会)	职代会职工代表(建立职工大会制单位不填)		工会所在单位实行厂务公开
	建立了职代会制度	建立了职工大会制度			女性	
	个	个	个	人	人	个
(05)建筑业	676	754	1161	24071	4068	1076
(06)交通运输、仓储及邮政业	721	626	1169	28024	6518	1182
(07)信息传输、计算机服务和软件业	284	702	816	9255	3390	709
(08)批发和零售业	1039	1997	2538	31290	11943	2349
(09)住宿和餐饮业	899	1235	1574	20870	8537	1697
(10)金融业	91	136	190	4995	1700	200
(11)房地产业	349	709	945	10068	3054	880
(12)租赁和商业服务业	852	1444	1954	27305	10238	1929
(13)科学研究、技术服务和地质勘查业	192	411	520	7437	2050	366
(14)水利、环境和公共设施管理业	272	353	544	8888	2595	629
(15)居民服务和其他服务业	1621	1897	2859	54938	20279	2530
(16)教育	1461	1022	2432	49819	29150	2402
(17)卫生、社会保障和社会福利业	515	400	866	21651	12197	835
(18)文化、体育和娱乐业	206	428	534	5070	1886	495
(19)公共管理和社会组织	450	513	797	19556	8046	828
按经济类型分组						
(110)国有企业	1204	739	1770	49015	12576	1903
(120)集体企业	850	874	1512	27161	9888	1657
(130)股份合作企业	429	629	730	13046	4444	980
(140)联营企业	33	29	55	1097	306	58
(151)国有独资公司	237	208	400	10974	2985	409
(159)其他有限责任公司	919	1007	1725	30141	8963	1605
(161)股份有限公司中的国有控股公司	514	194	642	26994	7219	668
(169)其他股份有限公司	325	222	516	8572	2867	436
(170)私营企业	5881	10380	13467	171287	61169	12005
(190)其他内资企业	214	177	358	7155	2666	314
(200)台港澳商投资企业	893	1004	1583	28187	11296	1571
(300)外商投资企业	1940	2342	3475	68893	25974	3433
(401)财政拨款的事业单位	1735	1617	3184	64493	34925	3142
(402)其他事业单位	511	574	975	17036	8225	912
(500)机关	18	19	1	480	231	2
(600)个体经济组织	174	170	275	6780	3107	242

工会民主管理工作（二）

所在行业	工会所在单位建立董事会	董事	职工董事	女性	工会主席进入董事会	工会所在单位建立监事会	监事	职工监事	女性	工会主席进入监事会
	个	人	人	人	人	个	人	人	人	个
总计	**8763**	**22626**	**2213**	**825**	**1449**	**6196**	**6936**	**1816**	**700**	**1094**
按国民经济行业分组										
（01）农、林、牧、渔业	53	183	21	6	13	30	60	15	4	9
（02）采矿业	2	8	1		2	2	6	1		2
（03）制造业	2373	9380	697	298	476	1092	2382	575	259	393
（04）电力、燃气及水的生产和供应业	66	296	37	15	22	45	105	32	15	20
（05）建筑业	328	1431	231	48	149	251	604	181	47	88
（06）交通运输、仓储及邮政业	319	1412	97	19	87	203	414	82	16	72
（07）信息传输、计算机服务和软件业	187	869	59	22	33	104	236	52	24	36
（08）批发和零售业	492	1985	202	55	137	360	675	179	79	133
（09）住宿和餐饮业	166	787	51	18	50	119	258	63	29	32
（10）金融业	83	671	36	6	10	68	244	76	20	17
（11）房地产业	405	1549	166	54	102	331	607	153	46	64
（12）租赁和商业服务业	3032	1330	173	66	141	3137	489	138	54	92
（13）科学研究、技术服务和地质勘查业	59	254	28	12	14	48	91	24	6	14
（14）水利、环境和公共设施管理业	92	296	58	16	28	54	122	31	9	13
（15）居民服务和其他服务业	877	1170	166	50	128	244	386	128	39	71
（16）教育	121	653	159	124	46	62	137	61	47	26
（17）卫生、社会保障和社会福利业	10	43	2	1	2	6	16	3	3	1
（18）文化、体育和娱乐业	52	248	23	10	7	33	89	19	2	8
（19）公共管理和社会组织	46	61	6	5	2	7	15	3	1	3
按经济类型分组										
（110）国有企业										
（120）集体企业	253	846	120	43	107	169	321	80	38	51
（130）股份合作企业	296	1173	233	77	124	216	414	151	55	89
（140）联营企业	17	98	7	6	3	3	5	1	1	
（151）国有独资公司	238	943	95	25	55	222	479	113	35	62
（159）其他有限责任公司	1112	4477	443	117	308	1157	1792	432	140	232
（161）股份有限公司中的国有控股公司	367	2108	137	25	88	311	907	254	81	151
（169）其他股份有限公司	301	1149	127	67	71	153	437	109	38	64
（170）私营企业	4605	4650	703	305	459	3412	1414	464	211	281
（190）其他内资企业	62	365	67	42	25	25	50	15	10	8

续 表

所在行业	工会所在单位建立董事会	董事	职工董事	女性	工会主席进入董事会	工会所在单位建立监事会	监事	职工监事	女性	工会主席进入监事会
	个	人	人	人	人	个	人	人	人	个
(200)台港澳商投资企业	446	1970	94	46	73	196	409	61	32	53
(300)外商投资企业	1061	4835	185	72	135	327	701	134	58	101
(401)财政拨款的事业单位	5	12	2		1	5	7	2	1	2
(402)其他事业单位										
(500)机关										
(600)个体经济组织										

工会劳动保护工作(一)

所在行业	工会建立劳动保护监督检查委员会	工会建立分公司、分厂、车间一级工会劳动保护监督检查委员会	工会小组劳动保护检查员	本年度本级工会劳动保护监督组织受理举报案件	提请劳动安全卫生监督部门处理案件
	个	个	人	件	件
总计	**17126**	**23849**	**78740**	**235**	**77**
按国民经济行业分组					
(01)农、林、牧、渔业	262	397	874	5	2
(02)采矿业	30	208	858	3	
(03)制造业	7651	8886	36456	102	35
(04)电力、燃气及水的生产和供应业	231	544	3475		
(05)建筑业	832	1390	4536	9	6
(06)交通运输、仓储及邮政业	663	1703	8094	17	5
(07)信息传输、计算机服务和软件业	281	175	1351		
(08)批发和零售业	1001	3996	5980	11	1
(09)住宿和餐饮业	683	362	1572	16	12
(10)金融业	78	93	116		
(11)房地产业	470	237	966	3	1
(12)租赁和商业服务业	928	2249	3104	4	1
(13)科学研究、技术服务和地质勘查业	192	571	1025	4	1
(14)水利、环境和公共设施管理业	298	222	965		
(15)居民服务和其他服务业	1575	1475	3222	39	4
(16)教育	806	370	1588	13	2

续 表

所在行业	工会建立劳动保护监督检查委员会	工会建立分公司、分厂、车间一级工会劳动保护监督检查委员会	工会小组劳动保护检查员	本年度本级工会劳动保护监督组织受理举报案件	提请劳动安全卫生监督部门处理案件
	个	个	人	件	件
(17)卫生、社会保障和社会福利业	481	485	2903	2	1
(18)文化、体育和娱乐业	210	64	289	2	2
(19)公共管理和社会组织	454	422	1366	5	4
按经济类型分组					
(110)国有企业	1198	3599	16686	26	19
(120)集体企业	1108	1973	3433	8	2
(130)股份合作企业	398	305	1062	8	1
(140)联营企业	28	31	117		
(151)国有独资公司	239	804	6172	5	
(159)其他有限责任公司	1010	4631	8423	17	5
(161)股份有限公司中的国有控股公司	416	1879	13102	2	2
(169)其他股份有限公司	206	207	716	4	3
(170)私营企业	7425	6212	13191	45	24
(190)其他内资企业	99	60	160		
(200)台港澳商投资企业	1163	1089	3104	27	6
(300)外商投资企业	2065	1945	6317	51	6
(401)财政拨款的事业单位	1094	794	4330	14	3
(402)其他事业单位	521	312	1832	28	6
(500)机关	70	1	1		
(600)个体经济组织	86	7	94		

工会劳动保护工作(二)

所在行业	本年度工会参加安全生产检查	本年度工会参加处理工伤事故	本年度工会参加"三同时"审查验收项目	女职工劳动保护		
				执行禁止安排女职工从事矿山井下及第四级体力劳动强度等有关规定	执行女职工在孕期、产期、哺乳期享有特殊待遇的有关规定	实行至少两年一次的女职工妇科体检制度
	次	件	项	个	个	个
总计	**174400**	**3153**	**1903**	**50389**	**50541**	**43648**
按国民经济行业分组						
(01)农、林、牧、渔业	2127	44	35	627	633	584
(02)采矿业	331	19	13	49	49	40

续表

所在行业	本年度工会参加安全生产检查	本年度工会参加处理工伤事故	本年度工会参加"三同时"审查验收项目	女职工劳动保护		
				执行禁止安排女职工从事矿山井下及第四级体力劳动强度等有关规定	执行女职工在孕期、产期、哺乳期享有特殊待遇的有关规定	实行至少两年一次的女职工妇科体检制度
	次	件	项	个	个	个
(03)制造业	63451	1901	546	17174	17239	14654
(04)电力、燃气及水的生产和供应业	3217	17	144	436	436	400
(05)建筑业	6892	148	299	1842	1844	1542
(06)交通运输、仓储及邮政业	8161	316	225	1678	1681	1405
(07)信息传输、计算机服务和软件业	1989	28	61	1457	1457	1141
(08)批发和零售业	14805	79	28	4831	4841	3892
(09)住宿和餐饮业	5419	104	86	3010	3013	2603
(10)金融业	371	6		462	462	396
(11)房地产业	4185	49	121	1319	1320	1155
(12)租赁和商业服务业	6846	30	14	3371	3376	2460
(13)科学研究、技术服务和地质勘查业	1661	21	37	833	834	700
(14)水利、环境和公共设施管理业	3364	85	64	777	782	781
(15)居民服务和其他服务业	9007	93	108	5806	5807	4769
(16)教育	9441	78	18	2534	2582	2566
(17)卫生、社会保障和社会福利业	4453	64	81	1104	1104	1063
(18)文化、体育和娱乐业	1752	42	6	894	895	843
(19)公共管理和社会组织	26928	29	17	2185	2186	2654
按经济类型分组						
(110)国有企业	17216	324	547	2236	2245	2272
(120)集体企业	8873	70	53	2254	2257	2049
(130)股份合作企业	3450	82	111	1262	1265	1128
(140)联营企业	299	5	12	72	73	57
(151)国有独资公司	4493	152	142	483	483	477
(159)其他有限责任公司	10846	324	161	2330	2337	1920
(161)股份有限公司中的国有控股公司	9077	260	214	785	786	763
(169)其他股份有限公司	1349	75	44	671	673	561
(170)私营企业	50045	616	234	23759	23785	19905
(190)其他内资企业	904	5	1	536	537	489
(200)台港澳商投资企业	8513	364	108	2637	2652	2240
(300)外商投资企业	17405	651	133	6486	6513	4720
(401)财政拨款的事业单位	13778	145	91	3840	3890	3862
(402)其他事业单位	27813	77	52	1411	1417	1337
(500)机关	13			650	650	1373
(600)个体经济组织	326	3		977	978	496

工会法律工作（一）

所在行业	建立工会劳动法律监督组织	工会劳动法律监督员	本年度工会劳动法律监督组织受理违法、违规案件	本组织自行处理的案件	工会所在单位建立了劳动争议调解委员会	劳动争议调解委员会委员	劳动争议调解委员会中工会成员（职工代表）
	个	人	件	件	个	人	人
总计	**6821**	**13995**	**283**	**219**	**13170**	**48311**	**25569**
按国民经济行业分组							
（01）农、林、牧、渔业	137	298	3	3	201	661	344
（02）采矿业	19	190	1	1	17	110	50
（03）制造业	3129	5914	101	61	5000	17897	9338
（04）电力、燃气及水的生产和供应业	66	243			163	824	520
（05）建筑业	300	908	16	5	522	2073	1084
（06）交通运输、仓储及邮政业	336	1128	7	5	496	2276	1297
（07）信息传输、计算机服务和软件业	95	177	3	3	215	821	431
（08）批发和零售业	405	676	71	65	867	2679	1402
（09）住宿和餐饮业	241	434	26	25	543	1664	835
（10）金融业	45	194	1		59	359	176
（11）房地产业	223	373			320	1031	555
（12）租赁和商业服务业	363	516	12	11	655	2139	984
（13）科学研究、技术服务和地质勘查业	61	144			133	627	365
（14）水利、环境和公共设施管理业	129	248			222	795	425
（15）居民服务和其他服务业	549	1040	22	21	1104	3307	1649
（16）教育	244	527	2	2	1743	7511	4162
（17）卫生、社会保障和社会福利业	218	518			408	1877	1126
（18）文化、体育和娱乐业	90	139			178	621	329
（19）公共管理和社会组织	171	328	18	17	324	1039	497
按经济类型分组							
（110）国有企业	685	2081	9	7	983	4606	2691
（120）集体企业	449	808	9	3	738	2447	1275
（130）股份合作企业	136	293	3	1	231	735	358
（140）联营企业	12	34			13	60	33
（151）国有独资公司	124	507	7	7	219	1038	582
（159）其他有限责任公司	465	995	17	11	724	2787	1512

续 表

所在行业	建立工会劳动法律监督组织	工会劳动法律监督员	本年度工会劳动法律监督组织受理违法、违规案件	本组织自行处理的案件	工会所在单位建立了劳动争议调解委员会	劳动争议调解委员会委员	劳动争议调解委员会中工会成员(职工代表)
	个	人	件	件	个	人	人
(161)股份有限公司中的国有控股公司	239	1286	13	3	386	2211	1253
(169)其他股份有限公司	76	154	3	3	142	498	254
(170)私营企业	2300	3582	130	107	5063	15441	7516
(190)其他内资企业	38	64			164	485	256
(200)台港澳商投资企业	600	937	36	32	731	2578	1354
(300)外商投资企业	943	1591	35	24	1398	5215	2704
(401)财政拨款的事业单位	389	967	2	2	1813	7900	4508
(402)其他事业单位	313	609	18	18	510	2167	1206
(500)机关	1	1			10	33	12
(600)个体经济组织	51	86	1	1	45	110	55

工会法律工作(二)

所在行业	本年度劳动争议调解委员会受理劳动争议	受理的劳动争议案件按引发原因分类									本年度劳动争议调解委员会调解成功劳动争议
		变更、解除、终止、续订劳动合同	除名、辞退职工与职工自动离职、辞职	劳动报酬	保险福利	工作时间和休息休假	劳动安全卫生	职业培训	未成年工和女职工特殊保护	其他原因	
	件	件	件	件	件	件	件	件	件	件	件
总计	**4599**	**2769**	**909**	**234**	**145**	**100**	**47**	**21**	**7**	**367**	**752**
按国民经济行业分组											
(01)农、林、牧、渔业	17	5	4	2	1	2				3	6
(02)采矿业	3					1				2	3
(03)制造业	1675	990	336	116	29	44	33	9		118	314
(04)电力、燃气及水的生产和供应业	178	177	1								
(05)建筑业	430	272	95	11	7	1	9	5		30	30
(06)交通运输、仓储及邮政业	112	66	20	7	3	2				14	31
(07)信息传输、计算机服务和软件业	333	220	113								23
(08)批发和零售业	231	150	30	4	6	9	3		7	22	33

续 表

所在行业	本年度劳动争议调解委员会受理劳动争议	受理的劳动争议案件按引发原因分类									本年度劳动争议调解委员会调解成功劳动争议
		变更、解除、终止、续订劳动合同	除名、辞退职工与职工自动离职、辞职	劳动报酬	保险福利	工作时间和休息休假	劳动安全卫生	职业培训	未成年工和女职工特殊保护	其他原因	
	件	件	件	件	件	件	件	件	件	件	件
(09)住宿和餐饮业	184	97	40	32	2	10				3	50
(10)金融业	82	6	1	1	74						33
(11)房地产业	76	53	16	1				1		5	33
(12)租赁和商业服务业	483	297	45	7						134	15
(13)科学研究、技术服务和地质勘查业	8	4	3	1							3
(14)水利、环境和公共设施管理业	48	43	2		2					1	3
(15)居民服务和其他服务业	367	130	155	35	6	28	1	3		9	98
(16)教育	179	144	24	5				1		5	32
(17)卫生、社会保障和社会福利业	133	104	10	2	5	3	1	1		7	15
(18)文化、体育和娱乐业	8	2	4	1	1						5
(19)公共管理和社会组织	52	9	10	9	9			1		14	25
按经济类型分组											
(110)国有企业	456	172	126	35	81	24				18	132
(120)集体企业	186	160	2	7		6		4		7	19
(130)股份合作企业	163	103	37	10	2	3	2			6	21
(140)联营企业	1	1									
(151)国有独资公司	411	306	45	31	4	8	9			8	55
(159)其他有限责任公司	1023	843	103	14	14	3				46	77
(161)股份有限公司中的国有控股公司	204	118	61	4	2	3				16	28
(169)其他股份有限公司	63	48	5	3	1					6	19
(170)私营企业	1264	481	412	81	25	32	23	14	7	189	266
(190)其他内资企业	12	5	4	1	1	1					2
(200)台港澳商投资企业	79	15	31	10	1	2	6	1		13	30
(300)外商投资企业	455	304	55	30	6	15	6			39	70
(401)财政拨款的事业单位	135	105	7	7	4	2	1	2		7	23
(402)其他事业单位	147	108	21	1	4	1				12	10
(500)机关											
(600)个体经济组织											

工会经济技术工作(一)

所在行业	开展劳动竞赛的基层工会	劳动竞赛项数	本年度参加劳动竞赛职工	本年度参加劳动竞赛的女职工	工会所在单位的班组数	开展劳动竞赛的班组
	个	项	人次	人次	个	个
总计	**9606**	**26210**	**2228069**	**700477**	**140979**	**90606**
按国民经济行业分组						
(01)农、林、牧、渔业	126	208	17173	7158	1107	680
(02)采矿业	28	307	36572	2456	1121	876
(03)制造业	3167	6904	757066	195624	48155	29889
(04)电力、燃气及水的生产和供应业	224	861	67616	11868	4310	3372
(05)建筑业	420	1100	132095	14054	6722	4785
(06)交通运输、仓储及邮政业	574	2155	420608	71920	15720	12664
(07)信息传输、计算机服务和软件业	142	437	55829	20442	2777	2032
(08)批发和零售业	629	1419	136202	84937	10140	8148
(09)住宿和餐饮业	483	3142	91660	34500	5822	3882
(10)金融业	55	349	41560	35482	1727	1440
(11)房地产业	325	506	23207	5701	2770	1592
(12)租赁和商业服务业	371	559	31170	13035	2697	1215
(13)科学研究、技术服务和地质勘查业	108	540	21028	5247	2665	1253
(14)水利、环境和公共设施管理业	282	501	61199	14078	2433	1806
(15)居民服务和其他服务业	424	562	35098	9259	6390	2055
(16)教育	1356	4268	114280	75093	14526	7634
(17)卫生、社会保障和社会福利业	531	1688	141982	85163	7591	5477
(18)文化、体育和娱乐业	166	260	13627	4970	1432	631
(19)公共管理和社会组织	195	444	30097	9490	2874	1175
按经济类型分组						
(110)国有企业	1291	4421	538161	144524	29664	21378
(120)集体企业	402	524	27988	9074	2173	971
(130)股份合作企业	218	1898	26836	16508	2667	1927
(140)联营企业	11	29	1629	454	172	74
(151)国有独资公司	283	1149	128728	25158	9031	6940
(159)其他有限责任公司	808	2069	161337	55472	13912	10240
(161)股份有限公司中的国有控股公司	477	3443	384588	90476	20419	16764
(169)其他股份有限公司	140	272	59840	10608	2207	1167

续 表

所 在 行 业	开展劳动竞赛的基层工会	劳动竞赛项数	本年度参加劳动竞赛职工	本年度参加劳动竞赛的女职工	工会所在单位的班组数	开展劳动竞赛的班组
	个	项	人次	人次	个	个
(170)私营企业	2101	2103	134541	33351	15044	5047
(190)其他内资企业	87	74	6471	1367	480	144
(200)台港澳商投资企业	430	520	91308	31228	3463	1877
(300)外商投资企业	1070	2598	323309	105259	11957	6548
(401)财政拨款的事业单位	1842	5689	257989	128370	22040	12761
(402)其他事业单位	435	1180	85048	43273	6368	4270
(500)机关		232		5267	1298	464
(600)个体经济组织	11	9	296	88	84	34

工会经济技术工作(二)

所 在 行 业	本年度职工提出合理化建议	本年度已实施合理化建议	本年度技术革新项目	本年度职工发明创造项目	本年度荣获国家专利项目	本年度推广先进操作法项目	建有职工技协组织	技协会员
	件	件	项	项	项	项	个	人
总计	**983066**	**662228**	**9410**	**3859**	**5370**	**2188**	**831**	**79970**
按国民经济行业分组								
(01)农、林、牧、渔业	3840	453	28	1	12	5	10	201
(02)采矿业	17415	2491	546	14	9	60	4	2329
(03)制造业	884796	630592	6503	2750	2801	1538	197	14064
(04)电力、燃气及水的生产和供应业	5879	2318	312	99	65	76	63	10850
(05)建筑业	4947	1878	364	155	242	192	66	8260
(06)交通运输、仓储及邮政业	12060	3865	336	51	55	69	91	20563
(07)信息传输、计算机服务和软件业	5278	450	659	105	238	13	19	2986
(08)批发和零售业	5689	996	10	3	1	6	12	328
(09)住宿和餐饮业	8162	4113	15	15	3	11	6	78
(10)金融业	3615	745	4	36	8	11	5	258
(11)房地产业	2388	559	20	15	7	10	82	3056
(12)租赁和商业服务业	2778	435	20	2	1	8	16	430
(13)科学研究、技术服务和地质勘查业	2630	1308	162	327	856	15	33	3467
(14)水利、环境和公共设施管理业	1553	322	65	19	10	28	93	5769
(15)居民服务和其他服务业	13117	9023	73	28	50	43	36	749
(16)教育	5197	1079	106	106	916	11	17	549

续表

所在行业	本年度职工提出合理化建议	本年度已实施合理化建议	本年度技术革新项目	本年度职工发明创造项目	本年度荣获国家专利项目	本年度推广先进操作法项目	建有职工技协组织	技协会员
	件	件	项	项	项	项	个	人
(17)卫生、社会保障和社会福利业	2517	1078	165	124	88	85	48	4821
(18)文化、体育和娱乐业	381	152	18	7	5	5	14	675
(19)公共管理和社会组织	824	371	4	2	3	2	19	537
按经济类型分组								
(110)国有企业	90397	52302	2296	798	904	298	201	26798
(120)集体企业	3276	860	65	57	46	40	20	1239
(130)股份合作企业	2344	871	200	42	49	66	17	314
(140)联营企业	719	550	38		1	9	2	17
(151)国有独资公司	42242	23563	299	129	324	65	55	4700
(159)其他有限责任公司	18702	7729	430	289	324	110	70	3854
(161)股份有限公司中的国有控股公司	198914	116414	2735	1096	1061	486	105	26018
(169)其他股份有限公司	3545	962	60	27	44	15	11	179
(170)私营企业	15484	8527	429	252	211	121	72	1517
(190)其他内资企业	78	22	11	5	5	1	1	17
(200)台港澳商投资企业	23229	12475	347	87	137	84	24	638
(300)外商投资企业	575817	435639	2061	726	957	779	32	1538
(401)财政拨款的事业单位	6803	1774	388	329	1211	82	169	10093
(402)其他事业单位	1489	521	51	22	96	32	52	3048
(500)机关	4	4						
(600)个体经济组织	23	15						

职工文化体育工作

所在行业	工会直属文化宫、俱乐部	工会直属体育场、体育馆	工会直属图书馆(藏书1万册以上)
	个	个	个
总计	**436**	**192**	**225**
按国民经济行业分组			
(01)农、林、牧、渔业	8	7	3
(02)采矿业	4	4	3
(03)制造业	92	68	62
(04)电力、燃气及水的生产和供应业	16	2	5

续 表

所在行业	工会直属文化宫、俱乐部	工会直属体育场、体育馆	工会直属图书馆（藏书1万册以上）
	个	个	个
(05)建筑业	11	4	5
(06)交通运输、仓储及邮政业	16	5	14
(07)信息传输、计算机服务和软件业	10	3	4
(08)批发和零售业	5	3	5
(09)住宿和餐饮业	18	4	5
(10)金融业	5	3	4
(11)房地产业	13	2	2
(12)租赁和商业服务业	7		1
(13)科学研究、技术服务和地质勘查业	16	2	3
(14)水利、环境和公共设施管理业	4	3	2
(15)居民服务和其他服务业	28	7	9
(16)教育	86	41	43
(17)卫生、社会保障和社会福利业	14	3	11
(18)文化、体育和娱乐业	24	6	13
(19)公共管理和社会组织	59	25	31
按经济类型分组			
(110)国有企业	57	18	27
(120)集体企业	26	5	4
(130)股份合作企业	8	4	1
(140)联营企业			
(151)国有独资公司	8		6
(159)其他有限责任公司	18	12	10
(161)股份有限公司中的国有控股公司	22	10	14
(169)其他股份有限公司	7	6	6
(170)私营企业	52	34	23
(190)其他内资企业	12		
(200)台港澳商投资企业	21	13	19
(300)外商投资企业	38	21	15
(401)财政拨款的事业单位	101	37	57
(402)其他事业单位	37	11	17
(500)机关	25	20	26
(600)个体经济组织	4	1	

工会经审工作

所 在 行 业	建立工会经费审查组织	工会经费审查委员会开展本级经费年度预、决算审查
	个	人
总计	**46387**	**35320**
按国民经济行业分组		
(01)农、林、牧、渔业	519	446
(02)采矿业	46	41
(03)制造业	16754	12198
(04)电力、燃气及水的生产和供应业	397	339
(05)建筑业	1644	1098
(06)交通运输、仓储及邮政业	1541	1225
(07)信息传输、计算机服务和软件业	1304	1004
(08)批发和零售业	3936	2970
(09)住宿和餐饮业	2641	1955
(10)金融业	399	343
(11)房地产业	1171	944
(12)租赁和商业服务业	3062	2352
(13)科学研究、技术服务和地质勘查业	734	620
(14)水利、环境和公共设施管理业	773	659
(15)居民服务和其他服务业	4736	3349
(16)教育	2511	2396
(17)卫生、社会保障和社会福利业	1052	915
(18)文化、体育和娱乐业	775	606
(19)公共管理和社会组织	2392	1860
按经济类型分组		
(110)国有企业	2045	1926
(120)集体企业	2063	1558
(130)股份合作企业	1148	861
(140)联营企业	66	52
(151)国有独资公司	426	397
(159)其他有限责任公司	2111	1692
(161)股份有限公司中的国有控股公司	732	683
(169)其他股份有限公司	627	483
(170)私营企业	21142	14856
(190)其他内资企业	457	292

续 表

所在行业	建立工会经费审查组织	工会经费审查委员会开展本级经费年度预、决算审查
	个	人
(200)台港澳商投资企业	2620	1834
(300)外商投资企业	6193	4767
(401)财政拨款的事业单位	3605	3373
(402)其他事业单位	1266	1083
(500)机关	1231	988
(600)个体经济组织	655	475

保障政策选辑

上海市2010年经济适用住房准入标准和供应标准

一、准入标准

同时符合下列标准的本市城镇居民家庭,可申请购买经济适用住房:

(一)申请家庭成员在本市实际居住,具有本市城镇常住户口连续满7年,且在提出申请所在地的区(县)城镇常住户口连续满5年。

(二)申请家庭人均住房建筑面积低于15平方米(含15平方米)。

(三)3人及以上申请家庭人均年可支配收入低于34800元(含34800元)、人均财产低于90000元(含90000元);2人及以下申请家庭人均年可支配收入和人均财产标准,按前述标准上浮10%,即人均年可支配收入低于38280元(含38280元)、人均财产低于99000元(含99000元)。

(四)申请家庭成员在提出申请前5年内未发生过住房出售行为和赠与行为,但申请家庭成员之间住房赠与行为除外。

同时符合上述标准,具有完全民事行为能力、年满30周岁的单身人士(包括未婚、丧偶,或者离婚满3年的人士),可单独申请购买经济适用住房。

二、供应标准

申请购买经济适用住房,按下列标准供应:

(一)单身申请人士或者2人申请家庭,可购买一套一居室。

(二)3人申请家庭或者原有住房建筑面积低于规定限额(即人均15平方米建筑面积限额×申请家庭人员数-申请家庭原有住房建筑面积)在15平方米(含15平方米)以上的2人申请家庭,可购买一套二居室。

(三)4人及以上申请家庭,可购买一套三居室。

(四)申请家庭人员较多、申请家庭人员代际结构较复杂或者经区(县)住房保障机构同意、申请家庭将原有住房交政府指定机构收购的,区(县)政府可酌情放宽住房供应标准,相关标准应当报市住房保障房屋管理局备案。

申请家庭或者单身申请人士可根据自身情况和房源供应数量,选择申请购买较小的房型。

附 录

Appendix

工伤保险条例

（2003年4月27日中华人民共和国国务院令第375号公布
根据2010年12月20日《国务院关于修改〈工伤保险条例〉的决定》修订）

第一章　总　则

第一条　为了保障因工作遭受事故伤害或者患职业病的职工获得医疗救治和经济补偿，促进工伤预防和职业康复，分散用人单位的工伤风险，制定本条例。

第二条　中华人民共和国境内的企业、事业单位、社会团体、民办非企业单位、基金会、律师事务所、会计师事务所等组织和有雇工的个体工商户（以下称用人单位）应当依照本条例规定参加工伤保险，为本单位全部职工或者雇工（以下称职工）缴纳工伤保险费。

中华人民共和国境内的企业、事业单位、社会团体、民办非企业单位、基金会、律师事务所、会计师事务所等组织的职工和个体工商户的雇工，均有依照本条例的规定享受工伤保险待遇的权利。

第三条　工伤保险费的征缴按照《社会保险费征缴暂行条例》关于基本养老保险费、基本医疗保险费、失业保险费的征缴规定执行。

第四条　用人单位应当将参加工伤保险的有关情况在本单位内公示。

用人单位和职工应当遵守有关安全生产和职业病防治的法律法规，执行安全卫生规程和标准，预防工伤事故发生，避免和减少职业病危害。

职工发生工伤时，用人单位应当采取措施使工伤职工得到及时救治。

第五条　国务院社会保险行政部门负责全国的工伤保险工作。

县级以上地方各级人民政府社会保险行政部门负责本行政区域内的工伤保险工作。

社会保险行政部门按照国务院有关规定设立的社会保险经办机构（以下称经办机构）具体承办工伤保险事务。

第六条　社会保险行政部门等部门制定工伤保险的政策、标准，应当征求工会组织、用人单位代表的意见。

第二章　工伤保险基金

第七条　工伤保险基金由用人单位缴纳的工伤保险费、工伤保险基金的利息和依法纳入工伤保险基金的其他资金构成。

第八条　工伤保险费根据以支定收、收支平衡的原则，确定费率。

国家根据不同行业的工伤风险程度确定行业的差别费率，并根据工伤保险费使用、工伤发生率等情况在每个行业内确定若干费率档次。行业差别费率及行业内费率档次由国务院社会保险行政部门制定，报国务院批准后公布施行。

统筹地区经办机构根据用人单位工伤保险费使用、工伤发生率等情况，适用所属行业内相应的费率档次确定单位缴费费率。

第九条　国务院社会保险行政部门应当定期了解全国各统筹地区工伤保险基金收支情况，及时提出调整行业差别费率及行业内费率档次的方案，报国务院批准后公布施行。

第十条　用人单位应当按时缴纳工伤保险费。职工个人不缴纳工伤保险费。

用人单位缴纳工伤保险费的数额为本单位职工工资总额乘以单位缴费费率之积。

对难以按照工资总额缴纳工伤保险费的行业，其缴纳工伤保险费的具体方式，由国务院社会保险行政部门规定。

第十一条　工伤保险基金逐步实行省级统筹。

跨地区、生产流动性较大的行业，可以采取相对集中的方式异地参加统筹地区的工伤保险。具体办法由国务院社会保险行政部门会同有关行业的主管部门制定。

第十二条　工伤保险基金存入社会保障基金财政专户，用于本条例规定的工伤保险待遇，劳动能力鉴定，工伤预防的宣传、培训等费用，以及法律、法规规定的用于工伤保险的其他费用的支付。

工伤预防费用的提取比例、使用和管理的具体办法，由国务院社会保险行政部门会同国务院财政、卫生行政、安全生产监督管理等部门规定。

任何单位或者个人不得将工伤保险基金用于投资运营、兴建或者改建办公场所、发放奖金，或者挪作其他用途。

第十三条　工伤保险基金应当留有一定比例的储备金，用于统筹地区重大事故的工伤保险待遇支付；储备金不足支付的，由统筹地区的人民政府垫付。储备金占基金总额的具体比例和储备金的使用办法，由省、自治区、直辖市人民政府规定。

第三章　工伤认定

第十四条　职工有下列情形之一的，应当认定为工伤：

（一）在工作时间和工作场所内，因工作原因受到事故伤害的；

（二）工作时间前后在工作场所内，从事与工作有关的预备性或者收尾性工作受到事故伤害的；

（三）在工作时间和工作场所内，因履行工作职责受到暴力等意外伤害的；

（四）患职业病的；

（五）因工外出期间，由于工作原因受到伤害或者发生事故下落不明的；

（六）在上下班途中，受到非本人主要责任的交通事故或者城市轨道交通、客运轮渡、火车事故伤害的；

（七）法律、行政法规规定应当认定为工伤的其他情形。

第十五条 职工有下列情形之一的，视同工伤：

（一）在工作时间和工作岗位，突发疾病死亡或者在48小时之内经抢救无效死亡的；

（二）在抢险救灾等维护国家利益、公共利益活动中受到伤害的；

（三）职工原在军队服役，因战、因公负伤致残，已取得革命伤残军人证，到用人单位后旧伤复发的。

职工有前款第（一）项、第（二）项情形的，按照本条例的有关规定享受工伤保险待遇；职工有前款第（三）项情形的，按照本条例的有关规定享受除一次性伤残补助金以外的工伤保险待遇。

第十六条 职工符合本条例第十四条、第十五条的规定，但是有下列情形之一的，不得认定为工伤或者视同工伤：

（一）故意犯罪的；

（二）醉酒或者吸毒的；

（三）自残或者自杀的。

第十七条 职工发生事故伤害或者按照职业病防治法规定被诊断、鉴定为职业病，所在单位应当自事故伤害发生之日或者被诊断、鉴定为职业病之日起30日内，向统筹地区社会保险行政部门提出工伤认定申请。遇有特殊情况，经报社会保险行政部门同意，申请时限可以适当延长。

用人单位未按前款规定提出工伤认定申请的，工伤职工或者其近亲属、工会组织在事故伤害发生之日或者被诊断、鉴定为职业病之日起1年内，可以直接向用人单位所在地统筹地区社会保险行政部门提出工伤认定申请。

按照本条第一款规定应当由省级社会保险行政部门进行工伤认定的事项，根据属地原则由用人单位所在地的设区的市级社会保险行政部门办理。

用人单位未在本条第一款规定的时限内提交工伤认定申请，在此期间发生符合本条例规定的工伤待遇等有关费用由该用人单位负担。

第十八条 提出工伤认定申请应当提交下列材料：

（一）工伤认定申请表；

（二）与用人单位存在劳动关系（包括事实劳动关系）的证明材料；

（三）医疗诊断证明或者职业病诊断证明书（或者职业病诊断鉴定书）。

工伤认定申请表应当包括事故发生的时间、地点、原因以及职工伤害程度等基本情况。

工伤认定申请人提供材料不完整的，社会保险行政部门应当一次性书面告知工伤认定申请人需要补正的全部材料。申请人按照书面告知要求补正材料后，社会保险行政部门应当受理。

第十九条 社会保险行政部门受理工伤认定申请后，根据审核需要可以对事故伤害进行调查核实，用人单位、职工、工会组织、医疗机构以及有关部门应当予以协助。职业病诊断和诊断争议的鉴定，依照职业病防治法的有关规定执行。对依法取得职业病诊断证明书或者职业病诊断鉴定书的，社会保险行政部门不再进行调查核实。

职工或者其近亲属认为是工伤，用人单位不认为是工伤的，由用人单位承担举证责任。

第二十条 社会保险行政部门应当自受理工伤认定申请之日起60日内作出工伤认定的决定，并书面通知申请工伤认定的职工或者其近亲属和该职工所在单位。

社会保险行政部门对受理的事实清楚、权利义务明确的工伤认定申请，应当在15日内作出工伤认定的决定。

作出工伤认定决定需要以司法机关或者有关行政主管部门的结论为依据的，在司法机关或者有关行政主管部门尚未作出结论期间，作出工伤认定决定的时限中止。

社会保险行政部门工作人员与工伤认定申请人有利害关系的，应当回避。

第四章 劳动能力鉴定

第二十一条 职工发生工伤，经治疗伤情相对稳定后存在残疾、影响劳动能力的，应当进行劳动能力鉴定。

第二十二条 劳动能力鉴定是指劳动功能障碍程度和生活自理障碍程度的等级鉴定。

劳动功能障碍分为十个伤残等级，最重的为一级，最轻的为十级。

生活自理障碍分为三个等级：生活完全不能自理、生活大部分不能自理和生活部分不能自理。

劳动能力鉴定标准由国务院社会保险行政部门会同国务院卫生行政部门等部门制定。

第二十三条 劳动能力鉴定由用人单位、工伤职工或者其近亲属向设区的市级劳动能力鉴定委员会提出申请，并提供工伤认定决定和职工工伤医疗的有关资料。

第二十四条 省、自治区、直辖市劳动能力鉴定委员会和设区的市级劳动能力鉴定委员会分别由省、自治区、直辖市和设区的市级社会保险行政部门、卫生行政部门、工会组织、经办机构代表以及用人单位代表组成。

劳动能力鉴定委员会建立医疗卫生专家库。列入专家库的医疗卫生专业技术人员应当具备下列条件：

（一）具有医疗卫生高级专业技术职务任职资格；

（二）掌握劳动能力鉴定的相关知识；

（三）具有良好的职业品德。

第二十五条 设区的市级劳动能力鉴定委员会收到劳动能力鉴定申请后，应当从其建立的医疗卫生专家库中随机抽取3名或者5名相关专家组成专家组，由专家组提出鉴定意见。设区的市级劳动能力鉴定委员会根据专家组的鉴定意见作出工伤职工劳动能力鉴定结论；必要时，可以委托具备资格的医疗机构协助进行有关的诊断。

设区的市级劳动能力鉴定委员会应当自收到劳动能力鉴定申请之日起60日内作出劳动能力鉴定结论，必要时，作出劳动能力鉴定结论的期限可以延长30日。劳动能力鉴定结论应当及时送达申请鉴定的单位和个人。

第二十六条　申请鉴定的单位或者个人对设区的市级劳动能力鉴定委员会作出的鉴定结论不服的，可以在收到该鉴定结论之日起15日内向省、自治区、直辖市劳动能力鉴定委员会提出再次鉴定申请。省、自治区、直辖市劳动能力鉴定委员会作出的劳动能力鉴定结论为最终结论。

第二十七条　劳动能力鉴定工作应当客观、公正。劳动能力鉴定委员会组成人员或者参加鉴定的专家与当事人有利害关系的，应当回避。

第二十八条　自劳动能力鉴定结论作出之日起1年后，工伤职工或者其近亲属、所在单位或者经办机构认为伤残情况发生变化的，可以申请劳动能力复查鉴定。

第二十九条　劳动能力鉴定委员会依照本条例第二十六条和第二十八条的规定进行再次鉴定和复查鉴定的期限，依照本条例第二十五条第二款的规定执行。

第五章　工伤保险待遇

第三十条　职工因工作遭受事故伤害或者患职业病进行治疗，享受工伤医疗待遇。

职工治疗工伤应当在签订服务协议的医疗机构就医，情况紧急时可以先到就近的医疗机构急救。

治疗工伤所需费用符合工伤保险诊疗项目目录、工伤保险药品目录、工伤保险住院服务标准的，从工伤保险基金支付。工伤保险诊疗项目目录、工伤保险药品目录、工伤保险住院服务标准，由国务院社会保险行政部门会同国务院卫生行政部门、食品药品监督管理部门等部门规定。

职工住院治疗工伤的伙食补助费，以及经医疗机构出具证明，报经办机构同意，工伤职工到统筹地区以外就医所需的交通、食宿费用从工伤保险基金支付，基金支付的具体标准由统筹地区人民政府规定。

工伤职工治疗非工伤引发的疾病，不享受工伤医疗待遇，按照基本医疗保险办法处理。

工伤职工到签订服务协议的医疗机构进行工伤康复的费用，符合规定的，从工伤保险基金支付。

第三十一条　社会保险行政部门作出认定为工伤的决定后发生行政复议、行政诉讼的，行政复议和行政诉讼期间不停止支付工伤职工治疗工伤的医疗费用。

第三十二条　工伤职工因日常生活或者就业需要，经劳动能力鉴定委员会确认，可以安装假肢、矫形器、假眼、假牙和配置轮椅等辅助器具，所需费用按照国家规定的标准从工伤保险基金支付。

第三十三条　职工因工作遭受事故伤害或者患职业病需要暂停工作接受工伤医疗的，在停工留薪期内，原工资福利待遇不变，由所在单位按月支付。

停工留薪期一般不超过12个月。伤情严重或者情况特殊，经设区的市级劳动能力鉴定委员会确认，可以适当延长，但延长不得超过12个月。工伤职工评定伤残等级后，停发原待遇，按照本章的有关规定享受伤残待遇。工伤职工在停工留薪期满后仍需治疗的，继续享受工伤医疗待遇。

生活不能自理的工伤职工在停工留薪期需要护理的，由所在单位负责。

第三十四条　工伤职工已经评定伤残等级并经劳动能力鉴定委员会确认需要生活护理的，从工伤保险基金按月支付生活护理费。

生活护理费按照生活完全不能自理、生活大部分不能自理或者生活部分不能自理3个不同等级支付，其标准分别为统筹地区上年度职工月平均工资的50%、40%或者30%。

第三十五条　职工因工致残被鉴定为一级至四级伤残的，保留劳动关系，退出工作岗位，享受以下待遇：

（一）从工伤保险基金按伤残等级支付一次性伤残补助金，标准为：一级伤残为27个月的本人工资，二级伤残为25个月的本人工资，三级伤残为23个月的本人工资，四级伤残为21个月的本人工资；

（二）从工伤保险基金按月支付伤残津贴，标准为：一级伤残为本人工资的90%，二级伤残为本人工资的85%，三级伤残为本人工资的80%，四级伤残为本人工资的75%。伤残津贴实际金额低于当地最低工资标准的，由工伤保险基金补足差额；

（三）工伤职工达到退休年龄并办理退休手续后，停发伤残津贴，按照国家有关规定享受基本养老保险待遇。基本养老保险待遇低于伤残津贴的，由工伤保险基金补足差额。

职工因工致残被鉴定为一级至四级伤残的，由用人单位和职工个人以伤残津贴为基数，缴纳基本医疗保险费。

第三十六条　职工因工致残被鉴定为五级、六级伤残的，享受以下待遇：

（一）从工伤保险基金按伤残等级支付一次性伤残补助金，标准为：五级伤残为18个月的本人工资，六级伤残为16个月的本人工资；

（二）保留与用人单位的劳动关系，由用人单位安排适当工作。难以安排工作的，由用人单位按月发给伤残津贴，标准为：五级伤残为本人工资的70%，六级伤残为本人工资的60%，并由用人单位按照规定为其缴纳应缴纳的各项社会保险费。伤残津贴实际金额低于当地最低工资标准的，由用人单位补足差额。

经工伤职工本人提出，该职工可以与用人单位解除或者终止劳动关系，由工伤保险基金支付一次性工伤医疗补助金，由用人单位支付一次性伤残就业补助金。一次性工伤医疗补助金和一次性伤残就业补助金的具体标准由省、自治区、直辖市人民政府规定。

第三十七条　职工因工致残被鉴定为七级至十级伤残的，享受以下待遇：

（一）从工伤保险基金按伤残等级支付一次性伤残补助金，标准为：七级伤残为13个月的本人工资，八级伤残为11个月的本人工资，九级伤残为9个月的本人工资，十级伤残为7个月的本人工资；

（二）劳动、聘用合同期满终止，或者职工本人提出解除劳动、聘用合同的，由工伤保险基金支付一次性工伤医疗补助金，由用人单位支付一次性伤残就业补助金。一次性工伤医疗补助金和一次性伤残就业补助金的具体标准由省、自治区、直辖市人民政府规定。

第三十八条　工伤职工工伤复发，确认需要治疗的，享受本条例第三十条、第三十二条和第三十三条规定的工伤待遇。

第三十九条　职工因工死亡，其近亲属按照下列规定从工伤保险基金领取丧葬补助金、供养亲属抚恤金和一次性工亡补助金：

（一）丧葬补助金为6个月的统筹地区上年度职工月平均工资；

（二）供养亲属抚恤金按照职工本人工资的一定比例发给由因工死亡职工生前提供主要生活来源、无劳动能力的亲属。标准为：配偶每月40%，其他亲属每人每月30%，孤寡老人或者孤儿每人每月在上述标准的基础上增加10%。核定的各供养亲属的抚恤金之和不应高于因工死亡职工生前的工资。供养亲属的具体范围由国务院社会保险行政部门规定；

（三）一次性工亡补助金标准为上一年度全国城镇居民人均可支配收入的20倍。

伤残职工在停工留薪期内因工伤导致死亡的，其近亲属享受本条第一款规定的待遇。

一级至四级伤残职工在停工留薪期满后死亡的，其近亲属可以享受本条第一款第（一）项、第（二）项规定的待遇。

第四十条　伤残津贴、供养亲属抚恤金、生活护理费由统筹地区社会保险行政部门根据职工平均工资和生活费用变化等情况适时调整。调整办法由省、自治区、直辖市人民政府规定。

第四十一条　职工因工外出期间发生事故或者在抢险救灾中下落不明的，从事故发生当月起3个月内照发工资，从第四个月起停发工资，由工伤保险基金向其供养亲属按月支付供养亲属抚恤金。生活有困难的，可以预支一次性工亡补助金的50%。职工被人民法院宣告死亡的，按照本条例第三十九条职工因工死亡的规定处理。

第四十二条　工伤职工有下列情形之一的，停止享受工伤保险待遇：

（一）丧失享受待遇条件的；

（二）拒不接受劳动能力鉴定的；

（三）拒绝治疗的。

第四十三条　用人单位分立、合并、转让的，承继单位应当承担原用人单位的工伤保险责任；原用人单位已经参加工伤保险的，承继单位应当到当地经办机构办理工伤保险变更登记。

用人单位实行承包经营的，工伤保险责任由职工劳动关系所在单位承担。

职工被借调期间受到工伤事故伤害的，由原用人单位承担工伤保险责任，但原用人单位与借调单位可以约定补偿办法。

企业破产的，在破产清算时依法拨付应当由单位支付的工伤保险待遇费用。

第四十四条　职工被派遣出境工作，依据前往国家或者地区的法律应当参加当地工伤保险的，参加当地工伤保险，其国内工伤保险关系中止；不能参加当地工伤保险的，其国内工伤保险关系不中止。

第四十五条　职工再次发生工伤，根据规定应当享受伤残津贴的，按照新认定的伤残等级享受伤残津贴待遇。

第六章　监督管理

第四十六条　经办机构具体承办工伤保险事务，履行下列职责：

（一）根据省、自治区、直辖市人民政府规定，征收工伤保险费；

（二）核查用人单位的工资总额和职工人数，办理工伤保险登记，并负责保存用人单位缴费和职工享受工伤保险待遇情况的记录；

（三）进行工伤保险的调查、统计；

（四）按照规定管理工伤保险基金的支出；

（五）按照规定核定工伤保险待遇；

（六）为工伤职工或者其近亲属免费提供咨询服务。

第四十七条　经办机构与医疗机构、辅助器具配置机构在平等协商的基础上签订服务协议，并公布签订服务协议的医疗机构、辅助器具配置机构的名单。具体办法由国务院社会保险行政部门分别会同国务院卫生行政部门、民政部门等部门制定。

第四十八条　经办机构按照协议和国家有关目录、标准对工伤职工医疗费用、康复费用、辅助器具费用的使用情况进行核查，并按时足额结算费用。

第四十九条　经办机构应当定期公布工伤保险基金的收支情况，及时向社会保险行政部门提出调整费率的建议。

第五十条　社会保险行政部门、经办机构应当定期听取工伤职工、医疗机构、辅助器具配置机构以及社会各界对改进工伤保险工作的意见。

第五十一条　社会保险行政部门依法对工伤保险费的征缴和工伤保险基金的支付情况进行监督检查。

财政部门和审计机关依法对工伤保险基金的收支、管理情况进行监督。

第五十二条　任何组织和个人对有关工伤保险的违法行为，有权举报。社会保险行政部门对举报应当及时调查，按照规定处理，并为举报人保密。

第五十三条　工会组织依法维护工伤职工的合法权益，对用人单位的工伤保险工作实行监督。

第五十四条　职工与用人单位发生工伤待遇方面的争议，按照处理劳动争议的有关规定处理。

第五十五条　有下列情形之一的，有关单位或者个人可以依法申请行政复议，也可以依法向人民法院提起行政诉讼：

（一）申请工伤认定的职工或者其近亲属、该职工所在单位对工伤认定申请不予受理的决定不服的；

（二）申请工伤认定的职工或者其近亲属、该职工所在单位对工伤认定结论不服的；

（三）用人单位对经办机构确定的单位缴费费率不服的；

（四）签订服务协议的医疗机构、辅助器具配置机构认为经办机构未履行有关协议或者规定的；

（五）工伤职工或者其近亲属对经办机构核定的工伤保险待遇有异议的。

第七章　法律责任

第五十六条　单位或者个人违反本条例第十二条规定挪用工伤保险基金，构成犯罪的，依法追究刑事责任；尚不构成犯罪的，依法给予处分或者纪律处分。被挪用的基金由社会保险行政部门追回，并入工伤保险基金；没收的违法所得依法上缴国库。

第五十七条　社会保险行政部门工作人员有下列情形之一的，依法给予处分；情节严重，构成犯罪的，依法追究刑事责任：

（一）无正当理由不受理工伤认定申请，或者弄虚作假将不符合工伤条件的人员认定为工伤职工的；

（二）未妥善保管申请工伤认定的证据材料，致使有关证据灭失的；

（三）收受当事人财物的。

第五十八条　经办机构有下列行为之一的，由社会保险行政部门责令改正，对直接负责的主管人员和其他责任人员依法给予纪律处分；情节严重，构成犯罪的，依法追究刑事责任；造成当事人经济损失的，由经办机构依法承担赔偿责任：

（一）未按规定保存用人单位缴费和职工享受工伤保险待遇情况记录的；

（二）不按规定核定工伤保险待遇的；

（三）收受当事人财物的。

第五十九条　医疗机构、辅助器具配置机构不按服务协议提供服务的，经办机构可以解除服务协议。

经办机构不按时足额结算费用的，由社会保险行政部门责令改正；医疗机构、辅助器具配置机构可以解除服务协议。

第六十条　用人单位、工伤职工或者其近亲属骗取工伤保险待遇，医疗机构、辅助器具配置机构骗取工伤保险基金支出的，由社会保险行政部门责令退还，处骗取金额2倍以上5倍以下的罚款；情节严重，构成犯罪的，依法追究刑事责任。

第六十一条　从事劳动能力鉴定的组织或者个人有下列情形之一的，由社会保险行政部门责令改正，处2000元以上1万元以下的罚款；情节严重，构成犯罪的，依法追究刑事责任：

（一）提供虚假鉴定意见的；

（二）提供虚假诊断证明的；

（三）收受当事人财物的。

第六十二条　用人单位依照本条例规定应当参加工伤保险而未参加的，由社会保险行政部门责令限期参加，补缴应当缴纳的工伤保险费，并自欠缴之日起，按日加收万分之五的滞纳金；逾期仍不缴纳的，处欠缴数额1倍以上3倍以下的罚款。

依照本条例规定应当参加工伤保险而未参加工伤保险的用人单位职工发生工伤的，由该用人单位按照本条例规定的工伤保险待遇项目和标准支付费用。

用人单位参加工伤保险并补缴应当缴纳的工伤保险费、滞纳金后，由工伤保险基金和用人单位依照本条例的规定支付新发生的费用。

第六十三条　用人单位违反本条例第十九条的规定，拒不协助社会保险行政部门对事故进行调查核实的，由社会保险行政部门责令改正，处2000元以上2万元以下的罚款。

第八章　附　　则

第六十四条　本条例所称工资总额，是指用人单位直接支付给本单位全部职工的劳动报酬总额。

本条例所称本人工资，是指工伤职工因工作遭受事故伤害或者患职业病前12个月平均月缴费工资。本人工资高于统筹地区职工平均工资300%的，按照统筹地区职工平均工资的300%计算；本人工资低于统筹地区职工平均工资60%的，按照统筹地区职工平均工资的60%计算。

第六十五条　公务员和参照公务员法管理的事业单位、社会团体的工作人员因工作遭受事故伤害或者患职业病的，由所在单位支付费用。具体办法由国务院社会保险行政部门会同国务院财政部门规定。

第六十六条　无营业执照或者未经依法登记、备案的单位以及被依法吊销营业执照或者撤销登记、备案的单位的职工受到事故伤害或者患职业病的，由该单位向伤残职工或者死亡职工的近亲属给予一次性赔偿，赔偿标准不得低于本条例规定的工伤保险待遇；用人单位不得使用童工，用人单位使用童工造成童工伤残、死亡的，由该单位向童工或者童工的近亲属给予一次性赔偿，赔偿标准不得低于本条例规定的工伤保险待遇。具体办法由国务院社会保险行政部门规定。

前款规定的伤残职工或者死亡职工的近亲属就赔偿数额与单位发生争议的，以及前款规定的童工或者童工的近亲属就赔偿数额与单位发生争议的，按照处理劳动争议的有关规定处理。

第六十七条　本条例自2004年1月1日起施行。本条例施行前已受到事故伤害或者患职业病的职工尚未完成工伤认定的，按照本条例的规定执行。

上海市职工代表大会条例

（2010年12月23日上海市第十三届人民代表大会常务委员会第二十三次会议通过）

第一章　总　则

第一条　为了保障职工的民主权利，构建和谐稳定的劳动关系，促进职工和企业、事业单位以及民办非企业单位等组织共同发展，根据《中华人民共和国宪法》、《中华人民共和国劳动法》、《中华人民共和国工会法》、《中华人民共和国公司法》、《中华人民共和国劳动合同法》以及其他有关法律、行政法规,结合本市实际,制定本条例。

第二条　本市行政区域内的企业、事业单位以及民办非企业单位等组织(以下统称“企事业单位”)建立和实施职工代表大会制度,适用本条例。

第三条　企事业单位应当建立职工代表大会制度。

职工人数在一百人以上的企事业单位应当召开职工代表大会;职工人数不足一百人的企事业单位一般召开职工大会。

职工代表大会(或者职工大会,下同)是企事业单位实行民主管理的基本形式,是协调劳动关系的重要制度,是职工行使民主管理权力的机构。

职工代表大会应当充分发扬民主,实行少数服从多数的原则。

第四条　企事业单位应当保障职工代表大会依法行使职权,保障职工依法享有知情权、参与权、表达权和监督权。

职工通过职工代表大会依法参与企事业单位民主管理,支持企事业单位合法的生产经营和管理活动,维护自身合法权益。

第五条　企事业单位的工会是职工代表大会的工作机构,承担职工代表大会的日常工作。

第六条　本市各级人民政府及其国有资产、教育、卫生等主管部门和人力资源社会保障等有关行政管理部门应当指导、督促企事业单位实行职工代表大会制度。

第七条　上级工会、行业协会和相关企业联合组织应当指导和帮助企事业单位建立健全职工代表大会制度。

第二章　职　　权

第八条　职工代表大会依法行使审议建议、审议通过、审查监督、民主选举、民主评议等职权。

第九条　下列事项应当向职工代表大会报告,接受职工代表大会审议,听取职工代表大会代表(以下简称“职工代表”)的建议:

(一) 企事业单位的发展规划,年度经营管理情况和重要决策;

(二) 企事业单位制订、修改、决定直接涉及职工切身利益的规章制度或者重大事项;

(三) 工会与企业就职工工资调整、经济性裁员、群体性劳动纠纷和生产过程中发现的重大事故隐患或者职业危害等事项进行集体协商的情况;

(四) 职工代表大会工作机构的工作情况、联席会议协商处理的事项;

(五) 国有、集体及其控股企业财务预决算,重组改制方案和重大改革措施,申请破产或者解散等重要事项;

(六) 事业单位的财务预决算、重大改革改制方案等重要事项;

(七) 法律法规规定或者企事业单位与工会协商确定应当向职工代表大会报告的其他事项。

第十条　下列事项应当向职工代表大会报告,并由职工代表大会审议通过:

(一) 涉及劳动报酬、工作时间、休息休假、保险福利等事项的集体合同草案;

(二) 工资调整机制、女职工权益保护、劳动安全卫生等专项集体合同草案;

(三) 国有、集体及其控股企业的薪酬制度,福利制度,劳动用工管理制度,职工教育培训制度,改革改制中涉及的职工安置方案,以及其他涉及职工切身利益的重要事项;

(四) 事业单位的职工聘任、考核奖惩办法,收益分配的原则和办法,职工生活福利制度,改革改制中涉及的职工安置方案,以及其他涉及职工切身利益的重要事项;

(五) 法律法规规定或者企事业单位与工会协商确定应当提交职工代表大会审议通过的其他事项。

第十一条　下列事项应当向职工代表大会报告,并接受审查监督:

(一) 职工代表大会提案办理情况;

(二) 职工代表大会审议通过的重要事项落实情况;

(三) 集体合同和专项集体合同履行情况;

(四) 劳动安全卫生标准执行、社会保险费交缴、职工教育培训经费提取使用等情况;

(五) 法律法规规定或者企事业单位与工会协商确定应当向职工代表大会报告并接受审查监督的其他事项。

第十二条　下列人员应当由职工代表大会民主选举产生:

(一) 民主管理专门小组(委员会)成员;

(二) 董事会和监事会中的职工代表;

(三) 法律法规规定或者企事业单位与工会协商确定应当由职工代表大会民主选举产生的其他人员。

第十三条　下列人员应当接受职工代表大会的民主评议:

(一) 董事会和监事会中的职工代表;

(二) 国有、集体及其控股企业的高级管理人员,事业单位负责人,以及按照本市有关规定应当接受职工代表大会民主评议的其他人员;

(三) 法律法规规定或者企事业单位与工会协商确定应当接受职工代表大会民主评议的其他人员。

第三章　职工代表

第十四条　企事业单位的职工可以当选为职工代表。

职工代表由职工民主选举产生,实行常任制,可以连选连任,任期与职工代表大会届期相同。

选举职工代表一般以分公司、分院(校)、部门、班组、科室等为选区。选举应当有选区全体职工三分之二以上参加,候选人获得选区全体职工半数以上赞成票方可当选。选举结果应当公布。

第十五条　职工代表的构成应当以一线职工为主体,中、高层管理人员不超过百分之二十,但跨地区、跨行业的大型集团型企业的比例可以适当提高。女职工代表比例一般与本单位女职工人数所占比例相适应。

教育、科技、文化、卫生等领域的企事业单位,职工代表应当以直接从事专业技术工作的人员为主体。

第十六条　职工代表的权利:

(一) 在职工代表大会上,有选举权、被选举权、审议权和表决权;

(二) 对涉及本单位发展和职工权益的重要事项有知情权、建议权、参与权和监督权;

（三）参加与职工代表履职相关的培训、检查等活动；

（四）因履职活动而占用生产、工作时间，按照正常出勤享受应得的待遇。

第十七条 职工代表的义务：

（一）学习、宣传有关法律法规和政策，提高自身素质，增强参与民主管理的能力，做好本职工作；

（二）联系选区职工，听取职工的意见和建议，表达职工的意愿和要求；

（三）执行职工代表大会决议，做好职工代表大会交办的各项工作；

（四）及时向选区职工通报参加职工代表大会活动和履行职责的情况，接受评议监督；

（五）模范遵守单位规章制度，保守商业秘密。

第十八条 职工代表出现缺额时，应当由原选区依照规定的民主程序及时补选。选举结果应当公布。

职工代表因无故不履行或者无法履行代表职责而被撤免的，应当经原选区全体职工半数以上同意。

第十九条 职工代表依法行使权利，任何组织和个人不得压制、阻挠和打击报复。

第四章 组织制度

第二十条 企事业单位职工代表大会的职工代表名额，按照下列规定确定：

（一）职工人数在一百人至三千人的，职工代表名额以三十名为基数，职工人数每增加一百人，职工代表名额增加不得少于五名；

（二）职工人数在三千人以上的，职工代表名额不得少于一百七十五名；

（三）职工人数不足一百人，实行职工代表大会制度的，职工代表名额不得少于三十名。

职工代表大会可以根据需要设置列席代表。列席代表无表决权和选举权。

第二十一条 职工代表大会每届任期为三年至五年。职工代表大会因故需要延期换届的，延期时间不得超过一年。

职工代表大会每年至少召开一次会议。企事业单位、工会或者三分之一以上职工代表提议，可以召开职工代表大会。

第二十二条 职工代表大会选举产生的主席团主持会议，处理大会期间有关重大问题。主席团人数不得少于七人，其中一线职工代表的比例不得少于百分之五十。

第二十三条 职工代表大会可以设立若干民主管理专门小组（委员会），组织职工代表开展民主管理专项活动，办理职工代表大会交办的有关事项。专门小组（委员会）负责人由职工代表担任。

第二十四条 职工代表大会闭会期间，除法律法规规定应当提交职工代表大会审议通过的事项外，对需要及时处理的重要事项，企事业单位可以召开职工代表大会联席会议进行协商处理，处理结果应当向下一次职工代表大会报告。

联席会议由工会负责召集，由职工代表团（组）长、民主管理专门小组（委员会）负责人、主席团成员、工会委员会委员参加。

第二十五条 企事业单位下属的分公司（厂）、分院（校）应当建立职工代表大会制度，行使与其管理权限相对应的职工民主管理权利。

第二十六条 职工代表大会的经费由企事业单位在管理费用中列支。

第五章 议事规则

第二十七条 职工代表大会须有全体职工代表三分之二以上出席，方可召开。

第二十八条 职工代表大会的议题和议程，由企事业单位与工会协商确定。

第二十九条 提交职工代表大会审议和审议表决的书面材料，应当在职工代表大会召开的七日前送交职工代表；职工代表团（组）应当组织职工代表讨论，由工会及时汇总整理职工代表团（组）的意见和建议。

职工代表对涉及职工切身利益的重要事项意见分歧较大的，由企事业单位和工会根据职工代表意见进行协商修改后，提交职工代表大会再次审议。

第三十条 职工代表大会审议通过事项，应采取无记名投票方式，并须获得全体职工代表半数以上赞成票方可通过。

第三十一条 职工代表大会审议通过的事项和决议应当在职工代表大会闭会后向全体职工公布。

第三十二条 法律法规规定应当提交职工代表大会审议的事项，未按照法定程序提交的，企事业单位的工会有权要求纠正，企事业单位应当根据工会的要求予以纠正。

法律法规规定应当提交职工代表大会审议通过的事项，未按照法定程序提交审议通过的，企事业单位就该事项作出的决定对本单位职工不具有约束力。

第三十三条 职工代表大会在其职权范围内审议通过的事项对本单位以及全体职工具有约束力，未经职工代表大会重新审议通过不得变更。

第六章 工作机构

第三十四条 企事业单位的工会在职工代表大会筹备和召开期间，履行下列职责：

（一）组织开展职工代表的选举、撤换、培训等工作；

（二）做好职工代表大会文件的准备工作；

（三）提出职工代表大会主席团成员、民主管理专门小组（委员会）成员候选人建议名单，董事会、监事会中的职工代表候选人建议名单；

（四）代表职工与企事业单位开展集体协商，形成集体合同草案、专项集体合同草案和起草说明、集体协商情况的报告等；

（五）组织职工代表团（组）在会前和会中对提交职工代表大会审议和审议表决的事项进行讨论，汇总整理意见，并与企事业单位协商修改；

（六）负责职工代表大会其他筹备和组织工作。

第三十五条 企事业单位的工会在职工代表大会闭会期间，履行下列职责：

（一）动员职工执行职工代表大会决议，督促决议的落实和提案的办理；

（二）建立与职工代表的联系制度，受理职工代表的申诉和提案，维护职工代表的合法权益；

（三）组织职工代表、民主管理专门小组（委员会）开展提案、巡视检查、质量评估等日常民主管理活动；

（四）完成职工代表大会交办的其他工作。

第三十六条　企事业单位的工会应当在职工代表大会闭会之日起七个工作日内，将会议的有关情况报告上一级工会。

第七章　区域性、行业性职工代表大会

第三十七条　社区、产业园区、商务楼宇等同一区域内的企业可以联合建立区域性职工代表大会。生产经营业务相同或者相近的企业可以联合建立行业性职工代表大会。

区域性、行业性职工代表大会的工作机构是区域、行业工会。

乡、镇人民政府和街道办事处应当积极推动区域性、行业性职工代表大会的建立，支持和保障职工代表大会制度的正常运行。

第三十八条　区域性、行业性职工代表大会行使下列职权：

（一）听取区域、行业执行劳动法律法规和政策情况报告，区域、行业劳动关系状况报告，并提出意见和建议；

（二）审议区域、行业内企业有关劳动报酬、工作时间、休息休假、劳动安全卫生、保险福利、职工培训，以及劳动定额等直接涉及职工切身利益的重大事项，提出意见和建议；

（三）审议通过区域性、行业性集体合同草案和专项集体合同草案；

（四）审查监督区域、行业内企业执行劳动法律法规和区域性、行业性职工代表大会决定事项的情况，履行区域性、行业性集体合同情况；

（五）其他应当由区域性、行业性职工代表大会行使的职权。

第三十九条　区域性、行业性职工代表大会的职工代表人数和构成，由区域、行业工会与区域、行业内企业协商确定，并根据实际设立选区，组织职工按比例民主选举产生职工代表。

区域性、行业性职工代表大会的职工代表总数不得少于三十人，其中企业经营管理者不得超过百分之三十，一线职工不得少于百分之五十。

第四十条　区域性、行业性职工代表大会通过的集体合同、专项集体合同以及有关决议应当向全体职工公布。

第四十一条　区域性、行业性职工代表大会的组织制度、议事规则、工作机构的职责等参照企事业单位职工代表大会的有关规定实施。

第八章　监督检查和法律责任

第四十二条　市和区、县人力资源社会保障行政管理部门，同级工会和企事业单位代表，通过劳动关系三方协商机制，共同推进企事业单位建立健全职工代表大会制度。

第四十三条　市和区、县总工会应当将企事业单位实行职工代表大会制度的情况纳入工会劳动法律法规监督检查的内容。对企事业单位违反本条例规定的行为，可以发出工会劳动法律监督整改意见书，要求企事业单位予以改正。对逾期不改正的，可以根据需要向同级国有资产、教育、卫生等主管部门和人力资源社会保障等行政管理部门提出工会劳动法律监督处理建议书，国有资产、教育、卫生等主管部门和人力资源社会保障等行政管理部门应当依法进行调查处理。

第四十四条　企事业单位与工会因实施职工代表大会制度的事项发生争议，双方应当协商解决；协商不成的，提请上级工会与有关主管部门协调解决。

第四十五条　企事业单位违反本条例规定，有下列行为之一的，由市和区、县人民政府以及相关部门责令改正，对企事业单位法定代表人和有关责任人给予批评教育；拒不改正的，依法处理：

（一）阻挠建立职工代表大会制度的；

（二）妨碍职工代表大会依法行使职权的；

（三）应当提交职工代表大会审议和审议通过的事项，未按照法定程序提交，给职工造成损害的；

（四）擅自变更或者拒不执行职工代表大会决议并侵害职工权益的。

第四十六条　企事业单位法定代表人和其他管理人员对职工代表进行侮辱、诽谤或者以暴力、威胁等手段进行打击报复、人身伤害的，公安机关依法给予治安处罚；造成严重后果构成犯罪的，依法追究刑事责任。

企事业单位工会负责人不按照本条例规定履行职责，对职工权益造成损害的，由市和区、县、产业（局）工会责令限期改正，情节严重的，依法予以罢免。

第四十七条　市和区、县人民政府有关部门及其工作人员违反本条例规定，玩忽职守、滥用职权、徇私舞弊的，由其所在单位或者上级主管部门依法给予行政处分；构成犯罪的，依法追究刑事责任。

第九章　附　　则

第四十八条　本条例自2011年5月1日起施行。

关于本市国有企业深入推行职工董事、职工监事制度的通知

本市各国有企业：

为适应社会主义市场经济的发展，推动建立和完善中国特色的现代企业制度，依法健全和规范职工董事、职工监事制度，充分保障职工民主决策、民主管理、民主监督的

权利，现就本市国有及国有控股企业深入推行职工董事、职工监事制度的有关要求通知如下：

一、推行职工董事、职工监事制度的意义

党的十七大强调要坚持全面落实党的全心全意依靠工人阶级的指导方针，依法保障职工行使民主管理的权利，支持职工参与管理，维护职工合法权益。《中华人民共和国公司法》对建立和完善职工董事、职工监事制度作出了明确规定。职工董事、职工监事制度是现代企业制度的重要内容之一。职工董事、职工监事制度从构建和谐劳动关系出发，在制度安排上将职工民主管理纳入现代企业制度体制框架，成为劳动关系协调机制的重要组成部分，对深入贯彻科学发展观，推动社会主义和谐社会建设具有积极的促进作用；对于深化国资国企改革，进一步完善法人治理结构，确保企业改革发展稳定具有重大的现实意义；对于维护职工合法权益，激发职工的主体意识和工作积极性具有重要的作用。各级党政工组织要从深入贯彻落实党的十七大精神，全面实施《公司法》，发展和谐劳动关系的高度，充分认识推进职工董事、职工监事制度的重要性和必要性，不断增强工作的自觉性和责任感。

二、推行职工董事、职工监事制度的要求

1. 公司章程应当确立职工董事、职工监事制度。国有及国有控股的公司制企业要率先建立和健全职工董事、职工监事制度。其他公司制企业要在坚持职工监事制度的同时，逐步建立健全职工董事制度。要在公司章程中明确规定，董事会中的职工董事与监事会中的职工监事的人数和比例。职工董事不少于一人；职工监事的人数不少于监事会成员总数的三分之一。

2. 工会主席、工会副主席应当作为职工董事、职工监事的候选人。其他符合下列条件的职工代表也可以作为职工董事、职工监事候选人：(1)依法与本公司建立劳动关系的职工；(2)具有良好的品行和较好的群众基础；(3)熟悉本公司经营管理情况，有较强的参与经营决策和协调沟通的能力；(4)法律法规规定的其他条件。未担(兼)任公司工会主席、副主席的高级行政管理人员以及《公司法》规定不得担任董事、监事的人员，不得担(兼)任职工董事、职工监事。

3. 职工董事、职工监事人选由公司工会或职工(代表)大会、职工(代表)大会联席会议提名，报所在公司党组织审核。候选人确定后，经本公司职工(代表)大会以无记名投票方式选举，获得应到职工代表半数以上赞成方可当选。在职工(代表)大会闭会期间可由职工(代表)大会联席会议投票表决。尚未建立职工(代表)大会的企业，应在上级工会的指导下，先行建立职工(代表)大会制度，并通过职工(代表)大会提名选举产生职工董事、职工监事。国有及国有控股公司职工董事、职工监事产生后，应按照企业管理权限报上级党组织和工会备案。

4. 职工董事、职工监事的任期应当与其他董事、监事的任期相同，任期届满，可连选连任。职工董事、职工监事在任期内，遇到劳动合同到期，其劳动合同期限可自动延长至任期届满。

5. 职工董事、职工监事有下列情形之一的，应当作为罢免依据：(1)有三分之一以上职工代表联名提出罢免提案，并有明确的罢免理由；(2)职工(代表)大会对职工董事、职工监事民主评议不称职率高于40%；(3)职工董事、职工监事不按照职工(代表)大会相关决议发表意见，或不能正确履行职责；(4)职工董事、职工监事以权谋私，有意损害公司利益，或存在违反法律、法规的行为。当上述任何一种情形发生时，工会应组织召开职工(代表)大会或职工(代表)大会联席会议，提出罢免议案，阐述罢免依据，并经职工(代表)大会无记名投票表决，以应到职工代表半数以上通过，形成罢免决议，方可罢免职工董事、职工监事。罢免决议经公司党组织审核，按罢免董事、监事程序履行有关手续，并报上级国资管理部门(或有关部门)和工会备案。

6. 职工董事、职工监事离职的，自然终止任职资格。因离职、罢免等原因造成的空缺时间一般不超过3个月，期间应该及时进行补选。

三、职工董事、职工监事的权利、义务

1. 职工董事、职工监事代表职工参加董事会、监事会行使职权，享有与公司其他董事、监事同等权利，承担同等义务。

2. 职工董事、职工监事应同时对企业和职工负责，向职工(代表)大会负责，接受职工(代表)大会监督。

3. 董事会审议涉及职工切身利益的重要决策前，职工董事应该听取职工的意见和建议。必要时，应召开职工(代表)大会或职工(代表)大会联席会议，形成意见，职工董事必须向董事会告知职工(代表)大会意见，并按照职工(代表)大会意见投票。

4. 职工监事应认真执行职工(代表)大会的有关决议，全面了解公司经营管理和涉及职工权益的有关情况，监督公司支付职工工资、提供劳动保护、缴纳社会保险、执行福利制度情况等事项。

5. 职工董事、职工监事应不断提高自身素质和参与企业管理的能力，协调处理好国家、公司和职工的利益关系，积极参加职工(代表)大会联席会议和专门小组(委员会)会议等有关活动。

6. 公司应当为职工董事、职工监事履行职责提供必要的经费、设备等工作条件和工作时间。因履行职工董事、职工监事职责而减少正常收入的，公司应当给予相应补偿。

7. 任何组织和个人不得对职工董事、职工监事履行职责的行为进行压制、阻挠和打击报复。任职期间以及任期届满后，公司不得因其履行职责的原因与其解除劳动合同，或采取其他形式打击报复。

四、职工董事、职工监事的工作制度

1. 建立职工董事、职工监事调查研究制度。公司党政组织要积极为职工董事、职工监事开展调查研究提供条件，职工董事、职工监事就公司经营发展情况、涉及职工切身利益事项等向有关职能部门征询意见时，相关部门不能推诿。公司工会要协助职工董事、职工监事广泛征求和了解职工群众的意见和建议。职工董事、职工监事开展调查研究，要注重与职工(代表)大会的专门小组(委员会)活动、职工代表的巡视检查、厂务公开民主管理的调研检查等活动有机结合。

2. 建立职工董事、职工监事民主评议制度。职工董事、职工监事要定期向职工(代表)大会汇报履职情况,并接受职工代表的质询。职工(代表)大会要每年组织职工代表以无记名投票方式对职工董事、职工监事履行职责情况是否称职进行民主评议。

3. 建立职工董事、职工监事学习培训和资格认定制度。职工董事、职工监事上岗前需任前培训,获得资格认定;任期内应定期参加国资管理部门、工会、上级主管部门等相关机构组织的有关培训,不断提高工作能力和自身素质。

4. 建立职工董事、职工监事议事参谋制度。要根据公司实际,通过职工(代表)大会民主管理专门小组(委员会)或"智囊团"、"议事会"等形式,积极为职工董事、职工监事提供信息咨询和指导服务,促进职工董事、职工监事作用的发挥。

五、加强对职工董事、职工监事制度推进工作的领导

各地区、系统要加强对推行职工董事、职工监事制度工作的领导,结合本地区、本系统的实际,积极稳妥地推动职工董事、职工监事制度的全面落实。要注意培育典型,宣传典型,总结推广经验,加大对推进职工董事、职工监事工作新情况、新问题的探索研究,促进职工董事、职工监事制度的不断完善和有序发展。

各级国资管理部门、工会组织及有关方面,要加强沟通协调,制定实施细则和发展计划,讨论解决在推进及完善职工董事、职工监事制度过程中遇到的问题。国资监管部门要对国有及国有控股的公司制企业建立职工董事、职工监事制度进行布置和检查,组织职工董事、职工监事参加董事、监事业务培训和资格认定,要督促改制企业在改制方案及《公司章程》中明确改制后的公司实行职工董事、职工监事制度。工会要把推进职工董事、职工监事工作与工会组建、职工(代表)大会制度建设结合起来,配合公司建立和落实职工董事、职工监事制度,积极做好协调和服务工作。

本市宣传、金融系统的国有企业职工董事、职工监事制度参照本《通知》执行。

上海市总工会　　　　中共上海市国有资产监督管理委员会委员会

上海市国有资产监督管理委员会

二〇一〇年一月五日

上海市总工会关于进一步加强企业工会女职工工作的意见

各区县局(产业)工会、女职工委员会:

为了深入贯彻《中华全国总工会关于进一步加强企业工会工作、充分发挥企业工会作用的决定》、《中华全国总工会关于加强企业工会女职工工作的意见》,进一步落实《工会女职工委员会工作条例》,更好地推动新形势下企业工会女职工工作,充分发挥企业工会女职工组织的作用,现就进一步加强企业工会女职工工作提出以下意见:

一、进一步认识企业工会女职工工作的重要意义,明确女职工工作的总体要求

(一)充分认识企业工会女职工工作的重要意义。当前上海正处在发展转型和产业结构调整期,经济关系、劳动关系日趋复杂,企业工会工作面临新的挑战。中央和市委对进一步加强工会组织建设,在维护劳动关系和社会稳定中充分发挥工会作用提出了明确要求。企业工会女职工组织是开展女职工工作的重要组织基础。加强企业工会女职工工作,更好地发挥企业工会女职工组织在组织、引导、服务和维护广大女职工合法权益中的积极作用,充分调动广大女职工参与经济建设和企业发展的劳动热情,促进和谐的劳动关系和社会稳定有着十分重要意义。各级工会女职工干部要认清形势、把握机遇,切实增强责任感和使命感,不断推进企业工会女职工工作的创新与发展。

(二)全面把握企业工会女职工工作的总体要求。认真贯彻"促进企业发展,维护职工权益"的企业工会工作原则,以全总对工会工作"两个普遍"的要求,促进企业工会女职工工作"两个覆盖"目标的实现,即在依法推动企业普遍建立工会组织的同时,促进企业工会女职工组织全覆盖;在依法开展工资集体协商的同时,促进女职工权益保护专项集体合同全覆盖。进一步夯实组织基础,构建女职工维权机制,搭建女职工发展平台,团结、凝聚广大女职工为促进企业发展作出积极贡献。

二、进一步加强工会女职工组织建设,夯实组织基础

(三)加强同步组建,努力实现全覆盖。坚持哪里有工会、哪里有女职工,哪里就要建立工会女职工组织的原则。企业在筹建工会或工会换届时,要同步筹备、同步产生企业工会女职工组织,工会女职工委员会主任、副主任(或女职工委员)与工会委员会同时报上级工会审批。建立区域性、行业性基层工会联合会的同时,要同步建立工会女职工委员会,促进小企业工会女职工组织的全覆盖。

(四)加强干部队伍建设,切实提高工作能力和水平。企业工会要配备好女职工干部,工会女职工委员会主任由企业工会女主席或女副主席担任,也可按相应条件配备女职工委员会主任。要加强对企业工会女职工干部的培训,切实提高企业工会女职工干部队伍的工作能力和水平。

(五)加强规范化建设,夯实组织基础。女会员25人以上的企业应建立工会女职工委员会,25人以下可以建立工会女职工委员会，也可设女职工委员。充分发挥《工会女职工委员会工作手册》指导、规范、评估的作用。建立女职工组织报告工作制度、定期研究工作制度等。企业工会应保障本企业工会女职工组织开展工作，并提供必要的活动经费。

企业不建立妇联组织，企业工会女职工组织通过县以上地方工会接受妇联的业务指导。

三、积极动员女职工充分发挥主力军作用，为推动企业发展贡献智慧和力量

（六）充分发挥工会“大学校”作用，以女职工周末学校为载体，广泛开展文化教育、技能培训和读书活动，引导女职工努力成为一专多能的复合型人才。

（七）围绕加快经济发展方式转变和经济结构调整的新要求，广泛开展女职工技能竞赛、岗位练兵、技术比武、合理化建议等活动，引导女职工提高技能、钻研业务，促进女职工岗位技术和技能水平的提高。

（八）激发女职工的创造活力，组织女职工积极投身自主创新实践。大力推进女职工科技创新活动，推广和应用女职工优秀技术创新成果，努力建设一支高素质创新人才队伍。

四、依法表达和维护女职工的合法权益和特殊利益，切实提高企业工会女职工组织的维权水平

（九）切实做好女职工权益保护专项集体合同工作。工会女职工组织要积极参与企业工会集体协商工作，与集体合同同步签订单独或附件形式的女职工权益保护专项集体合同。开展集体协商时，女职工委员会主任或女职工委员应作为职工方的协商代表。要规范专项集体合同操作程序，建立健全专项集体合同履约监督检查制度。

（十）切实做好企业工会女职工组织维权机制建设。企业工会女职工组织要通过各种宣传阵地开展法律法规的教育普及活动，提高女职工法律意识和依法维权的能力，督促企业落实有关法律法规。结合企业具体情况，多渠道了解女职工诉求，积极参与涉及女职工特殊权益的劳动争议的调解，要切实保障女职工民主参与权利，职工代表大会、工会会员代表大会中女代表比例应与本企业女职工比例相适应。

五、不断拓展实事服务项目，增强企业工会女职工组织的凝聚力

（十一）关注不同群体女职工需求。加强对困难女职工的帮扶，开展企业工会女职工组织、先进女职工集体与单亲困难女职工“双结对”帮扶工作，帮助她们解决实际困难。关注白领女性、女农民工的特殊需求，拓展实事服务项目，切实解决女职工“三最”问题，充分发挥女职工组织服务、凝聚的作用。

（十二）加强对女职工人文关怀和心理疏导。以各种形式向女职工普及生理、心理健康和“四期”保护、预防艾滋病知识，为女职工提供团体互助医疗等特种保障，不断提高女职工的心理素质和身体素质。

六、进一步加强企业工会女职工工作，促进女职工工作的发展

（十三）实施企业工会女职工工作“5＋X”工作要求。为切实增强工作实效，促进工会女职工组织转起来、活起来，企业工会女职工组织要按照“5＋X”工作要求，推动工会女职工工作。“五个一”为基本要求，即建立一本工会女职工工作手册、签订一份女职工权益保护专项集体合同、开展一次有意义的活动、组织一次培训、办好一件实事。“X”是在“五个一”基础上的进一步要求，国有企业及基础较好的非公企业工会女职工组织要不断创新，创造更多的工作内容和方法，发挥引领示范作用，其他企业要在确保“五个一”的基础上，努力争创先进女职工组织（“5＋X”具体工作内容和要求详见附件）。

（十四）采取有效措施，将工作要求落到实处。区县局（产业）工会女职工委员会要通过培训班等形式，认真组织学习，帮助基层企业工会女职工干部理解和运用“5＋X”工作内容和要求。以目标管理考核、创星级、评比表彰等激励机制，促进“5＋X”工作要求的全面落实，争取三年内全市企业工会女职工组织基本达到“五个一”工作要求，培育更多符合“5＋X”工作要求的先进工会女职工组织，促进企业工会女职工工作整体水平再上新台阶。

（十五）上级工会女职工委员会要加强对基层企业工会女职工工作的指导和服务。为企业工会女职工组织提供法律、政策、信息等方面的咨询服务，帮助企业工会女职工干部协调解决工作中遇到的各种困难和问题。要把女职工工作的重点要求纳入工会总体工作考评和“模范职工之家”、“劳动关系和谐企业”等评比条件之中，促进企业工会女职工组织“两个全覆盖”目标的实现；要选树企业工会女职工工作的典型，促进企业工会女职工工作的发展。

附件：企业工会女职工工作“5＋X”工作内容及要求

二〇一〇年十月二十七日

附件：

企业工会女职工工作“5＋X”工作内容及要求

项 目	工作内容及相关要求
建立一本工会女职工工作手册	以市总女职工委员会印发至基层的《工会女职工委员会工作手册》为基础，及时记录女职工组织基本情况、女职工信息、会议、开展活动等情况，便于工作检查、总结，也为女职工工作积累资料。
签订一份女职工权益保护专项集体合同	在企业集体协商签订集体合同时，同步签订或续签女职工权益保护专项集体合同。要求做到专项集体合同与集体合同同步协商、同步审议、同步签约、同步报送、同步检查、同步报告，发挥专项集体合同在落实有关法律法规、争取女职工特殊利益中的积极作用。
开展一次有意义的活动	每年根据企业和女职工的特点开展一次有意义的活动。如提升女职工技能、素质的技能竞赛、技术比武、合理化建议以及演讲比赛、知识竞赛、征文活动等；女职工喜爱的健身操、瑜伽等体育活动，手工制作、插花、茶艺、艺术鉴赏、摄影、绘画等兴趣活动；利用“三八”节、“六一”节等特定节假日，开展节日慰问、召开座谈会、先进表彰会、文艺表演、公益活动、外出旅游、亲子游戏、儿童作品展示等活动。
组织一次培训	以女职工周末学校为载体，每年围绕专业知识、岗位技能、科学文化、法律、女职工健康保健、生理卫生、心理健康、预防艾滋病、职场形象、礼仪知识等各类提升女职工综合素质的内容，开展一次培训。
办好一件实事	根据女职工所需、女职工组织所能，每年为女职工办一件实事，如为女职工购买团体特种保障、开展单亲困难女职工帮扶、交友活动，为“四期”女职工解决特殊困难，为女农民工住宿及子女入学等困难提供帮助，尽力解决本企业女职工最关心、最直接、最现实的问题。
“X”的内容	“X”是在“五个一”基础上，不断拓宽工作内容、创新工作载体。企业工会女职工组织要把“五个一”做深，把“X”拓宽，形成工作特色，争创先进工会女职工组织。

关于贯彻落实《关于本市全面推进集体协商机制建设的意见》的意见

各区县局（产业）工会：

近期，市人力资源和社会保障局、市总工会、市企业联合会（市企业家协会）共同研究制定了《关于本市全面推进集体协商机制建设的意见》（以下简称《意见》），对本市全面推进集体协商机制建设，构建和发展和谐稳定的劳动关系提出了要求。市委、市政府高度重视集体协商机制建设，并于近期以市委办公厅、市政府办公厅名义转发了《意见》（沪委办发〔2010〕32 号）。现就本市工会贯彻落实《意见》，全面推进集体协商机制建设提出如下意见：

一、充分认识全面推进集体协商机制建设的重要意义

当前，本市正处在经济社会发展的重要战略机遇期，加快实现“四个率先”、加快建设“四个中心”和社会主义现代化国际大都市的任务艰巨繁重。新形势下，市委、市政府十分重视发展和谐劳动关系工作，经过各方共同努力，全市劳动关系总体呈现平稳和谐的态势。但劳动关系矛盾仍然多发、易发，一些地区、系统劳动关系矛盾有时还比较突出，尤其是职工工资增长缓慢、利益诉求表达渠道不畅等影响劳动关系健康发展的问题仍不同程度地存在，需要采取有效措施予以解决。

集体协商机制是社会主义市场经济条件下劳动关系双方重要的利益协调机制。全面推进集体协商机制建设，有利于调动企业和广大职工的积极性，维护双方合法权益，促进企业和经济社会健康发展；有利于落实职工参与收入分配的权利，合理确定职工工资水平，持续保障和改善民生，实现共建共享和谐社会；有利于畅通利益诉求渠道，将无序的群体性矛盾纷争依法纳入有序协商轨道，维护职工队伍和社会稳定。各级工会组织要从贯彻落实科学发展观、构建社会主义和谐社会的高度，从改革发展稳定的大局出发，充分认识新形势下推进集体协商机制建设

的重要性，切实增强工作的紧迫感和责任感，努力实现维护职工合法权益与促进企业健康发展的统一，确保职工队伍稳定和社会和谐。

二、明确全面推进集体协商机制建设的总体要求、基本原则、协商内容和目标任务

（一）总体要求。全面贯彻党的十七大精神，以邓小平理论和“三个代表”重要思想为指导，深入贯彻落实科学发展观，形成党委领导、政府推动、三方协同、多方支持、企业和职工积极参与的集体协商工作格局，以推动发展和谐劳动关系为根本目的，以推动企业普遍建立集体协商机制为工作目标，以推动开展工资集体协商为重要内容，促进企业发展，维护职工权益，为本市经济社会持续健康发展创造良好的社会环境。

（二）基本原则。要在同级党委和政府领导下，加强配合联动，形成合力推进的工作机制和工作格局。严格依照法律、法规、规章及有关规定，坚持依法有序、规范运作。正确把握好企业与职工之间的利益关系，坚持维护劳动者合法权益与促进企业健康发展相结合，促进劳动关系双方互利共赢、共谋发展。注重从企业不同所有制性质、不同类型规模和不同经营状况的实际出发，明确工作要求，把握工作方法，分类指导推进。

（三）协商内容。要以劳动报酬为重点，围绕工作时间、休息休假、保险福利、职工培训、劳动纪律、劳动定额等涉及职工切身利益的规章制度或重大事项开展集体协商。对企业经济性裁员、因劳动纠纷导致群体性停工和上访、生产过程中发现存在重大事故隐患或职业危害等事项，工会要主动提出集体协商要约，督促企业行政及时响应要约。进一步推动就女职工特殊权益、劳动安全卫生等内容开展集体协商，签订专项集体合同。

（四）目标任务。从2010年到2012年，力争用3年时间在各类已建工会的企业基本建立、实行集体协商和集体合同制度。其中，2010年集体合同制度覆盖率达到60%以上，2011年集体合同制度覆盖率达到80%以上。女职工专项集体合同同步达到覆盖目标。国有企业在建立、实行集体协商和集体合同制度的过程中，要起到示范引领作用。对尚未建立工会的小企业，通过签订行业性、区域性集体合同，努力提高覆盖比例。

三、切实把握推进集体协商机制建设工作的具体措施

（一）坚持因企制宜，推动以工资协商为重点的集体协商机制建设。要继续着力推进工资集体协商，签订工资专项集体合同，健全完善企业工资分配共决机制、职工工资正常增长机制和支付保障机制。生产经营正常、经济效益增长的企业，应根据本市企业工资增长指导线，协商确定年度职工工资增长幅度，确保职工收入随企业效益相应增长；生产经营遇到一定困难的企业，应在本市最低工资标准的基础上，协商确定企业执行的最低工资标准，完善工资支付保障制度；实行特殊工时制的企业，应通过协商，确定职工工作和休息安排的计划，并在实施过程中听取工会和职工意见；实行计件工资的企业，应通过协商，合理确定劳动定额和计件单价，保障职工取得合理劳动报酬的权益和休息权；经营者实行年薪制的企业，应通过协商，合理确定经营者收入与职工收入的比例关系。各类企业要通过协商，完善职工基本福利项目，形成合理的企业福利制度。要积极探索覆盖劳务派遣工集体协商的模式。

（二）大力推进行业性、区域性集体协商，不断扩大机制建设的覆盖面。要针对非公有制小企业开展协商的实际困难，大力开展行业性、区域性集体协商，不断提高集体协商和集体合同制度的覆盖面。要从本行业、本区域劳动关系的特点和企业实际出发，积极推进行业性、区域性集体协商的探索和实践。要加快建立行业性、区域性工会组织，因地制宜搭建集体协商的工作平台。要准确把握行业性、区域性集体协商的范围和内容，在企业生产经营特征相似的餐饮、物业、纺织等行业，重点通过集体协商，确定行业主体工种工资标准及工资调整幅度、行业劳动定额、工时工价。非公有制小企业和劳动密集型企业集聚的社区、工业园区、商务楼宇等区域，要重点就区域最低工资标准、工资调整最低幅度、工资支付办法和工作时间等内容开展协商。

（三）积极开展“要约行动”，依法规范程序，不断提高质量。要采取“集体协商要约行动月”等形式，坚持集中要约与动态要约相结合，单个要约与行业性、区域性要约相衔接。基层工会要主动向没有建立、拒绝建立集体协商机制，或集体合同到期的企业发出协商要约。上级工会要指导、帮助基层工会依法行使要约权，企业工会提出协商要约有困难的，上一级工会可依法代替企业工会提出协商要约。要严格按照《上海市集体合同条例》的要求，依法规范协商代表产生和集体协商启动程序，召开集体协商会议，就协商内容形成书面协议或集体合同草案，提交职工代表大会或全体职工讨论通过，并及时履行备案生效程序。对企业无正当理由拒绝要约、不按期响应要约等违法行为，以及协商过程中双方发生争议无法达成一致的，提请人力资源社会保障部门协调处理。因履行集体合同发生争议，经协商解决不成的，工会可以依法申请仲裁、提起诉讼。要把直接涉及劳动者切身利益的有关事项作为集体协商的主要内容，保护职工特别是生产服务一线职工的合法权利和合理利益。要反映企业和职工双方利益、不同职工群体利益诉求，体现利益兼顾的原则。要避免协商结果的形式化和空心化，着重在法定标准之上进行协商，确定可以量化操作的条款，不断充实内容、提高质量。

（四）健全利益诉求表达渠道，充分发挥集体协商化解群体性劳动争议的作用。要通过依法开展集体协商，化解群体性利益争议。要围绕容易引发群体性利益争议的内容，注重发挥集体协商机制的作用，引导企业和职工理性表达各自诉求，着力把无序纷争纳入到有序协商的轨道上来。尚未建立工会的企业，上级工会要及时介入协调处理，指导职工推举协商代表，通过协商合法有序解决利益争议。对职工依法提出的权利诉求，工会要积极支持，旗帜鲜明地维护职工合法权益；对职工提出的过高利益诉求，要妥善把握协商尺度，平衡好企业的实际经济状况与职工的利益要求。要围绕直接涉及职工切身利益的劳动关系重大事项开展协商。因欠薪欠保引发的争议，应就支付方式和支付时间进行协商；因减薪裁员引发的争议，应就减薪裁员的方案、实施范围和标准进行协商；因企业转

改制、关闭搬迁等问题产生的争议,应就分流安置方案和经济补偿数额等进行协商。

(五)积极组织开展培训,加快集体协商人才队伍建设的步伐。要把建立集体协商指导员队伍作为推进集体协商机制建设的重要环节,培养熟悉法律、懂得政策、精通业务、善于协商的专业人才。要拓宽选拔范围,把劳动关系领域中更多的专家、学者、律师等方面人才纳入到指导员队伍中来,逐步形成专兼职相结合的集体协商指导员队伍。要加强对集体协商指导员队伍的管理,逐步建立健全指导员的聘任、培训、考核、档案、奖励等制度,促进队伍建设的规范化、制度化。要采取集中学习、定期交流、现场观摩、实地调研等多种措施,提高集体协商指导员的协商能力、指导能力和服务水平,带动集体协商整体水平的提高。要及时研究解决集体协商指导员工作中遇到的困难和问题,不断增强工作的实效性。

四、认真做好推进集体协商机制建设的组织实施

(一)进一步加强推进工作的组织领导。要推动建立由党委、政府(行政)领导牵头、协调劳动关系三方主管领导具体负责、有关职能部门参加的领导小组,制定具体的工作规划和目标措施,推动将集体协商机制建设工作纳入地区、系统"十二五"经济社会发展规划,纳入各级党政工作考核目标。要继续推动健全完善劳动关系三方协商机制,加强市、区两级三方机制协调互动。要紧紧依靠人大法律监督、政协民主监督、人力资源社会保障部门行政监督的作用,加大工会劳动法律监督力度,定期就集体协商机制的建制情况和集体合同的签订、履行情况进行监督检查,对违法、违约行为及时纠正和处理。各地区、系统工会要把推进集体协商机制建设作为工会重中之重的工作,成立推进小组,整合内部力量,举全会之力推动集体协商机制建设。要认真开展调查研究,详细排摸所属企业集体协商建制情况。要建立工作目标责任制,加强工作指导、督导,实施有效的激励措施。要建立完善集体协商信息库,对企业开展集体协商情况实行动态管理。

(二)进一步加大工会组织的组建力度。要按照《中华全国总工会办公厅关于开展"广普查、深组建、全覆盖"集中行动的通知》要求,依法推动企业普遍建立工会组织,为推动企业普遍开展集体协商奠定坚实基础。要把企业集中的开发区、各类园区(工业园区、经济园区、创意园区等)、商务楼宇、商场超市、集贸市场等作为推动建会的重点领域,把世界500强等跨国公司和港澳台资企业、私营企业,商贸、餐饮、物流、保安等第三产业及有雇工的个体工商户作为推动建会的重点对象。要着力增强"楼宇工会"、"小区工会"、"一条街工会"、"项目工会"、"区域性工会"、"行业性工会"等对暂不具备单独建会条件的小企业进行全覆盖的功能。积极吸收劳务派遣工加入工会组织,切实维护他们的合法权益。

(三)进一步增强工会各项机制的整合联动。要注重整合工会内部力量,把加强集体协商建制工作与工会各项机制建设有机衔接。要不断健全完善职代会制度,强化职代会涉及职工切身利益事项的审议共决,督促企业经营者定期向职代会报告集体合同履行情况,扩大职工的参与范围,提高职工的协商主体意识,切实保障广大职工的知情权、参与权、表达权和监督权得到落实。要强化行业性、区域性集体协商与行业性、区域性职代会的制度联动,努力推动两大维权机制更好地为企业、职工、社区(行业)的健康发展服务。要不断加强劳动争议调解工作,对在集体合同履行过程中发生的争议,引导双方协商解决,努力通过协商把争议和矛盾化解在基层。要不断强化劳动关系和谐企业、和谐工业园区创建工作的要求,将开展集体协商、签订和履行集体合同等情况作为创建活动的必备条件,作为评选表彰的重要依据。

(四)进一步营造社会各界支持的良好氛围。要充分运用广播、电视、报刊和互联网等各种传媒手段,加强推进集体协商机制建设的宣传报道,形成正确舆论导向。要创新宣传方式和宣传活动的组织形式,不断提高企业和职工对建立集体协商机制的正确认识,不断提高社会各界对建立集体协商机制作用的认可和支持。要以创建劳动关系和谐企业、和谐工业园区为载体,将开展集体协商、签订和履行集体合同等情况作为创建活动的必备条件。要及时总结推进集体协商工作经验,注重培育各类企业及行业、区域开展集体协商的典型,采取经验交流会、成果展示会、现场观摩会等方式予以推广。

二〇一〇年十二月六日

关于印发《关于切实履行工会职责推进劳动合同制度建设的指导意见》的通知

关于切实履行工会职责推进劳动合同制度建设的指导意见

《中华人民共和国劳动合同法》(以下简称《劳动合同法》)实施以来,本市的劳动合同制度建设取得了较大的成效,劳动合同签订率普遍提高,劳动合同短期化现象得到有效遏制。但部分企业侵害职工合法权益的现象仍有发生,尤其是小企业劳动合同签订率低、劳动用工不规范的问题仍然比较突出。为进一步发挥工会组织在协调劳动关系中的作用,现就工会切实履行法律赋予的职责,进一步推进本市劳动合同制度建设提出如下指导意见:

一、主动参与劳动合同文本的制定和修改

工会参与劳动合同文本的制定和修改,是保证职工与

用人单位平等自愿、公正合理地协商劳动合同内容，切实维护职工合法权益的有效手段。工会在参与制定和修改劳动合同文本之前，要认真听取职工的意见和要求，积极同用人单位沟通，表达职工的正当要求。要代表职工与用人单位进行协商，对劳动合同文本中有关试用期、劳动合同期限和终止条件、工作时间和休息休假、劳动报酬及工资支付办法、劳动保护和劳动条件、社会保险和福利待遇、教育培训以及违约责任等内容提出明确的意见和建议。

地区工会和产业（行业）工会要积极参与地区和产业（行业）劳动合同示范文本的制定，根据本地区、本产业（行业）的实际情况和特点，充分体现职工的意愿和要求，提出既能促进企业发展，又能维护职工合法权益的意见建议。

二、帮助、指导职工与用人单位签订劳动合同

帮助和指导职工签订劳动合同是法律赋予工会的重要职责，是推动劳动合同制度实施的切入点和主要任务，是工会依法维护职工合法权益的重要途径。工会应督促企业在用工之日起一个月内与劳动者签订或续订书面劳动合同，并帮助和指导新进企业的职工签订好首份劳动合同。工会要主动加强与企业劳动人事部门的沟通，督促企业履行告知义务，及时为新签和续签的职工详细讲解劳动合同规定的工作内容、条件、地点、职业危害、劳动保护、劳动报酬、合同期限、社会保险等权利义务和企业相应的规章制度，让职工全面理解劳动合同内容。未经企业工会指导已经签订的劳动合同，职工对合同权利义务的内容提出异议时，工会应代表职工与企业进行协商修改并加以完善。

三、通过民主程序参与企业规章制度的制定

按照民主程序依法制定的企业规章制度是企业有效的劳动管理制度，也是处理劳动纠纷的重要依据。工会应积极参与企业规章制度的制定，保障劳动者享有劳动权利，履行劳动义务。企业在制定、修改或决定有关劳动报酬、工作时间、休息休假、劳动安全卫生、保险福利、职工培训、劳动纪律以及劳动定额管理等直接涉及职工切身利益的规章制度或者重大事项时，应当经职工代表大会或全体职工讨论，提出方案和修改意见，工会应当将职工意见汇总后与企业进行协商，协商不一致时，可以提请劳动保障行政部门协调处理。工会应督促企业将涉及职工切身利益的规章制度和重大事项决定及时公示，告知全体职工。

四、推动企业与职工诚信履行劳动合同

企业与职工诚信履行劳动合同，是依法保护劳动合同双方当事人权利、发展和谐劳动关系的重要基础。工会应督促企业与职工共同诚信地履行劳动合同及相关协议，关注企业与职工的劳动合同变更程序，督促企业采用书面形式依法变更劳动合同。职工对变更劳动合同有异议的，工会必须主动及时了解事实情况，对企业合理的安排，工会要引导职工顾全企业经营管理大局；对企业显失公正的变更，工会应据理力争，维护职工的合法权益。企业与职工依法解除或终止劳动合同时，工会应督促企业依法及时为职工办理相关的退工手续，支付经济补偿金，办理档案和社会保险关系转移手续。

对签订了试用期、服务期、竞业限制、保密协议的职工，工会应主动引导教育，督促职工诚信履行劳动合同或协议约定的义务。当职工提出辞职或解除、终止劳动合同时，工会应督促职工按规章制度办理交接手续，保障企业用工管理秩序和经济效益的全面实现。

工会应督促企业严格履行加班的通知义务，建立健全加班管理和加班工资结算制度。督促企业及时办理综合工时制、不定时工时制的审批手续并履行向职工的告知义务，督促企业按月定时足额支付加班工资。工会对企业违反加班程序、加班时间、加班工资、加班管理的做法，应及时指出并提出改正意见，企业拒不改正或引发群体争议的，应及时向劳动监察部门反映。

五、履行好企业单方解除劳动合同的核实程序

核实用人单位单方解除职工劳动合同的理由，是法律赋予工会的知情权和监督权，也是预警、预防企业劳动争议的重要环节。工会接到企业单方解除职工劳动合同通知书后，应对企业通知书的解除理由向职工进行核实，并经工会委员会商议，出具书面意见反馈给企业的具体处理部门。工会应慎重起草"工会关于企业单方面解除职工劳动合同的意见书"，对企业处理不妥的事宜，工会应要求企业重新处理。对企业违反法律、法规或者劳动合同约定的，工会有权要求企业予以纠正。对企业内因解除劳动合同产生的重大、疑难争议，工会应主动向上级工会汇报，请求上级工会和有关部门的帮助和指导。

六、参与并完善企业的裁员方案

工会主动参与制定企业的裁员方案，积极反映职工对裁员方案的意见，既是企业裁员的法定程序，也是工会履行维权职责的重要举措。企业出现《劳动合同法》规定的经济性裁员情形或因企业自身发展需要裁员时，工会应依据《上海市集体合同条例》的规定，依法推荐职工方集体协商代表，提出集体协商要约，启动集体协商程序，就裁员方案进行集体协商。在协商过程中依法代表职工表达不同职工群体的诉求，依法合理提出优先留用人员名单，帮助企业完善裁员方案。职工对裁员方案反响激烈时，工会应提议召开职工代表大会或全体职工大会，审议讨论企业的裁员方案。

七、督促企业依法完善劳动合同管理台账

工会督促企业完善劳动合同管理台账，是推动企业提升劳动用工管理水平，健全劳动合同制度建设的有效措施。工会应主动积极参与企业的劳动合同管理工作，帮助企业按照《中华人民共和国劳动合同法实施条例》规定的内容建立职工名册，健全劳动合同签订、续订、解除、终止的信息存录、档案保管、动态分析等劳动合同管理制度，健全养老、失业、医疗、工伤、生育保险接续和转移办理的制度。工会应逐步建立健全职工劳动合同的台账备份，不断完善劳动合同的基础管理。

八、健全劳动争议预警、预防、调处制度

劳动争议的有效预警、预防和调处是劳动合同制度得以平稳实施的重要保证。工会要依法维护劳动者的合法权益，对用人单位履行劳动合同、集体合同情况进行监督。用人单位违反劳动法律法规和劳动合同、集体合同约定的，工会有权提出意见或者要求纠正。工会要主动推进企业劳动争议调解组织建设，切实发挥劳动争议调解组织作用。定期分析劳动争议案件，加强对劳动争议的预警、预防。职工与企业发生劳动争议时，工会要积极导入调解方

式，公平、高效地将劳动争议化解在基层。职工申请仲裁、提起诉讼的，工会应当依法给予支持和帮助，积极为职工提供法律服务。

九、发挥集体协商机制对劳动合同制度建设的促进作用

集体协商机制是社会主义市场经济条件下劳动关系双方重要的利益协调机制。企业工会应依法主动推进集体协商机制建设，着力推进企业与职工协商制订开展集体协商的规则和办法，明确协商代表产生、代表职责、要约程序、内容范围、协商时间、审议程序和监督检查等内容。通过集体协商，推动企业与职工就劳动关系的有关问题进行经常性、广泛性的协商、沟通，就涉及职工切身利益的收入分配、工作时间、休息休假、劳动安全卫生、保险福利、女职工特殊权益等内容签订集体合同或专项集体协议，协调处理因企业转制改制、关闭搬迁、裁员减薪等引发的群体性劳动争议矛盾。

要充分发挥集体协商机制对劳动合同制度建设的促进作用，进一步健全企业劳动关系自主协调机制。企业工会要在集体合同续签、修订和变更时，及时帮助职工与企业协商修订完善劳动合同的相关内容，对劳动合同履行中的诸如变更岗位的程序、签订无固定期限劳动合同的程序、带薪年休假的实施办法、企业加班管理制度等问题的约定，应通过集体协商进一步加以规范。

十、做好劳务派遣工的入会和维权工作

维护劳务派遣工利益，是各级工会组织义不容辞的职责。用工企业工会要关心排摸劳务派遣工参加工会和签订劳动合同的情况。劳务派遣工会员在用工企业期间，用工企业工会应与劳务派遣单位工会签订委托管理协议，明确双方对会员组织活动、权益维护等的责任与义务。要按照《劳动合同法》的规定，督促用工企业对劳务派遣工履行法定的义务，切实保障劳务派遣工的合法权益。劳务派遣单位没有建立工会组织的，用工企业工会应积极引导发展劳务派遣工加入用工企业工会。上级工会应加强督促检查，切实指导和帮助劳务派遣单位和用工单位的工会组织共同做好劳务派遣工加入工会和权益维护工作，各级工会要逐步探索集体协商机制、职工代表大会制度覆盖劳务派遣工的运作模式。

切实履行工会职责，推进劳动合同制度建设，涉及到广大劳动者的切身利益，是一项政策性强、涉及面广的系统工程。各级工会要主动争取社会各方的支持，整合资源、联手合作，以“创建劳动关系和谐企业和工业园区活动”为载体，抓好劳动合同制度、集体协商和集体合同制度、职工代表大会制度和劳动争议调解工作的整合和衔接，努力构建和发展和谐劳动关系。

劳动报 2010 年工会新闻要目

日　期	篇　目	作　者	版　面
1月1日	步履匆匆和着新年祝福钟声	刘　颖　王业斐 王　枫　范国忠 李　貌	第六版
1月3日	第一时间了解最前沿技术	范国忠	第六版
1月3日	本市所有乡镇街道成立总工会	刘　颖	第六版
1月3日	员工争相“竞拍”新一年降本指标	童伟忠　王　枫	第六版
1月4日	60%基层工会主席实行直选	王　枫	第七版
1月6日	新区工会“四驾马车”助力浦东发展	何文庆	第七版
1月7日	做好职工的“第一解困人”	刘　颖	第七版
1月8日	巴士公交多举措厚待老司机	王　枫	第七版
1月11日	推出“一对一”就业指导招聘会	王　枫	第七版
1月11日	培育一批富有社会责任感企业	李　貌	第七版
1月11日	确保全区职工都能亲临看世博	唐海华	第七版
1月12日	承担起联系群众桥梁纽带和主渠道责任	张　路	头版、二版
1月12日	本市积极推进新工会会计制度实施		第七版
1月13日	如何吸引“80后”，工会面临新挑战	张　路	第七版
1月13日	本市严查农民工工资支付情况	张　路	第七版
1月14日	微小型企业也有工会覆盖	刘　颖	第九版

续 表

日 期	篇 目	作 者	版 面
1月14日	越敏感的问题，越要“阳光操作”	何文庆	第九版
1月15日	上海工会筹集1.33亿元送温暖	张 路	头版
1月15日	2009，上海工会不负时代不负职工	张 路	第七版
1月15日	从“亮出来”到“靓起来”	桂云林	世博周刊B2
1月16日	凝聚力量为实现“五个确保”作贡献	张 路	第十版
1月18日	使命光荣，责任重大	张 路	头版、十版
1月20日	建功世博盛会，服务上海新发展	张 路	第十版
1月21日	你们应该分享上海建设成果	张 路	头版、二版
1月21日	市总发起“冲刺100”工人先锋号行动	张 路	第十版
1月22日	苏格兰工会大会代表团抵沪访问	张 路	第四版
1月22日	增强做好维稳工作责任感使命感	张 路	第十三版
1月22日	本市各区县举行多样活动，冲刺世博100天	张 路 何文庆 王业斐 范国忠 刘 颖 李 貌	第十二版
1月23日	放弃休息志愿服务世博会	张 路	第六版
1月23日	工资协议覆盖面仍列入考核指标	张 路	第六版
1月24日	农民工享受“利润分红”	王 枫	第六版
1月24日	着力扩大住房公积金缴交覆盖面	张 路	第六版
1月25日	基层工会主席有动力有压力	李 貌	第七版
1月26日	一线职工每周旁听总经理办公会	范国忠	第七版
1月27日	应允许女职工延期申领养老金	张 路	第八版
1月27日	唤起基层工会的活力和智慧	王业斐	第十版
1月28日	工会以“三个文明”助力世博头等大事	黄雨清	第五版
1月29日	确保组织不流失工作不停顿	刘 颖	第十一版
2月2日	医院要多向职工“亮家底”	李 蓓 王 枫	第七版
2月3日	企业欠薪情况实行“每日一报”	刘 颖	第七版
2月4日	市总慰问春运第一线铁路职工	张 路	第二版
2月4日	积极应对转方式凝聚职工抓素质	张 路	第二版
2月5日	你们要相信生活会越来越好	张 路	第三版
2月6日	困难学子春节前收到录用通知	王业斐	第六版
2月6日	推进制度建设，提高制度执行力	张 路	头版、六版
2月7日	送温暖，更送一份坚实的保障	何文庆	第六版
2月8日	员工薪水高于本市最低工资标准10%	李 貌	第七版
2月10日	“直选的工会主席就是不一样”	王业斐	第七版

续 表

日 期	篇 目	作 者	版 面
2 月 10 日	演出很精彩，在沪过年更精彩	张 路	第七版
2 月 11 日	弘扬劳模精神为世博做贡献	张 路	头版
2 月 11 日	留沪农民工感受家的温暖	范国忠 刘 颖	第十一版
2 月 11 日	上海工会实施“暖冬大行动”	张 路	第十一版
2 月 12 日	224 名就业困难者成为网上老板	王业斐	第六版
2 月 14 日	新一年，让我们的梦想开花	王业斐	第六版
2 月 19 日	文明餐厅仅靠服务员难营造	李 貌	第六版
2 月 20 日	解决欠薪应有快处机制	马永卿	劳权周刊 A6
2 月 20 日	杨浦工会参与法院调解成果显著	赵竺安	劳权周刊 A2
2 月 21 日	万人献计天天改进	沈 恺 王 枫	第六版
2 月 22 日	1.5 万离岗人互助保障全覆盖	李 貌	第七版
2 月 23 日	市总制定今年农民工工作要点	张 路	第七版
2 月 24 日	本市专职工会工作者越来越多	木 叶	第七版
2 月 25 日	职工民管制度成为宝钢基本制度	张 路	第七版
2 月 27 日	提升管理水平服务职工	张 路	第六版
2 月 27 日	应对用工荒，招人不如“留人”	王业斐	第六版
3 月 1 日	非公企业落实“妇检”不容乐观	张 路	第七版
3 月 2 日	动员全市职工为成功办博作贡献	张 路	头版
3 月 2 日	广泛动员全市职工为成功举办世博会作贡献	陈 豪	第四、五版
3 月 3 日	地区工会试水工会主席直选	唐海华 刘 颖	第七版
3 月 4 日	900 万上海职工心系都江堰	张贤贞	第六版
3 月 5 日	本市 297 万女职工“准备好了”	张 路	第七版
3 月 6 日	基层调解员中工会成员占六成	王 枫	第六版
3 月 8 日	争当迎世博“三个文明”践行者	李 貌 李南南	第七版
3 月 9 日	做低碳生活的“最佳实践者”	张 路	第七版
3 月 12 日	工会将推动政府提高职工收入	陆 晴	第二版
3 月 13 日	上海职工世博先锋号行动启动	张 路	头版、四版
3 月 15 日	区域世界 500 强企业建会率 100%	刘 颖	第十二版
3 月 15 日	加强劳动关系协调，促进社会和谐	张 路	第十二版
3 月 17 日	加强民主管理，提升育人质量	王业斐	第七版
3 月 19 日	上海 400 万职工参加学习培训	张 路	第七版
3 月 20 日	2007—2009 年度上海市劳动模范和先进工作者候选人公示名单		第六版
3 月 22 日	劳动争议多发企业成为推进重点	张 路	第七版
3 月 23 日	以饱满精神为办博作更大贡献	张 路	第七版

续　表

日　期	篇　　目	作　者	版　面
3 月 29 日	80%以上班组长由农民工担任	李　貌	第十版
4 月 3 日	员工职业资格认证“填空白”	王　枫	第六版
4 月 7 日	上海市 2010 年全国劳动模范候选人基本情况		第十、十一版
4 月 10 日	陈豪会见胡志明市劳联代表团	张　路	第二版
4 月 10 日	在岗位上书写我们对世博的承诺	范国忠	第六版
4 月 11 日	一家和谐企业带出一批和谐企业	王业斐	第六版
4 月 12 日	劳动定额:“一品一测一协商”	李　貌	第七版
4 月 13 日	“工人先锋号”建立退出机制	张　路	第八版
4 月 14 日	工会指导员成服务站点“常客”	何文庆	第七版
4 月 16 日	基层工会主席将由直选产生	张　路	第七版
4 月 17 日	工会“十二五”规划大讨论座谈会关注三大热点	张　路　王　枫	第六版
4 月 17 日	工会要当好代言人和纳谏人	张　路　王　枫	第六版
4 月 18 日	浦东开发开放周年工会难忘瞬间		第四、五版
4 月 19 日	620 名员工追回欠薪 300 万元	李　貌	第七版
4 月 21 日	“立功竞赛”创造世博速度上海魅力	张　路	第十版
4 月 24 日	劳动强度大了,收入也要上去	唐海华	第六版
4 月 26 日	上海市劳模表彰大会 28 日举行	张　路　王业斐	第三版
4 月 27 日	践行“三个文明”——我们在行动	唐海华　何文庆 李　貌　范国忠 王　枫　王业斐	五一特刊
4 月 27 日	“感到光荣,更感到重任在肩”	王业斐	第八版
4 月 29 日	为世博会的成功举办当好主力军	张　路	头版
4 月 29 日	2007—2009 年度上海市劳动模范、先进工作者和模范集体名单		第四版
4 月 30 日	增强责任感使命感扎实工作、开拓创新	张　路	第七版
4 月 30 日	凝聚职工为办好世博会作贡献	张　路	第七版
5 月 1 日	站在新起点,肩负新使命	陈　豪	五一专版
5 月 5 日	全面履行职能,切实发挥不可替代作用	唐海华	头版
5 月 8 日	派遣工权益集体合同说了算	赵竺安	劳权 A2
5 月 11 日	我们有一支拉得出打得响职工队伍	张　路	第三版
5 月 12 日	企业拒缴会费,工会申请支付令	李　貌	第三版
5 月 14 日	陈豪等慰问世博一线公安干警	张　路	头版
5 月 15 日	谈出好薪情,更带来了和谐双赢	赵竺安	劳权 A2
5 月 17 日	市总向世博园区职工送药箱		第二版
5 月 17 日	本市工会宣传劳模热潮不断升温	张　路	第三版

续　表

日　期	篇　　目	作　者	版　面
5 月 18 日	七位工人发明家慧眼看世博	张　路	第五版
5 月 21 日	挪威奥斯陆市总工会代表团来沪访问	张　路	第二版
5 月 21 日	“四个一百”促高技能人才脱颖而出	张　路　王　枫	第五版
5 月 25 日	用劳模精神影响和带动全社会	张　路	第二、三版
5 月 26 日	澳大利亚工会客人抵沪访问	张　路	第二版
5 月 26 日	饮食起居薪酬待遇样样都关注	李　貌　瞿渊敏 何文庆　王业斐	第五版
5 月 28 日	办实事赢得教职工拥戴	范国忠	第五版
5 月 31 日	工资集体协商应该“硬起来”	唐海华	第三版
6 月 2 日	端起相机，记录精彩	王业斐	第五版
6 月 3 日	部分区县局工会主席座谈会召开	张　路	头版
6 月 9 日	外来务工女性双休日免费体检	李　蓓	第二版
6 月 9 日	世博一线职工时时享“娘家”关爱	范国忠　李　貌 李南南	第十版
6 月 11 日	推进工会组建和企业职工文化建设	张　路　王　枫	第三版
6 月 15 日	每年近 200 名教职工受助	范国忠	第三版
6 月 17 日	为世博一线职工想周全	王　枫	第五版
6 月 17 日	科技创新“性价比”吸引非公企业	何文庆	第五版
6 月 18 日	关注职工劳动保护和精神文化需求	王　枫	第五版
6 月 21 日	世博建设者代表获赠清凉大礼包	王　枫　王　娟	头版
6 月 23 日	本市逾 8 成民办学校建工会	范国忠	第五版
6 月 23 日	依法监督确保职工平安度夏	张　路	第五版
6 月 24 日	本市工会系统建成职介网络平台	张　路	第三版
6 月 29 日	大层面大协商，从源头和制度维权	张　路	第二版
6 月 30 日	陈豪会见横滨工会联盟代表团	本报讯	第二版
7 月 1 日	为世博一线职工增工资开食堂	王　枫	第五版
7 月 2 日	推进工资集体协商和企业文化建设	王　枫	第七版
7 月 6 日	破解“不肯谈”与“不敢谈”难题	张　路	第五版
7 月 7 日	申城工会为世博职工“送文化送健康”	张　路	第八版
7 月 8 日	必须高度重视基层工会建设	张　路	头版
7 月 9 日	五年之内全面提高全国职工素质	王业斐	第二版
7 月 9 日	倍加关爱职工实现“六个确保”	王　枫	第五版
7 月 12 日	争议未发生，协商轨道已铺就	何文庆	头版、四版
7 月 13 日	为建功世博促进发展再作新贡献	张　路	头版、二版

续　表

日　期	篇　　目	作　者	版　面
7 月 14 日	“尽量想办法妥善解决住宿问题”	陆　晴　王　枫	第四版
7 月 16 日	为战“双高”职工当好坚强后盾	张　路　徐　晗	第四版
7 月 20 日	澳大利亚昆士兰州工会抵沪访问	辛闻半	第二版
7 月 20 日	帮困金里藏着温情故事	王业斐	第五版
7 月 21 日	“五个第一”直选基层工会主席	朱东亚　王　枫	第九版
7 月 23 日	“上海市五一新闻奖”揭晓	徐　晗	第二版
7 月 23 日	清凉送到一线职工群众中	李　貌　范国忠 王　枫	第五版
7 月 29 日	一线岗位频现“世博之星”	范国忠	第五版
7 月 30 日	本市举办工会社会体育指导员培训班	高国强　宋　昶	第五版
8 月 3 日	全力以赴抓办博，聚焦重点促和谐	张　路　王　枫	头版
8 月 3 日	防暑降温措施要落实到每个职工	张　路	第二版
8 月 4 日	摩洛哥公用事业工会访沪	辛闻半	第二版
8 月 5 日	共谋工人报刊发展前景	王　枫	第五版
8 月 6 日	工会送清凉，那份责任那份关爱	王　枫　范国忠 李　貌	第九版
8 月 7 日	坚持正确办报方向，引导职工积极向上	王　枫	头版
8 月 13 日	“顺民意”选出“得民心”工会主席	张　路　徐　晗	第五版
8 月 14 日	市总：把防暑降温措施落到实处		头版、三版
8 月 16 日	让“先进工作法”在行业成为流行	王　枫	第七版
8 月 17 日	送清凉，营造“职工之家”的温馨	唐海华　李　貌 王业斐　范国忠	第三版
8 月 17 日	5 年全市近 600 万职工接受普法教育	王　枫	第三版
8 月 20 日	把职工技协建成“职工创新之家”	王　枫	头版、九版
8 月 31 日	手拉手，我们一起向前走	王　枫　范国忠 王业斐	第五版
9 月 2 日	把劳模请进新生课堂	唐海华	第五版
9 月 4 日	发挥群众组织优势服务职工群众	王业斐	第二版
9 月 8 日	大阪市劳联访华团抵沪	辛闻半	第二版
9 月 9 日	应对转方式，体现工会新作为	王　枫	头版、五版
9 月 10 日	2012 年底实现全市企业普建工会	王　枫	第九版
9 月 15 日	沪将立法明确职代会五大职权	黄雨清	第二版
9 月 20 日	利用社会资源培养实用型人才	罗　菁　王　枫	第二版
9 月 22 日	市总召开十二届七次全委（扩大）会议	王　枫	头版

续　表

日　期	篇　　　目	作　者	版　面
9 月 22 日	市总隆重庆祝市工人文化宫 60 华诞	王　枫	头版、二版
10 月 4 日	世博长卷上，写满上海职工的热情		第二版
10 月 14 日	工会组建工资协商齐头并进	张　路　唐海华	第八版
10 月 15 日	意大利米兰总工会访华	欣闻伴	第二版
10 月 15 日	动员广大职工建功“十二五”	钱培坚　王　枫	第五版
10 月 18 日	围绕大局，聚焦发展，服务职工	王　枫	第五版
10 月 19 日	7000 名编外人员有了温馨的“家”	范国忠	第五版
10 月 21 日	团结动员广大职工建功“十二五”	王　枫	第五版
10 月 22 日	凝聚职工为“十二五”建功立业	李　貌　唐海华 王　枫　范国忠 王业斐	第五版
10 月 22 日	本市纪念张祺同志诞辰 100 周年	王　枫	第二版
10 月 26 日	首届 1000 余农民工进电大学管理	范国忠	第五版
10 月 28 日	广邀职工为区“十二五”规划建言	范国忠	第五版
10 月 29 日	实现民族振兴，履行青年责任	王　枫	第二版
10 月 29 日	实现“两个覆盖”和“5 + X”工作要求	张　路	第八版
11 月 2 日	构建小型非公企业职工维权体系	唐海华	第七版
11 月 3 日	在实现供电“零故障”的背后	钱幼树　李　貌	第七版
11 月 4 日	工资收入不高已成职工最大压力	王业斐	第七版
11 月 5 日	重实效推动解决职工“三最”问题	王　枫	第七版
11 月 6 日	市总举办贯彻实施《劳动合同法》研讨会	蒋羽中	劳权 A3
11 月 7 日	全国职工工会知识竞赛启动	龚　慧	第六版
11 月 10 日	陈豪会见韩国釜山劳总代表团		第二版
11 月 10 日	市总组织世博功臣慰问休养活动	龚　慧	第七版
11 月 11 日	本报举行世博总结表彰大会	李　阳	第二版
11 月 12 日	他们都是有故事的人	范国忠	第七版
11 月 12 日	凝聚职工智慧，推动上海转型	王　枫	第七版
11 月 16 日	党工共建形成四大联动工作机制	王业斐	第七版
11 月 17 日	教育职工，服务职工，凝聚职工	李　貌	第三版
11 月 17 日	发挥组织优势彻查安全隐患	唐海华	第三版
11 月 18 日	全总和市总领导看望受伤退休职工	范国忠	第二版
11 月 19 日	众多职工食堂自我“价格干预”	王业斐　李　貌	第三版
11 月 20 日	受灾会员收到首笔互助保障金	王　枫	第二版
11 月 22 日	助 4 千多人次困难家庭大学生就业	唐海华	第十二版

续 表

日 期	篇 目	作 者	版 面
11 月 23 日	上海工会优秀审计项目评选揭晓	张 路	第七版
11 月 25 日	工会要"全程"维护职工劳动权益	王 枫	第六版
11 月 26 日	真情呈现世博职工风采	贡俊祺	第九版
11 月 26 日	工会影响力大了,职工认可度高了	唐海华	第七版
11 月 27 日	哪怕店面再小,工会一样关注	王业斐	第六版
11 月 29 日	"机制"远比"数字"更重要		第四版
11 月 29 日	"30 元加薪谈判"价值在哪里?	王业斐	第四版
12 月 3 日	心系职工情,温暖进万家	唐海华	第七版
12 月 5 日	全线动员查堵隐患	唐海华	第六版
12 月 7 日	上海 200 万农民工接受基本素质培训	郑 莉 龚 慧	第七版
12 月 8 日	沪上跨国企业建会率达 91%	王 枫	第七版
12 月 9 日	工会再发力,加强劳动保护工作	王 枫	第六版
12 月 11 日	上海工会参与查处隐患 2234 处	李 貌	第六版
12 月 13 日	市总工会召开 2011 年工作务虚会	赵竺安	头版
12 月 14 日	2012 年基本实现集体协商全覆盖	王 枫	第七版
12 月 15 日	微笑绽放美丽,快乐源于奉献	王 枫	第七版
12 月 16 日	全市工会会员比上年净增 33 万名	王 枫	头版
12 月 16 日	"女职工心理热线与您面对面"	张 路	第十二版
12 月 18 日	上海工会筹措 1 亿元款物送温暖	王 枫	第六版
12 月 25 日	理论研究成为工会工作创新先导	范国忠	头版、六版
12 月 26 日	2 万农民工 100%通过安全生产培训	范国忠	第六版
12 月 28 日	本市 600 万职工接受普法教育	王 枫	第七版
12 月 31 日	职工医疗互助保障明起更给力	张 路	第七版

《工会理论研究》2010 年要目

栏 目	期号	页数	题 目	作 者
卷首语	1	1	加强理论研究是工会发展创新的紧迫要求	本刊编辑部
特稿	2	1	关于健全职工利益诉求表达机制的研究	周志军 王厚富 范 瑜
	3	1	建网络 抓调研 推协商 不断创新工会工资工作方法与手段	陈国华
	4	1	弘扬工人阶级先进性 发展社会主义劳动竞赛	杜仁伟
	5	1	推进劳动合同制度建设 构建和谐稳定劳动关系	茆荣华
专家论坛	1	2	略论社区发展与工会转型	沈关宝
	2	5	执政党转型过程中工会的地位	仇立平
	3	4	后金融危机时代我国的就业问题	王大奔

续　表

栏　目	期号	页数	题　　目	作　　者
	4	5	新一代农民工的权益意识觉醒	陶　冶
	5	5	实现体面劳动　促进公平正义——学习胡锦涛同志重要讲话心得	赵健杰
	5	8	后世博时期浦东三林世博功能区域发展战略研究	周效门　吴伟平
	6	1	后金融危机时期我国的劳动关系与劳动立法	刘　诚
	6	4	工会宏观参与的重要原则	欧阳骏
热点透视	1	4	发展和谐劳动关系是构建和谐社会的基石	王菊芬
	1	8	关于深化创建劳动关系和谐企业活动的调查	上海工会管理职业学院课题组
	1	12	金融危机背景下工会推动和谐劳动关系建设的思考	闵行区总工会
	1	15	扎实推进地区劳动关系和谐企业创建活动	杨浦区延吉地区工会
	1	17	祥和文化　恒好品牌——全国模范劳动关系和谐企业的创建之路	恒源祥(集团)有限公司
	2	8	职代会的性质、定位与职权探讨	吴亚平
	2	1	关于上海市职代会立法若干问题的思考	王珍宝
	2	15	构建和谐企业的一项基础工程——徐汇区推进职代会制度建设的实践与思考	徐汇区总工会
	2	18	深化厂务公开民主管理　促进非公企业劳动关系和谐	普陀区总工会
	3	8	工资集体协商制度的价值、障碍及实现路径	刘素华
	3	11	服务大局　注重实效　推进工资集体协商	上海市总工会法律工作部
	3	15	发挥行业工会优势　推进行业工资集体协商	杨浦区总工会
	3	17	积极探索行业集体协商之路	青浦区香花桥社区(街道)总工会
	4	8	“世界工厂”的工资真相	刘开明
	4	13	职业共同体建设已刻不容缓——基于富士康“跳楼门”事件的若干思考	陈姣姣
	4	16	关爱员工　从“心”开始——开展员工心理关怀的实践与思考	中国电信上海公司
	4	19	普及心理健康知识　增强职工心理力量——职工心理援助项目(EAP)走进职工心灵	闵行区总工会
	5	11	后危机时代经济复苏与劳动关系协调的新思维	胡鸿高
	5	15	主动依法科学维权　构建和谐劳动关系	奉贤区总工会
	5	18	不断优化劳动争议处理机制　促进产业劳动关系和谐发展	上海市机电工会
	6	7	和谐劳动关系的建立与社会稳定的维护	章友德
	6	10	社会转型期的中国工会组织:困境与改革	齐凌云
	6	13	关于社会转型期工会地位和作用的思考	吴红星

续 表

栏　目	期号	页数	题　　目	作　　者
	6	16	“十二五”规划背景下中心城区工会工作的机遇、挑战及思考	周文芳
工运广角	1	19	以改革创新精神加强新形势下区域工会建设	麦碧莲
	1	22	浅析集体合同的异化与重整	金山区总工会
	1	25	中医医院文化建设的思考与实践	杨振华
	1	28	关于转型期工会组织新模式的实证研究	徐建丽,楼伟民
	1	31	金融危机背景下上海大学生就业状况调查报告	普陀区总工会研究室
	2	21	构建被派遣劳动者的民主参与制度	徐小洪
	2	24	新世纪我国工会发展的若干问题探讨	黄安余
	2	27	劳动仲裁与诉讼当事人权利衔接机制探析	章　烽
	2	30	关于深入开展建设职工之家活动的思考	王　洋
	2	32	产业升级背景下大学生就业问题思考	齐　源　李玉敏
	3	19	弘扬中国工人伟大品格与推进职工体面劳动	白　斌
	3	22	点线面的契合:基层工会信息工作的梳理审视	陈金波
	3	25	浅论新时期工会干部素质的新要求	顾正平
	3	27	坚持以人为本　创建和谐企业	单荣强
	4	21	关于区域性、行业性职代会定位问题的思考	王珍宝
	4	24	弘扬中国工人阶级伟大品格需要切实保障工人权益	秦中忠　秦美从
	4	26	返乡潮折射出大量解雇劳工保护法的缺失	韩搋宇
	4	28	论职业女性心理素质与心理健康	刘小红
	4	30	提高企业思想政治工作者的心理疏导能力	花莉娟
	5	21	工会怎样破解农民工讨薪难	冯同庆
	5	23	增强行业工会组织活力　推动行业性工资集体协商	王水官
	5	25	论上海率先发展低碳经济对职工的影响和工会的作为	陈　晖
	5	28	中国城乡收入差距问题分析	张洞明　倪　磊
	5	31	快乐工作是实现体面劳动、衡量社会文明进步的重要标尺	叶　毅
	6	19	论集体协商机制	谈育明
	6	22	从“通钢”、“林钢”事件对企业职工民主管理反思	郭　霞
	6	26	牢固树立维稳意识　扎实做好稳定工作	曹海军
	6	28	以人为本　深入推进“职工之家”建设	李　梅
调查研究	5	33	金山区纺织服装企业职工工资收入情况调查报告	金山区纺织行业工会联合会
	6	30	关于上海工会帮扶工作可持续发展的调研报告	曹宏亮
	6	33	关于构建区一级医务工会援助服务网络平台的思考	江欲红

续 表

栏 目	期号	页数	题 目	作 者
	6	36	工会为崇明“的哥”做好服务的实践与思考	易建军
和谐企业	4	32	职工互助互济与构建和谐社会	张宝霞
	4	34	新形势下实现职工与企业“双赢”之管见	莫永涛
劳动关系	3	29	国际金融危机挑战与和谐劳动关系构建	黄 琦
	3	32	推进劳动争议调处机制建设的实践与思考	嘉定区总工会
	3	35	工伤保险赔偿与侵权损害赔偿关系探研	王 刚 贺 英
社会保障	2	35	关于完善工伤社会保险制度的思考与建议	秦美从 秦中忠
院校工会	1	39	研究型大学工会工作创新思考	薛志良
	2	38	趋向自觉:高校教代会建设的愿景与途径	徐建华
	3	37	关于高校“党工共建”工作的思考	王丽静 常顺英
	4	36	工会在高校可持续发展中的作用探讨	高 健 张连官 陈菊芳
	5	35	建立完善教代会专门委员会 推进教代会代表常任制	江孝渔 李维俭 芦 静 殷建荣
	6	38	论高校二级学院工会的“五位一体”联动机制	龚小青
社科论苑	1	34	制度主义视野下的民间组织研究	吴永红 周建军
	1	37	居家养老:模式创新方能深化发展——以上海亲和源老年公寓为例	王 波
	2	40	浅析“服务型企业”文化建设的三个作用	纪 华
	3	39	构建和谐港口企业文化若干思考	谈美琴
	3	41	国有企业与合资企业绩效考核比较分析	张 伟
	4	38	目标管理 长效考核 加强企业思想政治工作	陆琼燕
	4	40	关于完善大学生就业公共服务的思考	张 琼 李玉敏
	5	37	论企业团队精神的塑造	任嘉泉
	5	40	传播音乐·碰撞文化·引导思想——以音乐为核心的非艺术类普通高校学生综合素质提升课程	邹 静
	6	40	新时期劳模精神在高职学生职业道德教育中的作用初探	兰宇新
国际工运	1	42	市场经济背景下的俄罗斯工会	许艳丽
	2	43	英国青年失业问题与工会治理对策	沈雄德
	3	43	特色鲜明、富有活力的丹麦 3F 工会	张国峰
	4	42	美国工会与贸易保护主义	杨鹏飞
	5	43	走近巴西工会	张国峰
	6	42	俄罗斯工会履行职能的途径:社会合作	许艳丽

索 引
Index
Catalina 16.5
97

C

D

F

G

H

J

L

M

N

P

T

W

X

Y

Z

市总工会副主席陈国华出席在浦东机场举行的上海市职工救急济难捐款箱启动仪式

上海国际机场股份有限公司成立于1998年2月10日，主要负责运营管理浦东国际机场。2010年，公司抓住上海举办世博会的大好历史机遇，大力提升安全运行和服务管理水平，深入挖掘资源价值，全面强化内部管理，圆满完成了世博服务保障任务，生产经营和服务质量实现了历史性的跨越。浦东机场实现旅客吞吐量4057.86万人次，成功迈入4000万人次特大型繁忙机场行列，货邮吞吐量稳居全球机场第三位，ACI(国际机场协会)旅客满意度测评排名全球第五。公司荣获全国职工职业道德建设标兵单位、全国民航五一劳动奖状、全国五一劳动奖状等荣誉称号。公司航站区管理部被中共中央、国务院授予上海世博会先进集体光荣称号。

市国资委党委副书记吕永杰亲切慰问公司候机楼餐饮有限公司世博店员工

公司荣获全国五一劳动奖状

上海市优秀志愿者尹慧旻向外国游客发放世博宣传资料

世博服务保障启动仪式在浦东机场T2航站楼举行

公司消防急救保障部劳务工接受世博农民工建设者专访

公司消防急救保障部参加2010年"消安杯"上海市企事业单位消防队执勤岗位练兵竞赛获消防百米障碍(内扣)第一、第二名

上海重型机器厂有限公司

签订《集体合同》

推广先进操作法

上海重型机器厂有限公司是上海电气集团股份有限公司成员单位，上海电气重工集团骨干企业。公司拥有中国第一台1.25万吨自由锻造水压机和1.65万吨自由锻造油压机、630吨／米操作机、450吨电渣重熔炉等三大世界第一的重型技术装备。公司主要生产电站、冶炼、轧钢、锻压、水利、矿山采掘和建材化工设备等，为电站、核电、冶金、机械、造船和化工等行业提供优质大型铸锻件。

近年来，上重公司聚焦国家发展核电的战略，致力于生产大型铸锻件、核电等重点产品，着力推进“再次创业”和世界级工厂建设，不断做强，稳步做大，努力打造中国先进的制造大企业。上重工会以推动企业发展、促进企业和谐、推动共建共享、加强民主管理、激发工会活力为重点开展工作，有效地促进了企业经济的发展，维护了员工的合法权益。

举行女职工才艺展示

慰问世博志愿者

开展职工体育活动

上海市普陀区就业促进中心工会

与中国人民解放军94969部队75分队结对共建

开展“迎世博，讲普通话、写规范字”活动

上海市普陀区就业促进中心是区级公共就业管理和服务机构，隶属上海市普陀区人力资源和社会保障局。中心工会在中心党总支的领导下，在广大干部员工的积极参与下，开展了一系列凝聚人心的工作和陶冶情趣的活动，成为中心领导的参谋和助手，成为职工的知心人和贴心人，积极发挥工会组织密切联系职工群众的桥梁纽带作用，被上海市总工会命名为模范职工之家。

举行“元宵联欢会”，演出精彩节目

“八一”前夕与共建部队开展篮球联谊赛

连续3年参加“东丽杯”健身跑活动

徐汇区教育工会

徐汇区教育工会在教育党工委、区总工会和市教育工会的领导下，以“民主、公开、服务、凝聚”为理念，以“公开、公平、公正”为原则，以“围绕中心、服务大局、全面履职、突出维护”为工作目标，以“民主建设工程、职工素质工程和生活保障工程”为工作抓手，以“依法、科学维护教职工合法权益”为重点，有计划、有目标地开展一系列活动，努力建设和谐之家，取得了显著成效，得到了广大教职工的认可和欢迎。2010年被全国总工会授予模范职工之家荣誉称号。

举行庆五一先进教师师德报告会

举办教工家庭烹饪大赛

组织区教育系统劳模巡视纪勋初等职业技术学校

举办基层工会主席培训班

举行工会四届一次代表大会

举办徐汇区教工唱响改革开放30周年歌咏比赛

上海市城市排水有限公司 白龙港第一污水输送分公司

举办调度技术比武活动

举手之劳，你也是明星

Act now to be one of the Expo stars

上海世博会“世博城市之星”荣誉证书

The World Expo 2010 Shanghai China "Expo City Star" Honorary Certificate

沈潜 先生/女士

沈潜被授于“世博城市之星”称号

调度中心获上海市“世博园区服务保障先进集体”荣誉称号

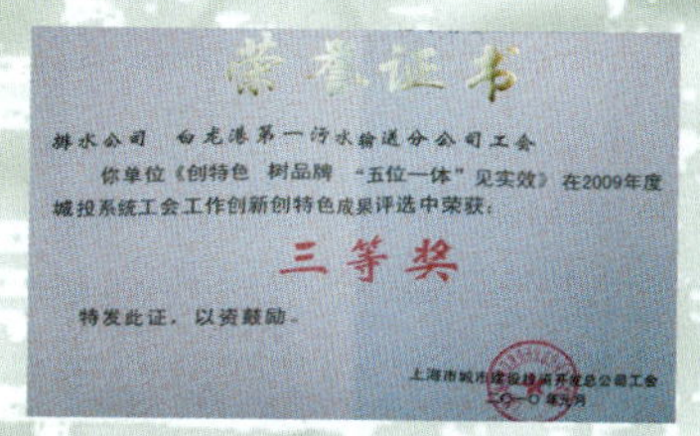
荣誉证书

排水公司 白龙港第一污水输送分公司工会

你单位《创特色 树品牌 “五位一体”见实效》在2009年度城投系统工会工作创新创特色成果评选中荣获：

三等奖

特发此证，以资鼓励。

上海市城市建设投资开发总公司工会

分公司工会荣获城投系统工会工作创新创特色成果三等奖

慰问世博局“世博城市之星”沈潜

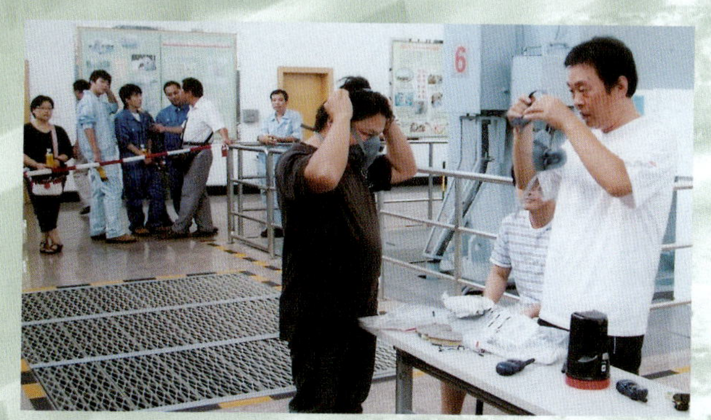

分公司开展应急预案的演练

白龙港第一污水输送分公司主要承担上海市南部地区的防汛排水和污水输送的运营管理。分公司以保世博为契机，坚持将“提素质、促防汛、优服务”立功竞赛活动与安全输送和科学调度相结合。在保世博运行期间，分公司严晔明获市国资委系统“世博先锋行动”优秀共产党员称号，严洁华获上海世博运行保障先锋先进个人称号，沈潜被授予世博局“世博城市之星”等称号。分公司党支部注重发挥“党员技术交流站”的作用，使之成为分公司的品牌和特色，被评为城投“服务世博、奉献世博、建功世博”先进基层党组织，《技术研讨“交流站”，学习技能“加油站”》获城投系统工会创新创特色成果三等奖。分公司将世博运行保障工作中好的经验、做法和机制加以长期固化，形成制度化、长效化的管理机制，从而推进了职工技能的提高，推动了职工素质工程建设。

上海宾馆有限公司工会

上海宾馆有限公司工会坚持开展“三项主题活动”(每年通过一种主题活动形式，密切联系职工；办好一张报纸，真实反映宾馆、员工的成长、发展历程；开好一个年会，展示员工风采)，创建和谐稳定家园；突出“三个公字”(即公开馆务、公开操作、公正办事。宾馆坚持职代会制度，依靠职工办企业，积极为职工办实事、做好事)，推进民主管理；搭建“三个平台”(鼓励员工学技术，培养员工岗位成才；鼓励员工学管理，为员工创造发展的机会；鼓励员工学文化，掌握外语会话能力，提升学历，提高员工整体素质)，培育造就新人。先后获得上海市学习型企事业单位、厂务公开民主管理先进单位、上海市模范职工之家等荣誉称号。

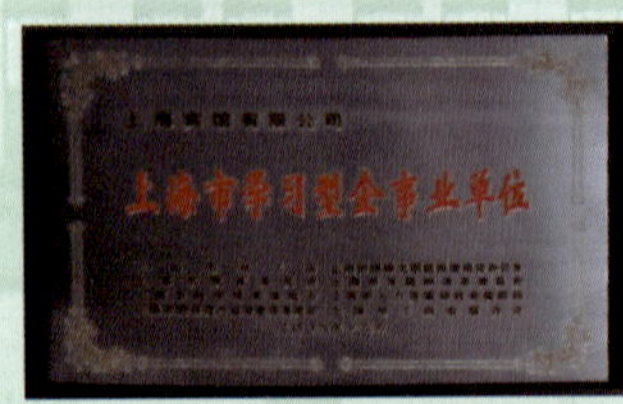

获得的部分荣誉称号

召开第二届第十二次职工代表大会

举行服务世博技能操作竞赛

请在沪过年的外地员工吃年夜饭

一年一度的员工联欢会

上海宾馆外景

上海长江轮船公司旅游事业部

左上：事业部召开二届一次职工代表大会
左下：举办迎新春联欢活动
下：举办迎国庆卡拉ok大家唱活动

上海长江轮船公司旅游事业部是以浦江游船为主体，以旅行社、酒店为两翼的滨水旅游企业。经过近10年的努力，企业拥有的“快乐船长”商标品牌在市场上具有了较高知名度和美誉度。

旅游事业部工会认真履行职责，围绕工作重心，加强民主管理，开展劳动竞赛，维护职工权益，建设和谐劳动关系，充分发挥工会的桥梁纽带作用和工人阶级的主力军作用，在2010年服务世博、奉献世博竞赛活动中获得上海市总工会颁发的“上海市‘当好主力军，建功世博会，展示新风采’主题实践活动工会优秀组织奖”。

上：船长酒店福州店已走过80年悠悠岁月
右上：长航大厦屹立在陆家嘴金融贸易区黄金地段
右下：外观独特的船长号系列游船在黄浦江上独树一帜

宝钢金属有限公司

开展职工经济技术创新活动

建立职工参与民主管理对话机制

组织职工代表进行防暑降温现场巡查

参加宝钢集团第八届职工文化艺术节

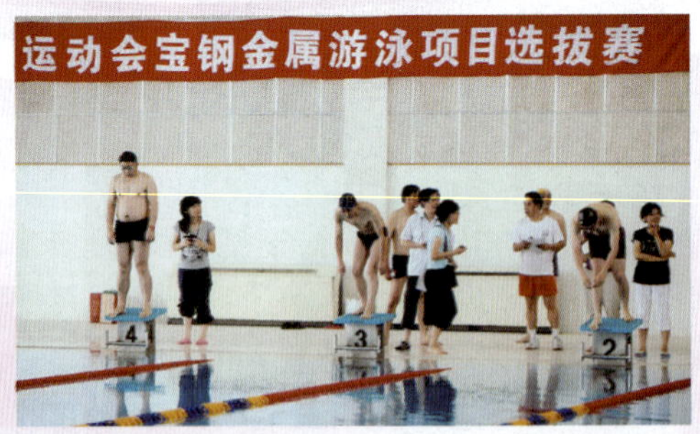

开展职工体育活动

宝钢金属有限公司(简称宝钢金属)是宝钢集团公司全资子公司。为大力发展钢材延伸加工产业，2007年底宝钢集团整合产业公司、钢制品事业部、汽贸和线材制品等业务，组建成立宝钢金属，使之成为宝钢钢材延伸加工产业发展的重要平台。宝钢金属成为宝钢6大业务板块之一，其业务包括金属包装、工业气体、汽车零部件、线材型钢制品等。

宝钢金属遵循宝钢企业文化主线，秉承“勇于负责，变革创新，诚信协同，创造价值”的公司企业精神，努力发挥工会组织作用，开展职工经济技术创新活动，组织职工代表巡视，举办职工文化艺术节，以创造和引导钢铁需求为指向，致力于宝钢延伸加工产业平台的构建和强化，最终成为国际运营、规模制造、并拥有自主知识产权与知名品牌的钢铁及其衍生深度加工产品与深度服务的专业化公司。

上海小糸车灯有限公司是一家中日合资企业，合资21年来，已成为中国车灯行业的龙头企业，上海小糸的产品远销国内外。随着企业的快速持续发展，职工对企业的忠诚度与满意度不断提升。近几年来，上海小糸工会在引导和带领员工实现企业发展目标的过程中，积极推进“兴企建家”工作，开展“民主理家”活动，积极营造“乐业爱家”环境等方面发挥了积极作用。曾连续2次被上汽工会评选为“上汽先进职工之家”。2009年度被上海市总工会授予上海市模范职工之家称号。

举行班组学习交流活动

召开第五次工会会员代表大会

组织丰富多彩的职工体育活动

上海小糸员工龙舟赛活动

生产部员工工作一丝不苟

中交第三航务工程勘察设计院有限公司

坚持以职工代表大会为基本形式的院务公开民主管理

举办"月末俱乐部"活动丰富职工业余文化生活

中交第三航务工程勘察设计院有限公司是国内最大的交通、港口工程勘察设计骨干企业之一，是上海市高新技术企业。多年来，公司工会坚持以科学发展观为指导，全心全意依靠职工办企业，组织重点工程立功竞赛，开展合理化建议活动，完善企业民主管理，促进和谐劳动关系，调动了广大职工的积极性、创造性。公司出色完成了上海国际航运中心洋山深水港区等一批标志性工程的勘察设计任务，经济技术指标实现跨越式发展，连续荣获上海市文明单位、职工最满意企业、重大工程立功竞赛优秀公司、厂务公开民主管理先进单位和人才工作先进单位等荣誉称号；公司工会也先后荣获上海市和全国模范职工之家等殊荣。

连续数年在上海大剧院等艺术殿堂举办新春音乐会

工会每年组织职工自行车郊游、徒步健身等活动

每年组织女职工外出集体郊游

连续多年荣获上海市文明单位、职工最满意企业等荣誉称号

完成洋山深水港等一系列国家和上海市重点工程项目

上海人民电器厂工会

上海人民电器厂是生产低中压电器的具有近百年历史的国有企业。2010年，厂工会坚持科学发展观，坚持以权益维护为工作重点，从围绕、紧贴到融入企业发展，组织开展“立足岗位寻缺陷，定时立项搞改进”、“比学赶帮超，打造优秀团队”等竞赛活动；弘扬劳模精神，发挥劳模先进的引领作用，建立《牟坚劳模工作室》、《魏家安技师工作室》；形成班组学习和班组长培养、核心人才带教、与您相约让心灵温润、第七届职工艺术节等品牌活动。企业被评为上海市学习型企业标杆示范单位，厂工会也荣获上海电气输配电集团优秀工会称号。

市劳模牟坚在表彰会现场与集团领导合影

集团和企业的领导参观企业艺术节

左上：党委书记陈家政在企业技术大练兵现场
左中：企业主题竞赛揭标仪式
左下：“李斌怀”职工技能大赛设立分赛场

右上：表彰会上职工表演文艺节目
右下：职工参观企业“艺术节”

上海市物业管理事务中心工会

2010年，上海市物业管理事务中心工会围绕建设职工之家，广泛开展职工文化体育活动，不断丰富职工业余生活。以健康有益的活动陶冶职工情操，建立了职工之家活动室。举行了迎新春联谊会、“迎国庆游园会”楼宇趣味运动会等活动，帮助职工调节心理，达到减压、保健的目的。3月，在参加市房管局工会组织的先进女职工事迹演讲比赛中，中心女职工选手分别荣获一等奖1名、三等奖2名；9月，参与市局工会、团委举办的市房管行业职工首届卡拉OK比赛，中心选手荣获通俗唱法铜奖，中心工会荣获优秀组织奖；12月，中心职工代表队荣获房产行业首届职工运动会广播操比赛第二名。此外，中心工会创作的小品《特殊的日子》参加市总工会组织的第四届上海市“五一文化奖”上海职工小品大赛。

开展以“物业管理巾帼展风采”为主题的演讲比赛

物业（住宅）代表队在市房管局工会、档案管理中心举行的“第一届‘房管杯’档案管理知识竞赛”中荣获二等奖

中心代表队在“上海市房管行业首届职工健身体育运动会”广播操比赛中荣获二等奖

组织青年员工前往欢乐谷活动

中心6名成员参加市局“给力2011闹元宵联欢晚会”的《兔子舞》表演

组织女员工外出学习

上海现代建筑设计(集团)有限公司

集团党政工领导慰问设计技术人员

上海现代建筑设计(集团)有限公司是以建筑设计为主业的科技型企业，旗下拥有华东建筑设计研究院和上海建筑设计研究院等20余家专业公司和机构。在国家建设部历年全国勘察设计企业营业收入排名中，始终位列前三甲。2010年集团在“ENR全球工程设计企业150强”中名列第80位，已连续7年进入“ENR中国工程设计企业60强”。

公司工会团结凝聚职工群众，为推动集团转型发展作贡献，同时切实加强职工民主管理工作，积极开展企业文化建设和职工文体活动，关心服务职工群众，充分发挥了桥梁纽带作用。

举办“缘”来你在这里——青年职工交友联谊活动

举办职工健身舞展示大赛

举办第五届职工体育健身节

召开四届一次职代会

上海理工大学工会

成立非事业编制职工联合工会

上海理工大学是一所具有百年历史的综合性市属重点建设大学。1950年建立工会组织，现有25个部门工会，165个工会小组，2500多名工会会员。工会在市教育工会和学校党委领导下，坚持以邓小平理论、“三个代表”重要思想为指导，贯彻落实科学发展观，坚持以人为本，服务学校大局，努力为教职工办实事，办好事；坚持民主管理、校务公开，推进民主政治建设；聚焦科学发展，弘扬师德风范，提高师德建设水平；拓展生活保障机制，维护职工合法权益，促进和谐院校建设；丰富校园文体活动，满足教工合理需求，凝聚广大教职员工；关注青年教工成长，提升妇女工作品牌；加强工会自身建设，提高建家整体水平。通过大量富有成效的工作，使上海理工大学工会成为一个学习型、服务型、创新型、满意型教职工群众组织，被上级组织授予先进教工之家和2009年上海市模范教工之家荣誉称号。

举行《女性发展研究》研讨会和纪念三八妇女节100周年活动

对学院工会教代会进行指导

组织农民工岗位技术练兵

开展国庆60周年歌咏大赛

组织教工文体活动

农民工在活动中心活动

教职工在鸣沙山享受休养活动的乐趣

组织教工参加运动会

市委宣传部副部长、院党委书记潘世伟高温期间慰问职工

上海社科院工会在院党委领导下，按照《工会法》的要求，积极履行“教育、引导、服务、维权”的工作职能。2010年积极参与世博、奉献世博，举办以“城市让生活更美好”为主题的第三届职工摄影展，进行第三次“迎世博，树新风，文明办公室评选”活动。召开第二届职代会第三次会议，充分行使职工在重大问题上的知情权、参与权、监督权。组织职工开展“献一份爱心，捐一日工资”活动，并做好帮困送温暖工作。积极发挥工会作为“国家政权重要的社会支柱”作用，依靠基层工会组织和劳动争议调解委员会等民主管理组织，为全院的和谐稳定及科研工作的发展创造良好的环境。同时积极做好劳模和先进的评选工作，大力弘扬劳模精神。通过发挥工会作用，为全院的改革、发展、稳定营造良好的氛围。

召开第二次职工代表大会第二次会议

召开2010年工会工作会议

副院长谢京辉和工会主席徐霖恩为以“城市让生活更美好”为主题的第三届职工摄影展揭幕

上海社科院工会

全院干部职工隆重开展“歌唱祖国　爱我中华”十月歌会

精心组织职工到河北天桂山疗休养

中能（集团）有限公司工会

中能(集团)有限公司工会认真贯彻落实科学发展观和党的十七届五中全会精神，按照市总工会工作要求，围绕集团“保世博、谋发展、促转型、重管理”工作大局，坚持“服务中心，突出维护，履行职责，创新发展”工作原则，在服务工作大局、推进民主管理、维护职工权益、构建和谐企业、加强自身建设等方面进行有效探索，团结带领广大职工群众，在实现集团发展规划目标、促进企业和谐稳定发展中作出了积极贡献。

推进工资集体协商工作

世博园中国馆为第100万燃气用户

集团领导慰问世博园区职工

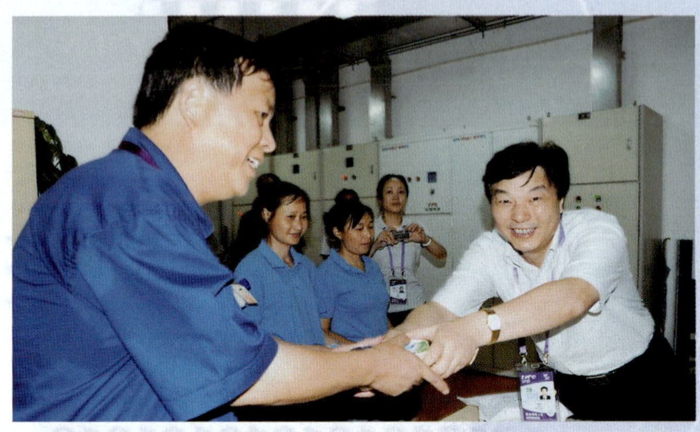
集团领导开展安康杯竞赛中途检查并向一线职工送清凉

组织劳模参观世博园区

召开科技创新和节能减排表彰大会

举办“相约世博、精彩你我”申能集团VS非洲馆足球赛

上海东鑫电力工程安装有限公司

上海东鑫电力工程安装有限公司是一家从事电力设施安装的民营企业，于1998年1月挂牌成立，2000年9月组建工会。公司贯彻“厚德和贵”的企业理念，坚持以人为本、关爱员工，全心全意依靠广大员工打造企业品牌，塑造企业形象，发展企业经营。多年来，公司先后获得全国工人先锋号、全国就业与社会保障先进民营企业、上海市五一劳动奖状、上海市文明单位、上海市职工最满意企业，上海市模范职工之家、上海市和谐劳动关系创建活动示范单位等荣誉称号80多项，连续6年被评为全国“安康杯”竞赛优胜企业，被国家工商总局认定为全国守合同重信用单位。

公司工会紧紧围绕公司发展战略，坚持监督与服务并举，不断深化民主管理，持续完善员工保障体系，有效促进企业内部和谐劳动关系，促进企业健康发展。

开展工资集体协商

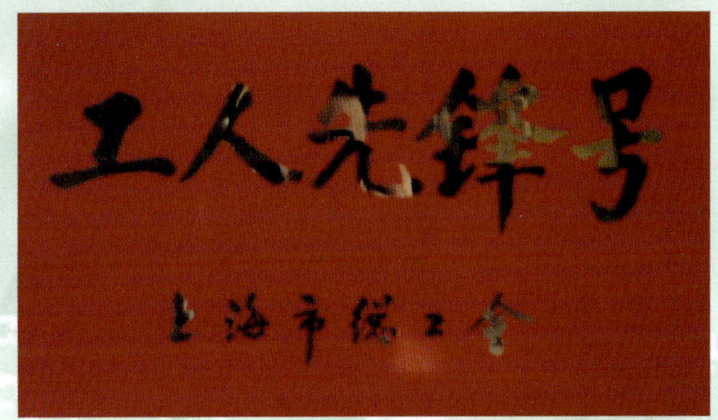

荣誉奖牌

董事长李汉卿在杨浦首届慈善联合捐款启动仪式上捐款

荣誉奖牌

召开2010年度总结表彰大会

向青海玉树地震灾区捐款15万元

上海东洋电装有限公司

举行工资集体协商谈判

召开2010会员代表大会

参与迎世博社区公益活动

举行QC成果发表大会

参加松江迎世博排舞表演

上海东洋电装有限公司是最早落户于松江工业区的中日合作企业，主要生产汽车摩托车零部件。公司现有员工1600余名。公司工会以“维护员工权益，共谋企业发展”为宗旨，从1995年起逐步建立起一套完善的集体协商谈判制度，成为工业区首家正式签订集体合同的外资企业，现在定期开展的集体协商和签订集体合同已经成为一项长期的制度，并发挥着越来越重要的作用，集体合同履约率达100%。公司坚持从制度入手，建立劳动争议调解委员会和集体合同监督委员会，并设立工会信箱及电子邮箱，广泛听取职工意见和建议。成立以外省市职工为主体的“新上海人俱乐部”，增强非上海籍员工的凝聚力。公司坚持抓好职工业余文化活动，一年一度的体育运动会、覆盖全体员工的旅游活动，已成为职工喜闻乐见的各项群体活动之一，得到了广大职工的热烈反响和积极参与。公司积极开展双爱双评活动，不断涌现优秀经营者和优秀员工，先后多人获得全国优秀员工之友、上海市优秀员工之友、上海市优秀员工等光荣称号。公司先后获得上海市文明单位、全国外商独资双优企业、全国集体合同建制先进企业、全国模范职工之家等荣誉称号。

上海金山石化物流有限公司

上海金山石化物流有限公司是以提供第三方物流服务为主的4A级综合性化工物流企业。现有员工955人，注册资本人民币7822万元，运行资产3.7亿元，年物流量600多万吨，已通过HSE/质量/环境/职业健康安全管理体系认证。公司秉承“深入了解客户，努力满足客户，为客户创造价值”的经营理念，注重“更加专业更负责任”品牌建设，以客户的个性化需求为出发点，竭诚为客户提供危险化学品储运、工程物流、采购分销、物流装备、货运配送、信息咨询与物流方案等一体化、专业化的综合物流服务。公司重视发挥工会作用，健全职代会制度，加强班组建设，实现了企业和职工“双赢”。2008、2009年公司连续荣获上海市“安康杯”竞赛优胜单位和全国“安康杯”竞赛优胜单位称号。

市政府领导到公司漕泾化工区视察

举办班组歌咏比赛

协助中国消防协会举办消防日演习、宣传科普活动

职工代表巡查安全生产情况

举办“安康杯”安全知识竞赛

公司拥有一支专业化的物流装备队伍

举行升国旗、新年起步仪式

上海市基础工程有限公司工会

公司党政领导慰问市劳模

具有90多年历史的上海市基础工程有限公司，是国内从事大型桥梁、顶管、隧道、深基础、水工港工及钢结构加工与安装等专业建筑施工企业。公司以“科技领先，和谐为本，追求卓越”为核心理念，崇尚“无坚不摧，奋发向上”的企业精神和“艰苦创业，四海为家”的企业作风。围绕“做专做强”发展战略，转战大江南北，为各地经济建设作出了显著贡献，赢得了良好的社会声誉。

2010年是世博年，公司工会紧紧围绕“三融入”，即融入企业中心工作，服务发展大局；融入职工群众，关心关爱职工；融入和谐企业建设，构建和谐劳动关系的工作要求，在确保世博配套工程建设和运营保障、促进企业发展、维护职工权益等方面，发挥了工会的独特作用。公司被评为2010年度上海市优秀公司，还被命名为上海市职工科技创新示范基地，同时荣获上海市创新型企业、上海市健康单位以及“十一五”期间上海市社会主义劳动竞赛先进集体称号。以全国劳模陆凯忠命名的“陆凯忠工作室”荣获全国交通建设系统工人先锋号和市模范集体荣誉称号。

开展立功竞赛活动

召开世博建功、读书活动表彰交流会

“陆凯忠工作室”成员在进行技术交流

组织优秀农民工参观世博会

组织工会会员疗休养

组织员工到世博园区开展义务劳动

开展重大工程立功竞赛中途推进交流活动

建科监理公司开展重大工程立功竞赛中途检查

院领导慰问工地员工

2010年，市建科院集团工会围绕院经济发展大局，围绕院党建发展要求，全面履行各项职能，扩大工作覆盖面，增强组织凝聚力。从活力与效率，创新与改革入手，团结全院职工，推动创建学习型班组活动，积极提升职工素质工程建设水准，制定了院职工素质工程建设推进指导意见、学习型班组考核评估细则，培育了6个“JK”学习型团队。在全面完成“十一五”目标和制定院“十二五”规划进程中，院工会努力增强职工的使命感和责任感，自觉参与企业管理，维护劳动关系和谐稳定。在推进集体合同和专项集体合同签订的基础上，坚持做到平等协商机制与签订集体合同制度相统一，合同调整的内容与企业发展相适应，职工的合法权益与推动企业追求卓越相结合。一年来集团工会工作实现了“五个推进”。世博会期间，院科研人员承担了保障世博主题馆、中国馆、世博局等场馆和区域信息系统的全天候应急运营服务，世博新能源集成展示和城市最佳实践区“沪上•生态家”的展示运营服务，为世博会的成功举办作出了贡献。“沪上•生态家”策划运行团队荣获全国五一劳动奖状。

举行三八节主题活动

职工畅言讲台

世博会沪上生态家

坚持职代会工作制度

实验室安全检查

院领导看望江西建科希望小学师生

召开学习型班组创建发布会

公司总经理王勇为全国劳动模范张翼飞授研究室铭牌

4名劳模共同参加的焊接技术讲座

召开以"弘扬劳模精神　共谋企业发展"为主题的指导检查活动党委中心组专题学习会

沪东中华造船(集团)有限公司工会为积极发挥劳动模范在企业发展过程中解决关键问题的作用，于2010年3月成立了以全国劳动模范、全国技术能手、中华技能大奖张翼飞名字命名的"张翼飞劳动模范焊接技术研究室"。该研究室成员全部由省部级以上劳模组成，其中焊接专家6人，船体结构设计高级工程师2人。研究室成立后，每月为焊工中的技术骨干开设讲座；应邀为生产部门解决实际困难和提供技术支持；以专家身份参与公司技师和高级技师的评审，包括试题阅卷、实践评分、业绩考量和论文答辩；召开与公司领导对话的"劳模论坛"；针对劳务工已成为公司造船生产的主要力量，挑选有潜力的劳务焊接工进行重点技术培训，力求打造一支能征善战、技术精湛的劳务焊接工团队。

张翼飞为劳务工焊工授课

张翼飞对劳务工焊工进行技术指导

沪东中华造船(集团)有限公司工会

上海市科技工会

市总工会、市科委领导为科技工作者艺术团成立揭牌

上海市科技工会以团结动员职工推动科技创新发展为首要任务，以维护职工合法权益和劳动关系和谐稳定为工作重点，在服务大局、服务世博、服务职工中发挥了重要作用。一是向全市科技工作者发出建设世博，服务世博的倡议书。举办迎世博倒计时100天文艺宣传活动。二是举办系统工会干部专题培训，强化形势任务宣传教育。三是着力培育知识型、技能型、创新型职工队伍，激励职工增强终身学习、持续发展、自主创新、团队协作的积极性。四是开展形式多样的文体活动。举办摄影技术高级研修班，组织采风活动和劳模携家属休养活动，开展桥牌双人赛。五是关注民生办实事，扩大系统帮困工作覆盖面。六是组织科技系统和基层两个层面开展理论研究和调查研究。

市科技党委领导慰问高温一线职工

召开工会工作展示交流会

中科院院士、全国劳模王恩多宣读建设世博、服务世博《致上海科技工作者倡仪书》

举行迎世博倒计时100天主题活动

举办桥牌双人赛

工商银行上海市虹桥开发区支行

开展优质文明服务竞赛活动

工商银行上海市虹桥开发区支行成立于1994年9月，是上海分行下属的两级分行，地处上海市涉外商务楼及高档住宅最为集聚的区域之一——虹桥开发区的中心地带。支行共有员工264人，平均年龄28周岁，是一支充满朝气与活力的团队。自成立以来，虹桥支行以打造区内最具竞争力的现代商业银行为目标，积极拓展全面协调的发展新路，在上海市分行经营绩效考核排名与总行城区支行40强排名中始终名列前茅。多年来，虹桥支行重视发挥工会作用，开展各项立功竞赛活动与主题文化活动，大力弘扬虹桥支行“抢抓市场，敢于亮剑”的创业精神与优良传统，全面激发支行员工“立足岗位，争创一流”的工作热情，从塑造企业精神入手，以完善素养、岗位建功为重点，引导全行员工尤其是青年员工明确定位、奉献才智、实现发展。

建立职工书屋，开展读书月活动

组织岗位练兵活动

关心女员工业余生活，定期举办员工课堂

与街道敬老院结对，定期开展敬老活动

徐汇区牙病防治所

徐汇区医务工会主席谢爱华和牙防所党政领导一起欢送全国劳模徐培成进京受奖

徐汇区牙病防治所工会秉承全国模范职工之家的优良传统，积极开展各项工作。工会的创建目标是建参政议政的民主之家；建强化职工素质的上进之家；建培养群众文化的亲情之家；建投身志愿活动的创新之家。多年来，涌现出全国劳模徐培成所长等一大批先进模范集体和个人，牙防所也荣获上海市文明单位9连冠的称号。

服务社会——到爱晚亭敬老院进行义诊活动

所长徐培成2008年被选为奥运火炬手

牙防所志愿者中秋慰问世博屯兵点的武警官兵

区牙防所与区交警支队结对共建

中冶宝钢技术服务有限公司工会

开展职工科技创新活动

发放员工健身倡议书

举行五一劳动者之歌大型演唱会

中冶宝钢技术服务有限公司是国资委直管央企、世界500强——中冶集团暨中国冶金科工股份有限公司的控股子公司，也是国内首家规模最大、人数最多、综合实力最强的现代钢铁技术服务企业。

企业现有工会会员 6095 人，下设 1869 个基层班组。公司工会认真履行工会组织维护、参与、建设、教育四项社会职能，坚持全心全意依靠工人阶级的根本指导方针，团结带领公司全体员工，创新思路，开拓进取，开展一系列卓有成效的工作，充分发挥工会组织的桥梁纽带作用，为公司又好又快发展作出了应有的贡献。一年来，按照中冶集团"创新提升，做强做大，持续发展，长富久安"的发展总战略和"做实、做优、做强、做大、做久"的发展方针，围绕和谐促发展，突出维护抓建设，认真开展抓班组建设求创新、抓科技创新求进步、抓现场管理求实效、抓企业文化求发展等各项工作。企业集体和个人先后被授予全国及上海市工人先锋号、劳模集体、五一劳动奖章等荣誉称号。

公司职工运动会开幕式精彩表演

注重提升"两长"素质培训

上海中国弹簧制造有限公司工会

（照片均为公司第二十届职工艺术节花絮）

上海中国弹簧制造有限公司前身为上海汽车股份有限公司中国弹簧厂，始建于1937年，是上海汽车工业(集团)总公司独家投资设立的经营性企业，是中国弹簧行业协会的会长单位，也是中国最大的弹簧制造企业。

近年来，公司工会以邓小平理论、“三个代表”重要思想、科学发展观统领工会工作，进一步解放思想，转变观念，围绕企业经济工作，服务于企业全局，充分发挥广大职工群众主体作用，团结、动员和组织广大职工积极投入“先锋号在行动”，坚定信心、同心同德、迎难而上、共克时艰。积极开展“合理化提案”、TPM、“5S”、节能减排等活动，推动企业平稳较快发展。坚持加快推进企业文化建设，用公司愿景和价值观融合企业文化，用公司的价值观和理念来教育和引导员工，塑造公司良好的行为形象。工会积极关注职工精神文化生活，把思想道德教育融入生产经营活动中，促进广大职工综合素质的提高。并坚持每年开展一次职工艺术节活动，激励广大员工积极参加，锻炼身体，提高身心健康，陶冶职工情操，使这一企业文化品牌深入人心。2009年被上海市总工会命名为模范职工之家。

中国移动上海公司工会

召开行政、工会第九次平等协商会议

召开第三届职工代表大会第一次会议暨第三届工会会员代表大会

2010年，中国移动上海公司工会围绕世博盛会和企业中心工作，以科学发展观为统领，以党的十七届四中全会精神为指导，在公司党委的正确领导下，充分发挥工会的组织优势，开展世博内部传播系列活动；深化班组建设与管理，形成独具特色的工作亮点；围绕基本职能，推出多项员工关爱措施。在提高队伍整体素质的同时，还积极搭台，努力做好内外宣传，使企业的可持续发展和员工的合法权益都得到有效维护，凝聚人心的同时焕发蓬勃生机和活力，努力促进企业和员工的同步发展，开创工会工作新局面。

向世博服务人员发放内含100首放松音乐、“心理健康常识与压力管理”和“常见心理困扰与应对”的4G“关爱”优盘

网络管理中心监控部申告处理班组与上海石油化工股份有限公司化工事业部设备动力处化学水班组开展结对互助、共建互补型创新班组

公司每季度举办“班组论坛”

组织在沪就读的汶川地震灾区孤儿参观世博会

召开2011年经济工作会议

五角场集团

集团党团员参观世博会

开展员工素质培训

五角场集团成立于1999年12月30日，注册资本8730万元。12年来，集团秉承“传承卓越”的使命，通过持续地管理提升、项目开发、渠道拓展，走过了一条稳健的发展之路，逐渐成长为一家大型综合性产业投资集团。集团拥有控股公司6家，子公司24家，参股公司13家，成员单位10家及海外公司1家，形成了横跨商贸服务、房地产开发、工业制造、外贸投资、高新科技的多元化产业布局，综合实力日趋雄厚。

随着五角场城市副中心的崛起，五角场集团积极把握历史发展契机，调整产业结构，整合现有资源，大力推进重点项目建设，加大招商引资力度，并通过强强联手、优势互补的合作模式，大力发展汽贸板块，拓展商业服务区，开展海外投资和进出口贸易，全面提升企业核心竞争力，不断攀登新的经济高峰，为打造走向世界的大型产业投资集团而不懈努力。

集团运动会开幕式

集团所属杨浦都市工业园区外景

举行“结伴世博、欢庆六一”亲子活动

上海国盛(集团)有限公司工会

党委书记、董事长施德容慰问老干部

集团领导与女职工合影

施德容在三八节活动上致词

召开一届一次职工代表大会

职工代表投票通过《集体合同》

上海国盛(集团)有限公司工会坚持科学发展观，认真履行工会各项职责。一是坚持完善以职工代表大会为基本形式的职工民主管理，一届一次职代会于2010年8月27日召开，成立了民主管理委员会和提案审查委员会。推行厂务公开和民主监督制度，开展基层单位厂务公开和民主管理自查工作。二是开展“冬送温暖，夏送清凉”活动，为职工办实事，做好事。三是以“服务世博，奉献世博”为主题，开展为世博上海企业联合馆输送技术人员，组织参加上海企业联合馆馆日活动大合唱等活动。四是举办经审和民主管理业务培训，6个直属单位工会专职人员全部参加培训。五是发挥劳动模范的示范引领作用，完善各项培育、宣传、管理机制，组织开展“争先创优”活动。2010年有6家单位分别荣获上海市五一巾帼奖、上海市工人先锋号、上海市三八红旗集体、上海市模范集体等荣誉，同时涌现出1名全国劳动模范，2名上海市劳动模范，3名上海市三八红旗手，1名全国建功巾帼标兵，11名上海世博优秀个人。

男子800米赛冲刺

举行升旗仪式

上海石化工会

2010年，上海石化工会在上海市总工会和公司党委的领导下，按照“创先争优”活动的部署和要求，以党的十七大、十七届五中全会精神为指导，认真学习实践科学发展观，根据“学习先进、精细管理、加快发展、凝心聚力、再站排头”的总体要求，进一步统一思想、振奋精神、锐意进取；进一步融入中心、服务大局、推动发展；进一步履行职责、服务职工、促进和谐，推动了工会整体工作，为公司实现“重举旗帜、再站排头”目标发挥了积极作用。

举行2010年新年起步仪式

召开第十六次平等协商会议

左上：开展迎世博活动
左下：举办迎新文艺晚会暨职工文艺汇演
右：“走进世博”系列活动启动仪式

东华大学工会

东华大学前身是华东纺织工学院，创建于1951年，是教育部直属的全国重点大学，也是中国首批博士、硕士、学士三级学位授予单位。东华大学致力于建设“国内一流、国际有影响、有特色的高水平大学”，坚持走“观念兴校、管理兴校”发展之路，在“211工程”国家重点建设的高等院校中独树一帜。

上海工蕴人力资源有限公司东华大学后勤集团工会成立

东华大学工会认真学习贯彻科学发展观，紧紧围绕学校中心，努力服务大局，积极推进校务公开民主管理，主动为教职工服务，充分发挥工会组织的桥梁纽带作用。重视自身建设，积极组织工会干部培训和理论研究，在民主政治建设、教职工素质建设、和谐校园建设、生活保障工程建设等方面取得了可喜成绩，被授予2007—2009年度上海市教育系统优秀工会组织荣誉称号。

定期召开教代会

召开纪念三八国际劳动妇女节101周年先进表彰大会

劳模刘晓刚教授团队为2010年上海世博会设计志愿者服等系列职业服装

组织工会干部参观革命圣地延安纪念馆

组织教职工暑期赴日本等地旅游休养

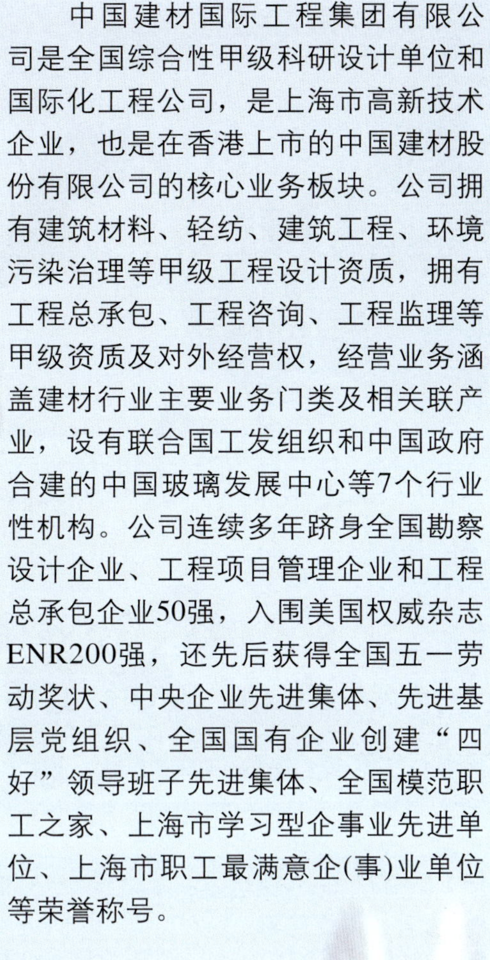

中国建材国际工程集团有限公司是全国综合性甲级科研设计单位和国际化工程公司，是上海市高新技术企业，也是在香港上市的中国建材股份有限公司的核心业务板块。公司拥有建筑材料、轻纺、建筑工程、环境污染治理等甲级工程设计资质，拥有工程总承包、工程咨询、工程监理等甲级资质及对外经营权，经营业务涵盖建材行业主要业务门类及相关联产业，设有联合国工发组织和中国政府合建的中国玻璃发展中心等7个行业性机构。公司连续多年跻身全国勘察设计企业、工程项目管理企业和工程总承包企业50强，入围美国权威杂志ENR200强，还先后获得全国五一劳动奖状、中央企业先进集体、先进基层党组织、全国国有企业创建“四好”领导班子先进集体、全国模范职工之家、上海市学习型企事业先进单位、上海市职工最满意企(事)业单位等荣誉称号。

董事长彭寿当选为全国劳动模范

召开纪念建党89周年暨〝创先争优〞表彰大会

组团参加2010年德国国际玻璃展

举办中国建材集团第三届凯盛杯男子篮球比赛

举行五四表彰暨第二届职工卡拉OK歌手大赛

集团总承包的哈萨克斯坦梅纳拉尔水泥项目

华东政法大学工会

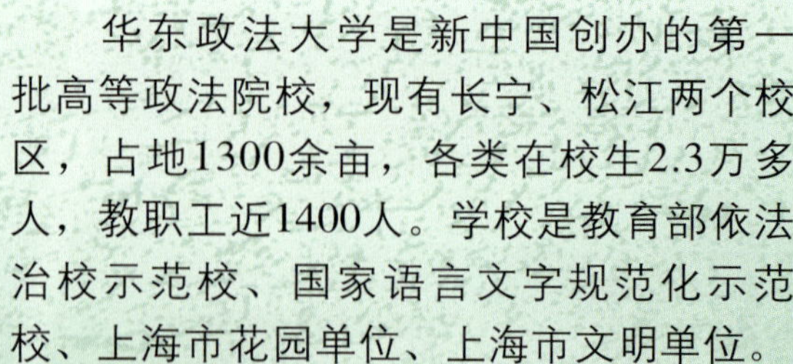

华东政法大学是新中国创办的第一批高等政法院校，现有长宁、松江两个校区，占地1300余亩，各类在校生2.3万多人，教职工近1400人。学校是教育部依法治校示范校、国家语言文字规范化示范校、上海市花园单位、上海市文明单位。

华东政法大学工会在校党委的领导下，认真学习贯彻科学发展观，围绕学校中心开展工作，依靠广大教职工参加民主管理，依法治校，实现民主监督，充分发挥工会组织的桥梁纽带作用。学校成立劳动人事争议调解委员会，切实保护教职工合法权益，积极参加上海市教育系统职工法律援助活动，为广大教师提供义务法律咨询。重视自身建设，积极组织工会干部开展理论学习活动，在师德师风建设、和谐校园建设、保障工作建设等方面取得了很大的成就，受到上级工会的好评，被评为2006—2008年度上海市教育系统先进教工之家，2010年上海市教育工会年度保障工作先进单位。

①

②

③

④

⑤

⑥

①：法律专家热心为教工答疑
②：澳大利亚工会代表团来校参观访问
③：舞蹈队参加红五月活动
④：教工参加拔河比赛
⑤：组织教职工疗休养
⑥：教代会代表听取职能部门领导述职

张江高科技园区工会联合会

基层工会选举工作

组织“大富翁”交友活动

花旗软件高层与职工互动

张江高科技园区工会联合会成立于2002年，现辖有企业工会438家，工会会员40218人。园区工会在浦东新区总工会领导下，依托张江高科技园区管委会、张江(集团)有限公司，以服务职工、切实维权为宗旨，推进工会各项工作。一是完善园区工会组织体系，努力实现全覆盖，通过近10年的发展，张江园区工会已涵盖中芯国际、霍尼韦尔、微创医疗等众多知名企业。二是切实维权，特别是重视大规模劳资纠纷协调和高层次技术职工权益保障。2008年4月30日在张江园区成立浦东新区职工知识权益维护中心，开创了全国工会系统维护职工知识权益的先河。三是以丰富职工“8小时外生活”为目标，根据不同对象广泛开展职工文体活动，做到“一平台二联动三层次”，即：搭建职工活动平台，建立文体活动志愿者队伍；加强与园区其他部门以及园区外兄弟单位的联动；通过园区工会、专业俱乐部、企业工会等多层次为职工提供贴心服务。

开展春节帮困送温暖活动

志愿者参与世博服务

企业工会组织职工为地震灾区募捐

“张江杯”篮球联赛开幕式

上海市自来水闵行有限公司工会

城投总公司党委书记沈希明慰问全国劳模尹金龙

在举世瞩目的2010年上海世博会期间，上海市自来水闵行有限公司工会在公司党委和城投总公司的领导下，坚持以科学发展观为统领，紧紧围绕市委“五个确保”的大局和公司“保障世博供应、保障世博水质安全、提升世博文明水平、提升参与世博能力、提升建功世博能力”的工作主题，从“素质工程、技能培训、阵地建设、维权维稳、凝心聚力”等5个实事项目入手，切实履行工会职能，团结、引领全体职工积极投身到各项生产供应和服务保障工作中，为实现企业“确保世博成功、精彩、难忘；确保供水安全、队伍稳定”的目标作出了积极贡献。

2010年，公司先后荣获了中国优秀企业公民、上海市用户满意企业等荣誉称号，实现了经济效益、社会效益的双丰收。

慰问公司世博志愿服务者

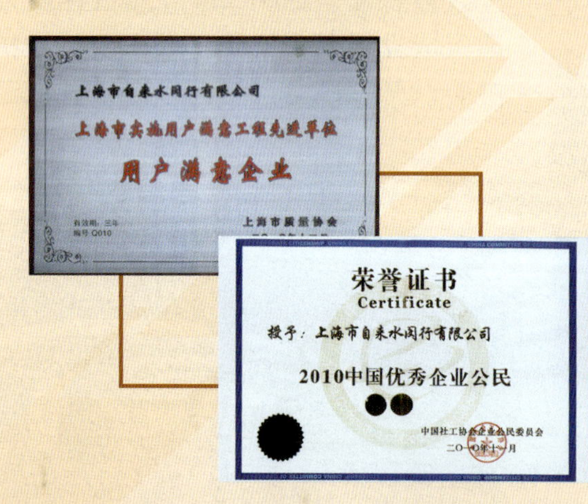

表彰年度各类先进集体和个人

组织职工参加“爱心一日捐”活动

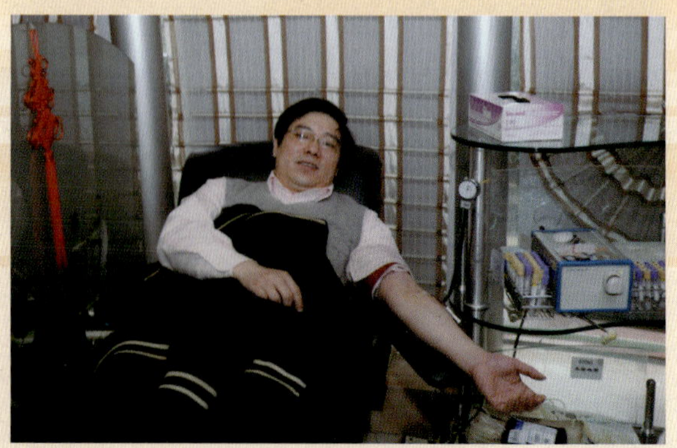

连续6年组织职工参加无偿献血活动

上海航空电器有限公司

举办职工运动会

参加华东片司歌歌咏比赛决赛

举办"践行科学发展观，促进管理创新上水平"为主题的演讲比赛

召开职工代表大会

上海航空电器有限公司是成立于20世纪50年代的军工企业，隶属于中国航空工业集团公司。公司主要业务包括军用航空业务、民用航空业务、非航空防务业务及太阳能光伏业务等。

公司工会本着"围绕中心，服务大局，关注需求，有所作为"的工作指导思想，根据企业特点，以富有自身特色的工作实践，不断探索新时期工会工作的新路子，把工会工作重心和公司党政工作中心紧密相结合，密切联系群众，积极发挥桥梁纽带作用。牢记历史使命，组织员工积极开展企业民主管理，踊跃推进企业文化建设，关心关爱职工，努力营造和谐企业环境。公司被授予"2008—2009年度上海市职工最满意企事业单位"荣誉称号。

召开2009年工会工作年会

杨浦区中心医院工会

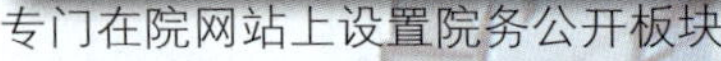
专门在院网站上设置院务公开板块

杨浦区中心医院工会在党组织的领导和行政支持下，创新性通过“1+5”民主议事平台、院务公开等形式，积极开展院务公开工作。借申报全国医院院务公开示范点的契机，利用医院内外网站、电子屏、触摸屏等电子媒体以及职代会、院情通报会、座谈会、院务公开栏等传统形式，全面做好对社会、患者、职工的院务公开工作。医院被评为2007—2009年度上海市卫生系统院务公开民主管理先进单位。2010年12月顺利通过等级评审，晋升为三级乙等医院。

门诊楼安装10余块电子屏介绍医院的重点专科和专家、健康宣教、医疗价格公示等

每年定期召开职代会审议院重大事项

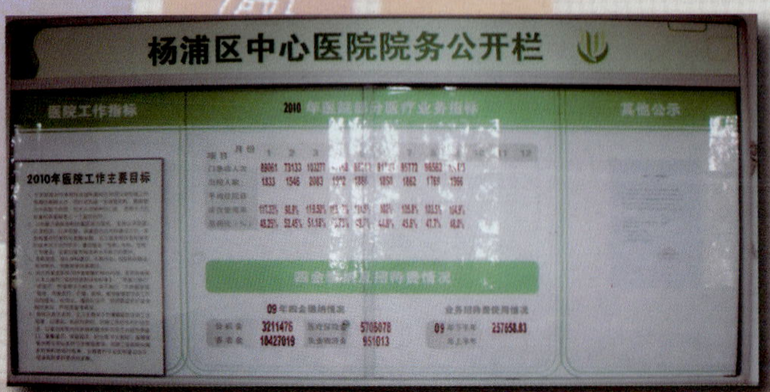

在院务公开栏上公开医院工作计划和主要医疗指标

医院外景

上海电气电站设备有限公司发电机厂工会

上海电气电站设备有限公司发电机厂工会坚持科学发展观，紧紧围绕企业发展目标和党委工作要点，认真贯彻“紧贴企业发展、落实维护职能”的工作方针，把维护职工权益与推动企业发展结合起来，把服务大局与服务职工结合起来，深入开展各种技术攻关、劳动竞赛、技术练兵、学李斌学技能及“三学”等活动，搭建成才平台，使职工队伍技能素质得到了锻炼和提升。以“创新成果、创新班组、创新能手”活动为重点，组织和动员职工积极投入到技术创新活动中。并坚持“以人为本”，坚持以“文明高素质、维权促稳定、工作高效率、服务高质量、技能高水平、安全无事故”为标准，凝聚人心，同心协力，积极创新工作方式，不断开创工会工作新局面。

组织“文明世博，从我做起”签名活动

举办“展现美好 创造和谐”职工摄影展

节假日慰问院士老专家及业务骨干、困难员工

开展职工满意度调查

深入推进岗位技术练兵活动

组织开展形式多样的体育比赛

上海梅山钢铁股份有限公司工会

举行最佳实践者命名授牌仪式

举行技能操作比赛

2010年，上海梅山钢铁股份有限公司工会围绕企业经营发展目标，履行工会职责，做好各项工作。一是围绕企业中心任务策划组织开展“铁钢轧产能提升和冷轧生产爬坡劳动竞赛”，促进企业发展；二是积极落实职代会职权和《宝钢职工民主管理基本制度》，深入推进劳动关系和谐企业建设；三是深化职工素质工程，以“岗位大练兵、技术大培训、素质大提升”为主题，组织开展技能练兵操作比赛，提升员工技能水平，共开展各级练兵比武项目239项、6899人次参加；四是深入推进群众性经济技术创新活动，培育职工创新成果，参加第十九届全国发明展览会，获得5金、3银、4铜的佳绩；五是加强劳动保护，充分发挥员工健康安全代表作用，开展安全100班组建设，促进班组安全生产；六是积极落实实事工程，推进“员工健康改善计划”，举办大众体育活动，为广大员工服务。

①：召开技能操作比赛总结表彰会
②：召开合理化建议转化自主管理成果表彰会
③：职代会投票表决
④：召开学习劳模先进事迹座谈会
⑤：召开群众性经济技术创新工作推进会
⑥：员工创新室开展活动
⑦：职工代表巡视建设现场

①

②

③

④

⑤

⑥

⑦

上海绿地建设(集团)有限公司在2010年中出色完成了世博会项目建设和都江堰市灾后重建项目建设两大任务，获得了各方的好评。

在世博会项目建设中，建造了意大利国家馆、世博轴、江南广场等一大批场馆，建造了青浦西大盈港双桥、虹桥综合交通枢纽北翟路中环立交等一批世博配套市政工程，完成了多达94幢楼宇的“迎世博600天住宅整治工程”，并在世博会举办期间，派出运行保障队伍确保了世博会场馆的正常运行。在都江堰市灾后重建工作中，完成了都江堰市中医医院、都江堰市图书馆等16个项目的建设，是上海所有援建单位中承建项目数量最多、类型最多、分布地域最广、时间跨度最长、获奖数量最多的单位，沪川两地各级组织对此予以了高度评价。公司分管生产经营的副总经理张伟荣获2007—2009年度上海市劳动模范称号。

公司董事长、总经理谈德勤(前排中)率队参加都江堰市灾后重建立功竞赛活动

公司党委书记李广武带领职工与灾区人民共建家园

公司建造的世博会配套市政工程——青浦西大盈港双桥

公司副总经理张伟(右)在世博会意大利馆施工现场

公司建造的都江堰市中医医院

公司建造的世博会意大利馆

上海海博股份有限公司

海博出租连续12年开展学雷锋义务接送病人服务

海博驾驶员参加维持交通志愿者活动

上海海博股份有限公司是在上海证券交易所挂牌的上市公司，旗下有“海博出租”、“海博物流”两大主业，员工13000余名。所属上海海博出租汽车有限公司拥有运营车辆9500辆，在上海、广西南宁、江苏南京、山东青岛设有营运分公司。拥有汽车销售、汽车修理、汽车配件、汽车检测、驾驶员培训等相关产业，是上海出租汽车行业骨干企业。上海海博物流(集团)有限公司以运输业起步，以综合物流产业为基础，为客户提供运输、包装、仓储、冷冻、加工、配送和国际货代等一体化的现代物流服务。多年来，海博股份认真贯彻落实科学发展观，树立“企业品牌是我们共同利益”的价值观，企业实施以“品牌”为核心的发展战略，做强做大以出租车客运和现代物流并举的都市服务业。始终坚持以人为本管理理念，切实维护员工合法权益，激发广大员工的工作热情，培育一支爱岗敬业、文明素养高的员工队伍。公司被评为全国模范职工之家、全国交通运输系统先进集体，荣获上海市五一劳动奖状、上海市首批企业文化建设示范基地称号。

海博租赁公司为中外宾客提供优质服务

海博广场文艺演出

设施先进的海博96933呼叫中心

海博物流“货的”整装待发

位于浙江安吉的驾驶员疗休养基地

闸北烟草糖酒有限公司

持续推进学习型组织建设

上海烟草集团闸北烟草糖酒有限公司组建于1996年，现由上海烟草集团有限责任公司、上海烟草贸易中心和闸北区国有资产投资公司共同投资组建。公司以卷烟制品批发为主业，兼营烟酒类商品零售业务，同时作为上海烟草专卖局属下的区烟草专卖管理机构，肩负着区域性的烟草管理与稽查工作，监督和完善区域内烟草专卖网络的有序发展。公司现有员工近300人，已建立起由1000余户社会网点和20家直营门店组成的卷烟销售网络。近年来，公司始终以“严格规范、富有效率、充满活力”为总体目标，践行“国家利益至上、消费者利益至上”行业价值观，弘扬“和搏一流”企业精神，获得上海市文明单位、上海市模范职工之家等多项荣誉称号。

深入开展企业文化建设

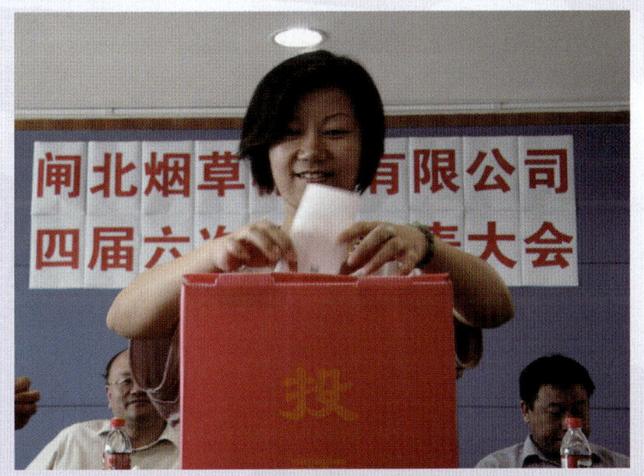

职工代表对公司重大决策进行投票表决

进行青年员工素质拓展

连续3年举办职工运动会

积极参与世博、奉献世博

镇总工会主席吴振祥被授予全国五一劳动奖章，并被评为全国优秀工会工作者

吴振祥在上海东方广播电台直播室介绍镇工会开展对职工无偿法律援助的做法

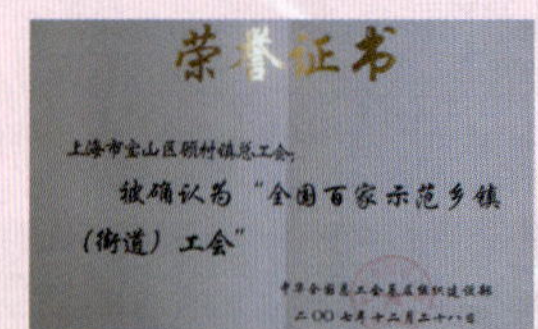
荣誉证书

上海市宝山区顾村镇总工会：

被确认为"全国百家示范乡镇（街道）工会"

镇总工会荣获"全国百家示范乡镇（街道）工会"称号

授予

模范职工之家

中华全国总工会

二〇〇八年四月

镇总工会荣获"全国模范职工之家"称号

镇总工会召开"广普查、深组建、全覆盖"集中行动推进会

吴振祥在"全国乡镇（街道）工会干部培训班"上作交流发言

召开建筑行业工会（职工）第一次代表大会

召开物业行业集体协商会议

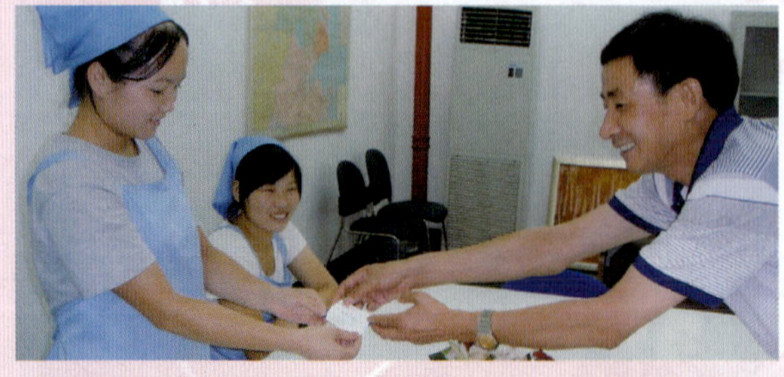

为职工送"工会会员连心卡"

顾村镇总工会自2005年成立以来，始终按照"组织起来，切实维权"的工会工作方针，注重机制创新，狠抓工作落实。在镇域内673家企事业单位、31003名职工中，已有616家单位建立工会组织、28213名职工入会，建会率和职工入会率分别达91.5%和91%，工会组织已基本覆盖有劳动关系的工业企业，并正在拓展组建的外延。工会组建、规范化建设等工作被市总工会充分肯定，2009年10月，市人大常委会副主任、市总工会主席陈豪批示：宝山区顾村镇的工作经验很好，应加以总结推广。组建租住地工会、工资集体协商、向一线职工发放工会会员连心卡、对职工实行无偿法律援助等做法多次接受《劳动报》、东方电台等媒体专访。镇总工会先后荣获全国模范职工之家、全国百家示范乡镇(街道)工会、全国工会系统"五五"普法先进单位、上海市厂务公开民主管理工作先进单位、上海市推动劳动关系和谐企业创建活动先进单位等数十项荣誉。镇总工会主席吴振祥被授予全国五一劳动奖章、荣获全国优秀工会工作者称号。

宝山区顾村镇总工会

上海采埃孚转向系统有限公司工会

召开四届一次职代会选举新一届工会“两委”

上海采埃孚转向系统有限公司系由华域汽车系统股份有限公司与德国采埃孚转向系统有限公司共同出资组建的合资企业，成立于1994年，主导产品为机械、液压、电动转向机、转向管柱和转向系统相关产品，是国内唯一具备向客户提供完整转向系统供货能力的转向系统供应商。公司先后荣获上海市文明单位、上海市厂务公开民主管理工作先进单位、上海市职工最满意企(事)业单位、上海市模范职工之家称号。

组织“讲学习、促发展——在公司第二次创业中展风采”全员立功竞赛活动总动员

2010年，公司工会以“讲学习、促发展——在公司第二次创业中展风采”主题活动为载体，提升创新力；深入开展“创建学习型组织，争做知识型职工”活动，提升学习力；以职代会为基本形式，不断深化集体协商机制，推进集体合同履约监督，提升执行力；注重机制建设，积极创建和谐劳动关系，提升凝聚力；推进工会自身建设，努力提高工会工作水平，发挥带动力。

开展“创争”活动，开办学员课堂

举办新春联欢会暨员工表彰大会

开展向青海玉树地震灾区募捐活动

东方国际(集团)有限公司工会

工会和团委联合举行“支持世博，百人签名仪式”暨世博知识竞赛活动

东方国际(集团)有限公司成立于1994年11月18日，为国有资产授权经营单位，是国家重点企业和中国最大的进出口商之一。集团业务涉及对外贸易、对外经济技术合作、物流、商业、房地产、旅游、广告展览和金融、实业投资等领域，经营进出口商品5000多个品种，在美洲、欧洲、澳洲、日本和香港等世界主要国家(地区)设有海外机构20余家，与世界120多个国家和地区有着广泛的贸易来往。

工会和团委联合组织外销员沙龙联谊活动

东方国际集团工会现有会员4546名。2010年，在集团党委和市总工会领导下，深入学习贯彻胡锦涛总书记在全国劳模表彰大会上的重要讲话以及市委、市总领导的一系列指示精神，按照上级的工作部署，团结凝聚集团系统各级工会和广大职工参与世博、服务世博、奉献世博，组织职工围绕企业中心开展各项活动，扎实推进厂务公开民主管理，着力构建和谐企业，为促进企业经济发展和成功举办世博会作出贡献。

集团下属公司工会组织员工开展拔河比赛

员工代表参加工会“我的世博印象”摄影比赛评比活动

集团邀请安徽两所希望小学学生参加“世博快乐成长夏令营”活动并赠送学习用品

上海市房地产交易中心工会

上海市房地产交易中心是上海市住房保障和房屋管理局所属的事业单位，主要承担全市的房地产登记管理、房地产项目监测和房地产交易合同网上备案三大职能。

2010年，交易中心工会始终围绕党政中心工作，紧紧依靠全体职工，以开展“迎世博、促服务、树形象”各项主题活动为契机，以创建先进职工之家为载体，在维护职工权益、提高职工素质、增强职工合力方面下功夫。通过信息、网络、会议等各种形式落实职工民主管理，充分保障职工知情权、参与权和监督权；通过五比五赛、岗位练兵、中青年干部培训班、岗位交流等形式，不断提高职工业务技能；通过组织丰富多彩的文体活动，不断增强职工活力和凝聚力；通过创先争优、树立典型，进一步调动职工积极性，增强职工责任感和使命感。积极争取中心党政的支持，为提高职工福利待遇创造条件。

中心组理论学习

世博获奖证书

世博平安志愿者

组队参加市局广播操比赛

举行行业棋牌比赛

上海海龙工程技术发展有限公司

每年召开职工代表大会

上海海龙工程技术发展有限公司成立于1992年，是一家以建设监理为主，并从事造价、招标代理等多项技术咨询的甲级监理公司。公司将全体员工集聚在企业统一的价值观、价值体系及行为规范的范畴内，从而形成独特的文化管理模式，提高公司员工的综合素质，增强了公司综合实力。公司先后被国家建设部授予全国先进工程监理企业、国家工商行政管理总局授予全国重合同守信用企业、上海市人民政府授予上海市文明单位、上海市建委授予上海市先进监理企业，被中共上海市委组织部、中共上海市社会工作委员会授予党建工作示范点、五好党组织等多项荣誉。公司的注册商标被上海市工商行政管理局认定为上海市著名商标。

参加崇明工业园区庆十一职工文艺活动

举行帮带协议签约仪式

公司近期获得的各项荣誉

定期组织员工体检

女员工在三八节外出休养

上海柴油机股份有限公司工会

2010年，上海柴油机股份有限公司工会积极打造“知识武装工程”，创建学习型企业。通过举办职工书屋和学习沙龙增强职工的学习兴趣，形成团队学习的良好效果；通过“毛遂自荐、同事互荐和组织举荐”的方式，以员工“人岗相适、人尽其才”的办法打通“蓝领”成长通道；通过“标杆瞄准”向典范借镜，促使班组和个人“纵有比对、横有比照”；大大提升企业的学习力，也从源头维护了员工的合法权益。公司工会还大力推进“尊严生活、体面劳动、快乐工作”；调研和排解员工的不快乐因素；开展“做职工贴心人”系列活动；推行“望闻问切”等人文关爱的工作法；对困难员工和弱势群体实施帮扶关爱，优化企业和谐、员工快乐的“激励因子”和“保健因子”，提升了企业凝聚力。

成立多支志愿者队伍全力服务一线

推进班组“标杆瞄准”工作

首推劳务工疗休养举措

签订《会员委托管理协议》，真诚关爱劳务工

举办“迎世博”季演，编发“四德”教育读本

上海铁路局上海客运段

上海铁路局上海客运段共有职工3433人，列车的到达站包括北京(南)、九龙(广州东)、拉萨、成都、汉口、武昌、长沙、黄山、昆明、福州(南)、厦门、龙岩、温州南、兰溪以及沪宁、沪杭城际高铁沿线站和即将开通运营的京沪高铁沿线站。

面对和谐铁路发展新形势，上海客运段全体干部职工秉承“执行、奉献、卓越”的企业精神，树立“以人为本、旅客至上”的服务理念。安全生产在强化中实现突破，路风建设在严控中保持稳定，服务质量在改进中不断提升，经济效益在困境中稳步增长，全段上下呈现团结和谐、创新奋进的生动局面和发展态势。先后荣获全路客货运输“用户满意窗口单位”、“火车头”奖杯、模范职工之家、全国工人先锋号、上海市劳模集体等称号。

举行集体协议签订仪式

开展“上客杯”职工技术业务竞赛

部分荣誉奖牌

弘扬先进

学习楷模

队列训练

铁路形象

嘉定区中心医院工会

嘉定区中心医院有职工1161人，其中女职工831人，占职工总数71.6%，工会会员1161人，入会率100%。

医院工会认真履行职责，围绕中心开展多项活动。加强工会组织建设，完善工会工作规范和报告制度；关心非在编职工的学习和生活，使他们享受在编职工同等待遇，举办春节迎新茶话会等，使这些职工感受到工会组织的温暖；参与民主监督管理，组织职工代表测评医院领导班子和工会工作，参加医院安全巡视检查；加强院务公开工作，医院职工对院务公开测评连续3年达98%以上；加强食堂民主管理，保证饮食安全；做好职工各类保障、夏送清凉冬送温暖，共慰问在职、退休职工158人次。急诊护理组获得全国三八红旗集体称号，顾薇华被评为上海市先进工作者，同时涌现出一批市、区迎世博服务明星、集体及工人先锋号、文明班组。

急诊护理组荣获全国三八红旗集体称号

组织代表队参加“上海市卫生系统迎世博现场急救技能比赛”荣获一等奖

每年举办迎春团拜会凝聚职工人心

职工积极参与世博志愿行动

职工代表测评医院领导班子和工会工作

积极组织职工参与区、局、医院各项文体活动

上海医药高等专科学校

上海医药高等专科学校是一所上海市教委直属的全日制公办普通高等学校，也是国家教育部首批示范性高等职业院校。学校本着“素质为先、技能为本、医技为主、全面发展”培养宗旨，确立“立足上海、服务全国、走向世界”的服务定位。在上海建成亚洲一流医疗卫生中心城市进程中发挥人才培养基地的重要作用，成为具有鲜明职业教育特色、国内领先的医药卫生类高等职业院校。

学校工会在上海市教育工会及学校党委的领导下，以参与构建和谐校园为主线，以维护教职工合法权益为重点，以科室文化、“职工小家”创建为突破，围绕中心，服务大局，发挥凝聚、制衡、疏通、纽带、互助、榜样作用，多次评为上海市医务工会先进职工之家，2006—2008年荣获上海市教育工会先进职工之家、上海市模范职工之家称号。

举办工会干部培训班

召开职工代表联席会议通报校情

举行迎新春团拜活动凝聚职工

举办青年教工技能大赛

教工俱乐部举办瑜伽培训班

开展社区帮困结对活动服务社会

上海市市政工程建设发展有限公司

上海市市政工程建设发展有限公司是以承担政府市政工程项目的建设管理单位。27年来，共承建市区道路、高架道路、越江隧道、高速公路、轨道交通、地区排水系统等市政工程项目190余项，完成工程建设投资600余亿元。一批重大工程建设项目分别获得国家詹天佑奖、鲁班奖、中国市政工程金杯奖、白玉兰奖和上海市市政工程金奖。

公司多年来注重发挥工会作用，强化民主管理，推进企业凝聚力工程，增强职工对企业的认同感、自豪感，丰富企业文化，增强企业凝聚力。

公司连续19年蝉联上海市优秀公司、连续4届评为上海市文明单位，获得上海诚信创建信用等级AAA级、上海市“星级诚信企业”和上海市职工最满意企(事)业单位等殊荣。

上一：党委书记迟建国作《企业文化建设》报告
上二：公司领导慰问世博志愿者

左一：公司召开薪酬调整协商会
左二：职工摄影作品展

外滩交通综合改造工程

上海市堤防（泵闸）设施管理处

召开工会第二次代表大会

上海市堤防(泵闸)设施管理处是全额预算事业单位，隶属于上海市水务局，具体承担水利工程建设管理、黄浦江及苏州河堤防、43座市属泵闸等市直管水利工程运行、养护、维修、管理任务。共有工会会员350名。

2010年，工会坚持以邓小平理论和“三个代表”重要思想为指导，深入贯彻科学发展观，坚持服务大局与服务职工相结合，维护职工合法权益与维护社会稳定相结合，团结动员全处职工服务世博、奉献世博，不断推进“当好主力军、建功世博会、展示新风采”为主题的世博会立功竞赛实践活动，关心职工生产生活，构建和谐劳动关系，拓展职工培训渠道，深化素质工程建设，为上海成功举办世博会，为确保防汛、运行、维稳安全作出了积极贡献。

举办职工篮球友谊赛

参加局系统文艺表演

举办班组长培训班

交通银行上海市分行工会

服务明星工作坊——十佳世博服务形象大使

分行工会主席、副主席奋战在世博一线

2010年，交通银行上海市分行工会紧紧围绕中心服务大局，强化自身建设，认真履职、开拓进取，各项工作取得实效。一是世博服务树品牌。通过开展以“服务世博、勇当先锋”为主题、以提升世博金融服务能力和提高员工综合素质为目标的最佳实践者立功竞赛活动，进一步调动和激发全行干部员工的工作热情和创造活力，确保世博会金融服务运行保障任务的全面落实和圆满完成，向世界展示了中国银行业的形象和实力。二是建言献策集智慧。通过开展“我为管理献一计”、“会计管理大家谈”合理化建议和职代会提案征集活动，集思广益，充分挖掘员工潜质，让员工在工作中发挥聪明才智，充分展现自我。三是特色工作创品牌。通过服务明星工作坊、EAP员工心理援助项目的实施推动工会服务中心服务员工载体和方式的创新发展。“服务明星工作坊”项目荣膺上海金融系统工会“特色工作奖”。四是主题活动促和谐。通过开展各类主题活动和文体活动，丰富职工的文化生活，营造丰富多彩、健康向上的氛围，为构建和谐交行发挥积极作用。2010年上海市分行被中华全国总工会授予全国五一劳动奖状；分行工会获得全国金融系统宣传世博服务世博优秀工会荣誉称号；分行信息部潘康被评为全国劳动模范。

EAP员工心理服务项目——员工心理健康的“守护神”

举办“健康人格与快乐人生”EAP专题讲座

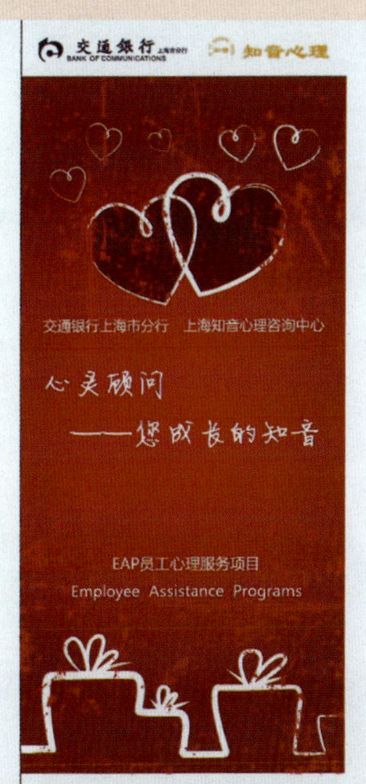

实施EAP员工心理服务项目

分行荣获全国五一劳动奖状

分行信息部潘康荣获全国劳动模范称号

上海市隧道工程轨道交通设计研究院

上海市隧道工程轨道交通设计研究院是从事隧道与地下工程、轨道交通、给排水、道路、桥梁、规划、建筑、装饰、智能化系统、环保、勘察和测量等专业的甲级勘察、设计及甲级咨询资质的单位，是中国专业从事软土隧道和地下工程设计与研究历史最久的设计院，也是国内为数不多的承担轨道交通总体设计与研究的单位之一；具备国家外经贸部对外经营权。连续三届列为“中国工程设计企业60强”，先后荣获全国五一劳动奖状、建设部创新企业、建设部劳模集体先进企业、中国勘察设计行业20周年先进单位、上海市质量金奖(企业)、上海市金杯公司、上海市文明单位等荣誉称号。是上海市高新技术企业、上海市专利示范单位和全国企事业知识产权试点单位。

经过多年的发展和完善，设计院已成为一个工种齐全、专业配套、科技领先、服务优质的以隧道、轨道交通为主业的设计、咨询、研究国内品牌单位。

双层隧道——上海复兴东路隧道工程

陆家嘴二层步行连廊

市总工会副主席杜仁伟欢送全国五一奖章获得者曹文宏进京领奖

设计院获得全国五一劳动奖状

开展重阳节敬老活动

参加城建集团职工运动会

地铁、高架、道路一体化工程——上海共和新路一体化高架工程

盾构法隧道——上海崇明通道长江隧道工程

上海市轨道交通10号线虹桥2号航站楼站

中国电信集团工会上海市委员会

中国电信上海公司拥有亚洲最大的IP城域网和宽带接入网，亚欧光缆等4个海底光缆系统在上海汇集，承担全国51%的国际电路汇接。在世博会举办期间，公司集中推出8大科技亮点和18项世博信息新产品，其中多项技术引领应用发展趋势，被国际电联领导誉为“最新、最前沿的信息科技应用于民的典范”。公司被中共中央、国务院授予“中国2010年上海世博会先进集体”。公司工会充分发挥桥梁纽带作用，积极推进企业与员工两个全面发展，相继获得“全国劳动关系和谐企业”、全国工人先锋号、全国五一劳动奖章、“全国‘安康杯’劳动保护竞赛优胜单位”、“全国工会财务工作先进单位”、“上海市推动劳动关系和谐企业创建活动先进单位”、“上海市推动厂务公开民主管理工作先进单位”、“上海市‘当好主力军，建功世博会，展示新风采’活动优秀组织奖”、“上海市世博宣传贡献奖”、上海市“首批企业文化建设示范基地”、“上海市工运研究会优秀团体会员”等荣誉称号，并获上海市第十四届运动会企业组总分榜第一名。

总经理张维华高温慰问一线员工

工会领导欢送全国劳模徐倩雯进京出席表彰会

举办上海电信“世博一日”摄影比赛

电信平安志愿者为行人指路

举行世博满意服务誓师大会

第九城市计算机技术咨询(上海)有限公司工会

第九城市计算机技术咨询(上海)有限公司是一家经营互联网游戏产品的外资企业。公司的日常行政工作和工会工作就像车之双轮、鸟之双翼，相辅相成。2010年第九城市工会整合企业内外部资源、形成合力，在构建和谐企业、树立企业品质形象、提升企业软实力中凸显出重要作用。

工会打造“快乐工作”的新理念、新境界。把工会工作渗透到公司企业文化之中，将“人文”灌输到每个九城人的血液里而变成举手投足的习惯，将“人文”注入到对员工身心健康的关注。其中既有各具亮点、精彩纷呈的文体活动，又有润物无声、沁人心脾的精神抚慰，使员工不为8小时工作焦虑烦心。工会组织搭建各种平台让员工施展才华，赛场上有员工矫健的身影，舞台上有员工婀娜的舞姿，在拼博中成长，在快乐中收获。

第九城市工会主席王勇

召开三届二次职代会

举办第六届员工足球比赛

公司摄影协会举办世博园夜拍活动

举办第五届员工乒乓球比赛

举行第三届员工卡拉OK大赛

上海燃气浦东销售有限公司

精心维护保养调压器

组织世博园区燃气管网应急抢修演练

燃气抢修车时刻准备着上〝战场〞

上海燃气浦东销售有限公司是上海唯一销售纯天然气的国有全资企业，隶属于上海燃气(集团)公司。主要承担原浦东新区地区、闵行区浦江镇、南汇康桥部分地区用户的天然气业务受理、销售服务、输配管理以及施工安装等天然气相关业务。公司在改善投资环境和能源供应条件上做出了积极的贡献，用户总数已突破100万户，年供气总量超过6亿立方米。在2010世博年中公司干部和职工队伍经受住了锻炼和重大考验，在挑战中提升管理，在凝聚中产生亮点，在融入中体现作为，不辱使命，不负重托，用实际行动履行了“保障世博、服务世博”的庄严承诺。公司先后荣获上海市五一劳动奖状、上海市迎世博优质服务贡献奖、上海世博会重大工程建设劳动竞赛保障服务杯、上海世博工作优秀集体等称号。

营业所业务窗口双语接待席

连夜抢修世博园区泰国馆外损管线

中国馆成为第100万用户

五角场镇总工会

杨浦区总工会主席袁建民、五角场镇党委书记陈祥云为6个行业工会揭牌

五角场镇总工会成立于2005年6月，现有工会组织445家，会员13705人，其中外来务工人员3249人。镇总工会自成立以来，始终坚持“组织起来，切实维权”工作方针，把团结动员职工推动经济平稳较快发展作为首要任务，把维权维稳、构建和谐劳动关系作为突出重点，努力发挥工会组织的桥梁纽带作用。2010年，积极探索“体内建会、体外维权”的实现方式，深入推进“双措并举、两次覆盖”，进一步加强地区行业工会建设，成立纺织服装行业、科技教育行业、商贸服务行业、物业建筑行业、制造加工行业、食品餐饮服务行业等工会联合会，形成了镇总工会、行业工会、企业工会三级工会运行网络。积极探索行业工会运行模式，行业劳动竞赛、职工运动会、白领交友活动开展得如火如荼，行业工会代表、服务、指导非公企业工会开展工作，工会维权工作水平和实效进一步提高；工会活力、凝聚力进一步增强。还在6个行业工会中全面开展行业性工资协商，签约率达90%。行业协商的开展，将镇域内规模小、人数少、难以单体开展工资集体协商的非公企业纳入协商范畴，最大范围地扩大了协商覆盖面，维护了更多职工的合法权益。镇总工会先后被评为全国百家示范乡镇(街道)工会、全国先进女职工组织、上海市模范职工之家。

左上：召开职工参与世博、服务世博、奉献世博誓师大会
左下：开展劳动竞赛先进单位评选表彰活动

召开“加强组织建设、推进工资协商”工作大会

探索“跟踪组建”模式加强外资企业建会

开展“圣诞圆缘”单身白领青年交友联谊活动

举办五角场镇职工运动会

为患病困难职工赠送助医帮困卡

举办2011年元旦春节职场招聘会

东方证券股份有限公司工会

工会主席肖银涛代表公司党委向新河镇新民村交付城乡帮扶结对专项资金

东方证券股份有限公司创立于1998年，总部位于上海，是全国12家A类AA级证券公司之一。公司在上海、北京等20个城市设有60个分支机构，建立依托上海、立足中心城市、辐射全国的经营网络。公司以创建具有一流综合竞争力的证券公司为目标，初步形成了包括基金管理公司、期货公司、资产管理公司、股权直投公司、香港公司等子公司在内的，以证券业为主业的金融控股集团。公司党政领导班子将建设和谐劳动关系作为企业经营管理的重中之重，紧紧围绕上海国际金融中心建设总体要求和公司战略目标，通过不断加强完善制度建设，深化推进企业民主管理，培育倡导先进金融企业文化，努力从“环境和谐”、“情感和谐”、“文化和谐”三方面来维护和促进劳动关系建设。

作为上海金融系统首家试点企业，公司于2007年起开展了平等协商和签订集体合同试点工作。2008年1月19日，公司二届一次职代会全体会议审议通过了上海市金融系统第一份集体合同。同时，在公司党政领导班子的重视和支持下，公司工会注重加强职代会制度建设、完善工会工作制度、推进企务公开民主管理工作，并在协调平衡企业各方利益、依法合规维护员工权益、保障员工行使民主权利等方面实现了规范化、制度化、长效化，营造了企业安心、员工放心的良好制度环境，为建立和谐稳定的劳动关系提供了有力制度保障。

市总工会副主席茆荣华到公司考察劳动关系和谐企业创建工作

举行二届三次职代会

举行第三届职工运动会广播操比赛

公司召开集体合同协商会议

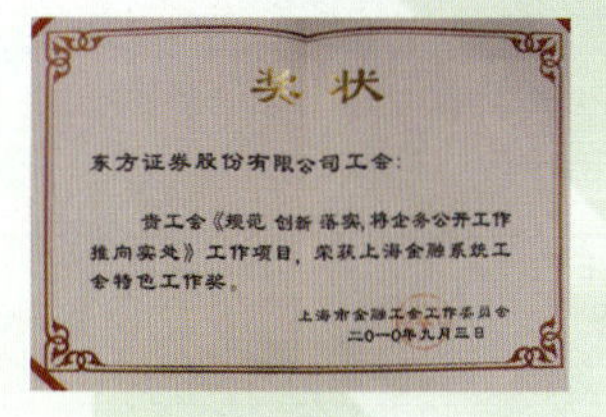

工会荣获上海金融系统工会特色工作奖

1月20日在上海举行“共创精彩世博，奋战和谐春运”全局劳模先进、青年志愿者服务启动仪式

路局工会召开七届二次全委(扩大)会暨工会工作会议

上海铁路局工会坚持以科学发展观为指导，紧扣中心，把握大局，创造性地开展工作，取得了显著成效。全年深入开展了丰富多彩的“创先争优”立功竞赛活动，民主管理、厂务公开更加规范有效。涉及职工切身利益的“三线建设”、“三不让”承诺等工作扎实推进，企业文化活动富有特色，深受职工欢迎，自身建设迈上了新的台阶，荣获全国模范职工之家等多项荣誉称号，许多工作走在全国铁路工会系统的前列。特别是在全路“感受世博、奉献铁路”主题教育活动承办工作中，工会组织和工会干部全力以赴，不辞辛劳，作出了突出贡献，展现了上海铁路局追求卓越、追求一流的精神风貌。

路局工会与日本JR九州旅客铁路工会签订劳动文化交流协议书

上海铁路局所属各单位举办女工培训活动，纪念“三八”节100周年

全路农民工平安返乡工作总结座谈会在上海铁路局召开

上海铁路局工会荣获全国模范职工之家称号

授予

模范职工之家

中华全国总工会

二〇一〇年四月

上钢新村社区总工会在浦东新区总工会及社区(街道)党工委的正确领导下，按照创建模范职工之家的具体要求，不断加强和完善自身的组织建设和制度建设，切实履行各项工作职能，积极动员和依靠广大会员，群策群力，同创共建，形成良好的创建氛围，有力地推动了基层工会规范化建设，进一步提升工会工作的整体水平，增强工会组织的吸引力和凝聚力。在迎博、办博期间，积极响应市总工会“当好主力军，建功世博会，展示新风采”主题实践活动的号召，围绕“迎接世博、服务世博、建功世博”的主题，广泛发动和组织社区职工志愿者，深入建设工地一线，为世博场馆工程、配套工程的外来建设者们提供文化、生活、技能、法律等属地维权服务，努力营造园区内外平安和谐的氛围。以“和谐世博、平安世博、精彩世博”为目标，开展了一系列特色活动。3年来，上钢社区总工会始终以开拓创新的精神，辛勤耕耘的工作干劲，脚踏实地做好每项服务工作，为世博会增光添彩，受到建设者的普遍欢迎和社会各界的好评，先后获得2009年上海市模范职工之家、2007-2009年上海市模范集体、2010年上海市五一劳动奖状等荣誉称号。

为农民工提供法律咨询和维权服务

开展世博知识文明礼仪进企业、进工地、进班组宣讲活动

职工志愿者积极参加世博园后滩出入口维持秩序、疏导游客志愿活动

开展丰富多彩的社区职工文化体育活动

社区总工会获2009年上海市模范职工之家荣誉称号

社区总工会浦东世博职工综合服务基地获2007—2009年上海市模范集体荣誉称号

上钢新村劳模联谊会坚持每月开展形式多样的劳模联谊活动

上海上电漕泾发电有限公司

召开世博工作总结表彰暨班组管理推进会

召开立功竞赛动员大会

举行"大怪路子"扑克牌比赛

组队参加"上电股份杯"团体乒乓赛

举行争当百万机组优秀值班员活动动员大会

坐落于上海化学工业区西端的上电漕泾电厂是上海2010年世博会配套工程之一，也是上海能源规划中的五大发电基地之一。为贯彻科学发展观，落实国家"上大压小、节能减排"能源政策，上海电力股份有限公司关停了闵行、杨树浦发电厂两家老厂的13台小机组，取而代之在金山漕泾建设了2台百万等级超超临界机组，使二氧化硫和氮化物的年排放量分别下降92.8%和75.8%，为改善上海的空气质量作出了巨大贡献。上电漕泾电厂1、2号机组分别于2010年1月20日和4月6日投入商业运行。国产化是该工程最大的特点，采用国产超超临界蒸汽参数的百万机组，2010年实际供电煤耗为292g/kWh，是国内百万机组同期对标的最好水平。2009年上电漕泾电厂获得上海市五一劳动奖状，2010年被国家电监会授予世博保电先进单位称号，并保持上海市平安单位称号。

上海焦化有限公司工会

召开工会第十四次代表大会

上海焦化有限公司是由上海华谊(集团)公司、中国信达资产管理公司及中国华融资产管理公司多元投资的有限责任公司，是以应用洁净煤技术为主体、致力于煤资源综合利用的国有大型化工企业，也是冶金、化工、医药等行业主要原料和清洁能源的供应基地。2010年实现工业总产值65.78亿元，营业收入49.46亿元，在中国化工企业500强排名中名列第98位，入围化工百强行列。

公司工会紧紧围绕企业中心工作，认真履行基本职责，坚持职代会、集体协商制度，大力推进企业民主管理，代表广大员工意愿，维护广大员工利益；凝聚广大员工的力量和智慧，广泛开展群众性经济技术创新活动和劳动竞赛活动；推动构建和谐劳动关系，维护企业和谐稳定；弘扬和宣传劳模精神，积极推进企业文化建设；加强工会组织自身建设，努力适应公司改革、调整和发展的要求，在促进公司经济发展中不断增强工会工作的创新力、凝聚力和影响力。

公司先后荣获首批“上海市企业文化建设示范基地”、上海市文明单位六连冠、上海市模范职工之家、上海市厂务公开民主管理工作先进单位等荣誉称号。

召开工会工作交流会

召开职工代表与公司领导恳谈会

开展职工技能比武

企业文化活动

举行纪念"三八"活动

开展职工文娱活动

延锋伟世通汽车饰件系统有限公司上海公司

领导为季度优秀员工颁奖

上海公司是延锋伟世通汽车饰件系统有限公司下属的经营实体，主要为大众、上海、江淮、吉利、长安、福特、马自达等汽车提供配套仪表板总成、副仪表板、门板总成、前围模块等产品。2010年销售超80亿元。

上海公司工会于2006年4月建立，下设6个分工会，共有员工2100余人，入会率超过90%。在党委和上级工会组织的引领下，工会在争创职工之家的活动中，始终围绕创建“员工共同的永久的幸福家园”目标开展工作。多年来以“贴近基层，主动出击”、“切实关怀，维护和谐”、“倾力创新，服务经济”、“共推发展，搭建平台”为指导，每年通过开展“先锋号在行动”活动、民管小组维权监督，创立多种渠道进行开放式交流沟通、创建学习型团队；举办“愿景周”、“理念故事会”、艺术节、体育节等活动，推进员工积极参与公司经济建设，维护好员工权益，提升员工素质，加强员工对公司企业文化的认知认同。

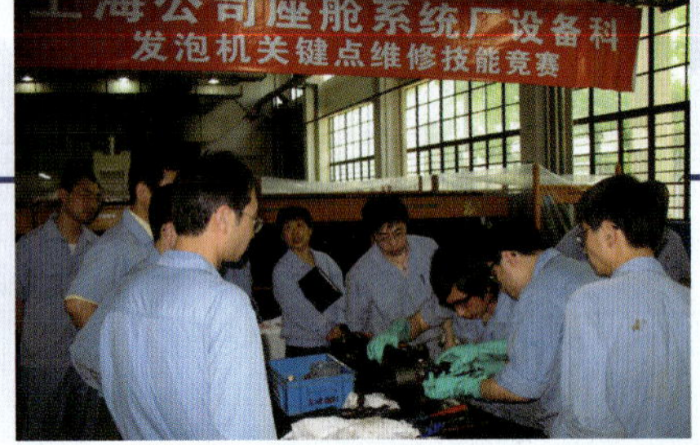

左上：组织拔河比赛
左下：参加公司第三届员工艺术节闭幕式
右上：组织技能操作比武
右下：上海公司团队集会

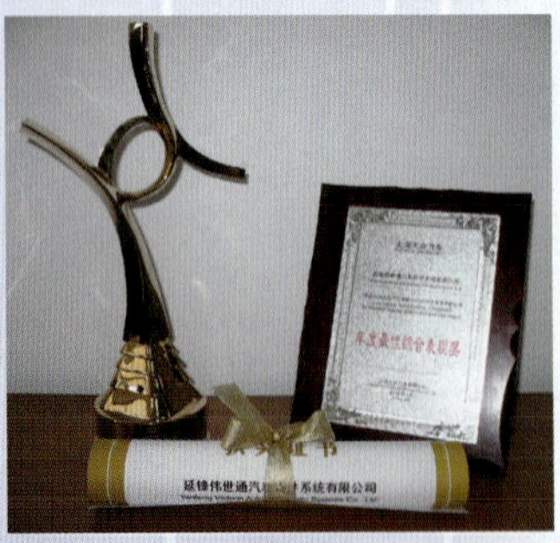

获得上海大众年度最佳综合表现奖

优秀员工参加总经理午餐会

上海汽轮机厂有限公司工会在机电工会和企业党委领导下，认真贯彻落实科学发展观，聚焦建设“世界级工厂”的战略目标，坚持服务大局、服务职工的宗旨，以“五创五新”(创新思路，明确经济建设新主题；创新内容，搭建素质工程新载体；创新体制，优化民主管理新格局；创新方法，丰富生活保障新形式；创新措施，确立自身建设新目标)的新举措推进工会工作，促进了企业和职工的和谐发展。

坚持以职代会为基本形式的企业民主管理制度

企业领导与即将赴境外观光、休养的卓越员工合影

持续开展〝职工科技创新月〞活动

开展职工岗位技能竞赛，培育高技能人才

举办第九届职工文化艺术节

组织职工恳谈会，推进厂务召开

上海牛奶(集团)有限公司工会

召开第二次工会代表大会

开展职工技能比武

组织职工文艺汇演

举行公司第一届运动会棋牌类比赛

上海牛奶(集团)有限公司(原上海市农工商投资公司)是光明食品(集团)有限公司所属一家以畜牧为主业，食品连锁和畜牧加工机械为副业，房产租赁、物流、贸易等为支撑业的国有专业子公司，是上海市农业产业化龙头企业，也是华东地区最大的奶牛饲养专业公司，拥有24个奶牛场，3.5万头奶牛规模，有从业人员4000多人，离退休人员5000多人，2010年公司实现销售25亿元，利润1.5亿元。

公司工会积极履行维权职能，每年组织开好职工代表大会，签订集体合同、女职工特殊利益保护和工资协商协议，讨论通过企业重大事项；积极开展职工献计献策、科技创新等立功竞赛活动；规范企业用工制度，共同维护公司和职工双方的合法权益；在做好职工的各种社会互助保险工作同时，重点做好困难职工帮困救助和子女助学救助的结对帮困工作。公司还每年组织十佳好事评选、职工读书活动沙龙、公司职工运动会、职工艺术节等活动，进一步增强企业的凝聚力。

组织星级班组长参观市级优秀企业

上海汽车制动系统有限公司工会

上海汽车制动系统有限公司(简称SABS)成立于1995年7月，是由上汽集团与德国大陆公司共同投资的合资企业。主要生产总泵助力器、制动钳、制动软管和EBS电子制动系统，是国内汽车零部件制造业中最早生产制动钳和EBS电子制动控制系统的中外合资企业。2010年公司销售额28亿元，14年增长7.6倍。企业先后获得上海市文明单位、上海市模范职工之家、上海市高新技术先进企业等荣誉称号。

公司工会以“创先争优”为主题，以“着力服务大局、着力保障民生、着力自身建设”为工作主线，围绕企业经济目标，动员广大员工“创先锋号、争先锋岗”，积极为员工提供岗位成材平台，引导员工践行“责任至上”文化理念，在维系“成功源于对责任的庄严承诺”企业价值观上，发挥工会组织的积极作用。

每年厂庆时举行升旗仪式

举办员工作品展，丰富员工业余生活

开展篮球、羽毛球等职工业余体育比赛

公司团拜会上参加庆典演出的员工合影

举行龙舟赛

举行歌咏活动

推进合理化建议活动

举办合理化建议成果展

上海外高桥第二发电有限责任公司工会

上海外高桥第二发电有限责任公司位于外高桥电力能源基地，在单机容量、技术水准、运行参数方面都居于国际先进水平。

公司工会紧紧围绕企业中心工作，建立健全职代会制度，积极深化厂务公开工作，不断推进民主管理，切实履行维权职能。根据生产经营实际，适时开展各项劳动竞赛和群众性建功立业活动，动员引导员工为企业生产发展贡献力量，努力推动公司构建以“责任、感恩”为核心的企业文化，团结和凝聚广大职工为2010年上海世博会做贡献，取得了世博安保、保电工作的圆满成功。广泛利用各种平台载体，组织开展各类形式多样、内容丰富、健康有益的文体活动，丰富职工业余文化生活。公司先后荣获上海市文明单位、上海市职工最满意企事业单位、上海市厂务公开民主管理工作先进单位、上海市模范集体、上海市模范职工之家等荣誉称号。

公司成立10周年庆典暨世博安保表彰大会

召开二届三次职代会暨2010年度工作会议

举办职工趣味运动会

组织优秀员工携家属疗休养

职工摄影协会在世博园采风

上海医疗器械(集团)有限公司手术器械厂工会

开展争先创优技术比武活动

上海医疗器械(集团)有限公司手术器械厂是国内最大规模的手术器械专业制造厂，产品品种规格7000多个，从业人员1100多名。2010年，企业圆满完成各项技术经济指标，已连续12次被评为上海市文明单位，“金钟”手术器械连续多年被评为“上海市装备制造业与高新技术产业自主创新品牌”。

对2011年增资方案开展集体协商

厂工会紧紧围绕企业“精心培育金钟CLASSIC，打造不可复制的核心竞争能力”的战略目标，坚持职工民主管理，构建和谐企业文化；坚持星级班组创建活动，促进企业基础管理工作；坚持开展立功竞赛活动，营造争先创优氛围；坚持以人为本，优化维权服务平台；坚持加强工会组织建设，夯实工作基础。积极引导和组织全体员工，不断学习，提升技能，努力创建“共商企事、共谋发展、共享成果”的和谐企业文化，为企业实现从“发展中调整”到“调整中提升”而发挥聪明才智。

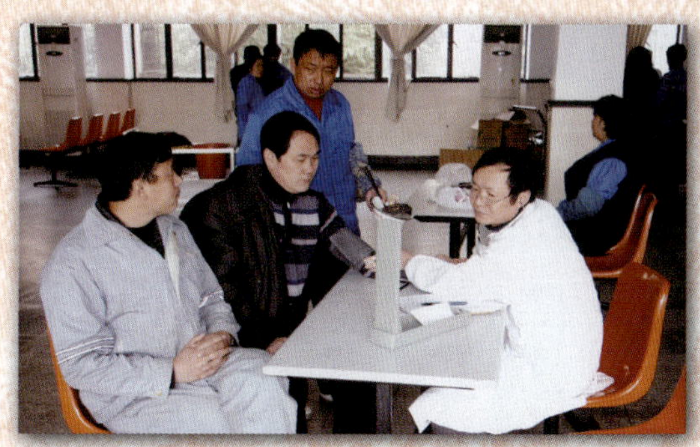

开展为民服务活动

举行庆三八联谊会

开展迎新年联欢活动

开展迎新春职工跳长绳比赛

上海市政工程设计研究总院(集团)有限公司工会

开展重大工程立功竞赛中途检查

召开七届四次职工代表大会

举办工会干部培训班

上海市政工程设计研究总院(集团)有限公司工会充分发挥工会组织宣传引领作用，紧紧围绕总院“两全战略”和“企业转型”工作中心，团结全体工会干部和员工，开拓创新，求真务实，圆满完成年度各项工作目标，为总院年度双文明建设目标的实现，作出了贡献。一是围绕世博盛会，推进院“奉献、和谐、创新”主题活动，通过参观、发放书籍、举办竞赛、讲座等形式，加强对世博知识、院企业文化的宣传教育，使全体职工更多地了解世博、参与世博，更多的了解市政院的企业文化内涵，促进企业的健康稳定发展。二是紧紧围绕“服务世博、奉献世博”及“两全战略”，开展以“三强化三展示”为重点的立功竞赛活动。总院第六次获得上海市“金杯公司”称号。三是开展学习型工会组织创建，提升工会组织整体素质。结合各类讲座、参观，对工会干部、职工代表进行系统培训；从“学习型工会组织示范点”创建及先进职工小家评比工作入手，全面推进学习型工会组织建设；发挥各文体协会作用，开展职工喜闻乐见的文体活动，丰富业余文化生活，提升职工综合素质。四是巩固职工最满意企业成果，坚持维权和维稳相结合，以关心关爱员工为出发点，推进建立和谐劳动关系，构建和谐市政院。深入开展调研，了解职工心声；完善各项民主制度建设，完成平等协商集体合同签订并督促履约；积极做好各项帮困送温暖工作。总院再次获得上海市推进厂务公开民主管理工作先进单位称号。

承办建交系统“斯美杯”职工乒乓球大赛

参加著名在华企业健身大赛

举行“斯美杯”职工8号球比赛

职代会民主评议干部

举行项目准军事化管理启动授牌仪式

中建八局基础设施建设有限公司主要经营公路工程、市政公用工程、基础工程及城市轨道交通工程的投资建设等。

2010年，公司工会以党的十七届五中全会精神为指导，团结动员广大职工为实现“十一五”规划奋斗目标凝聚智慧和力量。深入开展评先树模、劳动竞赛、“创争”活动等工作，实现了“稳定职工队伍、调动工作热情、增强荣辱观念、促进企业和谐”的目标。团结引导广大职工以积极的工作作风投身路桥工程建设。公司工会2007—2009年被上海市总工会授予模范职工之家荣誉称号。

举办创“双优”暨创“三号”活动仪式签字现场

“建功10年 岗位做奉献”演讲比赛获奖选手合影

开展职工文体活动

举行情系路桥人慰问演出

开展职工歌咏比赛

中建八局基础设施建设有限公司

国药控股股份有限公司

国药控股职工世博志愿者服务队荣获"上海市职工世博文明优秀志愿者服务队"称号

开展职工技术练兵活动

国药控股股份有限公司成立于2003年1月，2009年9月23日在香港证交所上市。公司成立8年多来，实现了由投入期向发展期的历史性转变，基本形成了药品分销及配送、零售连锁、药品制造、化学试剂、医疗器械、医疗健康产业等相关业态协同发展的企业竞争力和优势，在中国医药商业年度销售、利税排名中连续6年位居榜首。

工会紧紧围绕公司"整合、转型、创新、跨越"发展主题，团结动员广大职工为实现公司年度目标建新功，为服务世博作贡献；建立和完善职代会制度，推进民主管理，构建和谐劳动关系，维护企业和谐稳定；加强职工文化和企业文化建设；加强工会自身建设，不断提高服务大局、服务职工的能力，充分发挥党联系职工群众的桥梁纽带作用和广大职工的主力军作用，集中和凝聚广大职工的智慧和力量，积极投身、共同推进公司跨越式发展。

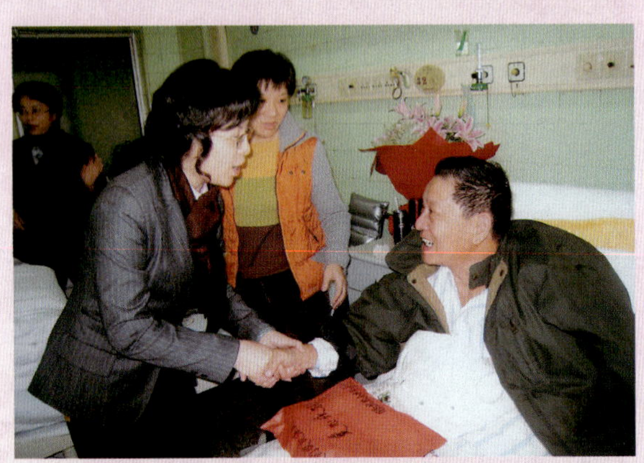

坚持开展帮困送温暖活动

承办"世博健康行"大型慈善义诊活动

坚持开展职工群众性体育娱乐活动

举行"国药控股杯"乒乓球赛

嘉定区民政局

嘉定区民政局建立全市第一个区级层面的市民收入核对机构和队伍，率先实行失智老人集中收住和康复服务。汶川地震发生后，全区累计募集12880.19万元，捐款额列全市第二，有力地支持了灾区人民的抗震救灾。建立了多层次医疗救助保障网络，先后为8315人次补助4465万元，累计支出1000多万元对低保家庭的学生实施教育救助。积极引进农村集体经济组织投资养老服务事业，全区已建村办养老机构6家、托老所5家，总投资近9000万元，入住老人900多人。区民政工作已实现从适应性发展向开创性发展的转变。“十一五”期间，先后获得“全国民政工作先进区”等6个国家级荣誉。近3年来，先后获得全国双拥模范城、全国老龄工作先进单位、全国行政区域界线管理工作先进集体、全国和谐社区建设示范单位等5项国家级荣誉。局长张潮被市政府授予上海市先进工作者荣誉称号。

局长张潮获上海市先进工作者荣誉称号

区民政局工会辖有基层工会8个，会员200余名。为活跃和丰富职工的文化生活，工会每年都组织歌会、联欢会、运动会。所有基层工会都建立了“职工之家”，60%的基层工会创建了工人先锋号，职工中涌现出上海市服务明星、迎世博十佳个人、上海市劳动模范等先进人物，局工会连续5年被嘉定区总工会评为年度工作特等奖。

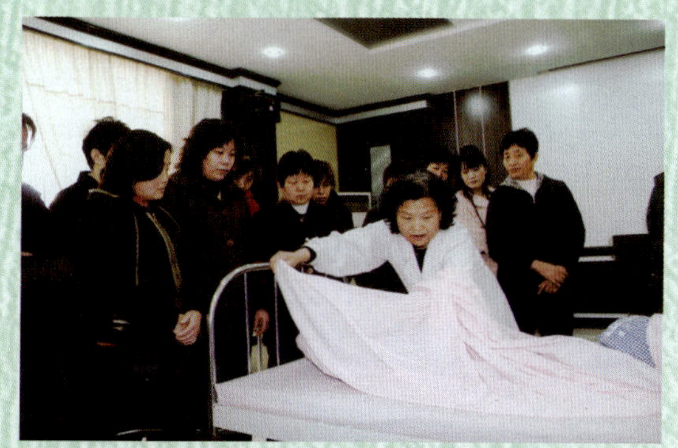
组织养老机构护理院职工技能培训

举行民政局机关工会元宵联欢会

举行迎新春联欢会

举行民政职工五一歌会

职工消防技能演练

上海市精神卫生中心工会

举办首届职工科技节

举办第四届职工文化艺术节

上海市精神卫生中心始建于1935年，是一家担负着全市精神卫生医疗、教学、科研、预防、康复、心理咨询和对外学术交流等任务的三级甲等精神卫生专科医院，现有职工1300余人。中心以严谨的医疗作风、优质的全面服务和精湛的专业技术赢得了国内外人士的一致好评，连续9次荣获上海市文明单位称号。

中心工会认真践行科学发展观，进一步增强工会工作的使命感和责任感，以“创争”为抓手，扎实开展职工之家创建工作，充分发挥工会在组织、引导、服务职工方面的重要作用；加强民主管理，深入推进院务公开制度建设，创造性地开展“职工代表对职能科室绩效考核”和“职工代表参与大型仪器设备招投标”工作，进一步扩大职工的知情权、参与权和监督权；突出工会维权职能，从源头上关心和解决职工实际困难，坚持维权维稳相结合，切实维护职工的合法权益；通过开展世博运行保障、文明服务立功竞赛和医院文化艺术节，充分展示职工的良好精神风貌和艺术修养；举办职工科技节，促进成果转化，推进科技创新，为优秀人才脱颖而出搭建舞台；举行帮困送温暖活动，竭诚为职工排忧解难，促进劳动关系和谐稳定发展。工会先后荣获上海市模范职工之家和上海市推进厂务公开民主管理工作先进单位称号。

召开院务公开领导小组会议讨论医院深入推进院务公开工作

举办运动会展示职工昂扬向上的精神风貌

召开七届七次职代会

上海申和热磁电子、汉虹精密机械有限公司联合工会

上海申和热磁电子有限公司系由日本磁性流体技术株式会社投资于上海宝山城市工业园区的全资公司。公司创立于1995年5月。主要生产8英寸及以下各种规格的太阳能级单、多晶硅锭和单、多晶硅片，4”-6”MOS、微波电路、存储器电路及大功率器件使用的外延衬底重掺的半导体研磨片和抛光片，半导体热电材料，覆铜陶瓷基板，精密零部件洗净再生和电镀服务。上海汉虹精密机械有限公司主要生产和销售太阳能专用机械设备，其中包括单晶炉、多晶炉、线切割等设备，同时生产数控镗铣机、数控车床等各类非标及成套设备。公司坚持以“勤勉、立志、开拓、创优”为经营理念和以人为本的管理理念，努力创造和谐发展的环境，致力于营造优秀的企业文化，实现企业与员工的共同发展。

上海申和热磁电子、汉虹精密机械有限公司联合工会成立于2004年6月，现有会员1200多人。公司工会坚持以科学发展观为指导，坚持促进企业发展、维护员工权益的根本原则，围绕中心，服务大局，突出特点，发挥作用，不断追求企业的持续发展和员工的全面发展。通过提高工会组织的吸引力、凝聚力和感召力，提升企业的核心竞争力；通过教育、引导、组织、动员、团结、依靠员工，提高员工的整体素质；通过协调劳动关系，实施厂务公开，加强民主管理，强化工会的维权职能，不断开创工会工作新局面。先后荣获上海市厂务公开民主管理工作先进单位、上海市双爱双评先进企业、宝山区优秀学习型班组、宝山区劳动关系和谐单位等荣誉称号。

荣誉奖牌

召开职工代表大会

开展技能拓展培训

对员工开展素质培训

组织技能竞赛

举办第十二届运动会

慰问汶川地震灾区员工

宣传职业病防治知识

组织优秀员工疗休养

上海市快乐(集团)有限公司

党委书记、董事长慰问困难职工

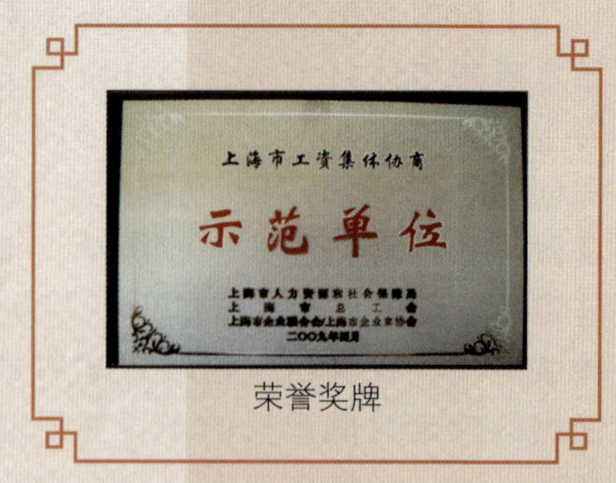

荣誉奖牌

上海市快乐(集团)有限公司是普陀区国资委下属的国有商业企业，注册资金人民币1.1亿元，主营业务为酒烟、粮油、酒类批发零售、食品业、商铺租赁、外贸等。

近年来，集团公司党委、行政和工会带领全体职工坚持深刻把握科学发展观的科学内涵和精神实质，积极推进“共克时艰，合作多赢”的劳动关系和谐机制建设，以创建工人先锋号为抓手，积极开展“快乐杯”劳动竞赛和文体娱乐活动，加强民主管理，开展厂务公开、集体协商、职代会制度建设，建立健全“四定期”(定期研究、定期谈判、定期召开职代会、定期开展工作)制度，推动工资集体协商，提升职工工资增长水平，稳定企业和职工劳动关系，积极维护企业和职工的合法权益，促进企业持续发展。2010年实现销售收入15.41亿元，利润5346万元，税收8597万元，被评为上海市工资集体协商示范单位。

基层公司召开职工大会讨论薪酬改革方案

召开四届一次职代会

悦来芳公司开展劳动竞赛现场

行政与工会签订集体合同

举办“快乐杯”职工羽毛球赛

上海康桥建工程有限公司

上海康桥建设工程有限公司是一家具有综合施工能力的骨干型建筑企业。持有国家工业与民用建筑、市政公用工程贰级总承包资质；钢结构、体育场地设施、建筑装修装饰及机电设备安装、地基与基础工程专业承包资质。公司拥有各类中高级专业工程技术人员270余名。各类施工机械200多台(套)，各项指标在同行业中均属领先(较高)水平。

公司创建14年来，充分发挥施工装备精良、技术力量雄厚的核心竞争力，先后承建了上海四高小区标准厂房、上海康桥工业区通用标准厂房为代表的工业建筑工程；以绿宝园一至五期、康桥半岛一期D区等为代表的国际化社区“高端”房地产项目以及上海建桥学院、上海申花足球训练中心暨申花足球学校为代表的现代教育教学、体育场馆(地)设施项目，并以质量优、工期快、诚信高、服务好受到广大客户的赞许和信赖。公司工会坚持以人为本的理念，积极开展职工民主管理，充分调动广大职工的积极性、创造性，发挥工人阶级的聪明才智，使公司的人事改革、经营管理、质量安全、党建工作以及队伍隐定等各项工作都有了良好的继承和发展。公司全年外接工程量1.4亿元；承接的工程获得区以上优质结构工程3个，区文明工地2个，实现全年无安全生产责任事故，为一方平安贡献了一份力量。

总经理董华新获上海市劳动模范称号

总经理参加上海纳信新建工程开工典礼

与客户交流

总经理与项目部负责人商谈

与员工交谈

举办迎春联欢会

公司销售人员集训留影

组织员工赴海南疗休养

公司调度中心视频墙

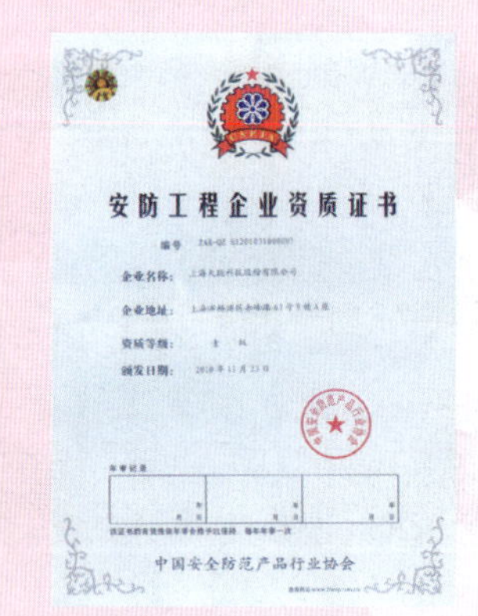
安防工程企业资质证书

中国安全防范产品行业协会

中安协资质正本

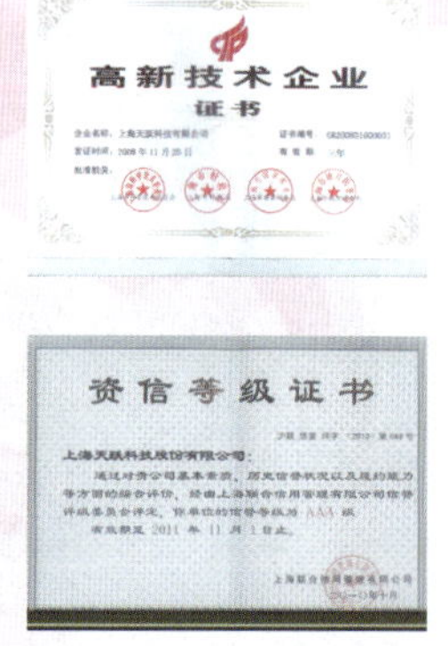
高新技术企业
证书

资信等级证书

右上：高新技术企业证书
右下：AAA资信等级证书

天跃科技2002年创建于中国上海，股本金4050万元人民币。天跃科技专注于安防事业，长期致力于数字硬盘录像机及网络管理平台软件系统的研发、生产、销售与服务，具备跨平台、多套系统、多种设备的安防整体解决方案的能力。产品已广泛应用于金融、教育、电力、石化、卫生、智能小区、楼宇宾馆等行业领域，业绩卓越，深得用户好评，尤其在金融、教育行业具有显著优势。通过近10年的拼搏，现已拥有直属分公司12家，员工近500人，其中研发和产品团队100余人，70%以上研发人员为硕士以上学历，为产品和技术的不断创新、保持领先奠定了坚实的基础，为创新和服务确立了得天独厚的优势。公司坚持依靠职工办企业的正确方针，充分调动广大职工的积极性，激发职工的创造力，开展群众性经济技术革新活动，保持企业的创新活力和生命力，更好实现企业目标。公司时刻把握行业的最新动态，准确将前沿核心技术不断研发成新品；公司于2008年建立了GPS技术服务调度中心，统筹安排中国各个地区的技服工作，并进行调度，在设有分支机构的地区推行2小时响应制度，实现第一时间赶到故障现场，快速解决故障；对于不能立即解决的设备，提供备用机，以确保客户的正常工作。天跃科技一直秉承“真诚、创新、完美”的企业精神，锐意进取、追求卓越，实现从行业领先者向行业领导者这一战略目标的精彩跨越。

上海市嘉定区外冈小学工会

上海市嘉定区外冈小学工会有会员56人，其中女会员36人。工会围绕“为五彩生命奠基”的办学理念，积极创建敢于梦想、怒放生命、寻求共赢、互相扶持的和谐职工之家。一是扎实推进以“校务公开”、教代会为主要内容的民主建设工程。加强制度建设，完善校务公开机制；加强对提案工作的落实，推进教代会代表“票决制”，以“金点子”等形式提高代表参与民主管理，民主监督的力度。二是扎实推进以医保、休养、帮困为主要载体的教工保障工程。在组织和提供良好的服务上下工夫，尽力为教职工争取合法权益，解除职工的后顾之忧。三是扎实推进以师德建设为主要切入口的教师素质工程。开展“为人、为师、为学”等师德建设系列活动，通过“感动外小”、“和谐外小”、“为世博添彩”、“关爱生命”等活动，宣传先进，张扬典型，提升师德；组建“茶艺、灯彩、民间小吃、乒羽”4个教工社团，提升品位、优化素质、凝聚人心、化解矛盾，社团建设硕果累累。通过工会的不懈努力，已形成了一支有梦、追梦、而且能用不懈努力去圆梦的教职工队伍，形成一种“校兴我荣，校衰我耻”的良好氛围。

教工茶艺社团在市级拓展课程研讨活动中展示茶艺

赴日本参加第四届世界杯茶叶节作中国茶艺交流

左一：运动场上的英姿
左二：把关怀送到教工家里

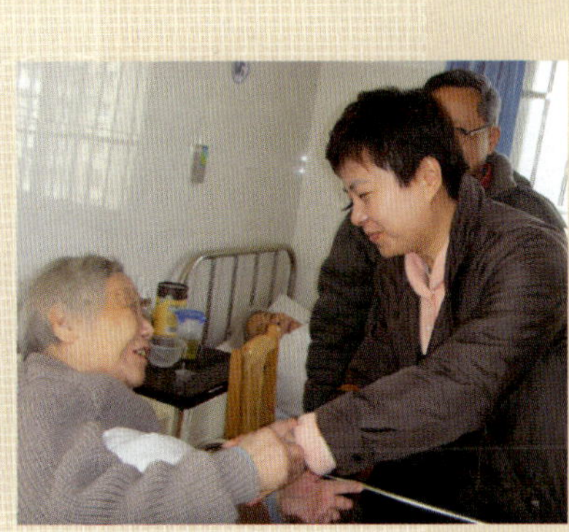

右一：获嘉定区教育系统首届教工十佳明星社团称号
右二：探望年长的老教师

上海市第一建筑有限公司工会

公司领导班子成员与“十佳”优秀青年合影

每年举行群众性“双献五小”合理化建议活动和QC成果发布会

上海市第一建筑有限公司是国家房屋建筑工程施工总承包特级企业，曾“五创上海建筑新高度”，塑造了一系列上海城市的标志性建筑。公司工会紧紧围绕企业的改革和发展大局，坚持融入企业中心工作、融入职工群众、融入和谐企业建设，从实际出发，在促进企业发展、维护职工权益、推进和谐企业建设等方面取得了一定的成效。公司注重源头上参与、制度上保证，切实履行工会维护职能；组织职工积极投身重大工程建设，开展形式多样的立功竞赛，有力地推动企业经济的发展；通过创建学习型企业、推进职工素质工程，进一步加快职工队伍知识化进程，使工会工作提升到一个新的水平。公司工会获得了全国模范职工之家、全国创争活动优秀组织单位等各类荣誉称号。

农民工业余学校组织不定期培训，提升农民工整体素质

承建海南博鳌宝莲城项目被列为海南省建筑施工质量观摩工地

举办职工球类比赛，丰富职工的业余文化生活

公司出版《超越》、《飘扬的党旗》等书籍，集中宣传公司创建学习型组织事例、展示优秀员工风采

拥有百年历史的上海东方疏浚工程分公司是中交上海航道局有限公司所属核心企业，施工足迹遍布全国江海近50个港口城市，还拓展至海外15个国家和地区。分公司现有职工1500名。连续5年评为上海市重点实事工程立功竞赛“金杯公司”；连续2年荣获上海市文明单位称号；连续6年被评为全国“安康杯”竞赛优胜企业；2010年度获上海市五一劳动奖状。

总经理在职代会上作行政工作报告

上海东方疏浚工程分公司

近年来，分公司工会认真落实科学发展观，坚持以人为本，依法履行工会职责，完善职工代表大会制度，坚持企务公开，以企业生产经营为中心，以立功竞赛活动为载体，抓员工素质培训，团结动员广大员工积极投身到企业发展改革中去，为“十二五”发展开好局、起好步打下扎实基础，先后被上海市和全国总工会授予模范职工之家称号。

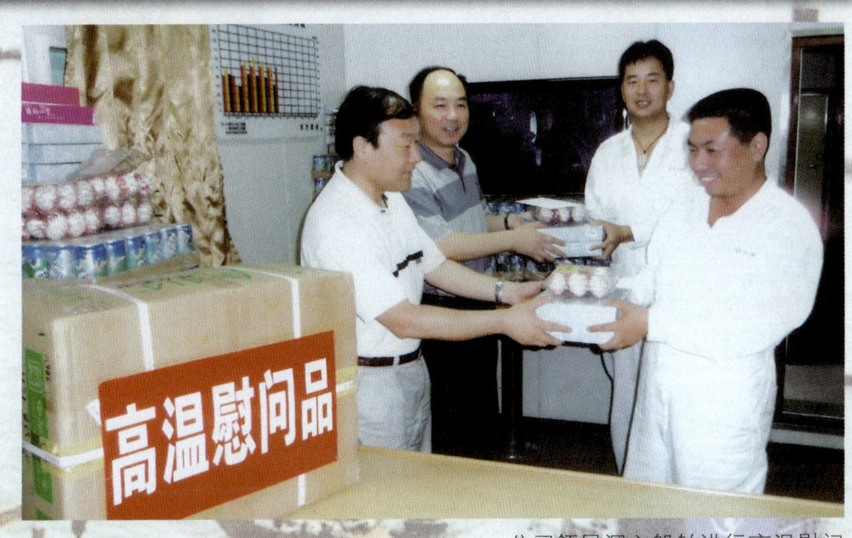

公司领导深入船舶进行高温慰问

左上：“新海燕”轮长排距施工20.83公里在国内领先
左下：工会主席向绞吸船舶授“对口赛”旗
右上：开展青工技术比赛
右下：新操作员工参加上海市“精彩故事、和谐人生”农民工讲故事大赛

中国联通上海市分公司工会

中国联合网络通信有限公司上海市分公司（简称上海联通）工会是上海联通各级工会组织的管理机关，是在中国联通集团工会、上海市总工会、上海联通党委领导下的企业工会。

2010年，分公司工会按照中国工会十五大精神，深入贯彻市总工会和集团公司工会工作要求，贯穿“以人为本、业绩至上、敢于创新、正德和谐”的工作主线，紧紧围绕公司发展年的定位及“上规模、调结构、有效益”的目标和企业文化建设的总体思路，围绕企业年度工作目标任务以及世博通信保障业务，从引导员工支撑企业经营发展、加强民主管理提高维权意识、宣传先进事迹营造向上氛围、重视员工感受增强企业凝聚力、加强工会自身建设提高工作质量及落实离退休人员管理和服务等6个方面入手，开展一系列工作，贴近员工，贴近一线，以具体行动将公司的关爱传递给广大员工，引起广大员工的共鸣，进一步增强企业凝聚力，也扩大了工会组织在员工中的影响力。

召开2009年度先进表彰大会

召开2009年劳动竞赛表彰暨2010年劳动竞赛动员大会

公司领导高温慰问奋战在世博通信保障一线的职工

举行上海联通2011年迎春联欢会暨职工艺术节汇报演出

举行异地单身员工联谊活动

公司领导春节慰问节日值班员工

德国北德意志州银行上海分行工会

投票改选工会组织员

员工在韩国济洲岛上合影

举办元宵节猜灯谜活动

德国北德意志州银行上海分行第一届工会经上海市陆家嘴金融贸易区工会联合会批准，于2008年9月2日正式成立。截至2010年12月31日，共有正式会员23人，临时会员1人。

自成立以来，分行工会积极参与到分行的日常工作中，努力维护职工的合法权益，成功为资方与劳方之间搭建和谐关系桥梁，得到了广大职工的拥护和分行管理层的认可。工会积极推进“创争”活动，涌现了大量先进人物和事迹，其中董毅明被市政府授予2007—2009年度上海市先进工作者荣誉称号。

参加陆家嘴金融贸易区羽毛球比赛

员工在韩国济洲岛海滩上活动

嘉定区中医医院

上海市嘉定区中医医院成立于1979年。职工392名，年门诊量逾55万人次，是一所集医、教、研、预防为一体的二级甲等综合性中医医院，系上海市龙华医院集团成员单位和上海市中医药大学及江西中医学院的临床教学基地。医院于1994年被国家中医药管理局评为全国示范中医医院；1995年被国家卫生部、人事部授予全国卫生系统先进集体光荣称号；连续10次蝉联上海市文明单位；中医肛肠科被列为国家农村中医医院中医特色专科、上海市中医临床优势专科。作为国家中管局第一批、第二批中医文化建设试点单位，医院始终把握“中医立院、科教兴院、服务树院、文化建院”的发展理念，坚持“大专科、小综合”的学科建设方针，以中医特色专科、专病为龙头，带动医院整体发展。

别具一格的杏林楼候诊区

开展职工户外拓展活动

组织职工代表培训

召开职工代表大会

举行2011年职工联欢会暨先进表彰典礼

举办迎春运动会

上海市建工设计研究院有限公司工会

上海市建工设计研究院有限公司是上海建工集团旗下的一家以建筑设计为主，集设计、监理、检测和科研为一体的综合型甲级设计研究院。公司工会以科学发展观为指导，在世博工程建设和对口支援都江堰市灾后重建工作中，广泛动员组织广大职工投身立功竞赛和创建工人先锋号活动；结合企业特点，深入开展“五比五赛”创先争优活动，因地制宜地开展多种形式的文体活动，不断提高职工队伍素质；坚持把工会工作融入到企业中心工作中，融入到职工群众中、融入到和谐企业建设中，促进企业发展，维护职工合法权益，完善制度，积极推进厂务公开和民主管理工作；深化凝聚力工程建设，营造和谐企业氛围，公司先后获得上海市职工最满意企业、优秀公司、上海市模范职工之家等荣誉称号。

举行30周年庆典大会

荣誉奖牌

开展寓教于乐的职工文体活动

热心社会公益事业，组织参加都江堰援建

召开工会第二次代表大会

上海永丰热镀锌有限公司工会

上海永丰热镀锌有限公司创建于1978年，现有员工256名，与上海交通大学、华南理工大学在热镀锌工艺上长期合作，不断创新。在全国同行业中，产量和销售收入遥遥领先，是中国普通热镀锌行业公认的龙头企业。

公司工会坚持以人为本的理念，认真履行维护职责，大力推动文化兴企。以开展建设职工之家活动为载体，组织职工建设企业特色文化，活跃公司文化氛围，增强企业凝聚力，更好地服务职工、服务企业发展大局，从而实现职工、企业双满意。一是健全组织，完善制度，改善职工生产生活条件。二是围绕公司文化兴企，开展丰富多彩的活动。三是围绕公司战略目标，开展民主管理工作。四是加强培训，鼓励创新。围绕企业每个时期的实际情况开展各项技能竞赛，提高劳动技能水平，鼓励职工发挥主人翁的积极性和创新精神，鼓励职工进行技术创新、发明创造，为公司继续成为热镀锌行业领头羊作出贡献。

总经理朱林龙在车间检察5S的落实情况

永丰3S3P4A执行力项目结项暨自运营启动大会

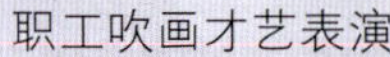

职工吹画才艺表演

召开职代会

华漕镇领导高温慰问公司职工

开展职工文艺演出

青草沙原水工程实施过程中，隧道股份第二项目管理部工会在党政领导的支持下，通过一系列的党建联建活动，与周边的相关单位进行沟通和交流，为工程的顺利开展创造了和谐的环境；由于工程的工期紧、难度大，工会以立功竞赛活动为载体，制定了奖罚措施，在“比、学、赶、帮”的工作氛围中，充分调动广大员工的创新意识和主人翁责任感，踊跃献计献策，提出很多合理化建议，攻克一个又一个技术难题，保质保量地完成了预定的节点目标。加强凝聚力工程建设，对职工家属进行夏天送“清凉”、冬天送“温暖”慰问，每年还组织职工家属召开座谈会、参观工地，通过这些活动，取得职工家属的支持配合，从而使职工的主观能动性得到充分的发挥。2011年1月11日，在2010年度上海市重点工程立功竞赛表彰大会上，隧道股份青草沙原水工程综合技术攻关小组被评为优秀创新团队，同时该小组还被市总工会授予上海市五一劳动奖状。

召开立功竞赛推进大会

召开奋战60天立功竞赛推进会

组织职工家属代表参观青草沙过江管展示厅

开展为农民工服务活动

召开立功竞赛中途推进会

组织医务人员为农民工体检

高温期间慰问一线职工

图书在版编目(CIP)数据

上海工会年鉴．2011/《上海工会年鉴》编纂委员会编．—上海：上海社会科学院出版社，2011

ISBN 978-7-80745-894-4

Ⅰ．①上… Ⅱ．①上… Ⅲ．①地方工会—工会工作—上海市—2011—年鉴 Ⅳ．①D412.851-54

中国版本图书馆CIP数据核字(2011)第143344号

上海工会年鉴(2011)

编　　者：《上海工会年鉴》编纂委员会
责任编辑：赵玉琴　徐祝浩
封面设计：华　伟
版式设计：念杭工作室
出版发行：上海社会科学院出版社
上海淮海中路622弄7号　电话63875741　邮编200020
http://www.sassp.org.cn　E-mail:sassp.org.cn
经　　销：新华书店
印　　刷：浙江新华印刷技术有限公司
开　　本：890×1240毫米　1/16
印　　张：40
插　　页：92
字　　数：1350千字
版　　次：2011年9月第1版　2011年9月第1次印刷

ISBN 978-7-80745-894-4/D・197　定价：260.00元